서양 철학과
신학의 역사

A History of
Western Philosophy and
Theology

A HISTORY OF WESTERN PHILOSOPHY AND THEOLOGY
by John M. Frame

Copyright ⓒ 2015 by John M. Frame
Originally published in English under the title,
A HISTORY OF WESTERN PHILOSOPHY AND THEOLOGY
Translated and published by permission of
P&R Publishing, P.O. Box 817, Phillipsburg, NJ 08865, USA
All rights reserved.

Korean Edition published by Word of Life Press, Seoul 2018
Translated and published by permission.
Printed in Korea.

서양 철학과
신학의 역사

ⓒ 생명의말씀사 2018

2018년 9월 28일 1판 1쇄 발행
2025년 3월 4일   4쇄 발행

펴낸이 │ 김창영
펴낸곳 │ 생명의말씀사

등록 │ 1962. 1. 10. No.300-1962-1
주소 │ 서울시 종로구 경희궁1길 6 (03176)
전화 │ 02)738-6555(본사) · 02)3159-7979(영업)
팩스 │ 02)739-3824(본사) · 080-022-8585(영업)

기획편집 │ 구자섭, 이은정
디자인 │ 조현진, 윤보람
인쇄 │ 영진문원
제본 │ 보경문화사

ISBN 978-89-04-03166-5 (03230)

저작권자의 허락없이 이 책의 일부 또는 전체를
무단 복제, 전재, 발췌하면 저작권법에 의해 처벌을 받습니다.

인간의 사고 영역에서 벌어지는 영적 싸움의 역사

서양 철학과 신학의 역사

A History of
Western Philosophy and
Theology

존 프레임 지음 — 조계광 옮김

"지성적인 변화의 속도는 그때그때마다 다르다. 오늘날, 서구 사회는 물론이고 서구의 영향을 받은 세상의 다른 많은 지역에서 체감되고 있는 속도만큼 지성적인 변화가 빠르게 진행된 경우는 일찍이 없었다. 이런 변화는 대체로 크게 오해되거나 과소평가된 채로 사람들의 눈앞에서 지금도 여전히 일어나고 있다."

생명의말씀사

"이 책은 존 프레임의 학문적 노력의 결정체라 할 만하다. 그는 서양 철학사 전반을 아우르면서 신학과 철학 사이에 있었던 논쟁과 조화의 지성사를 소개한다. 이 책은 철학사 개론의 단순한 소개가 아니라, '기독교적 관점', 좀 더 정확히 말하면 반 틸의 시각을 통한 개혁신학의 평가를 전달하고자 노력한다. 이 점은 이 책의 장점이다. 하지만 반 틸의 관점이 개혁신학의 관점을 적절히 대변하는가에 대한 이해의 차이에 따라서 이 점은 또한 단점일 수 있다. 그럼에도 방대한 지식의 범위에 걸쳐서 철학과 신학의 주요 소재들에 대한 분석과 비평을 제공한다는 면에서 이 책과 비교할 것은 별로 없다. 가까이 두고 읽기를 기쁘게 추천한다."

– **김병훈 교수**, 합동신학대학원대학교, 조직 신학

"한국교회는 급성장과 함께 반지성주의를 극복하지 못하고 있다. 이때에 프레임의 책이 번역된 것은 크게 환영할 일이다. 신학은 서양 철학과 협력하거나 배척하였다. 이런 관계를 단순하게 기술할 수도 있지만, 프레임처럼 서양 철학사를 개괄하고 성경적 관점에서 평가하는 일은 결코 쉽지 않다. 급격하게 서양화한 한국사회와 한국교회 안에는 서양 철학과 동양 사상의 세계관이 기묘하게 혼재되어 있다. 프레임의 책으로 서양 철학을 비판적으로 접근하는 도움을 받아 동양 사상의 세계관도 비판적으로 평가하는 역량을 길러 한국교회를 정화할 때가 되었다. 이 책이 한국의 모든 신학교에서 서양 철학사 교재로 사용된다면, 한국교회의 반지성주의를 극복하는 데에 확실하게 기여할 것이다."

– **유해무 교수**, 고려신학대학원, 교의학

"조직 신학자 존 프레임 교수의 서양 철학사가 우리에게 선물로 주어졌다. 존 프레임 교수는 본래 분석철학에 깊은 관심을 가지고 작업했던 변증학자. 이 책에 자세하게 소개된 철학에 대한 설명은 존 프레임의 정통 개혁신학적 틀에서 각각의 철학을 해설한 것이므로, 그 최종적인 의미를 생각하면서 읽으면 특별한 가치가 있다. 각자의 해석과 입장이 있기 때문에, 특히 철학을 전공한 사람들은 존 프레임의 이런 설명에 동의하지 않을 수 있다. 하지만 프레임이 왜 그렇게 말하는지 그 이유를 깊이 생각하면서 읽으면 큰 도움이 될 것이다. 신학을 하는 사람들에게 준비 과정으로서도 의미 있는 독서가 될 것이다."

– **이승구 교수**, 합동신학대학원대학교, 조직 신학

"교회사나 교리사를 살피다 보면, 서양 철학과 기독교 신학의 밀접한 관계를 절감하게 된다. 자습할 수 있는 철학 사상사를 추천해 달라고 요청하는 신학생들이 종종 있음은 이 때문일 것이다. 저자는 철학자들과 신학자들에 대한 새로운 해석을 제시하기보다 의견 일치가 이루어진 해석을 간명하게 제시하고 있다. 성경을 삶의 모든 영역을 지배하는 원리로 확신하는 저자가 성경적 관점에서 서양 사상을 분석하고 평가하고 있기에, 『서양 철학과 신학의 역사』는 개인이나 그룹 공부 교재는 물론 기독교철학 교과서로 사용하기에 매우 좋은 책이다."

– **임원택 교수**, 백석대학교 신학대학원장, 역사 신학

"이 책은 여러모로 유익하다. 우선 이 책은 서양의 철학과 신학을 태동부터 역사의 순서를 따라 진술하면서, 중요한 인물들과 사상들의 요목을 정리해 주기 때문에 교과서와 같은 역할을 한다. 게다가 이 책은 철학과 신학이 어떻게 교차되는지 보여줌으로써 우리의 위치를 파악하고 어디로 가야 하는지 제시하는 GPS와 같은 역할을 한다. 나는 평소 철학을 모르면 정신이 없고 신학을 모르면 영혼이 없다고 말하곤 하는데, 이 책은 둘 다를 가르치는 탁월한 이중 교사이다."
– **조병수 교수**, 합동신학대학원대학교 전 총장, 신약학

"철학은 '지혜를 사랑한다.'는 뜻이다. 그러나 고대 헬라 학파에서부터 오늘날에 이르기까지 철학자들의 글은 대부분 말씀의 지혜가 아닌 세상의 지혜를 반영해 왔다. 그 가운데는 빛보다는 어둠을 드리운 것이 많았다. 그러나 존 프레임이 최근에 저술한 또 하나의 대작은 그렇지 않다. 서구 사상의 역사를 개괄한 책 가운데 프레임의 책 외에 명확한 해설과 비판적인 통찰력과 성경적인 지혜를 고루 겸비한 책을 찾아보기는 매우 어렵다. 학습을 위한 질문, 풍부한 참고 문헌, 영향력 있는 사상가들의 유명한 인용문, 20편의 부록, 장을 표기한 용어 해설을 갖춘 이 책은 신학교에서 주교재로 사용하기에는 더할 나위 없이 적절하다. 나는 미로와도 같은 철학과 신학의 역사를 알기 위해 신뢰할 만한 지침서를 찾는 신자들에게 기독교적 관점을 솔직하게 드러낸 이 책을 가장 먼저 추천하고 싶다."
– **제임스 앤더슨**, 개혁신학교(샬롯) 신학과 철학 담당 부교수

"일반적인 서양 철학사는 하나님을 배제한 채 그분이 창조하신 피조 세계에 관해 사고하려는 인간의 수많은 시도를 다룬다. 그런 시도들은 세상에 관한 우리의 자연적인 호기심을 자극할 수 있는 단편적인 진리들을 가르치는 다양한 사상 체계를 발전시켰다. 그러나 그런 단편적인 진리들은 신념과 가치를 지배하는 권위를 지닌 성경의 진리를 배제한 상태에서는 온전한 진리를 드러낼 수 없을 뿐 아니라, 심지어는 그것들이 전하는 작은 지식들조차도 진실과는 거리가 멀 수밖에 없다. 결국 우리에게 남는 것은 거짓뿐이다. 이것이 사탄이 하와를 유혹한 속임수였다. 사탄은 자신의 공허한 거짓을 진리로 받아들이도록 그녀를 유혹했다. 에덴동산에서 그런 일이 있은 이후부터 사탄의 전략은 본질적으로 조금도 변하지 않았다. 그는 철학이라는 이름으로 피조 세계에 대한 거짓된 평가를 숙고하도록 부추기거나 하나님의 진리의 말씀에 거짓된 철학의 가라지를 섞어 우리의 마음과 생각 속에 심어 놓거나 하는 전략을 펼친다. 어느 경우가 되었든 그의 목표는 하나님의 말씀을 의문시하도록 유도하는 것이다. 존 프레임은 이 공격에 맞서 교회를 위해 참으로 귀한 공헌을 했다. 그는 올바른 관점(즉 영적 싸움)에서 서양 철학의 역사를 개괄했다. 여기에서 우리는 철학이 단지 대학교 커리큘럼에 속한 과목으로 끝나지 않는다는 것을 알 수 있다. 철학은 수많은 사람들의 마음과 생각 속에 존재하는 전쟁터와 같다. 우리는 이 책을 통해 모든 생각을 사로잡아 그리스도께 복종시키고, 진리의 수호자가 되는 데 필요한 것들을 얻을 수 있다. 아무쪼록 이 책이 그런 훈련을 쌓는 시간에 우리에게 많은 도움이 되기를 진정으로 바라마지 않는다."
– **존 바버**, 플로리다 주 팜비치가든스 코너스톤 장로교회 목사

"프레임은 이 책을 통해 독자들에게 '삼중적 관점'으로 서양 철학과 현대 신학의 역사를 바라 볼 수 있는 안목을 열어준다. 오랫동안 개혁신학교에서 가르쳐온 그의 강의와 일평생의 독서와 성찰을 토대로 쓰인 이 책이 피앤알 출판사를 통해 출판되었다. 이 책에서 다루어진 많은 사상가들에 관한 그의 해석은 보편적인 철학사의 체계를 따르지만 그가 평가한 내용은 그의 독창성을 분명하게 드러낸다. 프레임이 이 책을 반틸에게 헌정한 것을 통해 알 수 있는 대로 그는 철학과 신학의 역사를 기독교 사상과 다른 신념 체계와의 대립의 역사로 간주한다. 여기에서 서구 사상은 오류와 이탈과 우상 숭배의 이야기로 평가되었고, 그에 대한 연구는 우리의 생각 속에서 일어나는 영적 싸움을 위해 준비를 갖추는 훈련의 의미를 지닌다. 이 책은 프레임의 사상 체계의 원숙함을 잘 보여준다. 그의 사상 체계에 관심이 있는 사람이라면 누구나 이 책을 꼭 읽어야 한다."
– **브루스 보거스**, 개혁신학교(잭슨) 철학과 신학 담당 부교수

"마침내 '존 프레임이 프레드릭 코플스턴처럼 온전한 철학사를 집필한다면 어떻게 될까?'라는 의문이 풀렸다. 이제는 그 의문을 속 시원하게 해결할 수 있다. 왜냐하면 그가 그런 책을 내놓았기 때문이다. 이 책은 프레임 박사가 지니고 있는 모든 자질을 여실히 보여준다. 이 책은 평화로우면서도 신중한 태도로 오랜 역사 속에 등장한 수많은 사상가들과 의견을 교환함과 동시에, 인본주의적인 자율성과 자기 주장과 자기 결정이라는 우상들을 제거해 버렸다는 점에서 매우 흥미롭기 그지없다. 나는 학창 시절에 프레임 박사에게서 배울 때부터 (학생으로서의 나의 노력을 포함해) 지성의 영역에 속한 그 무엇을 평가하기에 가장 적합한 사람을 고른다면 바로 그일 것이라고 생각해 왔다. 그는 내가 아는 한 가장 훌륭한 평가자였다. 그런 자질이 서양 철학사를 집필할 때도 고스란히 나타났다. 프레임 박사는 반틸보다 좀 더 온건하지만 그 못지않게 날카로우면서도 좀 더 섬세하며, 상세한 요점들을 더 잘 파악하는 안목을 지니고 있다."
– **리처드 블레드소**, 콜로라도 주 벌더 도시 선교사, 전 미국장로교회 목사

"1960년대에 밴더빌트대학교 학부생으로 철학을 공부할 때 존 프레임이 쓴 이 책이 있었더라면 참으로 좋았을 것이다. 당시는 모든 대학생들이 철학에 관심을 기울였지만 철학은 대부분 암울하고, 냉소적이거나(실존주의) 당시의 심각한 악을 무시한 채 좀 더 명확한 언어를 사용해 모든 것을 설명하려고 시도하거나(논리실증주의) 둘 중에 하나인 것처럼 보였다. 프레임은 다양한 철학 사상을 잘 알고, 또 잘 설명한다. 그는 세상과 철학의 역사를 올바른 관점으로(성경이라는 렌즈, 곧 세상과 인간에 대한 하나님의 진리를 통해) 바라본다. 나는 철학을 처음 공부할 때는 프레임 박사의 도움을 받는 특권을 누리지 못했지만 오늘날의 독자들은 그의 가르침을 쉽게 접할 수 있다. 이 기회를 놓치지 말라."
– **로버트 캐나다 주니어**, 개혁신학교 명예 학장

"나는 젊었을 때 버트런드 러셀이 1945년에 펴낸 철학사의 고전인 『서양 철학사』를 열심히 탐독했다. 그리고 2년 전에는 그보다 부피가 훨씬 작은 럭 페리의 『간단한 사상사』를 읽었다. 이 두 권의 책이 세

상에 나온 그 어간에 많은 사람들이 진지한 태도로 서구 사상의 역사를 다룬 책들을 펴냈고, 나는 그것들도 빼놓지 않고 읽었다. 그 책들 중에는 더러 인정을 받은 것들도 있었고, 그렇지 못한 것들도 있었다. 그러나 존 프레임이 쓴 서구 사상사와 같은 책을 읽어 본 적이 한 번도 없었다. 프레임 박사는 조금도 망설임 없이 깊은 기독교적 신념을 가지고 자료들과 사상 운동들을 평가하려고 노력했고, 독자들에게도 그렇게 하라고 적극 권유하고 있다. 이 책은 그런 신념에 더하여 대학교나 신학교의 교재로 활용할 수 있는 구조까지 갖추었기 때문에 조금도 중립적이지 않으면서 겉으로만 중립적인 척하는 것에 싫증을 느낀 학생들과 목회자들에게는 더할 나위 없는 가치를 지닌다. 프레임의 논증에 동의하거나 동의하지 않거나 상관없이 우리는 그를 통해 신학적이고, 철학적인 범주 안에서 사고하는 방법을 배울 수 있다."
– **D. A. 카슨**, 트리니티 에반젤리컬신학교 신약학 연구 교수

"존 프레임은 방대한 내용을 다루면서 제자라는 단순한 원리에서부터 출발한다. 그는 철학, 인식론, 윤리학에 관한 서구 사상을 객관적으로 평가할 수 있다는 헛된 약속을 멀리하고, 인간의 모든 사고와 노력의 배후에 있는 신적 당위성을 헤아려야 할 기독교적 필연성을 솔직하게 강조한다. 물이 고랑을 따라 흐르는 것처럼 그리스도인의 생각은 필연적으로 이론과 주장과 명령을 하나님의 말씀이 제시하는 길을 따라 파악하기 마련이다. 프레임은 스스로의 편견을 의식하지 못하는 세속주의자들에 대한 자신의 분석은 그런 전제들에 비하면 그야말로 아무것도 아니라는 것을 잘 알고 있지만, 좋은 쪽이든 나쁜 쪽이든 우리의 문화적 관점과 우선순위에 나름대로 영향을 미친 사람들의 사상과 윤리를 능숙하게 다루기 위해 모든 사상과 실천을 주님께 기꺼이 복종시키기를 원한다."
– **브라이언 채플**, 일리노이 주 페오리아 그레이스 장로교회 담임 목사

"존 프레임보다 젊은 신학자인 나는 서양 철학사에 대한 그의 폭넓은 구도에서 많은 도움을 얻었다. 그는 명료하고도 능숙하게 철학사와 관련된 가장 중요한 순간들을 간단하게 요약하고, 신학적으로(즉 성경적으로) 평가했다. 프레임은 이 책을 통해 전에 구축했던 구조에 살을 갖다 붙였다. 참으로 귀한 책이 아닐 수 없다. 많은 장점이 있지만 특히 그는 철학과 신학이 서로 대립된다는 생각을 의문시하면서 철학자들이 제기한 문제에 성경적인 신학을 적용하면 그런 문제들에 대해 권위 있고, 올바른 답변을 제시할 수 있다는 신념을 드러냈다. 이 책은 철학에 문외한인 사람들에게는 새로운 도전을 안겨줄 것이고, 이미 신학과 철학의 적절한 접촉점을 의식하고 있는 사람들에게는 그런 생각을 더욱 깊이 있게 만들고, 더욱 강하게 확증해 줄 것이다."
– **윌리엄 에드거**, 웨스트민스터신학교 변증학 교수

"하나님의 자기 증언인 성경은 건전한 철학을 연구하고, 철학과 신학의 올바른 관계를 확립하는 데 반드시 필요한 토대를 제공한다. 이런 중요한 확신을 가지고 쓴 책은 그리 흔하지 않다. 그런데 이 책만큼은 예외다. 이 분야에 관한 저자의 과거와 현재의 방대한 사상을 집대성한 이 책은 특히 '하나님을

아는 것을 대적하여 높아진 것을 다 무너뜨리고 모든 생각을 사로잡아 그리스도에게 복종하게'(고후 10:5) 하려는 사도적 신념을 따르는 사람들에게는 쌍수를 들고 환영할 만한 귀한 가치를 지닌다."
— **리처드 개핀 주니어**, 웨스트민스터신학교 성경신학과 조직 신학 담당 명예교수

"나는 철학에 대해 '신중하게 다뤄라.'고 말하는 전통 가운데서 성장했다. 그것이 존 프레임이 정확히 이 중요한 책에서 하고 있는 일이다. 그의 책은 본보기가 되기에 충분한 방식으로 성경적인 연구와 기독교 신학을 철학사와 연결시킨다. 이 책을 신중하게 읽는 것이 곧 교육이다."
— **티모시 조지**, 비슨신학교, 샘포드대학교 초대 학장, 『개혁주의 성경 주석』 편집 주간

"프레임 교수는 철학과 신학(줄곧 대립과 협력의 관계를 맺어온 두 학문)의 역사를 다룬 이 책을 통해 교회에 크게 기여했다. 그는 보기 드문 명쾌한 사고와 절대적인 진리에 대한 헌신으로 이 일을 이루었다. 이 책의 내용은 간결하면서도 일관성이 있다. 프레임은 많은 현대 사상의 배후에 놓여 있는 본질적인 모순들을 담대하게 지적했다. 이 책은 학생들에게는 반드시 필요한 지침서이고, 변증가에게는 귀중한 변증 도구가 되기에 충분하다."
— **리암 골리거**, 펜실베니아 주 필라델피아 제10 장로교회 담임 목사

"존 프레임의 『서양 철학과 신학의 역사』는 교회와 학술계를 위한 참으로 유쾌한 선물이 아닐 수 없다. 내 책장에는 철학 서적이 많고, 신학 서적은 그보다 더 많다. 그러나 프레임 박사가 이 책에서 보여준 것과 같은 통찰력과 재능과 매력을 갖춘 채로 신학과 철학의 관계를 논의한 책은 일찍이 없었다. 철학자들과 그들의 사상 체계에 관한 프레임의 분석은 명확하고 대화적이며, 다른 무엇보다도 지극히 성경적이다. 나는 2015년 봄에 인근의 기독교 고등학교에서 매우 명석한 졸업반 학생들에게 철학사와 변증학을 가르쳤다. 그 당시 디지털 매체를 통해 이 책의 서평용 증정본을 받아 본 것이 너무나도 감사하다. 왜냐하면 그것을 통해 많은 정보를 얻었고, 그 덕분에 나의 강의가 한층 더 향상되었기 때문이다. 나는 이 책의 유용성을 직접 경험해 보았기 때문에 신학생들과 목회자들과 교사들을 비롯해 서구 사상의 역사에 관심이 있는 모든 사람에게 이 책을 적극 추천하고 싶다. 교육을 위한 도움이 많다는 이유만으로도 이 책은 사볼 만한 충분한 가치를 지닌다. 이 책은 내가 좋아하는 존 프레임의 책들 가운데 하나가 되었다. 모두가 이 흥미롭기 그지없는 책을 밑줄을 긋고 책장을 접어가면서 읽을 수 있기를 기대한다."
— **고어 주니어**, 사우스캐롤라이나 주 듀웨스트 어스킨신학교 학장 겸 조직 신학 교수

"프레임이 철학에 관해 쓴 것은 모두 주의 깊게 생각할 가치가 있다."
— **하워드 그리피스**, 개혁신학교(워싱턴) 조직 신학 교수 겸 학과장

"20세기 중반 이후로 철학의 역사에 관심이 있는 그리스도인들은 종종 여러 권으로 된 프레드릭 코

플스턴의 『서양 철학사』나 제임스 콜린스의 『현대 유럽 철학의 역사』와 같은 가톨릭 학자들의 저서를 읽곤 했다. 이런 상황에서 그동안 몹시 필요했던 책, 곧 개혁주의의 관점에서 이 중요한 학문을 다룬 책이 존 프레임의 『서양 철학과 신학의 역사』라는 제목으로 출판되어 진정 기쁘기 한량없다. 프레임은 그 자체로 매우 벅찬 작업이라고 할 수 있는 서양 철학의 역사를 심도 깊게 파헤쳤다. 그는 그 과정에서 헬라 시대에서부터 오늘날에 이르기까지 역사 속에 등장한 위대한 철학 체계들을 기독교 신학과 연관시켰다. 그는 자신의 관점주의를 또 다른 학문에 적용함으로써 이 연구를 자신의 폭넓은 체계 안에 포함시켰고, 그 결과 또 한 권의 무게 있는 책이 세상에 나왔다. 그러나 책의 부피보다 더 중요한 것은 프레임이 설득력과 일관성을 갖춘 명쾌한 논의를 제시하고 있다는 것이다. 프레임은 이 책에서 계속해서 앞뒤를 점검하면서 사상들을 연결시키고, 문제를 제기하고, 통찰력 있는 예증을 펼치고, 핵심 사상가들의 중요한 공헌을 옳게 평가한다. 그와 동시에 그는 논증의 약점들을 충실하게 드러내고, 다양한 형태로 인간의 자율성이라는 원리를 추구하는 서구의 철학적 사고가 복음을 절실히 필요로 한다고 주장한다."
— **앤드류 호페커**, 리폼드신학교 교회사 명예교수

"존 프레임은 지난 30년의 역사 속에서 가장 뛰어난 통찰력과 가장 정직한 태도를 지닌 철학자 겸 신학자 가운데 한 사람이었다. 그는 많은 책을 저술했을 뿐 아니라 서양 철학과 신학의 여러 주제들과 그 미묘한 의미의 차이를 정확하게 분석하는 능력이 놀라우리 만큼 탁월하다. 그뿐만이 아니다. 프레임은 목회적인 감수성까지 갖추었다. 25년 전에 그의 학생 가운데 한 사람이었던 나는 어느 날 강의실 칠판에 '신학은 삶이다.'라는 한 줄의 심오한 글귀가 적혀 있는 것을 발견했다. 프레임은 신학이나 철학을 일상적인 삶의 현실과 분리하지 않는다. 이 책도 독자의 생각을 자극함과 동시에 또한 마음을 따뜻하게 해주는 그런 진귀한 책 가운데 하나다."
— **프랭크 제임스 3세**, 성경신학교 학장 겸 역사 신학 교수

"존 프레임은 독자들에게 주로 대학생들이나 배울 법한 상세하고도 풍부한 서구 신학과 역사에 관한 강좌를 가만히 앉아서 들을 수 있는 놀라운 특권을 부여했다. 그는 헬라 시대에서부터 오늘날에 이르기까지 서구 역사 속에 등장한 중요한 사상가들을 기독교적이고, 개혁주의적으로 능숙하게 해석한 내용을 한 권의 책 안에 모두 옮겨 놓았다. 우리 모두는 이런 역작을 펴낸 그에게 무한한 빚을 지고 있다."
— **피터 존스**, 웨스트민스터신학교(캘리포니아) 객원 교수이자 "트루스엑스체인지" 이사

"이 책은 사상의 첫 시작부터 오늘날에 이르기까지 철학적 탐구를 이끌어 온 위대한 사상가들을 폭넓게 다루고 있다. 존 프레임은 이 지성적인 분야에 매우 정통하다. 그의 날카로운 철학적, 신학적 비판은 기독교적 세계관을 탐구하는 데 도움이 되는 방대하면서도 접근이 용이한 지침서를 만들어냈다. 목회자들의 서재에는 이 책이 반드시 포함되어 있어야 하고, 철학과 기독교 사상의 관계에 관심이 있

는 철학자들이나 신학자들이나 신학교 학생들도 언제라도 이 책을 손쉽게 이용할 수 있어야 한다."
– **피터 릴백**, 웨스트민스터신학교 학장

"존 프레임이 또다시 큰 일을 해냈다. 그는 교회를 위해 크고, 지속적인 가치를 지니게 될 또 한 권의 훌륭한 역작을 펴냈다. 많은 신학교와 신학대학교들이 대학 응시생들에게 입학을 허락하기 전에 이 책을 읽도록 요구할 것이 틀림없다. 또한 대학교 학부생들도 이 책을 늘 곁에 두고 필요할 때마다 참고할 것이 분명하다. 프레임 교수, 참으로 감사하다."
– **새뮤얼 로건**, 세계개혁주의협의회 국제부 책임자

"존 프레임이 또 한 번 큰 일을 해냈다. 이 책은 교회를 위한 선물이다. 이 책은 모든 연령의 학생들이 서구 철학을 기독교적 관점에서 평가하고자 할 때 사용할 수 있는 믿을 만한 자료를 제공한다. 오늘날의 세대에 프레임의 책이 좀 더 폭넓게 확산되어 읽힌다면 교실을 지배하고 있는 세속주의적인 관점이 큰 도전을 받게 될 것이다."
– **로드 메이스**, 사우스캐롤라이나 주 그린빌 미첼로드 장로교회 행정목사, 전 개혁주의대학교협의회 국내부 간사

"이 책은 존 프레임이 개괄한 전통을 따라 철학을 처음 접했던 나의 옛 기억을 되살린다. 나는 그의 학생으로서 이런 내용의 강의를 많이 듣는 축복을 누렸다. 그 덕분에 나는 항상 철학을 하는 것이 기독교적 제자직의 필수 요소 가운데 하나라고 생각해 왔다. 어떤 것을 철학적으로 이해하면 모든 것(인간성, 피조 세계, 문화, 기독교 신학 등)이 한층 더 향상된다. 그것이 곧 늘 중요하기 짝이 없는 사상의 세계를 진지하게 생각하며 책임 있게 대하는 것이다. 잘 정리된 이 책을 읽으면 존 프레임을 철학적으로 이해하는 데 유익할 뿐 아니라 직접 철학자들을 깊이 연구해 보고 싶은 생각이 들 것이 틀림없다. 경이로움이 우리를 향해 부른다. 경이로움이 지혜 안에서 우리를 기다리고 있다. 지혜를 사랑하는 것이 곧 하나님을 사랑하는 것이다. 하나님은 이 세상의 주님이시다. 따라서 우리는 어디서나 진리를 발견할 수 있기를 기대해야 한다. 어디에서 진리를 찾든, 우리는 그 진리를 하나님의 진리로 간주할 수 있다(이것이 내가 존 프레임에게서 배운 것이다)."
– **에스더 라이트캡 미크**, 펜실베니아 주 비버폴스 제네바칼리지 철학 교수

"이 책의 부피와 범위와 깊이 있는 내용은 그 자체로 깜짝 놀랄 만하다. 고대 헬라 시대부터 오늘날에 이르기까지의 기독교와 비기독교의 철학과 신학이 풍부한 자료와 함께 상세하게 진술되었다. 인간의 상황에 관한 프레임 교수의 통찰력 있는 분석과 그 상황을 해결하기 위한 역사적 시도들에 대한 그의 개괄적인 설명은 가히 정보의 보고이자 하나님의 기록된 말씀을 통해 그분의 계시의 빛 안에서 사는 법을 일깨우는 실천적인 안내자가 되기에 충분하다."
– **유진 메릴**, 댈러스신학교 구약학 특훈 명예교수

"서구 문명은 미래의 역사가들에 의해 우리가 전에는 결코 도달하지 못했던 곳으로 향하는 험준한 여행길을 안내하는 이정표로 기억될 만한 특별한 시기를 거치고 있다. 모든 전통과 신앙을 사려 깊게 지켜보는 사람들은 물론 그리스도인들까지도 자신들을 이끌어 온 철학 운동들을 이해하는 데 도움이 될 안내자를 필요로 하고 있다. 존 프레임 박사는 그런 안내자가 되기에 충분한 자격을 갖추고 있다. 그는 저명한 신학자이자 철학도, 그것도 일류 철학자에 해당한다. 따라서 프레임 박사가 '피앤알 출판사'를 통해 『서양 철학과 신학의 역사』라는 새로운 책을 펴냈다는 소식을 듣게 되어 너무나도 감사하다. 나는 이 새로운 책을 교회, 아니 교회를 넘어 모든 사람들에게 적극 추천한다. 이 책은 단지 읽어야 할 좋은 책이 아니라 신뢰할 만한 연구 교재요 사람들의 생각을 지배하려는 중요한 싸움에서 사용하기에 적합한 강력한 칼이다."
– **마이클 밀턴**, "삶을 위한 신앙" 대표이자 개혁신학교 명예학장

"40년이 넘도록 신학과 변증학과 철학을 연구해 온 프레임이 개혁주의 기독교의 관점에서 철학을 바라본 잘 정리된 책을 독자들에게 선물했다. 이 철학 교재는 기독교 신앙을 옹호한다. 철학과 신학을 가르치는 교사들은 이 책(학습을 위한 질문, 방대한 참고 문헌, 무료 오디오 강좌, 유명한 인용문)이 더할 나위 없는 가치를 지닌다는 것을 알 수 있을 것이다. 또한 성경과 철학을 배우는 학생들은 이 책이 너무나도 상세하고, 고무적이라는 것을 알 수 있을 뿐 아니라 이 방대한 책을 읽고 소화하고 난 뒤에는 기독교 신앙을 더 잘 옹호하고, 실천할 수 있을 것이다. 프레임은 사상의 첫 시작에서부터 오늘날에 이르기까지의 중요한 철학자들과 그들의 사상을 탁월하게 분석했다. 더욱이 그는 어려운 철학적 개념들을 간단하게 정리해 철학에 관심이 있는 일반 독자들도 쉽게 이해할 수 있게 배려했다. 그의 간단명료한 문체는 읽기에 아무런 부담이 없다. 이 책은 전체적으로 무미건조한 묘사나 부적절한 정보에 매몰되지 않으면서 매우 다양하고 풍부한 지식을 제공한다."
– **조지프 낼리**, "써드 밀레니엄 미니스트리스" 신학 분야 편집장

"존 프레임이 또다시 큰 일을 해냈다. 이 책은 두 가지 방식(즉 철학의 역사를 위대한 신학이 떠받치고 있다는 것과 위대한 신학의 역사를 위대한 철학이 떠받치고 있다는 것을 보여주는 방식)을 통해 두 학문 세계의 최고의 자리에 올랐다. 또한 이 책은 교육학적인 측면에서도 매우 창의적이다. 신자가 이것 외에 다른 무엇을 더 요구할 수 있겠는가? 이 책을 읽으면 많은 것을 배울 수 있고, 많은 것이 될 수 있다. 프레임이라는 사람 안에는 도대체 놀라운 것들이 얼마나 많은 것일까?"
– **데이비드 노글**, 댈러스신학교 철학과 주임교수 겸 대학 특훈 교수

"미국에서 그리스도인들에 대한 공격이 더욱 거세진다면 분명히 프레임이 '기독교를 지성적인 격식을 갖춘 종교로 만들려는 시도'라고 일컬은 것을 통해 그렇게 될 것이다. 그런 시도가 진리를 가로막고, 하나님으로부터 새로운 생각과 마음을 부여받아야 할 필요성을 외면하는 것이라는 프레임의 지적은 매우 지당하다. 그는 이 책에서 자율적인 합리성이나 실존적인 불합리성을 추구하는 철학이 어떤 식

으로 잘못되어 갔는지를 보여주었다. 플라톤주의와 바르트주의에 크게 영향을 받은 많은 사람들과 철학 전공자들과 대학생들과 신학생들은 이 책을 반드시 읽어야 한다."
– 마빈 올래스키, 「월드」지 편집장

"존 프레임이 또 한 번 큰 일을 해냈다. 그는 '주재권 신학'을 다룬 다른 책들에서처럼 명쾌하고 포괄적인 논리로 또다시 하나님에 관한 지식을 다루는 서구 사상을 전체적으로 개괄한 책을 펴냈다. 모든 사람이 프레임처럼 성경을 말씀하시는 하나님의 현실을 기록한 산물로 받아들여야 한다. 이 책은 탁월하고 견고한 논리 전개와 잘 소화되어 정리된 형태로 카이퍼와 반틸의 관점을 효과적으로 옹호하고 있다. 존 프레임이 이룬 또 하나의 뛰어난 업적이 아닐 수 없다. 이 책은 교재로서 널리 활용해야 할 가치가 있다. 나는 그렇게 되기를 바란다. 존 프레임에게 탄복하는 마음이 갈수록 커진다."
– 제임스 패커, 브리티시 콜롬비아 밴쿠버 리젠트칼리지 신학 교수

"바울 사도는 디모데에게 그의 속에 있는 은사를 활용하라고 당부했다. 존 프레임 교수는 일생동안 자신의 은사를 적극 활용함으로써 서구 철학을 깊이 있게 이해해 그 종교적인 차원을 드러내고, 전문가와 일반인의 간격을 좁히는 데 기여했다. 그런 그가 영적 싸움을 하는 데 효과적으로 사용할 수 있는 『서양 철학과 신학의 역사』라는 책을 펴냈다."
– 앙드레 수 피터슨, 「월드」지 수석 기자

"오늘날 존 프레임만큼 하나님의 비전을 성경적으로 훌륭하고 탁월하게 옹호하는 사람은 찾아보기 어렵다. 그는 수십 년 동안 교회와 학생들과 깊은 성찰과 엄밀한 성경 연구에 헌신해 왔다. 그는 재치와 인내심과 뛰어난 설득력을 바탕으로 세속 철학의 현장과 교회의 예배 전쟁의 와중에서 복음을 굳건하게 옹호했으며, 여성해방주의와 열린 유신론에 맞서 싸웠다. 그는 폭넓은 사고, 빈틈없는 성찰, 성경적인 충실함, 복음과 교회에 대한 사랑, 신중하고, 명쾌하게 글을 쓰는 능력을 두루 겸비한 보기 드문 인물이다."
– 존 파이퍼, "디자이어링갓" 설립자이자 강사, 베들레헴대학교와 신학교 총장

"철학의 주요 사상가들과 학파들을 다룬 책들 가운데서 이보다 더 중요한 책을 찾아보기는 어렵다. 그 동안 건전한 안내자가 필요했는데 이 책이 그 필요를 채워주었다. 철학은 매력적이면서도 위험한 많은 사상과 체계로 이루어져 있다. 지금까지 수많은 사람들이 거듭 그 희생자가 되었다. 프레임은 성경의 잣대를 사용해 좋은 것과 나쁜 것을 명쾌하게 가려냈다. 또한 그는 자유주의 신학을 철저하게 비판해 그 근본이 기독교의 형태를 가장한 채 인간의 자율성을 추구하는 데 있다는 것을 여실히 보여주었다."
– 베른 포이트레스, 웨스트민스터신학교 신약 해석학 교수, 『웨스트민스터저널』 편집장

"존 프레임의 저서를 잘 알고 있는 사람은 누구나 그의 책들이 기존의 가설들에 도전해 창조적인 방식으로 논의를 이끌어주기를 기대할 것이다. 그런 점에서 이 책은 그 누구도 실망시키지 않는다. 존 프레임은 철학자로서의 전문성과 성경(곧 모든 철학을 평가하는 기준)에 대한 깊은 헌신을 보여주었다. 그는 확실한 옛 길을 보여주었을 뿐 아니라 학자들과 학생들과 철학에 관심이 있는 일반인들 모두가 철학적인 논의를 적절하게 이끌어 나갈 수 있는 새로운 길을 열어주었다."
– 리처드 프랫 주니어, "써드 밀레니엄 미니스트리스" 대표

"존 프레임은 '여호와를 경외함'을 언급한 성경 구절을 인용함으로써 서양 철학과 신학에 대한 탐구를 시작했다. 오늘날 성경적인 지혜를 바탕으로 서구 사회의 철학과 신학을 다루는 지성적인 역사가를 찾아보기는 매우 어렵다. 프레임은 이 책에서 서구 사회는 물론, 세계 전체에서 수많은 논의를 불러일으킨 위대한 사상들이 발전해 온 과정을 체계적으로 충실하고 사려 깊게 파헤쳤다. 그러나 참으로 인상 깊은 것은 프레임이 다른 많은 사람들과는 달리 객관적인 척하지 않고, 기독교의 관점에서 주제들을 다루면서 개개의 사상을 성경의 가르침에 비춰 설명했다는 점이다."
– 존 스콧 레드 주니어, 개혁신학교(워싱턴) 학장 겸 구약학 부교수

"철학은 자율적인 사색을 연습하는 학문일 뿐이라고 생각하는 그리스도인들이 많다. 단지 부정적인 관점에서만 바라보면 철학은 간단히 무시해도 좋은 것처럼 보인다. 그러나 철학자 프레임은 서구 철학을 압도적으로 지배해 온 비기독교적인 가설들을 식별하고, 다루는 데 있어 대다수 사람들보다 훨씬 더 능숙한데도 그것을 무작정 무시하거나 외면하지 않는다. 오히려 그는 서구 역사에 등장한 중요한 철학자들과 그들이 제기한 근본적인 문제들을 재치 있게 다룬다. 그는 철학의 역사에 대한 해박한 지식을 보여주고, 신학의 발전에 영향을 미친 사조를 비평적으로 인식하며, 하나님의 말씀에 겸손히 복종함으로써 '하나님을 따라 그분의 생각을 하는 것(케플러의 말-역자주)'이 오늘날 복음을 옹호하고, 유지하는 데 어떤 도움을 주는지를 직접 가르쳐 주었다. 프레임의 『서양 철학과 신학의 역사』는 많은 학생들은 물론, 상당수의 교사들에게까지 형이상학, 인식론, 가치론, 자유주의 신학과 같은 미개척의 영역을 헤쳐 나가는 데 필요한 신뢰성 있는 지도를 제공한다. 또 이 책은 그리스도인들이 철학적 논의의 장에 다시 들어가서 균형을 유지하며, 위험한 형태의 불신앙에 맞서 싸우도록 이끄는 지팡이와 같은 역할을 한다. 이 책이 출간되어 참으로 기쁘다. 아무쪼록 이 책이 신학생들과 철학적 기반이 없는 사람들에게 그 중요성을 새롭게 일깨워 주기를 기대한다."
– 마크 라이언, 커버넌트신학교 종교와 문화 담당 부교수이자 프랜시스 쉐퍼 연구소 임원

"프레임의 주재권 신학 시리즈가 그의 대표작이라면 이 책은 그의 가장 뛰어난 업적이라고 말할 수 있다. 한 권의 책에 방대한 내용이 담겨 있다. 철학과 철학 학파들에 대한 그의 지식은 깊고, 넓고, 날카롭고, 분석적이다. 가장 중요한 것은 그가 기독교적인(성경적인) 세계관에 굳건하게 뿌리를 내린 채로 기독교의 관점으로 서구 역사에 등장한 중요한 철학자들을 모두 예리하게 분석하고, 비판하고 있다는

점이다. 그동안 철학을 논의한 기독교 서적이 많이 출간되었지만 이런 일을 시도한 책은 한 권도 없었다. 프레임은 이 책에서 서구 철학의 전체적인 기반을 엄격한 성경의 관점에 비춰 평가했다. 이것은 전례가 없는 일이다."

— **앤드류 샌들린**, 캘리포니아 주 콜터빌 "문화 리더십 센터" 대표

"현대의 형식적인 그리스도인들은 철학과 신학과 관련된 글들을 가급적 외면하려는 경향이 있고, 이 세상은 기독교의 관점에서 분석한 사상은 무작정 모조리 거부하려는 경향이 있다. 세상에는 기독교의 발전과 현대 사회의 상황 속에서 철학과 신학이 차지하는 중요성을 의식하지 못하는 학자들이 수두룩하다. 그러나 모든 것을 사로잡아 왕이신 예수님께 복종시키기를 원하는 성경적인 그리스도인들은 그렇지 않다. 그리스도인으로서 문명의 기원과 발전을 옳게 이해하려면 철학과 신학을 그 역사적인 상황과 연관시켜 연구하는 것이 반드시 필요하다. 그리스도의 왕국을 옹호하며 그것을 위해 생산적인 일을 하고자 하는 사람들의 경우는 특히 더 그렇다. 프레임 박사는 서구 사상의 발전 과정과 그것이 인간에게 미친 영향을 기독교적 관점에서 충실하게 분석했다. 그의 목적은 인간이 서구 사회라는 상황 속에서 영적 싸움을 하고 있다는 사실을 깨우쳐 주는 데 있다. 만일 기독교가 모든 것을 사로잡아 그리스도께 복종시키기를 원한다면 목회자든 학자든 일반 신자든 이 책을 읽는 데서부터 시작하는 것이 가장 좋을 듯하다."

— **케니스 탈봇**, 화이트필드대학교와 신학교 총장

"오늘날 철학을 기독교 신학과 제자직과는 전혀 무관한 기괴한 사변으로 잘못 생각하는 그리스도인들이 많다. 그러나 골로새서 2장 8절은 인간의 철학이 우리를 어떻게 속이고, 사로잡을 수 있는지를 분별하는 법을 배워야 한다고 강조한다. 더욱이 이 말씀은 '그리스도를 따르는 철학'이 있다는 것을 암시한다. 존 프레임은 이 놀라운 책에서 철학의 역사를 추적함으로써 세속 철학과 올바르지 못한 기독교적 철학적 시도가 다양한 방식으로 합리주의와 불합리주의의 징후를 드러낸다는 것을 보여주었다. 이 책은 중요한 사상가들과 그들의 철학을 역사적으로 개괄할 뿐 아니라 철학과 신학을 통합해 모든 사상을 사로잡아 그리스도와 그분의 주권에 복종시킴으로써 그분을 영화롭게 하는 데 기여할 수 있는 방법을 보여준다(고후 10:5). 이 책을 강력히 추천한다."

— **저스틴 테일러**, 크로스웨이 출판사 부대표

"신학이나 철학을 잘 하려면 그 두 학문의 관계를 올바로 이해해야 한다. 존 프레임의 『서양 철학과 신학의 역사』는 그것을 올바로 이해하는 데 크게 유익하다. 우리는 역사적인 진공 상태에서 사고하지 않는다. 우리는 앞서 간 사상가들과 우리의 상황에 의해 지대한 영향을 받는다. 이 책은 우리의 역사적인 위치를 옳게 파악해 우리의 맹점과 오류를 좀 더 분명하게 의식하도록 도와준다. 이 책의 역사 해석은 매우 복음적이다. 나는 이것이 너무나도 참신하고, 정직하고, 유익하다고 생각한다. 프레임은 기독교적으로 사고하는 것이 심원한 의미를 지닌다는 것을 보여주었다. 이 현명한 지성인이 명쾌한

논리로 가장 중요한 삶의 문제를 이해하도록 도와줌으로써 또 한 번 교회와 학계를 위해 크게 기여했다."

– 에릭 토니스, 비올라대학교와 탈봇 신학교 학부 신학 담당 교수이자 캘리포니아 주 라미라다 그레이스 에반젤리컬 자유교회 목사

"프레임 교수가 철학과 신학에 정통한 지식과 40년 동안의 독서와 사색과 강의의 경험을 바탕으로 고무적이면서도 풍부한 내용을 담고 있는 『서양 철학과 신학의 역사』를 썼다. 지난 수천 년 동안 두 학문과 관련된 중요한 사상가들의 사상을 간단명료하게 다룬 내용은 진정 교회를 위한 놀라운 선물이 아닐 수 없다(로마 가톨릭 사상가들과 동방 정교회 사상가들만 빠졌다). 이 두꺼운 책은 역사가, 철학자, 신학자, 기독교 변증가들에게 특별한 축복으로 남을 것이다. 철학과 신학의 연관성을 찾기를 원하는 그들은 관련 학문들에 대한 성경적으로 신뢰할 수 있고, 통찰력이 넘치는 분석을 필요로 한다. 이제 그들의 기다림은 끝났다. 그들은 그 여정을 시작하거나 이해하는 데 반드시 필요한 지도를 손에 넣었다. 프레임 교수는 철학을 '세계관(거대 담론으로도 불린다)을 확립하고 옹호하려는 훈련된 시도'로, 신학을 '삶의 모든 영역에서 하나님의 말씀을 적용하는 것'으로 각각 정의하고, 성경에서 발견된 세계관에 근거해 논증을 펼침으로써 이 두 학문이 독특한 특성을 지니면서도 서로를 깊이 의존하고 있다고 주장했다. 그러나 그는 유대인 사상가 필론으로부터 시작된 철학이 신학의 시녀라는 개념을 따르지 않고 철학에 대한 성경적인 관점(즉 성경에 기록된 계시가 참된 철학의 평가 기준이자 그 내용이라는 관점)을 제시했다. 이런 관점에 따르면 성경은 철학의 도움을 필요로 하지 않는다. 왜냐하면 철학을 올바로 탐구할 경우에는 성경이 철학을 지배하는 원리가 되기 때문이다. 그런 관점을 지지하는 것이 프레임 교수의 잘 알려진 신학적 방법의 특징이다. 그는 하나님의 주재권, '성경주의'에 가까운 사고의 일관적인 적용, 전제주의, 삼중적 관점(형이상학, 인식론, 가치 이론이라는 철학의 세 분야와 비슷하다)을 강조한다. 프레임 교수는 이런 특징들을 서양 철학과 신학에 적용함으로써 그 역사를 흥미롭게 풀어내었고, 세계에 대한 자율적인 개념화를 추구하는 인간을 향해 명료한 도전장을 내밀었다. 그 외에도 그는 사용자의 편의를 위한 학습을 위한 질문, 용어 해설, 참고 문헌, 온라인 자료, 유명한 인용문 사이트를 첨부했다. 이로써 우리는 우리 스스로 진지한 탐구를 시작했을 때 있었으면 하고 바랄 것이 틀림없는 한 권의 책을 손에 넣게 되었다. 하나님이 이 책을 통해 진리를 추구하는 개인을 축복하시고, 또한 프레임 교수의 열망(복음적인 기독교와 성경과 그리스도를 존중하는 새로운 차원의 시대가 열리기를 바라는 것)을 이루어 주시기를 기도한다."

– 팀 트럼퍼, 미시간 주 그랜드래피즈 제7 개혁교회 담임 목사

"이 책은 철저히 기독교적이고, 반틸주의적인 관점에서 기독교 사상의 역사를 개괄하고 있는 훌륭한 입문서(수십 년 동안의 교육 경험에서 비롯한 산물)다. 고대 헬라 시대부터 오늘날의 포스트모던 시대에 이르기까지의 모든 시대에서 이루어진 서구 사회의 세계관과 관련된 사상들을 영적 싸움으로 파악한 것은 매우 특별한 가치를 지닌다. 프레임의 책을 읽고, 소화하는 사람들은 지혜가 자랄 것이며, 하

님의 은혜에 힘입어 이전의 잘못을 되풀이하는 운명을 피할 수 있을 것이다."
— **케빈 반후저**, 트리니티 에반젤리컬 신학교 조직 신학 연구 교수

"어떻게 생각하며 살아가는가? 물론, 성경은 불결한 생각을 경계한다. 그러나 이 물음은 생각하는 방식을 묻는 의미를 지닌다. 우리를 속이는 생각에 사로잡혀 살아가는가? 성경은 거짓된 속임, 특히 자기 기만에 대해 강력히 경고한다. 이것이 바로 바울이 골로새 신자들과 라오디게아 신자들을 염려했던 문제였다. 그들은 지극히 뛰어나신 창조주 그리스도가 아닌 피조 세계의 한 측면(인간의 생각이나 그 전통, 사람이 생각하기에는 그럴 듯하지만 그릇 현혹시키는 논증, 물질주의, 영지주의적인 이교 사상 등)에 근거한 철학에 사로잡혔다. 그렇게 사로잡힌 생각은 현실 세계에서 실제적인 결과들(그리스도인들에게서 용기와 사랑과 확신과 총명을 앗아가고, '참된 현실'을 깨닫지 못하게 하는 것)을 초래했다. 총이나 대포를 사용하지 않고 지성으로 우리를 속이는 원수를 과연 어떻게 대적해야 할까? 그 방법은 올바른 지성으로 단단하게 무장하고 싸움터에 나가는 것이다. 그러나 경험 많은 군대 장교는 무장을 하고 싸움터에 나가려면 먼저 그곳의 정황을 옳게 파악하고 이해하는 것이 필요하다는 것을 잘 알고 있다. 존 프레임은 신선하고, 설득력 있고, 건전하고, 내용이 풍부하고, 명확하고, 이해하기 쉽고, 실물을 보듯 생생하고, 실용적이고, 올바르고, 충실하고, 정직하고, 영광의 찬가와도 같은 철학과 신학의 역사를 펼쳐 보임으로써 또 한 번 그리스도의 몸을 위해 크게 기여했다. 그가 훌륭한 것도 있고, 그릇된 것도 있으며, 때로는 추한 것도 있었던 역사를 진술한 목적은 얼굴을 직접 보지는 않았지만 그리스도 안에 더욱 굳게 뿌리를 내리기를 간절히 열망했던 신자들을 위한 바울의 수고와 노력을 지지하고, 거기에 동참하기 위해서다. 이 책은 이미 없어서는 안 될 책이 되었고, 앞으로 포스트모던 시대의 변덕스런 사조가 교회를 오염시키고, 현혹시킬수록 그 가치를 더욱 밝게 드러낼 것이다. 그러나 한 가지 주의할 점은 이 책은 전문적인 신학자들을 위한 책이나(물론 그런 사람들도 나름대로 유익을 얻을 수는 있다) 교회의 '영적 사역'을 위한 책이 아니라는 것이다(물론 이 책은 교회 생활의 모든 측면에 유익을 줄 수도 있다). 이 책은 무엇인가를 위해 무엇인가로부터 우리를 구원하시는 하나님의 세계에 살고 있는 모든 그리스도인을 위한 책이다. 이 책은 그들에게 하나님이 속량하신 세상에서 충실하게 사고하며 살아가는 방법을 가르쳐 모든 사상을 사로잡아 그리스도께 복종시키도록 도와준다. 이것은 제안이 아닌 명령이다. 분명코 이 책은 우리의 사고 생활은 물론 모든 것 가운데서 지극히 뛰어나신 그리스도를 따르는 삶을 힘차게 견인해 줄 것이다."
— **제프리 벤트렐라**, "자유수호연맹" 수석 변호사 겸 수석 부대표

"기독교 변증가 코넬리우스 반틸은 기독교 신앙의 대안으로 제시된 다양한 세속적인 사상 체계에서 '합리주의와 불합리주의의 변증 관계'를 판별하는 방법을 처음 제시했다. 그러나 그는 철학의 역사를 포괄적으로 진술함으로써 그 점을 입증하지는 않았다. 프레임의 책을 통해 마침내 복음주의 진영은 지극히 명료하고, 체계적일 뿐 아니라 그 상세한 내용까지 옳게 파악해 기독교적 관점에서 철학의 역사를 진술한 책을 소유하게 되었다. 나는 1990년대에 대학원에 다니면서 프레임의 방대한 철학적인

체계를 처음 접했고, 깊은 사랑에서 우러나온 그의 수고가 점차 많은 청중의 각광을 받게 될 때마다 항상 놀라움을 금하지 못했다. 그의 수고는 그런 반응을 불러일으킬 만한 충분한 가치를 지닌다. 이 책처럼 아무리 부피가 큰 책이라고 하더라도 한 권의 책만으로는 지성사에 등장한 중요한 사상가들을 모두 다 다루기는 역부족이지만 프레임의 상세한 요약과 예리한 분석은 논의 중인 사상가와 관련해 무엇이 진정한 기독교적 대안이 될 수 있을 것인지를 미루어 짐작할 수 있는 상상력을 자극하기에 충분하다. 독자들은 프레임이 시작한 어려운 작업을 스스로 계속 진행해 나가야 할 필요가 있다. 그러나 신중하고, 사려 깊은, 훈련된 기독교 독자들이 그 과정을 순조롭게 이끌어 나가려면 처음에 씨앗(곧 우상 숭배에 대한 의심의 씨앗, 창조주요 섭리자요 유지자요 구원자이신 삼위일체 하나님을 믿는 믿음의 씨앗)을 옳게 심는 것이 필요하다. 프레임은 그런 씨앗을 심는 일을 해냈다. 나는 그가 쓴 이 철학적 대작이 대학생들과 신학생들, 곧 일차 자료를 왜곡하거나 영향력 있는 철학자들과 핵심적인 성경 사상의 중요한 차이를 솔직하게 드러내는 것을 주저하지 않고 사상들을 정확하게 요약하고 있는 책을 절실히 필요로 하는 사람들 사이에서 널리 읽히기를 간절히 기도한다."
– **그렉 웰티**, 남침례신학교, 철학 교수 겸 종교 철학 석사과정 프로그램 코디네이터

"존 프레임의 『서양 철학과 신학의 역사』는 기독교 학자들, 목회자들, 대학교 사역자들, 평신도 지도자들의 필수 자료가 되어야 마땅하다. 신학과 철학을 다룬 책들은 많지만 그 두 학문을 명쾌하고, 솔직하게 다룬 책은 찾아보기 어렵다. 두 학문에 정통한 프레임 박사는 그것들이 서로 어떻게 연관되어 있는지를 잘 보여준다. 세속 사상, 특히 20세기에 발전된 사상을 옳게 이해해 적절하게 대응하는 데 어려움을 느끼는 그리스도인들에게 현대라는 시기는 많은 도전을 안겨 준다. 이 책의 장점은 바로 그 시기에 주된 관심을 기울였다는 것에 있다. 목회자와 같은 심정과 사상에 대한 깊은 이해를 토대로 한 이 책은 일반적인 신학 도서와는 확연한 차이를 드러낸다. 아마도 이 책은 프레임의 가장 뛰어난 책일 것이다."
– **러더 휘틀록 주니어**, 개혁신학교(올랜도) 명예 학장

한국어 번역본에 붙이는 저자 서문

나의 장모님은 평양에서 태어나셨다. 장모님의 아버지 윌리엄 헌트와 오빠 브루스 헌트는 한국에 파송된 미국인 선교사셨다. 그래서 나와 아내에게는 한국인 친구들이 많이 있다. 내가 필라델피아 웨스트민스터신학교에 다닐 무렵에는 함께 공부하던 한국인 친구들이 많았다. 나중에 캘리포니아 웨스트민스터신학교와 플로리다 올랜도의 개혁신학교에서 교수로 일할 때는 많은 한국인 학생들을 가르쳤다. 그래서 이런 저런 이유로, 내게는 친한 한국인 친구들이 많다.

이런 특별한 이유로, 내 책이 한국어로 번역되어 출간된 것을 참으로 기쁘게 생각한다. 아무쪼록 이 책이 복음 전파에 큰 도움이 되고, 또 한국교회에 축복을 가져다주는 기회가 되기를 간절히 기도한다. 오늘날 한국교회는 "파송하는 교회"가 되었다. 한국교회는 세계 전역에 선교사들을 파송한다. 내 책이 그런 훈련 과정에 기여할 수 있게 되어서 무척 기쁘다.

한국인들이 서구인들은 아니지만, 서양 신학과 철학의 역사를 배우면 많은 유익을 얻을 수 있다. 『서양 철학과 신학의 역사』는 예수님의 승천 이후에 교회가 탄생했던 당시, 사도들과 그들의 후계자들이 그리스도의 지상 명령에 따라 복음을 온 세상에 전할 당시의 지성적인 분위기를 기술하고 있다.

    그러나 나는 이 책을 읽는 독자들이 단지 사실들에 대한 정보를 습득하는 데 그치지 않고, 신학과 철학의 문제를 새로운 관점에서 생각함으로써 우리 시대의 사람들과 모든 민족들에게 영원한 복음을 전하는 데까지 나아갈 수 있기를 바란다. 한국교회가 이 책을 통해 서구교회가 저질러온 잘못, 특히 성경의 메시지에 충실하지 못하고, 단지 학문적인 책임만을 감당하려고 애썼던 잘못을 피할 수 있기를 기도한다.

    또한 이 책을 읽고 한국 문화 속에서 이루어진 철학과 신학의 역사, 곧 한국의 철학과 신학의 역사에 관한 책을 써줄 독자들이 나오기를 바란다. 이 책은 그 자체로만 남아 있어서는 안 되고, 더 나은 사고와 글을 독려하는 발판이 되고, 또 교회의 역사를 통해 지옥의 권세가 예수님이 자신의 피로 세우신 교회를 이길 수 없다는 사실을 분명하게 보여주신 하나님을 높이 찬양하는 계기가 되어야 한다.

목차

추천사　04
한국어 번역본에 붙이는 저자 서문　18
이 책 각 장과 관련된 무료 온라인 강좌　29
서문　30
머리글　36
약어표　42

| 1장 | **철학**과 **성경** | 45 |

철학을 공부하는 이유는 무엇인가? ｜ 철학, 신학, 그리고 종교 ｜ 철학의 분과 형이상학·인식론·가치 이론 ｜ 세 분과의 상호 관계 ｜ 성경적인 철학 창조주와 피조물·절대적 신성의 세 위격·주재권 ｜ 인간 지식의 관점 ｜ 죄와 철학 ｜ 기독교 철학과 비기독교 철학 ｜ 형이상학의 대립 ｜ 인식론의 대립 ｜ 가치 이론의 대립

2장 **헬라 철학** 103

헬라의 세계관 : 하나와 다수 | 헬라의 종교 | 철학, 새로운 종교 | 헬라 철학의 개요 밀레토스 학파 · 헤라클레이토스 · 파르메니데스 · 원자론자들 · 피타고라스 · 소피스트들 · 소크라테스 · 플라톤 · 아리스토텔레스 · 스토아 학파 · 플로티누스 | 결론

3장 **초기 기독교 철학** 159

속사도 교부들 | 변증가들 | 순교자 유스티누스(Justin Martyr, 100-165) | 이레나이우스(Irenaeus, 130-200) | 테르툴리아누스(Tertullian, C. 160-220) | 알렉산드리아의 클레멘스(Clement of Alexandria, 155-220) | 오리게누스(Origen, 185-254) | 아타나시우스(Athanasius, 290-373) | 아우구스티누스(Augustine, 354-430) 마니교 · 인식론 · 삼위일체론 · 펠라기우스주의 · 『하나님의 도성』· 『고백록』

4장 **중세 철학** 209

보에티우스(Boethius, 480-524) | 위(僞)디오니시우스(Pseudo-Dionysius, 5-6세기) | 존 스코투스 에리게나(John Scotus Erigena, 800-877) | 캔터베리의 안셀무스(Anselm of Canterbury, 1033-1109) 믿음과 이성 · 『모놀로기온』· 『프로슬로기온』· 『왜 하나님이 인간이 되셨는가?』| 스콜라주의적인 성향 | 토마스 아퀴나스(Thomas Aquinas, 1224-74) 믿음과 이성 · 하나님의 존재 · 하나님의 본질 · 인식론 · 언어 | 요하네스 둔스 스코투스(John Duns Scotus, 1274-1308) | 윌리엄 오컴(William of Occam, 1280-1349) | 에크하르트 폰 호크하임(Eckhart Von Hochheim, 1260-1329) | 결론

5장　초기 현대 사상　　267

르네상스 | 종교 개혁 마르틴 루터 · 존 칼빈 | 종교 개혁 이후의 개신교 개신교 스콜라주의 · 개신교 경건주의 | 세속 철학의 부활 | 대륙의 합리론 합리주의와 경험주의 · 르네 데카르트 · 바뤼흐 (베네딕트) 스피노자 · 고트프리트 빌헬름 라이프니츠 | 영국의 경험주의 토머스 홉스 · 존 로크 · 조지 버클리 · 데이비드 흄 | 요약

6장　계몽주의 시대의 신학　　333

자유주의 신학의 탄생 이신론 · 고트홀트 레싱 | 계몽주의 시대의 성경적인 기독교 블레즈 파스칼 · 조지프 버틀러 · 조나단 에드워즈 · 윌리엄 팔리 · 토머스 리드 | 요약

7장　칸트와 그의 계승자들　　383

임마누엘 칸트(Immanuel Kant, 1724-1804) 현상과 실재 · 초월적 방법 · 선험적 종합 판단 · 경험을 조직화하는 정신 · 칸트의 조립 라인 · 칸트의 윤리학 · 칸트의 신학 · 칸트에 대한 결론 | 게오르크 헤겔(Georg Hegel, 1770-1831) | 아서 쇼펜하우어(Arthur Schopenhauer, 1788-1860) | 루트비히 포이어바흐(Ludwig Feuerbach, 1804-72) | 칼 마르크스(Karl Marx, 1818-83)

| 8장 | **19세기 신학** | **437** |

프리드리히 슐라이에르마허(Friedrich Schleiermacher, 1768–1834) | 알브레히트 리츨(Albrecht Ritschl, 1822–89) | 빌헬름 헤르만(Wilhelm Herrmann, 1846–1922) | 아돌프 폰 하르낙(Adolf Von Harnack, 1851–1930) | 리츨 신학의 발흥과 쇠퇴 | 쇠렌 키에르케고르(Søren Kierkegaard, 1813–55)

| 9장 | **니체, 실용주의, 현상학, 실존주의** | **485** |

프리드리히 니체(Friedrich Nietzsche, 1844–1900) | 찰스 샌더스 퍼스(Charles Sanders Peirce, 1839–1914) | 윌리엄 제임스(William James, 1842–1910) | 존 듀이(John Dewey, 1859–1952) | 에드문트 후설(Edmund Husserl, 1859–1938) | 마르틴 하이데거(Martin Heidegger, 1889–1976) | 장 폴 사르트르(Jean-Paul Sartre, 1905–80) | 다른 실존주의자들 | 평가

| 10장 | **20세기 자유주의 신학 1** | **531** |

칼 바르트(Karl Barth, 1886–1968) | 에밀 브룬너(Emil Brunner, 1889–1966) | 루돌프 불트만(Rudolf Bultman, 1884–1976) 양식 비평·비신화화·실존적 분석 | 폴 틸리히(Paul Tillich, 1886–1965) | 디트리히 본훼퍼(Dietrich Bonhoeffer, 1906–45) | 새로운 해석학 | 새로운 탐구 | 구속사 | 기독교적 무신론 | 세속화 신학 | 하트포드 선언

11장   20세기 자유주의 신학 2   601

위르겐 몰트만(Jürgen Moltmann, 1926-) | 해방 신학 | 볼프하르트 판넨베르크(Wolfhart Pannenberg, 1928-2014) | 과정 사상 | 열린 유신론 | 자유주의 이후의 신학

12장   20세기 언어 철학   663

무어(G. E. Moore, 1873-1958) | 버트런드 러셀(Bertrand Russell, 1872-1970) | 루트비히 비트겐슈타인(Ludwig Wittgenstein, 1889-1951) | 논리실증주의 | 다른 과학 철학 | 일상언어 철학 | 다른 분석 철학자들 | 구조주의 | 후기 구조주의, 해체주의, 포스트모더니즘

13장   최근의 기독교 철학   729

아브라함 카이퍼(Abraham Kuyper, 1837-1920) | 헤르만 도이베르트(Herman Dooyeweerd, 1894-1977) | 고든 클라크(Gordon H. Clark, 1902-85) | 코넬리우스 반틸(Cornelius Van Til, 1895-1987) | 앨빈 플랜팅가(Alvin Plantinga, 1932-) | 북아메리카의 다른 기독교 언어 분석 철학자들 | 영국의 기독교 철학자들 | 오이겐 로젠스토크-휘시(Eugen Rosenstock-Huessy, 1888-1973) | 급진적 정통주의 | 에스더 라이트캡 미크(Esther Lightcap Meek, 1953-) | 베른 포이트레스(Vern S. Poythress, 1946-) | 후기

부록　811

부록 A　확실성　816
부록 B　무한급수　824
부록 C　존재론적 논증　830
부록 D　초월적 논증　838
부록 E　결정론, 우연, 그리고 자유　843
부록 F　자기 모순적 진술　848
부록 G　거듭나지 못한 자들이 생각하는 하나님　852
부록 H　하나님과 성경적인 언어 : 초월과 내재　860
부록 I　성경의 자증　883
부록 J　논리실증주의가 남긴 유산에 대한 논평　912
부록 K　『종교적 언어에 관한 새로운 논문』에 대한 논평　916
부록 L　폴 반 뷰렌의 『언어의 변두리』에 대한 논평　922
부록 M　폴 홀머의 『믿음의 문법』에 관한 논평　930
부록 N　슈베르트 옥덴의 『신학에 관해』에 대한 논평　945
부록 O　폴 헴의 『신념의 원칙』에 대한 논평　954
부록 P　에스더 라이트캡 미크의 『알고 싶은 열망』에 대한 논평　963
부록 Q　기독교와 오늘날의 인식론　968
부록 R　고든 클라크에 대한 답변　987
부록 S　허버트 슬로스버그의 『멸망할 우상들』에 대한 논평　998
부록 T　다시 생각해 보는 반틸　1005

용어 해설　1014
설명을 곁들인 철학 참고 문헌　1055
일반 참고 문헌　1058
철학과 신학의 역사적 전환기　1102

"여호와를 경외함이 지혜의 근본이라 그의 계명을 지키는 자는 다 훌륭한 지각을 가진 자이니 여호와를 찬양함이 영원히 계속되리로다"(시 111:10).

"내 아들아 네가 만일 나의 말을 받으며 나의 계명을 네게 간직하며 네 귀를 지혜에 기울이며 네 마음을 명철에 두며 지식을 불러 구하며 명철을 얻으려고 소리를 높이며 은을 구하는 것 같이 그것을 구하며 감추어진 보배를 찾는 것같이 그것을 찾으면 여호와 경외하기를 깨달으며 하나님을 알게 되리니 대저 여호와는 지혜를 주시며 지식과 명철을 그 입에서 내심이며 그는 정직한 자를 위하여 완전한 지혜를 예비하시며 행실이 온전한 자에게 방패가 되시나니 대저 그는 정의의 길을 보호하시며 그의 성도들의 길을 보전하려 하심이니라 그런즉 네가 공의와 정의와 정직 곧 모든 선한 길을 깨달을 것이라 곧 지혜가 네 마음에 들어가며 지식이 네 영혼을 즐겁게 할 것이요 근신이 너를 지키며 명철이 너를 보호하여 악한 자의 길과 패역을 말하는 자에게서 건져 내리라 이 무리는 정직한 길을 떠나 어두운 길로 행하며 행악하기를 기뻐하며 악인의 패역을 즐거워하나니 그 길은 구부러지고 그 행위는 패역하니라"(잠 2:1–15).

"너는 마음을 다하여 여호와를 신뢰하고 네 명철을 의지하지 말라 너는 범사에 그를 인정하라 그리하면 네 길을 지도하시리라"(잠 3:5–6).

"고향으로 돌아가사 그들의 회당에서 가르치시니 그들이 놀라 이르되 이 사람의 이 지혜와 이런 능력이 어디서 났느냐"(마 13:54).

"깊도다 하나님의 지혜와 지식의 풍성함이여, 그의 판단은 헤아리지 못할 것이며 그의 길은 찾지 못할 것이로다 누가 주의 마음을 알았느냐 누가 그의 모사가 되었느냐 누가 주께 먼저 드려서 갚으심을 받겠느냐 이는 만물이 주에게서 나오고 주로 말미암고 주에게로 돌아감이라 그에게 영광이 세세에 있을지어다 아멘"(롬 11:33–36).

"십자가의 도가 멸망하는 자들에게는 미련한 것이요 구원을 받는 우리에게는 하나님의 능력이라 기록된 바 내가 지혜 있는 자들의 지혜를 멸하고 총명한 자들의 총명을 폐하리라 하였으니 지혜 있는 자가 어디 있느냐 선비가 어디 있느냐 이 세대에 변론가가 어디 있느냐 하나님께서 이 세상의 지혜를 미련하게 하신 것이 아니냐 하나님의 지혜에 있어서는 이 세상이 자기 지혜로 하나님을 알지 못하므로 하나님께서 전도의 미련한 것으로 믿는 자들을 구원하시기를 기뻐하셨도다 유대인은 표적을 구하고 헬라인은 지혜를 찾으나 우리는 십자가에 못 박힌 그리스도를 전하니 유대인에게는 거리끼는 것이요 이방인에게는 미련한 것이로되 오직 부르심을 받은 자들에게는 유대인이나 헬라인이나 그리스도는 하나님의 능력이요 하나님의 지혜니라 하나님의 어리석음이 사람보다 지혜롭고 하나님의 약하심이 사람보다 강하니라 형제들아 너희를 부르심을 보라 육체를 따라 지혜로운 자가 많지 아니하며 능한 자가 많지 아니하며 문벌 좋은 자가 많지 아니하도다 그러나 하나님께서 세상의 미련한 것들을 택하사 지혜 있는 자들을 부끄럽게 하려 하시고 세상의 약한 것들을 택하사 강한 것들을 부끄럽게 하려 하시며 하나님께서 세상의 천한 것들과 멸시 받는 것들과 없는 것들을 택하사 있는 것들을 폐하려 하시나니 이는 아무 육체도 하나님 앞에서 자랑하지 못하게 하려 하심이라 너희는 하나님으로부터 나서 그리스도 예수 안에 있고 예수는 하나님으로부터 나와서 우리에게 지혜와 의로움과 거룩함과 구원함이 되셨으니 기록된 바 자랑하는 자는 주 안에서 자랑하라 함과 같게 하려 함이라"(고전 1:18–31).

"그러나 우리가 온전한 자들 중에서는 지혜를 말하노니 이는 이 세상의 지혜가 아니요 또 이 세상에서 없어질 통치자들의 지혜도 아니요 오직 은밀한 가운데 있는 하나님의 지혜를 말하는 것으로서 곧 감추어졌던 것인데 하나님이 우리의 영광을 위하여 만세 전에 미리 정하신 것이라 이 지혜는 이 세대의 통치자들이 한 사람도 알지 못하였나니 만일 알았더라면 영광의 주를 십자가에 못 박지 아니하였으리라 기록된 바 하나님이 자기를 사랑하는 자들을 위하여 예비하신 모든 것은 눈으로 보지 못하고 귀로 듣지 못하고 사람의 마음으로 생각하지도 못하였다 함과 같으니라 오직 하나님이 성령으로 이것을 우리에게 보이셨으니 성령은 모든 것 곧 하나님의 깊은 것까지도 통달하시느니라 사람의 일을 사람의 속에 있는 영 외에 누가 알리요 이와 같이 하나님의 일도 하나님의 영 외에는 아무도 알지 못하느니라 우리가 세상의 영을 받지 아니하고 오직 하나님으로부터 온 영을 받았으니 이는 우리로 하여금 하나님께서 우리에게 은혜로 주신 것들을 알게 하려 하심이라 우리가 이것을 말하거니와 사람의 지혜가 가르친 말로 아니하고 오직 성령께서 가르치신 것으로 하니 영적인 일은 영적인 것으로 분별하느니라 육에 속한 사람은 하나님의 성령의 일들을 받지 아니하나니 이는 그것들이 그에게는 어리석게 보임이요 또 그는 그것들을 알 수도 없나니 그러한 일은 영적으로 분별되기 때문이라 신령한 자는 모든 것을 판단하나 자기는 아무에게도 판단을 받지 아니하느니라 누가 주의 마음을 알아서 주를 가르치겠느냐 그러나 우리가 그리스도의 마음을 가졌느니라"(고전 2:6–16).

"아무도 자신을 속이지 말라 너희 중에 누구든지 이 세상에서 지혜 있는 줄로 생각하거든 어리석은 자가 되라 그리하여야 지혜로운 자가 되리라 이 세상 지혜는 하나님께 어리석은 것이니 기록된 바 하나님은 지혜 있는 자들로 하여금 자기 꾀에 빠지게 하시는 이라 하였고 또 주께서 지혜 있는 자들의 생각을 헛것으로 아신다 하셨느니라 그런즉 누구든지 사람을 자랑하지 말라 만물이 다 너희 것임이라 바울이나 아볼로나 게바나 세계나 생명이나 사망이나 지금 것이나 장래 것이나 다 너희의 것이요 너희는 그리스도의 것이요 그리스도는 하나님의 것이니라"(고전 3:18–23).

"그 안에는 지혜와 지식의 모든 보화가 감추어져 있느니라"(골 2:3).

"누가 철학과 헛된 속임수로 너희를 사로잡을까 주의하라 이것은 사람의 전통과 세상의 초등학문을 따름이요 그리스도를 따름이 아니니라"(골 2:8).

"너희 중에 지혜와 총명이 있는 자가 누구냐 그는 선행으로 말미암아 지혜의 온유함으로 그 행함을 보일지니라 그러나 너희 마음 속에 독한 시기와 다툼이 있으면 자랑하지 말라 진리를 거슬러 거짓말하지 말라 이러한 지혜는 위로부터 내려온 것이 아니요 땅 위의 것이요 정욕의 것이요 귀신의 것이니 시기와 다툼이 있는 곳에는 혼란과 모든 악한 일이 있음이라 오직 위로부터 난 지혜는 첫째 성결하고 다음에 화평하고 관용하고 양순하며 긍휼과 선한 열매가 가득하고 편견과 거짓이 없나니 화평하게 하는 자들은 화평으로 심어 의의 열매를 거두느니라"(약 3:13–18).

이 책 각 장과 관련된 무료 온라인 강좌

개혁신학교 온라인 무료 강좌는 이 책의 내용을 보완한다. 아래의 도표를 참조하면 이 책의 장과 온라인 강좌가 어떻게 연관되어 있는지를 알 수 있다. 이 책 각 장의 마지막에 제시된 "온라인 듣기"는 그 장과 관련된 적절한 강좌를 명시한다. 개혁신학교 "아이튠즈 유(itunes U)"에 대한 정보는 다음 사이트를 참조하라. http://itunes.rts.edu/

강좌 사이트 http://itunes.apple.com/us/course/legacy-history-philosophy/id694658914

이 책의 장	강좌 번호	아이튠즈 강좌 제목	강좌 시간
1	01	철학을 공부하는 이유 – 형이상학, 인식론, 성경적인 세계관	53:51
1	02	성경적인 세계관과 비성경적인 세계관의 비교	31:42
2	03	밀레토스 학파와 엘레아 학파	24:55
2	04	엘레아 학파와 파르메니데스에 관한 초기 대안	54:47
2	05	플라톤과 아리스토텔레스	56:59
2	06	플로티누스와 영지주의	31:34
3	07	기독교의 적대자들, 2세기 변증학, 이레나이우스	52:15
3	08	테르툴리아누스, 알렉산드리아의 클레멘스, 오리게누스, 아타나시우스	1:05:08
3	09	성 아우구스티누스	31:55
4	10	기독교적 신플라톤주의와 캔터베리의 안셀무스	44:59
4	11	토마스 아퀴나스—믿음, 이성, 인식론	36:14
4	12	토마스 아퀴나스와 중세 후기의 발전	57:10
5	13	존 칼빈과 17세기 정통주의	20:39
5	14	대륙의 합리주의와 영국의 경험주의	1:06:08
6	15	블레즈 파스칼, 조지프 버틀러	1:09:56
6	16	조지프 버틀러, 윌리엄 팔리, 토머스 리드	44:21
6	17	자유주의 신학 서론, 계몽주의 시대의 합리주의, 고트홀트 레싱	36:40
7	18	임마누엘 칸트 : 초월적 방법론, 현상, 실재, 비판	1:07:39
7	19	임마누엘 칸트와 관념론	57:39
7	20	칼 마르크스	17:57
8	21	프리드리히 슐라이에르마허와 알브레히트 리츨	56:28
8	22	알브레히트 리츨, 빌헬름 헤르만, 아돌프 하르낙, 쇠렌 키에르케고르	58:29
8	23	쇠렌 키에르케고르	20:40
9	24	프리드리히 니체, 찰스 샌더스 퍼스, 윌리엄 제임스	53:23
9	25	에드문트 후설, 마르틴 하이데거, 장 폴 사르트르	41:06
10	26	칼 바르트 : 사상의 방향과 근본 구조	55:29
10	27	칼 바르트, 에밀 브룬너, 루돌프 불트만	1:09:49
10	28	루돌프 불트만, 폴 틸리히, 새로운 해석학, 기독교적 무신론	57:07
10	29	기독교적 무신론, 디트리히 본회퍼	27:48
11	30	위르겐 몰트만과 해방 신학	1:01:11
11	31	해방 신학과 볼프하르트 판넨베르크	1:08:28
11	32	과정 철학, 과정 신학, 열린 유신론	52:38
12	33	한스 게오르크 가다머, 페르디낭 드 소쉬르, 클로드 레비–스트로스, 해체주의	36:30
12	34	언어 분석 철학, 논리적 원자론, 논리실증주의에 관한 서론적 강의	1:01:26
12	35	논리실증주의와 일상언어 철학	57:50
12	36	일상언어 철학, 현대 인식론	55:07
13	37	아브라함 카이퍼, 헤르만 도이베르트, 앨빈 플랜팅가	1:08:02
13	38	고든 클라크, 코넬리우스 반틸	56:59
13	39	코넬리우스 반틸	34:45

서문

지성적인 변화의 속도는 그때그때마다 다르다. 오늘날, 서구 사회는 물론이고 서구의 영향을 받은 세상의 다른 많은 지역에서 체감되고 있는 속도만큼 지성적인 변화가 빠르게 진행된 경우는 일찍이 없었다. 이런 변화는 대체로 크게 오해되거나 과소평가된 채로 사람들의 눈앞에서 지금도 여전히 일어나고 있다.

서구 사회에서 일어나는 지성적인 변화의 범위와 규모를 옳게 인지한 사람들이 더러 있었다. 예를 들어 프랜시스 쉐퍼와 같은 사람은 대다수 사람들이 그나마 조금 알고 있던 기독교적 세계관을 버리고 세속적인 세계관으로 치우치는 과정이 진행되는 동안, 그리스도인들에게 그들의 주위에서 세계관의 변화가 일어나고 있는 현실을 일깨워 주기 위해 많은 힘과 노력을 쏟아 부었다. 이 새로운 세계관은 물질이나 에너지가 비인격적인 우연을 통해 현재의 형태를 지니게 되었다고 믿고, 그것을 궁극적인 현실로 받아들이는 신념에 근거한다.

쉐퍼는 동시대의 그리스도인들이 이 새로운 세계관이 한때 개인의 신념이나 문화적인 영향을 통해 유럽과 미국의 문화를 지배했던 기독교적 세계관을 서서히 밀어내고 있는 현상을 의식하지 못하고 있는 것을 발견했다. 이 두 세계관(기독교적 세계관과 이신론적 세계관)은 그 내용과 결과가 서로 완전히 달랐다. 세상을 전혀 다른 관점에서 바라보는 이 두 세계관은 낙태와 성애에서부터 경제와 정치는 물론, 입법과 공공 정책에 이르기까지 거의 모든 문제에 대해 서로 다른 신념을 드러냈다.

칼 헨리는 프랜시스 쉐퍼가 세계관의 변화를 다룬 책을 집필한 지 불과 몇 년 뒤인 1983년에 엄격한 이분법적 관점에 근거해 그런 상황과 미래의 가능성을 논의했다.

현대 문화가 이전의 문화들이 빠져들었던 망각의 늪에서 벗어나려면 법과 정의의 영역에서 자기를 나타내신 하나님의 뜻을 회복해야 할 필요가 있다. 그렇다고 해서 통치자나 우주를 신격화했던 이교 사회의 오류나 자연법이나 당위적 정의를 내세우는 유사 기독교적 개념으로 되돌아간다면 환멸을 불러일으킬 수밖에 없을 것이다. 무조건 초월적인 권위를 옹립한다고 해서 하나님이나 인간을 유리하게 만드는 것은 아니다. 세상 지도자들은 법과 인권과 복지를 중시함으로써 신성한 것의 역할을 차단하고, 성경의 계시를 통해 드러난 살아 계신 하나님을 배제하려고 애쓴다. 이제는 양자택일, 곧 성경의 하나님께로 되돌아가든지 불법의 구덩이 속에서 멸망하든지 둘 중에 하나를 선택하지 않으면 안 된다.[1]

헨리는 1976년에 자신의 주저인 『하나님, 계시, 그리고 권위』 제1권을 펴내면서 "현대 서구 사회의 삶과 관련된 사실 가운데 궁극적인 진리에 대한 불신과 확실한 약속을 찾으려는 끊임없는 탐구보다 더 분명한 것은 없다."라는 말로 서두를 시작했다.[2] 기독교적 세계관의 권위로 되돌아가는 것을 방해하는 이런 요인은 사실상 하나님의 계시된 권위를 인정하는 문화적 영향을 거부했을 때부터 시작된 악순환(기독교적 세계관을 버림으로써 궁극적인 진리를 불신하고 보편적인 권위를 배척하는 결과가 나타나고, 그런 상황이 다시 성경의 하나님께로 되돌아가는 것을 방해하는 결과로 이어지는 것)의 일부다.

성경의 권위를 배척하면 사회는 세속화되기 마련이다. 현대의 사회학적 논의와 지성적인 대화의 관점에서 보면 "세속적"이라는 용어는 구속력 있는 유신론적 권위나 신념을 인정하지 않는 것을 의미한다. 이 말은 하나의 이데올로기이자 하나의 결과다. 물론 "세속화"는 이데올로기가 아니다. 그것은 하나의 이론이자 사회가 현대화되면서 유신론적인 신념이 차츰 사라지는 과정을 가리킨다. 사회가 더욱 심원

---

1) Carl F. H. Henry, *God, Revelation, and Authority*, vol. 6, *God Who Stands and Stays*, Part 2 (Wheaton, IL: Crossway, 1999), 454.

2) Carl F. H. Henry, *God, Revelation, and Authority*, vol. 1, *God Who Speaks and Shows*, Preliminary Considerations Part 2 (Wheaton, IL: Crossway, 1999), 1.

하고, 진보적인 현대성을 추구하는 상태로 나아갈수록 종교적인 신념과 유신론적 신앙은 차츰 구속력을 잃게 된다. 그런 사회는 구속력을 지닌 권위가 존재했었다는 기억조차 남지 않을 때까지 계속해서 유신론적 신념과 권위를 거부하는 상태로 발전해 간다. 오늘날의 서구 사회는 성경이 증언하는 하나님의 권위를 더 이상 인정하지 않을 뿐만 아니라 그런 권위에 대한 기억조차 남아있지 않을 정도로 철저히 세속화되었다.

권위의 문제는 신앙의 문제다. 캐나다 철학자 찰스 테일러는 『세속 시대』라는 책에서 세 가지 지성적인 상황에 근거해 서구 문명이 안고 있는 신앙의 문제를 확증했다. 모든 사회와 모든 개인은 스스로 알든 모르든 특정한 지성적 상황에 의해 영향을 받는다. 테일러는 하나님에 관한 문제와 관련해 서구 사회가 세 가지 지성적인 시대 상황을 거쳤다고 말했다. 즉 계몽주의 이전에는 불신앙이 불가능했고, 계몽주의 이후에는 불신앙이 가능했으며, 현대 말에는 신앙이 불가능해졌다.[3]

계몽주의 이후에 서구 사회의 지성적인 상황이 바뀌었고, 그 결과 하나님의 존재를 믿지 않는 것이 가능해졌다. 그동안 서구 사회에서는 대개의 경우 하나님의 존재를 믿지 않는 것이 불가능했다. 물론 모든 사람이 다 그리스도인이라거나 회심을 경험한 거듭난 신자라는 말은 아니다. 개중에는 회의론자들이나 이단들도 더러 있었다. 그러나 계몽주의 이전에는 성경이 없이는 세상을 설명하기가 불가능했다. 세상의 기원을 설명할 다른 대안이 없었다. 계몽주의 이전에 서구 사회에 살았던 사람들은 자연주의적인 세계관을 알지 못했다. 찰스 다윈이 창세기의 설명을 대신할 이론을 제시하기 전까지만 해도 기독교의 세계관이 심각한 도전에 직면했던 상황

---

3) 다음 자료를 참조하라. Charles Taylor, *A Secular Age* (Cambridge, MA: Harvard University Press, 2007).

은 없었다. 당시는 믿지 않는 것이 불가능했을 뿐 아니라 계시된 진리를 언급하지 않고서는 우주의 질서에서부터 개인들의 갈등을 정의롭게 판단하는 일에 이르기까지 삶의 문제들을 설명하기가 불가능했다.

그러나 계몽주의가 시작되고, 기독교의 세계관에 대응할 수 있는 다양한 세계관이 출현하자 상황이 바뀌었다. 어떤 세계관이든 최소한 다음 네 가지 질문에 대답할 수 있어야 한다. "무가 아닌 무언가가 존재하는 이유는 무엇인가? 세상에서 무슨 일이 일어났고, 어떤 결함이 발생했는가? 희망은 있는가, 만일 있다면 무엇인가? 역사는 어디를 향해 가는가?" 계몽주의의 도래와 더불어 기독교 이외의 진영에서 이런 질문들에 대한 대답이 제시되었다(과학적 자연주의, 물질주의, 마르크스주의 등).

서구 문화의 지성적인 상황은 더 이상 하나님의 존재를 믿고 살아가는 것이 거의 불가능할 정도로 철저하게 세속화되었다. 찰스 테일러가 말한 대로, 미국 내 대학교에서 종신 교수로 임명되려면 하나님을 믿는 것이나 그런 신앙을 인정하는 것이 불가능하다는 입장을 지지해야 한다. 물론 계몽주의 이전에도 모든 사람이 다 그리스도인이었던 것은 아니었다. 그러나 모두가 기독교적 세계관을 인정한 것은 사실이다. 왜냐하면 다른 대안이 없었기 때문이다. 미국 문화의 세속화는 상황을 완전히 뒤집어 놓았다. 모든 사람이 다 불신자인 것은 아니지만, 모두가 기독교적 세계관의 정당성을 부인하는 세속적인 세계관을 채택하지 않으면 안 된다. 불과 3백 년만에 서구 사회의 지성적 상황은 불신앙의 불가능성에서 신앙의 불가능성으로 궤도를 갈아탔다.

찰스 테일러는 이런 불신앙을 스스로 존재하며 자기를 계시하시는 하나님을 인정하려는 의도가 없는 상태로 정의했다. 세속화는 종교와 관련된 문제가 아니다. 테일러는 사람들이 오늘날처럼 철저히 세속화된 미국 문화 속에서 살아가면서도 종종 스스로를 영적이거나 종교적이라고 생각하고 있다고 지적했다. 테일러에 따르면, 세속화는 인격적인 신, 곧 권위를 소유하고 행사하는 존재를 믿는 신념과 관련이 있다. 그는 세속화 시대가 인격적인 신의 권위를 배제하면서도 개인적으로 종교적 경험을 추구하려는 심각한 "내적 갈등을 겪고 있다."고 말했다.[4] 결국, 문제의 핵심은 구속력 있는 권위를 인정하지 않으려는 데 있다.

변화는 진공 상태에서 이루어지지 않는다. 구속력 있는 권위를 거부하는 서구 문화도 예외가 아니다. 포스트모던 시대를 살아가는 서구인들의 생각 속에서 이데올로기적인 혼란이 빚어지고 있다. 이 점을 이해하려면 서구 지성의 역사를 살펴보면서 서구 사회의 세계관과 사상을 형성해 온 중요한 개념들을 파악하는 것이 필요하다.

그리스도인의 삶 속에서 역사가 차지하는 역할은 대단히 중요하다. 우리 자신을 과거와 단절시키면 현재를 이해할 수 없다. 우리는 이 점을 잘 알고 있으면서도 고의적인 무지가 가져다줄 결과를 깊이 생각하기를 싫어한다. 그러나 때로는 의도하지 않은 상태에서 우발적으로 역사를 그릇 이해하는 것도 고의적인 무지 못지않게 많은 해악을 초래한다. 과거를 잘못 이해하는 것이나 과거를 외면하는 것이나 심각한 문제이기는 둘 다 마찬가지다. 특히 그리스도인들은 생각과 지성을 위탁받은 청지기로서 살아가야 한다. 과거에 대한 이해는 그리스도를 위한 우리의 제자직에 심대한 영향을 미친다. 이 책이 일목요연하게 정리한 철학의 역사는 문화적으로나 지성적으로 진정 놀라운 업적이 아닐 수 없다. 그리스도인들은 지금까지 철학의 역사를 형성해 왔고, 또 그에 의해 영향을 받아 왔다.

---

4) Ibid.

서양 철학의 다양한 주제와 발전 과정을 살펴보다 보면 진정한 논의가 필요한 문제, 곧 오해가 빚어질 위험이 큰 문제가 발견될 수 있다. 신학적 논의도 그런 경우에 해당한다. 신학적인 논의는 또한 역사적인 논의이기도 하다. 그 논의 안에는 문화적, 정치적 논의가 많이 포함되어 있다. 따라서 과거를 가능한 한 옳게 이해하고 싶은 마음으로 그런 문제들을 다루려면 존 프레임과 같은 훌륭한 지성과 엄밀함을 갖춘 철학사 학자가 필요하다.

물론 역사가 이야기의 전부는 아니다. 역사 자체가 궁극적인 권위는 아니다. 그리스도인인 우리가 궁극적인 권위를 발견하려면 먼저 역사의 사실을 이해하고, 그런 다음에는 신학으로 눈을 돌려 성경에 근거한 이해를 바탕으로 과거를 거울삼아 현재를 살아가는 법을 깨달아야 한다. 존 프레임은 그런 현실을 강력하게 일깨운다.

이런 책을 읽다 보면 나중에 읽기를 끝마칠 무렵에는 마치 수백 가지 주제들을 다루는 지성적인 대화의 세계에 발을 들여놓은 듯한 생각이 들기 마련이다. 그러나 이해력이 증진되고, 주제들이 좀 더 명확해지면 이야기의 줄거리가 차츰 중요해지고, 명료해지는 것을 느낄 수 있다. 우리는 과거로 되돌아갈 수 없다. 지금까지 이루어진 수많은 논쟁과 갈등의 과정을 알게 되면 과거로 되돌아가고 싶은 생각이 없어질 것이 분명하다. 우리의 과제는 과거로 되돌아가는 것이 아니라 과거에 대한 이해가 지금 이곳에서 무엇을 할 수 있는 기회를 제공하는지를 파악하는 것이다. 우리의 삶을 지배하는 하나님의 권위에 비춰 더욱 분명하게 생각하고, 더욱 충실하게 사는 것, 그것이 곧 우리의 과제다.

앨버트 몰러 주니어
남침례교신학교 학장

머리글

내가 2000년 이후부터 교수로 일하고 있는 리폼드 신학교의 교육 과정에는 "철학사와 기독교 사상"이라는 필수과목이 포함되어 있다. 지금까지 나를 비롯해 많은 교수들이 이 과목을 가르쳐왔다. 이 책은 그동안 내가 강의한 내용을 토대로 한 것이다.

나는 철학자라기보다는 신학자로 더 잘 알려져 있다(물론 이 책을 통해 알 수 있는 것처럼 나는 이 두 학문의 차이가 그렇게 크지 않다고 생각한다). 그러나 나는 프린스턴 대학교에서 철학을 전공했고, 또 웨스트민스터신학교에서 코넬리우스 반틸에게 철학적 변증학을 배웠으며, 예일 대학교 대학원에서 철학적 신학을 연구했다. 나는 지난 45년 동안 신학과 변증학을 가르치면서 철학적 주제들을 많이 다루었다. 내가 펴낸 책들도 철학적 주제들을 논한 것이 많았다.[1] 이처럼 나는 철학자라기보다는 신학자에 좀 더 가까운 방식으로 논의를 전개하는 경향이 있지만, 철학은 내게 그렇게 생소한 학문이 아니다.

그렇다면 "철학과 기독교 사상의 역사"라는 과목에는 어떤 내용이 포함되어야 할까? "철학사"는 상당히 표준화되어 있는 과목에 해당한다. 그 과목에서 논의해야 할 사상가들에 대해서는 이미 광범위한 의견 일치가 이루어진 상태다. 그러나 "기

---

[1] 내가 처음 펴낸 책은 성경에 근거한 인식론을 중점적으로 다룬다. *The Doctrine of the Knowledge of God* (Phillipsburg, NJ: Presbyterian and Reformed, 1987). 또한 하나님의 "주재권"을 다룬 다른 책들의 경우는 하나님의 주권, 인간의 자유, 악의 문제와 같은 주제들에 초점을 맞춘다. *The Doctrine of God* (Phillipsburg, NJ: P&R Publishing, 2002). 아울러 2008년에 출판한 책은 비기독교적 윤리 철학의 세 가지 전통을 다루고, 2010년에 출판한 책은 다시 인식론을 다룬다. *The Doctrine of the Christian Life* (Phillipsburg, NJ: P&R Publishing, 2008). *The Doctrine of the Word of God* (Phillipsburg, NJ: P&R Publishing, 2010). 2013년에 출판된 책도 인식론이 주제다. *Systematic Theology: An Introduction to Christian Belief* (Phillipsburg, NJ: P&R Publishing, 2013). 물론 변증학과 관련된 책들도 철학적 논의를 다룬 내용이 많다. *Apologetics to the Glory of God* (Phillipsburg, NJ: P&R Publishing, 1994). *Cornelius Van Til: An Analysis of His Thought* (Phillipsburg, NJ: P&R Publishing, 1995). 이 책의 끝 부분에 첨가된 부록에도 철학에 관한 나의 논의와 논문이 더 포함되어 있다.

독교 사상"은 교육을 위한 목적으로는 그 범위를 설정하기가 그렇게 쉽지 않다. 그리스도인 사상가들은 모든 종류의 장르와 다양한 주제를 넘나든다. "기독교 사상"이라는 과목을 통해 학생들에게 안디옥의 이그나티우스, 알리기에리 단테, 아이작 뉴턴, 존 던, 존 밀턴, 존 웨슬리, 찰스 하지, 헤르만 바빙크, 도로시 세이어스, 톨킨, 조지 맥도널드, 체스터턴, 말콤 머거리지, 빌리 그레이엄과 같은 인물들에 관해 가르쳐야 한다고 주장할 수도 있다. 그리스도인들은 삶의 모든 영역에 참여해 모든 것에 영향을 미쳐왔다. 그러나 우리는 사상가들의 목록을 적절하게 제한해야 할 필요가 있다.

나는 방금 말한 인물들은 모두 배제할 생각이다. 그 이유는 내가 그런 인물들을 존중하지 않기 때문이 아니다. 그들은 모두 인상적인 사상가들이고, 하나님의 충실한 종들이다. 그러나 이 책은 요즘에 우리가 말하기 좋아하는 대로 "하나의 이야기를 전해야 한다." 그것은 또한 철학 이야기이어야 한다. 따라서 나는 철학의 역사에 중요한 공헌을 했거나 교회의 신학에 영향을 미친 독특한 철학 사상을 발전시킨 기독교 사상가들을 다루기로 결정했다.

아울러 나는 기독교의 관점에서 이런 사상의 역사를 분석하고 평가함으로써 이야기의 전체적인 줄거리를 이끌어 나갈 생각이다. 성경은 삶의 모든 영역을 지배하는 원리다. 우리의 철학적 사고도 예외가 될 수 없다(고전 10:31). 어떤 사람들은 성경이 철학과 무슨 관련이 있는지 궁금해 한다. 그런 사람들에게 들려 줄 수 있는 가장 좋은 대답은 성경이 철학이라는 주제에 관해 실제로 무엇을 가르치고 있는지를 보여주는 것이다. 이것이 이 책의 주제이자 초점이다.

물론 역사에 대한 "선입관 없는" 설명을 제시하기는 어려울 것이다. 어떤 사람들은 이 책이 객관적인 탐구라기보다는 일방적인 선전에 가깝다고 말할지도 모른다.

나는 일차 자료들을 개인적으로 직접 탐구하지는 않았지만 최선을 다해 사실을 올바로 이해하려고 노력했다. 이 책은 철학자들과 신학자들에 대한 새로운 해석을 많이 제시하지 않는다. 나는 대부분 의견 일치가 이루어진 해석을 따랐다. 그 이유는 사상가들이 그런 합의된 의견에 미친 영향을 분석하는 데 초점을 맞추고 싶었기 때문이다. 그러나 이 책에는 내가 생각하기에 그렇게 관례적이지 않은 사상가들을 평가하는 내용도 많이 포함되어 있다. 나의 목적은 철학과 신학의 역사가 인간의 사고 영역에서 벌어지는 영적 싸움이라는 점을 보여주는 데 있다.

그런 점에서 이 책은 일반적인 관점이나 심지어는 기독교의 관점을 토대로 사상의 역사를 다룬 책들과 구별되는 특징을 지닌다. 그 특징은 크게 네 가지다. 1) 이 책은 기독교의 관점을 솔직하게 드러낸다. 나는 그런 의도를 숨기려고 노력하지 않았다. 2) 이 책은 비기독교적인 사상 체계는 물론이고 기독교를 표방하는 사상 체계조차도 일관성이 결여된 경우에는 합리주의나 불합리주의라는 지성적인 파멸을 초래할 수밖에 없다고 주장한다는 점에서 포괄적인 변증학적 성격을 띤다. 3) 이 책은 철학과 신학의 역사를 동시에 다룸으로써 이 두 학문이 따로 구분은 되지만 실상은 서로에게 깊이 의존하고 있다는 점을 보여준다. 4) 이 책은 이 분야에 속하는 다른 책들에 비해 현대의 시기를 더 많이 다룬다. 그 이유는 지나간 시대의 영적 싸움을 무시하지 않는 상태에서 지금도 여전히 계속되고 있는 싸움을 잘 감당할 준비를 갖추게 하기 위해서다. 5-8장은 "현대" 사상을, 9-13장은 20세기와 21세기를 각각 다룬다.

아울러 나는 이 책을 그룹 공부나 개인 공부, 또는 강의를 위한 교재로 유익하게 사용하도록 하기 위해 각 장의 말미에 교육과 연구에 도움이 될 만한 자료들[핵심 용어, 학습을 위한 질문, 출판물과 온라인 자료를 포함한 참고 문헌, 스스로 읽기(일

차 자료 목록), 온라인 듣기, 유명한 인용문]을 포함시켰다. "온라인 듣기"는 내가 강의한 철학사 오디오 무료 강의와 이 책의 각 장의 내용을 서로 연관시킨다(추천의 글 바로 앞에 게재한 "이 책 각 장과 관련된 무료 온라인 강좌"를 참조하라). "유명한 인용문"은 위키 인용집에 나오는 유명한 인용구를 소개한다(여기에는 "굿리즈"와 "위키피디아"도 포함된다). 인용문은 해당 장에서 논의한 신학자들과 철학자들이 남긴 말을 다룬다.[2] 아울러 이 책의 끝에는 핵심 용어 풀이, 설명을 곁들인 철학 참고 문헌, 일반 참고 문헌을 기재해 추가적인 도움을 제공했다.

코넬리우스 반틸을 추모하며 이 책을 바친다. 그는 그 어떤 비성경적인 사상가보다 나의 철학 사상에 더 큰 영향을 미쳤다. 신학계와 철학계는 아직도 반틸의 깊고, 뛰어난 통찰력을 십분 활용하지 못하고 있다. 그는 단순한 변증학자가 아니라 우리가 현재 직면하는 문제들에 대해 설득력 있는 대답을 많이 제시한 중요한 사상가이다. 그가 종종 불명료한 표현을 사용했다는 이유를 들어 그를 무시하는 것은 바람직하지 않다. 그를 이해하기 위해 부지런히 노력을 기울이면 그에 상응하는 보답을 얻게 될 것이다.

나의 책들은 모두 반틸에게 깊은 영향을 받았다. 나는 『코넬리우스 반틸 : 그의 사상에 대한 분석(Cornelius Van Til : An Analysis of His Thought)』이라는 책에서 그가 미친 영향을 소상히 밝혔다. 그러나 내가 공식적으로 그에게 바친 책은 이 책이 처음이다. 그 이유는 내가 이 책에서 반틸의 가르침에서 발견되는 몇 가지 특별한 사상에 초점을 맞추었기 때문이다. 반틸은 변증학 교수였지만, 그의 변증학은 그가 즐겨 말한 대로 "방법"이나 강조점에 있어 매우 독특하다. 대다수의 변증학자는 일반인

---

2) 1장과 13장에서는 "피앤알" 출판사에서 출판한 책들로부터 인용문을 직접 인용했다.

들을 위해 책을 쓴다. 그런 노력은 나름대로 훌륭하고, 또 지금도 여전히 필요하다. 반틸도 때로는 그런 노력을 기울였다.[3] 그러나 반틸이 저술한 책들은 대부분 서구 문명에 가장 많은 영향을 미친 위대한 사상가들을 다룬다. 따라서 변증학에 관한 그의 글과 가르침은 철학과 신학의 역사를 강조하는 특성을 띤다.[4]

오랫동안 내가 함께 일해 온 "피앤알"(P&R) 출판사에게 감사한다. 특히 나의 평생 친구인 존 휴스에게 심심한 사의를 표한다. 그는 이 책이 출판되기까지 처음부터 모든 과정을 주도했을 뿐 아니라 내가 이전에 책들을 펴낼 때도 많은 도움을 제공했다. 그는 캐런 맥너슨과 함께 이 책의 작업에 참여했다. 캐런은 내가 이전에 책을 쓸 때도 탁월한 실력을 발휘했던 훌륭한 교열 담당자다. 리폼드 신학교 동료인 존 뮤더에게도 감사드린다. 그는 인물과 주제와 성구 색인을 맡아 처리했다. 조지 프 토레스도 많은 수고를 아끼지 않았다. 그는 나의 온라인 자료의 "URL(인터넷 정보 위치)"을 모두 점검하고 확인했다.[5] 아울러 지난 세월 동안 귀한 격려와 도전을 아끼지 않았던 웨스트민스터신학교와 리폼드신학교 학생들을 비롯해 나의 가족들에게도 깊이 감사한다.

---

[3] 그는 『나는 왜 하나님을 믿는가?(Why I Believe in God)』라는 매우 흥미로운 소책자를 펴냈다. 다음 사이트를 참조하라. http://www.thehighway.com/why_I_believe_cvt.html.

[4] 헬라 철학을 다룬 반틸의 『기독교적 인식론 개론(Survey of Cristian Epistemology)』(Philadelphia: Den Dulk Foundation, 1969)을 참조하라. 반틸의 사상을 살펴보면, 다음 책에 등장하는 윌리엄 레인 크레이그의 말이 얼마나 어리석고 무지한지를 잘 알 수 있다. Steven B. Cowan, ed., Five Views on Apologetics (Grand Rapids: Zondervan, 2000). 그는 이 책에서 "반틸은 그의 모든 통찰력에도 불구하고 철학자가 아니다."라고 말했다(p. 235). 반틸은 프린스턴 대학교에서 철학박사 학위를 취득했다. 그의 책들은 철학자들을 많이 언급하며 철학 사상을 정밀하게 분석했다. 나는 크레이그의 말을 비판했지만, 내가 아는 한 그는 자신의 말을 철회하거나 사과한 적이 없다.

[5] "URL"은 2015년 5월 29일에 모두 재확인했다.

A History of
Western Philosophy and
Theology

약어표

AJCB	John M. Frame, *Apologetics: A Justification of Christian Belief* (Phillipsburg, NJ: P&R Publishing, 2015)
CD	Karl Barth, *Church Dogmatics* (New York: Charles Scribner's Sons, 1936)
CSR	Common Sense Realism
CVT	John M. Frame, *Cornelius Van Til: An Analysis of His Thought* (Phillipsburg, NJ: P&R Publishing, 1995)
DCL	John M. Frame, *The Doctrine of the Christian Life* (Phillipsburg, NJ: P&R Publishing, 2008)
DG	John M. Frame, *The Doctrine of God* (Phillipsburg, NJ: P&R Publishing, 2002)
DKG	John M. Frame, *The Doctrine of the Knowledge of God* (Phillipsburg, NJ: Presbyterian and Reformed, 1987)
DWG	John M. Frame, *The Doctrine of the Word of God* (Phillipsburg, NJ: P&R Publishing, 2010)
ESV	English Standard Version

Institutes	John Calvin, *Institutes of the Christian Religion*, ed. John T. McNeil, trans. Ford Lewis Battles, 2 vols. (Philadelphia: Westminster Press, 1960)
JETS	*Journal of the Evangelical Theological Society*
KJV	King James Version
NASB	New American Standard Version
NOG	John M. Frame, *No Other God: A Response to open Theism* (Phillipsburg, NJ: P&R Publishing, 2001)
NT	New Testament
OT	Old Testament
RO	Radical orthodoxy
ST	John M. Frame, *Systematic Theology: An Introduction to Christian Belief* (Phillipsburg, NJ: P&R Publishing, 2013)
WCF	Westminster Confession of Faith
WTJ	*Westminster Theological Journal*

개요

철학을 공부하는 이유는 무엇인가?
철학, 신학, 그리고 종교
철학의 분과
  형이상학
  인식론
  가치 이론
세 분과의 상호 관계
성경적인 철학
  창조주와 피조물
  절대적 신성의 세 위격
  주재권
인간 지식의 관점
죄와 철학
기독교 철학과 비기독교 철학
형이상학의 대립
인식론의 대립
가치 이론의 대립

1장

철학과 성경

"철학"이라는 용어는 어원학적으로 "지혜를 사랑한다."는 뜻이다. 또한 "지혜"는 "효과적인 지식, 곧 심원한 의미와 실천적인 적절성을 지닌 지식"을 가리킨다.[1] 고대 사회에는 "지혜 문학"이라는 장르가 있었다. 성경의 욥기, 잠언, 전도서, 아가서 등이 여기에 해당한다.[2] 이스라엘 외에 다른 많은 문화에서도 이런 유형의 문헌이 발견된다. 지혜를 가르치는 교사들은 여러 세대, 여러 장소로부터 현자들의 격언을 수집해 자신이 속해 있는 공동체를 이끄는 지침으로 활용했다. 이스라엘의 지혜와 다른 민족들의 지혜를 구별하는 기준은 "여호와를 경외함이 지혜의 근본이라"(시 111:10)는 신념이었다.

그러나 철학을 지혜 문학의 연장선에서 이해하려는 것은 옳지 않다. 앞으로 살펴보겠지만, 철학은 많은 점에서 역사적으로 전통적인 지혜를 거부해 왔다.

나는 "철학"을 "세계관을 확립하고 옹호하려는 훈련된 시도"로 정의하고 싶다. "세계관"은 우주에 대한 일반 개념을 의미한다. 과학은 우주의 특정한 측면들을 이해하려는 시도다. 예를 들어 화학은 화학적 현상을, 생물학은 생물학적 현상을 각각 다룬다. 그와는 달리 철학은 "무엇이 존재하는가? 우리는 그것을 어떻게 아는가? 우리는 어떻게 행동해야 하는가?"와 같은 현실에 관한 일반 진리를 다룬다. 이

---

[1] DG, 505. 이 책 505-9페이지에 나오는 나의 논의를 참조하라.
[2] 성경의 다른 곳에서도 지혜 문학의 특성을 띤 내용들이 더러 발견된다. 예를 들면 시편 1편과 104편, 마태복음 11장 25-30절, 고린도전서 1-3장, 야고보서 등이다.

런 점에서 "세계관"이라는 용어는 철학의 주제를 묘사하기에 매우 적절하다.

요즘에는 그런 포괄적인 관점을 가리킬 때 "거대 담론(metanarrative)"이라는 용어를 선호하는 사람들이 많다. "거대 담론"은 우주를 계속 진행 중인 이야기로 간주하고, "세계관"은 그것을 사물들이나 사실들, 또는 과정의 집합체로 간주한다. 그러나 이 두 개념은 서로를 전제한다. 이야기는 어떤 것에 관한 이야기이어야 한다. 다시 말해, 이야기가 구성되려면 사람들과 사물들과 사실들과 과정이 필요하고, 사물들과 사실들과 과정이 존재하려면 역사가 있어야 한다. 그 역사는 때로 아무리 단조롭더라도 이야기를 통해 묘사될 수 있다.

어떤 사람들은 세계관과 거대 담론이 가능하지 않다고 주장한다. 그들은 만일 그런 것이 존재한다면 신의 생각 속에나 있을 뿐, 인간은 알 수 없다고 말한다. 장 프랑수아 리오타드는 자신이 받아들이는 "포스트모던" 사상을 "거대 담론에 대한 회의"로 정의한다.[3] 우리는 일부 사람들이 우주의 일반적인 구조를 알 수 있다는 주장을 교만하게 생각하는 이유를 충분히 이해할 수 있다. 그러나 그와 동시에 우리는 세계관이 반드시 필요하다는 점도 충분히 이해할 수 있다. 왜냐하면 최소한의 전제가 필요하기 때문이다. 만일 합리적인 사고로 우주를 이해할 수 없다면 굳이 힘들여 대화에 참여할 이유가 무엇인가? 만일 그렇다면 포스트모던 사상가들이 책을 쓰고, 자신들의 주장을 옹호하기 위해 합리적인 논증을 펼치는 것을 가치 있게 생각할 수 있는 근거조차 확립될 수 없지 않겠는가? 따라서 인간의 생각으로 세계를 이해할 수 있다는 전제가 반드시 필요하다. 그런 전제가 세계에 관한 신념, 곧 세계관이다.

리오타드는 이런 견해에 반대할 수도 있다. 그러나 그는 그렇게 하려면 또 다른 세계관(즉 우주는 불합리하기 때문에 이성으로 이해할 수 없지만 신비롭게도 "작은 이야기"를 가능하게 하는 약간의 합리성이 존재한다는 세계관)을 전제해야 한다. 약간의 합리성은 있지만 대체로 불합리하다는 것이 곧 리오타드의 세계관을 구성한다. 그는 거대 담론을 없앤 것이 아니라 그것을 다른 것으로 대체했을 뿐이다.

그리스도인인 나는 성경에 근거한 세계관(하나님은 창조주이시고, 세상은 그분의 피조물

---

3) Jean-François Lyotard, *The Postmodern Condition: A Report on Knowledge* (Minneapolis: University of Minnesota Press, 1984), 7.

이며, 인간은 그분의 형상으로 창조되었고, 죄의 결과로 인류의 불행이 초래되었으며, 그리스도의 속죄를 통해 구원받고, 그분의 재림을 통해 만물이 새롭게 된다는 것)을 받아들인다. 나는 이 책에서 그런 세계관을 전제로 삼고, 그 점에 대해 앞으로 다루게 될 철학자들과 대화를 나눌 생각이다. 내가 주장하려는 것을 전제로 삼는 것은 일종의 순환 논리인 것처럼 보일 수 있다. 그러나 세계관을 다루는 상황에서는 그런 일이 불가피하다. 리오타드도 자신의 세계관을 전제로 삼고, 또한 그것을 위해 주장을 펼쳤다. 합리주의자들은 이성에 호소함으로써 합리주의를 옹호하고, 관념주의자들은 관념론에 근거한 논증을 펼침으로써 관념주의를 옹호한다. 경험주의자들도 경험주의를 옹호하려면 궁극적으로는 감각적인 경험에 호소해야 한다. 물론 그들은 그렇게 하려고 시도하지 않는다. 간단히 상상만 해보아도 그런 식의 논증이 성공을 거두기는 어려울 것처럼 생각된다. 철학은 물론, 삶의 모든 영역에서도 상황은 마찬가지다. 우리는 인간의 한계를 벗어날 수 없다. 우리가 할 수 있는 최선은 우리의 세계관이 왜 우리에게 의미가 있고, 또 삶을 이해하는 데 어떻게 유익한지를 서로에게 보여주는 것이다. 아울러 우리는 다른 사람의 세계관이 의미가 없을 뿐 아니라 엄밀히 조사해 보니 성립되기 힘들다는 의견을 얼마든지 제시할 수 있는 권리가 있다.[4] 이것은 철학적 논의 가운데 하나다.

철학을 공부하는 이유는 무엇인가?

요즘에는 고수익이 보장되는 직업을 가지려는 목적으로 철학을 공부하지 않는다. 철학의 용도는 무엇일까? 아마도 아리스토텔레스의 대답이 가장 적절한 듯하다. 그는 『형이상학(Metaphysics)』의 서두에서 "모든 인간은 본성적으로 지식을 갈구한다."라고 말했다. 에드먼드 힐러리와 텐징 노르게이가 에베레스트를 등정한 이유를 "산이 그곳에 있기 때문에"라고 밝힌 것처럼, 정상적인 인간이라면 누구나 자신의 주변 환경을 알고 싶어 하기 마련이다. 어떤 사람들은 자신의 탐구를 리오타드

---

[4] 나는 여러 곳에서 이런 유형의 순환 논리를 상세히 논의한 바 있다. 다음 자료를 참조하라. *DKG*, 130-33, *AJCB*, 10-15, *DWG*, 24-25.

의 "소(小)담론"에 국한시키지만, 앞서 말한 대로 그런 한계를 지키는 것은 쉽지 않다. 철학계의 성인으로 일컬어지는 소크라테스는 "검증되지 않은 삶은 살 가치가 없다."라고 말했다.[5]

위의 질문을 좀 더 구체적으로 밝히면, "철학의 역사를 공부하는 이유는 무엇인가?"라고 물을 수 있다. 또 이 책은 기독교의 관점에서 문제들을 살펴보고자 하기 때문에 "그리스도인들이 철학의 역사를 공부하는 이유는 무엇인가?"라고 묻는 것이 좀 더 정확할 것이다.

물론 모든 그리스도인들이 철학을 공부해야 할 의무는 없다. 모두의 능력이나 교육 수준, 또는 관심의 정도나 소명감이 철학을 공부하기에 다 적합한 것은 아니다. 그러나 그런 적합한 소양을 지닌 사람들은 철학을 통해 얻을 수 있는 유익이 많다.

1. 철학자들은 명확하고, 적절하고, 깊이 있게 사고하는 일을 한다. 그들의 저서를 이해하고, 평가하는 일은 매우 훌륭한 정신적 활동에 해당한다. 철학과 무관한 일을 하는 사람들도 엄격한 철학적 공식과 논증을 접하면 상당한 유익을 얻을 수 있다. 그리스도인들도 예외가 아니다. 기독교 신학자들, 설교자들, 교사들은 사고 능력, 특히 논증의 질을 향상시켜야 할 필요가 있다.[6]
2. 철학은 오랫동안 기독교 신학에 큰 영향을 미쳤다. 예를 들어 삼위일체 교리와 그리스도의 인격에 관한 교리에서 발견되는 "본질", "실재", "인격"은 성경에는 사용되지 않은 철학 용어다. 이것이 꼭 나쁜 것은 아니다. 성경을 어떤 상황이나 논쟁에 적용하려면 성경을 그런 상황에 적절한 언어로 바꾸어 말해야 한다.[7] 물론 과학, 역사학, 문헌학 등, 철학 이외에 다른 학문들도 기독교에 영향을 미쳤다. 그러나 세계관을 형성하고 검증하는 일은 철학자의 몫이다. 기독교 신학은 세계관을 제시하는 것이기 때문에 철학과의 대화가 특별히 더 중요

---

5) Plato, *Apology*, 38a.
6) 논쟁을 할 때 결론에 이르게 된 논증의 과정을 논박하지 않고, 단지 상대방이 내린 결론만을 따지는 것으로 충분하다고 생각하는 신학자들이 적지 않은 듯하다. 이것이 요즘의 신학 서적들이 설득력이 없거나 불필요한 대립이 지속되는 경우가 많은 이유 가운데 하나다.
7) 심지어는 헬라어 성경을 영어로 번역하는 일조차도 영어를 사용하는 사람들이 경험하는 상황에 성경을 적용하는 경우에 해당한다.

하다.

3. 불행히도 서구 문명의 역사 속에서 철학자들은 대부분 비기독교적인 전제들을 받아들였다. 비기독교적인 전제들이 지배하던 상황은 중세 시대가 시작되면서 일단 중단되었고, 기독교 철학자들은 교회가 처음 시작될 때부터 존재했었다. 그러나 BC 600년부터 AD 400년까지, 그리고 1650년부터 오늘날에 이르기까지는 비기독교적인 전제들이 철학에 주된 영향을 미쳤다.

조금 전에 말한 대로, 철학의 기능은 세상에 관해 명료하고, 적절하고, 깊이 있게 생각하는 것이다. 따라서 철학은 지금까지 기독교 사상에 대해 가장 어려운 도전을 제기해 왔다. 따라서 그리스도인들이 철학을 공부하면 복음을 대적하는 막강한 세력(가장 큰 설득력을 지닌 비기독교적 사상)을 파악할 수 있다. 철학을 잘 알면 복음을 전하는 데 크게 유리하다.

나는 이 책에서 기독교 신학과 비기독교 철학 간의 대화, 곧 상호 간의 작용에 특별히 관심을 기울일 생각이다.

철학, 신학, 그리고 종교

나는 "신학"을 "하나님의 말씀을 삶의 모든 측면에 적용하는 것"으로 정의한다.[8] 앞서 내린 철학에 대한 정의와 지금 내린 신학에 대한 정의를 비교해 보면 이 두 학문이 매우 흡사하다는 것을 알 수 있다. 하나님의 말씀은 그리스도인의 세계관에 관한 가장 권위 있는 진술이다. 성경은 역사적인 진행 과정을 묘사하고 있기 때문에 "거대 담론"으로 일컬어질 수 있다. 또한 내가 내린 신학의 정의에 등장하는 "적용"이라는 용어는 내가 내린 철학의 정의에서 발견되는 "확립"과 "옹호"라는 개념을 내포한다. 이런 점에서 기독교 신학은 기독교 철학, 또는 기독교적 세계관에 근거한 철학으로 불릴 수 있다.

---

[8] 이런 정의를 설명하고, 옹호한 내용을 살펴보려면 다음 자료를 참조하라. *DRG*, 76-85, *DWG*, 272-79, *ST*, chap. 1.

물론 철학자들은 신학자들과는 달리 권위 있는 텍스트를 토대로 삼지 않는다고 주장할 수도 있다. 그러나 그런 주장이 사실이라면 그것은 유대교나 이슬람교나 기독교를 믿는 철학자들이 아닌 세속 철학자들에게만 해당한다. 앞서 지적한 대로, 심지어 세속 철학자들조차도 제각각 특정한 세계관을 전제로 한다. 그들에게는 그 세계관이 권위 있는 텍스트인 셈이다.

나는 야고보서 1장 26, 27절처럼 "종교"를 "믿음의 실천"으로 정의한다.

"누구든지 스스로 경건하다 생각하며 자기 혀를 재갈 물리지 아니하고 자기 마음을 속이면 이 사람의 경건(종교)은 헛것이라 하나님 아버지 앞에서 정결하고 더러움이 없는 경건은 곧 고아와 과부를 그 환난 중에 돌보고 또 자기를 지켜 세속에 물들지 아니하는 그것이니라."

나는 바르트와 본훼퍼를 비롯한 많은 설교자들, 곧 종교를 자기 의(행위의 공로로 하나님 앞에서 자신의 의를 내세우려는 시도)를 뜻하는 의미로 생각하는 사람들에게 동의하지 않는다. 용어 사전들은 이 용어를 그런 식으로 정의하지 않는다. 클루저가 정의한 대로 용어 사전들은 이 용어를 "믿음", "신념", "신조" 등과 동일시한다. 이 점에 대해서는 뒤에서 다시 살펴볼 생각이다. 내가 내린 정의는 야고보서 1장 26, 27절의 요점을 밝힌 것이다. 종교는 단지 믿는 것에 그치지 않고, 경건한 말과 관대한 행위로 그 믿음을 실천에 옮기는 것을 의미한다. "종교"는 그 자체로 온전한 의미를 지닌 용어다. 신학적이거나 수사적인 주장을 펼치기 위해 이 용어를 다시 정의하는 것은 온당하지 못하다.[9]

나의 정의에 따르면, 기독교 철학은 종교적 실천(곧 기독교 신앙의 실천)의 하나다. 그리스도인들은 예수 그리스도의 종이다. 그분은 주님이시다. 성경은 그리스도인들에게 "무엇을 하든지 다 하나님의 영광을 위하여 하라"(고전 10:31)고 명령한다. 그리스도인들의 생각, 곧 그들의 철학적 정신 활동은 이 명령을 실천하는 일환이다.

---

[9] 이런 말은 일부 젊은 복음전도자들의 수사법을 염두에 둔 것이다. 그들은 "종교를 싫어하죠? 나도 그렇습니다. 나는 종교는 싫어하지만 예수님은 사랑합니다."라고 말한다. 말하려는 의도나 태도는 그런대로 괜찮지만, 그렇게 말하는 것보다는 좀 더 좋은 방법이 있을 것이 틀림없다. "종교"를 비판하지 말고, 형식주의, 전통주의, 교회 관료주의와 같은 것을 비판하라.

그리스도인들이 예배, 구원, 윤리와 관련된 문제를 다룰 때는 그리스도의 주재권을 선뜻 인정하면서도 사고의 영역에서는 그렇지 못한 것은 참으로 아이러니하다. 그러나 내가 이 책의 맨 앞에 인용한 많은 성경 구절들은 성경의 하나님이 지혜, 생각, 지식, 이해와 관련된 문제를 다룰 때도 자기 백성에게 복종을 요구하신다고 가르친다. 그리스도인들은 철학을 비롯해 무엇을 하든지 가장 먼저 "이것이 그리스도와 어떤 관련이 있는가?"라고 물어야 한다. 물론 모든 것이 그분과 관련이 있다. 왜냐하면 그분은 만물의 창조주이시기 때문이다(요 1:3). 골로새서 1장 15-20절은 이렇게 말씀한다.

"그는 보이지 아니하는 하나님의 형상이시요 모든 피조물보다 먼저 나신 이시니 만물이 그에게서 창조되되 하늘과 땅에서 보이는 것들과 보이지 않는 것들과 혹은 왕권들이나 주권들이나 통치자들이나 권세들이나 만물이 다 그로 말미암고 그를 위하여 창조되었고 또한 그가 만물보다 먼저 계시고 만물이 그 안에 함께 섰느니라 그는 몸인 교회의 머리시라 그가 근본이시요 죽은 자들 가운데서 먼저 나신 이시니 이는 친히 만물의 으뜸이 되려 하심이요 아버지께서는 모든 충만으로 예수 안에 거하게 하시고 그의 십자가의 피로 화평을 이루사 만물 곧 땅에 있는 것들이나 하늘에 있는 것들이 그로 말미암아 자기와 화목하게 되기를 기뻐하심이라."

따라서 바울은 그리스도 안에 "지혜와 지식의 모든 보화가 감추어져 있느니라"(골 2:3)라고 말했다.

우리는 마땅히 기독교 신학을 "세속" 철학과 구별해야 한다. "세속"이란 대개 "비종교적인 것"을 의미한다. 그러나 비종교적인 철학이 과연 존재할 수 있을까?[10] 물론 세속 철학은 교회 출석이나 종교 의식에 참여할 것을 요구하지 않는다. 그러나 세속 철학도 어떤 점에서는 종교적이다. 로이 클루저는 『종교적 중립성이란 신화 : 이론들의 배후에 숨어 있는 종교적 신념의 역할에 관한 논고』라는 책에서 "종교"를 정의하기가 어렵다고 말했다.[11] 그는 "세계의 주요 종교들의 공통점은 무엇인가?"

---

10) 이어지는 다음 세 단락은 다음 자료에서 발췌한 것이다. DCL, 55-57.
11) Roy A. Clouser, *The Myth of Religious Neutrality: An Essay on the Hidden Role of Religious Belief in Theo-*

라고 물었다. 클루저는 이 질문은 생각보다 어려운 문제라고 말했다.[12] 우리는 모든 종교가 윤리 강령을 가르친다고 생각한다. 그러나 일본의 종교 "신도"는 그렇지 않다. 우리는 모든 종교가 인격적인 신을 인정한다고 생각한다. 그러나 불교와 힌두교는 그렇지 않다. 우리는 모든 종교가 예배를 요구한다고 생각하지만, 에피쿠로스주의와 일부 불교와 힌두교는 그렇지 않다. 그러나 클루저는 종교적인 신념을 정의하는 것은 얼마든지 가능하다고 결론지었다.[13] 그리고 그는 이렇게 말했다.

> 종교적 신념이란 어떤 것을 신성하다고 믿는 신념을 가리킨다.
> "신성"은 다른 것에 의존하지 않는 속성을 지니고 있다는 의미다.[14]

"신성"에 관한 클루저의 정의는 성경의 하나님이나 다른 종교의 신들을 온전히 묘사하기에는 충분하지 않지만, 나름대로 성경의 하나님이 지니는 속성을 적절하게 묘사한다.[15] 그 점에 있어서는 다른 종교들이 신봉하는 절대자들도 마찬가지다. 대다수의 종교는 다른 것에 의존하지 않고 스스로 만족하는 존재를 믿는 신념을 지니고 있다. 이슬람교는 알라를 믿고, 힌두교는 브라마를 믿는다. 클루저는 헬라의 다신교가 신봉하는 신들은 자기 밖의 현실에 의존하고 있다는 점에서 신성한 존재가 아니라고 말했다. 고대 헬라 종교가 신봉했던 참된 신은 "카오스" 또는 "오케아노스"로 불렸다. 고대 헬라 종교는 그곳에서부터 만물이 유출되었다고 믿었다.[16] 클루저의 견해에 따르면, 심지어 "소승 불교"와 같은 무신론적 종교들도 신의 개념을 지니고 있는 것으로 나타난다. 소승 불교는 공허, 곧 때로 니르바나로 불리는 궁극적인 무는 다른 것을 의존하지 않는다고 주장한다.[17]

그러나 종교를 그렇게 정의하면 종교와 철학은 물론, 종교와 인간의 사상과 삶에

---

ries (Notre Dame, IN: University of Notre Dame Press, 1991).
12) Ibid., 10-12.
13) 클루저의 질문은 내가 앞서 논의한 종교의 의미가 아니라 종교적 신념(즉 성격상 종교적인 특성을 지닌 신념)과 관련이 있다는 점을 기억하라.
14) Ibid., 21-22.
15) "자존성"으로 불리는 속성. *DG*, chap. 26.
16) Clouser, *Myth*, 25.
17) Ibid., 26, 27.

속한 다른 영역을 명확하게 구별하기가 불가능하다.[18] 철학은 아무리 세속적인 성격을 띠고 있더라도 "다른 것에 의존하지 않는" 존재라는 의미에서 항상 신성한 것을 인정한다. 몇 가지 예를 들면 탈레스의 물, 플라톤의 형상, 아리스토텔레스의 원동자, 스피노자의 "신, 또는 자연," 칸트의 본체, 헤겔의 절대 정신, 비트겐슈타인의 『논리철학논고』에 언급된 "신비로운 것" 등이다. 철학자들은 인식론적인 영역에서 인간의 이성을 자체 충족적인 실체로 인정한다. 그 이유는 이성이 자기보다 더 궁극적인 것으로부터 정당성을 확보하려고 하지 않기 때문이다. 심지어는 소피스트, 둔스 스코투스, 흄, 실존주의, 포스트모던주의의 경우처럼 자율적 이성을 부인하는 것처럼 보이는 철학자들의 경우에도 자율적 의지나 감정을 강조한다. 앞으로 살펴보겠지만, 그런 경우에는 의지나 감정이 신성을 지닌 것으로 간주된다.

여기에서 말하려는 요점은 실질적인 의미에서 무신론자는 아무도 없다는 것이다. 참 하나님을 예배하는 것을 거부한다고 해서 절대적인 존재를 거부하는 것은 아니다. 바울이 로마서 1장 18-32절에서 가르친 대로, 참 하나님을 거부하면 우상을 섬기게 된다. 인류는 신을 예배하느냐 예배하지 않느냐가 아니라 참 하나님을 예배하느냐 거짓 우상을 예배하느냐에 의해 둘로 나뉜다. 물론 거짓 예배가 반드시 종교적 형식이나 의식을 갖추고 있는 것은 아니지만, 항상 어떤 식으로든 다른 것을 의존하지 않는 존재, 곧 자존성을 지닌 존재를 인정하는 것은 사실이다.

따라서 나는 이 책에서 철학자들이 다루는 기본적인 문제들이 종교적 성격을 띠고 있다는 점을 밝힐 생각이다. 종교적인 교사들과 철학자들 둘 다 형이상학(존재), 인식론(지식), 가치 이론(가치)에 관한 문제들을 다룬다. 종교적인 교사들과 철학자들은 형이상학을 통해 신과 세계에 관한 문제를 논하고, 인식론을 통해 진리 주장의 정당성에 관한 문제를 다루며, 가치 이론을 통해 우리가 어떻게 살아야 하고, 또 무엇을 가장 중요하게 생각해야 하는지를 밝힌다.

오늘날의 과학과 정치학과 각종 문헌은 "종교적인" 견해에 대한 강한 편견을 드

---

[18] 종교를 "궁극적인 관심"으로 정의한 폴 틸리히나 "자유로운 가치의 확증"으로 정의한 윌리엄 트레멀처럼 최근에 내려진 여러 가지 종교의 정의도 결과는 마찬가지다. 클루저는 그런 식의 정의를 논박했다. Ibid., 12-16. 그러나 그런 정의들도 인간의 생각이 종교적이라는 의미를 함축하고 있다. 앞서 말한 대로 나는 종교를 "믿음의 실천"으로 정의한다. 이 정의는 클루저의 정의와 일치한다. 왜냐하면 어떤 것을 "다른 것에 의존하지 않는" 존재로 받아들이는 것은 꼭 기독교 신앙은 아니더라도 어쨌든 믿음의 행위에 해당하기 때문이다.

러낸다. 앞서 말한 나의 논리가 설득력을 지닌다면 우리는 그런 편견을 용납해서는 안 된다. 종교가 의미 있는 분야라면, 철학이나 과학과 날카롭게 대조되는 것으로 간주해서는 곤란하다. 사람들이 "종교적인" 개념을 가르치는 것을 거부하는 이유는 참 개념과 거짓 개념을 논리적으로 구분할 수 있는 판단 기준을 지니고 있기 때문이 아니다. 그들은 단지 자신들이 싫어하는 관점을 고려하는 것을 임의로 배제할 의도로 "종교"라는 용어를 사용할 뿐이다.

물론 그것은 우리가 흔히 말하는 대로 "비(非)미국적이며" 극도로 부당한 처사가 아닐 수 없다. 어떤 사람들은 "제1차 미국 개정 헌법"에 명시된 대로 "교회와 국가의 분리" 원칙을 주장할지도 모른다. 그러나 개정된 헌법은 종교와 정치의 완전한 분리를 요구하지 않을 뿐 아니라 심지어는 연방적 차원만 아니라면 국가가 교회를 설립하는 것도 금지하지 않는다. 헌법이 작성되었을 당시, 동부 13개 주 가운데 다수의 주들이 교회를 설립한 상태였다. 개정 헌법의 목적은 그런 경우가 아니라 연방 정부가 주 정부가 설립한 교회들과 경쟁할 목적으로 교회를 설립하는 경우를 금지하는 것이다.

진정한 자유 사회에서는 모든 분야에 종사하는 사람들이 종교적인 견해든 그렇지 않은 견해든 자유롭게 자신의 생각을 표현할 수 있어야 한다. 사상의 장터에서는 사상의 선택이 자유롭게 이루어져야 한다.

철학의 분과

형이상학

앞에서 언급한 철학의 세 분과를 좀 더 자세히 설명하면 다음과 같다. 형이상학은 우주의 가장 일반적인 특징을 탐구하는 학문이다. 철학자들은 때로 형이상학을 "존재 자체에 대한 탐구" 또는 "존재로서의 존재에 대한 탐구"로 일컫는다. 과학과 같은 다른 학문들은 다양한 종류의 존재들, 다양한 유형의 존재들, 다양한 형태의 존재들을 탐구하지만, 철학은 비존재와 구별되는 일반적인 의미에서의 존재에 대한 의미를 탐구한다.

이것은 어려운 질문들을 제기한다. 헤겔은 "눈을 감고 존재에 대해 생각해 보라. 그런 다음, 눈을 감고 비존재에 대해 생각해 보라."라는 식의 사고 실험을 제안했다. 무슨 차이가 느껴지는가? 비존재에 관해 생각하려고 할 때마다 무엇인가에 대해, 곧 존재에 대해 생각하는 것처럼 느껴진다. 비존재를 정의하려고 할 때나 존재가 아닌 것들을 열거하려고 할 때도 마찬가지다. 그렇게 할 때마다 결국에는 어떤 형태로든 존재를 생각하지 않을 수 없다. 예를 들어 일각수는 정글에는 존재하지 않지만 문헌에는 존재한다. 그러나 존재가 비존재와 구별될 수 없다면, 어떻게 그것이 무엇인가로 존재할 수 있겠는가?

그런 불가능한 질문들을 파헤치려는 철학자들의 용기는 참으로 놀랍기 그지없다.

형이상학에는 "아무것도 존재하지 않고, 무엇인가가 존재하는 이유는 무엇인가?"라는 질문이 포함된다. 하이데거는 이 질문을 모든 철학의 가장 핵심적인 문제로 생각했다. 이 질문은 존재가 현재와 같은 방식으로 존재하는 이유를 묻는다. 즉 이것은 "존재하는 것들은 왜 이런 식으로 존재하는가?", "현실의 가장 근본적인 특징은 무엇인가?"라는 질문이다.

형이상학에 관한 철학자들의 이해와 관심은 제각각 다르다. 칸트 이후로 많은 세속 철학자들이 형이상학을 근거 없는 사변으로 일축했다. 20세기의 언어 분석 철학자들은 철학의 유일한 기능은 언어의 의미를 명료하게 밝히는 것이고, 철학자들에게 우주의 구조를 탐구할 수 있는 수단은 오직 과학적 방법뿐이라고 종종 주장했다. 그러나 일부 언어 분석 철학자들은 그런 견해에 동조하지 않는다. 그들은 우리의 언어를 주의 깊게 분석해 보면 형이상학적 진리를 내포하고 있는 것을 알 수 있다고 말했다.[19] 아울러 과정 철학은 지금까지도 형이상학에 관해 열띤 논쟁을 벌이고 있다.

형이상학자들이 논의하는 질문들과 그들의 대답을 몇 가지로 나눠 제시하면 다음과 같다.

---

[19] 다음 자료를 참조하라. Peter F. Strawson, *Individuals: An Essay in Descriptive Metaphysics* (London: Methuen, 1959).

1. 우주의 본체는 하나인가 다수인가? 파르메니데스, 플로티누스, 스피노자, 헤겔과 같은 철학자들은 겉보기에는 세상이 다원적으로 이루어진 것처럼 보이지만 그 근원은 하나라고 말했다. 이런 견해를 지닌 사람들은 "일원론자"라고 불린다. 이와는 대조적으로 데모크리투스, 라이프니츠, 초기 비트겐슈타인과 같은 철학자들은 세계가 서로로부터 구분될 뿐 아니라 다른 것으로 변화될 수 없는 작은 원소들로 이루어져 있다고 생각했다. 이들은 "다원론자"로 불린다. 또한 "이원론자"로 알려진 철학자들은 세상이 두 개의 궁극적인 현실로 이루어져 있다고 주장한다. 이 경우, 하나는 선하고 다른 하나는 악하다. 이 두 현실은 서로 패권을 놓고 다툰다. 초기 그리스도인들에게 영향을 미쳤던 조로아스터교와 마니교가 대표적인 사례다. 이 밖에도 중간 입장을 취하는 철학자들도 있다. 아리스토텔레스와 로크와 같은 철학자들은 세상에는 많은 것들이 있지만 모두 일반적인 범주 안에서 이해될 수 있기 때문에 우주의 본체는 하나이기도 하고 여러 개이기도 하다는 상식적인 주장을 펼쳤다.

2. 만물의 근원은 무엇인가? 탈레스는 물, 아낙시메네스는 공기, 아낙사고라스는 "무수히 많은" 무엇, 헤라클레이토스는 불, 피타고라스는 수라고 각각 주장했다. 또한 데모크리토스는 세계가 "원자"라는 파괴되지 않는 작은 입자로 이루어져 있다고 생각했다. 이들을 비롯해 칼 마르크스와 같은 후대의 사상가들은 "물질주의자"로 불린다. 왜냐하면 세상 만물이 본질상 물질이라고 생각했기 때문이다. 플라톤과 아리스토텔레스는 세상은 물질과 형상의 결합체라고 생각했다. 또한 버클리, 라이프니츠, 헤겔은 세상은 정신이고, 물질은 환상이라고 주장했다. 이 견해는 "관념론"으로 불린다. 이 밖에도 플로티누스, 스피노자, 헤겔은 세상은 신성하다고 말했다. 이 견해는 "범신론"으로 불린다.

3. 보편적 실재가 존재하는가, 아니면 개별적인 실체뿐인가? 우리가 사용하는 언어 가운데는 일반적이거나 추상적인 현실을 가리키는 용어들이 있다. 예를 들면 빨강, 삼각형의 상태, 인간성, 미덕 등이다. 이런 것들은 "보편적 실재"로 불린다. 보편적 실재는 이 사람, 이 나무, 이 쿠키, 이 곰과 같은 개별자들을 가리키는 개별적 실체와 대조된다. 윌리엄 오컴과 같은 철학자들은 오직 개별적 실체들만 존재한다고 말했다. 그런 철학자들은 "유명론자"로 불린다. 왜냐

하면 보편적인 실재는 구체적인 것들을 한꺼번에 일컫는 명칭에 불과할 뿐이라고 주장하기 때문이다. 그와는 달리 플라톤과 아리스토텔레스와 같은 철학자들은 보편적 실재가 실제로 존재한다고 생각했다(만일 그런 실재가 존재하지 않으면 보편적 실재라는 용어가 무슨 의미가 있겠는가?). 이들은 "실재론자"로 불린다. 플라톤과 같은 철학자들은 물질적인 것들이 어떤 현실성을 지니고 있는지 의심했다. 이들은 오직 보편적인 실재만을 참된 현실로 받아들였다. 보편적인 실재가 존재한다고 생각했던 사상가들은 그것이 존재하는 장소에 대해서는 서로 의견이 엇갈렸다. 예를 들어 플라톤은 또 다른 세계에, 아리스토텔레스는 이 세상 안에, 아우구스티누스는 하나님의 생각 안에 보편적 실재가 존재한다고 생각했다.

4. 만물은 변하는가, 항상 그대로인가? 파르메니데스는 만물이 변하지 않는다고 말했고, 헤라클레이토스는 그와는 정반대로 만물은 항상 변한다고(즉 유동적인 상태에 있다고) 말했다. 플라톤과 아리스토텔레스는 변하지 않는 것(형상)도 있고, 변하는 것(질료)도 있다고 가르쳤다.

5. 자연과 역사의 사건들은 목적이 있는가(목적론), 아니면 아무런 이유나 목적 없이 발생할 뿐인가? 플라톤과 아리스토텔레스는 자연의 과정이 목적이 있다고 말했다. 그들은 모든 운동이나 과정은 목적을 향해 나간다고 가르쳤다. 그와는 달리 버트런드 러셀과 장 폴 사르트르는 목적은 존재하지 않으며, 인간이 스스로 모든 것을 창조해 나간다고 말했다.

6. 인과관계는 존재하는가? 데모크리토스, 홉스, 스피노자와 같은 철학자들은 모든 사건은 반드시 원인이 있으며 엄격한 인과의 법칙을 따른다고 주장했다. 그런 점에서 이들은 "결정론자"로 불린다. 그와는 달리 에피쿠로스, 일부 교부들, 데카르트, 아르미니우스, 화이트헤드와 같은 사상가들은 인간이 다른 사건에 의해 영향을 받지 않고 행동할 수 있다고 말했다. 이들의 견해는 "자유의지론"으로 불린다. 데이비드 흄은 원인과 결과 사이의 필연적인 상관성을 부인했다. 칸트는 인과관계를 인정했지만, 자연에서 발견되는 요인이 아닌 인간의 정신에 의해 인과관계가 부여된다고 말했다.

7. 인간은 영혼을 지니고 있는가? 육체와 정신은 서로 구분되는가? 플라톤은 그

렇다고 말했다. 아우구스티누스와 아퀴나스와 같은 그리스도인들 대다수가 그런 견해를 지지했다. 데카르트도 마찬가지였다. 그러나 아리스토텔레스는 영혼은 "육체의 형상"이라고 말했다. "물질주의자"로 불리는 탈레스, 에피쿠로스, 토머스 홉스, 칼 마르크스, 버트런드 러셀과 같은 사상가들은 모든 사건은 물질과 운동의 관점에서 설명이 가능하다고 믿었다. "영혼"으로 일컬을 수 있는 무언가가 존재한다면, 그것은 물질(스토아 학파의 견해)이거나 육체의 한 기능이거나 둘 중에 하나다.

8. 인간의 생각은 어떻게 작동하는가? 또 어떻게 작동하는 것이 온당한가? 철학자들은 인간의 생각과 경험 안에서 다양한 기능(지성, 의지, 감정, 상상, 기억, 직관, 지각, 개념, 인상 등)을 구별했다. 플라톤, 아퀴나스, 데카르트, 헤겔, 고든 클라크와 같은 "주지주의자들"은 생각이 온전하게 기능하면 생각의 모든 기능이 지성의 지시에 따른다고 믿었고, 둔스 스코투스, 윌리엄 오컴, 아서 쇼펜하우어, 프리드리히 니체와 같은 "의지주의자들"은 선택, 곧 의지의 결정이 항상은 아니더라도 종종 요구된다고 믿었다. 그들은 지성이 아닌 의지가 근본적이라고 생각했다. 소피스트, 흄, 셸링, 슐라이에르마허와 같은 "주관주의자들"은 생각은 감정을 따르고, 감정에 복종해야 한다고 믿었다. 이 밖에도 다른 여러 사상가들은 생각의 이런 "기능들"에 대해 더욱 정교한 이론을 발전시켰다.

9. 신이 존재하는가? 앞에서 말한 대로, 엄격한 의미에서 무신론자는 존재하지 않는다. 그러나 철학자들 사이에서는 어떤 종류의 신이 존재하느냐에 관해 많은 의견이 엇갈린다. 크세노파네스, 스피노자, 헤겔과 같은 사상가들은 세계가 곧 신이라고 믿었다(이 견해는 "범신론"으로 불린다). 화이트헤드와 하트숀은 세계는 신의 한 측면으로서 신성하지만, 신은 세상보다 더 크다고 믿었다(이 견해는 "만유내재신론"으로 불린다. 이는 "세계는 신 안에 있다."는 뜻이다). 17, 18세기의 일부 사상가들은 신은 세상이 "자연법"에 따라 작동하도록 창조했고, 더 이상 아무런 개입도 하지 않는다는 견해를 주장했다. 이들은 "이신론자"로 불린다. 플라톤은 신학적인 용어를 사용해 "선의 이데아"를 묘사했다. 그는 "데미우르고스"가 세상을 형상에 따라 창조했다고 말했다. 아리스토텔레스는 자신이 말한 "원동자"를 신으로 일컬었다. 안셀무스는 신을 "그 이상 더 위대한 것을 생각

할 수 없는 존재"라고 정의하고 나서 그것을 성경적인 용어로 다시 정의했다. 신에 대한 성경적인 견해를 주장하는 사람들은 "유신론자"로 불린다.

인식론

인식론은 지식에 관한 이론이다. 인식론은 "지식이 무엇인가? 지식이 어떻게 가능한가? 지식을 얻는 일을 어떻게 시작해야 할까? 진실과 거짓, 현실과 현상을 어떻게 구별해야 할까?"와 같은 질문을 탐구한다.

철학적 인식론은 지식의 주체(인간), 지식의 대상(인간이 아는 것), 객체에 대한 주체의 지식 여부를 결정하는 규칙들을 다룬다. 플라톤은 규칙을 "이유"로 일컬었고, 지식을 "이유가 있는 참된 신념"으로 정의했다. 최근에는 지식의 이유를 지식의 "타당성"으로 일컬었고, 더욱 최근에는 지식의 "근거"로 일컬었다(앨빈 플랜팅가).

"지식이 어디까지 가능한가?"라는 문제에 대한 인식론자들의 견해는 다양하다. 파르메니데스는 지식이 가능하다고 믿었다. 그는 알 수 없는 것은 존재할 수 없다고 생각했다. 그러나 소피스트들은 지식(최소한 보편적이고, 객관적인 지식)의 가능성을 부인했다. 예를 들어 프로타고라스는 "인간은 만물의 척도다."라고 말했다. 여기에서 인간은 개인을 가리킨다. 그는 보편적인 진리를 믿지 않았다. 그는 모든 사람에게 사실인 것은 존재하지 않고, 단지 개인에게만 사실인 진리만 존재한다고 생각했다. 나를 위한 진리와 너를 위한 진리가 다르다는 지론이다.

파르메니데스와 플라톤처럼 진리를 아는 것을 낙관적으로 받아들인 사상가들은 "합리주의자"로 불린다. 그들은 인간의 이성이 사실과 거짓의 궁극적인 잣대이기 때문에 항상 믿을 만하다고 생각했다. 그러나 소피스트와 같은 사상가들은 이성을 그렇게 신뢰하지 않았다. 그들은 "비합리주의자" 또는 "회의주의자"로 불린다.

인식론자들은 지식의 토대에 대해서도 의견을 달리한다. 앞서 말한 대로 인간의 생각에는 다양한 기능이 존재한다. 지식에 관한 이론은 이런 기능들의 상호관계를 논의한다. 여기에서 형이상학과 인식론이 서로 중첩된다. 이성이나 감각적 경험이나 인간의 주관성(감정, 의지, 직관, 신비로운 통찰력)이 지식의 가장 근본적인 토대로 간주된다. 합리주의자들은 인간의 이성이 참과 거짓의 궁극적인 잣대라고 믿었고, 존 로크와 데이비드 흄과 같은 경험주의자들은 감각적 경험이 궁극적인 기준이며, 이성적 추론은 모두 그것에 근거한다고 믿었다. 또한 소피스트와 현대 실존주의자들과 같은 "주관주의자들"은 인간의 내면에서 의미와 지식을 발견할 수 있다고 생각한다.

가치 이론

가치 이론(가치론)은 윤리학과 미학을 비롯해 철학자들의 관심을 끄는 여러 종류의 가치를 다룬다(예를 들면 경제적 가치). 가치 이론은 "무엇에 가장 큰 가치를 두어야 하는가?"라는 문제를 논하고, "최고선(Summum bonum)"에 관한 문제를 다룬다. 또한 이 이론은 "어떻게 가치 판단을 내려야 하는가? 가치는 객관적인가 주관적인가? 어떤 사물과 사건과 행위가 선하고, 악한가, 또 옳고 그른가?"와 같은 문제들을 탐구한다.

내가 볼 때 세속 윤리학은 크게 세 가지 유형(의무론, 목적론, 실존론)으로 분류된다. 칸트처럼 의무론을 주장하는 윤리학자들은 의무에 근거해 결정을 내려야 한다고 믿는다(플라톤도 어느 정도는 이런 견해를 지녔다). 벤담이나 밀과 같이 목적론을 주장하는 윤리학자들은 윤리적인 목적(개인이나 집단의 행복)을 잘 분별하고, 그것을 이룰 수 있는 최선의 방법을 찾음으로써 결정을 내려야 한다고 생각한다(아리스토텔레스도 어느 정도는 이런 견해를 지녔다). 소피스트와 사르트르처럼 실존론을 주장하는 윤리학자들은 우리가 마음속으로 진정으로 원하는 것을 실행하고, 우리의 참 모습을 솔직히 표현해야 한다고 믿는다.

나는 이 책에서 가치 이론을 상세히 논하지 않을 것이다. 왜냐하면 지면을 아껴야 할 필요가 있을 뿐 아니라 이미 『기독교적 삶의 교리(DCL)』에서 윤리 철학을 상세히 다루었기 때문이다. 나는 그 책 5-8장에서는 비기독교 윤리학을, 9-21장에서는 기독교 윤리학을 각각 다루었다. 그러나 독자들은 형이상학과 인식론을 윤리학과 통합하는 것의 중요성을 간과해서는 안 된다. 나는 이 책의 전반에 걸쳐 그 점을 강조할 생각이다.

세 분과의 상호 관계

철학을 처음 공부하는 사람은 철학이 세 분과(형이상학, 인식론, 가치 이론)로 나뉘는 것을 보고 어디에서부터 시작해야 할지 궁금해 할 수 있다. 아마도 일 년 동안은 오직 형이상학만 공부하면서 세계의 구조에 관해 가능한 한 많은 지식을 쌓고 나서 인식론과 윤리학을 공부하는 방식을 취할 것이다. 지식의 주체와 객체 모두 세상의 일부이기 때문에 특정한 분야를 연구하기 전에 세상에 대해 알 필요가 있다는 생각이 들 수 있다.

그러나 지식에 관한 지식이 없다면 어떻게 형이상학에 관한 지식을 얻을 수 있겠는가? 형이상학은 인식론을 전제하고, 인식론은 형이상학을 전제한다.

가치 이론(특히 윤리학)은 또 어떤가? 옳고 그름이나 의무와 권리에 관한 개념이 없으면 지식이나 존재에 관한 탐구가 올바르게 이루어지기 어렵다. 왜냐하면 형이상학과 인식론은 인간의 지식 활동에 해당하고, 인간의 모든 활동은 윤리적으로 평가될 수 있기 때문이다. 철학을 공부하는 것도 옳은 방법과 그릇된 방법이 있다. 그런 활동은 윤리적인 가치를 통해 표현된다. 무엇을 연구하려면 엄격한 훈련과 근면한 태도와 진리를 존중하는 마음과 거짓을 피하려는 노력과 결론을 솔직하게 밝히는 태도와 실수와 부족함을 인정할 줄 아는 겸손과 주장을 뒷받침할 수 있는 증거를 제시할 책임 등이 필요하다. 그런 미덕을 보이지 못하거나 거부하는 사람의 철학은 큰 결함을 지닐 수밖에 없다. 따라서 철학적 연구의 온당한 결론은 마땅히 내려야 할 결론, 곧 윤리적 당위성을 지닌 결론이어야 한다.

나는 형이상학, 인식론, 가치 이론이 서로 분리되지 않는다고 생각한다. 이 분야들은 서로를 전제한다. 인식론의 유형에 따라 형이상학의 종류가 결정되기 마련이다. 예를 들어 아리스토텔레스는 지식을 개개의 사물에 대한 지식으로 보는 인식론을 지녔기 때문에 세상을 사물들의 집합체로 보는 형이상학을 피력했다. 또한 초기 비트겐슈타인은 지식을 명제를 통해 표현된 사실들에 관한 지식으로 보는 인식론을 지녔기 때문에 "세상은 사물들이 아닌 사실들의 총체이다."라고 말했다.[20] 인식

---

[20] Ludwig Wittgenstein, *Tractatus Logico-Philosophicus* (London: Empire Books, 2011), I. 1.

론과 형이상학이 서로에게 영향을 미친 것을 분명하게 알 수 있다.

모든 인식론은 인식의 주체인 인간이 세상과 어떤 식으로든 관련을 맺고 있기 때문에 지식이 가능하다는 것을 전제로 한다. 그것은 곧 형이상학적인 전제이기도 하다. 가치 이론의 경우에도 가치의 근원이 존재하지 않는다면 아무런 의미가 없을 것이다. 그런 원천이 존재한다는 것을 확증하고, 그것이 무엇인지를 찾아내는 것은 형이상학의 과제에 해당한다.

또한 형이상학과 인식론과 가치 이론을 철학이라는 하나의 주제에 대한 세 가지 관점으로 간주하는 방식도 있다.[21] 철학 전체를 삼각형으로 표시하면 세 분과는 삼각형의 세 꼭지점에 해당한다. 아래의 도표를 참조하라.

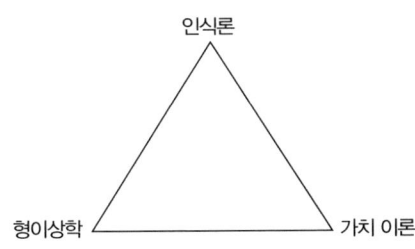

도표 1.1. 철학에 관한 세 가지 관점

삼각형의 각 꼭지점 어디에서부터든 철학 공부를 시작할 수 있다. 그러다 보면 다른 꼭지점들의 내용을 곧 접하게 될 것이다. 사실상, 삼각형을 빙빙 돌게 될 것이다. 형이상학이 인식론적인 통찰력에 의해 더 풍부해지고, 인식론이 가치 이론에 의해 더 풍부해지는 순환 과정이 이루어질 것이다. 이런 점에서 형이상학과 인식론과 윤리학을 철학의 분과가 아닌 그 측면으로 이해하는 것이 더 낫다. 이 세 분과는 철학에 대한 세 가지 관점으로 간주하는 것이 바람직하다.

---

21) 내가 저술한 책들을 읽어본 독자라면 내가 삼각형으로 된 도표를 많이 사용하는 것을 잘 알 것이다. 그런 도표들은 대개 하나님의 주권적 속성을 반영하는 유형을 띠고 있다. 이 점에 대해서는 뒤에서 다시 살펴볼 생각이다. 현재의 도표는 하나님의 주권적 속성을 반영하는 유형과 정확하게 일치하지는 않지만, 나는 형이상학은 "상황"으로, 인식론은 사고의 "법칙"이나 "기준"을 제시하는 것으로, 가치 이론은 인간을 그 등식의 한 요소로 삼는 것으로 각각 파악한다. 그러나 나는 가치 이론이 규칙을 포함하고 있고, 또 인간이 형이상학의 한 요소라는 점도 잘 알고 있다.

성경적인 철학

철학을 역사적으로 접근하려면 처음 시작에서부터 출발해야 한다. 기독교적인 관점에서 보면 처음 시작은 하나님에 의한 세계의 창조다. 성경적인 창조 교리는 다른 종교나 철학에 앞설 뿐 아니라 매우 독특한 세계관을 구축한다.

창조주와 피조물

성경적인 세계관의 첫 번째 요소는 창조주와 피조물의 구별이다. 성경적인 형이상학은 두 가지 차원의 현실(즉 창조주와 피조물)로 구성된다. 반틸은 이 관계를 두 개의 원으로 나타냈다. 큰 원은 하나님을 나타내고, 작은 원은 피조물을 나타낸다.

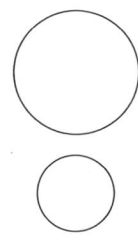

도표 1.2. 창조주와 피조물의 구별

자연을 신과 동일시했던 스피노자의 경우처럼(Deus sive natura), 이런 구별을 혼동해서는 안 된다. 하나님은 항상 주님이시고, 피조물은 항상 그분의 종이다. 기독교는 무에서 창조가 이루어졌다고 믿는다(ex nihilo). 영지주의 철학자들의 주장과는 달리 세계는 하나님의 본질에서 유출되지 않았다. 세계는 하나님의 일부가 아니다. 피조물과 하나님은 온전히 구별된다. 그러나 피조물은 하나님에 의해 창조되었기 때문에 그분과 교제를 나눌 수 있는 능력을 지닌다.

영지주의자들은 최고의 존재와 물질세계를 연결하는 중재자들이 존재한다고 주장하지만, 이 두 차원의 현실 사이에는 아무것도 존재하지 않는다. 반틸은 때로 두 원 사이에 두 개의 수직선을 그어 하나님이 피조물과 "연관을 맺으실 수 있다."는 것, 곧 그분이 자유롭게 세상에서 활동하시며, 세상과 교통하신다는 것을 나타냈다. 그러나 세 번째 차원의 현실은 존재하지 않는다. 오직 두 가지 차원의 현실만이 존재한다.[22]

어떤 사람들은 하나님과 세상을 이런 식으로 구분하는 것이 예수 그리스도 안에서 신성과 인성이 하나로 결합된 사실과 양립할 수 없다는 반론을 제기할지도 모른다. 그러나 교회가 신성과 인성을 구별하는 데 가장 큰 노력을 기울인 것은 바로 기독론을 통해서였다. 칼케돈 공의회(451)는 예수님 안에 서로 구별되는 두 가지 본성, 곧 신성과 인성이 존재한다고 선언했다.

> 우리 모두는 거룩한 교부들을 따라 동일하신 독생자 예수 그리스도를 고백한다. 온전한 신성과 온전한 인성을 지닌 참 하나님이요 참 인간이신 그분은 이성적인 영혼과 육체를 지니고 계신다. 신성에 관해서는 하나님과 본체를 이루시고, 인성에 관해서는 우리와 본체를 이루신다. 그분은 우리와 모든 점에서 같으시되 죄는 없으시다. 신성에 관해서는 창세 전에 성부에게서 나셨고, 인성에 관해서는 마지막 날에 우리의 구원을 위해 성모이신 동정녀 마리아에게서 태어나사 우리와 똑같이 되셨다. 동일하신 그리스도시요 아들이요 주님이요 독생자이신 예수님의 두 본성은 혼합, 변화, 구분, 분리를 겪지 않는다. 두 본성이 결합하는 과정에서 각각의 본성에 변화가 일어난 것은 전혀 없다. 두 본성의 속성이 고스란히 보존되어 단일한 인격이자 실질적인 존재 안에 하나로 결합되었다. 예수님은 두 인격으로 분리되거나 나뉘지 않으신다. 선지자들이 처음부터 그분에 대해 가르쳤을 뿐 아니라 그분 자신이 직접 가르치셨고, 또 교부들의 신조가 가르친 대로 그분은 항상 동일하신 독생자요 하나님이요 말씀이요 주 예수 그리스도이시다.[23]

---

22) 내 친구 피터 존스는 창조주와 피조물의 구별을 없애려는 시도가 현대의 신(新)이교주의(즉 뉴에이지 사상) 안에 만연해 있다고 말했다. 고대의 영지주의와 비슷한 이 사상은 만물이 하나라고 주장한다. 존스는 기독교적 세계관을 "투이즘(twoism)"으로, 신이교주의의 세계관을 "원이즘(oneism)"로 각각 일컬었다. 그는 이런 구별을 통해 현대 문화의 주된 문제들을 분명하게 드러냈다. 다음 자료를 참조하라. Peter R. Jones, *Capturing the Pagan Mind* (Nashville, TN: Broadman and Holman, 2003). Peter R. Jones, *One or Two: Seeing a World of Difference* (Escondido, CA: Main Entry Editions, 2010).

23) *Dogmatic Definition of the Council of Chalcedon*. 다음 사이트를 참조하라. http://www.ewtn.com/faith/teachings/incac2.htm.

"혼합, 변화, 구분, 분리를 겪지 않는다."로 번역된 네 개의 헬라어에 주목하라. 그리스도 안에서 신성과 인성의 온전한 결합이 이루어졌다. 칼케돈 신조는 그분 안에 "구분, 분리"가 없다는 말로 그 점을 표현했다. 그러나 심지어 그리스도 안에서조차 신성과 인성은 엄연히 구별된다. 이 두 본성은 "혼합"되거나 다른 본성으로 "변화"되지 않는다.

"무로부터의 창조" 교리는 성경적인 종교의 독특한 주장이다. 유대교와 이슬람교도 그런 교리를 주장하지만, 그것은 성경이 그들의 신앙에 영향을 미친 덕분이다. 세속 사상가들 가운데 "무로부터의 창조"라는 개념을 주장한 사람은 아무도 없다.[24]

절대적 신성의 세 위격[25]

성경이 가르치는 상위 차원의 현실에 대해 먼저 살펴보기로 하자. 어떤 종류의 존재가 무로부터 세상을 창조했을까? 물론 하나님의 본성에 관해서는 여러 가지 사실을 논할 수 있다. 그러나 특히 철학적 중요성을 지닌 사실은 하나님이 절대적인 인격을 소유하신다는 것이다. 그분이 절대적이시라는 것은 스스로 존재하는 자기 충족적인 존재라는 뜻이다. 하나님은 다른 어떤 것에도 의존하지 않으신다.[26] 창조의 교리가 암시하는 대로, 하나님은 만물의 기원, 곧 제1원인이시다.

절대적인 존재는 철학과 종교 문헌에 흔히 등장한다. 헬라의 "운명", 힌두의 "브라마", 파르메니데스의 "존재", 플라톤의 "선의 이데아", 아리스토텔레스의 "원동자", 플로티누스의 "유일", 헤겔의 "절대 정신"은 모두 자존성의 속성을 소유한 절대적 존재로 간주될 수 있다.[27]

그러나 성경의 하나님은 또한 인격이라는 속성을 지니고 계신다. 하나님은 절대

---

[24] "무로부터의 창조"를 주석학적으로 논의한 설명을 살펴보려면 다음 자료를 참조하라. *DG*, 298-302.
[25] 지금부터 나는 내가 『하나님을 아는 지식의 교리(*DGK*)』와 다른 곳에서 주장했던 "삼중적 관점"에 의한 세계 이해를 설명할 생각이다. 이 점에 대해서는 나의 친구 베른 포이트레스의 저서를 통해서도 자세히 알 수 있다. Vern S. Poythress, *Redeeming Philosophy: A God-Centered Approach to the Big Questions* (Wheaton, IL: Crossway, 2014). 포이트레스에 관해서는 이 책 마지막 부분에서 간단하게 논의했다.
[26] "신성"에 대한 클루저의 정의를 기억하라.
[27] 신을 "다른 것에 의존하지 않는" 존재로 정의한 클루저의 말을 기억하라. "자존성"을 뜻하는 "aseity"는 "자신으로부터"를 뜻하는 라틴어 "a se"에서 유래했다.

적일 뿐 아니라 인격적이다. 그분은 알고, 사랑하고, 말씀하신다. 그분은 단지 만물의 근본 원인에 머물지 않으신다. 그분과 우리의 관계는 우리의 인격적인 관계 가운데서 가장 중요하다. 그분은 우리를 창조하셨을 뿐 아니라 우리에게 자신의 뜻을 알리시고, 자신의 사랑을 나타내시며, 죄로부터의 구원을 베푸시고, 우리를 구원하기 위해 어떤 일을 행했는지를 말씀하신다.

인격적인 신을 믿는 신앙은 많은 종교에서 발견된다.[28] 고대 헬라, 로마, 이집트, 바벨론, 가나안, 인도, 스칸디나비아, 독일과 같은 곳에서 유행했던 다신교는 인격적인 신을 믿었다. 그러나 그런 인격적인 신들은 절대적인 존재가 아니었다. 예를 들어 제우스와 헤라는 부모에게서 태어났고, 분노와 질투의 감정에 이끌렸다. 다신교의 신들은 스스로 존재하는 전능한 신이 아닐 뿐 아니라 도덕과 진리의 표상도 되지 못한다.

오직 성경 종교만이 절대적이면서 인격을 지닌 존재를 인정한다.[29] 그리스도인들에게 우주의 창조주는 주님이자 궁극적인 재판관이요, 또 가장 친밀한 친구이기도 하다. 성경의 하나님은 만물의 제1원인일 뿐 아니라 진리와 정의의 궁극적인 기준이시다.

더욱이 성경의 하나님은 인격적일 뿐 아니라 삼위로 존재하신다. 한 분 하나님 안에 성부와 성자와 성령이라는 세 인격이 존재하신다.[30] 하나님의 일체성은 철학적으로 매우 중요하다. 세계의 제1원인이자 진리와 정의의 궁극적인 기준은 오직 하나뿐이다. 그러나 하나님의 삼위성도 똑같이 중요하다. 앞서 말한 대로, 형이상학을 다루는 철학자들은 일원론과 다원론(곧 우주의 본체가 하나인가 다수인가?)을 둘러싸고 논쟁을 벌였다. 반틸은 하나님은 하나이면서 다수이시기 때문에 하나이면서 다수인 세상을 창조하셨다고 말했다. 이는 개별적인 것들 없이 하나만 있고, 하나 없이 개별적인 것들만 있지 않다는 뜻이다. 우주를 하나로 축소하려는 것이나 세상을

---

[28] 그러나 철학의 경우에는 그렇지 않다. 인격적인 신을 믿는 종교와 관련된 철학의 경우에는 때로 그런 신을 인정하기도 했지만(에피쿠로스는 그런 신들의 존재를 인정했지만 그런 신앙이 자신의 철학 사상에 영향을 미치도록 허용하지 않았다), 철학의 역사에서 그런 경우는 매우 드물었다.

[29] 물론 여기에는 기독교가 당연히 포함된다. 나는 기독교가 성경을 가장 올바로 이해하고 있다고 믿는다. 그러나 앞서 잠시 언급한 대로, 유대교와 이슬람교를 비롯해 몰몬교와 여호와의 증인과 같은 기독교 이단의 경우에도 어느 정도는 절대적이면서 인격적인 신을 믿는 흔적을 지니고 있다.

[30] 삼위일체의 교리를 주석학적으로 설명한 내용을 살펴보려면 다음 자료를 참조하라. *DG*, 619-735.

"궁극적인 원소들"로 나누려는 철학적 시도를 통해 세상에 대한 온전한 지식을 얻으려는 시도는 결국 실패할 수밖에 없다.[31]

주재권

그렇다면 창조주와 피조물, 절대적인 신성의 세 위격과 그분께 의존하는 존재들은 서로 어떤 관계를 맺고 있을까? 나는 주재권이 이 관계를 성경적으로 가장 적절하게 묘사하고 있다고 생각한다. 하나님은 주님이시고, 피조물은 그분의 종이다.[32] 주재권의 본질은 통제, 권위, 임재라는 용어로 간단하게 요약할 수 있다. 하나님의 통제는 만물을 그 뜻의 결정대로 다스리는 능력을 의미하고(엡 1:11), 권위는 복종해야 할 권한을 의미한다. 이를 통해 그분의 통제를 위한 도덕적인 근거가 마련된다. 마지막으로 하나님의 임재는 피조물에게 임하시어 그들과 친밀한 관계를 맺는 것을 의미한다. 언약을 통해 가장 깊은 관계가 형성된다. 하나님은 언약을 맺으면서 "나는 너희의 하나님이 되고 너희는 내 백성이 될 것이니라"라고 말씀하셨다(출 6:7; 레 26:12; 계 21:3).

이 세 가지 용어는 주재권의 속성을 나타낸다. 이 세 가지는 서로 밀접하게 관련된다. 다음 도표를 참조하라.

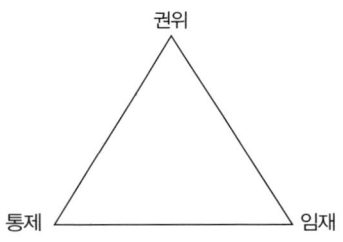

도표 1. 3. 주재권의 속성

---

31) 나는 이 책의 13장에서 반틸에 관해 논할 때 이 문제를 좀 더 자세히 살펴볼 생각이다.
32) 나는 주재권을 성경의 핵심적인 가르침으로 믿고, 그 본질을 통제와 권위와 임재의 관점에서 논의했다. 그 내용을 살펴보려면 다음 자료를 참조하라. *DG*, 21-115. *ST*, chaps. 2-6. 하나님을 일컫는 다른 성경적 칭호들도 중요하기는 마찬가지다. "왕"과 "아버지"라는 칭호는 특히 중요하다. 나는 이 칭호들이 주님이라는 칭호와 일맥상통하는 의미를 지닌다고 생각한다.

각각의 속성은 다른 속성들과 밀접하게 관련된다. 만물에 대한 하나님의 통제에는 진리와 정의의 기준에 대한 통제도 아울러 포함된다. 또한 그분의 통제는 그분의 권위를 수반한다. 하나님이 만물을 통제하신다는 것은 모든 곳에서 권위를 행사하신다는 의미다. 하나님은 영적인 존재이시기 때문에 권위의 행사는 곧 그분의 임재를 내포한다.

하나님이 만물에 대한 권위를 지니신다는 것은 그분이 만물을 통제하신다는 뜻이다. 하나님은 인격적인 것이든 비인격적인 것이든 모든 것을 향해 명령할 권한을 지니고 계신다. 무엇이든 그분의 명령에 복종해야 한다. 하나님은 창조 사역을 행하실 때도 명령으로 세상을 창조하셨다. 그분은 심지어 존재하지 않는 것을 향해 존재하라고 명령하셨다("빛이 있으라." 창 1:3; 롬 4:17). 그분의 권위는 그분의 임재를 수반한다. 왜냐하면 그분의 권위는 만물에게 적용되기 때문이다.

하나님의 임재는 우주에 있는 그 어떤 것도 그분의 권위나 통제에서 벗어날 수 없다는 것을 의미한다(시 139편).

이 삼중적인 관계는 하나님의 주재권에 대한 설명이 그분의 삼위일체적인 본성에 근거한다는 것을 보여준다. 이것이 나의 확신이다. 삼위일체 하나님의 세 위격은 서로 "구별되지만 분리되지 않는다." 성삼위 하나님은 세상의 역사 속에서 항상 함께 일하신다.

성삼위 하나님은 세상과의 관계, 곧 창조, 타락, 구원이라는 역사적 과정 안에서 제각기 독특한 역할을 행하신다. 성부 하나님은 영원한 계획을 세우셨고, 성자 하나님은 성육신을 통해 성부의 뜻대로 그 계획을 실행하셨으며, 성령 하나님은 하나님의 백성과 함께, 또 그들 안에 거하면서 그리스도의 사역을 증언하신다. 이런 구별에 따르면, 성부는 "권위"를, 성자는 "통제"를, 성령은 "임재"를 각각 나타내는 것으로 이해될 수 있다.

물론 하나님이 행하시는 모든 사역에 성삼위 하나님이 함께 참여하신다. 성자는 성부 "안에" 계시고, 성부는 성자 안에 계신다. 성령은 성부와 성자 안에 계시고, 그 두 분은 성령 안에 계신다. 신학자들은 성삼위 하나님의 상호 내주의 관계를 "상호 공재(circumcessio, 또는 perichoresis)"로 일컫는다.

인간 지식의 관점

하나님이 주님이시라면 인간은 그분의 주재권에 복종해야 한다. 인간은 하나님의 종이요 자녀요 친구요 신민이다. 따라서 어떤 결정을 내리거나 행위를 할 때는 가장 먼저 하나님과의 관계를 고려해야 한다.

예를 들어 인식론을 탐구할 때도 우리의 지식은 하나님의 주재권과 세 가지 방식으로 관계를 맺는다. 즉 우리의 지식은 하나님의 통제와 권위와 임재를 고려해야 한다.

하나님의 주재권을 나타내는 속성들을 고려한다는 것은 특정한 관점에 따라 사고한다는 것을 의미한다. 앞서 철학이 형이상학, 인식론, 가치 이론이라는 세 가지 관점으로 구성되어 있다고 말했다. 나는 여기에서 인식론에 초점을 맞춰 그 분야 안에 존재하는 중요한 관점들을 살펴볼 생각이다.[33]

자연과 역사에 대한 하나님의 통제를 고려하면 우리의 전체 상황이 그분의 예정과 섭리에 의해 지배를 받는다는 것을 알 수 있다.[34] 개인적인 상황이든 자연과 역사의 전 과정이든, 상황을 탐구한다는 것은 곧 "상황적 관점"에서 세상을 알려고 노력하는 것을 의미한다.

세상이 하나님의 권위 아래 있다는 것을 고려하면 세상 만물이 그분과 그분의 뜻을 나타낸다는 것을 알 수 있다(다음 항목에서 다루어질 로마서 1장에 대한 해설을 참조하라). 세상을 그런 식으로 탐구하는 것은 "규범적인 관점"에 초점을 맞추는 것이다. 다음의 도표를 참조하라.

---

[33] 지식에 대한 관점적인 이해란 관점 안에 관점이 있고, 또 그 안에 관점이 있다는 것을 의미한다.
[34] "예정"에는 하나님의 영원한 계획과 역사의 진로에 대한 그분의 작정이 포함된다. "섭리"는 하나님이 계획을 이루기 위해 역사 속에서 행하시는 행위를 의미한다. 다음 자료를 참조하라. *DG*, chaps. 14, 16. 하나님은 예정을 통해 "위로부터" 통치하시고, 섭리를 통해 "아래로부터" 통치하신다. 이처럼 그분의 주권이 피조물 전체에 미친다.

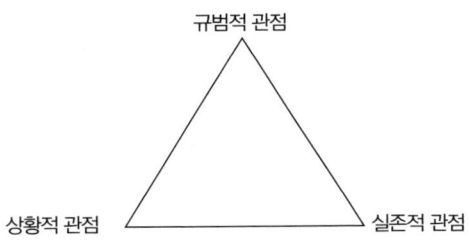

도표 1. 4. 인간 지식에 관한 관점들

내가 이를 관점으로 일컬은 이유는 서로 분리될 수 없는 것이기 때문이다. 상황을 옳게 이해하려면 그것을 하나님의 계시, 곧 그분의 규범이 적용되는 장소로 이해해야 한다. 이처럼 상황적 관점에는 규범적 관점이 내포되어 있다. 하나님의 규범을 옳게 이해하려면 그것을 상황과 우리 자신에게 적용하는 방법을 알아야 한다. 이처럼 규범적 관점에는 상황적 관점과 실존적 관점이 내포되어 있다. 또한 하나님과 우리의 관계를 올바로 이해하려면 우리 자신을 하나님이 창조하신 환경(상황)의 일부이자 하나님의 율법(규범) 아래 살도록 창조된 언약의 신민으로 이해해야 한다. 이처럼 실존적 관점에는 규범적 관점과 상황적 관점이 내포되어 있다.

이 세 가지 관점 가운데 어느 하나도 다른 관점들과 분리될 수 없지만, 사물에 대한 균형 있는 시각을 유지하려면 그것들을 따로 구별하는 것이 유익하다. 기독교 철학자가 사실(상황)에 근거한 철학을 개진하려면 하나님의 계시(규범)와 생각의 기능(실존)을 통해 그런 사실들을 해석해야 한다. 또한 현실을 세상에 관한 사실이나 인식의 주체인 인간의 내면과 연관시켜 생각하지 않고, 모든 것을 형상이나 논리로 축소시킬 수도 없다. 규범과 객관적인 사실들을 옳게 평가하지 못하고, 오직 감정(실존)에만 초점을 맞추는 철학도 성립할 수 없기는 마찬가지다.

다른 관점들과의 관계를 고려하지 않으면 세 가지 관점 가운데 그 어느 것도 철학의 토대가 되기에는 충분하지 않다. 세 가지 관점이 모두 현실 전체에 대한 관점을 형성하고 있기 때문에 모든 철학도 그것들을 모두 고려해야 한다. 각 관점은 다른 두 가지 관점을 내포한다. 다른 두 가지 관점과 동떨어진 상태에서는 그 어느 관점도 지성적으로 납득하기 어렵다.

죄와 철학

지금까지 살펴본 대로, 성경은 매우 독특하고, 명확한 세계관을 가르친다. 창조주와 피조물이 엄격하게 구별되고, 하나님은 절대적 신성의 세 위격으로 존재하시며, 세상과 관련해 신적 주재권을 행사하신다. 그러나 성경의 세계관을 인정하지 않는 사람들이 많다. 성경은 그 이유가 죄 때문이라고 가르친다. 바울은 로마서 1장 18-32절에서 이렇게 말했다.

"하나님의 진노가 불의로 진리를 막는 사람들의 모든 경건하지 않음과 불의에 대하여 하늘로부터 나타나나니 이는 하나님을 알 만한 것이 그들 속에 보임이라 하나님께서 이를 그들에게 보이셨느니라 창세로부터 그의 보이지 아니하는 것들 곧 그의 영원하신 능력과 신성이 그가 만드신 만물에 분명히 보여 알려졌나니 그러므로 그들이 핑계하지 못할지니라 하나님을 알되 하나님을 영화롭게도 아니하며 감사하지도 아니하고 오히려 그 생각이 허망하여지며 미련한 마음이 어두워졌나니 스스로 지혜 있다 하나 어리석게 되어 썩어지지 아니하는 하나님의 영광을 썩어질 사람과 새와 짐승과 기어다니는 동물 모양의 우상으로 바꾸었느니라 그러므로 하나님께서 그들을 마음의 정욕대로 더러움에 내버려 두사 그들의 몸을 서로 욕되게 하게 하셨으니 이는 그들이 하나님의 진리를 거짓 것으로 바꾸어 피조물을 조물주보다 더 경배하고 섬김이라 주는 곧 영원히 찬송할 이시로다 아멘 이 때문에 하나님께서 그들을 부끄러운 욕심에 내버려 두셨으니 곧 그들의 여자들도 순리대로 쓸 것을 바꾸어 역리로 쓰며 그와 같이 남자들도 순리대로 여자 쓰기를 버리고 서로 향하여 음욕이 불 일듯 하매 남자가 남자와 더불어 부끄러운 일을 행하여 그들의 그릇됨에 상당한 보응을 그들 자신이 받았느니라 또한 그들이 마음에 하나님 두기를 싫어하매 하나님께서 그들을 그 상실한 마음대로 내버려 두사 합당하지 못한 일을 하게 하셨으니 곧 모든 불의, 추악, 탐욕, 악의가 가득한 자요 시기, 살인, 분쟁, 사기, 악독이 가득한 자요 수군수군하는 자요 비방하는 자요 하나님께서 미워하시는 자요 능욕하는 자요 교만한 자요 자랑하는 자요 악을 도모하는 자요 부모를 거역하는 자요 우매한 자요 배약하는 자요 무정한 자요 무자비한 자라 그들이 이 같은 일을 행하는 자는 사형에 해당한다고 하나님께서 정하심을 알고도 자기들만 행할 뿐 아니라 또한 그런 일을 행하는 자들을 옳다 하느니라."

앞서 말한 대로, 하나님의 주재권은 인간의 모든 활동에 적용된다. 지식 활동도 그 가운데 하나다. 따라서 하나님의 주재권을 무시하면 예배와 윤리와 관련된 삶은 물론, 지식 활동이 부패되기 마련이다. 위의 본문은 하나님이 인류에게 자신을 분명하게 계시하셨다고 가르친다(롬 1:19, 20). 사람들이 하나님을 모른다고 해서 그들이 결백한 것은 아니다. 그들의 무지는 그들 자신의 잘못이다. 계시는 분명한데 그들이 고집스럽게 거부한 것이다(18, 21, 23, 25, 28절). 그들은 하나님의 계시를 거부한 것을 변명할 수 없다(20절).

사람들의 죄는 지식의 영역에서 처음 시작되었다. 그들은 하나님에 관한 지식을 거부함으로써 우상 숭배의 죄(롬 1:22, 23)와 성적 범죄(24-27절)와 온갖 불의를 저질렀다(28-31절). 그들은 스스로 죄를 지을 뿐 아니라 자기들과 똑같은 죄를 저지르는 사람들을 옳다고 인정한다.

형이상학(하나님의 주재권에 대한 인식), 인식론(하나님의 계시를 통해 그분을 아는 것), 윤리학(온갖 종류의 죄)이 한데 뒤얽혀 있는 것을 알 수 있다. 따라서 죄인들이 앞서 설명한 성경적인 철학을 거부하고, 그것을 다른 것으로 대체하는 것은 조금도 놀랍지 않다.

죄인들은 스스로 선택할 수 없는데도 하나님의 세계 안에서 살아가기를 원하지 않는다. 그들이 진리를 어느 정도 인정하는 이유는 특별한 어려움 없이 삶을 유지해 나가기 위해서다. 그러나 그들은 하나님의 세계와는 다른 세계를 좋아하고, 그런 세계를 만들려고 노력하거나 마치 그런 세계인 것처럼 생각하며 살아간다. 불신앙의 환상에 의해 만들어진 세계에는 성경의 하나님이 존재하지 않는다. 인간은 스스로 진리와 정의의 기준을 정하고 거기에 따라 자유롭게 살아간다. 한마디로 불신자는 자율적인 존재, 곧 스스로의 법칙을 따르는 존재인 양 생각하며 살아간다. 사실 자율적인 인간은 아무도 없다. 왜냐하면 우리는 모두 하나님의 통제와 권위와 임재 아래에서 살아가기 때문이다. 그러나 인간은 스스로가 자율적인 존재인 것처럼 처신한다. 인간은 불신앙의 환상에 의해 만들어진 세계 안에서 자율적으로 살아가는 것처럼 행동한다.

반틸은 그런 식의 삶을 원했던 최초의 인간이 인류의 어머니인 하와라는 여성이 있다고 구체적으로 지적했다. 하나님은 그녀에게 특정한 나무의 열매를 먹지 말라고 명령하셨다. 그러나 그녀는 그 열매에 대해 다른 생각을 품었다.

"여자가 그 나무를 본즉 먹음직도 하고 보암직도 하고 지혜롭게 할 만큼 탐스럽기도 한 나무인지라 여자가 그 열매를 따먹고 자기와 함께 있는 남편에게도 주매 그도 먹은지라"(창 3:6).

그녀는 사탄의 말을 거부하고 하나님께 복종해야 한다는 것을 알았다. 그러나 그녀는 자신의 감각과 판단을 더 신뢰했고, 마치 스스로가 자율적인 존재인 것처럼 결정을 내렸다. 그녀는 하나님과 사탄의 의견이 서로 엇갈리는 상황에서 자신에게 결정권이 있다고 생각했다. 이처럼 타락은 하와의 생각 속에서 처음 시작되었고, 금단의 열매가 그녀의 입과 목을 통해 넘어가는 순간에 완료되었다. 철학이 행위보다 먼저였다. 우리는 단지 우리의 행위만이 아니라 생각까지도 하나님께 온전히 복종시켜야 한다.

하와는 자신의 형이상학("먹음직도 하고"), 자신의 미학("보암직도 하고"), 자신의 인식론("지혜롭게 할 만큼 탐스럽기도 한")에 의거해 판단했을 뿐 아니라 자신의 윤리학(불순종)을 실천에 옮겼다.

비기독교 철학의 역사는 자율적인 사고의 역사다. 인간의 자율성을 전제하면 하나님을 절대적인 창조주요 주님으로 인정할 수 없다.

형이상학과 인식론과 윤리학에 대한 하와의 생각이 모두 타락에 관여했지만, 타락은 어떤 점에서는 형이상학적이 아닌 도덕적인 행위였다. 비기독교 철학자들과 종교들은 인간의 상태가 완전하지 못하다는 것을 잘 알고 있다. 그러나 그들은 문제의 원인이 인간의 형이상학적인 유한성이나 신성을 확보하지 못한 상태에 있다고 생각하는 경향이 있다. 그러나 성경은 인간의 문제가 인격적이고, 관계적인 요인에 있다고 가르친다. 문제의 원인은 하나님께 대한 불순종에 있다.

기독교 철학과 비기독교 철학

타락 때문에 신자들과 불신자들은 삶의 모든 영역에서 서로 대조를 이룬다. 신자들은 삶의 모든 영역에서 하나님의 영광을 추구하고(고전 10:31), 불신자들은 자율적으로 살아가기를 원한다(창 8:21; 사 64:6; 롬 3:10, 23). 거기에는 생각하고, 추론하고, 지혜를 구하는 것이 모두 포함된다. "여호와를 경외함이 지혜의 근본"(시 111:10)이라면 하나님을 경외하지 않는 사람은 지혜를 얻을 수 없다. 바울은 "이 세상 지혜는 하나님께 어리석은 것이고"(고전 3:19, 1:20 참조), 하나님의 지혜는 세상 사람들에게 미련한 것이라고 말했다(고전 1:18, 21, 22). 성경의 이런 가르침을 그 전체 문맥 안에서 살펴보면 더욱 교훈적이다. 그 가르침은 고린도전서 2장 14-16절에서 절정에 이른다.

> "육에 속한 사람은 하나님의 성령의 일들을 받지 아니하나니 이는 그것들이 그에게는 어리석게 보임이요, 또 그는 그것들을 알 수도 없나니 그러한 일은 영적으로 분별되기 때문이라 신령한 자는 모든 것을 판단하나 자기는 아무에게도 판단을 받지 아니하느니라 누가 주의 마음을 알아서 주를 가르치겠느냐 그러나 우리가 그리스도의 마음을 가졌느니라."

대조를 이룬다고 해서 신자들과 불신자들이 모든 것에 대해 의견을 달리하는 것은 아니다. 신자들과 불신자들은 하늘이 파랗고, 지구가 태양을 중심으로 회전한다는 것과 같은 사실에 대해서는 기꺼이 서로 동의한다. 그러나 양측의 지성적인 활동은 각자가 지향하는 삶의 목적에 따라 달라진다. 신자들은 하나님을 영화롭게 하기 위해 세상에 대해 알기를 원하고, 불신자들은 하나님의 나라를 거부하기 위해 그분에 대해 알기를 원한다. 그들은 스스로의 자율성을 내세운다.

물론 신자와 불신자가 각자의 목적에 따라 온전히 일관된 삶을 사는 것은 아니다. 신자들도 주님께 불충실한 죄를 저질러 용서를 구해야 할 때가 있고(요일 1:9), 불신자들도 하나님의 세계에서 살고 번성하기 위해 스스로 원치 않으면서도 어쩔 수 없이 그분의 현실을 인정해야 할 때가 있다. 하나님은 불신자들이 전적으로 죄의 충동에 따라 살아가도록 허용하지 않으신다. 그 이유는 만일 그렇게 하면 스스로를 파괴해 주위 세상을 온통 혼란으로 몰아넣을 수밖에 없기 때문이다. 그들이 진리를 인정하기를 고집스럽게 거부한다면 더 이상 변명의 여지가 없을 것이다(롬 1:20). 그들의 도덕적 책임의 근거는 그들의 지식에 있다. 이런 이유로 하나님은 바벨탑 사건에서처럼 죄와 그 결과를 억제하는 은혜를 종종 베푸신다(창 11:1-8).

신자나 불신자가 자신이 지향하는 삶의 목적에 어긋나게 사는 경우에는 서로 일치할 수도 있다. 그러나 그런 일치는 그렇게 오래 가지 않는다. 그들의 일치와 불일치는 그들 자신의 차원을 넘어서는 영적 전쟁, 곧 하나님의 나라와 사탄의 나라 사이에서 벌어지는 싸움의 일부다. 때로는 사탄도 자신의 목적을 이루기 위해 진리를 이용한다. 예를 들어 그는 성경 구절을 인용해 예수님을 유혹했다(마 4:6).[35]

간단히 말해, 철학의 역사는 오랜 세월을 거쳐 발전해 온 영적 싸움의 한 국면을 묘사한 것이다.

형이상학의 대립

이번에는 앞서 말한 철학의 세 분과, 곧 형이상학, 인식론, 가치 이론에서 발견되는 철학적 대립 상황에 대해 잠시 생각해 보자.

이미 말한 대로 성경의 세계관은 창조주와 피조물의 구별, 하나님의 절대적 신성의 세 위격, 세상에 대한 그분의 주재권(통제, 권위, 임재)을 강조한다. 그와는 달리 비기독교적 철학은 형태는 다양하지만 성경의 세계관을 거부한다는 공통점을 지닌다. 또한 비기독교적 철학은 여러 가지 점에서 다양한 목적을 위해 성경의 세계관과 일치하는 입장을 보일 때도 있다.

먼저 형이상학의 대립 상황은 "초월"과 "내재"라는 용어를 사용해 묘사하는 것이 유익할 듯하다. 이 두 용어는 대개 기독교 신학에서 성경의 두 가지 강조점을 나타낼 때 흔히 사용된다. "초월"은 하나님을 "높은", "높이 들린", "지존하신" 등으로 묘

---

[35] 신자와 불신자의 대립 상황을 좀 더 자세히 설명하는 내용을 원한다면 13장에서 카이퍼와 반틸에 관해 논의한 내용과 다음 자료를 참조하라. *DKG*, 49-61, *CVT*, 187-238. 불신자들이 어떤 방식으로 "진리를 막거나" 막지 않는지를 설명하기는 그리 쉽지 않다.

사하는 성경의 개념을 연상시키고(시 7:7, 9:2; 사 6:1), "내재"는 "가까이" 계시는 하나님, "함께 계시는" 하나님을 묘사하는 성경의 표현과 일맥상통한다(창 21:22, 26:3, 24, 28, 28:15; 신 4:7; 사 7:14; 마 1:23).

신학적인 문헌에서 "초월"은 하나님이 피조 세계에서 멀리 계시기 때문에 인간이 그분을 알 수도 없고, 또 그분에 대해 옳게 진술할 수도 없다는 의미를 지닌다. 그러나 성경의 하나님은 그런 식으로 초월해 계시지 않는다. 성경은 하나님을 알 수 있다고 가르친다. 영생은 곧 하나님을 아는 것이다(요 17:3). 성경은 하나님이 자기 백성에게 말씀하시고, 그들은 그분에 대해 옳게 진술할 수 있다고 가르친다(요 17:17). 성경이 하나님께 "높은", "높이 들린"과 같은 표현을 적용한 이유는 주님이요 왕으로서 우주의 보좌에 앉아 계시는 그분의 지위를 나타내기 위해서다. 만일 우리가 하나님의 지존하심을 나타내기 위해 "초월"이라는 용어를 사용한다면, 그것은 곧 그분의 주재권(특히 그분의 통제와 권위)을 가리키는 의미를 지닌다.

신약에서 "임재"는 주로 하나님의 "편재"를 가리킬 때 사용된다. 그리스도인들 사이에서 이에 대해 아무런 논란이 없지만, 내가 생각하기에는 이 용어를 언약적인 의미로 사용하는 것이 좀 더 나을 듯하다. 하나님은 편재하시지만, 그것은 항상 자기 백성에게 축복이나 심판을 베풀기 위한 인격적인 의도를 지닌 개념으로 나타난다. 즉 하나님의 임재는 그분의 언약적인 임재를 가리킨다.

어떤 신학자들은 하나님의 "내재"를 지나치게 강조한 나머지 그분을 세상과 구별하지 않고, 그분의 신적 본성을 부인하는 데까지 나아간다. 우리는 그런 오류를 저질러서는 안 된다. 그것은 하나님을 인간의 수준으로 격하시키거나 인간을 하나님의 수준으로 격상시키는 결과를 낳는다. 어느 경우가 되었든 창조주와 피조물의 구별이 훼손된다.[36]

초월과 내재에 관한 성경적인 개념과 비성경적인 개념을 도표로 표현하면 다음과 같다.

---

[36] 토머스 알타이저는 1960년대에 『기독교적 무신론(Christian acheism)』이라는 책에서 그런 식의 주장을 펼쳤다. 10장을 참조하라.

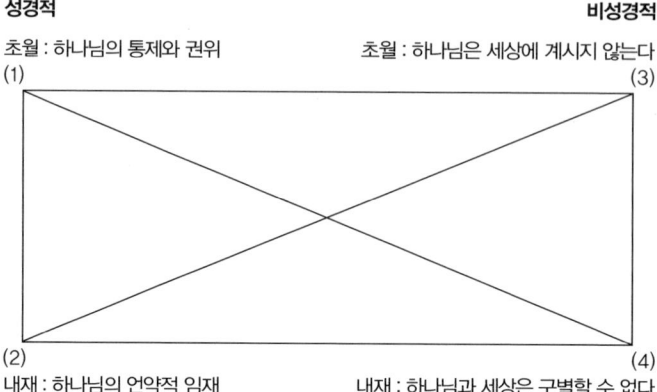

도표 1.5. 초월과 내재의 개념

직사각형의 왼쪽 편은 초월과 내재에 관한 성경의 견해를 나타낸다.[37] 성경이 가르치는 초월은 하나님의 통치를 의미한다(1). 하나님의 통치에는 통제와 권위라는 주재권과 관련된 속성이 포함된다. 성경이 가르치는 내재는 하나님의 언약적 임재를 의미한다(2). 한편 직사각형의 오른쪽 편은 비성경적인 견해를 나타낸다(3). 비성경적인 초월은 하나님이 우리에게서 멀리 떨어져 계시는 탓에 우리가 역사 속에서 그분을 알 수도 없고, 발견할 수도 없다는 것을 의미한다. 바르트는 하나님은 온전히 숨어 계시고, 또 완전히 다른 절대 타자라고 말하곤 했다. 또한 비성경적인 내재의 개념에 따르면(4), 하나님의 내재는 사실상 피조물의 자율성을 의미한다. 하나님은 온전히 계시되었다. 이 견해는 인간을 하나님으로 격상시키거나 하나님을 인간의 수준으로 격하시킨다.

대각선은 서로 대립되는 개념을 나타낸다. (1)과 (4)는 서로 반대된다. 왜냐하면 피조물이 자율적이라고 말하는 것(4)은 하나님이 세상을 다스리는 최고의 통치자이시라는 주장(1)과 대립된다. (2)와 (3)도 서로 대립된다. 하나님을 역사 속에서 발견할 수 없다는 주장(3), 곧 그분을 알 수 없고 말로 표현할 수 없다는 주장은 하나님의 임재에 관한 성경의 가르침(2)과 대립된다.

---

[37] 다음 네 단락의 내용은 다음 자료에서 발췌했다. *ST*, chap. 3.

수직선은 두 접근 방식이 상대적으로 일관성을 지닌다는 것을 보여준다. 성경적인 견해는 일관되고, 모순이 없다.[38] 그러나 비성경적인 견해는 많은 모순을 안고 있다. 영지주의의 경우는 하나님을 말로 표현할 수 없다고 하면서도 그분을 세상과 동일시한다. 바르트의 경우는 하나님이 온전히 감추어져 있으면서 또 온전히 계시되었다고 주장한다. 모순되는 주장이 아닌가? 그러나 이 견해들은 모순을 지니고 있는데도 초월의 개념에서 내재의 개념을 주장하고, 또 내재의 개념에서 초월의 개념을 주장한다. 하나님이 초월해 계시기 때문에 그분에 대해 아무것도 알 수 없다고 한다면, 우리가 우리의 운명을 지배하는 주인이 될 수밖에 없다. 그런 경우라면 그분은 우리를 다스릴 수 없고, 우리의 가치와 결정과 세계관과 관련해 그분을 고려해야 할 이유가 없다. 그렇게 되면 우리는 궁극적인 가치를 결여한 상태로 살아갈 수밖에 없다. 따라서 우리 스스로가 신이 될 수밖에 없다. 우주도 궁극적인 원인 없이 존재할 수 없기 때문에 우주 자체가 그 원인이 될 수밖에 없다. 세상에서 하나님을 배제하면 인간의 자율성만 남게 된다. 자율적인 존재가 되는 것이 우리의 목적이라면[39] 하나님의 존재를 완전히 부인하든지[40] 하나님이 우리를 초월해 계시기 때문에 우리의 삶에 실질적인 영향을 전혀 미치지 못한다고 생각하든지 해야 한다. 따라서 (3)과 (4)는 서로 조합하면 갈등과 모순을 일으키지만, 그럼에도 불구하고 서로를 필요로 한다.

수직선은 용어의 차원에서 두 가지 사고방식이 서로 유사점을 지니고 있다는 점을 보여준다. 초월에 관한 두 견해는 모두 하나님의 지존하심과 높으심이라는 성경의 표현에 근거하고, 내재에 관한 두 견해도 만물 안에 임재해 계시는 그분을 묘사한다. 그러나 용어는 서로 유사하지만 개념은 서로 대립을 일으킬 정도로 엄청난 차이점을 지닌다. 용어의 유사점은 비성경적인 입장이 많은 그리스도인들의 관심을 사로잡는 이유를 잘 보여준다. 그러나 이런 문제는 너무나도 중요하기 때문에

---

38) 이는 신비를 부인하는 것이 아니다. 우리는 하나님에 관한 것을 모두 알 수 없다. 그러나 하나님이 자신에 대해 계시하신 것은 모순되지 않는다.
39) 성경은 타락한 인간은 항상 자율성을 추구한다고 가르친다. 따라서 이런 식의 사고 경향을 하나님에 대한 인간의 반역으로 간주하는 것은 터무니없는 전형이 아니다.
40) 무신론은 비성경적인 초월의 개념에서 비롯된 극단적인 견해에 해당한다. 왜냐하면 하나님이 우리가 사는 현실 세계를 온전히 초월해 계시기 때문에 그분을 실제로 존재하는 것들 안에 절대로 포함시킬 수 없다고 주장하기 때문이다.

겉으로 보이는 유사점을 뛰어넘어 이 두 사고 개념이 서로 대립 관계에 있다는 점을 반드시 기억해야 한다.

그렇다면 이런 대립 상황은 앞서 논의한 철학적 문제들과 어떤 관련을 맺고 있을까?

1. 우주의 본체는 하나인가, 다수인가? 이 질문이 중요한 이유는 철학자들이 세상 안에서, 즉 성경의 하나님이 아니라 세상에 있는 것들 가운데서 절대적인 것을 찾으려고 하기 때문이다. 비기독교적인 철학자들은 모든 것을 포괄적으로 설명해 줄 절대적인 것을 찾으려고 노력해 왔다(이런 사실은 형이상학과 인식론의 상호 연관성을 보여준다). 그들의 시도는 두 가지 방식으로 이루어졌다. 하나는 모든 것을 압축할 수 있는 "하나"를 찾는 것이고("만물은 물이다."라고 말했던 탈레스의 경우처럼). 다른 하나는 궁극적인 "다수"를 찾는 것이다(데모크리토스의 "원자"처럼 만물을 작은 부분으로 나눠 우주의 궁극적인 요소를 찾으려는 시도). 그러나 그리스도인들은 그런 노력이 실효를 거둘 수 없다고 생각한다(롬 11:33-36). 만물을 포괄적으로 설명하려면 하나님만 알고 계시는 지식이 필요하다. 인간으로서는 그런 지식을 소유하는 것이 불가능하다. 그것이 불가능한 이유는 기독교의 삼위일체 교리처럼 세상에도 다원성 없는 단일성이나 단일성 없는 다원성이 존재하지 않는다는 사실을 통해 분명히 드러난다. 세상은 하나이면서 다수다. 그 이유는 한 분이면서 삼위로 계시는 하나님이 자신을 반영하도록 세상을 창조하셨기 때문이다.

비기독교적인 사고로는 궁극적인 단일성과 세상의 다원성을 연관시키기가 어렵다. 탈레스는 모든 것을 설명하기 위한 원리, 곧 초월적인 원리를 발견했다는 뜻에서 "만물은 물이다."라고 말했지만 이 초월적인 물은 다른 것들을 젖게 만들 수 있는 물질, 곧 실제적인 물과는 거리가 멀다. 그것은 우주에 있는 모든 것의 속성을 하나로 결합하는 것과 동시에 그 모든 것으로부터 동떨어져 존재하는 추상적 개념에 해당한다. 탈레스가 중요하게 생각했던 문제는 "물이 초월적 원리로서 어떻게 다른 모든 것을 만들어 냈는가? 물이 어떻게 다른 물질로 변화되는가?"라는 것이었다. 그것이 아니면 파르메니데스가 자신의 초월적 원리(즉 존재)에 대해 주장했던 것처럼 다른 것은 모두 한갓 허상에 지나지 않는 것인가? 플라톤은 "변하지 않는 완전한 형상의 세계가 어떻게 변하는 불완전한 세상을 만들어 낼 수 있는가?"라는 문제와 씨름했다. 바꾸어 말해, 이런 견해들은 세상을 초월해 존재하는 것으로 정의되는 "하나의 원리"가 스스로 많은 것이 되지 않으면서 어떻게 다른 많은 것을 설명할 수 있을 만큼 충분히 세상에 내재하는 것일까?"라는 문제를 다룬다.

　　이 점은 만물을 온전히 설명할 수 있는 궁극적인 다원성을 찾으려고 노력했던 철학자들의 경우도 마찬가지였다. 데모크리토스의 "원자"는 복수이지만 초월적인 속성을 지닌다. 원자를 본 사람은 아무도 없다. 이 개념도 파르메니데스의 존재나 플라톤의 형상처럼 인간의 일상적인 경험에서 추론한 추상적 개념일 뿐이다. 원자론자들은 어떻게 원자들이 일상적인 경험의 세계를 만들어 냈는지를 설명해야 한다. 원자들은 세상을 설명하기에는 지나치게 초월적이고, 세상을 지배하기에는 지나치게 내재적(즉 현세적)이다.

2. 우주의 기본적인 구조는 무엇인가? 이 질문은 앞선 질문과 똑같지만 좀 더 구체적이다. 세상이 본질적으로 하나라고 믿는 철학자들은 그 하나가 무엇인지, 그것이 어떤 종류의 하나인지를 설명해야 한다. 그 하나는 신성한 존재인가, 물질적인 존재인가, 정신적인 존재인가? 아니면 다른 무엇인가? 우주의 본체가 여러 개라고 믿는 철학자들의 경우도 그것이 무엇인지를 밝혀야 한다. 앞의 질문처럼 이것도 형이상학과 인식론이 한데 결부된 문제다. 이런 질문을 묻는 철학자들은 세상에 대한 온전한 지식을 추구한다.

　　그러나 세상의 포괄적인 본질로 간주되는 요소들(물, 공기, 불, 수, 형상, 물질 등)은 철학의 궁극적 원리로 사용되는 순간, 추상적 개념을 띠게 된다. 탈레스가 물을 초월적 원리로 사용했을 때 그가 말한 물은 우리가 마시거나 씻을 때 사용하는 물이 아니다. 그는 물에 하나님의 역할을 부여해 만물에 대한 궁극적인 설명의 근거로 삼았다. 그러나 성경은 그런 것을 우상 숭배로 일컫는다. 우상들은 하나님의 역할을 할 수 없다. 나무, 행성, 사람들, 정신, 폐, 음악, 물고기가 실제로 "물"이라는 개념은 터무니없다. 따라서 물은 설명할 수 없는 초월적 현실이거나, 아니면 초월적인 기능을 전혀 발휘할 수 없는 내재적 현실이거나 둘 중에 하나다.
3. 보편적인 것이 존재하는가, 개별적인 것만 존재하는가? 사과를 예로 들어보자. 개개의 사과는 서로 다르다. 그러나 모든 사과는 동일한 특성을 지닌다. 레몬이나 배, 남자와 여자, 정치 이론, 과학 법칙, 문학 운동, 도덕적 가치, 분자, 은하수 등, 모든 것이 다 그렇다. 모든 부류의 존재는 동일성과 상이성을 지닌다. 이것은 "보편적인 것과 개별적인 것이라는 문제"를 제기한다. 플라톤은 사물들의 동일성, 곧 그 실재가 형상의 세계라는 특별한 장소에 있다고 생각했고, 아리스토텔레스는 그것이 세상에 존재하는 사물들의 측면이라고 생각했다.

동일성과 상이성, 곧 형상과 물질의 관계는 항상 논란을 불러일으켰다. "실재론자"로 알려진 플라톤과 아리스토텔레스는 사과의 실질적인 본성, 곧 그 본질이 다른 모든 사과에 동일하게 존재한다고 생각했다. 어떤 점에서 상이성은 "우연적인" 것이다. 그런 상이성은 실제로 존재하지 않는다.[41] 헤겔도 동일성을 본질적인 것으로 생각했다. 변증법적 과정은 궁극적으로 겉으로 드러나는 모든 상이점을 제거한다. 단지 겉으로만 드러난 것은 이성적 분석이 불가능하다.

유명론의 전통을 따르는 철학자들은 사물들의 동일성이란 단지 말을 편리하게 하기 위해 도입된 개념에 불과하다고 생각했다. 한 광주리의 사과에 관해 말할 때 "이 사과는 줄기에서 2인치 떨어진 곳에 돌기가 나 있다."라는 식으로 사과들의 상이성을 일일이 묘사하는 것보다는 그 동일성을 거론하는 것이 더 쉽다. 그러나 실제로 모든 사물의 본질을 드러내는 것은 상이성이다. 하나의 특정한 사과를 이해하려면 모든 돌기와 부딪혀서 상처가 난 부위를 일일이 확인해야 한다. 따라서 실제로 존재하는 것은 상이성이고, 동일성은 개념이자 말에 지나지 않는다.

성경적인 철학은 실재론과 유명론을 뛰어넘는다. 하나님은 한 분이면서 여러 위격으로 존재하신다. 그분은 항상 동일한 한 분 하나님이시지만 세 분의 위격 안에는 실질적인 차이가 존재한다. 그분 안에는 상이성은 없고 동일성만 존재하지도 않

---

[41] 플라톤과 아리스토텔레스는 상이성을 "물질"에서 발견했다. 그러나 그들은 물질을 "형상이 결여된 것"으로 정의했다. 형상이 없이는 그 어떤 존재나 현실도 존재하지 않는다.

고, 동일성은 없고 상이성만 존재하지도 않는다.

그와 비슷하게 하나님은 세상의 본체를 하나이자 다수로 만드셨다. 세상의 현실은 동일성과 상이성을 드러낸다. 세상은 하나이지만 서로 다른 여러 측면과 사물들로 구성되어 있다. 헤겔처럼 차이를 외면하고 모든 것이 동일하다고 주장하는 것으로는 세계를 옳게 이해할 수 없다. 왜냐하면 사과, 나무, 남자, 여자, 태양계, 중력의 법칙, 미덕과 같은 일반적인 현실이 그 진정한 본질을 이루는 이유는 그것들을 구성하고 있는 개별적인 특성들 때문이다. 일반적인 개념을 이용해야만 개별적인 것을 식별할 수 있다. 사과 줄기에서 2인치 떨어진 곳에 나 있는 돌기를 식별하려면 사과, 줄기, 돌기와 같은 일반적인 개념을 생각해야 한다. 개별성은 보편성의 집합체이고, 보편성은 개별성의 집합체이다. 보편적인 것과 개별적인 것은 서로를 규정한다.

따라서 우주를 보편적인 것으로 축소하거나(플라톤, 아리스토텔레스, 헤겔) 개별적인 것으로 쪼개 나눈다면(데모크리토스, 에피쿠로스, 로스켈리누스, 오컴, 초기 비트겐슈타인) 그것을 옳게 이해할 수 없다. 보편적인 것과 개별적인 것은 서로 연관되어 있다. 이런 사실은 온전한 지식을 얻으려는 인간의 꿈을 산산이 깨뜨린다. 모든 것을 설명해 줄 궁극적인 보편성과 궁극적인 개별성은 존재하지 않는다. 온전한 지식은 오직 하나님만의 특권이다.

변화, 목적론, 원인, 정신, 정신적 기능 및 하나님에 관해 앞서 제기한 다른 질문들에 대해서도 비슷한 대답을 제시할 수 있다. 나는 앞으로 역사적인 논의를 개진하면서 이런 문제들을 다룰 생각이다. 이런 질문들 자체가 비기독교 철학과 기독교 철학의 대립 관계를 보여준다. 비기독교 철학자들은 하나님을 대체할 대안을 찾고 있고, 철학을 우상 숭배로 전락시킨다.

그와는 대조적으로 믿음에 충실한 그리스도인들은 성경의 세계관 안에서 그런 질문들에 대한 대답을 찾는다. 1) 세계의 본체는 하나이자 다수로서 삼위일체를 반영한다. 다원성 없는 단일성이나 단일성 없는 다원성은 존재하지 않는다. 2) 우주는 한 가지 유형의 물체로 축소될 수 없다.[42] 예를 들어 인간의 육체는 호르몬, 뼈,

---

[42] 쿼크(quarks), 보존(bosons), 초끈(superstrings)과 같은 것처럼 과학적 논의의 대상이 되는 물체들도 여기에 포함된다.

뇌 물질, 신경, 손발톱, 털 등으로 구성되어 있지만 그 가운데 어느 한 가지로 축소될 수 없다. 인간의 생각도 이성이나 의지와 같은 생각의 기능 가운데 한 가지로 축소될 수 없기는 마찬가지다. 사고는 전인적인 활동이다. 인간은 하나님의 형상으로 창조되었기 때문에 어느 한 가지로 축소할 수 없다. 이는 다른 피조물의 경우도 마찬가지다. 세상의 피조물은 모두 하나님의 피조물이다.

인식론의 대립

앞서 말한 대로 성경은 지혜, 총명, 지식, 어리석음에 관한 많은 가르침을 전한다. 인간의 지식에 관한 성경의 교리는 성경적인 세계관에 근거한다. 하나님의 주재권은 인식론적인 의미를 지닌다.

하나님은 만물을 통제하시기 때문에 지식을 얻을 수 있는 조건이나 지식 획득의 여부를 친히 결정하신다. 지식의 대상은 하나님과 그분이 창조하신 세상이다. 지식의 주체인 인간은 하나님의 형상을 지닌 그분의 피조물이다. 그러면 (실존적인) 주체가 지식을 얻기 위해 (상황적인) 객체와 의미 있는 관계를 맺을 수 있을까? 이는 하나님이 결정하실 문제다.

하나님은 만물을 다스리는 권위를 지니고 계신다. 따라서 참과 거짓, 옳은 것과 그른 것(규범)의 궁극적인 기준은 바로 하나님이시다. 인간이 무엇을 알려면 그런 기준을 충족시켜야 한다.

인간의 지식을 가능하게 하는 것은 하나님의 임재다. 하나님의 임재가 지니는 성경적인 의미는 그분이 피조물, 특히 인간에게 자신을 나타내신다는 것이다. 우리가 하나님과 세상을 알 수 있는 이유는 그분이 먼저 자신을 나타내셨기 때문이다. 만일 그렇지 않았더라면 지식을 얻는 것이 불가능하다.

형이상학은 물론, 인식론도 하나님의 초월(통제와 권위)과 내재(임재)에 의존한다. 비기독교적인 견해는 초월과 임재의 개념을 왜곡시켰기 때문에 인식론도 왜곡될 수밖에 없다. 비기독교적인 견해는 절대적인 존재는 세상을 온전히 초월해 있기 때문에 그를 아는 것이 불가능하다고 주장한다. 따라서 세상을 아는 것도 불가능하다. 왜냐하면 진리를 발견할 수 있는 유일한 기준을 부여하시는 하나님을 배제하기 때문이다. 이와 비슷하게 비기독교적인 견해는 내재를 절대적인 존재와 세상이 동일하다는 의미로 이해하기 때문에 인간의 지식이 자율적인 것이 되고, 인간의 이성이 절대화된다.

직사각형의 도표를 인식론의 관점에서 해석하면 다음과 같다.

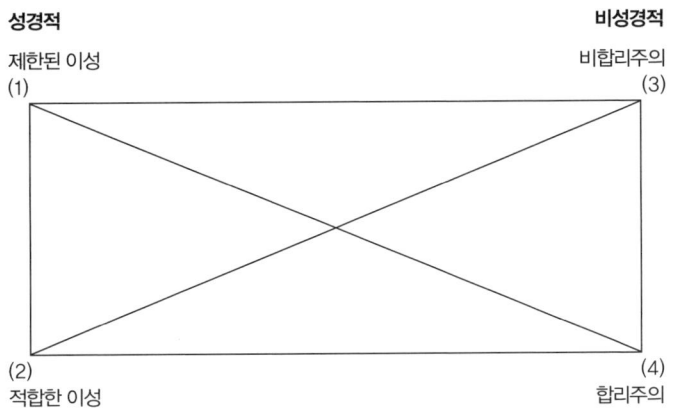

도표 1. 6. 합리주의와 비합리주의의 개념

(1)은 하나님의 초월성 때문에 이성이 제한되어 있다는 것을 의미한다. 하나님은 지식을 통제하는 궁극적인 권위를 지니고 계신다. 우리의 지식은 제자직의 한 측면, 곧 "종의 지식"이라는 의미를 지닌다. 우리의 지식은 하나님의 통제를 받는다. 그분의 권위 있는 계시가 가장 중요한 사고의 법칙이다.[43]

(2)는 인간의 이성은 제한적이지만 진리를 아는 데 적합하다는 것을 의미한다. 이성이 적합한 이유는 하나님이 내재해 계시고, 자신과 세상과 역사와 인간에 관한 진리를 계시하셨기 때문이다.

(3)은 초월에 관한 비기독교적인 견해로부터 자연스레 도출되는 인식론적 결론에

---

43) 철학에서 "사고의 법칙"은 일반적으로 논리학의 기본 법칙과 동일시된다. 논리학의 기본 법칙에는 비모순의 법칙(어떤 것이 A이면서 동시에 A가 아닐 수 없다는 법칙), 동일의 법칙(모든 명제는 그 자체를 포함한다는 법칙), 배중의 법칙(모든 것은 A이거나 A가 아니라는 법칙, 같은 점에서 동시에 둘 다인 것은 있을 수 없다)이 포함된다. 하나님의 계시는 인간의 이런 논리 체계보다 더 높은 권위를 지닌다.

해당한다. 절대적인 존재가 세상과 온전히 동떨어져 있기 때문에 그에 대한 지식이 불가능하다면, 진리를 알 수 있다거나 인간의 이성이 세상을 이해하기에 적합하다고 생각할 수 있는 근거가 사라진다.

(4)는 내재에 관한 비기독교적인 견해로부터 자연스레 도출되는 인식론적 결론에 해당한다. 만일 절대적인 존재의 내재가 인간의 지혜를 절대화시킨다면, 인간의 생각이 참과 거짓의 궁극적인 기준이 될 수밖에 없다. 즉 인간이 자율적이 된다.

불신자들은 그리스도인들의 생각을 합리적이라고 말하기도 하고, 비합리적이라고 말하기도 한다. 그리스도인이 인간 이성의 한계를 언급하며 하나님의 계시에 복종해야 한다고 말하면(1), 불신자들은 자율성을 포기해야 한다는 말에 소스라쳐 놀란다. 불신자들은 자율성을 포기하는 것은 곧 이성 자체를 포기하는 것과 같다고 생각한다. 칸트는 『이성의 한계 안에서의 종교(Religion Within the limits of Reason Alone)』라는 책에서 이 점에 대해 많은 논증을 펼쳤다.

그러나 그리스도인이 진리를 아는 데 인간의 이성이 적합하다고 말하면 불신자들은 그 말을 합리적이라고 생각한다. 예를 들어 포스트모던 사상가들은 절대적인 진리를 알 수 있다는 주장이 틀렸다고 생각한다. 그것은 교만한 주장이다.[44]

이처럼 그리스도인들과 불신자들은 합리적이라거나 불합리적이라고 서로를 비판한다. 나는 그런 비판이 오가게 된 책임은 불신자들에게 있다고 생각한다. 이 두 입장에 대한 나의 설명을 생각해 보면 그렇게 말할 수 있는 이유가 분명하게 드러난다.

비기독교적인 입장을 좀 더 온전하게 이해하려면 철학의 역사를 살펴보면 된다. 철학의 역사를 통해 비기독교적인 지적 전통이 합리주의와 불합리주의 사이를 오가고 있다는 사실을 알 수 있다. 초월과 내재에 관한 형이상학적인 대립 관계의 경우에서처럼, 비기독교적인 합리주의와 불합리주의는 상호 간에 조화를 이루지 못하면서도 서로를 강화한다.

파르메니데스의 합리주의는 후세대의 사상가들에게 깊은 인상을 주지 못했다.

---

[44] 현대주의자들은 그리스도인들이 자신들의 주장을 뒷받침하는 증거를 충분히 제시하지 못한다는 점에서 비합리적이라고 생각하고, 포스트모던주의자들은 그리스도인들이 절대적 진리를 알 수 있다고 주장한다는 점에서 그들을 합리주의자라고 생각한다.

그 결과로 궤변 학파와 "중간 아카데미(플라톤 학파의 아카데미는 구(舊)아카데미, 중간아카데미, 신(新)아카데미의 세 단계로 구분된다–역자주)"의 회의주의와 상대주의가 나타났다. 그러나 회의주의와 상대주의에 만족하는 사람은 거의 없었고, 결국 신플라톤주의라는 새로운 형태의 합리주의가 탄생하기에 이르렀다. 이처럼 철학자들은 오랜 세월에 걸쳐 합리주의와 불합리주의 사이를 오갔다.

위대한 철학자들은 합리적인 원리와 불합리적인 원리를 하나의 체계 안에 통합하려고 노력했다. 플라톤은 형상에 관해서는 합리적인 입장을, 물질세계에 대해서는 불합리적인 입장을 취했다. 아리스토텔레스와 플로티누스의 경우도 마찬가지다. 칸트도 현상 세계에 관해서는 합리적인 입장을, 본질 세계에 관해서는 불합리적인 입장을 취했고, 비트겐슈타인도 완전한 언어에 대해서는 합리적인 입장을, "신비로운" 세계에 대해서는 불합리적인 입장을 취했다. 이 밖에도 이 책에는 다른 사례들이 많이 등장한다.

이 두 입장의 관계는 다음과 같다. 만일 합리주의가 사실이면 인간의 생각은 지식을 탐구하는 과정에서 오류를 저질러서는 안 된다. 그러나 인간의 생각은 오류를 저지른다. 그런 일이 발생하면 철학자들은 그 책임을 자율적인 이성(지식의 주체)이 아닌 세상(지식의 대상)에 돌린다. 생각이 완전한 지식을 얻을 수 없는 이유는 세상을 완전하게 알 수 없기 때문이다.

따라서 합리주의는 불합리주의로 나아간다. 그러나 세상이 불합리하다는 것을 어떻게 알 수 있을까? 우리가 자율적이라고 믿는 지식을 통해 알 수 있다. 결국 불합리주의는 다시 합리주의로 돌아간다. 간단히 말해, 철학자들이 합리주의를 불합리하게 주장하는 이유는 합리주의를 주장할 수 있는 충분한 근거가 없기 때문이다. 따라서 이 두 입장은 서로 상충되면서도 서로를 근거로 삼는다. 따라서 어떤 점에서 이 두 입장은 서로 동일하다.

철학의 역사를 합리주의와 불합리주의를 오가는 과정으로 파악한 것은 반틸의 업적이다. 그는 비기독교적인 사상을 설명하면서 적절히 비판을 가했다. 나는 이 책에서 사상의 역사를 다루면서 이런 방식을 종종 거론할 생각이다.

가치 이론의 대립

앞서 말한 대로 이 책에서는 가치 이론을 중점적으로 다루지 않을 것이다. 왜냐하면 『기독교적 삶의 교리』에서 상세히 다루었기 때문이다. 그러나 가치 이론은 형이상학과 인식론의 중요한 측면에 해당한다. 이 세 가지 관점은 서로 불가분의 관계를 맺는다. 따라서 가치 이론이 나의 철학 비평 안에서 어떤 역할을 하는지 간단히 밝히는 것이 좋을 듯하다.

앞에서 인식론은 윤리학을 전제한다고 말했다. 지식에 대한 탐구는 윤리적 가치(훈련, 근면, 진리를 존중하는 태도, 오류 피하기, 결론을 정직하게 말하기, 실수와 부족함을 겸손히 인정하기, 주장을 뒷받침할 수 있는 증거 제시의 책임을 수용하기)를 요구한다. 또한 나는 윤리적 가치가 하나님을 전제한다고 말했다.[45] 비인격적인 것은 윤리적인 규범을 부과할 권위를 지니지 못한다. 그런 일은 오직 인격적인 존재(부모, 교사, 경찰관 등)만이 할 수 있다. 따라서 궁극적이고 보편적인 규범은 절대적인 존재만이 부과할 수 있다.

폴 커츠와 같은 비기독교 사상가들은 하나님이 없어도 절대적인 윤리 규범을 확언할 수 있다고 생각한다. 그러나 그런 시도는 실패할 수밖에 없다. 그런 실패를 피하려면 성경적 유신론에 근거한 윤리학을 받아들이든지, 아니면 절대 규범이 가능하다는 것을 부인해야 한다. 비기독교적인 윤리적 절대주의(합리주의의 한 형태)는 비기독교적인 윤리적 상대주의(불합리주의의 한 형태)로 귀결될 수밖에 없다. 여기에서도 불합리주의가 합리주의에 근거하고, 합리주의가 불합리주의에 근거하는 것을 알 수 있다.

그리스도인들은 하나님의 계시 안에서 윤리적인 확실성을 발견한다. 그러나 그런 계시를 삶의 문제에 적용하고자 할 때 상당한 어려움이 발생한다. 그리스도인들이 모든 대답을 알고 있는 것은 아니다. 따라서 하나님의 신비 앞에 무릎을 꿇을 수밖에 없다. 직사각형의 도표를 가치 이론에 활용하면 다음과 같은 결론을 얻을 수 있다.

---

45) *AJCB*, 95-123. John M. Frame and Paul Kurtz, "Do We Need God to Be Moral?", *Free Inquiry* 16, 2 (1996). The Council for Secular Humanism, http://secularhumanism.org. 아울러 다음 사이트를 참조하라. http://www.framepoythress.org/frame_articles/1996Debate.htm.

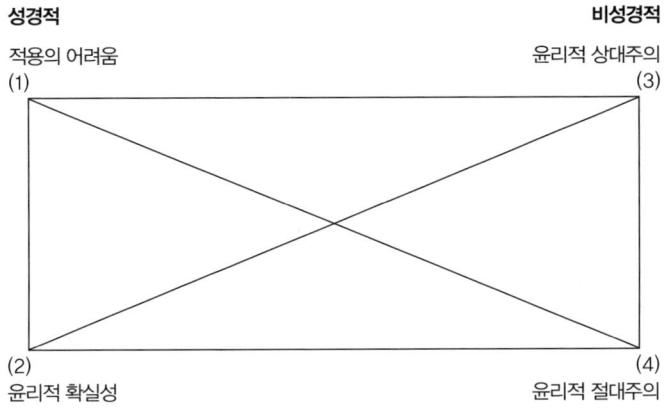

도표 1. 7. 윤리적 상대주의와 절대주의

앞서 기독교적 사고의 세 가지 관점(규범, 상황, 실존)을 언급한 바 있다. 이 세 가지 관점은 기독교적 윤리에서 중요한 역할을 한다. 1) 기독교적 윤리는 성경과 자연을 통해 주어진 하나님의 도덕법을 적용한다는 점에서 규범적이다. 2) 기독교적 규범은 하나님의 규범을 주어진 상황에 가장 잘 적용할 수 있는 방법을 찾기 위해 그분이 창조하신 세상을 분석한다는 점에서 상황적이다. 3) 기독교적 윤리는 하나님의 규범을 자신의 상황에 적용하는 법을 파악해 윤리적 결정을 내리는 윤리적인 주체를 다룬다는 점에서 실존적이다. 그리스도인은 삼각형의 주위를 돌고 돌면서 결정을 내린다. 다시 말해, 그리스도인은 도덕법으로 상황을 분석하고, 상황을 분석해 도덕법을 적용하고, 자신의 주관적인 기능을 통해 그 둘을 이해한다. 아래의 도표를 참조하라.

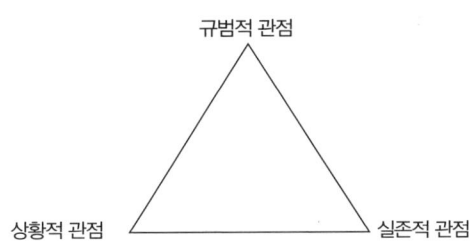

도표 1. 8. 윤리학에 관한 관점들

불신자들도 그리스도인들과 똑같이 하나님의 형상으로 창조되었을 뿐 아니라(실존) 윤리적 세상 안에서(상황) 하나님의 도덕법(규범)에 둘러 싸여 살아간다. 그러나 그들은 하나님께 복종하지 않고 "하나님의 진리를 거짓 것으로 바꾼다"(롬 1:25). 비기독교적 철학자들은 하나님과 그분의 세상과 그분의 형상으로 창조된 자기 자신을 인정하지 않는 윤리 체계를 확립한다. 그들은 하나님 앞에서 책임을 다하며 살기를 원하지 않고, 스스로의 자율성을 존중하는 윤리학을 채택한다.

앞서 말한 대로 세속 윤리학은 크게 세 유형(의무론, 목적론, 실존론)으로 나뉜다. 이 세 가지 유형은 기독교적 사고의 세 가지 관점과 대응된다. 즉 의무론은 규범적 관점과, 목적론은 상황적 관점과, 실존론은 실존적 관점과 각각 대응된다. 그러나 기독교적 윤리학에는 율법과 상황과 인격체 사이에 아무런 긴장 관계가 존재하지 않는다. 왜냐하면 그 세 가지를 허락하신 하나님이 동일하기 때문이다. 하나님은 인격체를 창조해 자신이 만든 세상에서 자신의 규범을 지키며 살게 하셨다. 하나님의 윤리 규범을 우리 자신과 우리의 상황에 적용하는 것은 그리 쉽지 않지만, 우리는 그 문제를 하나님이 창조하신 자연의 탓으로 돌릴 수 없다.

그러나 불신자들은 이 세 가지 관점을 조화시킬 필요성을 의식하지 않는다. 그들은 성경의 하나님이 존재하지 않기 때문에 도덕법과 세상의 상황과 도덕적 주체 사이에 부조화가 있을 수 있다고 전제한다. 비기독교적 철학자들은 세 가지 관점 가운데 한 가지나 두 가지 관점만을 선택하고 나머지는 거부한다. 의무론자인 칸트는 도덕법은 받아들였으나 도덕성은 우리의 환경이나 개인적인 성향과는 무관하다고 주장했다. 목적론자인 밀은 자신이 생각하는 것(인간의 행복)을 윤리학의 목적으로 간주했지만 우리가 사람들을 행복하게 만들지 못하는 규칙이나 개인적인 성향에 속박되어 있다는 것을 부인했다. 실존주의자인 사르트르는 윤리는 개인적인 성실성을 표현한 것이라고 말했지만, 도덕법이나 객관적인 세계를 인정하지 않았다.

나는 『기독교적 삶의 교리』에서 이런 체계들이 모순된다고 주장했다. 나의 요점은 윤리학이 형이상학과 인식론과 똑같은 어려움에 봉착한 상태라는 것이다. 앞서 인간 정신에 관한 형이상학을 논의하면서 철학자들이 지성주의자, 의지주의자, 주관주의자로 나뉜다고 말했다. 또한 인식론과 관련된 학파들을 논의하면서는 합리주의와 경험주의와 회의주의를 언급했다. 기독교 철학은 이 세 부류가 하나로 통합된다. 인식론의 경우, 인간은 세 가지 관점에서 온전한 인격체로서 세상을 이해한다. 지성은 주도권을 놓고 다투는 다른 기능들과 분리된 생각의 기능을 가리키지 않는다. 지성은 추론해서 지식을 얻는 인격의 기능을 가리킨다. 물론 지성은 의지와 주관적 감정에 의해 영향을 받는다. 의지는 지성과 대립되는 기능이 아니라 또 다른 관점에서 바라본 전인적 인격(곧 선택과 결정을 내리는 인격)을 가리킨다. 선택은 지식에 의해 영향을 받고, 다시 인간의 사고 과정에 영향을 미친다. 그러나 비기독교적 철학은 그런 기능들이 하나님에 의해 조화롭게 구성되었다는 사실을 인정하지 않기 때문에 어느 기능을 "일차 기능"으로 선택해야 할지를 고민한다.

합리주의와 경험주의와 회의주의라는 세 가지 입장도 마찬가지다. 성경에 의하면 이 세 가지는 지식을 추구하는 전인적인 인격의 기능에 해당한다. 이성은 감각적 경험과 감정을 판단한다. 감각적 경험은 이성에 의해서만 설명될 수 있다. 그리스도인들은 하나님이 그런 기능들이 서로 하나가 되어 작동하도록 만드셨다고 믿는다. 그러나 비기독교적 사상가들은 그렇게 생각하지 않기 때문에 상호 모순이 있거나 발생할 때는 세 가지 기능 가운데 어느 하나만을 선택한다. 이것이 철학 사상이 서로 나뉘고, 대립되는 이유다.

이런 대립과 분열이 철학의 역사를 이끄는 추진력이다. 정치의 경우처럼, 철학 사상도 어떤 사상이 한때 우월한 영향을 미치다가 다른 사상이 일어나 반대 논증을 펼치며 우세를 장악한다.

그러나 세속 철학으로는 그런 문제들 가운데 어느 하나도 온전하게 해결하지 못한다. 천문학, 역사학, 지리학, 언어학과 같은 학문들은 어느 정도는 발전 단계를 거친다(물론 그런 학문들의 문제가 철학적 문제와 관련되어 있는 경우는 예외다). 그러나 철학의 경우에는 오늘날에도 플라톤과 아리스토텔레스가 제기했던 질문들과 똑같은 질문들이 논의된다. 이런 흥미로운 사실은 철학의 역사가 반복되는 경향이 있다는 것을 보여준다.

핵심 용어

철학(Philosophy, 어원적 의미)
지혜(Wisdom)
세계관(Worldview)
신학(Theology)
종교(Religion, 클루저의 정의)
세속(Secular)
형이상학(Metaphysics)
가치 이론(Value theory)
단일론(Monism)
복수주의(Pluralism)
물질주의(Materialism)
보편자(Universals)
유명론(Nominalism)
목적론(Teleology)
자유론(Libertarian freedom)
주지주의(Intellectualism)
주관주의(subjectivism)
범신론(Pantheism)
이신론(Deism)
지식의 주체(subject of knowledge)
근거(Account)
증거(Warrant)
불합리주의(Irrationalism)
자율적 이성(Autonomous reason)
경험주의(Empiricism)
창조주와 피조물의 구별(Creator-creature distinction)
무로부터의 창조(Creation ex nihilo)
원이즘(Oneism)
칼케돈 공의회(Council of Chalcedon)
신성의 세 위격(Tripersonality)
통제(Control)
임재(Presence)
상호 공재(circumcessio)

철학(Philosophy, 프레임의 정의)
지혜 문학(Wisdom literature)
거대 담론(Metanarrative)
종교(Religion, 프레임의 정의)
신성(Divine, 클루저의 정의)
자존성(Aseity)
인식론(Epistemology)
존재(Being)
이원론(Dualism)
원자론(Atomism)
관념(Idealism)
개별자(Particulars)
실재론(Realism)
결정론(Determinism)
필연적 관계(Necessary connection)
의지론(Voluntarism)
유신론(Theism)
만유 내재 신론(Panentheism)
데미우르고스(Demiurge)
지식의 객체(Object of knowledge)
정당화(Justification)
합리주의(Rationalism)
회의주의(skepticism)
지식의 토대(Ground of knowledge)
최고선(Summum bonum)

방출(Emanation)
투이즘(Twoism)
절대적 존재(Absolute)
주재권(Lordship)
권위(Authority)
주재권 속성(Lordship attributes)
상호 공재(perichoresis)

상황적 관점(situational perspective)
실존적 관점(Existential perspective)
초월(Transcendence, 성경적 개념)
초월(Transcendence, 비성경적 개념)
사고의 법칙(Laws of thought)
윤리적 절대주의(Ethical absolutism)
목적론(Teleologism)
도덕법(Law)
인격(Person, 윤리학)

규범적 관점(Normative perspective)
대립(Antithesis)
임재(Immanence, 성경적 개념)
내재(Immanence, 비성경적 개념)
윤리적 상대주의(Ethical relativism)
의무론(Deontologism)
실존주의(Existentialism)
상황(situation)

학습을 위한 질문

1. 성경의 지혜 문학과 일반 지혜 문학의 차이점은 무엇인가?

2. 세계관과 거대 담론의 차이점은 무엇인가? 저자가 세계관이 반드시 필요하다고 생각하는 이유는 무엇인가? 그는 리오타드의 견해를 어떻게 평가하는가?

3. 기독교의 세계관을 간단히 요약하라.

4. 철학을 공부하는 이유는 무엇인가?

5. "신학은 기독교 철학이다."라는 말의 의미를 설명하고, 평가하라.

6. "종교"에 관한 견해와 관련해 저자는 바르트와 어떻게 다른가? 두 사람의 입장을 평가하라.

7. 많은 사람이 종교를 철학이나 교육, 또는 정치학과 분리해야 한다고 생각한다. 그 점에 대해 어떻게 생각하는가? 그런 생각에 동의하는 주장과 반대하는 주장을 논하라.

8. "진정한 의미에서 무신론자는 아무도 없다."라는 말의 의미를 설명하고, 평가하라.

9. "철학의 근본 문제는 종교적인 성격을 띤다."라는 말의 의미를 설명하고, 평가하라.

10. "존재로서의 존재"를 탐구하는 것이 어려운 이유는 무엇인가?

11. "무"가 아닌 "어떤 것"이 존재하는 이유는 무엇인가?

12. 1장에서 다룬 형이상학적 문제들 가운데 어느 것이 가장 흥미롭게 느껴지는가? 그 문제를 스스로 분석해 보라.

13. 인식론적 문제들에 관해서도 똑같이 해보라.

14. 형이상학과 인식론과 가치 이론은 철학에서 서로 어떤 관련을 맺고 있는가? 이 세 가지 중에 가장 먼저 탐구해야 할 것은 무엇인가?

15. "어떤 사람들은 하나님과 세상을 이런 식으로 구분하는 것이 예수 그리스도 안에서 신성과 인성이 하나로 결합된 사실과 양립할 수 없다는 반론을 제기할지도 모른다."라는 말을 어떻게 생각하는지 대답해 보라.

16. 그리스도의 신성과 인성의 관계를 설명한 "칼케돈 신조"에 사용된 네 가지 용어를 정의하고, 논하라. 이것이 기독교 철학에 중요한 이유는 무엇인가?

17. 저자는 하나님의 절대적 신성의 세 위격에 관한 교리가 성경적인 종교의 독특한 특성이라고 말했다. 그 말은 사실인가? 이 점을 중심으로 비기독교적 종교들에 관해 생각해 보라.

18. 반틸과 저자는 삼위일체 교리를 단일성과 다원성에 관한 철학적 논의와 어떻게 연결시켜 생각하는가?

19. 삼위일체의 세 위격과 주재권 속성은 어떻게 연관을 맺고 있는가?

20. 저자는 인식론적인 관점을 세 가지로 구별했다. 그 점에 대해 설명하고, 평가하라.

21. 로마서 1장 18-32절은 죄가 인간의 지식이나 철학에 어떤 영향을 미쳤다고 가르치는가? 하와의 타락(창 3장)이 그녀의 철학에 어떤 영향을 미쳤는지 설명하라.

22. "타락은 어떤 점에서는 형이상학적이 아닌 도덕적인 행위였다."라는 말의 의미를 설명하고, 평가하라.

23. "철학의 역사는…영적 싸움의 한 국면을 묘사한 것이다."라는 말의 의미를 설명하고, 평가하라.

24. 저자의 직사각형 도표를 토대로 초월과 내재에 관해 견해들이 어떻게 대립되고 있는지 설명하라. 도표의 선들은 그런 견해들의 관계를 어떻게 나타내고 있는가?

25. "하나와 다수" 및 "우주의 근원"이라는 형이상학적 문제에 대한 저자의 입장을 설명하고, 평가하라.

26. 하나님의 주재권 속성이 인간의 인식론과 어떤 관계를 맺고 있는지 설명하라. 저자의 직사각형 도표를 토대로 합리주의와 불합리주의를 설명하라.

27. 저자는 비기독교적 사상은 합리주의와 불합리주의 사이를 오간다고 말했다. 이 말의 의미를 설명하고, 평가하라.

28. 윤리적 상대주의와 절대주의의 관점에서 직사각형 도표의 의미를 설명하라.

29. 비기독교적 윤리학이 윤리적 선택의 삼중적 특성을 어떻게 훼손하는지 설명하라.

철학 참고 문헌

각주에서 언급한 참고 문헌 외에 유익하다고 생각하는 철학 참고 문헌을 소개하면 다음과 같다. 책들의 특징과 접근 방식에 관해 약간의 설명을 덧붙이니 참고하기 바란다. 역사적 접근 방식을 취하는 책들도 있고, 주제별 접근 방식을 취하는 책들도 있으며, 일차 자료를 번역한 책들도 있다. 참고 문헌 목록은 이 책의 모든 내용과 관련이 있는 일반적인 철학 서적에서부터 시작한다. 또한 나는 각 장을 마치고 나서 그 장의 내용과 특별히 관련되는 책들을 간단하게 소개했다.

철학의 역사

Allen, Diogenes, *Philosophy for Understanding Theology* (Atlanta: John Knox Press, 1985). 앨런은 다양한 철학자들의 사상을 분석하면서 그들의 책이 기독교 신학의 관심사와 어떤 관련을 맺고 있는지를 보여주었다.

Audi, Robert, ed., *The Cambridge Dictionary of Philosophy* (Cambridge: Cambridge Unversity Press, 1995). 철학자들과 개념들과 사상 운동을 간단히 살펴볼 수 있는 참고 서적이다.

Edwards, Paul, ed., *The Encyclopedia of Philosophy* (New York: Macmillan/Free Press, 1967). 철학적 주제들, 사상 운동, 사상가들에 정통한 전문가들이 쓴 여덟 권의 논문이다(나중에는 네 권으로 출판되었다). 출판 당시부터 상당한 권위를 지닌 책으로 인정받고 있다. 저자들 가운데 대다수가 세속적인 관점에 입각해 주제들을 다루었다.

Gottlieb, Anthony, *The Dream of Reason: A History of Philosophy from the Greeks to the Renaissance* (New York: W. W. Norton, 2002).

Kenny, Anthony, *A New History of Western of Philosophy* (New York: Oxford University Press, 2010). 세속 사상가인 케니는 독창적인 철학자로 널리 알려져 있다.

Palmer, Donald, *Looking at Philosophy: The Unbearable Heaviness of Philosophy Made Lighter* (Mountain View, CA: Mayfield Publishing, 1994). 재치 있고, 흥미로운 문체를 사용해 삽화까지 곁들여 만든 매우 정확한 일반 철학사 문헌이다. 내가 신학교에서 철학사를 가르칠 때 종종 교재로 사용했다.

Placher, William, *Reading in the History of Christian Theology*, 2 vols (Philadelphia: Westminster Press, 1988). 이 책에서 논의한 많은 사상가들을 이해하려면 이 책을 꼭 읽어야 한다.

Strimple, Robert, "Roman Catholic Theology Today," *Roman Catholicism*, ed., John Amstrong, 85-117 (Chicago: Moody Press, 1994). 제2차 바티칸 공의회 이후의 로마 가톨릭주의를 정확하고, 간결하게 설명하고 있다.

Stumpf, Samuel Enoch, and James Fieser, *Socrates to Sartre and Beyond: A History of Philosophy* (Boston: McGraw-Hill, 2003). 상세하고, 명확하지만 이해하기 쉽지 않은 철학 서적이다. 이 책은 나중에 다음 자료에 포함된 몇 가지 일차 자료와 결합되었다. *Philosophy: History and Readings*, 8th ed. (New York: McGraw-Hill, 2011).

Tarnas, Richard, *The Passion of the Western Mind: Understanding the Ideas That Have Shaped Our World* (NY: Ballantine Books, 1993). 타너스는 철학자들 사이에서 많은 존경을 받는 비기독교적 사상가이다. 그의 솔직한 비기독교적 사상은 역사적 기독교의 관점과 흥미로운 대조를 이룬다.

Thilly, Frank, and Ledger Wood, *A History of Philosophy* (New York: Henry Holt, 1957). 내가 프린스턴대학교에서 철학사를 처음 공부했을 때 사용했던 교재였다. 논리도 명쾌하고, 항목도 적절하게 나뉘어 있는 등, 전체적으로 체계가 잘 잡힌 철학사 자료다.

온라인 자료

Internet Encyclopedia of Philosophy. http://www.iep.utm.edu.
Stanford Encyclopedia of Philosophy. http://plato.stanford.edu.

일차 자료

Abel, Donald C., ed. *Fifty Readings in Philosophy* (New York: McGraw-Hill, 2011). 간단한 서론을 덧붙인 일차 자료다. 아래 자료의 자매편이다.

Abel, Donald C., Eric O. Springsted, *Primary Readings in Philosophy for Understanding Theology* (Louisville, KY: Westminster John Knox Press, 1992).

철학의 역사에 관한 기독교적 분석

Bartholomew, Craig G. and Michael W. Goheen, *Christian Philosophy: A Systematic and Narrative Introduction* (Grand Rapids: Baker, 2013). 철학의 전체 역사를 분석하면서 현대 기독교 철학을 강조한 자료다. 이 책의 공동 저자는 헤르만 도이베르트의 기독교 철학에 힘입은 바 크다. 도이베르트에 대해서는 이 책 13장에서 간단하게 논의했다.

Brown, Colin, *Christianity and Western Thought: A History of Philosophers, Ideas, and Movements from the Ancient World to the Age of Enlightenment* (Downers Grove, IL: InterVarsity Press, 2010).

_____, *Philosophy and the Christian Faith* (Downers Grove, IL: InterVarsity Press, 1968). 기독교적 관점에서 쓴 훌륭한 자료다. 브라운은 "이 책은 지난 1,000년 동안 서구 사상의 역사 안에서 일어난 지성 운동과 주요 철학자들이 기독교 신앙에 어떤 영향을 미쳤는지를 간단하게 밝히는 데 있다."라고 말했다. 그는 지난 1,000년으로 범위를 한정한 탓에 기독교 신앙에 큰 영

향을 미친 탈레스에서부터 플로티누스에 이르는 사상가들에게 충분한 관심을 기울이지 못한 측면이 있다. 그의 책은 철학자들은 물론, 일부 현대 신학자들을 다루고 있다.

Clark, Gordon H., *Thales to Dewey: A History of Philosophy* (Boston: Houghton Mifflin, 1957). 클라크는 성경의 무오성을 옹호하는 개혁주의 기독교 철학자다. 그는 논리와 이성을 좀 더 존중하도록 독려하려고 노력했다. 이 책 13장을 참조하라. 클라크의 책은 논리가 명쾌하고, 철학의 다른 분야에 비해 인식론에 더 많은 비중을 두었다. 기독교 변증을 솜씨 있게 다루고 있다.

Copleston, Frederick C., *A History of Philosophy*. 9 vols (Garden City, NY: Image Books, 1962-65). 학식 많은 로마 가톨릭교회 성직자가 쓴 아홉 권짜리 철학사다.

Hicks, Peter, *The Journey So Far: Philosophy through the Ages* (Grand Rapids: Zondervan, 2003). 기독교 사상과 철학 학파들의 대화 형식을 빌려 철학의 역사를 논한 책이다.

Hoffecker, W. Andrew, ed., *Revolutions in Worldview: Understanding the Flow of Western Thought* (Phillipsburg, NJ: P&R Publishing, 2007). 지성사의 발달 과정을 따라 기독교 사상의 역사를 대체로 훌륭하게 논한 책이다.

Holmes, Atrhur, *Philosophy: A christian Perspective* (Downers Grove, IL: InterVarsity Press, 1975).

Moreland, J. P., and William Lane Craig, *Philosophical Foundations for a Christian Worldview* (Downers Grove, IL: InterVarsity Press, 2003). 대체로 기독교의 관점에서 철학적 문제들을 논하고 있다. 역사적 접근 방식이 아닌 주제별 접근 방식을 사용했다.

Nash, Ronald H., *Life's Ultimate Questions: An Introduction to Philosophy* (Grand Rapids: Zondervan, 1999). 중요한 철학적 문제 몇 가지와 중요한 철학 사상가들 몇 명을 기독교적 관점에서 해석하고 있다.

Naugle, David K., *Philosophy: A Student's Guide* (Wheaton, IL: Crossway, 2012). 철학적 주제들을 기독교의 관점에서 주제별(철학서론, 형이상학, 철학적 인간론 등)로 간단하게 다루고 있다. 매우 가치 있는 자료다.

Schaeffer, Francis A., *How Shall We Then Live?* (Wheaton, IL: Crossway, 2005). 쉐퍼는 학자라기보다는 복음전도자이지만 철학과 문화의 역사를 종종 다루는 "전제적 변증론"을 유행시켰다. 그의 저서를 통해 기독교를 믿게 된 사람들이 많다. 그가 저술한 많은 책 가운데 하나인 이 책은 그가 철학의 역사를 어떻게 다루는지를 잘 보여준다.

Sire, James W., *Habits of the Mind* (Downers Grove, IL: InterVarsity Press, 2000).

―――, *The Universe Next Door: A Basic World View Catalogue* (Downers Grove, IL: InterVarsity Press, 1975). 사이어는 많은 사람에게 기독교 신앙을 다른 세계관들과 경쟁 관계에 있는 하나의 세계관으로 간주하도록 영향을 미쳤다.

Van Til, Cornelius, *A Survey of Christian Epistemology* (Philadelphia: Den Dulk Foundation, 1969). 반틸은 자신의 많은 저서에서 철학자들과 철학적 문제들을 종종 언급했다. 특히 이 책

은 철학의 역사를 체계적으로 다룬 몇 권의 책 가운데 하나로 플라톤의 사상을 광범위하게 다루고 나서 그가 후대의 역사에 어떤 영향을 미쳤는지를 밝히고 있다 (이 책은 『변증학의 형이상학(Metaphysics of Apologetics)』의 개정본이다).

_____, *Who Do You Say That I Am?* (Nutley, NJ: Presbyterian and Reformed, 1975). 앞의 책보다 제목이 훨씬 단순하다. 이 책은 비기독교 철학 사상에 관한 반틸의 비평을 간단하게 요약하고 있다. 책 제목으로 삼은 질문에 대한 대답을 고대, 중세, 현대라는 세 항목으로 나눠 다루었다.

Wolterstorff, Nicholas, *Reason within the Bounds of Religion*, 2nd ed. (Grand Rapids: Eerdmans, 1984). 칸트가 저술한 책의 제목을 역으로 뒤집었다. 이 책은 기독교 사상의 본질을 다룬 매우 중요한 자료다. 나는 13장에서 볼터스토프를 다루었다.

스스로 읽기

나는 이 책의 각 장 말미에 그 장에서 논한 사상가들이 저술한 일차 자료들의 목록을 게재했다. 대개는 역사적인 사상가들이 저술한 책들이다. 그러나 1장은 역사적 논의 방식보다는 체계적인 논의 방식을 취했기 때문에 이번 장의 "스스로 읽기" 목록에 소개한 책들을 읽으면 그런 철학적 논의 방식에 좀 더 익숙해질 수 있을 것이다.

Frame, John M., *Apologetics to the Glory of God* (Phillipsburg, NJ: P&R Publishing, 1994).
_____, *Cornelius Van Til: An Analysis of His Thought* (Phillipsburg, NJ: P&R Publishing, 1995).
_____, *The Doctrine of the Knowledge of God* (Phillipsburg, NJ: Presbyterian and Reformed, 1987).
존 프레임에 관한 웹사이트 자료. http://www.frame-poythress.org.
Poythress, Vern S., *Inerrancy and Worldview: Answering Modern Challenges to the Bible* (Wheaton, IL: Crossway, 2012).
_____, *In the Beginning Was the Word: Language: A God-Centered Approach* (Wheaton, IL: Crossway, 2009).
_____, *Logic : A God-Centered Approach to the Foundation of Western Thought* (Wheaton, IL : Crossway, 2013).
_____, *Philosophy, Science, and the Sovereignty of God* (Phillipsburg, NJ: P&R Publishing, 2004).
_____, *Redeeming Philosophy: A God-Centered Approach to the Big Questions* (Wheaton,

IL: Crossway, 2014).

_____, *Redeeming Science: A God-Centered Approach* (Wheaton, IL: Crossway, 2006).

포이트레스에 관한 웹사이트 자료. http://www.frame-poythress.org.

Van Til, Cornelius, *A Christian Theory of Knowledge* (Nutley, NJ: Presbyterian and Reformed, 1969).

_____, *The Defense of the Faith*, ed. K. Scott Oliphint, 4th ed. (Phillipsburg, NJ: P&R Publishing, 2008).

_____, *A Survey of Christian Epistemology* (Philadelphia: Den Dulk Foundation, 1969).

_____, *Who Do You Say That I Am?* (Nutley, NJ: Presbyterian and Reformed, 1975).

반틸에 관한 웹사이트 자료. http://www.vantil.info.

온라인 듣기

나는 이 책의 각 장 말미에 리폼드 신학교 아이튠즈 웹사이트에 있는 철학사에 관한 무료 오디오 강의 목록을 게재했다. (이 책의 맨 앞에 게재한 "이 책 각 장과 관련된 무료 온라인 강좌"를 참조하라) 이 강의는 내가 리폼드 신학교 온라인 학습 프로그램을 위해 제공한 것이다. 아래의 웹사이트에 보면 다음과 같이 강의를 소개하는 내용이 발견된다.

> 이 강좌의 목적은 그리스도의 강림이 있기 수세기 전부터 현재까지의 기간, 곧 고대 헬라인들, 초기 기독교 교부들, 중세 기독교, 종교 개혁, 계몽주의, 계몽주의 이후에 걸쳐 이루어진 철학과 신학 사상의 상호 관계를 탐구하는 데 있다. 이 강좌는 청취자들에게 중요한 철학자들과 신학자들의 사상과 글을 살펴볼 수 있는 기회를 제공함으로써 오랜 세월을 지나는 동안 이들 분야에서 발전해 온 것을 더욱 깊이 이해하도록 도와준다.

웹 사이트: http://itunes.apple.com/us/course/legacy-history-philosophy/id694658914

- 철학을 공부하는 이유 – 형이상학, 인식론, 성경적인 세계관 : 53.51
- 성경적인 세계관과 비성경적인 세계관의 비교 : 31.42

유명한 인용문

- **아리스토텔레스** : http://en.wikiquote.org/wiki/Aristotle
- **클루저** : http://www.metanexus.net/essay/excerpt-myth-religious-neutrality
- **프레임** : "신학은 삶의 모든 영역에 하나님의 말씀을 적용하는 것이다." *Doctrine of God* (Phillipsburg, NJ: Presbyterian and Reformed, 1987), 81.
- **프레임** : "실질적인 의미에서 무신론자는 아무도 없다"(1장의 내용 중에서).
- **프레임** : "나는 이 책에서 철학의 근본 문제가 종교적인 성격을 띤다는 점을 보여줄 것이다"(1장의 내용 중에서).
- **리오타드** : http://www.goodreads.com/author/quotes/126575.Jean_Fran_ois_Lyotard
- **반틸** : "하나님의 존재를 논하는 것은 공기를 논하는 것과 같다. 공기가 존재한다고 주장하는 사람도 있을 테고 존재하지 않는다고 주장하는 사람도 있을 터이다. 그러나 그런 논쟁을 벌이는 동안 우리 모두는 항상 공기로 숨을 쉰다." *Why I Believe in God* (Chestnut Hill, PA: Westminster Theological Seminary, 1976), 3.
- **반틸** : "우리는 항상 구체적인 개인들을 다룬다. 그들은 죄인들이다. 그들은 다른 의도를 품고 있다. 그들은 불의로 진리를 가로 막기를 원한다(롬 1:18). 그들은 자신의 이성을 그 목적을 위해 사용한다." *The Defense of the Faith*, ed. K. Scott Oliphint, 4th ed. (Phillipsburg, NJ: P&R Publishing, 2008), 107.
- **반틸** : "그리스도께서 성경에서 말씀하신 자명한 진리를 전제하지 않고서 사람들을 교육하려고 시도하는 교육자는 길이가 무한해 양쪽 끝이 보이지 않은 실을 가지고 구멍이 없는 구슬들을 꿰려고 하는 사람과 같다." *Essays on Christian Education* (Nutley, NJ: Presbyterian and Reformed, 1971), 16.
- **반틸** : "하나님의 존재를 입증하는 가장 명백하고, 가능성 있는 유일한 증거는 자연과 세상 만물이 시종일관 한결같음을 유지하고 있다는 것이다. 우리가 말하는 증거가 눈으로 직접 볼 수 있는 방 안의 의자와 탁자와 같은 것이라면, 마루 밑에서 바닥을 지탱하고 있는 가름대의 존재를 입증하기는 불가능하다. 그러나 마루가 의자와 탁자를 떠받치려면 그 밑에 가름대가 존재해야만 한다. 가름대가 없으면 마루는 제 형태를 유지할 수 없을 것이다. 기독교 유신론의 진리와 하나님의 존재를 입증해 줄 절대적으로 확실한 증거가 여기에 있다. 심지어 불신자들도 말로는 부인할지라도 실상은 이 진리를 전제하고 있다. 그들 자신이 이룬 업적을 설명하려면 기독교적 유신론의 진리를 전제하지 않으면 안 된다." *The Defense of the Faith*, 126.
- **반틸** : "불신자들이 기독교의 진리를 공격하려면 그것을 전제해야 한다. 이는 어린아이가 아버지의 얼굴을 손으로 때리려면 그의 무릎 위에 올라앉아야 하는 것처럼, 피조물인 불신자들도 하나님을 거부하려면 창조주요 우주의 섭리자이신 그분의 존재를 먼저 인정해야 한다. 하나님이 없으면 그들은 자신이 있는 곳에 존재할 수 없다. 그들은 진공 상태에서는 존재할 수 없다." *Essays on Christian Education*, 89.

A History of
Western Philosophy and
Theology

개요

헬라의 세계관 : 하나와 다수
헬라의 종교
철학, 새로운 종교
헬라 철학의 개요
  밀레토스 학파
  헤라클레이토스(BC 525–475)
  파르메니데스(C. BC 510–430)
  원자론자들
  피타고라스(BC 572–500)
  소피스트들
  소크라테스(BC 470–399)
  플라톤(BC 427–347)
  아리스토텔레스(BC 384–322)
  스토아 학파
  플로티누스(AD 205–270)
결론

2장
헬라 철학[1]

---
1) 이번 장은 내가 쓴 다음 논문을 개작한 것이다. "Greeks Bearing Gifts," *Revolutions in Worldview: Understanding the Flow of Western Thought*, ed. W. Andrew Hoffecker (Phillipsburg, NJ: P&R Publishing, 2007), 1–36.

고대 헬라인들은 서구 문명을 최초로 이룬 사람들은 아니지만 예술, 건축, 과학, 정치학, 전쟁, 교육, 시, 역사, 철학에 크게 기여했다. 심지어 오늘날에도 그런 주제들을 논할 때면 헬라 시대에서부터 시작하는 사람들이 많다. 동양 종교와 철학이 중요한 영향을 미치기 시작한 20세기 이전에는 헬라 사상과 성경이 서구 사상의 근간을 형성했다. 어떤 사상가들은 다양한 방식으로 이 두 전통을 통합하려고 노력했고, 또 어떤 사상가들은 이 두 전통이 서로 대립 관계에 있는 것을 보고, 둘 중에 하나를 선택하는 것으로 만족하기를 원했다.

나는 헬라 사상가들의 뛰어난 창의력에 경의를 표하지만 그들의 세계관을 채택하거나 그들의 사상과 성경의 세계관을 통합하려는 시도는 심각한 잘못이라고 생각한다. 헬라인들과 성경의 저자들은 공통된 주제들(신, 현실의 본질, 세계의 기원, 인간의 본성, 지혜, 지식, 윤리학, 정치학, 구원 등)을 많이 탐구했다. 우리는 지금도 이런 주제들에 관한 헬라인들의 사상을 통해 많은 것을 배울 수 있다. 그러나 헬라 세계관을 공부할 때는 "선물을 가져오는 헬라인들을 조심하라."는 경고를 잊어서는 안 된다.[2] 헬라 사상을 연구하는 데서 비롯하는 가장 큰 유익은 성경적인 유신론을 거부하면 철학적으로나 문화적으로 어떤 결과가 발생하는지를 좀 더 잘 이해할 수 있다는 것이다.

---

[2] "선물을 가져오는 헬라인들을 조심하라."는 말은 베르길리우스의 『아이네이스(Aeneid)』와 다른 자료들에서 유래한 표현이다. 이 말은 트로이의 목마를 암시한다. 헬라인들은 거대한 목마를 선물로 가장해 트로이 사람들에게 보냈다. 목마가 트로이 성 안으로 옮겨지자 그 안에 숨어 있던 헬라 군인들이 나와 도시를 유린했다.

"거부하다."는 말은 좀 심하게 들릴 수도 있다. 헬라인들이 성경을 알았을까? 만일 몰랐다면 어떻게 그들이 성경을 거부했다고 말할 수 있을까? 초기 기독교 저술가인 순교자 유스티누스는 플라톤이 모세 오경에서 데미우르고스(『티마이오스(Timaeus)』에 나오는 신과 같은 존재)의 개념을 발견했다고 생각했다. 유스티누스의 생각은 역사적으로 가능성이 희박하다. 이것은 그가 플라톤주의와 성경의 유사점을 지나치게 확대 해석한 것이다. 그러나 헬라와 근동 지역 사이에 이루어진 사상의 교류를 어떻게 말하든 간에, 성경은 헬라인들이 다른 민족들과 마찬가지로 유신론적 세계관을 형성할 수 있는 근거를 충분히 가지고 있었다고 암시한다. 1장에서 말한 대로 로마서 1장 18-32절은 헬라인들을 비롯해 모든 민족이 하나님을 인지할 수 있을 만큼 충분한 계시가 피조 세계를 통해 드러났다고 가르친다. 그러나 그들은 이 지식을 거부하고, 피조물의 형상을 숭배했다.

바울은 아테네에 갔을 때 그곳에 "우상이 가득한" 것을 목격했다(행 17:16). 그는 그곳에서 사람들에게 복음을 전했다. 그들 가운데는 에피쿠로스 학파와 스토아 학파 철학자들이 있었다. 그는 그들에게 우상 숭배의 죄를 회개하라고 촉구했다. 물론 에피쿠로스 학파와 스토아 학파 철학자들은 전통적인 헬라의 신들을 섬기지 않았다. 그러나 바울은 스토아 학파의 물질주의적인 범신론과 에피쿠로스 학파의 원자론도 제우스와 아폴로를 섬기는 행위와 비교해 크게 나은 것이 없다고 생각했다. 바울은 세상이 비인격적인 운명(스토아주의)이나 비인격적인 원자의 (불규칙한) 운동(에피쿠로스주의)이 아니라 "천하를 공의로 심판할 날을 작정하시고 이에 그를 죽은 자 가운데서 다시 살리신 것으로 모든 사람에게 믿을 만한 증거를 주신"(31절) 인격적인 하나님에 의해 통치된다고 믿었다. 바울이 그렇게 말하자 어떤 사람들은 조롱했고, 어떤 사람들은 판단을 유보했으며, 몇몇 사람들은 믿었다.

성경의 하나님은 경쟁 상대를 용납하지 않으신다. 바알, 몰록, 다곤, 마르두크, 제우스, 아폴로, 아프로디테 따위를 섬기는 것은 잘못이다. 또한 자연의 질서를 창조되지 않은 자기 충족적인 절대 현실로 간주하는 것도 잘못이기는 마찬가지다. "종교적이거나"[3] "세속적인" 대안은 모두 오직 하나님께만 합당한 예배를 부인한

---

3) "종교적인"에 인용부호를 붙인 이유는 1장에서 말한 대로 "세속적인" 세계관을 포함해 모든 세계관이 종교적 성격을 띠고 있기 때문이다.

다. 이런 점에서 물질주의를 신봉하는 스토아주의와 에피쿠로스주의, 정신주의를 추구하는 플라톤주의는 모두 우상 숭배에 해당한다.

헬라의 세계관 : 하나와 다수

우리는 때로 "헬라 철학"이나 "헬라 사상"이 마치 하나의 세계관을 대표하는 것처럼 말한다. 그러나 대충만 살펴보아도 헬라 사상가들의 견해가 매우 다양했다는 것을 알 수 있다. 물질주의와 정신주의의 대립 외에도 호메로스와 헤시오도스는 전통적인 신들을 믿었고, 헤라클레이토스와 크세노파네스와 에피쿠로스는 그런 신들을 중요하게 생각하지 않았다. 파르메니데스는 아무것도 변하지 않는다고 믿었고, 헤라클레이토스는 모든 것이 변한다고 믿었다. 플라톤은 감각의 경험을 무시했고, 헤라클레이토스와 스토아 학파와 에피쿠로스는 그것을 중시했다. 프로타고라스는 객관적인 지식의 가능성을 부인했고, 플라톤은 인정했다. 파르메니데스와 플로티누스는 현실은 오직 하나라고 믿었고, 데모크리토스와 에피쿠로스는 세계의 구성 요소가 다수라고 믿었다. 에피쿠로스는 사람들에게 정치를 멀리하라고 권고했고, 스토아 학파는 정치 참여를 독려했다. 비극 작가들과 스토아주의자들은 운명론을 믿었고, 에피쿠로스주의자들은 그렇지 않았다.

그러나 헬라 사상가들은 많은 공통점을 지녔다. 앞서 말한 대로 하나님의 계시가 그들에게 명백하게 주어졌지만, 성경의 하나님을 믿은 사람은 아무도 없었다. 심지어 헬라 사상가들의 글을 읽어보면 유신론적 세계관을 신봉했던 사람도 전혀 눈에 띄지 않는다. 유신론적인 가설은 처음부터 배제되었기 때문에 헬라 사상가들은 성경의 하나님과 관계없이 세상을 통해 세상을 설명하는 방식을 취했다.

성경의 하나님을 믿지 않으면, 더 높은 지성에 의존하지 않고서 오직 인간의 지성만으로 문제를 해결해야 한다. 아낙사고라스는 세상이 "누스(정신)"에 의해 지배된다고 가르쳤다. 그러나 플라톤의 『소크라테스의 변명(Apology)』에 따르면, 소크라테스는 아낙사고라스가 이 개념을 실제로 크게 활용하지 못한 것에 실망을 느꼈다고 한다. 그와 마찬가지로 세계가 "로고스("말" 또는 "이성")"에 의해 지배된다고 가르쳤던 헤라클레이토스도 그 개념을 실제로 크게 활용하지는 못했다.

아리스토텔레스는 더 높은 지성, 곧 "부동의 동자(Unmoved Mover, 스스로의 생각을 사유하는 행위만을 유일한 활동으로 삼는 존재)"를 믿었다. 인격을 지닌 절대자라는 개념은 거의 성경에서만 찾아볼 수 있는 독특한 사상이다.[4] 힌두교도 아리스토텔레스와 플라톤처럼 절대적인 존재를 가르치지만, 그것은 철학자들이 말하는 존재와 마찬가지로 인격적 존재와는 거리가 멀다. 호메로스의 신들은 가나안 족속들을 비롯해 다신교를 믿는 다른 민족들과 마찬가지로 인격적인 존재로 묘사되지만 절대적 존재로는 숭배되지 않는다. 인격을 지닌 절대적 존재는 오직 성경의 하나님뿐이다.[5]

헬라의 종교

헬라 종교는 운명을 절대적인 것으로 간주했다. 운명은 때로 세 사람의 여인(즉 운명의 여신들)에 의해 상징화되었다. 이들은 천을 짜듯 인간의 삶을 엮어내기도 하고, 잘라서 종결시키기도 한다.[6] 아이스킬로스와 소포클레스의 비극에 등장하는 영웅들은 운명에 이끌려 인간의 삶에 합당한 경계선을 넘어서고, 그로써 다시 운명에 의해 파멸한다. 운명의 지배 원칙은 어느 정도는 도덕적인 원리와 일치하지만 반드시 그런 것은 아니다. 운명은 중력이나 전기와 같은 비인격적인 힘이다. 심지어는 신들도 운명에 지배된다.

도이베르트는 이렇게 말했다.

호메로스 이전의 고대 헬라 종교는 대지로부터 흘러나와 일정한 형태에 국한되지 않고,

---

[4] 여기에서 "거의"라는 말을 사용한 이유는 신중을 기하기 위해서다. 나는 인격을 지닌 절대자라는 개념을 가르친 다른 세계관이 없다고 확실하게 단언할 수 있을 만큼 세상의 모든 종교와 철학을 다 공부하지는 못했지만, 그렇게 말하는 것이 조금도 문제가 없다고 생각한다. 성경은 타락한 인류 사이에 우상 숭배가 널리 만연해 있다고 가르친다. 이런 현실을 옳게 교정할 수 있는 길은 오직 그리스도의 복음을 통해 드러난 하나님의 계시와 은혜뿐이다.

[5] 이슬람교의 신은 절대적 존재이면서 종종 인격을 지닌 것으로 묘사된다. 그러나 1) 그런 개념은 궁극적으로 성경에서 비롯했다. 무함마드는 "성경을 믿는 사람들"을 존중했다. 2) 무슬림 신학은 신의 예정을 운명론적으로 이해할 뿐 아니라 신을 절대적 초월자, 곧 인간의 언어로는 옳게 묘사할 수 없는 존재로 제시하기 때문에 인격을 지닌 절대자라는 개념을 온전하게 전달하지는 못한다.

[6] 클로토는 운명의 실을 뽑아내고, 라케시스는 측량하고, 아트로포스는 잘라낸다.

항상 물같이 흐르는 유기적인 생명을 신격화했다. 결과적으로 이 종교의 신들은 특정한 형태가 없다. 필멸의 존재들이 정기적으로 아무런 형태 없이 항상 물처럼 흐르는 이 유기적인 생명으로부터 유출되어 나온다. 구체적인 형태를 지닌 존재들은 죽음이라는 두려운 운명에 종속된다(운명은 헬라어로 "아낭케", "헤이마르메네 투케" 등으로 일컬어진다). 제한적 형태를 지닌 존재는 불법으로 간주되었다. 왜냐하면 스스로의 존재를 유지하려면 다른 존재를 희생시켜야 하기 때문이다. 한 존재의 생명은 또 다른 존재의 죽음을 의미했다. 따라서 하나의 개체에 주어진 생명은 시간의 순서에 따라 무자비한 죽음의 운명에 의해 보복을 당한다.[7]

호메로스(Homer)

도이베르트는 "구체적인 형태를 지닌 모든 존재의 탄생과 쇠퇴의 과정을 통해 아무런 형체 없이 영원히 물처럼 흐르는 생명"이 이 종교의 핵심이라고 설명했다.[8]

그러나 헬라의 비극 작가들은 운명이 삶과 죽음만이 아니라 그 사이에 있는 모든 것도 아울러 지배한다고 생각했다. 삶과 죽음을 지배하는 운명은 삶과 죽음에 이르는 모든 사건들까지 지배한다. 그렇다면 그런 포괄적인 숙명론과 형태 없는 생명의 흐름을 어떻게 조화시켜야 할까? 그러려면 둘 중에 한 쪽을 다른 한 쪽에 종속시키는 길밖에는 없다. 이 둘을 모두 유지하려고 하면 세계관이 불안정해진다. 다시 말해 운명도, "형태 없는 흐름"도 역사적 과정에 아무런 의미를 부여하지 못한다. 사건들이 일어나는 이유는 그것들이 저절로 일어나기 때문이거나(형태 없는 흐름) 이성적이거나 도덕적인 목적 없이 단지 일어나도록 결정되었기 때문이다(운명). 우리는 운명론적 세계관과 우연에 근거한 세계관을 종종 구분하지만 그 둘은 결국 하나다. 즉 둘 다 역사를 무의미하게 만들고, 인간을 무력하게 만든다. 이 두 형태의 세계관은 세계가 어떤 목적이나 선이나 사랑에 의

---

7) Herman Dooyeweerd, *In the Twilight of Western Thought* (Nutley, NJ: Presbyterian and Reformed, 1960), 39.
8) Ibid.

해 지배된다고 믿지 않는다.

그러나 옛 종교는 차츰 올림포스 신들을 섬기는 종교로 대체되기 시작했다. 그것은 그렇게 큰 변화는 아니었다. 왜냐하면 바다의 신 포세이돈, 지하 세계의 신 하데스, 태양의 신 아폴로, 불의 신 헤파이토스, 땅의 신 데메테르와 같이 다양한 자연의 힘을 인격화시켜 만들어낸 신들이었기 때문이다. 또한 새 종교는 신들을 갖가지 인간 활동의 보호자로 내세웠다. 예를 들면 결혼의 신 헤라, 전쟁의 신 아레스, 교육의 신 아테나, 사냥의 신 아르테미스, 사랑의 신 아프로디테, 상업의 신 헤르메스 등이다.[9] 제우스는 가장 강력한 능력을 지녔지만 전능하지는 못했다. 그는 타이탄 족이었던 크로노스와 레아의 아들이었다. 그는 운명의 여신들을 통해 지식을 얻었고, 비이성적인 질투심과 분노를 종종 표출했다.

도이베르트는 "새로운 올림포스 종교"를 "형태와 척도와 조화를 갖춘 종교"로 묘사했다.[10] 올림포스 신들은 "형태 없는 삶의 흐름"을 초월해 살았다. 따라서 헬라의 도시국가들은 이 신들을 숭배하는 것을 공식 종교로 삼았다. 물론 그들은 혼돈보다는 질서를 선호했다. 특히 아폴로는 질서의 대명사가 되었다. 그러나 "헬라인들은 사생활에서는 여전히 삶과 죽음이라는 옛 신들을 숭배했다."[11]

술과 주연의 신 디오니소스도 올림포스 신들 가운데 하나였지만, 호메로스나 정치인들에게 그렇게 큰 존경을 받지 못했다. 왜냐하면 그를 숭배하려면 형태와 질서와 구조를 의도적으로 파괴해야 했기 때문이다. 그것은 술에 취해 흥청거리며 난잡한 성적 쾌락을 추구하는 종교였다. 따라서 디오니소스는 모든 것을 초월한 올림포스 신이었지만 옛 종교(형태 없는 혼돈의 종교)의 수호자가 되었다.

올림포스 종교는 역사에 의미를 부여하고, 사건들이 일어나는 이유를 설명함으로써 옛 종교를 약간 향상시켰다. 그 결과, 비인격적인 운명이나 혼돈스런 삶의 흐름이 아닌 신들의 생각이라는 합리적인 사고가 그 과정의 일부가 되었다. 그러나 궁극적으로 보면 역사는 여전히 신들보다 우월한 불합리한 운명의 손에 놓여 있었다. 역사는 삶의 흐름에 따라 진행되었고, 신들은 그것을 통제하지 못했다.

---

9) 교회에도 세상을 떠난 신자들을 인간 활동의 수호성인으로 세우는 관행이 생겨났다.
10) Dooyeweerd, *Twilight*, 40.
11) Ibid.

옛 종교나 올림포스 종교나 인간의 삶과 관련해 비관적인 의미를 내포하고 있기는 마찬가지다. 인간은 운명, 혼돈, 또는 올림포스 신들의 볼모에 지나지 않았다. 성경의 하나님과는 달리 헬라 종교의 신들은 도덕적인 성격을 지니고 있지 않다. 그런 존재들 가운데 "환난 중에 만날 큰 도움"(시 46:1)이 될 수 있는 존재는 단 하나도 없다.

철학, 새로운 종교

BC 600년경에 새로운 운동이 일어나기 시작했다. 몇몇 사상가들이 종교의 도움을 빌리지 않고 세상을 이해하려고 시도했다. 그들은 철학자, 곧 지혜를 사랑하는 자들로 불렸다. 이집트와 바벨론을 비롯해 고대 세계에도 지혜의 교사들이 있었다. 성경의 지혜 문학(잠언, 아가서, 전도서)은 일반 지혜 문학과 비슷한 점이 많았지만, 성경적인 지혜의 교사들은 "여호와를 경외함이 지혜의 근본이라"고 가르쳤다(시 111:10; 잠 9:10, 15:33; 전 12:13).

헬라 종교를 비롯해 고대의 다른 지혜의 교사들과 헬라 철학자들이 다른 점은 후자가 인간 이성의 우월성을 강력하게 주장했다는 점이다. 나는 이를 "합리적 자율성"으로 일컫고 싶다. 다른 문화권에서 활동했던 지혜의 교사들은 조상들, 곧 과거의 교사들의 전통을 중요시했다(잠 1:8, 9, 2:1-22, 3:1, 2 참조). 그들은 그런 전통을 수집하고, 보존하며, 이따금 새로운 가르침을 덧붙여 그것을 후손들에게 물려주었다. 그러나 철학자들은 전통에 의존하는 것을 거부했다. 파르메니데스와 플라톤은 때로 신화에 의존했지만, 신화적 설명을 차선책으로 간주했을 뿐 아니라 궁극적으로는 이성적으로 부적합하다고 생각했다. 그들은 이성이 오직 자기 외에는 다른 어떤 기준에도 종속되지 않는, 자율성과 자기 확증성을 갖추고 있다고 믿었다.

철학자들은 많은 점에서 의견이 엇갈렸지만 이성적인 삶이 선한 삶이라는 데에는 모두 동의했다.[12] 그들은 하나님을 경외하는 것이 아니라 이성을 지혜의 근본으

---

12) BC 5세기의 소피스트들(프로타고라스, 고르기아스, 트라시마코스)과 후기 아카데미의 회의주의자들(피론, 티몬, 아르세실라오스)은 객관적인 진리를 알 수 있는 가능성을 부인했다. 그러나 아이러니컬하게도 그들은 합리적인 논증을

로 삼았다. 이성 자체가 신처럼 되었다. 그들은 이성을 신으로 일컫지는 않았지만, 그것을 궁극적인 충성을 바쳐야 할 대상이자 진리와 거짓, 옳고 그름의 궁극적인 기준으로 받아들였다.

철학자들은 전통적인 헬라 종교를 비웃기도 했고(크세노파네스) 온건하게 용인하기도 했다(에피쿠로스는 신들을 믿는 신앙을 인정했지만 신들이 세상에서 일어나는 사건을 통제한다는 것은 부인했다). 가장 경탄스러운 철학적 기질을 타고난 인물로 간주되는 소크라테스는 아테네의 신들을 믿지 않고, 젊은이들을 오염시켰다는 죄로 처형되었다. 이처럼 헬라 철학은 세계관의 일대 혁신이었다. 헬라 철학은 이전의 것으로부터 스스로를 철저히 단절시켰다.

헬라 철학의 개요

그러면 이제부터 철학자들을 대략 연대순에 따라 좀 더 구체적으로 살펴보기로 하자. 아래에서 논의될 일부 주제들은 개개의 철학자들을 중심으로 다루어질 것이다. 그 가운데 이미 앞에서 다룬 몇 가지 주제를 열거하면 다음과 같다. 1) 인간 이성의 지고한 권위, 2) 모든 현실의 본질을 이성적으로 규명하려는 시도, 3) 모든 현실은 근본적으로 하나라는 신념, 4) 지속적인 이원론의 문제 : 비인격적인 운명과 형태 없는 삶의 흐름의 대립, 5) 현실을 이해하는 이성의 힘에 도전을 제기하는 형태 없는 흐름. 철학자들은 자율적인 이성이라는 근본 원칙을 양보하지 않는 상태에서 다양한 방식으로 이 문제를 다루려고 노력했다. 6) 자신들의 주장을 합리적으로 일관되게 유지하지 못하는 철학자들의 무능력. 철학자들의 무능력은 세상을 자율적으로 이해하려는 시도가 실패로 돌아갔음을 의미한다. 결국 그들은 스스로에게 불가능한 일(본질적으로 불합리한 세계에 자율적인 이성을 적용하는 것)을 부여한 셈이 되고 말았다. 7) 이런 어려움으로 인해 영혼과 윤리와 사회에 관한 철학자들의 가르침 가

통해 그런 결론을 도출했다. 그들은 이성을 포기할 생각이 조금도 없었다. 플로티누스는 궁극적인 지식은 이성적이 아니라 신비적이라고 주장했지만 신비적인 경험에 이르는 과정은 이성적이라고 생각했다. 그 역시 아이러니컬하게도 이성을 통해 이성을 초월하는 방법을 가르쳤다.

운데 대부분이 타당성을 잃게 되었다.

밀레토스 학파

최초의 철학자들의 가르침과 글은 단편적으로만 전해 온다. 그들은 그들이 살았던 밀레토스라는 소아시아 도시의 명칭을 따라 명명되었다. 그들에 관한 우리의 지식은 다른 저자들, 특히 그들의 사상에 전혀 호의적이지 않았던 아리스토텔레스에게서 비롯했다. 그러나 이 철학자들이 실제로 가르친 것이나 의도했던 것을 아는 것보다 그들이 후대의 사상가들에 의해 어떻게 이해되었는지를 아는 것이 더 중요하다. 왜냐하면 밀레토스 학파가 철학의 역사에 영향을 미치게 된 것은 후대의 해석을 통해서였기 때문이다.[13]

"탈레스(BC 620-546)"는 "만물은 물이고", "만물에는 신들이 충만하다."라고 말했고, "아낙시메네스(d. BC 528)"는 "만물은 공기다."라고 생각했으며, "아낙시만드로스(BC 610-546)"는 "만물은 일정하지 않다("아페이론", '한계가 없는'을 의미한다)."라고 가르쳤다. 헬라인들이 우주가 4원소(흙, 공기, 불, 물)로 구성되어 있다고 생각했다는 점을 기억하면 이런 말을 이해하기가 수월할 것이다. 밀레토스 학파는 4원소 가운데 무엇이 원소 중의 원소인 근본 원소인지, 곧 우주의 근원인지를 찾아내려고 노력했다.

그들은 오늘날까지도 계속해서 철학자들과 과학자들의 관심을 끌고 있는 세 가지 질문에 대한 대답을 찾으려고 시도했다. 1) 현실의 본질은 무엇인가? 2) 만물은 어떻게 생겨났는가? 3) 우주는 어떻게 현재의 모습을 갖추게 되었는가?

탈레스는 1) 만물의 근원은 물이라고 생각했다. 겉으로 드러난 현상은 다를지라도 그것이 만물의 근원, 곧 만물의 본질이다. 2) 모든 것은 물에서 생겨났고, 물로 돌아간다. 3) 세상은 다양한 자연적 과정을 거쳐 물에서 발전했다. "만물에는 신들이 충만하다."는 그의 말은 자연적 과정이 어떤 식으로든 사고나 생각에 의해 지배

---

[13] 이 책에서 논의된 다른 사상가들의 경우도 마찬가지다. 전문가들 사이에서는 여전히 많은 논란이 있지만, 나는 이 사상가들에 대한 전통적인 해석을 대부분 그대로 소개할 생각이다. 여기에서 논쟁이 되는 문제를 상세하게 논의하기는 어렵다. 나는 전통적인 해석이 이 철학자들이 후대의 역사에 어떤 영향을 미쳤는지를 잘 보여준다고 생각한다.

되었다는 의미를 지닌 것으로 보인다.

　아낙시메네스도 공기를 그런 식으로 생각했을 것이다. 그는 물과 공기 중에 어느 것이 가장 충만한 요소인지, 곧 다른 현상들을 설명할 수 있는 가장 설득력 있는 요소가 무엇인지를 논했을 것이 틀림없다. 그는 현실의 다양성은 공기의 응축이나 희박 상태에서 비롯했다고 생각했다. 헤라클레이토스는 불에 대해 그런 논증을 펼쳤다. 내가 아는 한, 흙을 만물의 근원으로 생각한 사상가는 아무도 없었다. 아마도 그 이유는 흙이 다른 원소들에 비해 변화가 덜한 것처럼 보였기 때문이었을 것이다. 아낙시만드로스는 4원소 가운데 세계의 다양성을 설명할 수 있는 것은 아무것도 없다고 생각했다. 따라서 그는 만물의 본질이 한정된 속성을 지니지 않은 실재라고 말했다(그런 점에서 만물의 본질은 "제한되지 않는다"). 그는 그 실재가 한계를 취해 보이는 세상을 만들어냈다고 믿었다.

　해석자들은 헬라 철학자들을 경이로운 눈으로 세상을 바라보는 어린아이들에게 빗대곤 한다. 그러나 그런 설명은 바울 사도의 설명과는 사뭇 다르다. 앞에서 인용한 바울의 말은 성경의 하나님을 믿지 않는 사람들이 불의로 진리를 막는다고 말했다. 물론 세상을 새로운 방식으로 이해하려고 노력했던 탈레스와 그의 동료들을 나쁘게 평가하기는 어렵다. 현대 과학이 그들의 관점을 넘어섰다는 사실을 들어 그들을 논박하는 것은 온당하지 못하다. 그러나 그들이 무엇을 하려고 했는지를 진지하게 생각한다면, 그들의 노력을 달리 평가할 수 있을 것이다.

　만물이 물이라는 탈레스의 말은 이른바 과학적 탐구를 통해 얻어낸 결론이 아니었다. 탈레스의 발견은 그의 견해에 영향을 미쳤다. 그는 세상에 물이 많고, 생명을 유지하려면 물이 필요하다고 생각했다. 그러나 만물은 가능한 관찰의 범위를 훨씬 넘어선다. "만물"은 인간이 안락의자에 앉아서 온 우주가 이러이러하다고 단언하면서 사용한 표현이다. 이들 사상가가 사용한 "만물"이라는 표현은 인간의 이성이 지닌 한계를 크게 뛰어넘는다. 아무튼 이것이 곧 이성의 힘에 놀라워하며 그것을 신으로 격상시키는 합리주의다.

탈레스(Thales)

한편, 물(공기와 심지어는 "무한한" 실재까지도)은 옛 종교의 "형태 없는 흐름"을 나타낸다. 물은 출렁거리며 흘러간다. 물은 억제하거나 통제할 수 없다. 물의 불규칙성은 그것을 설명하려는 이성의 힘에 의문을 제기한다. "만물에는 신들이 충만하다."라는 탈레스의 말은 마구잡이로 이루어지는 흐름에 합리적인 방향을 제시하려는 시도였는지도 모른다. 그러나 그런 시도는 "신들도 물로 만들어졌는가?"라는 또 다른 질문을 제기한다. 만일 그렇지 않다면 그의 가설은 "만물"을 설명하기에 부적합하다. 신들이 물이라면 제우스와 아폴로와 같은 존재들은 흐름을 다스리는 통제자가 아닌 그 희생자에 지나지 않는다. 탈레스에 따르면 인간의 정신도 물이라는 사실을 간과해서는 안 된다. 나의 생각은 본질적으로 출렁이는 물, 곧 내면의 바다가 움직일 때 나타나는 현상일 뿐이다. 그렇다면 하나의 출렁임이 다른 출렁임보다 더 진실하고, 더 타당하고, 더 명철하고, 더 심오하다고 생각해야 할 이유가 무엇인가? 기계론적인 자연적 과정은 물의 출렁임을 설명할 수는 있지만 생각의 참됨이나 거짓됨을 설명할 수는 없다.

결국 탈레스는 극단적인 합리주의자다. 그리고 그의 세계관은 그의 이성을 문제시한다. 그는 합리주의자이면서 동시에 불합리주의자다. 그는 창세기 3장에 대한 반틸의 철학적 해석을 생각나게 한다. 만민의 어머니인 하와는 두 가지 주장에 직면했다. 하나님은 그녀에게 금단의 열매를 먹으면 죽을 것이라고 말씀하셨고, 사탄은 죽지 않고 오히려 하나님처럼 될 것이라고 말했다. 하와는 사탄의 주장을 처음부터 무시했어야 옳았다. 그러나 그녀는 최종적인 결정권이 자기에게 있다고 생각했다(합리주의). 그런 생각은 하나님이 진리와 의미의 궁극적인 결정권자가 아니시며, 절대적인 진리도 존재하지 않는다(불합리주의)는 의미를 지닌다. 반틸은 불신자는 누구나 합리주의와 불합리주의 사이에서 갈등을 겪는다고 말했다. 어떤 사람들은 전자를 강조하고, 어떤 사람들은 후자를 강조한다. 그리고 전자에 만족을 느끼지 못할 때는 후자로 옮겨간다.[14] 헬라 사상가들은 물론, 다른 전통을 지닌 철학자들 가운데서도 이와 동일한 유형을 발견할 수 있다. 내가 그런 사실을 언급하는 이

---

[14] 반틸의 논의는 다음 자료에서 발견할 수 있다. Cornelius Van Til, *A Christian Theory of Knowledge* (Nutley, NJ: Presbyterian and Reformed, 1969), 41-71. 아울러 그는 다음의 자료에서 그런 논의를 플라톤에게 적용했다. Cornelius Van Til, *A Survey of Christian Epistemology* (Philadelphia: Den Dulk Foundation, 1969), 14-55. 내가 저술한 다음 책 231-38페이지와 여러 곳에서도 관련 내용을 찾아볼 수 있다. *CVT*.

유는 단지 흥밋거리를 제공하기 위해서가 아니다. 나는 헬라 철학의 결함이 원시적인 과학과 불완전한 관찰과 수정 가능한 논리적인 실수 때문에 생겨난 것이 아니라 종교적인 반항의 성격을 지녔다는 것을 보여줄 생각이다. 이들 사상가는 모두 인간의 지성을 절대화시켰다. 그러나 그들의 비신론적 세계관은 인간의 지성을 의문시한다.

밀레토스 학파의 인식론적 실패는 형이상학적 실패와 맞물려 있다. 밀레토스 학파의 "만물"은 성경이 가르치는 창조주와 피조물의 관계를 배제한다. 만물이 물이라면 하나님도 물이고, 우리도 물이다. 그분과 우리 사이에 본질적인 차이가 존재하지 않는다. 하나님과 세상은 동일한 요소로 구성되어 있다. 결국 피조물은 존재하지 않는다. 하나님은 세상을 다스리는 본질적인 주권을 지니고 계시지 않는다. 이처럼 밀레토스 학파의 철학은 성경적인 하나님을 배제한다. 만일 성경의 하나님이 세상의 의미나 진리의 유일한 근거이시라면 밀레토스의 철학자들은 의미와 진리를 배제한 셈이 된다.

헤라클레이토스(Heraclitus, BC 525-475)

밀레토스에서 그리 멀지 않은 에베소에서 살았던 헤라클레이토스는 4원소 가운데 가장 역동적이고, 변화무쌍한 불을 만물의 근원이라고 생각했다. 그러나 그는 근본적인 실재를 찾는 것보다 불이 다른 것으로 변하고, 다른 것들이 또 다른 것들로 변하는 현상을 들어 도처에서 관찰되는 변화를 묘사하는 데 더 많은 관심을 기울였다. 그는 "같은 강물을 두 번 건널 수 없다."라는 말을 남긴 것으로 유명하다. 이 말은 강물을 두 번째 건널 때는 전과는 다른 물을 건너게 된다는 뜻이다. 물이 다르기 때문에 강도 다르다. 그의 말은 "동일한 강물에 발을 들여놓는 순간, 다른 물들이 계속 흘러온다."라는 뜻이다.[15] 강은 동일하지만, 물은 끊임없이 변화한다. 만물의 요소들은 항상 변하지만 현실의 다른 차원에서 동일성이 유지될 수 있는 것

---

15) Hermann Diels and Walther Kranz, *Die Fragmente der Vorsokratiker* (Zurich: Weidmann, 1985), DK22B12. 대니얼 그레이엄이 다음 인터넷 자료의 "헤라클레이토스" 항목에서 이 내용을 번역했다. *Internet Encyclopedia of Philosophy*, http://www.utm.edu/research/iep/h/heraclit.htm.

은 바로 그런 변화 때문이라는 것이 그의 견해였다.[16]

세상은 끊임없이 변하지만 그런 변화는 규칙적인 형태를 유지한다. 만일 모든 것이 항상 변하기만 한다면 합리적인 사고는 불가능할 것이다. 합리적인 사고는 안정성을 요구한다. 즉 사물들이 면밀하게 조사할 수 있을 만큼 충분히 오랫동안 본연의 상태로 머물러 있어야 한다. 말은 말로, 집은 집으로, 사람들은 사람들로, 강물은 강물로 머물러 있어야 한다.

헤라클레이토스는 이런 안정성의 근원을 "로고스"로 일컬었다. 아마도 이 용어를 철학적인 의미로 사용한 사람은 그가 처음일 것이다. 로고스는 "말", "이성", "합리적인 판단"과 같은 다양한 의미를 지닌다. 헤라클레이토스는 변화를 지배하는 원리, 곧 변화를 합리적인 범위 안에 묶어 놓는 원리가 있다고 믿었다.

헤라클레이토스의 철학은 상식에 근거한다. 세상을 둘러보면 어느 하나도 그대로 머물러 있지 않은 것처럼 보인다. 모든 것이 미세하게라도 움직이고, 변화한다. 그러나 강, 말, 사람, 집에 관해 말할 수 있을 만큼 충분한 안정성이 유지된다. 문제는 헤라클레이토스가 그런 변화와 안정성의 이유를 명확하게 설명했는지 여부에 있다. "로고스"가 있다는 말은 곧 세상의 안정성을 유지하는 원천이 있다는 것을 의미한다.

그렇다면 그 원천은 무엇일까? "로고스"는 어떤 것을 실제로 설명하는 말일까, 아니면 알 수 없는 것을 지칭하는 표현에 불과할 것일까? 헤라클레이토스의 글은 역설적이고, 다중적이며, 온갖 상징으로 가득하다. 매우 흥미롭지만 그가 무엇을 말하려고 하는지 분명하지가 못하다.

우리는 "로고스"에서 헬라의 합리주의를 또 한 번 확인할 수 있다. 헤라클레이토스는 이성이 얼마나 믿을 만한 것인지는 알 수 없지만, 우리는 그것을 길잡이로 삼을 수밖에 없다고 말했다. 합리성은 우리의 생각 속에 존재할 뿐 아니라 우주의 한 측면이기도 하다. 그러나 그가 이성을 내세우는 것은 사실상 믿음의 행위와 다름없다. 변화의 흐름은 합리성을 넘어선다. 헤라클레이토스는 사실상 현실이 일정하지 않으면 이성으로는 그것을 온전히 다룰 수 없다는 것을 자인한 셈이다. 그러나 요

---

16) Ibid.를 보라.

소들의 차원에서 보면 현실은 조금도 일정하지가 않다. 그는 그런 상황에서 합리성을 동원해 요소들의 변화를 이성적으로 분석하는 방법을 찾아내려고 노력했다.

헤라클레이토스도 밀레토스의 철학자들처럼 성경적인 유신론과 변화를 일으키고 유지하는 절대자를 거부했다. 그가 관심을 기울인 것은 변화하는 세계와 합리적인 일관성뿐이었다. 헤라클레이토스의 철학은 그런 변화와 일관성에 의미를 부여할 수 있는 유일한 존재이신 하나님을 고려하지 않았다.

파르메니데스(Parmenides, BC 510-430)

이탈리아 남부 엘레아에서 살았던 파르메니데스는 이성적 사고가 변하지 않는 것을 요구한다는 헤라클레이토스의 견해에 동의했다. 그러나 그는 헤라클레이토스와는 정반대로 변화를 완전히 부인했다. 그는 자신에게 "존재하는 것은 존재한다."는 것을 알려준 여신과의 만남을 묘사한 시를 썼다. 그러나 그 여신은 자신의 권위로 그런 계시를 허락한 것이 아니라 철학적인 여신답게 이성에 호소했다.[17]

"존재하는 것은 존재한다."는 말은 본질이 변하는 것은 아무것도 없다는 뜻이다. 빨강은 녹색으로 변할 수 없다. 왜냐하면 만일 그럴 수 있다면 빨강이 빨강이 아닌 것으로 변하거나 녹색이 녹색이 아닌 것으로 변할 것이기 때문이다. 어떻게 그런 일이 가능하겠는가? 만일 이전의 상태가 녹색이 아닌 것이었다면 어디에서 녹색이 생겨날 수 있겠는가? 따라서 변화는 현실이 아닌 환상이다.

비존재의 개념도 거부해야 한다. 비존재에서 존재로 변화될 수는 없다. 왜냐하면 비존재와 같은 것은 없기 때문이다. 비존재는 존재하지 않는다. 빨강이 아닌 것, 녹색이 아닌 것, 그 외에 다른 부정적인 표현도 모두 가능하지 않기는 마찬가지다.[18]

그렇다면 무엇이 참된 세상인가? 파르메니데스는 비존재가 없는 세상, 곧 변화가

---

17) 파르메니데스는 종교적 스승인 크세노파네스(BC 570-475)의 추종자로 알려져 있다. 크세노파네스는 올림포스 신들을 거부하고 일종의 범신론적인 일원론을 믿었다. 파르메니데스의 "존재"는 크세노파네스의 신과 거의 흡사하다.
18) 파르메니데스를 비판하는 사람들은 "있다."라는 동사의 존재론적인 의미("말들은 있다."와 "말들은 존재한다."는 그 의미가 동일하다)와 서술적인 의미("말들은 포유동물이다")가 서로 다르다는 점을 지적한다. 파르메니데스는 이 차이점을 혼동한 것이 틀림없다. "존재하는 것은 존재하지 않는다."라는 말은 명백한 모순이다. 왜냐하면 그 문장에서 "존재하는 것"은 존재론적 의미로 사용되었기 때문이다. 그러나 "그 말은 녹색이 아니다."라는 말은 모순이 아니다. 왜냐하면 그 문장에서는 존재론적인 의미가 아닌 서술적인 의미로 사용되었기 때문이다.

없는 세상을 묘사하려고 노력했다. 그런 세상은 동질적이고, 견고하고, 조화롭고, 구 모양을 띠며, 다른 무엇으로부터 발생하지 않는다. 예를 들어 세상이 동질적이지 않다면 한 가지 요소와 그와 본질이 다른 무엇(물과 물이 아닌 것)이 혼합되었다는 의미일 수밖에 없다. 이런 논리는 파르메니데스가 언급한 현실의 다른 속성들에도 똑같이 적용된다.

그러나 파르메니데스가 "진리의 길"이라고 일컬은 이 세계관은 상식에서 벗어나기 때문에 우리가 경험하는 세상에서 살아가는 데 아무런 도움도 제공하지 못한다. 우리의 경험을 환상으로 간주하려면 그것을 철저히 부정해야 한다. 그러나 파르메니데스의 시는 정교한 우주론을 전개한다. 거기에는 "믿음의 길" 또는 "견해의 길"로 불리는 또 다른 여신이 등장한다. 이 우주론은 변화를 수용하며, 진리의 길과는 크게 다르다. 파르메니데스는 믿음의 길을 거부해야 할 오류로 간주했지만, 믿음의 길을 실질적인 길잡이로(곧 우리의 감각을 통해 인식된 세상에 관해 생각하는 방법으로) 활용하기를 원했다.

파르메니데스(Parmenides)

아마도 파르메니데스는 철학의 역사상 가장 일관된 합리주의자일 것이다. 그는 "존재하는 것"과 "사유할 수 있는 것"은 서로 아무런 차이가 없다고 말했다. 그는 인간의 이성으로 사유할 수 있는 것을 찾아냈다면 세상의 참된 본질을 발견한 것과 같다고 생각했다. 그는 감각의 증언을 전적으로 무시하고 이성을 추구하기를 원했다. 그는 세상의 존재는 우리가 보거나 듣는 것과는 크게 다르다고 주장했다. 그러나 그런 변하지 않는 세상 안에서 이성은 과연 어떤 기능을 발휘할 수 있을까? 인간의 이성은 일시적이거나 일시적인 것처럼 보인다. 우리는 한 가지를 생각하고 나서 또 다른 한 가지를 생각한다. 우리의 생각은 가장 지성적인 활동을 하는 중에도 변화를 경험한다. 덜 적절한 생각에서 더 적절한 생각으로 발전할 수 없다면 사고하는 것이 어떻게 가능하겠는가? 파르메니데스의 합리주의는 사실상 이성을 무효화시켜 결국 불합리주의로 귀결된다.

아마도 파르메니데스는 이런 문제점을 의식했기 때문에 감각적인 경험의 구조를 설명하기 위해 믿음의 길을 대체 철학으로 제시했던 것 같다.[19] 결국 파르메니데스는 진리의 길에서는 합리주의를, 믿음의 길에서는 불합리주의를 주장했던 셈이다. 이는 실제로 존재하는 "형상의 세계"와 인식하기 더 어렵고 현실과 더 먼 "감각적 경험의 세계"를 구별한 플라톤을 생각나게 한다.

만일 파르메니데스가 성경의 하나님을 인정하고, 그분의 계시에 귀를 기울였다면 생각이 어떻게 달라졌을지 궁금하다.

원자론자들

파르메니데스는 우주의 근원이 하나라고 믿었던 "일원론자"로 분류된다. 그는 "비존재"를 배제하기 위해 세상으로부터 모든 다양성을 체계적으로 제거했다. 진리의 길에는 서로 다른 것, 곧 빨강인 것과 빨강이 아닌 것과 같은 것이 존재할 수 없다.

그와는 달리 "다원론자"로 불리는 철학자들은 우주의 근원이 하나가 아닌 다수라고 주장했다. 이 입장을 가장 철저하게 견지했던 헬라 철학자들은 "엠페도클레스(그의 주저는 BC 450년경에 저술되었다)", "아낙사고라스(BC 500-428)", "레우키포스(BC 5세기)", "데모크리토스(BC 460-360)", "에피쿠로스(BC 341-270)"와 같은 원자론자들이었다.[20]

엠페도클레스는 세계는 본래 파르메니데스의 "존재"처럼 하나이자 동질적인 것이라고 생각했다. 그러나 사랑과 분쟁이라는 서로 대립하는 힘들이 사물들의 운동을 일으켰고, 그로써 4원소가 분리되어 서로 다른 방식으로 결합하기 시작했다. 4원소는 모든 현실의 "근간"이다. 그것은 곧 존재하는 모든 것을 만들어낸 기본 재료인 원자다.

아낙사고라스는 원소들의 개수는 정해지지 않았다고 생각했다. 그는 불 속에 흙

---

19) 플라톤도 『국가론(Republic)』과 『티마이오스(Timaeus)』에서 자신의 철학으로 적절하게 다룰 수 없는 주제들을 처리하기 위해 신화를 도입했다. 이것은 데이비드 흄의 "관습", 임마누엘 칸트의 "실천 이성", 비트겐슈타인의 "신비한 것"과도 비슷하다.

20) 원자론자들은 다원론자로 분류되지만, 실상은 탈레스와 같이 세상에는 오직 한 가지 종류의 것, 곧 원자만 존재한다고 믿었다는 점에서 일원론자라고 할 수 있다.

의 일부가 들어있지 않았다면 불은 흙을 만들어낼 수 없었을 것이라고 믿었다. 그와 비슷하게 빵 안에 이미 근육과 머리털이 조금이라도 들어 있지 않았다면 빵을 통해 근육과 머리털이 생성되지 않았을 것이다. 또한 아낙사고라스는 "누스(정신)"에 관해 가르쳤다. 그것은 변화의 합리성을 유지하는 원리로서 헤라클레이토스의 "로고스"와 엠페도클레스의 "사랑과 분쟁"과 비슷하다. 플라톤의 『소크라테스의 변명(Apology)』에 보면, 소크라테스가 아낙사고라스에게서 정신이 어떻게 세상을 인도하는지를 설명하는 내용을 찾아내고 싶었지만 자연에 대한 기계론적인 설명만을 발견했다고 푸념하는 내용이 나온다.

엠페도클레스와 아낙사고라스는 "질적인 원자론자"로 불린다. 그들은 세상이 서로 다른 성질을 띤 원소들로 만들어졌다고 믿었다. 엠페도클레스는 4원소라고 생각했고, 아낙사고라스는 그 개수가 정해지지 않았다고 생각했다. 원소들은 파르메니데스의 "존재"처럼 변하지 않는다. 그러나 현실은 이 원소들의 다양한 결합을 통해 변화를 거친다.

레우키포스, 데모크리토스, 에피쿠로스는 "양적인 원자론자"로 불린다. 그들의 원자, 곧 원소는 크기와 형태(데모크리토스), 또는 무게(에피쿠로스)만 다를 뿐 성질은 모두 똑같다. 원자들은 공간 속에서 움직이며 서로 부딪쳐 물체들을 형성한다. 이들은 현실이 전적으로 원자들과 텅 빈 공간으로 이루어져 있다고 생각했다.

에피쿠로스의 원자는 무게라는 성질을 띠고 있기 때문에 한 방향으로 떨어지는 경향이 있다. 일종의 우주적인 "하강"이다. 원자들은 대개는 서로 평행을 이루며 떨어진다.

그렇다면 어떻게 서로 부딪쳐 물체들을 만들어낼 수 있을까? 에피쿠로스는 원자들이 때로 수직 궤도에서 "벗어나기도" 한다고 말했다. 그런 이탈은 자발적이다. 이것이 물체가 형성되는 이유다. 인간의 자유로운 선택을 설명할 때도 동일한 논리가 적용된다. 인간이 인과적인 결정론에서 벗어나 자유롭게 행동할 수 있는 이유는 인간의 몸 안에 있는 원자들이 이따금 설명할 수 없는 이유로 인해 정상 궤도를 이탈하기 때문이다.

아마도 에피쿠로스는 인간의 자유를 인과적인 불확정성과 결부시켜 생각한 최초의 철학자일 것이다. 그는 이 불확정성을 도덕적 책임의 토대로 삼았다. 자유에 관한 이런 견해는 때로 "자유의지론" 또는 "양립 불가론"으로 불린다.[21] 펠라기우스, 몰리나, 아르미니우스, 최근의 "개방적 유신론자들"과 같은 다수의 신학자들이 이런 의미로 자유의지를 옹호한다.[22] 여기에서 "어떻게 내 몸 안에서 마구잡이로 일어난 원자들의 일탈이 나의 행위를 도덕적으로 책임 있게 만드는가?"라는 질문을 제기하지 않을 수 없다. 내가 길을 걸어가는 동안, 나의 머릿속에 있는 원자들이 궤도를 이탈해 서로 부딪쳐 은행을 터는 강도짓을 하게 만들었다면 나에게 무슨 책임이 있겠는가? 원자들이 궤도를 벗어나게 만든 것은 내가 아니다. 사실 원자들의 일탈은 아무런 원인이 없다. 원자들의 일탈은 나에게 우연히 일어난 것이다. 따라서 나는 그 결과를 책임져야 할 필요가 없다. 이상한 행위를 저지르게 만든 것은 나의 머릿속에서 화학적인 불균형이 발생했기 때문이다. 이것은 자유라기보다는 참으로 기괴한 결정론이 아닐 수 없다. 과연 그런 일탈이 책임을 면제해 준다고 말해야 옳을까?

책임의 문제는 윤리에 관해 생각하게 만든다. 플라톤과 아리스토텔레스 이후에 활동했던 에피쿠로스는 자신의 원자론을 도덕적인 문제에 적용하려고 애썼다. 그러나 그렇게 철저한 물질주의로부터 어떤 종류의 윤리학이 나올 수 있는지 궁금하다.

에피쿠로스의 윤리학은 고통을 피하고, 쾌락을 추구하라는 한마디로 압축된다. 키레네 학파와 후기 에피쿠로스주의자들과는 달리, 에피쿠로스는 단기적인 쾌락과 장기적인 쾌락을 구별했고, 전반적으로 조용하고, 평화롭고, 명상적인 삶이 가장 큰 쾌락을 가져다준다고 가르쳤다. 윤리학에 관한 이런 견해는 "쾌락주의(hedonism)"로 불린다. 이 명칭은 "쾌락"을 뜻하는 헬라어에서 유래했다.

그러나 이 입장은 몇 가지 문제를 안고 있다. 1) 인간이 쾌락보다 더 가치 있게 생각하는 것들이 많다. 예를 들어 우리는 다른 사람의 생명을 구하기 위해 우리 자신의 생명을 희생할 수 있다. 에피쿠로스는 다른 가치들보다 쾌락을 더 중요하게 생각해야 할 이유를 설명하지 않는다. 2) 쾌락을 자기 희생을 비롯한 다른 모든 가치

---

[21] 이것이 "양립 불가론"으로 불리는 이유는 인간의 자유의지가 결정론과 양립할 수 없다는 입장을 취하기 때문이다. 자유에 대한 또 다른 견해는 인간의 자유의지가 결정론과 양립할 수 있다는 입장을 취한다. "양립 가능론"으로 불리는 이 견해는 자유란 단지 스스로가 원하는 일을 하는 것을 의미한다고 생각한다.
[22] 나는 다음 두 책에서 자유의지론을 자세히 비판했다. *NOG*, *DG*.

를 포괄하는 것으로 폭넓게 정의하는 경우에는 그 말의 의미가 상실되고 만다. 다시 말해 쾌락을 주는 활동과 그렇지 않은 활동을 구별하는 것이 불가능해진다. 3) 사람들이 어떤 점에서 쾌락을 다른 무엇보다 더 가치 있게 여기는 것이 사실이라고 하더라도 쾌락을 다른 무엇보다 가치 있게 여겨야 마땅하다고 말하는 것은 지나친 논리의 비약이 아닐 수 없다. 도덕적인 당위성은 윤리학의 핵심이다. 과연 물질주의적인 철학을 근거로 도덕적인 당위성을 주장할 수 있을지 의심스럽다. 운동하는 물질은 우리에게 무엇을 해야 한다고 가르칠 수 없다.

원자론은 모든 것을 물질과 운동과 우연으로 설명하려고 애쓴다. 탈레스가 말한 물을 원리로 삼아 인간의 생각을 설명할 수 없다면, 원자론자들이 말한 운동하는 물질을 원리로 삼아도 그것을 설명할 수 없기는 마찬가지 아니겠는가? 원자론자들은 이성적 추론을 통해 모든 현실을 가장 작은 요소로 압축시키려고 했다는 점에서는 합리적이었지만, 우리의 생각을 신뢰할 만한 이유를 전혀 남겨 놓지 않았다. 여기에서도 합리주의와 불합리주의가 동시에 나타난다. 물질주의적인 원리에 근거해 인간의 책임과 도덕적 의무를 설명하려고 하면 문제는 훨씬 더 어려워진다.

이 모든 것의 배후에 종교적인 문제가 도사리고 있었다는 것이 에피쿠로스의 글을 통해 분명하게 드러난다. 그는 초자연적인 요인이 세상에서 아무런 역할도 하지 않는다는 것을 주장하려고 애썼다. 그러나 인격적인 하나님을 고려하지 않고서 어떻게 도덕적 원리의 권위와 사고의 타당성을 설명할 수가 있겠는가?

피타고라스(Pythagoras, BC 572-500)

피타고라스의 견해에 대해서는 알려진 것이 거의 없다. 그러나 그는 하나의 철학 학파에 영향을 미쳤고, 그 학파는 다시 다른 철학자들에게 영향을 미쳤다. 플라톤은 이탈리아 남부에 위치했던 피타고라스 학파의 종교 공동체를 방문했고, 자신의 기록을 통해 그들의 사상 가운데 많은 것을 새롭게 고쳐 전했다. 피타고라스 학파는 "오르페우스교"로 알려진 종교를 믿었다. 이 종교는 인간의 영혼이 육체 안에 갇혀 있는 신성한 존재라고 가르쳤다. 그들은 영혼이 충분히 정화되어 신의 영역으로 되돌아갈 때까지 환생을 되풀이한다고 믿었다. 인간의 영혼이 신성한 이유는 이성적이기 때문이다. 따라서 구원은 지식을 통해 얻어진 다. 이처럼 피타고라스 학파도 지성의 자율성을 강조했던 헬라인의 공통적인 견해를 따랐다. 또한 그들은 인간을 세 부류(지혜를 사랑하는 자, 명예를 사랑하는 자, 이익을 사랑하는 자)로 나누었다. 어쩌면 플라톤은 이에 착안해 『국가론(Republic)』에서 사람들을 세 계급으로 나누었는지도 모른다. 이 밖에도 그들은 아낙시만드로스의 우주론이나 파르메니데스의 "믿음의 길"과 유사한 정교한 우주론을 창안했다.

피타고라스(Pythagoras)

그러나 피타고라스의 업적은 주로 수학에서 빛을 발했다. 고등학교 수학 책은 아직도 피타고라스 정리를 다루고 있다. 피타고라스 정리는 직각삼각형의 빗변의 길이를 한 변으로 하는 정사각형의 넓이는 나머지 두 변을 한 변으로 하는 정사각형의 넓이의 합과 같다고 가르친다. 예를 들어 빗변의 길이가 5센티미터이고, 나머지 두 변이 각각 3, 4센티미터인 직각삼각형이 있다고 가정하면 3센티미터를 한 변으로 하는 정사각형의 넓이는 9이고, 4센티미터를 한 변으로 하는 정사각형의 넓이는 16이다. 그리고 빗변을 한 변으로 하는 정사각형의 넓이는 두 정사각형의 합인 25가 된다. 또한 피타고라스와 그의 제자들은 분수의 원리를 이용해 진동수를 다르게 함으로써 조화로운 음계를 얻어낼 수 있다는 것을 발견했다. 예를 들면 A음계의 진동수가 440이라면, 다음 옥타브는 진동수를 880으로 늘려 나가는 방식이 적용되었다.

피타고라스 학파는 이런 자료들을 근거로 우주 만물을 모두 수학적 공식을 적용해 설명할 수 있다고 생각했다. "만물의 근원은 수다."라는 그들의 주장은 밀레토스 철학자들의 "만물"이라는 문구를 상기시킨다. 모든 것은 수학적인 공식을 따르기 때문에 수학이 곧 가장 궁극적인 현실이다. 이것은 이성이 생각의 본질이자 만물의 본질이라고 믿었던 헬라인들의 생각을 피타고라스의 방식으로 표현한 것이다. 그러나 피타고라스는 그런 공식이 어디에서 기원했는지를 탐구하지 않았다. 그런 공식이 존재한다는 것은 참으로 놀라운 사실이 아닐 수 없었다. 그런 현실은 인격적인 신의 존재를 암시한다. 왜냐하면 수와 공식은 인격적인 존재의 생각으로부터 비롯하기 때문이다. 피타고라스 학파에게 수는 "단지 존재할" 뿐이었다. 수는 엄연한 사실이었다. 피타고라스 학파도 다른 헬라 철학자들처럼 자기들보다 더 뛰어난 이성적인 존재가 있다는 것을 인정하기를 원하지 않았다. 그들은 인간 수학자의 정신을 가장 위대한 정신으로 간주했다.

그러나 그런 식의 합리주의는 설득력이 없다. 만일 수학적 공식이 단지 존재할 뿐이라면, 그것을 믿어야 할 이유가 무엇인가? 수학적 공식이 직각삼각형이나 음계에 정확하게 들어맞는 것은 우연일 수도 있지 않을까? 대체 어떤 과정을 거쳐 추상적인 숫자들이 구체적인 현실로 바뀌는 것일까? 다른 헬라 철학자들처럼 피타고라스 학파의 합리성도 결국에는 불합리로 귀결된다.

소피스트들

소피스트들은 BC 5, 4세기에 헬라의 여러 도시들을 돌아다니며 젊은이들에게 사회적인 성공을 이루는 데 필요한 기술(수사법, 문법, 역사, 과학, 예술, 대중의 경탄을 자아내는 인품 등)을 가르쳤던 교사들이었다. 그들을 찾는 고객들은 많았다. 왜냐하면 전통적인 귀족층이 무너지고, 자녀들을 상류층으로 만들려는 부유한 상인 계층이 득세하기 시작했고, 정치적인 격변이 일어나 정치적 통치의 근거와 합법성을 묻는 철학적 탐구가 촉발되었기 때문이다.[23]

철학이 새로운 전환기를 맞이했다. 철학자들은 더 이상 자연 세계의 구조에만 관심을 기울이지 않았다. 인간의 본성과 인간 사회의 문제가 관심의 대상으로 떠올랐다.

오늘날의 정치 현실과 마찬가지로, 다양한 정치 당파와 잘 어울리는 데 주로 관심을 기울이는 경우에는 상대주의에 강하게 이끌릴 수밖에 없다. 절대적이거나 객관적인 진리, 곧 모든 사람이 인정해야 할 진리가 없다면 정치적 견해가 바뀔 때마다 자유롭게 이것저것을 생각할 수 있다. 따라서 소피스트들은 자연히 상대주의자들이 될 수밖에 없었다.

그들에 대한 정보는 주로 플라톤의 대화편을 통해 전해진다. 그는 그들에게 조금

---

[23] 소피스트들의 정치적, 사회적 배경에 관해 좀 더 자세히 알고 싶으면 다음 자료를 참조하라. Gordon H. Clark, *Thales to Dewey: A History of Philosophy* (Boston: Houghton Mifflin, 1957), 46-48.

도 호의적이지 않았지만, 그들에 대한 그의 평가는 공정했을 가능성이 매우 높다. "프로타고라스"라는 소피스트는 전통적인 사고방식을 받아들이라고 주장했다. 그 이유는 그것이 사실이기 때문이 아니라 권력과 인기를 누리는 수단으로 활용할 수 있기 때문이다. "고르기아스"는 객관적인 진리를 부인했으며, 철학을 수사학으로 대체하기를 원했다. "트라시마코스"는 "정의는 강자의 이익이다."라고 가르쳤다. 법은 강자가 대중을 복종시키기 위한 수단일 뿐이다. 그와는 대조적으로 "칼리클레스"는 법은 강자의 권력을 제어하기 위해 대중이 사용하는 수단이라고 주장했다.[24] 서른 명의 독재자 가운데 가장 잔인한 사람으로 알려진 "크리티아스"는 통치자는 존재하지 않는 신들에 대한 두려움을 불러일으켜 백성들을 통제해야 한다고 말했다.

그러나 플라톤이 같은 대화편에서 언급한 소크라테스는 객관적인 진리에 대한 무관심이나 적대감은 용인할 수 없다고 말했다. 소피스트들은 사실을 가르친다고 주장했다. 따라서 객관적인 진리가 없다면 그들의 입장은 객관적인 사실일 수가 없기 때문에 그들의 말에 귀를 기울일 이유가 없다. 이런 논증의 방식은 그 후로 상대주의자들을 상대할 때마다 거듭 되풀이되었다. 예를 들어 오늘날에 포스트모던주의자들을 논박할 때도 여전히 이런 논증의 방식이 사용되고 있다.

더욱이 소크라테스는 정의가 강자의 이익이 될 수 없다고 주장했다. 왜냐하면 강자의 이익 자체가 정의와 불의를 결정하는 기준이 될 수 없기 때문이다. 정의를 옳게 규정하려면 통치자들의 행위를 평가할 수 있는 기준이 될 만한 다른 원칙이 있어야 한다.

소크라테스는 소피스트들의 불합리주의를 논박했다. 그는 그런 식의 불합리주의는 자체 모순을 안고 있다는 점을 보여주었다. 그러나 소피스트들은 전형적인 헬라의 특성을 지니고 있었던 합리주의자들이었다. 프로타고라스는 "인간은 만물의 척도다."라고 말했다. 이 말은 소피스트들의 불합리주의(아무 사람이나 그렇다고 생각하는 것이 곧 현실이라는 것)를 분명하게 드러내지만, 그럼에도 불구하고 합리주의의 입장을 보여준다. 왜냐하면 인간의 이성을 진리와 거짓, 옳고 그름의 판단 기준으로 삼

---

[24] 트라시마코스와 칼리클레스의 차이는 기독교에 관한 마르크스와 니체의 서로 다른 태도를 연상시킨다. 마르크스는 기독교를 강자가 가난한 자를 통제하기 위해 사용하는 "아편"으로 간주했고, 니체는 열등한 사람들이 능력과 권력을 지닌 사람들을 통제하기 위해 이용하는 "노예의 종교"라고 생각했다. 동일한 (상대주의적인) 전제로부터 서로 정반대되는 결론이 도출되는 사실은 전제 자체에 문제가 있다는 것을 암시한다.

았기 때문이다. 프로타고라스가 상대주의가 만연한 분위기 속에서 어떻게 그렇게 말할 수 있었는지 궁금하다. 그는 자신의 생각을 기준으로 삼아 불합리한 방식으로 합리주의를 주장했고, 합리적인 방식으로 불합리주의를 주장했다.

소피스트들은 전통적인 신들에 대해서도 회의적이었고, 성경의 하나님도 고려하지 않았기 때문에 다른 가능성을 발견하지 못했다.

소크라테스(Socrates, BC 470-399)

소크라테스의 역할은 단지 소피스트들을 논박한 것에 그치지 않았다. 그는 다른 모든 사상가들이 그때까지 논의했던 것에 "소크라테스 이전"이라는 명칭을 적용하게 만들었을 정도로 매우 중요한 인물이었다. 그는 철학이라는 종교의 순교자요 성인이다. 그는 공식적인 신들을 믿지 않았고[25], 젊은이들을 오염시켰다는 이유로 BC 399년에 아테네 정부에 의해 처형되었다.

소크라테스(Socrates)

소크라테스가 존경받는 이유는 그의 사상 때문이 아니라 그의 삶과 논증 방식과 진리에 대한 열정 때문이다(소크라테스의 사상은 그의 제자인 플라톤의 사상과 뒤섞여 있어서 명확하게 분리하기 어렵다. 소크라테스에 관한 정보는 대부분 플라톤을 통해 전해졌다). 그는 소피스트들의 상대주의를 논박하고 나서 철학의 근본 문제를 탐구하기 시작했다. 그는 철학과 일치하는 삶을 살아야 한다고 가르쳤다. 그는 죽음을 피할 수 있는 기회를 거부했고, 자신이 아테네 정부에 충실하다는 것을 보여주었다.

그는 델피의 신탁을 통해 스스로의 무지를 의식하고 있는 사람은 오직 자기뿐이기 때문에 자신이 세상에서 가장 지혜로운 사람이라는 말을 전해 들었다고 말했다. 따라서 그는 중요한 문제들에 대한 대답을 줄 수 있다고 생각하는 사람들을 찾아 나섰고, 그들을 엄격하게 시험했다. 그는 전문가들의 이성적 추론에 결함이 있다는

---

25) 그러나 플라톤은 소크라테스가 누군가에게 의술의 신인 아스클레피오스에게 수탉을 갖다 바치라고 부탁한 일이 그가 마지막으로 했던 일 가운데 하나였다고 증언했다.

것을 종종 지적했고, 여러 용어들을 옳게 정의하려고 노력했다(정의란 무엇인가? 무엇이 미덕인가?). 대화편에 등장하는 인물들은 그런 속성을 지닌 본보기를 들었지만, 소크라테스는 본보기 이상의 것을 알고 싶어 했다. 즉 그는 "정의의 본보기들을 정의롭게 만드는 공통된 속성은 무엇인가?"라는 문제에 관심을 기울였다. 그의 탐구는 대부분 결정적인 결론에 이르지 못했다. 그러나 진리를 발견하기 위한 그의 대화 방식(전문 용어로는 "변증술"로 불린다)은 역사적으로 많은 철학자들과 교육자들에게 영감을 주었다. 모든 학문이 "검증되지 않은 삶은 살 가치가 없다."는 그의 가르침을 진지하게 받아들였다.

한편 소크라테스는 대화법이 내면적인 것, 곧 진리의 원천인 인간의 영혼에 근거한다고 생각했다. 그는 자기 안에 "신성(다이몬)"이 존재한다고 믿었고, 모든 사람이 내면을 들여다봄으로써 진리를 발견할 수 있다고 주장했다. 그런 점에서 그는 "네 자신을 알라."라고 가르쳤다.

소크라테스의 인식론은 변증술과 내면의 성찰을 그 핵심으로 삼는다. 변증술을 강조한 것은 헬라의 합리주의적 전통에 부합하고, 내면의 성찰을 강조한 것은 진리를 개인의 주관적 영역에 위치시킨다.[26] 이런 주관주의는 소피스트들의 주관주의와 비슷하다. 이를 불합리한 것으로 간주하지 않으려면, 인간의 주관성이 객관적인 세계와 진리의 원천이신 하나님과 어떻게 관련을 맺고 있는지를 규명해야 할 필요가 있다.

플라톤 (Plato, BC 427-347)

플라톤은 소크라테스의 가장 위대한 제자이자 역사상 가장 위대한 철학자 가운데 하나다. 가장 위대한 철학자들은 처음에는 이질적으로 보이는 많은 사상들을 하나로 통합하는 경향이 있다(나는 아리스토텔레스, 토마스 아퀴나스, 칸트, 헤겔을 가장 위대한 철학자의 범주에 포함시키고 싶다). 예를 들어 파르메니데스는, 존재는 근본적으로 변하지 않는다고 말했고, 헤라클레이토스는 현실의 요소들은 끊임없이 변한다고 말했다. 플라톤은 그 두 가지 가르침에서 진리를 발견해 그것을 더 폭넓고, 체계적인 사상

---

[26] 이 점에서 소크라테스는 쇠렌 키에르케고르에 비견된다.

으로 통합시켰다. 그는 이성과 감각적 경험, 영혼과 육체, 개념과 물질, 객관과 주관, 합리주의와 불합리주의에 각각 독특한 역할을 부여했다.

플라톤의 인식론은 감각 기관을 통해 얻을 수 있는 지식은 그리 많지 않다는 생각에서부터 시작한다. 그 점에 있어서는 그와 소피스트들의 견해가 서로 일치한다. 인간의 눈과 귀는 우리를 쉽게 속일 수 있다. 그러나 놀라운 사실은 감각에 속지 않고 진리를 발견할 수 있는 이성적인 능력이 우리에게 있다는 것이다. 우리는 이성을 통해 사물들의 개념을 형성한다. 예를 들어 우리는 완전한 정사각형을 본 적이 없지만, 그것이 어떻게 생겼는지를 알고 있다. 왜냐하면 그런 모양을 만드는 수학적 공식에 관한 지식이 있기 때문이다. 우리는 감각을 통해 사각형의 본질을 인지하지 않는다. 우리는 그것을 이성을 통해 깨닫는다. 나무의 본질, 말의 본질, 인간성, 정의, 미덕, 선 등과 같은 개념도 마찬가지다. 우리는 그런 속성을 볼 수 없지만 개념으로는 알 수 있다.

플라톤은 그런 개념들을 "형상", 즉 "이데아"로 일컬었다. 세상에서는 그런 형상들을 발견할 수 없기 때문에 그것들은 또 다른 세계에 존재해야 마땅하다. 그곳은 바로 감각의 세계와 반대되는 형상의 세계다. 그렇다면 형상은 정확히 무엇을 의미하는가? 플라톤의 글을 읽다보면 세상의 모든 나무들의 본보기가 되는 나무, 곧 완전하고 거대한 나무의 형상을 떠올리게 된다. 그러나 그런 생각은 옳지 않다. 나무는 종류가 매우 다양한데, 어떻게 하나의 나무가 모든 나무의 완전한 본보기가 될 수 있겠는가? 설혹 거대한 나무는 있다고 해도, 거대한 정의, 거대한 미덕, 거대한 선과 같은 것이 어떻게 있을 수 있겠는가? 플라톤은 형상이 (거대한 나무와 같은) 감각의 대상물이 아니라고 말했다. 형상은 오직 지성과 이성을 통해서만 알 수 있다. 플라톤은 형상을 수학 공식과 유사한 것으로 생각했다는 점에서 피타고라스를 닮았다. 즉 그의 형상은 피타고라스 정리가 삼각형을 만드는 데 사용되는 것처럼 나무, 말, 미덕, 정의를 만드는 데 사용되는 비결과 흡사하다. 내가 "유사한"이란 용어를 사용한 이유는 플라톤이 『국가론』에서 "수학은 감각과 형상 사이에 존재하는 실재다."[27]라고 말했기 때문이다. 그럼에도 불구하고 그는 형상이 참된 현실이고, 세상

---

27) Diogenes Allen, *Philosophy for Understanding Theology* (Atlanta: John Knox Press, 1985), 20. 이 문제에 관한 앨런의 논의는 유익하다.

에 있는 것들은 형상의 그림자일 뿐이라고 믿었다.

형상은 완전하고, 불변하고, 보이지 않고, 감각으로 확인할 수 없는 비물질적인 실체다. 비록 관념적이지만 감각적 경험의 대상물보다 더 확실하다. 왜냐하면 완전한 삼각형만이 참된 삼각형이기 때문이다. 더욱이 형상은 세상에 존재하는 것들보다 더 잘 알 수 있다. 세상에서는 어떤 재판관이 정의로운지 확실하게 알 수 없지만, 정의의 형상이 정의롭다는 것은 명백한 사실이다. 이처럼 형상은 세상에 있는 것들의 본보기요 표준이자 판단 근거다. 따라서 형상을 알면 그것을 모방한 세상의 것들을 알 수 있다. 구체적으로 말해 미덕의 형상과 비교하면 누가 덕스러운지를 분명하게 알 수 있다.

형상들은 위계질서를 형성한다. 가장 고귀한 형상은 선의 형상이다. 그 이유는 삼각형, 나무, 인간, 정의가 무엇에 "좋은(유익한) 것인지"를 알면 그것들의 본질을 알 수 있기 때문이다. 세상 만물은 모두 무엇인가에 유익하기 때문에 모든 존재는 제각각 정도의 차이는 있더라도 모두 선의 형상에 참여한다. 이처럼 형상의 세계는 사물을 만드는 공식만이 아니라 사물의 목적을 규정하는 규칙을 아울러 포함한다.

소크라테스는 『에우튀프론(Euthyphro)』에서 "경건"은 "신들이 원하는 것"으로 정의될 수 없다고 주장했다. 그렇다면 신들이 경건을 원할 수밖에 없는 진정한 이유는 무엇일까? 그들이 그것을 원할 수밖에 없는 이유는 그것이 선하기 때문이다. 따라서 경건은 선의 형상에 해당한다. 선은 신이나 인간이 생각하거나 말하는 것과는 아무 상관없이 독자적으로 존재해야 한다. 한마디로 그것은 형상이어야 한다. 그러나 용기, 미덕,

플라톤(Plato)

선과 같은 것들이 추상적인 형상이라면 구체적인 내용을 갖추지 못할 것이다. 플라톤은 무엇이 선한지를 아는 것이 곧 선의 형상을 아는 것이라고 생각했다. 선의 형상은 개개의 선한 것들이 공통적으로 지니는 속성이다. 그렇다면 무엇이 선하고, 무엇이 나쁜 것인지를 알면 어떤 유익을 얻을 수 있을까?

"선"을 구체적인 자질(정의, 신중, 절제 등)의 관점에서 정의하려고 할 때마다 선의 형

상보다 못한 무엇인가를 생각해야 한다. 선의 형상이 인간적인 선의 규범인 이유는 일반적이고, 추상적이기 때문이다. 좀 더 구체적인 원리는 덜 규범적이고, 덜 권위적이다. 선을 성경적인 유신론이 가르치는 대로 인격적인 절대자의 뜻으로가 아니라 추상적인 형상으로 이해하려고 시도할 때마다 그런 결과가 발생한다.[28]

감각적 경험의 세계는 형상의 세계를 모방한 것이다. 플라톤의 『티마이오스』는 신과 같은 존재인 데미우르고스가 물질을 형상을 반영하는 형태로 만들고, 자신의 조각상을 "용기(容器)" 안에 둔다는 짤막한 창조 이야기를 전한다(여기에서 용기는 빈 공간이나 아리스토텔레스의 "물질"과 비슷한 불확정된 "재료"로 이해할 수 있다). 데미우르고스는 형상에 예속되고, 물질의 본질에 제약을 받는다는 점에서 성경의 하나님과는 큰 차이가 있다. 물질은 형상을 거부한다. 따라서 물체는 형상과는 달리 완전할 수 없다. 결국 데미우르고스는 불완전한 생산물에 만족할 수밖에 없다. 플라톤이 이 이야기를 문자적인 의미로 받아들였는지는 불확실하다. 그는 어떤 것을 철학적으로 적절하게 설명할 수 있는 생각이 떠오르지 않을 때는 신화에 의존하곤 했다. 그러나 그가 형상의 세계와 감각의 세계를 연결시켜 줄 수단의 필요성을 의식했다는 것은 매우 의미심장하다. 더욱이 그가 비인격적인 존재보다는 인격적인 존재를 그런 연결 수단으로 삼았다는 것은 중요한 의미를 지닌다.

그렇다면 변화가 있는 불완전한 세상에서 살아가는 우리가 어떻게 형상을 알 수 있을까? 플라톤은 이 점에서 소피스트들과 소크라테스의 주관주의(내면의 성찰)를 받아들인다. 우리의 내면을 들여다보면 형상에 대한 기억을 되살릴 수 있다. 기억을 되살린다고? 이 말은 우리가 한때 형상을 경험했다는 의미를 지닌다. 그때는 과연 언제일까? 그것은 우리의 경험이 변화가 있는 불완전한 것들에 국한되어 있는 현세에서가 아니라 그 이전의 또 다른 세상에서 살았을 때를 가리킨다. 플라톤은 피타고라스 학파처럼 오르페우스교의 환생 교리를 받아들였다. 우리는 한때 형상을 직접 경험할 수 있는 세상에서 살았다. 형상에 대한 지식은 우리의 기억 속에 남아 있다가 소크라테스의 대화 방식을 통해 우리 안에서 이따금 모습을 드러낸다. 예를

---

[28] 누군가가 성경의 하나님과 선의 관계를 묻는다면 이렇게 대답할 수 있다. 1) 선은 하나님 위에 있는, 곧 그분이 복종해야 할 초월적 실재가 아니다. 2) 선은 하나님의 아래에 있는, 곧 그분이 아무렇게나 바꿀 수 있는 열등한 실재가 아니다. 3) 선은 하나님의 본성이다. 그분의 행위와 성품이 인간에게 드러난 이유는 본받게 하기 위해서다. "그러므로 하늘에 계신 너희 아버지의 온전하심과 같이 너희도 온전하라"(마 5:48).

들어 플라톤의 『메논(Meno)』을 읽어보면, 소크라테스가 교육을 전혀 받지 못한 한 노예 소년에게 질문을 던져 아무도 그런 소년에게서 기대할 수 없었던 기하학에 관한 지식을 이끌어냈다는 이야기를 발견할 수 있다.

감각의 세계는 확실한 지식을 제공하지 않는다. 플라톤은 그런 불완전한 지식을 동굴 안에서 불에 비친 그림자에 빗대었다. 동굴 안에서 일평생 사슬에 묶인 채 살아가는 죄수들이 그림자를 본다. 그들은 그림자를 실체로 착각한다. 그들은 사실상 거의 아무것도 알지 못한다. 그들의 개념은 지식이 아닌 추측에 불과하다. 물론 그림자나 그림과 같은 이미지들을 실질적인 물체들과 구별함으로써 추측을 뛰어넘어 신념으로 나아갈 수도 있다. 그런 식으로 우리는 보이는 세계를 알게 된다. 그리고 일반 개념의 구체적인 사례인 세상의 것들을 보면 비로소 보이는 세계를 "이해할" 수 있다. 우리는 그런 식으로 억측에서부터 신념을 거쳐 이해로 나아간다. 순수한 지식은 네 번째 단계인 형상에 관한 직관을 통해 주어진다. 플라톤은 처음 두 단계를 "견해"라고 불렀고, 나중 두 단계를 "지식"으로 불렀다. 감각적인 경험은 태양을 통해 더욱 뚜렷해지는 것처럼, 지성적인 세상에 대한 지식은 선의 형상을 통해 더욱 분명해진다.

플라톤은 『파이드루스(Phaedrus)』에서 또 다른 관점에서 지식에 관해 설명했다. 그는 지식은 사랑에 의해 유발된다고 생각했다. 우리는 아름다운 물체를 통해 참된 아름다움의 그림자를 발견한다.[29] 우리는 열정에 이끌려 미의 형상을 추구한다. 인간의 내면을 중시하는 헬라 사상의 특성을 다시금 확인할 수 있다. 사람들은 때로 지식을 탐구하려면 열정에 이끌리지 않고 냉정해야 한다고 말한다. 플라톤은 지성으로 욕망을 다스려야 한다고 주장했지만, 열정이 철학에서까지도 나름대로 긍정적인 역할을 할 수 있다고 생각했다.

우리는 한때 형상의 세계에서 육체 없이 존재했기 때문에 인간의 영혼은 육체와 분리된 상태로 존재할 수 있다. 『파이돈(Phaedo)』을 읽어보면, 소크라테스가 죽음을 맞을 준비를 하면서 그런 인식론적인 주장을 내세워 불멸에 대한 희망을 드

---

29) 동성애에 관심이 있었던 플라톤은 소년의 아름다움을 예로 들었다. 다른 많은 헬라 사상가들이 그랬던 것처럼 그도 성인 남자와 어린 소년들의 동성애에 호의적이었다. 이는 헬라인들이 성경의 가르침에서 얼마나 멀리 벗어나 있었는지를 보여주는 또 하나의 사례이다. 바울은 로마서 1장에서 동성애를 사람들이 하나님의 계시를 거부할 때 저지를 수 있는 추악한 죄악 가운데 하나로 열거했다.

러냈던 것을 알 수 있다. 플라톤은 영혼을 세 부분으로 나누었다. 가장 저급한 것은 육체적인 필요와 쾌락을 추구하는 욕망이고, 그보다 한 단계 높은 것은 분노, 야망, 사회적 명예 따위를 추구하는 정신이며, 가장 고귀한 것은 지식을 추구하는 이성이다.30) 이를 약간 수정하면 이런 구분이 나중에 감정과 의지와 지성을 구분했던 방식과 비슷하다는 것을 알 수 있다. 이것은 프로이트가 구분한 이드(욕망), 자아(정신), 초자아(이성)와 더욱 흡사하다. 플라톤은 『파이드루스』에서 정신을 두 말, 곧 흰색 말(이성)과 검정색 말(욕망)을 모는 마부에 빗대었다. 정신은 때로는 욕망에, 때로는 이성에 이끌린다. 정신이 욕망을 이성에 복종시킬수록 더 바람직한 결과가 나타난다. 다음 도표를 참조하라.

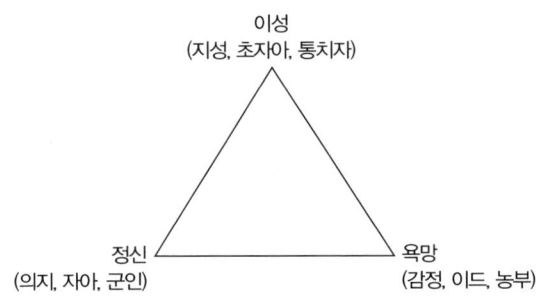

도표 2. 1. 다른 구분법과 비교해 정리한 영혼에 관한 플라톤의 분석

그러나 소크라테스와 마찬가지로 플라톤의 주된 관심사도 어떻게 살아야 하는지를 가르치는 데 있었다. 그의 형이상학과 인식론은 그의 윤리학과 정치학을 위한 서론이었다. 그러나 그는 그 분야에서 가장 큰 실망을 안겨주었다. 그가 추종했던 소크라테스는 정의와 용기의 본질에 관해 길게 논의했지만 확고한 결론에 도달하지 못했다. 그는 "미덕"을 "지식"으로 정의했다. 무지하지 않으면 잘못을 저지르지 않는다는 것, 곧 무엇이 옳은지를 알면 그것을 반드시 실행하기 마련이라는 것이 그의 견해였다. 그러나 플라톤의 제자였던 아리스토텔레스를 비롯해 역사적으

---

30) 『파이돈』에서는 영혼이 더 고귀한 요소로만 언급된 반면에, 『파이드루스』에서는 영혼이 육체를 얻기 전에 이미 세 부분을 모두 포함하고 있는 것으로 언급되었다.

로 그의 저서를 읽어본 많은 독자들은 그런 견해가 너무 순진하다고 생각했다. 특히 인간의 타락에 관한 성경의 가르침을 알고 있는 그리스도인들이 보기에는 너무나도 피상적이다.

지식이 곧 미덕이라면 그것은 무엇에 관한 지식일까? 선에 관한 지식일까? 그러나 선은 미덕보다 정의하기가 더 어렵다. 다른 모든 형상과 마찬가지로 선도 추상적인 개념이다. 낙태가 옳은지 그른지와 같은 구체적인 윤리적 논쟁을 어떻게 해결할 수 있을까? 플라톤은 선을 아는 것이 곧 올바로 사는 것이라고 말했다. 그러나 그런 말은 구체적인 윤리적 문제들을 미해결 상태로 남겨 놓을 뿐이다.

플라톤은 정치 분야에서 몇 가지 구체적인 지침을 제시했다. 그러나 그가 제시한 지침들은 대부분 거부되었다.

그는 『국가론』에서 국가의 구성원을 영혼의 구분에 따라 세 계급으로 나누었다. 농부들은 욕망에 의해, 군인들은 정신에 의해, 통치자들은 이성에 의해 지배되는 국가가 가장 이상적이다. 따라서 형상을 이해하는 자들, 곧 철학자들이 국가의 통치자가 되어야 한다. 그런 국가는 삶의 모든 영역을 다스리는 전체주의적 성격을 띤다. 상위 계급은 여성들을 공유하고, 아이들은 통치자들에 의해 양육된다.

예술은 엄격히 금지된다. 그 이유는 예술이 단순히 추측만이 가능한 그림자와 같은 것, 곧 가장 낮은 단계의 지식에 속하기 때문이다. 이미지는 미 자체(형상)에 대한 지식에서 이탈해 혼란을 부추길 가능성이 많다. 도널드 팔머는 플라톤이 『국가론』에서 주장한 것은 "예술이 그때까지 헬라 사회에서 차지해 온 역할을 철학이 대신 맡아야 한다고 주장하는 의미로 이해할 수 있다."라고 말했다.[31]

현대의 독자들은 대부분 그런 생각들을 혐오한다. 플라톤은 어떻게 그런 생각들을 하게 되었을까? 만일 그가 선에 관한 명상을 통해 그런 생각들을 하게 되었다고 주장한다면 선뜻 받아들이기가 어려울 것이다. 그런 식의 주장은 스스로에게만 유리한 주장이 아닐 수 없다.

철학자였던 플라톤은 철학자들이 통치자가 되어야 한다고 주장했다. 그는 그런 점에서 마치 소피스트와 비슷하다. 그는 통치에 관한 한 전문가인 것처럼 주장했

---

31) Donald Palmer, *Looking at Philosophy: The Unbearable Heaviness of Philosophy Made Lighter* (Mountain View, CA: Mayfield Publishing, 1994), 73.

다. 하지만 그는 철학자들이 통치에 필요한 특별한 자질을 갖추었다는 것을 보여주지 않았다. 소피스트들은 플라톤의 주장(즉 절대 진리를 알 수 있다는 것)을 부인했다. 플라톤이 상대주의를 배격한 것은 칭찬할 만한 일이지만, 그의 절대주의는 그를 전체주의자로 만들었다. 그는 철학자들이 지식을 가지고 있기 때문에 모든 것을 다스려야 한다고 생각했다.

플라톤이 스스로에게만 유리한 주장을 펼친 이유는 옳고 그른 것을 객관적으로 결정할 수 있는 방법을 알지 못했기 때문이다. 지금까지 살펴본 대로, 추상적인 선의 형상을 발견했다고 하더라도 그것으로부터 구체적인 내용을 도출해 내기가 불가능하다. 윤리학과 정치학에 관한 플라톤의 생각은 확고한 근거나 신뢰성을 갖추지 못했다.

그나마 다행인 것은 플라톤이 자신의 사상 체계에 대해 제기될 수 있는 비판을 스스로 의식하고, 진지하게 고려했다는 점이다. 그는 『파르메니데스(*Parmenides*)』에서 그런 문제들을 다루었다. 그러나 구체적인 답변은 내놓지 못했다. 이 대화편에서 파르메니데스는 젊은 소크라테스에게 진흙, 털, 오물과 같은 것들의 이데아(형상)가 있느냐고 물었다. 아마도 그는 악과 불완전함과 부정의 형상도 있느냐고 물었을지도 모른다. 형상이 완전하다면 어떻게 불완전함의 형상이 있을 수 있겠는가? 만일 불완전함의 형상이 없다면 형상을 내세워 물질세계의 속성들을 모두 설명하기가 불가능하다.

또 하나의 반론(즉 "제3의 인간"이라는 반론)을 간단히 살펴보면 다음과 같다. 인간들의 유사성을 설명하기 위해 "인간의 형상"을 도입한다면, 인간과 인간의 형상 사이에 존재하는 유사성은 어떻게 설명해야 할까? 그것을 설명하려면 또 다른 형상(곧 제3의 인간의 형상)이 필요하지 않을까? 그리고 제2의 형상과 제3의 형상 사이의 유사성을 설명하려면 또다시 제4의 형상이 필요하지 않을까? 그런 식으로 한도, 끝도 없이 계속되지 않을까?

첫 번째 반론은 형상이 경험을 모두 설명하기에는 불충분하다는 것을 보여주고, 두 번째 반론은 형상 자체가 설명을 필요로 할 뿐 아니라 형상만으로는 그런 설명을 제시하기가 불가능하다는 것을 보여준다.

이 밖에도 플라톤은 자신의 이론에 대한 또 다른 반론들을 다루었다. 그것들을 여기에서 다 다룰 수는 없다. 요점은 형상이 제 역할을 옳게 수행할 수 없다는 것이다. 형상은 감각의 세계에 존재하는 모든 것의 모형이 되어야 한다. 그러나 실상은 그렇지가 못하다. 그 이유는 완전한 형상이 불완전함의 모형이 될 수가 없기 때문이다.

다시 말해 변하지 않는 형상은 변하는 것들의 형상이 될 수 없다. 결국 세상의 불완전함과 변화를 합리적으로 설명하기가 불가능하다. 플라톤은 『티마이오스』에서 데미우르고스의 이야기를 통해 이 점을 설명하려고 애썼다. 그러나 그것은 신화에 불과하다. 플라톤은 데미우르고스를 믿을 수 있는 근거를 제시하지 못했다. 따라서 데미우르고스는 물질이나 용기의 존재를 설명하기에 부적절하다. 파르메니데스의 경우처럼 플라톤의 경우에도 물질과 공간으로 이루어진 변화하는 세상은 궁극적으로 불합리하다.

파르메니데스는 변화하는 세상은 비현실이라고 용기 있게 말했다. 그러나 플라톤은 그렇게까지 용기를 내지 못했다. 그 대신 그는 감각의 세계보다 형상의 세계가 더 현실적이라고 말했다. 그러나 우리는 현실의 정도가 다르다는 플라톤의 전제가 옳은지 점검해 봐야 한다. 어떤 것이 다른 것에 비해 "더 현실적이라고" 말하는 것이 과연 무슨 의미가 있을까?

지금쯤이면 문제의 핵심을 분명하게 이해했을 것이다. 플라톤은 소크라테스 이전의 철학자들에 비해 훨씬 더 정교한 이론을 제시했지만, 그들과 마찬가지로 그의 입장은 합리성과 불합리성을 동시에 드러냈다.

그는 형상과 관련해서는 합리적이었고, 감각의 세계와 관련해서는 불합리적이었다. 그가 말한 이성은 형상을 이해하는 데는 적합했지만, 변화하는 감각의 세계를 이해하는 데는 부적합했다. 그는 변하지 않는 형상으로 변하는 세상을, 곧 합리적인 원리로 불합리한 세상을 분석하려고 애썼다.

결국 그는 『파르메니데스』에서 자신의 근본 문제가 해결되지 못했다는 것을 솔직하게 인정해야 했다. 다음 도표를 참조하라.

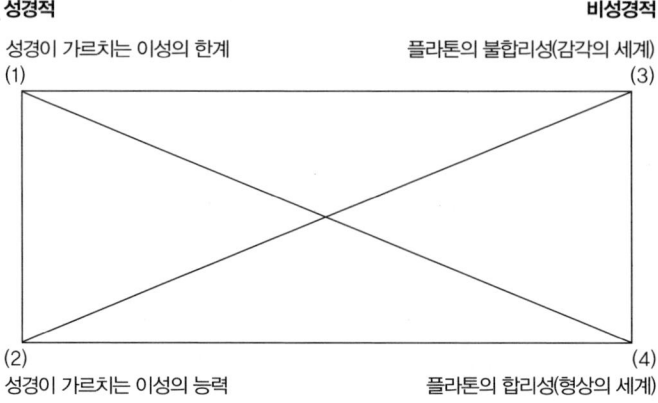

도표 2.2. 플라톤의 합리주의와 불합리주의

소크라테스 이전의 철학자들과 마찬가지로 플라톤의 합리주의와 불합리주의도 종교적인 성격을 띤다. 만일 플라톤이 성경의 하나님을 알았다면 인간의 이성이 지니는 한계와 능력을 옳게 파악했을 것이고, 변화하는 세상에 관한 지식이 가능하지만 모든 것을 다 알 수는 없다는 사실을 이해했을 것이다(왜냐하면 하나님이 그렇게 만들어 놓으셨기 때문에). 또한 자신의 제자들에게 아무것도 구체적으로 말해 줄 수 없는 추상적인 선의 형상을 의지하라고 가르치지 않고, 하나님의 계시를 통해 윤리적인 원리를 배울 수 있었을 것이다.

아리스토텔레스(Aristotle, BC 384-322)

플라톤의 제자인 아리스토텔레스는 명석함과 이해력과 후대 사상가들에 대한 영향력과 관련해 스승이었던 그에게 조금도 뒤지지 않았다. 어떤 사람들은 아리스토텔레스보다 더 훌륭한 스승을 둔 제자도 없고, 플라톤보다 더 훌륭한 제자를 둔 스승도 없다고 말한다.

아리스토텔레스는 플라톤을 비신화화했다. 그는 형상과 물질을 구별했지만, 형상의 영역을 따로 분리하지 않았다. 그는 형상이 우리가 지각하는 세상 안에 존재하는 요소라고 생각했다.

아리스토텔레스 철학의 가장 중심이 되는 범주는 "실체"다.32) 하나의 실체는 바위, 나무, 탁자, 동물, 사람과 같은 하나의 개체다. 모든 실체는 형상과 질료로 이루어져 있다(앞으로 살펴보게 될 단 한 가지만 예외다). 질료는 어떤 것을 만드는 데 사용되는 물질(빵의 재료나 조각상의 재료 따위)을 뜻하고, 형상은 사물의 성질, 곧 어떤 것(빵, 나무, 조각상, 인간)의 본질을 규정하는 속성을 뜻한다. 질료는 한 조각의 빵을 다른 한 조각의 빵과, 하나

아리스토텔레스(Aristotle)

의 벽돌을 다른 하나의 벽돌과, 한 사람을 다른 한 사람과 구별하는 "개체성"을 의미한다. 예를 들어 소크라테스와 플라톤은 동일한 형상, 인간의 형상을 공유하지만 동일한 질료를 공유하지는 않는다. 그들은 인간, 곧 인간됨은 공유하지만 개별적 특성은 서로 다르다.

형상과 질료는 대개 상대적인 성격을 띤다. 벽돌의 경우, 진흙은 질료이고, 형상은 벽돌의 본질, 곧 그것을 다른 것이 아닌 벽돌로 만드는 성질이다. 그러나 벽돌이 집을 건축할 때 사용될 때는 벽돌 자체가 질료이고, 집이 형상이다. 따라서 벽돌은 어떤 관계에서는 형상이고, 다른 관계에서는 질료다.

그러나 그렇게 생각하다보면 일종의 절대 질료, 곧 제1질료가 존재할 수밖에 없는 것처럼 보인다. 집은 벽돌로 만들어졌고, 벽돌은 진흙으로 만들어졌으며, 진흙은 다양한 재료로 만들어졌다. 이것들은 각각 형상으로 묘사될 수 있다. 왜냐하면 모두 다양한 성질을 띤 실체이기 때문이다. 그러나 그런 과정이 무한히 계속될 수는 없다. 데모크리토스의 원자와 같은 가장 작은 입자에까지 도달할 수는 있지만, 그 입자는 또 무엇으로 만들어졌단 말인가? 어쩌면 아무런 성질도 띠지 않은 채 단지 다양한 성질을 전달하는 역할만 하는 것일지도 모른다. 그러나 성질이 없는 것은 실체가 될 수 없다. 그것은 아무것도 아니다. 모든 현실을 구성하는 질료, 곧 모든 현실을 만들어낸 재료가 비존재와 구별하기 어렵게 되고 만다. 아리스토텔레스

---

32) 아리스토텔레스의 "범주"는 일반적인 유형의 주어(말의 주제)와 술어(주제에 관한 부연 설명)를 가리킨다. 그는 자신의 글 여러 곳에서 서로 다른 범주들의 목록을 제시했다. 그 목록들 안에는 실체, 성질, 장소, 관계, 위치, 상태, 능동, 수동이 포함된다.

는 그렇게 말하지는 않았지만, 그런 결론을 피하기는 매우 어렵다.

아리스토텔레스는 그런 제1질료는 자연 세계 안에서 발견되지 않는다고 주장했다. 자연 세계에는 오직 실체들만 존재하고, 질료는 형상과 결부되어 존재한다. 그러나 모든 실체 안에서 문제가 거듭 재발된다. 우리는 모든 상황에서 "그 형상의 형상은 무엇인가? 그 형상들은 어떤 질료와 관계를 맺고 있는가?"라고 묻지 않을 수 없다. 대답은 결국 "아무것도 아니다."일 수밖에 없다.

이것이 아리스토텔레스 철학의 근본 문제다. 그러나 우리는 일단 그의 논리를 계속해서 추적해야 한다. 아리스토텔레스는 개개의 물체 안에서 이루어진 형상과 질료의 결합이 모든 것에 의도, 곧 목적을 부여한다고 생각했다. 그는 어떤 사물의 목적과 본질은 동일하다고 주장했다. 빵의 형상이 그것을 음식으로 규정하고, 조각상의 형상은 그것을 예술로 규정한다. 앞서 말한 대로 플라톤도 목적과 본질이 서로 밀접하게 연관되어 있다고 생각했다. 모든 것이 선의 이데아에 참여하고 있기 때문에 제각각 무엇인가에 유익하다. 형상은 사물의 본질일 뿐 아니라 마땅히 그렇게 하거나 되려고 노력해야 할 성질을 의미한다. 형상은 규정적이자 규범적인 범주에 해당한다.

예를 들어 도토리는 상수리나무의 형상을 지니고 있다. 도토리 자체는 상수리나무가 아니지만, 그렇게 될 수 있는 가능성을 지니고 있기 때문에 일정한 과정을 거치면 실제로 상수리나무가 된다. 이처럼 아리스토텔레스는 가능성과 현실성을 현실의 중요한 측면으로 생각했다. 형상이 질료에 작용해 가능성을 실현시킨다. 가능성이 현실이 되는 순간, 그 물체는 온전히 형성되어 고유한 본질을 발현한다. 따라서 아리스토텔레스는 가능태에서는 질료가 두드러지고, 현실태에서는 형상이 두드러진다고 말했다.

아리스토텔레스는 가능태와 현실태를 구별함으로써 변화를 설명했다. 이전 철학자들을 당황하게 만들었던 변화는 아리스토텔레스에게는 단지 가능태가 현실태가 되는 과정에 불과했다. 내 차가 애틀랜타에서 올랜도로 이동할 경우, 올랜도에 있을 가능성이 실제로 그곳에 있는 현실로 바뀌는 셈이다.

아리스토텔레스는 인간의 본성을 묘사할 때도 형상과 질료 이론을 적용했다. 그는 영혼이 육체의 형상이라고 생각했다. 영혼은 본래 육체와 독립된 실체이지만 그 안에 갇히게 되었다고 생각했던 플라톤과는 사뭇 다른 견해다. 아리스토텔레스는 영혼과 육체가 불가분의 관계를 맺고 있기 때문에 육체가 죽을 때 영혼도 사라진다고 믿었다.

그는 플라톤과는 달리 개인의 불멸을 믿지 않았다. 그러나 어떤 해석자들은 아리스토텔레스도 플라톤이 『파이돈』에서 주장한 것처럼 인식론을 바탕으로 개인의 불멸을 주장하는 논증을 펼쳤다고 생각하기도 한다.

따라서 아리스토텔레스의 인식론을 잠시 살펴봐야 할 필요가 있다. 그는 무엇인가를 알려면 두 가지 기본 원리에서부터 출발해야 한다고 말했다. 첫 번째는 일차 원리, 곧 논리의 원리와 "전체가 부분보다 더 크다."와 같은 일반 명제로 구성된다. 이런 일차 원리들은 증명할 수 없고, 직관적으로 알 수 있다. 두 번째는 감각적 경험을 통해 인식되는 "실체"다. 아리스토텔레스는 이 두 가지 인식의 출발점을 중요하게 생각했다. 그는 경험적 사실에 관심을 기울이지 않고, 첫 번째 원리로부터 모든 것을 도출해 내려고 애쓰는 사람들을 "정의(定義)를 남발하는 사람들"이라고 비판했고, 오로지 사실에만 관심을 기울이는 사람들을 "이성 없는 식물과 같은 사람들"이라고 비판했다.

아리스토텔레스는 지성이 두 가지 측면(능동적인 측면과 수동적인 측면)을 지니고 있다고 생각했다. 수동적인 지성은 감각을 통해 정보를 받아들이고, 능동적인 지성은 정보를 통해 주어진 물질적인 요소들로부터 형상을 분리함으로써 그 정보를 조사하고, 분석하고, 이해하려고 노력한다. 플라톤의 관점에서 생각하면, 능동적인 지성은 추측을 신념과 이해의 수준으로 끌어올린다. 아리스토텔레스도 플라톤처럼 물질이 아닌 형상에 관한 지식을 참 지식으로 간주했다. 참 지식은 사물의 본질을 이해하는 것을 의미했다.

아리스토텔레스가 생각한 능동적인 지식의 본질을 둘러싸고 지금까지 해석상의 논란이 많았다. 가장 공통적인 해석은 인간이 제각각 능동적인 지성을 지니고 있다는 것이다. 그러나 아리스토텔레스는 『영혼론(De Anima)』에서 능동적인 지성이 육체와 분리될 수 있는 것처럼 말했다. 따라서 어떤 사람들은 아리스토텔레스가 모든 인류에게 공통된 하나의 능동적인 지성을 생각했다고 주장한다. 만일 그렇다면 그가 헤라클레이토스나 아낙사고라스나 플로티누스의 경우처럼 우주적인 지성의 원리나 일종의 신을 염두에 두었던 셈이 된다.[33] 아리스토텔레스는 『영혼론』에서의 주장과 영혼에 대한 자신의 일반적인 견해 사이에서 발생하는 모순을 조화시키려고 애쓰지 않은 듯하다.[34] 그러나 개인의 불멸을 주장하고 싶었던 아리스토텔레스주의자는 바로 여기에서부터 논증을 시작해야 했을 것이다.

아리스토텔레스는 가능태에서 현실태로 바뀌는 과정에 시작점이 있어야 한다고 믿었다. 모든 변화는 제각각 원인이 있을 것이다. 그러나 그런 인과관계의 과정은 무한히 계속될 수 없다. 어떤 시점에서 그 과정을 처음 시작한 부동의 동자가 있어야 마땅하다. 아리스토텔레스는 다른 헬라 사상가들처럼 세상이 언젠가부터 시작되었다고 믿지 않았다. 따라서 그가 말한 부동의 동자(unmoved mover)는 태초에 세상을 창조하신 성경의 하나님과는 거리가 멀다. 그는 매순간 이루어지는 사물의 상태는 궁극적으로 원동자에 의해 설명될 수 있다고 믿었다.[35]

원동자(Prime Mover)는[36] 순수한 형상(곧 모든 실체는 형상과 질료를 포함한다는 원칙이 적용되지 않는 단 하나의 예외)이다. 만일 원동자의 본질 안에 물질적인 요소가 포함되어 있다면 아직 실현되지 않은 가능성을 지니고 있는 셈이고, 그것은 결국 실현되는 과정을 거치게 될 것이다. 그렇다면 그런 경우는 부동, 곧 움직이지 않는다고 말할 수 없다. 그와 마찬가지로 원동자는 세상에 의해 영향을 받아서도 안 된다. 만일 영향을 받는다면 운동자가 아닌 타력에 의해 움직이는 수동자가 될 것이다. 따라서 원동자는 세상을 알거나(무엇을 아는 것은 어떻게든 지식의 대상에 의해 영향을 받는 것이기 때문

---

33) 다음 자료를 참조하면 이 해석을 이해하는 데 도움이 되는 내용을 발견할 수 있을 것이다. Ronald H. Nash, *Life's Ultimate Questions: An Introduction to Philosophy* (Grand Rapids: Zondervan, 1999), 111-12.
34) 인식론적인 차원에서 아리스토텔레스가 능동적인 지성과 영혼의 관계를 명료하게 밝히지 않은 것은 유감이다. 만일 능동적인 지성이 우주적인 지성의 원리를 뜻한다면, 그것이 개개인과 어떻게 관계를 맺는 것일까? 또 개개인이 각자 자신의 능동적인 지성을 갖추고 있다면, 영혼은 육체와 분리될 수 없는데 지성은 그것과 어떻게 분리될 수 있는 것일까?
35) 인과관계가 (도미노 현상처럼) 연속적인 과정인지 아니면 (서로를 움직이는 시계의 톱니바퀴처럼) 동시발생적인 과정인지를 생각해 보면 이해하는 데 도움이 될 것이다. 인과관계에 관한 아리스토텔레스의 견해는 도미노보다는 시계의 톱니바퀴에 더 가깝다. 따라서 인과관계는 반드시 시간적인 순서에 의해 이루어지는 것이 아니다. 태초에 모든 것을 시작한 최초의 원인자를 생각할 필요는 없다. 오히려 개개의 사건은 발생하는 바로 그 순간에 원동자를 필요로 한다.
36) 아리스토텔레스는 우주에서 일어나는 모든 운동을 설명하기 위해 하나의 원동자를 거론했지만, 천체의 원운동도 모두 부동의 동자에 의해 처음 시작되었다고 주장했다. 그는 우주가 지구를 중심으로 동심원을 그리며 회전하는 다수의 천체들로 이루어져 있다고 믿었기 때문에 각각의 천체(47개, 또는 53개)를 움직이게 만든 부동의 동자가 있을 것이라고 가정했다. 그런 점에서 그는 철학적 다신론자라고 할 수 있다.

에) 세상을 사랑하거나 세상 안에서 행동해서도 안 된다.

그렇다면 원동자는 어떻게 운동을 일으킬까? 아리스토텔레스는 원동자가 극도로 매력적이기 때문에 세상에 있는 것들이 자기를 향해 움직이게 만든다고 대답했다. 아리스토텔레스의 해석자들은 원동자를 경주자들이 달려가는 결승점이나 철을 끌어당기는 자석에 빗대어 설명한다. 내 경우는 어리둥절한 표정을 짓고 서 있는 가수의 발 앞에 열광적인 팬들이 몸을 내던지는 록 콘서트의 광경이 떠오른다.

아리스토텔레스는 형상인, 목적인, 작용인, 질료인이라는 네 종류의 원인을 구별했다. 이것들은 넓은 의미에서의 "원인들", 곧 "왜 어떤 것이 그런 식으로 존재하는가?"라는 질문에 대답하기 위한 네 가지 방식에 해당한다. 다시 말해 "왜냐하면"이라는 용어의 의미를 네 가지로 나눠 설명한 것이다. 이 네 가지 이유를 적용해 "왜 빌은 생각을 하고 있는가?"라는 질문의 의미를 잠시 설명하면 다음과 같다. 형상인은 어떤 것의 본질을 밝힌다. 즉 빌이 생각하는 이유는 그가 사람이기 때문이다. 목적인은 어떤 것이 발생하는 이유, 즉 목적을 밝힌다. 빌이 생각하는 이유는 철학 과제를 마무리하기 위해서다. 작용인은 어떤 것이 발생하게 만드는 이유를 밝힌다. 빌이 생각하는 이유는 그의 뇌가 생각하게 만들기 때문이다. 질료인은 어떤 것을 만드는 재료를 밝힌다. 빌이 생각하는 이유는 그의 뇌가 생각을 가능하게 하는 물질로 만들어졌기 때문이다. 아리스토텔레스의 견해에 따르면 원동자는 작용인이라기보다는 목적인으로서 운동을 일으키는 셈이다. 그러나 이런 논리는 "세상에서 일어나는 운동의 작용인은 무엇인가?"라는 문제를 남긴다.

원동자가 무엇인가가 일어나게 만드는 작용인이 아니라면, 곧 세상을 알거나 사랑하지 않는다면 과연 무슨 일을 한다는 것일까? 아리스토텔레스는 원동자가 생각을 한다고 대답한다. 그가 갑자기 여기에서 인격적인 표현을 사용하는 이유가 무엇인지 궁금하다. 그의 논증은 지금까지 비인격적인 원리를 입증하는 데 집중되었다. 그러면 원동자는 세상이 아닌 무엇을 생각할까? 아리스토텔레스는 원동자는 스스로를 생각한다고 대답했다. 그러면 원동자는 스스로에 관해 어떤 것을 생각할까? 아리스토텔레스는 스스로의 생각을 생각한다고 대답했다. 결국 원동자는 "생각을 생각하는 생각"인 셈이다. 원동자가 자신의 생각 외에 스스로에 관한 다른 무엇을 생각한다면, 그의 생각은 다른 것에 의해 영향을 받게 될 것이다. 그의 생각은 부동, 곧 움직이지 않기 때문에 오직 스스로에 의해서만 발생할 수 있다.

우리는 이것을 어떻게 이해해야 할까? 원동자는 철학자와 흡사하다. 플라톤이 철학자가 통치자가 되어야 한다고 생각했던 것처럼, 아리스토텔레스는 자신의 신이 철학자라고 믿었다. 그러나 아리스토텔레스의 신은 반복적인 행위를 일삼을 뿐이다. 원동자가 세상에 의해 영향을 받지 않으려면 세상을 알아서는 안 된다. 원동자가 다른 것에 의해 영향을 받지 않으려면 자기 외에 다른 것을 생각해서는 안 된다. 원동자의 생각이 다른 것에 의해 영향을 받지 않으려면 자신의 생각 외에는 다른 어떤 속성도 지녀서는 안 된다. 결국 원동자의 생각은 생각에 대한 생각일 뿐이다. 바꾸어 말해, 원동자는 그 어떤 것도 구체적으로 생각하지 않는 것이나 마찬가지다.

플라톤은 선의 형상을 통해 궁극적인 철학적 원리를 발견했다고 생각했지만, 선의 형상은 결국 추상적이고, 공허한 개념으로 드러나고 말았다. 선의 형상은 이성적인 권위를 지녔지만, 우리에게 그 어떤 것도 구체적으로 알려주지 않는다. 아리스토텔레스의 원동자도 크게 다르지 않다. 그의 원동자는 너무 추상적이기 때문에 그 생각도 사실상 아무것도 아닌 것이나 다름없다.

아리스토텔레스의 원동자는 성경의 하나님과는 사뭇 다르다. 성경의 하나님은 세상의 궁극적인 원인이자 또한 그 작용인이시다. 그분은 우주의 논리적인 출발점이실 뿐 아니라 시간적인 출발점이시다. 그분은 스스로의 절대적인 본성을 훼손하지 않고서도 세상을 알고, 사랑하실 수 있다. 이것이 가능한 이유는 세상 자체가 그분의 영원한 생각을 구현한 결과물이기 때문이다. 그분의 생각은 실질적인 내용을 지닌다. 그분은 자신의 생각을 자유롭게 우리에게 나타내신다.

이번에는 아리스토텔레스의 윤리학을 잠시 생각해 보자. 아리스토텔레스는 모든 존재는 각자 자신의 형상, 곧 그 본성과 목적에 일치하는 행동을 해야 한다고 생각했다. 그는 인간을 이성적인 동물로 정의했기 때문에 다른 모든 헬라 철학자들의 경우처럼 이성을 따르는 삶이 선한 삶이라고 믿었다.

이성은 삶의 목적이 행복이라고 말한다. 행복은 에피쿠로스주의가 주장하는 좁은 의미의 행복과는 달리 쾌락과는 다소 거리가 멀다. 행복은 전반적인 심신의 안녕을 의미한다. 쾌락은 행복이라는 목적을 이루는 수단일 뿐이다. 아리스토텔레스는 철학적이고 명상적인 삶을 선한 삶으로 간주했다(그는 여기에서도 자신의 특별한 소명을 보편적인 원리로 격상시켰다).

아리스토텔레스도 플라톤과 비슷하게 영혼의 세 측면을 구별했다. 구체적으로 말하면, 성장적 영혼, 감각적 영혼(플라톤의 정신과 거의 비슷하다), 이성적 영혼이다. 첫 번째와 두 번째는 각각 식물과 동물도 공유하고 있고, 세 번째는 오직 인간만이 지니는 측면이다. 또한 그는 지성적인 미덕과 도덕적인 미덕을 구별했다. 도덕적인 미덕은 의지에 속하고, 지성적인 미덕은 이성에 속한다. 다음 도표를 참조하라.

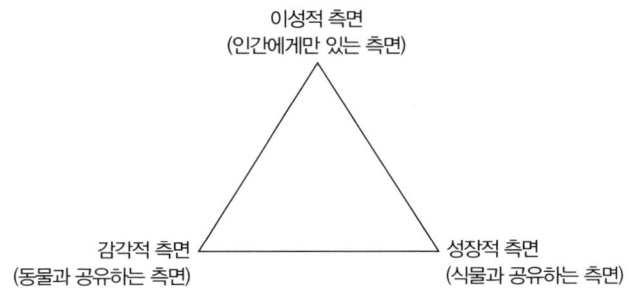

도표 2. 3. 아리스토텔레스가 구별한 영혼의 세 측면

우리는 용기, 절제, 정의와 같은 미덕의 본보기가 되는 사람들을 본받음으로써 도덕적인 성품을 기를 수 있다. 그런 사람들을 본받으면 시간이 지나면서 좋은 습관이 형성되고, 좋은 습관은 선한 성품으로 굳어진다. 지성적인 미덕은 신중함이다. 그것은 가르침을 통해 주어진다. 아리스토텔레스는 철학적 지혜(객관적이고 명상적인 지혜)와 실천적인 지혜(행복에 이르는 결정을 내리는 지혜)를 구별했다. 그는 지혜가 있는 사람은 모든 일에 중용의 도리를 추구한다고 생각했다. 종종 그렇듯이 두 극단의 중간을 생각하면 우리의 의무를 구체적으로 결정할 수 있다. 예를 들어 경박한 사람은 모든 것을 농담처럼 생각하고, 심각한 사람은 모든 것을 너무 진지하게 생각한다. 이 두 극단의 중용은 재치 있는 사람이다. 아리스토텔레스는 극단들을 가려내거나 중용을 찾을 수 있는 정확한 공식을 제시하지 않았다. 그는 약간의 명석함만 발휘하면 어떤 행동이 두 극단의 중간에 해당하는지를 알 수 있다고 생각했던 것으로 보인다(예를 들어 한 곳의 은행을 터는 것은 여러 곳의 은행을 터는 것과 어떤 은행도 털

지 않는 것의 중간이 아니다). 그는 때로는 극단적인 결정이 올바른 결정일 수 있다는 것도 생각했다(예를 들면 옳은 것과 그른 것 중에서 옳은 것을 선택하는 결정과 같은 것). 그는 지혜로운 사람은 그런 판단을 내릴 때 상황을 적절하게 고려할 능력이 있다고 믿었다.

국가는 전체이고 개인과 가정은 모두 거기에 소속되어 있다. 따라서 개인의 이익보다 전체의 이익이 먼저다. 그러나 통치자는 백성들의 행복을 추구해야 한다. 아리스토텔레스는 매우 균형 있는 사상가였다. 그러나 그는 플라톤처럼 국가주의와 전체주의를 지향하는 성향을 지녔다. 그런 성향은 그의 가장 유명한 제자였던 알렉산더 대제에게 영향을 미쳤을 것이 분명하다.

그렇다면 도덕적인 미덕을 갖추려면 어디에서부터 시작해야 할까? 아리스토텔레스는 덕스러운 행위를 하고자 하는 덕스러운 성향을 길러야 한다고 가르쳤다. 또한 덕스러운 성향을 기르는 습관을 형성하려면 도덕적인 행위를 실천하는 것이 필요하다. 아리스토텔레스는 도덕적 성품과 행위의 순환적 관계를 의식하고, 덕스러운 행위를 "닮은" 일들을 실천함으로써 그 과정을 시작하라고 조언했다. 그러나 어떻게 닮음에서 현실로 발전하는지는 알 수 없다.

그 대답은 기독교의 계시에 있다. 하나님의 은혜가 죄인들 안에서 도덕적인 성향을 새롭게 창조해 그런 성향을 따라 행동할 수 있도록 이끈다. 기독교의 계시는 아리스토텔레스의 윤리학이 안고 있는 또 다른 중요한 문제에 대한 해결책도 아울러 제시한다. 아리스토텔레스는 우리 자신의 본성과 우리를 행복하게 만드는 것이 무엇인지를 생각하면 도덕적 의무를 깨달을 수 있다고 생각했다. 윤리학에서 발견되는 "자연법"의 전통이 여기에서부터 시작된다. 그러나 데이비드 흄이 지적한 대로 자연적인 사실로부터 도덕적인 의무를 도출할 수는 없다. "사실이 이렇다."와 같은 진술을 통해 무엇을 해야 마땅한지를 추론하기는 불가능하다. "이렇다."라는 것으로부터 "해야 한다."를 추론할 수는 없다. 우리가 합리적이라는 사실이 우리가 이성에 따라 살아야 한다는 것을 증명하지는 못한다. 우리가 행복을 추구해야 한다는 사실이 우리가 행복을 추구해야 한다는 의미를 내포하는 것은 아니다. 성경은 하나님의 계시가 윤리적 의무에 대한 지식의 원천이라고 가르친다. 왜냐하면 하나님은 사실이자 가치이시기 때문이다. 그분을 아는 것이 곧 현실의 궁극적인 원천과 윤리적 의무의 궁극적인 원천을 아는 것이다.

간단히 말해, 아리스토텔레스의 철학에서도 플라톤의 철학에서처럼 형상과 질료가 근본적으로 대조된다. 그러나 가장 높은 차원의 형상(원동자)은 추상적이고, 내용이 없다. 그것은 일종의 "일반적인 존재"와 같은 것이다. 가장 순수한 형상을 지닌 질료는 비존재와 다름없다. 여기에서 올림포스의 질서와 옛 종교의 "형태 없는 흐름"이 다시금 서로 대립된다. 그러나 아리스토텔레스의 질서는 공허하다. 그는 그것을 근거로 운동이나 윤리적 의무를 설명할 수 없다. 형태 없는 흐름이 아리스토텔레스 안에서 이전보다 더 형태 없는 상태가 되고 말았다. 인격적인 절대자이신 하나님을 고려하지 않은 아리스토텔레스의 사상 체계는 일관성을 유지하기 어렵다.

스토아 학파

에피쿠로스 학파와 스토아 학파는 헬라 문명이 서양과 근동 지역에서 널리 확산되었던 헬레니즘 시대에 형성되었다. 아리스토텔레스를 스승으로 두었던 알렉산더 대제가 당시에 알려진 세계의 대부분을 정복했다. 정복 사업은 그의 행복 추구의 수단이었던 것이 분명하다.[37] 그러나 그는 일찍 사망했고, 그의 제국은 수하 장군들이 제각기 나눠 통치하다가 결국에는 로마 제국에 굴복하고 말았다. 당시에 헬라 문화는 최고의 번성기를 구가했지만 가장 창조적인 시대는 이미 지나고 말았다. 철학 학파들은 이전 세대가 시작했던 논의를 계속 이어갔다.

에피쿠로스는 앞에서 원자론자들과 결부시켜 논의한 바 있기 때문에 여기에서는 "사이프러스의 제논(BC 334-262)"이 설립한 스토아 학파에 초점을 맞출 생각이다. 스토아 학파도 에피쿠로스 학파처럼 오직 물리적인 실체만이 현실이라고 가르쳤던 물질주의자들이었다. 그러나 그들은 "물질"이라는 광범위한 범주 안에 다양한 차이가 존재한다고 인정했다. 그들은 영혼은 매우 순수한 물질로, 돌과 흙은 그보다 저급한 물질로

제논(Zeno)

---

[37] 그러나 그런 정복이 어떻게 중용의 원칙에 의해 정당화될 수 있는지 궁금하다.

각각 구성되었다고 믿었다. 심지어는 미덕도 물질이었다. 그러나 미덕은 다른 물질과 한 장소에 똑같이 존재할 수 있기 때문에 영혼 안에 머물 수 있다. 고든 클라크는 스토아 학파의 "물질"은 유형의 물체라기보다는 무형의 에너지와 같은 것이라고 설명했다.[38] 스토아 학파에게 물질은 실제로 있는 것, 곧 존재하는 것을 의미했던 것으로 보인다. 아마도 그들은 알게 모르게 "현실은 물질이다."라는 명제를 동어반복으로 여겼을 것이 틀림없다.

스토아 학파는 지식이 자기 확증적인 감각을 통해 생겨난다고 생각했다. 감각적 경험에 관한 일반적인 회의론은 자가당착이다. 왜냐하면 의심하는 것도 그런 경험에 의해서만 가능할 수 있기 때문이다.

세계는 자체적인 영혼에 의해 지배되는 단일한 현실이다. 이 범신론적인 신이 자연법에 의해 만물을 다스린다. 플라톤의 공화국이 철학자-왕에 의해 지배되는 것처럼 스토아 학파의 세계도 신성한 철학자-왕에 의해 지배된다.

모든 현실은 법칙에 따라 일어난다. 따라서 스토아 학파는 삶에 대해 운명론적인 태도를 취했다. 아리스토텔레스는 오늘날의 "열린 유신론자들"처럼 미래에 관한 명제는 사실이거나 거짓일 수 없다고 말했다. 왜냐하면 미래는 지식의 대상이 아니기 때문이다. 그와는 대조적으로 스토아 학파는 만일 "내일 태양이 떠오를 것이다."라는 명제를 말했다면 반드시 그렇게 될 것이라고 주장했다. 그들은 명제는 말하는 순간부터 이미 사실이라고 생각했다. 따라서 태양은 반드시 떠올라야 했다.

따라서 스토아 학파는 자연에 일치하는 행위를 추구했다. 그들은 운명을 달갑게 받아들였다. 그들의 윤리는 내가 원하는 것을 받는 것이 아니라 내가 받는 것을 원하는 법을 터득하는 것이었다. 물론 그들은 수동적인 태도를 주장하지는 않았다. 그들은 에피쿠로스와는 달리 공공 생활에 적극 참여했다(마르쿠스 아우렐리우스 황제는 스토아 철학자였다). 그들은 다른 헬라 사상가들처럼 이성에 따라 살아야 한다고 가르쳤다. 이성에 따라 사는 것은 곧 자연과 사회의 보편적 구조에 따라 사는 것을 의미했다. 그들은 인간 사회가 보편적인 형제애에 근거한다고 믿었다.

스토아 학파는 아리스토텔레스와 마찬가지로 자연법을 윤리적 사고의 주된 원천

---

[38] Clark, *Thales*, 158-60.

으로 생각했다. 그러나 데이비드 흄은 "자연의 사실로부터 추론해 윤리적 의무에 관한 결론을 어떻게 이끌어낼 수 있을까?"라고 물었다. 아리스토텔레스처럼 스토아 학파도 참된 유신론적인 사고를 결여하고 있기 때문에 이 질문에 대답하기가 불가능하다.

스토아 학파는 세상 전체가 물질이라는 주장을 통해 형상과 물질이라는 이원론을 극복하려고 시도했지만, 세계의 영혼과 그 안에 존재하는 것들이라는 이차적인 이원론을 발생시키는 결과를 가져왔다. 그들은 어떻게 세계의 영혼이 개개의 사실들을 설명하고, 유한한 피조물들에게 도덕적인 방향을 부여하는지에 대해 대답하지 못했다.

플로티누스(Plotinus, AD 205-270)

플라톤의 아카데미에서 시작한 철학 사상은 수세기 동안 지속되었지만 BC 3세기에 획기적인 변화를 거쳤다. BC 3세기에 플라톤 학파 내에서 피론(d. BC 275), 티몬(d. BC 230), 아르케실라오스(BC 315-241)와 같은 회의주의자들이 생겨났다. 플라톤은 회의주의를 논박하는 데 상당한 노력을 기울였는데 그런 사람들이 나타난 것은 의외의 일이었다. 그러나 플라톤의 대화편은 대개 철학 용어들에 관한 설득력 있는 정의를 내리지 않은 채로 결말을 맺었고, 앞서 말한 대로 파르메니데스는 형상 이론 자체가 불확실하다는 인상을 남겼다. 이런 점을 고려하면 플라톤의 아카데미가 회의주의로 기운 것이 그렇게 놀라운 현상은 아니었다.[39]

"중기 플라톤주의"의 시기(BC 100-AD 270)에는 세상이 매우 혼란스러웠다. 정치와 경제가 현실의 소중함을 일깨워 줄 만한 동기를 부여하지 못했기 때문에 현실 도피를 원하는 사람들이 많았다. 신비 종교와 영지주의는[40] 시공의 세계를 초월해 신성한 것을 추구할 수 있는 다양한 수단을 제공했다. 플라톤 학파도 종교적인 방향으

---

[39] 합리주의와 회의론이 병행해서 나타나는 힌두교와 불교 철학의 역사도 매우 흥미롭다. 이 점에 대해 좀 더 자세히 알고 싶으면 다음 자료를 참조하라. David E. Cooper, ed., *Epistemology: The Classic Readings* (Oxford: Blackwell, 1999), 43-96.
[40] 영지주의에 대한 설명과 그에 대한 초기 기독교 사상가들의 반응을 살펴보려면 이 책 3장을 참조하라.

로 선회해 영혼이 이 세상과 다른 세상에 속해 있기 때문에 생각을 통해 그곳으로 돌아가야 할 필요가 있다고 가르쳤다. 그런 상황에서 "신플라톤주의"로 알려진 사상 운동의 창시자인 플로티누스가 등장했다. 플로티누스는 다양한 논증을 활용해 스토아 학파와 에피쿠로스 학파의 물질주의를 논박했다. 그는 물질주의는 생각을 설명할 수 없고, 지식의 주체(지식을 알고, 감각을 사용해 지식을 얻는 주체)가 누구인지 밝힐 수 없다고 주장했다. 그는 플라톤이 말한 대로 가장 현실적인 것은 인간의 영혼을 비롯한 비물질적인 존재들이라고 생각했다.

플로티누스는 존재들이 최상의 존재("유일자")와 사슬처럼 연결되어 있다고 믿었다. 그는 가장 꼭대기에 있는 "유일자"로부터 정신(누스), 영혼(프시케), 물질세계가 차례로 유출된다고 주장했다. 그런 위계질서는 위아래로 서로 연결되어 있다.

아래로 연결된 고리는 위계질서의 최상단, 곧 최고의 존재인 유일자에서부터 시작한다. 유일자는 인간의 언어로는 정의할 수 없다. 심지어 "유일자"라는 용어조차도 적절하지 않다. 그러나 플로티누스는 유일, 또는 일체가 자신이 존재에 관해 말하려는 많은 개념을 그런대로 잘 표현한다고 생각했다. 유일자는 아무런 속성을 지니지 않는다(속성을 지닌다는 것은 곧 주어와 술어로 나누어 설명할 수 있다는 뜻을 내포한다). 유일자는 오직 신비적인 연합을 통해서만 알 수 있다. 그런 연합은 황홀경 속에서 이루어지며, 말로 필설하기가 불가능하다.

그럼에도 불구하고 플로티누스는 유일자에 관해 많은 것을 말했다(유일자는 존재한다. 유일자는 물질세계에 있는 존재들의 속성을 지니지 않는다. 유일자는 비물질적이다. 영혼은 유일자와 신비적인 관계를 맺을 수 있다). 특히 그는 유일자는 저급한 존재들에게 자신의 탁월함을 전달할 수 있다고 강조했다. 그 전달의 방식은 불에서 빛이 나오는 것과 같은 방출이다. 유일자는 방출을 자유롭게 선택하는 것이 아니라 그럴 수밖에 없는 필연성을 지닌다.[41] 방출은 유일자의 본성이다. 방출은 낮은 단계의 존재들을 만들어낸다. 모든 현실은 유일자로부터 방출되었다. 따라서 모든 현실은 신성한 속성을 지닌다. 이런 점에서 플로티누스는 일원론자에 해당한다.

방출의 첫 번째 산물, 즉 두 번째 단계의 현실은 "정신(누스)"이다. 플로티누스는

---

41) 이것은 성경의 하나님과 대조된다. 1) 하나님은 억지로 창조하지 않으신다. 그분은 자유롭게, 자발적으로 세상을 창조하신다. 2) 창조의 산물인 세상은 신성을 소유하지 않고, 또 어떤 점에서는 하나님의 일부가 될 수 없다.

정신을 유일자의 생각에서 비롯한 결과로 간주했다. 정신은 플라톤의 형상의 세계나 아리스토텔레스의 능동적인 지성과 비슷하다. 여기에서 다양성이 생겨난다. 주체와 객체가 구분되고, 수많은 개념들이 나타난다.

플로티누스(Plotinus)

방출의 세 번째 단계는 "영혼(프시케)"이다. 정신은 사고의 대상들을 발생시켜 "영혼(생명)"을 만들어낸다. 플로티누스의 영혼은 플라톤의 데미우르고스와 헤라클레이토스의 로고스와 비슷하다. 영혼은 세상 안에서 세상을 다스린다. 플로티누스는 영혼을 세 가지 측면으로 나누었다. 1) 세계의 영혼(스토아 학파가 말한 세계의 영혼과 비교하라)은 운동과 변화를 설명한다. 2) 중간 영혼은 개개의 영혼들에게 생명을 부여한다. 3) 하위 영혼은 육체들을 만들어 낸다. 인간의 영혼은 불멸한다.

방출의 네 번째 단계는 "물질세계"다. 인간은 육체에 갇혀 있는 영혼이다. 이 상태는 "타락"의 결과다. 인간의 영혼이 감각에 이끌려 물질적인 것에 얽매였다.[42] 육체와의 결합은 그런 상태로 너무 오랫동안 머물지만 않는다면 그 자체로는 악이 아니다. 우리는 지식과 미덕을 통해 가능하면 빨리 그 상태에서 벗어나려고 노력해야 한다. 물질세계의 기초에는 제1질료가 존재한다(제1질료에 관한 아리스토텔레스의 가르침과 비교하라). 제1질료는 사실 "무", 곧 빈 공간이다(플라톤의 "용기"와 비교하라). 빛줄기가 어둠 속으로 사라지는 것처럼 제1질료는 유일자로부터 가장 먼 곳에 위치한다.

이번에는 존재의 사다리를 위로 거슬러 올라가보자. 존재는 영혼과 정신을 거쳐 유일자에게로 올라간다. 상승의 방법은 지식을 얻어 미덕의 성장을 추구하는 것이다.

플로티누스는 플라톤의 형상이 모든 현실을 설명하지 못했다고 생각했던 듯하다. 따라서 그는 진흙, 털, 오물, 악, 부정적인 것, 불완전한 것을 포함한 모든 현실을 설명하기 위해 형상보다 더 넓고, 높은 원리를 주장했다. 그런 점에서 유일자는 합리주의적인 충동의 결과물로 이해할 수 있다. 플로티누스는 "존재하는 것과 생각

---

[42] 플로티누스가 이 타락을 자유로운 선택의 결과로 간주했는지 여부는 불분명하다. 유일자로부터 물질세계에 이르기까지의 방출이 필연적인 과정이었다는 점을 고려하면, 타락도 필연적인 것처럼 보인다. 그러나 플로티누스는 인간 영혼의 타락과 구원에 관해 말할 때는 우리의 선택을 강조했다.

되어지는 것은 동일하다."라는 파르메니데스의 명제를 좋아했다.

그러나 유일자를 전혀 설명할 수 없다는 것이 문제다. 유일자는 속성이 없다. 유일자는 길거나 짧지 않다. 왜냐하면 그것은 길다는 것과 짧다는 것의 원리이기 때문이다. 그것은 선하거나 악하지 않다. 그것은 선한 것과 악한 것의 원리이기 때문에 선악을 초월한다. 유일자는 심지어 하나도 아니다. 왜냐하면 단일성과 복수성의 근저를 이루는 원리이기 때문이다. 유일자는 모든 것과 아무것도 아닌 것을 모두 설명한다. 모든 것에 대한 설명은 설명할 수 없는 가장 큰 신비에 해당한다.

따라서 궁극적인 지식은 이성적 추론이 아닌 신비주의, 곧 유일자와의 고귀한 연합을 통해 얻어진다. 플로티누스의 극단적인 합리주의는 불합리주의로 귀결된다. 플라톤의 "선"이 아무런 내용이 없고, 아리스토텔레스의 "원동자"가 자기 순환적인 반복(생각에 대한 생각에 대한 생각)에 지나지 않는 것처럼 플로티누스의 유일자도 우리에게 아무런 지식도 전달하지 못한다.

결론

서론에서 열거한 일반적인 주제들을 생각해 보라. 지금까지 헬라 사상의 다양한 줄기를 하나로 묶는 "형상과 질료의 체계(도이베르트의 표현)"와 관련해 그 구체적인 사례들을 다각도에서 점검했다. 헬라 철학은 방식은 다양하지만 인격적인 절대자를 의존하지 않은 상태에서 현실을 이해하려고 노력했다는 공통점을 지닌다. 그들은 이성의 자율성을 내세웠다. 그러나 그들은 이성이 절대적 능력을 지니지 못했다는 것, 곧 이성의 오류 가능성을 의식했다. 이성적인 분석을 거부하는 현실의 영역이 존재했다(파르메니데스의 변화, 플라톤의 감각의 세계, 아리스토텔레스의 제1질료 등). 이런 신비에 대한 헬라 사상가들의 반응은 세상의 일부는 본질적으로 불합리하다는 것, 곧 알 수 없다는 것이었다. 우리가 알 수 없는 이유는 그것이 알려질 수 없는 것이기 때문이다.[43] 그것은 "형태 없는 흐름"의 혼돈이다. 그것은 환상(파르메니데스)이요 비

---

[43] "내 그물로 잡을 수 없는 것은 물고기가 아니다."라는 말이 있다. 다음 자료를 참조하라. Cornelius Vantil, *Why I Believe in God* (Philadelphia: Orthodox Presbyterian Church, n. d.).

존재요 무다. 그러나 아리스토텔레스의 물질이 모든 실재의 근저에 존재하는 것처럼 형태 없는 흐름도 모든 곳에서 발견된다. 따라서 물질이 불합리하다면 우주 전체가 불합리하다. 이처럼 헬라 사상가들의 불합리주의가 그들의 합리주의를 훼손한다. 따라서 (파르메니데스의 경우처럼) 그들이 일관된 합리주의를 추구하더라도 결국에는 경험의 세계를 부정하는 것으로 끝나고 만다. 그들의 목표는 불합리한 세계에 자율적인 이성을 부여하는 것이었다.44) 지금까지 살펴본 대로 그런 목표는 대담함을 뛰어넘어 혁명적이기까지 하지만 절대로 성공할 수 없다.

궁극적인 대안은 절대적인 인격체를 믿는 성경적인 유신론뿐이다. 하나님은 이해할 수 있는 세계를 창조하셨고, 인간에게 그것을 알 수 있는 능력을 주셨다. 그러나 인간은 하나님처럼 모든 것을 다 알기를 바랄 수 없다. 신비가 존재한다. 그 이유는 세상 안에 불합리한 요소(철학자들을 절망하게 하기 위해 존재하는 비존재의 요소)가 있어서가 아니라 하나님이 피조 세계에 대한 자신의 합리적인 이해 가운데 일부를 인간에게 감추고 알리지 않으시기 때문이다.

기독교의 관점과 헬라 사상의 관점을 결합시키는 것은 바람직하지 않다. 헬라 사상가들이 실패에 부딪쳐 제기한 질문들과 세부적인 문제들을 다루면서 드러낸 통찰력을 통해 상당한 지식을 깨우칠 수는 있지만 그것을 이성적인 자율성의 개념이나 형상과 질료의 체계를 포괄적인 세계관으로 받아들이려는 시도는 단호하게 배격해야 한다.45) 안타깝게도 중세 시대와 그 이후로 기독교 신학자들은 신플라톤주의와 (아퀴나스를 시작으로) 아리스토텔레스의 사상을 대폭 수용했다. 예를 들어 아퀴나스는 (계시와 상관없이 작용하는) 자연 이성과 (계시로 이성을 보완하는 역할을 하는) 믿음을 구별했다. 그는 아리스토텔레스를 거듭 "그 철학자"로 일컬으며 그를 자연 이성의 영역에서 우리를 안내하는 길잡이로 삼았다. 나중에 중세 시대의 사상을 살펴보면서 기독교와 이교 사상의 결합을 통해 발생되는 문제들을 집중적으로 다룰 생각이다.

---

44) 반틸이 종종 말한 대로 추상적인 개체에 추상적인 형태를 부과하려는 시도는 구멍이 없는 구슬을 꿰려고 애쓰는 것과 같다.
45) 때로 미시적 수준에서 형상과 질료를 구별하는 것은 유익하다. 물체의 구성 성분(질료)과 그 본질(형상)을 구별하는 것은 잘못이 아니다. 그러나 모든 현실을 그런 관점으로 분석하려는 것은 잘못이다. 그렇게 하는 것은 하나님을 우리의 세계관에서 배제하거나 그분을 (아리스토텔레스처럼) 형상이나 질료, 또는 그 둘 다로 만드는 결과를 낳는다.

핵심 용어

운명(Fate)
올림포스 신들의 종교(Religion of the Olympian gods)
옛 자연 종교(Old nature-religion)
지혜 문학(Wisdom literature)
밀레토스 학파(Milesians)
로고스(Logos)
믿음의 길(Way of belief)
질적인 원자론(Qualitative atomism)
궤도 이탈(Swerve)
결정론(Determinism)
양립 가능론(Compatibilism)
소피스트(Sophists)
신성(Daimon, 다이몬)
이데아(Ideas)
데미우르고스(Demiurge)
질료(Matter, 플라톤, 아리스토텔레스)
추측(Conjecture)
이해(Understanding)
영혼의 세 부분(Plato's three parts of the soul, 플라톤)
제3의 인간(Third man)
본질(Whatness)
제1질료(Prime matter)
현실태(Actuality)
수동적 지성(Passive intellect)
네 종류의 원인(Four causes)
중용(Golden mean)
세계의 영혼(World soul)
아카데미의 회의론(Skeptical Academy)
영지주의(Gnosticism)
유일자(The One)
영혼(Psyche, 프시케)
형상과 질료의 체계(Form-matter scheme)

형태 없는 흐름(Shapeless stream)
지혜(Wisdom)
이성적 자율성(Rational autonomy)
아페이론(Apeiron)
진리의 길(Way of truth)
원자론(Atomism)
양적인 원자론(Quantitative atomism)
향락주의(Hedonism)
양립 불가능론(Incompatibilism)
자유의지론(Libertarianism)
변증술(Dialectic)
형상(Forms)
선의 형상(Form of the Good)
용기(Receptacle)
회상(Recollection, 플라톤)
믿음(Belief)
직관(Intuitive vision)

실체(Substance)
개체성(Thisness)
가능태(Potentiality)
일차 원리(First principles)
능동적 지성(Active intellect)
원동자(Prime Mover)
물질(Matter, 스토아 학파)
자연법(Natural law)
중기 플라톤주의(Middle Platonism)
신플라톤주의(Neoplatonism)
정신(Nous, 누스)
방출(Emanate)

학습을 위한 질문

1. 헬라 사상가들이 성경적인 세계관을 거부했다는 말이 정당하다고 생각하는가? 논의하라.

2. "헬라 사상"을 논하는 것이 타당하다고 생각하는가? 헬라 철학자들 모두가 동의하는 것이 있는가?

3. 1) 헬라의 옛 자연 종교, 2) 올림포스 신들의 종교, 3) 형상과 질료에 관한 플라톤의 철학을 비교하라.

4. 밀레토스 학파의 철학 사상을 설명하고, 평가하라.

5. 탈레스는 과학적 탐구를 시도했는가? 이것이 중요한 질문인 이유는 무엇인가?

6. 반틸은 탈레스가 합리주의자이면서 불합리주의자라고 말했다. 그렇게 말할 수 있는 근거는 무엇인가? 그런 입장이 그의 철학적 성공에 어떻게 기여했는가?

7. 헤라클레이토스의 철학을 설명하고, 평가하라.

8. 파르메니데스의 철학을 설명하고, 평가하라. 그가 비존재의 개념을 문제로 간주한 이유는 무엇인가?

9. "존재하는 것과 생각되어지는 것은 동일하다."라는 파르메니데스의 명제를 설명하고, 평가하라. 플로티누스가 자신의 철학을 펼치기 위해 이 명제를 사용한 이유는 무엇인가?

10. 에피쿠로스의 철학을 설명하고, 논의하라. 그의 "궤도 이탈"의 개념을 설명하라.

11. 피타고라스가 "만물은 수다."라고 생각한 이유는 무엇인가?

12. 인식론적 상대주의는 어떻게 논박할 수 있을까?

13. "인간은 만물의 척도다."라는 프로타고라스의 명제를 설명하고, 평가하라.

14. 소크라테스가 그토록 중요한 이유는 무엇인가? 평가하라.

15. "소크라테스의 인식론은 변증술과 내면의 성찰을 그 핵심으로 삼는다."라는 말을 설명하고, 평가하라.

16. "플라톤은 그 두 가지 가르침(변화와 불변)에서 진리를 발견해 그것을 더 폭넓고, 체계적인 사상으로 통합시켰다."라는 말을 설명하고, 평가하라.

17. 플라톤의 『에우튀프론』에서 소크라테스가 선의 본질에 관해 주장한 내용을 설명하고, 평가하라.

18. 플라톤의 정치적 견해를 간단하게 요약하고, 평가하라.

19. "진흙, 털, 오물"을 비롯해 "제3의 인간"이 플라톤의 철학에서 난제로 취급되는 이유는 무엇인가?
20. "요점은 형상이 제 역할을 옳게 수행할 수 없다는 것이다."라는 말을 설명하고, 평가하라.
21. "아리스토텔레스는 플라톤을 비신화했다."라는 말을 설명하라.
22. 저자가 아리스토텔레스 철학의 가장 큰 문제점으로 지적한 것은 무엇인가? 그 문제점을 해결할 수 있겠는가?
23. 영혼에 관한 플라톤과 아리스토텔레스의 견해를 비교하라.
24. 아리스토텔레스의 "원동자"와 성경의 하나님을 비교하라.
25. 저자는 아리스토텔레스가 운동이나 윤리적 의무에 관해 설명할 수 없다고 말했다. 그 말의 의미를 설명하고, 평가하라.
26. 스토아 학파의 여러 가지 주장을 설명하고, 평가하라.
27. 플로티누스가 가르친 상승의 길과 하강의 길을 설명하라.
28. "플로티누스의 극단적인 합리주의는 불합리주의로 귀결된다."라는 말을 설명하고, 평가하라.

참고 문헌 : 헬라 철학

출판물

Barnes, Jonathan, ed., *The Complete Works of Aristotle* (Princeton, NJ: Princeton University Press, 1984).

Cohen, S. Marc, Patricia Curd, and C. D. C. Reeve, eds., *Readings in Ancient Greek Philosophy: From Thales to Aristotle*, 4th ed. (Indianapolis: Hackett Publishing, 2011).

Cooper, John M., and D. S. Hutchinson, eds., *Plato: Complete Works* (Indianapolis: Hackett Publishing, 1997).

Curd, Patricia, and Daniel W. Graham, eds., *The Oxford Handbook of Presocratic Philosophy* (Oxford: Oxford University Press, 2009).

Graham, Daniel W., *The Texts of Early Greek Philosophy: The Complete Fragments and Selected Testimonies of the Major Presocratics* (Cambridge: Cambridge University Press, 2010).

Kirk, G. S., J. E. Raven, and M. Schofield, eds., *The Presocratic Philosophers: A Critical History with a Selection of Texts* (Cambridge: Cambridge University Press, 1983).

McKeon, Richard, ed., *Basic Works of Aristotle* (Modern Library Classics, New York: Modern Library, 2001).

Plotinus, *The Enneads: Abridged Edition*, Edited by John Dillon. Translated by Stephen McKenna (New York: Penguin Classics, 1991).

온라인 자료

Burnet, John. trans. Fragments of Heraclitus. http://en.wikisource.org/wiki/Fragments_of_Heraclitus.

Internet Classics Archive. 59명의 저자가 441권의 고전 문헌에서 발췌했고, 사용자를 위한 해설을 곁들였으며, 독자들의 자유로운 선택을 배려한 웹사이트. 중국과 페르시아 문헌도 일부 포함되어 있지만, 그리스-로마 시대의 문헌들이 주를 이룬다. 모두 영어로 번역되었다. 위의 참고 문헌에서 인용된 문헌보다 좀 더 오래 전에 이루어진 번역이다. 플라톤과 아리스토텔레스와 플로티누스의 저서가 포함되어 있다. http://classics.mit.edu/index.html.

Parmenides. "On Nature." Edited by Allan F. Randall. Translations by David Gallop, Richard D. McKirahan Jr., Jonathan Barnes, John Mansley Robinson, et al. http://rhetcomp.gsu.edu/~gpullman/2150/parmenides.htm. 존 버니스가 좀 더 오래 전에 번역한 자료를 원한다면 다음 사이트를 참조하라. http://philoctetes.free.fr/parmenidesunicode.htm.

Sophists. 소피스트에 관한 자료를 원한다면 다음 사이트를 참조하라. http://bingweb.binghamton.edu/~clas381a/sophists-readings.htm.

스스로 읽기

일차 자료는 이 책의 뒷부분에 게재한 "설명을 곁들인 철학 참고 문헌"을 참조하라.

소크라테스 이전의 철학자들: 당시의 철학자들이 저술한 저서는 다른 사람들이 인용한 짧은 단편에서 주로 발견된다. 위에 소개한 참고 문헌을 살펴보면 다양한 제목과 함께 그런 단편들을 모아 놓은 내용을 발견할 수 있을 것이다.

공부를 좀 더 깊이 하고 싶으면 밀레토스 학파, 헤라클레이토스의 단편들과 파르메니데스의 시를 읽어보기 바란다.

"**원자론**(데모크리토스, 에피쿠로스)"에 관해 알고 싶으면 로마 시인 루크레티우스가 쓴 시 『사물들의 본성에 관해(*on the Nature of things*)』를 읽는 것이 도움이 될 것이다. 그는 초기 원자론자들의 견해에 공감했다. http://classics.mit.edu/Carus/nature_things.1.i.html.

플라톤에 관해서는 『소크라테스의 변명』(소크라테스가 임종할 때 남긴 증언), 『파이돈』(사후의 삶에 대한 소크라테스의 주장), 『메논』(지식은 회상이라는 주장), 『에우튀프론』(경건과 선은 어떤 신이 말하거나 생각한 것보다 더 위대한 것이어야 한다는 주장), 『티마이오스』(플라톤의 창조 이야기), 『국가론』(동굴의 비유를 포함해 플라톤의 성숙한 인식론을 보여주는 작품), 『파르메니데스』(플라톤이 자신의 철학에서 해결되지 않은 문제들을 인정한 내용)를 읽어라.

아리스토텔레스에 관해서는 『범주론』(실체와 그 속성에 관한 아리스토텔레스의 설명), 『물리학』 2권(네 가지 원인), 3권(운동, 가능태, 현실태), 『형이상학(원동자)』 12를 읽어라.

온라인 듣기

웹 사이트 http://itunes.apple.com/us/course/legacy-history-philosophy/id694658914

- 밀레토스 학파와 엘레아 학파 : 24:55
- 엘레아 학파와 파르메니데스에 관한 초기 대안 : 54:47
- 플라톤과 아리스토텔레스 : 56:59
- 플로티누스와 영지주의 : 31:34

유명한 인용문

- 헤라클레이토스 : http://en.wikiguote.org/wiki/Heraclitus
- 프로타고라스 : http://en.wikiguote.org/wiki/protagoras
- 소크라테스 : http://en.wikiguote.org/wiki/socrates
- 플라톤 : http://en.wikiguote.org/wiki/plato
- 화이트헤드 : http://en.wikiguote.org/wiki/Alfred_North_Whitehead (플라톤에 관한 화이트헤드의 인용문)
- 아리스토텔레스 : http://en.wikiguote.org/wiki/Aristotle
- 플로티누스 : http://en.wikiguote.org/wiki/Plotinus

A History of
Western Philosophy and
Theology

개요

속사도 교부들
변증가들
순교자 유스티누스(100-165)
이레나이우스(130-200)
테르툴리아누스(c. 160-220)
알렉산드리아의 클레멘스(155-220)
오리게누스(185-254)
아타나시우스(290-373)
아우구스티누스(354-430)
  마니교
  인식론
  삼위일체론
  펠라기우스주의
  『하나님의 도성』
  『고백록』

3장

초기 기독교 철학

1장에서 말한 대로 기독교 철학은 창세기의 세계관(하나님은 창조주이시고, 세상은 피조물이다)을 토대로 성경에서부터 출발한다. 하나님은 세 위격을 지닌 절대자요 만물의 주님이시다. 그분의 주재권에는 통제, 권위, 임재가 포함된다. 죄를 지어 타락한 인간은 자신의 자율성으로 하나님의 통치권을 대체할 수 있다고 생각한다. 인간의 반항은 철학적 사고에까지 영향을 미친다. 그 결과, 인간의 사고는 성경이 말씀하는 대로 "어리석게" 변했다. 형이상학, 인식론, 가치 이론과 같은 많은 영역에서 불신앙의 어리석음이 확인된다. 불신앙의 사고는 합리주의와 불합리주의 사이를 오간다. 이 두 원리는 서로 모순되면서도 서로를 필요로 한다.

성경의 저자들은 철학을 영적 싸움의 한 부분으로 인식했다(골 2:8 참조). 바울 사도는 아테네(아덴)의 아레오바고에서 에피쿠로스 철학자와 스토아 철학자들과 논쟁을 벌였다(행 17:16-34). 또한 그는 고린도전서에서 세상의 지혜를 경계하라고 주의를 당부했다(고전 1-3장). 정경이 완성된 후로도 영적 싸움은 계속되었지만 교회의 지성적인 지도자들이 항상 효과적으로 대응했던 것은 아니었다.

속사도 교부들

정경이 완성된 직후의 기독교 사상가들을 "속사도 교부들"이라고 일컫는 이유는 사도들에 대한 직접적인 지식을 소유하고 있었기 때문이다. 그들 가운데는 로마의 클레멘스(d. AD 98), 안디옥의 이그나티우스(d. AD 107), 서머나의 폴리캅(d. c. AD 153), 『허마의 목자서(The Shepherd of Hermas)』의 저자(c. 140-55), 『12사도 교훈집(Didache)』의 저자(1세기 중엽) 등이 포함된다. 이들의 저서는 박해와 순교의 현실을 주로 다루면서 그런 시련 속에서 예수님이 가르치신 사랑의 윤리를 실천하라고 요구하는 데 초점을 맞춘다. 또한 거기에는 복음이 민족들 가운데로 퍼져나가면서 교회가 발전해가는 모습, 특히 예배의 관습과 교회의 정치 제도가 형성되어 가는 과정이 어렴풋이 드러나 있다. 특히 신학적으로는 그리스도의 신성과 성육신은 강력하게 증언하면서도 오직 믿음으로 말미암아 은혜로 구원을 받는다는 바울의 칭의 교리에 대해서는 아무런 말도 하지 않는 것이 특징이다.[1] 이 밖에도 이들의 저서에는 철학이라고 일컬을 만한 내용이 그렇게 많이 발견되지 않는다. 다만 앞에서 말한 대로 신학 그 자체가 철학이었다고 말할 수 있을 뿐이다.

변증가들

그러다가 나중에 2세기에 이르러서는 흔히 "변증가"로 불리는 기독교 사상가들이 출현했다. 초창기 변증가들 가운데 한 사람은 하드리아누스 황제에게 보내는 서신에서 자신을 "철학자 아리스티데스"라고 소개했다. 또한 순교자 유스티누스는 "철학자의 옷"을 입었다고 전해진다. 이 사상가들에게는 헬라 철학이 주된 영향을 미쳤다. 그들 가운데 몇 사람을 소개하면 다음과 같다.

아테네의 코드라토스(c. 124)
아테네의 아리스티데스(d. c. 134)
순교자 유스티누스(d. 165)
수리아의 타티아노스(d. c. 172)

---

[1] 나는 속사도 교부들의 저서가 정경과 비교할 때 신학적인 깊이가 현격한 차이를 드러내는 이유가 후자는 하나님의 영감으로 기록되었고, 전자는 그렇지 못하기 때문이라고 생각한다.

아테네의 아테나고라스(c. 177)

안디옥의 테오빌로스(c. 180)

사데의 멜리토(c. 170)

여기에 『베드로의 설교(*The Preaching of Peter*)』와 『디오그네투스에게 보내는 편지 (*The Letter to Diognetus*)』라는 익명의 문서를 덧붙일 수 있다. 둘 다 2세기 초에 작성된 것으로 추정된다. 이 사상가들이 다룬 주제와 논증은 비슷하기 때문에 여기에서는 유스티누스에게 초점을 맞출 생각이다.

어떤 철학적, 또는 신학적 운동이든지 그것을 옳게 이해하려면 당시의 분위기를 파악하는 것이 중요하다. 구체적으로 말해 당시에 논의되던 주제들과 그 논의에 참여한 당사자들에 관해 알아야 한다. 변증가들은 특히 다음과 같은 사람들을 다루었다.

1. 자신이 하나님이라는 예수님의 주장이 신성모독이었다는 이유로 그분을 거부했던 **유대인들**. 변증가들은 성경을 토대로 예수님이 메시아이며, 육신을 입으신 하나님이시라는 사실을 입증하려고 노력했다.
2. 자신이 왕이라는 예수님의 주장이 황제의 권위에 대한 도전이라는 이유로 그분을 거부했던 **로마인들**. 로마인들은 그리스도인들을 잠재적인 반역자들로 간주하고 박해했다. 변증가들은 그리스도인들이 선량한 시민이고, 예수님의 나라는 이 세상에 속하지 않는다는 것을 보여주려고 노력했다. 아울러 그리스도인들은 인육을 먹고(성찬에 대한 오해), 근친상간을 저질렀다(그리스도인 형제자매들이 나눈 "거룩한 입맞춤"에 대한 오해)는 비난을 논박해야 할 필요가 있었다.
3. **헬라 철학**. 앞에서 살펴본 대로 헬라 철학은 세상을 종교적인 방식으로 설명하려는 시도를 지성적으로 논박한다. 헬라 철학자들은 이성을 신성시했고, 지성적 자율성을 궁극적인 기준으로 삼았다. 그 결과, 그들은 합리주의와 불합리주의 사이를 갈팡질팡했다. 변증가들은 종종 헬라 철학, 특히 플라톤 철학을 논했지만, 거의 반론을 제기하지 않았다. 그들은 세상의 지혜나 골로새서 2장 8절의 영적 싸움에 대한 경각심을 고취하지 않았다. 오히려 그들은 철학과 공

통된 기반을 구축하고, 철학자들의 옷을 입고, 철학자들이 요구하는 학문적인 격식을 갖추려고 노력했다.

4. **이단**, 특히 **영지주의**. 이단 사상이 교회 안에서 영향력을 행사했다. 영지주의는 플로티누스의 신플라톤주의보다 먼저 일어난 종교 운동이었지만, 그것과 공통점이 많았다.[2] 영지주의도 신플라톤주의처럼 존재의 단계를 인정했다. 그 맨 위에는 최상의 존재(이 존재는 명칭이 없지만 이따금 "비토스"와 같은 명칭으로 불리기도 했다)가 반(半)신적 중재자들을 통해 물질세계와 관계를 맺는다. 그 중재자들은 "이온"으로 불리며 "로고스", "조에", "프뉴마", "프시케"와 같은 이름을 지닌다. "타락"은 이 존재들 가운데 가장 저급한 존재가 실수로 물질세계를 창조하면서 발생했다. 우리는 그런 세상에 갇혀 있기 때문에 영지주의 교사들을 통해 다양한 지성적, 도덕적 훈련을 받음으로써 다시 이름 없는 최상의 존재에게로 흡수되어야 한다.[3] 영지주의 교사들은 "영지주의"라는 말에 함축되어 있는 은밀한 지식을 소유한다. 신플라톤주의와 영지주의는 매우 흡사하지만, 플로티누스는 영지주의를 거부했다. 나는 그것을 가족 간의 분쟁으로 간주하고 싶다. 영지주의와 신플라톤주의는 기독교 역사의 초창기에 유행했던 사고방식과 세계관을 대표한다.[4]

신플라톤주의와 영지주의는 내가 1장에서 설명한 "초월과 내재" 및 "합리주의와 불합리주의"의 변증적 관계를 보여주는 좋은 사례다. 다음의 도표를 참조하라.

---

[2] 내가 지금 언급하는 영지주의는 초기 기독교의 문헌에 가장 빈번하게 거론되었던 형태의 영지주의에 해당한다. 그것과는 다른 형태의 영지주의도 더러 있었다. 특히 그 가운데는 마니교와 비슷한 견해(세상에는 절대자가 존재하지 않고, 큰 힘을 지닌 세력들이 선과 악이라는 정반대되는 목표를 이루기 위해 다투며 경쟁한다는 견해)를 피력한 영지주의가 있었다.

[3] 나는 1장에서 인간의 곤경과 그로부터의 구원에 관한 형이상학적이며 윤리적인 개념들을 구별했다. 영지주의는 형이상학적 개념에 해당하는 좋은 본보기다. 영지주의는 유한한 물질세계에 갇힌 것이 우리의 문제이고, 그곳에서 벗어나 신과 합일을 이루는 것이 구원이라고 주장한다.

[4] 신과 인간이 연속선상에 있고, 인간이 다양한 방법을 통해 신이 될 수 있다는 개념이 지금도 여전히 통용되고 있다. 피터 존스는 다음 책에서 영지주의와 "새로운 영성"을 적절하게 비교했다. 참조하라. Peter R. Jones, *The Gnostic Empire Strikes Back* (Phillipsburg, NJ: P&R Publishing, 1992). *Sprit Wars* (Escondido, CA: Main Entry Editions, 1997).

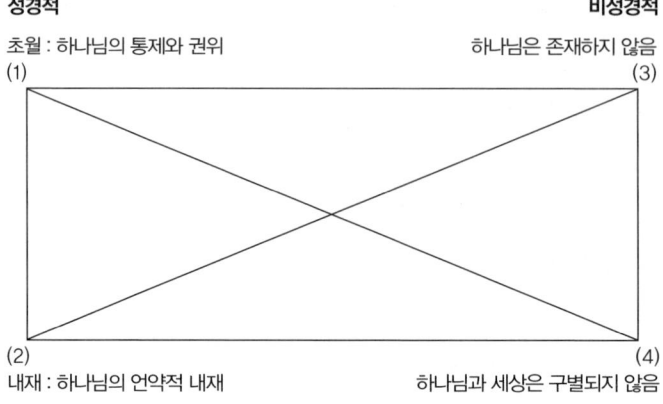

도표 3.1. 초월과 내재에 관한 영지주의의 개념

영지주의는 극단적 초월(3)과 극단적 내재(4)라는 논법을 구사한다. "비토스"는 우리에게서 너무 멀리 떨어져 있기 때문에 우리는 그를 상상조차 할 수 없다(초월). 그러나 다른 현실은 촛불에서 나오는 빛처럼 모두 그에게서 방출되기 때문에 우리는 모두 신성을 소유한다(내재). 이것은 비토스를 전혀 알 수 없지만(불합리주의), 그의 본성과의 합일을 통해 또한 그를 온전히 알 수 있다는 의미를 내포한다(합리주의). 우리는 영지주의자들의 비밀스런 가르침을 통해 그와 합일하는 법을 배울 수 있다(합리주의). 그러나 궁극적으로 비토스에 관한 지식은 그에 관한 명제적 지식이 아닌 그와의 합일을 통해 얻어진다. 이것이 지식의 궁극적인 단계다. 이것은 궁극적인 지식이기 때문에 "합리적"으로 불릴 수도 있고, 명제적인 지식이 아니기 때문에 "불합리적"으로 불릴 수도 있다.

영지주의에서 "가현설(Docetism)"과 같은 초기 교회의 이단 사상이 나왔을 수도 있다. "가현설"은 예수님이 실제로 육체를 소유하지 않았고, 단지 육체를 소유하신 것처럼 "보였다(헬라어 "도케오")"는 견해를 가리킨다. 가현설은 물리적인 세계를 거부하는 영지주의 사상에서 비롯했다. 그러나 사도들은 이 견해를 논박했다. 요한 사도는 "이로써 너희가 하나님의 영을 알지니 곧 예수 그리스도께서 육체로 오신 것을 시인하는 영마다 하나님께 속한 것이요 예수를 시인하지 아니하는 영마다 하나님께 속한 것이 아니니 이것이 곧 적그리스도의 영이니라 오리라 한 말을 너희가 들었거니와 지금 벌써 세상에 있느니라"(요일 4:2, 3)라고 말했다.

"마르시온(c. AD 85-c. 160)"이라는 이단도 영지주의에 영향을 받았던 것으로 보인다. 영지주의는 가장 낮은 단계의 "이온(aeon)"이 실수로 물질세계를 창조했다고 주장했다. 마르시온은 이 열등한 이온을 창세기의 창조주 하나님과 동일시했다. 그는 이 하나님이 신약 성경에서 예수 그리스도의 아버지로 대체되었다고 가르쳤다. 그는 구약 성경과 신약 성경이 근본적으로 다르다고 주장했다. 그는 구약 성경을 정경으로 인정하지 않았고, 신약 성경 가운데서도 (자신이 개정한) 누가복음과 열 편의 바울 서신의 권위만을 인정했다.

순교자 유스티누스(Justin Martyr, 100-165)

"유스티누스"는 『트리포와의 대화(Dialogue with Trypho)』에서 당대의 철학자들과 철학자를 자처하는 사람들이 말하는 이야기와 비슷한 이야기를 전했다. 그는 이 도시, 저 도시를 다니면서 이런 철학, 저런 철학을 공부하며 진리를 찾으려고 노력하다가 마침내 에베소에서 기독교가 가장 위대한 철학이라는 확신에 도달했다. 그 후로 그는 로마인들에게 순교당할 때까지 기독교를 옹호했다.

그는 『제1변증서(First Apology)』에서 그리스도인들이 로마 제국의 선량한 시민이라는 점을 로마인들에게 주지시키려고 힘썼다. 그는 그리스도인들을 단지 그리스도인이라는 이유로 박해하는 것은 부당하다고 주장했다. 그는 그리스도인들이 "무신론자"라는 비난을 부인했다. 그리스도인들은 로마의 신들을 섬기지 않고, 유일하신 하나님, 곧 모든 존재와 생명의 창조주를 섬긴다. 그리스도께서는 왕이시지만 세상의 통치자는 아니시다. 따라서 그리스도인들을 국가 전복을 기도하는

순교자 유스티누스
(Justin Martyr)

반역자들로 간주하는 것은 옳지 않다. 그 밖에도 그는 로마 사회를 유익하게 해 줄 기독교의 도덕적 원리를 설명했다.

유스티누스는 『제1변증서』와 『트리포와의 대화』(트리포는 유대인이다)에서 기독교의 진리를 옹호하면서 주로 성경을 근거로 삼았다. 그는 구약 성경이 예수님의 초림을 예고했고, 그분의 탄생지를 상세하게 언급했다고 말했다. 또한 그는 이방 철학자들도 그리스도를 예견했다고 말했다.

> 우리는 그리스도께서 하나님의 독생자라고 배웠다. 우리는 위에서 그분이 모든 인종이 참여하는 말씀이시라고 선언했다. 합리적으로 살았던 사람들은 무신론자로 간주되었더라도 그리스도인이라고 할 수 있다. 예를 들면 헬라인들, 곧 소크라테스와 헤라클레이토스와 같은 사람들이다.[5]

유스티누스는 헬라 철학자들은 "로고스"를 따라 살았기 때문에 사실상 그리스도인들이라고 말했다. 로고스는 우주의 방향을 이끌고, 인간의 이성으로 그것을 이해하게 만드는 합리성의 원리다. 요한복음 1장 1-14절은 그리스도께서 로고스라고 가르친다. 따라서 로고스를 따라 합리적으로 사는 사람은 그리스도를 따라 사는 사람이다. 구약 성경이 기독교를 위해 유대인들을 준비시켰던 것처럼 철학은 헬라인과 로마인들을 준비시켰다. 로고스는 "씨앗으로서의 로고스(로고스 스페르마티코스)," 곧 만민 가운데서 발견할 수 있는 진리의 씨앗으로서의 이성을 가리킨다.

이처럼 유스티누스는 기독교와 헬라 철학이 서로 대립된다고 생각하지 않았다. 그는 변증가로서 학식 있는 이방인들이 쉽게 그리스도를 믿는 믿음을 받아들일 수 있게 하기 위해 이 두 세계관의 차이를 최소화시키려고 노력했다. 그는 그리스도인들이 무지한 야만인이 아니라 지성적으로 탁월한 사람들, 곧 가장 뛰어난 사상가들과 중요한 문제를 함께 논의할 수 있는 능력을 갖춘 사람들이라는 것을 보여주려고 했다.

나는 기독교를 지성적으로 모나지 않게 만들어 믿기 쉽게 하려는 시도가 기독교 변증가들과 철학자들이 가장 흔히 저지르는 치명적인 실수라고 생각한다. 그런 시도는 사람들이 진리를 억누르는 부패한 본성을 지니고 있기 때문에 하나님의 영을

---

[5] Justin Martyr, *First Apology*, 52.

통해 마음과 생각이 새로워져야 한다는 성경의 근본 원리를 무시한다. 더욱이 그런 식의 접근 방법은 기독교 신학 자체를 왜곡시킨다.

유스티누스는 하나님은 "이름이 없다."고 말했다.6) 그는 하나님에 관해 말할 때면 "하나님은 이것이 아니다, 저것이 아니다."라는 식으로 긍정적인 진술보다는 부정적인 진술을 더 선호했다. 그런 방법은 나중에 "부정 신학" 또는 "부정의 길(via negativa)"로 알려지게 되었다. 그러나 이것은 성경적인 방법이 아니다. 성경은 하나님께 이름을 거론하며 긍정적인 진술을 적용하는 것을 주저하지 않는다. 하나님에 관한 의미 있는 진술을 거부하는 것은 성경보다는 영지주의와 신플라톤주의에 가깝다. 유스티누스의 주장은 내가 1장에서 언급한 비성경적인 초월의 개념(하나님은 우리에게서 너무 멀리 떨어져 계시기 때문에 그분에 관해 말할 수 없다는 것)과 별로 다르지 않다.

물론 유스티누스는 이름 없는 하나님이라는 주장을 일관되게 유지하지 않았다. 그 이유는 그가 성경을 믿었기 때문이다. 그는 성경이 가르치는 것처럼 하나님을 아버지, 주님, 거룩한 자, 창조주로 일컬었다. 그러나 그는 철학적인 사고를 시도할 때는 헬라어 남성 명사 "호 온"이나 중성 명사 "토 온"을 사용해 하나님을 "존재"로 일컬었다.7) 더욱이 그는 성급하게도 모세에 관한 지식을 플라톤에게 적용해 플라톤의 『티마이오스』에 나오는 창조론이 창세기의 창조론과 동일하다고 주장했다(즉 신이 이미 존재하는 물질을 가지고 세상을 창조했다는 견해).8) 교회는 이 견해를 거부하고, 무에서의 창조를 선택했다.

사실, 유스티누스의 창조론은 영지주의의 창조론과 비슷하다. 그는 하나님이 세상을 직접 창조하지 않고, 하위 존재를 대리자로 삼아 그 일을 이루게 하셨다고 생각했다. 그는 그 대리자가 성자와 성령이었다고 주장했다. 성부께서는 직접 물질을 만져 손을 더럽히실 수 없다(여기에서 헬라 철학과 영지주의의 영향이 분명하게 드러난다). 이런 견해는 성자와 성령이 성부와 본질이 다르고, 존재론적으로 그분께 종속되어 있

---

6) Justin Martyr, *Second Apology*, 6.
7) 신학자들은 출애굽기 3장 14절을 인용해 하나님을 존재와 동일시하는 것을 타당하다고 인정할 때가 많다. 그러나 나와 다른 사람들은 그것이 출애굽기 본문에 대한 그릇된 이해에 근거한다고 생각한다. 다음 자료를 참조하라. *DG*, 37-40.
8) Justin Martyr, *First Apology*, 59. Cf. Justin, *Second Apology*, 9.

다는 의미를 내포하고 있기 때문에 성경적인 삼위일체 교리를 왜곡시켰다.[9]

유스티누스는 인간의 본성에 관해서도 성경에서 벗어나 철학적 개념으로 기울었다. 그가 스토아 학파의 운명론을 배격하고, 인간의 책임을 옹호한 것은 옳았지만 그 과정에서 인간의 의지가 불확정의 상태, 곧 하나님이나 다른 원인으로부터 전적으로 자유로운 상태라는 견해를 제시했다. 인간의 자유의지에 대한 그의 견해는 펠라기우스주의와 아르미니우스주의와 같이 후대의 신학 사상에 큰 폐해를 초래하는 결과를 낳았다. 이 견해는 때로 "자유의지론적 자유"로 일컬어진다.[10] 이 견해는 하나님의 주권에 관한 성경의 가르침과 상충된다(롬 11:36; 엡 1:11).

2장에서 말한 대로 헬라 종교는 존재의 "형태 없는 흐름"을 신봉했고, 철학자들은 그것을 형상 없는 물질의 개념으로 정교하게 다듬었다. 물질은 형상이 없기 때문에 본질상 예측이 불가능하며 마구잡이로 존재한다. 에피쿠로스의 경우, 이 불확정성은 원자들이 정상 궤도를 제멋대로 이탈하는 현상으로 설명된다. 자유의지에 관한 교부들의 견해는 성경의 사상이 아닌 헬라의 개념에 근거한다.[11]

이처럼 유스티누스의 변증과 철학은 혼합된 가치를 지닌다. 그는 기독교 신자들의 교리와 실천 행위에 관한 로마인들의 오해를 옳게 바로 잡아 주었다. 성경의 예언과 기적을 토대로 한 그의 논증은 성경에 바탕을 둔다.[12] 철학에 관한 그의 지식은 상당히 인상적이다. 그런 지식은 매우 유익하다. 그러나 그는 성경의 가르침을 왜곡하는 철학적 전통을 기독교를 통해 완성시키려는 의욕이 너무 지나쳤다. 이런 약점은 이후의 역사에 오래도록 기독교와 철학을 어설프게 조화시키려는 그릇된 경향을 만들어냈다.

그러나 유스티누스의 개인적인 신앙과 그리스도에 대한 충성심은 참으로 뛰어났다. "순교자"라는 칭호가 그의 삶을 구체적으로 증언한다. 오늘날의 그리스도인들은 어떻게 참된 믿음을 지닌 신자가 그렇게 많은 것(유스티누스의 경우에는 삼위일체론, 창

---

9) Justin Martyr, *Second Apology*, 6.
10) 나는 과거에 쓴 글에서 이 개념에 대한 다양한 비판을 제시했다. 이 책에서도 나중에 몇 가지 비판을 제시할 생각이다. 그런 비판을 간단하게 요약한 내용을 살펴보려면 다음 자료를 참조하라. *DG*, 138-45.
11) 교리의 오래된 전통을 중시하는 칼빈주의자들은 여기에서 주의해야 할 점이 있다. 즉 하나님의 주권과 인간의 자유에 관해 설명한 기독교 저술가들의 견해 가운데 가장 오래된 견해가 나중에 칼빈과 개혁주의 신앙고백이 주장했던 견해와 정면으로 충돌한다는 점을 기억해야 한다.
12) 그러나 성경 본문에 대한 그의 해석이 현대의 학자들과 독자들에 의해 항상 받아들여지는 것은 아니다.

조론, 자유의지론)을 잘못 생각할 수 있느냐고 묻는다. 내 친구는 "교부들"은 어떤 점에서 "교회의 갓난아이들"이었다고 말한다. 그들은 성경에 기록된 하나님의 계시에 대한 이해와 적용이라는 힘들고, 오랜 여정을 처음 시작했을 뿐이다. 교회는 325년 이후에야(심지어는 381년 이후에야) 비로소 성경 교사들이 유스티누스의 삼위일체론과 같은 견해를 가르치는 것을 허용하지 않았다.[13] 그것은 교회의 지식 수준이 크게 향상되었기 때문이다. 그러나 성경의 신비를 정확하게 설명할 수 있는 능력을 갖추어야만 구원을 받는 것은 아니다(만일 그렇다면 많이 아는 사람만 구원받을 수 있을 것이다). 구원은 예수 그리스도를 주님으로 영접함으로써 이루어진다. 유스티누스는 인간의 철학을 상대로 그리스도의 주재권을 옹호했던 수많은 기독교 사상가들 가운데 최초의 인물이었다. 하나님은 그 일을 하게 하기 위해 그를 일으켜 세우셨다. 그가 혹독한 박해의 시기에 그 일을 감당하기는 그렇게 쉽지 않았다. 그의 시도가 성공했든 실패했든 상관없이 그리스도인들은 그가 이룬 업적에 감사해야 한다.

이레나이우스(Irenaeus, 130-200)

이레나이우스는 오늘날로 말하면 프랑스 리옹의 주교였지만 태어난 곳은 소아시아의 서머나였다. 그는 사도 요한의 제자였던 폴리캅의 가르침을 들었다. 그는 영지주의와 특히 마르시온을 배격했다.

영지주의와 비기독교 사상을 대하는 이레나이우스의 태도는 유스티누스보다 좀 더 비판적이었다. 그는 자신의 철학적 능력을 입증하는 일에는 아무런 관심이 없었다. 그는 교인들에게 위험한 사상에 대한 경각심을 고취하는 데에 모든 관심을 집중했다. 그는 영지주의에 정통했고, 그것을 다룸에 있어 성경적으로나 철학적으로 빈틈이 없었다.

이레나이우스(Irenaeus)

---

13) 물론 기독교 신자가 되는 것과 기독교 교사의 자격을 갖추는 것은 서로 별개의 문제다.

그는 오늘날 『이단 논박(Against Haeresies)』으로 알려진 책에서 그 문제를 다루었다. 그는 그 책에서 영지주의의 다양한 사상 체계와 많은 "이온"들의 명칭과 기능을 구별했고, 그것들과 (비토스, 프로아르케, 프로파토르 등으로 불리는) 최고신과의 관계를 논했다. 영지주의의 일파인 발렌티누스주의에 따르면, 비토스는 모든 것을 초월한 지고한 존재이지만 자신의 배우자인 "시게"에게 씨앗을 심어 "누스(모노게네스)", "알레데이아", "로고스", "조에"를 비롯한 여러 자녀들을 낳게 했다.[14] 완전한 신적 존재(플레로마) 안에 서른 종류의 이온이 있다. 그것이 서른이어야 하는 이유는 성경이 그렇게 가르치기 때문이다. 이런 주장은 성경에 대한 영지주의의 풍유적 해석에 근거한다. 영지주의는 예수님이 서른 살이 되고 나서야 사역을 시작하셨고, "포도원 일꾼의 비유"에서도 일꾼들이 모집된 시간(제일 시, 제삼 시, 제육 시, 제구 시, 제십일 시)의 숫자를 모두 합치면 30이 된다는 주장을 펼쳤다.

이 서른 개의 이온 및 "플레로마(pleroma)" 밖에 있는 다른 존재들이 올림포스 신들의 이야기나 요즘의 멜로드라마와 같은 이상한 줄거리를 엮어간다. 거기에는 사랑, 섹스, 배신, 무지, 불복종, 숫자 마술, 온갖 형태의 상징이 포함된다. 간단히 말해, 그것은 제멋대로 구는 이온이 물질세계를 형성해 가는 이야기다. 이레나이우스는 이를 이렇게 평가했다.

> 나는 그들이 그런 일들을 공개적으로 모든 사람에게 가르치지 않고, 단지 그런 심오한 신비를 알기 위해 값비싼 대가를 치를 능력이 있는 사람들에게만 가르치려는 이유를 충분히 알 것 같다. 그 이유는 그런 가르침이 우리 주님이 "거저 받았으니 거저 주라."고 말씀하신 교리들과는 전혀 상이하기 때문이다. 그것은 난해하고, 이상하고, 아리송한 신비이기 때문에 오직 거짓을 사랑하는 사람들이 힘든 노력을 기울여야만 얻을 수 있는 것처럼 보인다.[15]

영지주의를 논박하는 이레나이우스의 첫 번째 논증은 단순히 그 특징을 설명하

---

14) 이들이 (비토스와 시게의 경우처럼 각각 남성과 여성으로 한 쌍을 이루어 열거되었다는 점에 주목하라. 비토스와 시게의 뒤를 이어 누스와 알레데이아, 로고스와 조에가 있다.

15) Irenaeus, *Against Heresies*, 4. 3.

는 데 초점을 맞추었다. 영지주의의 교리는 믿기 어려운 이상한 교설이다. 그는 그것을 논박하기 위해 정교한 철학적 논증을 펼칠 필요가 없었다. 그러나 그런 터무니없는 교설 가운데는 더러 철학적인 요소가 섞여 있다. 비토스는 인간의 이해를 초월하는 존재이지만, 영지주의자들은 복잡한 장광설을 동원해 그의 행동을 묘사했다.

비토스는 초월적이며 내재적이다. 그는 모든 사람의 지식을 초월하지만 자신과 같은 신적 존재들을 방출한다.[16] 그러나 그가 절대적인 초월자라면 영지주의 교사들은 물론이고, 다른 이온들이 어떻게 그에 대한 특별한 지식을 얻을 수 있을까?(영지주의 교사들은 그런 지식을 큰 대가를 받고 팔았다) 또한 그가 절대적인 내재자라면 도대체 다른 사람들을 깨우칠 교사들이 왜 필요할까? 다른 사람들도 그들처럼 신성하지 않은가? 이레나이우스는 영지주의의 교설을 "심원한 신비"에서부터 순전한 인간적 측면에 이르기까지 철저히 추적했다. 그는 초월과 내재의 변증 관계를 인지하고 부지중에 스스로가 진정한 철학자임을 입증해 보였다. 아래의 도표를 참조하라.

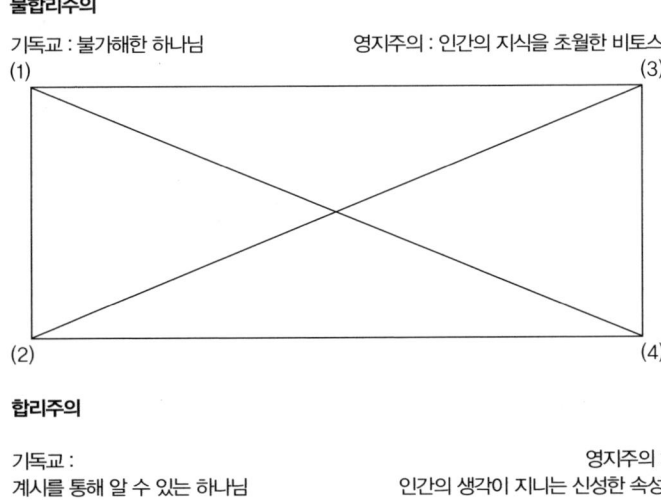

도표 3. 2. 영지주의의 불합리주의와 합리주의

---

16) 비토스가 방출한 존재들은 그와 본질이 같다(*homoousios*). 니케아 신조도 성부 하나님과 성자 하나님의 관계를 묘사할 때 "호모우시오스"라는 용어를 사용했다.

이레나이우스는 복잡한 영지주의 사상을 논박하기 위해 정통주의 신앙은 세상 어디에서나 서로 일치한다는 사실을 언급했다. 그는 독일의 교회들이 스페인의 교회들과 동일한 교리를 믿는다고 말했다. 그 공통된 교리는 사도들과 그들의 "신앙의 규칙"에서 유래했다. "신앙의 규칙"이라는 말은 세례 후보자들에게 가르치는 기본 교리를 가리킨다. 이 교리는 결과적으로 사도신경과 같은 진술문의 형태를 취했다. 또한 이레나이우스는 사도들과 다른 성경 저자들의 글을 언급했다. 영지주의의 영향을 받은 마르시온은 구약 성경 전부와 신약 성경의 대부분을 거부했다. 그러나 이레나이우스는 우리가 현재 가지고 있는 신약 성경을 거의 모두 권위 있는 본문으로 인용했다. 그가 인용하지 않은 신약 성경은 빌레몬서, 베드로후서, 요한삼서, 유다서뿐이었다. 그는 『클레멘스 1서』와 『허마의 목자서』를 가치 있는 내용으로 간주했다(교회는 나중에 이 두 권의 책을 정경으로 받아들이지 않았다). 그는 "영지주의"의 『진리의 복음(Gnostic Gospel of Truth)』을 이단의 교서로 여겨 배제했다. 이레나이우스가 인정한 신약 성경은 오늘날의 신약 성경과 매우 흡사했다.

이레나이우스는 하나님의 계시를 철학적 인식론의 기준으로 삼았다. 영지주의자들은 사변과 풍유적인 해석을 토대로 자신들의 체계를 구축했지만, 이레나이우스는 오직 하나님이 스스로를 나타내신 계시를 통해서만 그분을 알 수 있다고 믿었다. 그는 플라톤의 회상의 개념을 비판했다. "우리 모두가 형상의 세계를 잊었다면 플라톤이 그것을 회상해 낸 것을 믿어야 할 이유가 무엇인가?"라는 것이 그의 논지였다. 하나님에 대한 지식은 기억이 아닌 계시를 통해 얻어진다. 이레나이우스는 마르시온을 논박하면서 성경을 근거로 하는 계시의 교리를 더욱 정교하게 발전시켰다.

이레나이우스는 자신의 긍정적인 신학을 구축하면서 영지주의자들과는 달리 성경을 문자 그대로 직접 인용했다. 그의 신학은 순교자 유스티누스의 신학과는 달리 철학적인 추상적 개념에 얽매이지 않았다. 그는 하나님을 "존재"로 일컫지 않고, 그분을 구체적이면서도 인격적으로 묘사했다. 이레나이우스의 하나님은 역사 속에서 인간들과 의사를 소통한다. 이는 추상적인 초월성을 강조한 철학적 신의 개념과는 크게 대조된다. 그는 성경의 드라마를 구원의 역사로 묘사했다. 그런 점에서 그는 때로 성경 신학의 시조로 불리기도 한다.

이레나이우스의 하나님은 세상을 창조하기 위해 반신적 중재자들을 필요로 하지 않았다. 그분은 말씀과 지혜로 직접 무에서 세상을 창조하셨다. 말씀과 지혜는 영지주의나 유스티누스가 주장하는 하위 존재들이 아닌 하나님의 고유한 속성이다. 우리는 여기에서 성경의 충족성, 절대적 삼위일체로서의 하나님, 하나님의 임재, 무로부터의 창조와 같은 다양한 신학적 개념들이 서로를 견고하게 보완하고 있는 것을 발견할 수 있다. 이레나이우스는 영지주의를 논박하는 과정에서 성경적인 세계관을 더욱 뚜렷하게 구축할 수 있었다.

이처럼 이레나이우스는 유스티누스에 비해 성경적인 세계관의 독특한 특성을 더욱 옳고, 분명하게 이해했다. 그러나 그도 완전하지는 않았다. 몇 가지 문제점을 지적하면 다음과 같다.

1. 그는 때로 죄와 유한성을 혼동했다.
2. 그는 구원을 속죄가 아닌 성육신의 관점에서 이해했다. 그리스도께서는 성육신을 통해 인간의 삶의 모든 단계를 "요약적으로 개괄함으로써" 모든 인간을 하나님과 연합시켰다. 나중에 동방 정교회가 취했던 입장과 비슷한 이 견해는 보편구원론의 개념을 은연중에 함축하고 있다.
3. 그는 동방 정교회를 통해 발전된 개념과 비슷하게 구원을 말하면서 인간의 "신격화"를 암시하는 표현을 사용했다. 물론, 이레나이우스나 그를 지지하는 후대의 신학자들이 창조주와 피조물의 구별을 지워 없애려는 의도를 가진 것은 결코 아니었다. 그러나 그런 표현을 사용하는 것은 상당한 혼란을 야기할 수 있다. 베드로후서 1장 4절은 신자들이 "신성한 성품에 참여한다."고 말씀하지만, 나는 이 말씀을 형이상학적인 의미가 아닌 윤리적인 의미로 이해한다. 즉 이것은 인간이 창조될 당시에 지녔고, 죄로 인해 훼손되었다가 다시 새롭게 된 하나님의 형상을 묘사하는 한 가지 방식일 뿐이다.
4. 이레나이우스도 유스티누스처럼 자유의지론적인 자유의 개념을 받아들였다.

테르툴리아누스(Tertullian, c. 160-220)

테르툴리아누스에게서부터 라틴어로 기술된 신학이 처음 시작되었다(이레나이우스와 초기 교부들은 헬라어를 사용했다). 그는 카르타고에 살면서 아우구스티누스의 저서를 통해 절정에 이르렀던 북아프리카 기독교 사상의 전통을 최초로 수립했다. 베르베르 종족의 후손인 그는 법률가가 되기 위한 공부를 했고, 197년경에 회심했다.

테르툴리아누스는 213년경에 기존 교회와 결별하고, 나중에 이단 사상을 좇은 몬타누스 종파에 합류했다. 몬타누스는 성령께서 사도 시대 이후에도 자신과 다른 신자들에게 직접 계시를 허락하신다고 믿었다. 그는 환상을 보고, 예언을 한다고 주장했던 프리스카와 막시밀리아라는 두 여성과 함께 여기저기를 돌아다녔다. 그런 점에서 몬타누스주의는 종교 개혁 시대의 재세례파 운동과 오늘날의 은사 운동을 예고했다. 그러나 몬타누스는 사도 시대 이후의 특별 계시만을 주장하는 데 그치지 않았다. 그는 예수님이 요한복음 14장 16절에서 말씀하신 "보혜사(그리스도인들은 이를 성령을 가리키는 의미로 이해한다)"를 자처했다. 테르툴리아누스가 합류했던 몬타누스 종파는 아우구스티누스의 시대에 정통 교회로 복귀했다. 아우구스티누스는 테르툴리아누스가 죽기 전에 정통 기독교로 돌아왔다고 말했다. 그러나 그 말이 사실인지는 확인되지 않았다.

테르툴리아누스와 몬타누스주의의 연관성에 관해 어떻게 말하든 상관없이 그의 저서들이 교회의 신학에 지대한 영향을 미친 것은 분명한 사실이다. 그 가운데 가장 중요한 특징은 기독교 사상과 비기독교 사상의 차이를 더욱 뚜렷하게 인식했다

테르툴리아누스(Tertullian)

는 점이다. 앞서 살펴본 대로 유스티누스는 그 차이를 거의 의식하지 않았고, 이레나이우스는 조금 의식했다. 후자의 경우는 영지주의와 마르시온을 강하게 논박했고, 의도적으로 기독교적 세계관을 이단들의 견해와 대립시켰다. 그러나 테르툴리아누스는 그런 대립 관계를 더욱 분명하게 드러내 확고한 인식론적인 원리를 구축하기에 이르렀다.

『이단 반박 규정(The Prescription of Heretics)』은 그가 초

기에 저술한 저서 가운데 하나다. 여기에서 "규정"은 심의 중인 법정에서 개인이 임의로 말할 권리가 없다는 원칙을 규정한 법률 문서를 가리킨다. 테르툴리아누스는 이단들과 헬라 철학자들은 기독교 진리의 유일한 판단 기준인 사도적 신앙의 규칙을 배격하기 때문에 교회와 논쟁을 벌일 권리가 없다고 주장했다. 이 점에 대한 그의 말은 매우 유명하다.

> 예루살렘이 아테네(아덴)와 무슨 관계가 있고, 교회가 아카데미와 무슨 관계가 있으며, 기독교와 이단이 무슨 관계가 있는가? 우리의 원리는 단순한 마음으로 하나님을 추구해야 한다고 가르친 솔로몬의 행각에서 비롯한다. 나는 스토아주의나 플라톤주의나 변증론에 근거한 기독교를 싫어한다. 예수 그리스도 이후에는 그 어떤 사변도 필요하지 않고, 복음 이후에는 그 어떤 탐구도 필요하지 않다.[17]

우리는 위의 내용을 테르툴리아누스가 나중에 저술한 『그리스도의 육신에 관해』라는 책에 나오는 내용과 비교해 볼 수 있다. 그 책의 목적은 플라톤주의와 영지주의의 유심론을 논박하고 그리스도의 성육신을 옹호하는 데 있다. 플라톤주의와 영지주의 교사들은 신성한 것이 시간 속에 들어와 인간의 육신을 취했다는 개념이 성립할 수 없다고 주장했다. 테르툴리아누스는 그런 주장을 이렇게 논박했다. 1) 하나님에게 불가능한 것은 없다.[18] 2) 성육신은 하나님의 신성을 훼손하지 않는다. 그분은 신성을 그대로 유지한 채 육신을 취하실 수 있다.[19] 3) 성육신은 세상의 지혜를 거스를지는 몰라도 죽음과 부활이라는 물리적 수단을 통해 우리를 구원하시려는 하나님의 탁월한 지혜를 보여준다.[20] 5장에서 그는 불합리하기 때문에 성육신을 믿는다고 말했다(credo quia absurdum). 그런 이유로 그가 이성을 부인했다는 주장이 이따금 제기된다. 그러나 사실 그는 그런 말을 하지도 않았고, "absurdum"이라는 라틴어 용어를 사용하지도 않았다. 그는 단지 "ineptum"과 "impossibile"라는 용어를

---

[17] Tertullian, *Prescription of Heretics*, 36.
[18] Tertullian, *On the Flesh of Christ*, 3. 1.
[19] Ibid., 3.5-6.
[20] Ibid., 4, 5.

사용했을 뿐이다. 그의 글을 직접 인용하면 다음과 같다.

> 하나님의 아들은 십자가에서 못 박히셨다. 그것은 부끄러운 일이기 때문에 나는 부끄러워하지 않는다. 하나님의 아들은 죽으셨다. 그것은 어리석은 일이기 때문에 즉각 믿을 수 있다. 그분은 장사되었다가 다시 살아나셨다. 그것은 불가능한 일이기 때문에 확실하다(Crucifixus est dei filius; non pudet, quia pudendum est. Et mortuus est dei filius; credible prorsus est, quia ineptum est. Et sepultus resurrexit; certum est, quia impossibile).[21]

물론 테르툴리아누스는 터무니없기 때문에 터무니없는 일을 믿어야 한다는 불합리한 주장을 펼치지 않았다. 오히려 그는 복음 안에서 놀라운 합리성을 발견했다. 그는 하나님이 세상의 눈에 어리석어 보이는 수단을 사용해 구원을 베푸실 수 있고, 그리스도인들에게는 그런 어리석음이 그 신빙성을 입증하는 표징이라고 생각했다.

기독교적 인식론이 한 단계 더 발전했다. 테르툴리아누스도 이레나이우스처럼 성경에서 시작했고, 그 토대를 딛고 굳게 섰다. 그는 이레나이우스보다 한 걸음 더 나아가서 믿음의 규칙과 복음의 어리석음을 모든 신학적 논쟁의 전제로 받아들였다.

테르툴리아누스는 하나님은 무한히 위대하시지만 그분의 손으로 행하신 사역을 통해 분명하게 알 수 있다고 믿었다.[22] 그는 플라톤과는 달리 감각적 경험에 의한 지식을 무시하지 않았다. 그는 감각과 지식이 서로를 의존한다고 지적했다. 그러나 하나님에 관한 "더욱 풍부하고, 더욱 권위 있는" 지식은 "기록된 계시"로부터 비롯한다.[23] 이전의 변증가들처럼 테르툴리아누스도 우상 숭배의 추악함과 사악함을 지적하면서 로마인들에게 그리스도인들이 국가에 충실하고, 유익하다고 말했다. 그는 구약 성경의 예언이 그리스도를 증언한다고 주장했다.[24]

테르툴리아누스는 불신앙에 맞서 싸우면서 교회를 위한 교리를 발전시켰다. 그

---

[21] Ernest Evans, trans., *Tertullian's Treatise on the Incarnation* (London: SPCK, 1956), 5. 4.
[22] Tertullian, *Apology*, 17.
[23] Ibid., 18.
[24] Tertullian, *An Answer to the Jews*.

는 삼위일체론과 기독론에 사용되는 표준 용어(실재, 인격, 본질)를 라틴어로 표현한 최초의 인물이다. 그러나 그의 교리 가운데 일부는 "종속설"을 따른다. 그도 유스티누스처럼 "로고스"를 하나님과 세상을 중재하는 반신적 존재로 이해했다.

그는 인간의 영혼이 본질적으로는 신성하지만 물리적인 육체 안에 갇혀 있다는 플라톤주의와 영지주의의 개념을 거부했다.[25] 그는 영혼이 본질적으로 신성하다면 어떻게 우리가 모르는 것이 있을 수 있겠으며, 육신과의 결합을 통해 지식을 잃었다면 어떻게 어느 정도의 지식을 알 수 있느냐고 물었다. 첫 번째 질문은 내재에 관한 비기독교적인 개념(불합리주의)을 논박한 것이고, 두 번째 질문은 초월에 관한 불합리주의의 개념을 논박한 것이다. 테르툴리아누스는 영혼은 물질적이지만 단순한 속성을 지닌다고 생각했다. 그런 점에서 그는 스토아주의의 영향을 받았다.[26] 그는 플라톤과는 달리 영혼이 영원하지 않고, 하나님에 의해 창조되었으며, 그 안에 본질적인 합리성을 갖추고 있지 않다고 생각했다. 그는 이를 통해 다시금 기독교적 세계관의 특징을 여실히 드러냈다.

또한 그는 원죄의 교리를 발전시킨 최초의 인물 가운데 하나이기도 하다. "영혼 출생설"을 지지했던 그는 인간의 영혼도 육체처럼 부모로부터 물려받는다고 생각했다.[27] 우리는 부모를 통해 아담과 결합했기 때문에 유혹이 이끌리는 통제할 수 없는 본성을 물려받는다. 그렇다면 아담은 처음에 어떻게 죄를 짓게 되었을까? 테르툴리아누스는 여기에서 사변에 치우친다. 그는 영혼이 존재와 비존재의 혼합이라고 생각하고, 비존재로 인해 죄의 가능성이 개입되었다고 생각했다. 하나님이 죄를 짓지 않도록 막아주지 않으신다. 왜냐하면 유스티누스와 이레나이우스가 말한 대로 인간은 "자기 결정능력(autexousion)"이란 의미에서의 자유의지를 지니고 있기 때문이다. 나는 테르툴리아누스가 여기에서 이성적 추론을 믿음의 규칙에 부합시키려는 의도에서 벗어났다고 생각한다. 그는 형이상학적인 것과 윤리적인 것을 혼동함으로써 죄를 형이상학적인 기능 장애(존재의 결핍)로 설명했다.

---

25) Tertullian, *On the Soul*.
26) 2장에서 소개한 스토아주의를 참조하라. 스토아주의자들이 영혼이나 신을 "물질적"이라고 말하는 것은 단지 그런 존재들이 명백한 실체라는 것을 가리키는 의미일 수 있다.
27) 이것은 하나님이 육신이 잉태되는 순간에 무로부터 새로운 영혼을 창조하신다는 창조설과 반대된다.

테르툴리아누스의 저서를 읽는 것은 항상 흥미롭다. 그의 이성적 추론과 문체는 활달하고, 설득력이 넘치기 때문에 호기심을 크게 자극한다. 그는 일관성을 갖춘 성경적인 철학을 발전시켰다. 박해의 시기에 그가 성취한 것을 생각하면 참으로 놀랍기 그지없다. 그러나 그도 유스티누스와 이레나이우스처럼 해결되지 않은 철학적 과제를 더러 남겨 놓았다.

알렉산드리아의 클레멘스(Clement of Alexandria, 155-220)

이번에는 또 다른 지역으로 관심의 눈길을 돌려보자. 유스티누스는 팔레스타인, 소아시아, 로마를 두루 돌아다녔고, 이레나이우스는 소아시아에서 출생했지만 오늘날의 프랑스 리옹의 주교를 지냈다. 테르툴리아누스는 북아프리카 카르타고에 살았다. 이제 지중해 지역을 한 바퀴 도는 여행을 마무리할 때가 되었다.

클레멘스는 이집트의 알렉산드리아에 터를 잡은 기독교 학자들 가운데 한 사람이었다. 알렉산드리아는 고대 세계에서 헬라와 헬라화된 유대 문화의 중심지 가운데 한 곳이었다. 그곳은 나중에 예루살렘, 안디옥, 콘스탄티노플, 로마와 함께 기독교 신앙의 가장 중요한 중심지로 부상했다. 알렉산드리아는 플라톤과 스토아 학파의 영향을 크게 받은 유대인 저술가 "필론 유대우스(BC 20-AD 50)"의 고향이었다. 그는 풍유적인 해석을 토대로 유대인의 성경과 헬라 철학의 조화를 추구했다. 필론은 "로고스"를 하나님과 세상을 중재하는 반신적 존재로 묘사했고, 창세기 1장의 창조 기사를 플라톤의 『티마이오스』와 조화시켰다. 앞서 살펴본 대로 순교자 유스티누스도 다른 교부들과 함께 이와 비슷한 입장을 취했다.

클레멘스는 여행을 마치고 나서 알렉산드리아의 교리 학교에 정착했다(그는 여행 중에 몇몇 기독교 변증가들에게 가르침을 받았던 것으로 보인다). 그곳에서 그는 판테누스에게 수학했고, 그 학교의 지도적인 학자였던 그를 계승했다. 클레멘스는 헬라 철학과 다른 비기독교 저서들을 두루 섭렵했다. 지금까지 남아 있는 그의 주저들 가운데는 『프로트레프티코스(*Protrepticus*)』(이방 사상가들을 상대로 한 기독교적 변증), 『파이다고고스(*Paidagogos*)』(그리스도인들을 위한 교훈, 주로 윤리적 가르침을 다룬다), 『스트로마타(*Stro-*

mata)』(좀 더 신학적이고, 철학적인 특성을 갖춘 다양한 교훈을 모아 놓은 책) 등이 포함되어 있다.

믿음과 철학의 관계에 대한 그의 견해는 순교자 유스티누스의 견해와 매우 흡사하다. 그는 철학이 믿음을 갖게 만들 수 없지만 믿음을 지지하고, 명확하게 하고, 매혹적으로 만드는 데 기여한다고 생각했다. 아리스토텔레스가 말한 대로 철학의 제1원리들은 증명할 수 없다. 클레멘스는 그런 원리들은 믿음의 직관을 통해 얻어진다고 추론했다. 그런 점에서 그는 믿음이 철학의 필수불가결한 토대라고 말했다. 물론 그가 말한 믿음은 기독교 신앙이 아닌 합리적인 사고에 대한 굳센 신념을 의미했다. 그러나 그는 율법이 유대인과 맺으신 하나님의 언약인 것처럼 철학은 헬라인과 맺으신 그분의 언약이라고 믿었다(그는 진리의 강은 많은 물줄기를 지닌다고 말했다). 철학의 가장 중요한 기능은 그리스도께로 인도하는 것이다. 모든 철학이 다 철학으로 불릴 만한 가치를 지니는 것은 아니다. 예를 들어 소피스트들은 참된 철학자들이 아니다. 그와 동시에 클레멘스는 철학을 모두 거부하고 정통 교리만을 주장하는 그리스도인들도 탐탁하게 생각하지 않았다. 그는 그런 사람들을 "원리주의자(orthodoxists)"로 일컬었다. 그 말에서 그의 경멸적인 어조가 분명하게 배어난다.

클레멘스도 유스티누스처럼 하나님에 관해 말할 때는 비인격적인 표현을 사용하기를 좋아했다. 하나님은 이름이 없으시기 때문에 그분을 정확하게 일컫기가 불가능하다. 하나님을 묘사할 때는 그분이 존재이시라고 말하는 것이 최선이다. 그러나 오류를 피하려면 적절한 술어를 사용해 하나님을 일컫는 것이 유익하다. 그런 술어는 개념들을 지탱하는 발판과도 같다. 그런 용도로는 부정적인 이름이 긍정적인 이름보다 더 낫다(부정의 길).

그러나 인간은 오직 신비적인 경험을 통해서만 하나님을 올바로 알 수 있다. 아마도 신비주의를 신학적 인식론에 접목시킨 기독교 사상가는 클레멘스가 처음일 것이다. 그가 말한 신비적인 경험의 의미를 파악하는 것이 항상 쉬운 것은 아니다. 어떤 사람들은 그것이 영지주의나 신플라톤주의처럼 창조주와 피조물의 구분을 없애 인간을 하나님과 동일하게 만드는 것은 아닌지 의심한다. 그러나 신비가들, 특히 기독교 신비가들은 종종 그런 해석을 부인한다. 신비주의는 합리적인 사고나 언어와 논리를 초월한 마음의 상태, 곧 지식이 즉각적이고, 직관적으로 이루어지는 상태를 의미한다.

알렉산드리아의 클레멘스
(Clement of Alexandria)

클레멘스도 필론과 유스티누스처럼 "로고스"를 하나님께 종속되어 그분과 세상을 중재하는 존재로 간주했다. 그는 로고스를 그리스도와 동일시했다. 따라서 삼위일체에 대한 그의 견해는 니케아 공의회와 콘스탄티노플 공의회 이후로는 정통 교리로 간주되지 않았다. 그가 말한 로고스도 유스티누스가 말한 것처럼 "씨앗", 곧 온 인류에게 거룩한 계시를 전하는 수단이었다.

이 밖에도 클레멘스는 자유의지에 관한 유스티누스의 견해(자기 결정능력)에 동의했다. 클레멘스에 따르면, 아담은 완전하게 창조되지 않았고, 미덕을 수용할 수 있는 능력을 갖추었을 뿐이다. 인간은 하나님을 아는 본성을 지니고 있지 않다. 인간에게는 스스로의 노력을 통해 그분을 알 수 있는 자질이 주어졌다. 우리도 아담처럼 하나님께 복종하거나 불순종할 수 있는 자유가 있다. 하나님은 미덕을 받아들이는 자들을 좋아하신다. 이런 점에서 죄와 구원에 관한 클레멘스의 견해는 "도덕주의"로 일컬어진다.

클레멘스와 테르툴리아누스는 거의 동시대 사람이었다. 그러나 그들은 지역도 서로 달랐고, 지성적인 세계도 서로 달랐다. 테르툴리아누스는 이방 철학과 기독교는 거의 아무런 연관성이 없다고 생각했지만 클레멘스는 서로 밀접한 관계가 있다고 생각했다. 클레멘스는 테르툴리아누스의 저서를 읽어보지 못했던 듯하다. 만일 그가 그의 저서를 읽어보았다면 그를 "원리주의자"로 일컬었을 것이다. 클레멘스는 신앙과 불신앙이 지성적으로 대립된다고 생각하지 않았다. 그는 마치 유스티누스 이후로 모든 신학적 작업을 새로 해야 하기라도 하는 것처럼 유스티누스와 매우 흡사한 신학으로 회귀했다.

오리게누스(Origen, 185-254)

오리게누스는 알렉산드리아에서 태어났다. 그는 여러 곳을 많이 다녔고, 가이사랴에서 한동안 망명 생활을 하기도 했다. 기독교인이었던 그의 아버지는 그를 학교에 보내 교육시켰다. 그는 나중에 플로티누스의 스승이기도 했던 암모니우스 사카스라는 플라톤주의자에게 철학을 배웠다. 오리게누스와 플로티누스가 암모니우스의 학교에서 서로 논쟁을 벌였을지도 모른다고 생각하고 싶을지도 모르겠지만, 그 두 사람의 연대가 서로 맞지 않기 때문에 그랬을 가능성은 전혀 없다.

202년, 오리게누스의 아버지는 셉티무스 세베루스 황제의 박해 아래 순교했다. 오리게누스도 순교하기를 원했지만 그의 어머니가 그의 옷을 감추어 뜻을 이루지 못하게 했다는 이야기가 전해온다. 그는 203년에 클레멘스가 가르쳤던 교리 학교를 다시 열었다. 그 학교는 박해의 시기에 한동안 문을 닫았었다.

초기 교회 역사가 유세비우스는 오리게누스가 마태복음 19장 12절을 자신에게 문자적으로 적용해 스스로를 거세했다고 말했다. 그런 행위를 어떻게 평가하든지 간에 그것을 통해 그리스도께 대한 그의 헌신의 깊이를 익히 짐작할 수 있다. 또한 그는 박해를 당하는 그리스도인들을 끊임없이 도왔을 뿐 아니라 누구보다도 열심히 일했다. 에피파니우스는 그가 6천 권에 달하는 책을 저술했다고 말했다. 다른 사람들은 2천여 권으로 추정했다. 어떤 경우가 사실이든 그의 저술 활동은 매우 인상적이다. 물론 그의 저서들 가운데 지금까지 남아 있는 것은 그리 많지 않다.

오리게누스는 성경학자요 변증가요 신학자였다. 그는 성경학자로서 대부분의 성경을 주석했고, 설교했다. 이 분야에서 그는 『6란 대역 성경(Hexapla)』을 제작하는 일을 감독한 것으로 유명하다.[28] 그는 문자 영감설을 강하게 지지했다. 그러나 그는 모든 성경 본문이 하나님에 관한 가치 있는 교훈을 전달한다는 확신을 풍유적 해석의 근거로 삼았다. 그는 모든 성경 본문을 1) 육체적(문자적), 2) 정신적(도덕적), 3) 영적(사변적)인 세 가지 의미로 구별했다. 결국 오리게누스는 성경을 하나님의 말씀으로 높이 존중했지만 풍유적 해석으로 인해 사변적이고, 철학적인 개념들을 광범위하게 가르치는 결과를 낳았다.

오리게누스가 변증가로서 펴낸 주요 저서는 『켈수스 논박(Contra Celsum)』이다. 켈수스는 『참된 말씀(The true Word)』을 저술한 2세기의 플라톤주의자로서 기독교를 비판했다. 오리게누스는 켈수스의 책에서 발견되는 모든 요점을 세세한 부분까지 하

---

[28] 6란에는 1) 히브리어 원본, 2) 헬라어로 번역한 히브리어 역본, 3) 70인역, 4) 데오도시안역 5) 아퀼라역, 6) 심마쿠스 역이 실렸다. 이 대역 성경은 지금은 대부분 존재하지 않는다.

나도 남기지 않고 일일이 논박했다.

오리게누스의 가장 영향력 있는 저서는 『제1원리들에 관해(On First Principles)』이다. 이레나이우스의 저서가 때로 기독교 최초의 성경 신학으로 일컬어지는 것처럼 오리게누스의 『제1원리들에 관해』는 기독교 최초의 조직 신학으로 일컬어진다.

오리게누스는 하나님을 아는 세 가지 방법을 구별했다. 이런 구별은 후대에는 토머스 아퀴나스의 저서와 연관된 것으로 흔히 알려졌다.[29] 1) "종합(아퀴나스는 이를 "인과관계의 길"로 일컬었다)"은 하나님을 세상 만물의 원인적 기원으로 이해하는 것을 의미한다. 2) "분석(아퀴나스의 경우는 "부정의 길")"은 악한 것, 약한 것, 물질적인 것과 같이 부적절한 것을 하나님께 적용하지 않는 것을 의미한다. 3) "유추(아퀴나스의 경우에는 "탁월함의 길")"는 하나님께 속한 속성들의 비율이나 정도를 가리킨다. 하나님은 어떤 술어로도 온전히 묘사할 수 없지만, 개중에는 그분에게 좀 더 적절하게 적용할 수 있는 술어들이 있다. 예를 들어 하나님이 불의하다고 말하는 것보다는 그분이 의롭다고 말하는 것이 더욱 참되다. 오리게누스는 플라톤주의에 영향을 받았고, 성경을 풍유적으로 해석했기 때문에 이런 방법들이 얼마나 성경에 근거했고, 또 얼마나 자율적인 사변에 이끌렸는지는 가늠하기 어렵다.

하나님에 관한 오리게누스의 교리는 필론과 유스티누스와 클레멘스가 영지주의와 신플라톤주의를 논박하며 발전시킨 견해를 따른다. 하나님은 존재이시고, 존재를 초월하신다. 인간의 표현 가운데 그분께 적합한 것은 아무것도 없지만, 그분을 인격으로 생각하는 것은 옳다.

테르툴리아누스가 라틴어를 사용하는 교회에서 삼위일체를 설명할 때 사용했던 용어를 만들어낸 것처럼 오리게누스도 헬라어를 사용하는 세계에서 사용하기에 적합한 용어를 만들어냈다. 하나님은 "우시아"이시고, 세 "후포스타세이스"로 존재하신다. "우시아"는 "존재"를 의미하며, "실체"를 뜻하는 라틴어의 "수브스탄티아"와 같은 의미를 지닌 것으로 간주되었다. "후포스타세이스"는 서방 교회에서 신성의 세 "인격"으로 불리는 것을 구별하는 의미를 지녔다. 그러나 "후포스타시스"와 "페

---

[29] 아퀴나스는 "유추"를 하나님에 관한 모든 지식에 적용할 수 있는 좀 더 일반적인 원리로 제시했다. 그의 세 번째 방법은 "탁월함의 길"로 일컬어진다. 이것은 "부정의 길"을 역으로 뒤집은 것이다. "탁월함의 길"이란 세상에서 발견되는 완전하거나 탁월한 것의 가장 지고한 단계의 것을 하나님께 적용하는 것을 의미한다.

르소나"의 의미는 다소 논란의 여지가 있었다. 헬라어의 경우에는 "우시아"와 "후포스타시스"는 큰 차이가 없다. 성삼위 하나님의 단일성과 복수성을 묘사하기 위해 이 용어들을 사용하는 것은 언어적 필연성이라기보다는 하나의 관습이었다. 그러나 라틴어 "페르소나"는 "가면"이나 "역할"을 뜻하는 극장 용어였다. 따라서 서방 교회가 사용하는 이 용어는 동방 교회가 듣기에는 하나님은 한 인격이신데 여러 역할을 하는 것뿐이라는 사벨리우스주의(양태론)를 표방하는 것처럼 들렸다.30) 아울러 오리게누스의 세 "후포스타세이스"는 서방 교회가 듣기에는 "세 분의 하나님"이 존재하는 것처럼 들렸다. 그리스도인들이 헬라어와 라틴어 용어들을 삼위일체를 묘사하는 관습적인 표현으로 받아들이는 경우에는 아무런 문제가 되지 않았다. 그러나 나중에 이단이 출현했을 때는 서로에 대한 의심이 증폭되었다.31)

오리게누스(Origen)

오리게누스의 삼위일체론에서 발견되는 한 가지 모순이 나중에 논쟁을 야기했다. 그는 "나와 아버지는 하나이니라"(요 10:30)라는 예수님의 말씀을 해설하면서 "하나"를 뜻하는 헬라어는 "하나의 것"을 뜻하는 중성 명사 "헨"이라고 지적했다. 이런 사실은 위격은 구별되지만 존재는 동일하다는 의미로 이해할 때 가장 자연스럽다. 오리게누스의 지적은 성부와 성자가 "동일 본질(homoousios, 나중에 니케아 공의회에서 정통적인 삼위일체론을 명시하면서 사용했던 용어)"을 지닌다는 의미와 거의 흡사했다. 그러나 오리게누스가 다른 곳에서 말한 내용 가운데는 성자와 성부의 관계를 필론과 유스티누스와 클레멘스의 "로고스" 신학처럼 종속설의 관점에서 바라본 것으로 드러난다. 그런 관점은 성부로부터 성자의 존재가 파생된 것으로 간주한다. 이처럼 요한복음 10장 30절에 관한 오리게누스의 견해는 정통적인 니케아 신조를 위한 전례를 세웠고, 그의 종속설은 아리우스 이단을 위한 전례를 남겼다.

오리게누스는 세상의 창조가 영원히 계속된다고 믿었다. 그는 창세기 1장을 문자대로 이해해 창조를 특정한 사역의 하나로 간주해서는 안 된다고 생각했다. 하나

---

30) 사벨리우스주의는 서방 세계에서 발전된 이단이었다.
31) 이런 상호 오해를 좀 더 자세히 논의한 내용을 원한다면 다음 자료를 참조하라. *DG*, 696-705.

님은 악을 창조하실 수 없기 때문에 그분은 모든 것을 윤리적으로 동등하게 지으셨다. 그것들 가운데 일부가 스스로의 자유의지(교부들 가운데서 흔히 발견되는 자유의지론적 자유)에 의해 죄를 지었다. 그렇다면 선천적인 질병이나 기형, 또는 가난을 안고 태어나는 이유는 무엇일까? 오리게누스는 그런 경우는 이전의 삶에서 죄를 지었기 때문이라고 추론했다. 따라서 그는 영혼선재설을 받아들였다.[32]

오리게누스의 구원론은 그리스도께서 마귀의 권세를 물리치고, 사람들에게 의를 가르치고, 삶과 죽음을 통해 도덕적인 본을 보여주셨다는 것을 내용으로 한다(이 견해는 때로 "승리자 그리스도 속죄론"으로 일컬어진다). 그는 예수님의 죽음을 속죄를 위한 죽음으로 강조하지 않았다. 그는 형벌적 대리속죄론을 가르치지 않았다. 그는 심지어 귀신들까지도 포함하는 보편적인 구원을 희망했다(때로 "만물 회복설[아포카타스타시스]"로 불리는 교리). 그러나 심지어 보편적인 구원을 통해서도 구원의 드라마는 끝나지 않는다. 천국에서도 사람들과 천사들은 여전히 자유의지를 지닌다. 하나님은 그들이 다시 타락하는 것을 막을 수 없으시기 때문에 역사는 구원의 과정을 또다시 되풀이할 수도 있다.

우리는 이런 사실을 통해 오리게누스의 사변적 방법이 광범위한 결과를 낳은 것을 알 수 있다. 사실 오리게누스의 신학은 성경적인 사상과 플라톤주의의 통합이다. 그런 식의 통합이 동방 교회 내에서 크게 만연했다. 그곳에서는 모든 사람이 오리게누스주의자였다. 그들 가운데는 그가 강조한 정통 교리를 좋아한 사람들도 있었고 사변적인 개념을 좋아한 사람들도 있었다. 전자는 "우파 오리게누스주의자"로, 후자는 "좌파 오리게누스주의자"로 각각 불린다. 이 분열 현상이 4세기에 삼위일체론을 둘러싼 격렬한 논쟁의 씨앗이 되었다.

아타나시우스(Athanasius, 290-373)

아타나시우스는 아리우스 논쟁을 통해 명성을 떨쳤다. "아리우스(c. 256-336)"와

---

[32] 피타고라스와 플라톤에서 그 전례가 발견된다.

그의 제자들은 좌파 오리게누스주의자들이었다. 그들은 하나님의 아들(요한복음 1장에 근거해 종종 "말씀"으로 일컬어졌다)이 지고한 차원에서의 하나님, 곧 온전한 하나님이 아니라고 생각했다. 그들은 말씀이 우주의 다른 존재들을 창조하는 데 개입했다는 것은 인정하면서도 궁극적인 창조주가 아닌 피조물이라고 믿었다(요 1:3). 그들은 "한때는 그(성자)가 존재하지 않았다."를 의미하는 헬라어 문구(엔 포테 호테 우크 엔)를 사용했다(헬라어로 읽으면 운율이 붙어 외우기 쉽다). 이 문구는 "그가 존재하지 않았던 때가 있었다."라고 말하는 것과는 뉘앙스가 다

아타나시우스(Athanasius)

르다. 이 문구는 일정한 때를 가리키는 헬라어 "크로노스"가 아닌 어떤 시점을 가리키는 헬라어 "포테"를 사용했다. 아리우스주의자들은 미묘한 구별을 의도했다. 그들은 시간을 어느 정도 충분히 거슬러 올라가면 성부께서 성자 없이 홀로 존재하셨던 시기를 발견할 수 있을 것이라고 생각하지 않았다. 그들은 성자께서 대대로 줄곧 존재하셨다고 믿었다. 아마도 그들은 성자의 시작이 곧 시간의 시작이라고 생각했던 듯하다. 그러나 결국 그들은 말씀을 성부보다 열등한 존재로 간주했고, 당연히 예배도 성부보다 덜 받아야 마땅하다고 믿었다. 말씀은 "유일한 하나님(호 데오스)"이 아닌 "하나의 신(데오스)"으로 일컬을 수 있다. 이런 점에서 아리우스주의자들의 용어들과 그것들을 사용하는 논증 방법은 오늘날의 여호와의 증인이 구사하는 방식과 매우 흡사하다.

그들의 견해에 따르면, 성부께서는 인격적인 구별이 없는 단순한 존재이시다. 그분은 말씀을 창조해 물질세계를 창조하기 위한 수단으로 삼으셨다. 그분은 직접 물질을 창조하실 수 없다. 왜냐하면 그것은 그분 자신을 더럽히는 일이기 때문이다. 성령께서는 성자보다 더 낮은 존재로 간주되었다. 삼위일체의 세 위격은 위계질서에 따라 서로 관계를 맺는다. 앞서 말한 대로 영지주의자들이 이온들(Aeons)의 위계질서를 설명하면서 이와 매우 비슷한 논증(최상의 존재는 물질과 직접 접촉할 수 없다는 주장)을 펼쳤다. 물질세계를 창조하는 것은 낮은 권위를 지닌 이온만이 행할 수 있다. 물론 유스티누스, 테르툴리아누스, 클레멘스, 오리게누스도 초창기에 교회 안에서

위계질서에 근거한 삼위일체론을 가르쳤다. 그러나 말씀과 성령이 온전한 하나님이 아닌 하나님의 피조물이라고 분명하게 밝힌 사람은 아리우스가 최초였다.

"호모우시오스"라는 용어가 표어가 되었다. 아리우스주의자들은 말씀과 성부가 동일 본질이자 동일 실체라는 것을 부인했고, 정통주의는 그것을 인정했다.[33]

325년에 아리우스 논쟁을 다루기 위해 니케아 공의회가 소집되었다. 당시 교회는 315년경에 기독교로 회심한 콘스탄티누스 황제가 로마 제국 내에서 그리스도인들에 대한 박해를 종결시킨 덕분에 비교적 평화를 누렸다. 황제가 공의회를 주관했다. 생존 가능성이 매우 희박했는데도 불구하고 하나님이 자신의 교회를 보존하신 것을 축하하려는 것도 공의회가 소집된 이유 가운데 하나였다. 공의회에 참석한 대표자들 가운데는 그리스도를 위해 고문을 당하고, 부상을 당하고, 신체의 일부를 훼손당한 사람들이 많았다. 요즘으로 말하면 상이용사들이었다.

공의회는 아리우스주의를 거부하고, 하나님과 말씀, 곧 성자가 "동일 본질"을 소유한다고 선언했다. 381년에 콘스탄티노플 공의회에서 개정된 신조의 내용을 간단히 인용하면 다음과 같다.

> 우리는 유일하신 하나님, 곧 전능하신 아버지요 천지와 유무형의 만물을 지으신 창조주를 믿는다.
> 또한 우리는 창세 전에 아버지께로부터 나신 하나님의 독생자요, 하나님에게서 나신 하나님, 빛에서 나신 빛, 참 하나님에게서 나신 참 하나님, 창조되지 않고, 아버지와 본질이 동일하신(호모우시오스) 한 분이신 주 예수 그리스도를 믿는다. 그분에 의해 만물이 창조되었다. 그분은 우리 인간과 우리의 구원을 위해 하늘에서 내려와 성령으로 동정녀 마리아로부터 육신을 얻어 사람이 되셨고, 우리를 위해 본디오 빌라도에 의해 십자가에 못 박히셨다. 그분은 고난을 당하셨고, 장사되었다가 사흘 만에 성경대로 다시 살아나 하늘에 오르셨고, 지금은 성부의 오른편에 앉아 계신다. 그분은 장차 산 자와 죽은 자를 심판하기 위해 영광 중에 다시 오실 것이며, 그분의 나라는 영원무궁할 것이다.

---

[33] 중간 입장을 취하는 사람들은 성부와 말씀의 관계를 "호모우시오스"가 아닌 "호모이우시오스"로 설명했다. "이오타" 하나가 첨가된 이 용어는 "동일 본질"이 아닌 "유사 본질"을 의미한다.

또한 우리는 아버지께로부터 나온 [34] 생명의 주님이요 수여자이신 성령을 믿는다. 그분은 성부와 성자와 함께 예배와 영광을 받으신다. 그분은 선지자들을 통해 말씀하셨다. 우리는 하나인 거룩한 보편적, 사도적 교회를 믿는다. 우리는 죄 사함을 위한 하나의 세례를 인정하며, 죽은 자들의 부활과 내세의 삶을 고대한다. 아멘.

위의 신조는 성자가 성부로부터 "영원히 나셨고", 성령이 "영원히 나오신다."는 것을 인정하지만, 나신 자가 낳으신 자보다 열등하다거나 나오신 자가 나오게 하신 자보다 더 열등하다는 것을 부인한다.[35]

아타나시우스는 알렉산드리아의 주교 알렉산드로스의 보조자로 325년 공의회에 참석했다. 그는 그 당시에 아리우스주의를 논박하는 발언을 했다. 328년에는 그가 주교가 되었다. 그로부터 몇 년 뒤에 콘스탄티누스 황제의 계승자들의 후원 아래 아리우스주의가 다시 등장하면서 교회의 평화 시기가 끝이 났다. 아리우스주의자들과 니케아 신조를 따르는 정통주의자들은 서로 격렬하게 대립했다. 아타나시우스는 니케아 신조를 굳게 옹호했고, 아리우스주의자들의 가장 큰 적대자로 박해를 받았다. 그는 자주 면직되어 유배를 당했다(어떤 기록에 따르면 그런 일이 일곱 차례나 있었다고 한다). 그러나 그는 하나님의 섭리를 통해 매번 직위를 되찾았고, 373년에 평화롭게 생을 마감했다. 콘스탄티노플 공의회는 381년에 니케아 신조를 다시 확증했다.

아타나시우스는 오리게누스만큼 정교한 지성인은 아니었지만 성품이 매우 강직했고, 논쟁의 주제를 정확하게 이해했다. 그는 "호모우시오스" 교리를 굳게 견지했지만, 그 용어를 원하지 않고, 다른 용어로 동일한 교리를 표방했던 사람들과도 기꺼이 연대했다.[36]

아타나시우스는 기독교 신앙의 근본 원리와 직접적으로 관련이 있는 문제에 초

---

34) 아우구스티누스의 신학에 의해 영향을 받은 서방 교회는 "아버지" 뒤에 "아들(filioque)"을 덧붙였다. 이 용어의 첨가 여부 및 다른 몇 가지 문제로 인해 1054년에 서방 교회와 동방 교회가 서로 분열하기에 이르렀다.
35) 성자의 영원한 발생과 성령의 영원한 발현 및 성부와 성자로부터 성령이 나오신다(filioque)는 것에 대해 좀 더 자세히 알고 싶으면 다음 자료를 참조하라. DG, 707-19.
36) 앞서 말한 대로 "호모우시오스"는 과거에 그릇 사용된 적이 있었다. 일부 영지주의자들이 그 용어를 사용해 이온들과 비토스의 관계를 나타냈다. 또한 이단으로 단죄된 사모사타의 바오로도 이 용어를 사용했다. 아타나시우스는 이단이 아닌 그리스도인들 가운데 일부 사람들이 이 용어를 거부하는 이유를 충분히 이해했다. 오늘날의 그리스도인들도 성경 이외의 전문적인 신학 용어에 대해서는 그런 융통성을 발휘하는 것이 좋지 않을까 싶다.

점을 맞췄다.

1. 아리우스주의는 피조물을 숭배하도록 유도한다. 그리스도인들은 그리스도를 하나님으로 숭배해 왔다. 만일 아리우스주의의 주장이 사실이라면 그리스도인들은 피조물을 하나님처럼 숭배했던 우상 숭배의 죄를 고백하고, 예수님을 더 이상 숭배하지 않아야 한다.
2. 아리우스주의는 우리의 구원이 하나님이 아닌 피조물에게 달려 있다고 가르친다.

예배와 구원은 기독교 신앙의 근본 요소다.[37] 이런 점에서 아타나시우스는 16세기의 루터와 흡사했다. 루터는 로마 가톨릭교회의 예배(미사를 통해 이루어지는 우상 숭배)와 구원의 교리(행위로 의롭다 하심을 받는다는 교리)를 비판했다. 아래에 4세기와 16세기의 공통점을 정리했다. 그 두 시기에 모두 근본적인 교회 개혁이 이루어졌다. 성경 사상과 헬라 철학을 통합한 신학이 두 시기를 지배했다. 4세기에는 오리게누스주의가, 16세기에는 토마스 아퀴나스의 신학이 각각 위세를 떨쳤다. 또한 두 시기에 모두 균형을 깨뜨린 이단이 출현했다. 4세기에는 아리우스주의가 출현했고, 16세기에는 요한 테첼과 같은 사람들이 면죄부를 판매했다. 그러자 개혁자들이 나타났다. 4세기에는 아타나시우스가, 16세기에는 루터가 개혁자로 나섰고, 그 뒤에는 개혁을 더욱 공고히 다졌던 사람들, 곧 개혁의 유익한 결과에 비춰 교회의 신학을 전반적으로 다시 살핀 사람들이 등장했다. 4세기에는 아우구스티누스였고, 16세기에는 칼빈이었다.[38]

---

[37] 예배는 피조물인 우리가 하나님을 향해 취해야 할 기본적인 태도이고, 구원은 죄인인 우리의 운명이 하나님과 근본적으로 연관되어 있는 것을 의미한다.
[38] 이런 사실은 "우리 시대의 개혁은 어떤 문제에 초점을 두어야 하느냐?"라는 물음을 제기한다. 나는 그 문제가 성경의 권위라고 생각한다. 아타나시우스가 그리스도의 신성을 위해 싸웠고, 루터가 은혜로 구원받는다는 교리를 위해 싸웠던 것처럼, 하나님은 현대의 개혁자들을 세워 성경 계시의 신적 속성을 위해 싸우게 하신다. 이 모든 싸움은 하나님의 절대적 주권을 강조한다.

4세기와 16세기의 종교 개혁

통합자	이단	개혁자	확립자
오리게누스	아리우스	아타나시우스	아우구스티누스
토마스 아퀴나스	테첼	루터	칼빈

아타나시우스와 루터는 예배와 구원의 근본 원리를 강조했고, 재확인했다는 점에서 서로 비슷하다. 그들은 그런 근본 원리를 타협을 불허하는 단호한 태도로 설득력 있게 역설했다.

나는 아타나시우스와 이레나이우스도 중요한 공통점이 있다고 생각한다. 두 사람 모두 철학적이라기보다는 성경적인 용어와 논증에 초점을 맞추었고, 삼위일체를 논하면서 종속설을 배격했으며, 하나님과 세상의 직접적인 관계를 강하게 강조했다. 이레나이우스와 아타나시우스는 하나님이 직접 피조물과 접촉하실지라도 그 거룩하심이 더럽혀지지 않는다고 생각했다. 하나님은 세상을 창조할 중재자를 필요로 하지 않으셨다. 그분은 세상을 무에서 직접 창조하셨다. 성자와 성령께서도 창조 사역에 참여하셨다. 그분들은 온전한 하나님이시기 때문에 창조 사역은 곧 하나님과 세상의 직접적인 접촉에 의해 이루어졌다. 영지주의자들의 주장과는 달리 하나님은 절대적인 초월자가 아니시다. 그분은 우리와 함께 계신다. 세상은 그분의 피조물이자 그분의 거처다.

아타나시우스는 이레나이우스 신학의 장점만이 아니라 단점도 더러 공유했다. 그도 이레나이우스처럼 자기 결정능력이라는 형태의 자유의지를 믿었고, 구원이 예수님의 피의 속죄보다는 그분의 성육신과 더 큰 관계가 있다고 생각했다. 그는 예수님은 우리의 육신을 취해 우리에게 구원을 베푸셨기 때문에 우리는 하나님처럼 될 수 있다고 믿었다. 하나님처럼 된다는 것의 의미를 어떤 식으로 이해하든, 그가 "우리가 하나님이 되게 하기 위해 하나님의 아들이 인간이 되셨다."라고 말한 것은 사실이다.[39] 그러나 전반적으로 보면 아타나시우스는 참된 개혁자요 용감한 진리의 수호자였다.

---

39) Athanasius, *On the Incarnation of the Word of God*, 8,54.

아우구스티누스(Augustine, 354-430)

나는 위의 도표에서 아우구스티누스를 "확립자"로 명시했다. 그는 삼위일체 논쟁에서 비롯한 유익한 결과에 근거해 기독교 신학 전체를 다시 살펴보았다. 그런 일을 하려면 지식이 많고, 뛰어난 지성을 지닌 사상가가 필요하다. 아우구스티누스는 그런 자질을 모두 갖추었다. 플라톤이 이전의 헬라 철학자들의 사상을 비판적으로 통합한 것처럼 그도 모든 교부들의 가장 뛰어난 통찰력을 포괄적으로 체계화시켜 그들의 사상을 완성시켰다. 또한 그는 미래의 철학을 위한 기초를 확립했다. 그런 이유로 그도 플라톤처럼 후대의 사람들에게 대대로 많은 존경을 받았다. 그의 공로 덕분에 기독교는 그가 사망한 430년 이후부터 1650년경까지 서구 사회의 철학 사상을 지배할 수 있었다.

아우구스티누스는 북아프리카에서 태어나 그곳에서 오랫동안 살았다. 그곳은 일찍이 테르툴리아누스가 활동했던 곳에서 그리 멀지 않았다. 그는 타가스테(지금의 알제리 수크 아라스)에서 이교도인 아버지(파트리키우스)와 독실한 그리스도인 어머니(모니카)의 슬하에서 태어나 기독교 신자로 성장했다. 그러나 그는 열일곱 살에 수사학을 공부하기 위해 카르타고로 간 이후부터는 교회를 등지고 마니교를 받아들였다. 마니교는 우주는 서로 대립하는 두 개의 세계(빛과 어둠, 선과 악)로 구성되었다고 가르쳤다. 또한 아우구스티누스는 당시에 향락적인 삶을 추구했다. 그는 당시에 자신이 드렸던 기도를 『고백록』에 이렇게 기록했다. "제게 순결과 금욕을 허락하시되 아직은 그리 마옵소서."[40]

아우구스티누스(Augustine)

그는 타가스테와 카르타고에서 수사학을 가르쳤고, 그 후에는 로마와 밀라노에서 차례로 활동했다. 그는 마니교를 버리고, "신(新)아카데미"의 회의론과 신플라톤주의를 받아들였지만, 결국에는 밀라노의 주교 암브로시우스에게 큰 영향을 받기 시작했다. 당시는 탁월한 능력을 지닌 이교도들이 더러 회심해 그리스도인이

---

40) Augustine, *Confessions*, 8.7.17.

되던 시기였다. 아우구스티누스도 결정의 순간에 도달했다. 그는 어느 날 자기 집 정원에 있을 때 "집어서 읽으라. 집어서 읽으라(Tolle lege, tolle lege)."라는 어린아이들의 노랫소리가 들려왔다고 말했다. 그는 성경을 집어 들었다. 그의 눈에 들어온 성경 구절은 로마서 13장 13, 14절이었다.

"낮에와 같이 단정히 행하고 방탕하거나 술취하지 말며 음란하거나 호색하지 말며 다투거나 시기하지 말고 오직 주 예수 그리스도로 옷 입고 정욕을 위하여 육신의 일을 도모하지 말라."[41]

아우구스티누스는 이것을 자신의 최종적인 회심으로 간주했다.[42] 그의 어머니 모니카는 그를 위해 오랫동안 기도해 온 일이 이루어지자 크게 기뻐했다. 그는 387년에 암브로시우스에게 세례를 받았고, 391년에 사제가 되었으며, 396년에는 히포의 주교에 임명되었다.

마니교

아우구스티누스는 한때 자신이 받아들였던 마니교를 즉시 강력하게 비판하기 시작했다. 그는 회심하기 이전에도 최상의 존재는 오직 하나라고 가르친 신플라톤주의에 설복되어 이미 마니교를 버린 상태였다. 그는 그리스도인이 된 이후에는 세상은 최상의 존재로부터 방출되었다는 신플라톤주의의 가르침을 버리고, 세상이 무로부터 창조되었다는 것을 깨달았다. 아우구스티누스의 하나님은 일부 교부들이나 플로티누스가 생각했던 비인격적인 "유일자"가 아니었다. 그는 하나님에 관해 말할 때 항상 인격적인 용어를 사용했다. 삼위일체의 각 위격이 서로 인격적인 관계를

---

41) 로마서 13장 13, 14절이 요한복음 3장 16절, 로마서 6장 23절, 에베소서 2장 8, 9절과는 달리 복음에 관한 본문이 아닌 사실은 매우 흥미롭다. 이 말씀은 은혜나 속죄를 구체적으로 언급하지 않고, 도덕적인 요구에 초점을 맞춘다. 따라서 이것은 기독교적 회심을 이끄는 전통적인 복음전도의 유형과는 거리가 멀다. 그러나 그 즈음 아우구스티누스는 구원의 은혜에 관한 성경의 가르침을 이미 알고 있었을 것이 틀림없다. 그의 걸림돌은 향락적인 삶이었다. 그것이 그가 그리스도를 주님으로 영접하지 못하게 방해하는 요인이었다. 아우구스티누스의 회심은 하나님이 사람들의 마음을 변화시키시는 방식이 매우 다양하다는 점을 잘 보여준다.

42) Augustine, *Confessions*, 8.28–29.

맺고 있다는 사실을 깨달은 그는 인격주의를 받아들였다.

그렇다면 악은 어디에서 비롯했을까? 하나님이 온전히 선하시다면 악을 방지하려는 의도를 가지셔야 하고, 그분이 전능하시다면 그렇게 할 수 있는 능력을 소유하셔야 마땅했다. 그러나 세상에는 엄연히 악이 존재한다. 하나님과 능력이 동일한 대립적인 세력이 존재한다는 마니교의 가르침에 동의하지 않는다면, 과연 이 사실을 어떻게 설명해야 할까?

아우구스티누스는 악은 비존재의 한 형태라고 말했다. 악은 하나님이 창조하신 것 가운데 하나가 아니다. 왜냐하면 하나님이 지으신 모든 것을 보시고 좋았다고 말씀하셨기 때문이다(창 1:31). 그러나 하나님이 창조하신 세상에는 "결여"가 존재한다. 소는 날개가 없고, 상수리나무는 과실을 맺지 못하며, 물은 불에 타지 않는다. 이런 결여는 정상적으로는 아무런 문제가 되지 않는다. 도넛에 구멍이 있는 것처럼 존재는 비존재를 포함한다. 그러나 때로 존재가 마땅히 있어야 할 자리가 비존재에 의해 잠식된다. 예를 들면 열매를 맺지 못하는 포도나무, 날지 못하는 새, 기형아로 출산한 아이 등이다. 아우구스티누스는 이런 경우의 비존재를 "결여"라고 일컬었다. 다른 모든 악의 근원이 되는 가장 큰 악은 도덕적 결여, 곧 천사들과 인간의 죄다. 하나님은 아담을 선하게 창조하셨지만, 그는 지나친 자기애에 사로잡혀 스스로의 자유의지로 하나님께 불순종했다.

아우구스티누스는 철학적인 문제들에 대한 일반적인 대답에 만족하지 않았다. 그로서는 신플라톤주의자들처럼 악을 비존재와 동일시하는 것으로는 충분하지 않았다.[43] 그는 독특한 기독교적 해답을 찾기 위해 성경을 파헤쳤다. 성경의 타락 기사는 악을 본질적으로 형이상학적인 문제가 아닌 도덕적인 문제로 분명하게 명시한다. 악은 하나님이 창조하신 선한 세상의 일부가 아니다. 그것은 하나님의 명령을 인격적으로 거부하는 것이다. 또한 세상에서 일어나는 자연 재해는 인간의 불순종에 대한 하나님의 저주에서 비롯한다.

그러나 악이 형이상학적인 것이 아니라 도덕적인 것이라면 비존재나 결여와 같은 용어를 사용해 악을 형이상학적으로 논증할 필요가 무엇인가? 이것은 일종의

---

43) 더욱이 그는 성경을 믿었기 때문에 비존재를 물질과 동일시하는 신플라톤주의나 영지주의의 견해를 따를 수 없었다.

"신정론", 즉 하나님이 악에 대해 아무런 책임이 없으시다는 것을 보여주기 위한 시도다. 신정론은 하나님이 피조 세계에 비존재가 아닌 존재를 창조하셨다는 것이다. 따라서 하나님은 존재의 결여에 대해 아무런 책임을 지지 않으신다. 그러나 이런 논증은 도넛을 만드는 제과업자가 도넛 구멍이 너무 크다는 사람들의 불평을 듣고서 자기는 도넛 구멍이 아닌 도넛을 만들 뿐이라고 대답하는 것과 논리가 약간 비슷하다. 물론 이런 논리를 하나님의 창조 사역에 적용하는 것은 좀 우습다. 하나님은 피조 세계에 대해 절대적인 주권을 행사하시기 때문에 우주에 있는 모든 존재를 창조하신다. 만일 우주 안에 비존재로 일컬어지는 것이 존재한다면, 그것도 역시 하나님이 만드신 것에 속한다.

"결여" 논증은 혼란을 초래할 수밖에 없다. 왜냐하면 악을 우주에 대한 형이상학의 일부로 설명할 수 있다는 의미가 내포되어 있기 때문이다. 우리로서는 단지 하나님이 선한 세상을 창조하셨지만 천사들과 인간이 그분께 불순종함으로써 악이 초래되었다고 말하는 것이 최선이다. 물론 이런 말은 "천사들과 인간을 불순종하도록 만든 것이 무엇이냐?"라는 물음을 제기하지만, 성경은 그 물음에 대해 명확한 대답을 제시하지 않는다. 사변과 추측에 의한 대답은 책임의 소재를 피조물에게서 창조주에게 떠넘기는 결과를 낳을 가능성이 높다. 따라서 이 문제는 신비에 가려진 것으로 남겨두는 것이 더 낫다.

이처럼 "결여" 이론은 타락도 설명하지 못하고, 악에 대한 책임으로부터 하나님을 옹호하지도 못할 뿐 아니라 윤리학과 형이상학의 혼란을 조장할 뿐이다. 따라서 나는 이 이론을 포기해야 한다고 생각한다.

아우구스티누스는 하나님이 피조 세계의 모든 측면에 주권적으로 관여하신다는 사실을 깨달아야 했다. 우주 안에 비존재와 결여가 존재한다면 하나님이 원하셨기 때문에 존재하는 것이다. 사실, 성경은 재해는 물론 죄까지도 하나님의 뜻에서 비롯했지만 죄에 대한 책임은 인간에게 있다고 가르친다(행 2:23, 4:26-28; 엡 1:11).[44] 만일 아우구스티누스가 하나님의 이런 뜻을 깨달았다면 자유의지에 관한 견해를 "자기 결정능력"이라는 교부들의 견해로부터 하나님의 주권과 조화를 이루는 견해로

---

44) 나는 이 점을 다음 자료에서 상세히 설명했다. *DG*, chap. 4, 9.

수정했을 것이다.

인식론

아우구스티누스는 회심하고 나서 곧바로 『아카데미 학파 논박(Contra Academicos)』을 저술해 회의론(그가 한때 수용했던 철학적 입장)을 비판했다. 아카데미 학파가 주장하는 대로 확실한 지식을 얻는 것이 불가능하다면 인간의 실존과 같은 가장 기본적인 진리조차도 알 수 없다. 아우구스티누스는 우리가 의심한다는 사실을 의심할 수는 없다고 말했다. 우리는 우리가 생각한다는 사실을 부인할 수 없다.[45]

그의 『독백』에 나오는 "이성과의 대화"에서 이성은 이렇게 묻는다.

이성 : 너는 무엇을 알고 싶으냐?
대답 : 하나님과 영혼, 이것이 내가 알고 싶은 것이다.

이성 : 더 알고 싶은 것은 없는가?
대답 : 없다.[46]

그러나 하나님과 영혼을 알기 위해서는 먼저 진리를 알아야 한다.[47] 진리는 본질상 사라질 수 없다. 왜냐하면 설혹 사라지더라도 진리가 사라졌다는 진리가 남기 때문이다. 따라서 진리는 결코 사라지지 않는다.[48] 진리는 불변하며, 영원하다(즉 신성하다). 영혼은 자신의 존재에 대해 스스로 속지 않는다. 따라서 하나님과 영혼은 존재하고, 진리는 그 둘 안에 존재한다.

아우구스티누스는 『교사론(De Magistro)』에서 학습자가 자신이 배우는 것을 미리 알고 있지 않으면 교육(특히 상징을 이용한 교육)은 불가능하다고 말했다. 학습자가 주

---

45) 이것은 "나는 생각한다. 그러므로 나는 존재한다(cogito ergo sum)."라는 데카르트의 유명한 명제의 시초다.
46) Augustine, *Soliloquies*, 1.2.7.
47) Ibid., 1.15.27.
48) Ibid., 2.2.2.

제에 관해 아무것도 모른다면 무엇을 살펴야 지식을 더 늘릴 수 있을지 어떻게 알겠는가? 학습은 각 사람이 이미 어느 정도의 지식을 소유하고 있어야만 비로소 가능하다. 우리는 무, 곧 전적인 무지에서부터 출발하지 않는다.[49]

아우구스티누스도 플라톤처럼 감각적 경험에 의해 지식을 얻을 수 있다는 것에 대해 다소 회의적인 입장을 취했다. 감각적 경험은 생각을 자극할 수는 있지만 가장 중요한 진리, 곧 보편적인 진리와 일반적인 개념은 생각 속에 이미 존재한다. 그렇지 않다면 우리가 보고, 듣는 형태나 소리는 아무런 의미가 없다. 그렇다면 그런 진리는 어디에서 비롯했을까? 아우구스티누스는 생각이 감각적 경험을 통해 그런 지식을 추출해 낸다는 아리스토텔레스의 견해를 따르지 않았다. 또한 그는 형상의 세계에 있었을 때의 경험을 통해 지식을 회상한다고 말했던 플라톤의 견해도 따르지 않았다. 그는 그런 진리들이 하나님의 생각 안에 존재한다고 믿었다. 우리가 그런 진리들을 아는 이유는 그분이 우리의 생각을 조명해 그것들을 인지하게 하시기 때문이다.

이처럼 아우구스티누스는 초기 교부들처럼 플라톤과 플로티누스에게 많은 영향을 받았다. 그러나 스스로가 생각하는 주제들에 대해 독특한 기독교적 대답을 찾으려는 그의 열정은 이전의 기독교 사상가들을 훨씬 능가했다. 그는 플라톤과는 달리 진리를 추상적인 개념으로 생각하지 않았다. 성경이 가르치는 대로 진리는 인격적이다. 진리는 요한복음 1장의 "로고스," 곧 말씀이신 그리스도를 통해 나타난 하나님의 인격과 밀접하게 관련된다(요 14:6). 인격적인 하나님이 인간의 생각을 밝혀 자기와 자신이 창조한 세상을 이해하도록 이끄실 때 지식을 얻을 수 있다. 따라서 아우구스티누스는 창조주와 피조물의 구별을 강조했고, 우리의 지식을 제자직의 일부인 "종의 지식"으로 간주했다.[50]

따라서 그는 "이해하려면 믿어라(crede ut intelligas)."라는 명제를 채택했다.[51] 앞으로 살펴보겠지만 이것은 캔터베리의 안셀무스의 명제가 되었다. 그는 이 명제를 약

---

49) 이와는 달리 존 로크는 인간의 생각을 "백지(tabula rasa)"에 비유했다. 그는 경험을 통해 그 빈 공간에 지식이 채워진다고 생각했다.
50) 다음 자료를 참조하라. Cornelius Vantil, *A Christian Theory of Knowledge* (Nutley, NJ: Presbyterian and Reformed, 1969), 118-42. 그러나 나는 반틸이 비판한 아우구스티누스의 견해를 오히려 인정하고 싶다.
51) Augustine, *Treatise on the Gospel of John*, 29.6.

간 고쳐 "나는 알기 위해 믿는다(credo ut intelligam)."라고 표현했다. 아우구스티누스나 안셀무스에게 믿음은 중립적인 이성적 과정에서 비롯한 결론이 아니라 진리 이해의 근간이었다.

삼위일체론

아우구스티누스는 인간의 이성으로는 삼위일체 교리를 직접 이해할 수 없다고 믿었다. 인간의 이성은 죄로 인해 어두워진 상태라서 삼위일체 교리의 심오한 이치를 헤아릴 수 없다. 하나님의 내적 본질은 이성과 감각적 경험의 범위를 초월한다. 따라서 우리가 이해하는 것은 무엇이든 전적으로 하나님의 계시에 달려 있다.

아우구스티누스는 니케아 공의회와 콘스탄티노플 공의회의 신조를 진심으로 받아들였다. 한 분 하나님이 성부와 성자와 성령이라는 세 위격으로 존재하신다.

그렇다면 이 세 위격은 서로 어떻게 관계하고, 또 하나의 신성과 어떤 관련을 맺고 있을까? 가이사랴의 바실리우스, 나지안주스의 그레고리우스, 닛사의 그레고리우스와 같은 갑바도기아 교부들은[52] 동방 교회 내에서 삼위일체 교리를 확립했던 아타나시우스의 견해를 따랐다. 그들은 세 사람이 모두 똑같은 인간이지만 구체적인 개성은 제각기 다른 것처럼 신성의 본질은 일반적이고 보편적이지만 세 위격은 제각기 독특한 속성을 지닌다고 믿었다. 따라서 그들은 삼위일체의 각 위격이 지닌 독특한 속성에 관심을 기울였다. 성부는 나시지 않고, 성자를 낳으신다. 그분은 신성의 원천이시다. 성자는 성부로부터 나시고, 성령은 나오신다. 이렇듯 갑바도기아 교부들은 각 위격의 독특한 속성을 강조했다. 아리우스주의자들은 정통주의가 각 위격의 독특한 속성을 구별하지 못한 사벨리우스주의나 다름없다고 비판했지만, 갑바도기아 교부들은 그런 비판을 일축했다.

그러나 아우구스티누스는 하나의 신성 안에 존재하는 세 위격의 단일성과 동등성을 다시 강조해야 할 필요성을 의식했다. 그는 본질을 뜻하는 라틴어 "substantia"를 사용해 하나님의 단일성을 나타내는 것이 오해를 불러일으킬 소지

---

[52] 바실리우스(330-79)는 가이사랴의 주교였고, 그의 형제인 닛사의 그레고리우스(332-95)는 닛사의 주교였으며, 그의 절친한 친구 나지안주스의 그레고리우스(329-89)는 콘스탄티노플의 총대주교를 지냈다.

가 있다고 생각했다. 그 이유는 그 말이 (아리스토텔레스의 본질적 속성과 우연적 속성처럼) 하나님이 소유할 수도 있고, 소유하지 않을 수도 있는 우연적 속성을 지니신다는 의미를 내포할 수도 있기 때문이었다. 아우구스티누스는 하나님을 하나의 "실재(essentia)"로 묘사하는 것이 더 낫다고 생각했다. 실재는 우연적 속성이 아닌 필연적 속성만을 포함한다. 따라서 하나님이 지혜로우시다면 그분은 마치 지혜 없이도 존재할 수 있는 것처럼 지혜를 "소유하고" 계신 것이 아니다. 지혜는 그분의 실재에 속한다. 어떤 것의 실재 안에 우연은 존재할 수 없다. 본질적인 것은 모두 그 자체의 정화(精華)다. 하나님은 지혜, 권능, 선 그 자체이시다. 그런 의미에서 하나님은 단순하시다.

삼위일체 안에서 성부가 성자를 나으시는 것은 필연적인 행위다. 지혜가 없으면 하나님이 되실 수 없는 것처럼, 그것이 없으면 하나님은 더 이상 하나님이 아니시다. 성령의 나오심도 마찬가지다.

이처럼 아우구스티누스는 갑바도기아 교부들보다 하나님의 단일성을 더 많이 강조했다. 그는 각 위격이 다른 위격들 "안에" 존재한다는 "상호 공재(circumcessio)"의 교리를 강조했다. 성삼위 하나님은 자연과 역사의 모든 사건에 동참하신다. 아우구스티누스에게 삼위일체를 설명하는 데 가장 좋은 비유는 하나님의 형상으로 창조된 인간의 생각이었다. 우리는 하나의 생각을 지니고 있지만, 그 안에는 기억과 이해와 의지(아우구스티누스는 이를 사랑과 가장 밀접하게 연관시켰다)가 존재한다. 이런 기능은 서로를 의존한다. 나머지 두 기능이 없으면 어떤 기능도 홀로 존재하거나 작용할 수 없다.

오늘날에는 (갑바도기아 교부들의 견해를 따른다고 주장하는) 위르겐 몰트만과 코넬리우스 플랜팅가와 같은 "사회적" 삼위일체론자들과 (아우구스티누스의 견해를 따른다고 주장하는) 헤르만 바빙크 및 전통에 좀 더 충실한 신학자들과 같은 "심리적" 삼위일체론자들 사이에서 신학적 논쟁이 벌어진다. 사회적 삼위일체론자들은 삼위일체는 인간의 사회적 관계와 관련된 비유를 통해 가장 잘 이해할 수 있다고 생각하고, 심리적 삼위일체론자들은 개인적인 생각과 사랑과 관련된 비유를 통해 가장 잘 이해할 수 있다고 생각한다. 사회적 삼위일체론자들은 아우구스티누스가 사벨리우스주의로 너무 가깝게 치우쳤다고 생각한다. (그렇다면 성부가 성자를 낳으셨다는 갑바도기아 교부들의 견해는 성부가 성자를 창조하셨다는 아리우스주의의 견해에 너무 가깝게 치우친 것은 아닐까?)[53]

삼위일체 교리는 심원한 신비다. 아우구스티누스의 『삼위일체론(De Trinitate)』을 읽어본 사람이면 누구나 그 불가해성을 인정하지 않을 수 없을 것이다. 나는 아우구스티누스의 견해가 갑바도기아 교부들의 견해보다는 좀 더 심오하고, 현대의 사회적 삼위일체론자들의 견해보다는 훨씬 더 심오하다고 생각한다. 그러나 아우구스티누스의 견해는 어떻게 세 위격이 역사 속에 들어와서 상호적인 관계를 맺으시는지를 명확하게 설명하지 못한다. 결국 오늘날의 신자들이 하나님의 단일성과 복수성에 관해 온전한 균형을 갖춘 견해, 곧 성경의 가르침에 담겨 있는 의미를 모두 살릴 수 있는 견해를 갖기는 불가능한 것처럼 보인다.

펠라기우스주의

펠라기우스는 영국의 수도사였다. 그도 아우구스티누스처럼 로마 사람들의 도덕적 상태에 경악을 금하지 못했다. 그는 그들에게 말씀을 전하고, 조언을 건네며 자유로운 도덕적 노력을 통해 삶을 개선할 수 있다고 가르쳤다. 그의 교재 가운데 하나는 아우구스티누스의 초기 저서인 『자유의지론(on the Freedom of the Will)』이었다. 그는 청중들에게 도덕적인 성공을 가로막을 수 있는 것은 아무것도 없다는 신념을 지니라고 권유했다. 특히 그는 아담의 타락이 그의 후손들에게 아무런 영향을 미치지 않았다고 주장했다. 죄의 습관은 깨뜨리기 어렵지만, 부지런히 노력하면 성공을 거둘 수 있다. 그는 충분히 선하다면 천국에 들어갈 공로가 될 수 있다고 말했다.

앞서 말한 대로 아우구스티누스의 회심은 그가 도덕적인 위기에 직면한 상황에서 이루어졌다. 로마서 13장 13, 14절은 그에게 탈출구를 보여주었다. 그는 나중에 깊은 성찰을 통해 자신의 변화가 스스로의 결정에 의한 결과가 아닌 하나님의 은혜가 자기 안에서 역사한 결과라고 믿게 되었다.

아우구스티누스는 원죄는 분명한 현실이라고 주장했다. 그는 아담의 죄가 그의

---

[53] 사벨리우스주의가 주로 서방에서, 아리우스주의는 주로 동방에서 각각 발전했다는 사실을 기억하면 이들이 그런 식으로 서로를 비판하는 이유가 좀 더 분명해진다. 그러나 그런 상호 비판의 이유가 지리나 문화의 요인에 의해 결정된다고 말할 수 있는 확실한 근거는 없다. 사실 지리상의 차이를 근거로 비판의 이유를 따지는 것은 발생론적 오류에 해당한다.

후손들을 오염시킨 탓에 그리스도의 사역을 통하지 않으면 그 누구도 구원의 희망을 가질 수 없다고 확신했다. 그런 확신 때문에 그는 자유의지에 관한 자신의 견해를 재고할 수밖에 없었다. 그는 자유의지의 개념을 버리지는 않았지만 두 가지 중요한 수정을 가했다. 첫째, 그는 형이상학적인 자유(자기 결정능력, 곧 원인 없이 행동할 수 있는 능력)로부터 도덕적 자유(선을 행할 수 있는 능력)에로 관심의 초점을 옮겼다(성경에서는 후자가 더욱 중요한 개념으로 취급된다). 둘째, 그는 도덕적 자유에 관한 성경의 역사를 네 단계로 나눠 제시했다. 1) 아담은 본래 죄를 지을 수도 있고, 짓지 않을 수도 있는 자유를 지녔다(posse peccare et posse non peccare). 2) 아담과 그의 후손은 타락 후에 영적으로 죽었고, 그 결과로 죄를 짓지 않을 수 있는 자유를 상실했다. 그들은 죄를 짓지 않을 수가 없게 되었다(non posse non peccare). 3) 그리스도 안에 있는 자들은 비록 여전히 죄를 지을지라도 옳은 것을 할 수 있는 자유를 되찾았다(posse non peccare). 4) 천국에서는 신자들이 온전히 의롭게 되고, 더 이상 죄를 짓지 않고 자유롭게 선을 행한다(non posse peccare).

이런 주장은 그리스도인들에게 구원의 의미를 가르치는 데 매우 효과적인 것으로 입증되었다. 아우구스티누스는 펠라기우스와의 논쟁을 통해 강력한 은혜의 교리를 발전시켰다. 그 후로 서구 신학(구교와 신교 모두)은 하나님의 은혜가 어떻게 인간에게 주어지는지에 관해서는 서로 의견이 크게 엇갈리면서도 모두 똑같이 은혜에 관심의 초점을 맞추기에 이르렀다.[54]

도덕적 자유에 관한 아우구스티누스의 설명은 엄청난 영향력을 지녔다. 그러나 그의 설명은 자유로운 선택이라는 형이상학적인 문제를 명확하게 해결하지 못했다. 그는 어떤 원인들이 의지(특히 거듭났거나 거듭나지 못한 인간의 본성)를 속박한다고 말했지만(마 12:35; 눅 6:45 참조), 결국 인간이 "원인 없는" 선택을 할 수 있는지는 여전히 해결되지 않은 문제로 남게 되었다.[55]

---

54) 아우구스티누스는 후기의 저서들을 통해 위대한 은혜의 신학자가 되었지만 루터와 칼빈과는 다르게 오직 믿음으로 의롭다 하심을 받는다는 교리는 분명하게 가르치지 않았다. 그는 의롭게 하다를 뜻하는 라틴어 "justificare"(헬라어로는 "디카이오오")를 종교 개혁자들이 이해했던 것과는 달리 "의롭다고 선언하다."가 아닌 "의롭게 만들다."라는 의미로 이해했다. 그 결과 그는 개신교 신학이 가르치는 칭의와 성화의 차이를 분명하게 구별하지 못했다.

55) 내 경험에 비춰보면 학생들은 어떤 이유에선지 종종 인과관계로부터의 자유라는 형이상학적인 문제(양립 가능론 대 자유의지론)와 도덕적 자유라는 윤리적 문제를 혼동한다. 앞에서 지적한 대로 이 둘은 서로 관련이 있지만 서로 동일한 것은 아니다.

『하나님의 도성』

『하나님의 도성(The City of God)』은 종종 아우구스티누스의 가장 위대한 저서로 손꼽힌다. 그는 413년부터 426년에 걸쳐 이 책을 집필했다. 이 책은 기독교가 로마 제국을 약화시켜 야만족들의 침략을 막아내지 못하게 만든다는 불평을 다루었다. 그의 대답은 때로 최초의 역사 철학으로 불린다. 아우구스티누스는 사회가 각기 충성된 시민들을 거느린 두 개의 "도성"으로 구성되어 있다고 주장했다. 하나는 하늘의 도성이고, 다른 하나는 세상의 도성이다. 그는 이렇게 말했다.

> 따라서 두 도성은 두 가지 사랑, 곧 세상의 도성은 하나님을 경멸하는 자아에 대한 사랑에 의해, 하늘의 도성은 자아를 경멸하는 하나님에 대한 사랑에 의해 각각 형성된다. 전자는 세상 안에 거하면서 스스로 영광을 누리고, 후자는 주님 안에 거한다. 전자는 사람들로부터 영광을 구하고, 후자는 양심의 증인이신 하나님을 가장 큰 영광으로 삼는다.[56]

세상보다는 교회 안에 하나님을 사랑하는 사람들이 비교적 많지만 두 도성은 교회와 국가를 가리키지 않는다. 따라서 최근에 어떤 사람들이 주장하는 것과는 달리 아우구스티누스의 견해를 루터의 "두 왕국" 교리의 선례로 간주하기는 어렵다.[57] 아우구스티누스는 하나님을 존중하는 자들과 그분을 미워하는 자들의 대립에 관심을 기울였다. 그런 대립은 모든 형태의 사회 제도와 문화적 상황 속에서 분명하게 확인된다. 아우구스티누스는 현대 사상가 중에서 삶의 모든 측면에 영향을 미치는 "갱생(팔린게네시스)"의 원리를 확립한 아브라함 카이퍼와 가장 많이 닮았다.[58] 로마 제국이 약해진 이유는 제국 내에 있는 그리스도인들 때문이 아니라 그 자체의 이교주의와 불신앙 때문이다.

아우구스티누스도 카이퍼처럼 어떤 문제와 관련해서는 신자들과 불신자들이 대

---

56) Augustine, *The City of God*, 14.28.
57) 두 왕국의 견해에 따르면, 하나님은 신성한 왕국과 속된 왕국 모두에게 권위를 부여하고, 오직 전자만이 성경에 의해 통치될 수 있도록 인도하신다. 그런 점에서 나는 다음 자료에서 두 왕국 이론을 논박했다. DCL. *The Escondido Theology* (Lakeland, FL: Whitefield Media Publications, 2011).
58) 13장에서 카이퍼에 관해 논의한 내용을 참조하라.

의를 위해 협력할 수 있다고 믿었다. 그러나 두 도성은 궁극적으로는 서로 다른 방향을 향해, 곧 하나는 하나님의 축복이 절정에 달할 순간을 향해, 다른 하나는 영원한 정죄를 향해 각각 나아간다.

『고백록』

아마도 아우구스티누스의 저서 가운데 가장 유명하고, 가장 널리 읽히는 저서는 『고백록(Confessions)』일 것이다. 이 책은 397년에서 400년까지 약 4년에 걸쳐 저술되었다. 이 책과 같은 책은 어디에서도 찾아보기 어렵다. 이 책은 일종의 신학적인 자서전이다. 아마도 그 분야에서는 이 책이 최초일 것이다. 아우구스티누스는 회심하기 이전부터 회심하기까지 하나님이 자신의 삶에 어떻게 관여하셨는지를 이해하기를 원했다. 또한 그는 자서전적인 기록 외에도 도덕성(그의 회심에서 도덕성이 얼마나 중요한 역할을 차지했는지를 기억하라)에 대한 고찰과 피조 세계에 나타난 하나님의 주권에 관한 설명을 그 책에 담았다. 하나님의 은혜가 그의 개인적인 경험에서부터 도덕적인 영역을 거쳐 온 우주까지 확대되는 과정을 설명한 아우구스티누스의 기록을 읽는 일은 참으로 흥미진진하다. 경건생활의 교본으로 『고백록』을 능가할 책은 없다. 책의 내용은 대부분 아우구스티누스와 하나님과의 대화로 이루어져 있다. 『고백록』의 유명한 서두를 잠시 인용하면 다음과 같다.

> 오, 주님. 주님은 위대하시니 크게 찬양을 받으소서. 주님의 권능은 위대하고, 그 지혜는 무한합니다. 그래서 주님의 지극히 하찮은 피조물인 인간은 주님을 찬양하기를 원합니다. 인간은 스스로의 유한성과 자신의 죄에 대한 증거와 "주님이 교만한 자를 물리치신다."는 증거를 늘 짊어지고 다니지만, 피조물의 작은 일부에 지나지 않은 인간은 여전히 주님을 찬양하기를 원합니다. 주님은 주님을 찬양하는 기쁨을 누리도록 인간을 독려하십니다. 왜냐하면 주님이 주님 자신을 위해 인간을 만드셨고, 인간의 마음은 주님 안에서 평화를 찾을 때까지 안식할 수 없기 때문입니다.[59]

---

59) Augustine, *Confessions*, 1.1.

핵심 용어

속사도 교부들(Apostolic Fathers)
영지주의(Gnosticism)
이온(Aeons)
마르시온(Marcion)
씨앗으로서의 로고스(Logos spermatikos)
이름 없는 하나님(Nameless God)
자유의지론적 자유(libertarian freedom)
신앙의 규칙(Rule of faith)
구원사(History of redemption)
무로부터의 창조(Creation ex nihilo)
몬타누스주의(Montanism)
전제(Presupposition)
필론 유대우스(Philo Judaeus)
신비주의(Mysticism)
육체적 의미(Somatic sense)
영적 의미(Pneumatic sense)
분석(Analysis, 오리게누스)
우시아(Ousia)
종속설(subordinationist)
좌파 오리게누스주의자(Left-wing Origenists)
아리우스주의(Arianism)
콘스탄티노플 공의회(Council of Constantinople)
영원한 발생(Eternal generation)
통합(Synthesis)
개혁자(Reformer)
집어서 읽어라(Tolle lege)
결여(Privation)
이해하기 위해 믿는다(Crede ut intelligas)
신성의 원천(Fountain of deity)
상호 공재(Circumcessio)
사회적 삼위일체론(Social Trinitarianism)
심리적 삼위일체론(Psychological Trinitarianism)
펠라기우스(Pelagius)

변증가들(The apologists)
비토스(Bythos)
가현설(Docetism)
로고스를 따라(Meta logou)
부정의 길(Via negativa)
자기 결정능력(Autexousion)
교회의 갓난아이(Church babies)
정경(Canon)
성경 신학(Biblical theology)
신격화(Deification)
『이단 반박 규정(Prescription)』
영혼 출생설(Traducianism)
정통(Orthodoxastai)
『6란 대역 성경(hexapla, 헥사플라)』
정신적 의미(Psychical sense)
통합(synthesis, 오리게누스)
유추(Analogy, 오리게누스)
후포스타시스(Hypostasis)
만물 회복설(Apokatastasis)
우파 오리게누스주의자(Right-wing Origenists)
호모우시오스(Homoousios)
니케아 공의회(Council of Nicaea)
영원한 발현(Eternal procession)
이단(Heresy)
확립자(Consolidator)
마니교(Manichaeism)
신정론(Theodicy)
갑바도기아 교부들(Cappadocians)
본질(Essentia)
하나님의 단순성(Simplicity of God)

죄를 지을 수 있는 자유(Posse peccare)

형이상학적 자유(Metaphysical freedom) 도덕적 자유(Moral freedom)
『하나님의 도성(The city of God)』 세상의 도성(The earthly city)
갱생(Palingenesis, 팔린게네시스)

학습을 위한 질문

1. 2세기 변증가들이 다루어야 했던 문제들을 간략하게 요약하라. 변증가들이 그런 문제들을 어떻게 해결하려고 노력했는지 설명하라.
2. "영지주의와 신플라톤주의는 기독교 역사의 초창기에 유행했던 사고방식과 세계관을 대표한다." 그 사고방식과 세계관을 간단하게 요약하고, 설명하라(저자의 도표가 도움이 된다면 활용해도 좋다). 그런 세계관은 구원에 관한 "윤리적" 견해보다는 "형이상학적" 견해를 어떤 식으로 제시하는가?
3. 사도들은 가현설에 어떻게 반응했는가?
4. 순교자 유스티누스는 헬라 철학자들이 사실상 그리스도인이었다고 주장했다. 그의 논리를 설명하고, 평가하라.
5. 저자는 "나는 기독교를 지성적으로 모나지 않게 만들어 믿기 쉽게 하려는 시도가 기독교 변증가들과 철학자들이 가장 흔히 저지르는 치명적인 실수라고 생각한다."라고 말했다. 순교자 유스티누스는 기독교를 지성적으로 모나지 않게 만들려고 시도했는가? 만일 그렇다면 그 결과는 무엇이었는가?
6. 유스티누스는 1) 하나님은 존재이시고, 2) 그분은 이미 존재하는 물질로 세상을 창조하셨으며, 3) 자기보다 열등한 존재를 만들어 세상을 창조하게 하셨다고 주장했다. 그의 주장을 설명하고, 평가하라.
7. 유스티누스의 자유의지론과 그에 대한 헬라 철학의 배경을 설명하라.
8. 사람들은 유스티누스와 다른 교부들처럼 종종 "어떻게 참된 믿음을 지닌 신자가 그렇게 많은 것을 잘못 생각할 수 있느냐?"고 묻는다. 이 말을 어떻게 생각하는가?
9. 이레나이우스가 영지주의의 신비가 "이상하고, 난해하다."고 말한 이유는 무엇인가? 몇 가지 예를 들어보라.
10. 이레나이우스가 초월과 내재에 관한 영지주의의 변증법적 견해를 어떻게 비판했는지 설명하라.

11. 이레나이우스는 이단 사상을 논박하면서 어떻게 정경의 본질을 묘사했고, 또 구원사적 관점을 발전시켰는가?

12. "우리는 여기에서 성경의 충족성, 절대적 삼위일체로서의 하나님, 하나님의 내재, 무로부터의 창조와 같은 다양한 신학적 개념들이 서로를 견고하게 보완하고 있는 것을 알 수 있다." 이 말의 의미를 설명하고, 평가하라.

13. "그(이레나이우스)는 구원을 속죄가 아닌 성육신의 관점에서 이해했다." 이 말의 의미를 설명하고, 평가하라. 구원을 인간을 신격화하는 의미로 말하는 것이 적절하다고 생각하는가?

14. "그러나 테르툴리아누스는 그런 대립 관계를 더욱 분명하게 드러내 확고한 인식론적인 원리를 구축하기에 이르렀다." 테르툴리아누스와 초기 교부들의 차이점에 초점을 맞춰 이 말의 의미를 설명하라.

15. "예루살렘이 아테네(아덴)와 무슨 관계가 있는가?"라는 테르툴리아누스의 유명한 수사학적 질문을 설명하고, 평가하라. 그는 기독교 신앙이 논리적으로 불합리하더라도 믿어야 한다고 생각했는가?

16. 테르툴리아누스는 삼위일체 교리에 무엇을 기여했는가? 그의 명제들은 어떻게 부적절한가?

17. 테르툴리아누스는 비기독교 사상 안에 존재하는 합리주의와 불합리주의의 변증법을 어떻게 이해했는가?

18. 알렉산드리아의 클레멘스는 믿음과 철학의 관계를 어떻게 이해했는지 설명하고, 평가하라.

19. "그(클레멘스)는 유스티누스와 매우 흡사한 신학으로 회귀했다." 클레멘스와 유스티누스의 신학 사상을 비교하라.

20. "오리게누스는 성경을 하나님의 말씀으로 높이 존중했지만 사변적이고, 철학적인 개념들을 광범위하게 가르치는 결과를 낳았다." 이 말의 의미를 설명하고, 평가하라.

21. "하나님에 관한 오리게누스의 교리는 필론과 유스티누스와 클레멘스가 영지주의와 신플라톤주의를 논박하며 발전시킨 견해를 따른다." 이 말의 의미를 설명하고, 평가하라.

22. 저자는 헬라어와 라틴어 용어를 사용해 삼위일체를 묘사했던 동방과 서방 교회 그리스도인 사이에서 의심이 증폭되었다고 말했다. 이 말의 의미를 설명하고, 평가하라.

23. 저자는 삼위일체에 관한 오리게누스의 견해가 모순을 일으킬 수 있다고 말했다. 무슨 의미인지 설명하라.

24. 창조, 영혼선재, 그리스도의 사역, 아포카타스타시스, 두 번째 타락에 관한 오리게누스

의 독특한 견해를 설명하고, 평가하라.

25. 아리우스주의를 여호와의 증인 및 영지주의와 비교하라.

26. 아리우스 논쟁의 주요 핵심을 말해 보라.

27. "그(아타나시우스)는 '호모우시오스' 교리를 굳게 견지했지만, 그 용어를 원하지 않고, 다른 용어로 동일한 교리를 표방했던 사람들과도 기꺼이 연대했다." 이 말의 의미를 설명하고, 평가하라.

28. 아타나시우스는 아리우스 논쟁에서 무엇을 가장 중요한 문제로 생각했는가?

29. 저자가 4세기의 논쟁과 16세기의 논쟁을 비교한 것에 대해 설명하고, 평가하라. 지금까지의 역사 속에서 또 다른 비교 사례를 찾는다면 무엇이 있겠는가?

30. 저자는 "나는 아타나시우스와 이레나이우스도 중요한 공통점을 지니고 있다고 생각한다."라고 말했다. 공통점을 나열하고, 설명하라. 아타나시우스는 이레나이우스의 장점과 단점을 어떻게 되풀이했는가?

31. 아우구스티누스의 회심은 윤리적인 의미를 지니는가? 논의하라.

32. 마니교와 악의 문제에 관한 아우구스티누스의 견해를 설명하고, 평가하라. 그는 윤리적인 것과 형이상학적인 것을 분리하려고 시도했는가? 만일 그랬다면 어떻게 했는가? 그의 시도는 성공했는가?

33. 인식론에 관한 플라톤의 견해와 아우구스티누스의 견해를 비교하고, 대조하라.

34. "그러나 스스로가 생각하는 주제들에 대해 독특한 기독교적 대답을 찾으려는 그(아우구스티누스)의 열정은 이전의 기독교 사상가들을 훨씬 능가했다." 몇 가지 예를 제시하고, 설명하라.

35. 삼위일체에 관한 아우구스티누스의 견해는 갑바도기아 교부들의 견해와 어떻게 다른가? 논의하라.

36. 사회적 삼위일체론과 심리적 삼위일체론을 비교하고, 평가하라.

37. 펠라기우스의 견해와 아우구스티누스의 반응을 설명하라.

38. 아우구스티누스가 말한 도덕적 자유의 네 단계를 설명하라. 저자가 "그러나 그의 설명은 자유로운 선택이라는 형이상학적인 문제를 명확하게 해결하지 못했다."라고 말한 이유는 무엇인가?

39. 저자가 아우구스티누스와 카이퍼를 어떻게 비교했는지 설명하고, 평가하라.

40. 아우구스티누스의 『고백록』의 요지는 무엇인가?

참고 문헌 : 초기 기독교 철학

출판물

Holmes, Michael W., ed., *The Apostolic Fathers: Greek Texts and English Translations* (Grand Rapids: Baker, 2007).

Schaff, Philip, et al., eds., *Ante-Nicene Fathers*, 10 vols (Peabody, MA: Hendrickson Publishers, 1996).

_____, eds., *Nicene and Post-Nicene Fathers*, 14 vols (Peabody, MA: Hendrickson Publishers, 1996).

온라인 자료

"바이블 스터디 툴스"에 보면 니케아 전후와 니케아 시대의 교부들의 글을 대부분 찾아볼 수 있다. http://www.biblestudytools.com/history/early-church-fathers/.

다음 사이트를 참조하면 이번 장에서 다룬 시기는 물론 그 이후 시기(보에티우스, 아벨라르, 안셀무스, 아퀴나스 등)의 중요한 기독교 저서들을 거의 대부분 찾아볼 수 있다. http://www.ccel.org.

Schaff, Philip, et al., eds., *Ante-Nicene, Nicene, and Post-Nicene Fathers*. Christian Classics Ethereal Library. 아마존 "킨들"에 최적화된 자료다. http://www.ccel.org/node/70.

다음 자료를 참조해도 이번 장에서 다룬 시기와 관련된 많은 자료를 찾아볼 수 있다. http://www.wikisource.org/.

스스로 읽기

이번 장에 인용된 책들과 위의 참고 문헌에서 소개한 책들을 여기저기 훑어보라. "여기저기 훑어보라."고 말한 이유는 일부 저자들의 책이 현대의 독자들이 읽기 편하게 편집되어 있지 않고, 내용이 너무 장황한 측면이 있기 때문이다. 특별히 다음의 책들을 읽어보라고 권하고 싶다.

Martyr, Justin, *First Apology*.
_____, *Dialogue with Trypho*.
_____, *Hortatory Address to the Greeks*(플라톤에 관한 주석 포함).

Irenaeus, *Against Heresies*.
Tertullian, *Prescription against Heretics*.
_____, *On the Flesh of Christ*.
_____, *Apologetics*.
Origen, *On First Principles*.
_____, *Against Celsus*.
Athanasius, *On the Incarnation of the Word*.
Augustine, *Confessions*.
_____, *The City of God*.
_____, *On Christian Doctrine*.
_____, *Handbook on Faith, Hope, and Love (Enchiridion)*.
_____, *Soliloquies*.
_____, *Anti-Pelagian Writings*.

온라인 듣기

웹 사이트 http://itunes.apple.com/us/course/legacy-history-philosophy/id694658914

- 기독교의 적대자들, 2세기 변증학, 이레나이우스 : 52:15
- 테르툴리아누스, 알렉산드리아의 클레멘스, 오리게누스, 아타나시우스 : 1:05:08
- 성 아우구스티누스 : 31:55

유명한 인용문

- **순교자 유스티누스** : http://en.wikiquote.org/wiki/justin_Martyr
- **테르툴리아누스** : http://en.wikiquote.org/wiki/Tertullian
- **오리게누스** : http://en.wikiquote.org/wiki/Origen
- **아타나시우스** : http://en.wikiquote.org/wiki/Athanasius_of_Alexandria
- **아우구스티누스** : http://en.wikiquote.org/wiki/Augustine_of_Hippo

개요

보에티우스(480–524)
위(僞)디오니시우스(5–6세기)
존 스코투스 에리게나(800–877)
캔터베리의 안셀무스(1033–1109)
  믿음과 이성
  『모놀로기온』
  『프로슬로기온』
  『왜 하나님이 인간이 되셨는가?』
스콜라주의적인 성향
토마스 아퀴나스(1224–74)
  믿음과 이성
  하나님의 존재
  하나님의 본질
  인식론
  언어
요하네스 둔스 스코투스(1274–1308)
윌리엄 오컴(1280–1349)
에크하르트 폰 호크하임(1260–1329)
결론

4장

중세 철학

아우구스티누스부터 17세기 중반까지는 기독교가 서구 철학에 가장 큰 영향을 미쳤다. 또한 이슬람과 유대의 사상가들도 나름대로 자신들의 주장을 펼쳤다. 지금까지 서구 사상의 역사에 있어 종교가 철학에 그토록 많은 영향을 미친 적은 없었다.

430년에 아우구스티누스가 사망했을 때 반달족이 그가 주교로 있었던 히포를 공격했다. 그것은 로마 제국이 더 이상 문명을 통합하는 역할을 하지 못하는 새 시대가 시작되었음을 알리는 상징적 사건이었다. 서구 문화와 문명을 유지하는 역할이 교회에게 주어졌다.

교회는 서구 사상을 보존함과 동시에 새롭게 변화시켰다. 이 과정에서 다양한 방식으로 기독교 신학과 고대 철학의 통합이 이루어졌다. 이미 교부들(특히 오리게누스)의 사상을 살펴본 대로 그런 식의 통합은 새로운 것이 아니었다. 그러나 중세의 통합은 이전보다 더 정교했다. 특히 아퀴나스나 둔스 스코투스나 오컴과 같은 중세 후반기 사상가들의 통합은 광범위하면서도 복잡하게 이루어졌다. 당시의 기독교 철학자들은 교부들과는 달리 박해나 이교 철학의 전통에 구애받지 않았다. 그러나 그들도 헬라 철학으로부터 완전히 자유롭지는 못했다.

그런 통합의 타당성은 좀 더 철저한 성경 신학을 요구했던 종교 개혁이 일어나기 전까지는 그리스도인들 사이에서 전혀 의문시되지 않았다. 그러나 앞으로 살펴보겠지만 종교 개혁이 일어난 지 얼마 후에 신교와 구교는 모두 급진적인 세속주의(현대 사상의 시작)라는 막강한 도전에 직면해야 했다. 기독교 사상은 현대에 접어들어선 후에도 고대에서와 마찬가지로 비종교적인 철학 사상과 경쟁해야 했다. 중세 시대는 고대와 현대(세속주의가 서구 사회를 지배하게 된 시기)의 중간에 낀 역사의 막간과 같은 시기였다. 당시는 두 차례 걸친 치열한 사상 전쟁의 사이에 끼여 비교적 많은 평화를 누렸다. 그러나 당시의 그리스도인들은 세속 사상가들의 도전이 없는 상태에서 자기들끼리 서로 다툴 때가 많았다.

보에티우스(Boethius, 480-524)

보에티우스는 로마에서 태어났다. 그의 계부이자 나중에 장인이 된 사람은 데오도리쿠스 왕 밑에서 집정관을 지냈던 동고트족 출신이자 아리우스주의자였던 심마쿠스였다. 보에티우스도 나중에 집정관으로 임명되었지만 선동죄로 체포되어 투옥되었다가 결국 처형되었다.

보에티우스는 공직자였을 뿐 아니라 유명한 철학자요 신학자이기도 했다. 그는 신플라톤주의자인 포피리의 『이사고게(Isagoge)』와 아리스토텔레스의 『오르가논』을 라틴어로 번역했다.[1] 또한 그는 아리스토텔레스의 『범주론』과 『명제론』을 해설했다. 아퀴나스 이전의 중세 사상가들은 교부들과 아우구스티누스처럼 대부분 아리스토텔레스보다는 플라톤에게 더 많은 영향을 받았다. 그러나 보에티우스는 어떤 점에서 아리스토텔레스에게 더 가까웠다. 그런 증거가 그가 번역에 관심을 두었던 책들과 용어들을 명확하게 정의하고자 했던 성향에서 분명하게 드러난다. 그는 플라톤과 아리스토텔레스의 상이한 견해들을 조화시킬 수 있다고 믿었지만 그런 조화를 이룬 책을 집필할 만큼 오래 살지 못했다.

---

[1] 『오르가논(Organon)』은 논리와 해석을 다룬 아리스토텔레스의 여섯 개의 저서(『범주론(Categories)』, 『명제론(Interpretation)』, 두 권의 『분석론(Analytics)』, 『변증론(Topics)』, 『궤변논박론(Sophistical Refutations)』)를 하나로 통합해서 부르는 명칭이다. 『형이상학(Metaphysics)』과 『형이하학(Physics)』, 『천체론(On the Heavens)』과 같은 좀 더 중요한 아리스토텔레스의 저서가 중세 시대 후반에 이르러서야 라틴어로 번역되어 라틴 세계에 알려졌다는 것은 의미심장하다. 이는 아퀴나스 이전까지만 해도 서구의 기독교 사상이 아리스토텔레스보다는 플라톤에게 훨씬 더 많은 영향을 받았다는 것을 의미한다.

오늘날 보에티우스는 두 가지 용어에 대한 정의를 내린 것으로 주로 기억된다. 첫째, 그는 하나님의 "영원성"을 "영원한 생명을 동시적으로 완전하고, 온전하게 소유한 상태"로 정의했다.[2] 아우구스티누스도 하나님은 시작도 없고 끝도 없을 뿐 아니라 시간 자체를 초월하신다고 생각했지만 그 개념을 구체적으로 묘사하기가 어렵다고 인정했다. 그러나 보에티우스는 특유의 간단명료한 방식으로 그 교리에 함축되어 있는 의미를 가르쳤다. 그는 유한한 피조물은 경험이 과거로 넘어가면 삶의 일부를 잃어버리지만 하나님은 자신의 삶을 조금도 잃어버리지 않으신다고 설명했다. 하나님은 시간을 초월하기 때문에 모든 것을 동시에 소유하신다. 그런 점에서 하나님의 영원성은 그분의 주권 및 자존성과 밀접하게 관련된다.

보에티우스(Boethius)

둘째, 보에티우스는 그리스도의 인성과 신성에 관한 논쟁을 다루었다. 칼케돈 공의회(451)는 그리스도께서는 한 "인격" 안에 두 본성을 소유하신다고 선언했다. 일찍이 니케아 공의회(325)와 콘스탄티노플 공의회(381)에서 확립된 삼위일체 교리에서도 이 용어들이 사용된 바 있었다[하나님은 존재(본질, 실체)는 하나이고, 인격은 셋이라는 교리]. 그러나 "인격"이라는 용어가 논란이 많았다. 사벨리우스주의자들은 하나님의 "가면" 또는 "역할"을 가리키는 의미로 이 용어를 사용했지만 정통 기독교 신자들은 그런 의미로 그리스도의 인격을 묘사하기를 거부했다. 보에티우스는 이 점을 분명하게 하고 싶어 했다. 그는 인격을 뜻하는 라틴어 "페르소나"를 헬라어 "후포스타시스"의 의미에 더 일치하게 만들기 위해 "인격"을 "이성적 본성을 지닌 개별적 실체"로 정의했다.[3] 이 정의는 기독론 논쟁에는 유익하지만 삼위일체론에 적용하면 하나인 하나님의 존재를 실체와 혼동하게 만들 소지가 있다. 만일 각 인격이 실체라면 삼위일체는 실체가 하나이면서 또한 셋이 되고 만다.

보에티우스의 가장 유명한 저서는 그의 마지막 투옥 기간에 집필된 『철학의 위로』이다. 이것은 철학적이고, 종교적인 관심사를 다루면서 예수님이나 성경이나 기

---

2) Boethius, *The Consolation of Philosophy*, 5.
3) Boethius, *A Treatise against Eutyches and Nestorius*, 4.

독교 교리를 한 번도 언급하지 않은 기묘한 책이다. 어떤 사람들은 보에티우스가 어려운 시련을 겪는 동안 신앙을 저버렸다고 생각한다. 그러나 그것은 학자들 사이에서 소수 의견에 지나지 않는다. 그는 구체적인 종교적 관점에서가 아닌 일반적인 철학적 관점에서 하나님을 종종 언급했다.

이 책은 보에티우스가 "철학의 여신"과 대화를 나누는 형식으로 이루어져 있다. 그 주제 가운데 하나는 악과 섭리의 관계다. 그는 하나님은 악을 미리 알고 계실 뿐 악의 원인자가 아니시라고 말했다. 이는 그가 인간의 자유에 대한 자유의지론적 견해를 지니고 있었다는 것을 보여준다.

더욱이 가장 큰 선은 우리 안에, 곧 생각의 생명 안에 있다. 운명조차도 그 생명을 우리에게서 빼앗아갈 수 없다. 보에티우스는 사람들이 본질적으로 선하지만 때때로 자유의지를 통해 악을 선택한다고 믿었다. 은혜에 관한 아우구스티누스의 성찰이 보에티우스에게 큰 영향을 준 것 같지는 않다.

보에티우스의 학문 정신은 중세 사상가들을 위한 본보기를 확립했다. 중요하면서도 안타까운 사실은 후대의 사상가들이 기독교의 계시를 전혀 언급하지 않고서도 철학적, 종교적 문제를 다룰 수 있다는 것을 그를 통해 배우게 된 것이다. 이런 점에서 보에티우스는 "자연 이성"에 관한 아퀴나스의 교리를 미리 예측하게 했다.

위(僞)디오니시우스(Pseudo-Dionysius, 5-6세기)

5세기 말과 6세기 초 사이에[4] 시리아인으로 추정되는 한 신비로운 인물이 "디오니시우스 아레오파기테(바울 사도를 통해 회심한 인물 가운데 하나, 행 17:34)"라는 이름으로 저술 활동을 했다. 어떤 사람들은 그가 그 이름을 허위로 사용했다고 주장하고, 어떤 사람들은 그것을 일종의 문학적 장치로 간주한다. 오늘날의 학자들은 대부분 그 이름이 실제가 아니었다고 확신한다. 그럼에도 불구하고 그 이름은 중세 시대 내내 다양한 혼란을 부추겼다. 대다수의 사람들은 그가 바울을 통해 회심한 실제 인물이

---

[4] 일부 자료들은 그의 연대를 670-725년으로 명시한다. 나로서는 그의 정확한 연대를 확정하기 어렵다.

라고 생각하고 높은 존경심을 표했다. 그는 동방 교회 내에서 가장 존경받는 사상가 가운데 한 사람이 되었고, 서방 교회 내에서도 상당한 영향력을 발휘했다. 토마스 아퀴나스는 그를 중요한 신학적 권위자의 하나로 간주해 그의 말을 약 1,700회나 인용했다.

그러나 위(僞)디오니시우스는 신플라톤주의에 많은 영향을 받은 사람이었다. 그는 플로티누스처럼 최고의 존재인 유일자를 만물의 근원이라고 생각했다. 그러나 플로티누스는 만물이 촛불에서 빛이 나오는 것처럼 신으로부터 방출되었기 때문에 만물이 사실상 신성을 지닌다고 주장했지만, 디오니시우스는 그런 견해가 기독교의 창조 교리와 양립할 수 없다는 것을 의식하고, 두 개념을 구별하기에 적합한 표현을 찾으려고 고심했다. 또한 그는 신플라톤주의의 일원론을 거부하고, 피조물들이 서로서로 다르다고 주장했다. 우주 만물은 플라톤의 주장과는 달리 단지 유일자의 그림자가 아니다. 우주 만물은 아리스토텔레스의 주장대로 궁극적인 목표이자 목적인 신에게로 이끌려 나아간다.

물론 이것은 모두 신비다. 디오니시우스는 하나님이 선과 빛과 지혜와 같은 속성을 지니신다고 말했다. 하나님은 그런 속성을 실제로 지니시고, 피조물들도 정도가 덜한 상태로 동일한 속성을 지닌다(즉 피조물은 하나님의 속성을 닮았다). 궁극적인 차원에서는 하나님의 완전한 지혜만이 참된 지혜다. 인간의 완전함은 그보다 덜 실제적이고, 비존재와 혼합되어 있는 상태다. 오직 하나님만이 온전한 의미에서 실제로 "존재하신다."[5] 그러나 그는 이 견해에 함축된 범신론적 의미를 극복하려고 노력했다.

결국 디오니시우스는 무지를 고백할 수밖에 없었다. 하나님은 우리에게는 어둠, 곧 근본적으로 알려질 수 없는 존재이시다. 만물의 배후에 있는 존재는 하나의 사물이 아니다. 또한 모든 개념의 배후에 있는 존재는 개념화시킬 수 없다. 따라서 우리는 하나님에 관해 오직 부정적인 지식(그분이 아닌 것)만을 알 뿐이다. 이것은 순교자 유스티누스와 알렉산드리아의 클레멘스의 사상에서 발견되는 "부정의 길"과 일맥상통한다. 그러나 신의 영역 아래에서부터는 존재들의 다양성이 갈수록 커지기

---

[5] 이런 견해가 지니는 분명한 장점 가운데 하나는 아우구스티누스가 주장한 것처럼 악은 어떤 점에서 비현실적이라는 점을 보여주는 것이다. 악은 존재보다는 비존재의 범주에 해당한다.

때문에 개념화시킬 수 있는 가능성도 더 커진다. 따라서 디오니시우스는 천사들과 유한한 존재들의 정교한 위계질서를 구축했다.

이성적인 생각은 하나님을 향해 이끌리지만 그분을 개념화시킬 수 없다. 하나님을 알 수 있는 유일한 길은 신비적인 방법, 곧 그리스도와의 연합뿐이다. 그분과의 연합 안에서는 그분에 관한 말이나 개념들은 심지어 부정적인 것들마저도 모두 다 아무 소용이 없다. 영지주의자들과 알렉산드리아의 클레멘스 이후로 디오니시우스는 기독교 신학과 신비주의를 접목시키는 데 가장 큰 역할을 했다. 이것이 건전한 발전인지는 의문이다. 왜냐하면 성경은 하나님의 본질과 속성을 긍정적으로 진술하기를 마다하지 않기 때문이다. 성경이 가르치는 하나님에 관한 지식은 형이상학적인 연합이 아닌 계시를 통해 주어졌다.

존 스코투스 에리게나(John Scotus Erigena, 800-877)[6]

에리게나는 디오니시우스의 저서를 라틴어로 번역했을 뿐 아니라 스스로도 기독교적 신플라톤주의를 부지런히 옹호했다. 그는 유럽에서 고대 문화가 야만적인 파괴 행위로부터 안전하게 보존된, 몇 안 되는 지역 가운데 하나인 아일랜드 출신이었다. 당시 서구 유럽에서 헬라어에 능통한 학자는 소수에 불과했는데 에리게나가 그 중에 한 사람이었다. 또한 그는 재능 있는 철학자요 신학자였다. 스텀프와 피서는 "그는 체계적인 글 솜씨를 통해 9세기의 가장 인상적인 사상가로 우뚝 섰다."라고 평가했다.[7] 그는 851년에 카를로스 대머리 왕의 궁정에 들어가 카롤링거 르네상스라고 알려진 문화를 꽃 피우는 일에 참여했다.

그의 철학적 주저는 『자연의 구분에 관해(On the Division of Nature)』이다. 이 제목에서 "자연"은 하나님과 피조 세계를 모두 포함한다. 진정한 현실은 오직 하나님뿐이

---

6) 어떤 자료에는 "에리우게나"로 표기되어 있다. 스코투스와 에리우게나는 그가 아일랜드 사람인 것을 밝히는 지리적 명칭이다.
7) Samuel Enoch Stumpf and James Fieser, *Socrates to Sartre and Beyond: A History of Philosophy* (Boston: McGraw-Hill, 2003), 148.

시고, 다른 모든 것은 그분에게서 나와 그분께로 돌아간다. 에리게나도 디오니시우스처럼 신플라톤주의의 범신론과는 다른 입장을 취하려고 노력했지만 그렇게 하기가 쉽지 않았다.

하나님에게서 비롯해 그분께로 다시 돌아가는 자연은 모두 네 가지로 "구분"된다.

1) 창조하되 창조되지 않는 자연. 이는 하나님 자신을 가리킨다. 에리게나도 디오니시우스처럼 하나님에 대한 우리의 지식은 부정적인 성격을 띤다고 생각했다. 하나님의 속성은 최고의 속성, 곧 최고의 선, 최고의 진리, 최고의 지혜이기 때문에 피조물의 속성과 혼동해서는 안 된다. 그러나 에리게나 역시 디오니시우스처럼 창조에 관한 성경적 개념과 방출이라는 신플라톤주의의 교리를 올바로 구분하지 못했다. 그는 하나님이 창조하신 만물과 그분의 편재("하나님이 만물 안에 존재하신다")를 동일시했다. 그는 창세기 1장의 증언과는 달리 창조를 태초에 이루어진 사건이 아닌 만물이 하나님께 계속해서 의존하는 과정으로 생각했다.

1장에서 "초월"과 "내재"에 관한 성경적 개념과 비성경적 개념에 관해 논의한 내용을 상기하라. 그곳에서 나는 아래의 도표를 사용했다.

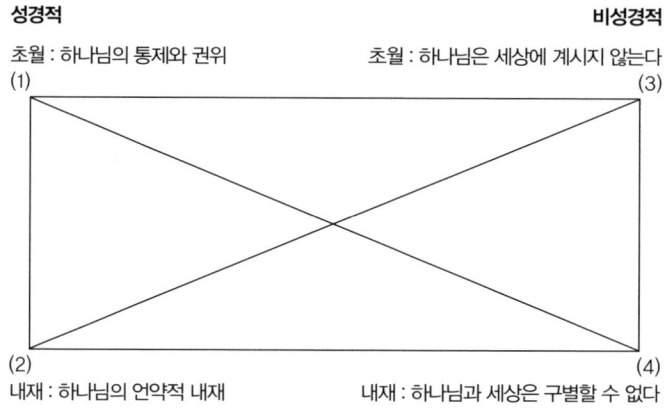

도표 4. 1. 에리게나의 초월과 내재

에리게나는 영지주의자들과 신플라톤주의자들처럼 극단적 초월(하나님은 우리를 온전히 초월하시기 때문에 그분을 알 수 없다)과 극단적 내재(하나님과 세상은 서로 동일하다)라는 개념을 주장했다.

2) **창조하고, 창조되는 자연**. 플라톤이 말한 만물의 형상을 가리킨다. 에리게나는 만물의 형상을 "로고스"와 동일시했다. 형상은 하나님의 속성과 그분의 생각이다.[8] 형상은 세상의 존재들을 "창조한다." 그러나 이것은 창세기 1장 1절이 말씀하는 창조와는 거리가 멀다. 이것은 형상이 다른 모든 존재의 원형으로서 그것들을 창조한다는 뜻, 곧 다른 존재들이 모두 형상에 "참여한다."는 의미를 내포한다.

3) **창조될 뿐 창조하지 않는 자연**. 우리가 경험하는 유한한 세상을 가리킨다. 천사들, 사람들, 동물들과 같이 형상의 유형을 따라 존재하며 형상에 참여하는 존재들이 여기에 포함된다.

4) **창조하지도 않고, 창조되지도 않는 자연**. 다시 하나님을 가리킨다. 그러나 이번에는 만물의 궁극적인 목적으로서의 하나님을 가리킨다.[9] 창조에 관한 에리게나의 생각과는 달리 이런 완성의 개념은 시간적이고, 역사적인 것처럼 보인다. 즉 마치 세상이 완성을 향해 스스로 나아가고, 결국 악은 심판을 받고, 만물은 하나님과 다시 연합하는 것처럼 들린다.

디오니시우스와 에리게나는 사상가들이 성경적인 세계관에서 얼마나 멀리 벗어날 수 있는지를 보여주는 중세 시대의 대표적인 인물들이다(아직도 위대한 신학자들 가운데는 이런 인물들의 사상을 받아들이는 사람들이 많다). 교황 호노리우스 3세는 1225년에 에리게나의 『자연의 구분에 관해』를 단죄했다. 그러나 에리게나 철학의 주된 원천인 위(僞)디오니시우스는 수세기 동안 신학적인 권위를 인정받았다. 그러나 그 두 사람은 모두 성경적인 창조 교리(창조주와 피조물의 구별)를 이해하지 못했다. 그들의 부정적인 신학은 피조 세계와 성경에 분명하게 나타난 하나님의 계시를 신성한 어

---

[8] 나는 그런 주장에 함축되어 있는 의미, 곧 하나님이 스스로의 생각과 속성을 창조하신다는 개념에 동의하지 않는다. 하나님의 속성은 곧 그분의 본질이고, 그분의 생각은 그분 자신의 영원한 성찰이다. 하나님의 속성이 창조되었다면 그분은 속성 없는 존재, 곧 아무것도 아닌 무에 불과하다. 이것은 플로티누스의 절대 초월과는 일치할지 모르지만 성경적인 개념은 아니다.

[9] 아리스토텔레스는 네 가지 원인(형상인, 작용인, 질료인, 목적인)을 구별했다. 에리게나는 앞서 하나님을 작용인(2, 3)과 형상인(2)으로 묘사했다. 이제 그는 하나님을 "목적인(만물의 목적)"으로 나타냈다. 하나님은 이 단계에서는 더 이상 창조하지 않으신다. 왜냐하면 창조의 사역이 끝났기 때문이다. 질료인은 존재하지 않는다. 에리게나와 신플라톤주의자들에게 물질은 본질적으로 비존재에 해당하기 때문이다(어떤 점에서는 아리스토텔레스도 이와 비슷한 견해였다).

둠으로 대체했다. 그들의 부정적인 신학은 하나님의 초월에 관한 비성경적인 개념을 전했고, 그들의 신플라톤주의적 세계관은 범신론(하나님의 내재에 관한 비성경적인 개념)의 오류에서 자유롭지 못했다.

캔터베리의 안셀무스(Anselm of Canterbury, 1033-1109)

안셀무스는 중세 시대의 다른 기독교 사상가들처럼 플라톤의 영향을 받았지만 위(僞)디오니시우스나 에리게나보다는 신학적으로 훨씬 더 정통적이었다. 그의 사상은 그들보다는 신플라톤주의로부터 훨씬 더 멀었고, 아우구스티누스에게 훨씬 더 가까웠다. 안셀무스는 때로 "두 번째 아우구스티누스"로 불린다.

믿음과 이성

캔터베리의 안셀무스
(Anselm of Canterbury)

내가 볼 때 안셀무스의 가장 중요한 공헌은 믿음과 이성의 관계를 설명한 것이다. 앞서 살펴본 대로 이것은 교부 시대 이후로 기독교 사상의 중요한 문제 가운데 하나였다. 기독교 철학자들은 기독교적 신앙의 규칙을 믿으면서도 종종 합리성에 관한 기준을 확보하기 위해 헬라 철학자들에게 의존했다. 유스티누스와 클레멘스와 같은 많은 사상가들이 헬라 철학의 이성과 믿음이 서로의 주장을 강화하며 조화롭게 작용하는 것처럼 생각했다. 그러나 때로는 테르툴리아누스처럼 그런 관계에 대해 강력하게 이의를 제기한 경우도 있었다. 교회는 삼위일체 논쟁을 벌이는 가운데 최소한 한 번은 헬라 철학에 의한 왜곡된 견해로부터 성경적인 삼위일체론을 자유롭게 만드는 중요한 싸움을 치른 바 있었다.

아우구스티누스는 비록 성경의 가르침에 대한 신념이 헬라 철학을 존중하는 마음보다 더 컸지만 정식으로 그 문제를 해결하려고 노력하지 않았다. 물론 그는 한

때는 "이해하려면 믿어라(crede ut intelligas)"라는 기치를 내걸기도 했다.[10] 안셀무스는 『프로슬로기온』에서 이 말을 1인칭으로 바꿔 "나는 이해하기 위해 믿는다."라고 말했다.[11] 사실 그는 다른 사람들의 조언을 듣고 나서 좀 더 간단하게 한 단어로 된 제목을 결정하기 전만 해도 "이해를 구하는 믿음(Fides Quaerens Intellectum)"을 제목으로 정하려고 생각했었다.

나는 이것이 "전제주의"를 나타낸 것이라고 이해한다.[12] 1장에서 성경적인 관점에 따르면 인간의 생각은 중립적이거나 자율적이거나 독립적이지 않고, 스스로 가장 권위적이라고 생각하는 원천에서 비롯한 판단의 기준을 전제로 한다고 지적한 바 있다. 사람들은 인간의 이성이나 감각적 경험, 또는 종교나 이데올로기를 진리의 궁극적인 판단 기준으로 생각한다. 그러나 그리스도인들의 궁극적인 판단 기준은 피조 세계와 성경이 계시하는 하나님이시다. 교부들과 중세 시대 철학자들은 어느 정도는 성경에 충실했지만 때로는 성경을 등한시하고 헬라 사상에 의존했다. "나는 이해하기 위해 믿는다."라는 명제는 믿음을 이성적 탐구의 근거이자 전제로 삼는다. 안셀무스는 자신의 명제가 "믿기 위해 이해한다."라는 개념과 정반대라는 것을 분명히 했다. 믿음은 지식의 결론이 아닌 그 근거다.

그러나 안셀무스가 말한 다른 개념들에 비춰 생각하면 그런 그의 입장을 옹호하기가 어려워진다. 예를 들어 그는 『모놀로기온』에서 자신의 목적을 이렇게 밝혔다.

성경에 있는 어떤 것도 성경 자체의 권위를 내세워 주장되어서는 안 된다. 독립적인 탐구의 결과를 통해 사실로 선언된 것은 무엇이든 공통된 증거와 단순한 논증 및 이성의 설득력에 근거해 아무런 과장 없이 간단명료하게 진리의 빛에 비춰 설명되어야 한다.[13]

또한 그는 『왜 하나님이 인간이 되셨나?』에서 불신자들을 상대로 한 그 책 전반부의 목적을 이렇게 밝혔다.

---

10) Augustine, *Treatise on the Gospel of John*, 29.6.
11) Anselm, *Proslogium*, 1.
12) 나는 이 개념을 고든 클라크와 코넬리우스 반틸과 연관시켜 좀 더 자세히 설명할 것이다. 13장을 참조하라.
13) Anselm, *Monologium*, preface.

결국 (마치 그리스도에 대해 아무것도 알 수 없는 것처럼) 그분을 고려하지 않더라도 절대적인 이성적 추론에 의해 누구도 그분 없이는 구원을 받을 수 없다는 것이 입증된다.[14]

이렇듯 그는 두 책의 서문에서 성경의 권위와 그리스도에 관한 계시를 제쳐두고, 계시와는 독립된 이성에 의해 자율적으로 견해를 주장했던 것처럼 보인다. 심지어는 그의 인식론에 관한 나의 전제론적 해석을 뒷받침하는 대다수의 증거를 포함하고 있는 『프로슬로기온』에서도 그는 자신의 생각이 어디에서 기원했는지에 대해 이렇게 설명했다.

나는 그것 자체 외에는 그 증거를 위해 다른 어떤 것도 요구하지 않는 단순한 논증, 곧 하나님이 진정으로 존재하시고, 다른 어떤 것도 요구하지 않는 최고의 선(곧 다른 모든 것의 존재와 행복은 물론 우리가 신성한 존재에 관해 믿는 모든 것을 뒷받침하는 데 반드시 필요한 선)이 존재한다는 것을 입증하기에 충분한 논증이 가능한지를 내 자신에게 묻기 시작했다.[15]

안셀무스는 스스로를 입증하는 자명한 논증을 찾았다. 그렇다면 결국 이것은 성경이나 전통에 의존하지 않는 논증, 곧 이성의 자율성에 근거한 논증을 가리키는 의미로밖에 달리 생각하기 어렵지 않겠는가?

과연 안셀무스의 생각은 무엇에 근거했을까? 성경에 계시된 그리스도에 관한 믿음이었을까, 자율적인 인간 이성에 대한 신뢰였을까? 아니면 그 둘 다였을까? 어떤 대답을 택하든지 안셀무스의 책에서 발견되는 모순된 대답을 적절히 설명할 수 있는 방법을 찾아야 할 필요가 있다. 나는 안셀무스가 이 문제와 관련해 온전한 일관성을 유지했다고 주장하지 않는다. 그러나 나는 그의 말들이 기독교의 전제론적 인식론과 조화를 이룰 수 있다고 생각한다. 『프로슬로기온』은 "나는 이해하기 위해 믿는다."와 "이해를 구하는 믿음"이라는 명제만이 아니라 계시에 근거한 사고를 암시하는 다른 많은 증거를 포함하고 있다.

---

14) Anselm, *Cur Deus Homo*, preface.
15) Anselm, *Proslogium*, preface.

1. 책 전체가 일종의 기도(하나님 앞에서의 이성적 추론)로 기록되었다. 따라서 하나님의 존재를 입증할 목적으로 그 책을 저술했지만 안셀무스가 그분의 존재에 관해 전혀 의심하지 않았다는 것이 분명하게 드러난다. 그는 자신의 기도에서 아무런 의심도 없다고 선언했다. 안셀무스의 "논증"은 처음부터 기도의 기능을 하도록 의도되었다. 그는 그 기도 안에서 이미 하나님의 현실과 임재에 온전히 압도되었다.

2. 안셀무스는 기도의 맥락에서 "나는 이해하기 위해 믿는다."라는 명제를 되풀이하면서 하나님의 진리에 대한 믿음과 사랑을 고백했다.

   오, 주님. 주님의 장엄하심을 헤아리려고 애쓰지 않으렵니다. 왜냐하면 저의 이해로는 그것을 결코 헤아릴 수 없기 때문입니다. 그러나 제 마음이 믿고, 사랑하는 주님의 진리를 어느 정도는 이해하고 싶습니다. 믿기 위해 이해하려는 것이 아니라 이해하기 위해 믿나이다. 내가 믿는 이유는 믿지 않으면 이해할 수 없기 때문입니다.[16]

3. 안셀무스는 하나님을 "그보다 더 위대한 것을 생각할 수 없는 존재"로 정의했다(안셀무스에게는 이것만으로도 하나님의 존재를 입증하기에 충분했다). 그의 정의는 계시에 근거했다.

   믿음에 이해를 허락하시는 주님, 이것이 유익하다고 생각하시거든 제가 주님이 우리가 믿는 그분이시고 우리가 믿는 그 진리이시라는 것을 이해할 수 있도록 허락하소서. 우리는 주님이 그보다 더 위대한 것을 생각할 수 없는 존재이시라고 믿나이다.[17]

   이 정의의 근거는 "우리가 믿는 그 진리"[18], 곧 교회의 믿음이다.

---

[16] Ibid., 1.
[17] Ibid., 2.
[18] 칼 바르트는 자신의 책에서 이 점을 강조했다. *Anselm: Fides Quaerens Intellectum* (Richmond, VA: John Knox Press, 1960). 나는 많은 점에서 바르트와 견해를 달리하지만 안셀무스에 관한 그의 평가는 매우 유익하다고 생각한다.

4. 수도사 가우닐로는 "하나님이 없다"(시 14:1)고 말하는 어리석은 자들을 대신해 안셀무스를 비판했다. 그러나 안셀무스는 이렇게 대답했다.

> 내가 『프로슬로기온』에서 제기한 논증은 어리석은 자를 향한 것이었다. 그러나 이런 반론을 제기한 사람은 결코 어리석은 자가 아니다. 그는 어리석은 자를 대신해 말하는 가톨릭 신자다. 나는 가톨릭 신자에게 대답하는 것을 만족스럽게 생각한다.[19]

안셀무스는 가우닐로에게 만일 『프로슬로기온』에 정의된 하나님의 개념을 믿지 않는다면 "믿음과 양심"을 저버리는 것이라고 말했다.[20] 믿음과 양심은 논증의 참된 근거다. 비판자에 대한 안셀무스의 대답을 포함해 『프로슬로기온』에서 제기된 모든 논증은 기독교적 계시에 의한 진리를 전제한다.

5. 안셀무스는 『왜 하나님이 인간이 되셨는가?』에서 "그리스도를 고려하지 않더라도"라고 말하고 나서 이렇게 덧붙였다.

> 지금까지 내가 문의자들에게 익숙하게 대답할 수 있는 믿음의 교리에 관한 증거들을 글로 써달라고 직접 말로나 편지로 매우 진지하게 부탁해 온 사람들이 많았다. 그들은 그런 증거들이 그들 자신을 만족하게 하고, 충족하게 한다고 말한다. 그들이 그렇게 요구하는 이유는 이성을 통해 믿음에 도달하기 위해서가 아니라 자신들이 믿는 진리를 이해하고 묵상함으로써 기쁨을 얻기 위해서다. 그들은 가능하면 우리 안에 있는 소망에 관한 이유를 묻는 사람들을 설득할 수 있는 준비를 갖추기를 원했다.[21]

안셀무스는 자신의 결론을 입증할 증거들을 제시할 것이라고 말했지만 독자들이 이성을 통해 믿음에 도달할 수 있다는 생각을 거부했다.

그가 쓴 책의 목적은 이유를 묻는 자들을 설득할 수 있는 능력을 갖추게 하고(벧전 3:15), 또 그들이 믿는 진리를 이해하고 묵상함으로써 기쁨을 얻게 하기 위해서다.

---

[19] Anselm, *Apologetic*, preface.
[20] Ibid., 1.
[21] Anselm, *Cur Deus Homo*, 1.

이처럼 안셀무스는 독자들이 이미 자신의 결론을 믿고 있다는 것을 전제했다.

이런 말을 하는 이유는 인간의 이성을 폄하하기 위해서가 아니다. 안셀무스는 모든 글이 이성적인 논의와 논증에 충실하기를 원했다. 문제는 그가 이성에 호소했느냐가 아니라 어떤 종류의 이성에 호소했느냐 하는 것이다. 물론 그는 중세 시대의 저술가다.

그는 『프로슬로기온』에서 시편 14편 1절에 언급된 무신론자를 겨냥했지만, 이른바 "계몽주의"로 알려진 급진적인 불신앙에 지배된 청중을 염두에 두고 글을 쓰지는 않았다. 그는 가톨릭 신자들을 위해 글을 썼다. 그는 "믿음과 양심"을 따르는 그들의 능력을 전제로 했다.

그는 『프로슬로기온』을 저술하면서, 믿음과 양심을 진지하게 생각하는 사람이면 누구나 하나님에 관한 자신의 정의를 받아들여 최소한 암묵적으로는 하나님의 존재를 믿을 것이라고 확신했다. 또한 그는 『왜 하나님이 인간이 되셨는가?』에서 자신의 결론을 이미 믿고 있다고 생각했던 사람들을 상대로 진리를 묵상하는 즐거운 연습의 일환으로 논증을 펼쳤다.

그렇다면 그는 왜 자신의 책에서 (성경과 독립된) 이성적인 추론에 호소했을까? 그 이유는 그가 이해를 구하는 믿음을 중시했기 때문이다. 이것이 그가 생각했던 신학의 본질이었다. 하나님을 믿는 것과 하나님에 대한 믿음을 일반적인 기독교적 세계관에 일치시키는 방법을 이해하는 것은 별개의 문제다.

『왜 하나님이 인간이 되셨는가?』 2장은 보소의 질문으로 대화가 시작된다.

> 전능하신 하나님이 인성을 갱신하기 위해 그 비천함과 연약함을 직접 취하셔야 할 필연성과 이유가 무엇인가?

보소는 이 질문을 불신앙에서 제기하지 않았다. 그는 하나님은 물론, 그분의 전능하심과 성육신을 믿었다. 그러나 그는 하나님이 그리스도 안에서 인성을 취하신 이유를 이해하지 못했다. 이것은 신학적인 질문이다.

안셀무스는 그 질문에 신학적으로 대답했다. 그는 보소가 믿고 있는 성경의 개념들을 사용해 대답을 제시했다. 안셀무스는 책의 나머지 부분에서 죄와 사탄과 천사와 영생과 죽음의 본질을 다루었다. 이것은 모두 성경의 개념들이다.[22] 따라서 "그리스도를 고려하지 않더라도"라는 안셀무스의 말은 성경의 계시를 모두 배제해야 한다는 의미와는 전혀 거리가 멀다.

이것은 일종의 신학적인 연습이다. 창조, 하나님의 사랑, 그리스도의 두 본성, 성화, 교회와 같은 성경의 교리들을 퍼즐 조각이라고 생각해 보자. 그리스도인들은 그런 조각들이 최소한 하나님의 생각 속에서는 서로 완벽하게 조화를 이룬다고 생각한다. 그 가운데 한 조각, 즉 성육신을 제거해도 다른 조각들을 고려하면 그 형태를 익히 짐작할 수 있다. 따라서 죄, 하나님의 정의, 하나님의 자비, 그리스도의 두 본성과 같은 성경의 가르침을 살펴보면 하나님이 인성을 취하셔야 할 이유를 이해할 수 있지 않을까? 『왜 하나님이 인간이 되셨는가?』의 목적은 바로 그 대답을 제시하는 데 있다. 이것이 안셀무스의 이성적 추론의 특성이다. 그의 이성적 추론은 "그리스도(또는 최소한 그분의 성육신)를 고려하지 않는" 방법을 취했다. 그러나 그것은 단지 퍼즐 조각들 가운데 하나를 잠시 제거해 다른 조각들과의 관계를 더 잘 묘사하기 위한 목적을 지녔을 뿐이다. 그것은 기독교 신앙이나 성경의 계시와 세계관에 대한 신념을 저버리는 행위가 아니었다. 따라서 "이해를 구하는 믿음"에 대한 안셀무스의 신념과 기독교의 진리 체계를 이루는 개별적인 진리들을 이성적으로 논증하려고 했던 그의 방법론은 서로 모순을 일으키지 않는다.

그와 비슷하게 안셀무스는 『모놀로기온』의 서문에서 "성경에 있는 어떤 것도 성경 자체의 권위를 내세워 주장되어서는 안 된다."라고 말했지만 그 말은 성경의 교리로서의 자명성을 부인하는 의미가 아니었다. 그것은 단지 자신의 방법론을 설명한 것이었다. 즉 그는 성경 구절을 인용함으로써 결론을 주장하지 않고, 성경 외적인 언어를 사용해 성경적인 교리의 논리적 근거(그가 믿었던 성경적인 세계관과 일치하거나 암묵적으로 그것을 지지하는 근거)를 해설하는 방법을 선택했다.

따라서 "이해를 구하는 믿음"이라는 문구에서 "믿음"은 계시를 통해 그리스도인

---

[22] 또한 안셀무스는 특정한 성경 구절을 언급했다. 예를 들어 9장은 이렇게 시작한다. "어떻게 그분은 스스로 원해서 죽으셨을까? 이것은 다음과 같은 의미를 지닌다. 그분은 '죽기까지 복종하셨다.' '이러므로 하나님이 그를 지극히 높여.' '내가…내려온 것은 내 뜻을 행하려 함이 아니요.' '자기 아들을 아끼지 아니하시고.' '나의 원대로 마시옵고 아버지의 원대로 하옵소서.'" 안셀무스는 그런 성경 구절들이 권위가 있다고 전제했고, 성육신에 관한 견해는 항상 그런 성경 구절들의 가르침과 일치해야 한다고 믿었다.

들에게 객관적으로 주어진 것을 가리킨다. 어떤 형태의 기독교적 추론이든 그 믿음을 전제로 한다. 그가 구사한 논증은 비록 성경적인 언어를 사용하지 않고, 또 성경적인 가르침을 "외면하는" 듯 보여도 실제로는 성경에 근거할 뿐 아니라 어떤 식으로든 성경과 일치하는 경우가 많았다.

『모놀로기온』

지금까지 믿음과 이성에 관한 안셀무스의 견해를 살펴보았다. 이번에는 그가 저술한 주요 저서들의 내용을 간단하게 살펴보자. 『모놀로기온(Monologium)』은 하나님의 존재와 본질에 대한 논증을 펼친다. 그의 논증은 나중에 토마스 아퀴나스가 제시한 좀 더 유명한 논증과 유사하다. 따라서 나는 이것을 아퀴나스를 논할 때 좀 더 상세하게 다룰 생각이다.

안셀무스의 논증은 인과성(하나님을 첫 번째 원인이자 모든 원인의 원인으로 간주하는 것)과 현실의 차원을 다룬다. 또한 그는 선과 위대함이라는 속성의 차원과 정도 및 식물, 동물, 사람이라는 존재의 차원을 다루었다. 두 영역 모두 위계질서를 형성하고 있다. 안셀무스는 그런 위계질서가 최상의 존재를 암시한다고 주장했다. 인과성에 근거한 그의 논증의 출처는 아리스토텔레스와 아우구스티누스에게서, 현실의 차원에 근거한 논증의 출처는 플라톤에게서 각각 발견할 수 있다. 플라톤은 정도가 다양한 갖가지 선은 그 원인이자 기준인 가장 높은 선을 암시한다고 주장했다. 또한 그는 존재는 정도의 차이를 드러내기 때문에 저급한 존재들은 가장 높은 존재(즉 낮은 존재들이 참여하는 존재의 형상)를 가리키고 있다고 주장했다.

물론 안셀무스는 (아리스토텔레스의 경우처럼) 첫 번째 원인을 추상적인 형태로 생각하거나 (플라톤의 경우처럼) 가장 높은 존재를 추상적인 형상으로 생각하지 않았다. 오히려 그는 성경의 하나님이 첫 번째 원인이자 가장 지고한 존재이시라고 믿었다. 따라서 그는 참된 하나님은 아리스토텔레스의 원동자나 플라톤의 선의 형상을 뛰어넘은 속성과 자질을 지니고 계신다는 것을 입증하기 위한 논증을 펼쳤다. 더욱이 그는 아우구스티누스의 사상에 근거해 하나님의 삼위일체적인 속성을 논증하기까지 했다.

『프로슬로기온』

안셀무스가 철학에 가장 크게 기여한 것은 『프로슬로기온(*Proslogium*)』에 제시된 대로 하나님의 존재를 입증하기 위한 논증이다. 임마누엘 칸트는 이 논증을 "존재론적 논증"이라고 일컬었지만, 안셀무스는 그것을 가리키는 특별한 명칭을 사용하지 않았다. 그는 그 책의 서문에서 『모놀로기온』에서의 논증이 너무 복잡했던 것에 대한 불만을 상기하면서 이렇게 말했다.

> 나는 그것 자체 외에는 그 증거를 위해 다른 어떤 것도 요구하지 않는 단순한 논증, 곧 하나님이 진정으로 존재하시고, 다른 어떤 것도 요구하지 않는 최고의 선(곧 다른 모든 것의 존재와 행복은 물론 우리가 신성한 존재에 관해 믿는 모든 것을 뒷받침하는 데 반드시 필요한 선)이 존재한다는 것을 입증하기에 충분한 논증이 가능한지를 내 자신에게 묻기 시작했다.[23]

이 질문에 대한 대답이 거의 계시처럼 안셀무스에게 주어졌다. 그는 "그것은 끈덕지게 조르듯 나를 압박해 오기 시작했다."라고 말했다.[24]

그는 1장에서 자신의 죄를 고백하며 조금이라도 깨우침을 허락해 달라고 구했다. 왜냐하면 믿기 위해서가 아니라 이해하기 위해 믿었기 때문이다. 2장에서 그는 하나님을 "그보다 더 위대한 것을 생각할 수 없는 존재"로 정의했다. 앞서 말한 대로 이는 기독교적 계시를 통해 주어진 사실이다. "하나님이 없다"(시 14:1)고 말하는 어리석은 자는 그런 존재가 존재한다고 믿지 않지만 최소한 "그의 생각 속에는" 이미 이에 대한 개념이 새겨져 있다. 문제는 어리석은 자가 이 존재가 실제로 존재한다고 생각하지 않는 것이다. 그러나 안셀무스는 그런 입장이 불가능하다고 말했다.

> 따라서 그것, 곧 그보다 더 위대한 것을 생각할 수 없는 것이 단지 생각 속에만 존재한다면, 그보다 더 위대한 것을 생각할 수 없는 바로 그 존재가 그보다 더 위대한 것을 생

---

[23] Anselm, *Proslogium*, preface.
[24] Ibid.

각할 수 있는 존재가 되고 만다. 그러나 그런 일은 절대 불가능하다. 따라서 그보다 더 위대한 것을 생각할 수 없는 존재가 존재한다는 것, 즉 그것이 생각과 현실 두 곳에 모두 존재한다는 것은 의심할 수 없는 사실이다.[25]

그는 3장에서 "하나님은 존재하실 뿐 아니라 존재하지 않으신다고 생각할 수조차도 없다."라고 결론지었다. 존재하지 않는다고 생각할 수 없는 존재는 존재하지 않는다고 생각할 수 있는 존재보다 더 위대하다. 따라서 하나님은 존재할 뿐 아니라 존재하지 않는다고 생각할 수조차도 없는 존재여야 마땅하다. 철학에서 그런 존재는 "우연적 존재"와 구별하기 위해 "필연적 존재"로 일컬어진다. 필연적 존재는 단지 우연히 존재하는 것이 아니라 반드시 존재하는 것을 가리킨다. 따라서 필연적 존재는 스스로에게만 의존한다. 그와는 달리 우연적 존재는 자기 외에 다른 것에 의존한다.

4장에서 안셀무스는 한 가지 반론을 다루었고, 나머지 장들에서는 하나님의 본질을 설명했다. 그의 기본 논증은 "존재하지 않는 것보다 존재하는 것이 더 나은 그것"이 곧 하나님이라는 것이다.[26] 따라서 하나님은 자존하는 존재이신 것이 틀림없다. 또한 그분은 만물을 창조하셨고,[27] 분명한 의식과 동정심을 지녔으며, 감정에 좌우되지 않고,[28] 전능하시다.[29]

앞에서 말한 대로 『프로슬로기온』에는 수도사 가우닐로가 안셀무스의 논증을 비판한 글과 그가 『변론(Apologetic)』에서 그런 비판에 대답한 내용이 덧붙여져 있다. 먼저 가우닐로는 그보다 더 위대한 것을 생각할 수 없는 존재라는 개념이 우리의 생각 속에 있는지부터 의심했다. 그런 비판에 대해 안셀무스는 그것은 기독교 신앙의 일부이기 때문에 가우닐로(어리석은 자가 아닌 가톨릭 신자) 자신이 이미 그런 개념을 가지고 있다고 대답했다.

---

[25] Ibid., 2.
[26] Ibid., 5.
[27] Ibid.
[28] Ibid., 6. 그러나 그는 하나님이 감정에 좌우되지 않으신다고 해도 그분이 "아무런 감정도 느끼지 못하신다고 말하는 것은 온당하지 않다."라고 덧붙였다.
[29] Ibid., 7.

또한 가우닐로는 안셀무스의 논증이 사실이라면 완전한 것(예를 들면 완전한 섬)의 존재를 쉽게 증명할 수 있어야 한다고 주장했다. 우리는 얼마든지 완전한 섬을 그보다 더 위대한 것을 생각할 수 없는 존재로 정의할 수 있다. 그렇다면 그런 섬도 반드시 존재해야 한다. 그러나 안셀무스는 섬은 아무리 완전하다고 해도 그보다 더 위대한 것을 생각할 수 없는 존재가 될 수 없다고 대답했다. 오직 그런 정의에 걸맞는 존재는 하나님뿐이다.

그러나 가우닐로의 비판이 안셀무스의 대답보다 더 설득력 있게 들릴 수도 있다. 왜냐하면 안셀무스의 논증에 따라 어떤 것의 존재를 입증할 수 있다면 그것은 하나의 개념에서 실제로 존재하는 것을 추론해 내는 과정 자체가 잘못되었다는 것을 암시하기 때문이다. 안셀무스의 논증을 통해 완전한 섬, 완전한 햄버거, 완전한 정치 체계 따위의 존재를 입증할 수 있다는 것은 주제가 무엇이 되었든지 그 과정 자체가 올바르지 못한 것이 사실이다. 완전한 무엇인가에 관한 정신적 개념으로부터 그것의 실질적인 존재를 추론하는 것은 불가능하다.

물론 플라톤은 이런 비판에 동의하지 않을 것이다. 그는 우리의 개념 속에 존재하는 완전한 것으로부터 완전한 형상의 실질적인 현실을 추론하는 것이 이성적으로 합당하다고 생각했다. 그런 이유로 학자들은 종종 안셀무스의 논증이 플라톤의 영향을 받았다고 말한다. 그러나 플라톤의 경우는 개념에서 현실을 추론하는 논증이 기독교의 하나님과 같은 인격적인 절대 존재가 아닌 선, 인간성, 용기, 지혜와 같은 많은 것을 입증하는 목적을 지녔다.

개념에서 현실을 추론하는 논증을 간단하게 배제할 수 없는 것은 분명하다. 어떤 점에서 우리는 오직 개념을 통해서만 현실을 알 수 있다. 개념으로부터 현실을 추론할 수 없다고 말하는 것은 우리의 개념을 믿을 만한 진리의 길잡이로 신뢰할 수 없다고 말하는 것이나 같다. 그것은 우리의 생각이 진리를 규명할 능력이 없다는 말과 다를 바 없다.

개념에서 현실을 추론하는 논증 방식에서 발견되는 특별히 중요한 사실 하나는 선, 악, 완전, 불완전과 같은 개념들이 가치 판단의 기준을 전제로 하고 있다는 것이다. 그런 기준이 타당하려면 한 사람의 주관에 국한되지 않고, 객관적이어야 한다. 다시 말해 완전함의 가장 높은 기준이 실제로 존재해야 한다. 그런 점에서 존재는 하나의 완전함이고, 완전한 것은 실제로 존재하는 하나의 현실이다. 이것이 우리가 안셀무스의 논증으로부터 배울 수 있는 것이다.[30]

안셀무스의 논증은 역사를 거치면서 다른 많은 비판에 직면했지만 놀랍게도 항상 옹호자들이 존재했다. 이것은 오늘날에도 마찬가지다. 가우닐로 이후에 아퀴나스, 흄, 칸트, 버트런드 러셀, 마이클 마틴을 비롯해 많은 사람들이 그의 논증을 거부했다. 그러나 데카르트, 스피노자, 라이프니츠, 헤겔, 화이트헤드, 하트숀, 노먼 말콤, 앨빈 플랜팅가는 그 논증을 다양한 형태로 받아들였다. 의심의 눈으로 그 논증을 대하는 사람들은 그것을 진지하게 받아들이기를 꺼려한다. 그러나 설혹 그것이 크게 잘못된 논증일지라도 무엇이 잘못인지를 입증하기는 너무나도 어렵다. 철학적 논증이 대개 그렇듯이 이 논증을 논박하려고 시도했던 사람들도 오히려 거기에 매료되는 경우가 적지 않았다. 그런 논쟁의 경우를 간단히 살펴보면 다음과 같다.

간단한 삼단논법을 이용해 안셀무스의 논증을 정리해 보자.

하나님은 모든 완전함을 지니신다.
존재는 하나의 완전함이다.
그러므로 하나님은 존재하신다.

칸트는 존재를 완전한 것으로 다루는 것이 부당하다고 생각했다. 그가 보기에는 존재는 적절한 술어조차도 되지 못했다. 칸트의 경우, 존재 자체는 개념에 아무것도 "더하지" 못한다. 존재하는 사과에 대한 개념과 존재하지 않은 사과의 개념은 서로 아무런 차이가 없다.

그러나 나는 어떤 점에서 그것은 서로 분명한 차이가 있다고 생각한다. "씨비스킷"은 실존하는 말이었다. 그러나 론 레인저의 말 실버는 실제로 존재하지 않았다. 씨비스킷과 실버의 차이는 그들 가운데 하나가 실제로 존재한다는 것이다. 그 차이는 개념 속에서나 현실 속에서 똑같이 분명하다.

---

[30] 또한 『모놀로기온』에서 발견되는 등급의 논증도 많은 교훈을 준다. 『프로슬로기온』의 논증과 유사한 논증은 후대의 철학자들과 신학자들이 발전시킨 "도덕적 논증"이다. 그것은 가치의 정도(이 경우에는 도덕적 가치)에 근거한 논증이다. 다음 자료를 참조하라. *AJCB*, 95-123.

내가 보기에는 존재가 적법한 술어라고 인정하고 나서 그것이 과연 완전한가를 따지는 것이 더 강력한 비판이 될 수 있다. 예를 들어 불교 신자는 존재가 악이라고 믿을 것이 분명하다. 사는 것이 곧 고통이라는 것이 불교의 가르침이기 때문에 존재하는 것보다는 존재하지 않는 것이 더 낫다. 따라서 이를 근거로 안셀무스의 논증을 이용해 "하나님은 모든 완전함을 지니신다. 비존재는 하나의 완전함이다. 따라서 하나님은 존재하지 않으신다."라는 식으로 하나님의 비존재를 입증할 수도 있다.[31]

"완전(안셀무스의 경우는 "위대함")"의 개념은 불확실하다. 존재가 하나의 완전함이라는 안셀무스의 신념은 기독교적인 차원에서만 이해가 가능하다. 왜냐하면 하나님이 창세기 1장 31절에서 모든 피조물, 곧 존재하는 모든 것이 심히 좋았다고 선언하셨기 때문이다. 안셀무스는 기독교의 계시를 인정하기 때문에 자연히 완전함에 관한 기독교적 기준을 전제로 삼는다. 그러나 불교 신자들을 비롯한 다른 사람들은 그의 전제를 공유하지 않는다.

무엇이 완전한 존재를 구성하느냐에 관한 문제에 대해서도 의견이 엇갈린다. 찰스 하트숀은 완전한 존재는 안셀무스가 말한 것과는 달리 변하지 않는 것이 아니라 자신을 변화시켜 외부의 상황에 적응한다고 생각했다.[32] 물론 하나님에 관한 그런 견해는 안셀무스의 견해와는 매우 다른 신학을 전제로 한다. 안셀무스의 논증은 완전한 것과 완전하지 않은 것에 대한 특정한 견해를 전제로 한다. 따라서 다른 견해를 전제로 하는 사람들은 그의 논증을 설득력 있게 받아들이지 않거나 하트숀처럼 안셀무스와는 사뭇 다른 방식으로 하나님의 존재를 입증하기 위해 그 논증을 새롭게 고칠 것이 분명하다.

이처럼 비판의 역사를 돌아보면 안셀무스의 논증이 기독교적 계시에 근거한 세계관을 전제로 한다는 나의 평가가 타당하다는 것을 알 수 있다.

---

31) 다음 자료를 참조하라. J. N. Findlay et al, "Can God's Existence Be Disproved?" *New Essays in Philosophical Theology*, ed. Antony Flew and Alasdair C. MacIntyre (London: SCM Press, 1955), 47–75.

32) Charles Hartshorne, "The Formal Validity and Real Significance of the Ontological Argument," *Philosophical Review* 53 (May 1944), 225–45. 아울러 과정 신학에 관한 11장의 논의를 참조하라.

『왜 하나님이 인간이 되셨는가?』

우리가 살펴볼 안셀무스의 세 번째 책은 하나님이 그리스도 안에서 인간이 되신 이유를 묻는다. 그는 그리스도께서 사람들을 죄에서 구원하기 위해 오셨다고 대답했다. 그는 중세 봉건주의의 관점을 바탕으로 그런 대답을 제시했다. 죄는 하나님의 "영예"를 욕되게 한다. 하나님이 인간과 화목하시려면 지은 빚을 갚아 그분을 "만족시키게" 해야 한다. 그러나 하나님의 영예를 욕되게 하는 것은 무한히 중한 죄이기 때문에 인간의 힘으로는 해결하기가 불가능하다.

해결책은 성자 하나님이 인간이 되어 생명을 내놓는 것뿐이다. 죄 없는 예수님은 하나님께 빚진 것이 아무것도 없다. 따라서 예수님이 생명을 내놓으신 것은 빚지지도 않은 것에 대한 보상, 곧 요구되는 것을 무한히 초월하는 행위에 해당한다. 그분은 공로를 세우셨고, 그 공로를 사람들에게 넘겨주셨다.

안셀무스의 속죄론은 오리게누스와 닛사의 그레고리우스가 주장했던 속죄론(그리스도의 속죄는 마귀에게 속전을 지불하고, 사람들을 그의 손아귀에서 자유롭게 하기 위한 것이라는 견해)의 그릇됨을 드러냈다. 안셀무스는 마귀는 인류에게 아무런 주장도 할 수 없고, 문제의 당사자는 하나님과 사람들이라고 말했다. 그는 속죄를 하나님에 대한 인간의 반역과 직접 결부시킴으로써 서구 교회의 속죄론을 위한 기초를 놓았다.

그러나 일부 개혁주의 사상가들은 안셀무스의 속죄론이 부적절하다고 생각한다. 루이스 벌코프의 비판 가운데 가장 영향력이 큰 비판을 간단히 인용하면 다음과 같다.

> 2. 그 이론은 그리스도께서 죄의 형벌을 감당하기 위해 고난을 받으셨고, 그분의 고난이 대리적 의미를 지닌다는 개념을 내포하고 있지 않다. 그 이론에 따르면, 그리스도의 죽음은 단지 성부의 영예를 위해 자발적으로 바친 제물에 지나지 않는다. 이것은 여분의 공로로 다른 사람들의 과오를 보상한다는 의미로 로마 가톨릭교회의 "보속의 교리"를 그리스도의 사역에 적용한 것이다.[33]

---

33) Louis Berkhof, *Systematic Theology* (London: Banner of Truth, 1949), 386.

안셀무스가 속죄에 관한 종교 개혁자들의 사상을 지배했던 "법정적" 개념을 강조하지 않은 것은 사실이다. 그러나 그는 죄가 하나님의 영예를 욕되게 하는 것이라고 분명하게 말했다.

> 이것은 인간과 천사가 하나님께 지고 있는 빚이다. 이 빚을 갚는 사람은 죄를 짓지 않지만 이 빚을 갚지 않는 사람은 모두 죄를 짓는다. 이것은 정직함, 곧 의지의 올곧음으로 마음(의지)을 의롭고, 정직하게 만든다. 이것이 우리가 하나님께 빚진 유일하고, 완전한 영예의 빚이다. 하나님은 그 빚을 우리에게 요구하신다. 그런 의지가 발현된다면 하나님을 기쁘시게 한다. 또한 그런 의지는 발현되지 않더라도 그 자체로 즐겁다. 왜냐하면 그것이 없으면 어떤 행위도 인정받을 수 없기 때문이다. 하나님이 받으시기에 합당한 이 영예를 그분께 돌리지 않는 사람은 하나님의 것을 빼앗아 그분을 욕되게 한다. 이것이 바로 죄다.[34]

그리고 나서 안셀무스는 12장에서 "하나님이 빚을 청산하지 않고, 동정심만으로 죄를 없애는 것이 과연 온당한가?"라는 문제를 다루었다. 그에 대한 대답은 "온당하지 않다."이다. 그 이유는 다음과 같다.

> 그런 식으로 죄를 용서하는 것은 징벌하지 않는 것과 마찬가지다. 보상이나 징벌 없이 죄를 없애는 것은 옳지 않다. 죄를 징벌하지 않으면 죄를 무작정 묵인하는 것이다.

이처럼 안셀무스는 분명히 죄와 징벌의 관점에서 생각했다. 그는 14장에서 "하나님의 영예는 악인들을 징벌하는 데 있다."라고 말했고, 15장에서는 하나님은 "자신의 영예가 조금이라도 훼손되는 것을 용납하지 않으신다."라고 주장했다. 또한 그는 그 다음 장에서는 인간은 스스로의 행위로 죄를 보상할 수 없다고 말했다.

따라서 "예수님이 우리가 받아야 할 형벌을 대신 받으셨다."라고 명확하게 밝히지는 않았지만 그의 견해에는 형벌적 대리속죄의 개념이 함축되어 있는 것이 분명

---

[34] Anselm, *Cur Deus Homo*, 1,11.

하다. 그가 그 점을 좀 더 확실하게 설명했더라면 좋았을 것이다. 한편, 현대의 복음주의자들도 안셀무스가 강조한 것(하나님의 율법을 어긴 것이 그토록 중대한 잘못인 이유는 하나님을 욕되게 하는 것이기 때문이라는 것)을 좀 더 확실하게 강조해야 할 필요가 있다. 우리는 추상적인 율법이 아닌 인격적인 절대자이신 하나님을 대한다. 우리의 문제는 관계의 파괴다. 하나님의 율법을 어기는 것이 그토록 중대한 죄악인 이유가 여기에 있다. 죄의 형벌은 죽음이다. 하나님의 아들이 우리를 대신해 죽으셔야 했던 이유는 바로 그 때문이었다.

스콜라주의적인 성향

앞 장과 이번 장에서 논의한 대로 기독교 사상가들은 헬라 철학에 정통한 지식을 통해 학문적인 격식을 갖추려는 경향이 있었다. 안셀무스는 그런 잘못을 가장 적게 저지른 사람 가운데 하나였다. 그는 모든 이성적 추론을 기독교적 신앙의 토대 위에서 진행하려고 노력했다. 그러나 디오니시우스와 에리게나는 물론, 보에티우스도 철학적인 식견을 추구하기 위해 성경의 가르침을 무시하거나 타협하려는 성향을 드러냈다.

피터 레잇하트는 중세 시대 후기에 교회 안에서 신학자들이 두 진영으로 나뉘었다고 말했다. 하나는 수도원 학파였고, 다른 하나는 성당 학파였다. 그는 이렇게 설명했다.

> 수도원의 신학자들과 학교의 신학자들 사이에서 나타난 사회적 차이는 서로 분명한 대조를 이루었다. 수도사들은 한 곳에 뿌리를 두었고, 학교의 학자들은 유동적이었다. 훗날 러시아 소설에 등장한 뿌리 없는 서구 지성인들의 기원이 후자에서 비롯했다. 수도사들은 복종의 의무를 감당했고, 학자들은 경쟁적인 환경 속에 살았다. 따라서 학생들을 끌어 모으려면 혁신을 추구해야 했다. 수도사들은 성경학자들이었고, 수사학과 문법을 성경을 설명하는 수단으로 사용한 것에 비해, 학자들은 "문제들"을 해결할 수 있는 변증술(논리학)을 사용했다. 수도사들은 성경에 입각한 무한히 자유로운 교제와 묵상을

통해 하나님과의 연합을 추구했고, 학자들은 논리학의 적용과 토론과 논쟁을 통해 명제적 진리를 추구하면서 기독교 진리를 체계적으로 요약하고, 조직화하려고 시도했다.[35]

스콜라주의란 "학교 신학"이라는 뜻이다. 스콜라주의는 과거의 모든 권위 있는 사상가들을 한데 모아 비교하며 서로 일치하는 점이 무엇인지 파악하고, 일치하지 않은 점이 있을 때는 누구의 견해가 옳은지를 결정하는 데 초점을 맞추었다. 권위 있는 사상가들 가운데는 교부들(특히 아우구스티누스)은 물론 플라톤, 신플라톤주의 추종자들, 아리스토텔레스와 같은 헬라 철학자들이 포함되었다. 앞서 말한 대로 보에티우스는 아리스토텔레스의 논리학 『오르가논』을 번역했다. 교회는 중세 시대 후반에 이르자 아리스토텔레스의 형이상학과 과학적인 저서들까지 접할 수 있게 되었다.

그것들은 먼저 아랍어 번역과 해석을 통해 주어졌다. 왜냐하면 당시에는 무슬림의 학문이 전성기를 구가했기 때문이다. 페르시아 학자인 "아비센나(980-1037)"는 아리스토텔레스의 철학과 코란의 신학을 조합시켰다. 그도 아리스토텔레스와 오리게누스처럼 창조를 태초에 있었던 사건(성경과 코란의 증언)이 아닌 하나님의 영원한 사역으로 간주했다. 또한 아비센나는 신플라톤주의처럼 세상을 위계질서에 따른 방출로 설명했다.

또 페르시아 사상가였던 "알 가잘리(1058-1111)"는 이슬람과 철학을 조합시키려는 시도를 반대했다. 그는 조금 전에 언급한 아비센나의 의심스런 견해를 논박했고, 심지어는 인과성에 관한 아리스토텔레스의 개념까지 거부했다. 그는 오직 하나님만을 유일한 작인으로 간주했다. 그는 이성은 이단 사상과 맞서 싸우는 역할을 하지만, 계시와 동떨어진 형이상학적 개념을 발전시키는 데 사용되어서는 안 된다고 가르쳤다. 하나님에 관한 가장 고귀한 지식은 이성이 아닌 신비적 연합을 통해 주

---

[35] Peter J. Leithart, "Medieval Theology and the Roots of Modernity," *Revolutions in Worldview: Understanding the Flow of Western Thought*, ed. W. Andrew Hoffecker (Phillipsburg, NJ: P&R Publishing, 2007), 147. 그는 각주에서 캔터베리의 안셀무스는 묵상과 기도로 이성적 추론을 시도했지만 성경을 좀처럼 인용하지 않았다는 점에서 매우 독특했다고 덧붙였다. 나도 그 말에 동의하지만 안셀무스가 비록 성경을 많이 인용하지는 않았지만 그의 주된 목적은 그리스도인들이 믿는 신앙의 토대가 되는 성경의 교리들을 설명하고 옹호하는 것이었다는 말을 덧붙이고 싶다. 그의 관심은 학문적이라기보다는 목회적이고, 헌신적인 것에 있었다.

어진다. 알 가잘리는 이 신념을 통해 이슬람의 수피 신비주의 전통을 비롯해 디오니시우스와 엘리게나와 같은 사상가들을 통해 기독교 신학에 침투한 플라톤주의를 장려했다.

스페인인이었던 "아베로에스(1126-98)"는 사상가들의 종류를 셋으로 구별했다. 그것은 1) 코란의 문자적 의미와 그 도덕적 가르침을 이해할 수 있는 평범한 사람들, 2) 이성을 사용해 신학을 체계화하지만 참된 입증 방식을 제시할 능력이 없는 신학자들, 3) 이성을 사용해 형이상학적 진리를 입증할 수 있는 철학자들이었다. 모든 사상가들이 존중을 받아야 마땅하지만 단계가 낮은 사람들은 단계가 높은 사상가들을 비판할 권한이 없다. 따라서 아베로에스는 가장 정교한 수준의 철학적 탐구를 독려했다. 그러나 그는 "이중 진리설(하나의 개념이 한 분야에서는 옳고, 다른 분야에서는 그릇될 수 있다는 개념)"을 주장했다는 비판을 받았다. 예를 들어 지옥이 있다는 말은 신학에서는 참이지만 철학에서는 거짓이다.

아베로에스의 사상은 알 가잘리보다는 아비센나에게 더 가까웠다. 그의 견해를 정확하게 파악하기가 항상 쉽지는 않다. 그러나 그가 하나님을 세상의 제1원인으로 간주하는 아리스토텔레스의 견해와 세상을 신으로부터 단계적으로 방출된 결과물로 보는 유사 신플라톤주의의 견해를 결합시킨 것은 분명해 보인다. 그는 신처럼 "능동적인 지성"을 소유한 존재는 인간뿐이지만 개별적인 불멸성과 같은 것은 존재하지 않는다고 생각한 듯하다.

위에 언급한 사상가들이 무슬림을 위해 했던 것처럼 "모세스 마이모니데스(1135-1204)"는 새롭게 이용 가능하게 된 아리스토텔레스의 저서들을 유대 공동체에 맞게 개작했다. 그도 철학과 신앙의 관계에 대해 고민했다. 그는 그 둘 사이에 기본적인 갈등은 존재하지 않고, 단지 서로 다른 주제와 경험의 형태를 다룰 뿐이라고 생각했다. 그는 철학은 하나님의 존재를 입증할 수는 있지만 그분이 어떤 분이신지는 옳게 말할 수 없다고 믿었다. 예를 들어 하나님의 창조 사역은 신앙의 교리다. 마이모니데스는 세상의 영원성에 관한 아리스토텔레스의 논증이 상당히 훌륭하지만 성경의 교리를 뒤집을 만큼 강력하지는 못하다는 것을 보여주려고 노력했다. 그는 사후에는 인간의 생각이 우주적인 "능동적 지성"으로 회귀한다는 아베로에스의 견해에 동의했다. 스텀프와 피서는 "만일 이것이 불멸성의 교리라면, 그런 불멸성 안에

서는 개별자의 독특한 특징이 크게 감소하기 마련이다."라고 말했다.[36]

스콜라주의로 향하는 과정에서 기독교 공동체 내에서 가장 큰 영향력을 지닌 저술가 가운데 한 사람은 "피에르 아벨라르(1079-1142)"였다. 레잇하트는 이렇게 말했다.

> 내가 아벨라르를 흥미롭게 생각하는 이유는 신학과 철학을 분리시켜 신학을 위한 새로운 방법을 발전시켰기 때문이다. 그는 "과학적" 탐구 방식으로 "신학"을 다루었던 초기 사상가들 가운데 한 사람이었다. 그는 "종합 연구(summa)"를 신학의 연구 방식으로 확립했고, 성경 본문의 대요를 따르기보다는 주제들을 중심으로 신학을 체계화했다.

피에르 아벨라르(Peter Abelard)

안셀무스는 아우구스티누스를 따라 자신의 신학은 "이해를 구하는 믿음"에 근거한다고 말했다. 그러나 아벨라르는 자신의 자서전에서 학생들이 자기에게 그것과 정반대되는 신학을 요구했다고 말했다. 그 이유는 이해하지 못한 것을 믿을 수는 없기 때문이다. 아벨라르는 학생들의 입을 빌려 조심스럽게 합리적인 신학을 요구했지만, 그것이 곧 그의 신학적 입장이었다.[37]

아벨라르는 성경 본문과 철학적 성찰에서 비롯하는 문제들을 해결하는 방식으로 신학을 발전시켰다. 『예와 아니오(Sic et Non)』는 그의 저서 가운데 하나다. 그는 그 책에서 185개의 문제를 제기하고, 교부들의 사상을 토대로 긍정적인 대답과 부정적인 대답을 제시했다. 그 중에 처음 다섯 개의 질문은 다음과 같다.

1. 이성으로 인간의 믿음을 완성시켜야 하는가, 아닌가?
2. 믿음은 오직 보이지 않는 것만을 다루는가, 아닌가?
3. 보이지 않는 것에 대한 지식이 있을 수 있는가, 없는가?

---

36) Stumpf and Fieser, *Socrates to Sartre and Beyond*, 162.
37) Leithart, "Medieval Theology," 153.

4. 오직 하나님만을 믿을 수 있는가, 아닌가?
5. 하나님은 단순하고, 단일한 존재인가, 아닌가?

아벨라르는 서문에서 아리스토텔레스를 "철학자들 가운데 가장 명석한 자"로 칭찬하며 그는 "다른 무엇보다도 의문을 제기하는 정신을 일깨우기를 바랐다."라고 평가했다.

아벨라르의 『신학 서론(Introduction to Theology)』은 1140년에 센스 공의회에서 단죄되었다. 삼위일체 교리를 사변적으로 논의한 것이 그 주된 이유였다. 그는 성부를 선으로, 성자를 성부의 생각(로고스)으로, 성령을 세계의 영혼으로 묘사했다.

또한 그는 캔터베리의 안셀무스와는 사뭇 다른 속죄론을 제시한 것으로 유명하다. 그는 예수님의 죽음은 화해하는 사랑의 본을 보여 우리의 관심과 사랑을 얻으려했던 하나님의 방법이었다고 말했다. 현대에는 "도덕적 영향설"로 불리는 이 속죄론은 신학적인 자유주의를 추구하는 사람들이 흔히 주장하는 것이다. 그러나 아벨라르는 "예수님의 죽음이 죄를 위한 희생이 아니라면 어떻게 도덕적인 영향력을 지닐 수 있는가?"라는 질문에 적절하게 대답하지 않았다. 속죄의 의미를 제외하면 예수님의 죽음은 단지 비극, 심지어는 자살 행위에 지나지 않는다. 그런 행위를 도덕적인 본보기로 내세우는 것은 신자들에게 스스로 목숨을 끊으라고 말하는 것과 같다. 이것은 성경적인 도덕성과는 전혀 다른 것을 가르치는 것이다.

아벨라르 이후에 많은 사람들이 신학적인 질문을 중심으로 다양한 견해(이를 "신학 명제"로 일컫는다)들을 대조했던 그의 방식을 따랐다. "피터 롬바르드(1095-1161)"가 저술한 네 권의 신학 명제집(Sentences)은 신학의 핵심 교재가 되었다. 토마스 아퀴나스를 비롯해 많은 학자가 그것에 대한 해설서를 집필했다.

토마스 아퀴나스(Thomas Aquinas, 1224-74)

그러나 누구나 인정하다시피 중세 신학의 절정은 토마스 아퀴나스였다. 그는 짧은 인생을 살았지만 정밀한 논리에 근거한 많은 양의 책들을 한데 모아 아리스토텔레스와 신플라톤주의 철학을 기독교 신학과 훌륭하게 통합시키는 업적을 이루었다. "교회의 박사"로 불리는 그는 로마 가톨릭주의의 선도적인 철학자로 간주될 뿐 아니라 역사상 가장 큰 영향력을 지닌 서너 명의 철학자 가운데 한 사람으로 손꼽힌다.

믿음과 이성

앞서 살펴본 대로 기독교 사상가들은 믿음과 이성의 관계에 대해 많은 관심을 기울였다. 안셀무스는 "나는 이해하기 위해 믿는다."라는 아우구스티누스의 명제를 사용했고, 아벨라르는 학생들의 입을 빌려 믿기 위해서 이해하기를 원한다고 말했다. 이 문제는 이성이 비기독교적 철학과 연관되면서 훨씬 더 어려워졌다.

아퀴나스는 다른 분야에서처럼 이 문제와 관련해서도 과거 사상가들의 다양한 견해를 조화시키려고 노력했다. 그는 신앙과 이성이 둘 다 인간의 지식에 중요하다고 생각했다. 그러나 그는 그 둘을 분명하게 구별해 그것들이 각각 기능하는 고유한 영역을 정확하게 식별하는 것도 똑같이 중요하게 여겼다.

아퀴나스의 가장 위대한 저서인 미완성의 『신학대전(Summa Theologica)』은 "신성한 교리의 본질과 영역"을 논의하는 데서부터 출발한다. 첫째 항목은 "철학적인 분야 외에 다른 가르침이 더 요구되는가?"라는 문제를 다룬다. 아퀴나스가 말한 "철학적인 분야"란 "인간의 이성에 의해 탐구되는 것들"을 가리킨다. 그는 그렇다고 대답했다. 인간에게는 하나님의 계시를 통해 주어진 가르침이 필요하다.

첫째, 인간은 "이성의 이해 범위를 초월하는 목적으로서의" 하나님께로 이끌린다. 하나님은 이성을 초월하시지만 우리는 그분을 알아야 할 필요가 있다. 따라서 그 지식은 계시를 통해 주어진다. 더욱이 하나님에 관한 진리 가운데 일부는 이성으로 탐구할 수 있다(그것이 곧 철학의 주제다). 그러나 이성으로 그 지식을 알려면 노력과 성숙함과 지성이 필요하다. 누구나 다 그런 지식을 얻을 수는 없다. 하나님은 그런 지식 가운데 일부, 곧 그 가운데 가장 근본적인 것을 계시를 통해 알려 주셨다.

간단히 요약하면, 아퀴나스는 철학을 인간의 이성만으로 충분한 분야로 정의했고, 신성한 가르침은 계시와 믿음을 통해 진리를 알 수 있는 분야라고 말했다.[38] 우리는 신성한 가르침을 신학과 동일시하는 경향이 있다. 그러나 그는 "철학의 일부인 신학"과 "신성한 가르침에 포함되는" 신학을 구별했다(1.1. R Obj. 2). 그는 여기에서 신학("하나님에 관한 연구")을 어원학적으로 정의한 것이 분명하다.

아울러 아퀴나스는 신학과 철학이 서로 겹치는 부분이 있다고 생각했다. 왜냐하면 두 학문 모두 하나님을 다루기 때문이다. 그렇다면 철학과 신성한 가르침은 서로 겹치는 부분이 있을까? 아퀴나스는 신성한 가르침과 관련된 이성의 역할이나 철학과 관련된 신앙의 역할을 인정하지 않았다.

따라서 많은 사람이 아퀴나스가 서로 구별되는 탐구의 영역(즉 철학과 신학이 아닌 철학과 신성한 가르침)을 구별했다고 결론짓는다. 철학은 인간의 이성에 의해, 신성한 가르침은 믿음에 의해 탐구된다. 그러나 아퀴나스는 계시가 철학에 대해 일종의 거부권을 행사할 수 있다고 생각했다. 예를 들어 그는 세상이 영원하다는 아리스토텔레스의 견해를 거부했다. 왜냐하면 그것이 성경이 가르치는 창조의 교리에 일치하지 않는다고 믿었기 때문이다. 철학이 계시와 모순될 때는 심지어는 철

토마스 아퀴나스
(Thomas Aquinas)

학적 문제와 관련해서도 계시가 우월권을 지닌다. 이처럼 철학과 신성한 가르침 사이에는 서로 약간 겹치는 부분이 존재하지만, 대부분의 경우에는 서로 다른 권위에 따라 기능한다.

이 두 분야의 주제는 서로 다르다. 신성한 가르침은 "인간의 구원"을 다룬다.[39] 철학은 그것과는 다른 주제들을 다룬다. 아퀴나스는 철학(자연 이성)의 범위가 이 세상의 일에 국한된다고 말했다. 이 세상의 일에 관해 배우고, 생활을 유지하고, 결혼하고, 자녀를 기르고 살다가 죽는 것으로 만족한다면 자연 이성만으로도 충분하다. 그러나 하나님을 알기를 원하고, 죄 사함을 받아 영생을 얻기를 바란다면 신성한 가르침에 관심을 기울여야 한다.

---

38) Aquinas, *Summa Theologica*, 1.1.1. R Obj. 1.
39) Ibid., 1.1.1.

아퀴나스와 다른 중세 사상가들의 저서를 살펴보면 자연과 은혜를 따로 구별한 사실이 발견된다.

은혜 : 계시-믿음-성경-영생-구원-교회
자연 : 자연 이성(철학)-아리스토텔레스-형상과 질료-세상-국가[40]

나는 2장에서 헬라 종교와 철학이 "형상과 질료의 체계"에 의해 지배되었다는 도이베르트의 견해를 언급했다. 도이베르트는 중세 사상, 특히 아퀴나스의 사상이 "자연과 은혜의 체계"에 지배되었다고 파악했다. 이 두 번째 체계는 형상과 질료를 구별한 헬라 사상을 하위 단계로 격하시켜 그것을 "은혜"라는 용어로 묘사된 상위 단계로 보완하는 방식을 취했다. 따라서 중세 그리스도인들은 계시를 자연 이성을 보완하는 것으로, 즉 자연 이성의 영역을 넘어서는 주제를 다루는 것으로 간주하면서 헬라 사상을 상당히 많이 받아들여 활용할 수 있었다. 결국 아리스토텔레스는 세상의 문제와 관련해서는 우리를 가르치기에 충분하지만, 하늘의 문제에 관해 알기 위해서는 하나님의 말씀이 필요했다.

그러나 아퀴나스 자신은 이 두 영역이 정확하게 서로 맞아 떨어지지 않는다는 것을 알았다. 때로는 상위 단계가 하위 단계에서 발생한 개념들에 대해 거부권을 행사해야 했다. 나도 도이베르트처럼 중세 신학이 규정한 이 두 단계의 갈등이 토마스 아퀴나스가 생각했던 것보다 훨씬 더 광범위했다고 생각한다. 이 두 영역이 서로 독립되어 있다는 바로 그 가설이 그 둘을 모두 파괴할 수 있는 가능성을 지녔다.

성경의 가르침에 따르면 하나님의 계시는 인간의 삶과 지식의 영역 가운데서 단 하나의 영역만을 위한 것이 아니다. 오히려 삶의 모든 영역에 그분의 계시가 다 필요하다. 성경에 나타난 하나님의 계시는 영생을 얻는 길만을 제시하지 않고, 결혼, 경제, 사회, 음악, 예술, 학문 등, 인간의 삶과 관련된 모든 것에 관해 가르친다. 사실, 현세의 문제와 내세의 문제는 엄격하게 분리되지 않는다. 성경은 영원을 바라

---

[40] 나는 여기에서 교회와 국가의 구분에 관해 많은 설명을 덧붙이지 않고, 단지 루터교회의 신학과 다른 개신교 신학이 "두 왕국(세속적인 것과 신성한 것, 속된 것과 거룩한 것의 영역)"을 날카롭게 구별한 것이 자연과 이성의 구분에서 비롯했다는 점을 언급하는 것으로 만족하고자 한다. 이런 구분에 관해 내가 비판한 내용을 살펴보려면 다음 자료를 참조하라. DCL, *The Escondido Theology* (Lakeland, FL: Whitefield Media Publications, 2011).

보며 세상에서 살라고 명령한다. 무엇을 하든지 모든 것을 하나님의 영광을 위해 해야 한다(고전 10:31).

아퀴나스는 초기 저서인 『존재와 본질에 관해(On Being and Essence)』를 시작하면서 아리스토텔레스의 『천체론(On the Heavens)』에 나오는 "처음의 작은 실수가 나중에는 엄청나게 커진다."라는 말을 인용했다. 자연과 은혜의 구분은 언뜻 작은 일처럼 보인다. 우리는 성경이 다른 형태의 지식을 보완하는 기능을 하는 것처럼 생각할 때가 많다. 그런 생각이 문제라는 점을 의식하기는 쉽지 않다.

그러나 아퀴나스와 그의 계승자들이 이 개념을 발전시키면서 그것은 엄청난 문제로 확대되었다. 아퀴나스에게 "자연"의 영역은 근본적으로 자율적인 이성(아리스토텔레스가 주장했던 이성)이 비교적 방해를 받지 않는 영역이었다(비교적이라고 말한 이유는 때로 계시가 이성을 거부할 수 있기 때문이다). 아퀴나스는 자연 이성으로부터 (원동자에 관한 아리스토텔레스의 논의를 따라) 하나님에 관한 교리를 발전시켰기 때문에 자신의 신학, 심지어는 "신성한 가르침"의 영역까지도 자율적인 사고의 영향에서 격리시켜 보호하기가 어려웠다.

하나님의 존재

아퀴나스는 『신학대전』 2장에서 하나님의 존재를 다루었다. 그는 먼저 하나님의 존재가 "자명한" 것인지, 곧 증거나 논증 없이도 분명하게 알 수 있는 것인지를 물었다. 그리고 나서 그는 하나님의 본질과 존재를 알고 있는 사람에게는 그분의 존재가 자명하지만 우리에게는 그렇지 않다고 결론지었다. 그 이유는 "우리가 하나님의 본질을 알지 못하기 때문이다."[41] 아퀴나스는 이 점을 근거로 사실상 하나님의 본질(정의)로부터 그분의 존재를 입증했던 안셀무스의 논증을 거부했다.

그러나 우리는 다른 방법을 통해 하나님을 알 수 있다. 하나님의 존재는 "그분의 본질은 잘 모르더라도 우리가 좀 더 잘 알 수 있는 것들, 즉 그분에게서 비롯한 결과들에 의해 입증될 수 있다."[42] 그는 하나님에게서 비롯한 결과들에 의한 증거를

---

41) Aquinas, *Summa Theologica*, 1.2.1, Answer.
42) Ibid.

거론하면서 "하나님의 존재는 다섯 가지 방법으로 입증할 수 있다."라고 말했다.[43]

1. **운동을 통한 증명**. 아퀴나스는 움직이는 모든 것은 다른 것에 의해 움직인다고 주장했다.[44] 그러나 운동과 운동인의 작용은 무한히 거슬러 올라갈 수 없다. "만일 그렇다면 첫 번째 운동인이 존재하지 않을 것이고, 결국에는 다른 운동인이 존재하지 않는다고 결론지을 수밖에 없기 때문이다. 나중의 운동인들은 첫 번째 운동인에 의해 움직였을 때만 움직일 수 있다."[45] 아마도 아퀴나스는 이렇게 생각한 듯하다. 즉 C가 B를 움직이고, B가 다시 A를 움직인다고 가정해 보자. 이 연속 관계에서 B는 온전한 의미에서 A의 운동인이 아니다. 왜냐하면 B는 A의 운동을 온전히 설명하지 못하기 때문이다. 또한 C도 이 연속 관계의 첫 번째 운동인이 아니라면 A의 운동인이 될 수 없다. 그러나 이 연속 관계를 무한히(D, E, F 식으로 끝없이) 거슬러 올라간다면 첫 번째 운동인이 존재하지 않는 것이기 때문에 A의 운동을 온전히 설명할 방도가 없다. 그런 경우 A는 실제로 운동인이 없는 셈이다. 그러나 운동인은 마땅히 존재해야 한다. 즉 "다른 것에 의해 움직이지 않는" 첫 번째 운동인이 반드시 존재해야 하고, "모든 사람이 이를 신으로 이해한다."[46]

2. **작용인을 통한 증명**. 이 증명은 첫 번째 증명의 "운동"을 단순히 "작용인"으로[47] 대체한 것이다. 아퀴나스는 "모두가 하나님으로 일컫는 첫 번째 작용인을 인

---

43) Ibid., 1.2.3. Answer. 『대이교도대전(*Summa Contra Gentiles*)』과 같은 아퀴나스의 다른 저서에도 하나님의 존재를 증명한 내용이 많이 발견된다. 그러나 이 다섯 가지 증명(다섯 가지 방식)은 간결하고, 명확한 것으로 유명하다.
44) 아퀴나스는 이 말이 가능태와 현실태의 관점에서 운동을 분석한 아리스토텔레스의 견해에 근거한다고 설명했다. 나는 여기에서 이 논증을 길게 설명할 생각은 없고, 단지 현대의 사상가들 사이에서 일반적으로 인정을 받지 못하고 있다는 점만을 지적하고 싶다. 아퀴나스는 정지 상태가 정상적이고, 운동 상태는 설명을 필요로 한다고 전제했다. 그러나 현대 물리학에서는 운동 상태가 정상이고, 정지 상태(만일 그런 경우가 존재한다면)가 설명을 필요로 한다.
45) Aquinas, *Summa Theologica*, 1.2.3. Answer.
46) 물론, 성경의 하나님은 단지 "첫 번째 운동인"이 아니시다. 아퀴나스도 이 점을 알고 있었다. 그는 이 논증을 이용해 하나님에 관해 알 수 있는 모든 것을 입증하려고 시도하지 않았다. 그러나 다른 어떤 것보다도 하나님을 피조 세계에서 발견되는 모든 운동의 궁극적인 원인으로 간주해야 마땅하다.
47) 아리스토텔레스는 네 가지 원인을 구별했다. 형상인은 어떤 것의 본질이나 형상을 결정하고, 목적인은 어떤 것을 만드는 목적이며, 질료인은 어떤 것을 만드는 재료이고, 작용인은 어떤 것이 존재하게 하거나 특정한 방식으로 행동하게 만드는 것을 의미한다.

정하는 것이 필요하다."라고 말했다. 48)

3. **가능성과 필연성을 통한 증명**(때로는 세상의 우연성을 통한 증명으로 불린다). 필연적 존재는 반드시 존재할 수밖에 없는 존재를 가리키고, (아퀴나스가 "가능한"이라고 표현한) 우연적 존재는 존재할 수도 있고 존재하지 않을 수도 있는 존재를 가리킨다. 우연적 존재의 경우는 존재도 가능하고, 비존재도 가능하다. 세상의 모든 존재가 우연적이라고 가정해 보자. 이 상태에서 시간이 무한히 경과하면49) 언젠가는 모든 가능성이 실현될 것이다. 그런 가능성 가운데 하나는 모든 것이 동시에 존재하지 않는 것이다. 언젠가는 아무것도 존재하지 않는 때가 올 것이다. 그 날이 1925년 12월 4일이었다고 가정해 보자. 그러면 지금은 아무것도 존재하지 않을 것이다. 왜냐하면 무에서는 아무것도 나오지 않기 때문이다. 그러나 오늘날에도 사물들은 존재한다. 따라서 우연적인 존재가 아닌 필연적인 존재가 반드시 있어야 한다(아퀴나스는 두 번째 증명을 근거로 반드시 자체적으로 발생한 필연성을 지니는 필연적 존재가 반드시 있어야 한다고 추론했다). 그 필연적 존재를 "모든 사람은 하나님으로 일컫는다."50)

4. **단계를 통한 논증**. 아퀴나스는 "존재들 가운데는 선하고, 진실하고, 고귀한 정도가 더하거나 덜한 것이 있다. 더하고 덜하다는 것은 서로 다른 사물들이 최고의 것을 닮은 정도가 제각기 다른 것을 나타내는 술어다."라고 말했다.51) 그는 어떤 것이 뜨거운 이유는 "최고의 열기"를 지닌 불을 닮았기 때문이라고 말했다.52) 그는 최고의 것을 동일한 속성을 지녔으되 정도가 덜한 다른 모든 것의 궁극적인 원인이라고 생각했다. 예를 들어 불은 모든 뜨거운 것의 원인이다.53) 아퀴나스는 존재와 선을 비롯한 완전한 속성들의 최고 단계는 하나님

---

48) Aquinas, *Summa Theologica*, 1.2.3. Answer.
49) 아퀴나스는 무한한 시간을 전제하지 않았지만 나는 그가 그것을 이미 전제했다고 생각한다. 그렇지 않으면 이 증명은 설득력이 없다. 물론 세상이 영원하다는 것은 아퀴나스가 다른 곳에서 비성경적인 것으로 거부했던 아리스토텔레스의 개념이었다.
50) Aquinas, *Summa Theologica*, 1.2.3. Answer.
51) Ibid.
52) Ibid.
53) 보편적인 열기에 관한 현대 과학의 견해는 이보다 더 복잡할 것이 분명하다. 그러나 아퀴나스의 증명을 조금 고치면 그런 복잡한 과정을 최고의 것, 곧 진정한 원인으로 간주할 수도 있을 것이다.

외에는 있을 수 없다고 말했다. 그는 이 증명에서 아리스토텔레스를 인용했지만 "존재의 등급"에 관한 플라톤의 견해를 생각했던 것이 분명하다. 그는 플라톤의 최고 기준을 아리스토텔레스의 작용인으로 바꾸었다. 만일 그가 플라톤의 논증 형식(불완전한 선의 본질은 오직 완전한 선에서만 발견될 수 있기 때문에 완전한 선은 보편적 실재로서 반드시 존재해야 한다는 것)을 취했더라면 그 증명이 더 큰 설득력을 지녔을 것이다. 이런 방식의 증명은 안셀무스의 『모놀로기온』에 나오는 등급을 통한 논증이나 심지어는 『프로슬로기온』에 나타난 그의 논증과 비슷할 수도 있다. 그러나 아퀴나스가 그런 논증 방식을 염두에 둔 것 같지는 않다. 오히려 그는 최고선은 상대적인 선의 작용인(아리스토텔레스)이라고 말하기를 원했다. 나는 기독교 신학의 토대가 없으면 이 명제가 설득력을 유지하기 어렵다고 생각한다.

5. **목적론적 증명**. 아퀴나스는 "육체와 같이 지식이 없는 물체는 목적을 위해 행동한다."라고 말했다.[54] 아마도 그는 천체와 같이 규칙적으로 움직이는 물체를 생각했던 것 같다. 그리고 나서 그는 이렇게 추론했다.

> 지식이 없는 것은 무엇이든 지식과 지성을 부여받은 존재에 의해 인도되지 않으면 스스로 목적을 향해 움직일 수 없다. 이는 화살의 방향이 궁수에 의해 결정되는 이치와 같다. 따라서 모든 자연적인 존재를 그 목적을 향해 이끄는 지성적인 존재가 존재해야 한다. 이 존재를 우리는 하나님으로 일컫는다.[55]

첫 번째 세 가지 증명은 우주론적 증명으로 일컬어진다. 왜냐하면 세상의 일반적인 속성에 근거해 하나님의 존재를 추론하기 때문이다. 기독교 변증학은 지금까지 이 증명 방식을 사용해 왔다. 네 번째 방식을 가리키는 표준적인 전문 용어는 없다. 나는 때로 이것을 "기준학적 증명"으로 일컫는다. 그렇게 일컬을 수 있는 이유는 아퀴나스의 "최고의 것"을 상대적인 속성들을 판단하는 기준이자 규범이자 정의로 간주할 수 있기 때문이다. 하나님의 존재는 선이나 그 밖의 속성을 판단하는 기준의

---

54) Aquinas, *Summa Theologica*, 1.2.3. Answer.
55) Ibid.

필요성에 의해 입증된다. 나는 이 논증 방식을 좋아하지만 지금은 아퀴나스가 당시에 이 점을 염두에 두고 말했다고 생각하지 않는다. 다섯 번째 증명, 즉 목적론적 증명은 아퀴나스 이후로도 계속해서 널리 활용되고 있는 논증 방식이다. 윌리엄 팔리나 테넌트와 같은 변증학자들이 대표적인 경우다. 아울러 필립 존슨, 윌리엄 뎀스키, 마이클 비히와 같은 사람들이 주장하는 "지적 설계론"도 이 논증 방식이 진화론의 도전 속에서도 여전히 건재하다는 것을 보여주는 증거다.

하나님의 본질

아퀴나스는 하나님의 존재를 입증하고 나서 자신이 입증한 그분의 본질을 논의했다. 이미 하나님에 관해 몇 가지 사실이 밝혀졌다. 그분은 원동자, 제1원인, (자체적으로 필연성을 지닌) 필연적 존재, 모든 선한 속성의 최고 기준, 세상의 과정에 목적을 부여한 존재이시다.

논증 1-3과 5는 중세 사람들이 "인과성의 길"로 일컬은 것을 활용해 하나님의 본질을 가르쳤고, 논증 4는 안셀무스의 『프로슬로기온』의 경우처럼 완전한 것의 최고 기준을 하나님께 적용하는 "탁월함의 길"을 활용했다. 그러나 중세 사람들이 하나님에 관한 지식을 얻는 데 활용했던 제3의 길이 있었다. 그것은 "부정의 길(또는 제거의 길)"이다. 부정의 길은 완전함이 아닌 불완전함을 다룬다는 점에서 탁월함의 길과 정반대다. 탁월함의 길은 하나님께 완전한 것을 적용하고, 제거의 길은 그분에게서 모든 불완전한 것을 제거한다.

제거의 길은 "우리는 하나님의 본질은 모르고, 단지 그분의 본질이 아닌 것만 알 수 있다."라는 영지주의와 신플라톤주의의 원리를 상기시킨다. 아퀴나스도 하나님의 본질을 알 수 있다는 것을 부인했다.[56] 그러나 만일 신플라톤주의의 원리가 하

---

[56] 하나님의 본질에 관한 지식을 부인하는 것이 무슨 의미인지 나로서는 분명하게 이해하기 어렵다. "본질"은 "정의"를 의미할 수도 있다. 그런 경우라면 부정인한다는 말이 일리 있게 들린다. 누가 감히 하나님을 정의할 수 있겠는가? 그러나 "본질"이 어떤 것의 실질적인 참된 속성(즉 그것을 다른 존재들과 구별하는 특성)을 의미한다면 성경에 계시된 하나님의 속성을 그분의 본질로 일컬을 수 있다. 그런 속성들은 모르는 것이 아니라 얼마든지 알 수 있다. 내가 거부하고 싶은 것은 영지주의와 신플라톤주의의 개념("하나님의 참된 본질"은 우리가 아무것도 알 수 없는, 불가해한 어둠과 같은 것이라는 개념)이다. 그것은 내가 1장에서 비판했던 비성경적인 초월의 개념이다. 그것은 하나님에 관한 모든 진술의 타당성을 부인하는 불합리주의를 낳고, 결국 신비주의로 귀결된다. 이 점에 대해 좀 더 자세히 알고 싶

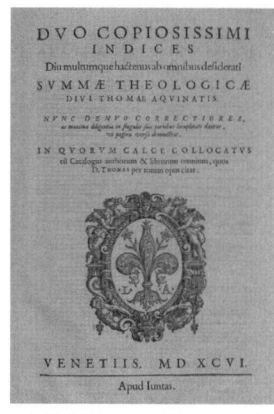
신학대전(Summa Theologiae)

나님에 관한 긍정적인 서술이 불가능하다는 것을 의미한다면, 신플라톤주의자들이나 아퀴나스나 논리가 일관되지 못하기는 마찬가지다.

아퀴나스는 『신학대전』 1부 2문에서 하나님의 존재를 스스로 만족스럽게 입증하고 나서 1부 3문에서 그런 증명과 "제거와 탁월함의 원리"를 통해 하나님에 관해 무엇을 알 수 있는지를 논의했다. 『신학대전』 1부 3문은 하나님의 단순성에 관해 논의한다. 그는 "단순성"의 개념에 근거해 하나님이 육체를 지니신다는 것을 부정했다(육체는 단순하지 않다. 육체는 여러 지체들로 나눌 수 있다).

그는 하나님이 여러 부분들로 "구성되지" 않으셨다는 것을 구체적으로 논의했다. 하나님은 질료와 형상으로 이루어지지 않으셨다. 하나님은 비물질적인 존재이시기 때문에 그분 안에는 물질이 없다. 또한 하나님은 스스로의 본질(본성)과 구별되지 않으신다. 그분의 본질이 곧 그분 자신이시다.[57] 아퀴나스는 3문 4항에서 하나님의 본질과 존재(esse, 때로는 "실존"으로 번역된다)는[58] 나뉘지 않는다고 말했다. 왜냐하면 그런 구분은 하나님을 다른 것에 의존하는 존재로 만들기 때문이다. 아울러 아퀴나스는 3문 5항에서는 하나님이 특정한 종에 속한다는 것을 부인했고, 6항에서는 그분이 우연이 없는 실재이시라고 주장했다.[59] 하나님은 "온전히 단순하시고"(7항), "다른 여러 요소들로 구성되지" 않으셨다(8항).

으면 다음 자료를 참조하라. *DKG*, 30-33. 나는 아퀴나스가 이 오류를 일관되게 저지르지는 않았더라도 이 점에서 약간의 실수가 있었다고 생각한다. 참조 : Aquinas, *Summa Theologica*, 1. 3. 4. 특히 반론 2와 아퀴나스의 대답.

57) 인간의 경우에는 인간의 본질(인성)을 인간의 개별적인 특성(팔, 두뇌 등)과 구별할 수 있다. 이런 특성들은 개인에 따라 서로 차이가 난다. 그러나 하나님은 물질을 소유하고 있지 않으시기 때문에 "하나님"이라는 용어는 개별적인 특성이 서로 다른 하나의 종(種)을 가리키지 않는다. 오히려 하나님의 본질은 그분을 다른 존재들과 구별한다. 하나님의 본질, 즉 그분의 신성이 곧 그분 자신이다.

58) "에세(esse)"는 존재가 구체적인 실체를 통해 자신의 본질을 실현하는 방식을 의미한다. 인간은 구체적인 상황 속에서의 결정과 행위를 통해 자신의 본질(이는 아리스토텔레스에 따르면 이성적인 동물을, 성경에 따르면 하나님의 형상을 각각 가리킨다)을 구체적으로 실현한다. 우리는 그런 상황 속에서 우리의 본질에 일치하는 삶을 살지 못하고, 외부 요인들에 의해 본래의 길에서 벗어날 수도 있다. 그러나 하나님의 경우는 그렇지 않다. 따라서 하나님의 본질과 실존은 서로 모순을 일으키지 않는다. 그 둘은 서로 똑같다.

59) 여기에서 "우연"은 본질에 속하지 않은 것을 가리킨다. 인간의 본질은 "하나님의 형상"이고, 두 다리를 가졌다는 것은 우연이다.

하나님의 단순성에 관한 교리는 그분을 마치 신플라톤주의의 "유일자"처럼 묘사한다. 이것은 하나님의 다양한 속성을 인정하는 성경의 가르침과 그분의 삼위일체적인 복수성에 관해 문제를 제기한다.[60] 그러나 아퀴나스는 하나님의 속성들을 논의하면서는 성경과 정통 기독교의 교리에 근거했던 것이 분명해 보인다. 그는 제거의 길에서 탁월함의 길로 전환했다. 하나님은 완전하고,[61] 선하고,[62] 무한하고,[63] 편재하신다.[64] 아퀴나스는 심지어 하나님의 긍정적인 속성들을 묘사하면서도 여전히 자연 이성의 영역에서 벗어나지 않으려고 노력했다(물론 그 과정에서 성경과 기독교의 전통에 관한 그의 지식이 그런 논의에 종종 영향을 미쳤을 것이 분명하다).

인식론

아퀴나스는 종종 아리스토텔레스의 방식으로 지식에 관해 말했다(수동적인 지성은 감각적인 경험을 받아들이고, 능동적인 지성은 그 정보를 이용해 참된 지식을 구성하는 형상을 인지한다는 것). 그러나 그의 글을 살펴보면 아우구스티누스나 신플라톤주의의 경우처럼 지식이 신적인 조명을 통해 주어진다고 언급한 내용도 아울러 발견된다(아퀴나스가 위(僞)디오니시우스를 실제적인 디오니시우스로 생각하고, 그의 글을 종종 인용했던 사실을 기억하라).

그러면서도 아퀴나스는 자연 이성의 차원에서 신적 계시와 상관없이 자율적으로 이성적 추론을 개진하려고 노력했다. 위에서 살펴본 대로 심지어는 하나님의 존재와 신적 속성들을 입증할 때도 그는 자연 이성에 근거해 하나님의 존재를 입증하려고 시도했다. 그것은 중세 신학의 세 가지 방법(인과성의 길, 제거의 길, 탁월함의 길)을 적용한 본보기였다. 아퀴나스가 하나님의 존재와 단순성을 논의하는 데서 전통적인 신적 속성들을 논의하는 데로 나아가는 과정에서 성경이 그의 논의에 영향을 미친 증거가 분명하게 드러난다. 그러나 성경이 그의 철학적 인식론에 영향을 미쳤다는

---

60) 아퀴나스는 『신학대전』 1부 27-43문에서 삼위일체의 각 위격을 "관계"로 이해했다. 나는 그가 위격의 복수성과 신적 단일성을 일관되게 설명하는 데 어려움을 느꼈다고 생각한다.
61) Ibid., 1.4.
62) Ibid., 1.5-6.
63) Ibid., 1.7.
64) Ibid., 1.8.

것을 암시하는 대목은 어디에도 없다. 자연 이성의 영역 안에는 성경이 들어설 곳이 마련되어 있지 않았다. 따라서 인과성의 길은 이런저런 사건들을 일어나게 만드는 데 필요한 여러 요인을 자율적으로 추론하는 데 초점을 맞추고, 제거와 탁월함의 길은 우리가 불완전하다고 생각하는 것이나 완전하다고 생각하는 것을 하나님께 적용하지 않거나 적용하는 데 초점을 맞춘다.

그러나 그런 방법들을 사용한다고 해서 자연 이성만을 통해 하나님에 관한 지식을 얻으려고 할 때 부딪치게 되는 일반적인 문제가 사라지는 것은 아니다. 왜냐하면 자율성 자체가 문제이기 때문이다. 어떻게 인간이 하나님의 계시와 상관없이 완전한 것과 불완전한 것을 자신 있게 구별할 수 있겠는가? 나는 이것이 안셀무스의 존재론적 증명의 약점이라고 생각한다. 완전함의 개념 자체가 문제다. 완전함에 대한 생각은 사람마다 제각기 다르다. 안셀무스의 논증에는 그리스도인들과 불교 신자들의 상이한 견해를 해결할 수 있는 방안이 존재하지 않는다. 그것은 "완전한 존재를 구성하는 것이 무엇인가?"라는 문제와 관련해 안셀무스와 하트숀의 견해가 엇갈리는 것과 같다. 완전함이나 불완전함, 또는 인과성의 본질로부터 하나님의 본질을 규명하려는 철학적 시도는 무엇이든 이와 똑같은 문제에 부딪칠 수밖에 없다.

인과성에 관해 좀 더 생각해 보자. 오늘날의 철학자들은 사건을 일으키는 원인들의 무한한 과정의 가능성을 아퀴나스처럼 쉽게 배제하지 않는다.[65] 아퀴나스의 책에서 분명하게 확인할 수는 없지만 나는 그가 무한급수를 거부한 것이 주로 인식론적인 이유 때문이었다고 확신한다.[66] 그는 라이프니츠의 "충족이유의 원리"처럼 모든 것에는 이유가 있다고 믿었다. "원인"은 "이유"의 형이상학적인 상관어다. 사건 A가 야기되었다는 말은 그것을 설명할 수 있다고 말하는 것과 같다. A의 배후에 무한히 연속되는 이유가 있다면 원인만이 계속될 것이기 때문에 A를 설명하기가 불가능하다. 이것은 일종의 불합리주의에 해당한다(1장을 참조하라). 그리스도인들이 이 견해를 용납할 수 없는 이유는 하나님의 생각으로 모든 사건을 온전히 설명할 수

---

65) 이 책 부록 B "무한급수"를 참조하라. 다음 사이트를 참조해도 좋다. http://www.frame-poythress.org/infinite-series/.
66) 내가 학생들에게 말하는 대로 에티엔느 질송과 자크 마리탱을 따르는 아퀴나스주의자들은 내가 아퀴나스의 인과성에 근거한 형이상학을 인식론으로 축소시키는 것을 매우 못마땅하게 생각할 것이 분명하다. 그러나 그들의 주장은 아직까지 나를 설득시키지 못했다.

있다는 성경의 가르침을 믿기 때문이다. 그런 점에서 아퀴나스의 논증은 성경적이다. 물론 그는 성경을 인용하지는 않았다. 그는 자연 이성의 영역에서 추론했기 때문에 세속적인 합리주의에 입각해 논증을 펼쳤다. 그러나 세속적인 합리주의자에게 모든 것을 온전히 설명할 수 있다는 교리는 일종의 전제, 곧 신념에 근거한 가설이고, 그런 신념 자체는 기독교적 신앙의 근거와는 무관하다. 앞에서 살펴본 대로 세속적인 합리주의는 세속적인 불합리주의로 귀결된다. 왜냐하면 의미 있는 이성적 근거를 확보할 수 없기 때문이다. 결국 합리주의와 불합리주의는 모두 허무주의로 기울 수밖에 없다.

언어

아퀴나스의 철학과 신학은 너무 방대하기 때문에 사상의 역사 안에서 특별히 중요한 기본적인 특징을 몇 가지 살펴보는 것으로 만족해야 할 듯하다. 그러나 우리가 하나님에 관해 말할 때 사용하는 언어에 관한 아퀴나스의 견해는 반드시 짚고 넘어가야 할 필요가 있다. 왜냐하면 그것은 우리가 지금까지 논의해 온 주제에 관한 그의 사상에서 매우 중요한 비중을 차지하기 때문이다.

아퀴나스는 "하나님의 본질을 있는 그대로" 알 수 없기 때문에[67] 단지 "인과성이나 탁월함이나 제거의 개념을 통해서만" 그분의 본질을 알 수 있다고 말했다.[68] 따라서 "지혜로운", "강력한", "선한"은 물론 심지어는 "하나님"이라는 용어 자체도 다른 존재들을 묘사할 때처럼 오직 "한 가지 뜻만으로", 즉 "절대적으로 동일한 의미로" 하나님을 묘사할 수는 없다.[69] 인간에게 적용된 "지혜로운"이라는 용어를 하나님께 적용했을 때는 그 의미가 동일하지 않다. 그렇다고 해서 그 둘의 의미가 마치 다의어처럼 서로 "절대적으로 다른" 것도 아니다.[70] 오히려 그 둘의 중간 어디엔가

---

[67] Aquinas, *Summa Theologica*, 1.13.10, R Obj. 3.
[68] Ibid.
[69] Ibid., general answer. 소크라테스의 지혜를 말하고 나서 플라톤의 지혜를 말하는 경우는 "한 가지 뜻"을 염두에 두고 말하는 것이다. 그러나 두 사상가가 지닌 지혜의 차이를 고려하면, 그 차이가 얼마나 다른지를 분명하게 밝히지 않더라도 동일한 의미로 그들의 지혜를 말하는 것이 부적절하다는 것이 곧 드러난다.
[70] 문맥에서만 보면 어떤 종류의 술어가 "절대적으로 다른" 의미를 지니는지가 불확실하다. 아퀴나스는 실제 동물의 "동물"과 그림으로 그려진 동물의 "동물"이 서로 다른 의미를 지닌다는 것을 부인했다. 그는 그 둘이 서로 유사성을 지닌

의미, 곧 유비적인 의미가 존재한다.

아퀴나스는 『신학대전』에서 무엇이 유비적인 술어인지를 정확하게 밝히지 않았다. 중세 철학자들은 일반적으로 다양한 종류의 유비를 구별했다. 1) 비례의 유비. 예를 들면 인간의 지혜가 인간과 관련되는 것처럼 하나님의 지혜는 그분의 본질과 관련된다. 2) 속성의 유비. 예를 들어 하나님의 속성이 인간의 속성과 비교되는 이유는 그분의 지혜가 인간이 지닌 지혜의 원천이기 때문이다. 3) 유사의 유비. 예를 들어 하나님의 지혜가 인간의 지혜와 비교되는 이유는 그분의 지혜가 어떤 점에서 인간의 지혜와 비슷하기 때문이다. 아퀴나스는 『신학대전』 이전에 쓴 책들에서 이를 각각 하나씩 논의했지만, 『신학대전』에서는 이들 개념 가운데 가장 단순한 세 번째의 유비만 언급한 것으로 보인다. 하나님이 지혜로우시다고 말할 수 있는 이유는 그분의 지혜와 우리의 지혜가 닮았기 때문이다.

나는 창조주와 피조물은 서로 분명하게 구별되기 때문에 인간에게 있는 것과 하나님에게 있는 것이 정확히 서로 일치하지 않는다는 견해에 동의한다. 그러나 인간은 하나님의 형상으로 창조되었다. 따라서 본래의 지혜와 그 형상의 지혜가 어떤 관계를 지니는지를 가장 잘 묘사할 수 있는 용어는 아마도 "유사성"일 것이다.[71]

그러나 나는 아퀴나스가 여기에서 언어에 관한 비성경적인 견해를 전제하고 있다고 생각한다. 그는 자연 이성에 관한 자신의 개념을 근거로 했기 때문에 하나님의 말씀과 인간의 말에 관한 성경의 가르침에 관해 아무것도 언급하지 않았다. 오히려 그는 인간의 언어는 자연 세계를 다루는 데만 적합하다고 생각했다. 인간의 언어는 오직 하나, 곧 이 세상만을 가리킨다.[72] 그것을 하나님께 적용하려면 새롭게 조정하고, 다르게 고쳐서 특별한 방식으로(유비적으로) 사용해야 한다. 그러나 성경은 하나님은 우리와 온전히 구별되시지만 우리는 일반적인 언어를 사용해 그분에 관해 말할 수 있다고 가르친다. 하나님이 우리에게 언어를 허락하신 이유는 세상에 관해 말하고, 우리끼리 서로 의사를 소통하게 하기 위해서만이 아니다. 하나

다는 사실을 지적했다. 서로 다른 의미를 지닌 언어의 용례를 들자면 "동음이의어의 익살"이 적절할 것이다. 예를 들어 "펜(pen)"은 쓰기 도구를 가리키기도 하고, 돼지들을 가두는 축사를 가리키기도 한다.
71) 다음 자료에서 내가 논의한 내용을 참조하라. "Man in the Image of God," *ST*.
72) 이것은 20세기와 21세기의 언어 철학이 대부분 전제하는 것이다. 12장을 참조하라.

님은 우리가 언어를 통해 자신에게, 또 자신에 관해 말하기를 원하신다. 또한 하나님은 성경을 통해 우리에게 자신의 말씀을 허락하셨다. 성경은 이 모든 문제와 관련해 우리의 언어를 어떻게 사용해야 하는지를 가르쳐준다. 예를 들어 "하나님은 사랑이심이라"(요일 4:8)라는 성경 말씀은 우리가 생각하는 것보다 더 위대한 사랑을 묘사한다. 그러나 성경은 "사랑"이라는 용어를 비문자적인 의미로 사용하지 않는다. 다른 경우에도 하나님에 관한 성경의 언어는 그 뜻이 명료하다. 하나님은 "거짓이 없으시다"(딛 2:1)라는 성경 말씀은 비유적인 거짓말쟁이가 아닌 실제적인 거짓말쟁이와 하나님을 구별하는 의미를 지닌다.

하나님에 관한 언어가 모두 추상적인 비문자적 언어라는 견해가 지니고 있는 또 하나의 문제점은 언어가 우리가 하나님에 관해 말하는 모든 것에 영향을 미친다는 것이다. 예를 들어 아퀴나스의 우주론적 증명은 하나의 사건이 또 다른 사건을 일으키는 원인이 되는 것과 동일한 의미로 하나님이 세상이 생겨난 원인이 되신다고 주장한다. 만일 "원인"을 문자적인 의미가 아닌 비유적인 의미로 사용한다면 그 논증은 성립될 수 없다. 이 점은 하나님의 본질에 관한 그의 다른 논증들의 경우도 마찬가지다. 왜냐하면 그것들은 모두 제거와 탁월함과 인과성의 원리에 근거하기 때문이다. 나뉘는 것은 하나님께 합당하지 않고, 선한 것은 그분께 합당하다고 주장하는 것은 "나눔"과 "선"이라는 용어를 세상의 존재들에게 적용할 때와 하나님께 적용할 때의 의미가 동일하다는 것을 전제로 한다.[73]

간단히 말해 마치 하나님이 우리에게 자신을 계시하지 않으신 것처럼 자연 이성의 영역에만 우리 자신을 국한시켜 신적 인과성과 완전성을 추론하는 것은 온당하지 않다. 성경의 세계관을 전제하지 않으면, 아퀴나스가 제시한 합리적인 논증은 성립될 수 없다.

물론 아퀴나스는 순교자 유스티누스를 비롯해 앞서 살펴본 다른 많은 기독교 철학자들과 마찬가지로 훌륭한 그리스도인이었다. 그의 저서를 살펴보면 그가 무엇보다도 성경 해석자였다는 사실이 곳곳에서 확인된다. 그러나 자연 이성, 곧 계시

---

73) 앞에서 언급한 아퀴나스의 초기 저서 『존재와 본질에 관해』는 유비의 원리를 언급하지 않았다. 그는 하나님도 본질이 있고, 천사들도 본질이 있고, 인간도 본질이 있다는 논리를 전개했다. 만일 아퀴나스가 본질과 존재를 비롯해 다른 중요한 용어들이 문자적이 아닌 비유적인 의미를 지닌다고 인정했다면 그 책의 내용이 어떻게 되었을지 상상하기 어렵다.

없는 이성을 통해 확립된 토대만을 의존한다면 심지어는 그런 내용들조차도 문제가 될 수밖에 없다. "처음의 작은 실수가 나중에는 엄청나게 커진다."

요하네스 둔스 스코투스(John Duns Scotus, 1274-1308)

요하네스 둔스 스코투스
(John Duns Scotus)

중세 철학의 파벌 가운데 하나는 도미니쿠스회와 프란체스코회의 철학자들이었다. 아퀴나스는 도미니쿠스회 소속이었고, 둔스 스코투스(존 스코투스 에리게나와 혼동하지 말 것)는 프란체스코회였다. 초기 프란체스코회 학자는 할레의 알렉산더(1185-1245)와 보나벤투라(1221-74)이었다. 그들의 사상은 아퀴나스와 비교하면 아리스토텔레스보다는 플라톤에 좀 더 가까웠고, 아우구스티누스의 사상을 더 많이 따랐으며, 이론적이기보다는 실천적이고, 신비적인 경향이 더 강했다. 물론 이런 차이는 모두 정도와 강조의 차이에 불과했다. 양측 모두 플라톤과 아리스토텔레스와 아우구스티누스를 지지했다.

둔스 스코투스는 믿음과 이성과 의지의 관계에 관한 견해가 아퀴나스와 많이 달랐다. 아퀴나스는 이성을 통해 하나님의 본질과 목적에 관한 많은 명제를 입증할 수 있다고 생각했지만, 둔스 스코투스는 진정한 논증은 수학적인 추론의 기준을 충족시켜야 한다고 믿었다.[74] 그런 점에서 그는 오직 믿음만이 하나님에 관한 확신을 갖게 할 수 있다고 가르쳤다. 프랭크 틸리와 레저 우드는 이렇게 말했다.

> 이 가르침은 철학과 계시된 신학을 확실하게 분리한다. 이 가르침을 일관되게 유지하면 철학을 신학의 노예로부터 자유롭게 만들 수 있다. 둔스 스코투스는 믿음을 위해 그런

---

74) 철학과 수학이 동격이라는 개념은 플라톤과 피타고라스 학파의 관계에서 비롯했으며, 대륙의 합리주의자들(5장) 이후로 현대 철학자들 사이에서도 종종 발견된다.

분리를 시도했지만, 그렇게 함으로써 철학의 해방을 위한 가능성을 열어놓았다.[75]

이 해방을 나는 "사상의 자율성"으로 일컫는다. 아퀴나스는 자연적 이성이라는 범주 아래 자율성을 위한 여지를 남겨 놓았지만 신학이 철학에 대해 거부권을 행사할 수 있는 장치를 마련했다. 둔스 스코투스도 신학을 과학보다 우위에 두었지만 아퀴나스보다 철학과 신학을 좀 더 분명하게 구분했다. 그는 믿음과 이성이 각자에게 할당된 영역 안에서 더 큰 권위를 행사할 수 있게 만들었다.

둔스 스코투스는 하나님과 인간의 의지에 관한 견해로 유명하다. 아퀴나스는 하나님과 인간의 경우 모두 의지를 지성에 종속시켰다. 지성이 의지를 인도해 선택을 하게 만든다는 것이 그의 지론이었다. 그런 견해는 의지가 지식에 의해 결정된다는 의미를 내포한다.[76] 둔스 스코투스는 자유의지에 관한 자유의지론적 견해를 강하게 지지했다. 그는 의지가 다른 무엇에 의해 결정된다는 견해를 용인하지 않았다. 그는 인간의 의지가 타락한 이후에조차도 도덕법에 따라 행동을 결정할 수 있다고 믿었을 뿐 아니라 그런 노력을 기울일 때 하나님의 은혜가 의지를 더욱 강화시킨다고 생각했다.

둔스 스코투스는 하나님의 본질에도 이 견해를 적용했다. 그는 하나님의 의지가 그분의 지성보다 우월하다고 생각했다. 하나님의 생각은 그분의 행위를 강요하지 않는다. 하나님은 세상을 창조하지 않거나 지금과는 다른 세상을 창조하는 것을 선택할 수 있으셨다. 또한 그분은 우리에게 다른 도덕적 계명을 허락할 수도 있으셨다. 하나님의 율법은 이성적으로 필연적이지 않다. 그것들이 옳은 이유는 하나님이 명령하셨기 때문이다(즉 그것들이 옳기 때문에 명령하신 것이 아니다).[77] 그러나 둔스 스코투스는 십계명의 처음 네 계명은 다르게 다루었다. 그는 그 계명들은 필연적이기 때문에 하나님은 그와 반대되는 계명을 명령하실 수가 없으셨다고 생각했다. 이론

---

75) Frank Thilly and Ledger Wood, *A History of Philosophy* (New York: Henry Holt, 1957).
76) 나는 아퀴나스가 자유의지에 관해(3장에서 논의한 교부들의 자기 결정능력과 같은) 자유의지론이나 양립불가론보다는 "양립 가능론(자유로운 선택은 곧 우리가 원하는 것을 하는 것이라는 견해)"을 주장했다고 생각한다. *Summa Theologica*, 1.83. 하나님의 예정에 관한 그의 견해도 아울러 참조하라(『신학대전』 1부 23문). 이 견해는 아퀴나스 이전의 사상가들이 흔히 지지했던 견해와 궤를 달리한다. 이 견해는 존 칼빈의 견해와 비슷하다. 둔스 스코투스는 자유의지에 관한 자유의지론적 견해로 되돌아갔다.
77) 둔스 스코투스의 이런 견해는 『에우튀프론』에서 발견되는 플라톤의 견해와 정반대다.

논리는 몇 가지 일반적인 명제에도 똑같이 적용된다. 예를 들어 하나님이 의인에게 상을 주고, 악인을 징벌하시는 것은 필연적이다. 일부 해석자들은 이런 예외들이 둔스 스코투스의 주의주의에 모순을 일으킨다고 지적한다.

더욱 심각한 것은 둔스 스코투스의 주의주의가 성경의 가르침에 위배된다는 것이다. 성경에 따르면 인간에게 주어진 하나님의 도덕법은 그분을 본받으라는 것, 곧 그분처럼 되라는 명령을 의미한다(레 19:2, 24; 마 5:48; 벧전 1:15, 16).[78] 둔스 스코투스의 주의주의는 하나님의 주권에 관한 성경의 가르침이 아니라 하나님의 주권과 모순을 일으키는 인간의 자유에 대한 견해에서 비롯했다.

성경은 하나님의 생각이나 인간의 생각을 지성과 의지, 또는 감정이 서로 주도권을 다투는 싸움터로 간주하지 않는다. 결정은 인격체가 내리는 것이다. 지성은 인격체의 사고에, 의지는 인격체의 결정에 각각 해당한다. 또한 무슨 생각이든지 그것은 곧 우리가 그렇게 생각하기로 결정한 것이고, 무슨 결정이든지 그것은 곧 우리가 그렇게 결정하기로 생각한 것이다.[79]

윌리엄 오컴(William of Occam, 1280-1349)

둔스 스코투스가 주의주의로 유명한 것처럼 오컴은 보편자에 관한 견해(종종 "유명론" 또는 "개념론"으로 일컬어지는 견해)로 유명하다.

언어 가운데 일부 표현은 개별적인 사물이나 특정한 사물, 동물이나 사람들을 가리킨다(예를 들면 이 책, 베티 존스, "로버"라는 애견 등). 그러나 다른 표현들은 책, 개, 소녀처럼 많은 개별자를 동시에 가리킨다. 후자와 같은 표현을 보편자라고 부른다. 왜냐하면 우주 안에서 관련 범주에 속해 있는 것은 한꺼번에 모두 지칭하기 때문이다. 우리는 대개 개별자를 찾는 법을 알고 있다. 예를 들어 우리는 로버를 찾기 위해 뒷마당에 간다. 그러나 미덕, 용기, 인간성과 같은 한 단계 높은 차원의 보편자

---

[78] 이 문제에 대해 좀 더 자세히 알고 싶으면 다음 자료를 참조하라. *DCL*, 133-35.
[79] 생각에 관한 이런 식의 논의에 관해 좀 더 자세히 알고 싶으면 다음 자료를 참조하라. *DKG*, 319-46. *DCL*, 361-82.

는 고사하고, 개나 책이나 소녀와 같은 것을 찾으려고 해도 어디로 가야 할지 분명하지가 않다. 그런데 그런 것들이 없다면 과연 우리는 어떻게 되었을까?

플라톤과 아리스토텔레스는 이 문제에 골몰했다. 그들의 성찰은 도이베르트가 "형상과 질료의 체계"로 일컬은 사상 체계를 구축했다. 플라톤과 아리스토텔레스에게 보편자에 관한 지식은 개별자에 관한 지식보다 한층 더 높은 차원에 속했다.[80] 그러나 개별자를 보고 듣는 방식으로 보편자를 보고 들을 수는 없다. 플라톤은 보편적인 용어의 지시체는 이 세상에서는 발견할 수 없기 때문에 더 높은 세계, 곧 형상(이데아)의 세계에서 발견할 수 있어야 한다고 추론했다. 아리스토텔레스는 플라톤의 견해에 동의하지 않고, 보편자(형상)를 이 세상에서 발견할 수 있다고 가르쳤다. 그는 능동적인 지성이 감각적인 경험으로부터 그것들을 추출해 냄으로써 알 수 있다고 생각했다. 플라톤과 아리스토텔레스 모두 보편자에 관한 현실적인 견해를 지닌 것으로 평가된다. 그들은 보편적인 용어가 실제로 존재하는 현실을 지칭한다고 믿었다. 그들은 단지 그런 실재를 어디에서 발견할 수 있느냐에 관한 문제에 대해서만 의견을 달리했을 뿐이다.

윌리엄 오컴(William of Occam)

보편자에 관한 논쟁은 중세 철학자들의 관심을 사로잡았다. 그들은 그리스도인들이었기 때문에 일반적인 인식론만이 아니라 원죄(인류의 첫 조상 안에서 발견되는 보편적인 "인간성"의 오염에 의해 그것을 설명할 수 있는가?)와 성찬(봉헌된 떡과 포도주 안에서 보편적인 "그리스도의 몸"이 발견되는가?)과 같은 신학적 주제들을 논의했다.

중세 사상가들의 입장은 매우 다양했다. 오도 투르네(1060-1113)와 윌리엄 샴포(1070-1121)는 극단적 현실주의(보편자가 그것이 지칭하는 범주 안에 있는 모든 개별자 안에서 발견되는 현실이라는 견해)를 주장했고, 로스켈리누스(1050-1125)는 유명론(보편자는 현실이 아닌 사물들에 붙이는 이름에 불과하다는 견해)을 주장했다. 그는 심지어 보편자는 "소리의 숨결(flatus vocis)"에 불과하다고 말했다. 이런 이유로 그는 극단적 유명론자로 분류

---

[80] 말에 관해 일반적인 지식을 알고 있는 사람이 한 마리의 말에 관해서만 알고 있는 사람보다 더 전문적인 지식을 갖춘 사람으로 간주된다.

된다. 윌리엄 샴포와 로스켈리누스와 함께 수학한 피에르 아벨라르(1079-1142)는 때로 유명론자로 불리지만, 그를 개념론(보편자는 용어에 의해 상징화된 개념으로 생각 속에 존재한다는 견해)이라는 중간 입장을 취하는 사상가로 분류하는 것이 더 유익할 것이다. 한편, 캔터베리의 안셀무스는 『모놀로기온』에서 등급에 근거한 논증과 존재론적인 논증을 펼친 것 때문에 실재론자로 분류된다. 그는 또한 로스켈리누스를 논박하는 글을 쓰기도 했다.

아퀴나스는 그의 사상 체계의 특성대로 이런 견해들의 대부분을 하나로 통합했다. 그는 1) 보편자는 사물 밖에 존재하지만(ante rem, 사물 앞에) 우리와 분리된 세상의 요소들로서가 아니라 하나님의 생각 속에 있는 개념이자 2) 정해진 종에 속하는 사물들의 구체적인 본질이요(in re, 사물 안에), 3) 구체적인 사물들의 경험으로부터 보편적인 개념을 추출해 내는 인간의 생각 속에 있는 개념(post rem, 사물 뒤에)으로 존재한다고 생각했다.

유명론은 경험 철학과 과학의 영향 때문에 현대를 사는 우리에게는 매우 자연스럽게 와 닿는다. 우리 주위를 돌아보면 개개의 말들을 볼 수 있지만 말이라는 보편자는 볼 수 없다. 따라서 보편자의 존재를 부인하는 것이 자연스럽게 느껴진다. 그러나 아벨라르가 말한 대로 말은 생각 속에 하나의 개념으로 존재한다. 유명론으로부터 개념론을 추론하는 것은 그리 어렵지 않다. 결국 말은 소리의 숨결에 불과한 것이 아니다. 그것은 의미를 전달한다. 그러나 좀 더 깊이 생각해 볼 필요가 있다. "말은 다리가 넷이다."라는 말은 과연 하나의 개념에 담긴 의미를 밝히는 것인가, 아니면 사실을 언급하는 것인가? 말은 단지 명칭인가, 아니면 그것으로 지칭되는 존재들이 세상에 실제로 존재하는 것을 가리키는 것인가? 이것은 일종의 현실주의적인 입장(허구적인 것이 아닌 실제로 닮은 것이 존재한다는 확증)을 취하게 만드는 추론이다.

"무적의 박사"로[81] 불린 오컴은 인간의 이성은 개별자의 영역에만 국한되어 있다고 믿었다. 보편적인 용어는 개별자의 범주들을 일컫는 명칭일 뿐,[82] 개별자를

---

81) 여러 중세 철학자에게 주어진 다양한 칭호와 별명을 살펴보는 것은 매우 흥미롭다. 아우구스티누스는 "은혜의 박사"로, 클레르보의 베르나르두스는 "꿀처럼 단 박사"로, 안셀무스는 "장엄한 박사"로, 대 알베르투스는 "우주적인 박사"로, 아퀴나스는 "천사 박사"로, 둔스 스코투스는 "명석한 박사"로 각각 불렸다. 학생들은 그런 칭호를 자기를 가르치는 교수들에게 적용하거나 새로운 별명을 만드는 것을 즐기곤 한다.
82) "범주"는 분명히 존재한다. 오컴은 그것을 생각 속에 있는 개념으로 받아들였다. 이런 이유로 많은 사람이 오컴을 유

넘어서는 현실을 지칭하지 않는다. 그런 현실을 주장하는 것은 "오컴의 면도날(문제에 대한 가장 단순한 해결책을 선택하고, 필요한 것보다 더 많은 현실을 만들어내지 말라는 것)"로 알려진 원리를 어기는 것이다. 그렇다면 아퀴나스가 말한 대로 보편자는 하나님의 생각 속에서조차 사물 밖에 존재하는 것일까? 오컴은 그렇지 않다고 말한다. 사물들이 지금의 모습대로 존재하는 이유는 하나님이 그것들을 그런 식으로 만드셨기 때문이다. 오컴의 면도날을 적용하면, 하나님이 염두에 두었던 유형에 따라 사물들이 만들어졌다고 추론해서는 안 된다. 이런 점에서 오컴은 둔스 스코투스와 마찬가지로 주의주의(이 세상의 사물들은 하나님의 이성적인 생각이 아닌 그분의 뜻이요 선택에 의해 존재하게 되었다는 것)로 기울었다.

그런 견해는 결국 경험주의(감각이 지식의 기초라는 것)로 귀결된다.[83] 오컴의 견해에 따르면 지식은 무엇보다도 구체적인 사물에 대한 지식, 즉 경험적인 지식이다. 경험적인 지식은 플라톤과 아퀴나스가 생각했던 것과는 달리 경험을 초월한 영역에 관한 명제와는 아무런 상관이 없다. 오컴은 자연 이성으로 하나님의 존재를 입증할 수 있다고 믿지 않았다. 그는 자연 이성으로는 하나님이 존재할 가능성을 추론할 수는 있지만 삼위일체와 같은 계시의 진리는 자연 이성으로는 인지할 수 없다고 생각했다. 그는 그런 진리는 오직 계시와 믿음을 통해서만 알 수 있다고 믿었다.

이처럼 오컴은 과학을 형이상학과 사변으로부터 자유롭게 하는 데 있어 둔스 스코투스보다 한 걸음 더 나아갔다. 자연 이성의 영역 안에서 인간의 생각은 이전보다 더욱 자율적이 되었다.

오컴과 둔스 스코투스는 철학과 과학을 자율성의 영역에 국한시켰기 때문에 성경을 토대로 신학을 재건해야 했다. 기독교 교리에 관한 지식은 오직 믿음과 성경을 통해서만 얻어진다. 오컴은 조직화된 교회의 전통과 주장을 비판했다. 그런 점에서 그와 그의 추종자들(가브리엘 비엘과 요한 폰 슈타우피츠)은 마르틴 루터에게 영향을 미쳤다. 루터는 한 때 "나는 오컴 학파 출신이다."라고 주장했다.

남은 과제는 성경적인 토대 및 철학과 과학을 재건하는 것이었다.

명론자가 아닌 (아벨라르와 같은) 개념론자로 부른다. 오컴은 분명히 로스켈리누스와는 달랐다.

83) 경험주의가 나중에 독특한 철학적 운동으로 발전하면서 그 대표적인 사상가들(로크, 버클리, 흄)이 오컴처럼 영국 출신이라는 사실은 매우 흥미롭다.

에크하르트 폰 호크하임(Eckhart Von Hochheim, 1260-1329)[84]

"마이스터" 에크하르트는 도미니쿠스회 소속이었다. 그의 신학 사상은 토마스 아퀴나스와 매우 비슷했다. 그러나 그의 인기 있는 글과 설교는 신플라톤주의적인 신비주의를 따르는 개념들을 주로 다루었다.

에크하르트는 신성은 심지어 하나님 자신도 알지 못하는 영원히 알기 어렵고, 표현하기가 불가능한 신비라고 생각했다. 그러나 하나님 안에는 "풍요로움", 곧 성자와 성령의 발현을 통해 흘러넘쳤다가 다시 신성으로 흘러 들어가는 사랑이 존재한다. 하나님은 생각하기 위해 삼위일체와 세상을 필요로 하신다. 세상이라는 개념 자체는 영원한 창조를 의미하지만, 일시적인 세상은 하나님 안에서 무로부터 창조되었고, 그분과 동일하지 않다.

인간의 과제는 개별자들에 대한 지식을 넘어서서 통합을 이루는 것이다. 인간은 자신의 개체성을 부인하고 하나님께로 돌아가야 한다. 에크하르트도 석가모니처럼 세상의 것을 멀리하라고 가르쳤다. 그는 우리가 어떤 점에서 하나님처럼 될 수 있지만, 그렇게 되려면 그분의 은혜가 반드시 필요하다고 생각했다. 신플라톤주의에 영향을 받은 다른 많은 신학자들과 마찬가지로 에크하르트도 창조주와 피조물의 구별을 범신론으로 축소시키는 잘못을 피하려고 노력했다. 그는 하나님과의 궁극적인 합일을 떡과 포도주가 그리스도의 살과 피로 변하는 것에 빗대었다. 그러나 나는 그런 비유가 개념을 명확하게 밝히는 데 별로 보탬이 되지 못한다고 생각한다.

에크하르트는 진지한 철학적 신학자였지만 정확한 명제를 확립하는 것보다는 종교적인 경험에 관심을 더 많이 기울였다. 그는 하나님은 모든 개념과 이유를 초월하시기 때문에 이성이 아닌 감정을 통해서만 그분과의 합일을 이룰 수 있다고 생각했다.

에크하르트는 요하네스 타울러와 룰만 메르스빈에게 많은 영향을 미쳤다. 아마도 마르틴 루터에게 큰 영향을 미친 『독일 신학(A German Theology)』을 집필한 익명의 저자도 그에게서 영향을 받은 것으로 보인다. 그러나 에크하르트 자신은 종교 재판

---

[84] 일부 자료들은 그의 이름을 "요하네스"로 명시하고 있다. 그러나 그것은 사실이 아닌 듯하다. 그는 흔히 "마이스터 에크하르트"로 불린다. "마이스터"는 학문적인 칭호다.

소에서 재판을 받고, 1329년에 파문되었다.[85] 그가 그런 판결을 인정했는지, 또 어떻게 죽어 어디에 묻혔는지에 대한 기록은 없다.

결론

중세는 기독교 철학을 위한 큰 기회였다. 기독교 사상가들은 박해로부터 자유로웠다. 그들은 기독교를 표방하는 문화와 국가 내에서 살았다. 그러나 그들도 학문적인 격식을 갖추려고 했던 교부들과 별반 다르지 않았다. 중세 사상가들은 헬라 철학을 비평적으로 세세하게 비판했지만 인간의 자율성을 높이고, 형상과 질료의 체계 안에 신적 초월성을 포함시키려는 경향으로부터 온전히 자유롭지 못했다. 중세 철학자들은 하나님의 은혜를 옳게 이해하려고 노력했지만 은혜의 영역을 삶을 다스리는 하나님의 주권이 아닌 자연의 영역을 보완하는 것으로 간주함으로써 결국 자율적인 자연 이성에 다시 종속되고 말았다(특히 토마스 아퀴나스).

중세가 지나고 르네상스와 종교 개혁이 일어났지만, 기독교 사상은 여전히 타협적인 경향에서 벗어나지 못했다. 역사의 다음 단계에서는 자연이라는 자율적인 영역이 은혜로부터 독립함으로써 새로운 세속주의(기독교의 통제에서 벗어난 헬라 철학과 같은 세속주의)가 도래하는 결과를 낳았다. 그러나 은혜의 영역은 종교 개혁을 통해 좀 더 혁신적인 성경적 사고방식을 취하기에 이르렀다. 그 결과 기독교 사상과 비기독교 사상의 대립이 더욱 분명해졌다. 그러나 새로운 상황을 통해 새로운 타협의 기회들이 훨씬 더 많이 주어졌다. 철학의 영역에서 벌어진 영적 전쟁은 오늘날까지도 계속되고 있다.

---

[85] 교회로부터 단죄를 당하는 일은 중세 신학에서 그렇게 드문 일이 아니었다. 다른 뛰어난 신학자들도 최소한 기존 교회에 의해 일시적으로 처벌을 당했다. 오리게누스는 543년에 콘스탄티노플 회의에서 단죄를 받았고, 553년에는 5차 범교회 회의에서 또 단죄를 받았다. 에리게나의 『자연의 구분에 관해』는 1225년에 센스 공의회에서 단죄를 받았다. 아벨라르는 1142년에 센스에서 열린 또 다른 공의회에서 단죄를 받았다. 한 프랑스 주교는 1270년과 1277년에 토마스 아퀴나스의 저서를 단죄했고, 오컴은 교황 요하네스 22세에 의해 파문되었지만, 그의 저서는 단죄를 받지 않았다.

핵심 용어

영원성(Eternity, 보에티우스)
존재의 등급(Degrees of being, 디오니시우스)
신비주의(Mysticism)
이해를 구하는 믿음(Fides Quaerens Intellectum)
등급을 통한 논증(Argument from gradation)
개념(Concept)
우연적 존재(Contingent being)
만족(satisfaction)
여분의 공로(Supererogation)
『예와 아니오(Sic et Non)』
신학 명제집(Sentences)
자연 이성(Natural reason, 아퀴나스)
신학(Theology, 아퀴나스)
자연과 은혜의 체계(Nature-grace scheme)
다섯 가지 신 존재 증명(Five Ways, 아퀴나스)
작용인(Efficient cause)
목적인(Final cause)
세상의 우연성을 통한 증명(E contingentia mundi)
목적론적 논증(Teleological argument)
인과성의 길(Way of causality)
제거의 길(Way of remotion)
본질(Essence)
존재(Esse, 하나님의 속성의 하나)
실재(Substance)
수동적 지성(Passive intellect)
조명(Illumination)
충족이유의 원리(Principle of sufficient reason)
두 가지 뜻 이상의(Equivocal)
비율의 유비(Analogy of proper proportionality)
유사성의 유비(Analogy of resemblance)
의지(Will)
보편자(Universals)
유명론(Nominalism)

인격(Person, 보에티우스)
부정의 길(Via negativa)
이해하기 위해 믿는다(Credo ut intelligam)
전제주의(Presuppositionalism)
존재론적 논증(Ontological argument)
필연적 존재(Necessary being)
영예(Honor)
형벌적 대리속죄(Penal substitution)
스콜라주의(scholasticism)
도덕적 영향설(Moral-influence theory)
신성한 교리(Sacred doctrine, 아퀴나스)
철학(Philosophy, 아퀴나스)
우주론적 증명(Cosmological argument)

형상인(Formal cause)
질료인(Material cause)

기준학적 증명(Criteriological argument)
탁월함의 길(Way of eminence)
하나님의 단순성(Simplicity of God)
자연(Nature)
종(Genus, 種)
우연(Accidents)
능동적 지성(Active intellect)

한 가지 뜻밖에 없는(Univocal)
유비적인(Analogical)
속성의 유비(Analogy of attribution)
지성(Intellect)
주의주의(Voluntarism)
개별자(Particulars)
개념론(Conceptualism)

사물 앞에(Ante rem)
사물 뒤에(Post rem)
경험주의(Empiricism)
『독일 신학(A German Theology)』

사물 안에(in re)
오컴의 면도날(Occam's razor)
풍요로움(Fecundity)

학습을 위한 질문

1. "중세 시대는 두 시대의 중간에 낀 역사의 막간과 같은 시기였다." 두 시대는 무엇인가? 저자의 말을 설명하고, 평가하라.

2. 저자는 보에티우스의 『철학의 위로』를 "기묘한 책"이라고 일컬었다. 그 이유는 무엇인가? 그 책에서 보에티우스는 인간의 가장 큰 선이 무엇이라고 말했는가?

3. 저자는 보에티우스가 "'자연 이성'에 관한 아퀴나스의 교리를 미리 예측하게 했다."라고 말했다. 그렇게 말한 이유는 무엇인가? 그것은 유익한 일이었는가?

4. 저자가 디오니시우스의 "부정의 길"과 신비주의를 비판한 이유는 무엇인가? 설명하고, 평가하라.

5. 에리게나가 자연을 네 가지로 구분한 것을 간단하게 요약하고, 그의 입장이 저자의 도표에 묘사된 내용을 어떻게 반영하고 있는지 설명하라.

6. 믿음과 이성에 관한 안셀무스와 아벨라르의 견해를 대조하라.

7. 어떤 의미에서 안셀무스를 "전제주의"로 일컫는가? 그런 평가를 논박하는 반론은 무엇인가? 저자는 그런 반론에 대해 어떻게 대답했는지 평가하라.

8. 『모놀로기온』에 나오는 안셀무스의 신 존재 증명을 간단하게 요약하고, 평가하라.

9. 『프로슬로기온』에 나오는 논증도 간단하게 요약하고, 평가하라. 가우닐로의 반론에 대한 답변을 설명하고, 스스로의 의견을 제시하라. 개념에서 현실을 추론하는 것은 정당한가? "완전함"에 관한 정의는 그런 논증에 어떻게 영향을 미치는가?

10. 벌코프는 『왜 하나님이 인간이 되셨는가?』에 제시된 안셀무스의 견해가 "로마 가톨릭교회의 '보속의 교리'를 그리스도의 사역에 적용한 것"이라고 말했다. 이 말의 의미를 설명하고, 평가하라.

11. 아비센나, 알 가잘리, 아베로에스, 마이모니데스의 중요한 사상을 하나씩 말해 보라.

12. 속죄에 관한 안셀무스와 아벨라르의 견해를 비교하고, 평가하라.

13. 아퀴나스는 믿음과 이성에 관한 논쟁을 어떻게 다루었는가? 그는 믿음과 자연 이성의 영역을 어떻게 구별했는가? 평가하라.
14. 아퀴나스의 다섯 가지 신 존재 증명을 설명하고, 평가하라.
15. 아퀴나스의 인식론을 설명하고, 평가하라.
16. 저자는 아퀴나스의 인식론이 안고 있는 주된 문제점이 "자율성"이라고 말했다. 이 말의 의미를 설명하고, 평가하라.
17. 아퀴나스의 유비의 원리를 설명하고 평가하라. 이에 대한 저자의 견해를 논의하라.
18. 의지에 관한 둔스 스코투스와 아퀴나스의 견해를 비교하라. 둔스 스코투스는 자신의 명제로부터 어떤 결론을 도출했는가?
19. 저자는 하나님의 의지에 관한 둔스 스코투스의 견해가 성경적이지 않다고 어떻게 주장했는가? 평가하라.
20. "보편자 논쟁"은 무엇인가? 아벨라르, 아퀴나스, 오컴의 견해를 각각 논의하고, 자신의 견해를 밝혀라.
21. 오컴과 에크하르트는 루터의 출현을 어떻게 예고했는가? 논의하라.
22. 저자가 중세 철학을 어떻게 요약했는지 설명하고, 평가하라.

참고 문헌 : 중세 철학과 신학

출판물

Abelard, Peter, *Abelard & Heloise: The Letters and Other Writings*. Edited by William Levitan (Indianapolis: Hackett Publishing, 2007).

Anselm of Canterbury, *St. Anselm's Basic Writings*. Edited by S. N. Deane (Chicago: Open Court, 1998).

Aquinas, Thomas, *Summa Theologiae: Complete Set Latin-English Edition* (Rochester, NY: Aquinas Institute, 2012).

Boethius, Ancius, *The Consolation of Philosophy* (New York: Empire Books, 2012).

Dionysius, the Areopagite, *Pseudo-Dionysius: The Complete Works* (Mahwah, NJ: Paulist Press, 1988).

Duns Scotus, John, *Duns Scotus-Philosophical Writings: A Selection*, Translated by Allan

Wolter (Indianapolis: Hackett Publishing, 1987).

Erigena, John Scotus, *Treatise on Divine Predestination* (Notre Dame, IN: University of Notre Dame Press, 2003).

Fairweather, Eugene R., ed., *A Scholastic Miscellany: Anselm to Ockham* (Louisville, KY: Westminster John Knox Press, 1956).

Gilson, Étienne, *The Spirit of Medieval Philosophy* (Notre Dame, IN: University of Notre Dame Press, 1991). 훌륭한 신토마스주의 학자의 고전적인 분석이 돋보이는 책이다.

Gyula, Klima, Fritz Allhof and Arnand Jayprakash Vaidya, ed., *Medieval Philosophy: Essential Readings with Commentary* (Hoboken, NJ: Wiley Blackwell, 2007).

Hyman, Arthur, James J. Walsh, and Thomas Williams, eds., *Philosophy in the Middle Age: The Christian, Islamic, and Jewish Traditions*, 3rd ed. (Indianapolis: Hackett Publishing, 2010). 각종 자료와 해설.

Kenny, Anthony, *A New History of Western Philosophy*, Vol. 2, *Medieval Philosophy* (New York: Oxford University Press, 2007).

McKeon, Richard, ed., *Selections from Medieval Philosophers II from Roger Bacon to William of Occam* (New York: Charles Scribner's Sons, 1930).

Ross, James B., and Mary M. McLaughlin, eds., *The Portable Medieval Reader* (London: Penguin, 1977). 중세 저술가들의 글을 백 개 이상 발췌해 실었다.

Schroedinger, Andrew B., *Readings in Medieval Philosophy* (New York: Oxford University Press, 1996). 54편의 글을 실었다.

온라인 자료

Aquinas, Thomas, *On Being and Essence*. http://faculty.fordham.edu/kilma/Blackwell-proofs/MP_C30.pdf.

Christian Classics Ethereal Library. 보에티우스, 아벨라르, 안셀무스, 아퀴나스를 비롯해 여러 사상가들의 글을 소개하고 있다. http://www.ccel.org.

스스로 읽기

보에티우스의 『철학의 위로』를 크게 유익한 책으로 추천하고 싶지는 않다. 그러나 이곳저곳을 훑어보면서 글에 실린 감정과 요지를 파악하는 것은 괜찮을 듯싶다.

안셀무스의 『프로슬로기온』은 중요하다. 처음 다섯 장은 주의 깊게 읽고, 나머지는 대충 훑어보라. 『왜 하나님이 인간이 되셨는가?』는 신학을 공부하는 사람들에게는 매우 중요하다. 이 책은 신학자들에 비해서는 좀 덜하겠지만 철학자들에게도 상당한 중요성을 지닌다.

철학을 공부하는 사람들은 『존재와 본질에 관해』라는 아퀴나스의 소책자를 읽으면서 그의 용어에 익숙해지는 것이 필요하다. 그런 뒤에는 그의 『신학대전』 1장 1-5문을 주의 깊게 읽고, 나머지 내용은 관심이 있는 대목만 골라 읽어라.

온라인 듣기

웹 사이트 http://itunes.apple.com/us/course/legacy-history-philosophy.id694658914

- 기독교적 신플라톤주의와 캔터베리의 안셀무스 : 44:59
- 토마스 아퀴나스-믿음, 이성, 인식론 : 36:14
- 토마스 아퀴나스와 중세 후기의 발전 : 57:10

유명한 인용문

- 보에티우스 : http://en.wikiquote.org/wiki/Anicius_Manlius_Severinus_Boethius
- 존 스코투스 에리게나 : http://en.wikiquote.org/wiki/Johannes_Scotus_Eriugena
- 아퀴나스 : http://en.wikiquote.org/wiki/Thomas_Aquinas
- 오컴 : http://en.wikiquote.org/wiki/William_of_Ockham

A History of
Western Philosophy and
Theology

개요

르네상스
종교 개혁
  마르틴 루터(1483–1546)
  존 칼빈(1509–64)
종교 개혁 이후의 개신교
  개신교 스콜라주의
  개신교 경건주의
세속 철학의 부활
대륙의 합리론
  합리주의와 경험주의
  르네 데카르트(1596–1650)
  바뤼흐 (베네딕트) 스피노자(1634–77)
  고트프리트 빌헬름 라이프니츠(1646–1716)
영국의 경험주의
  토머스 홉스(1588–1679)
  존 로크(1632–1704)
  조지 버클리(1685–1753)
  데이비드 흄(1711–76)
요약

5장

초기 현대 사상

중세 시대의 서양 철학은 성경의 세계관과 헬라 철학을 결합시키려고 노력했다. 그런 노력은 크고, 작은 성공을 거두었다. 중세 이후의 사상가들은 그 두 전통을 통합하려는 노력을 더 이상 기울이지 않고, 성경적인 입장을 좀 더 일관되게 주장하려는 측(루터와 칼빈과 같은 사상가들)과 초기 헬라인들처럼 지성적인 자율성을 좀 더 확실하게 주장하면서 세속주의로 회귀하려는 측(홉스, 데카르트, 로크와 같은 사상가들)으로 양분되었다.

르네상스

대략 1350년에서부터 1650년에 걸쳐 진행된 르네상스는 유럽에서 중요한 문화적 변화가 일어났던 시기였다. 그 시기에 문학과 예술에서 괄목할 만한 성취가 이루어졌다.

그런 발전은 단테,[1] 보카치오, 페트라르카, 초서, 레오나르도, 미켈란젤로, 라파엘로에서 시작해 르네상스 후반기에는 세르반테스와 셰익스피어까지 이어진다. 또

---

[1] 단테(1265-1321)는 내가 말한 르네상스의 시기에서 벗어난다. 이것이 내가 "대략"이라는 수식어를 덧붙인 이유다. 단테는 때로 토마스 아퀴나스의 "중세적 통합"을 시로 표현한 인물로 간주된다. 나름대로 일리 있는 비교라고 생각된다. 그러나 나는 단테의 작품이 중세 시대의 산물이라기보다는 르네상스의 전조였다고 생각한다.

한 이 시기에는 현대 경험 과학(코페르니쿠스, 갈릴레오, 브라헤, 브루노, 케플러, 프란시스 베이컨)이 시작되었고, 유럽인들(콜럼버스, 마젤란, 다 가마, 폴로, 캐벗, 샹플랭, 드레이크)의 위대한 세계 탐험이 이루어졌다.

그러나 철학에서는 그렇게 큰 성취가 이루어지지 않았다. 사람들은 계속 철학을 연구했지만 아퀴나스, 둔스 스코투스, 오컴과 같은 철학자들이나 홉스, 로크, 데카르트와 같은 철학자들만큼 큰 영향을 미친 사상가는 없었다. 이 시기의 철학자들은 대부분 전통적인 가톨릭 신자들이었다(이 시기 말기에 종교 개혁과 관련된 학자는 논리학자인 페트루스 라무스를 포함한 몇 명에 불과했다).

그럼에도 불구하고 그 몇몇 학자들은 주목할 만한 가치를 지닌다. 마르실리오 피치노(1433-99)는 피렌체의 플라톤 아카데미의 초대 교장을 지냈고, 플라톤의 대화편 가운데 여러 편을 라틴어로 번역했다.

피코 델라 미란돌라(1463-94)는 인간의 모든 지식을 통합해 거대한 신플라톤주의 체계를 확립하려고 시도했다. 피에트로 폼포나치(1462-1525)는 아리스토텔레스에 대해 강의했고, 하나의 명제가 철학에서는 사실일 수 있지만 신학에서는 거짓일 수 있다는 아베로에스주의의 입장을 받아들였다. 미셸 드 몽테뉴(1533-92)는 무엇을 확신할 수 있는지를 의심했던 회의주의자였다. 그는 형식적인 철학적 논리를 거부하고, 의식의 흐름을 통한 자기 묘사를 지향했다. 그런 점에서 그는 현대 사상에 상당히 근접해 있었다.

당시의 제국들과 도시 국가들의 혼란한 상황 때문에 르네상스 사상가들 가운데는 정치 철학에 관심을 기울이는 사람들이 많았다. 그 중에 가장 유명한 인물은 니콜로 마키아벨리(1469-1527)였다. 그는 국가를 통치하는 데는 절대적인 도덕의 역할이 필요하지 않다고 말했고, 군주는 질서를 유지하기 위해서라면 언제라도 도덕적 기준을 어기거나 속임수를 사용할 줄 알아야 한다고 주장했다. 그는 목적이 수단을 정당화하는 정치학을 표방함으로써 헬라 소피스트들의 사상을 재현했고, 마르크스, 레닌, 히틀러, 모택동을 비롯한 다른 많은 사상가들과 정치인들의 출현을 예고했다.

마키아벨리는 종교를 정치 지도자가 마음대로 사용할 수 있는 수단으로 간주했다. 이것은 당시의 교회와 국가에 관한 논쟁에 있어 상당히 극단적인 입장에 해당했지만, 어떤 점에서는 피치노의 에라스투스주의와[2] 교회는 그 나름의 특권을 지니고 있지만 국가에 종속된다고 생각했던 존 위클리프(1320-84)를 비롯한 다른 여러 사상가들의 입장과 일맥상통한다.

지성적인 생동감이 넘쳐난 이 시대를 정확하게 분석할 수 있는 공통된 주제들을 발견하기는 그리 쉽지 않다. 그러나 이 시대를 연구하는 사람들은 크게 두 가지를 손꼽는 경향이 있다.

하나는 고전주의(고전 탐구)이고, 다른 하나는 인본주의다. 고전주의는 "근원으로 돌아가자(ad fontes)."라는 문구에 의해 잘 설명된다. 르네상스 사상가들은 철학과 문학은 물론, 건축과 예술 및 통치 형태에 이르기까지 고대 문화(특히 헬라와 로마 문화)를 회복하는 데 큰 관심을 기울였다. 성경을 비롯해 많은 고대 문서가 새롭게 번역되었고, 고대의 많은 거짓이 폭로되었다. 로렌초 발라(1407-57), 쿠사의 니콜라스(1401-64), 데시데리우스 에라스무스(1466-1536)는 위(僞)디오니시우스(4장 참조)가 바울에 의해 회심한 사람이 아니라고 강력하게 주장했다. 또한 발라는 "콘스탄티누스 황제의 기부 증서(콘스탄티누스 황제가 교황에게 자신의 권위를 물려준 것처럼 명시된 문서)"의 진정성을 부인했다. 아울러 에라스무스는 가장 초창기에 출판된 헬라어 신약 성경 가운데 한 권을 내놓았다.

1450년경, 요하네스 구텐베르크가 활자 인쇄술을 발명하면서 학술적인 책들이 고대와 중세 시대에는 상상조차 할 수 없었던 속도로 빠르게 보급되기 시작했다. 이 기술은 지식(과거의 문헌들과 새로 발견된 사실들)의 신속한 전파를 가능하게 함으로써 인간 사회의 문명을 획기적으로 변화시켰다.

르네상스의 또 하나의 중요한 특징은 인본주의였다. 그것은 인간을 신격화시킨 현대의 세속적 인본주의가 아니라 하나님의 형상으로 창조된 인간에 대한 진지한 기독교적 관심을 반영한 인본주의였다.

중세 시대에는 세상에서의 삶을 천국에 가기 위해 잠시 거치는 관문으로 생각했다. 그러나 르네상스는 세상에서의 삶 자체에 대해 좀 더 깊은 관심을 기울였다. 예를 들어 르네상스 예술은 인체를 경이롭게 여겨 생생하고, 정확하게 묘사했다. 그

---

[2] 토머스 에라스투스(1524-83)의 이름에서 유래했다. 그는 교회가 아닌 국가가 그리스도인들의 죄를 징벌해야 한다고 생각했다. 물론 그런 생각은 에라스투스 이전에도 이미 있었다.

것은 중세 시대에서는 전혀 발견되지 않는 현상이었다. 또한 르네상스 과학은 세상을 아리스토텔레스의 우주론을 구성하는 다양한 영역 가운데 하나로 간주하는 것에 만족하지 않고, 갖가지 도구를 이용해 세상의 실제 모습을 관찰했고, 우리의 세계관과 실질적인 경험을 서로 연관시키려고 노력했다. 르네상스 철학도 전통적인 이론들을 넘어서서 우리가 살고 있는 세상(마키아벨리의 경우에는 "정치적 현실," 폼포나치와 몽테뉴의 경우에는 "실존적인 주관성")을 이해하는 데 초점을 맞추었다.

르네상스는 불신앙의 시대가 아니었다. 모든 사상가들이 그리스도인을 자처했다. 그러나 (성경을 분석하는 본문 비평 학자들의 경우를 제외하면) 그들의 사상 안에서 성경은 중심 역할을 하지 못했다.

갈릴레오와 교회가 코페르니쿠스의 "태양중심설"을 둘러싸고 논쟁을 벌였을 때도 양측은 성경을 많이 거론하지 않았다. 그것은 성경과 과학이 아닌 교회가 성경에 부과한 아리스토텔레스의 우주론과 과학과의 갈등이었다. 르네상스 사상가들은 성경을 이해하는 데 필요한 언어적, 본문학적 도구들을 새로 개발했지만, 종교 개혁이 있기 전까지는 그들 가운데 성경의 세계관으로 철학적, 문화적 전제에 도전을 제기한 사람은 아무도 없었다.

이처럼 르네상스의 두 가지 특징(고전주의와 인본주의)은 하나로 잘 통합되지 못했다. 오히려 그것은 사상가들을 서로 반대되는 방향(과거를 향한 고전주의와 현재와 미래를 향한 인본주의)으로 양분하는 경향이 있었다. 이런 긴장 관계는 인식론에도 영향을 미쳐 "과거를 다시 배움으로써 지식을 얻는가, 아니면 우리의 현재적 실존을 분석함으로써 지식을 얻는가?"라는 질문을 제기했다.

이것을 내가 1장에서 구별한 내용과 연관시키면 르네상스 고전주의는 고대 철학자들의 합리주의를 거부할 수 없고, 르네상스의 인본주의는 인간의 주관성과 관련된 불합리한 혼란을 이해하지 못한 채 회의주의가 발전할 수 있는 여지를 남길 수밖에 없다. 이처럼 르네상스의 천문학과 예술과 세계 탐험은 괄목할 만한 성과를 거두었지만, 당시의 사상가들이 철학을 크게 발전시키지 못한 이유는 결국 합리주의와 불합리주의라는 변증 관계에 발목이 붙잡혔기 때문이다. 다음의 도표를 참조하라.

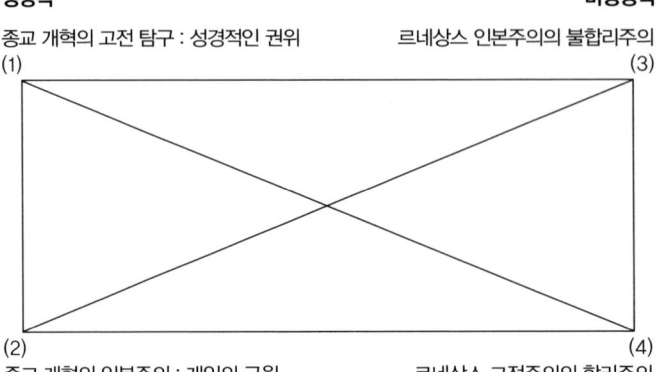

도표 5.1. 종교 개혁과 르네상스의 양극

종교 개혁

종교 개혁은 르네상스 시대가 끝나갈 무렵에 일어났다. 따라서 두 운동은 부분적으로는 동시대적 사건이었다. 그러나 종교 개혁은 우리가 살펴본 르네상스 철학자들은 물론, 중세 철학자들과도 지성적인 방향이 근본적으로 달랐다. 종교 개혁자들은 스스로를 철학자로 간주하지 않았지만 그들의 가르침은 철학에 매우 중요한 영향을 미쳤다. 그들은 이전의 철학자들이 진지하게 고려하지 않았던 윤리학과 인식론과 형이상학의 대안을 제시했다. 그들의 제안은 새로웠지만 그들은 단지 "모든 생각을 사로잡아 그리스도에게 복종하게 하라"는 오래된 성경의 목표를 지향했을 뿐이었다(고후 10:5).

종교 개혁은 새로운 측면이 많았지만 일종의 르네상스적인 현상이었다. 그것은 중세 스콜라주의를 대부분 건너뛰고, 곧바로 "근원, 즉 성경과 교부들, 특히 아우구스티누스에게로 돌아갔다."는 점에서 고전주의적인 경향을 띠고, 개인과 하나님의 관계를 새로운 방식으로 나타냈다는 점에서는 인본주의적인 경향을 띠었다. 종교 개혁은 존 위클리프, 요한 후스, 피터 발도와 같은 사람들이 이끌었던 이전의 운동(교회의 부패를 비판하고, 성경에 더욱 충실하기를 원했던 운동)에 의해 태동했다. 에라스무스와 같은 인본주의자들도 로마 가톨릭교회의 사치를 비판했고, 성경의 언어와 사본에 대한 더욱 깊이 있는 연구와 좀 더 단순한 기독교를 추구했다는 점에서 종교 개혁에 힘을 실었다. 종교 개혁자들은 새로운 성경 연구와 인쇄술이라는 혁신적인 기술을 십분 활용했다.

마르틴 루터(Martin Luther, 1483-1546)

최초의 개신교 신자는 독일의 사제이자 대학 교수였던 마르틴 루터였다. 그는 개인적으로 깊이 고뇌하며 도덕적, 영적 노력을 통해 하나님의 용서에 대한 확신을 얻으려고 고심했다. 그는 요한 테첼이 돈만 내면 죽은 영혼이 죄 사함을 얻어 신속하게 천국에 들어갈 수 있다고 주장하는 것을 보고 경악을 금하지 못했다.

루터는 결국 로마서 1장 16, 17절과 같은 성경 본문에 나타난 바울의 "의"의 개념을 새롭게 해석하기에 이르렀다.

마르틴 루터(Martin Luther)

"내가 복음을 부끄러워하지 아니하노니 이 복음은 모든 믿는 자에게 구원을 주시는 하나님의 능력이 됨이라 먼저는 유대인에게요 그리고 헬라인에게로다 복음에는 하나님의 의가 나타나서 믿음으로 믿음에 이르게 하나니 기록된 바 오직 의인은 믿음으로 말미암아 살리라 함과 같으니라."

루터는 이 본문에 언급된 "의"가 자신의 이전 생활을 두려움으로 몰아넣었던 하나님의 심판의 의가 아니라는 사실을 깨달았다. 그것은 복음, 좋은 소식을 통해 선포된 의였다. 하나님은 이 의로 그리스도를 위해 죄인들을 용서하시고, 그리스도께서 우리를 대신해 우리의 징벌을 감당하셨다고 선언하신다. 따라서 우리는 그리스도 안에서 그분을 믿는 믿음으로 의롭다 하심을 받는다. 구원은 우리의 행위와 상관없이 "오직 은혜로 주어지는" 하나님의 선물이다. 루터는 복음만이 구원을 위한 하나님의 능력이 될 수 있다고 믿었다. 이런 믿음이 "오직"으로 시작하는 종교 개혁의 다섯 가지 슬로건을 통해 간단하게 압축되었다("오직 은혜로!", "오직 믿음으로!", "오직 그리스도만으로!", "오직 성경으로!", "오직 하나님의 영광을 위해!").

루터의 통찰력에 담겨 있는 신학적인 의미를 모두 다루려면 몇 권의 책도 부족할 것이다. 그의 교리를 여기에서 다 다룰 생각은 없다. 나는 단지 그 중에서 철학적인 중요성을 지닌 것만을 몇 가지 다루고 싶다.

첫째, 루터의 형이상학은 중세 신학의 대부분을 지배했던 영지주의와 신플라톤주의의 이름 없는 "유일자"를 거부한다. 루터의 하나님은 내가 1장에서 간단히 제시한 성경의 가르침과 마찬가지로 절대적이며 인격적인 존재이시다. 루터는 무한한 것과 합일을 이루려는 유한자의 입장에서가 아니라 위대하신 왕께 불순종한 죄를 용서받으려는 죄인의 입장에서 하나님을 향해 접근한다(이는 그의 개인적인 경험에 비춰 생각하면 충분히 이해할 수 있는 일이다).

은혜도 가톨릭주의가 가르치는 것과는 달리 성례를 통해 사람들에게 조금씩 주어지는 비인격적인 형이상학적 실재와는 거리가 멀다. 은혜는 하나님의 마음에서 비롯하는 인격적인 호의이자 우리를 구원자요 친구요 아버지이신 그분과의 관계 속으로 이끈다는 점에서 엄연한 인격적인 속성을 띤다. 오직 인격적인 존재만이 서로에게 선물을 줄 수 있다.

둘째, 은혜는 선택이다. 우리가 서로에게 선물을 줄 때 어떤 선물을 누구에게 줄 것인지를 선택할 수 있다. 비인격적인 힘은 어떻게, 누구에게 영향을 미칠 것인지를 선택할 수 없다. 손가락을 전기 콘센트에 집어넣으면 곧바로 충격을 받게 된다. 누구든지 손가락을 그 속에 집어넣는 사람은 예외 없이 모두 충격을 받는다. 전기 콘센트는 누구에게 충격을 줄 것인지 아닌지를 선택하지 않는다. 그러나 선물은 항상 인격적인 선택을 통해 주어진다. 하나님의 구원의 선물은 누군가를 구원하시려는 그분의 인격적인 의도에서 비롯한다. 따라서 절대적인 존재에 관한 비인격적인 개념은 행위에 의한 구원의 교리를 내세우기 마련이고, 결국에는 보편주의로 기울 수밖에 없다.

루터의 개인주의는 윌리엄 오컴의 유명론의 전통(4장 참조) 아래에서 훈련을 받은 그의 경험과 다소 관련이 있다. 그는 일반적인 것보다는 구체적인 것을, 집단보다는 개인을,³⁾ 교회의 전통보다는 성경을 더 많이 생각했다.

루터는 인식론적인 차원에서 오컴을 넘어서서 하나님의 계시(오직 성경으로) 위에 자신의 신학을 구축했다. 그는 자신이 성경을 옳게 이해했다고 확신하고, 중세의 전통을 뒤엎고, 스스로가 하나님의 말씀이라고 믿는 것을 주장할 채비를 갖추었다.⁴⁾ 루터는 이성이 성경과 상관없이 독자적으로 기능한다고 생각하지 않았다. 그는 때로 스콜라 신학을 비판하면서 이성에 대해 부정적으로 말하기도 했다. 그러나 그는 보름스 의회에서 이단 심문을 받을 당시 "성경과 올바른 이성"을 통해 확신을 주지 않으면(즉 경건한 사고를 통해 성경을 옳게 해석해 적용하지 않으면) 자신의 저서들을 철회하지 않겠다고 말했다.

루터는 윤리적인 차원에서도 종종 전통을 거부하며 성경을 토대로 우리의 삶을 위한 하나님의 계명과 믿는 자들에게 주어진 그분의 권위 있는 약속을 제시했다.

앞서 3장에서 교회가 역사적으로 네 단계에 걸쳐 삼위일체 교리를 옹호했다고 말했다. 1) 성경과 비기독교 철학을 통합하려는 시도가 교회를 지배했고, 2) 이단들이 그 문제를 긴급히 다루어야 할 명분을 제공했으며, 3) 개혁자가 나타나 성경의 근본 진리를 제시함으로써 이단을 논박하고 정통주의를 확립했고, 4) 논쟁 이후에 확립자들이 나타나 논쟁을 통해 얻은 지식에 따라 신학을 전반적으로 다시 검토했다. 4세기에는 이 네 단계의 과정이 1) 오리게누스의 기독교적 플라톤주의, 2) 아리우스의 성자 창조설, 3) 아타나시우스의 아리우스 논박, 4) 아우구스티누스의 신학적 재건을 통해 이루어졌다.

16세기도 그와 비슷했다. 1) 성경, 플라톤, 아리스토텔레스를 통합한 중세 스콜라주의, 2) 행위 구원이라는 이단 사상(테첼은 극단적인 예다), 3) 아타나시우스와 같은 열정으로 오직 믿음으로 말미암아 의롭다 하심을 받는다는 근본 진리를 주장했던 개혁자 루터의 출현, 4) 종교 개혁을 통해 얻은 지식에 비춰 신학을 전반적으로 재

---

3) 그럼에도 불구하고 루터를 가르친 오컴주의자들은 하나님은 최선의 노력을 다하는 사람들에게 은혜를 베푸시기로 결정하셨다고 말했던 가브리엘 비엘을 추종했다. 그런 원리는 루터가 청년 시절에 느꼈던 극심한 도덕적 부담감의 원천이었다. 스스로의 의로운 행위가 "더러운 옷"(사 64:6)과 같은데 어떻게 최선을 다할 수 있단 말인가? 은혜에 관한 루터의 신학은 비엘의 견해를 거부한다. 루터는 오컴주의자들의 견해 가운데 일부만을 받아들이고, 나머지는 배격했다.

4) 물론 루터는 교회의 전통 가운데 많은 것(특히 초기 교부들과 아우구스티누스)을 존중하고, 소중하게 여겼다.

검토한 칼빈의 출현.

4세기와 16세기의 종교 개혁

통합자	이단	개혁자	확립자
오리게누스	아리우스	아타나시우스	아우구스티누스
토마스 아퀴나스	테첼	루터	칼빈

아타나시우스와 루터에게 가장 근본적인 문제는 하나님을 인정하는 것이었다. 전자의 경우에는 예수님의 온전한 신성을 인정하는 것이었고, 후자의 경우에는 오직 하나님의 사역에 의한 구원이었다.

존 칼빈(John Calvin, 1509-64)

존 칼빈(John Calvin)

루터의 가르침은 독일과 스칸디나비아에서 뿌리를 내렸다. 스위스와 프랑스의 그리스도인들도 그의 사상을 알고 있었지만, 이들 나라에서의 종교 개혁은 울리히 츠빙글리(1484-1531)와 마르틴 부처(1491-1551)와 같은 개혁자들의 지도 아래 다소 다른 방향으로 전개되었다.[5] 그런 개혁자들 가운데 가장 뛰어난 인물이 존 칼빈이었다. 그는 제네바에서 "목회자 중의 목회자"로 오랫동안 사역했다.[6] 루터를 가장 열심히 따랐던 사람들은 처음에는 "복음주의자들"로, 나중에는 "루터주의자들"로 일컬어졌다. 아울러 스위스 종교 개혁을 따르는 개신교 신자들은 "개혁주의자들"이나 때로는 "칼빈주의자들"로 일컬어졌다.[7]

---

[5] 영국의 개신교는 루터와 칼빈의 영향을 모두 받았다. 더욱이 헨리 8세의 치세 아래 영국 성공회가 로마 가톨릭교회와 분리되면서 영국의 개혁 운동은 그 나름의 독특한 성격을 띠게 되었다. 특히 기존의 신학과 교회 제도와 예전을 둘러싸고 보수주의와 자유주의의 갈등이 불거졌다.

[6] 칼빈은 1538년에 제네바에서 추방되어 스트라스부르에서 마르틴 부처와 함께 사역하다가 1541년에 다시 제네바로 돌아왔다.

[7] "복음주의자"가 루터주의자들을 가리키고, "개혁주의자"가 칼빈주의자를 가리키는 이유를 설명해 줄 어원학적인 근거는 없다. 용어 자체만 놓고 생각하면 서로 뒤바꿔도 아무런 문제가 없다. 왜냐하면 그 용어의 표면적인 의미만을

루터처럼 칼빈도 자신을 철학자로 생각하지 않았다. 그러나 그의 신학은 루터의 신학보다 철학과 훨씬 더 직접적으로 관련된다. 형이상학적 차원에서는 그도 루터처럼 최상의 존재는 피조 세계와 온전히 구별되는 인격적인 삼위일체라고 강조했다.[8]

칼빈의 인식론은 중세와 르네상스 사상과는 상당한 차이를 드러낸다. 그는 자신의 조직 신학인『기독교 강요』의 서두에서 그런 인식론적 견해를 상세히 밝혔다. 중세 사람들과 종교 개혁 이후의 신학자들은 하나님에 관한 교리(하나님의 존재와 속성과 삼위일체)에서부터 시작했지만, 그는 기독교 교리를 요약하는 데서부터 시작하지 않았다. 오히려 그는 하나님에 관한 지식을 묘사하는 것에서부터『기독교 강요』를 시작했다. 즉 그는 형이상학이 아닌 인식론적이고, 인격적인 것에 초점을 맞추었다.

칼빈은 하나님에 관한 지식을 그분이 존재한다는 명제에 지성적으로 동의하는 것으로 정의하지 않았다. 물론 그의 견해에는 그런 동의가 함축되어 있지만, 그는 하나님을 "공경하고, 사랑하지" 않으면 그분에 대한 지식을 얻을 수 없다고 강조했다.[9] 칼빈은 아퀴나스와는 달리 이성적인 논증이 아니라 믿음과 회개를 통해 하나님을 알 수 있다고 주장했다. 그는 바울 사도가 로마서에서 주장한 대로 모든 사람은 스스로의 양심과[10] 자연 세계로부터 하나님과 그분의 도덕적 기준에 관한 지식을 발견할 수 있지만,[11] 그런 지식을 묵살하고,[12] 우상들을 숭배하고, 하나님의 도덕적 기준을 거스르기 때문에 스스로의 죄를 변명할 수 없다고 주장했다.

자연 계시는 죄를 변명할 수 없게 만들지만 구원의 지식을 제공하기에는 충분하

고려하면 루터주의자들은 개혁주의자들이 분명하고, 칼빈주의자들은 복음주의자들이 분명하기 때문이다.

8) 루터주의자들과 칼빈주의자들은 창조주와 피조물의 구별(특히 그리스도의 신성과 인성)에 관한 견해를 둘러싸고 논쟁을 벌인다. 루터주의자들은 예수님의 인성은 신성에 영향을 받기 때문에 신적 속성을 지닌다고 믿는다. 그들은 그리스도의 인성이 "편재"의 속성을 지니기 때문에 성찬의 떡에 물리적으로 임할 수 있다고 생각한다. 그러나 칼빈주의자들은 그런 견해는 신성과 인성에 관한 비성경적인 사고에서 비롯했다고 생각한다. 칼빈주의자들은 5세기의 기독론 논쟁에서 사용된 용어를 빌려 루터주의자들이 "단성론자(그리스도의 두 본성이 하나로 혼합되었다고 주장하는 사람들)와 유사하다고 비판하고, 루터주의자들은 칼빈주의자들을 "네스토리우스주의자(그리스도의 신성과 인성을 분리시켜 생각했던 사람들)"와 같다고 비판한다.

9) *Institutes*, 1.2.1.
10) Ibid., 1.5.8.
11) Ibid., 1.3.
12) Ibid., 1.4.

지 않다. 따라서 사람들은 성경에서 발견되는 복음을 들어야 할 필요가 있다.[13] 그러나 성경의 진리에 관한 성령의 증언을 받아들이지 않으면 성경의 진리를 외면할 수밖에 없다.[14]

이처럼 칼빈이 말한 하나님에 관한 지식은 인격적인 관계를 근거로 한다. 성령의 인격적인 도우심이 없으면 하나님을 알 수 없다. 성령께서는 하나님을 알게 하실 뿐 아니라 우리의 죄를 드러내 그리스도 안에서 죄로부터 구원받아야 할 필요성을 일깨워 주신다. 칼빈은 하나님과 우리 자신에 관한 지식이 서로 밀접하게 연관되어 있다는 말로『기독교 강요』를 시작했다. 하나님을 알지 못하면 우리 자신을 알 수 없고, 우리 자신을 알지 못하면 하나님을 알 수 없다.[15] 그는 그 둘 중에 어느 것이 먼저인지 알 수 없다고 말했다.[16]

하나님을 아는 지식에 관한 칼빈의 견해는 세 가지 관점을 지닌다.[17] 규범적 관점 : 하나님을 아는 지식은 하나님의 자기 계시에 근거한다. 상황적 관점 : 하나님의 계시는 성경은 물론, 피조 세계 안에 분명하게 드러나 있다.[18] 실존적 관점 : 하나님을 알려면 우리 자신, 특히 우리의 부패한 상태와 구원의 필요성을 알아야 한다. 우리의 지식은 성령과 우리 자신이 인격적으로 마주칠 때 생겨난다. 다음 도표를 참조하라.

---

13) Ibid., 1.6-9.
14) Ibid., 1.7.
15) Ibid., 1.1.
16) 칼빈이 무엇을 모른다고 말한 적은 매우 드물다. 그러나 이 경우에 그가 그렇게 말한 것은 그의 철학적인 통찰력을 보여준다. 설교자들과 신학자들이 하나님을 알지 못하면 우리 자신을 알 수 없다고 말하는 것은 흔히 있는 일이다. 그러나 칼빈은 어떤 점에서는 그와 반대되는 경우도 성립할 수 있다고 생각했다. 우리 자신을 알지 못하면서, 곧 우리가 무엇을 안다는 것을 알지 못하면서 어떻게 어떤 것에 대한 지식을 얻을 수 있겠는가? 아우구스티누스도 생각하는 것으로부터 자아에 대한 지식을 추론하는 논증을 통해 이와 비슷한 통찰력을 드러냈다(데카르트의 경우도 마찬가지였다). 그는『고백록』에서 자서전적인 경험의 관점에서 하나님에 관한 자신의 지식을 묘사했다.
17) 이 책 1장에서 설명한 세 가지 관점의 인식론과 비교하라.
18) 칼빈은 예정론(하나님이 일어나는 일을 모두 미리 정하셨다는 견해)으로 유명하다. 그에게는 모든 것이 하나님의 섭리다. 따라서 모든 사건을 통해 하나님의 본질과 계획이 드러난다. 칼빈에게 동의하는 변증학자들은 기적과 같은 독특한 사건들과 사실들만을 근거로 하나님의 존재를 입증하려고 하지 않을 것이 분명하다. 그들은 피조 세계에 있는 모든 사실을 통해 하나님의 존재를 입증하려고 시도할 것이다. 모든 현실의 사실성이 하나님을 전제한다. 이것이 코넬리우스 반틸의 "초월적인 신 존재 증명"이다.

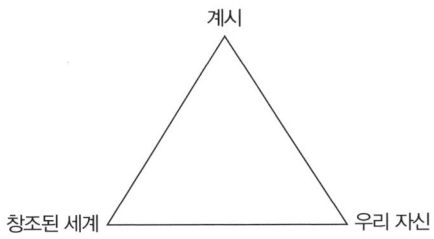

도표 5.2. 하나님을 아는 지식에 관한 칼빈의 관점

칼빈의 견해는 기독교 변증학에 매우 중요하다. 변증학자가 칼빈의 견해를 따른다면 복음을 규범적으로는 자율적인 이성이 아닌 하나님의 계시에 근거한 것으로 제시해야 하고, 상황적으로는 피조 세계의 증거들을 하나님의 섭리에 의한 것으로 제시하면서 계시에 비춰 해석하는 한편, 불신자들이 그런 증거들을 묵살할 것을 예상해야 한다. 또한 실존적으로는 질문자를 "생각하는 기계"가 아닌 (죄로 인해 죽었고, 구원을 필요로 하는) 전인적인 존재로 다루어야 한다. 성경의 구원 메시지를 단지 하나님의 존재를 입증하는 개념으로 제시해서는 안 된다. 기독교 변증학자는 자신의 증언이 성령의 능력과 사랑을 통해 질문자의 마음속에 하나님의 말씀을 전하는 수단이 되게 해달라고 기도해야 한다.

칼빈의 사상이 지니는 인격적인 특성은 그의 문체와 어조에서도 역력히 드러난다. 칼빈은 고전적인 학자였지만 학술적인 논문을 쓴 적이 거의 없다. 그는 자신을 지칭할 때 종종 1인칭을 사용했고, 자신을 반대하는 자들을 인격적으로 비판했다. 그는 "어리석다."나 "둔하다."라는 표현을 자주 사용했다. 그런 문체를 사용한 전례는 매우 드물다. 그 중에서 가장 유명한 것은 아우구스티누스의 『고백록』과 안셀무스의 『프로슬로기온』이다. 루터의 글은 칼빈의 글보다 인격적인 특성이 훨씬 더 강했다.[19]

칼빈이 사용한 세 가지 관점의 인식론은 그의 유신론적 형이상학에서 비롯했다. 하나님은 지식에 대한 규범을 결정하시기 때문에 인간은 그런 규범들을 전제해야

---

[19] 이런 사상가들은 신학을 비인격적인 학술적 문체로 서술해야 한다는 통념을 여지없이 논박한다.

마땅하다. 하나님은 모든 사실을 미리 정하셨기 때문에 모든 사실은 하나님의 해석을 전제한다. 하나님은 자신의 형상대로 인간을 창조하셨기 때문에 우리는 하나님과의 관계를 근거로 우리 자신과 우리의 지식을 이해해야 한다.

칼빈의 인식론은 중세와 르네상스 철학의 유형과는 사뭇 다르다. 칼빈 이전의 철학은 모두 어느 정도는 지성적인 자율성의 원리와 타협을 시도했다. 사상가들에게 미친 헬라 철학의 영향을 비롯해 인간의 생각과 의지가 하나님과 독립되어 기능한다는 자유의지론적 자유를 당연시하는 한, 그런 타협은 불가피했다. 칼빈은 고전적인 학자요 르네상스 지식인이자 고대 철학(특히 플라톤)을 존중하는 사상가이었지만 『기독교 강요』의 인식론은 헬라 철학의 이론들이나 그런 이론들이 의존하는 지성적인 자율성을 전혀 수용하지 않았다. 칼빈은 인간의 생각이 하나님이 작동하게 하신 그대로 작동하는 것뿐이라고 믿었다.

칼빈의 절대적이고 인격적인 유신론은 철학자들에게 새로운 기회, 곧 하나님의 계시를 통해 진리에 이르는 확실한 길을 발견할 수 있는 기회를 제공했다. 그것은 중세와 르네상스 시대의 기독교 사상가들(헬라 철학과 이런저런 식으로 타협을 시도했던 사상가들)이 간과했던 기회였다. 칼빈의 사상은 후대의 사람들(우리도 포함된다)에게 "이 둘 중에 어느 길을 따를 것인가?"라는 도전을 제기한다.

종교 개혁 이후의 개신교

개신교 스콜라주의

칼빈과 루터의 계승자들은[20] 종교 개혁의 통찰력을 체계화시켰다. 20세기 초부

---

[20] 루터의 동료 필립 멜란히톤(1497-1560)은 루터주의 교리학을 확립했다. 마르틴 켐니츠(1522-86)와 요한 게르하르트(1582-1637)도 루터주의 전통을 따른다. 개혁주의 진영의 교리학 전통은 피터 마터 버미글리(1499-1562), 데오도레 베자(1519-1605), 기스베르투스 푸티우스(1589-1676), 지롤라모 쟁키(1516-90), 존 오웬(1616-83), 프랜시스 투레틴(1623-87)을 비롯해 다른 많은 사람들을 통해 계승되었다. 투레틴의 『변증신학강요(Institues of Elencntic Theology)』는 찰스 하지의 『조직 신학(Systematic Theology)』이 출간되기 전까지 미국 프린스턴 신학교 신학생들을 위한 주교재로 활용되었다.

터 중반까지는 종교 개혁자들과 종교 개혁 이후의 사상가들의 차이점이 많이 거론되었다. 예를 들어 "칼빈과 칼빈주의자들"의 차이점이 종종 크게 강조되었다. 종교 개혁과 종교 개혁 이후의 간격이 크다는 주장은 지나치게 과장된 면이 없지 않았다. 사실 칼빈의 계승자들의 가르침은 칼빈의 가르침과 크게 다르지 않았고, 루터의 계승자들도 그러기는 마찬가지였다.[21]

그러나 종교 개혁 이후에 저술된 문헌들을 살펴보면 본래의 개혁자들과는 분위기가 상당히 다르다는 느낌을 받지 않을 수 없다. 루터와 칼빈의 글은 그들이 직면한 신학적, 교회적 위기 앞에서 매우 인격적이고 실존적인 경향을 나타냈다. 그에 비해 종교 개혁 이후의 신학은 좀 더 학술적이고, 좀 더 상세하고, 좀 더 논증적인 경향을 나타냈다. 이 시기의 신학은 철학을 비교적 많이 활용했기 때문에 종종 "개신교 스콜라주의"로 묘사되기도 한다.[22] 이것은 어떤 점에서는 일리가 있다. 왜냐하면 그 주된 관심사 가운데 하나가 개신교 신학을 학문 연구에 알맞도록 조정해 학문적인 격식을 갖추게 하는 데 있었기 때문이다. 이것은 그 차제로는 나쁘지 않다. 학문적 격식을 갖추려는 욕구가 개신교 스콜라주의자들을 루터와 칼빈의 가르침에서 멀어지게 만들었다는 것을 입증할 만한 증거는 없다. 그러나 그 이전의 시대를 논의하면서 살펴본 대로, 학문적 격식을 추구하려는 욕구는 때로 신학을 비기독교적인 사상과 타협하게 만드는 결과를 낳았다. 우리는 그런 학문적 운동이 나중에 교회가 자유주의로 기운 것에 어느 정도는 영향을 미치지 않았는지 곰곰이 생각해 볼 필요가 있다.

개신교 경건주의

신학과 교회의 스콜라적인 성향은 그와 반대로 나가려는 반응을 불러일으켰다.

---

21) 한 가지 예외가 있다면 루터의 계승자들 가운데 루터가 『의지의 속박(Bondage of the will)』에서 말한 것만큼 강력하게 예정론을 주장한 사람이 거의 없다는 점이다.

22) 루터 교회의 신앙고백(아우구스부르크 신앙고백, 일치 신조)과 개혁주의 교회의 신앙고백(벨기에 신앙고백, 하이델베르크 교리문답, 도르트 신조, 웨스트민스터 신앙고백, 웨스트민스터 대교리문답, 소교리문답)은 교회의 교리를 간결하고, 조직적인 형태로 요약했다. 그런 신조들은 개신교 스콜라 신학의 중심점이 되었다. 개신교 스콜라 신학은 그런 신조들을 점검하고, 옹호하는 데 많은 노력을 할애했다.

필립 야곱 스페너(1635-1705)는 『경건한 열망(Pia Desideria)』에서 루터주의의 신학적 정통주의가 실천적인 기독교적 삶을 질식시키는 결과를 낳았다고 강조했다. 그는 교회의 생명을 회복하기 위해 다음과 같이 제안했다.

1. 비공식적인 모임("교회 안에 있는 작은 교회들")에서 성경을 열심히 철저하게 공부해야 한다.
2. 기독교의 제사장직은 보편적이기 때문에 평신도도 교회의 영적 통치에 참여해야 한다.
3. 기독교의 지식은 그것을 보완하는 필수불가결한 증표인 실천을 반드시 수반해야 한다.
4. 비정통주의자들과 불신자들을 심하게 논박하며 가르치려고만 들지 말고, 동정심을 가지고 친절하게 대해야 한다.
5. 대학의 신학 수업을 다시 조정해 경건한 삶에 더 많은 비중을 두어야 한다.
6. 듣기 좋은 말을 늘어놓는 설교보다는 속사람, 곧 새 사람 안에 기독교의 진리를 심어주는 것이 필요하다. 속사람의 핵심은 믿음이고, 그 결과는 삶의 열매다.[23]

스페너의 운동은 "경건주의"로 불렸다. 그것도 다른 많은 운동의 명칭처럼 경멸적인 의미를 지녔다. 초기 경건주의 지도자 가운데 또 한 사람은 독일 할레에 고아원을 설립한 아우구스트 헤르만 프랑케(1663-1727)였다. 경건주의는 정통주의 신학자들의 격렬한 공격의 표적이 되었다. 그러나 경건주의자들은 스스로를 정통주의 개신교 신자들로 간주하고, 학문을 중시하는 사람들이 무시했던 영적 삶의 원리를 강조했다.

나는 개신교 신학자들의 노력을 존중하지만 스페너의 여섯 가지 제안에 모두 동의한다. 나는 그의 제안과 개신교 신학이 서로 상충된다고 생각하지 않는다. 갈등의 원인은 서로가 극단에 치우친 것에 있다. 다시 말해, 교리적인 정확성을 지나치

---

[23] *Encyclopaedia Britannica*, 11th ed., s.v. "pietism."

게 강조하다보니 기독교적 실천과 내적 경건을 지나치게 강조하는 결과가 빚어진 셈이다. 내가 1장에서 제시한 인식론을 토대로 표현하면, 규범적인 관점을 너무 강조하다보니 상황적인 관점과 실존적인 관점을 너무 강조하는 결과가 나타난 것이다. 안타깝게도 그런 차이점은 얼마든지 극복할 수 있는 것인데도 당시의 그리스도인들은 그 점을 깨닫지 못했다.

그러나 심지어 오늘날에도 일부 그리스도인들은 "경건주의"를 경멸적인 의미(즉 교리를 무시하는 주관적인 믿음)로 사용하고, 일부 그리스도인들은 교리적인 건전성에만 관심을 두는 것은 "죽은 정통주의"를 낳을 뿐이라고 불평한다.

세속 철학의 부활

종교 개혁을 통해 성경적 기독교 사상이 새롭게 부활했다. 그로 인해 수세기 동안 무시되어 왔던 성경적인 형이상학(절대적이고 인격적인 유신론, 창조론), 성경적인 인식론(계시와 성령의 사역에 근거한 인식론), 성경적인 윤리학(구원받은 신자들을 통해 하나님이 창조하신 세계에 그분의 율법이 적용되는 것)이 새롭게 강조되었다. 이것이 곧 내가 1장에서 논의한 성경적인 철학이다.

그러나 17세기에 접어들자 비기독교적 사상에서도 그와 비슷한 상황이 벌어졌다. 세속 사상가들이 헬라 철학 이후에 그 어떤 사상가가 했던 것보다 더욱 일관된 논리로 자율적인 지식을 새롭게 주장하고 나섰다. 세속 철학의 부활은 헬라의 소아시아 지역에서 철학이 처음 발생했던 상황과 매우 흡사했다. 나는 2장에서 헬라 철학이 종교와 전통에 얽매인 사고방식을 어떻게 대체했는지 설명했다. 철학자들은 역사상 최초로 오직 이성만으로 세상을 이해하려고 시도했다. 17세기의 세속 철학의 부활도 그것과 크게 다르지 않았다. 17세기 철학자들은 과거의 철학과 종교에 의해 영향을 받았지만 그런 것들을 권위 있는 것으로 받아들이지 않기로 결심했다. 그들은 인간의 이성을 자율적이고 자명한 원리로 받아들였고, 모든 철학적 논쟁을 해결하는 가장 중요한 중재자로 간주했다.

이른바 "현대 철학"으로 알려진 사상 운동은 그렇게 시작되었다. 때로 그런 경향에 반대해 기독교적 토대 위에서 철학적 작업을 시도하려고 했던 사상가들이 더러 출현했지만 현대 철학은 오늘날까지 철학적 대화를 줄곧 지배해 왔다. 따라서 현재의 관점에서 보면 기독교 철학이 지배했던 중세 시대와 르네상스는 고대와 현대라는 두 시대(불신앙에 의해 철학이 지배되는 시대) 사이에 낀 막간극과 같은 것으로 간주된다.

대륙의 합리론

합리주의와 경험주의

초창기 현대 철학의 가장 두드러진 특징은 서로 대조를 이루는 두 종류의 인식론이다. 나는 1장에서 "합리주의"라는 용어를 비기독교적인 철학자들의 공통된 관점을 묘사하는 의미로 사용했다. 합리주의란 인간의 이성이 진리와 거짓, 옳은 것과 그른 것을 구별하는 궁극적인 잣대라는 견해를 가리킨다. 나는 그런 의미에서 합리주의를 비합리주의(객관적인 진리나 절대적으로 옳은 것은 없다는 견해)와 대조했고, 반틸의 견해에 따라 비기독교적인 사상은 합리주의를 지향하더라도 항상 비합리주의로 귀결된다고 주장했다(물론 비합리주의가 합리주의로 귀결될 수도 있다. 이것이 곧 합리주의와 비합리주의의 변증 관계다). 그런 점에서 비기독교 철학자들은 모두 합리주의자이면서 또한 비합리주의자다.

그러나 "합리주의"라는 용어는 좁은 의미로도 사용된다. 철학자들 사이에서는 이 의미가 좀 더 흔하게 사용된다. 이 말은 인간의 두 가지 기능, 곧 이성과 감각적 경험을 구별한다. 감각적 경험은 우리가 보고, 듣고, 맛보고, 느끼고, 냄새 맡는 것을 가리킨다. 물론 다른 감각들도 있겠지만 감각은 최소한 이 다섯 가지를 의미한다. 이성은 감각을 통해 얻은 정보 및 다른 통로를 통해 습득된 지식을 분류하고, 정리하고, 범주화시키고, 이해하는 생각의 기능이다.

인간이 지닌 이 두 가지 기능의 중요성, 작용 방식, 관계, 역할에 대한 철학자들의 견해는 제각각 다르다. 예를 들어 플라톤은 감각적인 자료는 혼란스럽고, 신뢰할 수 없다고 생각했다. 그는 참된 지식은 형상을 바라보는 것, 곧 감각의 지식이 아닌 이성의 지식을 통해서만 얻어질 수 있다고 생각했다. 그러나 로크는 감각적 지식이 절대적으로 확실한 것은 아니지만 지식의 절대적인 출발점인 것은 분명하다고 생각했다. 이성이 감각적인 정보를 생각의 근거로 삼지 않으면 사변적이고, 무익할 뿐 아니라 때로는 기괴한 형태를 띨 수 있다. 내가 말한 대로 넓은 의미로 용어들을 사용하면, 플라톤과 로크는 합리주의자요, 또한 불합리주의자다. 그러나 좁은 의미로 용어들을 사용하면 플라톤은 합리주의자이고, 로크는 경험주의자이다. 왜냐하면 플라톤은 이성의 우월성을, 로크는 감각적 경험의 우월성을 각각 강조했기 때문이다.

이 두 기능이 서로 충돌을 일으킬 때, 합리주의자들은 이성을 중심으로 문제를 해결하고, 경험주의자들은 감각적 경험을 중심으로 문제를 해결할 것이 분명하다. 경험주의자들은 지식이 귀납적인 특성(감각적 경험의 축적을 통해 지식을 얻는다는 것)을 지닌다고 생각한다. 그러나 합리주의자들은 지식이 연역적 특성(자명한 공리로부터의 추론을 통해 지식을 얻는다는 것)을 지닌다고 생각한다. 또한 경험주의자들은 지식이 경험적인 속성(a posteriori, 경험적인 탐구를 통해 얻어진 정보)을 지닌다고 생각하고, 합리주의자들은 선험적인 속성(a priori, 생득적인 지식)을 지닌다고 생각한다. 경험주의자들은 생득적인 지식에 대해 회의적인 태도를 취한다. 그들은 (로크처럼) 생각을 감각적 경험에 의해 채워지는 "백지(tabula rasa)"로 간주하는 경향이 있다.

지금부터 살펴볼 시기는 대략 1600-1800년이다. 이 시기의 철학자들은 이 문제에 대해 어떤 견해를 가지고 있느냐에 따라 분류된다. 유럽 대륙의 철학적 전통은 주로 합리주의를 지향하고(데카르트, 스피노자, 라이프니츠), 영국의 철학적 전통은 주로 경험주의를 지향한다(로크, 버클리, 흄).24) 합리주의자들을 먼저 살펴보기로 하자. 왜냐하면 그들이 시대적으로 조금 더 일찍 출현했을 뿐 아니라 최초의 합리주의자인 데카르트가 최초의 "현대 철학자"로 알려져 있기 때문이다.

---

24) 오늘날까지도 영국 해협이 철학 학파를 구분하는 역할을 하는 것은 매우 흥미롭다. 그러나 임마누엘 칸트나 루트비히 비트겐슈타인과 같은 사상가가 출현해 그 구분선을 통합할 때는 종종 중요한 철학적 대화가 새롭게 시작되곤 한다.

르네 데카르트(René Descartes, 1596-1650)

앞서 현대 철학의 기원에 관해 설명한 내용과 데카르트의 지식 탐구 과정은 서로 매우 흡사하다. 데카르트는 철학, 역사, 신학에 대한 연구와 많은 여행을 통해 진리를 추구했다. 그는 절대적으로 확실한 지식, 곧 "사실로 분명하고, 명백하게 인식되는" 진리를 발견하는 데 열중했다. 그는 자신이 절대적으로 확신할 수 없는 모든 것, 곧 조금이라도 의심스러운 것은 모조리 의심하기로 결심했다. 그러나 그가 연구한 분야에서 그를 만족시킬 만큼 확실한 것은 아무것도 발견되지 않았다.

심지어는 "나는 지금 불 옆에 앉아 있다."라거나 "나는 두 손을 가지고 있다."와 같은 일상적인 경험의 지식조차도 절대적으로 확실하지 않았다. 왜냐하면 그는 그런 경험들이 꿈일지도 모른다고 생각했기 때문이다. 그는 자신이 꿈을 꾸는 것인지 실제로 깨어 있는 것인지 절대적으로 확신할 수가 없었다.

데카르트는 수학을 특별히 중요하게 생각했다(그는 해석 기하학의 창시자였다). 그러나 회의적인 실험을 진행하는 동안에는 심지어 수학까지도 의심했다. 왜냐하면 악의적인 귀신이 자기를 속여 1+3=4라고 생각하게 만들 수도 있기 때문이다.

무엇이 그런 극단적인 회의주의에서 그를 구할 수 있었을까? 궁극적으로 그의 구원자는 의심 자체였다. 그가 의심할 수 없는 한 가지 사실은 그가 의심하고 있다는 것이었다. 심지어 악의적인 귀신이 그를 속이고, 그를 의심하게 만든다고 하더라도 스스로가 의심하고 있다는 사실은 결코 의심할 수가 없었다. 어떤 이유에서 의심을 하든, 의심은 분명한 현실이었다. 그가 꿈을 꾸고 있다고 하더라도 의심하고 있다는 것은 꿈속에서조차 더 이상 의심할 수 없는 사실이었다. 그는 자신이 의심하고 있다는 것을 "분명하고, 명백하게 인식했다." 그는 자신의 의심 자체를 의심할 수는 없다는 깨달음에 도달했다.

르네 데카르트(René Descartes)

그러나 의심이란 무엇인가? 그것은 생각의 활동, 곧 사고의 과정이다. 따라서 의심은 생각의 존재를 입증하고, 그것은 다시 생각하는 주체의 존재를 입증한다. 그 결과, 데카르트는 "나는 생각한다. 그러므로 나는 존재한다."라는 유명한 명제를 만들어냈다. 그는 아우구스티누스가 『아카데미 학파 논박』에서 사용한 논증을 재현했다. 물론 논증의 사용 목적은 크게 달랐다. 아우구스티누스는 하나님의 계시를 지식의 구심점으로 삼았지만, 데카르트는 이 논증 자체를 그런 목적으로 활용했다. 아우구스티누스는 이 논증이 회의주의를 논박하는 데는 어느 정도 가치가 있다고 생각했을 뿐, 그것을 하나님과 지식의 가능성을 믿는 믿음의 궁극적인 토대로 삼지는 않았다.

데카르트의 지성적인 전기(傳記)는 자율적인 이성적 추론의 부활을 알렸다. 중세와 르네상스 시대의 철학자들은 다양한 권위(성경, 교회 전통, 헬라 철학)를 비교하고, 대조함으로써 지식을 쌓았지만, 데카르트와 그의 계승자들은 마치 BC 600년에 헬라인들이 옛 종교적 개념들과 올림포스 신화를 거부하고 오직 이성만으로 지식을 추구했던 것처럼 모든 것을 없애고 새롭게 시작했다.

그렇다고 해서 데카르트가 하나님과 교회를 거부한 것은 아니다. 그는 항상 충실한 가톨릭 신자를 자처했다. 그는 로마 가톨릭교회가 언젠가는 토마스 아퀴나스 철학 대신에 자신의 철학을 공식적인 철학으로 채택해 주기를 희망했다.[25]

더욱이 그는 자신의 논증이 하나님의 존재를 확실하게 입증할 수 있는 유일한 방법이라고 믿었다. 그는 생각하는 주체인 자신의 존재를 입증하고 나서 하나님의 존재를 입증하기 위한 두 가지 논증을 제시했다. 하나는 우리의 생각 안에 하나님이라는 개념이 존재한다는 것에 근거한 우주론적인 논증이었다. 그는 실제로 존재하는 하나님만이 우리가 그런 개념을 갖도록 만들 수 있다고 믿었다.[26] 다른 하나는 안셀무스의 『프로슬로기온』의 논증과 비슷한 존재론적 논증이었다(세 개의 각을 가진

---

25) 데카르트는 코페르니쿠스의 태양중심설을 둘러싸고 교회와 논쟁을 벌였던 갈릴레오의 견해에 동의했다. 그는 그런 견해를 글로 표현했지만 교회 당국의 분노를 자극하지 않기 위해 극도로 신중을 기했다.

26) 하나님에 관한 지식과 자아에 관한 지식이 서로 밀접한 관계를 맺는다는 것은 매우 중요한 철학적 개념이다. 성경과 기독교 사상에 따르면 인간은 하나님의 형상이다. 앞서 말한 대로 아우구스티누스는 자신이 알고 싶은 것은 오직 "하나님과 영혼"이라고 말했다. 칼빈도 하나님에 관한 지식과 자아에 관한 지식이 상호 의존적이라고 말했다. 이런 식의 사고 경향은 그 이후의 철학 사상에서도 여전히 발견된다. 인간의 영혼에 관해 회의적인 입장을 취했던 데이비드 흄과 같은 사상가들은 하나님의 존재에 관해서도 회의적인 입장을 취하는 경향이 있다. 하나님에 관한 개념을 알 수 없는 "본체적" 세계에 국한시킨 임마누엘 칸트는 형이상학적 영혼도 그와 똑같이 취급했다. 앨빈 플랜팅가는 하나님의 존재를 확증하는 문제와 영혼의 존재를 확증하는 문제는 서로 밀접하게 관련되어 있을 뿐 아니라 똑같이 취급할 수 있는 어려운 문제라고 주장했다. Alvin Plantinga, *God and Other Minds: A Study of the Rational Justification of Belief in God* (Ithaca, NY: Cornell University Press, 1990).

것이 삼각형이라는 개념의 일부인 것처럼 존재는 하나님이라는 개념의 일부다). 이는 인간은 하나님에 대한 개념을 소유하고 있기 때문에 하나님은 반드시 존재한다는 논리다.

하나님이 존재한다면 그분은 모든 면에서 완전하셔야 한다. 따라서 데카르트는 악한 귀신의 가능성을 제거했다. 하나님은 속이는 자가 아니기 때문에 악한 귀신이 최소한 지식의 기본적인 원리에 관해서 만큼은 우리를 속이도록 허용하지 않으실 것이다. 데카르트는 그런 식으로 자신이 의심하기로 결심했던 지식을 대부분 다시 복원했다. 결론적으로 우리는 우리의 감각적 경험과 정신적인 직관을 대부분 신뢰할 수 있다.

그러나 주목해야 할 점은 데카르트는 이 모든 논증에서 자신의 주관적인 의식을 진리의 궁극적인 판단 기준으로 삼았다는 것이다. 성경이나 교회의 전통은 아무런 역할도 하지 않는다. BC 600년의 경우처럼 전통은 배제되었다. 데카르트는 새롭게 시작했다. 그도 헬라 철학자들처럼 이성에 호소했다. 그렇다면 여기에서 이성은 무엇을 의미할까? 데카르트에게 이성의 시작, 곧 이성의 전제는 주관적인 확실성(우리가 생각한다는 것)이었다. 자의식은 생득적 개념이다. 그는 그 밖에도 다른 세 가지(동일성, 실체, 하나님)를 생득적 개념으로 인정했다.

데카르트가 인정한 실체의 유형은 두 가지다. 아리스토텔레스에 따르면 실체는 술어의 주체, 곧 우리가 추론하고, 말로 표현하는 현실을 의미한다. 실체는 언어에서 명사로 표현되고, 명사는 문장에서 주어로 사용된다. 실체는 다른 어떤 것의 속성이 아닌 "그 자체로 존재하는 것"을 말한다. 무한한 실체는 오직 하나, 하나님뿐이다. 유한한 실체에는 생각과 육체가 포함된다. 앞서 살펴본 대로 데카르트에게 인간은 본질적으로 생각, 곧 생각하는 존재였다. 그러나 우리는 또한 생각 외에 다른 것들을 직관적으로 의식한다(예를 들면 의자, 책상, 벽돌 등). 이것들은 생각하는 존재가 아닌 "연장된 물체"다. 그런 물체들의 본질은 무엇일까? 데카르트는 왁스 조각을 예로 들었다. 왁스 조각을 손에 들고 보면, 독특한 색깔과 냄새와 질감과 형태와 같은 속성을 지니고 있는 것을 알 수 있다. 그러나 왁스 조각을 불에 가까이 갖다 대면 그런 감각적 특성이 모두 변한다.[27] "진정한" 왁스는 빨갛거나 둥글거나 향기

---

27) 데카르트는 동일성을 실체와 마찬가지로 생득적인 정신적 직관에 해당하는 것으로 간주했다. 정신적 직관에 해당하는 다른 두 가지는 자아와 하나님이었다.

로운 냄새를 풍기지 않는다. 그것은 이런저런 속도로 움직이는 단단한 물질일 뿐이다.[28] 색깔, 소리, 맛은 물질적인 실체가 생각 속에 일으키는 개념일 뿐, 물질적인 실체 자체의 속성은 아니다.

이렇듯 데카르트는 정신적 실체(생각, 자아, 영혼)와 물리적인 실체(사물, 물체)를 인정했다.[29] 정신적 실체는 생각하는 존재들이고, 물리적인 실체는 연장된 존재들이다. 물리적인 실체는 생각하지 않고, 정신적인 실체는 비물질적이기 때문에 연장의 속성을 갖지 않는다. 정신적 실체는 자유의지론적인 자유를 누리고, 물리적인 실체는 기계론적인 인과성에 의해 지배된다.

이런 구분은 데카르트의 사상 체계 안에 심각한 문제를 발생시킨다. 그것은 "어떻게 정신적 실체와 물리적 실체가 서로 영향을 미칠 수 있는가?"라는 문제다. 과연 인간의 생각(생각하는 비물질적인 존재)은 어떻게 육체(연장된 실체)에 영향을 미칠까? 생각과 같은 연장되지 않은 실체는 무게도 없고, 힘도 없는 것처럼 보인다. 그것은 육체와 같은 연장된 실체를 움직일 수 없다. 그러나 한 가지 분명해 보이는 사실은 정신적인 의도에 의해 팔을 움직일 수 있다는 것이다.

이 문제에 대한 데카르트의 대답은 오랫동안 철학적인 농담처럼 간주되어 왔다. 그는 육체와 정신이 인체의 두뇌에 있는 송과선에서 서로 영향을 주고받는다고 말했다.[30] 생각은 송과선 내에서 작은 운동을 일으키고, 그것으로부터 다시 더 큰 운동을 일으키는 연쇄 반응이 이어진다. 그러나 그런 실체들은 서로에게 영향을 줄 수 없는 것으로 정의되었다. 그런데 어떻게 데카르트는 그것들이 서로에게 단지 조금만 영향을 미친다고 말할 수 있었던 것일까?[31]

이 문제는 현대 철학에서는 "정신과 육체의 문제"로 알려져 있다. 일부 철학자들

---

28) 물질적인 실체를 운동 중인 "연장된" 물체로 축소하는 것은 그것을 수학적으로 분석하는 일은 좀 더 쉽게 만들고, 감각적 경험은 덜 중요하게 만든다.
29) 이것은 헬라 철학자들이 형상과 질료를 구분한 것과 비슷하다. 데카르트의 구분이 플라톤이나 아리스토텔레스의 구분과 동일하지는 않다. 그러나 그는 헬라 사상가들이 그런 식의 구분을 시도하게 만들었던 동일한 자료들 가운데 일부를 해석하려고 시도했다.
30) 당시의 의학자들은 송과선이 실제로 어떤 기능을 하는지 알지 못했다. 따라서 철학적인 사변에 적당히 이용하기가 좋았다.
31) 길버트 라일은 데카르트의 견해를 "기계 안에 있는 유령"으로 묘사한 것으로 유명하다. Gilbert Ryle, *The Concept of Mind* (New York: Barnes and Noble, 1949).

이 이 문제에 대해 여러 가지 해결책을 제시했다.[32] 그들이 데카르트의 해결책을 적절하게 생각하지 않은 것은 매우 당연했다.

자율적인 이성에 근거한 철학은 그런 식으로 탄생했다. 이것은 철학사의 중요한 전환기를 이루었고, 오늘에 이르기까지 철학의 주된 흐름을 지배해 왔다. 이런저런 문제에 대해 데카르트의 견해에 동의하지 않은 철학자들이 많지만 가장 뛰어난 철학자들은 대부분 생각을 하나님의 계시에 복종시킴으로써가 아니라 자율적인 생각을 통해 철학의 문제를 해결할 수 있다고 믿는다.

바뤼흐 (베네딕트) 스피노자(Baruch [Benedict] Spinoza, 1634-77)

스피노자의 부모는 포르투갈 출신의 유대인이었다. 그들은 스페인에 살았지만 종교 때문에 추방당했고, 그 후에는 당시에 세상에서 문화적으로 가장 관대했던 나라 가운데 하나인 네덜란드로 이주해 암스테르담에 정착했다. 스피노자는 안경알을 깎아 생계를 유지하면서 철학에 관심을 기울였다. 그러던 중 그는 하나님에 대한 이단적인 견해를 지녔다는 이유로 회당에서 추방당했다.

스피노자는 데카르트를 존경했고, 이성적인 토대 위에 철학을 재건하려는 그의 포부에 동참했다. 그는 "개념들의 질서와 연관성은 사물들의 질서와 연관성과 동일하다."라고 말했다. 이 합리주의적인 명제는 "존재하는 것과 생각하는 것은 동일하다."라는 파르메니데스의 명제와 비슷하다.[33] 스피노자의 명제는 진정한 인간의 생각은 현실 세계와 완전하게 일치한다는 개념, 곧 인간의 생각은 세상과 일치할 뿐 아니라 세상과 동일하다는 개념을 함축하고 있다. 진정한 합리주의자는 생각과 사물의 동일성에 만족할 수 있다. 앞으로 살펴보겠지만 이런 인식론적 원리는 스피노자의 범신론과 밀접하게 관련된다.

앞서 말한 대로 데카르트는 수학적 추론을 중시했고, 자신의 철학을 수학적인 체

---

32) 니콜라 말브랑슈(1638-1715)는 아르놀트 필링크스와 마찬가지로 이 문제에 대해 "정신은 육체에 영향을 미치지 않고, 육체는 정신에 영향을 미치지 않지만 하나님이 양쪽에 작용해 정신이 육체에 영향을 미치고, 육체가 정신에 영향을 미치는 것처럼 보이게 만든다."라는 식으로 대답했다.
33) 플로티누스는 이 명제를 호의적으로 인용했다. 나중에 헤겔도 이와 비슷한 명제를 제시했다. 그는 "현실적인 것은 이성적이고, 이성적인 것은 현실적이다."라고 말했다.

계처럼 조직적으로 체계화하기를 원했다. 그러나 그는 자신의 철학을 공리화시키려는 목표를 이루지는 못했다. 스피노자도 초기 저서인『데카르트 철학의 원리(The Principles of Cartesian Philosophy)』에서 그런 식의 접근을 시도했다. 그리고 그의 대표작인『기하학적으로 입증된 윤리학(Ethics Geometrically Demonstrated)』에서 유클리드의 기하학과 비슷한 형태(공리들, 그것들로부터 연역한 명제들, 추론들, 부명제들 등)로 자신의 철학을 제시했다.

바뤼흐 스피노자
(Baruch Spinoza)

스피노자는 데카르트보다는 하나님 중심적인 성향을 띠었다. 데카르트는 하나님의 존재를 그분에 관한 우리 자신의 개념 안에 논리적으로 함축된 것으로 제시했지만, 스피노자는 하나님으로부터 출발하기를 원했다. 그러나 그의 신 존재 증명은 존재론적인 논증으로 데카르트의 증명 방식과 비슷했다.34)

스피노자도 데카르트처럼 하나님을 실체로 간주했다. 그분을 실체로 정의한 것은 흔히 통용되는 정의와 크게 다르지 않지만, 그는 거기에 합리주의적인 의미(실체는 그 자체로 존재하는 것이며, 스스로를 통해 생각되는 것이라는 개념)를 첨가했다. 실체는 스스로 존재할 뿐 아니라(a se), 자명하고 자증적인 속성을 지닌다. 그것은 진리와 거짓, 옳고 그름의 궁극적인 판단 기준이다. 형이상학(자존)과 인식론(자증)의 관계에 주목하라.35) 하나님이 존재의 첫 번째 원리라면 그분은 또한 지식의 첫 번째 전제이시기도 하다.

이렇게 이해하면 실체는 오직 하나님뿐이다. 아무것에도 의존하지 않고 스스로 존재하며, 스스로를 유지하는 존재는 오직 하나뿐이다. 그런 존재가 하나 더 존재한다면 하나님께 속하는 속성을 지닐 것이기 때문에 두 존재가 서로를 제한하는 결

---

34) 하나님으로부터 "시작해야 한다."고 말하면서 동시에 논증을 통해 그분의 존재를 입증하려는 것은 모순인 것처럼 보인다. 그러나 안셀무스의 논증을 다룰 때 존재론적인 논증이 종종 논증자의 궁극적인 전제를 제시하는 방식을 취한다는 점을 기억한다면 이 점을 쉽게 이해할 수 있다. 스피노자와 데카르트도 안셀무스처럼 자신들의 논증을 통해 생각 속에 존재하는 최상의 존재는 당연히 실존적인 속성을 지닐 수밖에 없다고 생각했다. 만일 그렇지 않으면 최상의 존재가 될 수 없기 때문이다.

35) 전제론적 입장을 취하는 그리스도인들은 형이상학과 인식론의 이런 연관성을 마땅히 인정해야 한다. 성경의 하나님은 스피노자의 하나님과 사뭇 다르지만 그분도 스피노자의 하나님처럼 스스로 존재하기 때문에 자증적인 속성을 지니고 계신다.

과가 발생할 것이다. 그와 마찬가지로 오직 하나의 존재만이 지식의 첫 번째 원리가 될 수 있다. 스피노자는 데카르트가 정신적 실체와 물질적 실체를 신적 실체와 나란히 존재하는 것으로 인정한 것이 일관성이 없다고 생각했다.

따라서 스피노자는 우주가 오직 하나의 존재로 구성되어 있다고 믿는 일원론자였다. 이런 점에서 그는 밀레토스 자연 철학자들을 비롯해 특히 파르메니데스와 플로티누스의 전통을 따랐다. 인식론적인 합리주의는 형이상학적 일원론으로 귀결되는 경향이 있다. 합리주의자들은 우주의 모든 것을 포괄적으로 설명해 줄 한 가지 원리를 찾고 싶어 한다. 그들이 발견했다고 주장하는 원리가 궁극적인 현실이 되고, 다른 모든 현상은 환상으로 축소된다. 스피노자의 경우에는 모든 것을 유일한 현실의 속성에 귀속시켰다. 일원론은 기독교와 대립된다. 왜냐하면 창조주와 피조물의 근본적인 차이를 부인하기 때문이다. 성경적인 기독교는 합리주의적인 탐구를 거부한다. 그 이유는 합리주의가 세상에 대한 궁극적이고, 합리적인 이해를 추구하기 때문이다. 그러나 성경은 오직 하나님을 통해서만 그런 이해가 가능하다고 가르친다.

스피노자는 하나님은 무한한 속성을 지니신다고 믿었다. 속성은 지성이 어떤 물체의 본질로 인식하는 것을 가리킨다.[36] 세상에 있는 것은 모두 하나님의 속성이다. 따라서 하나님과 세상은 하나다. 하나님은 세상이고, 세상은 하나님이다. 그 전체를 하나님, 또는 자연으로 일컬을 수 있다("Deus sive natura", 신은 곧 자연). 하나님은 "능산적 자연(natura naturans)"이고, 세상은 "소산적 자연(natura naturata)"이다.

무한히 많은 하나님의 속성 가운데 인간이 가장 잘 알 수 있는 두 가지 속성은 정신과 육체다. 데카르트는 이 둘을 서로 반대되는 속성을 지닌 실체(곧 상호작용이 거의 불가능한 실체)로 정의했다. 그러나 스피노자는 이 둘이 모두 하나님의 속성이고, 우리는 그것들을 통해 하나님을 인식한다고 말했다. 그 둘은 서로 분리되지 않고, 하나님과 서로를 바라본다. 스피노자는 정신을 "육체의 개념"으로 생각했다.[37] 따라

---

[36] 스피노자가 인간의 지성을 언급한 것은 그런 속성들이 명백하다는 것, 곧 현실 안에 존재한다기보다는 우리의 인식 안에 존재한다는 것을 의미한다. 물론 스피노자는 지성이 인식하는 것이 곧 실제로 존재한다고 생각했던 합리주의자였다.

[37] 정신을 육체의 형상으로 생각했던 아리스토텔레스의 견해와 비교하라.

서 육체는 "정신의 연장"으로 말할 수 있다. 정신과 육체의 문제는 이런 식으로 해결되었다. 스피노자에게 개념(정신)들의 질서와 연관성 및 사물(육체)들의 질서와 연관성은 서로 동일했다.[38] 다른 관점에서 바라보면 개념과 육체는 동일한 현실이다. 개념이나 의지가 육체를 움직이거나 육체가 개념이나 의지를 움직이는 것이 아니다. 다른 관점에서 바라보면 그것들은 육체의 움직임 자체다.

스피노자는 전제로부터 연역된 논리적 결론의 필연성과 원인에 의해 발생한 결과의 필연성 사이에는 중요한 유사 관계가 존재한다고 생각했다. 그런 점에서 그는 결정론자에 해당한다. 그의 철학에서 모든 명제는 공리로부터 논리적으로 연역된다. 따라서 세상에서 일어나는 사건은 모두 선행하는 원인에 의한 필연적인 결과다. 하나님이 그 첫 번째 원인이시다. 세상의 구조는 이성의 구조에 상응한다. 이 둘은 서로 동일하다. 자유의지론적인 의미에서의 자유의지나 우연적인 것이나 임의적인 것은 존재하지 않는다. 기하학적으로 공리화된 가장 완전한 형태의 인간의 생각은 명제들의 체계를 확립한다. 명제들은 서로로부터 필연적으로 도출된다. 세계의 현실은 필연적인 원인들, 궁극적으로는 하나님으로부터 비롯하는 사물들의 체계를 의미한다.

그러나 스피노자는 인과적인 체계가 목적을 지향한다는 것을 부인했다. 아리스토텔레스는 작용인과 목적인(어떤 것이 존재하는 목적)을 구별했다.[39] 스피노자는 목적인은 부인하고, 작용인만을 인정했다. 스피노자의 견해에 따르면 하나님은 특정한 역사적인 결과를 원하지 않으신다.

스피노자의 대표작은 『기하학적으로 입증된 윤리학』이다. 그는 그 책에서 지금까지 말한 모든 형이상학과 인식론이 인간의 행위에 대한 근거를 제시한다고 주장했다. 책의 전반부에는 독창적이고 창의적인 추론이 제시되었지만, 그의 윤리적인 결론은 조금 실망스러운 면이 없지 않았다. 그는 헬라의 키레네 학파와 같은 유치한 이기주의(우리가 쾌락으로 느끼는 것이 선이고, 고통을 주는 것은 나쁘다는 생각)에서부터 출발했다. 그러나 결과적으로 스피노자의 이기주의는 에피쿠로스처럼 이타적인 개념(가

---

[38] 여기에서도 스피노자의 사상 체계 안에 존재하는 인식론과 형이상학의 연관성이 발견된다.
[39] 아울러 아리스토텔레스는 형상인(어떤 것의 본질을 결정하는 요인)과 질료인(어떤 것을 구성하는 물질적 요인)을 언급했다.

장 큰 쾌락은 다른 사람들을 즐겁게 하는 것이고, 궁극적으로는 모든 자연, 곧 하나님의 행복이라는 생각)을 지향했다. 스피노자는 자유의지론적 자유의지를 부인했던 스토아주의처럼 사건들의 원인을 이해함으로써 한 단계 더 높은 지식(즉 선)에 도달하라고 권유했다. 또한 그는 (성경이 아닌) 플라톤의 주장대로 지식은 반드시 미덕을 낳는다고 생각했다. 사물들의 상호 관계를 더 많이 이해할수록 모든 존재에게 선을 행하는 것의 가치를 더 잘 이해할 수 있다는 것이 그의 지론이었다.

이런 윤리적 탐구의 목적은 모든 것에 대한 지식, 곧 하나님에 대한 지식이다. 하나님을 아는 것이 곧 그분을 사랑하는 것이다. 따라서 스피노자는 스스로 "하나님에 관한 지성적인 사랑"으로 일컬은 것을 가장 큰 목표로 삼으라고 권유했다.

고트프리트 빌헬름 라이프니츠(Gottfried Wilhelm Leibniz, 1646-1716)

위대한 합리주의자 가운데 세 번째인[40] 라이프니츠는 독일에서는 첫 번째로 중요한 철학자였다. 그도 데카르트와 스피노자처럼 수학자였다. 그는 아이작 뉴턴에 앞서 미적분법을 창시했다. 그러나 뉴턴이 그것을 먼저 발견했다고 주장하는 사람들이 많다. 라이프니츠의 주장은 여전히 논란의 여지가 남아 있다.

합리주의 철학의 주된 목표는 우주에 있는 사물들과 힘들의 궁극적인 속성을 발견하는 것이다. 형이상학은 세상 만물의 가장 근본이 되는 요소(탈레스는 물, 플라톤은 형상)를 탐구하는 학문이고, 인식론은 진리와 거짓, 옳고 그름의 궁극적인 판단 기준을 탐구하는 학문이다. 이런 탐구는 종종 어떤 물체가 실체인지를 식별하는 데 초점을 맞춘다. 그 이유는 실체를 다른 현실의 근본으로 생각하기 때문이다.

데카르트는 정신과 물질이라는 두 종류의 실체를 믿었다. 이 둘은 각각 인식론과 형이상학을 지배하지만 송과선을 제외하고는 서로에게 아무런 영향도 미치지 않는다. 또한 데카르트는 신성한 실체를 믿었지만 계시(인식론)와 창조(형이상학)의 개념, 곧 하나님이 피조 세계에 개입하신다는 전통적인 기독교 사상을 거의 고려하지 않

---

40) 흥미롭게도 유명한 철학 학파들에는 대부분 셋으로 대표되는 사상이나 철학자가 등장한다. 초기 개신교 안에는 루터주의, 칼빈주의, 재세례파가 존재했고, 영국 경험주의 안에는 로크, 버클리, 흄이, 독일 관념론 안에는 피히테, 셸링, 헤겔이, 영국 관념론 안에는 그린, 브래들리, 보즌켓이, 미국 실용주의 안에는 퍼스, 제임스, 듀이가 각각 존재한다. 나는 이런 현상을 이 책 1장에서 언급한 하나님의 삼위성과 관련시켜 사변을 일삼을 생각은 전혀 없다.

았다. 스피노자는 하나의 실체(하나님)를 믿었고, 정신과 물질은 그 실체에 관한 두 가지 관점이라는 견해를 제시했다. 그러나 스피노자도 어떻게 하나님이 우리에게 진리의 본질을 알리시는지를 설명하지 않았다. 그는 창조의 교리를 부인하고, 하나님과 세상이 똑같이 영원하다고 믿었다. 결국 하나님이든 자연이든 서로를 설명할 방법이 없었다.

그러나 역사적으로 존재의 궁극적인 본질을 추구하는 또 하나의 방법이 있었다. 탈레스, 파르메니데스, 플로티누스, 스피노자는 온 우주를 형이상학적인 궁극적 실체로 인정하는 입장을 취했다면 데모크리토스와 에피쿠로스는 현대의 많은 과학자들처럼 세상의 가장 작은 요소를 찾으려고 노력했다. 그들은 모든 것을 가장 작은 요소로 분해하면 우주가 본질적으로 동일한 물질로 구성되었다는 것을 발견할 수 있을 것이라고 생각했다. 우주의 가장 작은 요소가 곧 가장 궁극적인 것(곧 다른 모든 것에 가장 의미 있는 설명을 제공할 수 있는 것)일 가능성이 높다. 이것이 곧 원자론이었다. 라이프니츠는 원자에 관해 데모크리토스와 매우 다른 견해를 지녔지만 근본적으로는 원자론자에 해당한다. 원자론자들은 대개 물질주의자이지만, 흥미롭게도 라이프니츠는 세상에서 가장 작은 존재는 바로 정신이라고 주장했다. 모든 것의 본질이 정신이라고 생각하는 사람은 관념론자로 불린다. 따라서 라이프니츠는 원자론적 관념론자였던 셈이다.

가장 작은 현실을 찾으면 결국 더 이상 나눌 수 없는 것을 발견하게 될 것이라는 생각은 나름대로 일리가 있다. 그렇게 하면 원소, 분자, 원자, 양자, 중성자, 전자, 쿼크, 보손, 초끈 따위를 발견할 수 있다. 심지어는 초끈도 더 나눌 수 있을 것이다. 그런 과정을 거치다보면 나중에는 더 이상 나눌 수 없는 무엇을 발견하게 될 것이다. 만일 그런 것을 발견하지 못한다면 찾고자 하는 것, 곧 다른 모든 것을 설명해 줄 원리를 발견하지 못하게 될 것이다.

고트프리트 빌헬름 라이프니츠
(Gottfried Wilhelm Leibniz)

그러나 목표(가장 작은 것)에 도달했다면 그것을 더 이상 나누는 것이 불가능하다. 그 이유는 그것보다 더 작은 도구나 충분한 기술이 없기 때문이 아니라 그것이 더 이상 나눌 수 없는 원리이기 때문이다. 물질은 아무리 작은 것이라도 항상 더 작게 나눌 수 있다고 주장할 수도 있다. 왜냐하면 17, 18세기의 합리주의는 물질을 연장으로 정의했기 때문이다. 연장된 것은 그보다 더 작게 연장된 것으로 줄일 수 있다. 그러나 더 이상 나눌 수 없는 무엇인가를 발견했다면, 그것은 연장되지 않은 실체, 즉 물질이 아닌 다른 것이어야 한다. 그렇다면 물질 외에 다른 무엇이 과연 존재하는가? 17세기의 유일한 대안은 정신이었다. 그것이 곧 원자론적 관념론이었다.[41]

이런 정신적인 원자를 라이프니츠는 "모나드(monad, 단자)"로 일컬었다. 그는 단자에 관해 흥미롭기도 하고, 이상하기도 한 말을 많이 했다. 모나드는 정신적인 힘의 단위다. 그것은 데카르트의 물질이나 그의 연장되지 않은 (무력한) 정신처럼 수동적이거나 비활성적이지 않다. 라이프니츠의 모나드는 일들을 일으킨다. 그러나 그것은 자유의지론적인 자유의지를 가지고 있지 않다. 그것의 활동은 하나님에 의해 사전에 미리 정해져 있다.

모든 사물과 사람들은 모나드로 구성되어 있다. 모나드는 함께 뭉쳐 더 큰 물체를 형성한다. 그런 점에서 라이프니츠는 바위와 구름에서부터 인간과 하나님에게 이르는 모든 것이 생각을 한다고 믿는 "범심론자"였다. 나의 육체는 모나드의 집합체다, 모든 모나드가 생각에 참여하고, 힘을 발휘한다. 그러나 그 집합체는 나의 "정신"으로 일컬어지는 "여왕 모나드"에 의해 지배된다. 정신이 집합체가 나갈 방향을 제시한다.

하나님은 온 우주의 여왕 모나드, 곧 최상의 모나드이시다. 라이프니츠는 합리주의적 특성을 가미한 우주론적인 논증을 통해 하나님의 존재를 입증했다.[42] 그는 스스로 "충족이유율"로 일컬은 원리를 만들어냈다. 이 원리는 이유 없이 존재하거나 무엇을 하는 것은 아무것도 없다는 의미를 지닌다. 하나님은 당연히 존재해야 한다. 왜냐하면 오직 그분만이 우주의 충분한 이유일 수 있기 때문이다. 모나드가 생각하거나 행동하는 것도 모두 충족한 이유를 요구한다. 충족한 이유는 오직 하나, 하나님의 예정뿐이다.

---

41) 여기에서 라이프니츠의 생각을 20세기의 과정 철학과 비교하는 것도 흥미로울 것이다. 11장을 참조하라.
42) 스피노자가 실체를 정의하면서 합리주의적인 특성을 가미한 것을 상기하라.

라이프니츠의 언어 철학은 모나드론에 기반을 둔 그의 형이상학과 밀접하게 관련된다. 그는 "분석적" 문장과 "종합적" 문장의 차이를 처음 구별한 중요한 사상가 가운데 하나다. 분석적 문장은 사실일 수밖에 없다. 왜냐하면 "독신자는 결혼하지 않은 사람이다."와 같은 문장의 술어는 곧 주어의 일부이기 때문이다. 분석적 문장은 틀릴 수 없다. 그런 문장은 반드시 사실이다. 그런 문장은 표현을 넘어서는 것을 경험하거나 관찰하지 않고 단지 용어의 의미를 아는 것만으로 그 의미를 알 수 있다는 점에서 선험적이다.

"고양이가 카펫 위에 있다."와 같은 종합적인 문장은 사실이거나 거짓일 수 있다. 그 문장의 사실 여부를 확인하려면 경험의 세계를 탐구해야 한다. 그런 문장은 경험적이다. 왜냐하면 경험적 탐구에 의존하기 때문이다.

라이프니츠는 이런 구분을 출발점으로 삼았다. 그러고 나서 그는 모든 문장, 곧 이전에 말했고, 행한 일은 모두 분석적이라고 주장했다. 왜냐하면 우리의 존재와 행위가 모두 하나님에 의해 예정되었기 때문이다. 하나님이 찰리라는 사람을 창조하기로 결정하셨다면, 그의 존재와 행위와 관련된 모든 것이 이미 정해진 셈이 된다. "찰리는 오보에를 연주하는 법을 배웠다."라는 문장은 분석적인 것처럼 들린다. 그러나 찰리가 오보에 연주법을 배운 것은 하나님이 그가 그렇게 하도록 미리 계획하신 결과다. 하나님의 관점에서 보면 그것은 찰리의 본성, 곧 그의 본질에 속하는 일이다. "오보에 연주법을 배우는 것"은 "찰리"라는 의미의 일부다. 따라서 "찰리는 오보에를 연주하는 법을 배웠다."는 분석적인 문장, 곧 하나님의 정신에 의해 인식된 찰리의 본질에 관한 진술에 해당한다.[43]

개개의 모나드가 생각하거나 행동하는 것은 모두 그 본질의 일부다. 모나드가 행동하는 이유는 다른 모나드들이 그렇게 하도록 자극하기 때문이 아니다. 모나드는

---

43) 여기에서 라이프니츠는 중세 사상가들에게는 매우 혁신적인 것처럼 보였을 일을 했다. 아리스토텔레스는 실체, 속성(필연적 속성 및 우연적 속성), 행위를 구별했다. 라이프니츠에 따르면 정의(定義)들은 실체, 곧 어떤 것의 본질을 나타낸다. 그것들은 실체의 유형(인간은 "이성적 동물")과 그것이 지닌 필연적 속성의 일부를 나타낸다. 그러나 아리스토텔레스에 따르면 우연적 진술(들창코, 155센티미터의 키)은 실체나 정의의 일부가 아니다. 그것은 그 사람의 행위도 마찬가지다(예를 들어 "그는 대학에 진학했다"). 개인의 우연적 속성과 행위에 관한 진술은 그 사람의 정의에 해당하지 않는다. 그런 진술은 분석적이 아니라 종합적이다. 그러나 라이프니츠는 "실체, 필연적 속성과 우연적 속성, 행위가 어디에서 구분되는지를 어떻게 입증할 수 있는가?"라고 의문을 제기했다. 그는 그것을 입증할 방법은 없다고 말했다. 그는 그 모든 것이 하나님의 생각 속에 있는 그 사람에 대한 정의의 측면들을 형성한다고 생각했다. 하나님의 관점에서 보면 그런 유형의 진술은 모두 분석적이다.

하나님이 창조하신 스스로의 본성에 따라 행동한다. 모나드와 모나드 사이에 인과성은 존재하지 않는다. 하나의 모나드는 다른 모나드에 대한 반응이 아니라 자신의 본성에 따라서만 행동한다. 하나의 모나드 안에 그 자체의 미래 상태가 잠재되어 있다. 라이프니츠는 모나드는 "창문이 없다."라고 말했다.

그렇다면 사물들이 서로 협력하는 것처럼 보이고, 그 행동들이 서로 조화를 이루는 것처럼 보이는 이유는 무엇일까? 하나의 모나드가 다른 모나드 안에서 변화를 일으키는 것처럼 보이는 이유는 무엇일까? 그 이유는 하나님이 그것들이 서로 협력하게 만드셨기 때문이다. 개개의 모나드가 각자 자신의 내적 본성에 따라 행동하지만, 그 행동은 다른 모든 것과 완벽하게 조화를 이룬다. 그것은 마치 오케스트라의 연주자들이 제각기 자신의 악기를 가지고 음악을 연주해 전체적으로 온전한 화음을 만들어내는 이치와 같다.

모나드는 창문은 없지만 거울을 가지고 있다. 하나님은 개개의 모나드가 스스로의 관점에서 온 우주를 반영하도록 만드셨다. 지구에 있는 모나드들은 목성에 있는 모나드들과 동떨어져 있지만, 라이프니츠는 개개의 모나드가 비록 희미하게나마 "미세한 지각(petite perceptions)"을 통해 우주에 있는 모든 것을 보고, 듣는다고 믿었다.

하나님은 모나드들이 제멋대로 마구 움직이게 만들지 않으셨다. 그분은 모든 것의 충족한 이유를 알고 계신다. 모든 종류와 크기의 모나드, 곧 서로 다른 능력을 지닌 모든 모나드를 움직이는 것이 하나님의 목적이다. 하나님은 서로서로 논리적으로 양립할 수 있는 가장 많은 숫자의 모나드를 창조하셨다. 그분은 자신이 만들 수 있는 최상의 세계를 만드셨다. 그러나 모든 선이 다 조화를 이루는 것은 아니다. 따라서 약간의 악은 필연적일 수밖에 없다. 라이프니츠는 현재가 가능한 최상의 세상이라고 말했다. 물론 하나님은 얼마든지 악이 없는 세상을 만들 수 있으셨다. 그러나 하나님이 만드신 세상에서는 악에 대한 선의 승리가 확실하게 보장된다. "선한 세상을 이루기 위해 악이 논리적으로 필요하다."라는 것이 악의 문제에 대한 라이프니츠의 해결책이었다. 『캉디드(Candide)』를 쓴 볼테르를 비롯해 많은 사람들이 이 해결책이 적절하지 않다고 생각했다. 그들은 "끔찍한 고난의 와중에서 생각하면, 선한 하나님이 지금보다 더 나은 세상을 만들 수 없으셨다고 믿는 것이 과연 가

능할까?"라는 의문을 제기했다.[44]

때로 라이프니츠는 진부한 유신론자처럼 보인다. 왜냐하면 하나님이 미리 조화로움을 확립해 두셨다고 믿었기 때문이다. 그러나 그는 때로 하나님이 무자비한 논리의 힘에 제약을 받으시는 것처럼 보이게 만들기도 했다. 라이프니츠의 "가능한 최상의 세계"라는 논증은 논리가 하나님을 구속하는 힘을 지닌 것처럼 보이게 만든다(즉 그의 논리는 하나님이 완전한 세상을 만들지 못하시는 것처럼 보이게 한다). 여기에서의 문제점은 단지 하나님을 논리를 준수하는 존재로 만든다는 데 있지 않다(이런 경향은 다른 철학적, 신학적 사상 체계 안에서도 종종 발견된다).[45] 오히려 문제점은 라이프니츠가 우주의 구조가 논리에 의해 철저하게 지배되기 때문에 하나님의 활동이 불필요하다고 생각하는 것처럼 보인다는 데에 있다. 하나님은 기껏해야 논리가 명령하는 세상을 만드는 "우주의 회계원"에 지나지 않는다. 이것이 라이프니츠를 논할 때 심각하게 대두되는 문제점이다. 그러나 나는 여기에서 이 점을 더 길게 설명할 여유가 없다.

영국의 경험주의

토머스 홉스(Thomas Hobbes, 1588-1679)

이번 장의 서두에서 밝힌 대로, 1600년에서 1800년 사이에 활동했던 철학자들은 대개 "합리론자들"과 "경험론자들"로 구분된다. 이런 구분에 따르면 홉스는 양쪽 어디에도 정확하게 맞아떨어지지 않는 예외에 해당한다. 내가 그를 경험론자로 분류해 다루는 이유는 그가 영국인일 뿐 아니라 영국의 중요한 경험론자들보다 앞서 활동하며 그들에게 영향을 미쳤기 때문이다. 그의 사상에는 경험론적인 요소가 몇 가지 포함되어 있다.

---

[44] 나도 라이프니츠의 해결책에 동의하지 않는다. 하나님은 현재보다 더 나은 세상을 만드실 수 있다. 그분이 창조하신 피조 세계는 본래 지금보다 더 나았다. 그분은 장차 또다시 새 하늘과 새 땅을 만드실 것이다. 다음 자료를 참조하라. *AJCB*, 162-64.

[45] 인간의 관점에서 보면 하나님의 행위와 말씀이 분명한 모순을 안고 있는 것처럼 보일지라도 그분은 논리적이고, 합리적이시기 때문에 그분의 행동은 항상 논리적일 것이라는 말이 기독교 내에서 흔히 통용된다.

토머스 홉스(Thomas Hobbes)

홉스는 유럽을 두루 여행하며 지식을 습득했고, 데카르트의 철학과 서로 영향을 주고받았다. 나중에 그는 데카르트의 『성찰(Meditations)』을 상세하고, 주의 깊게 비판했다. 그는 대륙의 합리론자들처럼 기하학의 확실성을 철학자들이 추구해야 할 본보기로 생각했다.

그는 수학의 가치를 높이 평가했기 때문에 대륙의 합리론자들에게 관심을 기울였지만, 또한 과학을 사랑했기 때문에 좀 더 경험적인 방향으로 나아갔다. 그는 프랜시스 베이컨(1561-1626)과 친구로 지냈다. 베이컨의 과학적 방법은 귀납법과 실험을 중시했다. 또한 홉스는 영국의 전통에 따라 윌리엄 오컴에게 동의하는 유명론자였다. 유명론을 지지하는 사상가들은 경험주의로 기우는 경향이 있었다. 그 이유는 유명론이 자연의 일반 원리로부터 지식을 연역해 내기보다 세상의 개별자들에 대한 직접적인 연구를 요구했기 때문이다.

홉스는 궁극적으로는 경험론자로 간주할 수 있지만 몇 가지 원칙적인 전제에 의해 적지 않게 지배를 받은 흔적을 역력히 드러냈다.[46] 그는 모든 현실이 움직이는 물질로 구성되어 있다고 믿었던 물질주의자였다.[47] 그는 비물질적인 현실은 영혼이든, 하나님이든 그 무엇도 존재하지 않는다고 생각했다. 그는 전통적인 논증에 의해 증명된 하나님의 존재를 인정하기는 했지만 하나님은 그의 철학에서 단지 "제1원인"이었을 뿐 그 이상의 의미는 없었다. 홉스에 따르면 세상은 물질적인 인과관계라는 결정론적인 원리에 의해 지배된다. 물론 그는 경험적인 증거를 토대로 그런 주장을 내세우지 않았다. 그는 합리론자들과 비슷한 방식으로 물질을 일종의 "공리", 곧 자명한 진리로 생각했던 듯하다. 그는 어떤 것이 존재한다고 말하려면 그것이 물질이고, 결정론적인 인과관계의 일부라고 말하는 것으로 충분하다고 생각했던 것처럼 보인다.[48]

이런 전제들은 그의 인식론의 토대를 이룬다. 홉스는 지식을 특정한 종류의 물질

---

46) 다른 경험론자들에 비하면 그런 흔적이 더욱 뚜렷했다는 뜻이다.
47) 이 점에서 그는 고대의 스토아주의자들과 원자론자들(데모크리토스와 에피쿠로스와 같은 사람들)을 닮았다.
48) 스토아 학파의 "물질주의"를 논할 때 이와 비슷한 말을 한 적이 있다. 2장을 참조하라.

적 인과관계로 간주했다. 우리 밖에 있는 어떤 것이 움직여 우리 안에서 운동을 일으킬 때 지식이 시작된다. 그 결과는 생각 속에 있는 형상이다. 홉스는 이를 "환영(phantasm)"으로 일컬었다. 환영은 좀처럼 사라지지 않는 효과를 남긴다. 그것은 결국에는 사라지지만 우리는 대개 그것을 (기억을 통해) 다시 불러내거나 (상상력을 통해) 다른 환영들과 결합시킨다. 또한 나중에 그것들에 관해 생각할 수도 있다. 왜냐하면 한 가지 생각은 그 다음을 생각하게 만들기 때문이다. 우리는 환영들을 기억할 뿐 아니라 그 순서까지 알고 있다.

지식에 관한 이런 견해는 감각주의(모든 지식은 감각적 과정을 통해 시작하고, 원인과 결과를 추적하여 감각의 원천으로 되돌아감으로써 우리가 아는 것을 알게 된다는 견해)를 지향한다는 점에서 확실히 경험론적이다. 그와 동시에 홉스의 결정론은 (앞서 말한 대로) 어떤 경험론적인 논증으로도 입증될 수 없는 것이다. 그렇다면 우리는 어떻게 모든 현실이 물질적이고, 모든 사건이 기계적으로 결정되어 있다고 확신할 수 있을까?

홉스가 오늘날 사람들의 관심을 끄는 이유는 주로 사회와 정치에 관한 그의 철학 때문이다. 그는 정치적 의무와 관련해 이른바 "사회 계약설"을 제시한 주요 사상가 가운데 하나다.[49] 그는 특히 이 문제를 자신의 대표작인 『리바이어던(Leviathan)』에서 다루었다. 그는 정부가 없으면 "만인에 대한 만인의 권리", 곧 우리가 원하는 것은 무엇이든 주장할 수 있는 권리를 지니게 된다고 생각했다. 이것은 자연히 갈등을 일으키기 마련이다. 홉스는 그것을 "만인에 대한 만인의 투쟁"으로 일컬었다. 무정부 상태에서는 "예술도, 문자도, 사회도 없다. 무엇보다도 나쁜 것은 계속되는 공포와 광포한 죽음의 두려움이다. 인간의 삶은 외롭고, 비참하고, 더럽고, 잔인하고, 짧다."[50] 그러나 사람들에게 그런 상태의 삶을 피하도록 유도하는 "자연의 법칙"이

---

49) 사무엘 러더퍼드가 『법이 왕이다』(1644)에서 지적한 대로 이스라엘의 왕권에는 계약적 요소가 포함되어 있었다. 러더퍼드는 신학자이자 웨스트민스터 총회 대표였다. 다윗은 일찍 왕으로 기름부음을 받았지만(삼상 16:13) 이스라엘의 장로들(처음에는 유다 지파, 나중에는 이스라엘 온 지파의 사람들, 삼하 2:4, 5:1-5)에게 인정을 받고 나서야 비로소 통치를 시작했다. 그러나 하나님의 선택은 결정적이다. 사회 계약의 개념은 헬라 철학자들(에피쿠로스)을 비롯해 나중에는 휴고 그로티우스(1625), 존 로크(1689), 장자크 루소(1752)와 같은 사상가들에게서 발견된다. 이들 사상가들의 견해는 자연 상태의 특성과 인권의 본질(인권이 자연 상태 안에 있는지 그것을 초월해 있는지) 및 사회 계약의 요소들에 관해 제각기 다를 뿐 아니라 홉스의 견해와도 궤를 달리한다. 나는 이 책에서 윤리학이나 사회와 정치에 관한 철학에 많은 관심을 기울이지 않기로 결정했다. 이런 주제들을 논한 철학 사상을 간단하게 분석한 내용을 원한다면 다음 자료를 참조하라. DCL, 54-125, 603-4.

50) Hobbes, Leviathan, 13.

존재한다. 그것은 "만인에 대한 권리"를 포기하고, 다른 사람들과 계약을 맺어 인위적인 유기체, 곧 전체주의적인 권력을 소유한 국가(즉 리바이어던)를 만들라고 요구한다.

나는 이 책에서 사회 이론에 많은 관심을 기울일 수 없다. 그러나 홉스가 아무런 대답 없이 문제를 많이 제기했다는 점은 매우 흥미롭다. 예를 들어 세상이 물질과 운동으로만 구성되었다면, 홉스는 과연 무엇을 근거로 권리, 법, 의무에 대해 말하는 것일까?[51]

홉스가 합리론자인지 경험론자인지는 확실하지 않지만 그가 세속주의의 부활에 근거해 새로운 철학을 시도한 것은 분명하다. 홉스도 자신의 사상을 구축하면서 데카르트처럼 성경이나 종교적 전통에 의존하지 않았고, 중요한 점에서는 스토아 학파를 따랐지만 플라톤이나 아리스토텔레스에게는 관심을 기울이지 않았다. 데카르트와 로크처럼 그의 근본 원리도 이성의 자율성이었다.

존 로크(John Locke, 1632-1704)

홉스를 경험론자라기보다는 합리론자로 분류해야 할 가장 유력한 이유 가운데 하나는 경험론자는 대개 인식론에서부터 시작해 형이상학과 윤리학으로 나아간다는 것이다. 그에 비해 합리론자들은 형이상학적인 "공리"에서 시작해 그것으로부터 지식과 윤리학으로 나아가는 수순을 밟는다. 데카르트는 자신의 존재(모든 물질과 분리된 생각하는 존재)에서부터 시작해 하나님의 존재를 연역했고, 그런 명제들을 통해 인식론과 윤리학의 개념들을 확립했다. 스피노자도 하나님의 존재에 관한 형이상학에서 출발했고, 라이프니츠는 형이상학적인 모나드론에서부터 출발해 우리가 어떻게 지식을 갖는지를 설명했다. 홉스도 물질주의적인 결정론에서 시작해 지식을 우주의 체계가 인간의 감각 기관에서 일어나는 변화를 결정하는 과정으로 간주했다는 점에서 합리주의적인 경향을 띤다.

그러나 로크는 우주를 아는 것이 어떻게 가능한지를 먼저 설명할 수 있기 전까지

---

[51] 사실로부터 의무를 도출하는 논증을 무어는 나중에 "자연론적 오류"로 일컬었다. 경험론자 데이비드 흄은 그런 문제를 처음 야기한 사람 가운데 하나다.

는 우주의 본질에 대해 언급하려고 하지 않았다. 그는 형이상학보다 인식론을 먼저 앞세웠다. 이것은 경험론적 전통을 대표하는 중요한 사상가들(버클리와 흄)에게서 반복해서 나타나는 특성이다. 이런 관점에서 보면 흄이 아닌 로크가 경험론적 전통을 세운 최초의 인물이었다고 말할 수 있다.

내가 이 책에서 주장하는 성경적인 철학은 제3의 길(형이상학이 인식론을 앞서지도 않고, 인식론이 형이상학을 앞서지도 않는다는 것)을 취한다. 형이상학과 인식론은 서로에게 똑같이 영향을 미친다. 성경적인 인식론은 성경적인 형이상학을 전제하고, 성경적인 형이상학은 성경적인 인식론을 전제한다. 그 둘의 통합은 인간의 삶보다 우위에 서서 온전한 세계관을 제시하는 하나님의 계시를 통해 이루어진다.

각설하고, 로크의 인식론적 논증에 관해 잠시 살펴보면 다음과 같다. 로크를 비롯한 경험론자들은 지식을 우리의 개념(즉 생각의 내용)에 관한 지식으로 간주했다.[52] 이 점은 중요하다. 사람들은 때로 경험론자가 인간의 생각이라는 속박을 벗어버리고, 세상을 관찰하고 사실을 조사하는 사람처럼 생각하는 경향이 있다. 그런 생각은 경험론적인 철학을 자연 과학과 유사한 것처럼 보이게 만든다. 그러나 경험론자들은 "직접적인

존 로크(John Locke)

현실주의"를 주장하지 않는다. 그 점은 대다수의 과학자들도 마찬가지다(12장을 참조하라). 그들은 세상에 대한 우리의 지식이 우리의 정신적 기능에 의해 중재된다고 생각한다.[53] 내가 1장에서 설명한 삼각형 도표를 토대로 생각하면 지식은 상황적(세상에 관한 지식)이라기보다는 실존적(우리 자신에 대한 지식)이다. 따라서 형이상학(세상에 대한 지식)은 인식론(우리의 인식적 기능에 관한 지식)을 전제한다.

로크는 개념들에 관한 연구를 부정에서부터 시작했다. 그는 플라톤, 데카르트, 라이프니츠를 비롯해 많은 사람들이 주장했던 생득적 경험을 부인했다. 예를 들어 플라톤은 우리의 경험을 경험과 무관한 특정한 개념들과 비교함으로써 경험을 판

---

[52] 로크의 "개념"은 본질적으로 홉스의 "환영"과 일맥상통한다.
[53] 물론 과학이나 심지어는 일상생활에서도 우리는 안경, 망원경, 현미경과 같은 다양한 종류의 장치들을 사용해 우리의 정신적 기능을 보완한다.

단해야 한다고 생각했다. 완전한 미덕의 개념은 경험과는 무관하다. 왜냐하면 세상에서는 그런 것을 결코 경험할 수 없기 때문이다. 그러나 우리는 완전한 미덕이라는 개념을 가지고 있고, 그것이 우리가 경험하는 미덕들을 판단하는 기준이 된다. 그런 개념은 경험과는 구별되기 때문에 종종 생득적인 지식으로 간주된다. 그런 판단 기준의 필요성은 생득적 개념의 존재를 입증하는 가장 흔한 논증 가운데 하나다. 앞에서 살펴본 대로[54] 많은 철학자들이 선험적인 지식(탐구하기 이전에 이미 존재하며, 탐구 과정을 지배하는 지식)을 인정했다.[55] 플라톤의 형상에 대한 기억 외에 논리와 수학의 법칙, 도덕적 기준 등도 선험적인 지식의 존재를 입증하는 증거로 활용된다. 이 모든 것은 생득적인 지식으로 간주된다. 왜냐하면 다른 방법으로는 그것들의 존재를 설명하기가 어렵기 때문이다.

로크는 이 모든 논쟁을 거부하는 것처럼 보인다. 그러나 논리의 법칙을 좀 더 자세히 살펴봐야 할 필요가 있다. 로크는 그런 개념들이 생득적이지는 않지만, "즉각적인 설득력을 지녔다."고 말했다. 그러나 "무엇이 우리 안에서 그런 개념들을 즉각적인 설득력을 지녔다고 생각할 수 있게 만드는 것일까?"라는 의문이 생겨난다. 그런 신념들이 감각에서 비롯했다고 말하는 것은 그럴 듯하지 않다.[56] 오히려 그것은 생각의 기능 자체에 속한 것처럼 보인다. 로크는 이것이 생득적이라고 말하지는 않았다. 왜냐하면 어린아이들은 논리적인 원리를 확립할 능력이 없기 때문이다. 그러나 그런 식의 논리는 생득적이라는 개념을 상당히 하찮게 취급하는 것이다. 어린아이들은 어떤 명제도 만들어낼 수 없지만 그런 사실에 초점을 맞추기보다는 인간의 정신이 성장하면서 경험에서 비롯하는 신념이 아닌 경험을 지배한다는 의미에서 선험적으로 간주될 수 있는 신념이 저절로 형성되는 것인지를 묻는 편이 좀 더 흥미로울 것이다.

로크는 인간의 생각을 지식이 전혀 없는 상태, 즉 "백지(tabula rasa)" 상태로 생각

---

54) 라이프니츠를 논할 때 이 문제를 다루었다.
55) 이 지식은 탐구 과정을 "지배하기" 때문에 삼각형 도표의 관점에서 보면 "규범적인" 원리에 해당한다.
56) 이 시기의 경험론자들은 감각적 경험으로부터 논리의 법칙을 도출하려고 시도하지 않았다. 존 스튜어트 밀(1806-73)은 그렇게 하려고 시도했지만 그의 시도는 대체로 인정을 받지 못했다. 심지어는 다른 경험론자들조차도 그의 시도를 거부했다.

하자고 제안했다.[57] 무엇이 그 백지를 채울 수 있는가? 로크는 경험이라고 대답했다. 그의 대답은 경험론적 철학의 전통을 이끄는 길잡이가 되었다.

로크의 사고 실험은 숙고할 만한 가치를 지닌다. 생각의 내용을 구성하고, 뒷받침하는 경험이란 과연 무엇을 의미하는가? 경험은 세상에 관한 사실들 자체가 아닌 사실들과 그것들에 관한 우리의 생각, 곧 우리 자신의 개념과의 관계에 근거한다. 그러면 그것은 어떤 종류의 관계일까? 로크는 경험이 실제적인 세상(곧 경험과 독립해서 존재하는 세상[58])을 우리에게 알려주지는 않지만, 감각적인 개념과 성찰에 의한 개념을 구별할 수 있게 해준다고 말했다.

> 감각은 "우리가 가진 대다수 개념의 원천이다." 경험의 다른 측면은 성찰, 곧 감각을 통해 인식된 정보를 고려해 개념을 만들어내는 사고 활동이다. 성찰에는 지각, 사고, 의심, 신념, 추론, 지식, 의지 등 감각을 통해 인식된 정보를 고려해 개념을 만들어내는 모든 사고 활동이 포함된다.[59]

그러나 생각이 감각적 정보를 성찰하는 기능을 지니고 있다면 그 기능은 감각적 경험을 통해 획득되지 않았다는 점에서 생득적이라고 말할 수 있다. 로크의 경험은 단순한 감각적 인식을 넘어서는 개념을 지닌 것으로 보인다. 로크는 경험에 대한 자신의 개념에 다른 사람들이 선험적 지식이라고 일컫는 내용, 곧 다른 사람들이 생득적인 것으로 일컫는 내용을 덧붙인 것으로 보인다. 이런 점을 고려하면 로크의 인식론이 합리주의자들의 인식론과 근본적으로 다르다고 단정하기가 어렵다.

그러나 로크의 주장을 좀 더 깊이 살펴봐야 할 필요가 있다. 그는 두 가지를 더 구별했다. 하나는 단순한 개념과 복잡한 개념의 구별이고, 다른 하나는 일차적인 성질과 이차적인 성질의 구별이다. 흰 것, 달콤한 것, 쓴 것과 같은 단순한 개념들

---

[57] 데카르트의 "방법론적 회의"와 조금 비슷하다. 로크와 데카르트는 확실하고, 분명하게 사실로 믿을 수 있는 것을 찾으려고 노력했다. 데카르트는 그것을 직관적인 자의식 안에서 발견했고, 로크는 감각적인 경험에 근거한 개념들 안에서 발견했다.
[58] 즉 칸트가 "본체의 세계"로 일컬은 것. 7장을 참조하라.
[59] Samuel Enoch Stumpf and James Fieser, *Socrates to Sartre and Beyond: A History of Philosophy* (Boston: McGraw-Hill, 2003), 254.

은 감각이나 성찰의 과정을 통해 수동적으로 생각 속에 들어온다. 복잡한 개념들은 결합하고, 분리하고, 추론하는 사고 과정을 통해 단순한 개념들이 서로 다양한 관계를 맺게 되면서 발생한다.[60]

일차적인 성질과 이차적인 성질의 구별은 서로 다른 개념들을 구별하는 것이 아니라 우리의 개념들이 상응하는 다양한 종류의 사물들을 구별하는 것과 관련된다. 로크는 성질을 "우리의 생각 속에 개념을 만들어내는 물체의 능력"으로 간주했다.[61] 일차적인 성질은 "물체 자체에 실제로 존재하는" 것이다.[62] 그것에 대한 우리의 개념은 물체 자체의 성질을 "정확하게 닮았다."

> 한편 이차적인 성질은 우리의 생각 안에 물체 자체의 성질과 정확하게 일치하지 않는 개념들을 만들어낸다. 눈덩이를 만지면 "차갑다"는 개념이, 그것을 보면 "희다"는 개념이 생겨난다. 그러나 흰 것이나 차가운 것이 눈덩이 안에 존재하지는 않는다. 눈덩이에 존재하는 것은 차갑거나 희다는 개념을 만들어내는 성질이다. 일차적인 성질은 견고성, 연장, 형태, 운동이나 정지, 숫자, 또는 그 물체에 속하는 성질을 가리키고, 이차적인 성질은 물체 자체에 속하거나 그것을 구성하지 않고, 우리 안에서 색깔, 소리, 맛과 같은 개념들을 만들어내는 성질을 가리킨다.[63]

데카르트는 비슷한 논증을 통해 물질적인 물체의 모든 성질을 연장으로 축소시켰다. 그는 그 외에 다른 모든 성질들은 실체가 존재하는 동안에 변할 수 있다고 생각했다. 데카르트와 로크가 모두 존중했던 뉴턴의 과학은 색깔을 물체 자체의 성질이 아닌 물체가 눈에 미친 효과로 이해한다.[64] 만일 물체가 운동 중인 연장된 실체만을 의미한다면, 과학 철학자들은 세상에 대한 흥미를 자극하는 색깔, 맛, 소리와 같은 것에 관심을 기울일 필요없이 단지 부피, 중량, 위치, 가속도와 같은 것만을

---

[60] 이것은 아리스토텔레스가 능동적인 지성과 수동적인 지성을 구별한 것을 상기시킨다.
[61] Stumpf and Fieser, *Socrates to Sartre and Beyond*, 255.
[62] Ibid.
[63] Ibid.
[64] 데모크리토스도 비슷한 논증을 사용해 우주의 기본적인 실체인 원자가 물질과 운동의 특성만을 갖추고 있다고 생각했다.

고려하면 된다.

그렇다면 물체를 좀 더 자세히 묘사하는 것이 과연 가능할까? 데카르트와 로크는 둘 다 "실체"라는 개념을 생각해 냈다. 왜냐하면 실체는 전통적으로 다양한 성질을 갖춘 것을 의미하기 때문이다. 실체는 주어이고, 성질은 그것을 묘사하는 술어다. 따라서 로크는 우리에게 간단한 술어적 개념들을 제공하는 힘을 지닌 물체들을 "실체"로 일컬을 수 있다고 말했다. 그러나 여기에서 그는 약간의 당혹감을 표출했다.

> 누구든 순수한 실체에 관한 자신의 개념과 관련해 자기 자신을 깊이 점검해 보면, 스스로는 알지 못하지만 무엇인가 본질적인 것이 우리 안에 간단한 개념들을 만들어낼 수 있는 그런 성질들을 뒷받침하고 있다고 가정할 수밖에 없다는 것을 알게 될 것이다.[65]

결국, 로크가 말하는 실체는 "내가 무엇인지 알지 못하는 어떤 것"이다. 우리는 경험이 아닌 인과적 논증으로부터 그것을 알 뿐이다. 우리는 실체를 우리 안에 개념들을 만들어내는 원인으로 가정해야 한다.[66] 이것은 로크의 경험주의가 일관성을 지니고 있는지에 관한 문제는 물론, 경험론이 과연 우리에게 실제 세상에 관한 지식을 제공할 수 있는지에 관한 문제를 제기한다. 모든 사람이 이해하는 대로 "실체"는 세상을 구성하는 본질, 곧 모든 술어의 주체를 가리킨다. 만일 실체를 알 수 없다면 우리는 과연 무엇을 알 수 있을까? 이런 당혹감은 경험론을 회의론, 즉 나중에 데이비드 흄의 논증을 통해 날카롭게 대두된 회의론의 공격에 취약하게 만든다.

오늘날 로크는 주로 정치 이론으로 유명하다. 그도 홉스처럼 사회 계약설(정부가 존재하지 않았던 "자연 상태"에서 살았던 사람들의 합의에 의해 정부가 탄생했다는 이론)을 제시했다. 그러나 자연 상태에 관한 홉스와 로크의 견해는 서로 크게 엇갈린다. 홉스는 자연 상태를 "외롭고, 비참하고, 더럽고, 잔인하고, 짧을" 뿐 아니라 모든 사람이 서로 싸우는 끔찍한 상태로 이해했지만, 로크는 그렇게 나쁜 상태로 이해하지 않았다. 로크의 자연 상태는 사람들이 도덕법을 지키며 사는 사회였다. 그러나 논쟁을 해결할 객관적인 방법이 존재하지 않았기 때문에 정치적인 장치가 필요했다.

---

65) Stumpf and Fieser, *Socrates to Sartre and Beyond*, 256.
66) 이런 점에서 로크의 "실체"는 칸트의 "본체"와 비슷하다. 7장을 참조하라.

로크는 미국 건국의 역사를 공부하는 사람이라면 누구나 잘 아는 대로 "양도할 수 없는 인간의 권리"에 관해 말했다. 정부는 생명과 자유와 재산에 대한 권리를 항상 보유하고 있는 국민의 동의에 의존한다. 로크는 홉스와는 달리 국민들이 통치자들을 상대로 저항권을 행사할 수 있는 상황들이 존재한다고 믿었다. 미국 혁명은 주로 로크의 사상에 근거해 이루어졌다.

나는 미국인으로서 미국의 자유를 확립하는 데 기여한 로크의 공로에 감사한다. 그러나 "양도할 수 없는 권리"는 차지하고, 권리에 관한 그의 모든 말들이 그의 인식론에 의해 정당화될 수 있는지 궁금하다. 로크의 철학이 제시한 미지의 실체("내가 알지 못하는 어떤 것") 가운데 과연 무엇이 우리에게 정치적 자유를 누릴 권한을 제공하는 것일까? 미국 독립 선언문은 그런 권리가 경험이 아닌 하나님에게서 비롯한 것으로 천명한다.

조지 버클리(George Berkeley, 1685-1753)

주요한 경험론자 가운데 두 번째에 해당하는 버클리는[67] 더블린의 트리니티칼리지에서 가르치다가 나중에 클로인의 성공회 주교가 되었다. 그는 1728년에서부터 1731년까지 로드아일랜드에서 살면서 버뮤다에 대학교를 세우기 위해 기금을 마련하려고 힘썼다. 그 기간에 그는 조나단 에드워즈와 교제를 나누었다. 그러나 대학을 세울 기금이 충분히 확보되지 않자 다시 런던으로 돌아갔다.

버클리는 우리의 개념을 조사해 지식을 얻으려는 로크의 생각에 동의했지만 실체를 개념의 원천으로 생각하는 그의 전제를 받아들일 수 없었다. 로크는 실체의 본질은 알 수 없다고 인정했다. 앞서 살펴본 대로 그의 그런 입장은 그의 인식론과 모순된다. 버클리는 오컴의 면도날 원칙을 로크에게 적용해 물질적인 실체는 불필요한 것으로 배제했다. 그런 것의 존재를 전제하지 말고, 우리가 실제로 알 수 있는 것(곧 우리의 개념과 우리의 생각)을 탐구하는 것으로 만족하자는 것이 그의 견해였다.

버클리도 오컴처럼 유명론자였다. 그는 오직 개별적인 물체만이 존재한다고 믿

---

[67] 때로는 버클리로, 때로는 바클리로 발음된다. 영국 영어를 말하는 사람들은 후자의 발음을 선호한다.

었다. 또한 로크가 생득적인 개념들을 배제한 것처럼 버클리도 플라톤의 형상과 같은 "추상적인" 개념을 배제했다. 그는 "보편적인 집", "보편적인 미덕", "보편적인 인간"과 같은 개념들은 존재하지 않는다고 생각했다. 집은 물론, 심지어는 미덕에 관한 개념도 모두 구체적이다. 버클리에게 로크의 실체는 그런 추상적인 개념 중에 하나였다. 그런 점에서 그런 것은 불필요하다. 버클리는 힘, 중력, 인력과 같은 개념들을 구체적인 물체의 행위의 배후에 있는 실체라거나 또는 그런 행위를 설명할 수 있는 근거로 삼는 것도 아울러 배제했다. "원인"의 경우도 마찬가지였다. 그는 사건 B가 사건 A의 다음에 일어났을 때 동일한 종류의 사건이 앞으로 일어날 것을 예측하는 데 도움이 될 수도 있고, 그렇지 않을 수도 있는 구체적인 연속 관계만을 알 수 있을 뿐, A로부터 B가 나온다는 신비로운 "인과성"을 확신할 수는 없다고 생각했다. 앞으로 살펴보겠지만 데이비드 흄도 이와 비슷한 논증으로 원인과 결과의 "필연적인 상관관계"를 부인했다. 그러나 흄과는 달리 버클리는 우리 자신의 생각을 성찰함으로써 인과성을 이해할 수 있다고 믿었다. 그의 견해에 따르면 인과성은 세상에서 일어나는 사건들의 관계 속에서 발견되는 것이 아니라 우리 자신의 정신적인 활동을 통해 우리가 사건들을 연관시킬 때 비로소 인지되는 것이다.

조지 버클리(George Berkeley)

따라서 버클리는 감각을 통해 얻는 자료와 해석(아리스토텔레스와 비슷하게 능동적인 생각과 수동적인 생각)을 구별했다. 생각은 감각적인 경험을 인지하고, 이해할 뿐 아니라 스스로 능동적으로 기능한다.[68] 특정한 물체들의 유사성을 인지하는 것은 생각의 능동적인 기능의 일부다. 그런 성찰은 언어를 통해 표현된다. 그러나 버클리에 따르면 언어로 표현되었다고 해서 일반적이거나 추상적인 용어가 구체적인 물체와 구별되는 다른 어떤 것을 가리킨다고 생각해서는 안 된다.

버클리는 로크가 말한 실체가 존재하지 않는다고 생각했기 때문에 로크처럼 일차적인 성질과 이차적인 성질을 구별할 필요도 없어진다. 로크는 일차적인 성질이

---

68) 버클리는 우리가 감각적인 정보에 관한 개념과 생각의 기능을 통한 관념을 가진다고 말했다.

실체의 성질, 곧 우리의 경험과 대조되는 실체 자체에 속한 성질을 가리킨다고 말했다. 그러나 우리는 이차적인 성질(색깔, 맛, 냄새 등)에 근거한 추론을 통해서만 일차적인 성질을 알 수 있다. 따라서 감각적인 경험과 오컴의 면도날 원칙을 굳게 고수했던 버클리는 그 둘의 구별을 거부했다.

그러나 실체와 일차적인 성질이 없다면 과연 무엇이 존재하는 것일까? 아리스토텔레스에게 실체는 곧 세상의 현실이었다. 그러나 버클리에게는 실체는 없고, 오직 감각적인 경험만이 존재하기 때문에 세상은 곧 인식이라는 등식이 성립한다. 따라서 "존재하는 것은 지각되는 것이다(esse est percipi)."가 그의 명제였다.

그런 개념적인 논리는 버클리를 관념론(세상은 곧 생각이라는 신념)으로 기울게 만들었다. 이 점에서 그는 라이프니츠와 비슷하다. 그러나 두 철학자가 그런 결론에 도달하게 된 방식은 서로 달랐다. 라이프니츠의 방식은 물질의 본질로부터의 연역적인 추론이었고, 버클리의 방식은 물질의 개념을 완전히 부인하는 것이었다. 라이프니츠는 때로 "형이상학적, 또는 원자론적 관념론자"로 일컬어지고, 버클리는 종종 "주관적인 관념론자"로 일컬어진다.

그리스도인이자 주교였던 버클리는 하나님을 믿었다. 그러나 그가 감각적인 지각에 국한된 인식론을 가지고 어떻게 보이지 않는 하나님을 믿었는지 궁금하지 않을 수 없다. 그는 관념론적으로 수정된 우주론적 논증을 통해 하나님의 존재를 입증했다. 그는 우리의 감각적인 경험이 규칙적이고, 예측 가능한 속성을 지닌다고 말했다. 이것을 추상적인 실체와 힘의 관점에서 설명하려고 해서는 안 된다. 그렇다면 무엇으로 설명해야 할까? 우리가 아는 한, 현실을 질서 있게 인지하는 것은 오직 하나, 생각뿐이다. 따라서 생각이 제1원인이 되어야 한다.

그런 생각은 우리의 생각을 능가하는 힘을 지닌 것이 분명하다. 만일 "존재하는 것은 지각되는 것"이라면 방의 존재를 인지할 인간이 없을 때 그 방은 과연 어떻게 되는 것일까? 그것이 사라졌다고 말해야 하는 것일까? 버클리는 "그렇지 않다."고 대답한다.

중요한 것은 누군가가 그것을 인지하고 있다는 것이다. 그것을 항상 인지할 수 있는 존재는 바로 하나님이시다. 하나님은 모든 이상적 현실의 존재를 제자리에 잘 유지하고 계신다. 그분은 전지전능하고, 모든 곳에 편재하신다. 버클리는 그런 식으로 자신의 관념론적 철학을 기독교적 변증으로 제시한다.

이번 장에서 논의한 모든 철학자들 가운데 버클리가 가장 기독교적이다. 하나님에 관한 그의 생각은 성경에 근거한다. 버클리는 세상이 기능하려면 제1원인(로크), 진리의 보증인(데카르트), 비인격적인 세상의 체계(스피노자), "우주의 회계원"(라이프니츠)만이 아니라 생각과 생각으로 우리와 의사를 소통하는 인격체가 필요하다고 인지했다.

그러나 버클리의 철학은 하나님으로부터 시작하지 않는다. 그의 철학도 데카르트와 로크처럼 자기 안에 갇힌 상태에서 자신의 개념들을 자율적으로 생각하는 인간에게서부터 시작한다. 결과적으로 버클리는 하나님을 자신의 감각과 성찰의 결과물로 생각했다. 만일 그가 성경을 참조했더라도 기본적인 논증을 완성한 이후에 그렇게 했을 것이 분명하다. 물론 나는 버클리 주교가 경험주의 철학을 공부하기 시작하기 전에 이미 성경을 알고 있었다고 확신한다. 성경의 가르침 가운데 일부가 그의 철학 체계에 영향을 미친 것은 틀림없다. 그러나 버클리의 인식론 안에 하나님의 권위 있는 말씀이 설 자리는 존재하지 않았다. 그런 점에서 버클리도 당시의 합리론자들과 경험론자들과 마찬가지로 철학자를 자기 자신 안에 갇힌 상태에서 스스로의 자율적인 추론과 성찰과 감각을 통해 사물들을 이해하려고 노력했던 사람으로 이해했다.

나는 그리스도인은 정신과 물질을 둘로 나눈 이원론(데카르트와 로크)을 받아들일 이유가 없다는 버클리의 생각에 동의한다. 일부 신학자들의 견해와는 달리 성경은 정신과 물질이 서로를 반대한다고 가르치지 않는다. 또한 성경은 버클리의 관념론이나 홉스의 물질주의와는 달리 이 둘 가운데 하나만 선호하고, 나머지 하나는 배격하라고 가르치지 않는다.

성경은 여러 가지를 구별한다. 즉 성경은 하나님은 주님으로, 인간은 그분의 형상을 지닌 존재로, 세상은 인간의 거처로 각각 구별한다. 인간은 하나님의 숨결과 흙으로 만들어졌다. "땅"은 데카르트가 말한 비활동적인 "물질"의 연장도 아니고, 로크가 말한 실체도 아니다. 인간의 영혼은 이 철학자들이 "생각"이라고 말한 것과 동일하지 않다. 성경의 인식론은 이 철학자들에게 그런 개념들을 달리 이해할 수 있는 방법을 알려준다.

데이비드 흄(David Hume, 1711-76)

흄의 철학을 통해 경험주의 전통은 회의주의로 기울었다. 그는 경험주의의 인식론을 이전의 철학자들보다 더욱 엄격하게 발전시킨 결과로 그런 결론에 도달했다.

흄도 로크와 버클리처럼 인식론은 본질적으로 내향적이라는 것, 곧 우리 자신의 지각과 개념을 성찰하는 것이어야 한다고 생각했다. 그는 우리의 경험 안에서 "인상"과 "개념"을 구별하는 것에서부터 시작했다. 전자는 생각 속에서 일어나는 즉각적인 감정과 의지는 물론, 감각적인 지각을 포함한다. 이것이 곧 모든 지식의 본래적 원천이다. 우리는 "생동감"과 "생생함"으로 그것을 구별한다. 개념은 기억 속에 있는 것처럼 인상을 통해 남겨진 희미한 흔적을 가리킨다. 그러나 하나의 개념을 갖는다는 것은 하나의 새로운 인상을 통해 주어진 결과이고, 그것은 성찰을 통해 또 다른 개념들과 연관된다. 이처럼 흄이 말하는 인상과 개념은 서로 주고받는 상호관계를 유지한다.

개념은 항상 믿을 만한 것은 못된다. 예를 들어 날아다니는 말에 관한 개념은 가능하지만, 현실 속에서 그런 것이 존재한다는 증거는 없다. 그런 개념이 믿을 만한 것인지를 판단하려면 그것을 촉발시킨 인상을 추적해야 한다. 말과 날아다니는 피조물에 관한 인상은 있지만 날아다니는 말에 관한 인상은 없다. 따라서 날아다니는 말에 관한 개념은 그런 짐승이 실제로 존재한다는 확신을 심어줄 수 없다.

흄은 라이프니츠처럼 분석적인 진술과 종합적인 진술을 구별했다. 그는 그 둘을 각각 "개념들의 관계"와 "사실의 관계"로 일컬었다.[69] 이 구별은 때로 "흄의 포크"로 불린다. 분석적인 진술은 그 술어가 주어 안에 포함되어 있다는 사실 때문에 사실로 판명된다(예를 들면 "결혼하지 않는 사람은 독신자다"). 이것은 경험적인 검증이나 증거에 근거하지 않는다. 이것은 그 말의 의미 자체로 이미 사실이다.[70] 그런 점에서

---

[69] 라이프니츠도 그렇게 구별했다. 그러나 그는 분석적인 것과 종합적인 것의 구별은 결국 성립될 수 없다고 결론지었다. 왜냐하면 하나님의 관점에서 보면(sub specie aeternitatis) 어떤 물체에 관한 사실은 모두 그것에 대한 개념이나 정의의 일부에 속하기 때문이다. 따라서 라이프니츠에게 모든 진술은 분석적일 수밖에 없었다. 그러나 흄은 다음 각주에 인용된 콰인의 논문과는 달리 그런 구별을 상대화시킬 방법은 없다고 믿었다.

[70] 물론 말의 의미를 결정하는 것 자체가 경험적인 활동이다. 이 일이 항상 쉬운 것은 아니다. 이 점은 분석적-종합적 구별을 엄격하게 적용하는 것에 의문을 제기한다. 그러나 나는 이 문제를 여기에서 논의할 생각은 없다. 최근에 이 문제를 논의한 내용을 원한다면 다음 자료를 참조하라. Willard Van Orman Quine, "Two Dogmas of

수학과 논리학은 분석적이기 때문에 틀림없는 사실이다. 그런 사실을 검증하기 위해 인상을 추적할 필요는 없다. 그러나 종합적인 진리를 사실로 확증하려면 감각적인 검증이 필요하다. 이것이 과학의 기능이다. 흄은 이렇게 말했다.

> 우리 손에 신학이나 형이상학에 관한 책이 들려 있다고 가정해 보자. 그 안에 양이나 숫자에 관한 추상적인 이론이 포함되어 있는가? 아니다. 그렇다면 사실과 존재의 문제에 관한 실험적인 추론의 내용이 포함되어 있는가? 아니다. 그렇다면 그것을 불속에 집어던져라. 왜냐하면 오직 궤변과 망상만이 포함되어 있을 것이기 때문이다.[71]

그러나 "사실과 존재의 문제에 관한 실험적인 추론(예를 들면 뉴턴의 중력의 법칙)"은 "양과 숫자에 관한 추상적인 추론(예를 들면 2+2=4)만큼 확실하지는 않다. 로크가 말한 대로 경험적인 지식, 곧 사실의 문제에 관한 지식은 개연성이 아무리 높더라도 절대적으로 확실하다고 말할 수 없다.

흄이 이 방법을 전통적인 철학의 문제에 적용하자 확실성을 장담하기가 매우 어려워졌다. 그의 주된 접근 방식은 인상들의 연관성을 살펴 그것들을 분류하는 것이다(유사성, 근접성, 인과성). 그는 특별히 인과성을 강조했다. 과학의 본질은 서로 다른 결과의 원인을 밝히는 것이다. 그러나 흄의 방법론에서 "원인"의 개념은 다소 불확실하다.

흄은 사건 A가 사건 B의 "원인"이라고 말할 때는 1) A가 B보다 먼저 일어났고, 2) A와 B가 시간과 장소의 측면에서 서로 근접해 있고, 3) A와 B가 필연적으로 연관되어 있기에 A가 B를 일으킨 원인이 된다는 것을 의미한다고 말했다. 따라서 흄은 이 세 가지 요소를 중심으로 감각적인 인상이 주어진 경위를 샅샅이 추적하려고 노력했다. 그는 첫 번째 두 가지 요소(전후관계와 근접성)에 있어서는 아무런 어려움을 느끼지 않았다. 그러나 자신의 경험을 통해 주어진 인상을 조사하면서 그는 필연적인

Empiricism," *Philosophical Review* 60 (1951), 20–43. Willadr Van Orman Quine, *From a Logical Point of View: Nine Logico-Philosophical Essays*, 2nd rev. ed. (Cambridge, MA: Havard University Press, 1961). http://www.ditext.com/quine/quine.html. 나는 이 책 12장에서 콰인에 대해 간단하게 논의했다.

71) Hume, *An Enquiry concerning Human Understanding*, 12.3.

연관성의 개념에 일치하는 것을 발견할 수가 없었다.[72] 예를 들어 당구공 A의 움직임과 B의 움직임을 생각해 보자. 흄은 A가 먼저 움직였고, A가 B를 치니까 B가 움직였다는 것은 인정했지만 A안에 있는 어떤 힘이 B를 움직이도록 만들었는지는 알 수 없었다.

이런 결론은 인과성에 관한 새로운 이해를 요구한다. 흄은 "A가 B를 일으켰다."라고 말하는 것은 1) A가 B보다 먼저 일어났고, 2) A와 B는 서로 근접해 있으며, 3) 우리는 A와 같은 움직임이 있으면 B와 같은 움직임이 뒤따른다고 생각하는 데 익숙해져 있다는 것을 의미한다고 말했다. 그 결과, 조건 3), 즉 "항시적 결합"이 필연적 관계라는 전통적인 개념을 대체했다. 흄은 여기에서도 다른 곳에서처럼 형이상학을 심리학으로 대체한다. 원인은 우리가 자연에서 직접 지각하는 것이 아니다. 그것은 인간 관찰자의 기대에서 비롯한 결과다(이런 결과는 수많은 관찰자가 오랜 시간에 걸쳐 그런 관찰을 해오면서 더욱 강화된다). 결국, 원인이란 정신적 습관일 뿐이다.

버클리는 자연 안에서 필연적인 연관성을 발견할 수 없다고 주장했다. 그는 필연적인 연관성의 개념은 생각의 작용을 통해 형성된다고 말했다. 우리는 우리의 의도로 무엇인가를 일으킬 수 있다. 다시 말해 우리는 생각을 통한 유추에 의해 인과성을 이해할 수 있다. 버클리는 그런 식의 유추는 인과성이 궁극적으로 하나님으로부터 기인한 것으로 만든다고 생각했다.

그러나 흄은 그런 과정을 인정하지 않았다. 그는 필연적인 연관성만이 아니라 전통적인 형이상학에 근거한 생각은 물론, 영혼의 존재까지도 의심했다. 그는 경험을 조사하더라도 물질적인 실체와 같은 것을 발견할 수 없다는 버클리의 견해에는 동의했다.[73] 그렇다면 물질적인 실체는 어떻게 되고, 영혼이나 자아나 생각은 또 어떻게 되는 것일까? 흄은 자기 자신에게 정신을 집중할 때마다 무엇인가를 지각하게 되지만, 그런 지각을 한데 묶어 하나의 의식으로 집약하는 자아나 영혼이라는 실체가 감지되지는 않는다고 말했다. 따라서 그는 영혼을 최소한으로 축소시켜 자신

---

72) 버클리도 동일한 주장을 제기했다. 그러나 그는 흄과는 달리 하나님이 모든 이유에 효력을 부여하신다고 믿었다.
73) 앞서 말한 대로 로크도 물질적인 실체와 관련된 문제를 안고 있었다. 그는 그것을 "내가 알지 못하는 어떤 것"으로 묘사했다.

의 경험과 일치시켰다. 다시 말해 그는 영혼을 "한 덩어리"의 지각으로 정의했다.[74] 따라서 내가 가진 지각의 덩어리가 다른 사람의 것과 다르다는 점에서 나의 영혼은 다른 사람의 영혼과 다르다.[75]

물론 하나님은 지각할 수 없다. 따라서 흄과 같은 일관성 있는 경험론자의 경우에는 버클리의 경우와는 다르게 하나님이 철학에서 아무런 역할도 할 수 없다. 흄은 하나님이라는 주제에 대해 매우 신중한 태도를 취했다. 그는 사는 동안 무신론자라는 비난을 받았지만 종종 전통적인 용어로 자신의 신학을 표현하려고 애썼다. 그는 자신의 사후에 출판된 『자연 종교에 관한 대화(Dialogues Concerning Natural Religion)』에서 회의론자인

데이비드 흄(David Hume)

필론이 아니라 온건한 그리스도인이었던 클레안테스와 동류의식을 느낀다고 주장했다. 또한 그는 자신의 논증이 종교를 논박하기 위한 것이 아니라 종교가 이성이 아닌 믿음에 근거한다는 사실을 밝히기 위한 것이라고 말했다. 이 밖에도 그는 하나님이 존재하시는 것은 확실하지만 그분의 본질을 입증할 수는 없다고 말했다.[76]

흄은 『자연 종교에 관한 대화』에서 필론의 입을 빌려 아퀴나스의 다섯 가지 신 존재 증명 가운데 다섯 번째 증명인 목적론적 증명을 상세하게 비판했다. 목적론적 증명이란 세상은 의도적으로 설계된 증거를 보여주고 있고, 그 설계자는 다름 아닌 하나님이시라는 것을 의미한다. 흄은 이렇게 말했다. 1) 인간의 의도적인 설계에 의해 만들어진 것이 무수히 많지만(예를 들면 집) 그것들과 온 우주의 유사성을 보여주는 증거는 매우 미약하다. 2) 인간의 생각과 하나님의 생각의 유사성을 보여주는 증거도 미약하기는 마찬가지다. 하나님의 생각은 영원하고, 불변하고, 전지한 것으

---

74) 흄은 다른 곳에서 지각의 덩어리란 일종의 양립 가능론적 자유의지와 같은 것이라고 말했다. 사실 한 덩어리의 지각이 자유로운 것인지, 자유롭지 못한 것인지는 불확실하다.
75) 상식의 관점에서 보면 지식은 주체와 객체의 관계에 의해 형성된다. 그러나 경험론자인 버클리는 객체를 주체에 흡수시켰고, 흄은 그와 반대되는 입장을 취했다. 즉 흄의 경우에는 주체가 인식의 대상, 곧 객체 안으로 흡수된다. 내가 제시한 기독교 철학(1장)에 따르면 주체(실존적)와 객체(상황적) 외에 제3의 요인이 존재한다. 제3의 요인은 규범, 곧 하나님의 계시다. 하나님의 계시는 객체와 주체를 구별하는(다시 말해 진리와 환상을 구별하는) 규칙을 제공한다.
76) 물론 그런 식의 말은 아무런 의미가 없다. 왜냐하면 본질에 관한 지식이 없으면 어떤 것이 존재한다는 것을 입증하기가 불가능하기 때문이다.

로 생각된다. 3) 하나님이 세상을 설계해 만드셨다는 것이 사실로 입증되더라도 그분이 무한하고, 완전하시다는 것을 입증하는 증거가 되는 것은 아니다. 세상은 불완전하고, 유한하다. 4) 가장 중요한 사실은 세상에 악이 존재한다는 것이다. 이 현실은 온전히 선한 존재가 세상을 설계해 만들었는지에 관한 의문을 제기한다. 5) 목적론적인 증명은 세상이 많은 신들이 아닌 한 분 하나님에 의해 창조되었다는 점을 입증할 수 없다. 6) 목적론적인 논증이 내세우는 질서와 구조는 다른 방법으로도 얼마든지 설명이 가능하다. 세상은 외부의 설계자가 아닌 내적 본성에 의해 모든 구조가 형성되는 동물이나 식물을 닮은 것으로 보인다.

그리스도인들은 때로 기적을 하나님의 존재와 그리스도의 주장을 입증하는 증거로 제시한다. 흄은 『인간 오성에 관한 탐구(*Enquiry Concerning Human Understanding*)』 제10항에서 기적이 일어났다는 것을 확증해 줄 충분한 증거가 없다고 주장했다. 그는 기적을 자연 법칙을 깨뜨리는 것으로 정의했다. 그런 정의는 아무 사건이나 기적으로 받아들이지 못하게 만든다. 흄은 예외적 사건으로 주장되는 것을 입증하는 증거보다 자연의 정상적인 과정을 입증하는 증거가 항상 더 많다고 말했다. 따라서 이상한 사건을 보았을 때는 항상 초자연적인 설명보다는 자연적인 설명을 선택해야 한다. 흄은 기적이 자연 법칙을 깨뜨린 사건이라기보다는 증인들이 잘못 이해했거나 잘못 나타낸 것일 가능성이 높다고 말했다.

흄은 그 책의 나머지 부분에서 기적에 관한 증언의 성격을 논의했다. 그는 기적의 증인들 가운데 우리의 믿음을 보장하기에 충분한 인격과 교육과 지성을 갖춘 사람은 없다고 말했다. 또한 그는 기적 이야기는 그런 것에 쉽게 속아 넘어가는 나라들에서 발생하는 경향이 있다고 말했고, 마지막으로는 한 종교가 제시한 기적에 관한 주장은 다른 모든 종교의 주장을 배제한다고 지적했다. 종교들은 서로 모순되는 주장을 제기하기 때문에 한 종교의 주장이 사실이면 나머지 종교의 주장은 거짓이 될 수밖에 없다.

흄은 윤리학과 관련해서도 회의주의자로 알려져 있다. 그는 "이다."와 "해야 한다."에 근거한 논증, 곧 "A가 이러이러하니 우리는 B를 해야 한다."라는 식의 논증에 관해 의문을 제기했다. 그런 식의 논증은 윤리학과 정치학에서 종종 발견된다. 예를 들면 다음과 같다.

예방 접종은 소아마비를 막는다.
따라서 모든 사람이 소아마비 예방 접종을 해야 한다.

많은 살인이 총에 의해 저질러진다.
따라서 총 소지를 금지해야 한다.

위와 같은 논증은 종종 좋은 조언을 제공할 뿐 아니라 더 나은 논증을 손쉽게 할 수 있도록 도와준다. 그러나 흄은 이런 논증이 그 자체로 오류라고 지적한다.[77] 예방 접종이 소아마비를 막아준다고 해서 예방 접종을 반드시 받아야 할 의무는 없다. 전제에 "당위성"이 없으면 결론에도 "당위성"이 있을 수 없다. 그러나 첫 번째 논증은 다음과 같이 바꾸면 타당한 논증이 될 수 있다.

모든 사람은 소아마비를 예방할 수 있는 조처를 취해야 한다.
예방 접종은 소아마비를 막아준다.
따라서 나는 소아마비 예방 접종을 해야 한다.

흄은 홉스와 로크가 말한 사회 계약설에 대해서도 회의적인 입장을 취했다. 그는 언제, 어떻게 그런 계약이 이루어졌느냐고 물었다. 야만 사회(좀 더 일반적으로 말하면 인류의 역사)에 그런 계약이 존재했다는 증거는 어디에도 없다. 오히려 역사의 증거는 부족의 족장들이 서서히 권력을 축적한 것을 보여준다.

흄의 윤리학은 헬라의 소피스트들과 마찬가지로 인정과 불인정의 감정에 근거한 주관주의의 형태를 띤다.

흄은 자신의 철학이 주관주의적이고, 회의주의적인 성격을 띤다는 사실을 알고 있었다. 그는 데카르트를 비롯한 대륙 사상가들의 합리주의와 정면으로 충돌하는 방법론을 제시했다. "이성은 열정의 노예이고, 또 그래야 마땅하다. 이성은 열정을 섬기고, 거기에 복종하는 것 외에 다른 직능을 수행하는 척할 수 없다."라는 유명한

---

[77] 무어(1873-1958)는 나중에 이런 형태의 논증을 "자연론적 오류"로 일컬었다. 왜냐하면 자연적인 사실로부터 도덕적인 의무를 유추하는 경향이 있기 때문이다.

말을 남겼다.[78] 그는 자신의 철학이 가져온 회의적인 결과 때문에 개인적으로 고민스러울 때가 더러 있었다고 말했다.

> 인간의 이성이 지닌 이런 다양한 모순과 불완전함을 강렬하게 의식한 나머지 내 머리는 뜨겁게 달궈지고, 나는 언제라도 모든 신념과 추론을 거부할 준비가 되어 있다. 나는 하나의 견해가 다른 견해보다 더 큰 가능성이나 개연성을 지닌다는 것조차도 인정할 수 없다. 나는 무엇이고, 대체 어디에 있는 것일까? 어떤 원인으로부터 나의 존재를 추론하고, 어떤 상태로 되돌아가야 할까? 누구의 은총을 구해야 하고, 누구의 분노를 두려워해야 할까? 어떤 존재들이 나를 에워싸고 있는 것일까? 나는 누구에게 영향을 미치고 있고, 내게는 누가 영향을 미치고 있을까? 이 모든 질문이 나를 혼란스럽게 만든다. 내 자신이 가장 짙은 어둠에 둘러싸여 모든 기능과 지체의 사용을 박탈당한 상태로 가장 비참한 처지에 처해 있다는 생각이 들기 시작한다.
>
> 이성은 이런 어두운 구름을 쫓아낼 수 없다. 그러나 다행스러운 것은 자연 자체만으로 그런 목적을 이루기에 충분하다는 점이다. 자연은 이런 정신적 성향을 완화시켜 주거나 약간의 여가와 나의 생생한 감각적 인상을 통해 이 모든 키메라를 없애줌으로써 이런 철학적인 우울함과 망상을 치유해 준다. 나는 만찬을 즐기고, 백개먼 게임을 하고, 대화를 나누고, 친구들과 즐겁게 어울린다. 그렇게 서너 시간을 즐겁게 보내고 나서 다시 사변을 시작하면 너무 냉랭하고, 부자연스럽고, 우스꽝스럽게 느껴져 그런 사변을 계속 시도할 의욕이 생겨나지 않는다.[79]

그러나 그는 계속 생각에 잠겼다. 그는 철학적인 질문들을 생각하기를 좋아하는 성향을 지녔다. 그는 그런 자신의 욕구를 만족시키지 않을 이유를 찾지 못했다.

흄은 좋은 질문을 많이 제기했다. 그가 철학에 기여한 가장 큰 공로는 "이다."와 "해야 한다."에 근거한 오류를 논박한 것이다.[80] 이번 장에서 논의한 현대 철학자

---

78) Hume, *Treatice of Human Nature*, 3.
79) Ibid., 7.
80) 이 점을 좀 더 자세히 논의한 내용을 원한다면 다음 자료를 참조하라. DCL, 57-63. 나는 도덕적 의무는 오직 인격적인 절대자이신 성경의 하나님에게서 비롯한다고 주장한다(1장 참조). 다른 곳에서 도덕의 원천을 찾으려는 시도는 "이다."와 "해야 한다."는 오류에서 벗어날 수 없다.

들 가운데서 가장 명확하고, 가장 설득력 있는 주장을 제기한 사람은 바로 흄이다. 그러나 나는 자신의 철학이 스스로의 주관적인 감정을 표현한 것에 지나지 않는다는 흄의 판단에 기꺼이 동의할 수밖에 없다.

이번 장에서 다룬 사상가들 중에서 그리스도인들에게 가장 큰 위협을 느끼게 만드는 사람은 다름 아닌 흄이다. 목적론적인 논증과 기적에 근거한 논증을 논박한 흄의 논리는 종종 극복하기 어려운 것처럼 보였다. 나는 다른 곳에서 이 문제를 논의했다.[81] 나는 여기에서 흄의 결론이 아닌 그의 출발점, 곧 그의 전제가 잘못되었다는 점을 지적하고 싶다.

흄처럼 우리 자신의 지각만을 가지고 홀로 생각하기 시작하면 그의 주관주의와 회의주의를 피하기가 어렵다. 우리의 "인상"을 확실성의 유일한 근거로 삼는다면 다른 어떤 것에 대해서도 확실성을 발견할 가능성이 없다. 흄이 말한 대로, 우리는 인과성이나 하나님이나 심지어는 우리 자신에 대한 인상을 가지고 있지 않다. 또한 우리는 도덕적 의무나 자유에 대한 인상도 가지고 있지 않다.

따라서 목적론적 논증에 대한 흄의 비판이 지닌 문제점은 우주와 설계의 산물 사이의 유사성에 관한 분석이 아니라 그런 유사성이나 비유사성을 어떻게 설명할 수 있느냐 하는 것이다. 유사성의 원천에 대한 주장을 정당화하기 위해 A가 B와 어떤 식으로 유사성을 지녀야 할지를 입증해 줄 하나의 인상이나 여러 개의 인상이 존재하는가? 또 기적을 논의할 때는 과연 무슨 인상이 어떤 사건이 가능한지, 불가능한지, 가능성이 있는지를 판단할 수 있는 권한을 부여하는 것일까?

그러나 우리가 인상과 개념이라는 주관적 상태에 갇혀 있지 않는다면 어떻게 될까? 우리 자신만을 생각하며 살지 않고 하나님 앞에서 산다면 어떻게 될까? 그러려면 하나님을 생각해야 한다. 그분이 어떤 분이시며, 그분이 무슨 말씀을 하셨는지에 관심을 기울여야 한다. 우리는 하나님의 말씀(규범적 관점)으로 우리의 주관성(실존적 관점)을 해석해야 할 필요가 있다. 하나님의 말씀은 우리 자신의 생각보다 훨씬 더 큰 세상, 곧 창조된 세계(상황적 관점)로 우리를 이끈다.

우리는 하나님의 말씀에 귀를 기울여야 한다. 그분의 말씀은 창조된 세계와 인간

---

[81] 목적론적인 논증을 비롯해 다른 유신론적 논증에 관해 좀 더 자세히 알고 싶으면 다음 자료를 참조하라. *AJCB*, 95-123. 아울러 기적에 대해서는 다음 자료를 참조하라. *DG*, 241-73.

의 설계에 의한 산물 사이에 비록 불완전하지만 나름대로 적절한 유사성이 존재한다는 것을 보여준다. 이 점을 이해하면 그분이 자신이 지으셨을 뿐 아니라 계속해서 다스리시는 세상 안에서 기적, 곧 능력의 사역을 행하실 수 있다는 것을 쉽게 믿을 수 있다. 아래의 도표를 참조하라.

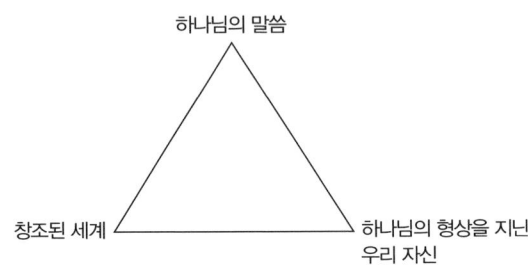

도표 5. 3. 기독교 인식론의 세 가지 관점

요약

르네상스의 시작(1350년경)에서부터 흄이 사망한 시기(1776년)까지 철학의 세계는 격동의 시기를 거쳤다. 르네상스를 통해 이루어진 학문과 예술의 발전은 나중에 철학과 신학이 발전하는 데 큰 영향을 미쳤지만, 당시는 철학의 변화를 뛰어넘는 문화적 변화를 이룬 시기였다.

개신교 종교 개혁은 철학과 신학이 중세의 전통과는 획기적으로 다른 양상을 띠게 만들었던 중요한 전환기였다. 종교 개혁을 통해 성경적인 세계관이 다시 회복되었다. 루터와 칼빈은 기독교 사상의 역사상 처음으로 헬라 철학의 영향에서 벗어난 사상을 전개했으며, 비교적 순수하게 성경적인 형이상학과 인식론과 윤리학을 제시했다.

그러나 그 이후에 서구의 지성 사회에서 또 다른 격변이 일어났다. 대륙의 합리론자들과 영국의 경험론자들은 철학의 새로운 시작을 추구했다. 당시의 일은 BC 600년에 헬라 철학이 처음 시작되었을 때와 비슷했다. 헬라인들처럼 유럽인들도 종교적인 전통을 통해 전해온 모든 것을 거부하고, 오직 자율적인 이성만으로 세상을 이해하려고 노력했다. 데카르트와 스피노자와 라이프니츠는 감각적 경험보다 이성을 앞세웠고, 로크와 버클리와 흄은 감각적인 경험에 근거한 이성을 추구했다. 그러나 두 경우 모두 인간의 생각이 성경의 권위 아래 있는 것이 아니라 자율적인 것으로 간주했다.

합리론자들과 경험론자들 모두 주관성의 토대 위에서 이성적 추론을 개진했다. 데카르트는 자신의 생각에서 비롯한 직관을 토대로 삼았고, 스피노자는 실체의 개념을 자명한 직관적인 공리(다른 모든 것을 연역할 수 있는 원리)로 받아들였다. 라이프니츠는 "창문이 없는" 모나드라는 사적 영역에서 이루어지는 합리성을 근거로 삼았다. 영국의 경험론자들이 볼 때 그것은 단지 개인적인 개념에 지나지 않았다.

합리주의는 지식의 규범(규칙)을 추구했고(특히 논리학과 수학에서), 경험주의는 지식을 현실 세계의 상황과 결부시켰다. 그들은 내가 "규범적 관점"과 "상황적 관점"으로 일컫은 것을 각각 추구했다. 그러나 결국에는 둘 다 주관주의(스스로의 의식을 성찰해 지식을 얻으려는 시도)로 기울었다. 데카르트는 "확실하고 분명한" 것을 찾기 위해 자신의 내면을 들여다 보았고, 로크는 자신의 개념으로부터 지식을 얻으려고 시도했다. 그러나 이 두 철학적 전통은 지식의 탐구를 주관성과 회의주의로 축소시키고 말았다. 아래의 도표를 참조하라.

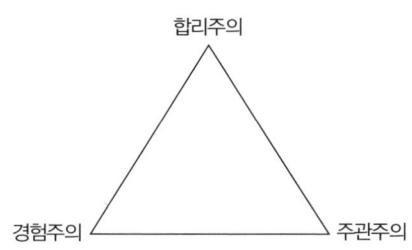

도표 5. 4. 계몽주의 철학의 인식론적 관점

그렇다면 그런 근거들을 토대로 우리는 무슨 지식을 얻을 수 있는가? 합리주의는 라이프니츠의 모나드론에서 절정에 이르렀다. 이 이론은 그를 비판하는 사람들의 눈에는 오히려 이상한 사변처럼 보인다. 경험주의는 흄의 회의주의에서 절정에 이르렀다. 따라서 당시의 철학자들이 펼친 탁월한 논증에도 불구하고 우리가 실제로 무엇을 배웠는지 분명하지가 않다.

1650-1800년은 때로 "계몽주의" 또는 "이성의 시대"로 불린다. 당시의 철학은 성경의 세계관을 거부하고, 인간의 자율적인 생각을 받아들였다. 그러나 계몽주의는 지식의 발견과 관련해 상당한 진보를 가져왔다. 당시에 많은 과학적 발견이 이루어졌다. 그러나 당시의 철학은 진보를 말하기에는 역부족이었다. 이 점에서 계몽주의 시대는 헬라 철학의 시대와 비슷했다. 처음에 논의된 문제들이 나중에도 무익한 노력이었다는 생각이 들 정도로 아무런 대답도 없이 여전히 의문으로 남았다. 그러나 계몽주의가 커다란 지성적 분수령을 이루었다고 생각하는 사람들이 많다. 그들은 인류가 미신에서 벗어나 이성의 방대한 잠재력을 깨닫게 되었다고 생각한다. 그런 사람들은 사실을 좀 더 깊이 살펴봐야 할 필요가 있다.

나중에 임마누엘 칸트를 비롯한 다른 철학자들이 어떻게 합리주의와 경험주의의 통합을 시도함으로써 철학을 통해 무엇인가를 배울 수 있다는 자신감을 회복시키려고 노력했는지에 대해 살펴볼 생각이다. 그러나 그 전에 먼저 기독교 사상 자체 안에서 일어난 변화를 잠시 살펴보는 것이 좋을 듯싶다.

핵심 용어

르네상스(Renaissance)
근원으로 돌아가자(ad fontes)
콘스탄티누스 황제의 기부 증서(Donation of Constantine)
인본주의(Humanism)
다섯 가지 "오직!"(Five solas)
네스토리우스주의자(Nestorian)
개신교 스콜라주의(Protestant scholasticism)
교회 안에 있는 작은 교회들(Ecclesiolae in ecclesia)
죽은 정통주의(Dead orthodoxy)
감각적 경험(Sense experience)
경험주의(Empiricism)
명확하고, 분명한 개념(Clear and distinct ideas)
방법론적 회의(Radical doubt)
물질적 실체(Material substance, 데카르트)
연장(Extension, 데카르트)
정신과 육체의 문제(Mind-body problem)
실체(Substance, 스피노자)
신은 곧 자연(Deus sive natura)
소산적 자연(Natura naturata)
하나님에 대한 지성적 사랑(Intellectual love of God)
원인(Cause, 흄)
인상의 덩어리(Bundle, 흄)
자연론적 오류(Naturalistic fallacy)
계몽주의(Enlightenment)
원자론(Atomism)
미리 확립된 조화(Pre-established harmony)
모나드(Monads)
여왕 모나드(Queen monad)
충족이유의 원리(Principle of sufficient reason)
종합적(Synthetic)
작은 지각들(Tiny perceptions)
우주의 회계원(Cosmic accountant)
단순한 개념과 복잡한 개념(Simple and complex ideas, 로크)

에라스투스주의(Erastianism)
고전주의(Antiquarianism)
의(Righteousness, 루터)
편재(Ubiquitous)
단성론(Monophysite)
경건주의(Pietism)
합리주의(Rationalism, 두 가지 의미)
이성(Reason)
백지(Tabula rasa)
악한 귀신(Evil genius)
실체(Substance)
정신적 실체(Mental substance, 데카르트)
송과선(Pineal gland, 데카르트)
기회 원인론(Occasionalism)
일원론(Monism)
능산적 자연(Natura naturans)
결정론(Determinism)
관념론(Idealism)
범심론(Panpsychism)
최상의 모나드(supreme monad)
분석적(Analytic)

양립 가능한(Compossible)
물질주의(Materialism)
자연의 상태(State of nature)
생득적 개념(Innate ideas)
감각을 통한 개념(Ideas of sensation)

사회 계약(Social contract) 권리(Rights)
일차적 성질과 이차적 성질(Primary and secondary qualities, 로크)
선험적 지식(A priori knowledge) 성찰을 통한 개념(Ideas of reflection)
자연 상태(State of nature, 로크) 양도할 수 없는 권리(Inalienable rights)
추상적 개념(Abstract ideas, 버클리) 주관적인 관념론(Subjective idealism)
필연적 연관성(Necessary connection, 버클리, 흄) 개념(Ideas, 흄)
필연적 연관성(Necessary connection, 흄)
존재하는 것은 지각되는 것이다(Esse est percipi)
"이다."와 "해야 한다."의 논증(Is-ought argument) 인상(Impressions)
이성의 시대(Age of reason)

학습을 위한 질문

1. 미셸 드 몽테뉴, 니콜로 마키아벨리, 로렌초 발라의 사상적 특징은 무엇인가?

2. "이 기술은 지식(과거의 문헌들과 새로 발견된 사실들)의 신속한 전파를 가능하게 함으로써 인간 사회의 문명을 획기적으로 변화시켰다." 무슨 기술인가? 설명하고, 평가하라.

3. "갈릴레오와 교회가 코페르니쿠스의 "태양중심설"을 둘러싸고 논쟁을 벌였을 때도 양측은 성경을 많이 거론하지 않았다." 그렇다면 그들은 무엇을 거론했는가? 저자가 이 대목에서 강조하려는 것은 무엇인가?

4. "이처럼 르네상스의 두 가지 특징(고전주의와 인본주의)은 하나로 잘 통합되지 못했다. 오히려 그것은 사상가들을 서로 반대되는 방향으로 양분하는 경향이 있었다." 이 말의 의미를 설명하고, 평가하라.

5. "종교 개혁자들은 스스로를 철학자로 간주하지 않았지만 그들의 가르침은 철학에 매우 중요한 영향을 미쳤다." 루터와 칼빈을 중심으로 종교 개혁이 철학에 어떻게 영향을 미쳤는지를 논의하라.

6. "은혜는…엄연한 인격적인 속성을 띤다." 이 말에는 두 가지 의미가 담겨 있다. 무엇인지 말하고, 설명하라.

7. 저자가 종교 개혁 시대에 적용한 네 가지 역사적 단계에 관해 논의하라.

8. "칼빈의 인식론은 중세와 르네상스 사상과는 상당한 차이를 드러낸다. 그는 자신의 조직신학인 『기독교 강요』의 서두에서 그런 인식론적 견해를 상세히 밝혔다." 칼빈의 인식론

을 설명하고, 그 의미를 논의하라.

9. "하나님을 아는 지식에 관한 칼빈의 견해는 세 가지 관점을 지닌다." 이 말의 의미를 자세히 설명하라.

10. "칼빈의 견해는 기독교 변증학에 매우 중요하다." 왜 그런가?

11. "종교 개혁 이후에 저술된 문헌들을 살펴보면 본래의 개혁자들의 분위기와 상당히 다르다는 느낌을 받지 않을 수 없다." 그 느낌은 어떻게 다른가? 그 의미를 평가하라.

12. 스페너의 경건주의와 저자의 평가를 간단하게 요약하고, 본인의 견해를 밝혀라.

13. 저자는 17세기에 비기독교 사상이 재탄생했다고 말했다. 이 말의 의미를 설명하고, 논의하라.

14. 합리론자들과 경험론자들의 일반적인 차이점을 간단하게 설명하라.

15. 데카르트의 방법론적 회의를 설명하고, 그가 어떻게 의심에서 벗어났는지 말해 보라. 데카르트의 인식론에서 하나님은 어떤 역할을 차지하셨는가?

16. "주목해야 할 점은 데카르트는 이 모든 논증에서 자신의 주관적인 의식을 진리의 궁극적인 판단 기준으로 삼았다는 것이다." 이 말의 의미를 설명하고, 평가하라.

17. 데카르트가 말한 물리적인 실체와 정신적인 실체는 각각 무엇을 의미하는가? 그가 이 두 실체를 어떻게 정의했는지 논의하라. 그런 정의에서 비롯한 "정신과 육체"의 문제에 관해 논의하라.

18. 스피노자의 합리주의적인 명제와 파르메니데스의 명제를 비교하라.

19. 스피노자가 실체는 오직 하나님뿐이라고 생각했던 이유는 무엇인가?

20. 스피노자는 데카르트의 "정신과 육체의 문제"를 어떻게 해결했는가? 논의하라.

21. 라이프니츠를 이상주의적인 원자론자로 간주하는 이유를 논의하라. 그는 왜 만물이 정신적인 실체들로 이루어졌다고 생각했는가?

22. 라이프니츠가 모든 진술이 분석적이라고 생각했던 이유는 무엇인가? 설명하고, 평가하라.

23. "모나드는 창문이 없다."라는 말의 의미를 설명하라.

24. 라이프니츠는 악의 문제를 어떻게 해결했는지 설명하고, 평가하라.

25. 라이프니츠의 하나님은 "우주의 회계원"과 같다. 그렇게 생각한 이유는 무엇일까? 설명하라.

26. 홉스는 합리론자인가 경험론자인가? 논의하라.

27. 홉스의 인식론을 요약하고, 평가하라.

28. 홉스의 사회 철학을 요약하고, 평가하라.

29. "경험론자는 대개 인식론에서부터 시작해 형이상학과 윤리학으로 나아간다. 그에 비해 합리론자들은 형이상학적인 "공리"에서 시작해 그것으로부터 지식과 윤리학으로 나아가는 수순을 밟는다." 한 가지 예를 들어 이 말의 의미를 설명하고, 평가하라. 저자의 성경적인 철학은 이 문제를 어떻게 다루는가?

30. 로크가 생득적 개념을 거부한 것에 대해 논의하라. 그의 논리는 일관성이 있는가?

31. 물질적인 실체에 관한 데카르트와 로크의 견해를 비교하라.

32. 로크는 실체에 관해 어떻게 말했는가? 그가 그렇게 말한 이유는 무엇인가? 그의 주장은 그의 경험론과 일치하는가?

33. 버클리는 물질적인 실체에 관한 로크의 견해에 어떻게 반응했는가? 평가하라.

34. 추상적인 개념에 관한 버클리의 견해를 논하라. 그것이 인과관계에 관한 그의 견해에 어떤 영향을 미쳤는가?

35. 버클리는 일차적인 성질에 관한 로크의 견해를 어떻게 받아들였는지 논의하라.

36. 하나님의 존재에 관한 버클리의 변증적인 논증을 설명하고, 평가하라.

37. 버클리의 철학은 기독교적인가?

38. "흄의 철학을 통해 경험주의 전통은 회의주의로 기울었다." 어떻게 그렇게 되었는지 설명하고, 평가하라.

39. "분석과 종합"의 구별에 관한 흄의 견해와 라이프니츠의 견해를 비교하라.

40. 인과성에 관한 흄의 견해와 그에 대한 그의 논증에 대해 논의하라. 아울러 그것을 로크와 버클리의 견해와 비교하라.

41. 정신적인 실체에 관한 흄의 설명을 요약하고, 평가하라.

42. 목적론적 논증에 관한 흄의 견해를 설명하고, 평가하라.

43. 기적에 관한 흄의 견해를 설명하고, 평가하라.

44. "이다."와 "해야 한다."는 주장에 관한 흄의 견해를 설명하고, 평가하라.

45. 흄은 자기 자신의 회의주의 때문에 고민했다. 그는 그 고민을 어떻게 해결했는지 설명하라.

46. "이번 장에서 다룬 사상가들 중에서 그리스도인들에게 가장 큰 위협을 느끼게 만드는

사람은 다름 아닌 흄이다." 그 이유는 무엇인가? 그런 두려움에 어떻게 대응하겠는가?
47. 이번 장에서 논의한 "격변들"과 저자의 평가를 간단히 요약하라.
48. 저자는 삼중적 관점에 근거해 이 시기의 철학 학파들을 분석했다. 그의 분석을 설명하고, 평가하라.

참고 문헌 : 초기 현대 사상

출판물

Calvin, John, *Institutes of the Christian Religion*. Edited by John T. McNeill. Translated by Ford Lewis Battles. 2 vols (Philadelphia: Westminster Press, 1960).

Descartes, René, *The Philosophical Writings of Descartes*, 3 vols (Cambridge: Cambridge University Press, 1985).

Hobbes, Thomas, *Leviathan* (New York: Empire Books, 2013).

Kramnick, Isaac, ed., *The Portable Enlightenment Reader* (London: Penguin, 1995). 1650-1800년에 발표된 글들이 백 편 이상 실려 있다. 저자가 강조한 문제들보다는 정치-경제적 사상에 좀 더 초점을 맞추었다.

Leibniz, G. W., *Philosophical Essays* (Indianapolis: Hackett Publishing, 1989).

Locke, John, George Berkeley, and David Hume, *The Empiricists* (New York: Anchor Books, 1960). 이 세 사람의 중요한 경험론자들이 저술한 대표작들이 포함되어 있다.

Luther, Martin, *The Martin Luther Collection: 15 Classic Works*, Kindle ed. (Waxkeep Publication, 2012).

_____, *Works of Martin Luther, with Introductions and Notes*, vol. 1. (Bel Air, CA: FQ Books, 2010).

Ross, James B., and Mary M. McLaughlin, eds., *The Portable Medieval Reader* (London: Penguin, 1977). 르네상스 사상가들이 쓴 글이 백 편 넘게 실려 있다.

Spinoza, Baruch (Benedict de Spinoza), *Spinoza: Complete Works*. Edited by Michael L. Morgan. Translated by Samuel Shirley (Indianapolis: Hackett Publishing, 2002).

온라인 자료

Berkeley, George, *Three Dialogues between Hylas and Philonous*. http://www.sacred-texts.com/phi/berkeley/three.txt.

_____, *A Treatise concerning the Principles of Human Knowledge*, http://www.gutenberg.org/catalog/world/readfile?fk_files=1983609&pageno=1.

Descartes, René, *Discourse on the Method of Rightly Conducting One's Reason and of Seeking Truth in the Sciences*, http://www.literature.org/authors/descartes-rene/reason-dicourse/.

_____, *Meditations on First Philosophy*, http://faculty.ycp.edu/~dweiss/ph1321_epistemology/descartes%20meditations.pdf.

초기 현대 철학에 관해서는 위에 소개한 사이트 외에도 다음 사이트에서 당시의 세속 철학자들의 저서들을 확인할 수 있다. http://www.earlymoderntexts.com

Hobbes, Thomas, *The Leviathan*, http://oregonstate.edu/instruct/phl302/texts/hobbes/leviathan-contents.html.

Hume, David, *Dialogues concerning Natural Religion*, http://latourgifford2013.wikispaces.com/Hume%27s+Dialogues+Concerning+Natural+Religion.

_____, *An Enquiry concerning Human Understanding*, http://ebooks.adelaide.edu.au/h/ume/david/h92e/index.html.

_____, *An Enquiry concerning the Principles of Morals*, http://www.gutenberg.org/files/4320/4320-h/4320-h.htm.

_____, *A Treatise of Human Nature*. http://www.gutenberg.org/files/4705/4705-h/4705-h.htm. 『하나님의 영원한 예정에 관해』라는 소책자에는 예정에 관한 흄의 견해가 잘 요약되어 있다. 그의 견해는 논란의 소지가 많다.

Leibniz, G. W., *Theodicy and Monadology*, http://www.gutenberg.org/ebooks/author/7618.

Locke, John, *An Essay concerning Hunan Understanding*, http://oregonstate.edu/instruct/phl302/texts/locke/locke1/Essay_contents.html.

_____, *The Works of John Locke in Nine Volumes*, 12th ed. Vol. 6, *The Reasonableness of Christianity* (London: Rivington, 1824). http://oll.libertyfund.org/?option=com_staticxt&staticfile=show.php%3Ftitle=1438&Itemid=27.

_____, *The Works of John Locke in Ten Volumes*, New ed. Vol. 5, *Two Treatises of Government* (London: Printed for Thomas Tegg, 1823). http://www.efm.bris.au.uk/het/locke/government.pdf.

다음 사이트를 참조하면 루터와 칼빈의 저서를 많이 찾아볼 수 있다(칼빈의 『기독교 강요』와 주석들이 포함되어 있다). http://www.ccel.org.

Spinoza, Baruch(Benedict de Spinoza), *Ethics*, http://www.gutenberg.org/ebooks/3800.

_____, *A Theologico-Political Treatise*. Translated by R. H. M. Elwes (New York: Dover, 1951). http://www.spinozacsack.net78.net/Theologico-Political%20Treatise,%20Benedict%20de%20Spinoza.pdf.

스스로 읽기

　루터의 "95개조 반박문"을 먼저 읽고 나서 종교 개혁과 관련된 그의 대표작들을 읽어라. 『독일 귀족에게 고함(*To the German Nobility*)』, 『그리스도인의 자유(*On Christian Liberty*)』, 『교회의 바벨로 유수(*The Babylonian Captivity of the Church*)』 등. 『의지의 속박(*Bondage of the Will*)』은 그가 자신의 가장 훌륭한 저서로 생각했던 중요한 신학 도서다. 이 밖에도 루터의 갈라디아서와 로마서 주석, 두 편의 요리문답, 『선행에 관한 논고(*Treatise on Good Words*)』 등도 그의 가장 중요한 저서에 포함된다.

　칼빈의 『기독교 강요』는 개혁주의 교리의 토대 및 그의 가르침을 간결하고, 체계적으로 진술하고 있다. 그는 『교회 개혁의 필요성에 관해(*On the Necessity of Reforming the Church*)』를 비롯해 많은 설교와 주석들을 통해서도 크게 기여했다.

　데카르트의 『방법 서설(*Discourse on Method*)』, 『제1철학에 관한 명상(*Meditations*)』, 『철학의 원리(*Principles of Philosophy*)』를 읽어라. 스피노자의 『기하학적으로 입증된 윤리학』은 그의 철학을 체계적으로 제시한다. 그의 『신학과 정치에 관한 논고(*Theologico-Political Treatis*)』는 성경적인 비평주의에 관한 그의 자유로운 견해를 피력한다. 라이프니츠의 경우에는 그의 『모나드론(*Monadology*)』, 『신정론(*Theodicy*)』, 『형이상학(*Discourse on Metaphysics*)』을 읽어라. 그는 한 곳에서 자신의 철학을 요약적으로 서술한 적이 없다.

　『리바이어던』은 홉스의 대표작이다. 로크의 인식론을 이해하려면 그의 『인간 오성론(*Essay Concerning Human Understanding*)』을 읽어라. 그의 『시민 정부론(*Two Treatises on Government*)』을 읽으면 그의 중요한 정치 이론을 발견할 수 있다. 버클리는 『하일라스와 필로누스가 나눈 세 편의 대화(*Three Dialogues between Hylas and Philonous*)』와 『인간 지식의 원리에 관한 논고(*A Treatise Concerning the Principles of Human Knowledge*)』에서 자신의 관념론을 설명했다. 흄은 『인간 본성론(*A Treatise of Human Nature*)』에서 자신의 철학을 포괄적으로 제시했지만, 그 내용의 일부를 좀 더 이해하기 쉽게 고쳐 『인간 오성에 관한 탐구(*Enquiry Concerning Human Understanding*)』와 『도덕의 원리에 관한 탐구(*An Enquiry Concerning the Principles of Morals*)』를 펴냈다. 그의 인식론을 이해하려면 『인간 오성에 관한 탐구』를 읽어라(특히 10장). 그곳에서 그는 기적을 비판했다. 그의 종교적인 회의론을 좀 더 알고 싶으면 그의 유고작인 『자연 종교에 관한 대화』를 참조하라.

온라인 듣기

웹 사이트 http://itunes.apple.com/us/course/legacy-history-philosophy/id694658914.

- 존 칼빈과 17세기 정통주의 : 20:39
- 대륙의 합리주의와 영국의 경험주의 : 1:06:08

유명한 인용문

- 루터 : http://en.wikiquote.org/wiki/Martin_Luther
- 칼빈 : http://en.wikiquote.org/wiki/John_Calvin
- 데카르트 : http://en.wikiquote.org/wiki/Ren%C3%A9_Descartes
- 스피노자 : http://en.wikiquote.org/wiki/Baruch_Spinoza
- 라이프니츠 : http://en.wikiquote.org/wiki/Gottfried_Leibniz
- 홉스 : http://en.wikiquote.org/wiki/Thomas_Hobbes
- 로크 : http://en.wikiquote.org/wiki/John_Locke
- 흄 : http://en.wikiquote.org/wiki/David_Hume

A History of
Western Philosophy and
Theology

개요

자유주의 신학의 탄생
  이신론
  고트홀트 레싱(1729–81)
계몽주의 시대의 성경적인 기독교
  블레즈 파스칼(1623–62)
  조지프 버틀러(1692–1752)
  조나단 에드워즈(1703–58)
  윌리엄 팔리(1743–1805)
  토머스 리드(1710–96)
요약

6장

계몽주의 시대의 신학

지금까지 논의한 내용을 간단히 요약하면 다음과 같다. 하나님은 성경을 통해 구원의 길뿐 아니라 철학적으로 명확하게 제시할 수 있는 세계관을 계시하셨다. 구원의 길은 성경적인 세계관을 전제한다. 성경적인 세계관에 따르면 최상의 존재는 다른 모든 존재와 구별되며, 세 인격으로 이루어진 절대자이시다. 그분은 주님으로서의 권위와 임재를 통해 피조 세계를 다스리고, 통제하신다. 이런 형이상학은 하나님의 계시를 최상의 권위로 인정하는 인식론과 윤리학의 토대를 형성한다. 가장 심각한 오류는 계시를 부인하고, 인간의 자율성을 주장하는 것이다. 인간은 지성적인 자율성을 추구한 탓에 타락했고, 그로 인해 생각과 행위가 부패해져 하나님의 지혜가 아닌 자기 자신의 지혜를 의지하며 살아가게 되었다. 하나님은 인간의 죄를 속량하기 위해 독생자 예수 그리스도를 세상에 보내셨다. 그리스도께서는 선택된 백성의 마음과 생각을 변화시키기 위해 그들이 받아야 할 형벌을 대신 받고 죽으셨다. 그리스도를 믿는 사람들은 자율성에 대한 주장을 포기하고, 비록 불완전하더라도 예수님의 제자로서 생각하며 살아가기를 원했다.

그러나 BC 600년경, 고대 헬라의 일부 사상가들은 종교와 전통을 배격하고, 가능한 한 인간의 이성만으로 세상을 이해하려고 애쓰기 시작했다. 그들은 지성적인 자율성의 주장에 부합하는 개념들을 밝히는 데 관심을 집중했다. 자율성(아무런 도움 없이 인간의 생각만으로 자연의 이치를 이해하기에 충분하다는 신념)을 중시하는 헬라 철학은 자연주의적인 성향을 띨 수밖에 없었다. 헬라인들은 인간의 합리성이 완전하지 않다는 점을 의식했다. 그러나 그들은 인간의 생각이 오류가 있다는 것을 알면서도 자율성을 주장하는 태도를 굽히지 않았다. 그들은 인간의 이성이 진리의 판단 기준이라는 신념을 포기하지 않았다. 그들은 문제가 지식의 대상인 세상에 있다고 생각했다. 세상은 온전한 합리성을 갖춘 장소가 아니었다. 따라서 헬라 철학은 불합리한 세상(물질)에 합리적인 지성적 틀(형상)을 부과하려고 시도했다. 그러나 그런 시도는 실패할 수밖에 없었다.

예수님은 승천하면서 제자들에게 온 세상에 복음을 전하라고 명령하셨다. 제자들 가운데 더러는 당시의 지성인들(헬라 철학의 세계관에 지배되었던 사람들)에게 복음을 전하려고 노력했다. 그들은 때로 (아우구스티누스처럼) 성경적인 세계관에 근거해 헬라 사상에 대해 의미 있는 도전을 제기하기도 했다. 그러나 그들은 기존의 헬라 철학으로부터 학문적인 인정을 받기 위해 순응적인 태도로 종종 성경적인 철학과 신플라톤주의와 아리스토텔레스주의와 같은 헬라 철학과의 타협을 시도했다. 그런 일은 하나님이 그리스도인들을 박해했던 정권들을 제거하신 뒤에도 계속 반복되었다. 그것이 곧 중세 철학의 역사였다.

종교 개혁은 좀 더 일관된 성경적인 사고방식의 가능성을 열었지만 그런 가능성이 채 실현되기도 전에 지성의 세계 안에서 모든 사상가가 고려하지 않으면 안 될 변화가 일어났다. 17세기 중반에 일어난 사건은 BC 600년에 탄생한 헬라 철학과 비슷한 세속주의 사상의 출현이었다. 그것은 자신이 배운 것이나 알고 있다고 생각했던 모든 것을 의심했던 데카르트의 사상에서부터 시작되었다. 데카르트도 초기 헬라 사상가들처럼 인간의 자율적인 이성에 근거한 새로운 지식의 체계로 과거의 전통을 대체하려고 시도했다. 그를 비롯해 다른 "현대" 사상가들의 목표는 중세 사상가들처럼 기독교적인 사고방식과 헬라의 사고방식을 결합시키려는 것이 아니라 완전히 새로운 자율적인 철학 체계를 수립하는 것이었다.

현대 철학자들은 다양한 방식으로 스스로가 종교적이라고 주장했다. 그들의 체계는 종종 신의 개념을 받아들였다. 그러나 비교적 종교적인 성향이 강한 사상가들조차도 그런 신의 개념이 세상에 관한 자신의 생각을 지배하도록 허용하지 않았다.

현대 철학자들도 헬라 사상가들과 마찬가지로 제어하기 힘든 현실의 세계에 자율적인 합리적 사고를 적용하기가 어렵기는 마찬가지였다. 그들은 많은 것(특히 이성과 감각의 상대적인 역할)에 대해 이견을 드러냈으나 (흄의 경우처럼) 현대 철학자들은 회의주의로 기우는 상황에서도 이성의 자율성을 철저히 고수하며 그런 근본적인 입장을 타협하려고 하지 않았다. 그들은 하나님을 향해 지성적인 구원을 부르짖지 않았다.

1600년부터 1800년까지에 걸친 그 시기를 종종 "계몽주의 시대", 또는 "이성의 시대"로 일컫는다.1) 기독교의 관점에서 보면, 그것은 계몽이 아닌 어둠의 시기였다. 그러나 그 명칭은 이 시기의 역사를 가리키는 관습적인 표현으로 고착되었다.

물론 이 시기와 관련해 언급할 수 있는 것은 이보다 더 많다. 개신교 종교 개혁은 그때에도 여전히 새로운 회심자들을 불러 모으는 중이었고, 로마 가톨릭교회는 중세의 철학적 전통을 고수했다. 당시는 마치 현대적인 세속주의와 기독교 철학이라는 서로 다른 두 가지 접근 방식이 동시에 진행되는 것처럼 보이는 상황이었다. 그러나 그 과정에서 또 하나의 격렬한 지성적인 변화가 일어나기도 했다. 기독교 사상은 그 변화를 거치고 난 후로 이전과는 크게 달라졌다.

자유주의 신학의 탄생

그 변화는 17세기 후반에 일어나기 시작했다. 그리스도인을 자처하는 많은 학자들이 현대적인 방식과 그 전제에 맞춰 신학을 철학적으로 해석해 재구성하려고 시도했다. 그 운동은 성경을 계시된 하나님의 말씀이 아닌 종교적인 지혜와 오류가 포함된 인간의 문서로 간주하는 새로운 방식과 함께 출발했다. 그것은 앞 장에서 살펴본 철학에 관한 현대적 접근 방식과 매우 흡사했다. 홉스와 스피노자(『신학정치론(Tractatus Theologico-Politicus)』)는 프랑스의 저술가 리샤르 시몽(1638-1712)과 마찬가지로 모세 오경의 모세 저작권을 부인하고, 하나님과 세상에 관한 성경의 가르침 가운데 많은 것을 의문시했다. 그들과 더불어 성경의 주장을 비판하는 데 초점을 맞춘 성경학자들이 등장했다. 예를 들면 라이마루스(1694-1768)와 돌바흐 남작(1723-

---

1) 계몽주의 시대라고 하면 종종 18세기와 동일시된다. 그러나 나는 계몽주의에서 발견되는 자율적인 합리성의 정신이 그보다 훨씬 더 멀리 거슬러 올라가서 앞 장에서 논의한 "현대 철학의 기원"에까지 이른다고 생각한다. 물론 17세기에는 다양한 사상가들이 존재했다. 예를 들면 "계몽주의" 사상가들로 분류되지 않는 개신교 스콜라주의 학자들이다. 그러나 이번 장 뒤에서 살펴보겠지만 18세기도 그러기는 마찬가지였다.

89)이다. 특히 돌바흐 남작은 초자연적인 것을 모두 배제한 예수님의 일대기를 펴냈다. 초자연적인 내용을 모두 삭제하려고 시도했던 토머스 제퍼슨의 성경도 이런 현상 가운데 하나였다.

성경에 관한 자연주의적인 견해는 결국 전통적인 기독교(가톨릭교회와 개신교 모두)를 배격하는 데로 나아갔다. 그러나 이들 사상가들은 기독교를 완전히 포기하기를 원하지 않았다. 그들은 하나님과 예수님에 관한 가르침에 나름대로 많은 감동을 받았다. 그러나 앞서 살펴본 대로 성경의 복음은 초자연적인 세계관을 전제한다. 성경의 영감에 관한 초자연적인 견해를 신뢰하지 못하면 어떻게 창조, 기적, 성육신, 동정녀 탄생, 속죄, 부활에 관한 기사를 믿을 수 있겠는가? 그들은 성경의 권위는 물론 초자연적인 요소와 복음을 모두 배제해야 한다고 생각했다. 그러나 성경을 그렇게 철저히 비판한다면 성경적인 기독교의 무엇이 남을 수 있겠는가?

17세기에 태동해 오늘날까지 이르는 자유주의 신학의 전통은 이런 문제를 해결하려는 목적으로 시작되었다. 내가 여기에서 사용하는 "자유주의"라는 용어는 성경의 무오한 권위를 인정하지 않는 모든 종류의 신학을 가리킨다.[2]

이런 의미에서 자유주의는 사벨리우스주의, 아리우스주의, 유티케스주의와 같이 전에 기독교 공동체 내에 존재했던 이단들과는 구별된다. 16세기에는 삼위일체에 관한 니케아 교리를 거부한 소시누스주의와의 충돌이 빚어졌고, 칼빈주의, 아르미니안주의, 루터주의, 로마 가톨릭주의 사이에서 다양한 교리적 논쟁이 발생했다. 그러나 그런 갈등에 연루된 사람들은 (심지어 소시누스주의자들조차도) 모두 성경의 최종적인 권위에 호소했다. 17세기 초의 "케임브리지 플라톤 학파"와 같은 일부 사상가 집단은[3] 인간의 이성을 그런 분쟁의 중립적인 중재자로 간주했다. 그들이 때로 "광교파"로 불리는 이유는 분명하게 정의된 입장을 제시하는 것을 피하려는 성향이

---

2) 이와 다른 용어를 선호하는 사람들이 많다. 내가 이 용어를 이런 의미로 사용하는 데 다소 어려움이 뒤따르는 이유는 "자유주의 신학"이 19세기 후반과 20세기 초에 활동했던 알브레히트 리츨과 그의 추종자들의 신학을 가리키는 전문 용어로 이해될 때가 많기 때문이다. 리츨의 사상을 비판하는 학자들은 심지어 성경의 본질에 관한 리츨의 견해에 동의하는 경우에도 자신들이 "자유주의"로 불리는 것을 좋아하지 않는다. 그런 사람들의 귀에는 17세기 사상가들을 가리키는 의미로 "자유주의"라는 용어를 사용하는 것이 시대착오적인 의미로 들린다. 그러나 성경의 권위를 거부하고, 지성적인 자율성을 받아들이는 신학자들을 모두 지칭할 수 있는 하나의 용어가 필요하다. ("현대주의자", "신개신교", "역사–비평적"과 같은) 다른 용어들도 더러 있지만, 내가 생각하기에는 "자유주의"가 가장 적합한 것 같다.
3) 대표적인 사상가 둘을 소개하면 랠프 커드워스(1617–88)와 벤저민 휘치코트(1609–83)를 들 수 있다.

있었기 때문이다. 광교파 학자들은 자유주의적 성향을 띠었지만 성경의 권위를 부인하지는 않았다(성경의 권위를 부인하는 것은 자유주의의 가장 큰 특징에 해당한다).[4]

이신론

첫 번째 형태의 신학적 자유주의는 "이신론(Deism)"으로 불린다. 이 용어는 하나님이 세상을 창조해 그 안에 자연의 법칙(인과성과 도덕성)을 확립하고는 더 이상 역사와 자연에 개입하지 않으신다는 견해를 가리킨다. (스피노자와 같은 사상가가 제시한) 범신론은 하나님이 곧 세상이고, 세상이 곧 하나님이라는 견해를 가리킨다. 이 견해는 종종 이신론과 극한 대립을 이룬다고 본다. 사람들은 범신론은 하나님의 내재를 지나치게 강조하고, 이신론은 하나님의 초월을 지나치게 강조한다는 식으로 말한다. 물론 그런 식의 초월과 내재의 개념은 둘 다 "비성경적이다." 범신론자나 이신론자나 성경적인 초월(하나님이 언약의 주님으로서 피조 세계를 다스리신다는 개념)이나 성경적인 내재(주님이신 하나님이 자신이 창조하신 세상과 구별되면서도 거기에 임재해 계신다는 개념)를 받아들이지 않기는 매한가지다. 아래의 도표를 참조하라.

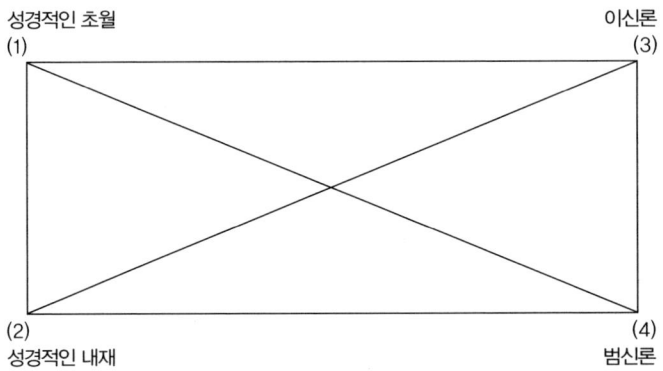

도표 6.1. 이신론의 초월과 내재

---

4) 자유주의 신학을 개괄적으로 가장 명료하게 설명한 내용을 원한다면 다음 자료를 참조하라. J. Gresham Machen, *Christianity and Liberalism* (New York: Macmillan, 1923). 메이첸은 알브레이트 리츨과 그의 추종자들이 제시한 자유주의를 설명하고, 비판하는 데 목표를 두었다. 그러나 그의 설명은 모든 형태의 자유주의를 아우르며, 특히 자유주의와 성경적 기독교가 서로 극명하게 대립된다는 것을 밝히고 있다.

앞장에서 논의한 "존 로크"는 때로 "이신론의 아버지"로 불린다. 그러나 그를 그렇게 일컫는 것이 전적으로 정확하지는 않다. 왜냐하면 로크의 신념은 셰버리와 톨랜드와 같은 전형적인 이신론자들의 신념에 비해 정통주의 신앙에 좀 더 가깝기 때문이다. 그러나 로크는 종교적인 관용을 위해 당시의 종교적인 이견들을 조화시키는 일에 많은 관심을 기울였다. 그는 1695년에 익명으로 『기독교의 합리성(The Reasonableness of Christianity)』이라는 책을 펴냈다. 이 책은 셰버리와 다른 사람들이 배격하는 특별 계시를 옹호한다. 로크는 하나님이 피조 세계와 말씀으로 자신을 계시하실 수 있고, 말로 기록된 하나님의 계시는 온전한 권위를 지닌다고 믿었다. 그러나 그는 또한 인간의 이성이 계시로 주장되는 것을 판단할 수 있는 시금석이라고 말하기도 했다. 그 시금석을 사용하면 그리스도의 가르침이 본질적으로 이성에 의해 발견된 자연적인 도덕법의 완성이라는 사실을 알 수 있다. 하나님을 믿고, 예수님을 메시아로 받아들인 사람은 그리스도인으로 간주되어야 한다. 기독교의 본질은 누구나 이해할 수 있을 만큼 단순하고, 합리적이다. 기독교의 체계는 신학자들과 정치인들이 서로 논쟁을 벌일 만큼 난해하지 않다. 그러나 로크는 그리스도인들은 단순한 진리를 넘어서서 성경의 다른 모든 교리들을 이해하고, 믿어야 할 의무가 있다고 생각했다.

셰버리의 에드워드 허버트
(Edward Lord Herbert of Cherbury)

이신론을 표방한 최초의 책은 "셰버리의 에드워드 허버트(1583-1648)"에 의해 쓰였다. 그는 『진리에 관해(De Veritate)』(1624)에서 "계시와 구별되는 진리"를 논의하자고 제의했다. 그는 『이방인들의 종교에 관해(De Religions Gentilum)』(1645)에서 세상의 종교들 안에서 발견되는 진리의 다섯 가지 원리를 제시했다. 1) 신은 존재한다. 2) 인간은 신을 예배해야 할 의무가 있다. 3) 예배의 본질은 실천적인 도덕성이다. 4) 죄를 지으면 회개하고, 죄를 버려야 한다. 5) 신은 현세나 내세에서 선행은 상을 주고, 악행은 처벌한다.

"존 톨랜드(1670-1722, 『신비롭지 않은 기독교(Christianity Not Mysterious)』, 1695)"와 "매튜 틴들(1657-1733, 『천지 창조만큼 오래된 기독교(Christianity as Old as Creation)』, 1730)"과 같은

저술가들도 그런 식의 최소화된 신학을 표방했다. 틴들의 저서에는 "자연 종교를 재선언한 복음"이라는 부제가 달려 있다.

이 이신론자들은 성경이 오류 없이 기록된 하나님의 말씀이라는 성경 자체의 주장을 노골적으로 배격했다. 그들은 하나님의 계시가 책이 아닌 자연 세계 안에 존재한다고 믿었고, 그것이 특별 계시가 아닌 일반 계시이기 때문에 이성만으로 모든 계시를 알 수 있다고 주장했다.

이성은 "자율적이다(이 말의 의미는 지금까지 논의한 대로다)." 토마스 아퀴나스와 존 로크와 같은 그리스도인 저술가들도 자율적인 합리성을 어느 정도 인정했다. 그러나 이신론자들은 이성적인 자율성을 주장하는 것을 용납해야 할 뿐 아니라, (합리주의와 경험주의 철학자들이 자율적인 이성만으로 세상을 이해하기에 충분하다고 생각했던 것처럼) 자율적인 이성만으로도 신학을 세우기에 충분한 권위를 지닌다고 생각했다. 이신론자들은 성경의 신적 권위를 인정하지 않았다.

그런 인식론은 교회의 신조와는 근본적으로 다른 신학으로 귀결될 수밖에 없다. 자연 계시를 이성적으로 조사하면 셰버리의 다섯 가지 원리와 같은 교리를 주장하지 않을 수 없다. 이신론자들에게 기독교란 "자연 종교를 재선언한" 것에 지나지 않는다.

자연 종교는 기독교의 진리 체계에서 복음을 제거한다. 셰버리는 하나님이 존재하며, 선행은 상을 주고, 악행은 처벌한다고 말했다. 그렇다면 용서는 어떻게 되는 것일까? 하나님의 용서에 관한 소식은 자연을 이성적으로 분석해서 발견할 수 있는 진리가 아니다. 기적이나 예언의 증거도 마찬가지다. 하나님이 자기 아들을 보내 죄인들을 위해 죽게 하고, 죽은 자 가운데서 다시 살리셨다고 믿을 만한 이유가 없다. 이것보다 기독교의 진리 체계를 더욱 심하게 왜곡시키는 것은 없다. 여기에는 복음도 없고, 은혜도 없다. 셰버리의 신학은 행위의 의를 지향한다는 점에서 오늘날의 유대교나 이슬람교와 조금도 다르지 않다.

이신론자들은 하나님이 초월해 계시기 때문에 죄인들에게 개별적으로 다가가지 않으신다고 생각했다. 하나님과의 인격적인 관계를 맺는 것은 불가능하다. 이신론자의 하나님은 인격적인 속성을 거의 지니고 있지 않다.

따라서 기독교 공동체는 즉시 들고 일어나서 이신론을 강하게 배격했어야 옳았다. 이 이단 사상은 과거의 어떤 이단 사상보다 더 심각하다. 이신론은 단지 한두 가지 교리를 의문시하지 않는다. 그것은 그리스도를 부인하고, 구원의 복음을 거부한다. 많은 그리스도인들이 그런 부인과 거부의 심각성을 의식했다. 그러나 학문적이고, 지성적인 영역 안에서 이신론은 많은 인기를 누렸고, 심지어는 크게 번성되기까지 했다. 목회자들은 대학에서 훈련을 받았기 때문에 일부 교회 안에서도 그런 사상들이 더러 용인되었다. 믿기 어렵지만 사실이었다.

내가 경악을 금하지 못하는 이유는 다음과 같다. 사실, 이신론과 자유주의는 지금까지 교회가 경험한 그 어떤 교리적인 일탈보다도 더욱 심각하다. 이신론은 아리우스주의나 사벨리우스주의를 비롯해 그 어떤 이단보다 더 위험하다. 교회는 그런 이단 사상에 맞서 싸웠고, 그것을 비판했으며, 출교 조처를 취했다. 교회는 공의회를 소집하고, 신조와 신앙고백을 만들어 그릇된 교리들을 배격했다("단죄했다"). 그러나 이신론을 비롯해 다른 형태의 자유주의가 나타났을 때는 아무런 조처도 취하지 않았다. 공의회를 소집하지도 않았고, 새로운 신앙고백을 만들지도 않았으며, 단죄를 선언하지도 않았다. 교회는 무기력하게 잠들어 있었다. 교회는 자유주의 신학이 대학을 장악한 것이나 목회자 후보생들이 그런 지성적인 분위기에서 교육을 받는 것을 당연시하는 것처럼 보였다. 교회는 결국에는 모든 것이 잘 될 것이라는 막연한 기대를 품고 있는 듯했고, 그런 신학적 관용이 얼마나 심각한 결과를 초래할 것인지를 전혀 생각하지 못했다.

우리는 철학의 역사 안에서 일어난 또 하나의 변화를 진지하게 고려해야 한다. 이 변화는 오늘날까지도 계속해서 기독교를 괴롭히고 있다. 나는 앞으로 이 책에서 자유주의 신학의 역사를 비롯해 다른 철학적 발전과 주제들을 다룰 생각이다. 철학을 다루는 책에서 자유주의 신학을 논하는 이유가 궁금하다면 자유주의 신학이 곧 철학 운동의 하나라는 사실을 기억해야 한다. 자유주의 신학은 17세기에 다시 부활한 세속 철학의 산물이자, 철학자들이 주장했던 자율성이 신학자들에게까지 확대되면서 생겨난 결과물이다. 그것은 비기독교 철학을 기독교의 신학에 적용한 것이다. 자유주의 신학은 그리스도인을 자처하는 사상가들이 지성적인 자율성의 요구를 수용하게 된 데서부터 비롯했다.

고트홀트 레싱(Gotthold E. Lessing, 1729-81)

레싱은 예나 지금이나 철학자나 신학자라기보다는 문학가(극작가, 시인, 무대 감독)로 더 잘 알려져 있다. 그러나 그는 종교에 관한 후대의 논의에 막대한 영향을 미친 논증을 펼쳤다.

레싱도 로크처럼 종교적 관용을 주창했다. 그는 무운시로 된 희곡 『현자 나단』에서 세 사람의 주인공을 등장시켰다(무슬림 살라딘, 유대인 나단,[5] 그리스도인인 "템플 기사단"). 나단은 극 중에서 보카치오의 『데카메론(Decameron)』에 나오는 이야기를 들려준다. 그 이야기에는 소유자에게 하나님의 특별한 축복을 가져다준다고 알려진 반지를 소장하고 있던 한 아버지가 등장한다. 그의 세 아들 중에 그 큰 축복을 상속받게 될 사람은 과연 누구일까? 아버지는 육안으로는 구별하기 힘든 세 개의 반지를 아들들에게 각기 하나씩 나눠주었다. 누구의 반지가 진짜인지를 둘러싸고 그들 사이에서 다툼이 벌어졌다. 그러나 그들이 어느 반지가 진짜인지를 입증할 수 있는 길은 오직 하나, 하나님의 은혜를 입은 자에게 어울리는 삶을 사는 것뿐이었다.

고트홀트 레싱
(Gotthold E. Lessing)

나단의 요점이자 레싱의 요점은 위대한 종교들 가운데 어느 것이 진정한 하나님의 진리인지를 입증할 수 있는 사람은 아무도 없다는 것이다. 종교적 진리는 오직 "그들의 열매로 그들을 알리라"(마 7:20)라는 예수님의 말씀대로 그것을 믿는 사람의 인격에 의해서만 입증될 수 있다.

레싱은 그런 관점을 통해 역사적 변증학의 필요성(역사적인 증거를 통해 기독교나 다른 종교들의 진리를 확립해야 할 필요성)으로부터 스스로를 해방시켰다. 그 결과, 그는 철저한 성경 비평의 발전을 자유롭게 독려했고, 또한 저자를 밝히지 않은 채 "볼펜부텔 단편"이라는 제목을 붙여 라이마루스(1694-1768)의 저서들을 출판했다.[6]

---

5) 나단은 레싱의 친구인 유대인 철학자 모세 멘델스존을 극화시킨 인물이다. 모세 멘델스존은 작곡가 펠릭스 멘델스존의 할아버지였다. 펠릭스 멘델스존의 아버지는 기독교로 개종했다.
6) 볼펜부텔은 당시에 레싱이 공부하던 도서관의 이름이다.

레싱의 가장 유명한 저서는 1777년에 출판한 팸플릿 "성령과 능력의 증거에 관해(On the Proof of the Spirit and of Power)"이었다. 그는 오리게누스가 『켈수스 논박』에서 기적이 많다는 이유로 기독교를 높이 평가한 것에 주목했다. 그는 기적 자체와 기적에 관한 보고는 서로 차이가 있다고 주장했다. 전자는 인상적인 증거를 포함하고 있지만 후자는 그렇지 않다. 후자는 그 진정성을 입증해 줄 증거를 필요로 한다. 그는 "역사의 우연적인 진리는 이성의 필연적인 진리를 입증하는 증거가 될 수 없다."라는 유명한 말로 이 점을 일반화시켰다.

"이성의 필연적인 진리"라는 레싱의 표현은 논리적 진리나 수학적 진리, 또는 라이프니츠와 흄이 말한 "분석적" 진리를 가리키지 않는다. 그것은 우리의 삶을 지배하는 형이상학과 도덕의 근본 진리를 가리킨다. 그런 진리 가운데 하나는 "신성의 본질"이다. 흄 같으면 그것을 종합적 명제로 일컬었을 것이다. 그러나 그것은 자율적인 역사적 탐구만으로는 발견할 수 없는 진리인 것이 분명하다.

레싱은 예수님의 기적과 부활을 비롯해 그분에 대한 역사적인 기록을 모두 믿는다고 주장했다. 그러나 그는 우리가 그런 역사적 명제들을 사실로 받아들이더라도 그것들을 통해 그리스도의 신성과 삼위일체에 관한 주장을 정당화할 수는 없다고 말했다.

이신론자들이 레싱보다 전통적인 신학에 대해 좀 더 부정적인 태도를 취한 것은 확실하다. 왜냐하면 기적을 모두 배격했기 때문이다. 레싱의 입장은 이신론자들보다 좀 더 미묘하다. 왜냐하면 그가 기적을 거부한 것은 인식론적인 특성을 띠기 때문이다. 기적들이 일어났다고 하더라도 그것들로부터 신학적인 진리를 연역해 낼 수 없다는 것이 그의 입장이었다. 그러나 전반적으로 보면 레싱의 입장은 이신론자들의 입장과 크게 다르지 않다. 레싱이나 이신론자들이나 역사적 사건들을 그리스도의 본질과 구원의 본질을 입증하는 증거로 인정하지 않기는 마찬가지다. 레싱은 중요한 점에서 이신론자들보다 한 걸음 더 나아갔다. 이신론자들이 문제시한 것은 특별 계시의 권위였다. 그에 비해 레싱은 특별 계시의 구체적인 형태(즉 역사적 사건들의 권위와 의미)를 문제시했다. 그때부터 철학과 신학에서 "역사"의 개념이 주목을 받기 시작했다.

그리스도인들은 항상 자신들의 신앙이 역사에 근거하고 있다고 주장해 왔다. 이

점에서 기독교는 다른 종교들과는 다르다. 힌두교와 불교는 물론 심지어 이슬람교의 진리조차도 역사적 주장에 근거하지 않는다. 이들 종교가 중요시하는 것은 믿음의 내용으로 제시한, 특정한 일반적 진리다. 이 진리들은 (비록 역사적 상황 속에서 발견되었거나 계시되었다고 추정될지라도) 역사적 사건에 의존하지 않는다. 이 종교들이 사실이라면 그 이유는 그것들이 시간과 장소를 초월해 항상 사실이기 때문이다. 그러나 기독교는 다르다. 기독교는 지리적인 장소와 역사적인 시기에 일어난 특정한 사건들에 관한 이야기를 전한다(창조, 타락, 이스라엘의 역사, 동정녀 마리아를 통해 이루어진 그리스도의 성육신, 그분의 기적, 속죄, 부활, 승천 재림). 불교 신자의 경우에는 석가모니가 보리수 아래에서 깨달음을 얻었다는 이야기를 의심하더라도 여전히 훌륭한 불교 신자가 될 수 있다. 그러나 그리스도인이 예수님의 부활을 의심할 경우에는 진정한 그리스도인이 될 수 없다. 바울은 "그리스도께서 만일 다시 살아나지 못하셨으면 우리가 전파하는 것도 헛것이요 또 너희 믿음도 헛것이며"(고전 15:14)라고 말했다. 정통 기독교는 역사 속에 나타난 하나님의 행위를 통해 우리의 온전한 구원이 이루어진다고 가르친다.

그러나 레싱에게는 믿음이 역사적 사실에 근거해야만 인식론적인 필연성을 갖출 수 있는 것은 아니었다. 그는 그런 사건들의 증거가 하나님의 영감을 받은 저자들을 통해 주어질 수도 있다는 반론을 고려했지만, 그런 주장도 역사적 상대성에 종속되기는 마찬가지라고 대답했다. 그런 주장을 입증할 믿을 만한 증거는 없다. 그는 역사와 믿음 사이에는 "넓고, 흉한 도랑"이 존재한다면서 그것은 "내가 아무리 자주, 열심히 도약을 시도하더라도 건너뛸 수는 없는" 도랑이라고 말했다.

후대의 신학자들은 "레싱의 도랑"에 관해 많이 말하면서 그 해결책을 찾으려고 노력했다. 그러나 정통주의 신학자들은 그것을 문제로 인정하지 않았다. 왜냐하면 우리의 믿음이 자율적인 역사 분석이 아닌 역사 자체에 근거하고 있다고 확신했기 때문이다. 하나님은 성경을 통해 우리에게 말씀하셨다. 우리는 자율적인 역사 분석이 아닌 성령의 조명을 통한 성경 자체의 증언을 통해 성경의 진정성을 입증한다.

그와는 달리 자유주의 신학자들은 대개 레싱의 논증을 해결하기 어려운 문제로 받아들였다. 따라서 그들은 역사 외에 신앙의 근거가 될 수 있을 만한 것을 찾으려고 고심했다. 칸트는 (레싱의 희곡에 등장하는 나단처럼) 윤리를, 슐라이에르마허는 감정을, 리츨은 가치 판단을, 바르트는 지리적 장소와 연대적 시간을 넘어선 특별한 종류의 시간(Geschichte)을 각각 그 근거로 삼았다. 나는 앞으로 이런 대안들을 하나씩 점검해 볼 생각이다.

계몽주의 시대의 성경적인 기독교

그레샴 메이첸이 『기독교와 자유주의(Christianity and Liberalism)』에서 말한 대로, 나도 자유주의를 성경적인 기독교와 대립되는, 이질적인 사상으로 생각한다. 그러나 계몽주의 시대에 자유주의를 주창한 사상가들만 있었던 것은 아니었다. 당시에도 진정한 형태의 성경적인 기독교를 명확하게 제시한 사상가들이 있었다. 물론 그들 모두가 완벽한 정통주의자라거나 성경에 일관되게 충실했다는 말은 아니다. 그러나 지금부터 논의하게 될 사상가들은 그리스도께 헌신적이었고, 그들의 신학도 비교적 성경에 충실했던 것은 분명한 사실이다. 그들은 지식을 얻는 데는 자율적인 이성만으로 충분하다는 계몽주의 사상가들에게 동의하지 않았다. 그들의 견해 가운데는 내가 동의하지 않는 것도 더러 있지만, 그들이 보여준 중요한 통찰력은 기꺼이 인정하고 싶다.

블레즈 파스칼(Blaise Pascal, 1623-62)

파스칼의 연대와 관점 때문에 일부 학자들은 그를 "계몽주의" 사상가로 분류하는 것이 옳은지를 의문시한다. 물론 누구든지 자신이 원하는 대로 선을 그을 수 있다. 그러나 파스칼이 데카르트를 만나 서로 의견을 나누었던 사실은 매우 의미심장하다. 1647년, 데카르트는 파스칼의 가정을 방문했다. 당시 파스칼은 스물네 살이었고, 병을 앓고 있는 상태였다. 그들은 철학과 과학의 문제에 관해 견해의 차이를 드러냈다. 그 다음날, 데카르트는 다시 파스칼에게 찾아와 의원으로서 그를 돌보았다. 파스칼의 병세는 호전되었지만 서로의 견해가 다른 것은 여전했다. 나중에 파스칼은 이렇게 말했다.

나는 데카르트를 용서할 수 없다. 그는 자신의 철학으로 기꺼이 하나님을 없애려는 듯이 보였다. 그는 하나님께 단지 세상이 가동되게 만든 역할만을 부여했을 뿐, 그 이상 더는 그분을 필요로 하지 않았다.[7]

더욱이 파스칼은 계몽주의 시대에 중요하게 부각되었던 문제(특히 이성의 역할과 과학)에 깊은 관심을 기울였다.

데카르트와 라이프니츠처럼 파스칼도 수학자이자 과학자였다. 그는 열여섯 살에 원뿔곡선에 관한 논문을 썼고, 나중에는 미적분학의 근간이 되는 개념들을 발전시켰으며, 개연성에 관한 중요한 개념을 제시하기도 했다. 그는 최초의 계산기 가운데 하나를 제작했고, "자연은 진공을 싫어한다."라는 아리스토텔레스의 견해를 논박했던 에반젤리스타 토리첼리와 갈릴레오의 경험적인 관찰을 받아들였다. 또한 그는 수역학에서도 중요한 발견을 했다. "밀폐된 용기에 채워진 용액의 한 부분에서 압력이 증가하면 그 용기 안에 있는 다른 모든 부분에도 압력이 똑같이 증가된다."라는 원리는 파스칼의 법칙으로 불린다.[8]

그러나 파스칼은 몇 가지 사건으로 인해 종교에 관심을 기울이게 되었다. 1646년, 그의 아버지의 부상당한 엉덩이를 치료하던 의사 두 명이 네덜란드 신학자 코넬리우스 얀센(1585-1643)의 추종자로 밝혀졌다. 얀센은 아우구스티누스의 신학을 지지했던 로마 가톨릭 사상가로서 원죄와 예정과 하나님의 무조건적인 은혜를 강조했다.[9] 파스칼은 그 의사들과 대화를 나누고 나서 종교에 관심을 기울이기 시작했다(이것은 때로 파스칼의 첫 번째 회심으로 일컬어진다). 그러나 그로부터 3년 뒤에 아버지가 세상을 뜨자 그는 다시 "속된" 시절로 돌아가서 수학에 몰두하면서 문화적이고, 향

---

7) Blaise Pascal, *Pensées*, 77. 76-79쪽은 모두 데카르트를 언급한 내용으로 채워져 있다.
8) Carol Hodanbosi, "Pascal's Principle and Hydraulics," National Aeronautics and Space Administration, http://www.grc.nasa.gov/WWW/k-12/WindTunnel/Activities/Pascals_Principle.html.
9) 개신교 종교 개혁자들, 특히 칼빈이 얀센에게 영향을 주었을 가능성이 크다. 칼빈의 지지자들은 네덜란드에 많은 교회를 설립했다. 잘 알다시피 종교 개혁은 위에 언급한 세 가지를 비롯해 성경을 강조하고, 이성과 전통을 의문시하는 특성을 지녔다. 나는 나중에 파스칼이 인식론의 "실존적인 관점"을 강조한 것(이것은 앞장에서 말한 대로 칼빈에게서 발견되는 특징이기도 하다)을 관심 있게 다룰 생각이다. 이 점을 이해하면 파스칼이 훗날 "칼빈주의적"이라는 비판을 받게 된 이유를 알 수 있다. 그러나 파스칼 자신은 그런 영향을 받았다는 것을 부인하고, 칼빈을 비판하는 글을 몇 마디 썼다. 물론 그가 실제로 칼빈의 저서를 읽어보았는지는 분명하지 않다.

락적인 삶을 추구했다. 그러던 중 그는 1651년에 거의 목숨을 잃을 뻔했던 마차 사고를 경험했다. 그리고 그해 말에는 그의 조카였던 마거리트가 그리스도의 가시관에서 떼어 낸 것으로 믿어졌던 가시를 사용해 심각한 부비동 염을 고치게 된 기적이 일어났다. 그는 그 두 가지 사건을 통해 하나님의 손길을 의식하게 되었고, 마침내 "두 번째 회심"으로 일컬어지는 단계에 들어섰다. 그러나 가장 유명한 것은 1654년 11월 23일 밤에 그가 홀로 경험했던 "세 번째 회심"이다. 그는 그 경험을 "회고록"에 기록해 자신의 옷에 꿰매어 간직했다. 그 내용은 다음과 같다.

> 11월 23일, 교황이자 순교자인 성 클레망과 순교자 열전에 나오는 다른 사람들의 축일.
> 순교자 크리소고노와 다른 사람들의 축일 전야.
> 밤 열시 반부터 열두시 반경까지
>
> 불,
> 철학자들과 지성인들의 하나님이 아닌 아브라함의 하나님, 이삭의 하나님, 야곱의 하나님.
> 확신, 확신, 감정, 기쁨, 평화.
> 예수 그리스도의 하나님.
> 나의 하나님이요 너희의 하나님.
> 너희의 하나님이 곧 나의 하나님이 되실 것이다.
> 세상과 다른 모든 것은 간 데 없고, 온통 하나님 생각뿐.
> 하나님은 오직 복음이 가르친 방식으로만 발견된다.
> 인간 영혼의 위대함이여!
> 의로우신 아버지, 세상은 아버지를 알지 못했지만 저는 아버지를 알았습니다.
> 기쁨, 기쁨, 기쁨, 기쁨의 눈물.
> 나는 아버지를 떠나 있었습니다.
> "그들은 생수의 근원인 나를 버렸도다."
> 나의 하나님, 저를 버리시겠습니까?
> 영원히 주님을 떠나지 않게 해주소서.
> 영생은 이것이니 곧 유일하신 참 하나님과 그분이 보내신 예수 그리스도를 아는 것이다.

예수 그리스도.

예수 그리스도.

나는 그분을 떠났고, 그분에게서 도망쳤으며, 그분을 부인하고, 십자가에 못 박았습니다.

이제는 결코 그분을 떠나지 않게 해주소서.

그분은 오직 복음서가 가르친 방식으로만 안전하게 붙잡을 수 있나이다.

모든 것을 온전히, 즐겁게 포기하고,

나의 지도자이신 예수 그리스도께 전적으로 복종합니다.

지상에서의 잠시 동안의 훈련을 통해 영원한 기쁨을 얻나이다.

주님의 말씀을 잊지 않게 해주소서. 아멘.[10]

블레즈 파스칼(Blaise pascal)

그 후부터 파스칼은 하나님을 섬기는 길에 온전히 헌신했다. 그는 자신의 누이인 자클린이 1651년에 들어갔던 얀센파 신자들의 수도회가 있는 포르 루아얄로 거처를 옮겼다. 그는 1656-57년에 『시골에서 보내는 편지(Provincial Letters)』를 저술해 예수회의 비판에 맞서 포르 루아얄과 얀센주의를 옹호했다. 이 책으로 파스칼은 재치와 풍자와 통찰력이 넘치는 저술가라는 평판을 얻었지만 교회 안에서 얀센주의를 인정해 달라는 본래의 목적을 달성하지는 못했다. 교황은 얀센주의 저술가들(생시랑과 아르노, 파스칼은 면제되었다)을 단죄했고, 포르 루아얄의 학교는 문을 닫아야 했다.

그러나 파스칼의 대표작은 기독교를 변증할 목적으로 다양한 글을 모아 만든 모음집이었다(거기에는 몇 마디 말이나 문구로 이루어진 내용도 있고, 기다란 한 문장이나 몇 페이지에 걸친 내용을 담은 글도 있었다). 이 책은 『시골에서 보내는 편지』를 집필하는 동안에 작성되기 시작했다. 그는 이 책을 다 완성하지 못한 채로 1662년에 사망했다. 그러나 그가 죽은 뒤에도 여러 명의 편집자들이 단편들을 수집해 출판했다. 그 책은 『팡세』(생각)라는 제목으로 출판되었다.

---

10) 파스칼의 "회고록"을 번역한 것이다. 다음 사이트를 참조하라. http://www.users.csbsju.edu/~eknuth/pascal.html.

학식 높은 편집자들이 내용의 논리적 순서를 파악하기 위해 관심을 기울였지만 파스칼의 논증이 전개되는 과정을 옳게 파악하기가 항상 쉬운 것은 아니다. 주제들이 나타났다가 불현듯 사라지기도 하고, 또 몇 페이지가 넘어간 뒤에 또다시 나타나곤 한다. 그러나 파스칼의 논증을 구성하는 전체적인 구조에 대해서는 합의가 이루어진 상태다. 그는 잡다한 주제처럼 보이는 "생각과 양식에 관한 생각"을 다룬 뒤에 곧 "하나님 없는 인간의 불행"을 논의했다.[11] 아울러 그는 그 책의 2부에서 "하나님과 함께 하는 인간의 행복"을 다루었다. 그는 1부에서는 자기 시대의 특징이라고 생각했던 향락주의와 종교적인 문제에 대한 경솔한 태도를 비판했다. 그는 종교적인 문제는 삶과 죽음을 결정하는 문제라고 강조하면서 가장 진지한 관심을 기울여야 마땅하다고 역설했다.

그는 그런 궁극적인 문제를 생각해 볼 것을 권고하기 위해 과학적 사실에 호소했다. 무한한 것이 두 종류가 있다. 하나는 새로운 천문학에 의해 발견된 무한히 광활한 우주이고, 다른 하나는 무한히 작은 미시적인 세상이다. 인간은 크고, 작은 그 중간에 위치해 있다.[12] 그러나 이 역설은 크기만이 아니라 능력과도 관련된다. 파스칼은 인간은 바람에 쉽게 휘는 갈대와 같다고 말했다. 그러나 인간은 갈대와 같지만 생각하는 능력을 통해 온 우주를 초월한다. 인간은 "생각하는 갈대"다.[13] 바로 이 역설 때문에 사람들은 자신들의 본질과 목적과 운명에 관해 질문할 수 있다.

그러나 우리는 거시적이고, 미시적인 우주의 위대함을 진지하게 고려해야 할 필요가 있다. 우리는 데카르트가 말한 대로 생각하는 존재이지만 영원한 문제를 다루는 이성의 능력은 데카르트가 생각했던 것보다 훨씬 더 제한적이다. 파스칼은 아퀴나스나 데카르트가 제시한 전통적인 신 존재 증명을 신뢰하지 않았다. 그는 자신의 "회고록"에서 밝힌 대로 철학자들이나 지성인들의 하나님이 아닌 아브라함과 이삭과 야곱의 하나님에게 관심을 기울였다. 이성적인 논증은 어느 시점에 다다르면 막다른 끝에 부딪치기 때문에 결국 우리는 "내기를 해야 한다."[14] 우리는 일평생 불확

---

11) 1부: 하나님 없는 인간의 불행, 2부: 하나님과 함께 하는 인간의 행복, 또는 1부: 자연 자체에 의해 입증되는 자연의 부패성, 2부: 성경에 의해 입증되는 구원자의 존재.

12) Pascal, *Pensées*, 72.

13) Ibid., 347-8.

14) Ibid., 233-34.

실성과 개연성에 의존한다. 우리의 결정이 어떤 결과를 가져올지 항상 확신하기 어렵다. 그러나 살아가기를 원한다면 결정을 내릴 수밖에 없다.

파스칼은 기독교 신앙을 확실하게 증명할 수는 없지만 다양한 증거를 통해 그 가능성을 보여줄 수는 있다고 믿었다.15) 그런 증거 가운데는 기독교교회가 거의 불가능한 상황을 극복하고 성공을 거둔 사실, 그리스도와 성경 저자들의 성품, 기독교 신자들의 인격,16) 유대인들의 생존, 예언과 기적에 근거한 주장들, 성경에 기록된 사건들의 사실성, 예수님의 부활을 입증하는 사실 등이 포함된다. 그런 증거들은 오늘날까지 변증학 서적들을 통해 거듭 언급되고, 종종 설명되어 왔다. 파스칼은 또한 비교 종교학을 다루었다. 기독교 이외의 종교들은 교만(내 스스로 하나님을 기쁘시게 할 수 있다는 생각)이나 절망(나는 하나님의 은혜를 결코 받을 수 없다는 생각)을 부추길 뿐이지만 기독교는 그런 생각들이 잘못이라고 나무란다. 아래의 도표를 참조하라.17)

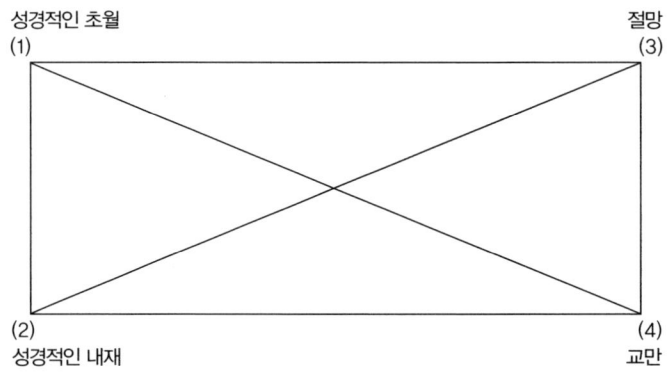

도표 6. 2. 기독교 이외의 종교에 대한 파스칼의 비판

---

15) Ibid., 425-924.
16) 오늘날에도 기독교의 진실성을 입증해 줄 증거로 신자들의 인격을 내세울 수 있다면 더 바랄 것이 없겠다. 그러나 불행하게도 오늘날에는 그렇지가 못하다.
17) 1장에서 제시한 직사각형 도표의 관점에서 생각하면 절망은 비성경적인 초월(하나님은 우리에게서 너무 멀리 떨어져 계시기 때문에 그분을 기쁘시게 할 수 없다는 생각)을 가리키고, 교만은 비성경적인 내재(하나님은 우리와 그렇게 많이 다르지 않으시기 때문에 그분을 기쁘시게 할 수 있다는 생각)를 가리킨다. 참조 : 도표 1. 5.

물론 이런 논증은 파스칼이 합리적인 입증으로 일컬을 수 있는 결과에는 도달하지 못한다. 그러나 그는 기독교가 개연성이 매우 높다는 것을 입증했다고 생각했다. 그렇다면 사람들은 그런 개연적인 증거에 어떻게 반응해야 할까?

파스칼은 신앙이나 불신앙을 결정하는 것은 내기와 비슷하다고 생각했다. 물론 이 경우는 다른 내기와는 비교할 수 없을 만큼 중요하다. 이것은 세상에서 살아가는 삶의 방식과 영원한 운명이 걸려 있는 내기다. 그러나 이것이 내기와 비슷한 이유는 완전한 합리적 확실성이 없는데도 불구하고 온전한 헌신을 결정해야 하기 때문이다. 만일 기독교가 사실인데 우리가 그것을 거부한다면(불신자로 살아가기로 결정한다면) 모든 것을 잃게 될 것이다. 그러나 만일 기독교가 사실이 아닌데 그것을 믿기로 결정한다면 잃는 것이 아무것도 없을 것이다. 따라서 신중하게 생각하면 결국 그리스도를 믿기로 결정하지 않을 수 없다.

파스칼의 "내기 이론"은 안셀무스가 『프로슬로기온』에서 주장한 것과 비슷하다. 언뜻 들으면 뭔가가 잘못되었다는 것을 확연하게 느낄 수 있지만 막상 무엇이 잘못되었는지를 밝히려고 하면 너무나도 어렵다. 파스칼의 내기 이론도 존재론적 증명과 마찬가지로 지금까지도 여전히 그것을 거부하는 철학자들과 그것을 옹호하는 철학자들이 존재한다.[18]

파스칼의 내기 이론을 비판하는 주장들 가운데 대부분은 쉽게 논박할 수 있다. 어떤 사람들은 믿음을 내기에 비유한 것 자체를 비판한다. 그런 식의 비유는 믿음의 고귀함을 훼손하는 것처럼 보인다. 그러나 어떤 비유든 완전한 비유는 없다.[19] 비유의 핵심은 그것이 중요한 요점을 밝히고 있는지 여부에 있다. 물론 믿음은 내기보다 훨씬 더 중요한 문제다. 믿음은 다른 내기들과는 달리 놀이가 아니다. 파스칼은 다른 저술가들보다 그런 사실을 더욱 분명하게 이해했다. 그는 우리가 내려야

---

18) 다음 자료를 참조하라. "Prudential Accounts of Religious Belief," *Contemporary Perspectives on Religious Epistemology*, ed. R. Douglas Gievett and Brendan Sweetman (New York: Oxford University Press, 1992), 257-92.

19) 나는 신학자들, 철학자들, 정치가들이 "어떻게 X를 Y에 비유할 수 있느냐?"라는 상투적인 주장만 제기하지 않는다면 귀중한 시간을 절약할 수 있을 것이라고 생각한다. 우리는 다음 두 가지 사실을 기억해야 할 필요가 있다. 1) 어떤 점에서 보면 모든 것은 다른 모든 것을 닮았다(따라서 다른 것들과 서로 비교될 수 있다). 2) 또 어떤 점에서 보면 서로 정확하게 똑같은 것은 아무것도 없다(따라서 모든 비유는 불완전하다). 우리는 우리를 고귀하지 않은 것에 비유하는 사람들을 너그럽게 대하고, 온유한 태도로 그들의 비유가 무엇이 잘못되었는지를 일깨워 주어야 한다.

할 결정이 가져올 결과가 엄청나다는 것을 간과하지 않았다. 아래에서 살펴보겠지만 이 내기는 단순한 지성적 동의가 아닌 마음에서 우러나는 헌신과 결부된다.

한편, 어떤 사람들은 내기는 하나님과의 관계에 있어서 결코 적절하지 않은 자기 유익을 부추긴다고 비판한다. 그러나 성경도 믿음과 회개를 독려할 목적으로 인간의 자기 유익을 독려할 때가 많다(눅 13:3, 5 참조). 성경은 이기심("단기적인" 자기 유익)을 권장하지는 않는다. 그러나 성경은 같은 문맥에서 한편으로는 이기심을 버리라고 가르치면서 다른 한편으로는 하나님의 나라에서 "장기적인" 자기 유익을 얻을 수 있는 방법을 권장하곤 한다(막 10:29, 30 참조).

코넬리우스 반틸과 같은 사람들은 개연성에 근거해 기독교를 옹호하려는 시도를 모두 반대한다. 그들은 하나님의 계시는 확실하기 때문에 기독교는 가능성이 아닌 절대적인 확실성을 지닌다고 주장한다. 따라서 그들은 우리가 변증을 위한 논증을 펼칠 때마다 그런 주장을 제기해야 한다고 강조한다. 그러나 하나님의 계시된 증거의 확실성을 인정하지 않는 사람들이 많다. 그리고 그런 사람들 가운데는 더러 그런 증거의 가능성을 인정하는 사람들도 있다. 파스칼의 논증은 그런 사람들에게 적절하다.[20] 사실, 파스칼은 기독교 신앙의 진리가 가능하다고 생각한다면 우리가 대개 일상생활 속에서 가능성에 의지해 행동하는 것처럼 그런 가능성을 믿고 행동해야 할 책임이 있다고 말했다.[21] 만일 어떤 사람이 일단 그 내기를 받아들이기로 결정했다면 그의 인식론이 새롭게 바뀌어 하나님의 계시를 확실한 것으로 인정하게 될 것이다.[22]

---

20) 나는 토머스 모리스의 견해에 동의한다. 다음 자료를 참조하라. Thomas V. Morris, "Pascalian Wagering," *Comtemporary Perspectives on Religious Epistemology*, ed. R. Douglas Geivett and Brendan Sweetman (New York: Oxford University Press, 1992), 257-69. 모리스는 파스칼이 기독교를 불합리하다거나 아무런 개연성도 없는 종교로 생각하는 사람들을 설득하기 위해 내기 이론을 제안하지 않았다고 말했다. 그의 내기 이론은 『팡세』에 제시된 것과 같은 증거들을 고려하고 나서 기독교가 사실일 가능성이 높지만 최종적인 헌신을 결정할 의도가 없는 사람들을 위한 것이었다.
21) "기독교가 개연성이 있다."는 것은 부분적인 진리다. 변증적인 대화를 나누다보면 때로는 사람들을 설득해 좀 더 완전한 진리를 받아들이게 할 수도 있고(개연성 자체가 기독교적 유신론을 전제하고 있기 때문에), 때로는 사람들을 그것으로부터 더 멀어지게 만들 수도 있다(기독교가 단지 가능성을 지닌 것일 뿐이라면 어떤 점에서는 전혀 가능성이 없는 것이 될 수도 있기 때문에). 변증적인 대화의 결과는 성령의 사역에 달려 있다. 그러나 변증가는 진리를 모두 다 전할 수 없다. 따라서 변증적인 대화를 나누는 상황에서는 부분적인 진리만을 전하는 것으로 족하고, 심지어는 그렇게 할 수밖에 없을 때가 많다.
22) 이 문장은 파스칼이 아닌 내가 말한 것이다. 그러나 나는 파스칼도 이 말에 동의할 것이라고 생각한다.

내기 이론에 대한 가장 유력한 비판은 파스칼이 다른 가능성을 고려하지 않았다는 것이다. 그는 단지 1) 기독교가 사실일 가능성과 2) 기독교가 거짓일 가능성만을 고려했다. 그러나 3) 이슬람교가 사실이고, 알라가 그리스도를 하나님으로 숭배한 사람들을 지옥에서 징벌하는 것 같은 가능성도 있다. 많은 종교와 세계관을 포함시키면 다른 많은 가능성을 고려해야 한다. 만일 3)이나 다른 것들 가운데 하나가 사실이라면 기독교를 믿지 않기로 결정하는 것이 현명한 처사다.

이런 비판으로부터 내기 이론을 옹호하려면 파스칼이 비교적 적은 규모의 청중을 겨냥했다는 점을 기억해야 한다. 그의 청중은 서로 비교되는 종교와 세계관을 모두 탐구하는 사람들이 아니라 기독교를 매우 구체적으로 고려하는 사람들이었다. 그들이 생각했던 문제는 "세상의 모든 종교 가운데 어느 것을 믿어야 하나?"가 아니라 "내가 그리스도인이 되는 것이 좋은가, 좋지 않은가?"였다. 더욱이 파스칼이 의도했던 청중은 기독교 문화와 『팡세』의 다른 부분들을 접해본 결과로 이미 어느 정도는 기독교가 매우 높은 개연성을 지닌다는 확신에 도달한 사람들이었다.

파스칼이 강조하지는 않았지만, 성경 자체도 종교적인 결정의 본질을 그런 방식으로 설명한다. 인간의 타락 이후로 모든 인간의 기본적인 문제는 참된 하나님을 섬길 것이냐, 우상을 섬길 것이냐 하는 것이다. 대안은 오직 두 가지(복종이나 죄, 신앙이나 불신앙, 하나님의 지혜나 세상의 지혜)뿐이다.

파스칼의 내기 이론은 그 외에 다른 여러 가지 대안을 고려하는 사람들에게는 적합하지 않다. 그들은 그런 이론을 받아들일 준비가 되어 있지 않은 상태다. 만일 그들이 파스칼에게 도움을 요청한다면 그는 앞서 논의한 대로 기독교를 다른 경쟁 상대들과 구별하는 여러 가지 증거를 제시할 것이 분명하다.

그렇다면 어떤 사람이 내기 이론을 듣고 나서 아직 헌신을 결정할 준비가 되어 있지 않다고 말한다면 어떻게 될까? 파스칼은 그런 사람과의 대화를 중단해야 할까, 아니면 그런 사람을 믿음으로 좀 더 가까이 이끌기 위해 달리 할 일이 있을까? 그는 내기 이론을 설명하는 문맥에서 이렇게 말했다.

이성이 믿을 수 있는 데까지 이끌어 주었지만 믿을 수가 없다면 스스로에게 믿을 능력이 없다는 것을 기꺼이 인정하라. 그런 다음에는 하나님의 존재를 입증하는 증거를 더 많이 찾으려고 하지 말고 욕망을 줄임으로써 자신을 설복시키려고 노력하라. 불신앙을 치유하고 싶은 마음에서 그 치유책을 알고자 한다면, 믿고는 싶은데 그 방법을 알지 못한다면, 그대의 경우처럼 전에는 속박된 상태였지만 지금은 모든 소유를 포기한 사람들에게 배우라. 그들은 그대가 가야 할 길을 알고 있고, 그대가 치료받기를 원하는 질병을 치료받은 사람들이다. 그들이 처음에 시작했던 방법을 따르라. 그들이 믿는 것처럼 믿고, 성수를 바르고, 미사를 드려라. 그러면 자연스럽게 믿게 될 것이고, 스스로의 명석함이 둔해질 것이다. "그렇지만 그것이 내가 두려워하는 것이오?"라고 말할 것인가? 왜 그런가? 잃을 것이 무엇인가? 이것이 그대를 원하는 곳으로 인도하는 길, 곧 그대의 걸림돌인 욕망을 줄일 수 있는 길이다.[23]

파스칼은 믿는 것처럼 행동하면 결국 믿게 될 것이라고 말했다. 그러면 그는 위선적인 행위를 독려한 것일까? 나는 그렇게 생각하지 않는다. 그는 독자들에게 하나님은 고사하고, 그 어떤 누구도 속이라고 말하지 않았다.

오히려 그는 신앙과 불신앙이 단지 지성적인 문제에 국한되지 않는다는 것을 보여주려고 노력했다. 그것은 욕망의 문제이기도 하다. 데카르트를 비롯해 다른 계몽주의 사상가들과는 달리[24] 파스칼은 신앙과 불신앙을 논할 때는 반드시 욕망을 고려해야 한다고 믿었다. 우리는 대개 우리가 믿고 싶어 하는 것을 믿는다. 따라서 우리의 영혼을 내기에 걸 경우에는 내기에 기꺼이 동조하기 위해 우리의 감정을 잘 다스려야 할 필요가 있다.

이처럼 파스칼의 인식론은 "이성의 시대"의 관습적인 지혜를 뛰어넘게 만드는 깨우침을 전한다. 파스칼은 (수학을 매우 존중했으면서도) 합리주의가 주장하는 대로 공리로부터의 추론이나 (과학적인 관찰과 실험을 매우 존중했으면서도) 경험주의가 주장하는 대로 우리의 개념에 대한 내적 성찰을 통해 지식에 도달할 수 있다고 생각하지 않았다. 그는 어느 한 가지로 축소할 수 없는 세 가지 원리가 존재한다고 믿었다.

그 세 가지 원리는 육체와 생각과 마음(때로는 "사랑"으로 일컬어진다)이다. 수학에서 선과 사면체와 입방체를 서로 더할 수 없는 것처럼 이 세 가지 원리도 서로 동일하

---

23) Pascal, *Pensées*, 233.
24) 앞서 지적한 대로 흄의 경우는 이성이 욕망의 노예가 되어야 한다고 말했다.

지 않다. 인식론적으로 생각하면 육체는 감각의 영역에, 생각은 이성의 영역에 각각 해당한다. 경험주의는 감각에, 합리주의는 이성에 초점을 맞춘다. 그러나 파스칼이 가장 큰 관심을 기울인 것은 마음의 지식이다. 그는 "마음은 이성이 알지 못하는 자신만의 이성을 가지고 있다."라는 유명한 말을 남겼다.[25]

파스칼은 자신이 말하는 "마음"이 무슨 의미인지를 정확히 정의하지는 않았지만 문맥을 살펴보면 그 말을 사랑, 감정, 결정, 믿음, 직관, 제1원리들에 관한 지식과 교차적으로 사용했다.[26] 그런 종류의 지식은 하나님의 선물, 즉 계시다. 아마도 그는 자신의 개념을 성경이 가르치는 "마음"과 동일시하더라도 전혀 개의치 않을 것이다. 성경은 마음을 생각과 선택의 기본 방향을 결정짓는 인간 실존의 핵심으로 간주한다(마 15:8, 18, 19, 22:37; 눅 6:45, 12:34). 마음에 하나님의 계시가 주어지고, 그것을 믿음으로 받아들이면 사물들의 일반적인 본질과 세계관과 삶의 방식을 직관적으로 이해할 수 있다. 그런 지식은 감각이나 이성으로부터 추론될 수 없다. 철학자들은 감정과 직관을 내세우는 것은 엄격한 인식론을 방해한다고 말한다. 그러나 파스칼은 올바른 마음의 헌신이 없으면 지식을 얻을 수 없다고 믿었다.

물론 성경은 인간의 마음이 사악할 뿐 아니라 진리를 거부하고, 억누른다고 말씀한다. 파스칼도 그런 사실을 분명하게 의식했다.

우리는 이런 인식론의 맥락에서 파스칼의 내기 이론과 "~인 것처럼" 행동하라는 그의 조언을 이해할 수 있다. 그것은 불합리주의를 용인하는 것이 아닌 온당한 사고 형태에 해당한다. 하나님은 물론, 다른 어떤 것에 관해서든 올바로 생각하려면 그런 식의 사고 형태가 반드시 필요하다. 그의 "회고록"에서 알 수 있는 대로 그는 하나님을 단순한 개념이 아닌 실제적인 인격으로 간주하는 철학을 확립했다. 그는 『팡세(Pensées)』에서 인간의 이성과 감각은 물론, 심리와 감정을 모두 다루었다. 그는 사람들이 어떤 식으로 지성적이거나 실질적인 결정을 내리는지를 분명하게 이해했고, 인간의 현실을 있는 그대로 다루려고 노력했다.

파스칼은 『팡세』를 통해 철학의 역사 속에 새로운 주제들을 끌어들였고, 후대의 철학자들은 그것들을 깊이 탐구하기 시작했다. 1) 그는 현대 과학의 의미를 진지하

---

[25] *Pensées*, 277.
[26] 철학의 제1원리는 입증할 수 없다는 아리스토텔레스의 말을 기억하라.

게 고려했던 최초의 기독교 사상가 가운데 한 사람이었다. 2) 그는 수학적 개연성이라는 정교한 개념을 고려했던 최초의 철학자 가운데 한 사람이었다. 3) 그는 지식의 주관적인(실존적인) 차원을 지식의 장애 요인이 아닌 필수불가결한 토대로 간주했던 최초의 사상가 가운데 한 사람이었다.[27]

조지프 버틀러(Joseph Butler, 1692-1752)

조지프 버틀러(Joseph Butler)

버틀러는 영국의 버크셔에서 장로교 신자인 부모 밑에서 태어났지만 나중에 성공회로 개종했다. 그는 1738년에는 브리스톨에서, 1751년에는 더럼에서 각각 주교로서 활동했다. 그는 신학적으로는 아르미니우스주의자였고, 철학적으로는 로크의 경험주의를 받아들였다. 흄의 『자연 종교에 관한 대화(Dialogues Concerning Natural Religion)』에 등장하는 클레안테스가 버틀러를 희화한 인물인 것으로 추정된다.

그는 특히 기독교 변증과 도덕철학으로 유명하다. 나는 여기에서 『종교의 유비(Analogy of Religion)』에 제시된 그의 변증만을 다룰 생각이다. 『종교의 유비』는 후대의 변증가들에게 많은 영향을 미쳤다. 코넬리우스 반틸은 버틀러 식의 변증을 반대했다. 그는 버틀러 이후로 변증학의 역사 속에서 일어난 잘못 가운데 많은 것이 그로부터 비롯되었다고 지적했다. 반틸은 버틀러가 아퀴나스처럼 자율적인 사고를 중심으로 논증을 펼쳤다고 생각했다. 그는 자신이 반대했던 변증 방식을 "아퀴나스-버틀러 방식"으로 일컬었다.

버틀러도 파스칼처럼 데카르트의 합리주의적인 변증 방식을 거부하고,[28] 개연적

---

[27] 1장에서 실존적 관점에 관해 논의한 내용을 참조하라. 또한 이것이 5장에서 다룬 칼빈의 인식론과 일맥상통한다는 점에 주목하라.
[28] 버틀러는 또 다른 형태의 충족이유율을 주장했던 새뮤얼 클라크(1675-1729)의 저서를 알고 있었다(5장에서 논의한 라이프니츠와 비교하라). (아마도 흄은 『자연 종교에 관한 대화』에 데메아라는 인물을 등장시키면서 클라크를 염두에 두었는지도 모른다) 버틀러는 클라크의 논증 가운데 일부를 이해했지만 전반적으로는 좀 더 경험적인 방법을 선호했다.

인 논증 방식을 받아들였다. 그는 개연성을 길게 논하면서 개연성이 어떻게 도덕적 의무(도덕적 확실성)를 부여하는지를 설명했다. 삶을 영위하다보면 행동하기 전에 무엇이 옳은지를 결정적으로 입증해 줄 증거가 나타나기를 기다리는 것이 옳지 않을 때가 많다. 잠자리에서 일어난 뒤 아침식사로 무엇을 먹을 것인가와 같은 일상생활의 결정 가운데 대부분은 합리적인 증거가 아닌 개연성에 근거한 판단을 통해 이루어지는 것이 보통이다. 버틀러는 "개연성은 삶의 길잡이다."라고 말했다.[29] 버틀러에게 개연성은 또한 종교적인 신념의 길잡이이기도 했다. 믿음도 개연적인 증거에 근거해 기능해야 한다.

따라서 버틀러가 "이성"을 말할 때는 데카르트나 스피노자의 경우처럼 수학과 비슷한 연역적 체계를 의미하지 않는다. 그의 이성은 경험의 개연성을 주의 깊게 분석하는 기능을 의미한다. 그는 그것을 "이성의 합리적인 사용"으로 일컬었다. 그러나 그는 조건만 인정된다면 계시에 대한 주장은 모두 이성의 시험을 거쳐야 된다는 로크의 견해에 기꺼이 동의했다.

> 이성을 고수하라. 그리스도를 통한 세상의 구원에 관한 성경의 가르침 가운데 어느 한 가지라도 이성에 어긋나는 것으로 나타나거든 하나님의 이름으로 성경을 포기하라.[30]

물론 신실한 신자인데다 주교이기까지 한 버틀러가 이성에 대한 제한적인 정의가 인정된다고 하더라도 성경의 메시지 가운데 실제로 이성에 어긋나는 것이 존재한다고 생각하지는 않았을 것이 분명하다. 그러나 그가 최소화시킨 이성의 개념에 계시의 진정성 여부를 판단하는 특권을 부여했다는 사실은 매우 의미심장하다. 그런 점에서 버틀러는 내가 1장에서 주장한 원리(기독교 철학에서는 하나님의 말씀이 다른 어떤 권위보다 월등하다는 것)를 어겼다고 할 수 있다.

버틀러도 당시의 대다수 변증가들처럼 종교적 회의주의라는 일반적인 문제를 다루었다. 그는 하나님의 존재를 논의했고, 기적과 예언과 증언을 토대로 한 다양한 논증을 다루었다. 그러나 그가 변증학에 가장 크게 기여한 것은 이신론자들을 논박

---

29) Joseph Butler, *Analogy of Religion* (Philadelphia: J. B. Lippincott, 1865), introduction.
30) Ibid., 245.

한 것이다. 그런 사실이 『종교의 유비』 2부에서 분명하게 확인된다. 이신론자들은 하나님의 존재를 입증하는 증거와 그분의 도덕적 기준이 "자연의 과정과 구조" 안에 존재한다고 믿었지만 특별 계시나 자연에 대한 하나님의 개입을 부인했다. 이신론은 한마디로 도덕적이면서 비구원적인 신학이다.

버틀러는 이신론자들에게 성경의 가르침과 (그들이 이해하는) 자연 계시 사이에 유사성이 존재한다는 것을 보여주려고 노력했다(이 유사성에서 그의 책 이름인 "유비"가 비롯했다). 성경에는 자연과 동일한 것을 많이 포함하고 있다. 성경이 첨가하는 것은 자연에 어긋나는 것이 아니라 오히려 자연을 적절히 보완한다. 따라서 이신론자들이 인정하는 자연 계시의 합리성은 특별 계시의 합리성을 지지한다. 또한 버틀러는 만일 성경에 문제가 있다면 자연에 관한 이신론자들의 개념에도 비슷한 문제가 있다고 주장했다. 이신론자들은 자연은 단순하고, 이해하기 쉽지만 성경은 불분명하고, 복잡하다고 주장했다. 버틀러는 자연에도 신비가 존재하고, 그런 신비는 성경의 신비와 유사하다고 역설했다.

예를 들어 불멸에 관한 논쟁에서 어떤 사람들은[31] 죽음은 모든 의식과 행동이 소멸되는 단순한 사건이라고 주장했다. 그러나 버틀러는 우리가 살면서 태아에서 어린아이와 성인을 거쳐 노인에 이르는 등, 여러 가지 유사한 변화를 거치지만 생명과 개인의 정체성은 여전히 유지된다는 점을 지적했다. 더욱이 우리는 아무런 활동을 하지 않는 상태에서도 자아의 힘은 그대로 지속된다. 수면이나 혼수상태는 죽음과 비슷하다. 그러나 그렇게 아무런 활동도 하지 않은 상태에서도 생명과 개인적인 정체성은 그대로 유지된다. 따라서 우리가 죽음으로 일컫는 비활동적인 상태에서도 그렇게 될 가능성이 높다. 왜냐하면 자연적인 것들이나 인간의 힘은 일정한 과정을 추구하는 동안 관성력을 유지하기 때문이다. 하나의 존재도 한동안 삶을 영위했다면 겉으로 드러난 증거는 그렇지 않게 보일지라도 계속해서 존재하려는 경향을 지닌다.

이 밖에도 버틀러는 육체의 변화가 반드시 생각하는 능력에 영향을 주는 것은 아니라는 점을 지적했다. 따라서 육체는 죽을지라도 생각은 계속 살아서 기능할 수

---

[31] 이신론자들 가운데는 불멸을 믿는 사람들도 있었고, 믿지 않는 사람들도 있었다.

있다.

이처럼 자연적인 현실(성장, 수면, 생각)과 내세에 관한 기독교의 교리 사이에는 유사성이 존재한다. 그러나 어떤 사람은 "육체와 영혼 사이에 유사성이 존재한다면 육체가 죽으면 영혼도 함께 죽는다고 생각하는 것이 마땅하지 않겠는가?"라고 반문할지도 모른다. 이 경우, 버틀러는 신비, 즉 비유사성에 호소한다. 우리는 영혼의 능력에 관해 충분히 알지 못하기 때문에 그것이 육체와 함께 소멸한다고 단정할 수 없다.

유사성에 근거한 논증은 애매모호한 특성을 지니기 마련이다. 어떤 유사성도 완벽할 수는 없다. 유사성이 있으면 비유사성도 있다. 한쪽에서 유사성을 강조하면 반대하는 쪽에서는 비유사성을 주장한다. 결론은 무엇일까? 버틀러에게 결론은 단지 개연성에 불과한 것이다(따라서 항상 개연적이지 않은 것이 존재한다). 버틀러는 그런 사실을 당혹스럽게 생각하지 않을 것이다. 왜냐하면 개연성이 그가 제시한 인식론의 핵심을 구성하기 때문이다. 그러나 개개의 논증은 모두 대조를 필요로 한다. 바꾸어 말해 버틀러는 독자들에게 어떤 논증은 도덕적 확실성을 부여하기에 충분할 만큼 개연적이고, 그와 반대되는 개연성(비유사성)은 그것을 무효화시키기에는 불충분하다는 것을 보여주어야 한다. 독자들은 "그는 도대체 얼마나 많은 개연성을 요구하고, 또 얼마나 많은 개연성을 제시한 것일까?"라는 의문을 가질 수 있다.

유사성에 근거한 논증을 생각하면 신자와 불신자를 막론하고 모든 사람이 합리적인 요구라는 것을 아전인수식으로 내세우는 경우가 얼마나 많은지를 알 수 있다. 우리는 유사성의 결론이 우리 자신의 세계관과 일치하면 그것을 계속 주장하고, 그것이 우리의 전제에 어긋나면 비유사성을 주장하는 경향이 있다. 이런 아전인수식 논증은 형이상학이나 인식론을 둘러싸고 벌어지는 좀 더 심각한 논쟁에서도 똑같이 나타난다. 이 책 1장의 표현을 빌리면 합리주의자들은 유사성을 강조하고, 비합리주의자들은 비유사성을 강조한다(때로는 서로 반대의 것을 강조할 때도 있다).

나는 유사성이나 비유사성에 근거한 논증은 그 자체로는 어떤 문제도 매듭지을 수 없다고 생각한다. 그런 논증은 교조적인 태도를 논박하는 데는 상당한 힘을 발휘한다. 우리는 회의론자에게 "아내가 잠에서 깨어나기를 늘 기대하면서 왜 죽음으로 모든 것이 끝난다고 확신하는 것인가?"라고 물을 수 있다. 회의론자가 수면과 혼수상태의 현상을 진지하게 고려하면 죽음으로 모든 것이 끝난다고 생각하는 확신이 다소 누그러질 수도 있다. 그러나 그리스도인들의 입장도 크게 다르지 않다. 만일 유사성보다 좀 더 견고한 것에 근거한 믿음이 없다면 혼수상태와 죽음의 비유사성을 고려할 경우에는 믿음이 흔들릴 수도 있다. 결국 유사성에 근거한 논증은 무승부로 끝나는 것처럼 보인다.

확실한 결론에 도달하기 위해서는 A와 B가 얼마나 유사한지를 알아야 할 필요가 있다. 반대자는 유비의 확실성을 정확하게 평가하라고 요구한다. 그러나 수면이 죽음과 얼마나 유사하거나 유사하지 않은지를 정확하게 보여줄 수 있다면 굳이 유비를 언급할 필요가 없다. 그런 경우에는 단지 수학적으로 정확하게 비교하면 그만이다.

물론 자연과 성경, 삶과 영원한 삶, 인간과 하나님을 그런 정도로 정확하게 비교하는 것은 불가능하다. 땅과 하늘을 비교할 때는 항상 약간의 신비나 애매함이 있을 수 있다. 그 이유는 창조주와 피조물이 서로 분명하게 구별되기 때문이다. 피조물은 창조주를 닮을 수 있지만 결코 창조주가 될 수 없다. 만일 우리가 하나님과 얼마나 많이 닮았는지를 정확하게 알 수 있다면 우리 자신이 곧 하나님일 것이다.

영원한 삶에 관해 추측이 아닌 확실한 지식을 얻으려면 감각적 경험을 통한 개연성을 뛰어넘는 관점을 지니는 것이 필요하다. 나는 1장에서 자연을 옳게 해석하려면 하나님의 말씀으로 그것을 해석해야 한다고 말했다. 오직 하나님만이 만물이 서로 얼마나 유사하고, 얼마나 유사하지 않은지를 정확하게 아신다. 이신론자들이나 버틀러 주교의 관점과는 달리 특별 계시가 자연 계시보다 우월하다. 버틀러는 자율적인 이성으로 하나님의 계시를 판단하기를 원하지만 우리는 그래서는 안 된다.[32]

조나단 에드워즈 (Jonathan Edwards, 1703-58)

같은 기독교 사상가인데도 버틀러와 에드워즈만큼 인식론이 서로 극명하게 엇갈

---

32) 반틸은 버틀러가 자율적인 이성을 중시하는 이유가 그의 아르미니우스주의 신학에 있다고 말했다. 인간이 아르미니우스적이고 자유의지론적인 의미에서 자유의지를 소유하고 있다면 하나님은 인간의 자유로운 선택을 미리 판단하실 수 없다. 그럴 경우, 하나님은 세상에서 일어나는 일과 일어나지 않는 일을 최종적으로 결정할 권한을 지니고 계시지 않는다.

리는 경우는 거의 찾아보기 어렵다. 에드워즈는 청교도의 후예다. 그는 청교도의 사상을 따라 자신의 모든 사고를 성경의 권위 아래 복종시키려고 노력했다. 그는 성경을 이성적인 판단을 필요로 하는 미심쩍은 문서로 간주하지 않았다. 버틀러는 그리스도인이면서도 계몽주의의 요구를 충족시키려고 노력했지만, 에드워즈는 그런 요구에 맞서 도전을 제기했다.

조나단 에드워즈
(Jonathan Edwards)

그가 계몽주의를 거부한 것은 무지해서가 아니었다. 그는 대학에 다닐 때 로크의 『인간 오성론』을 읽고, 큰 즐거움을 얻었다고 말했다. 또한 그는 학창 시절에 뉴턴의 『광학(Opticks)』을 비롯해 거미의 습관과 무지개의 색깔에 관해 간단한 논문을 쓰기도 했으며, 1720년 이전에 "존재"와 "정신"에 관해 논문을 써서 우수함을 인정받기도 했다. 그가 과학과 철학에서 조숙한 능력을 발휘한 것은 우리가 살펴본 계몽주의 사상가들의 경우와 비슷하다.

그러나 그는 학문의 세계가 아닌 목회 사역에 우선적으로 헌신했다. 그는 1722년부터 1724년까지 뉴욕의 한 장로교회의 목회자로 활동했고, 그 후에는 예일대학교에서 전임강사로 일했다. 그러다가 그는 1727년에 부목사의 신분으로 매사추세츠 주 노샘프턴에서 할아버지인 솔로몬 스토다드를 돕게 되었다. 1729년에 스토다드가 세상을 떠나자 그는 그곳의 담임목사가 되었다. 그러던 중 교회와의 논쟁이 불거지는 바람에 그는 1748년에 그곳을 떠나[33] 매사추세츠 주 스톡브리지로 옮겨 인디언 사역을 시작했다. 그는 1757년에 프린스턴대학교 학장으로 임명되었고, 그 다음 해에 천연두 예방 접종 부작용으로 인해 뉴저지 주 프린스턴에서 세상을 떠났다.

에드워즈는 주로 기독교 사역에 전념하면서도 매우 수준 높은 철학적 식견을 드러냈다. 그는 종종 미국이 낳은 가장 위대한 철학자이자 신학자로 일컬어진다. 그는 학창 시절은 물론, 사역자로 일하는 동안에도 정기적으로 광범위한 주제들에 관

---

33) 이 책에서 그 논쟁의 성격과 과정에 대해서는 자세히 언급하지 않을 생각이다.

한 견해를 글로 표현하는 습관을 유지했다. 그의 『문집(Miscellanies)』은 나중에 에드워즈 전집에 포함되어 함께 출판되었다. 그는 부피가 큰 책을 여러 권 출판했다.

그는 학창 시절에 쓴 "존재에 관해"라는 논문에서 절대적인 무는 불가능할 뿐 아니라 상상조차 할 수 없는 모순이라는 파르메니데스의 견해에 동의했다. 무의 반대인 존재는 필연적이고, 영원하며, 어디에나 존재한다. 더욱이 존재는 비물질적이다. 왜냐하면 물질, 곧 "단단한" 것은 다른 단단한 것을 저항하는 힘이 그 주된 특징이기 때문이다. 존재는 어디에나 존재하기 때문에 존재 밖에서 존재를 저항할 수 있는 것은 아무것도 없다.

그러나 파르메니데스는 존재를 비인격적인 실체로 간주했지만 에드워즈는 그것을 묘사한 표현 안에서 성경이 가르치는 하나님의 속성을 발견했다. 에드워즈는 하나님을 존재이자 공간으로 인식했다. 왜냐하면 존재의 비존재를 상상하는 것이 불가능한 것처럼 공간의 비존재를 상상하는 것도 불가능했기 때문이다.

또한 에드워즈는 "정신에 관해"라는 논문을 썼다. 그는 로크처럼 이해와 의지의 정신적 기능을 구별했다. 이해는 감각에서 시작하지만, 감각의 대상은 물체의 속성이 아니라 하나님이 우리에게 허락하신 인상과 개념이다. 에드워즈는 그 안에는 로크가 "이차적인" 성질(색깔, 맛, 냄새)로 일컬은 것만이 아니라 "일차적인" 성질(연장, 운동, 견고성)로 일컬은 것이 모두 포함된다고 생각했다. 이처럼 에드워즈는 모든 물체가 성격상 정신적 특성을 지닌다고 이해했다. 이것은 버클리의 견해와 비슷한 관념론에 해당한다.[34] 정확히 말하면 정신만이 존재이고, 물체는 단지 "존재의 그림자"일 뿐이다.[35]

에드워즈는 오직 하나님만을 참된 유일한 실체(참된 유일한 존재이자 참된 유일한 원인)로 인정했다. 모든 유한한 원인의 배후에 신적 원인이 존재한다는 그의 견해는 말브량슈의 "기회원인론"에 영향을 받았다. 그는 그런 견해를 토대로 『의지의 자유(Freedom of the Will)』에서 자유의지론적 자유를 비판했다. 그는 하나님을 참된 유일한

---

[34] 버클리가 로드아일랜드에 머무는 동안 에드워즈가 그를 만났던 것은 분명하다. 그러나 그가 실제로 버클리와 의견을 주고받았는지, 아니면 그가 독자적으로 관념론을 받아들인 것인지에 대한 학자들의 견해는 서로 엇갈린다.
[35] 이 표현은 플라톤의 견해를 상기시킨다. 에드워즈는 플라톤의 저서와 케임브리지 플라톤주의자들에 관해 알고 있었다.

존재로 간주했기 때문에 때로 범신론자라는 비판을 받기도 한다. 왜냐하면 하나님이 참된 유일한 존재이시라면 유한한 존재들이 그분과 동일시되어야 하기 때문이다. 그러나 에드워즈는 형이상학적인 영역을 떠나서는 창조주와 피조물, 원인과 결과를 분명하게 구별했다. 에드워즈는 하나님께 책임을 져야 할 존재들과 그분, 곧 죄인들과 그분을 엄격하게 구별했다. 예를 들어 만일 에드워즈가 하나님과 인간을 구별하지 않았다면 그의 가장 유명한 설교인 "진노하신 하나님의 손에 붙들린 죄인들"은 터무니없는 난센스에 지나지 않을 것이다. 학자들은 에드워즈가 창조주와 피조물의 한계를 정확하게 어디에서 구분했는지에 대해 여전히 논쟁을 벌이지만 그가 그것을 구별하려는 의도를 지녔던 것은 틀림없다.[36]

지금 우리는 정신의 이해 기능에 관한 에드워즈의 견해를 살펴보는 중이다. 그는 하나님이 인상과 개념들을 허락하실 때 이해가 가능해진다고 생각했다. 그가 논의한 또 하나의 정신적 기능은 의지다. 의지는 특히 감정과 욕망의 원천이다. 가장 고귀한 감정과 욕망은 사랑이다. 의지는 또한 선택의 기능을 한다. 그러나 우리의 선택은 감정에서 비롯한다. 지식은 올바른 감정과 올바른 이해를 둘 다 포함한다. 하나님에 관한 지식도 이 원칙에서 벗어나지 않는다. 종교의 본질은 하나님에 대한 거룩한 사랑이다. 선택받은 자들은 이성적인 지식을 초월하시는 하나님을 경험함으로써 "은혜"를 누린다.[37] 따라서 에드워즈는 감정을 믿음에서 배제해야 한다는 생각을 거부한다. 칼빈과 파스칼처럼 에드워즈도 종교적인 감정에 대해 긍정적인 견해를 지녔다. 그는 하나님을 사랑하고, 경배하고, 그분의 은혜로운 현실을 의식하지 못하면 그분을 안다고 주장할 수 없다고 믿었다. 그는 성령으로 감정이 변화되어야만 온전한 회심에 이를 수 있다고 생각했다.

이 문제는 에드워즈가 활동하던 시기에 영적 부흥을 둘러싸고 불거진 논쟁들의 핵심에 해당했다. 그의 설교를 통해 노샘프턴은 1733-35년과 1740-42년에 놀라

---

[36] 에드워즈를 둘러싸고 벌어지는 범신론에 관한 전문적인 논쟁은 하나님과 세상의 구별보다는 존재의 본질, 실체, 정체성 등과 같은 철학적 문제들에 주로 초점을 맞춘다. 내가 생각하기에 그런 문제들은 너무 미묘하기 때문에 신학적으로나 종교적으로 중대한 차이를 만들어낼 수 없는 것처럼 보인다.

[37] 오늘날 에드워즈를 지지하는 사람들 가운데 하나인 존 파이퍼는 "하나님 안에서의 기쁨"이라는 표현을 복음주의 신앙 용어로 다시 회복시켰다. 그는 이른바 "기독교적 쾌락주의", 곧 하나님이 스스로에게서 가장 큰 즐거움을 발견하시는 것처럼 그분 안에서 우리의 가장 큰 즐거움을 발견하는 것이 곧 우리의 의무라는 견해를 주장한다.

운 영적 부흥을 경험했다. 또한 당시에는 조지 화이트필드와 다른 복음전도자들의 설교를 통해 복음을 전해들은 사람들이 많았다.[38] 영적 부흥의 현장에서 사람들은 종종 격렬한 감정을 표출했을 뿐 아니라 때로는 기괴한 행동을 하기도 했다. 에드워즈는 『놀라운 회심 이야기(A Faithful Narrative)』(1737)에서 노샘프턴의 부흥과 관련해 일어난 사건들을 묘사했다. 그리고 그는 나중에 『성령 사역의 특징적인 표징(The Distinguishing Marks of a Work of the Spirit of God)』(1741), 『뉴잉글랜드 부흥 운동에 관한 소고(Thoughts on the Revival in New England)』(1742), 『신앙감정론(A Treatise Concerning Religious Affections)』(1746)에서 부흥 운동을 자세하게 분석했다. 그는 감정적인 요소를 비롯한 부흥의 현실을 옹호했다. 그러나 그는 감정적인 행위가 모두 성령의 참된 사역으로 인한 결과라고 생각하지 않았다. 그는 하나님의 은혜에 대한 참된 반응과 거짓된 반응을 구별하는 방법에 관해 의견을 제시했다.

나는 에드워즈가 파르메니데스와 비슷한 맥락에서 존재에 관해 사변을 펼친 것을 옹호할 생각은 없다. 그의 관념론과 기회원인론에 관해서는 앞서 버클리에 관해 논의한 내용을 참조하기 바란다. 에드워즈도 대다수 기독교 철학자들처럼 자신의 견해를 학문적 격식에 맞추려는 유혹에서 온전히 자유롭지 못했다. 그러나 전체적으로 보면 그의 철학과 신학은 점차 만연해져 가는 계몽주의의 개념들에 대해 상당한 도전을 제기했다. 에드워즈는 성경에 기록된 하나님의 말씀을 최상의 권위로 받아들였다. 그는 하나님을 절대적이고, 인격적이고, 현실적이고, 능동적인 존재로 제시했다.

윌리엄 팔리(William Paley, 1743-1805)

파스칼, 버틀러, 에드워즈는 다양한 철학적 논의의 영역에서 기독교를 옹호했다. 그들은 제각기 형이상학, 인식론, 가치 이론에 많은 기여를 했다. 팔리의 경우는 정확성과 명료성을 갖춘 철학적 사고를 펼쳤고, 철학적 윤리학에 기여한 것이 적지 않다.[39] 그는 오늘날 주로 기독교 변증학자로 알려져 있다. 그가 변증학자로서 명

---

38) 대각성운동과 계몽주의를 혼동해서는 안 된다. 두 운동은 서로 반대되는 방향으로 세상의 문화에 영향을 미쳤다.
39) 그의 『도덕과 정치 철학의 원리(Principles of Moral and Political Philosophy)』(1785)를 참조하라. 이 책은 벤담과

성을 날리게 된 이유는 하나님의 존재를 입증하기 위한 논증에서 예로 든 예화 때문이다.

> 히스가 무성한 황야를 걸어가는데 내 발이 돌에 부딪쳤다고 가정해 보자. 누군가가 그 돌이 어떻게 그곳에 있게 되었느냐고 묻는다. 나는 내 생각과 다를지도 모르겠지만 아무튼 내가 아는 바로는 돌은 그곳에 항상 있었다고 대답할 수 있다. 아마도 이 대답이 터무니없다고 주장하기는 그리 쉽지 않을 것이 분명하다. 그러나 이번에는 땅에서 시계를 주었다고 가정해 보자. 누군가가 어떻게 시계가 그 장소에 놓여 있게 되었느냐고 묻는다. 이 경우는 앞서처럼 잘은 모르겠지만 시계는 항상 그곳에 있었을 것이라고 대답하기가 어렵다. 그렇다면 똑같은 대답이 돌의 경우에는 적절하고, 시계의 경우에는 부적절한 이유는 대체 무엇 때문일까? …다른 이유에서가 아닌 바로 이런 이유 때문에 시계를 이리저리 살펴볼 때는 여러 개의 부품이 만들어져 하나의 목적을 위해 조합되었다는 것을 인식하게 된다(이것은 돌에서는 발견할 수 없는 것이다).[40]

이것이 목적론적 증명(아퀴나스의 다섯 가지 신 존재 증명 가운데 다섯 번째 논증)을 입증하는 데 사용된 팔리의 유명한 "시계 제작자" 예화다. 아퀴나스는 간단히 몇 문장으로 논증을 펼쳤지만 팔리는 목적을 가지고 설계된 것처럼 보이는 다양한 자연의 사례들을 곁들여 한 권의 큰 책으로 자세하게 설명했다. 예를 들어 그는 인간의 눈을 세밀하게 묘사하면서 눈의 많은 구성 요소가 한데 모여 시각의 목적을 달성한다고 말했다.

윌리엄 팔리(William Paley)

팔리가 예증하고, 적용하고, 발전시킨 덕분에 이 논증은 기독교 변증학의 핵심으로 자리를 잡아 오늘에까지 이르렀다. 팔리는 1767년부터 1776년까지 케임브리지대학교에서 가르쳤다. 그의 책들은 오랫동안 케임브리지대학교의 교과목으로 채택

밀이 주장한 공리주의의 출현을 예고했지만 우리의 도덕적 선택에 대한 하나님의 심판을 언급했다. 다음 자료를 참조하라. *DCL*, 91–100.

40) William Paley, *Natural Theology* (Chillicothe, OH: DeWard Publishing, 2010), chap. 1.

되어 사용되었다. 관심과 흥미를 가지고 그 책들을 읽은 많은 사람들 가운데는 찰스 다윈도 포함되었다(1831년). 다윈은 나중에 이렇게 말했다. "당시에는 팔리의 전제에 대해 아무런 문제의식도 느끼지 못했고 오히려 전적으로 믿고 받아들였으며 그 긴 논증에 매료되고, 설득되었다."[41] 물론 다윈은 나중에 목적론과 반대되는 것으로 종종 간주되는 진화론을 발전시켰다. 진화론은 하나님을 고려하지 않고서도 생명의 기원을 설명할 수 있다고 주장한다. 그러나 테넌트를 비롯해 "지적 설계론"을 주장하는 학자들(필립 존슨, 윌리엄 뎀스키, 마이클 비히)과 같은 최근의 사상가들은 자연 세계 안에서 수단이 목적에 순응하는 과정은 하나님을 고려하지 않고서는 설명할 수 없다는 팔리의 견해를 지지한다.

흄과 칸트를 비롯한 회의론자들 가운데는 자연 세계를 통해 야기된 경이감을 언급한 사람들이 많다. 그러나 그런 경이감을 하나님의 존재를 입증하는 설득력 있는 논증으로 발전시키는 일이 항상 쉬운 것은 아니었다. 아마도 팔리는 버틀러에게서 단서(즉 목적론적 논증은 유비에 근거한 논증이라는 것)를 발견했는지도 모른다. 우리는 약간의 차이를 드러내는 사물들 사이에서 유사성을 인지할 수 있는 자연적인 소질을 갖추고 있는 것처럼 보인다. 우리는 설계에 의해 만들어진 것과 그렇지 않은 것을 어느 정도는 구별할 수 있다. 예를 들어 시계, 냉장고, 유화, 궁궐과 같은 것들은 설계에 의해 만들어졌고, 돌은 그렇지 않다. 설계에 의해 만들어진 것들은 모두 다 서로서로 어느 정도의 유사성을 지닌다. 따라서 목적론적 논증에서는 그런 유사성을 인지하고, 설계된 것들과 그렇지 않은 것들을 구별할 수 있는 우리의 능력이 매우 중요한 비중을 차지하는 듯하다.

그러나 목적론적 논증의 문제점은 어떤 시점에 이르면 그런 구별이 성립되지 않는다는 것이다. 팔리는 궁극적으로는 돌조차도 설계의 일부라고 생각하기를 원하는 것처럼 보인다. 결국 모든 것이 설계되었다. 그러나 모든 것이 설계되었다면 처음에 팔리의 논증을 가능하게 했던 통찰력(즉 돌처럼 설계되지 않은 것이 분명해 보이는 것들이 존재한다는 생각)을 포기해야 할 수밖에 없다.

팔리의 기독교적 세계관을 고려하면 설계된 것과 설계되지 않은 것을 구별할 것

---

41) Frances Darwin, ed., *Autobiography of Charles Darwin* (n.p., n.d.), 24.

이 아니라 인간이 설계한 것들과 하나님이 설계한 것들을 구별하는 것이 온당하다.[42] 따라서 비교하는 것들 가운데 모순이 있다. 시계는 인간이 설계한 것이다. 그러나 우주는 그렇지 않다. 만일 인간의 설계와 하나님의 설계 사이에 유사성이 존재한다면 거기에는 비유사성도 아울러 존재한다.[43] 만일 비유사성이 존재하지 않는다면 팔리는 세상이 인간에 의해 설계되었다고 주장하게 되는 셈이다. 그것은 기독교 신앙에 어긋난다.

따라서 팔리는 1) 세상과 인간이 설계한 것들 사이에 유사성과 비유사성이 둘 다 존재한다는 것과 2) 비유사성은 세상의 설계자가 하나님이라는 것을 보여주는 충분한 증거라는 것을 언급할 필요가 있다. 사실 그는 우주의 크기나 세계 질서의 복잡성과 같은 문제를 거론하며 다양한 방법으로 비유사성을 설명하려고 노력했다. 그러나 그런 식의 구별은 단지 양적인 구별에 지나지 않는다. 그런 점에서 흄의 비판(만일 목적론적 논증이 확실하다면 그것은 무한하고, 영원하고, 변하지 않는 신이 아닌 우주보다 약간 더 큰 신의 존재를 입증할 수 있을 뿐이라는 것)은 충분히 일리가 있다.

따라서 나는 유비에 근거한 논증을 펼친 버틀러 주교에 관해 내렸던 결론을 똑같이 적용하고자 한다.[44] 확실한 결론에 도달하기 위해서는 A와 B가 얼마나 유사한지를 알아야 할 필요가 있다. 반대자는 유비의 확실성을 정확하게 평가하라고 요구한다. 그러나 수면이 죽음과 얼마나 유사하거나 유사하지 않은지를 정확하게 보여줄 수 있다면 굳이 유비를 언급할 필요도 없다. 그런 경우에는 단지 수학적으로 정확하게 비교하면 그만이다.

물론 자연과 성경, 삶과 영원한 삶, 인간과 하나님을 그런 정도로 정확하게 비교하는 것은 불가능하다. 땅과 하늘을 비교할 때는 항상 약간의 신비나 애매함이 있을 수 있다. 그 이유는 창조주와 피조물이 서로 분명하게 구별되기 때문이다. 피조물은 창조주를 닮을 수 있지만 결코 창조주가 될 수 없다. 만일 우리가 하나님과 얼마나 많이 닮았는지를 정확하게 알 수 있다면 우리 자신이 곧 하나님일 것이다.

---

42) 물론 전자는 후자에 포함된다.
43) 앞서 살펴본 대로 목적론적 논증에 대한 흄의 비판은 인간의 설계와 하나님의 설계가 지니는 많은 차이점을 지적했다.
44) 아래의 세 단락의 내용은 버틀러 주교를 다루는 항목의 마지막 결론 부분을 약간 개작한 것이다.

영원한 삶에 관해 추측이 아닌 확실한 지식을 얻으려면 감각적 경험을 통한 개연성을 뛰어넘는 관점을 지니는 것이 필요하다. 나는 1장에서 자연을 옳게 해석하려면 하나님의 말씀으로 그것을 해석해야 한다고 말했다. 오직 하나님만이 만물이 서로 얼마나 유사하고, 얼마나 유사하지 않은지를 정확하게 아신다. 이신론자들이나 버틀러 주교나 팔리의 관점과는 달리 특별 계시가 자연 계시보다 우월하다. 버틀러는 자율적인 이성으로 하나님의 계시를 판단하기를 원했고, 팔리도 목적론적 논증과 관련해 그렇게 하도록 요구하는 것처럼 보이지만 우리는 그래서는 안 된다.

물론 팔리는 우주의 설계자가 크고, 유한하기보다는 무한하고, 영원하다는 것을 보여줄 수 있는 또 다른 방법을 제시했다. 그것은 우주론적 증명으로 목적론적 증명을 보완하는 방법이다. 팔리도 아퀴나스처럼 우주의 원인을 무한히 거슬러 올라갈 수 없다고 생각했다. 그는 시계 제작자의 비유에서처럼 생생한 예증을 사용해 무한한 연속을 논박했다. 그는 "무한한 숫자의 고리로 만들어진 사슬도 유한한 숫자로 만들어진 사슬만큼이나 스스로를 지탱할 수 없기는 마찬가지다."라고 주장했다.[45] 그는 이 주장이 설계자들의 사슬이 끝없이 이어질 수 있는 가능성을 온전히 배제한다고 믿었다. 사슬의 고리들이 제 기능을 하려면 단지 고리를 더 많이 연결하기보다는 누군가가 사슬의 한쪽 끝을 붙잡고 있어야 한다.

그러나 이것도 유비에 근거한 논증이다(아퀴나스도 이 말에 동의할 것이 분명하다). 하나님은 과연 어느 정도까지 세상의 원인들과 같은 원인이실 수 있을까? 유사성과 비유사성을 옳게 평가하려면 하나님의 관점에서 그 관계를 살펴볼 수 있는 능력이 필요하다. 따라서 이것은 계시를 요구한다.

토머스 리드(Thomas Reid, 1710-96)

리드는 1737년부터 1751년까지 스코틀랜드교회에서 목회자로 일하고 나서 애버딘대학교(1751-64)와 글래스고대학교(1764-96)에서 교수로서 활동했다. 그는 "스코틀랜드 상식적 철학(또는 상식적 현실주의)" 학파의 주요 사상가였다. 그 학파에 속한

---

45) Parley, *Natural Theology*, chap. 2.

다른 사상가들로는 제임스 비티(1735-1803), 더글러스 스튜어트(1753-1828), 윌리엄 해밀턴(1788-1856)이 있었다.46) 스코틀랜드 학파는 프랑스(빅토르 쿠쟁, 1792-1867)와 신세계에서 널리 받아들여졌다. 노아 포터(1811-92)는 예일대학교에서 이 철학을 가르쳤다.47) 1868년부터 1888년까지 프린스턴대학교 학장을 지낸 제임스 맥코쉬는 "상식적 현실주의"를 옹호했다. 리드의 영향력은 찰스 하지, 벤저민 워필드, 그레샴 메이첸과 같은 사상가들을 통해 프린스턴신학교에까지 확대되었다. 그들을 통해 "상식적 현실주의"는 지금도 여전히 미국의 복음주의자들에게 상당한 영향을 미치고 있다.48)

토머스 리드(Thomas Reid)

미국 사상에 미친 리드의 영향력은 맥코쉬가 죽고, 1929년에 프린스턴신학교가 자유주의로 기울면서부터 쇠퇴하기 시작했다. 내가 1957년부터 1961년까지 프린스턴대학교에서 철학을 공부할 당시 리드는 언급되지 않았다. 당시에 우리가 사용했던 철학사 교재는 리드에게 단 두 단락을 할애했을 뿐이다.49) 그러나 1970년대에 앨빈 플랜팅가, 니콜라스 월터스토프, 폴 헴과 같은 사상가들을 통해 기독교 철학이 새롭게 부흥하면서 리드가 다시 각광을 받기 시작했다.50) "상식적 현실주의"는 지금도 상당한 영향력을 발휘하고 있는 사상 운동이다.

리드는 데이비드 흄의 회의론을 논박하는 데 관심을 기울였다. 그는 흄이 로크

---

46) 해밀턴은 각주를 달아 리드의 책들을 출판했지만 그의 개인적인 철학 사상은 스코틀랜드 학파는 물론 칸트에게 영향을 받았다.
47) 최근에 예일대학교에서 노아 포터좌(座) 철학 교수직을 맡은 니콜라스 월터스토프는 리드를 높이 평가한다.
48) 성경의 무오성에 관한 복음주의의 교리가 "상식적 현실주의"에 얼마만큼 근거하고 있는지에 대해서는 많은 논쟁이 있어 왔다. 나는 다음 자료에서 발견되는 맥고원의 견해에 동의한다. A. T. B. McGowan, *The Divine Authenticity of Scripture: Retrieving an Evangelical Heritage* (Downers Grove, IL: IVP Academic, 2008). 맥고원은 이 책에서 상식적 현실주의가 이 교리의 근원이 아니라고 말했다. 그러나 나는 그의 생각과는 달리 이 교리가 성경 자체에서 비롯했다고 믿는다. 다음 자료를 참조하면 내가 맥고원을 어떻게 평가했는지 알 수 있을 것이다. *DWG*, Appendix L.
49) Frank Thilly and Ledger Wood, *A History of Philosophy* (New York: Henry Holt, 1957), 382-83.
50) 다음 자료에 실린 리드에 관한 논문들을 참조하라. Hendrik Hart, Johan van der Hoeven, and Nicholas Wolterstorff, eds., *Rationality in the Calvinian Tradition* (Lanham, MD: University Press of America, 1983). 리드의 사상은 다음 자료에서도 비중 있게 다루어졌다. R. C. Sproul, John H. Gerstner, and Arthur Lindsley, *Classical Apologetics* (Grand Rapids: Zondervan, 1984).

와 버클리와 공유하고 있던 전제(지식은 본질적으로 우리 자신의 인식에 대한 지식이라는 것)에 대해 의문을 제기했다. 18세기 경험주의가 말하는 "경험"은 우리의 생각 속에 존재하는 내용(감각, 인상, 개념)에 관한 경험이었다. 우리는 그것을 근거로 세상을 직접적으로 알 수 없다. 우리의 개념은 세상을 우리에게 나타낼 뿐이다. 우리는 깊이 있는 성찰을 통해 우리의 개념을 조사함으로써 세상에 대한 지식을 배울 수 있다. 그러나 여기에서 "개념과 '현실 세계'는 어떤 관계를 맺는가?"라는 한 가지 문제가 제기된다. 저 밖에 과연 세상이라는 것이 실제로 존재하는가? 로크는 무엇이 실체를 구성하고 있는지 확실하게 알 수 없다고 말했다. 그것은 그가 말한 대로 "내가 알지 못하는 어떤 것"이다. 그러나 현대 철학자들의 경우에는 합리론자나 경험론자를 막론하고 실체를 존재하는 것, 곧 현실 세계로 생각한다. 버클리는 물질적인 실체를 거부했다. 그는 세상이 정신 속에 있는 개념들로 이루어져 있다고 생각했다. 그러나 흄은 정신조자도 의심했다. 물질적인 실체가 없다면 정신적인 실체도 없고, 단지 인상의 덩어리일 뿐이다.

리드는 우리가 아는 것은 단지 우리 자신의 지각이라는 경험론의 기본 전제를 거부했다. 리드는 우리가 아는 것은 곧 현실 세계라고 생각했다. 이것이 그의 입장을 "상식적 현실주의"로 일컫는 이유다. 우리가 현실 세계를 알 수 있는 이유는 우리의 정신이 인상의 덩어리가 아니기 때문이다. 오히려 우리의 정신은 우리 안에서 감각된 물체들과 속성들에 대한 개념을 형성하는 선천적인 능력을 지니고 있다.[51] 이 개념은 흄이 말한 단순한 감각과는 다르다. 개념은 감각과는 대조적으로 뚜렷한 대상에 근거한다. 즉 개념은 항상 어떤 것에 대한 개념이다. 나무에 대한 개념을 가지려면 단지 나무에 대한 정신적 개념이 아닌 실제적인 나무가 존재해야 한다.[52] 그런 사실이 즉각적이고, 거부할 수 없는 확신을 불러일으킨다. 그것은 정당성을 갖춘 신념이다.

우리의 정신적 기능을 통해 우리에게 주어지는 이런 신념들 가운데 가장 첫 번째 신념이 "상식"으로 일컬어진다. 이것은 사람들이 일상의 대화와 삶 속에서 자연스

---

51) 선천적인 정신적 능력이라는 개념은 로크의 "백지" 이론을 거부한다. 이 개념은 경험론자들보다는 합리론자들의 견해에 더 가깝다.
52) 이런 통찰력은 후설이나 하이데거와 같은 후대의 현상론자들의 견해와 비슷하다.

렵게 받아들이는 원리다. 이 신념은 데카르트식의 논증에 의해 그 타당성을 입증할 필요도 없고, 경험론이 말하는 감각으로 축소될 수도 없다. 이 신념은 그런 식으로 타당성을 입증해야 할 필요가 없다. 그 이유는 우리가 새로운 지식을 얻고자 할 때 전제로 삼는 첫 번째 원리이기 때문이다. 이 원리의 타당성을 입증할 수 없더라도 (즉 그것이 상식에 속한다는 것을 입증할 수 없더라도) 우리는 그것을 믿을 권리가 있다. 상식적인 원리는 사람들이 그것을 논박하기 위해 사용하는 그 어떤 주장보다 더 확실하다. 예를 들어 흄이 영혼이나 정신과 같은 것이 존재하지 않는다고 주장하려고 애썼다면, 리드는 자아에 대한 직관적인 의식이 흄이 그것을 의심하기 위해 내세웠던 그 어떤 철학적 원리보다 훨씬 더 큰 설득력을 지닌다고 대답했다.[53]

리드가 상식에 속하는 것으로 생각했던 원리들을 몇 가지 소개하면 다음과 같다.

1. 의식은 신뢰할 수 있는 것으로서 우리에게 무엇이 존재하는지를 분명하게 보여준다.
2. 의식적인 생각은 자아, 정신, 또는 인격을 나타낸다.
3. 기억은 대체적으로 신뢰할 만하다.
4. 개인의 정체성은 기억된 사건들을 통해 지속된다.
5. 감각적 지각은 대체적으로 신뢰할 만하다.
6. 사람들은 스스로가 자유로운 의지를 가지고 있다는 것을 직관적으로 의식한다.
7. 모든 자연적 기능(이성)은 대체적으로 신뢰할 만하다.
8. 다른 사람들도 우리와 비슷한 생명과 지성을 소유하고 있다.
9. 사람들의 육체적인 표현과 행위는 그들의 정신을 나타낸다.
10. 인간의 증언은 대체적으로 신뢰할 만하다.
11. 사람들의 행동은 대체로 규칙적이다.
12. 미래는 대체로 과거와 비슷할 것이다.

내가 생각할 때 이 가운데 가장 의심스러운 것은 6번이다. 리드는 장로교 목사로

---

[53] 이 점에서 리드는 경험론자들보다는 데카르트에게 좀 더 가깝다.

서 자신이 동의한 신앙고백에 어긋나는데도 불구하고 많은 교부들을 비롯해 몰리나와 아르미니우스와 같은 나중의 신학자들처럼 자유의지론적 자유를 주장했다. 자유의지에 관한 이런 견해는 종종 직관에 근거한다. 그러나 나는 과연 우리의 선택이 원인이 없다는 것을 직관을 통해 알 수 있는지 묻고 싶다.

8번은 철학자들이 종종 논의하는 다른 정신의 존재에 관한 문제를 다룬다. 그것은 "어떻게 다른 사람들이 우리와 같은 정신을 소유하고 있다는 것을 알 수 있는가?"라는 문제다. 리드는 이 물음에 긍정적인 대답을 하는 데 적절한 몇 가지 증거를 제시한다.

예를 들어, 다른 사람들의 말과 행위는 그들도 우리가 의식하는 것과 같은 이해력을 지니고 있다는 것을 보여준다. 그러나 그런 증거만으로는 확실한 논거가 되기에 부족하다. 왜냐하면 다른 사람들이 실제적인 정신이나 영혼을 소유하고 있지 않은 환영이나 로봇, 또는 자동인형일 가능성이 남아 있기 때문이다. 그러나 리드는 궁극적으로는 8번을 첫 번째 원리로 인정해야 한다고 말했다.

리드는 8번에서부터는 하나님이 존재하신다는 것을 입증하기 위한 추론을 전개했다. 하나님의 존재는 그 자체로 상식적인 원리는 아니지만 다른 원리들을 근거로 추론이 가능하다. 많은 사람들이 하나님의 지식과 인간의 지식이 유사하다는 것에 주목했다(아우구스티누스의 "하나님과 영혼"과 영혼을 근거로 하나님의 존재를 입증한 데카르트의 논증을 기억하라). 리드에게 많은 영향을 받은 현대 철학자 가운데 하나인 앨빈 플랜팅가는 『하나님과 다른 정신들: 하나님을 믿는 신념의 합리적인 타당성에 관한 연구』에서[54] 하나님을 아는 것과 관련된 문제는 무엇이든 다른 정신들을 아는 것과 관련된 문제들과 비슷하다고 주장했다. 플랜팅가의 주장은 리드(그리고 버틀러 주교)의 견해를 따른 것이다(13장을 참조하라).

12번은 이른바 귀납법의 문제를 다룬다. 중력의 법칙이 내일이나 심지어는 5분 뒤에까지 지속될 것이라는 사실을 입증하는 것은 불가능하다. 그러나 현재로부터 미래를 추론하는 것을 부인하는 것은 리드가 논박했던 방식으로 상식을 훼손하는 결과를 낳는다.

---

54) Alvin Plantinga, *God and Other Minds: A Study of the Rational Justification of Belief in God* (Ithaca, NY: Cornell University Press, 1990).

어떤 원리가 상식에 속한다는 것을 입증할 방법은 없다. 왜냐하면 상식적인 원리는 증명보다 앞서기 때문이다. 그러나 리드는 상식적인 원리의 "특징"을 몇 가지 지적했다. 1) 상식적인 원리는 인간의 삶에서 일찍부터 나타난다. 그것을 배우는 데는 오랜 시간이 걸리지 않는다. 우리는 어렸을 때부터 스스로 그것을 발견하고, 그것을 활용한다. 2) 상식적인 원리는 인류 가운데 보편적이다. 예를 들어 사람들은 시대와 장소를 막론하고 모두 기억에 의존한다(3번). 3) 상식적인 원리는 거부할 수 없다. 그것은 "동의를 강요한다." 내가 내 자신의 의식의 신뢰성(1번)을 부인하려고 아무리 애쓰더라도 결코 오랫동안 그렇게 할 수 없다. 우리는 일상생활 속에서 일들을 해나가려면 그런 원리들을 전제해야 할 필요가 있다. 4) 의미심장하게도 리드는 이런 상식적인 지식이 "전능하신 하나님의 영감"에서 비롯한 것이라고 말했다.

리드의 접근 방식은 이성의 시대에 인간의 상식적인 신념을 입증하거나 논박하려는 난해한 철학적 시도에 싫증이 난 사람들에게 큰 설득력을 발휘했다. 궁극적으로 상식에 의존해야 한다는 주장은 계몽주의에 대한 사망 선고나 다름없다. 조금만 깊이 생각하면 초창기 사상가들에서도 그런 경향이 발견된다. 데카르트는 복잡한 중세 철학에 실망을 느끼고, "참으로 많고 많은 논의가 이루어졌는데 과연 나는 무엇을 확실하게 알 수 있을까?"라는 질문을 통해 실질적인 지식을 추구했다. 로크의 철학도 철학적 용어를 사용해 상식을 부활시키려고 시도함으로써 많은 사람에게 깊은 영향을 미쳤다(개념을 통해 세상에 있는 것들에 대한 이해를 추구했던 정신). 버클리도 물질적인 실체(신비롭게 보이는 개념)를 부인하고, 우리 자신의 생각 안에 있는 내용을 신뢰하라고 촉구했다. 그것이 그에게는 상식적인 일로 보였다. 데이비드 흄은 다른 모든 사람의 철학을 논박하고 나서는 종종 실망감을 느끼면서 자연과 백개먼 게임이 주는 단순한 즐거움에서 만족을 얻었다. 그에게 인과성은 결국 "습관"의 문제였다. 우리가 인과성을 판단할 수 있는 이유는 A를 보았을 때 B를 기대하는 습관을 지녔기 때문이다.

리드의 철학은 흄의 철학을 노골적으로 공격한 것이 아니라 "습관"을 좇아 사는 것이 무슨 의미인지를 분석한 것이다. 리드는 우리의 습관적인 사고를 진지하게 고려한다면 흄의 철학과는 매우 다른 철학을 지향하게 될 것이라고 말했다.

리드의 철학은 기독교적이다. 왜냐하면 우리의 상식적인 원리가 하나님에 의해 주어졌다고 믿었기 때문이다.[55] 성경은 특별 계시와 자연을 통해 하나님을 알 수 있다고 가르친다(롬 1:20, 21). 사람들이 아무리 무시하려고 애써도 그런 계시는 그들이 사는 동안에 그들의 행위에 줄곧 영향을 미친다. 그러나 리드는 하나님의 현실을 전제하지 않으면 자신이 말하는 원리들이 일관성을 잃게 될 것이라고 말하지는 않았다. 만일 이 세상이 인격적인 절대자가 아닌 비인격적인 원리에 의해 지배된다면 우리의 상식을 믿을 만한 안내자로 생각해야 할 이유가 무엇인가?

요약

이번 장에서는 자유주의 신학(철학적 합리론과 경험론을 탄생시킨 자율적인 사고의 주장을 신학에 적용시킨 이론)의 기원을 논의했다. 또한 성경의 계시에 충실한 방식으로 철학을 확립하려고 진지하게 노력했던 기독교 사상가들에 대해서도 살펴보았다. 그들에게도 인간의 자율성은 유혹으로 다가왔다. 그러나 파스칼과 에드워즈는 그런 유혹이 가져올 결과를 충분히 예측하고, 그것에 단호하게 맞섰다. 리드의 경우에는 놀랄 만한 창의적인 대안을 제시함으로써 당시에 유행하던 철학 사상을 논박했다. 그러나 리드도 버틀러와 팔리처럼 성경적인 인식론을 받아들이지 않았다.

이 시기의 사상 풍조 가운데 주목할 만한 가치를 지닌 것을 몇 가지 정리하면 다음과 같다.

1. 이 시기의 철학자들은 과학에 깊은 관심을 기울였을 뿐 아니라 종종 데카르트, 라이프니츠, 파스칼처럼 스스로 과학자이기도 했다. 에드워즈는 과학자는 아니었지만 여러 가지 과학적 분야에서 상당한 식견을 드러냈다. 미래에는 과학, 철학, 신학의 관계가 중요한 주제로 다루어질 것이다.
2. 철학자들은 또한 수학에 관심을 기울였고, "개연성"이 핵심적인 주제 가운데 하나가 되었다. 철학자들은 자신들의 결론을 입증하려는 노력을 비교적 덜 기

---

[55] 나는 그런 원리들과 하나님의 관계를 묘사할 때는 "영감되었다."는 용어를 사용하는 것이 그다지 적절하지 않다고 생각한다.

울였다. 그들은 그것을 "개연성이 높은" 것으로 제시하는 것으로 만족했다.

3. 철학은 과학 및 수학과 갈수록 더욱 밀접하게 관련되었을 뿐 아니라 "일상생활"과도 더욱 가깝게 밀착되는 경향을 나타냈다. 철학자들은 윤리학과 정치학에 점점 더 많은 관심을 기울였다. 아울러 철학적 인식론도 우리가 실생활에서 지식을 얻는 방식에 좀 더 가까워졌다. 우리는 이런 사실을 파스칼의 내기 이론, 흄의 "습관", 리드의 "상식적 원리"에서 확인할 수 있다.

4. 철학자들은 지식의 "전제(선험적인 것, 곧 철학적 탐구를 시작하면서 우리가 전제하는 것)"에 점점 더 많은 관심을 기울였다. 이런 경향은 일찍이 아우구스티누스와 안셀무스에게서도 나타난 바 있다. 그러나 현대에 접어들면서는 그 중요성이 더 커졌다. 대륙의 합리론자들의 경우에는 "공리"가 지식의 전제였고, 경험론자들의 경우에는 로크의 "백지"와 개념이 지식의 토대라는 견해가 전제였다. 또한 파스칼과 에드워즈의 전제는 성경이었다. 그 외의 기독교 사상가들도 명목상으로는 성경을 전제로 삼았다. 그러나 버틀러와 팔리는 기독교인이 아닌 사람들과 그들이 논박했던 이신론자들에게 "중립적"으로 비치기를 원했던 듯하다. 물론 리드는 좀 더 깊은 차원에서 문제를 제기했고, 우리의 가장 중요한 신념들 가운데 대다수가 탐구의 결과가 아닌 전제라고 주장했다.

핵심 용어

계몽주의(Enlightenment)
자유주의 신학(Liberal theology)
이신론(Deism)
볼펜부텔 단편(Wolfenbuttel Fragment)
역사의 우연적 진리(Accidental truths of history)
이성의 필연적 진리(Neccssary truths of reason)
역사(history)
파스칼의 세 번째 회심(Pascal's third conversion)
파스칼의 "회고록"(Pascal's "Memorial")
포르 루아얄(Port Royal) 『팡세(Pensées)』
생각하는 갈대(Thinking reed)
파스칼의 세 가지 원리(Pascal's three orders)
아퀴나스-버틀러 방식(Aquinas-Butler Method)
자연의 과정과 구조(Course and constitution of nature)
유비(Analogy, 버틀러)
『문집(Miscellanies)』
관념론(Idealism)
대각성 운동(Great Awakening)
상식적 현실주의(Common sense Realism)
귀납법의 문제(Problem of induction)

이성의 시대(Age of reason)
광교파(Latitudinarianism)
범신론(Pantheism)

레싱의 도랑(Lessing's ditch)

얀센주의(Jansenism)
『시골에서 보내는 편지(Provincial Letters)』
파스칼의 내기 이론(Pascal's Wager)
마음(Heart, 파스칼)
이성(Reason, 버틀러)

비유사성(Disanalogy)
은혜(Sweetness)
기회원인론(Occasionalism)
시계 제작자 예화(Watchmaker illustration)
다른 정신의 문제(Problem of other minds)

학습을 위한 질문

1. 계몽주의 시대에 이르기까지 철학의 역사 속에서 일어난 주요한 사건들을 간단히 요약하고, 그것으로부터 계몽주의가 어떻게 발전해 나왔는지를 설명하라.
2. 자유주의 신학과 정통주의 신학이 어떻게 다른지 설명하라.
3. 로크와 이신론의 관계를 설명하라. 그는 기독교가 합리적이라는 것을 어떻게 설명했는가?
4. 셰버리의 허버트가 제시한 다섯 가지 원리를 말하고, 평가하라.
5. "이신론자들은 이성적인 자율성을 주장하는 것을 용납해야 할 뿐 아니라 자율적인 이성

만으로도 신학을 세우기에 충분한 권위를 지닌다고 생각했다." 이 말의 의미를 설명하고, 평가하라. 기독교가 "자연 종교를 재선언한" 것이라는 말은 무슨 의미인가?

6. "셰버리의 신학은 행위의 의를 지향한다는 점에서 오늘날의 유대교나 이슬람교와 조금도 다르지 않다." 이 말의 의미를 설명하고, 평가하라.

7. 저자는 "내가 경악을 금하지 못하는 이유는 다음과 같다."라고 말했다. 저자는 무엇에, 왜 놀랐는가?

8. 세 개의 반지에 관한 레싱의 비유를 설명하고, 그 신학적 요점을 평가하라.

9. 레싱의 가장 유명한 말을 진술하고, 평가하라.

10. 파스칼은 "나는 데카르트를 용서할 수 없다."라고 말했다. 그 이유는 무엇인가? 평가하라.

11. 파스칼의 "세 번째 회심"은 그의 사고에 어떤 영향을 미쳤는가?

12. 파스칼의 하나님은 "철학자들의 신"과 어떻게 다른가?

13. 파스칼의 내기 이론을 설명하고, 평가하라. 둘 이상의 대안이 존재한다는 주장에 대해 대답하라.

14. 개연적인 증거로 기독교적 유신론의 진리를 입증하려는 시도는 잘못인가? 설명하라.

15. 파스칼이 기독교가 사실인 "것처럼" 행동해야 한다고 말한 것은 무슨 의미인가? 평가하라.

16. "마음은 이성이 알지 못하는 자신만의 이성을 가지고 있다."라는 파스칼의 말을 설명하고, 평가하라.

17. 저자는 파스칼에 대해 "그는 지식의 주관적인(실존적인) 차원을 지식의 장애 요인이 아닌 필수불가결한 토대로 간주했던 최초의 사상가 가운데 한 사람이었다."라고 말했다. 이 말의 의미를 설명하고, 평가하라.

18. "개연성은 삶의 길잡이다."라는 버틀러의 말을 설명하라. 이 말은 그의 변증과 어떤 관련이 있는가?

19. "이성의 합리적인 사용"이라는 버틀러의 말은 무슨 의미인가? 이 말은 변증적 논증에서 이성을 사용하는 것과 어떻게 관련되는가?

20. 버틀러가 이신론자들을 논박하기 위해 이성을 어떻게 사용했는지 설명하고, 평가하라.

21. 불멸에 대한 버틀러의 논증을 설명하고, 평가하라.

22. 버틀러가 유사성을 어떻게 활용했는지 설명하고, 평가하라. 저자는 "나는 유사성이나 비유사성에 근거한 논증은 그 자체로는 어떤 문제도 매듭지을 수 없다고 생각한다."라고 말했다. 이 말의 의미를 설명하고, 평가하라.

23. "같은 기독교 사상가인데도 버틀러와 에드워즈만큼 인식론이 서로 극명하게 엇갈리는 경우는 거의 찾아보기 어렵다."라는 말의 의미를 설명하라.
24. 저자는 "존재"에 대한 에드워즈의 설명을 파르메니데스와 비교했다. 그런 비교에 대해 어떻게 생각하는가?
25. 정신에 대한 에드워즈의 개념과 버클리의 개념을 비교하라.
26. 에드워즈는 범신론자인가? 가부를 답하고, 각각 그렇게 생각하는 이유를 설명하라.
27. 신앙에서 감정이 차지하는 역할과 관련해 에드워즈와 파스칼의 견해를 비교하라.
28. 저자는 팔리의 신학적 논증이 유사성에 근거한 논증이라고 말했다. 이 말의 의미를 설명하고, 평가하라. 그것은 팔리의 논증이 지니는 설득력에 어떻게 영향을 미치는가?
29. 저자는 "목적론적 논증에서는 그런 유사성을 인지하고, 설계된 것들과 그렇지 않은 것들을 구별할 수 있는 우리의 능력이 매우 중요한 비중을 차지하는 듯하다. 그러나 목적론적 논증의 문제점은 어떤 시점에 이르면 그런 구별이 성립되지 않는다는 것이다."라고 말했다. 이 말의 의미를 설명하라. 이런 지적이 목적론적 논증에 어떤 영향을 미친다고 생각하는가?
30. 팔리가 우주론적 논증의 타당성을 입증하기 위해 사용한 예화는 무엇인가? 평가하라.
31. 팔리는 흄의 회의주의를 어떻게 논박했는가? 그의 시도는 얼마나 성공을 거두었는가?
32. "개념은 감각과는 대조적으로 뚜렷한 대상에 근거한다. 즉 개념은 항상 어떤 것에 대한 개념이다."라는 말의 의미를 설명하고, 평가하라.
33. 리드가 상식으로 간주한 원리들을 열거하고, 평가하라.
34. 리드는 다른 정신의 존재에 관한 문제를 어떻게 해결했는가?
35. 하나님이 리드의 철학에서 차지하는 역할은 무엇인가? 평가하라.
36. 이번 장에서 살펴본 철학자들의 공통된 주제 가운데 몇 가지를 간단하게 말해 보라.

참고 문헌 : 계몽주의 시대의 신학

출판물

Butler, Joseph, *The Works of Joseph Butler* (Chestnut Hill, MA: Adamant Media Corp., 2000).

Edwards, Jonathan, *The Works of Jonathan Edwards*, Edited by Edward Hickman, 2 vols (Amazon Digital Service, 2011).

Israel, Jonathan I., *Radical Enlightenment: Philosophy and the Meaning of Modernity*, 1650-1750 (New York: Oxford University Press, 2002). 이 책은 스피노자에서부터 시작한다.

Kreeft, Peter, *Christianity for Modern Pagans: Pascal's Pensées Edited, Outlined, and Explained* (San Francisco: Ignatius Press, 1993).

Mackenzie, Charles S., *Blaise Pascal: Apologist to Skeptics* (Lanham, MD: University Press of America, 2008).

_____, *Pascal's Anguish and Joy* (New York: Philosophical Library, 1973).

Marsden, George M., *Jonathan Edwanrs: A Life* (New Haven, CT: Yale University Press, 2004).

Paley, William, *Natural Theology* (Chillicothe, OH: DeWard Publishing, 2010).

Pascal, Blaise, *Pensées and Other Writings* (New York: Oxford University Press, 2008).

Reid, Thomas, *Thomas Reid's Inquiry and Essays* (Long Beach, CA: Lexico Publishing, 2012).

Wolterstorff, Nicholas, *Thomas Reid and the Story of Epistemoly* (Cambridge: Cambridge University Press, 2001).

온라인 자료

Butler, Joseph, *Analogy of Religion* (Philadelphia: J. B. Lippincott, 1865). http://www.ccel.org/ccel/butler/analogy.html.

Edwards, Jonathan, *Works of Jonathan Edwards*, 2 vols. http://www.ccel.org/ccel/edwards/works1.html; http://www.ccel.org/ccel/edwards.works2.html.

Lessing, G. E., *The Dramatic Works of G. E. Lessing*. Edited by Ernest Bell (London: George Bell and Sons, 1878). http://www.gutenberg.org/files/33435/33435-h.htm.

_____, "On the Proof of the Spirit and of Power," *Lessing's Theological Writings*, edited by Henry Chadwick (Stanford, CA: Stanford University Press, 1965). http://faculty.tcu.edu/grant/hhit/Lessing.pdf.

Paley, William, *Natural Theology*. http://naturaltheology.us/table-of-cotents/209.html.

Pascal, Blaise, *Pensées*. Translated by W. F. Trotter. http://www.ccel.org/ccel/pascal/pensees.html.

Reid, Thomas, "Thomas Reid." Some Texts in Early Modern Philosophy. http://www.earlymoderntexts.com/authors/reid.html.

스스로 읽기

레싱의 "성령과 능력의 증거에 관해"는 매우 짧지만 엄청난 영향을 미쳤다. 변증이나 경건한 묵상에 모두 활용될 수 있는 파스칼의 『팡세』는 오랫동안 관심을 기울일 만한 가치를 지닌다. 버틀러와 팔리의 경우에는 주된 개념을 파악하는 것으로 족하다. 조나단 에드워즈의 가장 중요한 저서는 『의지의 자유』, 『참된 미덕의 본질(The Nature of True Virtue)』, 『신앙감정론』, 『사랑과 그 열매(Charity and Its Fruits)』 등이다. 리드의 『상식 원리에 기초한 인간 정신 연구(An Inquiry into the Human Mind on the Principles of Common)』와 에세이들을 읽어라.

온라인 듣기

웹 사이트 http://itunes.apple.com/us/course/legacy-history-philosophy/id694658914

- 블레즈 파스칼, 조지프 버틀러 : 1:09:56
- 조지프 버틀러, 윌리엄 팔리, 토머스 리드 : 44:21
- 자유주의 신학 서론, 계몽주의 시대의 합리주의, 고트홀트 레싱 : 36:40

유명한 인용문

- **레싱** : http://en.wikiquote.org/wiki/Gotthod_Ephraim_Lessing
- **파스칼** : http://en.wikiquote.org/wiki/Blaise_Pascal
- **에드워즈** : http://en.wikiquote.org/wiki/Jonathan_Edwards_%28theologian%29

A History of
Western Philosophy and
Theology

개요

임마누엘 칸트(1724–1804)
   현상과 실재
   초월적 방법
   선험적 종합 판단
   경험을 조직화하는 정신
   칸트의 조립 라인
     초월적 감성
     초월적 분석
     통각의 초월적 통합
     초월적 변증
       오류 추리
       이율배반
       이상
   칸트의 윤리학
   칸트의 신학
   칸트에 대한 결론
게오르크 헤겔(1770–1831)
아서 쇼펜하우어(1788–1860)
루트비히 포이어바흐(1804–72)
칼 마르크스(1818–83)

7장
칸트와 그의 계승자들

역사적 격변과 그 결과들을 묘사한 지금까지의 논의는 매우 극적이었다. 최초의 격변은 하나님이 무로부터 세계를 창조하신 일이었다. 그로써 하나님의 형상대로 창조된 피조물, 곧 철학을 생각할 줄 아는 존재가 탄생했다. 그 후에 인간의 타락이 일어났다. 그 결과, 인간의 생각과 행위가 하나님이 계시하신 세계관에서 벗어나 온갖 인위적인 환상으로 기울었고, 하나님의 진리를 가로 막고, 지성적인 자율성을 주장하기에 이르렀다. 세 번째 격변은 BC 600년경에 헬라인들을 중심으로 서양 철학이 처음 시작된 일이었다. 헬라 철학은 모든 전통과 종교적인 사고방식을 거부하고, 오직 이성만으로 세상을 설명하려고 시도했다. 그러나 33년에 천지를 뒤흔드는 사건이 발생했다. 예수님의 죽음과 부활과 승천은 하나님의 은혜를 거센 강물처럼 쏟아냈고, 인간의 마음과 생각을 근본적으로 변화시켰다. 그러나 기독교 사상이 지배하던 시기는 17세기 초에 이르러 종말을 고했고, 또 하나의 격변으로 인해 "현대" 철학이 새롭게 등장해 "계몽주의"로 알려진 시기에 지배적인 영향력을 발휘했다. 대다수 서양 철학자들은 또 한 번 전통의 속박과 기독교 신학에서 벗어나 이성과 감각적 경험을 강조했다. 아울러 그와 거의 동일한 시기에 자유주의 신학이 신학자들 사이에 확산되는 격변이 일어났다. 자유주의 신학은 기독교 교리를 계몽주의의 전제에 맞추려고 시도했다.

임마누엘 칸트(Immanuel Kant, 1724-1804)

임마누엘 칸트의 사상은 그 자체로 하나의 격변이었다. 데카르트와 로크를 비롯해 그들의 지지자들은 하나님의 계시에 구애되지 않고 자율적으로 추론하려고 노력했다. 그러나 자율적인 추론을 위한 포괄적인 "이론적 근거"를 마련한 사람은 칸트였다. 칸트는 자율적으로 추론해야 하고, 그 외의 다른 방법으로 추론해서는 안 된다고 주장했다. 그런 논증은 중요한 철학자들과 신학자들에게 큰 영향을 미쳤고, 그 결과 철학과 신학의 방향이 획기적으로 바뀌었다. 그런 논증은 지금도 여전히 우리에게 영향을 미치고 있다. 칸트 이후의 철학과 신학은 대부분 그의 철학적 체계와 관련된 요소들을 반영한다. 예를 들어 "현상"과 "실재"에 관한 칸트의 구별은 "개념"과 "의지"에 관한 쇼펜하우어의 구별, "사실"과 "신비"에 관한 비트겐슈타인의 구별, "기술"과 "시"에 관한 하이데거의 구별, "기술적 지식"과 "실천적 지혜"에 관한 가다머의 구별, "역사"와 "초역사"에 관한 바르트의 구별, "나와 그것", "나와 너"에 관한 부버와 브룬너의 구별 및 "다수"와 "하나"에 관한 다양한 형태의 신(新)영지주의와 신이교주의의[1] 구별을 통해 재현된다. 칸트는 그의 시대부터 오늘날에 이르기까지 가장 영향력 있는 철학자인 것이 틀림없다. 아래의 도표를 참조하라.

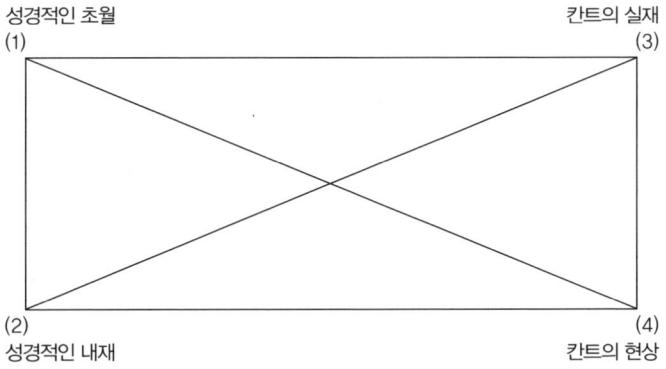

도표 7.1. 칸트의 실재와 현상

---

[1] 다음 자료를 참조하라. Peter R. Jones, *One or Two: Seeing a World of Difference* (Escondido, CA: Main Entry Editions, 2010).

임마누엘 칸트(Immanuel Kant)

칸트는 삶의 대부분을 연구과 교수 활동(쾨니히스베르크대학교)에 할애했다. 당시 독일 대학들은 라이프니츠의 제자인 크리스티안 볼프의 사상에 지배되었다. 칸트가 주로 배웠던 스승은 마르틴 쿤첸이었다. 칸트는 나중에 그의 뒤를 이어 쾨니히스베르크대학교의 교수가 되었다. 쿤첸은 과학과 수학의 엄격함을 철학에 적용하기를 바랐던 볼프의 생각을 공유했다. 칸트의 초기 저서는 그런 합리주의적인 특색을 여실히 드러낸다(그는 나중에는 그것을 "교조적인" 사변으로 간주했다). 그러나 칸트는 데이비드 흄의 책을 읽고 나서 "교조적인 잠"에서 깨어났노라고 말했다. 흄의 회의론은 대륙의 합리론에 대한 정면 도전이나 다름없었다. 철학자들은 더 이상 주의 깊게 선택된 공리들로부터 논리적으로 연역한 것을 토대로 세상의 구조에 관한 확신을 얻을 수 있다고 주장할 수가 없게 되었다. 흄은 칸트에게 이성적인 추론 과정을 좀 더 신중하고, 상세하게 분석해야 할 동기, 곧 "이성에 대한 비판"의 동기를 부여했다.[2] 칸트는 우리가 이성으로부터 배울 수 있는 것과 배울 수 없는 것이 무엇인지를 찾기 시작했고, 어떻게 우리가 얻고 싶어 하는 지식을 얻을 수 있는지를 탐구했다.

현상과 실재

앞에서 말한 대로 가장 위대한 철학자들은 편협한 통찰력에 만족하지 않고, 서로 양립할 수 없어 보이는 개념들을 통합하려고 시도하는 사람들이다. 플라톤은 파르메니데스가 말한 불변의 존재와 헤라클레이토스가 말한 항상 변하는 세계를 통합했고, 토마스 아퀴나스는 플라톤과 아리스토텔레스의 사상과 기독교 전통을 통합했다. 통합의 방법은 존재와 생각의 서로 다른 영역을 구별해 개념들을 한 벌씩 가지런히 정리해 각기 다른 영역에 나눠 적용하는 것이다. 플라톤은 파르메니데스의 개념들을 형상의 세계에 적용했고, 헤라클레이토스의 개념들을 물질의 세계에 적

---

[2] 칸트의 주저로는 『순수 이성 비판(Critique of Pure Reason)』, 『실천 이성 비판(Critique of Practical Reason)』, 『판단력 비판(Critique of Judgment)』이 있다.

용했다. 아퀴나스는 아리스토텔레스의 개념을 자연적인 이성의 영역에 적용했고, 성경의 가르침을 신앙의 영역에 적용했다. 그러나 플라톤이나 아퀴나스나 두 영역의 관계를 어떻게 규정지을 것인지는 항상 어려움으로 남았다.

그와 비슷하게 칸트는 우리의 경험과는 동떨어진 실재의 세계, 곧 물자체(Ding an Sich)의 세계와 우리의 경험과 관련된 현상의 세계, 곧 우리에게 나타나는 세계를 구별했다. 칸트는 실재의 세계와 관련해서는 흄의 회의론을 따른다. 우리가 세계가 존재한다는 것을 아는 이유는 경험의 원천이 존재하기 때문이다. 그러나 우리는 세계에 관해 아무것도 알지 못한다.[3] 그러나 현상의 세계는 우리의 이성과 감각을 통해 인지된다. 이 영역에서는 독일의 합리론이 사용한 방법이 도움이 된다. 그러나 칸트는 합리론이나 경험론의 추종자가 아니었다. 또한 그는 그 둘을 기계적으로 하나로 결합하려고 시도하지도 않았다. 그의 통합은 플라톤과 아퀴나스처럼 매우 창의적이었다.[4]

초월적 방법

칸트 이전의 합리론자들과 경험론자들은 철학을 연속적인 발견의 과정으로 간주했다. 즉 그들은 한 가지 원리에서 시작해 다음의 원리를 추론하는 방법을 적용했다. 첫 출발점, 곧 토대는[5] 자명한 공리(합리주의)나 감각적 경험(경험주의)이었다. 그것은 공리나 감각적 정보가 인도하는 대로 따라가는 것이었다. 칸트는 (위대한 철학자들이 흔히 그렇듯이) 이 두 가지 방법에서 돌이켜 좀 더 중요한 질문을 제기했다. 그는 "지식이 가능하다면 그것을 가능하게 만드는 조건은 무엇인가?(만일 지식이 가능하지 않다면 철학자가 존재할 이유가 없어질 것이다)"라고 물었다. 우리가 세상을 알 수 있다면 우리 자신을 비롯해 세상을 알 수 있게 만드는 것은 과연 무엇일까? 칸트는 이것을 "초월적 방법"으로 일컬었다. 그것은 감각을 통한 인상이나 연역의 단계를 따르지

---

[3] 실재의 세계를 알 수 없고, 또 알지 못한다는 말은 불필요한 동의반복처럼 들린다. 우리가 무엇을 안다면 그것은 경험의 일부일 것이고, 그런 점에서 현상적이다.
[4] 지금부터 이어지는 논의는 칸트의 가장 영향력 있는 저서에 해당하는 『순수 이성 비판』을 근거로 한다.
[5] 이 체계는 때로 "고전적 토대주의"로 일컬어진다.

않고, 그런 활동이 전제하는 것이 무엇인지를 묻는다.[6]

칸트는 지식이 가능하다는 것을 입증하려고 노력하지 않았다. 그는 지식이 가능하다는 것을 전제하고, 그런 전제로부터 무엇이 비롯하는지를 물었다.

선험적 종합 판단

초월적 질문에 대한 칸트의 대답은 지식이 가능하다면 "선천적 종합 판단"에 의한 지식이 가능해야 한다는 주장에서부터 시작한다. 앞에서 라이프니츠와 흄을 다루면서 "선험적인" 지식과 "경험적인" 지식, "분석적인" 지식과 "종합적인" 지식을 구별했다.[7] 흄은 "선험적" 진술은 모두 분석적이며,[8] "분석적" 진술은 모두 경험적이라고(즉 경험에서 비롯했다고) 믿었다.[9] 그러나 분석적인 진술은 말의 의미를 설명하는 것 외에는 그 어떤 정보나 지식을 전달하지 않는다.[10] 따라서 경험 이전에는 어떤 지식도 소유하지 못했고, 또 경험할 수 있는 지식도 없으며, 경험을 지배하는 지식도 없다는 결론을 피하기가 어렵다.[11]

이런 결론은 경험에 관한 일반적인 지식도 없고, 그것의 보편적이거나 필연적인 구조에 대한 지식도 없다는 의미를 내포한다. 경험은 아무런 조직적인 원리 없이 단지 자료들을 되는 대로 모아 놓은 것일 뿐이다. 경험은 흄이 말한 대로 인상의 덩

---

6) 코넬리우스 반틸의 변증학을 잘 알고 있는 사람들은 그가 자신의 변증 방법을 "초월적"으로 일컫는 이유를 이해할 것이다. 반틸의 "초월적"은 "전제적"이라는 말과 동일한 의미를 지닌다.
7) 잠시 복습하면 다음과 같다. "선험적인" 지식은 탐구 이전의 지식, 곧 우리가 탐구하는 지식을 가리키고, "경험적인" 지식은 탐구를 통해 얻어진 지식을 가리킨다. 절대적인 의미에서 "선험적인" 지식은 탐구하기 전에 이미 소유하고 있는 지식을 가리킨다. "분석적"과 "종합적"은 명제나 진술에 적용되는 용어다. "분석적인" 진술은 주어의 의미 안에 술어의 의미가 내포되어 있는 진술을 의미한다. 예를 들면 "삼각형은 변이 셋이다."라는 진술이다. "종합적인" 진술은 주어 안에 술어의 의미가 내포되어 있지 않은 진술을 의미한다. 예를 들면 "이 사과는 빨갛다."라는 진술이다. 오늘날, 철학자들은 때로 분석적-종합적 구별이 그다지 큰 차이가 없다고 생각하기도 한다. 12장에서 윌러드 콰인에 관해 논의한 내용과 비교하라.
8) 그가 말한 것은 앞의 각주에서 묘사한 절대적인 의미에서의 "선험적" 지식을 가리킨다.
9) 라이프니츠는 깊은 차원에서 생각하면 모든 진술이 분석적이라고 믿었다. 그러나 대다수 철학자들은 그런 입장을 터무니없다고 생각한다. 라이프니츠의 견해는 하나님이 모든 것을 미리 아셨고, 또한 미리 작정하셨다는 전제에 근거한다.
10) 아마도 이런 예외는 흄과 칸트를 비롯해 많은 철학자들이 이해했던 것보다는 좀 더 큰 의미를 지닌다.
11) 칸트는 이 점을 수긍하기 어려웠다. 그러나 경험론을 지지하는 철학자는 이것을 명백한 진리로 받아들일 것이 분명하다. 이것이 곧 경험주의의 정의다. 로크의 "백지"를 기억하라.

어리에 지나지 않는다.[12]

칸트는 이런 견해를 받아들일 수 없었다. 그는 당시의 다른 철학자들과 마찬가지로 뉴턴의 물리학을 신뢰했다. 그러나 뉴턴은 우주의 모든 물체와 사건들을 지배하는 중력의 법칙과 같은 보편적이고, 필연적인 원리가 존재한다고 믿었다. 칸트는 그런 지식이 가능하다면(앞서 말한 대로 이것은 지식의 가능성에 관한 문제 제기가 아니다) 우주에 관한 참된 지식(종합적인 명제)을 발견할 수 있어야 한다. 그런 지식은 감각적인 경험에 근거할 수 없다. 왜냐하면 우주 전체를 감각으로 경험할 수는 없기 때문이다. 따라서 이 지식의 일부는 "선험적"이어야 한다. 즉 종합적이고, 선험적인 지식이 존재해야 한다. 그렇지 않으면 과학은 불가능하다.

칸트는 종합적이고, 선험적인 진술의 예를 여러 개 제시했다. 위에서 논의한 내용에 내포되어 있는 대로 그는 보편적이고, 필연적인 명제들로 공식화한 과학적 법칙들은 종합적이고, 선험적이라고 믿었다.

기하학의 명제들(예를 들면 직선은 두 지점을 잇는 최단 거리라는 명제)도 마찬가지다. 이 명제를 분석적이라고 주장하려면 "두 지점을 잇는 최단거리"가 "직선"의 의미에 내포되어 있다는 것을 입증해야 한다. 어떤 철학자들은 그런 견해를 주장하기도 했지만 조금도 확실하지가 않다.

칸트는 (흄이나 20세기의 많은 사상가들과는 달리) 수학적 등식은 모두 종합적이고, 선험적이라고 믿었다. 그는 7 + 5 = 12를 예로 들었다. 여기에서의 논점은 12라는 의미가 "7, 5, +"의 의미 안에 내포되어 있느냐 하는 것이다. 얼른 계산할 수 있는 작은 양의 숫자를 사용해 말하면 그런 등식을 분석적이라고 주장하는 것이 그럴 듯하게 생각될 수도 있을 것이다.[13]

그러나 45,026이 958×47의 의미 안에 내포되어 있기 때문에 958×47을 이해하면 곧바로 45,026을 이해할 수 있다고 믿는 것이 과연 가능할까? 그보다는 차라리 칸트가 주장하는 대로 그런 문제를 다루는 것은 우리가 전에 가지고 있지 않은 정보에 근거한다고, 곧 곱셈 등식은 종합적 진술에 해당한다고 생각하는 것이 좀 더 자연스러울 듯하다.

---

12) 물론 이것은 흄이 우리의 영혼과 동일시한 의식의 덩어리와는 다른 덩어리를 가리킨다.
13) 예를 들면 흄이나 20세기의 논리 실증주의자들.

경험을 조직화하는 정신

칸트는 과학과 수학을 흄의 회의론으로부터 해방시키려면 종합적, 선험적 지식을 확증하는 것이 필요하다고 생각했다. 그러나 그러려면 또 하나의 문제를 해결해야 했다. 그것은 "과학과 수학이 종합적이고 선험적인 지식에 근거한다면 우리는 어떻게 그 지식을 얻을 수 있을까? 그 지식은 생득적인가?"라는 문제였다. 칸트는 아리스토텔레스와 리드를 비롯해 다른 많은 사상가들처럼 정신이 로크가 말한 "백지" 상태로 존재하지 않는다고 믿었다. 오히려 정신은 어떤 것을 경험하는 능동적인 기능을 발휘한다. 그러나 이 기능에 관한 칸트의 견해는 생득적 개념에 관한 전통적인 견해와는 궤를 달리한다.

합리론자들과 경험론자들은 정신을 정신 밖에 존재하는 세상에 대한 정보에 일치시킴으로써 지식을 얻는다고 생각했다. 합리론자들은 선택한 공리들에 근거한 논리적인 추론을 통해, 경험론자들은 정신 안에 생겨난 인상과 개념들에 대한 성찰을 통해 그런 일치를 이루려고 노력했다. 그러나 칸트는 그런 방법이 모두 흄의 비판 이후에는 더 이상 성립할 수 없다고 생각했다.

따라서 칸트는 혁신적인 대안을 제시했다. 그는 우리의 가장 기본적인 지식은 세상이 정신에 미친 인상이 아닌 정신이 세상에 미친 인상을 통해 발생한다고 주장했다. 경험은 정신이 실재의 세계를 통해 주어지는 원(原)자료에 다양한 개념을 부과함으로써 얻어진 결과다. 고든 클라크는 이 개념을 찬장의 선반에 즐비하게 놓여 있는 지성적인 젤리 병들에 비유했다.[14] 젤리 병들은 철학자들이다. 그들은 자기 안에 들어 있는 젤리가 항상 원통 형태를 취하고 있는 이유에 대해 논쟁을 벌였다. 그들은 젤리의 화학적, 물리적 성분을 분석함으로써 그 이유를 찾으려고 애썼지만 아무도 모든 병 안에 들어 있는 젤리가 한결같이 원통 형태를 취하고 있는 이유를 적절하게 설명할 수가 없었다.[15] 그러나 지성이 매우 탁월한 젤리 병 하나가 기발한 의견을 제시했다. 그것은 "젤리의 형태가 젤리 안에 들어 있는 성분 때문이 아니라 병의 형태 때문에, 곧 우리 자신의 생김새 때문이라면 어떻게 될까?"라고 물었

---

14) Gordon H. Clark, *Thales to Dewey: A History of Philosophy* (Boston: Houghton Mifflin, 1957), 400-401.
15) 젤리 병들도 칸트처럼 보편적이고, 필연적인 지식을 찾고 있었다는 점에 주목하라.

다. 아래의 그림을 참조하라.

도표 7. 2. 지성적인 젤리 병들

우리는 칸트의 제안을 그런 식의 비유에 빗댈 수 있다. 그는 자신의 제안이 얼마나 혁신적인지를 직감했다. 그는 그것을 철학의 "코페르니쿠스적인 전환"으로 일컬었다. 코페르니쿠스가 지구가 태양 주위를 돈다고 주장함으로써 아리스토텔레스와 프톨레마이오스와 같은 위대한 사상가들의 시대부터 오랫동안 믿어오던 지구 중심의 천문학을 뒤집어 놓은 것처럼, 칸트는 자연이 아닌 인간이 참된 지식을 구성하는, 종합적이고 선험적인 진리의 원천이라고 주장했다.[16]

그런 발견의 과정을 좀 더 구체적으로 설명하면 다음과 같다. 칸트는 이전 사상가들과 마찬가지로 감각적 인식과 이성의 기능을 구별했다. 경험론자들은 철학은 감각적 경험을 분석하는 것이라고 생각했고, 합리론자들은 우리의 이성적 기능을 분석하는 것이라고 생각했다. 그러나 칸트는 그 둘이 서로 밀접하게 연관되어 있다고 생각했다. 그는 "지각이 없는 개념은 공허하고, 개념이 없는 지각은 맹목적이다."라고 말했다.[17] 감각적 인식이 없는 개념은 아무것도 없는 개념이고, 이성적인 이해가 없는 감각적 인식은 아무런 의미가 없는 무질서한 인상에 지나지 않는다. 감각적 인식과 이성적인 이해는 서로 일치한다. 왜냐하면 정신이 그 둘을 조화시켜 이해할 수 있는 경험의 영역으로 나아가게 만들기 때문이다. 그런 현상이 일어나지 않으면 감각도, 이성도 아무것도 이해할 수 없다.

---

[16] 물론 코페르니쿠스와 칸트의 혁신은 서로 방향이 달랐다. 코페르니쿠스는 이전 사람들의 인간중심주의를 비판했고, 칸트의 이론은 이전 철학자들의 이론보다 훨씬 더 인간중심적이었다.

[17] Kant, *Critique of Pure Reason*, A 51.

칸트의 조립 라인

그런 현상은 세 가지 방식을 통해 일어난다. 초콜릿 바나 자동차나 돼지갈비와 같은 것을 만드는 생산 라인을 상상해 보자. 원료가 한 곳에서 들어와서 여러 공정을 거친다. 각 공정마다 원료에 일정한 영향을 미친다. 칸트의 사상 체계에서는 실재의 세계로부터 오는 자료가 원료이고, 조립 라인은 정신이다. 조립 라인은 모든 자료에 세 가지 영향을 미친다. 칸트의 용어를 빌리면 초월적 감성, 초월적 분석, 통각의 초월적 통합이다. 물론 조립 라인의 비유는 오해를 불러일으킬 수 있다. 왜냐하면 칸트가 이 세 가지 단계가 연속적인 관계를 맺고 있다고 생각하지 않았을지도 모르기 때문이다. 아래의 도표를 참조하라.

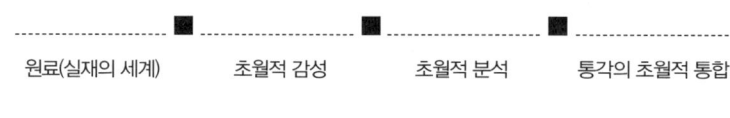

도표 7. 3. 칸트의 조립 라인

초월적 감성

"초월적 감성"은 원자료에 영향을 미쳐 그것을 감각적 인식에 적합하게 만든다. 칸트에 따르면 우리의 감각적 경험은 흄이 말한 것과는 달리 아무런 의미 없는 독자적인 인상이 아니다. 오히려 실제로 인식된 것은 이미 지성적으로 이해되는 것이다. 우리가 인식하는 것은 시간과 공간 안에 있는 것들이다. 시간과 공간 자체는 가시적인 물체가 아니다. 그것들은 어디에서 비롯한 것일까? 정신이 인식되는 모든 것에 시간과 공간의 질서를 부여한다. 그 질서는 정신에서 비롯한다. 정신이 인식되는 자료에 일정한 형태를 부여한다.

초월적 분석

조립 라인의 두 번째 단계는 "초월적 분석"이다. 초월적 분석은 시간과 공간의 질서가 부여된 대상을 이성적으로 이해하는 것이다. 여기에서 칸트는 열두 가지 판단의 유형을 나열한다. 우리는 그런 유형들에 근거해 우리가 경험한 것을 이해한다. 이를 네 가지로 분류하면 다음과 같다.

1. 양
   1) 보편성
   2) 특수성
   3) 단일성

2. 질
   1) 긍정성
   2) 부정성
   3) 무한성

3. 관계
   1) 범주성
   2) 가설성
   3) 분리성

4. 양태
   1) 문제성
   2) 주장성
   3) 필연성

칸트는 우리가 위의 판단의 유형을 선택해 감각을 통해 들어온 자료를 판단한다고 생각했다. "모든 인간은 죽는다."라는 것은 1-1)의 경우에, "물고기는 포유동물이 아니다."는 2-2) 경우에, "만일 비가 오면 소풍은 취소된다."는 3-2) 경우에 각각 해당한다.

이 유형들은 정신이 경험을 이해하는 데 필요한 열두 가지 범주와 일치한다.[18]

1. 양의 범주
   1) 통일성
   2) 복수성
   3) 총체성

2. 질의 범주
   1) 실재성
   2) 부정성
   3) 제한성

3. 관계의 범주
   1) 실체성(실재와 우연)
   2) 인과성(원인과 결과)
   3) 상호성(능동자와 수동자의 상호 관계)

4. 양태의 범주
   1) 가능성과 불가능성
   2) 존재와 비존재
   3) 필연성과 우연성

철학자들은 이 목록에 포함된 다수의 주제들을 주장하고, 논의해 왔다. "양의 범주"와 관련해서는 "하나"와 "다수"에 관한 논쟁, 즉 일원론자들(파르메니데스, 플로티누스, 스피노자)과 다원론자들(데모크리토스, 라이프니츠, 초기 비트겐슈타인)의 논쟁을, "질의 범주"와 관련해서는 존재와 비존재의 논쟁을,[19] "관계의 범주"와 관련해서는 실재

---

18) 이 목록은 아리스토텔레스의 범주 목록을 약간 수정한 것이다.
19) 존재와 비존재와 관련된 논의는 칸트의 목록 4-2)에 포함되어 있다.

및 원인과 결과에 관한 논쟁을, "양태의 범주"와 관련해서는 아퀴나스의 다섯 가지 신 존재 증명 가운데 세 번째 논증을 각각 예로 들 수 있다.

칸트는 초월적 분석을 통해 이전의 철학자들이 제기한 문제들을 다루기 위한 체계를 확립했다. 그런 점에서 칸트는 전통적이다. 그러나 그런 범주들이 본질적으로 정신에 의해 실재에 부여된다고 믿었다는 점에서는 전통주의와 크게 대조되었다. 세상이 그런 유형들로 나타나 보이는 이유는 그것이 우리의 사고 구조이기 때문이다. 이 범주들은 앞에서 말한 젤리 병의 원통형 형태와 같다. 다른 비유를 들면 그것은 제빙 그릇의 구조와도 같다. 물을 제빙 그릇에 부으면 그 모양대로 얼음이 언다.

감각적 경험을 통해서는 원인과 결과의 필연적 관계와 같은 것을 도출해 낼 수 없다는 흄의 유명한 논증을 생각해 보라. 칸트는 원인과 결과는 3-2)의 범주에 해당한다고 생각했다. 따라서 스스로의 인상과 개념을 조사해 필연적 관계를 찾으려고 했던 흄의 시도는 잘못되었다. 그는 원인과 결과를 정신이 경험에 부여한 구조라는 점을 이해했어야 했다. 그것이 없으면 과학은 불가능하다. 과학이 가능한 이유는 필연적 관계가 존재하기 때문이다. 그 필연적 관계는 세상 안에 존재하는 것이 아니라 정신 구조의 일부다.

때로 학생들은 사람들이 생각하는 다양한 방식과 지식사회학을 고려하면 "칸트가 모든 사람이 똑같은 범주들에 근거해 이성적 추론을 한다고 생각한 이유를 알 수 없다."고 말한다. 아마도 칸트는 그런 의문에 대해 그런 범주들이 이성적인 사고의 본질을 규정하기 때문이라고 대답할 것이 틀림없다. 누군가가 다른 범주들을 사용해 사고한다고 주장한다면 그것은 이성적으로 사고하는 것이라고 볼 수 없다. 다시 말해 그런 사람은 어떤 점에서 사고하지 않는 것이나 다름없다.

통각의 초월적 통합

칸트의 조립 라인의 세 번째 단계는 "통각의 초월적 통합"이다. 여기에서 칸트의 논증은 영혼의 존재에 관한 전통적인 논증과 약간 비슷하게 보인다. 그러나 칸트의 독특한 "코페르니쿠스적인" 사상 체계를 오해하지 않도록 주의해야 한다. 칸트는 경험한 것이 1과 2의 단계를 거쳤더라도 하나로 합쳐져 "통합된" 경험이 되지 않으면 아무런 의미가 없다고 주장했다. 여기저기에 잡다한 공간적인 물체가 존재하고, 약간의 통일성과 복수성과 인과성이 따로따로 존재하는 것이 아니다. 그것을 하나의 영역으로(또는 우리가 오늘날 즐겨 말하는 하나의 "이야기"로) 인식하는 "의식의 통합", 곧 모든 것을 의식에 적절한 상황으로 만드는 것이 필요하다. 그러나 이것은 경험의 일부가 아닌 경험의 "전제"다(여기에서 칸트의 독특한 생각이 발견된다). 흄은 이 점을 간과한 탓에 상당한 탐구에도 불구하고 영혼의 존재를 규명하지 못했다. 물론 칸트는 자신이 형이상학적인 자아나 영혼을 발견했다고 믿지도 않았고, 다른 누군가가 그것을 발견할 수 있을 것이라고 생각하지도 않았다. 통각의 통합은 경험적이거나 형이상학적이 아닌 초월적이다. 그것은 경험 속에서 발견되는 것이 아니라 경험의 "조건"이다. 여기에서 굳이 데카르트의 "나는 존재한다."에 관한 논의까지 들출 필요는 없을 듯하다.

초월적 변증

칸트의 철학은 위에서 다룬 세 가지 단계 외에도 네 번째 사고의 단계를 언급한다. 그는 그것을 "초월적 변증"으로 일컬었다. 이것은 위의 세 가지 단계와는 많이 다르다. 세 가지 단계는 지식의 필연적 측면이지만 초월적 변증은 긍정적인 용도도 있지만 우선적으로는 오류의 원천에 해당한다.

변증이 발생하는 이유는 대다수 사람들이 위에서 언급한 지식의 초월적 토대를 발견하는 것에 만족하지 않기 때문이다. 사람들은 형이상학에 관심이 있다. 칸트는 형이상학을 가능한 경험의 영역을 초월하는 현실을 탐구하려는 무익한 노력으로 간주했다. 사람들은 초월적 분석과 초월적 통각을 경험을 초월하는 것들의 존재를 입증하는 논증에 활용하기를 좋아한다.

1. 오류 추리

칸트는 "초월적 변증"이라는 항목에서 세 가지 유형의 오류를 다루었다. 첫째는 "오류 추리"다. 이것은 실재적이고, 비물질적이며, 불멸하는 영혼의 존재를 입증하려는 논증이다. 위에서 말한 대로 통각의 초월적 통합에 관한 칸트의 논증을 불멸하는 영혼의 존재를 입증하는 논증으로 활용하고 싶은 유혹이 존재한다. 그러나 칸트는 그런 논리적인 추론을 허용하지 않았다. 초월적 통합은 불멸하는 영혼을 입증하는 증거가 아니라 경험의 통합을 묘사한 것일 따름이다. 칸트는 그런 논증은 자아와 영혼의 차이를 혼동하는 데서 비롯한다고 지적했다. 이런 용어들을 그릇 이해하려는 유혹은 가능한 경험을 초월하는 것을 발견하려는 인간의 욕망에서 비롯한다. 우리의 경험은 통합을 이루지만 그런 통합이 실재적이거나 비물질적이거나 불멸하는 것을 입증할 수는 없다.

2. 이율배반

칸트가 "초월적 변증"이라는 항목에서 묘사한 두 번째 오류는 "이율배반"이다. 이율배반이란 서로 모순되는 두 가지 명제를 똑같이 설득력 있게 제시하는 것을 의미한다. 칸트는 특히 다음과 같은 이율배반을 지적했다.

1) 우주는 시간과 공간에 제한되어 있다. 우주는 시간과 공간에 제한되어 있지 않다(무한하다).
2) 세계는 무한히 나눌 수 있다. 세계는 나눌 수 없는 원자들로 구성되어 있다.
3) 모든 것은 원인이 있다. 인간의 자유의지는 인과관계에서 자유롭다.
4) 필연적인 존재(신)가 존재한다. 필연적인 존재는 존재하지 않는다.

칸트는 서로 반대되는 두 가지 명제를 똑같이 옹호할 수 있다고 생각했다. 우주가 제한되어 있다는 것을 입증할 수도 있고, 우주가 제한되어 있지 않다는 것을 증명할 수도 있다. 다른 명제들도 마찬가지다. 우리가 그런 어려움을 겪는 이유는 (한계와 인과성과 같은) 초월적 분석에서 비롯한 범주들을 경험을 초월하는 것들의 존재를 입증하는 수단으로 이용하려고 애쓰기 때문이다.

3. 이상

마지막으로 칸트는 "초월적 변증"이라는 항목에서 이성의 "이상", 즉 자아, 세계(사물들의 전체성), 신에 관해 말했다. 칸트는 이미 오류 추리(자아)와 이율배반(1)과 2)에서는 세계, 3)에서는 자아, 4)에서는 신)에서 그런 것들을 논의했다. 그러나 그는 그런 것들 가운데 경험을 토대로 입증할 수 있는 것은 아무것도 없다는 자신의 신념을 재차 강조했다. 나는 여기에서 그가 전통적인 유신론적 논증을 논박한 것만을 다룰 생각이다. 칸트는 이율배반 네 번째에서 이미 아퀴나스의 세 번째 신 존재 증명(우주가 절대적이고, 필연적인 존재를 요구한다는 것)을 논했다. 그러나 칸트는 하나님의 존재에 관한 좀 더 관습적인 논증을 다루었다. 그는 그것을 존재론적 논증, 우주론적 논증, 목적론적 논증으로 정리해서 다루었다.

칸트는 존재론적 논증(안셀무스의 『프로슬로기온』에서 발견되는 논증)은 개념(완전한 존재에 대한 개념)으로부터 현실(완전한 존재의 실질적인 존재)을 추론하는 잘못을 저지른다고 말했다. 안셀무스도 개념에서 현실을 추론한 것은 인정할 테지만 (4장에서 논의한 대로) 이 경우에 한해서는 그런 논증이 정당화될 수 있다고 주장할 것이 분명하다. 그러나 그런 주장은 칸트 철학의 가장 근본적인 원리(우리의 정신 안에 있는 개념으로부터 경험을 초월하는 어떤 것을 추론할 수 없다는 것, 곧 현상으로부터 실재를 추론할 수 없다는 것)를 훼손한다. 일단 칸트의 요점을 받아들이면 안셀무스의 논증을 받아들일 수 없게 된다. 문제는 우리가 칸트의 사상 체계를 확실히 입증된 것으로 받아들일 수 있는지에 달려 있다.[20]

칸트가 이해한 대로라면 우주론적 논증은 온 우주가 원인을 요구하고, 그 원인은 모든 면에서 완전한 존재이어야 한다고 말한다. 칸트는 그런 논증은 존재론적 논증과 크게 다르지 않다고 주장했다. 우주론적 논증도 존재론적 논증과 마찬가지로 완전에 관한 우리의 정신적 개념에 상응하는 존재가 존재해야 한다고 주장한다. 칸트는 우주의 원인이 존재해야 한다는 개념을 상정해봤자 아무런 도움도 되지 않는다고 말했다. 왜냐하면 흄이 지적한 대로 우리는 우주적 원인과 같은 것을 경험할 수 없기 때문이다.

칸트가 "물리-신학적 논증"으로 일컬은 목적론적 논증도 크게 다르지 않다. 그는 다른 논증들보다 이 논증에 좀 더 깊은 인상을 받았지만 그것도 기껏해야 개연적인 결론을 제시할 뿐이라고 생각했다. 목적론적 논증으로 신의 존재를 입증하려면 우

---

20) 또한 칸트는 존재가 완전하다는 안셀무스의 개념을 반대했다. 그는 심지어 그것이 적절한 술어조차 될 수 없다고 주장했다. 나는 그의 주장이 조금 혼란스럽다고 생각한다. 그러나 그런 혼란스러움을 여기에서 상세히 설명하기는 어렵다.

주론적 논증(우주의 설계자가 모든 것의 원인이어야 하고, 그런 존재는 모든 면에서 완전해야 한다는 것)에 의해 보완되어야 하고, 결국에는 존재론적 논증으로 축소될 수밖에 없다.

칸트는 이 모든 논증이 동일한 오류를 발생시킨다고 생각했다. 즉 그것들은 모두 정신의 개념에서 시작해 그것으로부터 경험 가능한 것을 초월하는 존재의 현실을 연역하는 수순을 밟는다.

지금까지 논의한 것으로만 보면 칸트는 하나님과 세상과 자아에 관해 전적으로 회의적인 입장을 취한 것으로 보인다. 그러나 사실은 그렇지 않다. 앞서 언급한 대로 칸트의 초월적 변증은 대개는 오류의 원인으로 작용하지만 긍정적인 측면을 아울러 지니고 있다. 칸트는 "이상"들을 구별했다. 구체적으로 말해 그는 "구성적 이상"과 "규제적 이상"을 구별했다. 어떤 개념을 구성적으로 활용한다는 것은 그것이 세상에 실제로 존재하는 것, 곧 경험의 구성 요소 가운데 하나를 지칭하는 것으로 간주한다는 것을 의미한다.

그러나 앞서 살펴본 대로 칸트는 신의 존재를 입증하는 것이 불가능하다고 생각했다(자아나 세상의 존재도 마찬가지다). 따라서 하나님, 자아, 세계에 대한 개념들은 구성적인 것이 될 수 없다. 그럼에도 불구하고 그런 개념들은 중요한 규제적인 역할을 한다. 규제적인 개념은 우리의 삶에 유익하다. 칸트는 하나님이나 다른 이상들의 존재를 입증할 수는 없지만 그런 것들이 실제로 존재하는 것처럼 행동해야 한다고 생각했다.

예를 들어 규제적인 이상들은 과학에 유용하다. 하나님이 우주에 질서를 부여하셨다고(즉 우주는 법칙들의 체계를 통해 전체적으로 작동하기 때문에 인간의 정신으로 그것을 이해할 수 있다고) 믿는 사람들은 다른 모든 조건이 똑같다면 하나님과 세계와 자아를 믿지 않는 사람보다 더 훌륭한 과학자가 될 수 있다. 또한 칸트는 하나님에 관한 개념이 우리의 도덕적 행위를 규제하는 데 중요한 역할을 한다고 생각했다. 그는 도덕적인 기준이 하나님의 명령에 의한 것이고, 하나님이 복종하면 축복을 주고, 불복종하면 벌을 내리신다고 믿는 사람은 그렇지 않은 사람들보다 도덕을 더욱 진지하게 생각할 가능성이 높다고 말했다. 따라서 하나님이 존재하지 않는다고 하더라도 그분을 믿지 않는 것보다는 믿는 것이 더 낫다.

칸트의 윤리학

칸트의 윤리학은 역사적으로 그의 인식론과 형이상학만큼 중요하지만 여기에서 그것을 상세하게 논하지는 않을 것이다.[21] 칸트는 이성의 한계를 강조했기 때문에 그가 도덕적인 상대주의를 주장했을 것이라고 생각하기 쉽다. 그러나 그는 절대적인 의무가 존재하고, 윤리적 정당성을 추구하는 것을 의무를 위한 의무 이행으로 생각했던 엄격한 의무론자였다. 윤리적인 판단도 수학과 물리학에 관한 진술처럼 선험적 종합 판단에 해당한다. 정신에 의해 그런 판단이 경험에 부여된다. 예를 들어 정신은 다른 사람을 수단이 아닌 목적으로 대하는 것이 우리의 의무라고 주장한다. 그런 윤리적인 원리에 어긋나게 행동하는 것은 모순을 만들어내 윤리적인 논의를 철저하게 무효화시킨다. 그러나 윤리가 가능하다는 것은 의심할 수 없는 사실이다. 그것은 지식이 가능하다는 것을 의심할 수 없는 것과 같다. 칸트의 범주 체계(보편적이고, 필연적인 명제)가 지식의 조건을 초월적으로 분석한 데서 비롯한 결과인 것처럼 그의 의무 체계(보편적이고, 필연적인 윤리)는 도덕적 선택의 조건을 초월적으로 분석한 데서 비롯한 결과다.

칸트의 신학

칸트가 상당히 중요한 신학자였다는 점에 주목해야 할 필요가 있다. 그는 신학을 중요하게 여겼다. 그는 이성에 한계를 두어 믿음을 위한 여지를 마련해야 한다고 말했다. 그러나 그가 말한 믿음은 자유주의적인 믿음이다. 그의 『이성의 한계 내에서의 종교(Religion within the Limits of Reason Alone)』는 자유주의 신학적 전통(앞에서 이신론과 레싱에 관해 설명하면서 언급했던 전통)의 이정표를 세웠다.

칸트의 『이성의 한계 내에서의 종교』는 최초의 자유주의 조직 신학이었다. 이신론자들은 성경의 구원의 메시지를 거부하고, 자연 신학을 옹호했다. 레싱도 역사적 주장에 근거한 종교를 다소 영향력 있게 논박했다. 그러나 칸트는 일반적인 유신론

---

21) 칸트의 윤리학을 상세히 논의한 내용을 원한다면 다음 자료를 참조하라. *DCL*, 109-16.

은 물론, 죄와 그리스도와 구원에 관한 전통적인 교리에 관심을 기울였다. 그런 점에서 그는 레싱이나 이신론자들에 비해 좀 더 보수적이었다. 그러나 칸트의 신학이 제시한 내용은 전통적인 기독교의 가르침과 크게 상반되었다.

자유주의 신학을 다루다보면 표현은 점점 더 보수적으로 바뀌어가지만 교리의 내용은 전혀 그렇지가 못한 경향이 있는 것을 더러 발견하곤 한다. 칸트의 말은 세버리나 레싱보다 좀 더 보수적인 것처럼 들리고, 슐라이어르마허의 말은 칸트보다 좀 더 보수적인 것처럼 들린다. 또한 리츨의 말은 슐라이어르마허보다 좀 더 보수적인 것처럼 들리고, 바르트는 리츨보다 좀 더 보수적인 것처럼 들린다. 나는 이런 역사적인 유형을 "보수적인 흐름"으로 일컫는다.[22] 이따금 그렇지 않은 경우도 있지만(예를 들어 불트만과 틸리히는 이전의 신학자들에 비해 표현이나 교리가 더 보수적이지 않다). 오늘날까지도 그런 경향이 여전히 발견된다. "보수적인 흐름"은 교회 안에서 지지를 얻고 싶어 하는 자유주의 신학자들의 바람에서 비롯한다. 계몽주의 시대에 자유주의 전통은 학문적인 신학의 중심부를 신속하게 장악했지만 교회 안에서는 지배력을 확보하기가 어려웠다. 그러나 좀 더 보수적인 언어, 곧 신조와 신앙고백과 찬송가와 정통 신학의 언어를 사용하자 성공률이 향상되었다. 자유주의 신학자들은 전통적인 언어를 사용해 교회와 교단의 신뢰를 확보하자 좀 더 많은 성공을 거둘 수 있었다(물론 조금 전에 말한 대로 예외인 경우도 있었다).

이 모든 점을 고려하면 칸트의 『이성의 한계 내에서의 종교』가 보수적인 흐름을 보여주는 최초의 사례라는 것을 알 수 있다. 그의 접근 방식은 이신론자들에 비해 좀 더 전통적이었다. 칸트는 하나님의 존재와 섭리는 물론, 죄와 구원을 다루는 전통적인 기독교 교리를 언급했다. 그러나 우리는 칸트가 그런 주제를 언급했더라도 그 내용은 전통적인 의미와는 무관할 뿐 아니라 심지어는 그것을 역으로 뒤집어 은혜의 복음을 의로운 행위의 교리로 대체했다는 것을 잊어서는 안 된다. 심지어 그의 신학은 하나님을 인간으로 대체하기까지 했다.

칸트의 종교는 윤리적인 의무를 하나님의 명령인 것처럼 받아들여 그것을 행하는 데 초점을 맞춘다. 레싱의 경우와 마찬가지로 윤리가 종교의 모든 것이다. 앞서

---

[22] 앞서 6장에서 그런 발전 과정을 언급한 바 있다.

말한 대로 칸트의 윤리는 선천적 종합 판단의 의무를 이성적으로 부여하는 것이다. 즉 인간이 스스로에게 의무를 부여한다. 칸트의 철학에 따르면 윤리학은 지성적인 자율성을 발휘하는 것이다. 『이성의 한계 내에서의 종교』는 윤리적인 의무에 직면한 인간의 의지에서부터 출발한다. 인간의 의지는 자연스레 옳은 것을 지향한다(이것은 하나님의 형상에 상응하는 칸트의 개념이다). 인간의 의지는 자유롭게 선한 행위를 선택할 수 있다.[23] 그러나 인간의 의지는 이상하게도 자유를 종종 남용하고, 도덕법을 훼손한다. 칸트는 이를 "근본악"으로 일컬었다. 이것은 죄에 대한 전통적인 교리에 상응하는 칸트의 개념이다. 그러나 그는 "원죄"를 부인했다. 근본악으로 기우는 성향은 모든 인간에게서 발견된다. 그것은 역사적 사건과 연루된 특정한 개인의 죄에서 기원하지 않았다. 각 사람은 인류의 첫 조상이 지은 죄가 아니라 오직 자기 자신이 지은 죄에 대해서만 책임이 있다. 우리는 다른 사람의 행위가 아닌 우리 자신의 행위에만 도덕적인 책임이 있다.

나사렛 예수는 도덕적인 본보기, 즉 우리 안에 있는 근본악을 극복하고, 도덕적인 완전함을 향해 나아갈 수 있는 우리의 능력을 보여주는 상징적 존재다. 칸트는 예수님의 역사적 실존과 그분의 기적이나 신성을 인정하지 않았다. 원죄의 경우와 마찬가지로 우리의 도덕적 회복은 과거의 사건이 아닌 우리의 자유의지를 통해 이루어진다. 그러나 예수님은 도덕성의 이상으로서 우리 각 사람 안에 거하며(이것은 성육신에 상응하는 칸트의 개념이다), 그릇된 선택으로 그분을 거슬렀을 때 우리 안에서 고난을 당하신다(예수님의 구원적 고난에 관한 전통적인 교리를 참조하라). 칸트는 "하나님의 아들을 믿는 실천적인 믿음(곧 도덕적인 본보기인 예수님이 우리에게 올바른 방향을 가리켜 준다는 확신)"을 가지라고 권고했다.

칸트의 신학은 자율적이고, 합리적인 사고의 결과물이다. 그는 신적인 계시의 가능성을 인정했지만 인간의 자율적인 이성에 그것을 종속시켜야 한다고 주장했다. 그것이 『이성의 한계 내에서의 종교』라는 책의 주제이자 결론이다. 그 책은 모든 곳

---

[23] 칸트의 자유로운 선택은 앞서 에피쿠로스와 많은 교부들의 사상에서 발견되는 것과 같은 자유의지론적 개념에 해당한다. 아우구스티누스는 그것을 주장하는 펠라기우스를 논박했다. 그러나 (둔스 스코투스와 같은) 중세 사상가들과 그 이후의 (아르미니우스와 몰리나와 같은) 사상가들은 그것을 받아들였다. 그러나 앞서 논의한 대로 칸트는 자유를 입증하는 증거를 거부했다. 자유도 하나님과 불멸처럼 "구성적인" 개념이 아닌 "규제적인" 개념에 해당한다. 칸트는 도덕적인 건전성을 위해 우리가 자유의지론적 자유를 소유하고 있는 "것처럼" 행동해야 한다고 권장했다.

에서 이성의 자율성을 전제로 삼는다.

칸트에게 종교는 도덕에 관한 것이었다. 그는 도덕이 외부에서 비롯한 계시가 아닌 자율적인 이성에 의해 결정된다고 생각했다. 그의 입장에서는 이성적 합리성 외에 다른 어떤 것을 도덕적 원리로 삼는 것은 부도덕한 일이었다. 누군가가 하나님으로부터 계시를 받았다고 주장한다면 이성으로 그 주장을 평가해야 한다. 더욱이 그는 계시가 불필요하다고 말했다. 왜냐하면 계시가 우리 자신의 ("실천적인") 이성으로 발견할 수 없는 특별한 것을 가르치지 않기 때문이다. 이성은 도덕법을 직접 알 수 있지만 계시는 기껏해야 간접적인 원천, 곧 다른 사람들이 추론한 것을 기록한 것에 지나지 않는다. 계시는 이성적인 믿음에 이르는 수단인 데 비해 이성적인 믿음은 그 자체로 목적에 해당한다. 또한 계시는 시간과 공간의 제약을 받으며, 일부 사람들에게만 주어진다. 따라서 그것은 도덕성이나 종교의 원천(본질상 보편적이고, 필연적이어야 할 원리)이 될 수 없다. 계시는 학자들에 의해 검증되고, 해석되어야 하지만 이성적인 믿음은 모든 사람에게 유효하다. 이성적인 믿음은 자명하고, 자기해석적이다. 이성적인 믿음은 완전하지만 계시는 불완전하다.

칸트의 신학은 성경적인 은혜의 복음을 행위의 의로 바꾼다. 그는 "참된 종교는 하나님이 우리의 구원을 위해 하시는 일이나 하신 일을 알거나 생각하는 것이 아니라 우리가 구원을 받을 만한 자격을 갖추기 위해 해야 하는 것에 달려 있다."라고 말했다.[24]

칸트에 대한 결론

칸트는 현대 역사상 가장 중요한 철학자다. 그의 계승자들의 사상에서부터 오늘날에 이르기까지 그의 흔적을 도처에서 발견할 수 있다. 그의 공로는 인간의 지성적인 자율성을 철저하게 적용한 데 있다. 데카르트를 비롯해 "현대" 철학을 시작한 다른 사상가들은 이성적인 자율성을 자신들의 방법론으로 채택했지만 칸트는 그 방법론을 일관성 있게 적용했을 뿐 아니라 철학의 모든 영역에서 확실하게 옹호했

---

[24] Kant, *Religion wiithin the Limits of Reason*, division 2.

다. 그러나 칸트는 몇 가지 측면에서 자율적인 사고의 실패를 보여주는 본보기이기도 했다.

1. 앞서 살펴본 대로 칸트는 하나님, 영혼, 세계와 같은 이성의 이상을 "구성적이" 아닌 "규제적으로" 활용했다. 이것은 그런 것들이 실제로 존재하는 것으로 간주해서는 안 되고, 마치 그것들이 우리의 경험 속에 존재하는 "것처럼" 간주해야 한다는 것을 의미한다. 그러나 칸트의 "~것처럼"은 매우 빈약한 속성을 지닌다. 만일 내가 무신론자인데 칸트가 내게 하나님이 존재하는 것처럼 행동하라고 말한다면 그것은 나의 삶에 상당히 큰 변화를 요구하는 의미를 지닌다. 그것은 칸트 자신이 내게 나의 도덕적인 습관을 바꾸라고 요구하는 것이나 다름없다(예를 들면 약속을 지켜라, 도둑질하지 말라, 속이지 말라 등). 그러나 하나님이 존재하시는 것처럼 행동한다는 것은 그 이상의 의미를 지닌다. 예를 들어 (성경의 하나님에 관해 말한다고 가정할 때) 그것은 교회에 나가고, 예배와 성례에 참여하는 것을 의미한다. 더욱이 그것은 다른 사람들에게 그리스도를 주님으로 믿으라고 권유할 뿐 아니라 성경은 사실이며, 하나님은 존재하신다고 믿는 것을 의미한다. 인식론은 윤리학의 일부, 곧 삶의 신념에 해당한다. 하나님이 존재하시는 것처럼 행동하려면 도덕적 행위를 바꾸어야 하고, 그러려면 신념의 체계도 함께 바꾸어야 한다.[25] 따라서 하나님의 개념을 구성적으로 활용하지 않으면 규제적으로도 활용할 수 없다. 칸트는 규제적인 이상과 구성적인 이상을 나누려고 했지만 그 둘은 서로 분리될 수 없다.

2. 그럼에도 불구하고 칸트는 그 둘을 분리하려는 의도를 지니고 있었기 때문에 계몽주의를 통해 차츰 영향력을 형성해 가던 전통을 따르기에 이르렀다. 그것은 신중함을 철학적 원리로 받아들인 전통이었다. 이 전통은 나중에 "실용주의"로 일컬어졌다. 앞에서 논의한 대로 흄은 "원인과 결과의 필연적 연관성"을 관습(또는 습관)의 범주에 포함시켰다. 칸트는 흄의 그런 입장을 탐탁하지 않

---

[25] 의지의 행위로 우리의 신념을 바꾸는 것이 불가능하다는 것을 부인하는 사람들이 많다. 우리는 우리 자신이 믿고 싶어 하지 않는 진리를 가로막는 경향이 있다(롬 1:18). 우리는 종종 우리가 믿고 싶어 하는 것을 믿기를 원하기 때문에 (사도행전 16장 21절처럼) 누군가에게 믿으라고 권유하는 것은 의미가 있다. 이 점에 대해 좀 더 자세히 알고 싶으면 다음 자료를 참조하라. *DKG*, 343-44.

게 생각했다. 그러나 칸트는 흄의 입장을 반대로 뒤집어 정신이 경험에 필연적인 연관성을 부여한다고 말함으로써 실상은 흄의 주장을 용인하는 결과를 낳았다. 더욱이 칸트는 하나님, 자아, 세계를 "존재하는 것처럼" 받아들여 행동하자고 말함으로써 그것을 습관(우리를 실질적으로 유익하게 만드는 행위와 사고의 습관)의 영역에 국한시켰다. 따라서 칸트의 철학은 겉으로는 엄격하고, 전문적인 논리적 논증처럼 보일지라도, 실제로는 특정한 방식으로 생각함으로써 행복한 삶을 추구하라는 실천적인 조언에 지나지 않는 결과를 낳는다. 이런 점에서 칸트의 철학을 파스칼의 내기 이론, 리드의 상식적 전제, (9장에서 살펴볼 퍼스, 제임스, 듀이와 같은) 실용주의자들, 과학적 관점과 일상적인 관점을 날카롭게 구별했던 실존주의자들 및 현상학자들과 비교하는 것도 중요할 듯하다.

3. 아울러 칸트와 플라톤을 비교하는 것도 흥미로울 것이다. 두 사람 모두 현실의 두 가지 측면, 곧 알 수 있는 것과 알 수 없는 것을 구별했다. 플라톤의 두 세계 가운데 "상위" 세계는 지식을 통해 알 수 있지만 "하위" 세계는 혼란스럽고, 일관되지 않고, 근본적으로 알 수 없다. 그러나 칸트의 경우에는 하위의 세계, 곧 현상의 세계는 알 수 있지만, 상위 세계인 실재의 세계는 알 수도 없고, 알려진 바도 없다. 어떤 점에서 칸트는 플라톤의 사상을 역으로 뒤집었다고 말할 수 있다. 그러나 두 사람 모두 알 수 없고, 이해할 수 없는 세계를 확실하고, 분명한 지식을 약속하는 세계와 연관시키려고 노력했다. 플라톤은 우주의 이해 가능성이 형상의 세계에서 비롯한다고 믿었고, 칸트는 우주의 이해 가능성이 정신이 현실에 부여된 범주들로부터 비롯한다고 믿었다. 결과적으로 인간의 정신이 플라톤의 형상을 대체한 셈이다. 이것은 칸트의 지성적인 자율성의 한도가 어디까지였는지를 잘 보여준다. 칸트는 인간의 자율적인 정신이 세상을 알 뿐 아니라 세상을 알 수 있게 만들 수 있다고 믿었다.

4. 칸트와 플라톤은 그 외에도 비교할 점이 더 있다. 플라톤은 변화하는 세상은 형상을 반영하고 나타낼 뿐 스스로의 형상을 소유하고 있지 않다고 생각했다. 변화하는 세상은 그 자체로는 아무것도 아니다. 이 점은 아리스토텔레스의 제1질료의 경우에는 훨씬 더 분명하다. 2장에서 논의한 대로 제1질료는 형상을 나타내지만 그 자체로는 형상이 없기 때문에 아무것도 아니다. 그러나 다른 측

면에서 보면 그것은 무엇인 것이 분명하다. 왜냐하면 플라톤과 아리스토텔레스 모두 자신의 형이상학에서 그것에 중요한 역할을 부여했기 때문이다. 칸트도 실재의 세계와 관련해 그와 비슷한 문제에 봉착했다. 우리는 실재의 세계가 초월적 감정, 분석, 통각의 통합과 같은 구조를 취하기 전에는 그것에 아무런 구조도 부여할 수 없다. 우리에게 실재의 세계는 아무것도 아닌 것이나 마찬가지다. 그러나 칸트의 체계가 작동하려면 그것은 반드시 어떤 것이어야 한다.[26]

5. 나는 2장에서 반틸의 분석을 플라톤과 아리스토텔레스에게 적용했다. 그들은 형상의 개념과 관련해서는 합리주의적이었고, 물질의 개념과 관련해서는 비합리주의적이었다. 형상은 알 수 있지만 물질은 알 수 없다. 헬라인들은 결국 이성적인 범주를 활용해 비이성적인 세계를 해석하려는 불가능한 작업을 시도한 셈이다. 변하지 않는 완전한 형상으로는 변화하는 (흙과 털과 오물과 같은) 불완전한 세계를 적절히 설명할 수 없었다. 그와 비슷하게 칸트도 자율적인 이성이 제시하는, 알 수 있는 범주의 구조(현상)를 적용해 구조도 없고 알 수도 없는 세계(실재)를 해석하려고 시도했다. 더욱이 칸트는 흄보다 더 회의적이었다. 그는 세상을 있는 그대로 알 수 없다고 생각했다. 그러면서도 그는 자율적인 추론을 통해 하나님이 무엇을 하실 수 있고, 또 하실 수 없는지와 같은 문제를 비롯해 우리의 경험 안에 포함된 모든 것을 해결할 수 있다고 주장했다.

6. 그렇다면 결국 칸트의 지식은 현실 세계에 대한 지식이 아니다(그는 지식을 통해 과학과 수학을 회의주의로부터 구할 수 있다고 생각했다). 그의 지식은 그 자체의 구조를 지닌 지식, 경험에 부여한 범주들에 대한 지식이다. 따라서 그것은 엄밀한 의미에서 동의반복에 지나지 않는다. 다시 말해 그것은 아리스토텔레스의 (생각을 생각하고, 생각을 생각하는 일을 되풀이하는) 원동자와 비슷하다. 그것은 어떤 것에 대한 생각이 아니기 때문에 전혀 생각이라고 할 수 없다. 이런 점에서 칸트는 실재의 세계는 물론 현상의 세계와 관련해서도 흄보다 훨씬 더 회의적이다. 실재에 관한 지식이 없기 때문에 현상에 대한 지식도 공허한 생각의 반복에 지나

---

[26] 여기에서 우리는 다시 물질적인 실체를 "내가 모르는 어떤 것"으로 표현한 로크를 떠올리게 된다.

지 않는다.

7. 칸트에게 현실 세계와 같은 것이 존재했다고 전제한다면 그것은 인위적인 상상일 뿐이다. 앞서 말한 대로 실재의 세계는 아무것도 아니다. 존재하는 것은 정신에서 비롯한 범주들로 구성된다. 따라서 무에서 세상을 창조하는 것은 인간의 정신이다. 인간이 하나님의 역할을 한다. 이런 결론은 자율적인 정신을 이해 가능성의 판단 기준으로 삼은 칸트의 사상을 적절하게 묘사한다. 칸트는 전통적으로나 성경적으로 하나님의 역할로 간주되는 것을 정신에 부여했다.

8. 도이베르트는 철학의 역사를 "근본 주제(또는 가치 체계)"의 연속으로 이해했다. 성경의 근본 주제는 "창조-타락-구원"이고, 헬라 철학의 근본 주제는 "형상과 질료의 체계"이다. 중세 철학에서는 "형상과 질료의 체계"가 아퀴나스를 통해 "자연 이성"으로 바뀌었다. 그는 그것으로 "은혜"의 영역을 보완했다. 그 결과, "형상과 질료"는 "자연과 은혜"로 바뀌었다. 그러나 칸트가 대표하는 현대에 이르면서 아퀴나스의 "은혜"는 "자유"의 개념으로 세속화되었다. "자연과 은혜"가 "자연과 자유"로 바뀌었다. 이런 분석은 칸트가 하나님의 은혜를 그와 반대되는 것(자율적인 인간의 자유)으로 대체하면서 이루어진 논리적인 발전 과정을 보여준다. 칸트의 종교는 하나님의 은혜가 아닌 인간의 자유에 중점을 둔다.[27] 칸트의 형이상학과 인식론과 윤리학과 종교는 모두 하나님을 인간으로 대체했다. 불행하게도 그는 자기 시대 이후의 철학의 방향을 결정지었다. 이것이 칸트의 "코페르니쿠스적 전환"의 의미다.

9. 그러나 칸트의 "전환"은 결코 필요하지 않았다. 칸트는 경험이나 이성을 통해 현실을 이해하려는 시도는 희망 없는 탐구이기 때문에 코페르니쿠스적 전환이 필요하다고 생각했다. 그러나 과연 누가 그런 탐구가 절실히 필요하다고 말할 수 있겠는가? 칸트 이후에도 흄의 회의론에도 불구하고 경험주의(존 스튜어트 밀)와 합리주의(게오르크 헤겔)가 여전히 상당한 잠재성을 지니고 있다고 생각한 사상가들이 나타났다. 리드의 상식 철학도 백 년이 넘게 인기를 지속했다. 내가 아는 한, 칸트는 그런 접근 방식이 아무런 소득이 없다는 것을 설득력 있게

---

[27] 칸트는 하나님께 복종하려고 힘쓴다면 그분이 우리에게 약간의 도움을 베푸실 것이라고 기대할 수 있겠지만 우리의 행위가 먼저이고, 그분의 은혜는 그 다음이라고 말했다.

입증하지 못했다. 더욱이 (이 책의 1장에서 제시한) 성경의 철학은 또 어떤가? 하나님이 자연과 성경과 우리 자신을 통해 진리를 계시하셨고, 우리의 정신에 그분 자신의 범주들을 적용할 수 있는 기능을 부여하신 것으로 드러난다면 지식의 가능성을 더욱 분명하게 확신할 수 있지 않겠는가? 만일 계시가 없었다면 경험할 수 없는 일들을 계시로 인해 경험할 수 있게 된다면 상황이 크게 달라지지 않겠는가? 우리의 이성이 진리의 궁극적인 기준이 아니라 하나님께 복종함으로써 그분의 생각을 따르는 기능을 발휘해야 하는 것이라면 어떻게 될까? 이런 점에서 칸트의 철학은 새롭고, 거창한 진리의 발견이라기보다는 몇 가지 옛 진리를 묵살한 결과물로 보인다.

게오르크 헤겔(Georg Hegel, 1770-1831)

헤겔은 칸트 이후에 형성된 독일 관념론의 선두 주자가 아니었다. 칸트의 "실재의 세계"가 불필요하다고 처음 말한 사람은 고트리브 피히테(1762-1814)였다. 그것은 "만일 우리가 실재의 세계에 대해 아무것도 알 수 없다면 무슨 근거로 그것의 존재를 확증할 수 있는가?"라는 문제였다.[28] 그러나 만일 실재의 세계를 칸트의 체계에서 제거한다면 남는 것은 현상의 세계뿐이다. 그렇다면 현상의 세계는 단순한 현상(곧 다른 것의 나타남)이 아니라 그 자체로 엄연한 현실이다. 결국 우리는 참된 세상을 알 수 있다. 우리는 그것을 근거로 일종의 합리주의로 되돌아갈 수 있다.

따라서 흄과 칸트의 급진적인 회의론은 관념론이라는 급진적인 합리론으로 기울기 마련이다. 헤겔이 말한 대로 "현실적인 것은 이성적이고, 이성적인 것은 현실적이다." 이 슬로건은 플로티누스가 동의했던 파르메니데스의 슬로건("존재하는 것과 생각하는 것은 동일하다")이나 스피노자의 슬로건("개념들의 질서와 연관성은 사물들의 질서와 연관성과 동일하다")과 본질적으로 동일하다. 이런 합리주의의 슬로건은 인간의 이성에 대한 철저한 신뢰를 요구한다. 합리주의는 이성의 개념들이 단지 세상의 현실에 상

---

28) 칸트는 때로 실재는 현상의 원천, 또는 원인이라고 말했다. 그러나 "원인"은 이해의 범주 가운데 하나다(앞에서 언급한 3-2를 참조하라). 칸트는 그런 범주들은 실재의 세계에 적용할 수 없다고 말했다.

응하는 것이 아닌 그 자체로 엄연한 현실에 해당한다고 믿는다. 따라서 생각의 대상과 일치하는 개념을 찾아내는 것이 목표가 아니다. 왜냐하면 생각이 곧 생각의 대상이기 때문이다. 이것은 정신의 개념들이 물질적인 대상이라는 의미이거나 생각의 대상 자체가 곧 생각이라는 의미이거나 둘 중에 하나다.

"관념론(Idealism)"은 대개 모든 현실이 생각이라는 두 번째 의미를 취한다. 이미 버클리와 라이프니츠를 비롯해 (일관성이 좀 덜하기는 하지만) 조나단 에드워즈에게서도 그런 입장을 확인할 수 있다. 칸트도 때로는 관념론자로 불린다. 왜냐하면 앞서 지적한 대로 지식을 정신이 경험에 부여하는 개념으로 간주해 그것을 주관적인 경험에 국한시켰기 때문이다. 그러나 19세기 이후로 "관념론"은 특정한 철학 운동을 지칭하는 명칭이 되었다. 그 운동은 피히테, 헤겔, 프리드리히 빌헬름 셸링(1775-1854)과 같은 독일의 관념론자들와 함께 시작되었다. 19세기 후반에 이르러서는 영국에서도 그린(1836-82), 브래들리(1846-1924), 버나드 보상케(1848-1923)와 같은 철학자들의 주도 아래 그와 관련된 운동이 일어났다. 미국의 경우에는 조시아 로이스(1855-1916), 아치볼드 보먼(1883-1936),[29] 브랜드 블랜셔드(1892-1987) 등이 관념론을 표방했다. 이 운동이 오랫동안 지속되었다는 점에 주목하라. 요즘에는 관념론을 주창하는 학자들이 거의 없지만 이 사상 학파는 지금도 여전히 관심을 끌고 있다. 신학에서는 폴 틸리히(1886-1965)와 볼프하르트 판넨베르크(1928-2014)에게서 그 영향력을 발견할 수 있다. 그 밖에도 헤겔은 칼 마르크스의 많은 추종자들에게도 간접적으로 영향을 미쳤다. 오늘날 헤겔주의자는 별로 없지만 헤겔 연구가들이나 그의 말을 인용하는 경우는 많다. 이처럼 독일 관념론은 우리의 시대와도 결코 무관하지 않은 사상 운동에 해당

게오르크 헤겔
(Georg Hegel)

---

29) 흥미롭게도 보면은 코넬리우스 반틸의 박사 학위 논문("하나님과 절대자")의 지도 교수였다. 반틸의 논문은 관념론의 절대자와 성경의 하나님을 비교했다. 그는 관념론을 거부했지만 그의 글에서는 ("구체적 보편성"이나 "전제"와 같은) 그와 관련된 표현이 종종 언급되어 나타난다. 그는 변증학과 관련해서는 개별적인 사실들을 하나로 통합하는 체계나 세계관과 상관없이 그것들을 이해하려고 노력해서는 안 된다는 일종의 관념론적 통찰력을 강조했다. 제임스 오어(1844-1913)와 고든 클라크(1902-85)와 같은 다른 복음주의자들도 그런 생각을 공유했다. 13장에서 클라크에 대해 논의한 내용을 참조하라.

7장 칸트와 그의 계승자들 409

한다.

위에서 언급한 관념론자들은 여러 가지 차이를 드러낸다. 나는 그 가운데 가장 유명한 인물인 헤겔을 관념론의 대변자로 간주하고 싶다. 첫째, 우리는 칸트가 이성을 비판한 이후로 합리주의 철학이 과연 신뢰할 만한 기능을 발휘할 수 있는지를 물어야 한다. 헤겔의 대답은 "변증법"이었다. 칸트의 초월적인 변증론은 사람들이 가능한 경험을 초월하는 현실의 존재를 입증하기 위해 오성의 범주를 활용할 때 저지르는 오류들을 다루었다. 그러나 헤겔은 오성의 범주들로부터 현실 세계를 추론하는 것은 오류가 아니라고 생각했다.[30] 이성은 세계에 대한 믿을 만한 안내자다. 사실, 최상의 상태에 있는 이성이 곧 세상이다.

그러나 헤겔은 그렇다고 하더라도 데카르트, 스피노자, 라이프니츠와 같은 옛 합리주의자들에게로 되돌아가서는 안 된다고 생각했다. 헤겔의 합리주의는 칸트의 비판을 통해 단련된 합리주의였다. 그는 이성이 종종 그릇된 길로 치우치기 때문에 바르게 교정해야 할 필요가 있다는 칸트의 견해에 동의했다.

그러나 그는 또한 칸트와는 다르게 그런 오류가 진리를 발견하는 열쇠라고 생각했다. "이율배반(두 개의 서로 다른 결론이 똑같은 설득력을 지니는 것)"을 다룬 칸트의 변증론을 기억하라. 예를 들어 우주는 무한히 나눌 수 있고, 또 무한히 나눌 수 없다. 칸트는 이율배반으로 금지된 영역을 파고들려는 이성에 대해 경고했다. 그러나 헤겔은 이율배반이 세상에 관해 상당한 진실을 알려준다고 믿었다(이 경우에는 무한한 분할 가능성). 형식적인 모순을 피하려면 전체 상황을 좀 더 넓은 관점에서(즉 좀 더 사실적으로) 바라봐야 한다.

경험으로 미루어 보건대 서로 모순되는 주장들을 고려할 때 좀 더 폭넓은 진리를 발견하게 되는 일이 더러 발생한다. 맹인들과 코끼리의 비유를 생각해 보라. 코끼리의 다리를 만져본 맹인은 그것이 나무처럼 생겼다고 생각했고, 코끼리의 코를 만져본 맹인은 그것이 뱀처럼 생겼다고 생각했다. 그러나 만일 코끼리를 좀 더 넓은 관점에서 바라보면(즉 시력이 온전한 상태에서 바라보면) 모든 모순이 해결되고, 참된 진실을 알 수 있으며, 제한된 관점으로 바라봤을 때보다 진실을 더 잘 파악할 수

---

[30] 칸트와는 달리 헤겔은 존재론적 논증을 인정했다. 개념을 근거로 현실을 주장하는 것은 이성의 고유한 본질이다.

있다. 이처럼 칸트의 생각과는 달리 모순은 좀 더 참된 진실을 발견할 수 있는 수단이다.

다양한 관점을 하나로 통합할 때 좀 더 큰 통찰력을 얻을 수 있다. 플라톤은 대화의 형식을 사용해 자신의 개념을 발전시켰다(플라톤의 대화는 종종 변증술로 불린다). 물론 플라톤의 대화가 항상 탐구의 주제에 대한 결론에 도달한 것은 아니었다. 그러나 플라톤은 질문을 제기함으로써 논의를 시작하는 것을 학습의 수단으로 생각했던 것으로 보인다. 우리는 한 가지 개념을 수긍하다가도 그와 반대되는 개념을 알게 되면 그것을 또한 수긍하게 된다(잠 18:17 참조). 그런 경우, 첫 번째 개념은 두 번째 개념을 수긍할 수 있는 발판이 되어준 셈이다. 우리는 그런 경험을 통해 심지어 두 번째 개념도 세 번째 개념도 좀 더 올바른 개념을 수용할 수 있는 발판으로 삼을 수 있다.

이처럼 헤겔의 변증법은 부정과 종합의 방법을 통해 진리를 추구하는 방식에 해당한다. 지식도 인간의 다른 행위들과 마찬가지로 시행착오를 통해 발전한다. 우리는 우리가 안다고 생각하는 것을 의문시함으로써 더 나은 통찰력에 도달할 수 있다. 해석자들은 헤겔의 변증법적 추론이 세 단계(정, 반, 합)로 구성되어 있다고 이해한다.[31] "정"은 논의를 위해 상정된 명제를, "반"은 정에서 비롯한 것처럼 보이지만 실상은 그것과 반대되는 주장을, "합"은 정과 반의 오류를 제거하고 좀 더 큰 그림을 제시해 앞선 단계들 중에서 사실로 판명된 것을 종합적으로 제시하는 견해를 각각 가리킨다. 그런 다음에는 "합"이 다시 부정되고, 변증법이 세상에 관한 포괄적인 지식에 도달할 때까지 차츰 더 높은 차원을 향해 계속 진행되어 나간다.

헤겔은 "보존하다", "폐기하다", "쳐들다"를 의미하는 독일어 동사 "aufheben(과거분사형은 aufgehoben)"을 사용해 이 과정을 묘사했다.[32] 변증법의 각 단계를 거칠 때마다 이전 단계가 보존되고, 폐기되고, 더 높은 이해의 차원으로 고양되는 결과가 나타난다.

---

[31] 헤겔 자신은 이 표현을 자주가 아닌 이따금 사용했다.
[32] 이 다중적인 의미를 지닌 독일어 단어는 "쪼개다"와 "결합하다"를 뜻하는 영어 단어 "cleave"처럼 분명한 모순을 지니고 있다. 헤겔은 이 단어의 세 가지 의미를 하나로 결합시켜 좀 더 차원이 높은 하나의 개념을 나타낼 수 있다고 생각했다.

헤겔 철학의 실질적인 내용을 살펴보면 그의 방법론을 더 잘 이해할 수 있다. 그는 존재의 개념을 분석함으로써 세계에 대한 탐구를 시작했다. 그는 파르메니데스와 하이데거처럼 존재의 본질을 철학의 근본 문제로 생각했다. 존재는 모든 것을 포함한다. 따라서 존재를 이해하면 온전한 지식을 얻을 수 있다.[33)]

철학자들은 (파르메니데스, 플로티누스, 스피노자, 헤겔의 경우처럼) 우주의 일반적인 본질을 파악하거나, 아니면 (데모크리토스, 에피쿠로스, 라이프니츠, 초기 비트겐슈타인의 경우처럼) 가장 작은 구성 요소를 찾아내거나 둘 중에 한 가지 방법을 사용해 온전한 지식을 추구했다. 전자는 일원론자들이고, 후자는 다원론자들이다. 기독교의 관점에서 보면 두 가지 방법 모두 실패할 수밖에 없다. 왜냐하면 1) 오직 하나님만이 온전한 지식을 아실 수 있고, 2) 세상을 자신의 삼위일체적인 본성을 반영하도록 창조하셨기 때문이다. 다시 말해 복수성 없이 단일성만 존재하지도 않고, 단일성 없이 복수성만 존재하지도 않는다. 헤겔은 일원론자였다. 그는 일반적인 존재를 이해함으로써 세상을 이해하려고 시도했다.

그러나 존재는 처음에는 우리를 실망시킨다. 존재를 알려면 가장 먼저 존재와 비존재를 구별해야 한다. 존재가 아닌 것을 알지 못하면서 어떻게 존재를 알 수 있겠는가? 따라서 존재는 비존재의 관점에서 정의되어야 하는 것처럼 보인다.

그러나 그것은 불가능하다. 존재하지 않는 것이 과연 존재할 수 있겠는가? 일각수는 실제로는 존재하지 않지만 문학이나 상상 속에서는 존재할 수 있다. 그렇다면 무엇이 비존재일까? 비존재를 정의하려고 하면 그것을 존재하는 무엇으로 바꾸어야 한다. 그 순간, 비존재는 존재하는 무엇이 된다. 2장에서 말한 대로 파르메니데스는 세상에 대한 자신의 견해로부터 모든 비존재를 제거하고, 세상에 대한 모든 진술로부터 "않다."와 "아니다."와 같은 용어를 배제하려고 노력했다. 그러나 그의 시도는 완전한 실패로 끝났다. 파르메니데스의 세상은 변화도 없고, 시작도 없고, 끝도 없고, 다원성도 없는 세상이었다. 따라서 존재와 비존재는 서로 나뉘지 않고, 서로를 규정한다. 헤겔은 학생들에게 한 가지 생각의 실험을 제안했다. 눈을 감고

---

33) 헤겔은 창조주의 존재와 피조물의 존재를 구별하지 않고, 일반적인 의미에서의 존재에서부터 시작했다. 그는 나중에는 신의 존재를 인정했지만 그 신은 곧 존재하는 세상이다. 따라서 합리주의 철학자는 그 신을 자세히 조사할 수 있는 능력을 완벽하게 갖추고 있다. 이미 지적한 대로 헤겔의 신(절대 정신)은 성경의 하나님과는 근본적으로 다르다.

존재를 생각해 보라. 그리고 눈을 다시 감고 비존재를 생각해 보라. 그 차이는 무엇인가?

우리는 순수한 존재나 순수한 비존재에 관해 생각할 수 없다. 순수한 존재의 개념(정)은 순수한 비존재(반)의 개념으로 진행되어 나간다. 그렇다면 지식의 진정한 진보를 이룰 수 있는, 한 차원 높은 합은 과연 존재할까? 헤겔은 그렇다고 대답한다. 합은 "되어가는 존재"다. 우주의 존재는 되어가고 있고, 되어가는 존재는 참된 무엇, 곧 존재이면서 변화(어떤 것인 것에서 어떤 것이 아닌 것으로의 진행)를 수용한다. 이처럼 되어가는 존재는 우리가 존재와 비존재에서 발견하기를 원하는 모든 것을 내포한다. 되어가는 존재를 통해 존재와 비존재가 하나로 결합된다.

존재, 비존재, 되어가는 존재는 추상적인 개념인 것처럼 보인다. 그러나 헤겔의 변증법은 그것들을 하나로 묶어 구체적인 현실로 만든다. 그런 개념들은 그 자체로는 이해할 수 없다. "되어가는 존재"가 변화하는 것과 아무런 상관없다면 그것은 대체 무엇이란 말인가? 객관적인 우주의 되어감이 없다면 되어가는 존재의 개념이 어떻게 의미를 지닐 수 있겠는가? 따라서 변증법의 다음 단계는 개념을 (헤겔이 "자연"으로 일컬은) 물질세계의 개념으로 인식하는 것이다. 자연은 개념의 "반"이다. 데카르트는 그것에 근거해 정신과 육체를 철저하게 구분했다. 그러나 그는 그 둘이 서로를 규정한다는 것을 이해하지 못했다. 자연은 우리의 개념이다. 만일 우리의 개념이 실질적이고 객관적인 것, 곧 자연에 대한 개념이 아니라면 그것은 사실일 수 없다.

물론 데카르트는 전적으로 틀리지 않았다. 우리의 생각과 자연 세계는 서로 엄연한 차이가 있다. 그러나 개념과 자연이라는 정과 반은 또 다른 합, 곧 정신에 도달한다. 정신은 인간의 생각일 수도 있고, 신의 생각일 수도 있다. 정신은 개념을 생각하고, 그것을 자연 속에서 사용한다. 개념과 자연은 그 자체로는 아무것도 아니다. 그것들은 오직 정신 안에서만 자신의 현실을 발견한다. 개념은 정신의 개념이고, 자연은 정신을 위해서만 존재한다.

그러나 좀 더 깊이 생각하면 정신도 변증법적 발전을 거치는 복합적인 현실이라는 것을 알 수 있다. 정신 자체만 생각하면 데카르트의 "나는 존재한다."와 같은 내적 의식이 먼저 떠오른다. 이것은 "주관적인 정신"이다. 그러나 그것이 무엇인지 구체적으로 진술하기 어렵다. 생각이나 정신은 홀로 숨어 있지는 않지만 본질상 정신의 세계에 속한다. 그것은 자신이 속한 세계를 위해 개념들을 규정한다.[34] 집합적인 정신의 권위 아래 있는 이런 정신의 세계는 "객관적인 정신"에 해당한다. 객관적인 정신은 (개개의 정신을 외부로부터 지배하는) 법과 (내부로부터 지배하는) 도덕성과 (법과 도덕성의 종합인) 윤리를 포함한다. 그리고 윤리는 다시 가족, 사회, 국가라는 세 가지 영역을 지배한다.

이 모든 것은 신(또는 절대 정신)을 전제하고,[35] 나타낸다. 절대 정신은 예술, 종교, 철학이라는 세 가지 영역에서 자기를 나타낸다. 예술은 현실 속에서 절대 정신의 신성한 깊이를 드러내 그것을 형상으로 표현하고, 종교는 상징을 사용해 그 깊이를 드러내며, 철학은 가장 높은 차원에서 절대 정신을 나타낸다(여기에서 철학은 헤겔의 철학을 의미한다). 철학은 예술의 온전한 의미와 종교적 상징의 실제적인 의미를 드러낸다.[36]

그러나 앞서 말한 대로 헤겔에게는 현실적인 것은 이성적이고, 이성적인 것은 현실적이었다. 우리는 지금까지 헤겔의 변증법을 살펴보면서 현실을 이해하려는 철학자의 정신 안에서 이루어지는 변증법에 초점을 맞추었다. 그러나 헤겔이 생각한 변증법은 단지 우리의 주관성 안에서만 이루어지는 것이 아니었다. 그것은 현실의 본질 자체였다. 인간의 사고 안에서 이루어지는 변증법적 운동은 곧 역사의 변증법적 운동이자 하나님의 변증법적 본질이었다.

따라서 인간의 사고가 부정과 종합을 통해 발전하는 것처럼 인간의 역사도 갈등과 해결을 통해 발전한다. 한 부족이 다른 부족과 힘을 겨뤄 민족을 이루고, 민족들이 힘을 겨뤄 제국을 형성하며, 제국들이 힘을 겨뤄 더 큰 문명을 이룬다.[37]

변증법의 발전은 다름 아닌 신 자신이 스스로의 의식에 도달하는 과정이다. 신

---

[34] 칸트는 도덕법을 준수하면 스스로의 행위의 원리를 다른 모든 윤리적 행위자들을 위한 의무로서 규정할 수 있다고 말했다.
[35] 전체적인 변증법적 과정은 전제적인(또는 초월적인) 성격을 띤다. 각각의 단계마다 "이것을 가능하게 만드는 조건은 무엇인가? 이것의 전제는 무엇인가?"라는 질문이 제기된다. 이런 점에서 헤겔의 방법론은 칸트의 방법론을 계승한다.
[36] 헤겔에게 종교란 곧 자신의 철학을 상징을 사용해 나타내는 것을 의미했다. 틸리히의 신학과 비슷하게 헤겔에게 예수님의 십자가는 곧 변증법적인 자기 부정의 상징이었다.
[37] 헤겔은 자신의 철학이 다시는 부인될 수 없는 최상의 단계에 도달한 것처럼 프로이센 제국도 정치사의 절정에 도달했다고 생각했다.

자신이 곧 존재다. 신은 스스로에 관해 생각하면서 스스로를 부인한다. 왜냐하면 신도 우리처럼 비존재를 생각하지 않고서 존재를 생각할 수 없기 때문이다. 따라서 신의 생각은 일종의 "자기 소외"일 수밖에 없다. 신이 자신의 존재("스스로 있는 자")와 영원과 전지함과 같은 속성을 나타낼 때는 자신의 객관성으로부터 자신의 주관성을 분리한다. 신의 존재에 관한 변증법은 신의 긍정적인 측면과 부정적인 측면이 서로를 필요로 한다는 것을 보여준다.

신의 변증법적인 운동은 역사의 진행 과정 및 인간 개인의 생각의 발전과 평행을 이룬다. 이것들은 서로 동일하다. 인간의 생각과 역사는 자기 의식을 향해 나아가는 신 자체다. 이처럼 헤겔 철학은 변증법적이고, 관념적인 범신론에 해당한다.

물론 이런 식의 간단한 요약만으로는 헤겔 사상의 탁월함을 묘사하기에 턱없이 부족하다. 그는 개념들을 분석하면서 보기 드문 통찰력의 깊이를 보여주었다.[38] 그는 언뜻 반대인 것처럼 보이는 것들이 실제로는 서로를 의존하고 있고, 서로를 규정한다는 것을 설득력 있게 설명했다. 예를 들어 헤겔은 노예제도와 민주주의가 서로 정반대인 것처럼 보이지만 노예제도가 헬라의 상위 계층에게 민주주의를 생각하고 실현할 수 있는 여유를 제공했다고 말했다. 그러나 결국 그 모순은 노예로 인해 여유를 누리는 사회를 파괴하고, 봉건제도라는 한 차원 높은 문명을 이루었다. 그러나 그것도 귀족들과 농노들 사이에 사회적 긴장을 고조시켰다. 일반적으로 말해 헤겔은 역사를 결정론적인 계급투쟁(주인이 노예를 지배하지만, 그런 과정에서 노예를 의지하게 됨으로써 결국 노예가 주인을 지배하기에 이른다는 견해)으로 간주했던 마르크스의 출현을 예고했다.

이렇듯 헤겔에게는 어떤 사실이든 모두 현실 전체를 바라보는 관점이 되었다.[39]

---

[38] 나는 헤겔의 변증법이 우리가 일상생활 속에서 배움을 얻는 과정(어떤 것을 가정하고, 그것을 돌이켜 더듬어 보고, 좀 더 넓은 상황 속에서 사실들을 바라보는 것)을 정확하게 묘사하고 있는 것에 종종 놀라곤 한다.

[39] 헤겔의 삼중적 관점을 이 책 1장에서 저자와 포이트레스가 기독교 철학의 한 형태로서 묘사한 견해와 비교해 보는 것도 재미있다. 후자의 견해에서도 1) 서로 반대되는 것처럼 보이는 것이 동일한 것으로 나타날 수 있다. 예를 들어 기독교적 인식론을 묘사한 삼각형에 따르면 규범적 관점은 상황적 관점과 반대되는 것처럼 보인다. 그 이유는 규범적인 것이 상황을 이해하는 관점을 지배하는 규칙을 제공하기 때문이다. 그럼에도 불구하고 하나님은 상황 속에서 자신을 계시하신다. 규범 자체가 상황에 관한 사실이기 때문에 규범적 관점과 상황적 관점은 동일하다. 2) 기독교적 인식론을 묘사한 삼각형의 세 번째 각은 다른 두 각의 종합으로 간주될 수 있다. 인식론을 묘사한 삼각형을 다시 생각해 보자. 규범적 관점과 상황적 관점이 생각하는 주체의 정신 안에서 하나로 통합되어 참된 지식으로 발전한다. 이처럼 실존적 관점이 규범적 관점과 상황적 관점을 의미 있게 만든다. 그러나 또한 상황적 관점과 실존적 관점(주체와

A를 아는 것은 B를 아는 것이고, 온 우주를 아는 것이다. 또한 그와 반대로 B와 온 우주를 알지 못하면 A를 온전히 알 수 없다. 관념론의 슬로건이 암시하는 대로 진리는 전체 안에 있다.

실재론과 유명론의 논쟁에 비춰보면(1장과 4장 참조), 이것은 상당히 극단적인 실재론에 해당한다. 변증법은 그런 개념을 예시하는 구체적인 것을 거의 언급하지 않는 추상적인 개념들의 연속이다. 헤겔은 자신의 체계 안에 다른 사람들이 "물질적인 현실"로 일컫는 것을 위한 자리, 곧 정신이 자신이 경험하는 세계를 형성하는 장소를 마련해 두었지만 그것도 정신이기는 마찬가지였다. 헤겔을 비판하는 사람들은 그가 자신의 체계 안에 그런 위대한 책들을 쓰면서 사용한 펜을 위한 자리마저도 마련해 두지 않았다고 지적한다. 마르크스와 특히 키에르케고르는[40] 헤겔의 체계가 구체적인 현실을 위한 여지를 남겨두지 않았다고 생각했다. 더욱이 쇼펜하우어와 키에르케고르가 불평한 대로 헤겔은 개인의 선택을 전혀 고려하지 않았다. 그는 인간의 의지는 완성에 도달할 때까지 이성의 변증법적인 과정을 수동적으로 따른다고 생각했다. 그러나 쇼펜하우어와 키에르케고르에게 그런 생각은 모든 삶을 인간의 경험과 무관한 것으로 만드는 것이나 다름없었다.

더욱이 헤겔의 합리주의는 비합리주의를 내포한다. 책상 위에 놓인 책이나 글을 쓰는 펜을 알기 위해 전지한 능력을 소유해야 한다면 지식은 불가능하다. 왜냐하면 우리 가운데 전지한 능력을 소유한 사람은 아무도 없기 때문이다. 또한 헤겔의 변증법은 우리가 지식을 가지고 있다고 생각할 때마다 더 높은 지식에 도달하기 위해 그 지식을 부인해야 한다는 의미를 담고 있다. 따라서 우리는 절대 정신이 자기

객체)도 서로 반대되지만 규범적 관점 안에서 분명하게 인지되고, 식별된다. 그와 비슷하게 규범적 관점과 실존적 관점 역시 (모든 현실을 포괄하는) 상황 안에서 제자리를 발견한다. 그러나 기독교적 관점에서는 헤겔의 경우와는 달리 그 안에 하나님의 정신을 포함시키는 체계를 구축하지 않는다. 삼각형으로 표현된 기독교적 관점은 하나님의 삼위일체적인 정신의 "형상"을 반영할 뿐, 그것과 동일하지 않다. 심지어 기독교적 관점은 헤겔의 철학과는 달리 하나로 결합한다고 해도 피조 세계에 대한 완전한 지식을 제공하지는 않는다. 인간으로서는 그런 완전한 지식을 얻는 것이 불가능하다. 헤겔의 삼중적 관점과 기독교의 삼위일체 교리의 연관성에 대해서는 좀 더 언급해야 할 필요가 있다. 헤겔은 자신의 삼중적 관점과 성경적인 "하나"와 "다수"의 개념 사이의 유사성을 인정했다. 그는 후자를 전자의 상징으로 간주했다. 나는 세상에 대한 헤겔의 삼중적 분석이 하나님이 세상을 "일체성과 복수성"을 동시에 지니는 자신의 형상으로 창조하셨다는 것을 보여준다고 생각한다. 물론 나는 우주의 삼중적 구조를 거룩한 삼위일체와 동일시한 그의 범신론적인 신념에는 동의하지 않는다.

[40] 키에르케고르는 시기적으로는 7장에서 다루어야 하지만 나는 그를 8장에서 다루기로 결정했다. 그의 영향력은 20세기 사상의 맥락에서 이해하는 편이 더 낫다.

의식에 이르는 과정을 다 마치고, 우리의 생각이 절대 정신과 온전히 하나를 이루기 전까지는 진리를 알고 있다는 것을 결코 확신할 수 없다. 헤겔도 이런 어려움을 의식하고 때로는 변증법적 발전 과정을 차단하기도 했다. 예를 들어 그는 자신의 철학이 부인되어 다른 종류의 철학으로 대체되는 일은 결코 없을 것이라고 확신했다.[41]

그러나 그런 확신은 변증법과는 전혀 무관한 독단에 지나지 않는다. 변증법은 그 과정이 멈출 것이라고 생각할 만한 이유를 제시하지 않는다. 헤겔의 철학도 예외가 될 수 없다. 따라서 헤겔의 합리주의는 다른 형태의 비기독교적 철학들과 마찬가지로 비합리주의로 기울 수밖에 없다.

아서 쇼펜하우어(Arthur Schopenhauer, 1788-1860)

쇼펜하우어는 헤겔이 전성기를 구가할 때 성년이 되었고, 위대한 관념론자인 그를 별로 존경하지 않았다. 그는 베를린대학교에서 헤겔의 강의 시간과 같은 시간에 자신의 강의 시간을 개설했다(그것은 그가 가르쳐야 할 학생들의 숫자를 스스로 제한하는 결과를 낳았다). 그는 다음과 같은 의견을 피력했다.

> 권위자들이 자격 있는 위대한 철학자로 여겨 위에서 내려 앉힌 헤겔은 뜬구름 잡는 무모한 헛소리를 마구 담아내고, 휘갈겨대는 따분하고, 지겹고, 무식한 얼간이이자 사기꾼이었다.[42]

사실 플라톤과 칸트와 힌두교의 우파니샤드의 저자들을 제외하고는 쇼펜하우어

---

41) 헤겔의 이런 권위주의적인 태도는 아이러니하다. 왜냐하면 자신의 『초기 신학적 논술들(*Early Theological Writings*)』에서(즉 "기독교의 실정성"에 관한 논문에서) 권위주의적이라는 이유를 내세워 전통 기독교를 반대했기 때문이다. 그는 구약 성경이 우리가 믿어야 할 것과 행해야 할 것에 관한 명령을 내포하고 있다는 사실에 반발했고, 신약 성경의 경우는 "염려하지 말라"(빌 4:6)와 같이 무엇을 느껴야 하는지와 같은 것까지 명령한다는 점에서 구약 성경보다 훨씬 더 못하다고 주장했다.
42) 다음 자료에서 인용했다. Karl R. Popper, *The Open Society and Its Enemies*, vol. 2. *Hegel and Marx* (Princeton, NJ: Princeton University Press, 1966), 32-33.

아서 쇼펜하우어
(Arthur Schopenhauer)

가 존경했던 철학자들은 거의 없었다. 그는 스스로를 헤겔의 조류를 거슬러 올라가는 칸트의 옹호자로 간주했다.

피히테와 헤겔이 칸트의 실재를 거부했는데도 불구하고, 현상과 실재를 구별하는 사고가 쇼펜하우어를 통해 재현되었다. 그는 자신의 가장 유명한 책인 『의지와 표상으로서의 세계(The World as Will and Idea)』의 첫머리에서 칸트가 했을 법한 말인 "세상은 나의 표상이다."라는 말을 언급했다. 칸트와 마찬가지로 쇼펜하우어도 우리가 아는 것은 모두 다 겉으로 나타난 현상, 곧 정신이 시간과 공간 및 오성의 범주들을 부여함으로써 생겨난 경험이었다. 우리가 아는 것은 우리 자신의 개념이다. 따라서 세상을 아는 것은 곧 나의 개념을 아는 것이다.

그 책의 전반부는 『순수 이성 비판』에 나타나는 칸트의 논증을 되풀이하면서 시간과 공간에 관한 우리의 개념과 오성의 범주들이 어떻게 우리의 경험을 형성하는지를 설명한다.

그러나 쇼펜하우어는 칸트에 비하면 실재의 세계에 대해 덜 불가지론적인 입장을 취한 것으로 드러난다. 칸트는 신, 자유, 불멸을 구성적이지 않은 규제적인 실재의 이상들로 간주했다. 그는 그런 이상들이 현실인 "것처럼" 생각하고, 행동해야 한다고 말했다. 앞서 말한 대로 칸트에게서 발견되는 문제 가운데 하나는 그런 이상들이 현실인 "것처럼" 생각하고, 또 그것들을 중심으로 우리의 삶과 사고와 방법론을 구축하면서도 그것들의 실질적인 존재에 대해서는 무지를 주장할 수 있다는 개념이다.

그러나 쇼펜하우어는 칸트와는 매우 다르게 실재적인 것들의 내용에 관해 나름대로의 개념을 지니고 있었다. 칸트는 "하늘 위의 별들과 내면의 도덕법"을 경이롭게 생각하면서 신의 개념을 떠올렸지만 쇼펜하우어가 생각한 것은 그것보다 훨씬 어두운 것들, 곧 폭력과 죽음과 불법적인 섹스였다. 그는 그런 것들에 관심을 집중하는 것이 실재의 세계의 본질을 이해하는 실마리일 것이라고 생각했다.

그는 거칠게 굽힘없이 들끓어 오르는 무의미한 힘을 "의지"로 일컬었다. 이 힘은 지칠 줄 모르고 "더 많이!"(스스로가 알지 못하는 것을 더 많이 원하는 것. 이 힘이 알고 있는 것은 오직 더 많이 원한다는 것뿐이다)를 요구하며 모든 것을 창조하고, 모든 것을 파괴한다.[43]

이 맹목적인 힘이 세상과 인간의 행위를 다스린다.[44] 인간의 내면에는 파괴와 종족 번식 이외에 다른 사람이나 어떤 것을 생각하려는 마음이 없다. 쇼펜하우어는 그렇지만 우리는 그런 끔찍한 힘의 속박에서 벗어나려는 욕구를 지니고 있고, 부분적으로는 특정한 형태의 바로크 음악을 통해 그런 욕구를 실현할 수 있다고 믿었다(그는 그 음악을 관능적이라기보다는 "형식적"이라고 생각했다).[45]

쇼펜하우어의 철학은 세상의 본질을 논하는 논증으로 인정하기에는 어설픈 측면이 많다. 그가 말한 실재의 세계는 칸트가 말한 것에 비해 설득력이 조금도 더 뛰어나지 않고, 오히려 그의 비관적인 성향을 드러낼 뿐이었다. 그의 비전은 일관성이 크게 뒤떨어진다. 모든 것을 정복하고, 모든 것을 결정하는 의지를 바로크 음악을 연주하는 것으로 거부할 수 있다니 참으로 어안이 벙벙하다. 그것이 우리의 본질인데 우리는 왜 그것을 거부하기를 원할까? 또 우리는 왜 그것을 거부해야 마땅할까?

나는 쇼펜하우어가 철학의 문제에 대한 대답이나 그 주제에 대한 통찰력을 단 한 가지도 제시하지 못했다고 생각한다. 그의 철학적 계승자들 가운데 대다수는 이 점에 대해서는 내 말에 동의할 것이 분명하다. 그러나 그는 철학의 역사 속에 몇 가지 주제(즉 칸트와 헤겔이 간과한 주제)를 상정했다. 그런 주제는 19세기 후반과 20세기의 사상에 심원한 영향을 미쳤다.

---

43) Donald Palmer, *Looking at Philosophy: The Unbearable Heaviness of Philosophy Made Lighter* (New York: McGraw-Hill, 2010), 248.
44) 팔머는 지그문트 프로이트가 쇼펜하우어의 맹목적인 의지에서 "이드(자아와 초자아 밑에 있는 원초적 욕구)"의 개념을 발견했다고 지적했다. 그러나 쇼펜하우어의 의지는 칼빈주의 신학이 "전적 타락"으로 일컫는 것과는 전혀 다르다. 칼빈주의 신학이 말하는 죄는 맹목적인 힘이 아닌 하나님의 율법에 복종하지 않겠다는 의도적인 결심을 가리킨다.
45) 니체는 그런 추천의 말에서 약간의 즐거움을 느꼈지만, 그런 "형식적인" 음악이 실상은 매우 관능적이라고 생각했다. 쇼펜하우어는 우리 모두가 의지에 떠밀려 스스로 속고 있다고 생각했지만 정작 자기 자신을 스스로 속이고 있지 않았나 하는 생각이 드는 대목이다.

1. **의지**. 계몽주의 시대의 철학은 정신의 내용, 인상, 개념, 생각과 같은 문제에만 주로 관심을 기울였고, 중세 시대에 활발하게 논의되었고, 둔스 스코투스의 철학을 통해 명료하게 부각되었던 선택, 결정, 의지와 같은 문제에 대한 논의에는 관심을 거의 기울이지 않았다. 인간이 이성적인 인식만으로 살아가는 것은 아닌 것이 분명하다. 인간은 이성적인 행동을 선택해야 하지만 그렇지 못한 행동을 선택할 때가 많다. 포이어바흐와 (파스칼에 의해 출현이 예고된) 키에르케고르(이것이냐 저것이냐)를 비롯해 특히 니체(권력에의 의지)를 통해 의지가 다시 핵심 주제로 부각되었다. 아울러 20세기에는 거기에서부터 연유된 실존주의와 포스트모던주의를 통해 의지의 문제가 다루어졌다.[46]

2. **비합리**. 쇼펜하우어의 "의지"에서 아리스토텔레스의 제1질료(선사시대의 개흙처럼 의미 있는 구조가 없기 때문에 통제가 불가능한 물질)가 재현된 것을 발견할 수 있다. 둔스 스코투스는 의지를 때로 지성이 제시하는 대안들을 거부하거나 뛰어넘는 인간의 심리적 기능으로 간주했다. 그러나 쇼펜하우어의 의지는 지성을 조롱하고, 우리 자신을 압도하는 초인간적이고, 형이상학적인 힘을 가리킨다. 지성적인 개념들은 모든 것을 압도하는 의지의 발현에 지나지 않는다. 쇼펜하우어가 말한 개념과 의지의 원리는 반틸이 "합리주의와 비합리주의의 변증"으로 일컬은 것을 보여주는 한 가지 사례다(의미 없는 존재에 합리적인 범주들을 부여하려는 것은 무익한 시도에 지나지 않는다). 그런 점에서 쇼펜하우어는 플라톤과 아리스토텔레스를 닮았다. 그러나 그들과는 달리 쇼펜하우어의 철학에서는 비합리적인 원리가 훨씬 더 우세하다. 그 원리는 쇼펜하우어가 그것을 이성적으로 논증함으로써 무엇을 이루려고 생각했는지를 궁금하게 만들 정도로 과도한 측면이 있다.

3. **낭만**. 18세기 말과 19세기 초에 낭만주의의 발흥으로 인해 섹스가 거칠고, 파괴적이며, 길들이기 어려운, 어두운 힘이라는 개념이 등장했다. 낭만주의는 예술과 문학과 음악을 아우르는 광범위한 문화운동이다. 낭만주의는 장자크

---

[46] 둔스 스코투스를 논의하면서 말한 대로(4장), 나는 지성과 감성과 의지가 서로 뚜렷하게 구별되는 기능이 아니라고 생각한다. 전인(全人)의 행위와 생각은 이 세 가지 기능에 의해 종합적으로 이루어진다. 다음 자료를 참조하라. DKG, 319-46, DCL, 361-82.

루소(1712-78)의 경우에서 알 수 있는 대로 철학에 상당한 영향을 미쳤지만 본래는 철학 운동이 아니었다. 8장에서 프리드리히 슐라이에르마허(1768-1834)를 논의할 때 신학에 미친 낭만주의의 영향을 생각해 볼 예정이다. 아마도 낭만적인 정신을 수용하고, 그 강렬한 감정주의를 자신의 저서를 통해 나타낸 가장 대표적인 철학자는 쇼펜하우어일 것이다. 니체가 강조한 낭만주의의 특징을 예고라도 하듯, 쇼펜하우어는 옛 헬라 종교의 "아폴론적인 정신"과 반대되는 "디오니소스적인 정신(한계를 넘어서려는 의지)"을 수용했다. 이후의 세대는 낭만주의의 영향력을 부인했지만 구조와 질서를 거부함으로써 그들 나름의 활로를 찾아 나갔다.

루트비히 포이어바흐(Ludwig Feuerbach, 1804-72)

쇼펜하우어는 헤겔을 비난하려고 애썼지만 그의 추종자들은 두 개의 파벌로 나뉠 정도로 더 많이 생겨났다. 헤겔 우파는 헤겔의 변증법을 근거로 내세워 보수적인 정치와 전통적인 종교로 기울었다. 포이어바흐는 헤겔 좌파, 곧 젊은 헤겔 학파의 일원으로서 헤겔을 세속적이고 물질적으로 해석했다. 그의 사상은 칼 마르크스로 이어졌다.

포이어바흐는 관념론을 거부하고 물질주의를 수용함으로써 헤겔과는 크게 다른 노선을 채택했다. 물질주의는 헬라 사상가들 사이에서는 흔했지만(밀레토스 학파, 원자론자, 스토아 학파), 근대에 접어들어 물질주의를 주장한 사상가는 홉스뿐이었다. 대다수의 다른 철학자들은 (데카르트처럼) 정신과 물질을 나눈 이원론자이거나[47] (버클리, 라이프니츠, 칸트, 헤겔과 같은) 관념론자였다.

그러나 그의 가장 급진적인 사상은 기독교의 하나님과 헤겔의 절대 정신을 거부하고, 신의 개념은 인간이 스스로의 이상을 투사한 것이라고 주장한 것이다. 그는 나중에 『기독교의 본질』로 번역된 자신의 가장 유명한 책에서[48] 신에 대한 전통적

---

[47] 스피노자는 정신과 육체가 분리될 수 없다고 생각했다.
[48] 최근에 출판되었다. Feuerbach, *The Essence of Christianity* (New York: Dover, 2008).

인 진술은 모두 인간의 속성(인간이 소유한 속성이나 인간이 소유하기를 바라는 속성)을 부여한 것이라고 주장했다. 인간은 자기 자신이나 상호 간의 관계에서 의식(意識)과 도덕성과 사랑을 귀중하게 여기는 특성을 지닌다. 그런 속성이 사람들 사이에서 바람직한 것으로 간주되려면 인류의 예배 대상이 되어야 마땅하다. 따라서 인간이 자신의 형상대로 하나님을 창조했다(인간이 하나님의 형상대로 창조된 것이 아니다). 신학이 인간학으로 전환된 셈이다.[49] 우리가 되고 싶어 하는 것, 그것이 곧 하나님이다.

포이어바흐는 그 책의 후반부에서 전통적인 신학의 가장 심각한 오류라고 생각하는 것을 설명했다. 첫째는 하나님을 인간의 존재와 따로 분리되어 존재하는 현실적인 존재로 생각하는 개념(내가 1장에서 창조주와 피조물의 구별로 일컬은 개념)이다. 둘째는 하나님이 우리가 믿어야 하고, 행해야 할 것을 알려주셨다는 계시의 개념이다. 포이어바흐도 칸트처럼 그런 권위주의적인 사고는 (자율적인 자유가 없이는 기능을 발휘할 수 없는) 우리의 도덕적 의식을 훼손한다고 주장했다. 셋째는 전통적인 기독교의 성례가 미신과 부도덕을 조장한다는 것이다.

루트비히 포이어바흐
(Ludwig Feuerbach)

계몽주의 시대에 전통적인 신 존재 증명과 성경적인 구원에 관한 역사적 근거를 비판하는 사람들이 많았다. 그러나 그런데도 기독교는 어떻게 그렇게 많은 신자들을 얻었을까? 포이어바흐는 새로운 비판을 제기했다. 그는 기독교의 성공은 그 진정성 여부를 따지지 않고서도 얼마든지 자연적이고, 물질적인 근거만으로 충분히 설명할 수 있다고 생각했다. 그는 사람들이 믿음을 받아들이는 이유는 그것이 자신이 사실이기를 바라는 것과 일치하기 때문이라고 말했다. 하나님은 이상화된 인간성의 염원을 투사한 결과일 뿐이다. 마르크스도 포이어바흐를 따라 종교는 인민의 "아편"이라고 말했다. 프로이트도 『환상의 미래(Future of an Illusion)』에서 종교는 일종의 소원을 이루기 위한 노력의 산물이라고 주장했다.

그러나 기독교는 그런 식의 주장을 두려워할 필요가 전혀 없다. 하나님과 인간이

---

[49] 나중에 칼 바르트가 신학을 인간학으로 대체한 자유주의 신학의 전통을 비판한 내용을 살펴볼 예정이다. 그는 자유주의가 "포이어바흐의 얼굴에 나타난 미소"에서 벗어날 수 없을 것이라고 말했다.

어느 정도 속성을 공유한다고 해도 처음부터 그분이 존재하지 않는다고 전제하지 않는 한, 그분이 이상적인 인간의 본성을 투사시킨 결과물이라는 주장을 입증하기는 불가능하다. 오히려 성경의 하나님이 존재한다고 전제하는 경우에는 그런 공통된 속성이 하나님이 우리를 자신의 형상으로 창조하셨다는 성경의 주장을 입증하는 증거가 될 수 있다. 우리는 성경적인 전제를 근거로 포이어바흐가 힘써 부인한 것을 역으로 확증할 수 있다. 하나님을 믿는 우리의 믿음은 우리 자신으로부터 추정된 것이 아니라 자연과 성경과 우리 자신을 통해 드러난 하나님의 계시에서 비롯했다.

더욱이 사람들이 이상적인 인간성을 생각함으로써 하나님을 믿게 되었다는 것을 입증한다고 해도 하나님이 존재하지 않으신다는 것을 입증하기는 불가능하다. 오히려 안셀무스의 존재론적 논증은 인간의 생각 속에 존재하는 완전함의 개념이 하나님의 실질적인 존재를 입증하는 증거라고 강조한다. 설혹 안셀무스의 견해를 고려하지 않더라도 완전함의 개념이 하나님의 비존재를 내포한다고 주장하기는 어렵다.

결과적으로 포이어바흐는 하나님을 믿는 믿음이 의심스러운 심리적 과정에 근거하고 있기 때문에 거부해야 마땅하다고 주장한 셈이다. 그러나 포이어바흐의 주장은 "발생론적 오류(즉 A는 열등한 기원에서 비롯했기 때문에 A는 열등하다는 것)"에 해당한다. 사실 믿음을 발생시킨 심리적 과정은 믿음의 타당성과는 아무런 관계가 없다. A라는 사람은 심리적으로 상원 의원들 모두를 미워하기 때문에 상원 의원 B를 부정직한 사람으로 생각할 수는 있지만, 그렇다고 해서 그것이 상원 의원 B가 부정직한지 아닌지를 실제로 입증하지는 못한다.

포이어바흐의 요점을 심리적 과정이 아닌 논증의 관점에서 생각해도 결론은 동일하다. "하나님을 믿는 믿음은 잘못된 논증에서 비롯한 결론이다. 따라서 우리는 하나님을 믿어서는 안 된다." 이것도 발생론적 오류이기는 마찬가지다. 과거에 어떤 사람들은 지구가 둥글다고 믿었다. 왜냐하면 원형이 형이상학적으로 우월한 형태라고 생각했기 때문이다. 그들의 논증은 바람직하지 못했지만 결론은 옳았다. 사실 토머스 리드나[50] (좀 더 최근에는) 앨빈 플랜팅가와 같은 사상가들이 지적한 대로

---

50) 6장에서 리드에 대해 논의한 내용을 참조하라.

논증이나 증거 없이 어떤 것을 믿는 것이 합리적일 때가 종종 있다. 예를 들어 다른 사람들이 나와 같은 정신을 지니고 있다는 신념은 결정적인 논증을 근거로 한 신념이 아니다. 그러나 다른 사람들과 마찬가지로 나는 그렇게 믿을 권리가 있다.

칼 마르크스(Karl Marx, 1818-83)

마르크스는 또 하나의 젊은 헤겔 좌파였다. 그는 헤겔의 변증법을 물질주의적인 세계관에 적용했다. 이따금 인용되는 대로, 그는 자신이 "헤겔을 거꾸로 뒤집었다."고 말했다. 그는 헤겔을 물구나무를 선 채로 거북한 자세를 유지하려고 애쓰는 사람에게 빗대었다. 마르크스의 의도는 그런 헤겔을 똑바로 세워 발을 딛고 서게 만드는 것이었다. 관념론자인 헤겔은 정신이 인간의 삶을 지탱하는 토대라고 생각했지만 마르크스는 인간의 삶이 물질적인 현실에 근거하며, 정신은 물질적인 과정의 산물이라고 생각했다(전제했다). 마르크스는 찰스 다윈(1809-82)을 존중했다. 이 시기에 헤겔의 철학적 이론이 다윈의 생물학적 이론과 어떻게 뒤섞이게 되는지를 살펴보는 것은 매우 흥미롭다.[51]

마르크스는 헤겔과 같은 결정론자였다. 그는 존재의 법칙이 헤겔의 변증법과 같은 형태로 발전한다고 믿었다. 그러나 그는 사건들의 궁극적인 원인은 정신이 아닌 물질이라고 생각했다. 그런 점에서 그는 "변증법적 물질주의자"였다. 더욱이 그는 그런 궁극적인 원인을 경제적인 것으로 간주했다. 물질적인 행복을 추구하려는 인간의 시도가 역사 발전의 원동력이다. 그는 상품 생산을 분석하면서 생산의 요소들(음식, 옷, 주거, 노동 기술)과 생산의 관계(주인과 노예, 소유주와 노동자)를 구별했다. 마르크스는 생산의 관계가 역사적 변화를 이해하는 데 좀 더 중요하다고 생각했다.

---

[51] 다윈이 최초의 진화론자가 아니라는 사실을 기억하는 것이 중요하다. 헤겔의 철학은 모든 점에서 다윈의 과학만큼이나 "진화적이었다." 다윈의 조부였던 에라스무스 다윈(1731-1802)은 자신의 『주노미아(Zoonomia)』(1796)에서 생명체의 진화를 주장했다. 진화론은 성경이 가르치는 창조의 교리를 인정하지 않는 모든 사상가들의 실질적인 입장이다. 탈레스, 아낙시만드로스, 아낙시메네스와 같은 최초의 헬라 철학자들은 지구와 그 안에 있는 모든 생명체가 하나나 여러 개의 원시적인 요소로부터 발전했다고 믿었다. 이 점은 후대의 헬라 사상가들도 마찬가지였다. 다윈의 중요성은 그가 최초의 진화론자였다는 것이 아니라 그럴 듯한 자연적 체계(자연 선택)를 구축해 생명체의 발달 과정을 설명한 것에 있다.

따라서 그는 과거의 역사는 모두 계급투쟁에 의해 결정되었다고 이해했다. 항상 상위 계급과 하위 계급, 유산자와 무산자가 존재한다. 고대 사회의 유산자는 노예 소유주였고, 무산자는 노예들이었다.[52] 이 두 계층의 이익은 서로 완전히 반대된다. 소유주의 자산이 증가하면 노예가 손해를 보고, 그것이 감소하면 노예의 이익이 늘어난다. 한마디로 그것은 "제로섬" 관계다. 따라서 갈등은 불가피하다. 양측이 화해해 함께 평화롭게 잘 살 수 있는 가능성은 없다. 그들은 계급 간의 전면전이 발발할 때까지 각자 자신의 입지를 굳게 하려고 다툴 뿐이다. 그러다가 때가 되면 노예 제도에 의존하는 사회 질서가 갈등으로 인해 와해되고 새로운 경제 질서가 구축되기에 이른다.

마르크스의 분석에 따르면 새로운 경제 질서는 노예들을 노동의 열매로부터 소외시킨다.[53] 마르크스는 어떤 것의 가치는 그것을 생산하는 데 사용된 노동에 근거한다는 "노동가치설"을 주장했다.[54] 주인이 노예로부터 그의 노동을 통해 생산한 것을 취하면 노예의 이익은 훼손되고, 결국 갈등이 유발될 수밖에 없다.

소외에 관한 이런 주장은 마르크스의 사고가 윤리적인 범주 안에서 이루어졌다는 것을 보여준다. 소외는 어떤 사람이 누군가로부터 그가 지켜야 할 것을 빼앗을 때 발생한다. 그러나 마르크스는 자신의 분석이 윤리적인 성격을 띤다고 생각하지 않았다. 그는 자신의 분석이 노예제도의 부당성이 아니라 역사를 지배하는 과학적인 법칙에 근거한다고 생각했다. 그에게 객관적으로 옳고 그른 것은 존재하지 않고, 다만 한 계급의 발전을 위해 옳은 것만이 존재했다. 따라서 한 계급의 윤리는 경쟁 관계에 있는 계

칼 마르크스(Karl Marx)

---

52) 헤겔도 변증법의 중요한 요소로 주인과 노예의 관계를 논의한 바 있다.
53) 헤겔의 변증법에서 신(절대 정신)은 정에서 반으로 이동하는 동안 자기 소외를 경험한다. 마르크스 역시 변증법을 자기 소외로 묘사했다. 그러나 그는 헤겔의 개념을 무신론적 물질주의로 전환시킴으로써 자기 소외를 인간에게 적용했다.
54) 이와 반대되는 대안은 시장에 의해 가치가 결정된다는 것(어떤 것의 가치는 다른 사람이 그것을 위해 기꺼이 값을 지불하는 것에 의해 결정된다는 개념)이다. 이것은 일반적으로 자본주의자들 사이에서 받아들여지는 가치설이다. 이 가치설은 자기 소외에 관한 마르크스의 결론과는 무관하다.

급의 윤리와 충돌할 수밖에 없다.[55]

마르크스가 설명하는 역사는 이렇다. 로마 제국의 멸망과 함께 주인과 노예의 경제 구조가 새로운 질서, 즉 봉건주의를 만들어냈다.[56] 유산자는 귀족들이었고, 무산자는 농노들이었다. 농노는 약간의 자유를 소유했다는 점에서 노예들보다는 나았다. 그러나 그들은 다른 사람(귀족)의 땅에 살면서 노동했다. 귀족들은 농노들의 노동이 만들어낸 이윤의 대부분을 가져감으로써 노예들의 경우와 마찬가지로 그들을 노동의 열매로부터 소외시켰다.

마르크스 변증법의 다음 단계는 그의 시대에 일어난 변화(곧 19세기의 산업혁명)였다. 이 단계에서 유산자는 공장을 소유한 부르주아였고, 무산자는 공장 노동자인 프롤레타리아트였다. 마르크스는 소유주의 이익이 노동자의 빈곤을 초래해[57] 그들의 자기 소외를 가져왔다고 이해했다.[58] 따라서 가난한 자들은 혁명을 일으킬 수밖에 없다. 마르크스는 그것이 사회 질서의 급진적인 변화, 곧 혁명을 일으킬 것으로 예상했다. 그는 이 특별한 혁명을 통해 프롤레타리아트가 승리할 것이라고 믿었다. 그 결과, 한동안은 노동계층을 대표하는 정부가 모든 생산 수단을 독점하는 "프롤레타리아트 독재"가 이루어질 것이다.

사람들은 폭력 혁명이 실제로 필요한지를 종종 궁금해 한다. 평화로운 사회 운동(특히 종교)도 가난한 자들의 상황을 크게 개선하는 데 기여해 왔다. 그리스도인들은 노예무역은 물론 노예제도의 폐지에 앞장 서 왔고, 고아들과 과부들을 돌보았으며, 교육을 개선하고, 과학과 예술을 독려했다. 그러나 마르크스는 종교와 자유로운 사

---

55) 젊은이들이 마르크스주의자가 되면 마르크스와는 달리 양심을 따른다고 주장하는 경우가 많다. 그들이 사회주의자나 공산주의자가 되는 이유는 오직 마르크스주의자들만이 가난한 자를 진정으로 "염려한다."고 생각하기 때문이다. 마르크스와 그의 철학을 추종하는 지성인들은 도덕적인 신념에서가 아니라 계급투쟁이 과학적으로 불가피하다는 신념과 자신들이 승리하는 편에 서기를 원하는 마음에서 자신들의 계획을 실행하고자 하는 경향이 스스로에게 있다는 것을 기억하는 것이 중요하다. 예를 들어 미국 공산당은 스탈린과 협정을 맺은 히틀러를 높이 치하했다. 그러나 히틀러가 그 협정을 어기고 소련을 침공했을 때 미국 공산당은 히틀러에 대한 윤리적인 평가를 변경했다. 마르크스의 윤리는 개인적인 취향보다는 계급과 관련이 있지만 근본적으로 상대적인 특성을 띤다.
56) 마르크스의 분석은 그런 변화가 주인들에 대한 노예들의 격렬한 반란 때문에 생겨난 것처럼 생각하도록 부추긴다. 그러나 역사적으로 보면 그것이 문화적 변화의 주된 원인이 아니었다는 것을 알 수 있다. 봉건주의와 산업사회에 대한 마르크스의 분석에 대해서도 그와 비슷한 비판을 가할 수 있다.
57) 자본주의 자유 경제를 옹호하는 사람들은 상위 계층의 이윤이 하위 계승의 빈곤을 가져온다는 마르크스의 제로섬 견해에 대해 이의를 제기한다. 그들은 강한 경제는 부자와 가난한 자들 모두를 유익하게 한다고 주장한다. "솟구쳐 오르는 물결은 모든 배를 들어올린다."
58) 마르크스는 그런 상황이 가난한 자들을 자연과 그들 자신과 다른 사람들로부터 소외시킨다고 주장했다.

회 운동을 권장해서는 안 된다고 생각했다. 그는 그런 것은 문제의 핵심에 도달하지 못한 채 귀중한 시간과 노력만을 낭비함으로써 역효과를 일으킬 뿐이라고 생각했다. 그는 물론, 그 이후의 마르크스주의자들은 진정한 문제는 사회 구조에 있다고 생각했다. 따라서 사회의 본질이 혁신적으로 변화하기 전에는 문제가 해결될 수 없다. 부유한 자본가들로부터 생산 수단을 빼앗아 가난한 자들을 대표하는 자들에게 주어야 한다. 마르크스는 종교(특히 기독교)를 "아편", 곧 부자들이 가난한 자들에게 혁명이 필요하지 않다는 생각을 심어주기 위해 제공하는 마약으로 간주했다. 가난한 자들은 마약에 취한 나머지 정상적인 사회 변화를 통해 마땅한 몫을 받게 될 것이고, 궁극적으로는 "머지않아 하늘에서" 보상을 받게 될 것이라고 생각한다. 이런 이유로 마르크스주의자들은 종교를 혁명, 곧 진정으로 혁신적인 사회 변화를 가로막는 장애물로 간주한다.[59]

그러나 마르크스는 프롤레타리아트 독재가 한동안 지속되고 나면 사람들은 이윤을 추구하는 동기에서 벗어나 사회 전체의 유익을 위해 일하게 될 것이라고 생각했다. 그때가 되면 사람들은 "각자 자신의 능력과 필요에 따라 일한다."는 원리를 지키며 살아가게 될 것이다. 그런 상황이 이루어지면 정부는 더 이상 필요하지 않다. 정부는 "약화되어 사라질 것이고", 사람들은 서로 다투거나 분노하지 않고 평화롭게 살아갈 것이다. 이 궁극적인 존재 양식은 때로 "마르크스주의의 유토피아", 또는 "마르크스주의의 종말론"으로 일컬어진다. 이것은 요한계시록 21장 1절의 새 하늘과 새 땅을 세속화시킨 개념이다.

"공산주의 혁명"이 실제로 여러 나라에서 일어났지만 마르크스의 분석은 많은 점에서 오류를 지닌 것으로 드러났다.

1. 공산 혁명은 세계 전역에서 일어나지 않았다. 심지어는 산업화된 국가들에서조차 공산 혁명이 다 일어나지는 않았다. 공산 혁명은 국지적인 상황으로 인해 단지 몇몇 나라에서만 일어났다.
2. 공산 혁명이 일어난 경우에도 혁명을 주도한 세력은 프롤레타리아트(공장 노동

---

[59] 에른스트 블로흐와 같은 후대의 마르크스주의자들이 제시한 대안과 비교해 보라(11장 참조).

자들)가 아니었다. 러시아에서 혁명을 주도한 세력은 블라디미르 레닌이 이끄는 전문적인 혁명가들이었다. 그들이 정치적인 쿠데타를 주도했다. 중국 공산 혁명의 경우에는 농부들이 선봉에 섰다.
3. 서구 유럽과 미국에서는 노동조합 내에 마르크스주의 혁명가들이 일파를 이루었지만 우세를 점하지는 못했다. 노동조합은 비혁명적인 사회주의를 지지했다. 그들은 어떤 경우에는 심지어 자본주의를 지지하기도 했다.
4. 러시아, 중국, 쿠바와 같은 곳에서 "프롤레타리아트 독재"가 이루어졌을 때 그들은 국가 없는 유토피아를 이룩하지 못했다. 오히려 그들은 스스로의 권력을 유지하고, 강화하기 위해 어떤 일도 서슴지 않았다. 공산주의 정부는 다른 형태의 독재와 조금도 다르지 않았다.
5. 따라서 마르크스도 헤겔처럼 변증법의 목적에 관해 판단의 오류를 저질렀다. 변증법은 공산주의 혁명으로 끝나지 않았다. 아이러니컬하게도 변증의 과정은 마르크스가 생산의 관계를 분석했던 것을 되풀이하는 방식으로 전개되어 나갔다. 혁명은 유산자와 무산자의 새로운 구분을 초래했다(즉 유산자는 정부와 그들의 정치적 동맹자들이었고, 무산자는 나머지 모든 사람들이었다). 그런 구분은 경제적으로 용납할 수 없는 것이었기 때문에 결국에는 러시아와 중국에서도 좀 더 자본주의적인 사회 질서를 추구하기에 이르렀다. 아직 남아 있는 북한과 쿠바와 같은 공산주의 독재 국가의 경우에는 국가가 약화되어 사라지기는 고사하고, 경제적인 번영은 물론, 지속적인 안정조차 장담할 수 없는 상황에 처했다. 심지어 마르크스 사상에 의존하는 좀 더 온건한 서구 유럽의 사회주의도 현재로서는 사회를 경제적인 파국으로 이끌고 있는 것처럼 보인다.
6. 오늘날의 마르크스주의자들은 마르크스주의의 종말론을 비현실적인 것으로 간주해 거부한다. 그러나 그런 역사의 목표를 약속하지 않는다면 "굳이 마르크스주의자가 될 이유가 무엇인가?"라는 생각이 들지 않을 수 없다.
7. 마르크스는 "철학자들은 지금까지 단지 다양한 방식으로 세상을 해석했을 뿐이다. 중요한 것은 세상을 변화시키는 것이다."라고 말했다.[60] 물론 마르크스

---

60) Karl Marx with Friedrich Engels, *The German Ideology* (Amherst, NY: Prometheus Books, 1998), II. 이 책에는 『포이어바흐에 관한 테제(Theses on Feuerbach)』와 『정치적 경제 비판 서론(Introduction to the Critique of

만큼 세상을 변화시킨 철학자는 찾아보기 어렵다. 그러나 그 변화는 상황을 더욱 악화시켰다. 사실 그것은 악마와도 같은 악의 근원이 되었다. 마르크스주의와 사회주의와[61] 공산주의의 이름으로 수많은 사람이 살해되거나 혹독한 옥고를 치러야 했다. 마르크스 자신은 자신의 철학이 그런 잔악한 죽음과 고통을 야기하게 될 줄 생각하지 않았을 것이다. 그러나 그의 철학이 가져온 결과에 대해 상당한 책임이 그에게 있는 것은 분명하다. 1) 그는 자신의 사상 체계를 도덕적인 관점에서 평가하기를 거부한 채 단지 객관적이고, 과학적인 설명을 제시할 뿐이라고 주장했다. 2) 그는 "프롤레타리아트 독재"의 권력에 한계를 부여하지 않고, 사람들의 실질적인 행복이 아닌 변증법의 발전 과정에만 관심을 기울였다. 3) 그는 인간의 죄를 깊이 의식하지 못했고, 그 죄가 통치자들의 권력 남용을 어디까지 부추길 것인지를 고려하지 않았다.

Political Economy)』이 포함되어 있다.
61) 독일의 히틀러가 추구한 국가 사회주의도 마르크스 사상에 힘입은 바가 크다는 점을 잊어서는 안 된다.

핵심 용어

이성 비판(Critique of reason)
현상(Phenomena)
물 자체(Ding an Sich)
전제(Presuppose)
보편성(Universal)
코페르니쿠스적 혁명(Copernican revolution, 칸트)
젤리 병 비유(Jelly-jar analogy, 칸트)
초월적 분석(Transcendental analytic)
통각의 초월적 통합(Transcendental Unity of the apperception)
오성의 범주들(Categories of the understanding)
초월적 변증(Transcendental dialectic, 칸트)
물리-신학적 논증(Physico-thelogical argument)
판단의 유형(Types of judgments)
오류 추리(Paralogisms)
이상들(Ideals)
변증법(Dialectic, 헤겔)
반(Antithesis)
아우프헤벤(Aufheben, aufgehoben, 아우프게호벤)
정(Thesis)
합(Synthesis)
정신론(Spirit, 헤겔)
객관적인 정신(Objective spirit)
종교(Religion, 헤겔)
이상(Idea, 쇼펜하우어)
디오니소스적인 정신(Dionysiac)
헤겔 우파(Right-wing Hegelians)
소원의 투사(Wish-projection)
변증법적 물질주의(Dialectical materialism)
프롤레타리아트 독재(Dictatorship of the proletariat)
계급투쟁(Class conflict)
마르크스주의의 종말론(Marxist eschatology)
규제적 사용(Regulative use)
근본악(Radical evil)

교조적인 잠(Dogmatic slumbers)
실재(Noumena)
초월적 방법(Transcendental method)
선험적 종합 판단(Synthetic a priori)
필연성(Necessary)

초월적 감성(Transcendental aesthetic)

이율배반(Antinomies)

구성적 사용(Constitutive Use)
종교(Religion, 칸트)
도덕적 원형(Moral archetype)
자연과 자유(Nature-freedom)
실천적 믿음(Practical faith)
관념론(Idealism)

주관적 정신(Subjective spirit)
절대 정신(Absolute spirit)
신의 자기 소외(Divine self-alienation)
의지(Will, 쇼펜하우어)
아폴론적인 정신(Apollonian)
헤겔 좌파(Left-wing Hegelians)
발생론적 오류(Genetic fallacy)
생산 관계(Relations of production)
제로섬(Zero-sum)

소외(Alienation, 마르크스)
국가의 소멸(Withering of the state)
마르크스주의의 유토피아(Marxist utopia)

학습을 위한 질문

1. 칸트는 자기 이전의 철학자들에 대해 어떻게 반응했는가? 그의 방법론은 그들의 방법론과 어떻게 다른가? 평가하라.
2. 칸트가 선험적 종합 판단에 의한 지식을 중요하게 생각한 이유는 무엇인가? 그가 예로 든 것을 몇 가지 말해 보라. 그는 왜 선험적 종합 판단에 의한 지식이 수학이나 과학, 또는 윤리학에 필요하다고 생각했는가?
3. 지성적인 젤리 병의 비유를 설명하라. 칸트가 자신의 철학이 "코페르니쿠스적인 전환"의 의미를 지닌다고 말한 이유는 무엇인가?
4. "지각이 없는 개념은 공허하고, 개념이 없는 지각은 맹목적이다."라는 말의 의미를 설명하고, 평가하라.
5. 저자가 "칸트의 조립 라인"으로 일컬은 것을 설명하라. 각각의 단계에서는 어떤 일이 일어나는가?
6. "이 사과들은 빨갛지 않다."라는 말은 칸트에 따르면 어떤 유형의 판단에 해당하는가?
7. 칸트는 원인과 결과 사이에 필연적인 연관성은 없다는 흄의 주장에 대해 어떻게 반응했는가? 칸트의 견해를 평가하라.
8. 칸트가 모든 사람이 동일한 범주들을 가지고 이성적으로 추론한다고 생각한 이유는 무엇인가? 그의 대답을 평가하라.
9. 1) 통각의 초월적 통합, 2) 오류 추리, 3) 실재적 자아, 4) 규제적 개념으로서의 자아가 무엇인지 밝히고, 자아(또는 영혼)에 관한 칸트의 견해를 설명하라. 아울러 그의 견해를 흄의 견해와 비교하라.
10. 칸트가 전통적인 유신론적 논증을 어떻게 논박했는지 설명하고, 평가하라.
11. 칸트가 신의 개념을 어떻게 규제적으로 사용했는지 설명하고, 평가하라. 칸트를 다룬 마지막 내용에서 저자가 칸트의 "~것처럼"이 매우 빈약한 속성을 지닌다고 말한 이유를 설명하라.
12. 일반 계시, 특별 계시, 자유의지, 죄, 그리스도, 성육신, 속죄, 구원에 관한 칸트의 견해를 설명하라.
13. 저자는 "칸트의 신학은 성경적인 은혜의 복음을 행위의 의로 바꾼다."라고 말했다. 이 말의 의미를 설명하고, 평가하라.
14. 칸트와 그 이전의 철학자들에게서 발견되는 실용주의의 요소를 설명하라.

15. 칸트와 플라톤과 아리스토텔레스를 비교하라.

16. "칸트는 실재의 세계는 물론 현상의 세계와 관련해서도 흄보다 훨씬 더 회의적이다."라는 저자의 말을 설명하고, 평가하라.

17. 저자가 인간이 칸트 안에서 하나님의 역할을 맡게 되었다고 생각한 이유는 무엇인가? 저자의 주장과 칸트의 견해를 설명하라.

18. 저자는 실재를 제거함으로써 결국 합리주의로 복귀했다고 말했다. 왜 그런가?

19. 헤겔의 합리주의적 슬로건과 파르메니데스와 스피노자의 슬로건을 비교하라.

20. 헤겔의 변증법과 그가 그런 식의 이성적 추론을 정당시한 이유를 설명하고, 평가하라.

21. 헤겔의 변증법은 "존재"를 어떻게 분석했는가? 헤겔의 사고 실험의 요점은 무엇인가? 평가하라.

22. "변증법의 발전은 다름 아닌 신 자신이 스스로의 의식에 도달하는 과정이다."라는 말의 의미를 설명하고, 평가하라. 신은 어떤 의미에서 그런 과정 속에서 자기 소외를 경험하는가?

23. "헤겔 철학은 변증법적이고, 관념적인 범신론에 해당한다."라는 말의 의미를 설명하고, 평가하라.

24. "헤겔은 역사를 결정론적인 계급투쟁으로 간주했던 마르크스의 출현을 예고했다." 왜 그런가? 논의하라.

25. "이렇듯 헤겔에게는 어떤 사실이든 모두 현실 전체를 바라보는 관점이 되었다."라는 말의 의미를 설명하고, 평가하라.

26. "진리는 전체 안에 있다."라는 말의 의미를 설명하고, 평가하라.

27. 헤겔이 극단적인 실재론자이고, 지나치게 추상적이며, 합리주의자이면서 비합리주의자라는 비판에 대해 논의하라.

28. 쇼펜하우어는 칸트나 헤겔과 어떻게 다른가?

29. 쇼펜하우어가 19세기 철학자들에게 미친 영향에 대해 논의하라.

30. 포이어바흐 안에서 "신학이 인간학이 되었다."라는 말은 무슨 의미인가? 바르트가 자유주의 신학이 "포이어바흐의 얼굴에 나타난 미소에서 벗어날 수 없다."고 말한 이유는 무엇인가?

31. 어떤 그리스도인이 자신의 믿음이 소원의 투사일지도 모른다고 염려한다면 어떻게 대답할 것인가?

32. 저자는 "포이어바흐의 주장은 발생론적 오류에 해당한다."라고 말했다. 이 말의 의미를 설명하고, 평가하라.

33. 마르크스와 헤겔의 관계를 설명하라.

34. 마르크스가 윤리적인 범주들을 어떻게 활용했는지 설명하라.

35. 경제적인 역사에 관한 마르크스의 분석을 설명하라. 설득력이 있다고 생각하는가? 평가하라.

36. 누군가가 종교와 다른 사회적 장치를 통해 폭력 혁명 없이 가난한 자의 필요를 채워줄 수 있다는 말로 마르크스를 논박한다면 어떻게 될까? 마르크스가 어떻게 대답할 것인지 말해보고, 평가하라.

37. 저자에 따르면 미래에 대한 마르크스의 예측은 어떻게 빗나갔는가? 설명하라.

38. 마르크스의 이론이 정당성을 부여한 잔악한 행위를 몇 가지 나열해 보라. 그 책임이 마르크스에게 있다고 생각하는가? 있다면 그 책임은 어느 정도인가?

참고 문헌 : 칸트와 그의 계승자들

출판물

Feuerbach, Ludwig, *The Essence of Christianity* (Seattle: CreateSpace, 2013).

Gay, Peter, *The Enlightenment: The Rise of Modern Paganism* (New York: W. W. Norton, 1995).

Guyer, Paul, *The Cambridge Companion to Kant's Critique of Pure Reason* (Cambridge: Cambridge University Press, 2010).

Hegel, G. W. F., *Early Theological Writings*, Translated by T. M. Knox and Richard Kroner (Philadelphia: University of Pennsylvania Press, 1971).

_____, *The Phenomenology of Spirit*, Translated by A. V. Miller (New York: Oxford University Press, 1976).

Kant, Immanuel, *Critique of Pure Reason*. Edited and translated by Paul Guyer and Allen W. Wood (Cambridge: Cambridge University Press, 1999).

_____, *Prolegomena to Any Future Metaphysics*, Translated by James W. Ellington, 2nd ed (Indianapolis: Hackett Publishing, 2002).

_____, *Religion within the Boundaries of Mere Reason: And Other Writings*, Edited by

Allen Wood and George di Giovani (Cambridge Texts in the History of Philosophy: Cambridge University Press, 1999).

Kaufmann, Walter, *Hegel: A Reinterpretation* (Notre Dame, IN: University of Notre Dame Press, 1988).

_____, *Hegel: Texts and Commentary* (Notre Dame, IN: University of Notre Dame Press, 1989).

Marx, Karl, *Karl Marx: Selected Writings*, Edited by David McLellan, 2nd ed. (Oxford: Oxford University Press, 2000).

Marx, Karl, with Friedrich Engles, *The Communist Manifesto* (Seattle: CreateSpace, 2013).

Schopenhauer, Arthur, *The World as Will and Representation*, Translated by E. F. J. Payne, 2 vols (Mineola, NY: Dover, 1966).

온라인 자료

Feuerbach, Ludwig. Ludwig Feuerbach Archive. 그의 저서들과 그에 대한 중요한 논문들을 살펴보려면 다음 사이트를 참조하라. http://www.marxists.org/reference/archive/feuerbach/.

Hegel, G. W. F. 다음 사이트를 참조하면 그의 중요한 저서들을 접할 수 있다. http://www.hegel.net/en/etexts.htm and http://www.hegel.org/links.html#texts.

Kant, Immanuel. 칸트의 저서들을 영어로 번역한 자료를 원한다면 다음 사이트를 참조하라. http://staffweb.hkbu.edu.hk/ppp/k2texts.html. http://ebooks.adelaide.edu.au/k/kant/immanuel/.

Marx, Karl. Mark/Engles Library. 마르크스의 저서들은 다음 사이트에서 찾아볼 수 있다. http://www.marxists.org/archive/marx/works.

Schopenhauer, Arthur. 다음 사이트를 참조하면 그의 저서들을 많이 찾아볼 수 있다. http://ebooks.adelaide.edu.au/s/schopenhauer/arthur/.

스스로 읽기

칸트의 『순수 이성 비판』은 매우 어렵다. 그러나 그것은 그의 철학을 대변하는 주저다. 그의 다른 두 권의 비판서, 곧 『실천 이성 비판』과 『판단력 비판』은 그의 사상을 윤리학과 미학에 적용한 것이다. 그의 『미래의 형이상학을 위한 서설』은 『순수 이성 비판』에 비해 부피가 작고, 또 거기에 담겨 있는 개념들을 조금 덜 형식을 갖춰 서술했지만, 어떤 사람들은 전자를 이해하려면 먼저 후자를 이해해야 한다고 생각한다.

칸트의 『이성의 한계 내에서의 종교』에는 그의 신학 사상이 잘 드러나 있다. 그가 자유주의 종교 운동에 미친 영향을 이해하려면 반드시 이 책을 읽어야 한다.

헤겔의 『초기 신학적 논술들(Early Theological Writings)』은 성경을 자유롭게 이해하려는 그의 입장을 잘 보여준다. 아울러 그의 철학 사상은 여러 권의 책들을 통해 개진되었지만, 아마도 그 핵심을 파악하려면 『정신현상학(The Phenomenology of Spirit)』을 읽는 것이 가장 좋을 것이다. 그 책에 대한 카우프만의 해설은 매우 유익하다. 학생들의 노트를 토대로 만든 헤겔의 『종교철학 강좌(Lectures on the Philosophy of Religion)』는 그가 정통 기독교로부터 얼마나 멀어졌는지를 보여준다는 점에서 어느 정도는 그리스도인들의 관심을 자극할 수도 있다.

쇼펜하우어는 칸트와 니체를 잇는 중요한 다리 역할을 한다. 포이어바흐는 마르크스에게 큰 영향을 미쳤다. 마르크스와 프로이트처럼 기독교를 소원의 투사로 간주하는 사람들은 종종 포이어바흐를 인용한다.

마르크스에 관해서는 먼저 『공산당 선언(Communist Manifesto)』을 읽고, 그 다음에 『자본론(Capital)』을 읽어라. 『자본론』은 세 권으로 되어 있지만 그의 핵심적인 사상이 담겨 있는 것은 제1권이다.

온라인 듣기

웹 사이트 http://itunes.apple.com/us/course/legacy-history-philosophy/id694658914

- 임마누엘 칸트: 초월적 방법론, 현상, 실재, 비판 : 1:07:39
- 임마누엘 칸트와 관념론 : 57:39
- 칼 마르크스 : 17:57

유명한 인용문

- **칸트** : http://en.wikiquote.org/wiki/Immanuel_Kant
- **헤겔** : http://en.wikiquote.org/wiki/Georg_Wilhelm_Friedrich_Hegel
- **쇼펜하우어** : http://en.wikiquote.org/wiki/Arthur_Schopenhauer
- **포이어바흐** : http://en.wikiquote.org/wiki/Ludwig_Andreas_Feuerbach
- **마르크스** : http://en.wikiquote.org/wiki/Karl_Marx

개요

프리드리히 슐라이에르마허(1768-1834)
알브레히트 리츨(1822-89)
빌헬름 헤르만(1846-1922)
아돌프 폰 하르낙(1851-1930)
리츨 신학의 발흥과 쇠퇴
쇠렌 키에르케고르(1813-55)

8장

19세기 신학

6장에서 말한 대로 자유주의 신학은 계몽주의 초기에 일부 신학자들이 합리주의 철학을 받아들이면서 처음 나타났다. 이신론자들과 레싱과 같은 사상가들은 성경을 인간이 만든 책으로 간주하고, 그 신적 영감설을 인정하지 않았다. 이신론자들은 초자연적인 것을 배제하는 세계관을 발전시켰고, 레싱은 개인적으로는 기적을 믿었지만 기독교 신앙의 역사적 근거를 부인했다.

　나는 7장에서 칸트도 그와 비슷한 노선을 따랐다고 말했다. 그도 이신론자들처럼 특별 계시의 개념을 거부했고, 계시 주장은 무엇이든 자율적인 이성에 의해 점검되어야 한다고 주장했다. 또한 그는 이신론자들과는 달리 일반 계시를 거부했다. 그는 전통적인 신 존재 증명은 이성의 고유한 한계를 넘어선 일이라고 말했다. 그렇다면 종교의 타당성은 어디에 있는 것일까? 칸트는 이성이 우리의 도덕적 의무를 규정하고, 종교는 도덕적인 삶의 자극제로서 기능할 수 있다고 생각했다. 그는 하나님이 존재하는 "것처럼" 행동해야 한다고 말했다.

　헤겔도 종교의 유용성을 발견했다. 그러나 그 유용성은 헤겔의 이성이 제시한 세계관의 한계 내에서만 인정되었다. 그는 종교가 자신의 철학적 변증법을 위한 상징을 제공한다고 생각했다.

　포이어바흐와 마르크스는 종교를 인간이 고안해 낸 환상으로 간주했다. 그러나 다른 사상가들은 그런 지성적인 분위기 속에서도 종교나 신학이 여전히 중요한 역할을 한다고 믿었다. 이번 장에서는 그런 신학의 발전 과정을 잠시 생각해 볼 계획이다. 이 신학은 20세기에 "구(舊)자유주의"로 일컬어졌다. 그레샴 메이첸은 『기독교와 자유주의』라는 책에서 이 신학을 비판했다.[1] 바르트나 불트만과 같은 신학자들이 표현만 달리해 비슷한 사상을 많이 주장했지만 이 신학은 나중에는 다소 진부한 것으로 취급되었다. 내가 볼 때는 새로운 표현도 메이첸의 기본적인 분석과 비판을 효과적으로 피해가지는 못했다. 이 문제는 나중에 다른 장에서 다룰 생각이다.

아울러 나는 이번 장의 말미에서 쇠렌 키에르케고르의 사상을 다루려고 한다. 키에르케고르는 구자유주의에 속하는 사상가로 분류되지는 않지만 20세기에 이루어진 또 다른 사상의 발전에 영향을 미쳤다. 바르트와 불트만을 비롯한 "신정통주의" 신학자들은 키에르케고르의 사상 가운데 일부를 자신들의 신학에 적용했다(10장 참조).

프리드리히 슐라이에르마허(Friedrich Schleiermacher, 1768-1834)

프리드리히 슐라이에르마허
(Friedrich Schleiermacher)

슐라이에르마허는 종종 "현대 신학의 아버지"로 불린다. 물론 이 말은 "현대 자유주의 신학의 아버지"라는 뜻이다. 앞서 살펴본 대로 내가 정의한 "자유주의"의 의미에 따르면 그는 최초의 자유주의자가 아니었다. 그러나 그의 책 『기독교 신앙(The Christian Faith)』은 지금까지 자유주의 신학자가 쓴 책들 중에서 가장 고전적인 조직 신학으로 손꼽힌다. 이신론자들은 다양한 신학적 주제들을 논했고, 칸트의 『이성의 한계 내에서의 종교』는 전통적인 신학의 주제들을 대부분 다루려고 시도했다. 그러나 슐라이에르마허의 책은 그보다 훨씬 더 길고, 상세하게 신학적인 주제들을 다루었다. 그런 점에서 그것은 내가 6장에서 언급한 "보수적인 흐

---

1) Gresham Machen, *Christianity and Liberalism* (Grand Rapids: Eerdmans, 1923).

름"의 본보기에 해당한다. 그의 책은 하나님의 속성, 그리스도의 삼중 직임, 그분의 인격과 사역, 둘째 아담으로서의 그분의 역할, 그분의 무죄성, 인간의 죄와 은혜, 이신칭의, 회개, 선택, 교회, 성례, 삼위일체와 같은 주제들을 포괄적으로 논의했다. 그러나 그의 책은 17세기 개신교 스콜라주의와 형식만 같을 뿐 그 내용은 사뭇 달랐다.

슐라이에르마허는 개혁주의 목회자의 아들로 태어났다. 그러나 그는 칸트처럼 어렸을 때 경건주의자들 사이에서 영향을 받고 자랐다.[2] 그는 신학 외에 심리학, 철학적 변증법, 정신 철학, 언어 철학, 심미학, 윤리학, 정치 철학, 사회 철학 등 다른 여러 분야에도 폭넓게 관심을 기울였다. 그는 해석학을 조직적으로 체계화시킨 최초의 학자 가운데 하나이기도 했다.

슐라이에르마허는 1796년에 베를린으로 이주해 슐레겔 형제(프리드리히와 아우구스트)를 비롯해 낭만주의 운동을 대표하는 다른 문학인들과 교분을 맺었다. 그의 주저인 『종교를 멸시하는 교양인들을 위한 종교론(Speeches on Religion to Its Cultured Despisers)』(1799)은 당시의 사회에서 종교를 거부하는 반론들을 다루는 데 초점을 맞추었다. 그의 『종교론(On Religion)』은 기독교를 멸시하는 사람들과 공통된 기반을 찾기에 지나치게 열중한 나머지 기독교의 가르침을 타협하는 데까지 나아갔다. 슐라이에르마허는 그 책에서 특정한 교리적 확신이 아닌 "절대 의존 감정"이 곧 종교의 본질이라는 자신의 이론을 발전시켰다. 심지어 하나님의 존재와 불멸조차도 그 책이 말하는 종교의 본질에는 해당하지 않았다.

그러나 슐라이에르마허는 이전 형태의 자유주의를 만족하게 여기지 않았다. 『기독교 신앙』(1821-22년에 저술되어 1830-31년에 개정되었다)에 제시된 그의 견해는 이신론자들, 레싱, 칸트 및 헤겔의 사상보다 좀 더 보수적인 입장을 전개했다. 그는 종교가 (이신론자들과 헤겔이 주장하는 것 같은) 자연 신학이나 철학적 추론에서 비롯했다고

---

[2] 슐라이에르마허의 경건주의적 배경은 그가 나중에 주관주의로 치우친 이유를 부분적으로 설명해 준다. 그러나 칸트와 슐라이에르마허에게서 발견되는 경건주의와 자유주의의 관계를 근거로 내세워 경건주의 전체를 단죄하려고 시도해서는 곤란하다. 경건주의와 경쟁 관계에 있던 또 하나의 사상 운동인 학문적인 개신교 스콜라주의에도 자유주의가 만연했다는 사실을 기억해야 한다. 예를 들어 후자의 경우, 정통주의자인 프랜시스 투레틴과 좀 더 자유주의적인 그의 아들 알폰소 투레틴을 비교해 보라. 좀 더 폭넓은 상황에서 보면 자유주의가 결국 기독교교회의 모든 전통과 분파에 영향을 준 것을 알 수 있다. 나는 5장에서 경건주의와 학문적인 개신교 스콜라주의를 간단하게 논의한 바 있다.

생각하지도 않았고, 레싱이나 칸트가 주장하는 것처럼 종교를 도덕성으로 축소시킬 수 있다고도 생각하지 않았다. 오히려 그는 종교의 독특성을 보존하는 데 관심을 기울였다. 그가 생각한 종교의 독특성은 절대 의존 감정이었다.

독일어 "Gefühl"은 흔히 "감정"으로 번역되지만 슐라이에르마허는 이 감정을 "직관"으로 일컫기도 했다. 또한 그는 "종교적인 의식"이라는 표현도 사용했다. 그는 그것을 모든 다양한 경험의 토대를 이루는 일체 의식(궁극적으로는 신 의식)으로 이해했다. 그런 일체를 추구하는 것이 인간의 생각이 해야 할 가장 중요한 역할이었다. 이 감정은 문화, 예술, 시 등 모든 인간의 사고 안에서 경험되지만 종교는 그것을 가장 직접적으로 탐구하는 분야에 해당한다.

1817년에 프리드리히 빌헬름 3세의 치세 아래 프로이센에서 루터교회와 개혁주의교회가 하나로 통합되었다. 슐라이에르마허는 그것을 개신교 신학을 새로운 방향으로 발전시킬 기회로(즉 옛 대립 관계를 극복하고 새로운 합일을 이루는 기회로) 받아들였다. 그는 교리들의 배후에 놓인 감정을 점검하면 합일이 가능해질 것이라고 생각했다. 모든 종교는 각자 자신의 방식으로 종교적 감정을 명확하게 표현하는 데 초점을 맞춘다. 종교 가운데 거짓 종교는 아무것도 없다. 무슨 종교든 정도의 차이만 있을 뿐 불완전하기는 다 마찬가지다. 그러나 슐라이에르마허는 기독교가 그 중에서 최고라고 생각했다. 기독교는 "의존 감정이 예수 그리스도를 구원자로 믿는 믿음에 의해 규정되는 종교"이다.[3] 기독교 안에서 "모든 것이 나사렛 예수에 의해 성취된 구원과 관련된다."[4]

슐라이에르마허는 "기독교 교리는 기독교적 종교 감정을 말로 표현한 것"으로 생각했다.[5] 신학의 직접적인 원천은 성경이나 교리나 교회의 전통이 아닌 종교적 감정이라고 말한 것에 주목하라. 성경은 예수님이 제자들에게 주었던 본래의 "인상"과[6] 그들이 그분에 관해 가졌던 본래의 감정을 말로 기록하고 있다는 점에서 중요한 비중을 차지한다. 그러나 성경은 믿음의 토대가 아니다. 오히려 믿음이 성

---

3) Friedrich Schleiermacher, *The Christian Faith*, trans. H. R. Mackintosh and J. S. Stewart (Edinburgh: T&T Clark, 1928), 52.
4) Ibid. 슐라이에르마허는 우리가 오늘날 신학의 기독교 중심적인 본질로 일컫는 것을 종종 강조했다.
5) Ibid., 76.
6) Ibid., 125.

경의 토대다.[7] 성경은 예수님의 첫 제자들의 믿음을 기록하고 있기 때문에[8] 그 믿음, 곧 그 종교적 감정을 우리에게 전달한다. 따라서 그는 개혁주의와 루터교회, 가톨릭교회와 개신교, 또는 정통주의와 계몽주의가 서로 대립될 경우에는 그 모든 집단이 공통적으로 공유하는 감정에 호소함으로써 서로의 갈등을 해결해야 한다고 생각했다. 교리는 분열시키지만 감정은 합일을 이룬다. 슐라이에르마허는 계시는 인식적인 존재로서의 인간에게 우선적으로 영향을 미치지 않는다면서 "왜냐하면 그것은 계시를 원초적이고 본질적인 차원에서 '교리'로 만들기 때문이다."라고 그 이유를 밝혔다.[9]

자유주의는 이 원리(하나님의 계시는 명제나 정보나 교리의 형태를 취할 수 없다는 것)를 공유한다. 교리는 인간이 종교적 감정을 성찰함으로써 만들어낸 것이다. 자유주의 신학자들은 다양한 방식으로 계시의 의미를 다루었다. 세버리는 계시를 자연이자 자연적 이성으로, 레싱과 칸트는 윤리적 이성으로 각각 간주했다. 나중에 자유주의 전통 안에서 계시의 의미를 이와 다르게 이해한 경우들도 아울러 살펴볼 생각이다. 아무튼 자유주의 신학자는 계시가 명제나 교리가 될 수 없다고 생각한다는 점에서는 모두 의견이 똑같다. 왜 그럴까? 그 이유는 그것이 하나님이 계시를 통해 우리가 믿어야 할 것과 해야 할 일을 알려주셨다는 의미를 지니기 때문이다. 그것은 자유주의 인식론의 가장 근본적인 원리, 곧 인간의 자율적 사고가 궁극적인 권위를 지닌다는 신념과 정면으로 충돌한다.

슐라이에르마허는 다른 자유주의 신학자들처럼 계시가 명제가 될 수 없다는 것을 입증하기 위해 다양한 논증을 펼쳤다. 1) 모든 개념은 하나님을 전제로 하지만 그럼에도 불구하고 하나님은 모든 개념을 초월한다.[10] 2) 계시는 결코 "추상적으로(즉 객관적으로)" 주어지지 않고, 항상 "우리를 위해" 주어진다.[11] 3) 계시는 결코

---

7) Ibid., 591-97.
8) 슐라이에르마허는 성경을 무오하지 않다고, 즉 오류가 있다고 생각했지만 한편으로는 제자들의 믿음을 알 수 있는 가장 중요한 자료로 인정했다.
9) Schleiermacher, *Christian Faith*, 50.
10) 만일 "모든 개념을 초월한다."는 것이 하나님을 개념적인 생각과 언어로 나타낼 수 없다는 의미라면 그것은 성경과 정면으로 충돌한다.
11) 그런 주장에 대한 답변: 1) 모든 언어는 어느 정도는 다 추상적이다. 2) 계시가 객관적으로 사실이 아니라면 그것이 어떻게 우리를 유익하게 하는지 불확실하다.

"직접적으로 주어지지" 않는다. 왜냐하면 항상 계시의 수용자가 나타내는 반응에 의해 영향을 받기 때문이다. 듣는 자는 항상 자기가 듣는 것에 어느 정도 영향을 미치기 마련이다.[12] 4) 계시는 외적일 수 없다. 오직 내가 내적으로 받아들이는 것만이 나에게 주어진 계시일 수 있다.[13]

이것은 계시의 교리와 관련해 "주관적인 전환"이 이루어진 가장 최초의 역사적 사례다. 자유주의 신학은 슐라이에르마허를 시작으로 계시를 하나님의 말씀이 외적으로나 객관적으로 나타나는 현상이 아닌 내적으로 이루어지는 조명으로 간주하게 되었다. 성경에서 "계시"라는 용어는 하나님이 인간에게 객관적이면서 주관적인 차원에서 의사를 전달하시는 것을 묘사할 때 사용된다. 하나님의 진노의 나타남(롬 1:1)은 심판이 객관적으로 주어지는 것을 의미한다. 어떤 사람들은 그것을 받아들이고, 어떤 사람들은 그것을 "가로막는다." 계시의 그런 특성은 계시 수용자의 주관적인 반응에 의존하지 않는다. 한편 마태복음 11장 27절과 에베소서 1장 17절에 언급된 계시의 개념은 내적 조명, 즉 경건한 주관적인 반응을 불러일으키는 의사 전달을 가리킨다. 자유주의 신학자들은 객관적인 의미의 계시는 무시하거나 부인하고, 주관적인 차원의 계시만을 받아들이는 경향이 있다. 슐라이에르마허는 위의 4)번에서 그런 식의 견해를 드러냈다. 그의 말은 하나님이 말씀하신 것을 "내적으로 받아들이지" 않는 사람들은 계시를 전혀 받지 못하기 때문에 그것을 거부해도 아무런 책임이 없다는 의미를 담고 있다.

슐라이에르마허는 성경, 신앙고백, 교회의 신조가 신학에 중요하다고 믿었다.

> 복음적인 교리를 요약한 것으로 주장되는 모든 명제는 복음적인 신앙고백이나 (신앙고백이 없을 경우에는) 신약 성경, 또는 이미 인정된 다른 명제들과의 동일성에 비춰 입증되

---

[12] 이 주장은 하나님과 인간 사이만이 아니라 인간들끼리의 의사소통에도 똑같이 적용된다. 만일 전자의 소통을 타당하게 인정하지 않으면 후자의 소통도 그 타당성을 인정할 수 없게 되어 결국 의사소통이 불가능해지는 결과를 낳는다.

[13] 흥미롭게도 슐라이에르마허는 좀 더 일찍 저술했고, 또 좀 더 급진적인 특성을 띤 책인 『종교론』에서 "계시란 무엇인가? 우주로부터 인간에게 주어지는 모든 새롭고, 본래적인 의사전달이 곧 계시다. …영감이란 무엇인가? 그것은 참된 도덕성과 자유의 감정을 일반적으로 표현한 것이다."라고 말했다. Friedrich Schleiermacher, *On Religion: Speeches to Its Cultured Despisers*, trans. John Oman (New York: Harper and Brothers, 1958), 89.

어야 한다.[14]

그러나 슐라이에르마허의 견해에 따르면, 그런 문서 가운데 계시로 일컬을 수 있는 것은 아무것도 없다.

만일 명제적 계시가 없다면 신학의 내용은 기독교적인 종교적 감정을 근거로 할 수밖에 없다. 신학에 관한 이런 견해는 문제의 소지가 크다. 우리는 말로 된 문서를 토대로 한 적용이나 추론을 통해 신학적 명제들을 확립한다는 것이 무엇을 의미하는지를 이해할 수 있다. 그러나 슐라이에르마허는 신학의 명제들을 명제가 아닌 것, 곧 감정을 토대로 확립하기를 원했다. 사람들은 어떤 것들에 대해 느끼는 것이 제각기 다르기 때문에 감정을 토대로 어느 정도의 신학적 합의가 이루어질 수 있는지, 또 한 사람이 또 다른 한 사람에 대해 하나의 신학적 입장을 어떻게 주장할 수 있는지 판단하기 어렵다. 사실, 슐라이에르마허는 『기독교 신앙』에서 감정을 토대로 주장을 펼친 적이 거의 없다. 그도 대다수 신학자들처럼 성경과 교회의 문서를 해설했다. 그러나 그는 종종 논의를 왜곡시켜 자신이 가장 좋게 느끼는 것을 주장하는 방향으로 나아갔다. 그런 것은 설득력 있는 신학적 방법으로 인정하기 어렵다.

그러나 그가 어떻게 그런 견해를 지니게 되었든 간에 그의 체계 안에 담겨 있는 구체적인 신학적 내용을 잠시 생각해 봐야 할 필요가 있다. 그는 자신의 종교적 감정을 말로 표현하면서 다음과 같은 주장을 펼쳤다. 그는 하나님을 "절대 의존 감정"의 "공동 결정 요인"으로 간주했다. 즉 하나님은 절대 의존 감정을 느끼게 만드는 모든 것을 가리키는 명칭이다. 슐라이에르마허가 『종교론』에서 하나님을 묘사한 내용은 범신론, 또는 만유내재신론으로 비판받는다.[15] 또한 슐라이에르마허는 하나님의 인격성을 분명하게 언급하기를 주저했다.

하나님의 속성들은 우리와 그분과의 관계를 나타낸다. 왜냐하면 우리가 하나님에 관해 알고 있는 모든 것은 곧 "우리를 위한" 것이기 때문이다. (그러나 여기에서 "어

---

14) Schleiermacher, *Christian Faith*, 112.
15) 범신론은 하나님이 만물이고, 만물이 하나님이라는 견해를, 만유내재신론은 하나님이 만물 안에 있고, 만물이 하나님 안에 있다는 견해를 각각 가리킨다. 만유내재신론자들은 우주는 신성하지만 하나님은 우주를 뛰어넘는 그 이상의 존재라고 믿는다.

떻게 하나님이 우리의 존재를 초월하시고, 세상과 상관없이 생명을 지니고 계시는가?"라는 문제가 제기된다). 슐라이에르마허는 삼위일체 교리가 섭리와 구원의 교리에서 파생했다고 생각했다. 그는 『기독교 신앙』 말미에서 삼위일체 교리를 "기독교 교리의 갓돌"로 묘사했다.16) 그는 동일한 하나님이 섭리(성부)와 구원(그리스도)과 교회 안에 계시는 성령으로 역사하신다는 것이 삼위일체의 골자라고 믿었다.

슐라이에르마허에게 인간이 지닌 하나님의 형상이란 곧 종교적 감정, 즉 양도할 수 없는 신 의식을 의미했다. 죄는 역사 속에서 특정한 계명을 어긴 것이 아니었다. 슐라이에르마허는 전통적인 원죄 교리를 "외적이고", "율법적인" 교리로 일컬었다. 그는 인간의 영원한 구원과 멸망이 한 사람이 한 순간에 내린 결정에 달려 있다는 생각은 터무니없는 독단이라고 느꼈다. 따라서 그는 죄를 다르게 정의했다. 그에게 죄란 "감각적인 의식"이었다. 감각적인 의식은 하나님이 아닌 세상에 몰입하는 것으로 절대 의존 감정과는 정반대다.

감각적인 의식은 인간의 본성에 속한다.17) 따라서 이것은 불가피하고, 보편적이다. 인간의 생물학적 성장과 지성의 발달은 영적 성장과 도덕성의 발전보다 더 빠르게 이루어진다. 이런 모순이 곧 죄다. 그러나 죄는 선의 결핍으로 이해될 수 있다.18) 따라서 우리의 기본적인 선함(신 의식)은 죄에도 불구하고 계속 유지된다.

슐라이에르마허가 예수님을 특별히 존중했던 이유는 그분의 종교적 감정이 매우 독특했기 때문이다. 슐라이에르마허는 예수님의 십자가와 부활과 승천과 재림에 관한 성경의 가르침을 믿는다고 말했다. 그러나 그는 그런 가르침이 그리스도의 인격을 이해하는 데 중요한 것이 아니라 성경의 교리이기 때문에 중요하다고 생각했다. 성경은 그런 교리들을 가르친다. 우리는 성경이 그런 교리들을 가르친다는

---

16) 어떤 사람들은 슐라이에르마허가 삼위일체론을 책의 서두가 아닌 말미에서 언급한 것을 비판한다. 나는 성경이 조직신학의 주제들을 고려하는 규정적인 순서를 제시했다고 생각하지 않는다. (나는 내가 쓴 책에서도 삼위일체론을 맨 마지막에 다루었다. *DG*.) 그러나 슐라이에르마허가 다른 신앙의 교리들이 지니는 삼위일체적 속성을 무시했다는 점에서는 그런 비판이 상당한 설득력을 지닐 수 있다.
17) 이 말은 마치 인간이 인간 외에 다른 무엇이 되지 않으면 구원받을 수 없다는 의미를 함축하고 있는 듯하다. 그러나 죄가 "한 사람(아담)을 통해" 들어왔다면(롬 5:12, 16-19. 슐라이에르마허는 이를 부인한다), 죄는 인간성의 일부가 아니기 때문에 인간 외에 다른 무엇이 되지 않더라도 역사적 사건 안에서 한 사람(그리스도)을 통해 구원을 받는 것이 가능해진다.
18) 악을 결핍으로 생각하는 개념에 대해서는 3장에서 아우구스티누스를 논의하면서 결핍의 개념을 비판한 내용을 참조하라.

것을 인정해야 한다. 그러나 우리는 그런 역사적인 주장을 믿지 않고서도 얼마든지 그리스도를 믿을 수 있다(즉 그분의 종교적 감정을 공유할 수 있다). 슐라이에르마허는 그런 "우연적인" 역사적 사건들을 통해 구원이 주어지는 것은 아니라고 주장했다(그는 레싱이 건널 수 없다고 말했던 "넓고, 흉한 도랑"을 확증한 셈이다). 슐라이에르마허에게 그런 사건들을 믿는 전통적인 기독교 신앙은 "외적인" 것을 통해 구원받는다는 의미나 다름없었다. 그는 그런 것은 온당하지 않고, 구원은 종교적 감정, 곧 우리 안에 있는 것을 강화함으로써 이루어진다고 믿었다. 따라서 전통적인 이론들은 "인공적이다."

그렇다면 그리스도께서는 어떻게 감각적인 의식으로부터 우리를 구원하시는가? 칸트의 『이성의 한계 내에서의 종교』는 그리스도를 우리가 본받아야 할 도덕적 원형으로 제시했다. 슐라이에르마허의 견해도 그와 비슷하다. 단지 그는 그리스도를 신 의식, 곧 종교적 감정의 원형으로 제시했을 뿐이다.

그리스도께서 참된 인간이시라고 말하는 것은 그분이 인간의 본성에 고유한 속성을 지니고 계신다는 의미를 담고 있다. 그리스도께서는 이미 우리 안에 존재하는 신 의식을 우리에게 보여주신다. 그분은 우리가 자기를 닮았고, 자기를 더 많이 닮을 수 있다는 것을 보여주셨다. 따라서 그리스도의 인격은 우리의 인격과 다르지 않다. 그분의 인격은 "우리를 위한" 것이다.

그러나 감각적인 의식은 인간성의 일부다. 그렇다면 우리와 그분의 연합을 그대로 유지하면서 어떻게 그분의 무죄성을 고백할 수 있을까? 슐라이에르마허는 예수님의 무죄성을 입증하는 역사적인 증거가 있다고 주장하지 않았다. 그러나 그는 그것을 예수님의 신 의식의 결과로 받아들여 그분의 무죄성을 고백했다. 본질적인 신 의식 안에는 죄가 존재하지 않는다. 예수님은 완벽한 신 의식을 소유하셨다. 슐라이에르마허는 우리도 결국에는 완전한 신 의식을 알게 될 것이라고 했다. 이처럼 예수님은 무죄하신데도 우리와 하나로 연합하신다. 또한 그분은 우리의 미래 상태를 예고하신다.

이런 구원의 개념은 슐라이에르마허가 "인공적인 이론"으로 일컬은 것(곧 우리가 다른 사람의 고난을 통해 구원받는다는 것)을 불필요하게 만든다. 그는 그런 식의 속죄론을 "외적이고", "인위적인" 것으로 간주했다. 여기에서도 레싱의 도랑이 역사적 사건에 근거해 구원을 추구하는 것을 가로막고 있는 것을 알 수 있다.

이처럼 자유주의 신학은 레싱 이후로 역사적 사건에 교리적 의미를 부여하는 것을 거부한다. 슐라이에르마허에게 구원은 현재적 사건, 곧 우리의 주관성과 감정 안에서 일어나는 사건이었다. 그러나 그는 또한 자신의 체계 안에서 "구속"을 우주적인 과정으로 간주하는 성경의 개념(예를 들면 골 1:15-20)을 고려하려고 노력했다. 그는 그리스도 안에서 이루어진 하나님의 선택을 종교적인 의식이 잠재적 상태에서 실제적 상태로 발현되도록 정해 놓은 작정의 의미를 지니는 것으로 이해했다. 창조는 그런 작정의 성취를 이루는 첫 시작이었다. 인간의 잠재성의 발현은 은혜에 의해 작정되었다. 인간은 그런 발전을 수용하거나 거부할 자유가 있지만 하나님의 구원적 작정의 목적은 반드시 성취된다. 궁극적으로 볼 때 슐라이에르마허의 비전은 보편구원이었다. 결국에는 모든 사람이 종교적인 의식의 완전한 실현을 이룰 것이다.

그런 완전한 실현은 인간의 문화적인 열망이 절정에 달하는 순간에 일어난다. 인간은 부와 가난, 영과 육신, 이상과 현실, 이성과 자연, 개인과 전체, 생산과 전유(專有)와 같은 다양한 형태의 합일을 추구함으로써 문화를 발전시킨다. 따라서 종교적인 의식의 현실화란 곧 사랑을 이루는 것을 의미한다.[19]

간단히 요약하면 슐라이에르마허는 자유주의 신학의 전통 안에서 발견되는 다양한 주제와 원리들을 다루었다. 사실 그런 주제와 원리들 가운데 그로부터 기원한 것이 많다.

1. **이성적인 자율성의 원리.** 슐라이에르마허의 저서들은 칸트와 헤겔의 경우처럼 이성을 칭송하는 내용을 포함하고 있지 않다. 그는 자율적인 추론보다는 자율적인 감정에 관해 말하기를 더 좋아한다. 그러나 결국 그 둘 사이의 차이는 그

---

19) 슐라이에르마허의 윤리학은 자유주의 신학에서 공통적으로 발견되는 또 하나의 주제를 다룬다. 그것은 사랑과 율법이 서로 반대된다는 것이다. 그는 율법은 "외적인 행위의 이면을 꿰뚫지 못한다."라고 말했다. 율법은 내적인 동기를 다룰 수 없다. 따라서 그는 두 가지 큰 계명(마태복음 22장 36-40절에 언급된 사랑의 계명)은 율법이 아니라고 생각했다. 나는 이 논증의 방향을 다른 쪽으로 바꾸고 싶다. 즉 나는 사랑은 명백한 율법, 즉 계명이기 때문에 율법은 사실상 외적 행위의 이면을 꿰뚫는다고 말하고 싶다. 이것이 산상 설교에서 율법을 해설하셨던 예수님의 입장이었다. 그러나 자유주의 진영에서는 종교적인 윤리학을 다룰 때 슐라이에르마허의 주장을 당연시할 때가 많다. 다음 자료를 참조하라. Emil Brunner, *The Divine Imperative* (Louisville, KY: Westminster John Knox Press, 1979). Joseph Fletcher, *Situation Ethics: The New Morality* (Louisville, KY: Westminster John Knox Press, 1966).

렇게 크지 않다.[20] 슐라이에르마허의 글은 단지 감정을 표현한 것이 아니다. 그것은 감정에 관한 이성적인 분석이다. 계시에 관한 슐라이에르마허의 견해를 고려하면 그의 분석이 신적인 계시의 권위를 인정하지 않는다는 것을 알 수 있다.

2. **비명제적 계시**. 슐라이에르마허는 계시를 우리의 자율적인 합리성을 위협하는 형식이 아닌 개인적인 주관성과 역사의 폭넓은 과정 안에서 발견하려고 노력했다.

3. **비성경적인 초월과 내재**. 슐라이에르마허는 하나님이 우리를 온전히 초월하시기 때문에 개념으로 묘사하기가 불가능하다고 생각했다. 그 대신 그는 그분을 우리의 내적 감정 안에서 발견할 수 있으며, 그리스도의 인격은 본질적으로 종교적 감정의 원형이라고 믿었다. 그분의 모든 것이 "우리를 위한" 것이다. 아래의 도표를 참조하라.

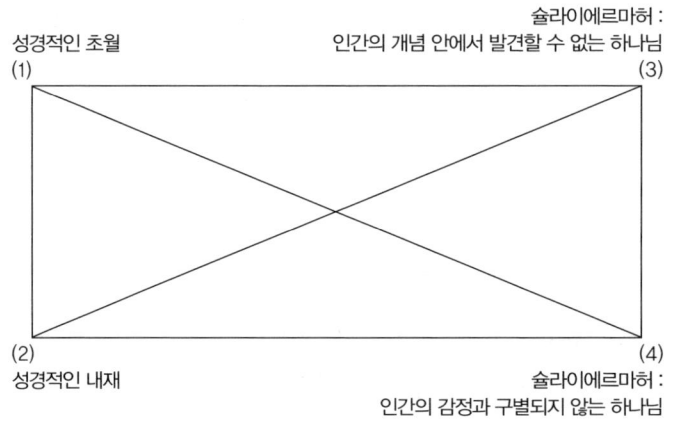

도표 8. 1. 슐라이에르마허의 초월과 내재

4. **비역사적 구원**. 슐라이에르마허는 레싱의 "넓고, 흉한 도랑"을 피하기 위해 구원을 역사 속에서 이루어진 하나님의 행위로서가 아니라 1) 모든 사람이 종교

---

20) 이성과 감정에 관해 내가 논의한 내용을 살펴보려면 다음 자료를 참조하라. *DKG*, 335-40. *DCL*, 370-82.

적 의식의 잠재성을 최고조로 발휘하게 되는 우주적인 과정이자 2) 종교적인 의식이 개개인 안에서 완전한 상태에 이르는 주관적이고, 개인적인 과정으로 묘사했다. 따라서 구원의 역사는 단지 인간의 종교적 감수성의 발전을 나타내는 비유에 불과하고, 하나님의 은혜는 인간의 최상의 노력과 동일시된다.

5. **보수적인 흐름**. 슐라이에르마허는 전통적인 신학에 관해 놀라울 정도로 세밀한 지식을 소유하고 있었다. 그는 모든 개념과 차이점과 논증을 매우 진지하게 다루었다. 순진한 독자의 눈으로 보면 그는 (헤겔이나 칸트나 셰버리와 비교할 때) 고차원적인 철학적, 성경적 정교함을 갖춘 정통 기독교로 회귀한 것처럼 보인다. 그러나 그의 사상에는 복음이 없다. 슐라이에르마허의 메시지는 우리의 문제는 전통적인 의미에서의 죄가 아닌 속된 일에 대한 집착에 있다는 것이다. 그는 인간이 더 나은 것을 생각할 수 있는 능력을 지니고 있고, 궁극적으로는 그렇게 될 것이라고 믿었다.

알브레히트 리츨(Albrecht Ritschl, 1822-89)

본대학교와 괴팅겐대학교에서 강의했던 리츨은 초기에는 헤겔주의자들에게 영향을 받았지만(특히 페르디난트 크리스티안 바우어)[21] 1850년경부터는 신학에 미친 헤겔의 영향을 논박하기 시작했다. 그의 사상에서 가장 두드러진 요소는 칸트의 영향이었다. 리츨은 이성에 대한 칸트의 비판을 근거로 기독교 신앙을 철학적 체계로 축소하려는 시도를 거부했다.

리츨은 "모든 신학적 명제는 기독교적 삶의 현상을 설명하는 것을 목표로 삼는다."고 생각했다.[22] 그는 슐라이에르마허의 노력을 존중했지만 기독교적 삶을 내적 감정으로 이해하지 않았다. 리츨에게 신학의 두 축은 역사적 예수와 신자의 현재적 삶이었다.

---

21) 바우어는 헤겔의 변증법을 적용해 베드로를 정, 바울을 반, 누가를 합으로 간주했다.
22) Albrecht Ritschl, *The Christian Doctrine of Justification and Reconciliation*, ed. and trans. H. R. Mackintosh and A. B. Macaulay (Edinburgh: T&T Clark, 1900), 49.

리츨도 당시의 다른 많은 신학자들과 성경학자들처럼 역사 연구, 곧 내가 정의한 "자율성"을 토대로 한 역사 연구를 통해 역사적 예수를 탐구했다. 그가 그런 탐구를 통해 발견한 것은 고대의 신조들이 증언하는 초자연적인 존재가 아니었다. 리츨은 예수님에 대한 전통적인 교리(동정녀 탄생, 그리스도의 두 본성, 신성과 영원성)를 헬라 철학의 사변에서 비롯한 것으로 간주했다.

알브레히트 리츨
(Albrecht Ritschl)

그러나 리츨에게 예수님은 온전하고 참된 인간이라는 점에서 진정으로 신성했다. 그분은 이상적인 인간의 속성을 모두 갖춘 탁월한 본보기이시다.

이것은 논리적인 증명이나 결정적인 역사 연구에서 비롯한 결론은 아니지만 예수님의 삶을 찬찬히 살펴보면 자연스레 그런 가치 판단에 도달할 수 있다.

우리는 그런 연구를 통해 우리를 좀 더 참된 인간이 되도록 도와주는 예수님을 발견할 수 있다. 예수님의 의는 신성의 속성이 아니다. 참된 인간의 의는 매순간 의롭게 살려고 노력하는 삶을 요구한다.

리츨도 슐라이에르마허처럼 예수님의 의가 우리에게 전가된다는 개신교의 정통 교리를 거부했다. 리츨은 그런 가르침을 "율법적인 세계 질서"의 징후로 받아들였다. 예수님의 의는 온전히 인간적인 것이기 때문에 우리는 그것을 얼마든지 본받을 수 있다.

리츨은 율법적인 세계 질서 대신 하나님의 부성에 근거한 하나님의 나라를 추구했고, 온 인류가 그분의 가족이라는 개념을 발전시켰다. 구속, 칭의, 중생, 양자, 용서, 화해는 본질적으로 그 의미가 모두 똑같다.[23]

이런 용어들은 모두 깨어진 가족 관계를 회복하기 위한 하나님의 행위를 가리킨다. 하나님은 예수님을 통해 그 일을 이루고 계신다. 그분은 가족 관계를 끝까지 유지하고, 항상 성부에게 충실하게 복종하셨다. 리츨에게 하나님의 나라란 하나님과

---

23) 흥미롭게도 자유주의 신학은 이런 개념들을 동일하게 취급하는 경향이 있다. 왜냐하면 자유주의 신학의 지지자들은 하나님이 인간의 언어를 온전히 초월해 계시는 까닭에 그분의 행위들을 적절히 구별하기가 어렵다고 생각하기 때문이다(비성경적인 초월). 또한 그들은 명제적인 계시를 거부하기 때문에 하나님이 구원의 여러 측면이 지니는 차이를 우리에게 설명하실 수 없다고 생각한다.

인간이 공동으로 추구하는 도덕적인 목적이다. 하나님의 나라는 말세에 나타나는 것이 아니라 현 세계에서 발견되며, 그리스도인들은 하나님의 가족과 그 영향력을 확장시키라는 부르심을 받았다. 사람들은 흔히 리츨의 자유주의 신학을 "하나님의 부성애와 인간의 형제애"로 간단하게 요약한다. 이 문구는 하나님 나라의 목적에 관한 리츨의 견해를 정확하게 드러낸다.

리츨에 따르면 예수님의 신성은 일종의 윤리적 가치 판단에 해당한다. 예수님이 신성을 획득하신 이유는 하나님이 맡기신 일에 온전히 충성하셨기 때문이다. 그런 점에서 리츨은 그분의 구원 사역이 전통적인 정통 개신교가 가르치는 것보다 우리에게 더 큰 가치를 지닌다고 생각했다. 리츨에 따르면 우리도 예수님이 하신 대로 똑같이 행동함으로써 그분의 신성에 동참할 수 있다.

리츨의 신학은 "보수적인 흐름"을 보여주는 또 하나의 사례다. 역사와 역사적인 예수를 강조하는 것은 칸트의 도덕주의나 헤겔의 사변이나 슐라이에르마허의 주관주의에 비해 좀 더 정통적인 것처럼 들린다. 특히 리츨이 실천적인 기독교적 삶(예수님을 본받는 것)을 강조한 것은 복음적인 신앙의 생명력을 회복하자는 의미로 들렸을 것이 분명하다. 그러나 리츨은 성경을 인간적인 차원으로만 이해해 초자연적인 요소를 없앤 신학과 순전히 인간적인 예수와 행위의 의만을 강조한 복음을 가르쳤다.

빌헬름 헤르만 (Wilhelm Herrmann, 1846-1922)

헤르만은 "리츨 학파"의 일원이기 때문에 위에서 언급한 리츨 신학의 요점들을 대부분 거부하지 않을 것이 분명하다. 그러나 그의 견해는 한 가지 중요한 차이를 드러냈다. 구체적으로 말해 그는 기독교적 메시지의 인격적인 본질 및 신자와 하나님과의 현재적 관계의 가능성을 리츨보다 훨씬 더 크게 강조했다.

그는 바르트와 불트만의 스승이었다. 그 두 사람은 여러 면에서 그와 견해를 달리했지만 그로부터 긍정적인 영향을 많이 받았다. 그는 그들이 독특한 견해를 발전시키는 데에도 상당한 영향을 미쳤다.

그의 인격주의는 브룬너의 "인격적인 만남"의 신학과 불트만의 실존주의 신학을 비롯해 20세기 신학 운동에 중요하게 기여했다. 단지 그의 사상만이 아니라 그의 교수 방식과 삶의 태도도 주위에 많은 영향을 미쳤다. 나중에 리츨 신학을 강하게 비판했던 그레샴 메이첸은 초창기에 헤르만과 함께 신학을 공부했다. 헤르만의 인간적인 면모에 대한 메이첸의 반응은 주목할 만한 가치가 있다. 그는 자신의 어머니에게 다음과 같은 내용의 글을 써 보냈다.

> 헤르만을 처음 대하는 순간 제 삶이 신기원을 맞이한 듯한 느낌이 들었습니다. 종교적인 헌신과 진지함의 측면에서 그처럼 사람을 압도하는 인격을 소유한 사람을 만나기는 난생 처음이었습니다.
> 그에 대해 이미 깊은 존경심을 느끼기 시작했습니다. …그가 하는 말은 나를 온통 혼란 속으로 빠뜨렸지만 그리스도에 대한 그의 헌신은 지난 몇 년 동안 제가 목격했던 어떤 것보다도 훨씬 더 깊습니다. …헤르만은 제가 기독교의 본질로 익숙하게 생각하고 있는 것을 거의 인정하지 않습니다만 그가 그리스도인일 뿐 아니라 특별히 진지한 그리스도인이라는 것은 의심의 여지가 없습니다. 그가 그리스도인인 이유는 그리스도를 도덕적인 스승으로 존경하기 때문이 아니라 그분을 무한정 신뢰하는 태도 때문입니다(이론적인 것보다 실천적인 믿음이 훨씬 더 진실하다고 할 수 있겠지요).
> 헤르만은 신학계를 주도하고 있는 리츨 학파의 일원입니다. …그는 내게 이 큰 신학 운동의 배후에 놓인 "종교적인 힘"을 보여주었습니다. 심지어 이 신학 운동은 지금 미국 북장로교까지 장악하려는 움직임을 보이고 있습니다. 뉴잉글랜드에서 예수님의 육체 부활을 믿지 않는 사람들은 거의 대부분 종교적으로 죽어 있는 상태입니다. 그러나 독일에서는 그렇지 않다는 것을 헤르만이 내게 보여주었습니다. 그는 절대적인 자신감과 온전하고, 기꺼운 복종을 고무하는 존재는 세상에서 오직 예수님 한 분뿐이고, 그분을 통해 살아 계신 하나님과 교제를 나누며 세상으로부터 자유롭게 된다고 믿습니다. 그것은 단지 다른 사람들이 말한 것만 듣고서 많은 교리를 사실로 받아들이는 믿음이라기보다는 우리를 구원하는 하나님의 계시와 참된 경험에 근거한 믿음처럼 보입니다. …『그리스도인과 하나님의 교제(Das Verkehr des christen mit Gott)』는 지금까지 제가 읽은 가장 위대한 종교 서적 가운데 하나입니다.

아마도 헤르만은 온전한 진리를 가르치지는 않는 것 같습니다. 사실, 나는 그의 가르침이 온전한 진리가 아니기를 바랍니다. 그러나 아무튼 안타깝게도 그가 교회와 정통 신학이 무시해 온 것을 전하고 있는 것은 틀림없습니다. 그는 마치 한쪽으로만 치우친 측면이 적지 않았는데도 생명력을 잃고 냉랭하게 변해 버린 교회를 향해 강력하게 항의함으로써 종교 개혁의 선구적인 역할을 했던 중세 시대의 경건한 신비주의자들과 비슷합니다.[24]

나중에 메이첸은 프린스턴신학교에서 가르쳤다. 당시에 그곳은 리츨 학파의 영향이 없었다. 그는 『기독교와 자유주의』를 집필해 리츨 학파를 따르는 자유주의를 강도 높게 비판했다. 메이첸이 자유주의를 강력하게 비판한 이유는 그 신학 운동을 너무나도 잘 알고 있었고, 특히 그것이 지닌 영적인 힘을 직접 느껴보았기 때문이다.

헤르만은 앞서 말한 대로 리츨이 동의했던 슐라이에르마허의 견해를 좇아 계시를 주관적인 의미로 이해했다.

전통주의적인 견해에 따르면 계시란 과거에 종교적인 사람들이 자신의 믿음을 표현했던 형식을 우리에게 전달하는 전통을 가리킨다. 그런 개념이 만족스럽지 않은 이유는 우리 자신의 믿음의 토대에만 계시라는 명칭을 부여할 수 있다는 사실 때문이다. 다른 사람들이 자신의 믿음을 표현한 방식이 우리 자신의 믿음의 토대를 제공할 수는 없다.[25]

위의 견해에 따르면, 내게 주어진 계시가 아니라면, 즉 내가 그것을 믿음으로 소유하지 않는다면 계시로 인정할 수 없다. 객관적인 계시, 곧 내가 실제로 받아들이거나 받아들이지 않더라도 반드시 인정해야 할 계시 같은 것은 존재하지 않는

---

[24] 다음 자료에서 인용했다. Ned Bernard Stonehouse, J. *Gresham Machen: A Biographical Memoir* (Edinburgh: Banner of Truth, 1987), 106-8.
[25] Wilhelm Hermann, *Systematic Theology* (New York: Macmillan, 1927), 39.

다.[26] 참된 믿음은 성경이나 교리에 대해 지성적으로 동의하는 것을 요구하지 않는다. 믿음을 그런 동의에 의존하게 만드는 것은 우리의 자유를 훼손해 믿음을 강요하는 결과를 낳는다.[27]

헤르만은 하나님의 전능하심과 그분의 인격 사이에서 모순을 발견했다. 그럼에도 불구하고 그는 하나님을 온전히 믿으려면 그런 개념들이 필요하다고 말했다.[28] 하나님에 대한 우리의 지식은 역설적이다. "하나님은 우리에게 가까이 계실 때조차도 우리에게 감추어져 있다."[29]

리츨 신학은 역사적인 토대와 인격적인 가치 판단(헤르만에 따르면 "현재적 경험")의 균형을 추구했다.[30] 그러나 리츨에게서 발견한 대로 후자는 전자를 약화시키는 경향이 있다. 헤르만의 경우에는 그런 경향이 훨씬 더 심했다. 그는 그리스도의 부활과 관련해 실제로 무슨 일이 일어났는지 알 수 없고, 또한 그것은 그다지 중요하지 않은 문제라고 말했다. 성경은 부활 "현현"을 기록하고 있다. 그런 현현은 오늘날 우리에게도 여전히 계속되고 있다.

> 예수님이 살아 계시고, 그분이 우리와 떨어져 계시지 않는다는 확신은 그런 사건들에 관한 기록에 근거하지 않는다. 왜냐하면 그것은 예수님의 능력으로 우리 안에서 새롭게 창조되어 유지되는 믿음 안에 이미 함축되어 있기 때문이다. 우리는 예수님의 영향 아래 놓여 있다. 확고한 믿음의 소유자에게는 예수님이 죽어 없어지지 않고 우리를 떠나실 수 없다는 것은 자명한 사실이다. 우리는 우리 자신의 경험 속에서 첫 번째 제자들에게 나타났던 현상을 관찰할 수 있다.[31]

헤르만에 따르면, 우리의 믿음은 역사에 관한 탐구가 아닌 내면의 종교적 경험에

---

26) 앞서 말한 대로 성경은 계시의 객관성과 주관성을 모두 인정한다. 그러나 헤르만은 슐라이에르마허와 리츨처럼 객관적인 계시의 가능성을 인정하지 않았다.
27) Hermann, *Systematic Theology*, 91.
28) Ibid. 98. 나는 헤르만이 이것을 왜 모순이라고 생각했는지 이해하기 어렵다.
29) Ibid. 내가 이 책에서 자주 언급한 초월과 내재의 변증법을 상기하라.
30) 내가 1장에서 논의한 대로라면 상황적 관점과 실존적 관점의 균형.
31) Hermann, *Systematic Theology*, 129.

근거한다.32) 이것은 본질적으로 자연과 자유, 현상과 실재를 구별한 칸트의 개념과 비슷하다. 헤르만은 『그리스도인과 하나님의 교제』에서 이렇게 말했다.

> 이런 일들이 사실이라는 우리의 결론은 우리 자신의 독립된 활동에서 비롯하며, 역사적 비평의 결정이 아닌 현재 안에서 우리가 사실로 간주하는 것에 근거한다.33)

그는 예수님이 "우리에게 나타난 하나님의 현재적인 계시"라는 확신은 역사가의 판단과는 아무런 상관이 없다."라고 덧붙였다.34)

반틸은 헤르만의 그리스도에 관해 이렇게 결론지었다.

> (헤르만의 그리스도는) 미지의 과거 속으로 사라지는 경향이 있기 때문에 단순히 역사적이라고 말하기는 어렵다. 그는 역사적인 것 이상의 의미를 지닌 존재이기 때문에 그에게 도달하려면 수직적인 절차, 곧 비행기가 거친 산악지대 위를 넘어가는 식으로 역사적인 것을 뛰어넘는 "종교적인 개념"을 통해야만 한다.35)

헤르만은 단순한 형식주의와 학술적인 객관주의에 대해 항의를 표출했다는 점에서 현대 신학의 "보수적인 흐름"을 보여주는 또 하나의 사례다. 역사적인 믿음의 토대가 되는 진리를 하나님에 대한 현재적 경험과 하나로 통합시키려고 했던 그의 시도는 옳았다.

내가 이해한 바에 따르면, 헤르만은 상황적 관점(역사)과 실존적 관점(경험)을 옳게 나타냈다(1장 참조). 그러나 그에게는 계시된 "규범적 관점"이 결여되어 있었다. 주관주의와 객관주의, 초월과 내재 사이에서 머뭇거리지 않으려면 규범적 관점이 필요하다. 다음의 도표를 참조하라.

---

32) 헤르만은 리츨보다는 슐라이에르마허 쪽으로 더 기울었다.
33) Wilhelm Hermann, *The Communion of the Christian with God* (London: Williams and Norgate, 1906), 60.
34) Ibid.
35) Cornelius Van Til, *The Triumph of Grace: The Heidelberg Catechism* (Philadelphia Westminster Theological Seminary, 1958), 69. 나는 이번 장에서 여러 번 반틸의 논증을 따랐다.

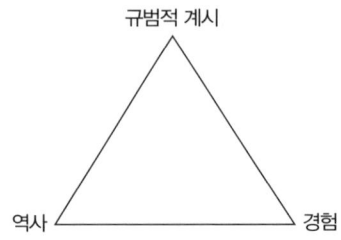

도표 8. 2. 계시에 대한 헤르만의 견해를 보여주는 요소들

아돌프 폰 하르낙(Adolf Von Harnack, 1851-1930)

리츨 학파 중에서 가장 뛰어난 세 번째 신학자인 하르낙은 (리츨이나 헤르만과는 달리) 조직 신학자가 아닌 신약 학자이자 교리사 학자로 알려져 있다. 그는 리츨처럼 초기 교회의 교리에서 발견되는 형이상학적 요소를 거부했다. 그는 그것을 헬라 철학이 기독교에 미친 영향으로 생각했다.

하르낙은 대중적인 신학자로 탁월한 명성을 얻었기 때문에 그의 말을 듣고 싶어 하는 사람들이 많았다. 사람들은 이 위대한 신학자가 개인적으로 어떤 종교적인 신념들을 지니고 있는지를 알고 싶어 했다. 1899-1900년의 학기 중에 하르낙은 베를린대학교에서 많은 청중에게 자신의 입장을 자세하게 밝혔다. 그의 강연은 나중에 『기독교란 무엇인가?』라는 책으로 출간되었다.[36]

하르낙은 기독교의 본질에 대한 견해를 밝히기 위해 성경의 내용 가운데 일부를 비판하며 껍데기를 벗겨내고 알맹이를 찾으려고 시도했다. 그는 기적적인 자연 현상, 천사와 귀신, 종말론적인 기대에는 아무런 관심이 없었다. "이것은 천사와 귀신, 권세와 정사에 관한 문제가 아니라 하나님과 영혼, 영혼과 하나님에 관한 문제다."[37] 그러나 기적의 개념은 약간의 가치를 지닌다. 즉 기적은 "일시적인 것들을

---

36) Adolf von Harnack, *What Is Christianity* (London: Williams and Norgate, 1901).
37) Ibid., 55. "하나님과 영혼"이라는 표현은 아우구스티누스를 연상시킨다. 3장에서 논의한 내용과 5장에서 칼빈에 관해 논의한 내용을 참조하라.

추구하거나 그것들에게 지배되는 상황으로부터 벗어날 수 있는" 인간의 능력을 보여준다.[38] 그런 경험은 종교에서만이 아니라 삶의 모든 영역에서 발견된다. 그러나 예수님의 위대성은 "인간의 영혼이 지닌 가치를 최초로 밝히 드러낸 것"에 있다. "그분이 하신 일은 누구도 원상태로 되돌릴 수 없다."[39]

하르낙은 예수님의 가르침을 세 가지 주제로 간단하게 요약했다.

첫째, 하나님의 나라와 그 나라의 도래.
둘째, 성부 하나님과 인간의 영혼이 지닌 무한한 가치.
셋째, 더 나은 의와 사랑의 계명.[40]

그는 이 각각의 주제가 "본질상 전체를 포함하고 있기 때문에 이 가운데 어느 하나를 통해서도 전체적인 것을 나타낼 수 있다."라고 말했다.[41] 첫 번째의 주제는 리츨과 마찬가지로 예수님의 종말론을 "실현된" 의미(사회 정의의 발전과 확대 및 고귀한 문화의 세계적인 확산)로 나타낸다.

두 번째 주제는 "예수님이 선포하신 복음은 성자가 아닌 성부와만 관련이 있다."는 하르낙의 견해를 강조한다. 이런 주장은 신약 성경을 읽어본 대다수 사람들에게는 설득력이 크게 떨어진다. 예수님은 신약 성경에서 자기 자신에게 관심을 기울이게 만드셨다.[42] 하르낙은 자신의 역사 비평적인 이해에 따라 신약 성경을 제멋대로 재구성하기를 원했다.

하르낙에게 예수님은 초자연적인 존재가 아니라 단지 (위의 세 가지 주제의 관점에서 본) 복음을 밝히 드러낸 최초의 인물일 뿐이다. 하르낙은 예수님이 메시아의 개념을 외적이고, 율법적이며, 유대적인 연관성으로부터

아돌프 폰 하르낙
(Adolf Von Harnack)

---

38) Ibid., 29.
39) Ibid., 73.
40) Ibid., 55.
41) Ibid. 이를 내가 사용하는 표현으로 바꿔 말하면 세 가지의 관점이 서로 관련되어 있다고 말할 수 있다.
42) Ibid., 154.

분리시켜 아들이 아버지를 극진히 공경하는 것과 같은 경건한 태도를 본받으라고 가르치셨다고 말했다. (육체 부활이 아니라) 성부와의 이런 관계가 죽음을 이기고 승리하게 만든다. 우리는 이 관계를 통해 일시적이고 외적인 것들을 섬기는 일을 중단하고, 더 나은 의, 곧 하나님의 나라를 추구한다.

세 번째 주제는 사회 복음을 교회의 사역으로 삼고, 또한 그 일에 교회가 얼마나 충실한지를 측정하는 잣대로 삼으라고 강조한다.

그러나 이런 주장에는 빠진 것이 너무나도 많다(예를 들면 예언, 성육신, 기적, 속죄, 부활, 승천, 영광스런 재림 등). 초자연적인 것이 모두 사라졌다. 따라서 리츨이나 헤르만과 마찬가지로 하르낙에게서도 복음 없는 신학이 발견된다. 하르낙에 따르면 예수님은 단지 자기를 본받으라고 권고하고, 사회 정의를 추구하라고 가르치셨을 뿐이다.

리츨 신학의 발흥과 쇠퇴

19세기 후반과 20세기 초에 리츨의 자유주의는 유럽과 미국의 기독교 내에서 상당한 영향력을 확보했다. 구체적으로 말해 단지 학술적인 신학 운동을 뛰어넘어 많은 신학교와 대학교와 교단과 교회들을 지배하기에 이르렀다. 자유주의자들에게는 매우 활기찬 한때였다. 그들은 큰 기대와 설렘으로 새로운 20세기를 맞이했다. 자유주의 신학 잡지인 『크리스천 오러클(Christian Oracle)』은 『크리스천 센추리(Christian Century)』로 명칭을 바꾸어 새로운 세기가 리츨의 사회 복음을 토대로 하나님 나라의 성공을 이룩하게 될 것이라는 확신을 표현했다. 리츨 학파에게 위대한 시대가 밝았다. 세상은 예수님의 가르침을 좇아 전쟁을 포기하고, 하나님의 부성애와 인간의 형제애에 근거한 새로운 가족을 이룩할 것처럼 보였다. 그런 설레는 감정이 제임스 러셀 로웰이 작곡한 "어느 민족 누구에게나", 윌리엄 메릴의 "일어나라. 하나님의 사람들이여", 해리 에머슨 포스딕의 "은혜의 하나님과 영광의 하나님", "헨리 반 다이크의 "기뻐하며 경배하세"와 같은 찬송가를 통해 분명하게 드러났다.[43]

---

43) 이 찬송가들은 하나님의 나라를 추구하라고 강력하게 권고한다. 나는 복음적인 예배에 이런 찬송가를 부르는 것을 반대하지는 않지만 때로는 가사를 조금 바꿀 필요가 있다. 예를 들면 "하나님의 새로운 메시아"나 "어느 민족 누구에

리츨 신학에 대한 반대도 있었지만 처음에는 리츨 학파가 싸움에서 대부분 승리를 거두었다. 미국에서 그들을 대적했던 사람들은 "근본주의자"로 불렸다. 이 명칭은 『근본 원리』라는 시리즈 책에서 유래했다. 그 책에는 목회자와 복음전도자들이 쓴 논문이 실렸고, 때로는 워필드와 같은 학자들도 글을 게재해 성경의 초자연적인 교리들을 옹호했다.44) 그러나 "근본주의자"라는 명칭은 나중에는 그런 교리를 믿고, 옹호했던 사람들을 비하하는 의미로 사용되었다. "근본주의자"는 정통 신앙을 표방할 뿐 아니라 반지성적인 성향을 띠는 의미로 바뀌었다. 그로써 "근본주의자와 현대주의자의 논쟁"이 시작되었다.

개신교의 이 논쟁은 로마 가톨릭교회의 "현대주의 논쟁"과 비슷하다. 교황 피우스 10세는 1907년에 현대주의자들을 단죄하고, 가톨릭교회 내에서 자유주의 신학의 발전을 (근절하지는 못했지만) 억제하는 정책을 폈다. 그런 정책 기조는 1960년대에 제2차 바티칸 공의회가 열릴 때까지 이어졌다.

1924년, 미국 장로교 총회에서 "오번 선언문"이라는 문서가 유포되었다. 그에 앞서 미국 장로교 총회는 여러 차례 기독교 신앙의 "근본 원리"로서 다섯 가지 교리를 제시한 바 있었다(1910, 1916, 1923).

1. 성경의 무오성.
2. 예수님의 동정녀 탄생과 신성.
3. 대리속죄론.
4. 예수님의 육체 부활.
5. 그리스도께서 행하신 기적의 확실성.

그러나 "오번 선언문"은 그런 교리들에 이의를 제기했다. "위키피디아"가 요약한 내용을 인용하면 다음과 같다.

게나'와 같은 표현이다.
44) 이 시리즈 책은 단행본으로 출간되었다. *The Fundamentals*, ed. R. A. Torrey and Charles Feinberg (Grand Rapids: Kregel, 1990).

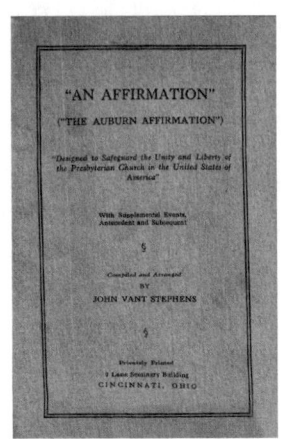

오번 선언문
(The Auburn Affirmation)

"오번 선언문"은 다음 여섯 가지 항목으로 요약할 수 있다.

1. 성경은 무오하지 않다. 성경 해석을 위한 최상의 안내자는 교회의 권위가 아닌 신자 개인에게 역사하시는 성령이다. 따라서 "양심의 자유"가 중요하다.
2. 총회는 장로교 신자들에게 교리를 지시할 권한이 없다.
3. 총회가 "장로교회의 원리에 반대하는 교리를" 주장한 사람들을 단죄한 것은 "권징서"에 명시된 적법한 절차를 무시한 처사다.
4. 다섯 가지 교리 가운데 그 어느 것도 성직 안수의 시금석으로 활용되어서는 안 된다. 그런 교리들을 대체할 수 있는 다른 "이론들"도 용인되어야 한다.
5. 복음주의 기독교 내에서 사상과 교육의 자유가 반드시 필요하다.
6. 분열은 개탄해야 하고, 일치와 자유는 권장해야 한다.

다섯 가지 근본 교리를 "특정한 이론"으로 간주한 "오번 선언서"의 논증은 다음 두 문장 안에 간단명료하게 요약되어 있다.

> 우리 가운데 일부는 1923년에 총회가 공포한 내용에 포함된 특정한 이론들을 그런 사실과 교리들에 대한 만족스런 설명으로 받아들인다. 그러나 우리는 그것들만이 성경과 우리의 종교와 관련된 사실들과 교리들을 설명하는 유일한 이론으로 인정하는 것이 아니라고 생각하고, 또한 그런 사실들과 교리들을 믿는 자들은 그것들을 설명하기 위해 어떤 이론을 제시하든 상관없이 온전한 신뢰와 교제를 누리기에 합당하다고 믿는다.[45]

총회는 "오번 선언문"을 채택하지 않았지만 거기에 서명한 장로교 목회자들이 1,274명이나 되었고, 실제로는 그보다 더 많은 목회자들의 신념을 대표하는 것으로

---

[45] Jack B. Rogers, Donald K. McKim, *The Authority and Interpretation of the Bible: An Historical Approach* (Eugene, OR: Wipf & Stock, 1999), 365.

주장되었다. 그런 근본 교리를 부인하거나 그것들을 한갓 이론으로 간주한 것은 리츨의 자유주의 신학이 미친 영향을 반영한다. "오번 선언문"은 미국의 장로교회가 이 신학 운동을 얼마만큼 지지했는지를 잘 보여준다.

이 논쟁과 관련해서 1925년에 "스콥스 원숭이 재판"이라는 또 다른 사건이 일어났다. 존 토머스 스콥스라는 교사가 주 법률을 어기고 테네시 주 데이튼의 고등학교 학생들에게 진화론을 가르쳤다는 이유로 기소되었다. 재판은 마치 대중적인 공개 쇼를 방불했다. 유명한 무신론자였던 클래런스 대로가 스콥스의 변호사 역을 맡았고, 한때 대통령 후보로 나섰던 근본주의자 윌리엄 제닝스 브라이언이 주를 대표해 검사 역을 맡았다. 판결에서는 브라이언과 테네시 주가 승리를 거두었지만 멘켄이 이끈 대중 매체는 진화론을 반대하는 것은 근본주의처럼 무지하고 어리석은 일이라고 결론지었다.

당시는 리츨 신학이 최고조에 달한 시기였다. 리츨 신학은 개신교 교단들과 학술기관을 장악했고, 언론으로부터 호평을 받았다. 그것을 반대하는 사람들은 힘없는 무리처럼 보였다. 그러나 그 승리는 오래 가지 못했다. 이미 그것을 반대하는 다양한 발전이 이루어진 상태다.

가장 중요한 발전은 예수님에 관한 학문적인 연구를 통해 이루어졌다. 요한네스 바이스(1863-1914)와 알베르트 슈바이처(1875-1965)와 같은 학자들은 예수님을 자유주의의 사회 복음을 위한 옹호자로 제시하는 것이 옳지 않다는 것을 보여주었다. 그들은 예수님이 종말론적인 비전가이셨고, 그분의 메시지는 철저히 종말론적인 성격을 띠었다고 믿었다. 바이스와 슈바이처에 따르면 예수님은 세상이 곧 끝날 것이라고 오판했고, 자신이 하나님의 우주적인 심판에서 핵심 역할을 할 것이라고 기대하셨다. 따라서 산상 설교의 윤리는 실천적인 사회적 프로그램이 아닌 일시적인 방편이었다. 그것은 곧 있을 세상의 종말을 기다리는 동안 사람들이 살아가야 하는 방식을 가르친다. 예수님과 어떻게 관계를 맺어야 할 것인지를 아는 것은 참으로 어려운 일이 아닐 수 없었다. 슈바이처는 『역사적 예수의 탐구』의 결론 부분에서 이렇게 말했다.

> 그분은 과거에 호수 가에서 자기를 알지 못하는 사람들에게 찾아오신 것처럼 이름 없는

무명인의 신분으로 우리에게 찾아오신다. 그분은 그때처럼 우리에게도 "나를 따르라!"라고 말씀하시고, 우리의 시대를 위해 이루셔야 할 일을 우리에게 맡기신다. 그분은 명령하신다. 지혜롭든 단순하든, 그분은 자기에게 복종하는 자들에게는 자신과의 관계 속에서 그들이 겪게 될 고난과 갈등과 수고를 통해 자기 자신을 계시하신다. 그들은 스스로의 경험을 통해 말할 수 없는 신비로서의 그분의 정체를 발견하게 될 것이다.[46]

아래의 도표를 참조하라.

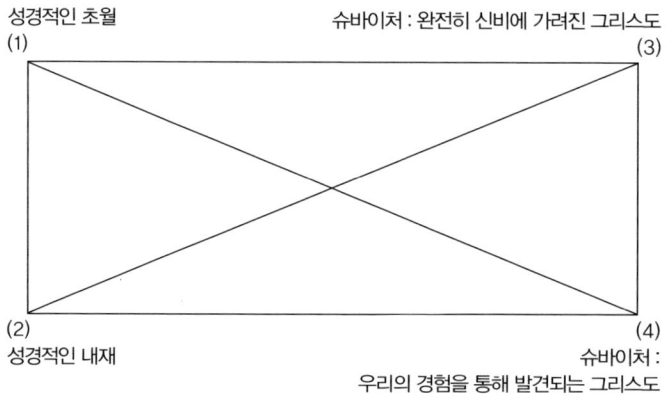

도표 8. 3. 슈바이처의 초월과 내재

슈바이처 자신은 신학을 학문적으로 연구하는 일을 포기하는 길을 선택했다. 그는 의학박사 학위를 취득하고 나서[47] 아프리카 가봉의 람바레네에서 정글 의사로 활동했다.[48]

시간이 지나면서 예수님에 관한 "철저한 종말론적 견해"가 그분을 사회 개혁가로 보는 리츨 신학의 견해보다 더 우위를 점하게 되었다.

---

46) Albert Schweitzer, *The Quest of Historical Jesus: A Critical Study of Its Progress from Reimarus to Wrede*, trans. W. Montgomery (London: A. and C. Black, 1910), 403.
47) 그의 논문 제목은 "예수님에 관한 정신과적 연구"였다.
48) 슈바이처는 또한 바흐 해석에 정통한 음악 연구가이자 오르간 연주자이기도 했다.

또한 역사 철학의 분야에서도 새로운 발전이 이루어 졌다. 슈바이처가 "역사적 예수에 대한 탐구"를 논박한 것처럼, 에른스트 트뢸치(1865-1923)는 역사적인 상황 속에서 실제로 일어난 일을 확인해 그 지식을 우리의 삶에 적용할 수 있다는 생각을 의문시했다.

『브리태니커 백과사전』에 요약된 내용을 인용하면 다음과 같다.

알베르트 슈바이처
(Albert Schweitzer)

> 그는 "역사주의"(역사적 상대주의), 곧 특정한 시대나 장소에서 가치 있게 간주되거나 추구되거나 생각되거나 성취된 것은 무엇이든 그 시대나 장소와 관련이 있으며, 오직 그 상황과 조건 안에서만 이해될 수 있다는 견해에 흥미와 혼란을 동시에 느꼈다. 그는 중요한 측면에서 그런 견해가 불가피한 것으로 느껴졌지만 인간의 행위를 지배하는 규범들(종교적이거나 윤리적이거나 법률적인 규범들)의 경우에는 그것을 적용하는 것이 부적절하다고 생각했다. 그는 역사주의의 견해를 일관성 있게 적용하면 과거에 대한 현재의 이해가 불가능하다고 추론했다. 다시 말해 역사적으로 변하는 다양한 형태의 기독교 교리들이 각 세대마다 새롭게 해석되는, 계시된 진리의 절대적 측면과 조화를 이루는 것이 필요했다.[49]

트뢸치는 역사는 신앙의 충분한 근거가 될 수 없다는 레싱의 논증을 좀 더 정교하게 가다듬었다. 현재 상태에서는 예수님이 사회 개혁가인지 종말론적 비전가였는지는 우리의 신앙과 삶에 실제로 중요하지 않다고 결론지을 수밖에 없다.[50]

이처럼 바이스, 슈바이처, 트뢸치의 학문적 연구는 리츨 신학의 중심부를 강타했

---

49) Eva Schaper, "Ernst Troeltsch," *Encyclopedia Britannica*. 다음 사이트를 참조하라. http://www.britannica.com/EBchecked/topic/606217/Ernst-Troeltsch.

50) 내가 지적하고 싶은 내용은 다음과 같다. 1) 트뢸치의 철학 자체가 많은 역사적 사건을 상세하게 분석한 내용에 근거하고 있다. 따라서 역사적 사건들이 현재의 가치를 지배할 수 없다고 결론짓는 것은 자가당착이다. 2) 역사적 상대주의는 결국 트뢸치의 연구에서 비롯한 결과가 아닌 하나의 전제인 셈이다. 그는 역사적인 연구가 "자율적으로" 진행되어야 한다는 것을 전제로 한다. 만일 우리가 하나님이 자신의 역사적인 의도를 우리에게 밝히셨고, 말씀하셨다고 전제한다면 트뢸치가 주장하는 일반론에 당황할 필요가 없을 것이다.

다. 이런 발전들은 제임스 오어와[51] 그레샴 메이첸의[52] 경우처럼 직접적으로 리츨 신학을 공격하는 사람들의 논증을 한층 더 설득력 있게 만든다. 오어와 메이첸은 정통적인 복음주의 신학의 관점에서 리츨 신학을 공격했다. 나중에 10장에서는 리츨의 자유주의 신학이 리츨 학파의 신학 운동 내에서 훈련을 받은 바르트와 브룬너에 의해 공격을 받는 것을 살펴보게 될 것이다. 좀 더 최근에 이루어진 발전들은 리츨 신학이 쌓아온 위용을 무너뜨리고, 신학에서 그것이 차지했던 역할을 대체했다.

아울러 학술계 밖에서도 리츨의 자유주의 신학을 공격하는 사건들이 일어났다. 그 사건들은 다름 아닌 전쟁이었다. 리츨 학파는 예수님의 본보기를 좇는 인간의 선한 본성이 국가들을 서로 형제로서 대하도록 이끌 것이라고 희망했다. 그러나 그런 일은 일어나지 않았다. 새로운 "기독교의 세기"는 인간의 야만성과 기술 문명이 결합하면서 역사상 가장 피비린내 나는 시대가 되고 말았다. 리츨 학파는 새로운 상황을 다루는 데 무기력했다. 바르트와 그의 동료들은 하르낙이 카이저를 도와 독일의 전쟁 준비에 기여한 것을 결코 용서하지 않았다. 히틀러의 출현과 제2차 세계대전의 발발은 평화주의자의 유토피아를 여지없이 무너뜨렸다.

쇠렌 키에르케고르(Søren Kierkegaard, 1813-55)

키에르케고르를 연대순에서 약간 벗어난 상태에서 다루는 이유는 그의 사상이 그의 시대에는 제대로 평가를 받지 못했지만 다음 세기에서는 매우 큰 영향을 미쳤기 때문이다.

앞서 말한 대로 키에르케고르는 리츨 학파가 아니다. 그의 본질을 명확하게 규명하기는 그리 쉽지 않다. 그는 20세기 신정통주의 신학과 실존주의 철학을 예고했고, 그 두 사상에 큰 영향을 미쳤다. 그러나 그가 이 두 사상 가운데 어느 한쪽에 속한다고 말하는 것은 옳지 않다.

아마도 키에르케고르는 해석자들이 자신을 사상적으로 분류하기를 어려워한다

---

51) James Orr, *Ritschlianism: Expository and Critical Essays* (London: Hodder and Stoughton, 1903).
52) Machen, *Christianity and Liberalism*.

는 것을 안다면 은근히 즐거워할는지도 모른다. 그의 견해에 따르면 철학의 가장 큰 오류 가운데 하나는 한 개인의 실존을 이러저런 명칭으로 간단하게 분류할 수 있다고 생각하는 것이다. 그는 자신의 묘비에 "그 사람"이라는 글귀를 새겨주기를 원했다. 그의 사상은 철학적 유명론에 상당히 가깝다.[53]

키에르케고르의 사상은 그 이전의 사상과는 사뭇 달랐다. 그는 형이상학, 인식론, 윤리학과 같은 전통적인 주제들을 철학적으로 논의하지도 않았고, 하나님의 속성, 삼위일체, 그리스도, 속죄, 세례와 같은 신학적인 주제들을 체계적으로 다루지도 않았다. 그 대신 그는 두려움, 불안, 절망, 선택, 결정, 삶의 단계, 의사소통을 비롯해 후대의 철학에서 관심 있게 다루어진 다양한 주제에 눈을 돌렸다. 그런 주제들은 철학은 물론 신학과도 밀접하게 관련된 의미를 담고 있다. 그러나 그런 의미들은 키에르케고르가 쓴 글의 표면에서 쉽게 읽어낼 수 있는 것이 아니라 그의 행간으로부터 어렵게 추론해 내야 하는 것이다.

키에르케고르의 글을 읽는 것은 흥미진진하다. 그는 칸트와 헤겔의 추상적 세계와 반대되는 현실 세계에서 살았던 것처럼 보인다. 그의 개인적인 삶(우울증에 시달렸던 그의 아버지, 레기나 올센과의 약혼 파기, 대중잡지 『코르세르(The Corsair)』와의 싸움 등)이 그의 논증에 종종 개입하기도 하고, 그 배경을 형성하기도 한다.

키에르케고르의 본질을 밝히는 것보다는 그의 본질이 아닌 것을 밝히는 것이 더 쉽다. 키에르케고르가 상대한 적은 둘이었다. 하나는 헤겔 철학이었고, 다른 하나는 "덴마크 사람들의 교회", 곧 국가종교인 루터교회였다. 키에르케고르는 헤겔이 철학에서 개인을 실종시켰다고 비판했다. 그는 헤겔의 변증법이 구체적인 것들을 모두 추상적인 범주 속에 몰아넣었다고 생각했다. 또한 그는 덴마크 사람들의 교회의 형식주의를 비판했고, 덴마크 기독교의 냉랭함을 질타했다. 그는 "개인이 기독교 세계에서 어떻게 그리스도인이 되는가?"라는 질문을 제기했다.

물론 이 두 가지 문제는 키에르케고르의 생각 속에서 서로 밀접하게 연관되어 있었다. 헤겔 철학은 참된 믿음은 종교의 총합이라고 생각했던 덴마크 그리스도인들의 불경건한 성향을 강화했고, 교회의 영적 부패는 개인의 성결과 영원이 시간 속

---

[53] 4장에서 오컴을 논의한 내용과 1장에서 보편적인 것을 논의한 내용을 참조하라.

에 들어왔다는 역설에 관한 교회의 증언을 약화시켰다.

앞서 말한 대로 헤겔은 현실적인 것은 이성적이고, 이성적인 것은 현실적이라는 원리를 제시했다. 이것은 모든 현실은 생각이자 정신이라는 의미를 담고 있다(따라서 우리는 헤겔을 관념론자로 분류한다). 그렇다면 의지는 어찌되고, 또 우리의 선택과 결정은 어찌되는 것인가? (키에르케고르가 이해한 바에 따르면) 헤겔은 선택한다는 것은 이성적인 변증법의 다음 단계(정으로부터 반을 거쳐 합까지)를 취하는 것이라고 생각했다.[54] 헤겔의 생각에 따르면 정의 선택은 결국 반으로 진행되기 마련이다. 바꾸어 말해 A를 선택하면 결국 A가 아닌 것을 선택하게 된다. A와 A가 아닌 것은 그 둘을 모두 포괄하는 커다란 현실의 측면(그리고 그것에 대한 관점)으로 실제로는 서로 동일하다.

그러나 키에르케고르에게 그런 생각은 선택의 본질을 파괴하는 것이다. 키에르케고르의 이해에 따르면 선택은 항상 서로 진정으로 다른 두 가지 대안 가운데 하나를 선택하는 것을 의미한다. 우리는 A이거나 A가 아닌 것 가운데 하나를 선택한다. 이런 개념이 키에르케고르의 초기 저서인 『이것이냐 저것이냐(Either / Or)』라는 제목에 잘 드러나 있다. 또한 키에르케고르는 이성적인 생각은 선택을 결정하지 못한다고 생각했다. 애틀랜타에서 살 것인지 뉴욕에서 살 것인지에 대해 여러 가지 합리적인 고려와 생각이 필요한 것은 사실이지만 결국에는 우리 자신이 직접 결정을 내려야 한다. 이성적인 분석이 이것인지 저것인지를 결정하도록 만들지는 못한다. 심지어 한 가지 대안을 선택하는 것이 가장 합리적인 이유를 갖추었더라도 우리는 여전히 다른 대안을 선택할 수 있다. 따라서 두 가지 선택이 궁극적으로 동일하다는 헤겔의 견해는 타당하지 않다.

쇠렌 키에르케고르
(Søren Kierkegaard)

키에르케고르는 인간의 실존은 자유로운[55] 선택과 결정으로 이루어져 있다고 생각했다. 개개의 선택이 모두 독특하다. 그것들 가운데 하나의 일반적인 용어로 묘사할 수 있는 것은 단 한 가지도 없다. 우리는 결

---

54) 헤겔의 견해는 지식이 미덕이라고 가르쳤던 플라톤의 견해와 같다. 이것은 옳은 것을 알면 옳은 것을 할 수 있다는 견해다.
55) 이 "자유"는 3장과 다른 곳에서 논의한 대로 자유의지론적 의미에서의 자유를 가리킨다.

정을 내릴 때 우리의 결정을 알고는 있지만 그것을 이성적인 개념으로 분석할 수는 없다. 실존은 "불합리하다." 우리는 실존을 살고, 관찰할 수는 있지만 어떤 명칭을 붙여 붙잡아 놓을 수는 없다.

이처럼 인간 실존의 영역에서 키에르케고르는 극단적인 유명론자의 입장을 취한다(그러나 다른 문제와 관련해서는 그렇지 않다). 그는 생각과 실존을 날카롭게 구별했다. 그에게 인간 실존은 일반적인 개념으로 통합할 수 없는 순수한 구체성을 지닌 현실이다. 그러나 나는 그렇게 생각하지 않는다. 인간의 선택은 어떤 측면에서는 서로 다르지만 다른 측면에서는 서로 동일하다. 그런 점에서 인간의 선택은 사과나 행성이나 미덕과 같은 다른 것들과 조금도 다르지 않다. 그것들은 구체적인 것들이지만 일반적인 용어로 묘사할 수 있다.[56] 선택은 제각기 유형이 다르기 때문에 명칭을 붙일 수 있다. 무엇을 먹을 것인지를 선택하는 것과 어디에서 살 것인지를 선택하는 것과 옳고 그른 것을 선택하는 것과 (키에르케고르가 장황하게 묘사한 대로) 삶의 방식(삶의 단계)을 선택하는 것은 서로 다르다.

따라서 나는 합리적인 분석을 통해 선택을 묘사할 수 있다고 생각한다. 그러나 합리적인 분석이 선택을 결정하지는 않는다는 키에르케고르의 말은 일리가 있다. 플라톤은 옳은 것을 알면 옳은 것을 행할 수 있다고 말했다. 키에르케고르는 죄에 대한 성경적인 교리를 옳게 이해했기 때문에 그런 말이 사실이 아니라는 것을 잘 알고 있었다. 그는 덴마크의 국가교회가 안고 있는 중대한 문제점을 의식했다. 즉 덴마크 사람들은 일평생 올바른 교리를 듣고 배우지만 선한 것을 선택하라는 가르침은 받지 못했다.

따라서 "개인이 기독교 세계에서 어떻게 그리스도인이 되는가?"라는 키에르케고르의 질문은 "개인이 어떻게 변화되느냐?"라는 의미를 지닌다. 그는 유명론의 입장을 취했고, 합리적인 분석이 선택을 결정하지 못한다는 생각을 지니고 있었기 때문에 명제적인 신념으로 변화의 과정을 설명함으로써 의지에 직접적으로 호소하지 않고, 이야기를 전하고, 서로 다른 삶의 방식을 예를 들어 설명함으로써 간접적으로 의사를 전달했다.[57] 때로 키에르케고르는 가명으로 글을 써서 사람들이 그것이

---

[56] 1장에서 보편적인 것과 특수한 것에 관해 논의한 내용을 참조하라.
[57] 나는 사무엘하 12장 1-15절에 기록된 나단의 비유가 간접적인 의사전달 방식을 보여주는 좋은 실례라고 생각한다.

그 자신의 견해인지, 아니면 단지 생각을 권유하기 위해 제기한 견해인지를 알 수 없게 만들었다. 간접적인 의사전달 방식의 중요한 특징 가운데 하나는 명제적인 정보를 전달하는 것과는 달리 전달자의 인격과 개성, 즉 그 자신의 삶의 방식이 그 과정의 필수 요소로 작용한다는 점이다.

세 가지 삶의 방식을 다룬 내용이 키에르케고르의 글 여러 곳에서 발견된다. 그는 (때로는 그 중에 한 가지 방식에 얽매여 있을 수도 있고, 또 우리의 삶이 한 가지 이상의 특징을 지니는 경우도 종종 있지만) 인간의 삶은 대개 세 가지 단계를 거친다고 믿었다. 그 세 가지는 심미적 단계, 윤리적 단계, 종교적 단계다.

"심미적 단계"에 있는 사람은 즉각적인 쾌락을 추구한다. 그는 미온적이고, 무책임하고, 이기적이며, 순수한 즐거움만을 찾는다. 그는 자신의 행동을 통제하고, 제한할 수 있는 원리나 권위를 인정하지 않는다. 그의 삶은 신중한 선택이 아닌 현재의 순간에 지배된다. 그의 삶에는 "이것이냐 저것이냐?"가 없다. 그러나 그런 삶의 방식은 저급한 형태의 실존으로 권태, 피로, 자기 혐오, 절망으로 귀결된다. 키에르케고르는 모차르트의 "돈 지오반니"에 나오는 유혹자 돈 후안을 심미적 단계의 삶에 속하는 본보기로 제시했다.

대학 시절에 그런 식으로 심미적 단계에 갇혀 살던 룸메이트와 함께 기거한 적이 있는 사람들이 있을 것이다. 어쩌면 그의 삶에 개입해 삶의 방식을 바꾸라고 설득했을 수도 있다. 그러나 변화를 기대하기는 매우 어렵다. 왜냐하면 심미적인 것이 그의 인생이고, 그의 본성이기 때문이다. 그는 자신에게 필요한 획기적인 변화에 아무런 관심이 없을 가능성이 매우 높다. 인생을 허비하지 말고 좀 더 큰 뜻을 품으라고 권유하면 오히려 불쌍하다는 듯 비웃으면서 무시해 버릴 것이 분명하다. 여러 가지 말로 설득해도 아무런 소용이 없을 것이다. 왜냐하면 심미적인 삶의 방식이

다윗은 간음죄를 저질렀을 뿐 아니라 자신의 죄를 감추기 위해 밧세바의 남편까지 죽음으로 몰아넣었다. 나단 선지자는 하나님의 율법을 거론하거나 다윗의 죄상을 밝힘으로써 그를 직접적으로 단죄하지 않았다. 오히려 그는 다윗에게 가난한 자의 새끼 양을 빼앗아 손님을 접대한 부자에 관한 이야기를 들려주었다. 다윗은 그 이야기를 듣고 크게 분노했다. 그 순간, 나단은 그에게 "당신이 그 사람이라."라고 말했다. 다윗은 하나님의 율법이 자신의 행위를 어떻게 다루고 있는지(규범적 관점), 또 자신의 행위에 의해 어떤 상황이 야기되었는지(상황적 관점)를 익히 알고 있었다. 그에게 필요한 것은 그의 이기심을 깨뜨려 그의 마음을 변화시킬 수 있는 말이었다(실존적 관점). 하나님의 율법(규범적 관점), 상황(상황적 관점), 마음(실존적 관점)은 다윗의 회개에 관한 세 가지 인식론적 관점을 형성한다.

그가 진리를 판단하는 기준이기 때문이다.[58] 그의 귀에는 권유의 말이 옳지 않게 들릴 수 있다. 왜냐하면 대안으로 제시한 삶의 방식이 심미적으로 만족을 주지 못하기 때문이다. 그가 심미적인 단계에서 다른 단계로 삶의 방식을 변화시키려면 합리적인 설득의 말 이상의 것이 필요하다.

그러나 사람들은 때로 변화한다. 그 이유와 원인은 알 수 없는 신비이지만 그런 일이 더러 일어난다. 키에르케고르는 이 변화를 "도약"으로 표현했다.

두 번째 단계는 "윤리적 단계"다. 사회가 우리에게 부여한 규칙이 우리의 삶을 지배한다. 심미적 단계에 있는 사람은 원리적인 삶을 회피한다. 그러나 윤리적인 단계에 있는 사람은 오로지 원리적인 삶을 추구한다. 키에르케고르는 칸트의 용어(절대적인 도덕법에 대한 복종)로 이 단계를 이해했다. 칸트가 말한 대로 도덕법은 보편적이다. 개인적인 성향을 좇는 것을 포기하고 올바른 것을 행하라는 의무가 모든 사람에게 주어졌다. 윤리적인 사람은 다른 사람들에 대한 자신의 의무를 인정한다. 그는 단순히 구경꾼처럼 살지 않는다. 그는 충동에 이끌려 살기보다는 미래를 위한 삶의 계획을 세운다. 돈 후안이 심미적인 삶의 본보기라면 윤리적인 삶의 본보기는 소크라테스다.

윤리적인 단계는 많은 점에서 심미적인 단계와 반대된다(물론 우리의 삶은 때로 이 두 가지 성향을 동시에 나타내기도 한다). 때로 이 두 가지 성향이 공존하는 것은 모순처럼 보인다. 그러나 어떤 점에서 윤리적인 단계는 심미적인 단계와 일맥상통하는 측면이 있다. 대의를 위해 자신의 사사로운 이익을 희생하는 것에는 즐거움이 뒤따른다. 그러나 이 둘이 서로 갈등을 일으키는 상황에서 윤리적인 삶을 살려면 심미적인 욕구보다는 윤리적인 생각을 먼저 고려해야 한다.

그러나 윤리적인 단계에서 심미적인 단계로 추락할 수 있는 가능성이 항상 존재한다. 왜냐하면 아무리 강한 결심도 윤리적인 순결을 변함없이 유지하기에는 충분하지 못하기 때문이다. 우리는 죄와 죄책감에 쉽게 짓눌리는 탓에 키에르케고르가 "불안"으로 일컬은 상태에 이를 수 있다. 따라서 삶과 생각의 획기적인 변화를 가져다 줄 더 나은 무엇이 있어야 한다.

---

[58] 키에르케고르의 단계들은 제각기 스스로를 합리화할 개념들을 지니고 있다. 다시 말해 그것들은 내가 1장과 다른 곳에서 논의한 대로 일종의 전제적인 기능을 한다.

키에르케고르는 이 세 번째 단계를 "종교적 단계"로 일컬었다. 종교적인 단계란 하나님과의 친밀하고 개인적인 관계에 근거해 우리의 삶을 이끌어 나가는 단계다. 윤리적 단계에서 종교적 단계로 나아가려면 "믿음의 도약"이 필요하다. 이 관계는 이성이 아닌 믿음만으로 이루어진다. 하나님의 존재는 입증될 수 없다. 그것은 항상 불확실하다. 그러나 믿음은 본질상 불확실할 수밖에 없다. 그 이유는 하나님이 우리의 이해를 초월하시기 때문이다. 믿음의 대상은 성육신(영원하신 하나님이 그리스도를 통해 세상에 들어오셨고, 사람들과 관계를 맺으실 수 있다는 것)의 "불합리"다.

종교적인 단계는 즉각적인 쾌락을 추구하는 심미적 단계와 원리에 충실한 윤리적 단계를 하나로 결합시켜 그 둘을 좀 더 나은 삶의 단계로 끌어 올린다. 이 세 단계는 사실상 헤겔의 변증적 삼중관계와 비슷하다. 심미적 단계는 정에, 윤리적 단계는 반에, 종교적 단계는 합에 비견될 수 있다. 단계가 바뀔 때마다 이전 단계가 폐기되고, 확증되며, 한층 더 높은 수준으로 향상된다(aufgehoben). 그러나 이 과정은 헤겔의 변증법과는 달리 합리적인 필연성을 따르지 않는다. 또 다른 단계를 위해 하나의 단계를 포기하도록 요구할 수 있는 합당한 이유는 존재하지 않는다. 변화는 도약을 통해 이루어진다.

종교적인 단계는 윤리적인 단계를 확증한다. 그러나 예외가 있다. 키에르케고르는 『공포와 전율(Fear and Trembling)』에서 창세기 22장에 나오는 아브라함의 이야기를 인용했다. 아브라함은 아들인 이삭을 죽이라는 명령을 받았다. 그는 그 명령에 복종하는 것이 윤리에 어긋난다는 것을 알았지만 많은 고뇌 끝에 자신의 윤리적인 기준보다는 하나님의 명령에 따르기로 결정했다. 키에르케고르는 하나님이 그 명령을 통해 "윤리적인 것의 목적론적인 중지(즉 일시적으로 도덕법을 중지시키는 것)"를 적용해 아브라함이 도덕법과 하나님(즉 그의 개인적인 종교적 책임) 둘 중에 어느 쪽을 더 중요하게 생각하는지를 확인하기로 작정하셨다고 말했다. 아브라함의 반응은 종교적이었다. 그는 "무한한 포기의 기사(騎士)"가 되었다. 왜냐하면 하나님께 복종하기 위해 모든 것, 심지어는 자신의 윤리적인 기준마저 포기했기 때문이다. 그러나 긍정적으로 말하면 그는 하나님께 진정으로 복종했기 때문에 키에르케고르는 아브라함에게 "믿음의 기사"라는 칭호를 부여했다.

그러나 종교적인 단계도 잘못될 수 있다. 키에르케고르는 『결론적인 비과학적 후기(Concluding Unscientific Postscript)』에서 두 가지 형태의 종교를 구분했다. 종교 A는 덴마크 국가교회의 종교다. 그런 종교를 믿는 신자는 하나님과의 형식적인 관계를 통해 용서를 얻으려고 애쓴다. 그는 하나님과의 관계를 수동적으로 유지한다. 그는 세례를 받고, 결혼을 하고, 교회 묘지에 묻힌다. 그가 예배에 참석하는 이유는 그래야 할 의무가 있다고 믿기 때문이다. 그러나 그는 하나님과의 생명력 넘치는 관계를 경험하지 못한다. 종교 A의 특징은 포기(비교적 사소한 목적을 포기하는 것), 고난(포기로 인한 손실, 변화의 필요), 지속적인 죄책감(부분적으로 단절된 하나님과의 관계)을 포함한다.

키에르케고르가 참된 종교로 간주했던 종교 B는 오직 믿음에 의해 지배되는 "초월적" 종교를 가리킨다. 이 종교는 하나님으로부터(즉 "시간과 영원 사이에 존재하는 무한히 질적으로 다른 차이"를 연결하는 하나님의 역설적인 행위로부터) 비롯한다.[59] "하나님의 은혜로"[60] 영원한 진리가 개인과 관계를 맺는다. 우리는 단지 증거(또한 종교 A를 통해 하는 것)를 초월함으로써가 아니라 새로운 삶의 상황에서 우리의 이해를 초월하는 것을 믿음으로써 이 관계 속으로 들어간다. 키에르케고르의 하나님은 알 수 없는 절대 타자다. 과학이나 철학을 통해서는 그분에게 도달할 수 없다. 그분은 오직 열정적인 내적 성찰을 통해서만 이해할 수 있다.

결국 우리는 새로운 교리를 믿는 것이 아니라 하나님이 허락하시는 "실존적인 교통"에 참여한다. 우리는 그것을 통해 변화된다. 이 새로운 실존은 직접적인 교통이 아닌 간접적인 교통에서 비롯한다(이번 항목의 서두에서 언급한 개념을 상기하라). 하나님은 후자를 도구로 사용해 이 새로운 상태를 만들어 내신다. 새로운 실존의 상태에서는 종교 A에서처럼 종교적인 의무를 불이행한 것에 대한 죄책감이 아닌 인격적인 하나님을 거역함으로써 그분과의 교제를 단절시킨 것이 죄로 간주된다. 이런 죄의식은 훨씬 더 근본적이기 때문에 죄 사함의 의식 또한 그럴 수밖에 없다. 근본적

---

59) 키에르케고르는 "역설"과 "부조리"를 종종 언급했지만 하나님이 시간 속에 들어오신 것이 논리적인 모순이라고 생각하지 않았다. 그는 『이것이냐 저것이냐』에서 헤겔의 논리를 논박하고 아리스토텔레스의 논리를 옹호했다. 그는 A는 A일 뿐, A가 아닌 것이 아니라고 생각했다. 하나님은 시간과 영원의 역설을 이해하시지만 인간이 지닌 이성의 능력으로는 그것들을 이해할 수 없다.

60) 하나님의 관점에서 보면 변화는 은혜로 이루어지고, 우리의 관점에서 보면 믿음의 도약을 통해 이루어진다. 키에르케고르는 주로 인간의 편에 초점을 맞추고, 자유의지론적 자유의 개념을 지니고 있을 뿐 아니라 창세기 3장의 타락 기사의 역사성을 부인하기 때문에 종종 펠라기우스주의라는 비판을 받는다(3장에서 아우구스티누스와 펠라기우스를 논의한 내용을 참조하라). 그러나 그는 여기에는 인간의 추론이나 선택으로 축소시킬 수 없는 신비가 존재한다는 것을 이해했다.

인 용서는 육신이 아닌 영을 좇는 삶을 살게 만든다. 이 새로운 삶은 형식적인 의무가 아닌 그리스도와의 살아 있는 관계를 통해 이루어진다. 우리는 이런 실존적인 교통을 통해 "그리스도와 동시적인" 삶에 참여한다. 이 새로운 실존은 "내가 어떻게 기독교 세계 안에서 그리스도인이 될 수 있을까?"라는 키에르케고르의 질문에 대한 대답을 제공한다.

키에르케고르가 교리의 전달과 생명의 전달을 구별한 것은 그 외에 또 다른 의미를 함축하고 있다. 이로 인해 그 동안 많은 논란이 불거졌다. 키에르케고르는 대개는 교회의 전통적인 교리에 관해 정통적인 입장을 취했다.[61] 그는 성경의 권위에 관해서는 당시의 지성적인 분위기를 고려할 때 놀라울 정도로 정통적인 입장을 표명했다.[62] 그러나 그는 『결론적인 비과학적 후기』에서는 레싱의 견해를 상당히 수용하는 듯한 태도를 보였다(6장에서 논의한 대로 레싱은 기독교를 위한 역사적 근거를 부인했다). 키에르케고르는 기독교 신앙이 역사에 근거하지 않는다는 레싱의 견해에 동의했다. 물론 그 이유는 달랐다. 레싱은 역사는 "이성의 필연적 진리(종교적인 믿음을 위한 유일한 토대)"를 위한 근거로 삼기에는 너무 의심스럽다고 말했다. 키에르케고르는 레싱의 그런 입장에 동의하지 않았다. 그 이유는 종교적인 믿음이 이성에 근거한다고 믿지 않았기 때문이다. 그러면서도 그는 믿음이 역사에 근거하지 않는다는 레싱의 견해는 수용했다. 그는 믿음이 영원히 시간 속에 들어왔다는 역설에 근거한다고 믿었다.

키에르케고르는 이런 견해 외에도 더러 명제적 진리의 역할에 대해 회의적인 입장을 표명했다. 이런 사실은 기독교 신앙의 내용에 관한 그의 견해에 대해 몇 가지 의문을 제기한다. 다음은 그가 남긴 유명한 말 중에 하나다.

기독교 세계에 사는 사람이 지식으로 하나님에 관한 참된 개념을 알고 그분의 집, 곧 참되신 하나님의 집에 올라가서 그릇된 정신으로 기도를 드리고, 우상을 숭배하는 사회에서 사는 사람이 비록 눈으로는 우상의 형상을 바라보더라도 무한한 것에 대한 온전한 열정을 지니고 기도를 드린다면 어디에 더 큰 진실이 있을까? 한 사람은 우상을 섬기면

---

61) 앞서 그가 창세기 3장의 타락 기사에 대해서는 회의적인 입장을 취했다고 지적한 바 있다.
62) 다음 자료를 참조하라. Kierkegaard, *On Authority and Revelation* (New York: Joanna Cotler Books, 1967).

서도 진리로 하나님께 기도를 드리고, 다른 한 사람은 참되신 하나님께 거짓으로 기도를 드림으로써 사실상 우상을 숭배한다.63)

이 인용문을 근거로 키에르케고르가 종교의 내용에 무관심했다고(즉 열정을 가지고 기도하면 기도의 대상은 중요하지 않다고 생각했다고) 믿는 사람들이 많다. 그런 입장은 극단적인 상대주의에 해당한다. 그러나 위의 인용문에 나오는 "참된"과 "진실"의 의미는 매우 불확실하며 아이러니컬하다. 키에르케고르는 이 용어들을 강조했다(첫 문장에서 같은 용어가 두 차례나 반복되었다).

키에르케고르가 기독교의 하나님을 "참되신" 하나님으로 두 차례 언급했고, 하나님에 관한 기독교의 견해를 "참된 개념"으로 간주한 것에 주목하라. 그는 정상적인 의미에서 진리에 관해 무관심하지 않았다. 아리스토텔레스적인 진리는 거짓과 대조된다.64) 우상 숭배자의 대상은 "우상"이다. 그것은 "참되신 하나님"과는 질적으로 다르다. 그러나 키에르케고르는 또한 우상 숭배자의 진실성을 인정했다. 우상 숭배자는 "우상을 섬기면서도 진리로" 하나님께 기도한다.

키에르케고르가 "진리"를 두 가지 의미로 사용한 것이 분명해 보인다. 첫 번째 의미는 아리스토텔레스적인 진리, 곧 거짓 명제와 대조되는 참된 명제를 가리킨다. 우리는 그것을 "객관적인 진리"로 일컬을 수 있다. 두 번째의 의미는 키에르케고르가 때로 "주관적인 진리"로 일컬은 것을 가리킨다. 인용문에 언급된 키에르케고르의 질문은 객관적인 진리가 아닌 주체의 "내면에" 있는 진리와 관련이 있다. 그것은 "어느 하나님이 참되냐?"가 아니라 "어디에(즉 두 가지 상황 가운데 어느 쪽에) 더 큰 진실이 있느냐?"라는 질문이다.

키에르케고르에 따르면 주관적인 진리는 진리의 대상이 아닌 지식의 주체가 지닌 속성에 해당한다. 그것은 무엇을 믿느냐가 아닌 어떻게 믿느냐와 관련된다. 주관적인 진리는 우리가 열정적인 헌신의 태도를 가지고 믿는 것, 곧 지식의 주체와 지식의 대상 사이에 올바른 관계를 구축하는 진리를 가리킨다. 주관적인 진리는 우

---

63) Søren Kierkegaard, *Concluding Unscientific Postscript* (Princeton, NJ: Princeton University Press, 1941, 1968), 179-80.
64) 키에르케고르가 헤겔을 거부하고 전통적인 진리를 옹호한 것을 기억하라.

리가 모든 상황에서 우리 자신의 자아에 깊이 적용하는 것을 뜻한다. 주관적인 진리는 새로운 삶의 방식을 결정한다. 이것이 곧 종교 B와 관련된 진리다.

논란의 소지가 많은 위의 인용문에서 키에르케고르는 이교도가 객관적으로는 그릇된 개념을 지녔지만 주관적인 진리를 소유하고 있다는 것을 말하려고 했던 것이 분명하다. 기독교 세계에 사는 예배자는 객관적으로는 참되신 하나님께 기도하지만 주관적인 진리를 소유하고 있지 못하다. 키에르케고르는 상대주의자가 아니다. 왜냐하면 객관적으로 참된 믿음과 거짓 믿음을 분명하게 구별했기 때문이다.

그는 지식의 대상과 지식의 적용과의 관계 안에 함축되어 있는 참된 의미(즉 무엇과 어떻게)를 인지했던 것으로 보인다. 우리는 우리의 신념과 행위, 또는 예배의 대상과 예배하는 방식을 날카롭게 구분하는 경향이 있다. 그러나 성경은 거짓 우상을 예배하는 것은 물론, 하나님이 금지하시는 방식으로 참되신 그분을 예배하는 것도 우상 숭배로 간주한다.[65] 하나님은 추상적인 최고의 존재가 아니라 살아 계시는 인격적인 주님이시다. 그분은 사람들이 자신을 어떻게 예배하는지, 또 그들이 어떻게 행동하는지에 깊이 관심을 기울이신다. 참되신 하나님을 향해 그릇된 태도를 취하는 것과 다른 신(다른 의무를 요구하는 신)을 예배하는 것의 차이를 정확하게 식별하기는 쉽지 않다. 이처럼 객관적인 진리와 주관적인 진리는 서로 밀접한 관계를 맺는다. 하나님에 대한 우리의 주관적인 반응이 불경스러워지면 우리가 그분을 객관적으로 믿는지 여부까지 불투명해진다. 키에르케고르의 사고 실험에 따르면 바로 그것이 기독교 세계에서 기도하는 사람의 문제가 될 수 있다. 기독교 세계의 예배자가 아무 열정 없이 형식적으로 기도하면 그의 기도는 "거짓 영"으로 드리는 것이기 때문에 우상에게 기도하는 것과 크게 다르지 않다.

그러나 키에르케고르의 인용문과 관련된 진정한 문제는 이교도가 "우상을 숭배하면서도 진리로 하나님께 기도를 드릴 수 있는가?"라는 것이다. 그가 좋게 여긴 것은 단지 "무한한 것에 대한 온전한 열정을 지니고 있다."는 것뿐이다. 키에르케고르는 다른 곳에서 그런 열정은 참되신 하나님의 은혜로만 주어진다고 말했다. 그런 것은 종교 B(곧 그리스도와의 구원적 관계)에 해당한다. 그렇다면 이교도가 그리스도로

---

65) 다음 자료를 참조하라. *DCL*, 405-20, 454-56.

부터 그런 새로운 열정을 부여받았으면서 어떻게 여전히 이교도로 머물 수 있는 것일까? 키에르케고르는 이교도의 열정이 바뀌는 데서부터 그의 생각이 바뀌기까지는 일정한 시간이 걸릴 수 있다고 믿었던 듯하다. 그러나 키에르케고르의 인용문은 이교도의 이교적 신앙이 항구적인 상태에 머물러 있고, 그가 참되신 하나님, 곧 예수 그리스도를 믿지 못하는 것은 결국 중생과 관련이 있다는 인상을 준다.

아무튼 위의 인용문을 근거로 키에르케고르가 어느 신에게 기도해야 하는지에 관해 무관심했다고 결론짓기는 어렵다. 그러나 신학자나 철학자에게서 발견되어서는 안 될 정도의 혼란이 여기에서 발견된다. 그런 혼란이 키에르케고르의 많은 계승자들에게 영향을 미친 것이 분명해 보인다.

키에르케고르의 사상을 간단하게 정리하면 다음과 같다.

1. 키에르케고르가 심리적 관점에서 신념을 논의한 내용은 유익하다. 한 사람의 신념을 바꾸는 것은 단지 훌륭한 논증을 듣고, 그것을 논리적으로 추적해 결론에 도달하는 것으로 이루어지는 문제가 아니다. 그런 변화는 감정, 습관, 삶의 방식, 하나님의 은혜와 같은 다양한 요인들로부터 비롯한다. 어떤 사람이 자신의 신념, 태도, 우선순위, 취향 따위를 바꾸는 이유가 분명하지 않을 때가 많다. 내가 판단하기에 이런 문제는 어떤 사람의 근본적인 전제가 바뀌는 것을 이해하려고 노력하는 상황에서 특별히 중요한 듯하다.

2. 그러나 키에르케고르의 생각과는 달리 하나님의 존재나 복음의 진리를 입증하는 증거가 불충분한 것은 결코 아니다. 성경은 하나님의 자기 계시가 피조 세계와 그리스도를 통해 분명하게 드러났다고 가르친다. 이 계시를 인정하지 않는 것은 우리의 잘못이다. 바울은 로마서 1장 18절에서 불신앙은 "불의로 진리를 막는다."고 말했다.

3. 키에르케고르가 실존적 교통을 강조한 것은 내가 "실존적 관점(1장을 참조하라)"으로 일컬을 것과 관련이 있다. 개혁주의 신학이 가르치는 구원은 세 가지 차원을 지닌다. 그것은 하나님의 권위 있는 복음(규범적 관점), 자기 백성을 구원하기 위해 그리스도를 통해 역사 속에서 행하신 그분의 행위(상황적 관점), 그리스도의 말씀을 적용해 우리를 변화시키시는 성령의 내적 사역(실존적 관점)이다.

내가 볼 때 키에르케고르가 요구한 것은 모두 실존적 관점 안에 포함되어 있는 것으로 보인다. 키에르케고르가 출석했던 교회들에서 실존적 관점, 곧 중생과 성화의 교리를 가르치지 않은 것은 아닌지 궁금하다. 아래의 도표를 참조하라.

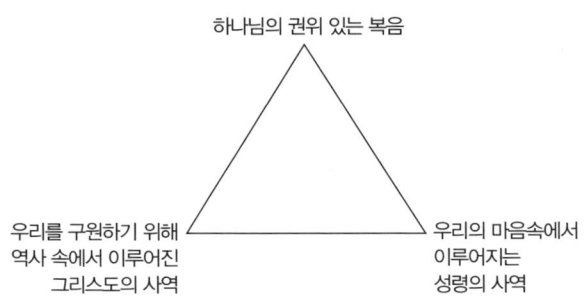

도표 8. 4. 어떻게 믿음을 갖게 되는지에 대한 복음적인 견해

4. 그러나 키에르케고르는 다른 두 가지 관점을 무시했다. 그는 성경을 좋게 평가하고, 그것을 자주 언급했지만 새로운 삶을 기록된 말씀에 복종하는 삶으로 간주하기를 주저했다. 그가 레싱을 중시한 것은 예수님이 역사 속에서 행하신 사역, 곧 그분의 십자가와 부활의 적절성에 큰 혼란을 야기했다.

5. 키에르케고르는 하나님이 시공의 세계, 곧 평범한 실존의 세계에 개입하신다는 것을 거의 고려하지 않았다(아마도 그는 이를 부인했을 것이다). 종교 B의 실존은 초월적인 세계다. 우리는 그 안에서 일상적인 삶에서는 불가능한 것(곧 하나님과 관계를 맺는 것)에 도달한다. 다음의 요점들을 기억하라.

　1) 키에르케고르는 아브라함에게 주어진 하나님의 명령(창세기 22장)을 윤리적인 것과는 다른 것, 곧 윤리적인 것의 중지(그 대신 하나님과 아브라함 사이에 이루어진 직접적인 인격적 관계로 대체되었다)로 간주했다. 그러나 성경은 윤리, 곧 율법도 하나님의 말씀이라고 가르친다. 율법의 근원도 창세기 22장에 나타난 하나님의 명령에 조금도 뒤떨어지지 않는 인격적인 속성을 지닌다.

　2) 키에르케고르는 역사의 세계는 자율적이라는 레싱의 주장을 받아들였다. 그는 하나님의 구원적 행위는 역사를 초월해 이루어진다고 믿었다. 그러나 그

것은 구원에 관한 성경의 증언이 지니는 강력한 역사적 사실을 무시하는 것이다.

3) 초월적인 세계는 이성을 초월한 세계다. 일반적인 세상은 이성이 온전한 기능을 하는 세계다. 따라서 우리는 키에르케고르 안에서 내가 1장과 이 책의 다른 여러 곳에서 언급한 "초월과 내재의 변증법"을 발견할 수 있다. 아래의 도표를 참조하라.

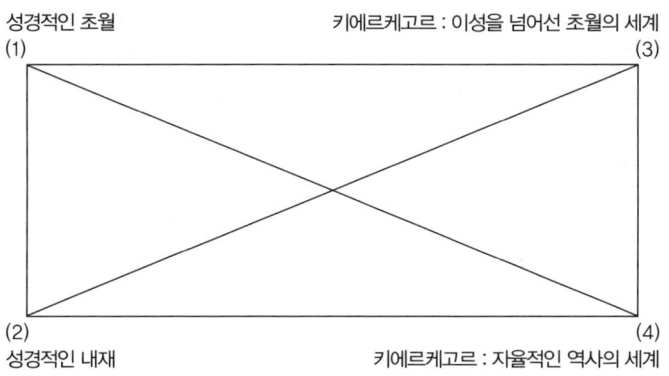

도표 8. 5. 키에르케고르의 초월과 내재

6. 키에르케고르는 명제적 동의와 열정적인 헌신을 너무 날카롭게 구별했다. 그는 이교도의 비유에서 명제적 믿음이 없어도 하나님께 열정적으로 헌신할 수 있다는 생각을 내비쳤다. 성경은 그런 생각을 인정하지 않는다(히 11:6). 사실, 하나님께 대한 열정적인 헌신은 그분이 존재하신다는 것을 전제한다. 누군가에 대한 열정적인 헌신은 대개 그런 열정의 감정과 강렬한 헌신을 불러일으킨 그 사람에 대한 믿음에서 비롯하기 마련이다. 열정적인 헌신은 대부분 정신적인 동의의 강도에 비례하는 것이 보통이다.

핵심 용어

감정(Gefühl)
교리(Doctrines, 슐라이에르마허)
주관적인 전환(Subjective turn, 계시의 교리와 관련해서)
종교적인 의식(Religious consciousness)
절대 의존 감정(Feeling of absolute dependence)
만유내재신론(Panentheism)
범신론(Pantheism)
감각적인 의식(Sensuous consciousness)
본질적인 신의식(Essential God-consciousness)
율법적인 세계 질서(Legal world order)
다섯 가지 근본 원리(The Ffive Fundamentals)
철저한 종말론(Consistently eschatological)
알베르트 슈바이처(Albert Schweitzer)
그레샴 메이첸(J. Gresham Machen)
『코르세르(*The Corsair*)』
심미적 단계(Aesthetic stage)
종교 A(Religious stage A)
간접적인 의사전달(Indirect communication)
윤리적 단계(Ethical stage)
윤리적인 것의 목적론적 중지(Teleological suspension of the ethical)
종교 B(Religious stage B)
무한한 포기의 기사(Knight of infinite resignation)
미지의 하나님(God incognito)
주관적인 진리(Subjective truth, 키에르케고르)

믿음의 기사(Knight of faith)
실존적인 교통(Existence communication)
명제적 계시(Propositional revelation)
외적인 것(External, 슐라이에르마허)
가치 판단(Value judgment, 리츨)
알맹이와 껍데기(Kernel and husk)
현대주의자(Modernists)
근본주의(Fundamentalists)
『오번 선언문(*Auburn Affirmation*)』
스콥스 재판(The Scopes trial)
요한네스 바이스(Johannes Weiss)
에른스트 트뢸치(Ernst Troeltsch)
레기나 올센(Regina Olsen)
도약(Leap)
부조리(The absurd, 키에르케고르)

학습을 위한 질문

1. 슐라이에르마허가 "현대 신학의 아버지"로 불리는 이유는 무엇인가? 그런 명칭은 적절한가? 가부를 답하고, 각각 그 이유를 밝혀라.

2. 슐라이에르마허의 『종교론』에 담긴 내용을 간단히 말해 보라. 그것을 어떻게 생각하는가?

3. 종교적인 의식에 관한 슐라이에르마허의 견해를 설명하고, 평가하라.
4. 신학적인 교리에 관한 슐라이에르마허의 견해를 진술하고, 평가하라.
5. 저자는 자유주의 신학의 전통은 명제적 계시를 거부한다고 말했다. 셰버리, 레싱, 칸트, 헤겔, 슐라이에르마허가 제기한 반론들을 설명하고, 평가하라.
6. 계시와 성경에 관한 자유주의적인 견해가 말하는 "주관적인 전환"이 무엇인지 설명하고, 평가하라.
7. 감정으로부터 신학적인 명제를 도출하는 것이 가능한가? 이 개념이 지닌 문제점을 몇 가지 말하고, 의견을 제시하라.
8. 슐라이에르마허가 원죄에 관한 전통적인 교리를 율법주의로 간주한 이유는 무엇인가? 설명하라.
9. 죄, 그리스도, 속죄에 관한 슐라이에르마허의 견해를 간단하게 요약하라.
10. 슐라이에르마허는 전통적인 구원론을 외적이고, 인위적이고, 율법주의적이라고 비판했다. 이 점에 대해 설명하고, 평가하라.
11. 저자는 "자유주의 신학은 레싱 이후로 역사적 사건에 교리적 의미를 부여하는 것을 거부한다."라고 말했다. 이 말의 의미를 설명하고, 평가하라. 리츨과 키에르케고르는 이 점에 있어 슐라이에르마허보다 나은가?
12. 슐라이에르마허는 "인간의 잠재성의 발현은 은혜에 의해 작정되었다."라고 생각했다. 어떻게 그런지 설명하고, 평가하라.
13. 슐라이에르마허의 신학은 저자가 말하는 내재와 초월의 변증법을 어떻게 예시하는가?
14. 리츨에게 역사는 중요한가? 만일 그렇다면 어떻게 그런지 설명하고, 평가하라.
15. 리츨은 "모든 신학적 명제는 기독교적 삶의 현상을 설명하는 것을 목표로 삼는다."고 생각했다. 이 말의 의미를 설명하고, 평가하라.
16. 그리스도와 그분이 우리를 구원하기 위해 행하시는 일에 관한 리츨의 견해를 간단하게 요약하라.
17. "구속, 칭의, 중생, 양자, 용서, 화해는 본질적으로 그 의미가 모두 똑같다."라는 말의 의미를 설명하라. 자유주의 신학이 이런 용어들을 종종 동의어로 간주하는 이유는 무엇인가?
18. 메이첸이 헤르만을 평가한 내용을 간단하게 요약하라. 그가 평가한 내용에서 놀랍게 느껴지는 것은 무엇인가? 그런 평가에 대해 어떻게 생각하는가?

19. 구원에 관한 헤르만의 견해를 설명하고, 평가하라.
20. 기독교의 본질에 관한 하르낙의 견해는 무엇인가? 평가하라. 저자가 하르낙의 신학에서 "초자연적인 것은 모두 사라졌다."라고 말한 것이 옳다고 생각하는가?
21. "리츨 신학의 발흥과 쇠퇴"를 간단하게 설명하라.
22. 예수님에 관한 슈바이처의 결론을 간단하게 요약하라.
23. "트뢸치는 역사는 신앙의 충분한 근거가 될 수 없다는 레싱의 논증을 좀 더 정교하게 가다듬었다." 어떻게 그랬는지 설명하고, 평가하라.
24. 정치적인 발전이 리츨 신학의 성공에 어떻게 영향을 미쳤는가?
25. 헤겔에 대한 키에르케고르의 비판을 간단하게 요약하고, 몇 가지 예를 들어 설명하라.
26. "내가 어떻게 기독교 세계에서 그리스도인이 될 수 있을까?"라는 질문에 대해 키에르케고르 자신은 어떻게 대답했는가? 설명하고, 평가하라.
27. 인간의 결정의 본질에 관한 키에르케고르의 견해는 헤겔의 견해와 어떻게 다른가?
28. 저자는 간접적인 의사전달의 예로 나단 선지자가 다윗에게 말한 비유를 인용했다. 설명하라.
29. 키에르케고르가 말한 세 가지 삶의 단계는 헤겔의 정반합과 어떻게 비슷하고, 또 어떻게 다른가?
30. 종교에 관한 키에르케고르의 두 가지 개념을 구별하고, 평가하라.
31. 키에르케고르는 신앙의 대상의 본질에 관해 무관심했는가? 찬반양론에 관해 설명하라.
32. 역사에 관한 키에르케고르의 견해는 레싱의 견해와 어떻게 비슷하고, 또 어떻게 다른가?
33. "초월과 내재의 변증법"으로 키에르케고르를 어떻게 설명할 수 있는가?

참고 문헌 : 19세기 신학

출판물

Harnack, Adolf von, *What Is Christianity?* (Eastford, CT: Martino Fine Books, 2001).
Herrmann, Wilhelm, *The Communion of the Christian with God* (Charleston, SC: BiblioBazaar, 2009).

Kierkegaard, Søren, *Attack Upon Christendom* (Princeton, NJ: Princeton University Press, 1968).

_____, *Concluding Unscientific Postscript* (Princeton, NJ: Princeton University Press, 1992).

_____, *Either/Or* (New York: Penguin, 1992).

_____, *The Essential Kierkegaard* (Princeton, NJ: Princeton University Press, 2000).

_____, *Fear and Trembling* (New York: Penguin, 1986).

_____, *On Authority and Revelation* (New York: Joanna Cotler Books, 1967).

_____, *Philosophical Fragments* (Princeton, NJ: Princeton University Press, 1985).

_____, *The Sickness unto Death* (Princeton, NJ: Princeton University Press, 1983).

_____, *Stages on Life's Way* (Princeton, NJ: Princeton University Press, 1988).

Ritschl, Albrecht, *The Christian Doctrine of Justification and Reconciliation*, ed. and trans. H. R. Mackintosh and A. B. Macaulay (Edinburgh: T&T Clark, 1900).

Schleiermacher, Friedrich, *The Christian Faith*, trans. H. R. Mackintosh and J. S. Stewart (Edinburgh: T&T Clark, 1928).

_____, *On Religion: Speeches to Its Cultured Despisers*, ed. Richard Crouter. Cambridge Texts in the History of Philosophy (Cambridge: Cambridge University Press, 1996).

온라인 자료

Harnack, Adolf von. *Works*. 다음 자료들이 포함되어 있다. *What Is Christianity?*, *History of Dogma* (6권짜리). http://www.ccel.org/ccel/harnack.

Herrmann, Wilhelm, *The Communion of the Christian with God*. trans. J. Sandys Stanyon. Revised by R. W. Stewart (London: Williams & Norgate and New York: G. P. Putnam's Sons, 1906). http://archive.org/details/communionofchris00herrrich.

Kierkegaard, Søren, *Attack upon Christendom*, trans. Walter Lowrie(역자 서문 포함) (Princeton, NJ: Princeton University Press, 1946). http://www.christianebooks.com/pdf_files/kierkegaard-satta00kier.pdf.

_____, *Concluding Unscientific Postscript*, ed. and trans. Alastair Hannay (Cambridge: Cambridge University Press, 2009). http://www.clas.ufl.edu/users/burt/kierkegaardConcludingUnscientificPostscript.pdf.

_____, *Either/Or*, ed. and Trans. Howard V. Hong and Edna H. Hong (Princeton, NJ: Princeton University Press, 1987). http://sqapo.com/CompleteText-Kierkegaard-EitherOr.htm.

_____, *Fear and Trembling*, trans. Walter Lowrie (Princeton, NJ: Princeton University Press, 1941). http://sqapo.com/CompleteText-Kierkegaard-FearandTrembling.htm.

_____, *Kierkegaard's writings as e-books* (Princeton University Press). http://press.princeton.edu/titles/1335.html#evendors.

_____, *Philosophical Fragments*. http://pol-ts.com/Research_files/Source%20Material/Kierkegaard/Philosophical%20Fragments.pdf.

_____, Selections from the writings of Kierkegaard(『공포와 전율』이 포함되어 있음). http://www.ccel/kierkegaard/selections.

_____, *The Sickness unto Death* (Princeton, NJ: Princeton University Press, 1941). http://www.naturalthinker.net/trl/texts/kierkegaard,Soren/TheSicknessUntoDeath.pdf.

_____, *Works and Love*, trans. Howard and Edna Hong (New York: Harper and Row, 1964). 전체 378페이지 중에 58-98페이지의 내용만 실려 있다. http://moe.machighway.com/~cliffor1/Site/EXSupplementalReadings_files/kierkegaard_works.pdf.

Ritschl, Albrecht, *The Christian Doctrine of Justification and Reconciliation*, trans. and ed. H. R. Mackintosh and A. B. Macaulay, 2nd ed. (Edinburgh: T&T Clark, 1902). http://archive.org/details/christiandoctri00edgoog.

Schleiermacher, Friedrich, Christian Classics Ethereal Library. http//www.ccel.org/ccel/schlerermach. 다음 자료가 포함되어 있다. *On Religion: Speeches to Its Cultured Despisers. Selected Sermons of Schleiermacher*. trans. Mary F. Wilson. 『기독교 신앙』을 제외한 슐라이에르마허의 저서들 가운데 영어로 번역된 자료들을 보려면 다음 사이트를 참조하라. http://en.wikipedia.org/wiki/Friedrich_Schleiermacher#Works.

_____, *The Christian Faith* (New York: Bloomsbury Academic, 1999). http://books.google.com/books/about/The_Christian_Faith.html?id=8JiQhmLyKAYC.

온라인 듣기

웹 사이트 http://itunes.apple.com/us/course/legacy-history-philosophy/id694658914.

- 프리드리히 슐라이에르마허와 알브레히트 리츨 : 56:28
- 알브레히트 리츨, 빌헬름 헤르만, 아돌프 하르낙, 쇠렌 키에르케고르 : 58:29
- 쇠렌 키에르케고르 : 20:40

스스로 읽기

슐라이에르마허의 『종교론』를 읽어보면 그의 초창기 사상이 얼마나 급진적이었는지를 알 수 있다. 아울러 『기독교 신앙』의 이곳저곳을 읽어보면 그가 그런 초기 사상을 어떻게 발전시키고, 또 어떻게 수정했는지를 알 수 있다. 리츨 신학의 본질을 파악하려면 하르낙의 『기독교는 무엇인가?』를 읽는 것으로 충분하지만 그 밖에 헤르만이나 리츨의 저서들을 직접 읽어보는 것도 좋다. 헤르만의 『그리스도인과 하나님의 교제』를 읽으면 리츨 신학의 영적인 힘(예를 들면 메이첸을 초창기에 매혹시켰던 힘)을 느낄 수 있다.

키에르케고르의 저서들은 심오하고, 난해하다. 『공포와 전율』과 『죽음에 이르는 병(*The sickness unto Death*)』에서부터 시작해서 『이것이냐 저것이냐』와 『인생행로의 단계들(*Stages along Life's Way*)』을 읽으면서 키에르케고르가 제시한 세 가지 삶의 단계를 음미하라. 『철학적 단편』, 『결론적인 비과학적 후기』, 『기독교 세계에 대한 공격(*Attack upon Christendom*)』은 객관성과 주관성을 구별한 키에르케고르의 견해와 기독교 세계 안에서 그리스도인이 되려면 무엇이 필요한지를 잘 보여준다.

유명한 인용문

- **슐라이에르마허**: http://en.wikiquote.org/w/index.php?title=Friedrich_Schleiermacher
- **키에르케고르**: http://en.wikiquote.org/wiki/S%C3%B8ren_kierkegaard

개요

프리드리히 니체(1844-1900)
찰스 샌더스 퍼스(1839-1914)
윌리엄 제임스(1842-1910)
존 듀이(1859-1952)
에드문트 후설(1859-1938)
마르틴 하이데거(1889-1976)
장 폴 사르트르(1905-80)
다른 실존주의자들
평가

9장

니체, 실용주의, 현상학, 실존주의

이 책의 남은 부분은 20세기와 21세기 초의 사상가들을 다룬다. 그러나 첫 번째로 다루게 될 사상가인 니체는 주로 19세기에 활동했던 인물이다. 그는 20세기가 처음 시작되던 해인 1900년에 사망했다.[1] 그러나 내가 보기에 그의 사상은 19세기보다는 20세기를 대표하는 것처럼 보인다.[2] 그의 글은 현대적일 뿐 아니라 심지어는 포스트모던적이기까지 하다(12장 참조). 우리가 오늘날 "포스트모더니즘"으로 일컫는 사상이 니체의 주요 사상과 놀라우리 만큼 비슷하다.

프리드리히 니체(Friedrich W. Nietzsche, 1844-1900)

니체의 아버지와 할아버지는 루터교회의 성직자였다. 그러나 그의 아버지는 니체가 네 살 때 세상을 떠났다. 그는 어머니, 누이, 할머니, 독신으로 사는 이모 둘 등, 모두 여성들만 있는 가정에서 성장했다. 그는 1869년에 스물넷이라는 전례 없는 어린 나이에 바젤대학교의 고전 철학 교수로 임명되었지만 점차 학교생활에 염증을 느끼고 결국 10년 뒤에 교수직을 사임했다. 그러고는 심신을 달래기 위해 유럽을 떠돌면서 여러 권의 책을 집필했다. 그러나 그는 1888년에 이탈리아 투린에서

---

[1] 그러나 어떤 사람들은 20세기는 1901년부터 시작한다며 토를 달기도 한다.
[2] 나는 키에르케고르에 대해서도 그렇게 생각한다.

길거리에서 의식을 잃고 쓰러진 뒤부터는 매독 감염에 의한 것으로 추정되는 치매를 앓으며 남은 생애를 보냈다.

그가 철학을 연구하며 초창기에 관심을 기울였던 것이 그의 독특한 사상을 발전시키는 계기가 되었다. 앞으로 살펴볼 테지만 20세기는 "언어 철학"의 세기다. 모든 사상 학파가 이런저런 식으로 언어 연구를 통해 철학적 통찰력을 얻으려고 노력했다. 이런 유행이 고대 언어에 대한 연구를 토대로 한 니체의 사상에서부터 시작되었다고 말해도 결코 틀리지 않다.

니체 당시의 학자들은 흔히 (성경을 비롯해) 고전 문헌의 "원본"을 찾는 일에 많은 노력을 기울였다. 그러나 니체는 다른 많은 문제를 다룰 때와 마찬가지로 이 문제와 관련해서도 시대의 유행에 동조하지 않았다. 니체가 보기에는 학자들이 문서의 단편들을 다루면서 (적절한 근거도 없이) 특정한 사본을 원문이 전승되어 온 역사의 마지막 결과물로 받아들여 거기에서부터 역으로 거슬러 올라가 그 전승의 원초적 근원을 단정하는 것처럼 보였다. 니체는 그렇게 하기보다는 우리가 소유한 것이 단편들일 뿐이라는 경험적인 사실을 인정하고, 그대로 놔두는 편이 더 낫다고 생각했다.

언어 자체는 "신경 자극에서 비롯한 소리를 모사한 것"에 지나지 않는다.[3] 그런 자극의 원인을 우리 밖에 있는 것으로부터 추론해 낼 수는 없다. 이처럼 언어는 세상에 있는 물체를 직접적으로 가리키지 않는다. 언어는 본질적으로 비유적이다. 왜냐하면 같은 단어가 서로 매우 다른 것들에 적용되기 때문이다(니체도 키에르케고르처럼 극단적인 유명론자라는 점에 주목하라). 심지어는 논리도 사물의 본질을 파악하게 해주는 믿을 만한 길잡이가 아니다. 니체는 논리가 일종의 감옥과 같다고

프리드리히 니체
(Friedrich W. Nietzsche)

말했다. 우리가 종류가 서로 다른 존재라면 제각기 다른 논리를 구사할 것이 분명하다.

언어와 논리에 관한 이런 회의적인 입장으로부터 철학에 영향을 미치는 결과들

---

3) Friedrich Nietzsche, "On Truth and Lies in a Nonmoral Sense" (unpublished essay, 1873).

이 발생한다. 철학자들도 고대 문헌을 연구하는 언어학자처럼 감각적인 자료, 자명하다고 주장되는 공리, 사물 자체, 실체, 순수한 존재, 원자와 같은 것을 이용해 그것으로부터 현실의 본질을 재구축하려고 노력한다. 그러나 니체는 우리에게 주어진 자료 가운데 모든 것의 본질을 결정지을 수 있게 만드는 것은 아무것도 없다고 주장했다. 오히려 세상은 흐름이요 혼돈이다. 우리는 우리의 목적을 달성하기 위해 그것에 우리 자신의 의지를 부여한다. 여기에서 니체가 쇼펜하우어의 입장에 동의한다는 것을 알 수 있다. 두 사람 모두 의지를 우리의 행위를 이끄는 강력한 원동력으로 간주했다. 니체는 그것을 "권력에의 의지"로 표현한 것으로 유명하다.

따라서 칸트가 전통적인 형이상학을 무시한 것은 옳았다. 그러나 니체는 칸트보다 한 걸음 더 나아갔다. 우리는 "물 자체"에 대한 지식이 없을 뿐 아니라 심지어는 경험 안에 있는 보편적인(선험적 종합판단) 범주들조차도 발견할 수 없다. 니체에 따르면 전통적인 종교도 현대인들에게 세상에 대한 포괄적인 견해를 제공할 수 있는 힘을 잃어버렸다. 니체는 이를 "신의 죽음"으로 선언했다.

결국 우리가 지식으로 일컫는 것은 궁극적으로는 의지의 창안물이다. 지식은 우리의 이익을 추구하고, 다른 사람들과 잘 어울리기 위한 수단이다. 지식에 대한 욕구는 결코 객관적일 수 없다. 우리는 지식을 위한 지식을 추구하지 않는다. 우리가 지식을 추구하는 이유는 우리 자신의 성공과 유쾌한 생활과 세상을 심미적으로 즐겁게 바라보는 방법을 추구하기 위해서다. 따라서 지식을 추구하는 것은 자아를 섬기려는 거짓이요 환상이다. 그런 거짓이 반드시 나쁜 것은 아니다. 우리는 그런 거짓을 우리 자신과 다른 사람들에게 말하지 않을 수 없다. 우리는 신화와 예술의 비유들을 창안하기 위해 의식적으로 상상력을 사용하고, 삶의 질을 향상하기 위해 의식적으로 선의의 거짓말을 사용해야 한다.

니체는 『즐거운 학문』에서 눈이 빛을 감지하고, 귀가 소리를 감지하는 식으로 진리나 지식을 감지하는 신체 기관은 존재하지 않는다고 말했다.[4] 우리는 인간이라는 "무리", 곧 인종을 이롭게 하는 데 유익한 방식으로 알거나 믿거나 상상한다.[5]

---

4) Friedrich Nietzsche, *The Gay Science: With a Prelude in Rhymes and an Appendix of Songs*, trans., with commentary, Walter Kaufmann (New York: Random House, 1974), 300.
5) 니체는 다윈의 진화론을 추종했다. 물론 그는 물질주의자였다.

심지어는 유익한 것에 관한 개념도 단순한 신념에 지나지 않는다. 그런 신념은 언젠가는 우리를 멸망으로 이끌 수도 있다. 니체의 언어는 다음 장에서 살펴볼 미국 실용주의의 언어(곧 진리는 유익한 것이라는 개념)를 예고했다. 그러나 익히 짐작하는 대로 니체는 유용성의 개념에 대해서도 회의적인 태도를 취했다.

따라서 니체에게는 사실은 없고, 단지 관점만이 존재한다. 그는 자신의 입장을 "시각주의"로 묘사했다.[6] 어떤 사람들은 그의 생각이 자기 모순이 아닌지 궁금해 한다. 그들은 "니체의 생각 자체가 결국에는 하나의 관점적인 해석이 아닌가?"라고 묻는다. 니체는 그런 결과를 인정하는 것을 두려워하지 않았지만 그런 해석이 반드시 틀린 것은 아니라고 덧붙였다. 또한 니체는 (오늘날의 포스트모더니스트들처럼) 진실과 거짓이 전통적인 철학과 종교와 같은 일반적인 이론이 아니라 일상적인 사실들에 적용된다고 주장했다. 오늘날의 포스트모던주의자들도 자신들의 언어로 그런 식의 생각을 드러냈다. 그들은 일상의 삶에 대해 회의적인 태도를 취할 필요는 없지만 "거대 담론"에 속아 넘어가서는 안 된다고 말한다.[7] 그러나 니체는 해결할 수 없는 의견의 충돌을 인간 실존의 근본적인 현실로 인정해야 한다고 주장했다.

어떤 사람들은 니체의 결론을 터무니없게 생각할 수도 있다. 그는 우리가 "삶의 의미"로 일컫는 것을 부인하는 것처럼 보인다. 그는 전통적인 철학과 종교를 모두 배제했다. 신은 죽었다. 그렇다면 우리에게 남은 것은 무엇인가? 쇼펜하우어는 비관적인 반응을 보이며 오직 특정한 바로크 음악을 들어야만 무시무시한 의지의 힘으로부터 벗어날 수 있다고 생각했다. 그러나 니체는 좀 더 적극적인 반응을 촉구했다. 그는 신의 죽음을 일종의 자유처럼 즐겁게 받아들여야 한다고 주장했다. 허무주의를 기꺼이 인정하고, 그것을 초월해 나가야 할 뿐 아니라 설렘과 열정을 가지고 "모든 가치를 재평가하는 일"에 참여해야 한다는 것이 그의 생각이었다.

니체에게 전통적인 철학, 윤리학, 종교는 권력에의 의지를 온전히 활용하는 것을 방해하는 걸림돌이었다. 특히 기독교는 인간을 "노예의 도덕"에 속박시켰다. 니체

---

[6] 니체는 "관점주의(perspectivalism)"가 아닌 "시각주의(perspectivism)"라는 용어를 사용했다. 나의 경우는 니체의 상대주의와 나의 견해를 구별하기 위해 앞의 표현을 더 즐겨 사용한다.
[7] 물론 니체나 오늘날의 포스트모던주의들이나 일상적인 삶과 거대 담론을 구별할 수 있는 확실한 기준을 제시하지 못하기는 둘 다 마찬가지다.

에 따르면 기독교 윤리는 약하고, 가난한 자를 편애하고, 세속적인 성취와 부를 무시한다. 그것은 가난한 자들이 부요한 자들을 "분노의 감정(곧 다른 사람들의 풍요로움을 시기하고, 성공을 못마땅하게 생각하는 마음)으로 대하도록 부추긴다. 흥미롭게도 마르크스는 기독교를 그와 정반대로 생각했다. 그는 기독교를 가난한 자들을 현실에 만족하게 만들고, 하늘의 보상으로 위로를 주어 반란을 일으키지 않게 만들기 위해 고안된 부자들의 종교로 간주했다. 마르크스와 니체는 기독교를 정반대의 의미로 이해했지만 그것을 거부하기는 둘 다 마찬가지였다.[8]

니체에게 기독교의 신이 죽었다는 것은 우리가 자유롭게 우리의 위대함과, 탁월함을 추구할 수 있다는 것을 의미했다. 우리는 권력에의 의지를 온전히 나타내는 것을 제한하는, 도덕적, 종교적 개념들을 거부해야 한다. 우리는 우수한 창의력으로 "무리"를 능가하는 성취를 이루는 "초인"이 되기를 열망해야 한다.

이 개념은 그로부터 몇 년 뒤에 역사에 등장해 아리안 종족이 다른 모든 종족보다 우월하다고 주장했던 나치의 반향을 불러일으켰다. 그러나 니체 자신은 인종차별을 하지도 않았고, 게르만 민족의 것을 무작정 숭배하지도 않았다. 그는 바그너의 반유태주의적인 성향 때문에 그와의 절친한 관계를 청산하기도 했다.[9]

니체의 "초인"은 국가를 지배하는 독재자가 아닌 종교와 이데올로기를 의지하지 않고 기쁨을 발견하는 방법을 무리, 곧 일반 군중보다 훨씬 더 잘 알고 있는 사람을 의미했다. 니체는 고전 작가들의 표현을 빌려 "영원 회귀"라는 말을 사용했다. 이것은 무한한 시간이 주어졌고, 사물들의 유한한 결합이 이루어지는 상황에서는 모든 사건이 거듭 되풀이되도록 정해져 있다는 개념이다. 초인은 그런 반복 속에서도 기쁨을 누리며 살아간다.

그러나 대다수 독자들은 자신의 행위가 수백만 년 동안 거듭 되풀이된다거나 궁극적으로는 전적인 혼돈에 지나지 않는 세상에서 "자유롭게" 살아간다는 생각을 그렇게 즐겁게 생각하지 않을 것이 분명하다. 비인격적인 우연에 근거한 세상으로부터 어떤 가치를 발견하기는 불가능하다.

---

8) 이것은 기독교가 좌우에서 공격을 받는다는 견해를 뒷받침하는 증거 가운데 하나다.
9) 또 다른 이유는 바그너의 오페라 『파르지팔(Parsifal)』 때문이었다. 니체는 그것을 기독교를 그릇 옹호한 작품으로 간주했다.

찰스 샌더스 퍼스(Charles Sanders Peirce, 1839-1914)

앞의 항목에서 말한 대로 니체는 지식을 추구하는 것은 사실 유용한 것을 추구하는 것이라고 생각했다. 물론 그는 그런 생각을 강력하게 주장하지 못할 수도 있다. 왜냐하면 그의 회의적인 관점으로 보면 "유용하다."는 개념조차도 문제의 소지가 있기 때문이다. 그러나 지금부터 우리가 살펴볼 사상가들(퍼스, 제임스, 듀이)은 "유용성"의 개념을 인식론적인 범주 안에 적극 포함시켰다. 그 결과, "실용주의"가 탄생했다. 신의 죽음이라는 웅장한 개념과 영원 회귀와 초인 사상을 놓고 보면, 니체는 실용주의자의 한계를 크게 벗어났다. 그러나 만일 니체가 의도한 대로 단지 생각과 감각의 자료를 사용한다면 그 모든 것은 "실용주의"라는 용어로 간단하게 요약할 수 있다.

실용주의는 참된 것과 유용한 것을 날카롭게 구별했던 고대나 중세의 철학자들에게 큰 매력을 느끼지 않을 것이 분명하다. 그러나 앞서 말한 대로 현대에는 인식론의 영역에서 "순수 이성"을 뛰어넘어 신중함, 심미적 아름다움, 실질적인 성공에 역할을 부여하는 사상가들이 많다. 파스칼의 내기 이론, 에드워즈가 말한 하나님의 은혜로움, 버틀러의 도덕적 확실성, 키에르케고르의 믿음의 도약, 슐라이에르마허의 감정, 리츨의 가치 판단 등을 기억하라. 현대적인 회의주의에 직면

찰스 샌더스 퍼스
(Charles Sanders Peirce)

한 이들 사상가는 이성은 기껏해야 현실 세계 안에서 우리의 길을 찾는 데 이용되는 도구일 뿐이고, 인식론은 어디에서 방향을 바꾸어야 할지를 알려주는 지도와 같다고 생각했다.

실용주의는 다양한 역사적 시기와 국가들로부터 비롯한 철학적 사상의 한 줄기를 대표한다. 우리가 여기에서 살펴보게 될 사상 운동은 미국에서 비롯했다. 조나단 에드워즈 이후 미국이 철학의 역사에 기여한 것은 이것이 처음이다. 사람들은 종종 실용주의가 이론보다는 실천을 더 중시하고, 추상적인 진리보다는 "효과가 있는 것"에 더 큰 관심을 기울이며, 기술문명의 진보를 추구하는 미국 문화의 정신을 반영한다고 종종 지적한다.

하버드대학교 수학 교수의 아들로 태어난 퍼스는[10] 하버드대학교에서 수학과 화학을 전공하고 나서 30년 동안 "미국 연안측량부"의 기술원으로 일했다. 그러나 그는 그 기간에 철학적인 문제들에 좀 더 많은 관심을 기울이게 되었고, 1887년에 은퇴한 후로는 펜실베이니아 주 밀퍼드에 거주하면서 철학에 더 많은 시간과 노력을 바쳤다. 그는 여러 대학교에서 철학을 강의했지만 그 분야에서 영구 교수직을 얻지는 못했다. 그럼에도 불구하고 그는 많은 철학자들에게 영향을 미쳤다. 다음 항목에서 논의하게 될 하버드대학교의 철학자 윌리엄 제임스는 퍼스와 친구로 지내면서 그의 생계를 도왔다.

이전의 다른 철학자들과 마찬가지로 퍼스도 철학자들은 합의에 도달하는 능력이 상대적으로 뒤떨어지는 데 비해 과학은 진리를 발견하는 데 많은 성공을 거둔 것에 깊은 인상을 받았다. 그의 목표는 철학을 좀 더 과학에 가깝게 만드는 것이었다.

어떤 점에서 그것은 데카르트의 의도이기도 했다. 그러나 퍼스에 따르면 데카르트는 다음과 같은 점에서 첫걸음을 잘못 내디뎠다.[11]

1. 그의 출발점은 의심할 수 있다고 생각하는 모든 것을 의심하는 것이었다. 그러나 퍼스는 데카르트가 너무 지나쳤다고 생각했다. 철학도 과학처럼 "진정한" 의심, 곧 우리가 정직하게 의심해 해결하기를 원하는 명제들을 다루어야 한다. 퍼스는 만일 모든 것을 의심한다면 그런 의심은 대부분 진정성이 없을 것이라고 말했다. 그는 우리의 철학적 방법을 발전시키려고 할 때 지나치게 열정을 기울이면 우리가 실제로 의심하지 않았던 신념들을 원상복구하기가 어렵다고 지적했다.[12]
2. 데카르트는 개인의 의식 속에서 궁극적인 확실성을 발견했다("나는 생각한다"). 그러나 과학자들은 공동체의 일부로서 함께 이성적으로 추론한다. 퍼스는 사람들은 스스로의 개념이 다른 사람들에 의해 점검되지 않으면 사변적인 상상력을 마구 펼치려는 경향이 있다고 말했다.

---

10) "퍼어스"가 아닌 "퍼스"로 발음하라.
11) 5장에서의 논의를 참조하라.
12) 여기에서 퍼스는 비트겐슈타인이 『확실성에 관해(On Certainty)』라는 책에서 펼친 주장을 예고했다.

3. 데카르트는 한 가닥의 추론을 토대로 모든 지식을 확립했다. 퍼스는 여러 가닥으로 꼰 케이블처럼 서로를 보완하는 다양한 논증을 사용하는 편이 더 낫다고 말했다.[13]
4. 데카르트는 어떤 것들은 하나님을 배제하고서는 설명할 수 없다고 생각했다. 그러나 퍼스는 그런 가설을 세우는 것은 불가능하다고 말했다. 어떤 증거에 대한 가능한 설명이 오직 한 가지만 존재한다는 것을 입증할 수 있는 사람은 아무도 없다.
5. 데카르트는 자신의 지식을 절대적으로 확실한 전제 위에 확립하는 것이 필요하다고 생각했다. 퍼스는 어떤 전제도(심지어는 "나는 생각한다."라는 전제조차도) 절대적으로 확실한 것으로 간주할 수 없다고 말했다. 그렇게 하기보다는 나중에 다시 수정이 필요할 수도 있다는 점을 의식하고, 지금 실질적인 의심으로부터 자유로운 명제들에 근거해 추론하는 것이 더 낫다.

이처럼 퍼스는 데카르트가 잘못된 방식으로 철학적 지식을 추구했다고 생각했다. 그러나 그는 그런 방식도 한 가지 방식일 수 있다고 인정했다. 그는 데카르트의 방식보다 더 나은 방식을 찾기 위해 신념의 형성 과정(곧 의심의 상태에서 신념의 상태로 나아가는 정신적 과정)에 관한 심리적 현상을 조사했다.

퍼스에 따르면 신념은 객관적으로 사실이거나 거짓이거나 둘 중에 하나다. 그러나 신념을 확립하는 것은 주관적이고, 심리적인 과정이다. 의심은 생각이 불안정한 상태에 해당하고, 신념은 차분하고 만족스런 상태에 해당한다.[14] 의심에서 신념으로 나가려고 애쓰는 과정을 퍼스는 "탐구"로 일컬었다. 때로는 어떤 신념을 붙잡아야 할지 알 수 없는 탓에 하나의 신념에서 또 다른 신념으로 나아가는 경우도 있다. 그런 경우에는 우리를 한 곳에 머물게 만드는 확고한 근거가 없기 때문에 이리저리 흔들릴 수밖에 없다. 퍼스는 이런 어려움을 신념의 "고착화"의 문제로 인식했다. 그는 사람들이 신념을 고착화시키기 위해 사용하는 방법들을 아래와 같이 나열했다.

---

[13] 기독교 변증학에서는 이것을 때로 "누적적 증거"에 근거한 방법론으로 일컫는다.
[14] 나는 이런 차분한 상태를 "인식적 안정"으로 일컬으며, 지식의 실존적 관점에서의 분석을 제시한 바 있다. 다음 자료를 참조하라. *DKG*, 152-62.

1. **완강함.** 다른 모든 도전에도 불구하고 현재의 신념을 계속 유지하는 것.
2. **권위.** 사회나 국가나 교회가 부여한 신념을 받아들이는 것.
3. **선험성.** 과거의 신념들이 믿도록 이끄는 것을 받아들이는 것. 행성들의 거리가 화음을 만들어내는 서로 길이가 다른 현에 비례한다는 플라톤의 주장이나 모든 참된 개념들이 정반합의 유형을 따른다는 헤겔의 주장처럼 우리는 미학적인 대칭을 이루는 신념들을 선택하는 경우가 많다. 그러나 퍼스는 그런 방법들은 관찰된 사실에 근거하지 않기 때문에 신뢰할 수 없다고 말했다.
4. **과학.** 퍼스는 이것이 우리가 객관적으로 점검할 수 있는 사실들에 근거한 유일한 방법이라고 말했다. 그는 농담조로 다른 방법들도 위로를 주거나 대중을 다스리거나 강한 인격을 형성하는 데 도움을 주기 때문에 그 나름의 가치를 지닌다고 말했다. 그러나 타당하고 참된 신념을 갖기를 원한다면 그 방법은 오직 과학뿐이다.[15]

내가 볼 때 여기에 언급된 처음 세 가지 방법은 퍼스의 과학주의가 인정하는 실질적인 대안을 주의 깊게 진술한 것이 아닌 풍자에 가깝다. 진지한 철학자 가운데 맹목적인 "완강함"을 고집하며 변화를 거부할 사람은 아무도 없다. 또한 퍼스가 두 번째로 언급한 인간의 권위를 맹목적으로 존중할 사람도 아무도 없기는 마찬가지다. 그나마 "선험성"이라는 범주는 조금 흥미롭다. 그것은 플라톤의 우주적인 진동 이론과 헤겔의 변증법이 무엇이 잘못인지를 밝힌다. 그러나 헤겔의 변증법은 퍼스가 결코 논박하지 못할 진지한 추론에 근거한다. 지금까지 살펴본 철학의 역사를 돌아보면 퍼스는 인정하지 않을 테지만 과학주의에도 아리스토텔레스주의, 아퀴나스주의, 칸트주의 등, 다양한 대안이 존재한다는 것을 알 수 있다.

아무튼 퍼스의 결론은 "어떻게 과학적으로 추론할 것인가?"라는 문제를 제기한다. 그는 "비평적 상식주의(상식적인 원리를 따르는 탐구 방법)"라는 방법론을 제시했다. 이 원리는 틀릴 수 있기 때문에 이따금 의문을 제기할 필요가 있다. 그러나 그것은 가장 좋은 출발점인 것은 분명하다. 그는 과학적인 방법론을 아래와 같이 정리했다.

---

15) 퍼스는 여기에서 논리 실증주의의 검증 원리를 예고했다(12장을 참조하라).

1. **귀추법**(귀환법). 적절한 가설을 설정하는 것.
2. **연역법**. 가설이 사실일 경우에 나타나는 검증 가능한 결과들을 결정하는 것.
3. **귀납법**. 실질적인 결과에 의해 가설을 실제로 검증하는 것.16)

가설은 명확해야 한다. 그래야만 과학자들이 그 진실성을 정확하게 측정할 수 있는 실험 방법을 고안할 수 있다. 퍼스는 "우리의 개념들을 명확하게 하는 방법"이라는 논문에서 데카르트는 단지 자신이 "명확하고, 분명하게 사실로 믿었던" 것만을 믿기로 결심했다고 지적했다.17) 퍼스는 명확성과 명백성 외에 세 번째 판단의 근거, 즉 실질적인 결과가 필요하다고 믿었다. 그는 두 개념의 실질적인 결과가 다르면 그것들이 서로 다르다고 주장했다.

그런 생각을 토대로 퍼스는 유명한 "실용주의적 공리"를 확립했다.

> 지적인 개념의 의미를 파악하려면 그런 개념의 진리로부터 어떤 실질적인 결과가 비롯하는지를 고려해야 한다. 그리고 그런 결과들의 총합이 그 개념의 전체적인 의미를 구성한다.18)

데카르트는 마치 개념들의 의미를 파악하는 데는 직관만으로 충분한 것처럼 말했다. 그러나 퍼스는 단단한 물체가 부드러운 물체와는 달리 실제로 어떤 속성을 지니고 있는지를 알지 못하면 "단단한"이라는 개념의 의미를 알 수 없다고 말했다. 이것은 과학적 방법의 탁월성을 강조한 퍼스의 논증을 뒷받침한다. 그는 그 개념이 실험을 통해 어떻게 기능하는지를 알기 전에는 그 말의 의미조차 알 수 없다고 말했다.

그러나 여기에는 과학적인 방법을 통해 실험할 수 없는 개념들은 아무런 의미가 없다는 뜻이 함축되어 있다. 퍼스는 형이상학(생각, 물질, 일원성, 다원성, 형상, 질료, 실체)과 윤리학(옳은 것, 그른 것, 미덕, 선, 악)과 신학(중생, 하나님의 나라)의 개념들을 길게 논의

---

16) 내가 분석하기에는 첫 번째 것은 실존적이고(상상력을 사용하는 것), 두 번째 것은 규범적이며(논리의 규칙에 초점을 맞춘 것), 세 번째는 상황적인(세상의 사실들을 조사하는 것) 것에 각각 해당한다.
17) Charles S. Peirce, "How to Make Our Ideas Clear", *Popular Science Monthly* 12 (January 1878), 286–302.
18) Charles S. Peirce, *Collected Papers of Charles Sanders Peirce*, ed. Charles Hartshorne and Paul Weiss, 6 vols. (Cambridge, MA: Harvard University Press, 1931–35), 5:9.

하지 않았다. 우리는 앞으로 퍼스와 비슷한 입장을 취했던 초기 비트겐슈타인과 논리 실증주의자들이 어떻게 이런 개념들을 매우 불확실한 것으로 간주했는지를 살펴볼 것이다.

한편 윌리엄 제임스와 존 듀이는 의미에 관한 실용주의 철학을 제시한 퍼스보다 한 단계 더 나아가서 효과가 있는 것이 곧 진리라는 실용주의의 진리 이론을 발전시켰다. 퍼스는 그런 발전을 거부했다. 그에 따르면 진리는 우리의 생각이나 열망과 상관없이 객관적이어야 했다. 그런 이유로 그는 "프래그머티즘"이 아닌 "프래그머티시즘"이라는 용어를 사용해 자신의 입장을 차별화시켰다. 그는 이 표현을 "납치범들로부터 그것을 보호하기에 충분할 만큼 혐오스런 용어"로 일컬었다.19)

또한 퍼스는 기호학을 길게 논했다(19세기 말과 20세기 철학이 언어에 깊은 관심을 기울인 것을 보여주는 또 하나의 사례다). 퍼스가 출현을 예고한 또 다른 사상 운동은 이번 장의 뒷부분에서 다루게 될 현상학이다. 퍼스는 경험의 현상을 묘사하는 데는 단지 세 가지 범주만이 필요하다고 주장했다. 아래의 도표를 참조하라.

1. **1차성** : 색깔과 형태와 같은 속성.
2. **2차성** : "정확한 사실성." 그런 속성을 지닌 물체.
3. **3차성** : 자연의 법칙

도표 9. 1. 퍼스의 현상학과 성경적인 관점

---

19) Ibid., 5:414.

퍼스의 1차성과 2차성은 "형상"과 "물질"이라는 헬라의 개념과 로크의 "일차적 성질"과 "이차적 성질"에 각각 해당한다.[20] 퍼스의 과학적 실용주의에서처럼 여기에서도 경험주의적 인식론이 강조되는 것을 알 수 있다.[21] 앞서 말한 대로 경험에 관한 그의 설명 가운데 형이상학이나 윤리학이나 신의 존재가 들어설 자리는 없다.

"과학주의(과학이 지식을 얻는 궁극적인 현실이라는 신념)"는 퍼스 철학의 주된 특징이다. 계몽주의 시대 이후로 많은 철학자들이 과학에 깊이 영향을 받고, 철학의 방법론과 그 발전 과정 및 그 확실성의 수준을 향상시키기 위해 철학을 좀 더 과학에 가깝게 만들려고 노력했다. 그러나 퍼스를 비롯해 논리 실증주의자들의 경우에는 이전의 철학적 방법론이나 형이상학과 신학 및 철학적 사상을 과학과 일치시키려는 경향이 완전히 사라진 것을 알 수 있다. 나중에 12장에서 이런 발전이 지닌 중대한 문제를 몇 가지 다룰 생각이다. 나는 과학주의가 다른 사상 학파들을 평가하는 것은 물론, 과학이라는 개념 자체와 관련해서도 잘못을 저질렀다고 생각한다. 퍼스와 논리 실증주의자들은 마치 과학이 편견 없는 객관적 관찰에 근거하는 것처럼 말했다. 그러나 토머스 쿤과[22] 다른 사람들이 지적한 대로 과학도 그 자체의 편견과 전제를 가지고 있다. 과학의 역사도 철학적, 또는 신학적 파벌이 서로 경쟁을 벌여온 역사와 매우 흡사하다.

윌리엄 제임스(William James, 1842-1910)

윌리엄 제임스는 1869년에 하버드대학교에서 의과 학위를 취득하고, 1872년에

---

[20] 삼중적 관점에서 생각하면, 1차성은 실존적(우리가 경험하는 것)이고, 2차성은 상황적이며(실제적인 세상의 구조), 3차성은 규범적(물체의 행동을 지배하는 원리)이다.

[21] 칸트는 경험주의를 적절하게 비판했지만 경험주의의 전통은 종식되지 않았다. 특히 제러미 벤담(1748-1832)과 존 스튜어트 밀(1806-73)은 19세기에 그 전통을 계속 이어나갔다. 밀의 경험주의는 다소 극단적인 측면이 있었다. 그는 심지어는 수학도 감각적인 경험에 근거한 귀납법적인 논증의 결과라고 주장했다. 벤담과 밀은 공리주의 윤리학을 발전시킨 것으로 주로 알려져 있다. 나는 다음 자료에서 그들에 관해 논했다. DCL, 96-99. 실용주의자들과 많은 언어 분석학자들(특히 논리 실증주의자들)은 경험주의적인 인식론의 형태를 유지했다.

[22] Thomas Khun, *The Structure of Scientific Revolutions*, 3rd ed. (Chicago: University of Chicago Press, 1996), 이 책 12장을 참조하라.

윌리엄 제임스(William James)

그곳의 생리학 강사의 직책을 맡았다. 그러나 그는 의학으로부터 비교적 새로운 학문이었던 심리학으로 관심을 돌렸고, 그 후에는 하버드대학교 철학과에 자리를 잡았다. 유명한 소설가 헨리 제임스가 그의 형제였다. 어떤 사람들은 헨리가 심리학자가 되어야 했고(인간의 성격에 대한 그의 깊은 통찰력 때문에), 윌리엄이 소설가가 되었어야 한다고 생각하기도 한다(명쾌하고, 명확하게 말하는 그의 탁월한 능력 때문에).

윌리엄 제임스는 퍼스의 실용주의를 진리에 관한 이론으로 발전시켰다. 앞서 말한 대로 퍼스는 자신의 개념을 그런 식으로 활용하는 것을 좋아하지 않았지만 그의 실용주의에는 이미 제임스의 실용주의가 논리적으로 함축되어 있었던 것으로 판단된다. 아래에 인용한 제임스의 말 가운데 퍼스가 동의하지 않을 내용은 하나도 없다.

> 세상은 하나인가 여럿인가? 숙명적인가 자유로운가? 물질적인가 영적인가? 이것들은 세상에 적용될 수도 있고, 적용되지 않을 수도 있는 개념들이다. 그런 개념들을 둘러싼 논쟁은 끝이 없다. 그런 경우에 실용주의적인 방법은 실질적인 결과를 추적함으로써 개개의 개념을 해석하는 것이다. 저 개념이 아닌 이 개념이 사실이라면 과연 어떤 실질적인 차이를 만들어낼까? 실질적인 차이를 발견할 수 없다면 대안들이 사실상 똑같다는 의미이기 때문에 모든 논쟁은 무익하다.[23]

우리는 여기에서 의미에 관한 퍼스의 이론이 진리에 관한 문제를 어떻게 해결하는지를 알 수 있다. 위의 인용문은 용어들의 의미를 결정하는 문제를 다룬다. 용어들의 의미를 어떻게 발견하느냐에 따라 그 사람의 견해가 사실인지 거짓인지, 또는 논쟁이 "무익한지" 아닌지가 결정된다. 제임스는 참된 개념들은 효과를 나타내고, 어딘가로 인도하며, 실질적인 가치를 지니고, 성공을 거둔다고 말했다. 그는 참된

---

[23] William James, *Pragmatism and the Meaning of Truth* (Cambridge, MA: Harvard University Press, 1979), 28.

개념은 현실을 반영해야 한다거나 현실과 일치해야 한다는 정적인 표현보다 기능적 표현을 더 선호했다.

그는 이렇게 말했다.

> 개념의 진실성은 그 안에 내재된 정체된 속성이 아니다. 개념은 진리로 드러나야 한다. 즉 개념은 사건들을 통해 사실로 드러나고, 사실이 된다.[24]

사건들을 통해 사실로 드러난 개념들은 퍼스의 과학적 실험의 상황 속에서도 사실로 확인될 수 있다. 그러나 제임스는 한 걸음 더 나아갔다. 그는 우리의 신념이 명확하게 정해진 실험에 국한되지 않고, 다양한 방식으로 그 타당성을 입증할 수 있다고 생각했다. 때로는 강렬한 감정만으로도 관심을 기울여야 할 충분한 이유가 된다. 이처럼 제임스는 퍼스를 넘어서서 앞서 파스칼과 키에르케고르와 관련해 탐구했던 영역에까지 나아갔다.

제임스는 "믿으려는 의지"라는 논문에서 파스칼의 내기 이론을 옹호했다(6장 참조). 파스칼은 가장 큰 유익을 얻을 확률에 근거해 그리스도에게 헌신하라고 권고했다. 제임스는 하나님의 존재를 입증할 수도 없고, 부인할 수도 없다고 말했다. 그러나 세 가지 조건만 갖춘다면 이성을 뛰어넘어 단지 감정만을 근거로 믿음을 가질 수 있다. 1) 신념이 "유효한 선택", 곧 현재의 문화적 상황에서 사실로 주장하고 싶은 생각이 들게 만드는 것이어야 한다. 2) 그 선택은 판단을 중지할 수 없게 만들 만큼 "강제적"이어야 한다. 3) 그것은 "중대한 것", 곧 긴급하고, 중요한 결정이어야 한다.

파스칼이 말한 대로, 선택이 위험 부담을 안고 있는 상황에서는 선택하지 않음으로써 당하는 위험보다는 선택함으로써 당하는 위험이 더 많은 보상을 가져다줄 가능성이 높다. 종교적인 결정이 특히 그렇다. 제임스는 일반적인 비유를 한 가지 들었다. 즉 그는 젊은 남자가 상대 여성이 자기를 사랑하는지 여부를 알 수 없을 때는 그녀가 자신을 사랑한다고 생각하고 행동하는 것을 선택함으로써 그녀의 사랑의

---

[24] Ibid., 97.

증거가 가시화될 수 있는 상황을 만들어낼 수 있다고 말했다. 이처럼 의지는 신념 안에서 합리적인 역할을 수행한다.

많은 사람이 제임스의 "믿으려는 의지"를 비판했다. 제임스의 동료 조지 산타야나는 "제임스는 지성적인 불구자나 곱사등이가 조롱을 당하지 않기를 바랐다."라고 말했다.[25] 그러나 제임스의 논문을 옹호하며 그것이 파스칼의 사상을 따른 것이라고 말하는 사람들도 많다. (토머스 리드에서부터 앨빈 플랜팅가에 이르는) 많은 사상가들이 강력한 논증이 없거나 심지어는 논증이 전혀 없는 상태에서도 신앙적 명제들이 타당하다는 것을 인정한다.

그러나 제임스의 종교적인 견해가 정통성을 지닌다고 생각해서는 안 된다. 그는 내가 이 책에서 비판한 자유의지론적 자유를 옹호했을 뿐 아니라 많은 사람들의 종교적 경험을 조사한 책을 저술했다.[26] 그는 그 책에서 설혹 유한한 신이 하나만 존재한다고 해도 그런 증언들을 설명하기에 충분할 것이라고 결론지었다.

"실질적인 결과"가 용어들의 의미와 명제들의 진정성을 결정하는 중요한 요인이라고 말한 제임스와 퍼스의 견해는 나름대로 설득력을 지닌다. 그러나 그런 판단 기준은 상당한 문제점을 안고 있다.

1. 실용주의의 논증은 실질적인 결과의 중요성을 확립했지만 실질적인 결과만으로는 의미나 진리를 결정하기에 충분하지 않다. 예를 들어 프톨레마이오스의 천문학은 지금도 대양 항해의 길잡이로 여전히 유용하게 이용되고 있다. 그러나 대다수의 천문학자들은 그것이 코페르니쿠스의 천문학과는 달리 잘못되었다고 결론지었다. 이 경우, 실질적인 결과는 진리를 결정하는 좀 더 전통적인 시험 방법(즉 일관성과 상응성)에 의해 보완되어야 한다. 다음의 도표를 참조하라.[27]

---

25) 다음 자료에서 인용했다. Walter Kaufmann, ed., *Critique of Religion and Philosophy* (Princeton, NJ: Princeton University Press, 1979), 119. 카우프만이 산타야나의 말을 어떤 자료에서 인용했는지는 정확히 알 수 없다.
26) William James, *Varieties of Religious Experience: A Study of Human Nature* (London: Longmans Green, 1902).
27) "일관성"은 규범적이고, "상응성"은 상황적이며, "실용성"은 실존적이다. 나는 성경적인 전제들을 고려하면 진리에 대한 판단 기준에는 이 모든 방법이 포함되어야 한다고 생각한다.

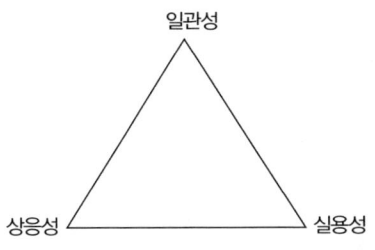

도표 9.2. 진리에 관한 이론들

2. 어떤 것을 "실질적인 결과"로 간주해야 할 것이냐는 문제도 또한 제기된다. 예를 들어 제임스는 세상이 물질적인지 영적인지의 여부는 실질적인 차이를 만들어내지 못하기 때문에 무의미한 구별이라고 생각한 것처럼 보인다. 그러나 영지주의자들은 그런 구별이 인간의 행복에 매우 중요한 영향을 미친다고 생각했다. 실용주의자들이 강조하는 대로 신념은 삶의 상황 안에서 발견되는 것이다. 그러나 그런 상황들의 본질에 대한 사람들의 견해는 얼마든지 서로 다를 수 있다. 예를 들어 영지주의자들과 정통 신앙을 지닌 그리스도인들과 물질주의자들은 물질적인 것과 영적인 것이 인간의 삶 속에서 감당하는 역할에 대해 서로 매우 다른 개념을 지니고 있다. 따라서 이 두 개념의 실질적인 결과에 대해서도 생각이 서로 엇갈릴 수밖에 없다. 그러나 실용주의자들은 어느 상황(궁극적으로는 어느 세계관)이 옳은지를 입증해 줄 근거를 제시하지 못한다. 실용주의자가 어느 한 가지 상황이 "사실"이라고 주장하려면 그것의 실질적인 결과를 제시해야 한다. 이런 식의 주장은 끊임없는 순환 논증을 야기할 수밖에 없다.

존 듀이(John Dewey, 1859-1952)

듀이는 처음에는 헤겔의 관념론적 전통 안에서 철학적 훈련을 쌓았지만 나중에는 제임스의 영향을 받았다. 다른 실용주의자들과 마찬가지로 그도 다윈의 진화론을 열렬히 추종했다.

존 듀이(John Dewey)

듀이는 생각을 자연 선택에서 비롯해 인류의 생존에 알맞게 발달한 도구로 간주했다. 따라서 그는 지식을 "관객"에 빗대어 이해하려는 견해(곧 생각이 자연 밖에서 사실들을 관찰하고, 분석해 스스로를 구축해 나간다는 견해)를 거부했다. 오히려 생각은 자연의 일부로서 인간의 생존과 번영을 가로막는 장애물과 문제들을 해결하는 기능에 해당한다.

생각은 자신이 이해할 수 없는 상황에 부딪치면 스스로의 생각 유형을 명확하게 하거나 세상을 변화시키는 것 가운데 한 가지를 선택해 상황을 명확하게 이해하려고 노력한다. 목표는 항상 행동이다. 생각은 아직 실현되지 않은 행동이다. 듀이는 이런 개념을 토대로 실용주의 철학을 확립했다.

> 어떤 철학이든 그 가치를 측정할 수 있는 최상의 기준이 있다. 그 기준은 "그것을 일상적인 삶의 경험과 그 특수한 상황에 적용했을 때 그 궁극적인 결과가 그것을 더욱 의미 있고, 명확하게 해주고, 또 그것을 사용하는 것을 더욱 유익하게 만드느냐, 아니면 그것이 지닌 것처럼 보이는 의미마저도 "현실" 안에서 모두 사라져 없어지고, 또 일상적인 경험의 일을 이전보다 더욱 불투명하게 만드느냐?"라는 것이다.[28]

듀이에 따르면 (철학적 합리론이 말하는), 보편적인 개념들과 (경험론이 말하는) 감각적 자료들은 진리의 대상이 아닌 삶의 문제를 해결하기 위한 도구들일 뿐이다. 따라서 듀이는 자신의 철학을 "도구주의"로 일컫는다. 세상은 (아리스토텔레스가 주장한 것과는 달리) 실체의 총합이 아니라 인간이 자신의 길을 찾아 나가는 현장이다.

듀이도 퍼스와 제임스처럼 자신이 생각하는 지식의 방법론이 과학적 방법에 의해 지배된다고 생각했다. 그는 과학적 영역을 벗어나는 지식이 존재한다는 것을 인정했지만 과학적 방법이 삶의 모든 영역에서 모든 형태의 지식을 지배하고, 설명하기에 충분하다고 믿었다.

---

28) John Dewey, *Experience and Nature* (New York: Dover, 1958), 7.

우리는 세상에 대한 듀이의 견해 안에 헤겔의 영향이 남아 있는 것을 알 수 있다. 그는 그 무엇도 날카롭게 구별하지 않았다. 정신과 물질, 생각과 육체, 보편자와 개별자, 생각과 행동이 그의 철학 안에서 서로를 관통하고 있다. 사실과 가치의 경우도 마찬가지다. 듀이에게 가치란 생각이 행동으로 이어져 문제를 해결할 때 얻어지는 것이다.29) 그러나 이런 이론은 영원하고, 규범적인 가치를 인정하지 않는다. 가치는 우리의 상황, 곧 우리의 문제와 해결책에 따라 달라진다.

상황이 변하면 반응을 다르게 해야 한다는 그의 말은 분명히 옳다. 근본적인 가치에 근거해 반응을 다르게 한다면 아무런 문제도 되지 않는다. 그러나 듀이는 가장 근본적인 가치도 달라질 수 있고, 상황과 수단에 의해 지배받을 수 있다고 믿었다. 그러나 듀이는 일반적인 가치와 의무를 요구하는 가치를 충분히 구별하지 않았다. 상황은 반응을 달리하게 만들 수 있을 뿐, 의무를 지울 수는 없다. 도덕적인 의무는 듀이의 생각과는 달리 비인격적인 환경이 아닌 인격적인 것에서 비롯해야 한다.30)

듀이는 오늘날 교육 사상으로 가장 유명하다. 그는 상호적인 방식을 사용해 학생들이 스스로 문제를 해결하는 훈련과 경험을 쌓도록 독려하고, 실험을 통해 좋은 습관을 기르게끔 가르쳐야 한다고 강조했다. 그는 공립학교 교육을 크게 중시했다. 그는 그것을 자유주의적인 사회 변화의 중요한 수단으로 간주했다. 그는 공립학교 교육을 통해 가족들의 전통적인 개념들을 버리고, 그 자신이 사회를 위해 더 낫다고 생각했던 견해들을 받아들이도록 학생들을 훈련해야 한다고 확신했다. 듀이의 정치학은 마르크스의 영향을 받았기 때문에 진보적인 성향을 띠었다. 그는 민주주의를 종종 주창했지만 소련을 한 번 방문한 이후부터는 그곳에 대해 찬사를 아끼지 않았다.

공립학교 교육에 미친 듀이의 영향은 지금도 여전히 그리스도인들에게 커다란

---

29) 듀이의 윤리학은 공리주의에서부터 출발하지만 벤담과 밀을 넘어서서 우리의 목표를 정체된 방식으로 한정지을 수 없다고 주장한다. 우리의 필요가 변하면서 목표도 끊임없이 변한다. 새로운 목표에 도달하려면 새로운 수단을 찾아야 한다. 다음 자료에서 듀이의 윤리학에 관해 논의한 내용을 참조하라. *DCL*, 99-109. 그는 자기 실현, 곧 우리의 양립할 수 없는 충동을 한데 모아 "행동을 통해 질서 있게 표출하는" 과정을 옹호했다. 그러나 그는 심지어 자기 실현조차도 확정된 목표가 아닌 다른 목표를 평가하는 판단 기준으로 간주해야 한다고 덧붙였다.
30) 나는 다음의 자료에서 그런 논증을 펼쳤다. *AJCB*, 95-123. *DCL*, 54-71.

문제를 야기한다. 성경은 하나님의 말씀이 충만한 환경에서 우리의 자녀들을 교육하라고 명령한다(신 6:4-9). 우리는 어린아이들에게 세속적이고, 진보적인 사고방식을 심어주는 학교 교육을 좌시해서는 안 된다.

실용주의는 듀이가 사망한 이후로도 계속해서 미국 내에서 영향력 있는 철학 운동으로서의 위용을 떨쳐왔다. 클래런스 루이스, 윌러드 콰인, 힐러리 퍼트넘, 리처드 로티를 비롯해 많은 사람이 실용주의와 관련이 있다. 그러나 실용주의는 이 정도로 해두고 다음 주제로 넘어가야 할 듯싶다.

에드문트 후설(Edmund Husserl, 1859-1938)

에드문트 후설
(Edmund Husserl)

계몽주의 시대에 영국 해협은 국가는 물론, 철학 학파를 가르는 장벽의 역할을 했다. 유럽 대륙은 합리론이었고, 영국 제도는 경험론이었다. 칸트가 이룩한 실질적인 업적 가운데 하나는 양측 학파의 관심사를 모두 고려해 그 간극을 메운 것이었다. 그 후로 칸트, 헤겔, 마르크스는 양쪽 지역에서 모두 추종자들을 거느리게 되었다. 그러나 20세기에 접어들자 그 간극이 다시 벌어졌다. 영국과 미국에서는 실용주의와 언어 분석(12장 참조)이 주를 이루었고, 유럽 대륙에서는 그와는 다른 철학의 개념들이 주로 다루어졌다. 나는 현상학의 설립자 에드문트 후설을 시작으로 대륙의 철학을 먼저 살펴볼 생각이다.

실용주의자들과 현상학자들 사이에는 약간의 공통된 관심사가 존재하지만 두 운동이 설정한 방향은 처음부터 서로 정반대였다. 현상학자들도 과학의 엄격함과 명확성을 좋아했고, 그런 측면에서 철학이 과학을 좀 더 닮을 수 있기를 바랐지만 과학이 중시하는 방법론이 오히려 인간의 삶과 경험을 이해하는 데는 장애 요인이 된다고 생각했다. 후설 당시의 과학은 모든 현실을 물리적인 것으로 축소시킬 수 있다고 믿는 자연주의적인 특성을 띠었다(이 점은 오늘날 우리 시대의 과학도 크게 다르지 않다). 그러나 후설과 그의 계승자들은 과학이 묘사하는 세계는 우리가 일상 속에서 경험하는 세계와 다르다고 생각했다. 이것은 단지 과학이 현실의 일부만을 묘사한다는 뜻일 뿐, 과학 자체를 반대하는 의미와는 거리가 멀다. 일상적인 삶은 자연, 예술, 문화, 음식, 음료, 사회적 관계, 대화, 감정, 꿈 등, 우리가 늘 경험하는 것들로 이루어진 방대한 현실이다. 과학은 이런 경험 중에서 양으로 표시하고, 측정하고, 실험할 수 있는 것들만을 다룬다. 그러나 과학은 자연주의자들이 주장하는 대로 양적으로 표시할 수 있는 물리적인 세상이 "존재하는 전부"라고 말할 권한이 없다.

후설은 실질적인 경험의 세계("자연적 관점", 또는 "생활 세계")를 이해하려면 과학적인 방법과는 다른 방법이 필요하다고 믿었다. 물론 우리는 우리 자신을 생활 세계에만 국한시킬 수 없다. 철학은 특수화된 관찰 방법을 요구하는 전문적인 학문이다. 그는 적절한 방법을 찾기 위해 데카르트의 철학이 말한 "나는 존재한다."라는 인간의 의식에 관한 개념을 탐구했다. 데카르트는 의식을 공리로 삼아 연역의 과정을 거쳐 생각, 물질, 하나님의 존재를 입증했다. 그러나 후설은 "그렇게 너무 빠른" 결론은 바람직하지 않다고 생각했다. 그는 잠시 멈추어 인간의 의식 자체(곧 의식이 있는 개인이라는 경험)를 조사했다. 첫 번째 우선순위는 그 점을 이해하는 것이다. 그러나 의식 자체를 이해하려면 자연적 관점을 넘어서야 할 필요가 있다.

"의식"은 우리의 생각 속에서 이루어지는 모든 것(신념, 사고, 개념, 감정 등)을 포함한다. 그것이 의식의 "현상"이다. 후설에 따르면 철학의 과제는 그런 현상을 주의 깊게 묘사하는 것이다.[31] 그런 현상적 자료들이 의식에 주어진다. 경험주의자들과 칸트는 생각의 "개념들"이 현실 세계와 관련이 있는지, 또 있다면 어느 정도나 관련이 있는지에 대해 곤혹스러워 했다. 개념들은 우리 밖에 있는 세상에 존재하는 것들의 모사, 또는 이미지라는 것이 일반적인 생각이었다.[32] 로크는 생각 밖에 존재하는 물질세계는 "실체들"을 포함하고 있다고 생각했지만 물질적인 실체라는 개념을 매우 신비로운 것으로 간주했다. 칸트는 "현상들"은 실재의 세계에 존재하는 현실을 대표하거나 나타내는 것으로 생각했지만, 실제의 세계, 곧 물 자체의 세계는

---

[31] 이 점에서 키에르케고르의 철학은 후설의 철학을 예고했다.
[32] 그러나 버클리(그의 생각은 어떤 점에서 후설의 생각과 비슷했다)는 우리의 개념이 생각 밖에 존재하는 무엇과 관련이 있다는 견해를 거부했다.

알 수도 없고, 알려지지도 않는다고 믿었다.

그러나 후설은 현실 세계가 현상의 배후에 존재한다고 생각하지 않았다. 현실 세계는 바로 저기, 곧 현상 안에 존재한다. 현상들은 현실 세계에 속한다. 의식의 자료들과 관련해 가장 중요한 사실은 그것들이 어떤 것에 "속해 있다."는 것이다. 개념은 단지 개념이 아니다. 그것은 의자나 말이나 미덕에 "속해 있는" 개념이다. 그는 현상은 "지향적(또는 의향적)"이라는 말로 이런 사실을 묘사했다.[33] 개념의 의향성은 경험주의나 칸트주의의 주장과는 달리 개념 밖에 존재하는 것이 아니다.

말에 관한 나의 정신적인 개념은 나의 생각 밖에 존재하는 말의 이미지를 가리키지 않는다. 나와 자주 편지를 주고받는 사람 가운데 한 사람은 내게 보낸 편지에서 후설의 현상을 이미지가 아닌 "창문"으로 간주하는 것이 좋겠다고 말했다. 나는 그의 제안이 유익하다고 생각한다. 말의 개념은 그것을 통해 말을 바라보는 "창문"이다. 내가 받은 편지의 내용을 직접 인용하면 다음과 같다.

> 아마도 후설은 우리가 경험하는 이미지의 배후에 어떤 것이 존재하는지에 대해 궁금해 하지 말고, "당신은 이미지를 경험하는 것이 아니오. 당신은 창문을 경험하고 있소이다."라고 말할 것입니다. (창문이 성당에 있는 채색 유리가 아닌 한) 우리는 창문을 바라보는 것이 아니고 창문을 통해 봅니다.
> 더욱이 이런 현상, 또는 창문의 배후에 어떤 것이 존재하는지 궁금해 할 필요도 없습니다. 창문의 "배후"에 있는 것(즉 물 자체)이 무엇이든 그것은 창문을 통해 드러날 것입니다. (창문의 "배후"에 무엇이 있느냐고 주장할 사람이 누가 있겠습니까? 우리가 해야 할 일은 단지 보는 것뿐입니다.)[34]

---

[33] 후설은 의향성의 개념을 자신의 스승인 프란츠 브렌타노(1838-1917)에게서 배웠다. 6장에서 토머스 리드를 논의한 내용을 참조하라.

[34] 2009년 3월 3일에 내게 보내온 이메일이다. 이런 식의 비유를 비롯해 이번 항목에 적용된 몇 가지 다른 개념들을 제안해 준 것에 대해 심심한 사의를 표한다. 물론 여기에서 말한 것은 모두 전적으로 나의 책임이다. 내 친구는 또한 후설이 다중적 관점주의자와 비슷하다는 견해를 피력하기도 했다. 후설은 물체에 대한 개개의 관점은 다른 관점들을 모두 포함하고 있고, 그것들을 온전하게 하고, 또한 바르게 교정하는 것으로 이해했다. 심지어 하나의 관점을 통해 물체를 바라보는 것조차도 물체 자체를 바라보는 것이다. 유한한 존재로서의 우리의 관점은 제한적이지만 단지 그런 이유 때문에 그것이 틀렸다고 말할 수는 없다.

그러나 철학적인 성향을 지닌 사람은 우리가 창문으로 보는 말이 플라톤의 형상이나 칸트의 실재처럼 좀 더 높은 차원의 현실을 나타내는 것은 아니냐고 물을 수 있다. 이 질문을 해결할 방법을 찾는 것은 쉽지 않다(그리고 그런 방법은 "참된 의심"이라는 퍼스의 판단 기준에 부합하지 않을 것이 분명하다). 후설은 과거의 철학자들은 주로 그런 문제를 생각하느라고 시간을 낭비했다고 생각했다. 철학자들은 단지 현상을 묘사하는 것이 더 낫다. 왜냐하면 현상이 우리가 알고 있는 유일한 현실이기 때문이다. 우리가 확실하게 알 수 있는 현실은 오직 현상뿐이다. 이 확실한 지식이 우리가 생각하는 것의 본질을 결정하는 유일한 방법이다. 따라서 현상을 단지 나타남으로 생각했던 칸트와는 달리 후설에게는 현상이 곧 "물 자체"였다.

"현상의 배후에" 무엇이 있는지를 알기는 어렵다. 그러나 우리가 직접 경험하는 것에 대해서는 결코 틀릴 수 없다. 예를 들어 체온이 몇 도인지는 불확실하더라도 열기를 "느끼는" 것은 불확실할 수 없다. 따라서 현상학자들은 우리가 확실하게 알 수 있는 것, 우리의 의식에 주어진 것, 정신적인 행위 자체에만 관심을 국한시킨다. 그런 현상은 확실하고, 본질적인 진리와 함께 나타난다.

이 점에서 후설은 현상에 속하지 않는 현실과 현상의 관계를 "괄호 안에 넣으라"고 요구한다.35) 이 말은 자연적 관점을 일시적으로 보류하라는 의미를 지닌다. 도널드 팔머는 이렇게 설명했다.

> 이 방법은 어떤 경험이든 일반적으로 그 경험과 관련된 모든 전제와 가설을 일시 중지한 채 그것만을 괄호 안에 넣어 묘사하는 것을 의미한다. 예를 들어 커피 잔을 바라보는 경험을 괄호 안에 넣으려면 커피 잔에 커피가 담겨 있다는 것과 그 손잡이가 붙잡는데 사용된다는 신념을 일시 유보해야 할 필요가 있다. 괄호 넣기는 커피 잔이 여러 가지 가능한 구조로 의식에 자신을 드러내는 방식을 나타낸다(나는 전면과 후면, 위와 바닥을 동시에 보거나 주어진 순간에 나타나는 가능한 현상들 가운데 어느 한 가지 이상의 것을 볼 수가 없다).36)

---

35) 후설은 이런 식의 "괄호 넣기"를 "에포케(보류)"라는 헬라어와 "현상학적 환원"으로 일컬었다. 또한 그는 이런 식의 축소를 데카르트의 "방법론적 회의"에 비유하기도 했다.
36) Donald Palmer, *Looking as Philosophy: The Unbearable Heaviness of Philosophy Made Lighter* (New

예를 들어 우리는 일각수가 허구인지 "현실"인지를 물어서는 안 된다. 단지 일각수를 현상으로 묘사하려면 그것에 관한 우리 자신의 생각을 탐구하는 것으로 족하다.

후설은 다른 것들도 그와 동일한 방식으로 생각하도록 요구한다. 심지어는 시간의 본질과 같이 비교적 추상적인 것도 그런 식으로 생각할 수 있다. 후설은 시간을 시계나 일정과 같은 것과 분리해서 생각하라고 요구하며, "살아온 시간"은 "영원한 현재(이전의 현재들에 대한 기억과 미래의 현재들에 대한 예측에 의해 어느 정도 조절된 현재)"에 대한 의식이라고 결론지었다.[37]

나는 여덟 권의 책과 45,000쪽에 달하는 원고에 길게 기술된 후설의 복잡한 현상학을 수박 겉핥기로 살펴보았다.[38] 다른 어떤 철학자보다 후설을 이해하기가 더 어렵다고 고백하지 않을 수 없다. 그러나 나는 그의 철학을 다음과 같이 간단하게 요약하고 싶다. 내가 보기에는 이것이 핵심이라고 생각한다. 즉 후설은 모든 전제와 가설을 배제한 채 생각함으로써 현실의 본질에 관한 결코 수정될 수 없는 절대적 진리를 추구했던 것으로 보인다. 그는 인간의 가장 근본적인 경험 안에서 스스로 명백하고, 스스로 타당성을 지닌 진리를 찾았다. 이것이 그의 합리주의였다. 그러나 그는 자기 자신을 바라볼수록 자신의 경험에 관해 더더욱 알기가 어려웠다. 그런 근본적인 방식으로 커피 잔에 관해 알려면 문화 속에서 그것이 사용되는 용도와 인간의 삶에서 차지하는 기능을 무시해야 한다. 시간의 현상을 이해하려면 정상적인 시간의 외부에 있는 영역에 우리를 위치시켜야 한다. 시간을 알려면 우리가 일상생활 속에서 알고 있는 시간을 무시해야 한다. 이것은 불합리주의에 해당한다. 다음의 도표를 참조하라.

York: McGraw-Hill, 2010), 360-61.

37) Ibid., 361. 비트겐슈타인의 『철학적 탐구(*Philosophical Investigations*)』를 읽어본 사람은 후설이 여기에서 비트겐슈타인과 정반대되는 견해를 지니고 있다는 것을 알 수 있을 것이다(이 책 12장의 논의를 참조하라). 비트겐슈타인은 시간을 비롯한 개념들을 분석하면서 정확히 후설이 여기에서 배제한 것을 강조했다(비트겐슈타인은 한때 자신의 입장을 현상학으로 일컬었다). 구체적으로 말해 그는 개개의 개념들을 인간의 삶 속에서 작용하는 실질적인 기능과 연결시켰다. 실용주의자들도 비트겐슈타인의 입장을 지지한다.

38) Richard Schmitt, "Husserl, Edmund," *The Encyclopedia of Philosophy*, ed. Paul Edwards (New York: Macmillan/Free Press, 1967), 3:97.

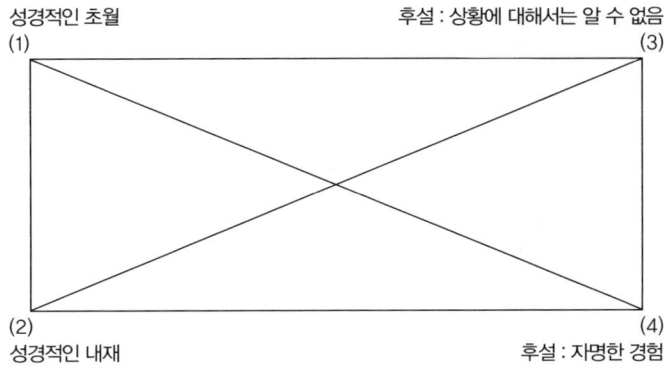

도표 9. 3. 후설의 초월과 내재

현실 세계에서는 커피 잔을 그 용도와 관련해 이해한다. 후설이 탐구했던 시간과 그 외의 다른 현실들도 마찬가지다. 물론 때로는 우리의 문화적 상황에서 잠시 물러나서 "내가 실제로 무엇을 보는가?"라고 묻는 것도 그 나름의 가치가 있다.[39] 그러나 우리는 우리가 경험하는 것들의 관계를 고려하고, 개개의 것들이 인간의 삶에서 하는 역할을 인정함으로써 우리의 세계에 대한 지식을 얻는다. 일반적인 세상에 대한 이런 지식은 수정할 수 없는 절대적 지식이 아니다. 그런 지식은 하나님과 그분의 말씀에서만 가능하다. 우리가 살고 있는 세상에서 우리가 얻을 수 있는 가장 뛰어난 지식은 모든 전제와 가설을 배제하고, 해석되지 않은 "생짜 그대로의" 사실들을 바라봄으로써가 아니라 하나님의 계시를 우리의 근본 전제로 삼을 때 얻을 수 있다.

마르틴 하이데거(Martin Heidegger, 1889-1976)

하이데거는 후설과 함께 프라이부르크대학교에서 공부했다. 그는 마르부르크대학교에서 한동안 가르치다가(그곳에는 그의 동료 가운데 하나였던 루돌프 불트만이 있었다.

---

[39] "생각하지 말고, 보라."는 비트겐슈타인의 조언처럼.

마르틴 하이데거
(Martin Heidegger)

10장을 참조하라) 후설의 후임으로 프라이부르크대학교로 자리를 옮겼다. 그는 1933년에 그곳에서 학장에 임명되었고, 나치당에 가입해 이따금 히틀러를 칭송했다. 그러나 그는 1934년에 나치당을 탈퇴하고, 가끔씩 나치주의를 비판했다(그가 나치 정권에 얼마나 많이 협력했는지에 대해서는 의견이 제각각 다르다). 또한 그는 1944년에 "민병대"에 가담했다가 독일이 패망한 이후 1951년까지 교수직에 복귀하는 것을 허락받지 못했다. 그는 그 이듬해에 은퇴하고 나서부터는 프라이부르크에서 여든여섯의 나이로 사망하기 전까지 여러 권의 책을 출판했다. 많은 철학자, 특히 유럽의 철학자들은 그가 나치에 협조한 것을 결코 용서하지 않았다. 그들은 그런 사실을 그의 철학이 지닌 결함과 결부시켰다. 그와는 달리 그를 현상학과 실존주의의 발전에 큰 영향을 미친 사상가로 인정하는 학자들도 있다.

앞으로 살펴보겠지만 하이데거는 현상학의 방법론과 비슷한 방법론을 사용했다. 그러나 그의 가장 큰 관심은 헬라 철학자들이 탐구했던 것처럼 존재(sein) 자체를 이해하는 것이었다. 그에게 가장 중요한 질문은 "왜 무가 아닌 무엇이 존재하는가?"라는 것이었다.[40] 2장에서 살펴본 대로 파르메니데스는 존재를 비존재와 조금도 혼합되지 않은 상태로 온전하게 설명하려고 애썼지만 많은 어려움을 느꼈다. 헤겔의 경우는 변증법적인 시도를 통해 이 문제를 해결하려고 노력했다(7장 참조).

하이데거는 존재에 대한 연구가 헬라 사상가들 이후로 온갖 종류의 혼란에 의해 불투명해졌다고 생각했다. 그는 존재에 대한 연구로 다시 되돌아 갈 수 있는 길은 우리가 실제로 알고 있는 존재의 한 부분인 인간의 관점에서 존재에 대해 접근하는 것뿐이라고 믿었다. 그는 인간을 "다자인(Dasein, 저곳에 있는 존재)"으로 일컬었다.[41] "다자인"은 후설의 생활 세계, 곧 일상적인 경험과 결정이 이루어지는 세계에 거

---

40) 본래 이 질문은 라이프니츠가 제기한 것이다. 그러나 그는 좀 더 신학적인 관점에서 이 질문을 제기했다.
41) 하이데거의 사상과 피터 셀러스 주연의 영화 『정원사 챈스의 외출(Being There)』이 서로 관련이 있을 가능성을 생각해 보는 것도 흥미롭다. 피터 셀러스가 분장한 정원사 챈스는 일종의 지적인 "포레스트 검프"와 같은 인물, 곧 항상 정확한 때에 정확한 장소에 나타나는 사람이다. 아마도 이 영화는 우리 모두가 세상에 "던져졌다."는 하이데거의 개념을 나타낸 듯하다.

주한다. 그것이 곧 우리의 실존(우리 자신의 선택과 결정의 과정)이다. 키에르케고르가 생각했던 것처럼 우리는 그런 결정들을 통해 가장 진정한 인간이 된다. "다자인"은 본질(즉 선택의 자유를 제한할 수도 있는 것)이 아니다.

"다자인"은 "세상 안에 있는 존재(being-in-the world)"이지만[42] 주변의 환경 안에 있는 그 무엇에 의해서도 규정되지 않는다. "다자인"으로서 존재하는 것은 세상 안에 있을 뿐 아니라 세상을 소유하는 것이다. 다른 존재들은 단지 있을 뿐이지만 우리는 "다른 존재들 사이에서 도드라져 있다."[43]

세상은 나의 세상이다. 자동차와 스크루드라이버와 같이 나의 환경 속에 있는 것들은 내 자신의 연장(延長)이다. 왜냐하면 나의 계획을 이루는 데 사용되는 나의 도구들이기 때문이다.[44] 그 가운데 어느 하나가 고장이 나 못쓰게 되면 그것은 나와는 다른 무엇으로 간주해야 할 단순한 물체에 지나지 않는다. 어떤 것이 "다자인"인 나와 유지하는 관계, 그것이 중요하다. 이 근본적인 관계는 "조르게(Sorge)", 곧 나의 세계에 대한 염려다.

"염려"는 세 가지 측면을 지닌다. 1) 내가 우연히 세상에 던져짐으로써 다른 많은 것과의 관계가 이루어진다. 하이데거는 이를 "사실성"으로 일컬었다. 2) 나는 이런 상황과 그 요소들에 대해 어떻게 반응할 것인지를 결정할 수 있는 선택의 자유를 지닌다.[45] 3) 그러나 나는 그런 던져짐을 그것을 초월할 자유로 인식하는 것이 아니라 운명으로 받아들이려는 유혹을 느낀다. 하이데거는 이것을 "타락"으로 일컬었고, 거기에 상응하는 삶의 선택은 "비본래적 실존"으로 일컬었다.

나의 세계는 사물들은 물론 다른 사람들로 이루어져 있다. "세상 안에 있는 것"은

---

42) 하이데거의 글을 영어로 옮긴 것 가운데는 하이픈을 사용한 것이 많다. 그 이유는 부분적으로는 독일어의 특성 때문이고, 또 부분적으로는 신조어를 만들기 좋아했던 하이데거의 성향 때문이다. 하이데거는 옛 용어들은 자신이 중요하게 생각하는 것을 불투명하게 만들기 때문에 철학적인 문제는 새로운 용어를 필요로 한다고 생각했다. 그는 현대 언어학의 관심과는 사뭇 대조적으로 특정 낱말의 어원을 언급함으로써 그런 관심을 종종 드러냈다. 제임스 바는 그런 식으로 어원에 의존하는 것을 다음 자료에서 강하게 비판했다. James Barr, *The Semantics of Biblical Language* (London: Oxford University Press, 1961), 107-60.

43) 하이데거가 상상해 낸 또 다른 어원적 표현 가운데 하나다.

44) 이런 이해는 후설의 "에포케"와는 사뭇 다르다. 후설은 현상학자들에게 사물의 용도를 생각하지 말고 그것들을 바라보라고 말했다. 그러나 하이데거는 실용주의자들처럼 어떤 것을 안다는 것은 곧 그것이 나의 삶 안에서 지니는 용도를 아는 것이라고 생각했다.

45) 물론 이것은 자유의지론적 자유를 가리킨다.

"다른 사람들과 함께 있는 것"이다. 그러나 다른 사람들은 나에게 무엇인가를 요구한다. 그런 요구를 지나치게 수용하는 것은 특별히 비본래적이다. 그것은 나의 독특성을 부인하고, 나를 다른 사람들의 연장으로 전락시킨다. 우리는 우리 자신의 가치를 정당화할 수 있는 선택을 해야 한다(여기에서 니체의 초인이 하이데거의 사상에 영향을 미친 것처럼 보인다).[46]

하이데거는 그럼에도 불구하고 우리는 모두 죽는다고 말했다. 우리는 "죽음을 향해 가는 존재"다. 그런 점에서 우리는 불안하다. 불안은 두려움과 비슷하지만 두려움은 적과 같은 구체적인 실체와 관련이 있다. 그와는 달리 불안은 죽음과 관련이 있다. 그것은 우리가 언젠가는 무, 곧 비존재가 된다는 두려움을 뜻한다. 우리가 생각하거나 행하는 모든 것에 죽음의 그늘이 드리워져 있다. 시간은 항상 죽음을 눈앞에 두고 있다. 따라서 우리의 존재, 곧 세상 안에서의 존재는 비존재와 분리되지 않는다.

우리는 오직 "모험"을 통해서만 이런 불안을 초월할 수 있다. 키에르케고르가 말한 대로 우리는 어려운 결정을 내릴 때 가장 온전한 인간이 된다. 우리는 많은 철학자들이 주장하는 것과는 달리 세상을 아는 지식이 아니라 세상에 직접 참여함으로써 세상을 초월할 수 있다(하이데거는 주체와 객체의 구별에 속박되어서는 안 된다고 강조한다). 우리는 단순히 의사를 소통하는 것이 아닌 직접적인 참여를 통해 다른 사람들과의 관계 안에서 초월에 도달할 수 있다. 또한 우리는 죽음을 각오하고 미래를 염려함으로써 시간을 초월할 수 있다.

이것이 하이데거가 그의 초기 저서인 『존재와 시간』(1927)에서 가르친 것이다(미완성인 이 책은 상당한 영향을 미쳤다).[47] 이 책은 때로 "전기 하이데거"의 사상으로 일컬어

---

[46] 하이데거의 "해야 한다."는 본질적으로 자연론적 오류에 해당한다. 이것은 윤리적이지 않은 사실들로부터 윤리적인 의무를 추론하는 오류를 뜻한다. 하이데거는 세상은 우연의 세상이라고 가르쳤다. 그런 세상에서 우리의 도덕적 의무를 결정하는 근거나 어떤 선택이 본래적이거나 본래적이 아닌지를 판단할 수 있는 근거가 과연 존재할까? 내가 어떤 선택을 내렸을 때 하이데거가 비본래적이라고 일컬을 방식으로 살지 않아야 할 이유는 무엇인가?

[47] 『존재와 시간(Being and Time)』은 2부로 구성되어 있다. 하이데거는 그 결론부에서 여러 가지 질문을 제기했고, 그에 대한 대답을 3부에서 제시하겠다고 약속했지만 그 약속을 지키지 못했다. 조지 스타이너는 다음 자료에서 하이데거가 걸었던 존재로 향하는 길은 "막다른 골목에 도달했다."고 말했다. George Steiner, *Martin Heidegger* (New York: Viking, 1979).

진다.⁴⁸⁾

그 후에 쓴 글에서 나타나는 "후기 하이데거"는 존재와 좀 더 풍요로운 대화를 나누려면 세상을 향해 좀 더 소극적인 태도를 취해야 한다고 권고했다. 우리는 세상을 온전히 지배하거나 이해할 수 없다. 세상을 온전히 지배하거나 이해하려고 시도하는 것은 우리보다 더 위대한 것을 추구하는 것이다.

후기 하이데거의 경우에는 언어가 전면에 부각된다. "언어는 존재의 집이며, 인간은 그 안에 우뚝 서서 거한다."⁴⁹⁾ 하이데거는 존재가 언어를 통해 우리에게 의사를 전달한다고 믿었다. 우리는 존재를 붙잡으려고 하지 말고, 존재가 언어를 통해 우리에게 하는 말에 귀를 기울여야 한다. 물론 그것은 철학적인 언어에만 국한되지 않는다. 시는 계시적인 경향이 더욱 강하다. 특히 말 사이의 침묵이 중요하다.⁵⁰⁾

하이데거는 『존재와 시간』에서 후설의 인위적이고, 추상적인 사변을 지양하고, 인간의 의식과 관련된 상황이 중요하다고 생각했다. 하이데거의 "세상 안에 있는 존재"는 개인의 의식을 격리시키려는 후설의 시도로부터 스스로를 보호한다. 그러나 결국은 "세상 안에 있는 존재"도 후설만큼이나 모호하다. 그것의 언어적인 침묵도 후설의 "영원한 현재"만큼이나 고독하기는 마찬가지다. 하이데거가 한 말은 대부분 사실이다. 우리는 우리가 만들지 않은 세상에 위치하며, 유혹적인 상황 속에서도 책임 있는 선택을 하라는 요구를 받는다. 또한 우리의 궁극적인 한계는 죽음이다. 죽음은 우리가 생각하고, 말하고, 행하는 모든 것에 영향을 미친다.

그러나 하이데거는 이런 개념들을 세속화시킴으로써 그가 그것들을 말해야 한다고 생각했던 이유를 궁금하게 만들었다. 그런 통찰력의 참된 중요성을 깨우쳐 주는 성경의 계시를 의존했더라면 훨씬 더 낫지 않았을까? 우리는 세상에 우연히 던져진 것이 아니라 창조되었고, 하나님으로부터 책임 있는 선택을 하라는 요구를 받는다. 만일 하나님을 배제한 채 이 점을 세속화한다면 너무 빤하고, 시시한 생각이 되고

---

48) 불트만의 신학은 후기 하이데거보다는 초기 하이데거에 의해 더 많은 영향을 받은 것으로 보인다. 그러나 그의 계승자들 가운데 일부는 후기 하이데거를 토대로 자신들의 "새로운 해석학"을 발전시켰다(10장을 참조하라).
49) Martin Heidegger, "Letter on Humanism", *Martin Heidegger: Basic Writings*, ed. David F. Krell (New York: Harper and Row, 1977), 213.
50) 비트겐슈타인이 『논리철학논고(*Tractatus*)』에서 한 말을 연상시킨다. 그는 "무엇에 관해 말할 수 없기 때문에 침묵해야 한다."라고 말했다.

만다. 그렇다. 우리는 "죽음을 향해 가는 존재"다. 그러나 죽음은 죄의 삯이다. 죽음을 세속화시키면 하이데거가 아무리 거기에 의미를 부여하려고 애쓰더라도 인간의 삶에서 의미가 사라진다. 그런 점에서 그는 허무주의적인 세계관을 즐거운 실존으로 만들려고 애썼던 니체와 조금도 다를 바가 없다. 하이데거도 니체처럼 은혜, 구원, 부활의 가능성을 모두 배제했다.

하이데거는 고도로 전문적인 용어와 정교한 논증을 사용해 가장 어려운 문제에 대한 대답을 발견하려고 시도했다. 이것이 그의 합리주의다. 그러나 하이데거를 비롯해 우리 모두는 순전히 우연에 의해 세상에 던져졌고, 죽음의 불가피성에 의해 의미를 빼앗겼기 때문에 결국에는 아무것도 중요하지 않게 된다. 이것이 그의 불합리주의다.

장 폴 사르트르(Jean-Paul Sartre, 1905-80)

장 폴 사르트르
(Jean Paul Sartre)

사르트르의 실존주의는 새로운 용어와[51] 예화와 논증을 구사했다는 점을 제외하면 하이데거의 실존주의와 크게 다르지 않다. 그도 하이데거처럼 키에르케고르, 니체, 후설의 영향을 받았다. 물론 하이데거도 그에게 상당한 영향을 미쳤다. 사르트르는 신의 죽음을 선언한 니체의 생각을 받아들여 철저한 무신론적인 철학을 확립하기로 결심했다. 그는 무신론적인 철학을 확립하는 데는 성공했지만 한 가지 중요한 목적, 즉 인간의 책임과 도덕성을 위한 근거를 제시하는 데에는 실패했다.

그는 신이 없다면 인간은 어떤 본질에도 구애받지 않을 것이라고 추론했다. 아리

---

[51] 하이데거와 후설은 독일어를 사용했지만 사르트르는 프랑스어를 사용했다. 대학원에서 나를 가르쳤던 교수 중에 한 사람은 프랑스어로 번역한 하이데거의 책을 읽었다고 말했다. 그는 "프랑스어는 무엇이든 분명하게 묘사할 수 있다."고 생각했다. 아무튼 그것이 사실이든 아니든 상관없이 사르트르는 탁월한 문학적 재능을 지닌 소설가이자 극작가요 철학자로서 프랑스어를 사용해 글을 썼다.

스토텔레스는 "이성적인 동물"을 인간의 본질로 생각했다. 따라서 인간의 행복은 그 본질이 요구하는 삶(곧 이성을 따르는 삶)을 사는 데 있다. 한편 기독교 신학자들은 "하나님의 형상"을 인간의 본질로 간주한다. 따라서 인간이 살아가는 목적은 하나님을 본받는 것이다(벧전 1:15, 16). 그러나 사르트르는 고도의 지성을 지닌 존재가 우리를 창조했고 우리의 본래적 상태를 결정했어야만 그런 본질이 가능하다고 주장했다. 따라서 신이 없다면 창조되었거나 결정된 우리의 본질도 없는 셈이 된다. 사르트르는 무신론자이면서도 "인간의 본질"이라는 개념을 주장했던 과거의 철학자들을 비판했다.

사르트르는 우리는 그 어떤 목적이나 규정된 본질이 없는 상태로 무대에 등장했다고 말했다. 우리가 따라서 살아야 할 본질은 존재하지 않는다. 우리는 단지 실존할 뿐이다. "실존"은[52] 하루하루 계속되는 선택과 결정의 연속이다.

생애 말기에 다다르면 사람들이 그런 결정들을 평가하며, 우리가 어떤 사람이었다고 말할 것이다. 우리는 그것을 본질로 일컬을 수 있다. 본질은 삶의 시작이 아닌 마지막에 나타난다.[53] 전통적인 신학과 철학에서 주장했던 것과는 반대로 실존이 본질에 앞선다. 이것이 사르트르가 자신의 철학을 본질주의가 아닌 실존주의로 일컫는 이유다.

그러나 그런 논리는 문제가 있다. 만일 우리에게 본질이 없다면 그것은 우리가 존재하지 않는다는 의미이기도 하다. 파르메니데스에서부터 하이데거에 이르기까지 많은 철학자들이 존재의 의미와 그것과 비존재의 관계를 규명하려고 노력했다. 비존재를 존재의 일부로 만들지 않고서는 그것을 규명하기가 불가능해 보인다. 그러나 사르트르는 『존재와 무(Being and Nothingness)』에서 비존재는 인간의 삶과 경험의 일부라고 주장했다. 인간의 삶은 대부분 존재하지 않는 것을 다룬다. 누군가를 찾는 데 그를 발견할 수 없다면 그의 존재하지 않음이 곧 일종의 비존재에 해당한다. 더욱이 우리는 과거를 기억하지 않고서는 현재를 살아갈 수 없다. 그러나 과거는 존재하지 않는다. 또한 우리는 미래를 기대하지 않고서는 현재를 살아갈 수 없

---

52) "도드라져 있는 존재"라는 하이데거의 개념을 상기하라. 키에르케고르도 선택을 인간의 가장 큰 특징으로 강조했다.
53) "그 어떤 사람도 죽기 전에는 행복하다고 일컫지 말라."라는 헬라 격언과 비교하라.

다. 그러나 미래 역시 존재하지 않는다.[54]

사르트르는 이렇게 말했다.

> 나는 미래의 나를 기다린다. 나를 그곳에서 발견하지 못할는지도 모른다는 두려움, 심지어는 더 이상 그곳에 있는 것조차 원하지 않을지 모르는 두려움, 그것이 고통이다.[55]

위의 인용문에서 알 수 있는 대로 미래가 불확실한 이유는 자아가 불확실하기 때문이다. 우리가 미래에 무엇이 될지 아는 것은 불가능하다. 우리가 그때에 이러이러한 사람이 될 것이라고 생각할 수 있는 근거는 전혀 없다.

의식을 현상학적으로 연구하면 혼돈, 곧 "기괴하고…비인격적인 자발성"만을 발견할 뿐이다.[56] 생각은 굳이 생각하려고 노력하지 않아도 떠올랐다가 사라진다. 생각은 자유롭다. 생각은 심지어 우리로부터도 자유롭다. 우리는 이런 생각의 흐름에 질서를 부여하려고 애쓰지만 그렇게 할 수 없다. 우리의 마음속에서는 우리가 생각할 수 있는 가장 이상한 생각을 비롯해 무슨 생각이든 자유롭게 떠오를 수 있다. 생각으로 살인도 저지를 수 있고, 자살도 할 수 있다. 이것이 우리의 두려운 자유다.

우리는 과거에 억지로 떠밀려 어떤 것을 선택하지 않는다. 우리는 매순간 우리의 본질을 결정한다. 물론 거기에는 한계가 있다. 그러나 그런 한계 자체도 선택에 의해 결정된다. 의과대학에 가고 싶지만 입학 기준이 너무 높으면 그것이 곧 한계다. 그것이 한계인 이유는 내가 자유롭게 선택할 수 있는 나의 바람을 좌절시키기 때문이다. 내가 삶을 귀중하게 여기기로 선택했다면 죽음도 또 하나의 한계가 된다.

자유의지론적 자유에 대한 사르트르의 급진적인 견해는 급진적인 윤리적 상대주의로 귀결될 수밖에 없다. 사르트르는 윤리적인 책임을 유신론의 유물로 간주한 이

---

54) 그렇다면 현재는 무엇인가? 현재는 과거와 미래 사이에 낀 칼날과도 같다. 현재가 최소한 조금이라도 과거가 되기 전에는 그것에 대해 아무 말도 할 수 없다. 결국 이것은 우리의 모든 경험이 비존재라고 결론짓게 만든다(물론 나는 사르트르가 남긴 글에서 이런 논증을 펼친 대목을 찾지는 못했다).

55) Jean-Paul Sartre, *Being and Nothingness: An Essay on Phenomenological Ontology*, trans. Hazel Estella Barnes (New York: Washington Square Press, 1984), 73.

56) Jean-Paul Sartre, *The Transcendence of the Ego: An Existentialist Theory of Consciousness*, trans. Forest Williams and Robert Kirkpatrick (New York: Noonday Press, 1957), 98-99.

유가 무엇인지를 구체적으로 밝히지는 않았다. 그러나 그는 실존주의야말로 책임을 가장 강력하게 옹호하는 사상이라고 주장했다.[57] 1) 사르트르는 실존주의에 근거하면 어떤 변명도 있을 수 없다고 말했다. 우리는 절대적인 자유를 지니고 있기 때문에 그 무엇으로부터도 특별한 선택을 하도록 강요받지 않는다. 우리의 유전적 형질, 직업, 인종, 성, 나이조차도 선택의 책임을 경감시키지 않는다. 우리는 매순간 우리의 본질을 결정한다.

2) 사르트르는 선택을 할 때마다 인간의 특정한 이미지를 선택한다고 말했다. 이것은 칸트의 윤리학이 제시하는 원리 가운데 하나다. 이 윤리적 원리는 필연적으로 보편성을 지닌다. 특정한 상황에서 특정한 선택을 하는 것이 나의 의무라면 그것은 동일한 상황에 처한 모든 사람에게도 의무로 지워진다. 만일 내가 은행을 털기로 선택한다면 누가 은행을 털든 모두 합법적이라고 말하는 것이나 같다. 그런 점에서 나는 인류의 본질에 무엇인가를 기여하는 셈이다.

사르트르의 두 가지 주장 가운데 어느 하나도 설득력 있게 들리지 않는다. 1) 변명은 규범적인 규칙의 존재를 전제한다. 빌리가 자기 엄마에게 방을 정돈하지 못한 것에 대해 변명하는 것은 방을 깨끗하게 청소해야 할 의무를 지우는 규칙이 존재한다는 것을 전제한다. 그렇다면 사르트르의 철학에서 도덕적 규칙의 원천은 과연 무엇일까?

2) 사르트르의 두 번째 원리도 칸트의 윤리학과 마찬가지로 보편적이고, 의무적인 도덕 규칙의 존재를 전제한다. 도둑질을 금하는 규칙이 존재하지 않는다면 도둑질을 하거나 하지 않거나 나의 행위 자체가 온 인류를 반영하는 것이 될 수는 없다. 모든 사람이 도둑질을 하거나 하지 않거나 그것은 전혀 중요하지 않다.

그러나 사르트르의 철학에는 그가 가장 중요한 삶의 지침으로 간주했던 한 가지 윤리적 규칙이 존재한다. 그것은 하이데거가 말한 대로 본래적 삶을 살아야 한다는 것이다. 이 원리에 대한 사르트르의 논증은 사실 형이상학에 근거한다. 그는 인간과 생명이 없는 현실을 구별했다. 생명이 없는 현실은 "즉자(en soi)", 곧 규정할 수

---

[57] 칸트를 기억하라. 그는 현실 세계를 회의했는데도 불구하고 절대적이고, 보편적인 의무를 강조하는 윤리를 발전시켰다. 인간의 책임은 세속 철학자들이 없애기를 주저하는 신념에 해당한다. 내가 볼 때 인간의 책임은 하나님의 존재를 암시하는 가장 결정적인 증거다.

있는 단단하고, 항구적인 속성을 지닌다. 그에 비해 인간의 현실은 "대자(pour soi)", 곧 자유롭고, 규정할 수 없는 속성을 지닌다.58) 우리는 우리 자신의 자유를 두려워한다. 우리는 우리 자신이 예측 가능하고, 규정할 수 있는 존재이기를 원한다. 우리는 자유로운 선택의 능력을 싫어하면서 또한 원한다. 우리는 "즉자"이면서 "대자"로 존재하기를 원한다. 우리는 본질과 실존을 동시에 원한다. 그러나 고전적인 신학에 따르면 하나님이 곧 본질과 실존을 모두 소유한 존재에 해당한다. 사르트르는 하나님에 관한 이 고전적인 개념이 정확히 그런 이유 때문에 모순이라고 생각했다. 그는 동일한 존재 내에 본질과 실존이 둘 다 가능할 수는 없다고 믿었다.

이처럼 인간이 추구하는 것은 하나님이 되는 것이다. 그러나 그 목적을 이루는 것은 불가능하다. 그런 야심은 고통을 가중시킬 뿐이다. 그런 고통에서 벗어나려면 우리의 자유를 부인해야 한다. 즉 우리 자신이 과거나 삶의 상황에 의해 결정되는 한갓 객체에 불과한 것인 양 처신해야 한다. 우리 자신을 속여 우리가 하는 행위를 변명할 수 있다고 생각해야 한다. 그러나 사르트르에 따르면 그렇게 사는 것은 "비본래적인 실존"에 해당한다.

우리는 본래적인 삶을 살아야 한다. 우리는 우리의 자유를 드러내면서 우리를 지켜보는 모든 사람 앞에서 우리의 비존재를 나타내야 한다. 그러려면 사르트르의 소설에 등장하는 인물들처럼 기괴한 행동을 해야 할 수도 있다. 비본래적인 삶은 "그릇된 신념(mauvaise foi)"에 해당한다(이 말은 때로 "자기 기만"으로 번역되기도 한다).

윤리에 많은 관심을 기울이는 철학은 사회적 관계를 다룰 수밖에 없다. 사르트르는 개인이 온전히 자유로우면서도 여전히 다른 사람들과 어울려 사는 것이 어떻게 가능한지를 고심했다. 그 이유는 다른 사람들도 자유롭기 때문이다. 사르트르는 다른 사람들이 나를 바라보는 "시선"이 나를 그들이 지닌 의식의 대상으로 전락시킨다고 말했다. 그것을 막을 수 있는 길은 관계를 반대로 뒤집어 다른 사람들을 내가 지닌 의식의 대상으로 바꾸는 것뿐이다.59) 사르트르는 이 상호적인 객체화(즉 상

---

58) 이 구별은 헤겔이 한 것이다. 그러나 사르트르는 변증법적인 합일을 통해 이런 대조적 관계를 해결하려고 하지 않았다.

59) 이것은 주인과 노예에 관한 헤겔의 논증을 연상시킨다. 변증법에서는 주인이 노예의 노예가 된다. 그런 긴장 관계는 변증법 안에서 더 나은 통합(즉 노예 제도가 존재하지 않는 사회 질서)을 통해 해결된다. 그러나 사르트르에게는 그런 통합이 존재하지 않는다.

호적인 요구)를 생각하는 것이 몹시 고통스러웠던 탓에 자신의 희곡 『출구 없음』에서 "다른 사람들이 곧 지옥이다."라는 유명한 말을 남겼다.60)

그럼에도 불구하고 사르트르는 가난한 자들의 궁핍한 처지를 동정했다. 20세기의 다른 세속 철학자들이 대부분 그랬던 것처럼 그도 마르크스주의를 사회적 정의의 실현을 위한 가장 좋은 방책으로 간주했다. 그러나 그는 공산당에 가담하지는 않았다. 왜냐하면 공산주의와 자유라는 모순을 해결할 수가 없었기 때문이다. 그는 생애 말년에 이르러서는 가난한 자들의 경우에는 부르주아와 부자들만큼 선택의 폭이 넓지 않다는 사실을 고려해 급진적인 자유에 관한 견해를 다소 수정했다.61) 그러나 그는 처음에 자신이 생각했던 자유에 대한 개념이 본질적으로 옳다는 신념을 결코 포기하지 않았다.

사르트르는 도덕적 선택에 민감했다. 자유의지론적 자유에 관한 그의 견해는 성경적이지는 않지만 우리의 도덕적 책임이 보편적이며, 우리가 저지른 잘못해 대해서는 변명의 여지가 없다는 성경의 가르침과 일치한다. 물론 책임에 관한 그의 견해는 기독교의 견해와는 정반대다. 그에게 책임은 자율성의 속성이다. 그러나 성경에 따르면 자율성은 거의 무책임이나 다름없다. 사르트르가 우리의 주된 문제가 하나님이 되려는 욕망과 시도라고 말한 것은 매우 흥미롭다. 이것은 한 가지 측면에서는 한 치도 틀림없는 진리다. 그러나 자율성은 하나님만의 특권을 빼앗으려는 시도에 해당한다. 사르트르의 윤리학은 다른 어떤 윤리학보다도 더욱 노골적으로 인간의 자율성을 드높인다. 그리스도인은 이런 전제를 정면으로 공격해야 한다.

한편, 사르트르는 우리를 모든 윤리적인 규칙으로부터 자유롭게 해주겠다고 주장했다(불합리주의). 그러나 그는 특정한 행위를 비본래적이라고 비판하며, 자신의 철학을 통해 우리의 행위를 위한 규칙을 만들겠다고 주장했다(합리주의). 이 모든 것은 윤리학을 형이상학, 곧 존재와 비존재의 관계로 축소시키는 체계에 근거한다. 그러나 형이상학의 존재로부터 윤리학의 당위성을 도출하려는 시도는 자연론적 오

---

60) Jean-Paul, Sartre, *No Exit (Huis Clos) and The Flies (Les Mouches)*, trans. Stuart Gilbert (New York: Alfred A. Knopf, 1948), 61.
61) Jean-Paul Sartre, *Critique of Dialectical Reason*, ed. Jonathan Rée and Arlette Elkaïm-Sartre, trans. Alan Sheridan and Quintin Hoare, new ed., 2 vols. (London: Verso, 2004).

류에 해당한다. 아래의 도표를 참조하라.

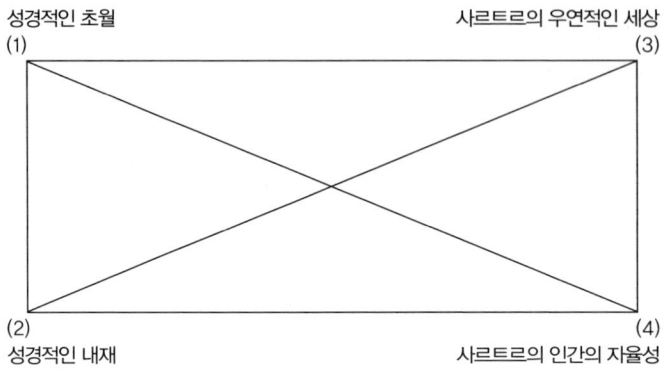

도표 9. 4. 사르트르의 초월과 내재

다른 실존주의자들

칼 야스퍼스(Karl Jaspers)

      후설과 하이데거와 사르트르의 사상은 20세기 초, 중반에 유럽에 살았던 많은 사람들의 사고방식을 대변한다. "칼 야스퍼스(1883-1969)"는 "실존주의"라는 용어를 거부했지만[62] 그럼에도 불구하고 키에르케고르, 니체, 후설의 영향을 많이 받았다. 그도 과학과 기술문명이 아무리 큰 가치를 지녔다고 하더라도 인간의 실존을 이해하는 데는 걸림돌로 작용할 수 있다고 경고했다. 실존은 사고의 대상이 될 수 없고,[63] 오직 내적인

---

62) 유명론적인 본질을 지닌 사상 운동은 일반적인 명칭이나 개념을 강하게 거부하는 경향이 있다. 그러나 교육의 목적을 위해서는 그런 명칭과 개념이 불가피하다.
63) 이런 식으로 말하는 철학자들이 많다. 그러나 그런 말은 실제로 무엇을 의미할까? 대개 "사고의 대상"이라는 것은 우리가 그것에 관해 생각할 수 있는 모든 것을 가리킨다. 야스퍼스는 우리 가운데 대다수의 사람들보다 훨씬 더 자주 실존에 관해 생각했다. 물론 어떤 것에 대한 자료를 수집하는 것과 우리가 그것을 직접 경험할 때 느끼는 감정은 분명한 차이가 있다. 그러나 나는 감정을 무엇에 "관해 생각하는" 과정에 포함시키지 않아야 할 이유는 없다고 생각한다.

경험을 통해서만 알 수 있다. 자아에 대한 지식은 자신의 죽음의 가능성을 의식하는 것과 같은 "제한적인 상황"에서 극대화된다. 그러나 우리의 유한성을 의식하는 것은 훨씬 더 높은 차원, 곧 유한이 반대인 초월이나 신을 생각하게 만든다. 참된 실존은 증명이나 헤겔의 변증법이 아니라 키에르케고르가 말한 믿음의 도약을 통해 이를 확증한다. 따라서 야스퍼스의 실존주의는 일종의 종교로 나아간다.

"모리스 메를로퐁티(1908-61)"는 육체를 특별히 강조했다. 그는 육체를 통한 인식을 지식의 시작으로 간주했다. 그는 "나는 나의 육체다."라는 유명한 말을 남겼다. 육체는 물체가 아닌 주체의 관점이다.64) 특별한 장소를 점유한 육체는 각 사람에게 독특한 관점을 제공한다. 어떤 점에서 인류는 우주에 인종으로서 존재하기 때문에 관점을 공유한다(종의 선험성). 그것이 인간이 서로 의사를 소통할 수 있는 이유다. 우리는 다른 사람들이 귀를 열고 우리가 듣는 진리를 똑같이 들을 것이라고 기대할 수 있다. 메를로퐁티도 (때로는 그의 친구이기도 했고, 때로는 적이기도 했던) 사르트르처럼 마르크스주의로 기울었지만 (그 경우에도 사르트르처럼) 그 폭력성 때문에 때로 환멸을 느끼곤 했다.

"가브리엘 마르셀(1889-1973)"은 서른아홉 살에 가톨릭으로 개종한 이유 때문에 이따금 "종교적 실존주의자"로 불린다. 무신론이 하이데거와 사르트르의 철학의 중심을 차지하고 있지만 때로 종교가 실존주의 공동체 안에 침투한 것은 그리 놀라운 일이 아니다. 왜냐하면 기독교 세계 안에서 기독교를 탐구한 키에르케고르에게서 실존주의의 많은 개념들이 탄생했기 때문이다.

마르셀은 후설의 과제(인간의 의식, 곧 "나는 존재한다."의 "나는"을 이해하는 것)에서부터 시작했다. "나는 누구인가?"라는 질문은 객관적인 방법, 즉 그것을 부분들로 나누고, 증거들을 조사하는 방식으로는 해결할 수 없다.65) 그것은 그 질문을 "문제"로 다루는 것이다. 마르셀은 육체는 물체로 다룰 수 있지만 자아와 육체는 서로 밀접하게 연관되어 있다. 자아는 단순한 물체가 아니다. 따라서 자아의 의미를 탐구하는 것은 문제가 아닌 신비다.

우리는 상호 인격적인 관계 안에서 신비를 더 잘 이해할 수 있다. 니체가 말한 대

---

64) 앞의 각주를 참조하라.
65) 앞의 두 각주를 참조하라.

로 약속을 할 수 있는 존재는 오직 인간뿐이다. 우리는 사람들을 물체로 다루기보다 우정과 사랑을 나눔으로써 더 깊이 이해할 수 있다. 그렇다면 사르트르의 "시선"은 어떻게 생각해야 할까? 또 다른 사람들의 요구를 너무 쉽게 받아들이지 말라고 경고한 하이데거의 말은 어떻게 생각해야 할까? 사람들은 자유롭기 때문에 그들에게 무엇을 기대할 수 있을지 확실하게 알기가 불가능하다. 그런 불확실성이 더 나은 차원에 속한 존재에 대한 믿음으로 우리를 인도한다. 이것이 마르셀의 종교다.

알베르 카뮈(Albert Camus)

"알베르 카뮈(1913-60)"도 마르셀과 사르트르처럼 철학만큼이나 소설로 세간에 명성을 날렸다. 그러나 그의 『시지포스의 신화(The Myth of Sisyphus)』(1943)는 깊이를 갖춘 철학 서적으로 받아들일 수 있다. 카뮈는 합리성과 정의를 요구하는 인간이 그런 요구에 전적으로 무관심한 우주와 직면해 있다는 부조리를 강조했다. 카뮈의 『이방인(The Stranger)』에 등장하는 주인공은 그런 무관심을 받아들여 스스로 모든 것에 무관심하게 되었다. 그러나 『시지포스의 신화』에 등장하는 시지포스는 신들에게 대항하며 니체처럼 그것으로 기쁨을 취했다. 인간이 처한 부조리한 상황에 대한 반응은 두 가지로 나뉜다. 그러나 마르셀과 야스퍼스와는 달리 카뮈는 자신이 그런 부조리를 초월할 수 있다고 생각하지 않았다.

평가

후설을 경유해서 키에르케고르와 니체로부터 비롯한 실존주의는 인간의 의식, 특히 선택의 경험이 철학자들을 이전의 사상가들이 도달하지 못한 이해의 차원으로 이끈다는 신념과 더불어 시작했다. 과학의 방법(자율적인 과학, 특히 자연주의적인 과학)이 우리에게 중요한 모든 것을 설명하기에는 충분하지 않다는 후설과 다른 사상가들의 신념은 우리에게 많은 깨달음을 준다. 그러나 후설은 동료들에게 그런 탐구를 전제 없이 시작하도록 권유함으로써 첫발을 잘못 내딛었다. 사실, 실존주의는 키에르케고르의 기독교적 전제를 대부분 없애고, 인간의 자율성과 그것의 철저한 자유를 채택했다.

실존주의는 허무를 즐겁게 받아들였던 니체의 태도를 수용했거나 수용하지 않았거나 상관없이 궁극적으로는 그처럼 허무주의로 귀결되는 결과를 낳았다. 우리는 우리 자신 안에서 어떤 일이든 일어날 수 있다는 두려운 자유를 발견한다. 또한 우리는 다른 사람들에게서는 기분 나쁘게도 우리의 자유를 침해하는 요인을 발견한다. 사르트르와 마르셀은 각각 참됨과 충실함을 강조하는 윤리를 제시했다. 그러나 그들은 그런 윤리를 의무로 만드는 권위 있는 규범을 제시하지 못했다. 야스퍼스와 마르셀은 이런 탐구가 우리를 초월의 차원으로 이끌 것이라고 생각했다. 그러나 그럴 가능성은 모호하고, 그 과정도 모호하다. 그런 약속은 카뮈의 절망을 제어하지 못한다.

우리는 전제 없이 살거나 생각하도록 창조되지 않았다. 우리는 하나님의 계시는 사실이고, 우리는 그분의 형상이며, 그분의 구원만이 우리를 허무주의적인 사탄의 왕국으로부터 구원할 수 있다는 전제에 근거해 사고하며 살아가도록 창조되었다. 키에르케고르는 약간 일관되지 못한 측면이 있지만 나름대로 허무주의적인 지성적 환경 속에 처한 신자의 생각을 깊이 이해할 수 있는 길을 보여주었다. 그러나 키에르케고르의 후예라고 주장하는 실존주의자들은 그런 환경에 굴복하고 말았다. 사르트르는 실존주의를 가장 일관된 무신론적 철학으로 발전시켰다. 그의 시도는 대체로 성공을 거두었다. 실존주의가 우리에게 기여한 것은 예수님 없는 삶의 두려운 현실을 보여준 것이었다.

핵심 용어

권력에의 의지(Will to power)
모든 가치의 재평가(Transvaluation of all values)
노예의 도덕(Slave morality)
영원 회귀(Eternal recurrence)
실용주의(Pragmatism, 제임스)
탐구(Inquiry)
완강함의 방법(Method of tenacity)
비평적 상식주의(Critical commonsensism)
귀환법(Retroduction)
귀납법(Induction, 퍼스)
과학주의(Scientism)
지식의 관객 모델(Spectator model of knowledge, 듀이)
도구주의(Instrumentalism)
의식(Consciousness)
자연적 관점(Natural standpoint)
주어진 것(Given)
에포케(Epoché)
세상에 있는 존재(Being-in-the-world)
염려(Care, 하이데거)
비본래적 실존(Inauthentic existence, 하이데거)
죽음을 향한 존재(Being-toward-death)
위험(Risk)
본질(Essence, 사르트르)
본래적 실존(Authentic existence)즉자(En soi)
자기 기만(Mauvaise foi)
제한적 상황(Limiting situations, 야스퍼스)
신비(Mystery, 마르셀)

관점주의(Perspectivism)
분노(Ressentiment, 르상티망)
초인(Übermensch)
실용주의(Pragmatism, 퍼스)
프래그머티시즘(Pragmaticism)
신념의 고착화(Fixation of belief)
권위의 방법(Method of authority)
귀추법(Abduction)
연역법(Deduction, 퍼스)
실용적인 공리(Pragmatic maxim)
믿으려는 의지(The will to believe)

자연주의(Naturalism)
생활 세계(Lebenswelt)
현상(Phenomena)
괄호 넣기(Bracket)
다자인(Dasein)
탈존(Ek-sistence)

던져짐(Thrownness)
불안(Anxiety)
관계(Rapport, 래포)
실존(Existence, 사르트르)
대자(Pour soi)
시선(The gaze)
초월(Transcendence, 야스퍼스)

학습을 위한 질문

1. 언어와 논리에 관한 니체의 견해를 요약하라. 그것이 중요한 이유는 무엇인가?
2. 니체는 "우리가 지식으로 일컫는 것은 궁극적으로는 의지의 창안물이다."라고 말했다. 이 말의 의미를 설명하라. 이것이 중요한 이유는 무엇인가?
3. 니체의 "시각주의"와 저자의 "관점주의"를 구별하라.
4. 모든 가치를 재평가하려는 니체의 계획을 설명하라.
5. 기독교에 대한 니체와 마르크스의 비판을 비교하라.
6. 신의 죽음, 초인, 영원 회귀라는 니체의 개념들을 설명하고, 평가하라.
7. "현대에는 인식론의 영역에서 "순수 이성"을 뛰어넘어 신중함, 심미적 아름다움, 실질적인 성공에 역할을 부여하는 사상가들이 많다." 몇 가지 예를 들어 이 말의 의미를 논하라.
8. 데카르트에 대한 퍼스의 비판을 설명하고, 평가하라.
9. 신념의 고착화에 관한 퍼스의 방법론을 설명하고, 논하라.
10. 퍼스의 비판적 상식주의를 설명하고, 평가하라.
11. 퍼스에 따르면 개념들을 명확하게 하는 방법은 무엇인가? 설명하고, 평가하라.
12. 퍼스의 현상학을 요약하고, 분석하라.
13. "윌리엄 제임스는 퍼스의 실용주의를 진리 이론으로 발전시켰다." 이 말의 의미를 설명하고, 평가하라.
14. "믿으려는 의지"라는 제임스의 논증을 요약하고, 평가하라.
15. 듀이가 말하는 "철학의 가치를 측정하는 최상의 기준"이 무엇인지 설명하라.
16. 사실과 가치의 관계에 관한 듀이의 견해를 설명하고, 논하라. 그는 "의무를 지우는" 가치들을 옳게 평가했는가?
17. 저자는 "공립학교 교육에 미친 듀이의 영향은 지금도 여전히 그리스도인들에게 커다란 문제를 야기한다."라고 말했다. 그가 그렇게 말한 이유는 무엇인가? 본인의 생각은 어떤가?
18. 후설이 의식을 이해하려면 과학의 방법과는 다른 방법이 필요하다고 생각한 이유는 무엇인가? 그는 어떤 방법을 제안했는가?
19. "후설의 현상을 이미지가 아닌 '창문'으로 간주하는 것이 좋겠다고 생각한다."라는 말의

의미를 설명하고, 평가하라.

20. "후설에게는 현상이 곧 '물 자체'였다."라는 말의 의미를 설명하고, 칸트의 견해와 비교하라. 후설에 따르면 현상에 대해 확신을 가질 수 있는 이유는 무엇인가?

21. 현상의 "괄호 넣기"라는 후설의 개념을 설명하고, 평가하라.

22. 하이데거의 "다자인"은 무엇인가? 그것은 세상과 어떻게 관계를 맺는가?

23. 초기 하이데거와 말기 하이데거를 구별하라. "언어는 존재의 집이다."라는 그의 말은 무슨 의미인가?

24. 저자는 "죽음을 세속화하면 인간의 삶에서 의미가 사라진다."라고 말했다. 이 말을 하이데거에게 어떻게 적용할 수 있는가?

25. 사르트르는 "실존이 본질에 앞선다."라는 말로 실존주의를 정의했다. 이 말의 의미를 설명하라.

26. 사르트르가 말한 인간의 본성 안에서의 존재와 비존재의 관계를 간단하게 요약하라.

27. 사르트르는 "우리는 과거에 억지로 떠밀려 어떤 것을 선택하지 않는다."라고 말했다. 그 이유는 무엇인가? 설명하라.

28. 사르트르는 윤리적 상대주의자인가? 가부를 말하고, 그렇게 생각하는 이유를 밝혀라.

29. "본래적 실존"을 사는 방법에 관한 사르트르의 견해를 설명하라.

30. 사르트르가 공산당에 가담할 수 없었던 이유는 무엇인가? 그런 사실은 그의 철학에 관해 무엇을 말하는가?

31. 메를로퐁티는 "나는 나의 육체다."라고 말했다. 이 말의 의미를 설명하고, 평가하라.

32. 야스퍼스와 마르셀이 자신들의 철학에 신을 포함시킨 이유를 설명하고, 평가하라.

참고 문헌 : 니체, 실용주의, 현상학, 실존주의

출판물

Dewey, John, *A Common Faith* (New Haven, CT: Yale University Press, 1991). 종교를 교조주의와 미신으로부터 해방하기 위한 듀이의 제안이 담겨 있다.

_____, *The Philosophy of John Dewey: Two Volumes in One*, ed. John J. McDermott (Chicato: University of Chicago Press, 1981).

Heidegger, Martin, *Basic Writings*, ed. David Farrell Krell (New York: Harper Perennial Modern Classics, 2008).

_____, *Being and Time*, trans. John MacQuarrie and Edward Robinson (New York: Harper Perennial Modern Classics, 2008).

Husserl, Edmund, *The Essential Husserl: Basic Writings in Transcendental Phenomenology* (Indianapolis: Indiana University Press, 1999).

_____, *Ideas: General Introduction to Pure Phenomenology* (New York: Routledge, 2012).

James, William, *Pragmatism* (Seattle: CreateSpace, 2013).

_____, *The Writings of William James: A Comprehensive Edition* (Chicago: University of Chicago Press, 2011).

Kaufmann, Walter, ed., *Basic Writings of Nietzsche* (New York: Modern Library, 2000). 니체의 책 여섯 권과 많은 양의 어록이 포함되어 있다.

_____, *Existentialism from Dostoevsky to Sartre* (New York: New American Library, 1975). 훌륭한 설명을 곁들인 다수의 일차 자료가 포함되어 있다.

_____, ed., *Nietzsche: Philosopher, Psychologist, Antichrist* (Princeton, NJ: Princeton University Press, 1975).

Mooney, Timothy and Dermot Moran, eds., *The Phenomenology Reader* (New York: Routledge, 2002). 최근의 포스트모던 사상가들을 비롯해 후설과 하이데거와 다른 여러 사상가들의 글이 포함되어 있다.

Peirce, Charles S., *Philosophical Writings of Peirce*, ed. Justus Buchler (New York: Dover, 2011).

Sartre, Jean-Paul, *Being and Nothingness: An Essay on Phenomenological Ontology*, trans. Hazel Estella Barnes (New York: Washington Square Press, 1984).

_____, *Existentialism Is a Humanism*, trans. Carol Macomber (New Haven, CT: Yale University Press, 2007). 카뮈의 『이방인』에 대한 사르트르의 해설이 포함되어 있다.

Talisse, Robert B. and Scott Akin, eds., *The Pragmatism Reader: From Peirce to the Present* (Princeton, NJ: Princeton University Press, 2011).

온라인 자료

Dewey, John, The Online Books Page. 존 듀이가 저술한 다수의 책을 찾아볼 수 있다. http://onlinebooks.library.upenn.edu/webbin/book/lookupname?key=Dewey%2C%20John%2C%201859-1952.

Heidegger, Martin. 다음 사이트에서 하이데거의 짧은 논문들과 편지들을 찾아볼 수 있다. http://acchive.org/search.php?query=creator%3A%22Martin%20Heidegger%22.

Husserl, Edmund, Online Texts. http://www.husserlpage.com/hus_online.html.

James, William, The Online Books Page. 윌리엄 제임스가 저술한 다수의 책을 찾아볼 수 있다. http://onlinebooks.library.upenn.edu/webbin/book/lookupname?key=james%2C%20William%2C%201842-1910.

_____, *Pragmatism: A New Name for Some Old Ways of Thinking*. http://www.gutenberg.org/ebooks/5116.

Nietzshce, Friedrich, *The Complete Works of Friedrich Nietzsche*, ed. Oscar Levy. Vol. 10, *The Joyful Wisdom* (New York: Macmillan, 1924. http://www.archive.org/stream/completenietasch10nietuoft/completenietasch10nietuoft_djvu.txt.

_____, *A. Contemporary Nietzsche Reader*. http://nietzsche.holtof.com/reader/index.html. 니체의 글을 좀 더 원한다면 다음 사이트를 참조하라. http://nietzsche.holtof.com/.

_____, The Online Books Page. 니체가 저술한 다수의 책을 찾아볼 수 있다. http://onlinebooks.library.upenn.edu/webbin/book/search?amode=start&author=Nietzsche%2C%20Friedrich%20Wilhelm%2C%201844-1900.

Peirce, Charles S. 온라인에서 퍼스의 글을 찾아보려면 다음 사이트를 참조하라. http://www.peirce.org/writings.html.

Sartre, Jean-Paul, "Existentialism Is a Humanism." *Existentialism from Dostoevsky to Sartre*, ed. Walter Kaufmann. trans. Philip Mairet (Meridian Publishing Company, 1989). http://www.marxists.org/reference/archive/sartre/works/exist/sartre.htm.

_____, Jean-Paul Sartre Archive. http://www.marxists.org/reference/archive/sartre/.

스스로 읽기

니체의 『비극의 탄생(*Birth of Tragedy*)』과 『도덕의 계보(*Genealogy of Morals*)』를 통해 언어학에 관한 그의 철학적 분석을 탐구하라. 진리에 대한 그의 견해를 살펴보려면 그의 『선악의 저편(*Beyond Good and Evil*)』 중에서 "비도덕적 의미에서의 진리와 거짓에 대해"를 읽어라. 그런 뒤에는 『즐거운 과학(*The Cheerful Science*)』, 『자라투스트라는 이렇게 말했다(*Thus Spake Zarathustra*)』, 『우상의 황혼(*Twilight of the Idols*)』과 같이 그의 좀 더 도전적인 저서들을 읽어라. 『이 사람을 보라(*Ecce Homo*)』는 그의 자서전이다.

실용주의 학파에서는 퍼스나 듀이보다는 제임스가 읽기가 더 흥미로울 것이다. 제임스의 『실용주의(*Pragmatism*)』와 "믿으려는 의지"를 읽어라. 퍼스의 "우리의 개념들을 명확하게 하는 법"은 아이러니컬하게도 논리 전개가 그렇게 명확하지는 않지만 요점은 제대로 전달하고 있다. 듀이의 철학적 입장을 이해하려면 그의 『철학의 재구성(*Reconstruction in Philosophy*)』과 『경험과 자연(*Experience and Nature*)』을 읽어라.

현상학은 비전문가들이 이해하기는 특히 더 어렵다. 그러나 『현상학 읽기(*The Phenomenology Reader*)』에 실려 있는 무니와 다른 학자들의 해설을 읽으면 도움이 될 것이다. 실존주의도 마찬가지이지만 『실존주의 : 도스토예프스키에서부터 사르트르까지(*Existentialism from Dstoevsky to Sartre*)』에서 카우프만이 해설한 내용을 참고하면 흥미와 이해가 더해질 것이다. 사르트르의 『실존주의는 휴머니즘이다(*Existentialism Is a Humanism*)』는 (사르트르 자신을 비롯해) 많은 사람들로부터 실존주의의 기본적인 관점에 충실하지 못하다는 비판을 받는다. 그러나 그 자체만 놓고 보면 매우 흥미로운 입장을 전하고 있다. 카우프만이 말한 대로 사르트르가 직접 말하는 듯한 느낌을 받을 수 있다.

온라인 듣기

웹 사이트 http://itunes.apple.com/us/course/legacy-history-philosophy/id694658914

- 프리드리히 니체, 찰스 샌더스 퍼스, 윌리엄 제임스 : 53:23
- 에드문트 후설, 마르틴 하이데거, 장 폴 사르트르 : 41:06

유명한 인용문

- 니체 : http://en.wikiquote.org/wiki/Friedrich_Nietzsche
- 퍼스 : http://en.wikiquote.org/wiki/Charles_Sanders_Peirce
- 제임스 : http://en.wikiquote.org/wiki/William_James
- 듀이 : http://en.wikiquote.org/wiki/John_Dewey
- 후설 : http://en.wikiquote.org/wiki/Edmund_Husserl
- 하이데거 : http://en.wikiquote.org/wiki/Martin_Heidegger
- 사르트르 : http://en.wikiquote.org/wiki/Jean-Paul_Sartre

개요

칼 바르트(1886–1968)
에밀 브룬너(1889–1966)
루돌프 불트만(1884–1976)
  양식 비평
  비신화화
  실존적 분석
폴 틸리히(1886–1965)
디트리히 본훼퍼(1906–45)
새로운 해석학
새로운 탐구
구속사
기독교적 무신론
세속화 신학
하트포드 선언

10장

20세기 자유주의 신학 1

앞서 8장에서 리츨 신학의 영향력이 20세기 초에 접어들면서 쇠퇴했다는 말로 19세기 신학에 관한 논의를 매듭지었다. 바이스와 슈바이처의 역사적 예수 탐구, 트뢸치의 역사주의, 세계 대전 등이 리츨 신학의 학문적 확신과 영적 이상주의를 무력화시켰다. 또한 나는 앞에서 가장 중요하다고 생각하는 또 다른 요인을 넌지시 언급했다. 그것은 갑자기 나타나 리츨 신학을 "구(舊)자유주의"로 밀어내고, 그 자리를 대체한 새로운 신학의 발전이었다. 본래 지성 운동은 새로운 운동이 일어나 그동안 진행되던 논의가 구닥다리가 되는 순간에 역사의 뒷전으로 물러나기 마련이다. 리츨 신학이 그런 운명을 겪었다.

새로운 발전은 다양한 명칭으로 불렸다. 바르트는 그것을 "위기 신학"과[1] "말씀의 신학"으로 일컬었다. 또 어떤 사람들은 종교 개혁 이후의 스콜라주의와 사용하는 용어가 비슷하다는 이유로 "신정통주의"로 일컬었고, 어떤 사람들은 정통 교리를 인정하고, 확증하는 경향이 있을 뿐 아니라 헤겔을 연상시킨다는 이유로 "변증 신학"으로 일컬었다.[2] 이 새로운 신학은 실존주의 철학에 영향을 받은 흔적을 분명하게 드러낸다(불트만의 경우가 특히 그렇다). 그러나 바르트는 『교회 교의학』 서문에서 이렇게 반발했다.

---

1) 즉 헬라어 "크리시스"를 사용해 하나님의 심판을 다룬 신학.
2) 이 신학은 헤겔처럼 서로 반대되는 신앙의 개념들(하나님의 심판과 은혜, 하나님의 사랑과 악, 하나님이자 인간이신 그리스도, 초월과 내재, 계시와 은폐 등)을 다루었다.

내 능력이 미치는 한, 두 번째 책에서는 첫 번째 책의 내용 중에서[3] 실존주의 철학을 신학의 근거이자 토대로 삼았거나 그것으로 논의를 정당화하려고 시도한 것처럼 보이는 것은 가장 작은 것 하나까지도 모두 제거하려고 노력했다.[4]

어떤 명칭을 사용하든 상관없이(지금은 흔히 "바르트주의"로 불린다), 새로운 신학은 이전의 신학과 쉽게 구별되었다. 바르트가 1919년에 『로마서 강해』를[5] 펴냈을 때 로마 가톨릭 학자인 칼 아담은 "그것은 신학자들의 놀이터에 폭탄이 떨어진 것과 같았다."라고 말했다.[6] 신학의 역사에 새로운 시대가 열렸다.

칼 바르트(Karl Barth, 1886-1968)

바르트는 자타가 공인하는 새로운 신학 운동의 지도자요 20세기의 가장 영향력 있는 신학자였다. 더욱이 그는 21세기에도 여전히 가장 큰 영향력을 발휘하고 있다. 바르트는 보수주의로 간주되기를 원하면서도 지성의 중심지인 대학교와 자유주의 교단 내에 머물러 있기를 원하는 설교자와 신학자들을 위한 전형을 세웠다. 이것은 내가 6장에서 말한 "보수적 흐름(보수적인 용어를 사용해 자신들의 명분을 발전시켜 나가기를 원하는 자유주의 사상가들의 경향)"을 보여주는 대표적인 사례다. 오늘날, 이런 식의 "보수주의"는 모두 바르트주의의 형식을 취한다.

바르트의 스승들은 빌헬름 헤르만과 아돌프 하르낙을 비롯해 모두 리츨주의 신학자들이었다. 그는 자펜빌이라는 스위스의 작은 마을에서 1911년부터 1921년까지 개혁주의 목회자로 일했다. 그는 당시에 여러 가지 이유에서 리츨 신학을 반대

---

[3] 바르트는 본래 『기독교 교의학』을 저술하기 시작했다. 그러나 한 권의 큰 책을 첫 번째 책으로 출판하고 나서는 더 이상 진행하지 않고, 그것을 『교회 교의학』으로 대체했다. 그 후 『교회 교의학』은 여러 권 출판되었고, 그의 대표작으로 자리 잡았다.

[4] Karl Barth, *Church Dogmatics* (New York: Charles Scribner's Sons, 1936), 1.1.9; cf. 141-47. 이후부터는 CD로 표기하겠다. 새로운 신학 운동이 실존주의 철학에 비견되는 주된 이유는 구원의 사건들이 과학이나 "객관적인" 사고를 통해 알 수 있는 영역과 날카롭게 대조되는 영역에서 일어난다고 주장하기 때문이다.

[5] Karl Barth, *The Epistle to the Romans* (London: Oxford University Press, 1933).

[6] Karl Adam, "Die Theologie der Krises", *Das Hochland* 23 (1926년 6월): 276-77.

했다. 그 한 가지 이유는 하르낙이 1914년에 독일의 전쟁 정책을 지지하는 성명서에 서명한 것에 대한 실망 때문이었다. 그는 그 성명서에 서명한 그리스도인들이 독일 문화를 지키는 것을 하나님의 나라보다 우위에 올려놓았다고 판단했다. 그는 차츰 구자유주의 신학은 전쟁의 피해로 인해 고통을 받는 사람들에게 아무런 위로도 주지 못한다는 확신을 갖게 되었다. 그는 블룸하르트 부자(父子), 마르틴 캘러, 아돌프 슐라터, 쇠렌 키에르케고르와 같은 "성경적 현실주의"를 따르는 사상가들과 성경으로 관심을 돌렸다. 그러고 나서 1919년에 그는 자신의 폭탄을 떨어뜨렸다.

그는 괴팅겐대학교(1921-25), 뮌스터대학교(1925-30), 본대학교(1930-35)에서 차례로 신학 교수로 활동했다. 그는 본대학교에 있는 동안, 히틀러를 반대하는 "고백교회"의 설립을 주도했다(고백교회는 독일 주류 교단들에 속한 대다수 그리스도인과 방향을 달리했다). 그는 "바르멘 선언문(오직 그리스도만이 주님이시며, 교회는 그 외의 어떤 것도 주로 섬겨서는 안 된다고 주장한 고백교회의 설립 선언문)"의 작성을 주관했다. 바르트는 히틀러에게 충성을 맹세하는 것을 거부했다는 이유로 교수직을 잃고, 다시 고향인 스위스로 돌아가서 1935년부터 세상을 뜰 때까지 바젤대학교의 교수로 일했다.[7]

그의 신학은 슐라이에르마허와 리츨 학파가 포함된 "신(新)개신교주의(현대주의)"를 강하게 비판했다.[8] 그는 그것이 주관적이고, 심리적이라고 말했다. 신개신교주의는 하나님의 음성과 인간의 음성, 곧 신학과 인간학을 혼동했고,[9] 기독교를 문화와 동일시했으며, 죄를 가볍게 다루었다. 그와는 대조적으로 바르트는 루터와 칼빈을 비롯해 개혁주의 전통을 따르는 신학자들에게는 부드러운 태도를 취했다. 그는 카이퍼, 바빙크, 벌카워를 긍정적으로 인용했고, 심지어는 자신이 반대했던 종교

---

7) 바르트는 2차 세계 대전의 기독교 영웅들 가운데 한 사람이다. 그런 그가 전쟁이 끝난 뒤에 소련의 득세와 교회에 대한 박해에 대해서는 그런 반응을 나타내지 않았다는 것은 조금 당혹스럽다. 그 이유를 알고 싶으면 다음 자료를 참조하라. Karl Barth, "Nazism and Communism", *Christianity and Crisis* (1951년 2월 5일). 그는 이 논문에서 몇 가지 타당한 이유를 제시했지만 그의 전체적인 논조는 그다지 설득력이 없다. 그의 태도는 그렇게 용감하지 못하다. 그는 공산주의를 비판했지만 초기에 있었던 사회주의와의 연관성 때문에 올바른 균형 감각을 잃지는 않았는지 의심스럽다.

8) 그가 저술한 『19세기 개신교 신학(*Protestant Theology in the Nineteenth Century*)』은 매우 중요하다. 그 가운데 열한 장이 영어로 번역되었다. 다음 자료를 참조하라. Karl Barth, *Protestant Thought: From Rousseau to Ritschl* (New York: Simon and Schuster, 1969). 바르트는 비평적인 입장을 취하면서도 슐라이에르마허의 사상은 존중하고, 경탄해 하는 태도로 진지하게 분석했지만 리츨의 사상에 대해서는 조금도 사정을 두지 않았다.

9) "현대주의는 아무도 부르는 사람이 없는데 인간이 스스로 대답하는 소리에 귀를 기울인다. 현대주의는 인간이 스스로에게 말하는 소리를 듣는다." Barth, *CD*, 1. 1, 68.

개혁 이후의 성경 영감에 관한 교리가 성경에 대한 신개신교주의의 견해보다 더 낫다고 말했다. 그의 『교회 교의학』은 모든 전통적인 교리를 진지하게 분석하는 데 초점을 맞추었다. 그는 그곳에서 자신의 신학이 철학이나 인간의 감정이 아닌 성경에 근거한다고 강조했다. 이런 사실 때문에 바르트를 보수적이고, 신정통적인 신학자이자 참된 개혁주의 기독교의 전형으로 생각하는 사람들이 많다.

그럼에도 불구하고 어떤 사람들은 바르트가 정통주의와 무관하다고 주장한다. 그들은 그의 사상이 정통적인 표현 아래 이단 사상을 은닉함으로써 전통적인 기독교를 크게 위협한다고 지적한다. 벌카워는 바르트를 다룬 첫 번째 책『칼 바르트』에서[10] 그를 강도 높게 비판했다.[11] 다른 네덜란드 신학자들과 네덜란드계 미국인 신학자들은 벌카워의 비판에 동의했을 뿐 아니라 거기에서 한 걸음 더 나아갔다. 코넬리우스 반틸은 『새로운 현대주의』에서 바르트의 신학(브룬너의 신학도 아울러 다루었다)은 용어만 다를 뿐 그 내용은 리츨 신학과 조금도 다르지 않다고 주장했다.[12] 그는 메이첸의 『기독교와 자유주의』와 보조를 맞추기 위해 일부러 『기독교와 바르트주의』라는 제목으로 출판한 책에서도 바르트는 자신이 비판한 신개신교주의자들과 크게 다르지 않다고 주장했다.[13]

앞으로 살펴보겠지만 불트만과 같은 일부 자유주의 신학자들은 바르트가 지나치게 정통주의적이라고 비판했다. 그러나 리처드 니버, 랭던 길키, 앨런 리처드슨, 폴 틸리히, 위르겐 몰트만과 같은 신학자들은 바르트가 그 모든 노력에도 불구하고 구자유주의의 한계를 극복하지 못했다고 주장했다.[14]

바르트에 대한 평가가 학자들 사이에서 다양하게 엇갈리는 한 가지 이유는 그를 해석하기가 어렵기 때문이다. 그의 저서는 방대하고 복잡하기 때문에 그의 말이 "실제로 무엇을 의미하는지에 대해" 논쟁이 많았다. 이런 사실은 그의 책은 물론이

---

10) G. C. Berkouwer, *Karl Barth* (Kampen: Kok, 1936).
11) 바르트를 다룬 벌카워의 두 번째 책은 다음과 같다. *The Triumph of Grace in the Theology of Karl Barth* (Grand Rapids: Eerdmans, 1956). 그는 이 책에서는 바르트에 대해 다소 우호적인 태도를 보였지만 진지한 비판을 가하기는 마찬가지였다.
12) Cornelius Van Til, *The New Modernism* (Nutley, NJ: Presbyterian and Reformed, 1973). 이 책은 1946년에 처음 출판되었다.
13) Cornelius Van Til, *Christianity and Barthianism* (Philadelphia: Presbyterian and Reformed, 1962).
14) 증거 자료를 원한다면 다음 자료를 참조하라. *CVT*, 365-66.

고, 개개의 문장에도 똑같이 적용된다. 바르트는 문장의 앞뒤에 종속절을 붙여 복잡한 문장을 구사하는 데 매우 능숙하다. 이 때문에 그의 『교회 교의학』에 대한 다양한 해석이 가능하다. 바르트에 관한 논문은 무엇이든 그의 글을 토대로 입증할 수도 있고, 또 논박할 수도 있다. 그에 대한 나의 견해는 대체로 부정적이지만, 그의 책을 여러 시간 동안 읽으면서 잘못된 것은 하나도 발견하지 못하고, 오히려 인격과 신앙에 유익한 내용만을 발견할 때가 적지 않다. 어느 누가 바르트를 해석하더라도 "해석자가 바르트를 잘못 이해했다."고 말하면서 그의 글에서 그와 반대되는 주장을 입증하는 많은 인용문을 끄집어내는 비평가를 피하기는 어렵다. 바르트를 좋게 평가하거나 나쁘게 평가하는 이차 자료들은 종종 편파적일 때가 많다.

나는 아래의 논의에서 바르트의 글을 직접 살펴 그에 대한 나의 평가를 뒷받침하려고 노력했다. 물론 그런 노력을 기울였더라도 모든 비평가를 침묵하게 만들기에는 충분하지 않을 것이다. 그러나 만일 나의 평가를 비판하려면 비평가들도 내가 인용한 바르트의 말을 설득력 있게 설명해야 할 책임이 있다.

바르트는 일찍이 『교회 교의학』에서 향후에 자신의 신학에서 종종 언급하게 될 한 가지 주제를 제시했다.

> 계시의 진리는 예수 그리스도 안에서 단번에 이루어진 하나님의 자유로운 결정 안에 근거하고, 바로 그런 이유와 정확히 그런 점에서 우리를 위한 미래적인 의미를 지니며, 제어하기 힘든 믿음의 현실 가운데서 이따금 교회 안에서 사실이 되어 나타나야 한다. 계시의 진리는 자유롭게 행동하시는 하나님, 오직 그분에게서 직접 비롯한다.[15]

그렇다면 그리스도 안에서 자기를 나타내신 하나님의 자유가 계시를 "정확히 미래적인 성격"을 지니도록 만드는 이유는 무엇일까? 성경은 과거에 주어진 하나님의 "영구적인" 계시(예를 들면 하나님이 직접 손으로 쓰신 언약의 문서, 출 31:18)에 주의를 기울이라고 거듭 강조한다. 그 문서는 성막과 성전의 가장 거룩한 장소에 보관되었다.[16] 요시야 왕이 성전에 방치된 율법책을 발견했을 때 이스라엘에 영적 부흥이 일

---

15) Barth, *CD*, 1.1, 16.
16) 다음 자료의 16장("기록된 하나님의 말씀의 영원성")을 참조하라. *DWG*, 101–4.

어났다(왕하 22:8-23:20). 유다도 "성도에게 단번에 주신 믿음의 도를 위하여 힘써 싸우라"(유 1:3)라는 말로 과거에 주어진 하나님의 계시에 주목하라고 강조했다. 이 말은 유다 당시에 이미 복음이 완벽한 내용을 갖추고 있었다는 사실을 암시한다. 바울과 베드로는 신자들에게 "하나님의 감동하심으로" 기록된 구약 성경을 활용해 현재에 필요한 문제들을 해결하라고 권고했다(딤후 3:16, 17; 벧후 1:19-21).

바르트가 말한 것과는 달리 그런 거룩한 문서는 "이따금 교회 안에서 사실이 되어 나타나지" 않는다. 그것은 항상 사실이다. 교회는 그 내용에 주의를 기울여야 한다. 우리는 하나님의 계시가 사실이 되기를 기다릴 필요가 없다. 계시는 항상 사실이다. 왜냐하면 "어제나 오늘이나 영원토록 동일하신"(히 13:8) 예수 그리스도께서 곧 계시자이신 하나님이시기 때문이다. 그분의 약속은 확실하다(시 19:7, 132:11; 고후 1:20).

물론 계시에 대한 교회의 이해와 확신과 적용은 많은 우여곡절을 거치기 마련이다. 전통적인 신학은 그런 사실을 항상 알고 있었다. 죄는 하나님의 계시를 받아들이려는 우리의 의지에 영향을 미치고, 성령께서는 우리를 새롭게 해 다시 계시를 붙잡도록 이끄신다. 그러나 성경은 그런 과정을 하나님의 계시가 사실이 되었다가 거짓이 되고, 다시 사실이 되는 식으로 묘사하지 않는다. 전통적인 개혁신학은 그 과정을 성령의 조명으로 일컫는다(성령의 조명은 지성에 미친 죄의 영향을 극복하게 해준다).[17] 바르트는 계시와 조명을 혼동했다는 비판을 종종 받는다. 성경은 최소한 두 곳에서 조명을 일종의 계시로 묘사했다(마 11:27; 엡 1:17). 그러나 이것은 성경의 일상적인 방식은 아니다. 성경은 그런 구절들을 내세워 계시의 객관성을 부인하지 않는다. 조명은 객관적인 계시에 대한 조명이다. 성경은 하나님의 계시가 "이따금만 교회 안에서 사실이 되어 나타날" 수 있다고(즉 사실이었다가 거짓이었다가 다시 사실이 되는 식으로) 말씀하지 않는다.

그렇다면 왜 바르트는 하나님의 계시가 항상 사실이 아니라 가끔씩만 사실이 된다고 믿고, 또 그것을 하나의 원리로 간주했을까? 위의 인용문에서 그의 초점은 하나님의 자유에 있다. 그가 말한 하나님의 자유는 그분 마음대로 자신의 말을 거짓

---

17) 바울은 로마서 1장 18-32절에서 "진리를 가로막는다."라는 말로 지성에 미친 죄의 영향을 표현했다.

이 되게 했다가 다시 사실이 되게 만들 수 있을 만큼 변덕스러운 성격을 지닌다. 그의 입장은 4장과 다른 곳에서 논의한 대로 극단적 유명론(extreme nominalism)에 해당한다.[18] 성경과 전통적인 신학에 따르면 하나님은 주권자이시지만 그렇다고 해서 모든 점에서 자유로우신 것은 아니다. 예를 들어 하나님은 거짓말이나 악한 일을 할 수 없고, 또 다른 신을 만드실 수 없다.[19] 하나님은 그런 일을 하실 자유가 없다. 그 이유는 연약함 때문이 아니라 그분 자신의 본질과 속성 때문이다. 선하심, 충실하심, 진실하심이 그분의 영구적인 속성이요 본질이다. 하나님은 그런 속성과 본질을 거스를 수 없으시다. 만일 그렇게 하실 수 있다면 그분은 성경의 하나님이 아닌 괴물에 지나지 않는다. 하나님의 말씀은 진리다(시 119:160; 요 17:17). 하나님은 진리를 거짓으로 만들었다가 다시 진리로 만들고, 또다시 거짓으로 만들 자유는 없으시다. 그러나 바르트는 하나님께 그런 자유를 부여하려고 한 것처럼 보인다.

하나님의 자유에 대한 바르트의 유명론적 개념은 인격이 본질이 아닌 자유로운 선택의 연속이라고 생각했던 키에르케고르의 실존주의적인 개념과 흡사하다. 바르트는 전통적인 기독교에 관한 개념을 "사건"이라는 말로 바꾸었다. 그의 비평가들은 이를 "행동주의(또는 현실주의)"로 일컫는다. 그런 입장은 성경적인 기독교와는 거리가 멀다. 성경은 하나님이 시간과 공간 속에서 일어나는 역사적 사건들을 통해 자기 백성을 구원하신다고 말씀한다. 그 사건들은 예언과 기록된 말씀 안에 영원히 기록되어 간직되었다. 하나님이 적합하게 생각하시는 대로 자신의 백성을 다스리는 그분의 주권적인 자유가 그런 영구적인 계시를 통해 표현되었다.

바르트는 계시를 세 가지 범주(전파된 말씀, 기록된 말씀, 그리스도로 화육된 말씀)로 나눠 논의했다. 그리스도께서는 계시 자체이시고, 기록된 말씀은 그분을 증언한다는 점에서 계시로 간주된다. 또한 전파된 말씀은 기록된 말씀에 근거해 그리스도를 증언한다는 점에서 역시 계시로 간주된다.[20] 하나님은 이 세 가지 방식을 통해 우리에

---

[18] 8장에서는 키에르케고르의 유명론을 논의했다. 키에르케고르도 영원히 시간 속으로 들어오는 역설적인 "순간"을 강조했다. 바르트는 그런 순간을 "계시"로 일컬었다. 따라서 자신의 신학이 실존주의 철학에 전혀 영향을 받지 않았다는 그의 주장은 거짓으로 드러난 셈이다. 또한 그는 그런 순간을 하나님이 성경을 통해 말씀하시는 것을 들을 때에 일어나는 "사건"으로 묘사하기도 했다(아래의 논의를 참조하라). 나는 이것이 1장의 직사각형 도표를 통해 나타낸 비성경적인 초월의 개념을 표방한 것이라고 생각한다.

[19] 다음 자료를 참조하라. *DG*, 513-23.

[20] Barth, *CD*, 1.1, 98.

게 말씀하신다. 하나님의 말씀은 그분이 자유롭게 결정하실 때마다 이따금 우리에게 사실이 된다.

바르트는 앞의 인용문에서 계시(아마도 세 가지 범주 모두를 포함하는 계시)가 "우리를 위한 미래적인 의미를 지닌다."고 말했지만,[21] 성경에 관한 교리를 진술하면서 계시의 과거적 차원을 인정했다.

> 교회의 선포는 과거에 대한 회상과 미래의 계시에 대한 기대를 바탕으로 이루어져야 한다.[22]

"회상"은 성경을 읽을 때 일어난다. 그러나 바르트는 성경 본문이 그 자체로 하나님의 말씀이라는 것을 부인했다. 성경은 하나님이 성경 말씀을 통해 우리에게 말씀하시는 사건이 일어나는 장소일 뿐이다(나는 앞에서 이를 "조명"으로 일컬었다).

> 성경은 이 사건을 통해 하나님의 말씀이 된다. "성경은 하나님의 말씀이다."라는 진술문에서 "이다."라는 작은 단어가 가능한 이유는 성경이 사건을 통해 그렇게 되어졌기 때문이다. …[23] 그러나 성경이 우리를 위한 계시의 말씀이 되는 것은…하나님의 행위와 무관하지 않다. 성경이 이따금 우리에게 그분의 말씀이 되는 이유는 바로 그분의 행위 때문이다.[24]

따라서 "회상"을 통해 나타나는 성경의 과거성은 앞서 말한 바르트의 원리(즉 계시는 미래적인 의미를 지닌다는 것)에서 벗어나는 예외가 아니다. 성경을 읽을 때도 하나님은 우리에게 단지 가끔씩 말씀하신다. 회상은 항상 기대를 수반한다. 과거의 계시는 고착된 계시가 아니라 미래의 계시에 대한 약속이다.

---

21) 이 말은 위르겐 몰트만과 볼프하르트 판넨베르크의 "미래 지향적인" 신학의 출현을 예고한다. 11장을 참조하라.
22) Barth, *CD*, 1.1, 111.
23) 헤겔의 변증법에서 "존재"와 "되어가는 존재"가 서로 합체되는 것을 기억하라.
24) Barth, *CD*, 1.1, 124.

10장 20세기 자유주의 신학 1　539

따라서 성경은 그 자체로 과거에 주어진 하나님의 계시가 아니다. 이는 교회의 선포가 그 자체로 기대된 미래의 계시가 아닌 것과 같다. 그러나 우리에게 말씀하는 성경이나 우리가 하나님의 말씀으로 받아들여 귀를 기울이는 성경은 과거의 계시를 증언한다.[25]

바르트에 따르면, 성경은 그 자체로는 아무런 권위가 없다. 성경은 그리스도를 가리키는 역할을 했던 세례 요한과 같다.[26]

따라서 성경을 그것과는 다른 어떤 것, 곧 계시와 직접적으로 동일시하는 것은 성경을 존중하지 않은 것이자 성경이 원치 않는 일을 행하는 것이다.[27]

"성경이 전체적으로 균등하게 영구적으로 영감되었다는 교리"를 받아들일 때 그런 일이 일어난다.[28] 바르트는 그 교리를 17세기 정통 개신교의 "치명적인 교리"로[29] 간주해 전적으로 거부했다.[30] 그러나 "하나님의 말씀이 사건이 되는 곳에서는 계시와 성경이 사실상 하나이며, 그 순간에 정확히 문자적으로 하나가 된다."[31] 그러나 그는 그런 일치는 하나의 사건이기 때문에 그 둘이 서로 하나가 아니라고 덧붙였다.[32] 바르트는 다른 곳에서도 사건이 된 성경 말씀은 하나님의 말씀과 "간접적으로 일치한다."고 말함으로써 그런 개념을 되풀이했다.[33]

우리는 여기에서 바르트의 신학이 때로 "변증 신학"으로 불리는 이유를 이해할 수 있다. 성경이 하나님의 말씀이려면 하나님의 말씀이 "되어야" 한다.[34] 성경은 우리가 간섭할 수 없는 사건을 통해 하나님의 말씀이 된다. 성경을 읽을 때 하나님

---

25) Ibid., 125. 바르트는 성경에 대한 자신의 이해를 계시에 대한 "증언"으로 설명했다(1.2, 457-72).
26) Barth, *CD*, 1.1, 126.
27) Ibid.
28) Ibid.
29) Ibid., 128.
30) 다음 자료를 참조하라. *CD*, 1.2, 524-26. 바르트는 성경이 자연과 역사와 관련된 내용은 물론 "종교와 신학에 관해서도" 오류를 포함하고 있다고 주장했다. Ibid., 510.
31) Barth, *CD*, 1.1., 127.
32) Ibid.
33) "간접적인 의사소통"에 관한 키에르케고르의 개념과 비교하라(8장 참조).
34) "존재"와 "되어가는 존재"에 관한 헤겔의 철학적 논의를 참조하라.

이 말씀하느냐 하지 않으시냐는 전적으로 그분의 결정에 달려 있다. 따라서 성경의 영감은 "전체적으로 균등하게 영구적으로" 주어질 수 없다.

이런 성경관은 성경 말씀을 시험적으로, 선택적으로, 비평적으로 듣도록 유도한다. 그러나 성경의 가르침에 따르면 신자는 그런 태도를 취해서는 안 된다.[35] 바울은 디모데후서 3장 16, 17절에서 성경이 하나님의 감동하심으로 기록된 영구적인 정경이라고 강조했다. 우리는 어떤 상황에서도 성경을 의지할 수 있다. 성경의 영감은 "일반적이고", "균등하다." 영감의 범위는 "모든" 성경에 미친다.[36] 이사야서 40장 8절은 모든 성경 저자들의 견해(선지자들이 전한 하나님의 말씀은 "영원한", 즉 항구적인 계시라는 견해)를 정확하게 대변한다.

바르트는 또한 이렇게 덧붙였다.

> 계시는 다름 아닌 예수 그리스도의 인격이자 그분을 통해 일어난 화목이다. 계시를 말한다는 것은 "말씀이 육신이 되셨다."고 말하는 것과 같다.[37]

바르트는 그리스도를 하나님에 대한 최상의 계시로 간주했다. 그러나 그리스도도 다른 모든 계시처럼 감추어진 계시, 비밀스런 계시인 것은 마찬가지다. 여기에서 우리는 바르트가 (그가 암시한 요한복음 1장 1-14절에 분명하게 언급된 대로) 역사적인 나사렛 예수를 하나님의 말씀과 동일시함으로써 레싱의 도랑을 뛰어넘어 계몽주의의 성경 비평을 극복했다고 생각하기 쉽다. 그러나 그는 이렇게 덧붙였다.

---

[35] 성경의 영감에 대한 성경 저자들의 견해는 예수님의 견해를 따른다. 지금까지 많은 복음주의 저술가들이 그들의 견해를 상세하게 설명했다. 다음 자료를 참조하라. *DWG*.

[36] 디모데후서 3장 14-17절에 대한 바르트의 해설은 그의 『교회 교의학』에서 가장 설득력이 떨어지는 내용 가운데 하나다. *CD*, 1.2, 504. 그는 『교회 교의학』 505쪽에서 디모데후서 3장 16절이 말하는 "하나님의 감동으로" 기록된 성경의 속성(theopneustia)은 "성경적인 사고의 범위 안에서 이해할 때 특별한 섬김의 직분을 행하도록 선택되어 부르심을 받은 자들 안에서 이루어지는 특별한 복종의 태도를 가리킬 뿐"이라고 말했다. 그러나 디모데후서 본문은 "하나님의 감동으로"라는 말을 저자들이 아닌 성경 본문에 적용했다.

[37] Barth, *CD*, 1.1, 134. 155-56, 174 참조. "화목하게 하는 '하나님의 이 행위'가 곧 그리스도 안에 존재하는 하나님이다."(372). 그는 380쪽에서는 "오순절과 관련된 것은 성금요일과 부활절의 사건과 조금도 다르지 않다."라고 말했다. 그는 372쪽에서 이 세 가지 사건을 일종의 변증법적 관계로 다루었다. 성금요일은 "가리는 것"이고, 부활절은 "드러내는 것이며" 오순절은 "전달하는 것"으로 각각 성부와 성자와 성령과 일치한다. 바르트의 경우에는 성경이 증언하는 구원 역사의 과정 속에서 일어난 모든 사건이 "그리스도 안에 존재하는 하나님"으로 집약되는 것처럼 보인다.

예수 그리스도는 사실 확실한 역사적인 정보를 확보하기 어려운 나사렛의 랍비였다. 설혹 그런 정보를 확보한다고 해도 그분의 행위는 다른 종교의 창시자들은 물론이고, 심지어는 나중에 그분의 "종교"를 대변했던 많은 사람들과 견주어보더라도 너무 평이하고, 약간 진부한 감이 없지 않다.[38]

하나님의 계시가 "속된 세상"에 들어왔다. 바르트는 역사적 예수에 관해 회의적인 입장을 취하는 학자들이 틀렸다고 말하지 않는다. 그는 오히려 그들의 입장을 지지하며 가장 급진적인 성경 비평이 이루어지도록 허용했다. 마치 그는 그런 회의론자들이 발견한 것들을 용인하면서도 하나님이 예수 그리스도 안에서 자신을 계시하셨다는 것을 여전히 사실로 주장하려고 했던 것으로 보인다. 여기에서 우리는 바르트가 계시와 동일시했던 그리스도가 과연 역사적인 예수와 동일한 인물인지를 의심해 봐야 할 필요가 있다. 후자에 대한 바르트의 설명은 전자에 대한 그의 설명과 크게 다를 뿐 아니라 서로 모순을 일으키기까지 한다.

그러나 바르트는 그런 모순에 전혀 구애받지 않고, "예수 그리스도"를 하나님의 계시로 제시했다. 예수님을 통해 나타난 계시도 다른 모든 계시와 마찬가지로 "드러남 안에 가리어 있고, 가리어짐 안에 드러나 있는 하나님"을 보여준다.[39] 따라서

> 우리는 오로지 속된 형태만을 분별할 수 있지만 "믿음"을 통해 하나님의 거룩한 말씀의 내용을 듣는다. 그리고 또한 우리는 오직 말씀의 거룩한 내용만을 분별할 수 있지만 믿음을 통해 속된 형태로 나타난 하나님의 말씀을 듣는다.[40]

---

[38] Ibid., 188. 이런 말은 나중에 그의 『교회 교의학』에서 다루어질 또 하나의 주제(곧 종교의 개념을 길게 비평한 내용)를 예고한다. CD, 1.2, 280-361. 바르트는 종교를 "자기 의지", "자기 구원"과 같은 것으로 정의한다. 나는 이것을 비성경적인 정의로 간주한다. 영역 성경에서 "종교"라는 용어는 그렇게 자주 발견되지 않는다. 야고보서 1장 26, 27절에 "종교"로 번역된 말은 믿음의 실천을 의미한다(한글 성경은 "경건"으로 번역했다—역자주). 신학자들과 설교자들은 자신의 주장을 펼치기 위해 좋은 용어들을 제멋대로 정의해서는 안 된다. 본훼퍼가 이와 관련된 논쟁을 자주 언급한 것이나 최근에 나도는 "종교는 싫지만 예수님은 사랑합니다."와 같은 비디오에 대해서도 같은 말을 하고 싶다. 그런 표현은 그럴싸해 보이고, 또 형식주의와 전통주의의 폐단을 지적하려는 취지를 지닌 것처럼 들리지만 좋은 용어를 제멋대로 폄하하는 것은 결코 바람직하지 않다.

[39] CD, 1.1, 200.

[40] Ibid., 201.

성경적인 심판의 선언을 성경적인 구원 은혜의 선언과 연관시킬 때도 이와 동일한 변증적 역설이 다시 등장한다. 절망과 승리는 연속적인 계시가 아니다. 이 둘은 각각 서로에게서 발견된다.[41] 이것이 루터가 말한 "십자가의 신학"에 관한 바르트의 해석이다. 하나님의 은혜를 알아야만 진노와 심판에 관해 알게 되고, 그분의 진노와 심판에 관해 알아야만 그분의 은혜를 알 수 있다.[42]

그렇다면 인간은 어떻게 이 역설적인 계시에 관한 지식을 얻을 수 있을까? 바르트는 이렇게 말했다.

> 세 가지 형태를 통해 나타나는 하나님의 말씀의 현실은 그 자체에만 근거한다. 사람들은 그것을 인정함으로써만 그것에 대한 지식을 얻을 수 있다. 그런 인정은 말씀 자체를 통해서만 현실이 될 수 있고, 말씀과 함께 시작해야만 이해가 가능해진다.[43]

이런 식의 인식론은 내가 앞서 1장에서 옹호했고, 4장에서 안셀무스를[44] 논의하면서 언급했던 "전제적인" 접근 방식을 상기시킨다. 나는 나중에 고든 클라크와 코넬리우스 반틸을 논할 때 이것을 다시 언급할 생각이다(13장). 하나님의 말씀을 알고, 이해하려면 그분의 말씀과 반대되는 생각이나 개념이 아닌 말씀 자체에서부터 시작해야 한다. 나는 이것이 근본적으로 옳다고 생각한다. 그렇다면 바르트의 경우에는 이것이 어떤 의미를 지닐까? 그는 계시는 영구적인 진리의 보고(寶庫)가 아닌 가끔씩 일어나는 사건이라고 생각했다. 우리가 그런 사건을 경험할 때 그것은 하나님을 드러내는 만큼 또한 감춘다. 하나님의 말씀에 대한 지식은 말씀에 의해 지배되어야 한다는 바르트의 견해에는 동의하지만 말씀에 의해 지배되는 것과 다른 무엇에 의해 지배되는 것의 차이를 구별해야 할 필요가 있다. 그러나 계시의 역설적이고, 신비적인 본질은 이 문제에 대한 대답을 허용하지 않는다.

---

41) Ibid., 204.
42) Ibid., 205.
43) Ibid., 213.
44) 바르트는 안셀무스에 대해 종종 매우 우호적인 입장을 취했다. 다음 자료를 참조하라. Barth, *Anselm: Fides Quaerens Intellectum* (Eugene, OR: Wipf and Stock, 1975). 그는 『교회 교의학』에서도 안셀무스에 관해 논했다(1.1, 263). 나는 안셀무스에 관한 바르트의 전제적인 해석으로부터 많은 깨달음을 얻었다.

전통적인 신학은 하나님의 계시가 그분의 생각을 온전히 알려주지 않는다는 점에서 그것을 신비로 인정하지만 그것이 이해할 수 없는 신비일지라도 또한 알 수 있다고 고백한다. 따라서 성경의 계시는 참된 지식, 곧 우리가 사실로 확인할 수 있는 가르침을 전달한다. 계시를 통해 하나님에 관해 더 많이 알기를 원할 때 우리는 이 진리를 전제로 삼을 수 있다. 이런 지식의 과정은 불신자들이 추구하는 지식과는 다르다. 그러나 바르트의 체계 안에서는 무엇을 전제로 하는지가 확실하지 않다. 하나님의 말씀을 이해하기 위해 그분의 말씀에서부터 시작해야 한다는 바르트의 말은 바람을 잡는 것처럼 이렇다 할 실체가 없다.

그런데도 바르트는 전통적인 접근방식을 비평의 표적으로 삼았다.

> 마치 마음대로 처분할 수 있는 자본금을 다루는 것처럼 말씀과 믿음을 다룰 수 있다고 주장하는 사람이나 교회나 교회의 선포나 교의학은 바로 그 점 때문에 실상은 말씀이나 믿음을 소유하지 못한 것으로 드러날 것이다. 만일 그것들을 소유했다면 그것을 당연시하지 않고, 오히려 주리고 목말라하면서 열심히 추구할 것이다. 이것이 지복에 이르는 유일한 길이다.[45]

대다수의 전통적인 신학자들은 자기들이 계시를 "마음대로 처분할 수 있는 자본금처럼" 생각한다는 바르트의 말을 인정하지 않을 것이 분명하다. 그러나 그는 그것이 정통 개신교 신학자들이나 근본주의자들의 태도라고 생각했다. 그런 생각이 그의 글 곳곳에 드러나 있다. 정통주의자들은 하나님의 계시(따라서 하나님까지)를 "마음대로 처분할 수 있다."고 생각하기 때문에 그분의 말씀을 "소유하고", "통제하고", "보존하고", "이용하고", "객관화하고", "정복할" 수 있다고 믿는다는 것이 그가 말하려는 요점이다. 그런 태도를 버리려면 바르트가 하는 대로 계시를 "이따금 사실이 되는" "사건"으로 받아들이는 길밖에 없다. 바르트는 그렇게 해야만 우리가 말씀을 지배하지 않고, 말씀이 우리를 지배한다는 것을 인정할 수 있다고 생각했다.

물론 우리는 때로 하나님의 말씀을 지배하려는 잘못을 저지를 수 있다. 신학을

---

[45] CD, 1.1, 258. 309-10 참조.

공부해 본 사람이면 누구나 신성한 주제를 다루기에는 너무 교만하게 보이는 신학 서적들을 접해 본 경험이 있다. 그런 책들의 저자들은 자신의 지식을 조금도 의심하지 않는다. 우리 가운데도 그런 식으로 신학 서적을 쓰는 사람들이 없지 않다. 그런 저자들은 신학적으로는 하나님의 불가해성을 인정하면서도 실제로는 그분에 대해 모르는 것이 아무것도 없다는 듯이 처신한다. 그들은 자신들의 이론이 스스로의 한계를 드러낼 수도 있는 시험적인 성격을 띠고 있다는 사실을 인정하려고 들지 않는다. 그들은 마치 자신들의 이론은 아무런 의문의 여지가 없다는 듯 조금도 주저하지 않고 자기에게 동의하지 않는 신자들을 가차 없이 깎아내린다. 우리 모두는 스스로에게서 그런 징후가 나타나고 있지 않은지 조심스레 살펴야 할 필요가 있다.

그러나 1) 이 죄는 근본주의자들이나 정통적인 신학자들에게만 국한되지 않는다. "현대 성경 비평학의 확실한 결과들을" 비웃는다는 이유를 내세워 근본주의자들을 깔보며 경시하는 자유주의 학자들에게서도 이 죄가 발견된다. 또한 자신들의 변증법적인 신학 이론이 전통적인 신자들의 단순한 견해보다 훨씬 더 심오하다고 생각하는 바르트주의자들도 예외가 아니다. 2) 이런 교만은 도덕적이고, 영적인 문제에 해당한다. 따라서 계시에 관한 바르트의 변증법적인 개념이 그런 문제를 극복하기는 고사하고, 과연 그런 문제가 발생하지 않도록 제어하는 기능조차 잘 감당할 수 있을지 궁금하다. 해결책은 바르트의 변증법이 아닌 성령의 사역에 있다. 성령께서는 말씀을 증언하시기 때문에 신학자는 자신의 행위와 태도를 하나님이 성경을 통해 가르치신 것에 비춰봐야 한다. 3) 바르트의 변증법은 말씀을 덧없이 사라지는 것, 곧 일어나자마자 없어지는 사건으로 만들어 단지 회상과 기대만을 남겨 놓는다. 그의 논리에 따르면 설령 하나님의 말씀을 소유하려고 시도하는 죄를 짓기를 좋아하는 성향이 있다고 하더라도 성경에 그것이 죄라는 것을 지속적으로 깨우쳐 줄 하나님의 말씀이 존재하지 않는 셈이 되고 만다.

그러면 신학은 또 어떻게 될까? 어떻게 덧없이 사라지는 계시적인 사건들로부터 바르트의 『교회 교의학』과 같은 책들에서 발견되는 말로 된 분석과 결론이 도출될 수 있는 것일까? 바르트는 교의학은 계시에 근거해야 한다고 말했다. 그러나 어떻게 비명제적인 계시에 근거해 명제적인 교의학을 확립할 수 있단 말인가? 어떻게 문장이 사건에 근거할 수 있단 말인가?

바르트는 『교회 교의학』에서 "교리"를 "계시된 진리들의 체계"로 정의한[46] 로마 가톨릭교회의 입장을 비판했다.[47]

> 따라서 우리는 "과연 계시의 진리가 다른 진리들처럼 '진리(알레데이아)'로서 고정될 수 있는 것인가?(즉 진리로 계시되어지는 사건과는 아무 상관없이 인간의 생각과 개념과 판단 속에 감추어진 특징이 밝히 드러난 상태가 되어 이렇게 한정된 형태로 만들어져 보존될 수 있는 것인가)"라고 물어야 할 필요가 있다. 교리적인 명제의 진리는 분명히 그런 경우에 해당한다. 그러나 계시의 진리가 과연 그런 구체화와 객관화에 지배될 수 있을까? 그것을 계시하신 분의 인격과 그분의 계시적인 행위(이를 통해 인식의 주체인 또 다른 인격에게 계시가 주어진다)와 분리된 형태로 그것을 소유하는 것이 과연 가능할까?[48]

바르트는 만일 신학(교의학)을 명제로 계시된 진리로 구성된 것으로 이해한다면 계시의 본질을 훼손하는 것이라고 말한다. 명제는 인간의 소유, 이용, 보존에 예속된다. 앞서 살펴본 대로 바르트는 인간이 하나님의 말씀을 그런 식으로 다루려고 하는 것을 막기 위해 계시를 사건으로 간주하는 자신의 교리를 제시했다. 그리고 또한 그는 교의학이 계시에 충실하려면 그것도 인간적인 오염을 방지할 수 있는 형태를 취해야 한다고 주장했다.

이렇듯 바르트는 계시와 명제에 큰 차이를 두었다. 지금까지 살펴본 대로 이것(하나님에 관한 진리는 명제적 형태로 진술될 수 없다는 것)은 자유주의 신학의 역사 속에 나타나는 중요한 주제 가운데 하나다. 스피노자, 세버리, 레싱, 칸트, 헤겔, 슐라이에르마허, 리츨 등 모두가 계시된 명제가 불가능한 이유를 밝히는 논증을 펼쳤다. 바르트도 자기 나름의 논증을 펼쳤다. 앞선 사상가들이 명제적 계시를 거부한 이유는

---

[46] 문맥을 살펴보면 바르트는 교리가 "교리적인 명제"보다는 하나님의 "명령"으로 구성되었다고 말하기를 좋아한 것으로 드러난다. 이것은 다소 성경적인 의미를 지닌 것으로 보인다. 그러나 엄밀하게 따지면 명제로 구성된 신학에 대한 바르트의 비판은 "명령"으로 구성된 신학에도 똑같이 적용될 수 있다.

[47] 그의 비판이 타당성을 지닌다면 이는 전통적인 개신교와 동방 정교회는 물론, 자유주의를 제외한 모든 기독교 교단과 교파에게까지 적용될 수 있다.

[48] CD, 1.1, 309-10. 1.2, 507 참조.

자율적인 인간의 지성이 외부의 권위에 속박되는 것을 원하지 않았기 때문이다. 그러나 바르트의 논증은 그와는 다르다. 그에게 명제적 계시가 불가능한 이유는 그것이 인간의 자유가 아닌 하나님의 자유를 훼손하기 때문이다. 물론 이러나저러나 결과는 마찬가지다. 바르트도 계시된 명제를 인정하지 않았다. 따라서 인간은 믿어야 할 것과 행해야 할 것에 관한 하나님의 명령에 구속되지 않는다. 인간은 단지 사건으로 주어지는 하나님의 계시에 의해서만 구속받는다. 그런 사건이 언제 일어났는지, 또 그 내용이 무엇인지는 아무도 알지 못한다. 이처럼 바르트나 리츨이나 하나님의 계시가 자율적인 인간 학자의 작업을 제한하지 못한다는 입장은 동일하다. 바르트는 하나님의 자유와 성경 비평의 자유를 옹호했다. 결국 신개신교주의에 대한 바르트의 비판은 그 자신의 신학적 입장에도 불리하게 작용한다. 왜냐하면 "하나님의 음성"은 결국 인간의 음성으로 드러나기 때문이다. 인간이 자기 자신의 말을 듣는다는 점에서는 바르트나 슐라이에르마허나 아무런 차이가 없다. 바르트는 하나님의 음성과 인간의 음성을 혼동했다.

바르트는 『교회 교의학』에서 삼위일체 교리와 결부시킨 계시의 교리를 제시했다(1.1). 이것은 일찍이 계시를 그리스도와 동일시했던 그의 입장과 일맥상통한다. 그는 슐라이에르마허의 시도를 역으로 뒤집으려고 노력했다(슐라이에르마허는 계시를 일단 인간 수령자의 견지에서 바라보려고 시도했다). 바르트는 계시 자체는 "계시의 주체인 하나님의 편에서 바라볼 것을 요구한다."라고 주장했다.[49] 그러면서 이렇게 덧붙였다.

> 만일 계시를 계시의 주체인 하나님의 편에서 바라보기를 원한다면 우리는 무엇보다도 계시가 계시의 주체인 계시자, 곧 계시를 통해 나타난 그분의 행위는 물론, 그 결과와도 동일하다는 점을 이해해야 한다.[50]

바르트는 삼위일체 교리에 근거해 "하나님은 자기 자신을 주님으로 계시하신다."라는 주장을 설명했다.[51] 성부께서는 계시자("하나님"은 자신을 계시하신다)이시고, 성자

---

49) Ibid., 339. 그러나 그런 "요구"가 어떻게 비명제적인 사건에서 비롯할 수 있는지 궁금하다.
50) Ibid., 340.
51) Ibid., 351, 353.

께서는 계시이시며(하나님은 자신을 "계시하신다"), 성령께서는 "계시된 상태", 곧 그 행위의 "결과"이다(하나님은 "자신을" 계시하신다).[52] 세 분은 동일한 하나님이시지만 니케아 신조가 명시한 것과 비슷한 방식으로 서로 구별되신다. 어떤 저술가들은 계시의 개념 안에서 이런 식의 구별을 하는 것이 충분한지를 의문시한다. 바르트의 진술 내용이 사벨리우스주의라는 비난을 면할 수 있을 만큼 충분히 삼위 하나님의 인격을 구별했는지는 확실하지 않다. 그러나 그것보다는 바르트의 신론이 그 이전의 신론과 얼마나 크게 차이가 있는지를 생각해 보는 것이 더욱 적절할 듯하다. 사벨리우스는 물론 아타나시우스도 바르트의 견해(즉 삼위일체적인 하나님의 존재를 인간에게 자기 자신을 계시하신 행위와 동일시한 "행동주의적" 등식)와[53] 같은 것은 결코 상상하지 못했다.

> 성경에 따르면, 하나님의 계시는 하나님 자신이 직접 말씀하시는 것으로서 말씀하는 행위와도 구별되지 않고, 또 하나님 자신, 곧 이 행위에 직면한 인간이 공손히 "당신"으로 일컫는 신성한 "주체"와도 구별되지 않는다. 계시는 곧 "말씀하시는 하나님(Dei loquentis persona)"이다. 하나님의 말씀은 하나님 자신과 동일하다.[54]

그러나 바르트는 계시는 신적 존재 안에서의 사건일 뿐 아니라 인간 역사의 사건이기도 하다고 생각했다. 역사는 계시의 "종착지"이다.[55] 그는 계시의 그런 측면을 독특하게 이해했다.

> 역사적이라는 것은 역사적으로 고정될 수 있다거나 역사적으로 고정된 것을 의미하지 않는다. 역사적이라는 것은 "역사적"이라는 일상적인 의미…, 곧 중립적인 관찰자에 의해 이해될 수 있다거나 그런 존재에 의해 이해되는 것이라는 의미를 지니지 않는다.[56]

---

52) Ibid., 340.
53) 그러나 그는 계시를 삼위일체 하나님과 "혼동하거나" "동등하게 생각할" 의도는 없으며, 단지 그 둘 사이에 "참되고, 진정한 상호 관계"가 존재한다는 것을 주장할 뿐이라고 말했다. Ibid., 357.
54) Ibid., 349.
55) Ibid., 373.
56) Ibid.

그는 중립적인 관찰자는 길을 가다가 성전을 쳐다보거나 우연히 예수님의 말씀을 듣게 되는 행인처럼 계시의 형태만을 관찰할 수 있다. 그러나 그런 관찰자에게 그런 경험은 계시라고 말할 수 없다. 이런 사실은 예수님의 부활에도 똑같이 적용된다.

> 그리스도의 부활과 관련된 역사적인 요소들조차도(빈 무덤은 이 사건의 요소 가운데 하나로 간주된다. 이것은 고정될 수 있는 사실이다.) 확실히 계시는 아니었다. 이 역사적인 요소는 다른 모든 역사적인 것과 마찬가지로 매우 하찮은 해석에 이용되기 쉽다. …그 안에서 계시로서 진술된 사건들을 이해하는 객관적인 관찰자는 바로 그런 사실 때문에 더 이상 객관적인 관찰자로 머물지 않았다.[57]

중립적인 역사가, 곧 믿음이 없는 역사가는 계시의 존재를 확증할 수도 없고, 부인할 수도 없다.

바르트는 같은 문맥에서 성경에 기록된 계시는 전설은 포함할 수 있어도 신화는 포함하지 않는다고 말했다.[58] 이 구별은 그다지 분명하지는 않다. 아마도 바르트는 "창세기 1-3장과 같이 시간 속에서 일어난 연속된 "이야기"를[59] 가리키기 위해 "전설"이라는 용어를 사용했고, 영지주의나 올림포스 신들에 대한 헬라의 이야기와 같이 초시간적인 진리를 시간적인 언어를 사용해 표현하려는 시도를 가리키기 위해 "신화"라는 용어를 사용한 듯하다. 바르트에 따르면 전설이든 신화든 일어난 사건을 묘사한 내용이 오류로부터 자유롭지 못하기는 마찬가지다. 그러나 바르트는 그런 구별을 통해 계시는 영지주의의 경우처럼 초시간적인 지식을 통해서가 아니라 역사적인 사건들을 통해 주어진다는 점을 강조할 수 있었다.[60]

나중에 그는 계시와 역사의 관계를 좀 더 일반적으로 다루었다. "계시가 역사의 술어가 아니고, 역사가 계시의 술어다."[61] 다소 불확실한 이 말은 (예를 들어 리츨주

---

57) Ibid. 부활에 대한 논의를 참조하라(1.2, 113-21).
58) Ibid., 1.1, 376-78.
59) 이 말은 아래에서 논의한 대로 "구속사"를 의미한다.
60) 그러나 앞에서 살펴본 대로 바르트는 계시를 화목, 성금요일, 부활절, 오순절, 삼위일체, "그리스도 안에 존재하는 하나님"과 동일시함으로써 사실상 구원 사건들의 역사적인 순서를 무시한 것으로 보인다.
61) CD, 1.2, 58.

의자들이 시도했던 것처럼) "중립적인" 역사적 탐구를 통해서는 계시를 발견할 수 없고, 하나님이 자신을 계시하기로 결정하실 때만 그분의 계시가 역사 속에 나타날 수 있기 때문에 그 계시에 올바로 반응하려면 그 상황을 고려해야 한다는 의미를 담고 있는 듯하다.[62] 바르트는 이런 맥락에서 계시의 "시대", 곧 신약과 구약의 관계를 논의했다.

바르트는 『교회 교의학』의 다른 곳에서 "히스토리(Historie)"와 "게쉬히테(Geschichte)"라는 개념을 토대로 성경의 역사성을 논의했다. 이 두 용어 모두 영어로는 "역사"로 번역되지만 독일 신학에서는 서로 다른 의미를 지닌 것으로 취급된다.[63] "히스토리"는 종교적인 "중립성"을 주장하는 전문 학자들이 탐구하는 학문으로서의 역사를 의미한다. 대다수 신학자들과 철학자들은 이 학문이 과거에 일어난 사건의 내용과 장소와 시간을 결정한다는 데 동의한다. 그러나 유럽의 역사학자들은 대부분 기적은 일어날 수 없기 때문에 역사적인 설명은 초자연적인 것을 배제해야 한다고 믿는다.[64] 그런 식으로 정의된 역사가 종교적인 신념의 근거가 될 수 없는 것은 분명하다. 그런 정의에 따르면 레싱이 역사와 신앙 사이에 넓고, 흉한 도랑을 위치시킨 것은 전적으로 타당한 일이었다.

"게쉬히테"는 약간 모호한 개념이다. 이 말은 "이야기"로 번역될 수 있다. 특히 이 말은 인간적인 의미를 지닌 것으로 생각되는 이야기를 가리킨다. 그러나 "게쉬히테"는 전문적인 역사가의 검증을 요구하지 않는다. 게쉬히테는 자발적으로 기능한다. 후설의 표현을 빌리면 게쉬히테는 자연주의적인 학자들이 날짜와 시간과 상세한 내용에 관해 묻는 모든 질문을 "괄호 안에 집어넣는다." 게쉬히테는 기적이나 종교적인 의미를 지닌 것을 포함할 수 있다. 그러나 게쉬히테는 전적으로 사실일 필

---

62) 이 말은 (브룬너와는 달리) "자연 계시"의 존재를 부인했던 바르트의 입장을 분명하게 드러낸다. 그는 다른 곳에서도 브룬너의 입장은 인간의 본성 안에 신적 계시를 위한 "접촉점"이 존재하기 때문에 인간은 스스로 계시를 발견할 수 있다는 의미가 내포되어 있다고 주장했다. 바르트는 계시는 자신의 접촉점을 스스로 창조한다는 견해를 지녔다. 다음 자료를 참조하라. CD, 1.1, 29, 218-26, 271. 그는 "존재의 유비"라는 로마 가톨릭의 개념을 다양한 각도에서 비판하기도 했다.

63) Martin Kähler, The So-Called Historical(Historische) Jesus and the Historic(Geschichtliche) Biblical Christ, trans. Carl E. Braaten (1896; repr., Philadelphia: Fortress Press, 1964). 이 책으로부터 이 논의가 처음 시작된 것으로 종종 간주된다. 마르틴 캘러는 46쪽에서 "나는 역사적 예수의 삶을 발견하려는 운동이 아무런 가망이 없다고 생각한다."라고 말했다.

64) 그런 태도는 결코 "중립적인" 입장이라고 할 수 없다.

요는 없다. 게쉬히테 안에는 잘못된 주장이 포함될 수 있지만, 그렇다고 해서 그 타당성이 반드시 훼손되는 것은 아니다.

바르트의 견해에 따르면 "히스토리"는 계시의 진리를 결정하기에 부적절하다. 하나님의 말씀은 믿지 않는 "중립적인" 역사가들의 판단에 종속되지 않는다. 그럼에도 불구하고 하나님의 말씀은 역사 속에 들어와서 역사적인 주장을 펼친다. 바르트는 이것을 "게쉬히테"로 이해해야 한다고 주장했다.

예수님의 부활의 역사성을 둘러싸고 바르트와 불트만 사이에서 벌어진 유명한 논쟁에서[65] 불트만은 만일 부활이 시간과 공간 속에서 일어났다면 전문적인 역사가들의 판단 기준을 따라야 한다는 입장을 취했다. 그는 "부활은 기적이기 때문에 그런 판단 기준을 충족시킬 수 없다. 따라서 부활은 일어날 수 없었다."라는 식의 주장을 펼쳤다. 그러나 바르트는 역사 과학의 검증이 없으면 시간과 공간 속에서 아무것도 일어날 수 없다고 전제하는 것은 독단이라고 맞섰다. "하나님의 말씀은 부활이 시간과 공간 안에서 일어났다고 말씀한다. 따라서 부활은 전문적인 역사가들의 말과는 상관없이 실제로 일어났다."는 것이 그의 논리였다.[66]

여기에서의 문제는 바르트와 불트만 모두가 계몽주의 이후의 자연주의에 충실한 사람들만을 전문적인 역사학자로 인정하고 있다는 점에 있다. 따라서 바르트는 불트만에게 맞서 부활이 실제로 일어났다고 주장하려고 했다면(그는 틀림없이 그렇게 주장하려는 의도를 품었다) 전문적인 역사가들이 내세우는 기준을 충족시켜야 하는 자가당착에 빠질 수밖에 없다. 물론 나는 역사 속에서 부활을 확인하려면 믿음이 필요하다는 바르트의 생각에 동의한다. 그러나 나는 거기에서 한 걸음 더 나아가 어떤 역사적 사실을 확인하든 믿음이 필요하다고 말하고 싶다.[67] 바르트와 불트만은 전문적인 역사학의 영역을 자연주의적이고, "중립적인" 학자들에게 양도하지 말았어야 했다. 그러나 그렇게 하는 바람에 바르트는 결국 자연주의적인 역사학을 통해

---

65) CD, 3.2, 446-47; 4.1, 336.
66) 종종 그렇듯이 바르트는 여기에서도 명제적인 진리 주장이 계시에 근거한다고 생각했다. 그는 다른 곳에서는 그런 생각을 부인했다.
67) 이것이 곧 무엇을 하든지 하나님의 영광을 위해 해야 한다는 가르침을 따르는 것이다(고전 10:31). 불신자들은 하나님의 일반 계시와 일반 은혜를 통해 약간의 지식을 얻을 수 있지만 끝까지 불신앙을 고집한다면 자신의 학문을 하나님과의 관계에서 바라보지 못하기 때문에 가장 중요한 것을 간과하는 결과를 낳을 수밖에 없다.

해석된 영역과 분리된 상태에서 계시와 구원의 사건들을 위한 장소를 새롭게 설정해야 했다. 그는 그런 목적을 위해 "게쉬히테"를 단지 정보를 제공하는 이야기를 뛰어넘는 무엇인가로 만들어야 했다.

바르트에게 "게쉬히테"는 신적 계시의 영역, 곧 앞에서 말한 대로 "제어하기 힘든 믿음의 현실 가운데서 이따금 교회 안에서 사실이 되어 나타나야 하는" 것이었다.[68] 바르트는 그 계시를 그리스도와 그분의 모든 사역(성육신, 속죄, 부활)과 동일시했다. 또한 그는 계시로서의 게쉬히테를 하나님 자신과 동일시했다. "계시의 진리는 자유롭게 행동하시는 하나님, 오직 그분에게서 직접 비롯한다."[69] 이처럼 게쉬히테는 구원의 모든 이야기가 일어나는 영역이다. 그것은 역설적인 차원에서 영원이 시간 속으로 들어오는 키에르케고르의 "순간"에 해당한다. 또한 그것은 조금 거북스럽게도 칸트가 말한 실재의 세계와 닮았다(우리는 실재의 세계에 이론적으로가 아니라 실제적으로 접근할 수 있다).[70] 결국 게쉬히테의 개념은 내가 1장에서 초월에 관한 "비성경적인" 견해로 일컬은 것과 동일시되는 위험을 자초한 셈이다.

그러나 게쉬히테는 칸트의 실재와는 달리 우리가 경험하는 세상과 전적으로 분리되어 있지 않다. 조금 전에 말한 대로 바르트는 부활은 게쉬히테의 사건으로 시간과 공간 안에서 일어났다고 불트만을 논박했다. 물론 그의 견해는 성경과 역사적 기독교가 가르치는 신학과는 사뭇 다르다. 그에게 계시는 순간적인 사건일 뿐이다. 종교적인 중요성을 지니는 다른 모든 것도 이 사건(곧 그리스도, 화목, 구속, 부활, 심지어는 하나님 자신)으로 축소된다.[71] 이 사건들은 제각각 우리의 역사적 경험에 영향을 주지만 "회상과 기대(recollection and expectation)"만을 남긴 채 경험에서 곧 사라진다. 게쉬히테와 관련된 그리스도의 현실은 역사적 예수에 관한 부정적인 결론들과 모

---

68) *CD*, 1.1, 16.
69) Ibid.
70) 바르트의 형제인 하인리히가 신(新)칸트주의 학자로 알려진 철학자였다는 사실은 조금 흥미롭다.
71) 바르트는 이 사건들을 모두 서로 동일시했다. 그 이유는 순간적인 사건들로 이루어진 게쉬히테의 세계에서는 그것들을 따로 분리해서 말할 방법이 없기 때문이다. 그와 비슷하게 그는 신학적인 전통과는 다르게 그리스도의 인격과 그분의 사역을 동일시하기도 했다. 실존주의 철학에서처럼 하나님의 행위가 곧 그분의 본질이다. 앞서 말한 대로 바르트는 하나님과 그분의 구원 행위를 인간이 단지 일시적으로만 접근할 수 있는 영역에 위치시킴으로써 초월에 관한 비성경적인 견해를 받아들였다. 아울러 그는 우리의 역사를 하나님의 존재와 동일시함으로써 내재에 관한 비성경적인 견해를 채택했다.

순을 일으키지 않는다. 또한 하나님의 말씀이 사건으로서 성경과 하나가 되는 것도 성경에 나타난 온갖 종류의 오류와 양립이 가능하다. 바르트에게 계시가 역사 속에서 일어난다는 것은 곧 역사적인 사람들의 경험 속에서 일어난다는 것을 의미한다. 그러나 그것이 반드시 시간과 공간 속에서 일어난 일에 대한 믿을 만한 정보를 제공하는 것은 아니다.

하나님은 자기를 계시하시지만 초월에 대한 비성경적인 견해가 주장하는 대로 "전적으로 감추어져 있거나" "전적인 타자로서" 존재하신다. 바르트는 그 어떤 순간적인 사건도 하나님을 온전히 소유하거나 포착하거나 이용할 수는 없다고 생각했다. 그러나 하나님은 그런 사건을 통해 그리스도와 하나가 되시기 때문에 또한 "온전히 계시되어 나타나신다."[72] 그리스도에 대한 계시의 이면에 구원에 대한 그분의 약속을 의심하게 만들 만한 은밀하고, 신비로운 작정은 존재하지 않는다.[73] 사람들은 그리스도 안에서 선택되었을 뿐 아니라[74] 그분 안에서 창조되었다.[75] 하나님이 자기를 계시하시는데도 여전히 우리에게 감추어져 있는 이유는 그분 자신이 스스로 선택하신 것이 되고자 하는 자유 때문이다.[76] 그 이유는 다음과 같다.

> 우리가 하나님을 묘사하는 그림, 우리가 그분에 대해 생각하는 생각, 우리가 그분을 정의하는 말은 그 자체로는 그 대상에 적합하지 않다. 따라서 그런 것들은 하나님에 관한

---

72) 신론에 관한 바르트의 논의를 살펴보면 "감추어짐"과 "나타남"은 각각 하나님의 "자유"와 "사랑"에 해당한다는 것을 알 수 있다. 그는 이것을 하나님의 근본적인 속성으로 간주했다. *CD*, 2.1, 257-636.
73) *CD*, 2.2, 3-508. 칼빈과 그의 계승자들은 하나님이 구원을 베풀기 위해 개인들을 선택하시는 것은 영원 전, 곧 "창세 전"에 확립된 작정의 결과라고 가르쳤다. 바르트는 여기에서 그런 개념을 거부했다. 그는 하나님이 그리스도 안에서 우리를 선택하셨다는 에베소서 1장 4절의 바울의 말에 초점을 맞추었다. 그는 선택이 그리스도 안에서 이루어졌다면 그 선택을 위협할 수 있는 것은 아무것도 없다고(심지어는 "은밀한 작정"조차도 그럴 수 없다고) 말했다.
74) *CD*, 3.1, 42-350. 바르트는 그리스도 안에서의 선택과 창조에 관해 말할 때는 선택된 자들과 유기된 자들을 구별하는 전통적인 개혁주의 신학과는 달리 모든 사람을 염두에 두었다. 선택은 그리스도 안에서 이루어졌기 때문에 우리는 그리스도를 선택된 자이자 유기된 자로 간주해야 한다(왜냐하면 그분은 하나님의 진노를 감당하셨기 때문이다). 따라서 모든 인간은 그리스도 안에서 유기되었을 뿐 아니라 또한 그분 안에서 선택되었다. 이런 주장은 "보편구원론", 곧 모든 사람이 궁극적으로 구원받는다는 교리에 해당한다. 그러나 바르트는 보편구원론은 하나님의 자유를 무시한다고 말함으로써 그런 비판을 인정하지 않았다. *CD*, 1.1, 175-76.
75) 우리는 그리스도 안에서 창조되었기 때문에 "게쉬히테"에 포함된다. 게쉬히테에서 하나님과 그리스도와 인간이 하나가 된다. 그러나 이 순간적인 사건 안에서 이들이 서로 어떻게 구별될 수 있는지 의문이다.
76) *CD*, 2.1, 179-203.

지식을 표현하거나 확증하기에 부적절하다.[77]

바르트의 변증은 명백한 모순을 안고 있다. 그러나 만일 하나님에 관한 우리의 지식이 "이따금" 일어나는 계시의 사건과 일치한다면 그것을 더 잘 이해할 수 있다. 아래의 도표를 참조하라.[78]

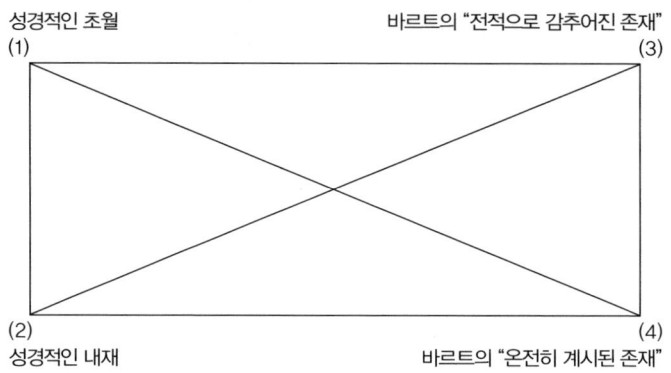

도표 10. 1. 바르트의 초월과 내재

피조 세계에 존재하는 죄는 바르트에게 심각한 문제로 다가왔다. 그는 내가 아우구스티누스를 논의하면서 비판했던 유형(죄를 형이상학적인 비존재의 악폐로 간주하는 것)을 따랐다(3장 참조). 악은 존재의 결여이고, 죄는 인간의 자유를 남용해 악을 따르는 것을 의미한다. 이 개념은 아퀴나스를 비롯해 많은 중세 사상가들에게서 발견된다. 그러나 나는 그런 견해를 거부한다. 왜냐하면 그것은 윤리적인 문제를 형이상학적으로 설명하는 것이기 때문이다. 성경에 따르면 죄는 인격적인 불순종이다. 따라서 죄에 대한 형이상학적인 기원을 주장하는 것은 죄의 책임을 회피할 수 있는 빌미를 제공할 뿐이다.

바르트의 개념도 근본적으로 형이상학적이다. 바르트는 선한 피조 세계에 "어두

---

77) Ibid., 188.
78) Ibid., 204-54.

운 측면"이 존재한다고 생각했다(아우구스티누스는 이를 "비존재"로 일컬었다).[79] "어두운 측면"은 악이 아니라 선한 피조 세계의 일부다. 모든 피조물 안에는 "높이와 깊이, 명료함과 모호함이 존재하지만…피조 세계와 피조물이 서로 대조되고, 반대되는 것이 존재하는데도 불구하고 선하다는 것은 논박할 수 없는 사실이다."[80] 예수님도 유한성과 연약함을 취함으로써 어두운 측면에 참여하셨다. 그러나 인간은 그런 어두운 측면으로 인해 실제로 악을 저지를 수 있다. 바르트는 이를 "무(Das Nichtige)"로 일컬었다.[81] 하나님은 선한 피조 세계를 창조하시면서 "무"를 거부하셨다. 그분은 악은 거부하고, 선은 인정하셨다. 하나님의 인정이 강력한 인정인 것처럼 그분의 거부도 강력한 거부이다. 그분의 거부는 구체적인 결과를 가져왔다.[82] 인간은 "무"로 전락했고, 예수님은 화목의 사역을 통해 그것을 정복하셨다.[83]

악의 기원에 대한 바르트의 설명은 그다지 설득력이 없다. 악이 하나님의 강력한 거부로 인해 존재하게 되었다는 말이 악을 이해하는 데 무슨 도움이 되고, 또 무슨 의미가 있겠는가? 오히려 하나님의 거부가 진정으로 강력하다면 악은 존재하지 않았을 것이라고 생각할 수도 있다. 설상가상으로 바르트는 악을 계시적인 사건, 곧 게쉬히테의 일부로 생각했다. "은혜의 승리"는 은혜(이 또한 구속사적 사건이다)가 구속사 안에서 "무", 곧 부정적인 구속사적 사건을 지배하는 것을 의미한다.

구속사는 영원이 시간 속에 들어오는 순간이다. 기독교 신학의 모든 것(하나님, 창조, 인간, 악, 타락, 그리스도, 성육신, 화목, 부활, 재림)이 그 순간에 포함되어 있다. 바르트가 부활에 대해 주장한 대로 이따금 그런 복합적인 사건의 일부가 일상적인 시간과 공간 안에 모습을 드러낸다. 그러나 시간과 공간 속에서 일어난 사건은 구속사의 구원 사건들과 동일시될 수 없다. 바르트는 그런 사건을 순간적인 계시로 이루어지는 게쉬히테에서 비롯한 실제적인 구원을 "가리키는 것"으로 간주했다.

---

[79] *CD*, 3.3, 351-52.
[80] Ibid., 296-97.
[81] 바르트는 "죄의 존재론적 불가능성"에 관해 말했지만 실질적으로 악을 저지르는 것은 가능하다.
[82] *CD*, 3.3, 311.
[83] 바르트는 아담의 타락을 시간과 공간 속에서 일어난 사건으로 인정하지 않았다. 그렇다면 그리스도의 사역과 아담의 사역을 대조한 바울의 설명을 고려할 때(롬 5:12-20) 그리스도의 속죄도 시간과 공간 속에서 일어난 사건으로 확증하기가 똑같이 어려워진다. 바르트는 타락과 구원을 모두 "구속사"와 관련된 사건으로 간주했다.

최근에 많은 복음주의자들이 바르트를 새롭게 읽어야 한다고 제안한다. 그런 제안을 거부할 생각은 없다. 과거의 신학자들을 평가할 때는 언제라도 새로운 증거와 논증을 받아들일 준비가 되어 있어야 한다. 나는 이 항목을 준비하면서 바르트를 새로운 눈으로 바라보려고 노력했다. 그러나 그에게 공감을 느끼는 부분이 더 많아지지는 않았다. 나는 바르트의 신학을 성경의 복음으로 인정하지 않는다. 몇 가지 요점을 간단히 요약하면 다음과 같다.

1. 하나님이 성경을 통해 자기를 계시하신 목적은 아무런 의심 없이 자신의 명령에 복종하고, 자신의 약속을 신뢰하게 하시기 위해서다. 그분은 그것들이 이따금 사실이 되기를 기다리며 머뭇거리는 것을 원하지 않으신다.
2. 성경이 전하는 복음의 이야기는 개인에게 주어지는 순간적인 사건에 대한 이야기가 아니다. 그것은 하나님이 피조 세계 안에서 대대로 행하신 확실한 행위에 관한 이야기다.
3. 성경 본문은 단지 "회상과 기대의 장소"가 아니다. 그것은 기록된 하나님의 말씀이다. 우리는 언제라도 안심하고 성경을 의지함으로써 그 안에서 하나님이 우리에게 하시는 말씀을 발견할 수 있다.
4. 성경은 인간이 기록했지만 하나님의 말씀이기 때문에 무오하고, 무류하다.
5. 무오한 성경은 하나님의 말씀을 "소유하거나" "이용하도록" 허락하지 않는다. 무오한 성경의 영감은 그런 일을 하지 못하게 가로막는다.
6. 성경은 무오한 하나님의 말씀이기 때문에 교회의 신학을 지배하는 명제적 진리를 포함한다.
7. 복음 이야기는 시간과 공간 속에서 일어난 사건들을 전달한다. 복음 이야기는 역사적 비평가들의 회의주의에도 불구하고 그런 사건들을 진실하게 제시한다. 우리가 성경의 증언을 신뢰할 수 있는 이유는 그것이 하나님의 권위로 말하기 때문이다.
8. 인류는 과거에 이루어진 첫 조상의 행위로 인해 죄를 지었다. 하나님의 백성은 시간과 공간 속에서 이루어진 예수님의 속죄를 통해 구원받는다.

내가 바르트를 스피노자와 셰베리 이후로 발전된 자유주의 신학의 전통 가운데 포함시킨 것에 대해 반론을 제기할 사람들이 많을 것이다. 바르트는 그런 사상가들에 비하면 성경의 내용에 너무나도 진지한 관심을 기울인 것처럼 보인다. 그러나 그는 내가 6장에서 제시한 "자유주의"의 정의("성경의 무오한 권위에 복종하지 않는 신학")에 정확하게 들어맞는다. 비록 정통적인 용어들을 사용했더라도 성경의 내용에 관한 그의 설명은 성경의 가르침과 거리가 매우 멀다.

바르트는 내가 "보수적인 흐름"으로 일컬은 과정의 절정에 해당한다(그런 흐름은 불트만을 계기로 잠시 중단되었다).

바르트에 대한 나의 신학적 평가는 그의 마음을 판단한 것은 아니다. 바르트의 글 가운데 내게 건설적인 도움을 준 내용이 매우 많다. 예수님을 사랑하는 사람이라면 누구나 그런 내용을 통해 건설적인 도움을 받을 수 있을 것이 분명하다. 나는 바르트의 마음이 그런 건설적인 사실들에 있는지 아니면 실존주의화시킨 신학에 있는지 궁금한 생각이 들 때가 많다. 하나님이 그의 마음속에서 은혜의 사역을 행하셨을 가능성도 없지 않다. 그러나 그는 자신의 새로운 사상을 학문적인 신학의 형태로 나타내려고 시도했을 때 아무리 그렇게 하지 않으려고 노력했더라도 결국에는 자신이 받은 신학 교육에 의존할 수밖에 없었다.

그는 "네가 알고 있는 가장 심오한 신학적 진리가 무엇이냐?"라고 묻고, "내가 아는 것은 예수님이 나를 사랑하신다는 것이오. 성경이 내게 그렇게 가르치고 있소."라고 대답했다. 그의 문답은 나의 가슴을 뭉클하게 만든다.

자주 인용되는 그의 격언은 나를 미소 짓게 만든다. 학파를 막론하고 신학자라면 누구나 그의 이 말을 귀담아 들어야 할 필요가 있다.

천사들이 늙은 칼 바르트를 보고 웃는다. 그들이 그를 보고 웃는 이유는 그가 한 권의 교의학 책에 하나님에 관한 진리를 담으려고 노력했기 때문이다. 그들은 그 책 뒤에 한 권의 책이 더 나오고, 그렇게 매번 책이 한 권씩 더 쓰일수록 이전의 것들보다 더 두꺼워진다는 사실에 실소를 금하지 못한다. 그들은 웃으면서 서로에게 이렇게 말했다. "저것 좀 봐. 그가 작은 손수레에 교의학 책들을 가득 싣고 오고 있구먼." 또한 그들은 칼 바르트가 쓰려고 했던 것에 관해 쓰지 않고, 그에 관해서만 많은 글을 쓰는 사람들을 보

고 웃는다. 진실로, 천사들이 웃고 있다.[84]

에밀 브룬너(Emil Brunner, 1889-1966)[85]

브룬너는 바르트보다 더 많은 곳을 옮겨 다녔다. 그는 취리히대학교에서 학위를 받고 나서(1913) 뉴욕의 유니온신학교에서 1년 동안 공부했다(1919-20). (그는 1916년부터 1924년까지 옵슈탈덴이라는 스위스의 작은 마을에서 목회자로 일했다.) 또한 그는 1922년부터 1953년까지 취리히대학교에서 교수로 일했고, 프린스턴신학교의 객원 교수를 비롯해(1937-38) 세계 여러 대학교에서 강의했으며, 1953년부터 1955년까지는 일본 도쿄의 국제기독교대학교에서 학생들을 가르쳤고, 많은 책과 논문을 집필했다. 그런 다양한 활동 때문에 브룬너는 세계의 많은 곳에서 바르트보다 더 유명했다.

그러나 그는 바르트가 자기보다 더 큰 업적을 이루었다고 인정했다. 그는 바르트를 20세기의 독보적인 천재 신학자로 칭송했다. 그는 자연 신학을 둘러싸고 바르트와 논쟁을 벌였지만 사람들에게 자신을 항상 바르트주의자로 소개했다. 그는 바르트의 신학을 스위스와 독일 이외의 나라들에게 퍼뜨리는 업적을 이루었다. 그의 글은 바르트의 글보다 읽기가 훨씬 쉽고, 그의 논리적 추론은 좀 더 상식적인 성향을 띠었다.

브룬너의 신학은 대부분 바르트의 신학과 별반 다르지 않다. 그러나 그는 "인격주의"로 일컬을 수 있는 독특한 관점(또는 강조점)을 지녔다. 1장에서 말한 대로 성경은 절대적인 인격체를 우주의 최상의 존재로 내세운다. 이는 다른 종교와 철학에서 발견되지 않는 독특한 가르침에 해당한다. 철학과 윤리학과 관련해 매우 중요한 의미를 지니는 이 가르침은 20세기에 접어들면서 새로운 진전을 맞이하게 되었다. 브룬너를 비롯해 "페르디난드 에브너(1882-1931)", "존 오만(1860-1939)", 유대 사상가인 "마르틴 부버(1878-1965)"와 같은 사상가들이 하나님의 인격적인 속성을 새롭게 강조

---

84) 다음 책에서 인용했다. Stephen H. Webb, *Re-Figuring Theology: The Rhetoric of Karl Barth* (New York: State University of New York Press, 1991), 164.
85) 에밀 브룬너의 전체 이름은 하인리히 에밀 브룬너이다.

했다. 이들은 때로 "대화적인" 사상가들로 불린다. 부버는 『나와 너』(1923)라는 책에서 "나와 그것"과 "나와 너"의 관계를 구별한 것으로 유명하다.[86] 바르트도 이 주제를 발전시켰지만 브룬너만큼 그의 사상 체계에서 중심 역할을 차지하지는 못했다.[87]

브룬너에게 계시는 하나님과의 인격적인 만남을 의미했다. 그는 비인격적인 관계에서는 대상을 관조함으로써 그것을 온전히 습득할 수 있다고 말했다(9장에서 다룬 "시선"에 관한 사르트르의 해설을 기억하라). 진정한 인격적인 관계에서는 상대를 관조하거나 완전히 습득할 수 없다. 나는 그에 관해서가 아니라 그에게 말할 수 있을 뿐이다. 그러고 난 뒤에는 그와의 관계에 관해 생각할 수 있다. 그러나 다른 인격에 관해 객관적으로 생각하면 할수록 관계의 인격성은 더욱 줄어든다. 하나님의 계시는 항상 인격적이며, 비객관적이다. 우리는 결코 그것을 온전히 습득할 수 없다. 하나님은 계시를 통해 정보를 전달하지 않으신다. 그분은 "절대 타자(wholly other)"이지만 그럼에도 불구하고 자기를 나타내신다. 이것은 순간적인 현재 안에서만 일어나며, 나의 반응과 무관하게 나타나지 않는다. 이것은 구원의 사건이다. 아래의 도표를 참조하라.

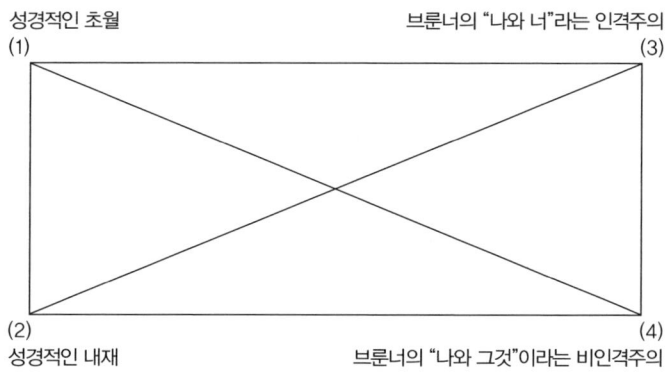

도표 10. 2. 브룬너의 초월과 내재

---

86) 『나와 너(I and Thou)』는 영어로 여러 권 번역되었다. 그 가운데 하나는 월터 카우프만이 번역한 것이다. Martin Buber, I and Thou, trans. Walter Kaufmann (Eastford, CT: Martino Fine Books, 2010).

87) Barth, CD, 1.1, 77, 155, 309-10, 349.

브룬너의 교리에 관한 나의 설명은 이 책을 읽는 독자들의 귀에 익숙하게 들리는 내용이 많을 것이다. 예를 들면 실존주의의 주체와 객체의 딜레마, 즉각적인 현재적 구원 사건(=바르트의 게쉬히테), 계시를 온전히 습득하려고 애쓰는 것에 대한 반대(하나님의 말씀을 "소유하고", "통제하고", "이용하려는" 시도를 비판한 바르트를 기억하라), 명제적 계시(즉 "정보의 계시")의 거부, 바르트의 경우처럼 계시의 사건과 하나님을 동일시하는 것, 온전히 자유로운 "절대 타자"로서의 하나님에 관한 바르트의 개념 등이다.

그러나 이런 요점들에 대한 브룬너의 설명은 바르트의 설명보다 설득력이 훨씬 덜하다. 다른 인격에 관한 정보를 얻으면 관계가 덜 인격적으로 변한다는 것이 과연 사실일까? 내 경우는 친구에 대한 새로운 정보를 발견하면 관계가 더 깊어지고, 공통점과 친밀함의 영역이 더욱 확대되는 것을 종종 경험한다. 어떤 사람에 "관해" 아는 것이 그 사람을 "온전히 지배하려는" 시도라는 것이 과연 사실일까? 이와 관련된 브룬너의 생각은 사르트르의 생각만큼이나 설득력이 떨어진다.

브룬너는 여기에서 전통적인 자유주의의 결론(계시는 성격상 조금도 명제적이지 않다는 것)을 지지하는 또 다른 논증을 발전시켰다. 하나님이 명제를 계시하신다면 자유주의 운동을 위한 주된 동기(즉 인간의 지성적 자율성을 위한 신학적인 근거)가 사라질 것이다. 그러나 성경에 따르면 하나님은 창세기 1장 1절에서부터 요한복음 14장 6절에 이르기까지 항상 명제적 진리를 계시하셨다. 사실 그것이 성경이 가르치는 "계시"의 가장 우선적인 의미다. 성경은 하나님이 명제적인 문맥과 전혀 상관없이 "자기 자신"을 신비적으로 계시하신다고 가르치지 않는다.[88] 하나님이 명제적 진리를 계시하실 때 하나님과 우리와의 관계가 지니는 인격적인 특성이 줄어드는 것이 아니라 더욱더 깊어진다.

브룬너는 자연과 역사와 성경에 나타난 계시를 거론한다. 자연 계시에 관한 그의 견해는 바르트에 대한 예리한 비판을 제기했다. 브룬너는 타락한 인간은 죄에도 불구하고 자연 세계와 인간의 마음에 나타난 하나님의 계시를 이해할 수 있는 능력(이른바 계시의 "접촉점")을 지닌다고 주장했다. 바르트는 "나인(Nein, '아니다'의 뜻)"이라는 제목의 논문으로 그런 비판에 대응했다. 그는 하나님의 자유를 제약하는 그 어떤

---

88) 이런 논증에 대해 좀 더 알고 싶으면 다음 자료를 참조하라. *DWG*.

접촉점도 인정하지 않았다. 그는 하나님이 계시의 순간(게쉬히테)에 스스로의 접촉점을 만드신다고 생각했다. 아마도 바르트는 그것이 하나님의 은혜를 위태롭게 만든다고 생각했던 듯하다.

브룬너는 믿음이 수천 년 전에 일어난 객관적인 사건들에 근거한다는 것을 바르트보다 더욱 분명하게 주장했다. 그는 바르트와는 달리 역사적 예수의 중요성을 강조하며 트뢸치의 역사적 상대주의를 논박했다. 그러나 그는 그런 사건들은 오직 현재에 나타난 하나님의 계시를 통해 믿음으로만 알 수 있다고 말했다. 브룬너도 바르트처럼 역사적 비평을 믿음을 방해하는 걸림돌로 생각하지 않았다. 아울러 브룬너는 초자연적인 것, 특히 예수님의 동정녀 탄생과 기적과 부활에 대해 바르트보다 좀 더 회의적인 태도를 취하는 경향이 있었다. 브룬너도 바르트처럼 계시가 역사적인 것과 동일시될 수 없다고 생각했다.

또한 브룬너는 바르트처럼 성경을 계시에 대한 증언으로 간주했다. 성경은 그 자체로 계시가 아니고, 그리스도를 가리키는 역할을 한다. 성경은 마치 마리아와 요셉이 예수님을 뉘였던 구유와도 같다. 성경이 규범적인 증언인 이유는 복음 사건들에 대한 가장 중요한 역사적 자료이기 때문이다. 그러나 성경은 인간이 만든 책(하나님의 말씀에 관한 인간의 말)이다. 성경은 과거의 계시에 대한 증언일 뿐 아니라 현재에 주어지는 계시의 도구이기도 하다. 성경은 믿는 순간에 내게 하나님의 말씀을 전달한다. 브룬너는 축자영감설이라는 정통 교리를 강하게 비판했다.[89] 그는 그것을 그리스도가 아닌 책을 숭배하는 우상 숭배로 간주했다. 그러나 브룬너는 정직하게도 바르트와는 달리 성경 자체, 특히 나중에 기록된 서신들(딤후 3:16)과 예수님의 말씀 가운데 일부와 하나님의 율법이 기록된 구약 본문이 축자영감설의 교리를 가르치고 있다고 인정했다. 그러나 그는 성경을 인간의 책으로 간주했기 때문에 성경이 이런저런 측면에서 오류가 있다고 자유롭게 비판을 가할 수 있었다. 그는 율법을 비판한 신약 성경의 내용이나 구약 본문을 문자 그대로 인용하지 않은 신약 성

---

89) 바르트도 영감에 관한 17세기의 교리와 근본주의의 교리를 강하게 거부했다. 그러나 그는 영감의 축자적 측면을 모호하게 얼버무렸다. 대개 "축자영감설"은 성경의 말씀이 곧 하나님의 말씀이라는 것을 의미한다. 그러나 바르트는 계시인 사건(게쉬히테)이 성경에 기록된 말씀을 이용하는 순간에 그것이 우리에게 하나님의 말씀이 "된다."는 의미에서의 축자영감설을 인정했다. 하지만 내가 판단할 때 이것은 애매모호한 얼버무림에 지나지 않는다. 브룬너는 축자영감설을 더욱 분명하게 거부했다. 그와 바르트가 그 말이 지닌 역사적인 의미를 부인한 것은 분명하다.

경의 본문이 축자영감설의 개념과 정면으로 충돌한다고 생각했다(문자적이든 아니든 권위 있는 인용 구절들을 축자영감설과 상반되는 것으로 간주하는 것은 참으로 이상하다).

브룬너의 글은 정통주의를 상당히 폭넓고, 신랄하게 비판하는 논조를 유지한다. 그는 정통주의, 즉 근본주의 신자들이 과학을 거부하고, 두려움에 이끌려 행동하며,[90] 참된 교제나 영적 능력을 결여하고 있다고 말했다.

루돌프 불트만(Rudolf Bultman, 1884-1976)

이제는 "보수적인 흐름"이라는 논지를 접어야 할 때가 되었다. 지금까지 살펴본 대로 자유주의 신학자들은 이전 세대에 비해 좀 더 보수적이고, 전통적인 용어를 사용해 자신들의 견해를 제시하는 경향이 있었다. 스피노자와 세버리를 거쳐 바르트와 브룬너에 이르기까지 대체로 그런 경향이 두드러졌다. 그런 시대에 활동했던 자유주의자들은 기독교 세계에서 좀 더 많은 영향력을 확보하기 위해 교회의 언어를 사용해야 할 필요가 있다고 생각했다. 그러나 보수적인 흐름은 직선적으로 순조롭게 진행되지 않는다. 거기에는 많은 굴곡이 뒤따른다. 때때로 전통에 충실한 것보다 불신앙을 노골적으로 드러내는 것에 더 많은 관심을 기울였던 신학자들이 나타나곤 한다.[91] 그런 현상은 대개 조직 신학자들보다는 성경신학자들에게서 더 자주 일어난다. 레이마루스(1694-1768), 다비드 스트라우스(1808-74), 브루노 바우어(1809-82)와 같은 학자들은 교회가 예수님에 관해 증언한 모든 것을 거부했다(바우어는 예수님이 실존 인물이라는 것을 부인했다). 20세기에 접어들어서는 유력한 신약성경 학자인 루돌프 불트만이 보수적인 흐름을 깨뜨린 가장 두드러진 사례에 해당했다. 이 책은 신약학에 관한 책이 아니기 때문에 레이마루스와 스트라우스를 거론하지 않은 것처럼 불트만도 거론하지 않고 넘어갈 수 있었다. 그러나 불트만은 조직 신학

---

90) 자유주의자들은 정통주의 신자들이 그릇된 동기를 지녔다고 비판하기를 좋아한다. 물론 때로는 그와 전혀 반대되는 경우도 있지만 나의 경험으로 미루어 보면 그런 경우는 그리 많지 않은 듯하다.
91) 예를 들어 어떤 이유에서인지 일부 성공회 주교들은 이따금 불신앙을 드러내는 말을 함으로써 세간에 물의를 일으키곤 한다. 내가 사는 동안에도 제임스 파이크, 존 로빈슨, 쉘비 스퐁과 같은 인물들이 등장했다.

을 쓰지 않았지만 바르트의 전성기 이후에 나타난 모든 형태의 자유주의 신학에 가장 큰 영향을 미쳤다.

불트만은 양식 비평의 창시자인 헤르만 궁켈을 비롯해 하르낙, 헤르만, 바이스와 함께 공부했다. 그는 1922년부터 1928년까지 마르부르크대학교에서 마르틴 하이데거의 동료로서 일했다. 그는 "위기 신학"의 초창기에 바르트와 가깝게 지내면서 하나님의 말씀은 우리 자신을 초월한 곳으로부터 주어지며, 위로부터 능력으로 말씀하는 것이라고 강조했다. 그는 일생 동

루돌프 불트만(Rudolf Bultmann)

안 늘 그렇게 강조했지만 성경 비평의 문제(특히 복음서에 대한 비평)에 관해서는 바르트보다 더 자유주의적이었다.

불트만은 성경학자로서 많은 책을 저술했지만 여기에서는 그가 신학계에 가장 큰 영향을 미친 세 가지 영역만을 다루고자 한다.

양식 비평

불트만은 신약 성경에 양식 비평의 방법을 적용하는 데 크게 기여했다. 양식 비평(Form Criticism)은[92] 자유주의적인 성경관(확실한 증거가 없는 한 성경을 신뢰할 수 없다는 입장)을 전제한다. 특히 양식 비평은 복음서에 기록된 이야기들이 본문에 묘사된 상황에서 일어나지 않았다고 생각한다. 이 견해는 초기 교회가 예수님의 말씀과 그분에 관한 이야기를 수집해 그것들을 자신들이 구성한 틀에 맞추어 배열했다고 주장한다. 양식 비평은 그런 말씀과 이야기들이 발생했던 실제적인 상황을 재구성하는 데 초점을 맞춘다. 불트만은 이 목적을 이루기 위해 자료를 다양한 범주(기적 이야기, 예언, 비유 등)로 분류했다. 그런 범주들을 통해 이전이나 이후에 무엇이 전승되었는지를 설명하는 이론들이 생겨났다. 일부 양식 비평가들은 그런 전승의 일부(종종 매

---

[92] "양식 비평"은 현대 학자들이 성경을 분석하고, 재구성하기 위해 사용하는 몇 가지 방법 가운데 하나다. "자료 비평"은 성경의 배후에 있는 문서나 집필 자료를 찾으려는 시도를 가리키고, "편집 비평"은 성경의 원자료를 처음 편집한 사람들의 사고 유형과 동기를 파악하려는 시도를 가리킨다.

우 적은 일부)가 예수님이 실제로 가르친 것을 우리에게 알려준다고 주장했다.

불트만은 그런 연구를 통해 역사적 예수에 관해 알 수 있는 것이 그렇게 많지 않다고 결론지었다. 그러나 불트만은 브루노 바우어와는 달리 예수님을 역사적인 인물, 곧 팔레스타인에서 태어나 죽은 현자로 믿었다. 그는 예수님이 존재하셨다는 사실은 알 수 있지만 그분의 본질은 알 수 없다고 말했다.[93] 불트만은 자신의 스승인 바이스의 "철저 종말론(Consistent eschatology, 예수님이 종말의 임박을 잘못 선포하셨다는 견해)"을 따랐다.

비신화화

불트만은 1941년에 "신약 성경과 신화"라는 논문을 발표했다.[94] 이 논문은 이후의 신학의 과정에 강력한 영향을 미쳤다. 그는 신화란 영원한 것을 일시적인 것의 관점에서, 신성한 것을 인간적인 것의 관점에서 묘사하는 것이라고 말했다. 그런 점에서 성경은 대부분 신화에 해당한다. 불트만에 따르면 초자연적이고, 기적적인 사건들은 물론, 그 이야기의 사건들을 진술한 세계관도 신화에 해당한다고 말했다 (예를 들면 위에는 하늘이, 아래에는 땅이, 땅 아래에는 지하 세계가 있다는 삼층 구조의 우주관).

불트만은 현대인은 그런 신화를 문자 그대로 이해해 믿을 수 없다고 말했다. 현대인은 초자연적인 간섭의 가능성을 인정하지 않는 세계관, 곧 전적으로 과학적 법칙에 의해 지배되는 세계관을 믿는다고 말했다.[95] 그는 라디오를 듣고, 비행기를 타고, 병들면 약을 먹는 시대에 어떻게 천사와 귀신들을 믿을 수 있겠느냐고 웅변적으로 말했다.[96] 그러나 그는 자신의 입장에 제한을 두었다. 즉 그는 모든 사람이 현대적인 세계관을 믿어야 할 의무가 있다고 말하지 않았다. 그는 단지 현대인들이

---

93) 이런 주장은 때로 독일어로 "바스(was)'가 아닌 '다스(dass)'"라고 간단하게 표기된다.
94) 이 논문은 여러 곳에서 확인할 수 있다. 다음 자료를 참조하라. Hans Werner Bartsch, ed. *Kerygma and Myth: A Theological Debate*, trans. Reginald H. Fuller, 2 vols (New York: Harper and Row, 1961), 1:1–44.
95) 이것은 상대성 이론과 양자 역학의 발전 이후에 이루어진 20세기의 과학이 아닌 약간 오래된 형태의 과학을 반영하는 과학적 결정론에 해당한다. "현대인"의 전형이라고 할 수 있는 불트만이 여기에서는 약간 구닥다리인 것처럼 보인다.
96) 아무나 다 이런 식의 주장을 진지하게 받아들일 수 있을지 궁금하다. 현대 기술문명이 초자연적인 것을 모두 배제한다고 생각해야 할 이유는 없다.

실제로 믿는 것을 언급했을 뿐이다.

이런 입장이 교회를 향해 제기하는 문제는 의사전달의 문제다.[97] 현대적인 견해가 옳든 그르든, 사람들이 그런 견해를 믿는다는 사실은 그들이 성경의 세계를 이해하는 것을 어렵게 생각한다는 증거다. 신화 없이 성경을 전할 수 있다는 것이 불트만의 해결책이었다. 그는 성경에 신화가 기록된 이유는 독자들에게 신화적인 세계관을 강요하기 위해서가 아니라고 말했다. 그는 성경에 의하면 믿음은 어떤 종류의 세계관으로부터도 자유롭다. 따라서 성경 저자들은 초자연적인 영역을 믿는 불합리한 믿음을 가르치려고 하지 않고, 단지 특정한 "자기 이해"를 표현하고, 권하는 것에 초점을 맞추었다.[98] 그런 자기 이해는 성경적인 세계관에 근거한 신화적인 진술이 없는 우리 시대에 더 잘 표현될 수 있다. 불트만에 따르면 신약 성경의 복음은 1세기의 것이든 현대적인 것이든 특정한 세계관을 믿으라고 권고하지 않는다. 사실 성경은 세계관을 통해 안전감을 확보하려는 시도를 거부한다.

불트만에 의하면 비신화화(demythelogizing)의 과정(신화 없이 복음을 나타내는 것)은 신약 성경 자체에서부터 시작한다. 바울의 글에는 실현된 종말론(어떤 점에서 현재가 곧 종말이라는 견해)이 언급되어 나타난다. 아울러 불트만은 요한의 글은 문자적인 종말론에 대해 아무런 관심도 기울이지 않는다고 말했다.

실존적 분석

복음을 비신화화하면 어떻게 될까? 신화를 제거하고 신약 성경의 진정한 관심사를 찾아내면 어떤 메시지가 나타날까? 다름 아닌 실존주의 철학의 메시지가 드러난다. 이것은 불트만이 속한 사상 학파와 그가 마르부르크대학교에서 하이데거와 친구이자 동료로 지냈다는 사실을 고려하면 조금도 놀랍지 않다. 바르트와 브룬너도 실존주의에 영향을 받았지만 바르트는 그런 사실을 부인하려고 애썼다. 그러나 불

---

97) 불트만은 비신화화는 신약 성경의 메시지를 재구성하거나 다시 고쳐 쓰는 것이 아니라 우리 시대에 분명하게 전달할 수 있는 형태로 제시하는 것이라고 강조했다. 그것은 신화를 제거하는 것이 아니라 재해석하는 것이다.

98) 바르트는 자신의 논문에 약간 농담조로 "루돌프 불트만: 그를 이해하려는 시도"라는 제목을 붙였다. 다음 자료를 참조하라. Hans Werner Bartsch, ed., *Kerygma and Myth*, trans. Reginald H. Fuller, 2 vols (London: SPCK, 1962), 2:83-132. 바르트는 불트만의 독특한 접근 방식이 그의 루터주의에서 비롯했다고 결론지었다.

트만은 매우 노골적이었다.

그는 전제 없는 해석이 불가능하다고 말했다.[99] 우리가 하나님에 관해 말하는 이유는 우리 자신의 실존에 관한 문제를 해결하기 위해서다. 실존주의 철학은 바로 그 문제에 관심을 기울인다(하이데거의 "다자인"). 그 질문은 우리가 성경에서 발견하는 대답에 영향을 미친다.

불트만은 성경과 실존주의가 "일반적인" 범주들(철학적이거나 윤리적인 범주들)을 통해 인간의 실존을 이해하는 것을 금지한다고 말했다. 그 이유는 그런 범주들은 인간의 자유를 옳게 고려하지 못하기 때문이다. 인간은 일종의 지속적인 "본성"이 아닌 자기 자신의 결정을 통해 존재한다(사르트르는 실존이 본질에 앞선다고 말했다). 그럼에도 불구하고 인간은 종종 결정을 통해 사는 것을 회피하고, 과거와 "객관적인 진리"와 합리적인 증거 따위에 근거한 객관적인 보증을 통해 안전을 확보하려고 애쓴다. 이것이 보이는 것과 구체적인 것(곧 "세상"과 "육신")에 만족하지 말라는 성경의 경고가 뜻하는 의미다. 실존주의 철학과 불트만의 신학에서는 그런 삶을 "비본래적 실존(inauthentic existence)"으로 일컫는다.

그와는 달리 "본래적 실존(authentic existence)"은 인위적인 안전을 거부하고, 미래를 향해 열린 태도로 우리의 결정을 뒷받침하는 증거가 없는데도 하나님을 기꺼이 신뢰한다. 성경은 믿음과 사랑의 삶을 살라고 가르친다. 우리 자신을 위한 안전을 포기하면 다른 사람들을 위해 살 수 있다.

이렇듯 불트만은 하이데거의 견해에 동의했다. 그렇다면 본래적인 실존을 살 수 있는 능력은 어떻게 얻을 수 있을까? 하이데거를 비롯한 일반 실존주의자들은 인간의 결심을 통해 본래적인 실존을 살 수 있다고 생각했다. 그러나 불트만은 신약성경에서 하이데거를 능가하는 무엇인가를 발견했다. 즉 그는 전파된 말씀을 믿음으로 받아들이면 본래적인 실존을 살 수 있는 능력을 하나님의 선물로 받게 된다고 믿었다. 우리는 우리 자신을 구원할 수 없지만 하나님은 하실 수 있다.

---

99) Rudolf Bultmann, "Is Exegesis without Presuppositions Possible?", *Existence and Faith: Shorter Writings of Rudolf Bultmann*, ed. and trans. Schubert M. Ogden (New York: Meridian Books, 1960), 289-96. 나도 똑같은 생각이다. 물론 불트만의 전제와 반틸의 전제는 서로 매우 다르다.

그런 경험이 곧 계시다.[100] 불트만은 이렇게 말했다.

> 계시의 개념은 두 가지 방식으로 구별된다. 1) 계시는 말에 의한 지식의 전달이다. 우리는 그 정보를 통해 전에 알지 못했던 것을 알게 된다. … 2) 계시는 나를 하나의 자아로서 새로운 상황에 처하게 만드는 사건이다. 그 안에서도 틀림없이 지식의 가능성이 주어진다. …그러나 이 지식이 명확하게 드러나느냐 하는 여부는 아무런 상관이 없다.[101]

불트만은 신약 성경의 계시는 두 번째 종류에 해당한다고 주장했다. 중요한 것은 계시의 내용이 아니라 하나님이 그것을 말씀하셨다는 사실이다. 계시는 항상 과거가 아닌 현재의 사건이다. 계시는 하나님의 임재다. 그것을 받아들이는 것이 곧 본래적인 실존을 사는 것이다.

이런 점에서 계시는 "게쉬히테(Geschichte)", 곧 현재에서 거듭 되풀이되는 구원 사건이다. 불트만에게 예수님의 십자가와 부활과 재림은 과거에 일어나 구원을 가져다 준 사건이 아니었다. 오히려 그것은 전파되는 말씀에 믿음으로 반응할 때 일어나는 현재적인 사건이다. 따라서 "내가 그리스도와 함께 십자가에 못 박혔나니"(갈 2:20)라는 바울의 말은 사실이 될 수 있다.

불트만도 바르트처럼 "역사"는 역사가들에 의해 해석되는 과거의 사건들과 관련된 영역이다. 그는 기독교가 역사적인 근거를 가지지만 그 근거가 그렇게 많지는 않다고 말했다. 그는 예수님의 지상 생활이 선포(케뤼그마)의 전제라고 말했다. 그러나 우리는 그분에 대해 아는 바가 매우 적다. 우리는 그분이 존재하셨다는 사실(다스)만을 알 뿐, 그분의 본질(바스)은 알지 못한다. 그러나 그 본질은 중요하지 않다. 중요한 것은 믿음과 관련된 그분의 의미다. 그것은 역사적인 근거와 상관없이 "케뤼그마" 안에 표현되어 나타난다.

따라서 불트만의 관점에서 보면 전통적인 속죄 교리는 신화에 불과하다. 그는 현재 안에서 십자가를 전하는 것에 특별한 역할을 부여했다. ("게쉬히테"로서) 선포되는 십자가는 세상(비본래적인 실존)에 대해 죽는 것을 상징한다. 그것은 세상에 대한 하나

---

[100] Bultmann, "The Concept of Revelation in the NT", Ibid., 58-91.
[101] Ibid., 59.

님의 심판이자 미래를 위해 우리를 자유롭게 하는 그분의 행위다. 그것이 "그리스도"의 십자가인 이유는 구원의 효력을 지니기 때문이다(그리스도의 십자가이기 때문에 구원의 효력을 지니는 것이 아니다). 부활도 신화이지만 선포와 관련해 중요한 역할을 감당한다.[102] 부활의 선포는 십자가의 의미를 분명하게 밝힌다. 부활은 십자가의 효력을 입증하는 기적적인 증거가 아니다. 그런 기적적인 증거를 신뢰한다는 것은 비본래적이다. 바울은 고린도전서 15장에서 부활을 그런 식으로 잘못 이용했다. 부활은 죽음의 권세(=세상, 구체적인 것)가 극복되었다는 것을 보여준다. 그러나 불트만의 견해에 따르면 우리는 이미 십자가의 선포를 통해 그 사실을 익히 알고 있다.

불트만은 그런 견해를 이신칭의의 교리에 적용했다. 비본래적인 실존은 율법의 행위를 통해 구원을 얻으려는 시도를 가리킨다. 본래적인 실존은 미래를 하나님의 선물로서 받아들인다. 불트만은 이 교리를 지성적인 영역에도 똑같이 적용했다. 그는 축자영감설을 비롯해 궁극적인 권위를 지닌 계시의 존재를 믿는 것은 행위로 의롭다 하심을 받으려는 것이라고 생각했다. 그것은 지성적인 정통주의를 통해 하나님의 은혜를 받으려는 것이다.[103]

지금까지의 논의를 간단히 평가하면 이렇다. 불트만의 신학은 바르트와 브룬너의 신학과 매우 흡사하지만 역사적인 회의주의를 더욱 극명하게 드러냈다. 세 사상가 모두 구원이 시간과 공간에서 일어난 사건이 아니라 현재 안에서 주어지는 하나님의 말씀, 곧 선포를 통해 주어지는 "게쉬히테"에서 비롯한다고 생각했다. 그런 생각은 역사 안에서 실제로 일어난 일을 부적절한 것으로 만든다. 불트만이 그 점에 대해 솔직한 태도를 드러낸 것은 다행한 일이다. 그의 사상은 바르트와 브룬너와도

---

[102] 불트만과 실존주의 철학자 칼 야스퍼스가 벌인 논쟁은 유명하다. 당시 야스퍼스는 자기처럼 부활에 대해 현대적인 회의적 태도를 취하는 불트만이 그의 신학 안에서 부활에 긍정적인 역할을 부여한 이유를 의아하게 생각했다. 불트만은 죽은 지 사흘이 지난 사람이 무덤에서 걸어 나올 수는 없다는 것은 자신과 야스퍼스가 모두 잘 알고 있는 사실이라고 대답했다. 그러면서 그는 "목회자로서 부활의 본문을 전해야 할 입장이라면 어떻게 하겠느냐?"고 물었다. 불트만이 솔직하지 못한 태도로 논쟁을 벌였다고 주장하는 사람들이 많다. 어쩌면 그것은 비본래적인 실존에 해당하는지도 모른다. 다음 자료를 참조하라. Karl Jaspers and Rudolf Bultmann, *Myth and Christianity: An Inquiry into the Possibility of Religion without Myth*, trans. Norbert Gutermann (New York: Noonday Press, 1958).

[103] 바르트도 비슷한 주장을 펼쳤다. 그러나 성경은 하나님의 말씀을 최상의 권위로 받아들이는 것이 행위로 의롭다 하심을 받으려는 것이라고 가르치지 않는다. 믿음으로 의롭다 하심을 받으려고 할 때 우리는 과연 무엇을 믿어야 할까? 구원 신앙의 가장 큰 본보기인 아브라함은 하나님의 말씀을 통해 자기에게 주어진 객관적인 약속을 믿었다(롬 4:20-22).

밀접하게 관련된다. 일단 구원을 "게쉬히테"의 사건이나(바르트) 하나님과 인간의 만남이나(브룬너) 현재 안에서 전파된 말씀에서(불트만) 찾으려고 하면, 그리스도께서 시간과 공간 속에서 실제로 속죄의 죽음을 죽으셨거나 우리의 칭의를 위해 죽은 자 가운데서 다시 살아나셨는지 여부는 크게 중요하지 않다. 바르트와 브룬너는 그 사실을 인정하기를 매우 주저했지만 불트만은 그렇지 않았다. 그러나 불트만은 그런 정직함의 대가로 고린도전서 15장에 기록된 바울의 논증을 실수로 간주해야 했다. 성경의 그리스도를 믿는 자들에게 그것은 결코 감당하기 어려운 값비싼 대가가 아닐 수 없다.

우리는 그런 대가를 치르기를 원하지 않는다. 우리는 성경이 증언하는 구원적인 사건들 안에서 예수님의 부활을 바라본다. 그것은 "미래를 향한 열림"이라는 공허한 현실과는 비교할 수 없이 풍성한 하나님 나라의 풍요로움을 우리에게 열어준다. 부활의 왕국을 받아들이는 것은 불트만은 물론 바르트와 브룬너를 포함한 실존주의 신학 운동 전체를 거부하는 것이다. 거기에는 폴 틸리히도 포함된다.

폴 틸리히(Paul Tillich, 1886-1965)

틸리히도 실존주의 철학의 관점에서 기독교 신학을 재구성하려고 노력했다. 그러나 그에게도 헤겔의 변증법에 영향을 받은 흔적이 역력하게 드러난다.[104] 바르트와 브룬너는 전통적인 교의학 용어로, 불트만은 신약학과 하이데거의 실존주의와 관련된 용어로 각자 자신들의 신학을 진술했지만 틸리히는 매우 철학적인 용어들을 사용했다. 이런 이유로 일부 비평가들은 그가 성경적인 복음을 추상적인 철학 체계로 변질시켰다고 비판했다.[105]

틸리히는 1919년부터 1924년까지 베를린대학교에서 가르쳤고, 그 후에 마르부르

---

[104] 틸리히는 바르트와 브룬너와 불트만에게서 발견되는 칸트적인 체계(실재와 현상=게쉬히테와 히스토리)보다는 헤겔적인 체계로 좀 더 기울었다.

[105] 다음 자료를 참조하라. Kenneth Hamilton, *The System and the Gospel: A Critique of Paul Tillich* (New York: Macmillan, 1963). 해밀턴은 이 점에서 틸리히와 키에르케고르를 날카롭게 대조시켰다.

크대학교에서 1년 동안 가르치면서 하이데거와 불트만을 알게 되었다(나중에 그는 불트만을 존경하는 스승으로 일컫곤 했다).[106] 또한 그는 1925년부터 1929년까지는 라이프치히대학교에서, 1929년부터 1933년까지는 프랑크푸르트대학교에서 교수로 일했다. 틸리히는 프랑크푸르트대학교에 있을 때 나치주의를 비판했다. 히틀러가 1933년에 권력을 잡자 그는 교수직을 박탈당했다. 그는 라인홀드 니버의 중재를 통해 뉴욕의 유니온신학교의 교수가 되었고, 그 후 미국에 계속 머물러 살면서 1940년에 시민권을 취득했다. 틸리히는 1955년부터 1962년까지 하버드대학교에서 "대학 특별 교수"라는 명예로운 직함을 가지고 가르쳤고, 1962년부터 세상을 떠났던 1965년까지는 시카고대학교에서 후학을 양성했다.

폴 틸리히(Paul Tillich)

틸리히는 독일어와 영어로 많은 책을 출판했지만 그의 독특한 접근 방식이 가장 잘 드러나 있는 책은 세 권으로 된 『조직 신학』이다.[107] 그는 그 책의 서두에서 신학의 두 가지 형식적인 기준을 제시했다.

> 우리의 궁극적인 관심을 불러일으키는 것, 그것이 곧 신학의 대상이다. 우리를 위한 궁극적인 관심의 문제가 될 수 있는 그런 대상을 다루는 명제들만이 신학적이라고 할 수 있다.[108]

> 우리의 궁극적인 관심은 우리의 존재나 비존재를 결정하는 것이다. 우리에게 존재나 비존재의 문제가 될 수 있는 그런 대상을 다루는 말들만이 신학적이라고 할 수 있다.[109]

우리는 여기에서 "존재 자체"에 대한 하이데거의 관심과 "다자인"으로서의 인간

---

106) 틸리히의 신학은 불트만의 신학보다 훨씬 더 철학적이지만 개념적으로는 바르트나 브룬너보다 불트만의 사상과 더 일치한다. 불트만은 성경적인 "케리그마"의 내용을 실존주의 철학이 가르치는 본래적 실존의 메시지와 동일시했다. 두 사람 모두 최소한 철학적인 유행을 좇았다는 점에서는 크게 다를 바가 없다.
107) P. Tillich, *Systematic Theology* (University of Chicago Press, 1951–63).
108) Ibid., 1:12.
109) Ibid., 1:14.

을 이해력을 갖춘 존재로 간주했던 그의 사상을 감지할 수 있다. 틸리히는 신학과 철학의 그런 공통점을 인정했다. 그는 바르트와는 달리 그런 생각을 감추려고 하지 않았다(이 점에서 그는 불트만을 닮았다). 그러나 그는 신학과 철학의 다른 점을 몇 가지 열거했다. 1) 신학은 학문하는 태도가 다르다. 즉 신학은 초연이 아닌 참여를 요구한다. 2) 신학은 탐구하는 대상이 다르다. 즉 신학은 현실 전체의 구조가 아닌 역사적 사건을 통해 나타난 현실만을 다룬다. 3) 신학은 내용이 다르다. 즉 신학은 우주론적이 아닌 구원론적인 특성을 지닌다.[110]

틸리히에 따르면 신학의 대상은 성경, 교회, 역사 및 종교와 문화의 역사다.[111] 성경은 신학의 근본적인 대상이다. 왜냐하면 교회의 설립을 가능하게 한 원천적인 문서이기 때문이다. 그러나 성경은 궁극적인 권위를 지니지 않는다. 신학의 실질적인 기준은 "우리의 궁극적인 관심인 그리스도 예수 안에 있는 새로운 존재"다.[112]

틸리히는 신학의 방법은 "상관관계의 방법"이라고 말했다. 다시 말해 신학은 "실존적인 문제들이 야기되는 인간의 상황을 분석하고, 기독교의 메시지가 사용하는 상징들이 그런 문제들에 대한 대답을 제시한다는 것을 입증해 보인다."[113] 나는 틸리히가 말한 "상관관계의 방법"에 동의한다. 그의 방법은 신학을 "개인들이 하나님의 말씀을 삶의 모든 영역에 적용하는 것"으로 정의한 나의 생각과 비슷하다.[114] 이 두 가지 정의는 "하나님의 계시"와 "인간의 삶에 관한 자료"를 중시한다.

한편, 나는 틸리히와 두 가지 점에서 다르다. 1) "실존적인 질문들"은 실존주의 철학에서 비롯하는 질문들을 의미한다. 물론 신학자는 철학에서 비롯하는 문제들도 기꺼이 해결하려고 노력해야 하지만 그런 질문에만 몰두해서는 안 된다. 틸리히는 신학을 그런 식으로 제한하려는 의도는 없었을 테지만 그의 말과 신학 사상은 그가 실제로 그런 식의 신학을 추구했다는 것을 보여준다. 2) "상징들"이 그런 상징을 사용하는 명제와 논증들과 무관한 상태에서 어떻게 질문들에 대한 대답을 제시할 수 있는지가 불분명하다. 틸리히가 상징을 강조한 것은 명제적 계시에 대한 그의 반감

---

110) Ibid., 1:22-24.
111) Ibid., 1:34-40.
112) Ibid., 1:50.
113) Ibid., 1:62.
114) Frame, *DKG*, 81-85. *DWG*, 272-79. *ST*, chap. 1.

을 드러낸다. 이는 그와 그 이전의 자유주의 신학자들의 공통된 특징이다.

틸리히는 상관관계의 방법을 "부적절한 방법들"과 대조시켰다.

1. "초자연주의적인 방법"은 "기독교의 메시지를 마치 외계에서 온 외계인처럼 인간의 상황에 불쑥 나타난, 계시된 진리의 총체로 생각한다."[115] 틸리히도 브룬너처럼 기독교 정통주의에 대해 지적으로는 물론 감정적으로도 반감을 가졌던 것으로 보인다.[116] 그는 정통주의의 입장을 그 어떤 정통주의 신자도 선택하지 않을 방법으로 묘사하는 경향이 있다. 분명히 말하지만 내가 아는 한 1) 기독교의 메시지가 전적으로 계시된 명제들로만 구성되어 있다고 생각하거나 2) 계시된 진리들이 세상의 역사와 아무런 관계가 없다고 생각하는 복음주의 신학자는 아무도 없다. 그러나 틸리히는 그들의 입장을 그런 식으로 규정했다.

2. 그러나 틸리히는 신학적인 대답을 순전히 인간의 상황에서만 찾으려 하고, 본질적인 것과 실존적인 것을 동일시하려는 "자연주의적이거나 인본주의적인 방법"을 거부했다. 그런 방법은 계시를 인정하지 않는다. 인간에게 주어진 것은 없고, 모든 것을 인간이 말한 것으로 간주된다.[117] 틸리히의 입장은 슐라이에르마허와 리츨을 비판한 바르트의 입장과 일맥상통한다.

3. 또한 그는 "이원론적인 방법"을 거부했다. 그는 전통적인 로마 가톨릭주의(자연적인 토대 위에 초자연적인 상부 구조를 세우는 것)를 예로 들어 이 방법을 묘사했다.[118] 그는 그런 이원론적인 방법이 복잡한 신학적 과제를 더 잘 이해할 수 있는 이점이 있다고 인정했지만 토머스 아퀴나스 식의 유신론적 논증은 자연주의자들과 마찬가지로 질문의 형식을 통해 신학적 대답을 이끌어내는 방식을 취한다고 생각했다.

---

115) Tillich, *Systematic Theology*, 1:64.
116) 틸리히는 초자연주의, 정통주의, 근본주의라는 말을 거의 동의어처럼 사용했다.
117) Tillich, *Systematic Theology*, 1:65.
118) Ibid.

틸리히의 『조직 신학』은 크게 다섯 부분으로 나뉜다.

1. 이성과 계시
2. 존재와 하나님
3. 실존과 그리스도
4. 삶과 성령
5. 역사와 하나님의 나라

이것들은 틸리히가 제시한 상관관계의 방법이 무엇인지를 구체적으로 보여준다. 각 쌍의 첫 번째 요소는 실존주의 철학에서 비롯한 문제나 문제들을 나타내고, 두 번째 요소는 틸리히가 대답으로 제시한 기독교의 "상징"을 나타낸다. 다르게 말하면, 이 다섯 부분은 상당히 전통적인 유형을 따른다(즉 서론은 인식론적이며, 마지막은 종말론적이고, 그 중간은 삼위일체적이다).

틸리히는 1부 "이성과 계시"에서 이성의 개념에서 발견되는 몇 가지 특징(존재론적이며 형식적이고, 객관적이고 주관적인 특징)을 언급함으로써 서두를 열었다. 그는 특히 "실체", "존재 자체", "진리 자체", "근원", "심연"(즉 부분적이고 제한적인 진리의 배후에 있는 현실) 등으로 일컬을 수 있는 이성의 "깊이"를 강조하는 데 관심을 기울였다. 나는 이런 표현들이 "아하! 그렇구나." 하는 깨달음의 순간, 곧 우리의 이성이 단지 일상적인 문제들을 해결하는 데 그치지 않고 뭔가 의미 있는 깨우침에 도달하는 순간을 가리킨다고 생각한다.

이성은 자연스레 자신의 깊이를 가리키지만 신화와 컬트는 이성을 그 참된 깊이와 분리시키는 그릇된 깊이를 제공한다. 그런 분리는 이성의 "타락"으로 일컬어진다. 그것은 우리의 사고 안에 불명료한 것을 발생시킨다. 그는 그 불명료한 것을 구체적으로 세 가지로 나누었다.

1) 자율과 타율. 자율은 이성이 자신의 깊이를 인식하지 않고 스스로를 주장하는 것을 의미하고, 타율은 깊이의 이름으로 신화나 컬트와 같은 외적인 권위를 스스로에게 부과하는 것을 의미한다.

틸리히는 "초자연주의"가 이런 잘못을 저지른다고 생각했다. 이 문제의 해결책은 신율(神律)이다(헤겔의 변증법적 종합과 비슷하다). 신율은[119] 스스로의 깊이와 연합한 자율적인 이성을 가리킨다. 그 결합은 실존의 조건 아래에서는 결코 완전할 수 없지만 우리는 그렇게 되도록 힘써 추구해야 한다. 이 추구는 또한 계시에 대한 추구로 일컬을 수도 있다.

2) 상대주의와 절대주의. 절대주의는 이성 안에서 정체적인 요소를 고양시키고, 상대주의는 역동적인 요소를 고양시켜 안정적인 것을 모두 제거하게 만든다. "구체적인 절대"(헤겔이 절대 정신을 묘사할 때 사용했던 표현)만이[120] 이 문제를 해결할 수 있다.

3) 형식주의와 감정주의. 형식주의(니체의 "아폴로적인 정신")는 논리, 예술, 법률, 사회적 전통의 법칙만을 강조한다. 형식주의는 그것들과 실질적인 삶의 경험(후설과 하이데거의 "생활 세계")과의 관계를 고려하지 않는다. 감정주의(니체의 "디오니소스적인 정신")는 이에 반발하지만 구조를 무시하는 탓에 불합리한 방향으로 나아간다. 형식과 감정의 통합은 계시를 통해 이루어진다.[121]

그러나 여기에서 계시는 전통적인 기독교적 의미에서 말하는 복음의 계시가 아니다. 그것은 인간적인 깨달음, 곧 어떤 것에 대한 "실질적인 깨달음"의 순간을 가리킨다. 그러나 틸리히는 "최종적인" 계시, 곧 그런 문제들을 결정적으로 해결하는 계시가 있다고 주장했다. 그런 계시의 판단 기준은 다음과 같다. 1) 분리나 분열 없이 존재의 근원과 하나가 되어야 한다. 그래야만 신비를 꿰뚫어 볼 수 있다. 2) 자신을 잃어버리지 않고 스스로를 부정해야 한다. 틸리히에 따르면 신화, 컬트, 타율, 형식주의, 절대주의(간단히 말해 초자연주의)의 문제점은 스스로의 한계를 인정하지 않고 절대적인 척하는 데 있다. 최종적인 계시는 스스로를 잃어버리지 않고 그런 한계를 기꺼이 인정한다.

최종적인 계시의 내용은 그리스도 예수에 관한 계시다. 틸리히는 예수님이 궁극

---

119) 물론 이것은 루수스 러쉬두니와 그렉 반슨이 주장했던 "신율"과는 사뭇 다르다.
120) 반틸도 이 문구를 사용해 플라톤과 아리스토텔레스가 말한 것과 같은 추상적인 형상이 아닌 인격적이고, 구체적인 현실 속에서 궁극적인 진리를 발견한다는 기독교의 입장을 주장했다.
121) 여기에서 틸리히는 나와 반틸이 "합리주의적이고 불합리주의적인 변증"으로 일컬은 것을 이해했던 것으로 나타난다. 그는 세 가지의 "불명료한 것"을 논하면서 내가 그런 용어들을 사용해 대조한 것을 묘사했다. 타율과 상대주의와 감정주의는 여러 형태의 불합리주의, 자율성, 절대주의, 합리주의적 형태로서의 형식주의와 같은 용어로 묘사할 수 있다.

에 대한 주장을 모두 포기하셨다고 말했다.[122] 예수님은 십자가에서 자신을 희생시켜 스스로를 부정하셨다.[123] 예수님은 자기 안에 있는 유한한 모든 것(예를 들면 그분의 조건화된 세계관)의 권세로부터 우리를 해방하셨다. 그분은 자기 안에 있는 단지 "예수"에 불과한 것을 희생하셨다(틸리히는 그런 논리를 이용해 "예수님 중심적인" 종교를 비판했다).[124] 이성의 깊이를 아는 것은 궁극적으로 구원을 받는 것과 동일한 의미를 지닌다. 여기에서 틸리히는 계시와 구원을 동일시한 바르트의 견해에 동조한다.

이 계시는 명제적이지 않다. 왜냐하면 명제들은 "궁극의 소리"를 결여하고 있기 때문이다.[125] 틸리히도 명제적 진리를 거부하는 논증을 펼친 자유주의 신학자들의 대열에 합류했다. 그들의 논증은 "깊이"의 존재 여부와 상관없이 자율적인 이성을 선호한다. 계시된 말씀이나 계시된 교리는 존재하지 않는다. 그것들은 모두 타율적인 왜곡에 지나지 않는다. 계시는 자율적인 이성에서부터 시작해야 한다. 계시도 이성과 합류해 이성의 깊이를 추구한다.

틸리히의 체계를 구성하는 두 번째 부분인 "존재와 하나님"은 1부에서 다룬 계시의 교리와 비슷한 방식으로 하나님에 관한 교리를 전개한다. 하나님이라는 상징은 다양한 반제들에 대한 해결책을 제시한다. 이 경우에는 수많은 논의를 거친 "존재"라는 주제를 다룬다.[126] 존재를 이해하는 것이 필요한 이유는 우리 자신의 한계 때문이다("죽음을 향한 존재"라는 하이데거의 개념을 참조하라). 틸리히도 실존주의자들처럼 주체와 객체의 구별을 초월해야 할 필요성을 느꼈다. 그런 구별이 서로 반대되는 개

---

[122] 이 사실은 신약 성경을 읽는 사람들을 놀라게 할 것이 틀림없다.
[123] 부활에 관한 틸리히의 교리: 예수님의 사후에 제자들은 나사렛 예수의 상(像)이 "새 존재(New Being)"와 합체되는 황홀한 체험을 했다(아래의 각주를 참고하라).
[124] 틸리히가 예수나 그리스도를 언급할 때 구체적으로 무엇을 가리키는지 불분명할 때가 더러 있다. 그의 기독론은 서로 다른 세 가지 개념의 혼합이다. 1) 나사렛 예수라는 실제적인 역사적 인물. 틸리히도 바르트처럼 이 인물에 대해 매우 회의적이었다. 그는 "역사적 예수의 탐구"를 거부했다. 2) 복음서에 묘사된 예수의 "상". 이 상은 사실일 수도 있고, 사실이 아닐 수도 있다. 그러나 그는 이를 기독론의 토대로 생각했다. 3) 그리스도로 나타난 "예수 안에 있는 새 존재". 이것이 그리스도를 통해 가능해졌다고 생각되는 구원에 관한 틸리히의 개념이다. 그는 다른 곳에서 "기본적인 기독교의 주장"을 이렇게 정의했다. "본질적인 신성과 인성이 실존 안에 나타나서 실존의 조건들에 정복되지 않은 상태로 그것들에 종속되었다." Tillich, *Systematic Theology*, 2:98. 그로써 그리스도는 본질과 실존의 괴리를 정복했다.
[125] Ibid., 2:124. 여기에서 "궁극"은 그가 앞에서 논의했던 "깊이"를 가리킨다.
[126] 틸리히의 이런 관심의 배후에 있는 직접적인 배경은 하이데거의 "자인"과 "다자인"이다. 그러나 "존재의 문제"는 멀리 헬라 철학, 특히 파르메니데스에게까지 거슬러 올라간다.

념들에게 영향을 줄 때는 특히 더 그렇다. 이 경우에 서로 반대되는 개념들은 1) 개별화와 참여, 2) 역동성과 형식, 3) 자유와 운명이다. 1부에서 다룬 반대 개념들과 마찬가지로 이 개념들도 양자택일보다는 더 깊은 현실에 근거할 때 올바로 극복할 수 있다.

그 현실은 바로 하나님이다. 틸리히는 하나님을 "존재 자체" 또는 "존재의 근원"으로 정의했다. 그는 『조직 신학』 1권에서 "하나님은 존재 자체이시다."라는 것만이 우리가 하나님에 관해 말할 수 있는 유일한 비상징적 진술이라고 말했다. 그러나 그는 2권에서는 심지어 그런 진술조차도 상징적이라고 말했다.[127] 하나님은 "하나의" 존재가 아니시다. 만일 그렇지 않다면 하나님은 존재에 종속되실 수밖에 없다. 또한 우리는 하나님이 "존재하신다."라고 말해서도 안 된다. 왜냐하면 그분은 본질과 실존을 초월하시기 때문이다. 그분은 보편적인 본질(유한한 가능성의 총합)도 아니고, 실존적인 존재도 아니시다(왜냐하면 실존은 본질로부터의 이탈을 포함하고 있기 때문이다).[128]

틸리히는 하나님이 삼위일체적인 연합과 특수성 때문에[129] 개별화와 참여, 역동성과 형식, 자유와 운명을 하나로 통합하신다고 말했다. 그분은 "하나의" 인격이 아니라 인격적인 모든 것의 근원이자 인격성의 존재론적인 능력이시다.[130] 틸리히는 "세상과 인류를 위해 군림하는 천상의 완전하고, 완벽한 인격체"라는 하나님의 개념에 대한 "무신론의 항변은 정당하다."라고 말했다.[131]

창조는 시간 속에서 일어난 사건이 아니라 하나님과 세상과의 관계에 대한 기본

---

127) 틸리히는 상징은 표시와는 달리 자신이 가리키는 현실에 직접 참여한다고 말했다. 하나님은 우리의 언어로 묘사할 수 있는 유한한 세상을 무한히 초월하신다. 따라서 그분에 대한 상징은 그런 주장들을 동시에 긍정하고, 부정한다. 그러나 상징적인 진술이 가능한 이유는 하나님이 비록 유한한 세상을 초월하실지라도 모든 것이 존재 자체에 참여하고 있기 때문이다.

128) 이 말을 화제로 삼아 인기 있는 언론사들이 틸리히가 하나님이 존재하지 않는다고 말했다면서 앞을 다퉈 소식을 전했다. 앞으로 살펴보겠지만 후대의 "기독교 무신론자들"은 틸리히를 비롯해 바르트와 불트만과 본훼퍼를 정신적인 스승으로 간주했다.

129) 틸리히는 삼위일체를 1) 존재의 근원, 2) 창조적인 자기 실현(로고스), 3) 객체화된 것들과 자신과의 통합(성령)으로 나눠 설명했다. 내가 볼 때 여기에는 성경적인 통찰력이 담겨 있는 듯하다.

130) 2장에서 살펴본 대로 플로티누스도 하나님께 그 어떤 속성도 부여하지 않았다. 하나님은 그런 속성들의 "근원"이기 때문에 그것들을 초월하신다. 그러나 그런 식으로 논증을 펼치다 보면 결국 하나님에 관해 아무것도 말할 것이 없게 되고 만다.

131) Tillich, *Systematic Theology*, 2:245.

적인 진술이다. "무로부터의" 창조는 비존재가 유한한 현실의 (본질이 아닌) 실존에 개입되었다는 것을 의미한다. 이런 이유로 창조와 타락은 동시에 존재한다.[132] 그는 자유를 통한 자기 실현은 존재의 근원으로부터의 분리를 피할 수 없다고 말했다. 그러나 하나님은 창조된 삶의 부정적인 요소에 참여하지만 그분 안에서 그런 부정적인 요소가 영원히 극복된다.[133]

틸리히는 하나님의 본질을 또 다른 각도에서 논의했다. 이 논의가 좀 더 잘 알려져 있고, 아마 그 영향력도 더 클 것이다. 이 논의는 그의 『조직 신학』이 아닌 『존재에로의 용기』에서 분명하게 개진되었다.[134] 틸리히는 믿음을 "궁극적인 관심", 곧 생사를 가르는 문제에 대한 관심으로 정의했다.[135] 무엇이든 궁극적인 관심의 대상이 된다면 그 적절성의 여부와 상관없이 그것이 곧 "신"이다. 믿음은 의심과 분리될 수 없다. 믿음은 존재의 깊이를 추구하기 때문에 객관적인 확실성을 모두 포기해야 한다(불트만을 참조하라). 따라서 진정으로 열정적인 의심, 곧 스스로가 의심하는 것에 진지하고도 궁극적인 관심을 기울이는 "불신앙" 안에서 참 믿음이 발견된다.[136] 참 믿음, 즉 가장 심원한 믿음은 "존재에로의 용기", 곧 "운명과 죽음 안에 존재하는 비존재를 극복할 수 있는 구체적인 것을 발견할 수 없더라도" 존재를 긍정할 수 있는 용기를 의미한다.[137] 따라서 이 믿음은 불안과 무의미를 극복하지는 못하지만 "무의미의 불안을 스스로 짊어질 수 있는 용기"를 지닌다.[138] "유신론의 하나님"을 초월하는 하나님, 곧 "전통적인 상징이…힘을 잃을 때" 나타나는 하나님이 곧 그런 믿음의 대상이다. 따라서 "존재에로의 용기는 의심의 불안 속에서 하나님이 사라질 때

---

[132] 틸리히는 창세기 3장의 역사성을 인정하지 않는다. 그는 인류가 타락하지 않았던 "몽환적인 순진무구"의 시절은 없었다고 말했다.

[133] 이것이 틸리히의 신정론, 곧 악의 문제에 대한 그의 답변이다.

[134] P. Tillich, *Courage to Be* (New Haven, CT and London: Yale University Press, 1952).

[135] 특히 다음 자료를 참조하라. P. Tillich, *Dynamics of Faith* (New York: Harper and Brothers, 1957).

[136] 가장 심원한 믿음은 가장 열정적인 불신앙 안에서 발견된다. "무한한 열정"을 가지고 자신의 우상에게 기도하는 이교도가 형식적인 예배에 참여한 덴마크 교회의 신자의 진리(즉 주관적인 진리)보다 더 탁월하다는 키에르케고르의 이야기를 기억하라.

[137] Tillich, *Courage*, 189. 또한 참 믿음은 "받아주는 사람이나 무엇이 없더라도 스스로가 받아들여졌다는 것을 인정하는 것"을 의미한다 (185).

[138] Ibid., 190.

나타나는 하나님 안에 근거한다."[139]

 틸리히의 체계를 구성하는 나머지 3부의 내용이나 그가 저술한 다수의 책들을 계속해서 살펴볼 생각은 없다. 이 정도면 기본적인 내용은 충분히 파악된 것으로 보인다. 틸리히도 바르트, 브룬너, 불트만처럼 성경의 무오성을 거부하고, 과거의 역사적 사건들을 구원의 근거로 인정하지 않는다. 구원은 비명제적인 "게쉬히테", 즉 ("존재 자체", 또는 "존재의 근원"이신 하나님과 동일한) 이성의 "깊이"를 일깨워 주는 사건으로 이루어진다.[140] 이 구원은 자기를 부정하고, 실존의 상태에 정복되지 않은 채로 그런 상태 속으로 들어간 상징적인 그리스도로부터 비롯한다. 역사적인 예수는 그와 관련해 아무런 역할도 하지 않는다. 결국 그리스도께서 실존의 상태에 정복되지 않은 채로 그 상태 속으로 들어간 일이 언제 일어났는지, 또 그런 일이 실제로 일어났다고 왜 믿어야 하는지가 불분명해진다.

 아무튼 이것이 성경적인 복음이 아니라는 사실을 이해하는 데는 그렇게 많은 통찰력이 필요하지 않다. 이것은 성경의 참된 복음처럼 위장해 설득력을 확보하려는 철학적 신화에 지나지 않는다. 이것의 구조는 근본적으로 헤겔의 변증법과 존재에 대한 실존주의적 명상을 가미한 칸트적 체계(게쉬히테-히스토리, 실재와 현상)에 근거한다.

 틸리히의 체계는 "단지 철학만"이라면 약간의 가치를 지닌다. 예를 들어 자율적 이성이나 (거짓 권위를 내세우는 주장에 속박된) 타율적 주장은 진리가 아닌 혼돈으로 귀결될 수밖에 없다는 말은 사실이다. 그러나 그런 혼란 속에서도 우리는 때로 통찰력의 "깊이"에 깊은 인상을 받는다. 왜냐하면 참 하나님은 자신과 자신의 세계를 우리에게 알리기를 원하시기 때문이다. 그 지식은 아무리 억누르려고 해도 우리의 생각과 상관없이 우리의 의식 속에서 종종 갑작스레 나타나곤 한다.[141] 그런 깊이의 의식은 (우리의 사고를 비롯해 삶의 모든 측면에서) 예수 그리스도를 통해 나타나신 참 하나님께 복종할 때 말로 다할 수 없이 크게 증폭된다. 열정적인 불신앙을 통해 만날

---

139) Ibid.
140) 이는 "궁극의 소리"를 전달하는 사건을 가리킨다.
141) 나는 다음 자료에서 "나는 안다."라고 말할 수 있는 근거는 대개 일종의 감정(이는 "인식적 평안"으로 일컬을 수도 있다)과도 같다는 주장을 펼쳤다. *DKG*, 151-62.

수 있다고 말하는 틸리히의 "신을 초월한 신"이 아닌 성경이 가르치는 하나님만이 우리의 하찮고 평범한 지식을 뛰어넘도록 도와주실 수 있다.

디트리히 본훼퍼(Dietrich Bonhoeffer, 1906-45)

잘 알다시피 20세기의 철학과 신학은 히틀러 시대의 정치적 상황과 2차 세계대전에 지대한 영향을 받았다. 당시에 독일은 대부분의 철학과 신학의 논의가 이루어졌던 중심지였다. 칼 바르트는 "바르멘 선언문"의 작성을 주관하고, 독일 고백교회를 고무하는 데 영웅적으로 기여했다. 본훼퍼는 바르트의 중요한 제자였지만 그와는 달리 그 힘들었던 시기에 대부분 독일에 머물렀다. 그는 1939년에 뉴욕의 유니온신학교에서 교수직을 제의받고 대서양을 건넜지만,[142] 곧 잘못된 결정을 내렸다고 생각하고, 마지막 민간 여객선을 타고 독일로 되돌아갔다.

그는 1935년부터 1940년까지 "지하 신학교"에서 학생들을 가르쳤다. 그 학교는 핑켄발데에 처음 설립되었다가 나중에는 정부 당국의 박해를 피해 이리저리 장소를 옮겨 다녔다. 결국 독일 비밀경찰에 의해 신학교가 폐교되자 본훼퍼는 다양한 저항 운동에 참여했고, 나중에는 히틀러를 암살할 계획까지 세웠으나 그 계획은 1944년에 불발로 끝이 났다. 그는 1945년에 플로센부르크의 강제수용소에서 교수형을 당했다. 미군에 의해 수용소가 자유를 얻기 불과 2주 전의 일이었다.

본훼퍼가 1930년대에 저술한 책들, 특히 『나를 따르라』와[143] 『신자의 공동생활』은[144] 훗날에 모든 교파의 그리스도인들에게 사랑을 받았다. 『나를 따르라』는 "값싼 은혜"의 개념, 곧 구원은 은혜로 얻기 때문에 더 이상의 의무를 이행할 필요가 없다는 생각을 비판했다. 본훼퍼는 은혜는 사실상 값비싸기 때문에 하나님은 자기 백성에게 그에 상응하는 반응을 요구하신다고 주장했다. 그는 그리스도께서 제자들을

---

[142] 그는 1930년에 그곳에서 공부하면서 할렘의 아비시니아 침례교회에서 주일학교를 가르쳤다. 그는 아프리카계 미국인의 기독교에 깊은 영향을 받았다.

[143] D. Bonhoeffer, *The Cost of Discipleship* (New York: Touchstone, 1995).

[144] D. Bonheeffer, *Life Together* (New York: Harper, 2009).

부르면서 와서 죽으라고 명령하셨다고 말했다. 이 책에는 산상설교를 심도 깊게 다루는 내용이 포함되어 있다. 『신자의 공동생활』은 지하 신학교의 생활을 배경으로 한다. 교수들과 학생들은 정권의 박해 아래서 종종 서로 깊은 연대의식을 갖고 생활했다. 이 책들이 나치의 박해 아래에서 쓰였다는 사실은 그 신뢰성을 더더욱 높여 주었다.

한편 신학적 논쟁은 본훼퍼의 『옥중 서신』에서 주로 비롯했다.145) 물론 그 논쟁은 약간 공정하지 못한 측면이 있었다. 왜냐하면 본훼퍼의 옥중 글쓰기는 극한의 상황에서 이루어졌기 때문이다. 그러나 본훼퍼가 그 책에서 제시한 일부 개념들을 어떻게 발전시켰는지에 관한 문제를 둘러싸고 격렬한 논의가 이루어졌다. 본훼퍼는 자신이 쓴 다른 모든 책에서와 마찬가지로 여기에서도 그리스도께서 주변적인 한 "종교인"이 아닌 만물의 중심이며, 인간 삶의 중심이 되셔야 한다고 주장했다. 그리스도께서는 지식의 주변에서 발생하는 미해결의 문제들에 대한 대답이 아니라 우리가 알고 있는 모든 것에 깊이 개입하신다. 그는 "종교"에 대한 바르트의 비판을 기꺼이 인정하고,146) 믿음을 주일 예배에만 국한시키려는 사람들의 성향을 강하게 비판했다.147) 하나님은 일상생활 속에서 가장 잘 발견할 수 있다. 그분은 삶 속에서 자기 백성과 함께 고난을 당하시며, 그들이 있는 곳에서 정의를 실천할 때 주어지는 고난을 달게 받으라고 요구하신다.

디트리히 본훼퍼
(Dietrich Bonhoeffer)

그는 『옥중 서신』에서 한 걸음 더 나아가 니체와 불트만처럼 현대인이 "성년이 되었기" 때문에 그들의 삶 속에 하나님을 위한 자리가 더 이상 마련되어 있지 않다고 생각했다. 따라서 그는 종교 없이 믿음을 실천하는 방법을 찾는 것이 필요하다고 강조했다. 그는 종교를 형이상학의 개념과 내적 성찰과 동일시하고, 그런 것들

---

145) D. Bonhoeffer, *Letters and Papers from Prison*, ed. Eberhard Bethge (New York: Touchstone, 1997).
146) 나는 앞의 각주에서 이 점에 대해 바르트를 비판했다. 나는 "종교"가 좋은 의미를 지닌 용어라고 생각한다(약 1:26, 27). 바르트가 시도한 대로 종교의 의미를 아집이나 자기 본위로 정의하는 것은 옳지 않다.
147) 그는 이런 성향이 어느 정도는 "두 왕국"을 구별한 루터의 사상에 그 원인이 있다고 분석했다.

없이 말하고, 사는 법을 배워야 한다고 주장했다. 또한 그는 하나님은 철학과 과학과 관련된 미해결의 문제들에 대한 대답이 아니라 우리가 세상에서 알고 있는 모든 지식 안에 현존하신다고 말했다. 그는 유신론적 종교를 현대인에게 강요하거나 그들이 거부한 이데올로기를 받아들이도록 설득하려는 시도를 중단해야 한다고 강조하면서 그들을 있는 그대로 섬기고, 예수님처럼 그들과 함께 고난을 받아야 한다고 덧붙였다.

본훼퍼는 "우리는 하나님 앞에서, 하나님과 더불어 하나님 없이 산다."라고 말했다.[148] 물론 이 말은 모순이다. 왜냐하면 하나님 없이 산다고 말하면서 하나님을 인정하기 때문이다. 하나님이 실제로 존재하시고, 그분이 이 세상 안에 살아 계실 뿐 아니라 그 중심에 거하신다면 과연 어떤 의미로 그분 없이 살 수 있다는 것일까?

나는 여기에서 바르트주의의 변증법과 같은 것이 사용되었다고 생각한다. 하나님은 부재 중에 현존하시고, 현존 중에 부재하신다. 그분은 "게쉬히테"를 통해 단지 "이따금" 우리와 함께 하신다. 본훼퍼는 바르트와는 달리 이런 종류의 표현을 사용하지는 않았다. 그러나 성경과 성경적 사건들의 기적적인 차원에 관한 그의 견해는 바르트와 조금도 다르지 않다. 결국 본훼퍼의 경우에도 바르트처럼 신학적인 진술은 오직 역설적으로만 가능했던 셈이다.

이 역설은 내가 1장에서 설명한 대로 비성경적인 초월과 내재의 역설처럼 들린다. 하나님은 현대 문화 안에는 "부재하지만"(초월), 세상 안에는 "현존하신다"(내재). 따라서 그리스도인들은 세상에 헌신해야 하고, 그 안에서 인간을 인간으로 포용하며, (현대인과 더불어) 전통적인 초자연적 복음을 거부해야 한다는 것이 이런 역설적인 견해의 입장이다.

새로운 해석학

"새로운 해석학"이라는 문구는 교파적 논쟁과 관련된 다양한 형태의 자유주의 운

---

148) Bonhoeffer, *Letters and Papers*, 360.

동을 지칭할 때 사용된다.[149] 그러나 최근의 신학의 역사를 돌아보면 이 문구가 하이데거의 후기 저서들에 감명을 받은 불트만의 제자들이 주도했던 운동을 가리키는 데 주로 사용되는 것을 알 수 있다. 앞서 살펴본 대로 불트만은 하이데거의 전기 저서인 『존재와 시간』을 토대로 자신의 신학을 형성했다. 그러나 불트만 이후의 불트만주의자들은 거기에서 한 걸음 더 나아갔다. 이 운동과 관련된 신학자들 가운데는 "게르하르트 에벨링(1912-2001), 에른스트 푹스(1903-83), 하인리히 오트(1929-2013),[150] 제임스 로빈슨(1924-), 로버트 펑크(1926-2005)" 등이 포함된다.

"해석학"은 전통적으로 신학에 매우 중요한 성경 본문을 해석하는 규칙과 방법을 가르치는 학문이다. 하이데거는 (슐라이에르마허와 딜타이의 사상을 토대로) 좀 더 포괄적인 개념을 제시했다. 그것은 해석학이 단순히 언어를 해석하는 것이 아니라 언어를 통해 삶을 해석하는 것이라는 개념이다. 이 개념에 따르면 철학과 해석학은 거의 동일한 것으로 간주된다. 9장에서 살펴본 대로 하이데거는 후기 저서들을 통해 언어는 "존재의 집"이라는 개념을 발전시켰다. 그 존재는 언어를 통해 우리에게 말을 한다.[151]

새로운 해석학의 옹호자들은 언어를 수단으로 듣는 사람과 현실 사이에서 실존적 조우가 일어날 때만 비로소 옳게 이해될 수 있다고 주장했다. 이런 접근 방식은 해석은 "객관적이거나" "중립적이어야" 한다는 옛 개념을 거부했다. 불트만이 말한 대로 우리는 우리의 선입견을 가지고 본문에 접근해 그 능력을 경험할 수 있기를 기대해야 한다. "우리는 말을 해석하지 않는다. 말이 우리를 해석한다."라는 것이 당시에 유행했던 슬로건이다.

언어의 사건은 정보가 아닌 인격이신 하나님을 전달한다.[152] 언어는 의미가 아닌

---

149) 다음 사이트를 참조하라. http://www.burlingtonurc.org/new_hermeneutic.html; http://www.christiancourier.com/articles/228-new-hermeneutic-an-abandonment-of-reason.
150) 바젤대학교에서 바르트의 후임자로 일했던 오트는 다른 누구보다도 바르트와 가까웠지만 그도 후기 하이데거의 사상에 매료되었다.
151) 이 책에서 "한스-게오르크 가다머(1900-2002)와 폴 리쾨르(1913-2005)"와 같은 학자들과 관련된 해석 철학의 운동을 논의하기는 어렵다. 그들은 특히 상황, 즉 인식아(認識我)의 환경(가다머는 이를 "지평"으로 표현했다)과 그가 아는 지식의 환경이 지식에 어떻게 영향을 미치는지에 관심을 기울였다. 가다머는 두 지평의 융합을 통해 해석이 이루어진다고 말했다. 그런 점에서 해석은 과학이나 기술보다는 실제 생활(후설의 생활 세계)에 더욱더 의존한다.
152) 앞서 살펴본 대로 자유주의 신학 운동은 한결같이 명제적 계시를 거부하는 논증을 펼친다. "새로운 해석학"의 논증도 마찬가지다.

능력이다. 그로써 말이 우리를 위해 미래를 열어준다.

새로운 해석학과 관련된 새로운 요소는 후기 하이데거에 근거한다. 새로운 해석학을 가르치는 책들 안에는 더러 유익한 내용이 들어 있다. 예를 들어 펑크의 『언어, 해석, 하나님의 말씀』이라는 책은[153] 몇 가지 비유를 연구한 내용을 다룬다. 그의 연구는 각각의 요소가 상징하는 것을 밝히는 것이 아니라 어떻게 비유가 우리의 자아상을 재고하도록 이끄는지를 생각하게 만드는 데 초점을 맞춘다. 그런 연구는 나름대로 가치가 있다.[154]

그러나 사실상 나는 이 사상 운동과 이번 장에서 지금까지 다룬 다섯 명의 사상가들이 계시의 교리와 관련해 실질적인 견해의 차이가 없다고 생각한다. 이 모든 사상가들은 계시를 명제적인 내용 없이 이따금 우리에게 주어지는 "게쉬히테"로 간주한다. 그들은 구원이 시간과 공간의 역사 안에서 일어난 사건들에서 비롯한다는 성경적인 주장을 거부한다.[155] 그들은 계시의 자료를 근거로 신학을 수립하는 것을 불가능하게 만들었다. 그 결과 복음은 온데간데없이 사라지고 말았다.

새로운 탐구

그러나 그와 동시에 예수님의 역사에 진지하게 관심을 기울인 사람들도 있었다. 불트만은 역사적 예수에 대한 탐구에 관해 매우 회의적이었다. 그는 그분이 존재하셨다는 것(다스)은 알지만 그분의 본질(바스)은 모른다고 말했다. 그러나 그의 제자들 가운데 일부, 특히 "에른스트 캐제만(1906-98)과 군터 보른캄(1905-90)"은 그런 주

---

[153] Robert O. Funk, *Language, Hermeneutic, and Word of God: The Problem of Language in the New Testament and Contemporary Theology* (New York: Harper & Row, 1966).
[154] 그러나 이것이 명제적 진리를 거부하는 것과 어떻게 조화를 이루는지는 불명확하다. 예수님은 청중에게 새로운 자아상을 일깨워 주고자 하셨을 때 분명히 명제적 측면을 지닌 가르침("A라는 자아상은 그릇되고, B라는 자아상은 선하다."라는 식의 가르침)을 베푸셨다.
[155] 오히려 성경적인 역사에 관한 그들의 입장은 불트만보다 더 회의적이다. 그들은 단지 비신화화가 아닌 성경의 모든 내용을 철저하게 회의하는 방법(Sachkritic)을 적용했다. 그들은 성경을 연구할 때 초자연적인 것을 모두 배제하는 방법을 사용했다. 불트만은 성경의 역사를 옹호하는 입장을 단호하게 배격해 그것을 "믿음을 위한 외적 근거로" 사용되지 못하게 만들었다. 불트만의 제자들인 그들도 그와 동일한 입장을 취했다.

장에 만족하지 않았다. 그들은 "왜 예수인가? 왜 다른 사람들을 전하는 말씀이 아닌 예수를 전하는 말씀 안에서 강력한 언어적 사건을 발견해야 하는 것인가?"라고 물었다. 그들은 그 대답을 찾기 위해 좀 더 현대적인 방법을 적용해 역사적 자료를 다시 조사했다. 그들은 예수님에 관한 전기를 쓰기 위해서가 아니라 어떻게 믿음으로 예수를 이해할 수 있는지를 알기 위해서라고 말했다. 그들도 하이데거처럼 "객관적인" 역사 기록의 목표를 거부했다. 그 후 역사적 예수에 대한 관심이 얼마 동안 중단되었다가 1980년대에 접어들어 또 다른 운동이 일어났다. 라이트는 이 운동을 "제3의 탐구"로 일컬었다. 그러나 그런 탐구들 가운데 예수님의 참 모습에 관해 학자들 사이에서 합의를 이끌어낸 탐구는 하나도 없었다. 어쩌면 그것은 당연한 결과였다. 왜냐하면 진정성을 따지는 다양한 판단 근거 가운데 성경의 권위가 포함되지 않았기 때문이다.

구속사

이번 장에서 주로 다룬 내용 때문에 17세기에서부터 현재에 이르기까지 자유주의 신학이 모든 학문적인 신학을 지배한 것 같은 인상을 줄 수도 있다. 그러나 5장에서 살펴본 대로 로마 가톨릭 사상가들은 물론, 개신교 학자들과 경건주의자들은 성경의 권위와 초자연적인 현실을 인정하는 전통을 유지해 왔다. 나는 청교도를 다루면서 조나단 에드워즈를 간단하게 언급했다. 그런 정통주의 신학은 세속 학계에서는 거의 존중을 받지는 못했지만 18세기부터 지금까지 그 전통을 면면히 유지해 왔다. 개신교 전통에서는 헹스턴버그, 아치볼드 알렉산더, 찰스 하지, 워필드 등을 논할 수 있다. 물론 그들의 신학 사상은 개신교의 다양한 신앙고백의 범위를 크게 벗어나지 않는다. 나는 이 책의 마지막 장에서 아브라함 카이퍼와 헤르만 도이베르트를 비롯해 성경에 일치하는 철학적 신학을 추구했던 학자들을 다룰 생각이다.

여기에서는 20세기 중반의 학술계에서 상대적으로 정통주의를 표방한 사상 운동에 대해 간략하게 몇 마디를 첨부하는 것으로 만족하고 싶다. 성경의 기록을 액면 그대로 받아들이면 역사적으로 전개되어 온 하나님의 행위들이 중심 주제로 떠오르는 것을 알 수 있다. 하나님은 세상을 창조하셨고, 인간의 타락을 다루셨으며, 선택하신 몇몇 사람들(아담, 노아, 아브라함, 모세가 이끌었던 이스라엘, 다윗, 그리스도)과 언약을 맺으셨다. 그 모든 언약은 예수 그리스도의 강림을 예고했다. 그분은 세상에 와서 자기 백성의 죄를 위해 죽으시고, 장사되었다가 다시 살아나 하나님의 보좌 위에 오르셨다. 그러고 나서 성령께서 강림해 예수님에 관한 소식을 온 세상에 전하도록 교회에 능력을 베푸셨다. 이제 남은 것은 예수님이 재림해 세상을 심판하고, 새 하늘과 새 땅을 이루시는 것이다.

그런 성경의 역사는 "하일스게쉬히테(Heilsgeschichte)", 곧 "구원사" 또는 "구속사"로 일컬어질 수 있다. 종종 성경적인 신학자로 불리는 일부 신학자들은 이 역사를 신학의 초점으로 삼는다. 그들은 그리스도의 강림을 성경 역사의 중심, 곧 "다가 올 시대"를 여는 사건으로 간주한다. 그러나 그럼에도 불구하고 "현재의 악한 시대"가 마지막 심판의 때까지 계속될 것이다. 우리가 사는 시대는 두 시대, 곧 옛 시대와 새 시대에 모두 속해 있다. 우리의 시대는 "절반의 종말", 곧 구원이 완성되었지만 아직 온전히 이루어지지 않은 시대에 해당한다. 쿨만의 비유를 빌리면 우리의 시대는 마치 2차 세계대전이 "디-데이"를 통해 히틀러가 지배하던 독일의 종말이 시작되고, "브이-데이"를 통해 마지막 날이 임했던 것과 비슷하다. 우리의 시대는 디-데이와 브이-데이 사이에 있다. 예수님은 이미 승리의 부활을 이루셨지만 사탄은 그분이 구름을 타고 다시 오실 때까지 악한 활동을 계속한다.

1920년대와 30년대의 네덜란드 신학자들 가운데 이 구원사적인 구조를 강조한 사람들이 많다. 프린스턴신학교에서 가르쳤던 네덜란드계 미국인 신학자 "게할더스 보스(1862-1949)"는 "리처드 개핀 주니어(1936-)"와 마찬가지로 미국 내의 많은 개신교 보수주의 신자들에게 영향을 미쳤다. 네덜란드 신학자 "헤르만 리델보스(1909-2007)"는 『하나님 나라』와 [156] 『바울 신학』과 [157] 같은 주요 저서를 통해 구원사를 상세하게 설명했다. 독일에서는 "한스 콘젤만(1915-89)"과 "오스카 쿨만(1902-99)"

---

[156] Herman N. Ridderbos, *The Coming of the Kingdom*, ed. Raymond O. Zorn, trans. H. de Jongste (Philadelphia: Presbyterian and Reformed, 1962).

[157] Herman N. Ridderbos, *Paul: An Outline of His Theology*, trans. John Richard de Witt (Grand Rapids: Eerdmans, 1975).

이 비슷한 신학적 노력을 기울였다. 보스와 개핀은 성경이 무오하다고 확신했지만 유럽의 신학자들은 그렇게 믿지 않았다. 그러나 이들은 모두 성경의 역사에 관한 문제에 대해 상당히 보수적인 입장을 취했다. 그들은 구원의 사건들이 실제로 일어났고, 하나님과 우리와의 관계를 뒷받침하는 토대라는 성경의 주장을 진지하게 받아들였다.[158] 이런 점에서 "하일스게쉬히테"와 "게쉬히테"는 혼동되어서는 안 된다. 보스와 쿨만의 "하일스게쉬히테"는 시간과 공간 속에서 일어났고, 바르트와 불트만의 "게쉬히테"는 오로지 선포된 말씀(곧 "이따금" 교회를 위해 사실이 되는 말씀)을 통해서만 시간과 공간 속으로 들어온다.

기독교적 무신론

"구속사"는 20세기의 좀 더 보수적이고, 학문적인 신학 운동 가운데 하나다. 그에 비해 기독교적 무신론은 종종 "급진 신학"으로 불릴 정도로 가장 급격한 성격을 띠고 있다. 그 말만 놓고 보면 마치 모든 사람이 자유주의 신학 가운데서 어떤 신학이 가장 급진적인지를 알고 있는 듯하다. 우리 중에 온통 검정색으로 된 겉표지에 "신은 죽었는가?"라는 질문을 적어 넣은 1966년 4월 8일자 『타임』지를 알고 있는 사람은 그리 많지 않을 것이다. 잘 알다시피 니체도 "신은 죽었다."라는 놀라운 선언을 했다.

그러나 급진 신학과 관련해 주목할 만한 사실은 그리스도인을 자처하는 기독교 신학자들 가운데 하나님의 죽음을 인정하는 이들이 더러 있다는 것이다.

물론 결과적으로는 그것은 그다지 중요한 신학 운동이 되지 못했다. 나는 종종 학생들에게 농담조로 그 운동이 1967년에 약 15분 동안만 명성을 떨쳤다고 말하곤 한다. 그러나 그 운동은 그때 당시의 주된 신학 운동이 어떤 방향으로 나아갔는지

---

[158] 이런 일반적인 움직임 속에서 일부 학자들은 중재적인 입장을 취했다. 예를 들어 "어니스트 라이트(1909-74)"는 『행동하시는 하나님(God Who Acts)』(London: SCM Press, 1964)이라는 책에서 성경의 계시는 말이 아닌 하나님의 행위로 이루어졌다고 주장했다. 하나님의 행위는 기적적인 사건이 아니라 믿음으로 해석한 자연적인 사건이다. 사실 성경의 계시는 행위는 물론, 말로 이루어져 있다. 또한 하나님의 행위는 "자연적인" 사건들의 범위에만 국한될 수 없다.

를 보여주는 중요한 교훈을 제공한다.

이 운동의 주축을 이룬 신학자는 세 명이었다. "토머스 알타이저(1927-)"는 성육신에 관한 변증법적 견해를 피력했다. 그는 하나님이 그리스도를 통해 인간이 되셨을 때 신성을 포기하셨다고 주장했다. 그는 이것을 "온전한 비움"의 기독론으로 일컬었다. 신성이 없는 한, 하나님은 더 이상 존재하지 않는다. 니체의 경우와 마찬가지로 이 일에는 나름대로 긍정적인 측면이 있는데, 그것은 곧 신의 죽음으로 인해 인류는 자유롭게 자신의 목적을 이룰 수 있다는 것이다. "윌리엄 해밀턴(1924-2012)"은 니체와 불트만과 본훼퍼의 논증을 따라 현대인은 "성년"이 되어 현대 문화 속에 살고 있기 때문에 그들의 삶 속에는 하나님이 있을 자리가 없다고 주장했다. "폴 반 뷰렌(1924-98)"은 논리실증주의의 검증 원리를 토대로 논증을 펼쳤다(12장을 참조하라). 그는 하나님의 존재를 입증하거나 부인할 수 있는 과학적 수단이 없기 때문에 "하나님은 존재한다."라는 명제는 무의미하지만 (불트만처럼) 예수님에 관한 이야기는 우리를 위한 미래를 열어준다고 주장했다.

물론 이들은 난데없이 나타나지 않았다. 그들은 고전적인 자유주의 신학자들, 특히 20세기 실존주의 신학 운동에 의해 지대한 영향을 받았다. 반 뷰렌은 바르트주의자로 출발하여 불트만, 틸리히, 본훼퍼와 같은 사람들에게도 많은 영향을 받았다. 이전 신학자들이 다룬 주제들 가운데 무신론으로 귀결된 주제들, 즉 이미 무신론적인 씨앗을 내포하고 있었던 주제들을 이해하는 것이 중요하다. 바르트, 불트만, 틸리히는 모두 세계를 두 영역으로 나눈 칸트의 구조를 전제했다. 칸트의 "실재의 세계"는 신학자들의 "게쉬히테"였고, 그의 "현상의 세계"는 그들의 "히스토리"(곧 하나님이 아닌 인간의 이성이 자율적으로 활동하는 영역)였다. 이 신학자들은 무슨 의도를 지녔는지 상관없이 하나님을 "게쉬히테"와 "히스토리" 밖으로, 곧 세상 밖으로 쫓아냈다. 그들에게 하나님은 인간이 알기에는 너무 초월적이고(게쉬히테), 주권자로 인정하기에는 너무 내재적이다(히스토리). 결국 하나님은 없다는 논리적인 결론이 도출된다. 불트만은 현대인은 초자연적인 것을 믿을 수 없다고 주장했고,[159] 틸리히는 참

---

[159] 스위스 신학자 프리츠 부리(1907-95)는 불트만의 비신화화가 일관성이 없다고 생각했다. "성경에서 초자연적인 것을 모두 배제하고, 하나님만 남겨둘 필요가 무엇이냐?"는 것이 그의 지론이다. 따라서 부리도 "급진 신학자들"의 목록에 포함시켜야 마땅하다.

하나님은 열정적인 불신앙을 통해 발견할 수 있다고 주장했으며, 본훼퍼는 현대인은 "성년"이 되었기 때문에 하나님이 존재하지 않는 것처럼 그분 앞에서 사는 법을 배워야 한다고 주장했다. 이렇듯 기독교적 무신론은 한때 전도유망하게 보였던 실존주의 신학의 필연적인 결과였다.

세속화 신학

기독교적 무신론이 유행하는 동안과 그 이후에 본훼퍼의 후기 사상에 영향을 받은 일부 저술가들이 그의 세속주의를 확대하고, 옹호하고, 적용하려고 노력했다. 영국 울위치의 성공회 주교였던 "존 로빈슨(1919-83)"은 신약학 학자로서 복음서의 저술 시기에 대해 매우 보수적인 입장을 취했다. 그는 사복음서가 70년의 예루살렘 멸망을 언급하지 않고 있다는 이유를 들어 모두 다 64년 이전에 기록되었다고 믿었다.160) 그러나 그의 신학적인 입장은 극단적인 자유주의에 해당했다. 그의 『신에게 솔직히』는 인기 있는 종교 언론을 통해 큰 파장을 일으켰다.161) 그는 그 책에서 "저 위에 계신 하나님"과 "저 밖에 계신 하나님"의 개념을 거부하고, "존재의 근원"이라는 폴 틸리히의 개념을 지지하며 하나님은 본질적으로 사랑과 동일시된다고 주장했다. 또한 그의 주장 가운데는 성년이 된 세상의 가치를 받아들여야 한다는 본훼퍼의 사상이 상당 부분 포함되었다.

"하비 콕스(1929-)"는 『세속 도시』에서 하나님은 "신성한" 세계는 물론, 세속 세계에도 똑같이 현존하신다고 주장했다.162) 그는 구속사는 곧 세속화의 역사라고 말했다. 하나님은 창조 사역을 통해 세상을 인정하셨다. 출애굽은 애굽의 바로와 자연 신들을 세속화시켰다. 하나님은 시내산에서 이스라엘 백성에게 종교적인 의식이 아닌 도덕성을 통해 자기에게 나올 수 있는 방법을 가르치셨다. 또한 하나님은 성육신을 통해 속된 세상에서 우리를 구원하신다. 콕스는 "비움의 기독론"을 채택

---

160) John A. Robinson, *Redating the New Testament* (Eugene, OR: Wipf and Stock, 1976).
161) John A. Robinson, *His Honest to God* (Philadelphia: Westminster Press, 1963).
162) Harvey Cox, *The Secular City* (New York: Collier Books, 1965).

해 예수님이 우리를 단지 세속적인 인간으로서 구원하신다고 주장했다.

"세속적"이란 용어는 좀 모호하다. 물론 우리는 하나님이 창조하신 세상과 그분께 반항하는 타락한 인간들로 구성된 세상으로서의 사회를 구별해야 한다. 창조된 본래의 세상을 "인정하는 것"과 죄와 불순종의 문화를 "인정하는 것"은 엄청난 차이가 있다. 또한 거짓 우상들에게 바친 "신성한" 영역과 참 하나님께 바친 신성한 영역(이스라엘의 성전)도 큰 차이가 있다. 하나님은 이스라엘 안에 신성한 장소를 직접 세우셨고, 안식일과 성만찬과 같은 여러 가지 종교적인 제도를 마련하셨다. 제사가 아닌 긍휼을 원하신다는 하나님의 말씀은 그 둘의 중요성을 대조하기 위한 의미를 지닐 뿐이다. 성경의 본문을 모두 진지하게 받아들인다면 하나님은 제사와 긍휼을 모두 원하시지만 그 중에 긍휼을 더 원하신다는 것을 알 수 있다.

하트포드 선언

1975년 1월 26일, 한 무리의 신학자들이 코네티컷 주 하트포드의 하트포드신학교에 모여서 "신학적 확약을 위한 호소"라는 문서를 발표했다. 그들 가운데는 로마 가톨릭, 동방정교회, 개신교의 성직자들과 다양한 종류의 신학자들이 포함되었다. 기독교 개혁주의 학자인 리처드 마우와 루이스 스미즈는 물론, 자유주의 성향이 강했던 예일대학교 교목 윌리엄 슬론 코핀도 그 문서에 서명했다. 그 외에도 사회학자인 피터 버거, 리처드 존 뉴하우스,[163] 조지 린벡,[164] 로마 가톨릭 학자인 애버리 둘리스와 조지 티버드와 같은 저명한 인사들도 포함되었다. 모두 열여덟 명이었다.

"하트포드 선언"의 흥미로운 점은 주류 신학자들(즉 그들 가운데 포함된 자유주의 신학자들)이 급진 신학과 세속화 신학에 대해 분노했다는 것이다. 대개 자유주의 신학자들은 복음을 그릇 이해했다는 이유로 서로를 비난하는 법이 거의 없다. 심지어 기독교적 무신론자들의 주장도 이해심을 가지고 들어주는 것이 보통이었다. 그러나

---

[163] 당시 루터교 신자였는데 나중에 로마 가톨릭으로 개종했다.
[164] 그가 펴낸 책 때문에 때로 "탈자유주의의 아버지"로 불린다. George Linbeck, *The Nature of Doctrine: Religion and Theology in a Postliberal Age* (Philadelphia: Westminster Press, 1984).

항상 더 이상 참을 수 있는 한계가 찾아오기 마련이다. 이것도 "보수적인 흐름"의 사례 가운데 하나다. 틸리히를 비롯해 급진 신학과 세속화 신학을 주장하는 신학자들은 보수적인 흐름에 일종의 "장애"를 일으켰다. 그들은 전통적인 교회의 호감을 사려고 하지 않고 오히려 그것을 거부했다. 언론의 헤드라인을 장식한 것을 제외하면 바르트와 브룬너와는 달리 그들은 교회 안에서 거의 존경을 받지 못했다.

"하트포드 선언"은 학문적인 신학 공동체의 지도자들이 나서서 그런 신학 운동을 배격하고, 다시 전통적인 보수 신학의 주장으로 회귀한 것을 의미한다. 이 특정한 문서와 그것을 작성한 모임의 의미를 지나치게 과장한 것처럼 들릴지도 모르겠지만 1975년 이후로 급진적인 신학 운동이 어느 정도 잦아든 것은 틀림없어 보인다.

"하트포드 선언"은 열세 가지의 "그릇된 주제"를 설명을 곁들여 나열했다. 내가 판단하기에는 그 주제들 가운데 대부분이 실제보다 좀 더 과장된 것처럼 들린다. 그런 주제들을 옹호하는 사람은 고사하고, 문자 그대로 주장할 사람조차도 찾아보기는 어려울 것이다. 그러나 이 문서는 문서의 작성자들이 원하지 않았던 신학적 방향을 분명하게 제시했다는 점에서는 어느 정도 성공을 거둔 것이 확실하다.[165]

1. 현대의 사상은 현실을 이해하는 과거의 모든 형태의 사상보다 더 우월하기 때문에 기독교의 신앙과 삶을 위한 규범이 되어야 한다.
2. 종교적인 진술은 합리적인 대화와 전혀 무관하다.
3. 종교적인 언어는 오직 인간의 경험과만 관련된다. 하나님은 인간이 고안한 가장 고귀한 창작물이다.
4. 예수님은 인간성의 현대적인 모델의 관점에서만 이해될 수 있다.
5. 모든 종교는 똑같이 타당하다. 그 중에 하나를 선택하는 것은 진리에 대한 확신의 문제가 아닌 개인적인 취향이나 삶의 방식과 관련된 일이다.
6. 개인의 잠재력을 깨닫고 스스로에게 충실한 것이 곧 구원의 의미다.
7. 인간적인 것은 선하기 때문에 악은 인간의 잠재력을 발현하지 못한 상태로 이해하는 것이 온당하다.

---

[165] 다음 사이트를 참조하라. http://www.philosophy-religion.org/handouts/pdfs/Hartford-Affirmation.pdf.

8. 예배의 유일한 목적은 개인적인 자기 실현과 인간 공동체를 증진시키는 것이다.
9. 제도와 역사적인 전통은 압제적이고, 진정한 인간성의 발현에 유해하다. 본래적 실존을 살고, 참된 종교를 추구하려면 그것들로부터의 해방이 필요하다.
10. 세상이 교회를 위한 일정을 결정해야 한다. 삶의 질을 향상시키려는 사회적, 정치적, 경제적 프로그램이 세상에서 이루어지는 교회의 사명을 위한 규범이 되어야 한다.
11. 하나님의 초월을 강조하는 것은 기독교의 사회적 관심과 행위를 방해할 뿐 아니라 또한 서로 양립할 수 없다.
12. 더 나은 인간성을 위한 투쟁을 통해 하나님의 나라가 임할 것이다.
13. 죽음을 넘어선 희망의 문제는 부적절하며, 인간의 성취에 관한 기독교적 이해와 관련해 그다지 중요하지 않다.

핵심 용어

위기 신학(Crisis theology)
신정통주의(Neoorthodoxy)
변증 신학(Dialectical theology)
독일 그리스도인(German Christians)
신개신교주의(Neo-Protestantism)
조명(Illumination)
유명론(Nominalism, 바르트)
세 가지 형태의 계시(Three forms of revelation, 바르트)
현대주의(Modernism)
회상과 기대(Recollection and expectation)
변증법(Dialectical, 바르트)
자본금(Capital sum, 바르트)
신화(Myth, 바르트)
게쉬히테(Geschichte)
절대 타자(Wholly other)
어두운 측면(shadowside)
인격주의(Personalism, 브룬너)
나와 너의 관계(I-thou relation)
접촉점(Point of contact)
비신화화(Demythologization)
자기 이해(self-understanding)
비본래적 실존(Inauthentic existence, 불트만)
신학의 형식적 판단 근거(Formal criteria of theology, 틸리히)
본래적 실존(Authentic existence, 불트만)
신학의 실질적인 규범(Material norm of theology, 틸리히)
상징(Symbols, 틸리히)
이성의 깊이(Depth of reason)
타율(Heteronomy, 틸리히)
최종 계시(final revelation, 틸리히)
존재의 근원(Ground of being, 틸리히)
값싼 은혜(Cheap grace, 본훼퍼)
종교(Religion, 바르트, 본훼퍼)
새로운 해석학(New hermeneutic)

두 시대(Two ages)
기독교적 무신론(Christian atheism)
세속화 신학(Secular theology)
말씀의 신학(Theology of the word)
보수적인 흐름(Conservative drift)
고백교회(Confessing Church)
바르멘 선언(Barmen Declaration)
하나님의 자유(Freedom of God, 바르트)
행동주의(Activism)
간접적인 동일성(Indirect identity)
종교(Religion, 바르트)
전설(Saga, 바르트)
히스토리(Historie)
온전히 감추어진(Wholly hidden)
온전히 나타난(Wholly revealed)
무(Das Nichtige)
대화적인(Dialogical)
나와 그것의 관계(I-it relation)
양식 비평(Form criticism)
신화(Myth, 불트만)
실존적 분석(Existential analysis)

미래를 향한 개방(Openness to the future)
궁극적인 관심(Ultimate concern)
상관관계의 방법(Method of correlation)
초자연주의(Superanaturalism, 틸리히)
자율(Autonomy, 틸리히)
신율(Theonomy, 틸리히)
존재 자체(Being itself, 틸리히)

신을 초월한 신(The God-beyond-God, 틸리히)　새로운 탐구(New quest)
성년이 된 세상(World come of age)　하일스게쉬히테(Heilsgeschichte, 구속사)
종교 없는 기독교(Religionless Christianity)　디-데이(D-Day, 쿨만)
언어적 사건(Language event)　급진 신학(Radical theology)
제3의 탐구(Third quest)　하트포드 선언(Hartford Declaration)

학습을 위한 질문

1. 바르트가 성경적인 영감에 관한 종교 개혁 이후의 교리를 신개신교주의의 교리보다 우월한 것으로 간주했다고 판단할 수 있는 근거는 무엇인가? 논의하라.

2. 바르트는 계시는 "이따금 교회 안에서 사실이 되어야 한다."라고 말했다. 성경 계시의 영원성과 조명이라는 전통적인 교리에 관한 저자의 설명을 염두에 두고 이 말의 의미를 밝히고, 평가하라.

3. 저자가 하나님의 자유에 대한 바르트의 견해를 유명론으로 간주한 이유는 무엇인가? 평가하라.

4. 저자는 성경에 관한 바르트의 견해가 "성경 말씀을 시험적으로, 선택적으로, 비평적으로 듣도록 유도한다."라고 말했다. 이 말의 의미를 설명하고, 평가하라.

5. 바르트는 예수님이 불분명한 역사적 인물이지만 하나님의 계시와 동일시된다고 말했다. 이 말의 의미를 설명하고, 평가하라.

6. 바르트는 구원적인 사건들은 서로 동일하고, 또 하나님과도 동일하다고 주장했다. 이 말의 의미를 설명하고, 평가하라.

7. 바르트는 전제주의자인가? 설명하라.

8. 바르트는 성경을 "소유하고", "통제하고", "이용하도록" 이끄는 성경관을 거부했다. 여기에서 바르트가 비판하려고 했던 죄가 무엇인지 설명하고, 그런 죄를 제거하는 방법에 관한 그의 제안을 평가하라.

9. "계시된 진리"와 "명제적 진리"를 논박한 바르트의 논증을 설명하고, 평가하라.

10. 저자는 "결국 신개신교주의에 대한 바르트의 비판은 그 자신의 신학적 입장에도 불리하게 작용한다."라고 말했다. 이 말의 의미를 설명하고, 평가하라.

11. 바르트가 계시의 교리를 삼위일체 교리와 어떻게 연관시켰는지 설명하고, 평가하라.

12. 바르트는 부활을 역사적인 사건으로 생각했는가? 만일 그랬다면 어떤 의미에서 그렇게 생각했는가? 논의하라.
13. 바르트의 "게쉬히테와 히스토리"를 칸트의 "실재와 현상"과 비교하라.
14. 바르트는 보편구원론자인가? 논의하라.
15. 바르트의 견해에 따르면 죄는 무엇인가? 설명하고, 평가하라.
16. 바르트의 신학을 어떻게 평가하는가? 무엇을 통해 그의 신학을 알게 되었는가?
17. 브룬너와 바르트를 비교하라.
18. (나와 너의) 인격적인 관계에 관한 브룬너의 개념을 정의하고, 평가하라.
19. 명제적 계시를 거부한 브룬너의 논증과 바르트의 논증을 비교하라.
20. 자연 신학에 관한 바르트와 브룬너의 논쟁을 설명하고, 그 두 입장을 평가하라.
21. 영감에 관한 브룬너의 견해를 설명하고, 평가하라. 그의 견해는 바르트의 견해와 어떻게 다른가?
22. 저자는 "보수적인 흐름은 직선적으로 순조롭게 진행되지 않는다. 거기에는 많은 굴곡이 뒤따른다."라고 말했다. 이 말의 의미를 설명하고, 평가하라.
23. 불트만에 의하면 현대적인 세계관이 비신화화의 필요성에 어떤 영향을 미쳤는가? 논의하라.
24. 불트만은 "전제 없는 해석은 불가능하다."라고 말했다. 이 말의 의미를 설명하고, 평가하라.
25. 불트만이 말한 "본래적 실존"이란 무슨 의미인가? 그는 그것을 복음과 어떻게 연관시켰는가?
26. 계시에 관한 불트만의 견해를 설명하라. 그는 어떤 이유로 계시가 명제적이 아니라고 생각했는가? 이신칭의의 교리를 토대로 한 그의 논증을 설명하고, 평가하라.
27. 불트만에 따르면 우리는 그리스도에 관해 무엇을 알 수 있는가? 그리스도의 십자가나 부활을 전한다는 것은 무엇을 의미하는가?
28. 틸리히의 『조직 신학』을 구성하는 다섯 부분을 열거하고, 설명하라.
29. 틸리히에 따르면 그리스도는 우리의 인식론적 탐구에 어떻게 대답하는가?
30. 틸리히가 계시가 명제적일 수 없다고 생각한 이유는 무엇인가? 논의하라.
31. 하나님을 1) 존재 자체, 2) 신을 초월한 신으로 간주한 틸리히의 신관을 설명하라.

32. 저자는 틸리히에 관해 "이것이 성경적인 복음이 아니라는 사실을 이해하는 데는 그렇게 많은 통찰력이 필요하지 않다."라고 말했다. 저자가 어떻게 그런 결론에 도달했는지 설명하고, 평가하라.

33. 나치에 대한 저항 운동에서 본훼퍼가 어떤 역할을 했는지 설명하라. 또 그런 사건들이 그의 신학에 어떤 영향을 미쳤는지 논의하라.

34. 본훼퍼의 "종교 없는 기독교"에 대해 설명하라. 이 개념을 그의 신학의 다른 측면들과 연관시켜 평가하라.

35. "우리는 말을 해석하지 않는다. 말이 우리를 해석한다." 이 말의 의미를 설명하고, 평가하라.

36. "하일스게쉬히테"와 "게쉬히테"를 비교하라.

37. 저자는 기독교적 무신론이 20세기 실존주의 신학으로부터 자연스레 비롯했다고 말했다. 이 말의 의미를 설명하고, 검토하라.

38. 하비 콕스는 "세속화 신학"을 어떻게 옹호했는가? 평가하라.

39. 저자는 "하트포드 선언"이 급진 신학자들과 세속화 신학자들의 논제를 과대평가한 측면이 있다고 생각했다. 본인의 생각은 어떤가?

참고 문헌 : 20세기 자유주의 신학 1

출판물

Altizer, Thomas J. J., *The New Gospel of Christian Atheism* (Aurora, CO: Davies Group, 2002). 알타이저의 본래 저서인 『복음(*Gospel*)』을 개정한 것이다.

Barth, Karl, *Anselm: Fides Quaerens Intellectum* (Eugene, OR: Wipf and Stock, 1975). 바르트가 아끼던 그의 저서 가운데 하나. 안셀무스에 관한 통찰력 있는 견해가 돋보일 뿐 아니라 바르트 자신의 생각과 유사한 점을 흥미롭게 개진한 책이다.

_____, *Church Dogmatics* (Edinburgh: T&T Clark, 2004). 여러 권으로 이루어진 바르트의 주저.

_____, *Church Dogmatics: A Selection*, ed. Helmut Gollwitzer (Louisville, KY: Westminster John Knox Press, 1994).

_____, *Dogmatics in Outline* (New York: Harper, 1959).

_____, *The Epistle to the Romans* (New York: Oxford University Press, 1968). 칼 아담이 "신

학자들의 놀이터에 떨어진 폭탄"으로 일컬은 주석이다.

_____, *Evangelical Theology: An Introduction* (Grand Rapids: Eerdmans, 1992).

Berkouwer, G. C., *The Triumph of Grace in the Theology of Karl Barth* (Grand Rapids: Eerdmans, 1956). 네덜란드 개혁주의 사상가가 바르트를 호의적으로 평가한 책이다. 바르트는 벌카워의 해설을 칭찬했다.

Bonhoeffer, Dietrich, *The Cost of Discipleship* (New York: Touchstone, 1995).

_____, *Letters and Papers from Prison*, ed. Eberhard Bethge (New York: Touchstone, 1997).

_____, *Life Together* (New York: Harper, 2009).

Brunner, Emil, *Dogmatics I: The Christian Doctrine of God*. Library of Theological Translations (Cambridge: James Clarke and Co., 2002).

_____, *Dogmatics II: The Christian Doctrine of Creation and Redemption*, Library of Theological Translations (Cambridge: James Clarke and Co., 2002).

_____, *Dogmatics III: The Christian Doctrine of the Church, Faith and the Consummation*, Library of Theological Translations (Cambridge: James Clarke and Co., 2002).

_____, *Natural Theology: Comprising Nature and Grace by Proffesor Dr. Emil Brunner and the Reply No! by Dr. Karl Barth* (Eugene, OR: Wipf and Stock, 2002).

Buber, Martin, *I and Thou*, trans. Walter Kaufmann (New York: Touchstone, 1971). 유대인 신학자인 부버는 에밀 브룬너를 비롯해 많은 사상가들이 주장한 인격적인 만남의 신학에 지대한 영향을 미쳤다.

Bultmann, Rudolf, *Existence and Faith: Shorter Writings of Rudolf Bultmann*, ed. and trans. Schubert M. Ogden (New York: Meridian Books, 1960). 부피는 작지만 중요한 내용을 담고 있는 책이다.

_____, *New Testament and Mythology and Other Basic Writings*, ed. and trans. Schubert M. Ogden (Philadelphia: Fortress, 1984).

_____, *Theology of the New Testament*, trans. Kendrick Grobel (Waco, TX: Baylor University Press, 2007).

Cox, Harvey, *The Secular City* (Princeton, NJ: Princeton University Press, 2013).

Funk, Robert W., *Language, Hermeneutic, and Word of God: The Problem of Language in the New Testament and Contemporary Theology* (New York: Harper and Row, 1966). 에벨링과 푹스의 "새로운 해석학."

Hamilton, Kenneth, *The System and the Gospel: A Critique of Paul Tillich* (Charleston, SC: Nabu Press, 2011). 틸리히가 복음을 한갓 철학으로 바꾸었다고 주장한다.

Kelsey, David H., *The Fabric of Paul Tillich's Theology* (Eugene, OR: Wipf and Stock, 2011). 탁월한 분석이 돋보이는 책이다.

McCormack, Bruce L., *Karl Barth's Critically Realistic Dialectical Theology* (New York: Oxford University Press, 1997). 바르트를 추종하는 최근의 학자가 분석한 내용이 담겨 있다.

Metaxas, Eric, *Bonhoeffer: Pastor, Martyr, Prophet, Spy* (Nashville, TN: Thomas Nelson, 2011).

Tillich, Paul, *The Courage to Be* (New Haven, CT: Yale University Press, 2000).

_____, *Dynamics of Faith* (New York: HarperOne, 2009). 항상 의심이 섞인 궁극적인 관심으로서의 믿음을 논한다.

_____, *Systematic Theology*, 3 vols (Chicago: University of Chicago Press, 1973).

Van Til, Cornelius, *Christianity and Barthianism* (Phillipsburg, NJ: P&R Publishing, 2004). 정통 칼빈주의의 관점에서 바르트를 매우 부정적으로 평가한 책이다.

온라인 자료

20세기의 책들은 대부분 저작권에 걸려 있기 때문에 인터넷을 통해 온전한 책을 찾아보기는 매우 어렵다. 그러나 예외인 책도 몇 권 있다. 특히 이 시기의 사상가들에 대한 논문들은 적지 않게 찾아볼 수 있다. 모두 유익한 것들이다. 이 시기의 사상가들이란 이 책 10-13장에서 다룬 사상가들을 가리킨다.

Barth, Karl, The Digital Karl Barth Library. http://solomon.dkbl.alexanderstreet.com/. 독일어와 영어로 된 칼 바르트의 『교회 교의학』을 비롯해 다수의 글이 게재되어 있다. 회원 가입을 요구한다.

Bonhoeffer, Dietrich, Dietrich Bonhoeffer Reading Room. http://www.tyndale.ca/seminary/mtsmodular/reading-rooms/theology/bonhoeffer. 이 사이트에 실린 책들은 대부분 부분적이다.

_____, "Who Am I?" 1944. http://neilwillard.com/2015/04/09/dietrich-bonhoeffer-who-am-i.

Brunner, Emil, *Dogmatics I: The Christian Doctrine of God*. trans. Olive Wyon (Philadelphia: Westminster Press, 1950). http://archive.org/details/dogmatics01brun.

Bultmann, Rudolf, *History and Eschatology: The Presence of Eternity*. 1954-55 Gifford Lectures (Harper, 1962). http://www.giffordlectures.org/books/history-and-eschatology.

_____, "The Mythological Element in the Message of the New Testament and the Problem of Its Re-interpretation" ("신약 성경과 신학"이란 제목으로도 알려져 있다). *Kerygma and Myth: A Theological Debate*, ed. Hans Werner Bartsch and trans. Reginald H. Fuller (London: SPCK, 1953). http://www.sunysuffolk.edu/About/search.asp?cx=018295863947272962766%3An8erqd-hxfk&cof=FORID%3A9&ie=UTF-8&q=bulrmann&x=0&y=0.

Bultmann, Rudolf, Ernst Lohmeyer, Julius Schniewind, Helmut Thielicke, and Austin Farrer. *Kerygma and Myth: A Theological Debate*, ed. Hans Werner Bartsch. trans. Reginald H.

Fuller (London: SPCK, 1953). http://www.sunysuffolk.edu/About/search.asp?cx=0182958 63947272962766%3An8erqd-hxfk&cof=FORID%3A9&ie=UTF-8&q=bultmann&x=0&y=0. Tillich, Paul. 폴 틸리히에 관한 논문이나 그가 쓴 논문을 참조하려면 다음 사이트에서 "폴 틸리히(Paul Tillich)"를 검색하라. http://www.archive.org.

스스로 읽기

바르트의 방대한 체계를 파악하려면 『교의학 개요와 복음적인 신학 : 서론』과 같이 부피가 작은 책부터 접근하는 것이 좋다. 문제는 부피가 작은 책들은 바르트의 사상 가운데 좀 더 논쟁적인 측면을 지닌 문제들, 특히 그의 행동주의와 "게쉬히테"의 개념을 잘 이해하기가 어렵다. 따라서 부피가 작은 바르트의 책들을 주로 읽는 학생들은 그의 『교회 교의학』을 깊이 있게 살펴볼 때보다 그를 좀 더 좋게 평가하려는 경향이 있다. 나는 그의 『교회 교의학』을 진지하게 살펴볼 것을 제안하고 싶다. 그 책의 유익한 특징 가운데 하나는 각 장의 서두에 내용을 한 단락으로 요약한 글이 실려 있다는 것이다. 그 요약된 글을 읽고, 주목할 만한 것이나 의심스러운 것이나 흥미로운 것이 발견되거든 그 장의 내용을 직접 검토하라.

브룬너의 책을 읽기보다는 마르틴 부버의 책을 읽는 것이 더 낫다. 그의 책은 브룬너와 다른 사상가들이 주장한 인격적인 만남의 신학을 위한 이론적 근거와 그 정신을 파악하는 데 많은 도움을 준다.

불트만의 논문 "신약 성경과 신화"를 먼저 읽고, "실존과 믿음"과 같은 실존주의 신학을 논의한 그의 논문들을 읽어라.

틸리히의 경우에는 『존재에로의 용기』와 『믿음의 역동성』을 읽어라. 그러고 나서 여전히 관심이 있으면 그의 『조직 신학』을 읽어라.

신앙생활에 도움이 되는 내용을 원한다면 본훼퍼의 『나를 따르라』와 『신자의 공동생활』을 읽고, 그의 사상과 관련된 신학적 논쟁에 대해 알고 싶으면 『옥중 서신』을 읽어라.

하비 콕스의 『세속 도시』는 신학이 현대 세계에서 세속적인 과정을 거쳐야 할 필요가 있다고 주장한다는 점에서 아직도 여전히 생각해 봐야 할 논점들을 제시한다.

온라인 듣기

웹 사이트 http://itunes.apple.com/us/course/legacy-history-philosophy/id694658914

- 칼 바르트 : 사상의 방향과 근본 구조 : 55:29
- 칼 바르트, 에밀 브룬너, 루돌프 불트만 : 1:09:49
- 루돌프 불트만, 폴 틸리히, 새로운 해석학, 기독교적 무신론 : 57:07
- 기독교적 무신론, 디트리히 본훼퍼 : 27:48

유명한 인용문

- **바르트** : http://en.wikiquote.org/wiki/Karl_Barth
- **부버** : http://en.wikiquote.org/wiki/Martin_Buber
- **불트만** : http://en.wikiquote.org/wiki/Rudolf_Bultmann
- **틸리히** : http://en.wikiquote.org/wiki/Paul_Tillich
- **본훼퍼** : http://en.wikiquote.org/wiki/Dietrich_Bonhoeffer
- **콕스** : http://en.wikiquote.org/wiki/Decisions

개요

위르겐 몰트만(1926–)
해방 신학
볼프하르트 판넨베르크(1928–2014)
과정 사상
열린 유신론
자유주의 이후의 신학

11장
20세기 자유주의 신학 2

내가 이번 장에서 논의할 사상가들은 특히 1960년 이후부터 상당한 영향력을 발휘해 왔다. 이 신학자들과 앞장에서 논의한 신학자들은 연대적인 차이 외에도 철학적인 성향에서 서로 구별된다. 앞장에서 논의한 신학은 칸트의 체계(게쉬히테-히스토리=실재-현상)를 토대로 삼았다(세속 신학의 주창자들은 예외에 해당한다). 그에 비해 이번 장에서 논의되는 신학자들은 주로 헤겔과 마르크스에게 영향을 받았다(과정 신학자들은 예외에 해당한다).[1] 아울러 이들은 하이데거를 비롯한 실존주의 철학자들로부터는 비교적 영향을 덜 받았다.

위르겐 몰트만(Jürgen Moltmann, 1926-)

몰트만은 전쟁 포로로 잡혀 있는 동안에 그리스도를 믿게 되었다. 그 후 그는 괴팅겐대학교에서 칼 바르트를 비롯해 독일 고백교회에 속한 교수들의 가르침을 받았다. 그는 한동안 목회와 강의 활동을 하고 나서 튀빙겐대학교의 조직 신학 교수로 1967년부터 1994년까지 가르쳤다.

그는 튀빙겐대학교에서 마르크스주의 철학자이자 『희망의 원리』의 저자인 "에른

---

[1] 변증 신학을 제시한 바르트와 서로 모순되는 개념을 통합한 틸리히에게 미친 헤겔의 영향은 이미 앞장에서 살펴본 바 있다.

스트 블로흐(1885-1977)"를 알게 되었다.[2] 블로흐는 전통적인 마르크스주의 종말론(프롤레타리아트 독재와 계급 없는 사회)을 거부하고, "열린" 미래를 주장했다. 그는 마르크스처럼 물질이 궁극적으로 역사의 과정을 결정짓는다고 생각했지만 그 과정의 방향이 미리 결정되었다는 개념은 거부했다. 인간이 고정된 실존이나 본성을 지니고 있다는 것을 부인한 실존주의자들처럼 블로흐도 역사에 관해 그런 입장을 취했다. 무엇이 존재하는지는 오직 미래만이 밝힐 수 있고, 그 미래는 결코 도래하지 않을 것이다. 따라서 우리의 사고와 행위는 전통적인 철학에서처럼 사물들의 고정된 존재 방식에 순응하기보다 미래를 위한 희망을 추구해야 한다. 기존의 현실은 존재론적으로나 인식론적으로 불완전하다. 현재와 과거는 미래에 의해 평가될 때만 비로소 가치를 지닌다. 따라서 인간의 사고가 따라야 할 고정된 규범적인 범주는 존재하지 않는다.

블로흐는 그런 생각을 토대로 전통적인 마르크스주의보다는 좀 더 우호적인 관점으로 종교를 바라보았다. 그는 인간은 하나님의 약속, 곧 미래를 지향하려는 성향이 있다고 말했다. 야훼는 "장차 나타나실 자"이시다.[3] 그러나 블로흐는 때로는 하나님을 거부하는 것이 필요하고, 이로울 때가 있다고 생각했다. 죄는 우리를 "신들처럼" 만들 수 있는 일종의 창의성을 의미한다.[4] 우리는 그런 창의성에 동참해야 하고, "피조 세계의

에른스트 블로흐(Ernst Bloch)

구조"를 거부하고 구조화되지 않은 미래를 지향해야 한다. 이렇듯 블로흐는 인간의 자율적인 사고에 관한 자신의 견해를 뒷받침하기 위해 창세기를 이용했다. 성경에 대한 그의 새로운 이해는 정통 기독교와는 거리가 멀었다.

---

2) Ernst Bloch, *The Principle of Hope*, trans. Neville Plaice, Stephen Plaice, and Paul Knight, 3 vols. (Cambridge, MA: MIT Press, 1986).

3) 출애굽기 3장 14, 15절에서 하나님의 이름으로 제시된 "스스로 있는 자"라는 히브리어는 미래 시제로도 번역할 수 있다. 그러나 본문의 문맥이 그런 번역을 요구하거나 가능하게 하는지는 불확실하다. 다음 자료를 참조하라. *DG*, 37-42.

4) 블로흐는 창세기 3장 5절의 "엘로힘"을 복수형으로 간주한다. 그러나 본래의 문맥은 유일신론적인 세계관을 다루고 있는 것이 확실해 보인다.

몰트만은 『희망의 신학』으로 유명해졌다.[5] 이 책은 블로흐의 논증을 많이 활용하지만 최소한 용어와 표현은 좀 더 기독교적이다. 따라서 내가 "보수적인 흐름(자유주의 신학이 전통적인 교회의 관심을 끌기 위해 전통적인 언어를 사용하는 경향)"으로 일컬은 과정이 몰트만에게서부터 다시 시작하게 된 셈이다.

몰트만은 『희망의 신학』에서 성경을 종종 언급했다. 그도 블로흐처럼 성경의 하나님은 약속의 하나님이라고 말했다. 인간은 약속을 통해 그분과 관계를 맺는다. 하나님의 백성은 미래의 왕국을 바라보며(히 11장) 세상을 떠도는 나그네요 거류민이다(벧전 2:11). 예언은 그런 기대를 더욱 강화시킨다. 그러나 예언이 성취된다고 해도 기대는 그치지 않고, 오히려 더 증폭된다. 예언이 "성취될" 때마다 예기치 않은 측면들이 나타나서 또다시 성취를 기다린다. 하나님이 하시는 일은 과거의 기대는 물론, 심지어 예언에 의거해서조차 온전히 예측할 수 없다. 창조는 "무에서", 즉 이전의 상태를 근거로 전혀 예상할 수 없었던 상황에서 이루어졌다. 그리스도의 부활도 마찬가지다. 왜냐하면 죽음은 생명을 기대할 수 있는 근거를 제공하지 않기 때문이다.

몰트만은 이런 사실들을 통해 이전의 신학자들을 혼란스럽게 만든 문제(예수님의 가르침과 사역의 종말론적인 본질)를 설명할 수 있다고 생각했다. 그는 예수님은 묵시적인 비전가이셨고, 그분의 제자들은 종말론적인 희망에 사로잡힌 사람들이었다고 믿었다.

위르겐 몰트만
(Jürgen Moltmann)

몰트만은 자신의 책에서 종말론에 관한 이전 사상가들의 견해와 자신의 견해를 비교했다. 그의 비교는 10장에서 논의한 20세기의 신학자들에 관한 몇 가지 중요한 요점을 복습할 수 있는 기회를 제공한다. 그는 리츨주의자들은 예수님을 도덕적인 교사로 간주하기 위해 종말론적인 요소를 묵살했다고 말했다. 그에 비해 슈바이처와 바이스는 신약 성경의 강한 종말론적 성격을 옳게 이해했지만 그런 발견을 신학에 긍정적으로 활용

---

5) Jürgen Moltmann, *Theology of Hope: On the Ground and the Implications of a Christian Eschatology*, trans. James W. Leitch (New York: Harper and Row, 1967).

하지 못했고, 바르트의 경우는 그것을 활용해 "위기 신학"을 제시했다. 몰트만은 그것을 이렇게 평가했다.

> 칼 바르트는 1921년에 출판된 『로마서 강해』 2판에서 "만일 기독교가 전적이면서도 철저한 종말론이 아니라면 그 안에는 그리스도와의 관계가 조금도 남아 있지 않을 것이다."라고 선언했다.[6] 그러나 여기에서 "종말론"의 의미는 무엇일까? 그것은 알베르트 슈바이처가 말한 것과는 달리 조용히 끝없이 앞으로 나아가는 역사, 곧 미래를 위한 인간의 종말론적인 희망에 위기를 가져다주는 그런 역사가 아니다. 그와는 반대로 지금이 곧 종말이다. 종말은 초월적으로 역사를 뚫고 들어와서 인류의 모든 역사를 마지막 위기를 향해 이끈다. 그러나 이것은 종말을 초월적인 영원, 곧 모든 시대의 초월적인 의미로 전환시킨다. 이 종말은 역사의 모든 시대와 똑같이 가까우면서도 또한 똑같이 멀다.[7]

바르트의 종말은 그가 다른 곳에서 "게쉬히테(사람들에게 '이따금' 일어나는 계시적 사건)"라고 일컬은 것을 가리킨다. 그것은 시간과 영원이 교차되는 사건이기 때문에 양적인 시간이나 지리적인 공간에서 발견할 수 없다. 이런 종말은 신약 성경이 제시하는 종말론적인 기대와는 사뭇 다르다.

> (바르트의 경우와 같은) 이런 형태의 사고는 헬라 정신의 사고 형태와 온전히 일치한다(오늘날에도 이런 형태의 사고 안에서는 종말론에 관한 실질적인 언어가 여전히 불투명할 수밖에 없다). 헬라 정신은 "로고스" 안에서 존재의 영원한 현재가 현현하는 것을 보고, 또 그 안에서 진리를 발견하고자 했다.[8]

몰트만은 불트만도 조금도 더 낫지 않다고 말했다. 불트만도 몰트만처럼 "열린 미래"를 강조했고, 그것을 하나님과 거의 동일시했지만 그의 실존주의는 바르트의

---

6) Karl Barth, *The Epistle to the Romans* (New York: Oxford University Press, 1968), 314.
7) Moltmann, *Theology of Hope*, 39-40.
8) Ibid., 40.

경우처럼 양적인 시간의 흐름을 적절하게 고려하지 않았다. 하나님과 우리의 관계는 전적으로 현재에 국한된다. 세속화 신학은 "세속성"이라는 주제를 강조함으로써 세속 역사의 흐름을 부적절하게 생각했던 바르트와 불트만의 견해를 바로 잡는 데 약간의 기여를 했지만 초월에 대한 의식을 전혀 고려하지 않는 오류를 저질렀다. 몰트만은 초월을 미래에 위치시킴으로써 그것을 다시 회복할 수 있다고 믿었다. 그는 20세기를 위해 "현실적인 종말론(곧 현현이 아닌 묵시, 로고스가 아닌 약속)"을 제시할 의도를 품었다.

그는 종말론은 "기독교적 희망의 교리를 의미한다."라고 말했다.[9] 그리고 희망이 한갓 신학의 한 가지 주제가 아닌 중심 주제가 되어야 한다고 덧붙였다.

> 기독교는 단지 마지막에서가 아닌 처음부터 끝까지 종말론, 곧 현재를 혁신하고, 변화시키는 희망이다. 종말론적인 것은 기독교의 한 가지 요소가 아니라 기독교 신앙의 터전이자 모든 것을 고정하는 열쇠요, 기대된 새 날의 여명으로 모든 것을 밝히는 빛이다.[10]

희망은 미래를 알지는 못하지만 그것을 선물로 받아들여 어떤 일이 일어나든 기꺼이 맞이한다. 몰트만은 미래는 진정으로 열려 있다고 말한다. 따라서 희망은 두려워하지 않고, 낙관적인 태도를 취한다. 하나님은 예기치 못한 방식으로 일하시기 때문에 현재 상황이 어렵다고 해서 절망해서는 안 된다. 몰트만은 실존주의 신학의

---

9) Ibid.
10) Ibid., 16. 뭔가 영감을 주는 듯한 표현이다. 슐라이에르마허는 종교적 감정에 대해, 리츨은 사랑에 대해, 바르트는 하나님의 말씀에 대해, 브룬너는 인격적인 관계에 대해, 불트만은 실존적인 자기 이해에 대해 이와 똑같은 말들을 했다. 사실 성경에는 기독교 신앙의 핵심으로 제시할 수 있는 개념들이 많다. 예를 들면 언약, 삼위일체, 역사, 거룩함, 자유 등이다. 그런 개념들은 제각기 기독교 신앙의 참되고 유일한 중심이신 그리스도를 가리키는 내용을 담고 있다. 그러나 자유주의 신학은 종말론이나 희망처럼 한 가지 개념만을 부각시켜 성경의 나머지 개념들을 그 개념에 비춰 설명하고, 그런 틀에 잘 들어맞지 않는 성경적인 요소들은 무작정 배제하는 경향이 있다. 자유주의 신학은 (서로 겹쳐지는 많은 개념들이 복잡하게 얽혀 있는) 성경의 증언을 완전한 사실로 믿지 않는다. 자유주의 신학의 신봉자들은 "명제적인 계시", 곧 성경적인 가르침의 권위를 원하지 않는다. 따라서 그들은 성경적인 가르침에서 벗어나 성경적인 개념으로 나아가 가장 관심을 끄는 개념을 하나 골라 그것을 설명하기를 좋아한다. 결국 그들의 설명과 주장은 그다지 큰 설득력을 지니지 못한다. 그동안 교회가 2,000년 동안 성경을 연구해 왔는데 1967년에 갑자기 어떤 학자 한 사람이 나타나서 마침내 성경의 핵심을 발견했다고 주장하는 것이 과연 가능한 일일까?

비관주의, 곧 "죽음을 향한 존재"라는 개념을 거부한다.[11]

몰트만에 따르면 계시는 약속의 성격을 띤다. 계시는 현현이 아닌 묵시다. 그것은 현재적 현실의 조명이 아닌 하나님이 종말의 관점에서 행하고 계시는 일을 나타내는 의미를 지닌다. 계시는 우리의 합리적인 기대를 넘어선 곳으로 우리를 인도한다.[12]

미래는 열려 있기 때문에 계시는 미래에 관한 명제적인 정보를 제공하지 않는다.[13] 따라서 하나님에 관한 우리의 생각은 모두 일시적이다. 미래는 열려 있고, 과거는 확실한 안내자가 아니다. 따라서 사상이나 삶을 위한 "고정된" 규범이나 역사적 사건에 대한 확실성은 존재하지 않는다. 그러나 우리는 희망을 가지고 미래를 생각할 수 있고, 미래가 현재보다 더 나을 것이라고 용기 있게 기대할 수 있다.

몰트만은 하나님은 자신의 약속 안에, 곧 희망 안에 현존하신다고 주장했다. 따라서 "미래는 그분의 본질적인 본성이다."[14] 그도 바르트처럼 우리가 하나님을 "가지거나" "소유할 수 없다."고 생각했지만 그런 생각을 지니게 된 이유는 바르트와는 조금 다르다. 몰트만도 틸리히처럼 하나님의 "현존"을 불확실한 문제로 간주했다. 하나님은 현재 안에 온전히 존재하지 않으신다. 왜냐하면 미래가 아직 오지 않았기 때문이다. 우리는 현재의 순간에 브룬너가 말한 것과는 달리 "하나님 자신"이 아닌 그분에 대한 기대를 경험한다. 이것은 악의 본질을 고려할 때 하나님의 "임재"와 "부재" 사이의 변증적 관계를 설명해 준다.

몰트만은 하나님을 발견할 수 있는 초월적인 현실의 영역이 현재 안에 존재하지 않는다고 생각했다. 하나님이 우리를 초월하시는 이유는 미래가 현재를 초월하기 때문이다. 또한 그분은 역사의 미래이시기 때문에 현재 안에 내재해 계신다. 하나

---

11) 그러나 몰트만은 다른 책에서는 기독교적 희망은 자본주의가 규정한 사회적 진보를 위한 희망이 아니라고 말했다. 그가 말한 희망은 압제와 고난에 대해 현실적인 입장을 취한다. 다음 자료를 참조하라. J. Moltmann, *The Crucified God: The Cross of Christ as the Foundation and Criticism of Christian Theology*, trans. R. A. Wilson and John Bowden (Minneapolis: Fortress, 1993).
12) 몰트만은 판넨베르크가 너무 합리주의적이라고 생각했다. 이번 장의 뒤에서 판넨베르크를 논의한 내용을 참조하라.
13) 지금까지 살펴본 대로 자유주의 신학자는 너나 할 것 없이 명제적인 계시가 불가능한 이유를 나름대로 설명했다. 이것은 몰트만의 설명이다.
14) Moltmann, *Theology of Hope*, 16, 30. 몰트만도 하나님을 계시와 동일시하고, 계시의 본질로부터 하나님의 본질을 도출하는 20세기 자유주의 신학의 성향을 그대로 따르고 있는 것을 알 수 있다.

님의 이야기는 곧 인류 역사에 관한 이야기다.[15]

하나님은 그 역사 안에서 우리의 수치와 압제의 이야기 속에 동참하신다.[16] 몰트만의 기독론은 "비움"을 강조한다. 그리스도께서는 모든 권세를 버리고 고난과 치욕을 기꺼이 감당하셨다. 인간의 미래를 구현한 것이 곧 그분의 신성이다. 그리스도의 부활은 과거의 사건이 아닌 미래의 시작이다. 따라서 부활은 역사 "안에" 존재하지 않는다. 그것은 오히려 역사와 희망의 근거다.

실존주의에서처럼 몰트만의 신학에서도 인간에 대한 정의는 고정되어 있지 않다. 인간은 존재한다기보다는 되어간다. 인간의 참된 본질은 마지막 날에 되어서야 비로소 이해될 수 있다. 인간은 하나님의 형상을 지니고 있기 때문에 과거를 초월해 미래를 자유롭게 기대할 수 있는 능력이 있다. 죄는 곧 절망이다. 죄는 하나님께 희망을 두지 않고, 자신의 힘으로 미래를 바꿀 수 있다는 주제넘은 생각을 가리킨다. 또한 자포자기, 곧 무관심, 무감각, 불신앙도 모두 죄에 해당한다.

한편 몰트만의 교회론은 마치 역사의 종말이 이미 도래해 교회가 다른 사람들에게 자신의 뜻을 강요할 수 있기라도 하는 것처럼 현 시점에서 교회가 세상을 다스려야 한다고 생각하는 "콘스탄티누스적인 모델"을 거부했다. 오히려 우리는 교회를 세상을 섬기는 "종"으로 간주해야 한다. 교회는 특권의 자리를 추구해서는 안 된다. 그런 교회는 세상과 질적으로 다르지 않다. 교회는 인류의 미래를 약속하는 새로운 인간성의 선도자가 되어야 한다.[17] 교회는 사회의 악을 개개의 신자들에게 맡기지 말고, 직접 나서서 정면으로 맞서야 한다.

몰트만의 윤리학은 고정된 윤리적 규범을 거부했던 브룬너와 다른 사상가들의 견해를 따른다. 몰트만은 오직 미래만이 윤리적인 규범이 될 수 있다고 주장했다.

---

15) 몰트만은 『삼위일체와 하나님의 나라(The Trinity and the Kingdom: The Doctrine of God)』라는 책에서 삼위일체 하나님의 내적 삶을 좀 더 자세히 설명했다. 그는 그곳에서 신성의 일체를 무시하고 삼위 하나님의 개별성을 강조하는 "사회적 삼위일체론"을 주장했다. 다음 자료를 참조하라. Moltmann, The Trinity and the Kingdom: The Doctrine of God, trans. Margaret Kohl (San Francisco: HarperCollins, 1981). Frame, DG, 724-26.

16) 몰트만은 『십자가에 못 박히신 하나님(The Crucified God)』에서 성부 하나님이 압제받는 자들과 함께 고난받으신다고 강조했다. 그는 사실상 『삼위일체와 하나님의 나라』에서 "유일신론"을 거부했다. 왜냐하면 그것이 "온 우주를 다스리는 전능한 통치자의 개념"을 내포함으로써 피조물을 전적으로 그분께 의존하게 만든다고 생각했기 때문이다(192). 따라서 몰트만은 하나님의 주권이라는 성경의 핵심 개념을 거부한 셈이다. 다음 자료를 참조하라. Frame, DG, 627-31. 몰트만은 아무도 최상의 권세를 지니지 않는 평등한 사회 모델로서 사회적 삼위일체론을 제시했다.

17) 여기에서 몰트만은 세속화 신학의 주장을 되풀이하고 있다.

우리는 미래가 어떤 형태를 띠게 될지 알 수 없다. 따라서 기대된 결과만이 우리의 행위에 대한 기준이 될 수 있다. 이는 결국 마르크스의 경우처럼 목적이 수단을 정당화하는 결과를 낳는다.

미래는 우리를 자유롭게 해 지금 매력이나 호감을 느낄 수 없는 사람들을 사랑하게 만든다(아가페). 하나님이 그리스도 안에서 하신 것처럼 우리도 압제받는 사람들과 일체가 되어야 한다. 우리는 현재의 상황에 만족하지 않는다. 그렇게 하는 것은 "자포자기"와 같다. 우리는 "앞으로 이루어질 것"을 위해 "지금 있는 것"에 도전해야 한다. 혁명은 변화를 이루는 적절한 수단 가운데 하나일 뿐이다. 마르크스의 생각과는 달리 어떤 혁명도 유토피아를 이룰 수는 없다. 그러나 어떤 경우에는 혁명이 필요할 수도 있다. 몰트만은 이렇게 말했다.

> 폭력과 비폭력의 문제는 가공적인 문제다. 단지 무력의 사용이 정당화될 수 있는지, 아니면 정당화될 수 없는지에 관한 문제와 수단이 목적에 옳게 상응하는지 여부를 묻는 문제만이 존재할 뿐이다.[18]

몰트만이 성경에 종말론에 관한 가르침이 풍부하다는 것을 강조하면서 이전의 신학자들과는 달리 종말론에 중점을 둔 신학을 전개함으로써 교회를 유익하게 한 것은 분명하다. "희망"은 성경의 가르침을 바라보는 중요한 관점 가운데 하나다. 그러나 희망이 성경을 바라보는 유일한 관점이거나 가장 뛰어난 관점이라는 그의 주장은 잘못이다.

성경에서 미래는 중요한 역할을 한다. 그러나 그 점은 과거도 마찬가지다. 우리는 하나님이 과거에 행하신 구원 행위, 특히 그리스도의 십자가와 부활을 "기억해야" 한다. 우리는 "시대", 곧 우리의 현재 상황을 하나님의 말씀에 비춰 이해해야 한다. 하나님은 약속의 하나님이실 뿐 아니라 과거에 위대한 일을 행하셨고, 현재에는 자기 백성과 함께 계시는 하나님이시기도 하다. 과거와 현재라는 경험의 차원이 없으면 약속을 의지하는 것은 고사하고, 그것을 이해하는 것조차 불가능하다.

---

[18] J. Moltmann, *Religion, Revolution and the Future*, trans. Meeks M. Douglas (New York: Scribner's, 1969).

현재와 과거를 알지 못하면 미래에 대해 어떤 결정을 내려야 하는지가 불분명해진다. 몰트만이 주장한 대로 "지금 있는 것"을 부인하면 미래를 대비하는 데 필요한 일시적인 수단조차 잃고 말 것이다. 몰트만의 말대로 미래가 "열려 있다면", 우리의 행위가 미래에 어떻게 영향을 미칠 수 있겠는가? "열린" 미래에 직면해 있다면 어떻게 희망을 가질 수 있겠는가? 미래가 더 나빠지지 않고, 더 나아지리라고 생각해야 할 이유는 무엇인가? 우리의 경험이나 성경의 역사를 돌아보면 미래가 더 나쁘게 되는 경우가 적지 않다는 것을 알 수 있다. 몰트만의 주장은 대부분 희망보다는 놀람을 자극한다. 나는 몰트만의 책을 『희망의 신학』이 아닌 『놀람의 신학(Theology of surprise)』으로 일컫는 것이 더 적절하다는 생각을 자주 하곤 한다.

압제받는 자들의 짐을 가볍게 해주기 위한 인간의 행위는 물론, 심지어 혁명까지 정당화한 몰트만의 입장은 또 어떤가? 해방 신학자들은 때로 몰트만이 사회적 변화를 추구하는 것과 관련된 인간의 역할을 혼동했다고 비판한다. 몰트만은 행동하라고 권유하면서도 미래는 알 수 없기 때문에 하나님의 행위에 의해 놀랄 준비를 해야 한다고 말하는 듯하다. 그렇게 하지 않고 우리 스스로 무엇인가를 하려는 것은 "주제넘은 행위"에 해당한다. 그러나 행동해야 할 때와 기다려야 할 때를 어떻게 알 수 있단 말인가? 계시에 대한 몰트만의 비명제적 견해는 어떻게 해야 할지를 알기 어렵게 만든다. 그는 절대적인 윤리 규범을 거부했고, 윤리적 공리주의(목적이 수단을 정당화하는 것)의 개념을 받아들였다. 그렇다면 어떤 목적을 받아들여야 할지를 어떻게 결정해야 하는 것일까? 압제나 해방을 구성하는 것이 무엇인지 어떻게 알 수 있을까?

몰트만은 "미리 예측할 수 있는" 미래와 "미리 예측할 수 없는" 미래를 구별하고, 미리 예측할 수 있는 것에 근거한 사회 행위를 옹호함으로써 해방 신학자들의 비판에 대답했다. 그러나 몰트만의 신학은 전체적으로 볼 때 우리의 삶이 예측할 수 없는 미래에 지배되어야 한다고 주장한다.

몰트만의 혼란은 내가 1장에서 묘사한 초월과 내재 및 불합리주의와 합리주의의 변증법에서 기인한다. 몰트만의 하나님은 극단적인 초월적 속성(그분은 미래이기 때문에 현재에는 온전히 존재하지 않으신다)과 극단적인 내재적 속성(그분은 모든 시대의 인류와 함께 고난을 당하신다. 그분의 이야기는 곧 고난받는 인류의 이야기다)을 지닌다. 하나님의 내재는 마르크스주의자의 노선을 따라 사회 변혁에 참여할 것을 명령하지만(합리주의) 그분의 초월은 그런 노력이 어떤 결과를 낳을지를 확신할 수 없게 만든다(불합리주의). 다음 도표를 참조하라.

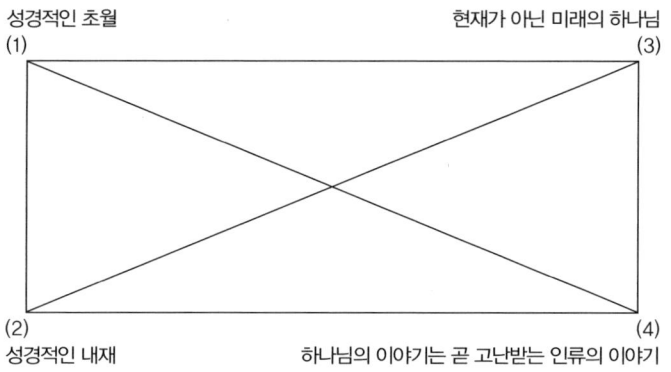

도표 11. 1. 몰트만의 초월과 내재

해방 신학

해방 신학은 20세기 후반에 널리 확대되었다. 예를 들어 딘 펌의 『현대 아메리카 신학』은[19] 모두 여덟 장으로 이루어져 있는데 그 중 다섯 장을 최근에 유행하는 신학적 입장을 논의하는 데 할애했다. 그 다섯 장 가운데서 복음주의 신학과 로마 가톨릭 신학에 각각 한 장이 할애되었고, 나머지 세 장은 다양한 형태의 해방 신학(라틴 아메리카 신학, 흑인 신학, 여성 신학)을 다루었다. 해방 신학자들의 슬로건과 개념들과 논증이 로마 가톨릭 신학과 복음주의 신학에서 똑같이 모습을 드러냈다. 해방 신학과 이번 장에서 논의한 다른 신학들(몰트만, 판넨베르크, 과정 사상) 사이에는 공통점이 많다.

펌이 지적한 대로 해방 신학은 다양한 운동(남미, 흑인, 여성의 해방)을 일컫는 대명사

---

19) Deane W. Ferm, *Contemporary American Theology* (San Francisco: Harper and Row, 1990).

가 되었다.[20] 라틴 아메리카의 사상가들 가운데는 루벰 알베스, 구스타보 구티에레스, 휴고 아스만, 호세 미란다, 후안 루이스 세군도, 혼 소브리노, 레오나르도 보프, 호세 미구에즈보니노 등이 포함된다. 제임스 콘은 앨버트 클리지, 디오티스 로버츠, 메이저 존스, W. R. 존스와 같은 사상가들과 더불어 "흑인 신학"의 창시자로 간주된다.[21] 여성 해방주의를 부르짖은 신학자들 가운데는 메어리 댈리, 로즈메리 류더, 레티 러셀, 쉴라 콜린스, 페넬로페 워시본, 엘리자베스 존슨, 레더 스캔조니, 버지니아 몰렌코트, 헬렌 론지노 등이 포함된다. 나는 이번 장에서 라틴 아메리카의 해방 신학, 특히 많은 사람이 이 운동을 대표하는 책으로 간주하는 구스타보 구티에레스의 『해방 신학』에 초점을 맞출 생각이다.[22]

"구티에레스(1928-)"의 신학은 무엇보다 빈부의 관계를 다루는 데 중점을 둔다. 물론 흑인 신학은 인종 문제에, 여성 신학은 성별의 문제에 좀 더 많은 비중을 둔다. 그러나 이 신학 운동들은 모두 억압하는 계층과 억압을 당하는 계층의 관계를 문제로 삼는 공통점을 지닌다. 이들은 압제당하는 사람의 관점에서 성경을 읽어야 한다고 주장한다.

해방 신학은 전제 없는 해석은 불가능하다는 불트만의 견해에 동의한다. 구체적으로 말해 해방 신학자들은 해석자의 사회경제적 위치, 인종, 성별에서 비롯한 전제에 초점을 맞춘다. 성경은 부자와 가난한 자, 백인과 흑인, 여성과 남성의 눈에 제각기 다르게 보인다. 상대적으로 형편이 좋은 사람들은 가난에 관한 성경의 가르침을 종종 망각한다. 따라서 사회적, 경제적, 정치적, 인종적으로 중립적인 해석은 존재하지 않는다. 예를 들어 우리는 유럽이나 북아메리카의 신학이 제3세계의 신학을 위한 자리를 적절하게 제공하고 있다고 생각해서는 안 된다.

해방 신학자들에 따르면 성경 이해는 개념들만이 아니라 실질적인 참여, 곧 "실천(praxis)"을 전제한다. 현실에 대해 올바로 생각하려면 현실을 직접 경험하고, 접

---

20) 한국의 민중 신학은 해방 신학과 비슷한 점도 있고, 다른 점도 있다.
21) 역사의 이 시점에서 우리는 시카고의 "삼위일체 연합 그리스도의 교회"에서 오랫동안 버락 오바마 대통령과 그의 가족들을 목양했던 제레마이어 라이트 목사를 간과해서는 안 된다. 라이트의 설교는 2008년 대선 운동 당시에 논쟁이 되었고, 결국에는 오바마 가족이 교회를 떠나는 결과를 낳았다. 라이트는 콘의 "흑인 신학"을 인용해 자신의 설교들을 해명했다.
22) Gustavo Gutierrez, *A Theology of Liberation* (Maryknoll, NY: Orbis Books, 1973).

촉해야 한다. 이론은 실천의 일부이기 때문에 진리는 곧 실천적인 것이다. 그것은 사건, 곧 일어나는 무엇이다.[23] 하나님을 아는 것은 정의를 실천하는 것이다(렘 22:16).[24] 진리를 검증할 수 있는 유일한 방법은 "프락시스"다. 사회 개선의 개념은 그것이 지금 실제로 어떤 효과를 발휘하고 있느냐에 의해 판단되어야 한다.

좀 더 구체적으로 말하면 해방 신학은 사회, 정치적 행동에 참여해야만 성경을 올바로 이해할 수 있다고 강조한다. 우리는 삶의 모든 영역에서 그리스도의 말씀에 복종해야 한다. 여기에는 사회, 정치적 영역도 포함된다. 중립은 불가능하다. 모든 사람이 이미 사회적 행동을 위한 의도를 지니고 있다. 문제는 그것이 어떤 행동으로 나타나느냐 하는 것이다. 해방 신학자들은 사회, 정치적인 행동은 필연적으로 "대립적인" 성격을 띨 수밖에 없다고 말한다.[25] 왜냐하면 가난한 자들과 부자들의 이익은 서로 갈등을 일으키기 마련이기 때문이다.[26] 따라서 우리는 어느 편에 설 것인가를 선택해야 한다.

구티에레스는 그런 투쟁성이 원수를 사랑해야 한다는 성경의 가르침에 위배된다는 반론을 고려했다. 그는 원수와의 싸움에 반드시 증오심이 개입하는 것은 아니라고 대답했다. 그런 투쟁은 오히려 원수를 이롭게 하는 것일 수 있다. 원수를 사랑하려면 먼저 그들이 원수라는 사실을 알아야 한다. 값싼 화해는 누구도 유익하게 할 수 없다.

따라서 구티에레스는 모든 신학은 압제와 해방을 축으로 삼아 스스로의 위치를 확인해야 할 필요가 있다고 주장했다. 성경은 하나님이 자기 백성을 노예 상태로부터 구원하신 출애굽의 사건을 강조한다. 또한 율법과 선지자는 이스라엘 백성에게 가난한 자들을 불쌍히 여기라고 명령한다. 예수님의 구원은 교만한 자들을 낮추고, 겸손한 자들을 높이신 두 번째 출애굽에 해당한다.

구티에레스는 마르크스주의가 계급투쟁의 관점에서 압제와 해방의 대립을 가장

---

[23] 바르트의 행동주의 신학은 물론, 그 이전의 찰스 퍼스와 윌리엄 제임스의 실용주의 인식론이 연상되는 대목이다.
[24] 나는 지금까지는 해방 신학의 주장에 어느 정도 공감한다. 지식과 진리에 관한 나의 삼중적 관점 이론과 비교하라. Frame, *DKG*.
[25] 이 말은 마르크스나 해방 신학을 다루는 상황에서만 거의 독점적으로 나타나는 것처럼 보인다.
[26] 물론 이것은 마르크스의 전제다. 나는 그와는 달리 모든 사람의 형편을 향상시킬 수 있는 정의롭고, 경건한 사회 질서가 가능하다고 믿는다.

구스타보 구티에레스
(Gustavo Gutierrez)

잘 분석했다고 말했다. 따라서 해방 신학자들은 마르크스주의를 "분석적인 도구"로 삼아야 하고,27) 사회주의 혁명에 헌신해야 한다. 이처럼 신학을 한다는 것은 곧 프락시스 안에서 프락시스를 비평적으로 반성하는 것을 의미한다.

해방 신학의 궁극적인 목적은 마르크스의 목적과 같다. 그 목적은 세상을 이해하는 것이 아니라 변화시키는 것이다. 신학자는 전통적인 역사적 모델을 과감하게 뛰어넘어 자신이 글을 쓰고 있는 문화적 상황을 이해하기 위해 사회학적인 분석을 활용해야 한다.

그러나 무엇보다도 신학자는 자기 시대의 사회적 투쟁에 참여해야 한다. 신학자는 그런 참여가 신학적으로 허용될 수 있는지를 묻지 말고, 오히려 참여를 신학의 전제로 삼아야 한다. 휴고 아스만은 혁명에의 헌신은 그 어떤 신학적 논거보다 앞서며, 그런 것으로부터 자유롭다고 말했다. 내가 판단할 때 그런 생각은 잘못이다. 그런 생각은 성경의 범위를 제한하고, 하나님의 말씀이 혁명의 타당성 여부를 판단하지 못하게 가로막는다.

해방 신학은 세속화 신학으로부터 많은 개념과 논증을 빌려왔다(앞장에서 하비 콕스를 논의한 내용과 비교하라). 구티에레스는 세속화를 향한 현대적인 발전을 수용해야 한다고 말했다.28) 그는 세속화가 인간에 대한 기독교적인 비전에 부합한다고 생각했다. 그에 따르면 구원은 우리를 더욱 온전한 인간으로 만든다. 피조 세계는 하나님과 구별되며, 인간은 피조 세계의 주인이다. 따라서 세상을 교회의 관점에서, 속된 것을 종교의 관점에서 이해하려고 하기보다는 그와 반대로 해야 한다.29) 교회는 자신의 목적을 이루기 위해 세상을 이용해서는 안 되고, 세상을 섬기는 종이 되어야

---

27) 여기에서 구티에레스는 자신의 용어를 주의 깊게 선택했다. 그는 로마 가톨릭 신자였고, 바티칸은 하나의 이데올로기인 마르크스주의를 단죄한 상태였다. 해방 신학의 역사를 돌아보면 신학자들과 교황을 비롯한 주교들과의 충돌이 심심하지 않게 불거진 것을 알 수 있다. 나는 개인적으로 생각할 때 마르크스주의자가 되는 것과 마르크스주의를 분석적인 도구로 이용하는 것이 무슨 차이가 있는지 이해하기 어렵다. 아마도 구티에레스는 마르크스주의 철학을 온전히 신봉한다는 인상을 주는 것을 피하기 위해 일부러 그런 표현을 사용했을 것이 틀림없다.

28) Gutierrez, *A Theology of Liberation*, 66-68.

29) 몰트만과 마찬가지로 해방 신학자들도 세속화 신학에 많은 영향을 받았다.

한다.

이처럼 역사는 하나다. 속된 것과 신성한 것의 궁극적인 구별은 없다.[30] 창조는 구원의 행위이며, 정치적 해방은 (출애굽처럼) 자기 창조적인 행위이다. 구원은 재창조요 완성이다. 인간은 은혜에 반응해 그 과정에 능동적으로 참여한다. 그리스도의 성육신은 속된 것의 거룩함을 강조한다.[31]

구티에레스는 신학이 "미래 지향적이어야" 한다는 몰트만의 주장에 동의한다.[32] 그러나 그는 성경과 역사의 사례들을 인용하면서 몰트만보다 현재 상황을 좀 더 강조했다. "아직 아니"와 "이미"가 둘 다 존재한다. 그는 이렇게 말했다.

> 죽음을 극복하는 희망은 역사적인 "프락시스"의 중심에 근거해야 한다. 만일 이 희망이 현재 안에서 형성되어 현재를 이끌고 나가지 못한다면 그것은 단지 공허한 얼버무림, 곧 미래의 허상에 지나지 않는다. (바르트와 불트만이 말한) 초월의 기독교를 미래의 기독교로 대체하지 않도록 신중을 기해야 한다. 전자는 세상을 망각하는 경향이 있고, 후자는 부당하고, 불의한 현재와 해방을 위한 투쟁을 외면할 위험성이 있다.[33]

구티에레스가 우리에게 익숙한 신학적 주제들을 어떻게 다루었는지를 간단하게 요약하면 다음과 같다. 먼저 그는 신론에서 하나님의 초월과 내재를 인정했지만 그 두 가지를 다루면서 모두 해방 신학의 입장을 내세웠다. 하나님이 초월하시는 이유는 십계명의 첫 번째 계명이 불의를 용인하는 기독교를 비롯해 모든 종류의 우상을 단죄하기 때문이다. 또 하나님이 내재하시는 이유는 압제당하는 사람들을 구원하기 위해 역사 속에서 행동하시기 때문이다.[34] 그분은 항상 인류 안에, 인류와 함께 거하신다.[35] 그분의 임재는 보편적이다. 그분은 유대인이나 이방인, 신자나 불신

---

30) Gutierrez, *A Theology of Liberation*, 153-60.
31) Ibid., 189-94.
32) Ibid., 14-15, 160-68, 213-20.
33) Ibid., 218. 쿠티에레스는 『해방 신학』 241쪽의 각주 33에서 몰트만이 해방 신학의 입장에 좀 더 가깝다고 말했다.
34) 그도 몰트만처럼 야훼라는 이름을 "장차 나타나실 자"의 의미로 이해했다. 하나님은 탈역사적인 존재가 아니라 우리의 미래 안에서 언제라도 강력하게 행동할 수 있는 능력자이시다. Ibid., 165.
35) Ibid., 189-212.

자를 가리지 않고 모든 사람 안에 거하신다. 특히 그분은 "이웃" 안에 거하신다(모든 사람이 다 이웃이다).[36] 하나님과 연합하려면 "이웃에게로 전향해야 하고", 이웃과 연합하려면 하나님께로 전향해야 한다.[37]

구티에레스는 인간의 본성은 하나님을 향해 무한히 개방되어 있다고 말했다.[38] 따라서 자연적인 것과 초자연적인 것의 대립은 존재하지 않는다. 하나님의 "무한한 구원 의지" 때문에 은혜가 모든 사람에게 미치며, 모든 사람이 유효적인 부르심을 통해 그분과 교제를 나눈다. 그들은 모두 그리스도 안에 있다.[39] 교회와 세상의 경계선은 유동적이다. "어떤 사람들은 심지어 실제로 서로 다른 두 가지가 존재하느냐고 묻는다."[40] 해방에의 참여는 구원 사역에 해당한다. 죄는 이웃과 하나님을 사랑하는 것을 거부하고, 오로지 자기 자신의 이익만을 챙기는 것을 의미한다.[41] 따라서 가난과 불의와 압제의 원천은 인간이다. 인간은 개인적으로, 또 집단 사회의 "구조"를 통해 그런 죄를 저지른다. 개인의 죄와 집단의 죄가 서로를 더욱 부추긴다. 구티에레스는 각주에서 사유 재산과 죄의 상관관계를 논한 마르크스의 견해를 언급했다. 마르크스는 노동자가 노동의 열매로부터 소외되는 이유는 사유 재산권 때문이라고 주장했다. 그러나 구티에레스는 이 상관관계를 "지나치게 과대평가하지 말라고" 경고했다.[42]

대다수의 해방 신학자들은 성경의 역사를 액면 그대로 받아들인다. 물론 개중에는 레오나르도 보프처럼 회의적인 입장을 취하는 사람들도 있다. 그러나 그들은 기적, 속죄, 그리스도의 부활은 그다지 강조하지 않고, 단지 몰트만처럼 하나님이 미래에 깜짝 놀랄 만한 일을 하실 것이라고 기대한다.

해방 신학자들은 예수님이 세상에 계시는 동안 정치 행위에 가담하지 않으신 이유를 생각하는 데 별로 많은 노력을 기울이지 않는다. 구티에레스는 예수님이 열심

---

36) Ibid., 194-203.
37) Ibid., 207.
38) Ibid., 69, 149-52쪽 참조.
39) 구티에레스는 여기에서 "익명의 그리스도인들(가톨릭교회 밖에 있지만 구원받은 사람들)"이라는 칼 라너의 사상을 좀 더 뛰어넘는다. 구티에레스는 보편구원론자인 것이 확실하다.
40) Gutierrez, *A Theology of Liberation*, 72, 258쪽 참조.
41) Ibid., 36-37.
42) Ibid., 187(각주 98).

당이라는 혁명가들을 친구로 대하셨다고 말했다.[43] 예수님도 그들처럼 곧 왕국이 도래할 것을 믿으셨고, 그 안에서 자신이 행할 역할을 알고 계셨으며, 침노하는 자가 왕국을 차지하게 될 것이라고 말씀하셨다(마 11:12). 그러나 예수님은 그들과 일정한 거리를 두셨다. 그 이유는 여러 가지다. 1) 예수님은 편협한 민족주의가 아닌 우주적인 사명을 지향하셨다. 2) 율법에 대한 그분의 태도는 열심당의 태도와 달랐다. 3) 그분은 왕국이 인간의 노력이 아닌 하나님의 선물로 도래할 것을 알고 계셨다. 4) 그분은 형제애의 결핍을 정치 문제의 근원으로 생각하셨다. 5) 그분은 정치 행위의 자율성을 존중하셨다. 구티에레스는 이런 이유에서 예수님의 혁명이 열심당의 혁명보다 더 급진적이었다고 말했다. 그분의 메시지는 마음을 직접 겨냥한다. 구조적인 변화를 일으킬 수 있는 최선의 방법은 마음을 변화시키는 것이다. 따라서 구원 은혜는 사회 문제의 뿌리를 잘라낸다. 그러나 압제를 극복하려는 인간의 시도도 이기심과 죄를 극복해 해방을 가져다준다. 여기에서도 신성한 것과 속된 것이 함께 역사한다.

교회는 "구원의 보편적인 성례",[44] 곧 하나님이 약속하신 미래를 지향하는 공동체다. 교회는 자기 자신이 아닌 세상에 관심을 기울여야 한다. 교회는 세상의 일부로서 그 안에 거하며, 세상에 의해 복음화되어야 한다. 이것은 세상의 참된 본질이 그리스도 안에 거하는 것에 있다는 것을 보여준다.

구티에레스도 몰트만처럼 "콘스탄티누스적인 모델"을 거부하고, 세속화 신학의 개념(교회가 세상을 섬기기 위해 존재하고, 또 세상으로부터 무엇을 해야 할지를 배워야 한다는 것)을 선호했다. 교회는 힘써 나서서 가난과 싸워야 한다. 그는 자본주의는 라틴 아메리카의 가난에 대한 해결책이 아니라고 확신하고, 그리스도인들이 사회주의의 길로 사회를 이끌어야 한다고 주장했다.[45] 사회주의를 건설하는 데는 폭력이 필요할 수

---

43) Ibid., 226-27.
44) Ibid., 258-62.
45) Ibid., 111-13. 7장에서 마르크스를 논의하면서 말한 대로 나는 사회주의의 이론과 프로그램에 동의하지 않는다. 자본주의는 완전하지는 않지만 다른 어떤 경제 체계보다 가난을 더욱 효과적으로 퇴치하는 데 기여했다. 성경은 여덟 번째 계명을 통해 사유 재산의 원리를 인정했고, 하나님의 백성들에게 가난한 자들의 필요를 너그럽게 채워 주라고 권고했다. 다음 자료를 참조하라. Frame, *DCL*, 796-829. 그와는 대조적으로 사회주의의 경제적인 불건전성에 대한 증거와 사회주의와 관련되어 나타나는 정부의 독재 및 계급 간의 갈등이 해를 거듭할수록 더 많이 드러나고 있다. 나는 해방 신학자들이 "인간화"를 사회주의의 목적으로 내세우는 것을 진지하게 받아들이기가 어렵다고

도 있다. 그러나 구티에레스는 경제적인 압제 자체가 곧 폭력의 결과물이기 때문에 압제를 제거하는 것은 "대항적 폭력"에 정당성을 부여할 수 있다고 주장했다.[46]

다른 많은 철학적, 신학적 운동과 마찬가지로 해방 신학도 사고의 과정(인식론)의 출발에서부터 심각한 오류를 저질렀다(그런 인식론은 해방 신학이 주장하는 모든 것에 영향을 미친다). 해방 신학자들은 마르크스주의 혁명에 대한 헌신을 신학적 과제의 전제로 삼아야 한다고 주장한다. 그것은 "신학적인 용인"을 요구하지 않는다. 해방 신학은 자신의 교의를 가장 크게 부각시켜 말하기 위해 하나님의 말씀을 묵살한다.

그럼에도 불구하고 해방 신학자들이 개인과 사회 윤리에 관한 성경의 가르침을 이해하는 데 많은 도움을 준 것은 분명하다. 하나님은 특히 가난한 자들을 염려하신다. 가난한 자들을 멸시하는 사람들은 특별한 심판을 받게 될 것이다. 그러나 해방 신학자들은 마르크스주의를 전제로 삼는 바람에 가난에 시달리는 사람들을 돕는 가장 좋은 방법을 진지하게 논의할 수 있는 기회를 스스로 차단하고, 문제 해결의 수단으로 오직 폭력만을 남겨 놓았다. 많은 그리스도인들이 이 올무에 걸려든 것은 라틴 아메리카 교회의 가장 큰 불행 가운데 하나다. 여성들과 흑인들의 상태를 염려하는 사람들도 그와 비슷한 결과를 초래하지 않도록 각별히 주의해야 한다.

볼프하르트 판넨베르크(Wolfhart Pannenberg, 1928-2014)

나는 판넨베르크를 가장 인상적인 개신교 조직 신학자라고 생각한다. 내가 판단할 때 조직 신학 분야에서 그의 해박한 지식과 탁월한 논증은 타의추종을 불허한다. 물론 그렇다고 해서 내가 그의 견해에 동의한다는 뜻은 아니다.

판넨베르크를 통해 현대 신학은 다시 합리주의로 방향을 선회했다. 지금까지 말한 대로 자유주의 신학자들은 모두 다 합리주의자인 동시에 불합리주의자였다. 그 점은 판넨베르크도 예외가 아니다. 그러나 판넨베르크 이전의 20세기 신학은 이성을 종교 문제의 안내자로 삼는 것을 무시하는 경향이 있었다. 예를 들어 바르트

생각한다.
46) Gutierrez, *A Theology of Liberation*, 22, 88-92, 108.

의 "게쉬히테"는 레싱의 도랑을 피하려는 시도로 구원의 역사를 학자들의 자율적인 합리성이 근접할 수 없는 영역에 위치시켰다.47) 그러나 판넨베르크는 바르트의 제자였는데도 불구하고 자율적인 합리성이 역사와 종교를 비롯한 삶의 모든 영역에서의 진리를 결정하는 유일한 길이라고 주장했다. 바르트와 불트만과 그의 관계는 칸트와 헤겔의 관계와 약간 비슷하다. 사실, 헤겔은 판넨베르크의 사상에 주된 영향을 미쳤다. 앞서

볼프하르트 판넨베르크
(Wolfhart Pannenberg)

7장에서 헤겔에 대해 논의한 내용을 다시 읽어보면 판넨베르크의 생각을 좀 더 잘 이해할 수 있을 것이다.

판넨베르크가 다룬 또 하나의 핵심 주제는 부활이었다. 그는 예수님의 부활이 시간과 공간 속에서 이루어졌고, 역사의 열쇠로 작용한다는 것을 합리적으로 입증할 수 있다고 믿었다. 이것이 판넨베르크에게서 발견되는 바르트주의적인 측면(즉 난데없이 극적으로 역사 속에 개입한 사건)이다. 부활의 역사성에 관한 판넨베르크의 논증은 전통적인 복음주의 변증학의 논증을 따르는 경우가 많다. 따라서 많은 복음주의자들이 독일 신학자의 책에서 그런 논증이 발견되는 것을 보고 처음에는 흥분을 감추지 못한다. 그러나 앞으로 알게 되겠지만 성경과 믿음과 역사와 부활에 관한 판넨베르크의 견해는 복음주의의 견해와는 거리가 한참 멀다.

판넨베르크는 믿음을 그 대상의 진리에 의존하는 헌신으로 정의했다.48) 믿음은 "이론적인 인식"이 아닌 "특정한 것을 사실로 믿는 것"을 의미한다.49) 믿음은 창조와 예수님의 생애와 관련된 사건들에 근거해 하나님의 현실에 헌신하며, 그분의 약

---

47) 그러나 바르트는 자신이 "이성의 희생(sacrificium intellectus)"을 옹호하고 있다는 것을 종종 부인하면서 "히스토리"의 영역을 자율적인 역사학의 탐구에 기꺼이 양도했다. 그런 점에서 보면 그도 역시 합리주의자였다.

48) Wolfhart Pannenberg, *The Apostles' Creed in the Light of Today's Questions*, trans. Margaret Kohl (London: SCM Press, 1972), 6. 판넨베르크는 3권으로 된 『조직 신학(*Systematic Theology*)』을 비롯해 많은 책을 저술했지만, 나는 비교적 부피가 작은 『사도신경(*The Apostles' Creed*)』을 가장 자주 언급할 것이다. 이 책은 그의 신학의 기본 취지를 간단명료하게 요약하고 있다. Wolfhart Pannenberg, *Systematic Theology*, trans. Geoffrey W. Bromiley (Grand Rapids: Eerdmans, 1991–98).

49) 여기에서 판넨베르크는 인격적인 관계로서의 믿음이 사실적인 정보에 대한 지식과 반대된다고 주장한 브룬너와 다른 신학자들의 견해를 거부했다.

속의 진리를 의지한다. 그러나 믿음의 지식을 비롯해 모든 지식은 불완전하고, 일시적이다. 하나님은 "보이지 않는" 현실이기 때문에[50] 신조의 진술은 "상당한 의심을 초래할" 수 있다.[51]

이 점은 세상에 대한 우리의 지식에도 똑같이 적용된다. 세상에 대한 우리의 경험은 끊임없이 변한다. 어제 확실한 것이 오늘 반드시 확실하리라는 보장은 없다.[52] 자연 안에 절대적인 법칙이나 유사성은 존재하지 않는다.[53] 최종적인 대답은 역사의 마지막에 가서야 비로소 알 수 있다.[54] 오직 미래만이 사물의 본질을 보여줄 수 있다.[55] 따라서 그리스도에 대한 이해도 그분에 대한 다른 반응과 마찬가지로 항상 "향상될 수 있는" 여지가 있다.[56] 성령께서는 우리를 도와주시지만 "이론적인 확실성"은 제공하지 않으신다.[57] 교회는 자기 자신과 세상에게 모든 유한한 현실의 일시적인 속성을 상기시켜 줄 책임이 있다.[58]

따라서 믿음의 주장은 이성의 검증을 필요로 한다. 그런 주장을 확실하게 결정짓지 않고 남겨두는 것도 대안이 될 수 있겠지만 그 안에 담겨 있는 진리는 너무나도 중요하다.[59] 그 진리는 그것을 믿겠다는 우리의 결정에 의해 확립되지 않는다. 그것은 "맹목적인" 믿음, 곧 우리 자신을 구원하려는 불가피한 시도다.[60]

(우리는 부활을 비롯해 다른 사실적인 주장들을) 오직 역사적 탐구의 방법을 통해서만 시험해 볼 수 있다. 과거에 일어난 것으로 추정되는 일들에 대한 주장을 시험할 수 있는 방법은 그것 외에는 없다. 다음의 도표를 참조하라.[61]

---

50) Pannenberg, *The Apostles' Creed*, 8.

51) Ibid., 10.

52) Ibid., 25, 26.

53) Ibid., 40–41.

54) Ibid., 35–36.

55) 여기에서 판넨베르크는 블로흐와 몰트만의 접근 방식과 실존주의자들의 주장을 되풀이하고 있다.

56) Pannenberg, *The Apostles' Creed*, 127.

57) Ibid., 131–32, 140.

58) Ibid., 156–57.

59) Ibid., 10.

60) Ibid.

61) Ibid., 108–9.

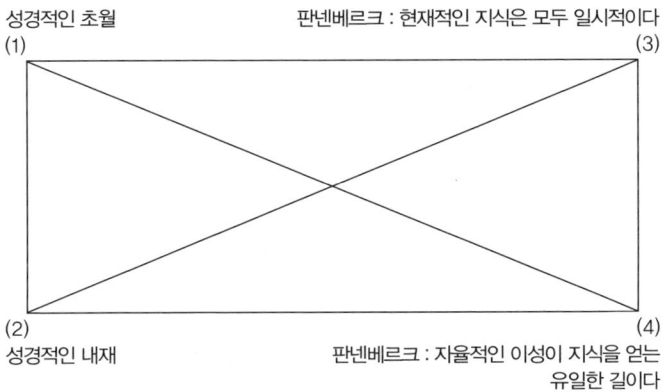

도표 11. 2. 판넨베르크의 초월과 내재

  모든 그리스도인이 이런 검증의 과정에 참여할 필요는 없지만 교회의 "어딘가에서" 그런 과정이 진행되고 있는지는 모두가 마땅히 알고 있어야 한다.[62] 판넨베르크는 기독교를 역사적 탐구와 동떨어지게 만들려는 사람들이 기독교의 취약점, 곧 오류에 대한 민감성을 회피하려고 애쓰고 있다고 말했다. 그러나 그런 취약점이야말로 세상의 다른 종교들과는 다르게 복음의 본질과 관련된 중요한 측면 가운데 하나다.[63] 역사적인 사실, 곧 역사적인 탐구는 기독교의 필수불가결한 요소다.

  여기에서 판넨베르크는 (레싱의 도랑을 피하기 위해) 신학을 새롭게 재건해 역사적 탐구를 기독교 신앙에 부적절한 것으로 만들었던 바르트, 브룬너, 불트만과 같은 이전의 신학자들과 궤를 달리한다. 나는 이 점을 높이 평가한다. 그러나 나는 "역사적 탐구"가 종교적으로 중립적일 수 있는지 묻고 싶다. 전문 역사가들 가운데 기독교의 복음을 처음부터 배제하는 전제를 채택하는 사람들이 많은 것이 사실이지 않은가? 판넨베르크는 역사적 탐구에서 전제가 차지하는 역할을 어느 정도는 인식하고 있었다. 그는 이렇게 말했다.

  세상과 자기 자신에 대한 평가자의 전반적인 경험이 모든 역사적인 판단에서 상당한 비

---

62) Ibid., 11.
63) Ibid., 45-46.

중을 차지한다. 이런저런 역사가들이 가능하다고 생각하는 것은 현실을 바라보는 그 자신의 관점에 의존한다.[64]

그러나 그는 역사가가 자연이 절대적으로 획일적이라고 전제하는 것은 정당화될 수 없다고 덧붙였다. 과학 자체도 그런 전제는 거부한다.[65] 따라서 역사가는 정상적인 규칙에 따라 온전히 설명할 수 없는 사건들을 대할 때는 "열린 생각을 유지해야" 한다.[66]

그렇다면 역사에 대한 탐구에서 하나님의 계시는 어떤 역할을 할까? 판넨베르크는 『사도신경』에서는 계시를 직접 언급하지 않았지만 다른 곳에서 그 주제를 폭넓게 다루었다.[67] 그는 율법, 예언, 로고스 등 성경에는 여러 종류의 계시가 존재한다고 말했다. 하나님은 때로 선지자들에게 말씀하시고, 또 그들을 통해 말씀을 전하신다. 그러나 판넨베르크는 하나님으로부터 우리에게 주어지는 "명제적 진리"는 인정하지 않았다.[68] 그는 하나님이 우리에게 "간접적으로", 즉 역사적 사건에 대한 우리의 이성적인 분석을 통해 계시를 허락하신다고 주장했다. 직접적인 계시는 역사의 마지막 날에만 주어질 것이다. 그러나 그리스도의 성육신, 부활, 승천과 같은 사건은 종말이 현재에 임하게 만들었다. 따라서 이 사건들은 하나님에 관한 우리의 생각을 판단하는 기준으로 작용한다.

판넨베르크 이전의 신학자들 사이에서는 하나님의 존재에 관한 합리적인 논증의 정당성을 부인하는 것이 유행했다. 기독교적 무신론자들, 세속화 신학자들, 폴 틸리히, 위르겐 몰트만과 같은 신학자들은 모두 하나님의 존재에 대해 의문을 제기했다. 물론 바르트, 브룬너, 불트만의 경우도 마찬가지였다. 그들은 오직 믿음을 통한

---

64) Ibid., 109.
65) Ibid., 111-12. 40-43쪽 참조.
66) Ibid., 112-13.
67) Wolfhart Pannenberg, ed. *Revelation as History*, trans. David Granskou and Edward Quinn (New York: Sheed and Ward, 1969). Pannenberg, *Systematic Theology*, 1:189-257.
68) 앞장에서 말한 대로 하나님으로부터 명제적 진리가 주어진다는 것을 인정하는 것은 곧 인간의 이성의 자율성(신학의 한 형태인 자유주의 신학의 핵심 원리)을 부인하는 것이다. 판넨베르크는 이전의 신학자들과는 많이 달랐지만 여전히 자유주의 전통을 굳게 견지했다. 그는 성경의 무오성을 믿지 않았다. 그는 오히려 우리가 자율적인 이성을 통해 성경의 진리를 평가해야 한다고 생각했다.

계시에 의해서만 하나님을 알 수 있다고 믿었다. 그러나 판넨베르크는 예수님의 메시지는 하나님의 존재를 전제했고, 오직 하나님과 예수님의 관계만이 그분의 메시지에 보편적인 의미를 부여한다고 말했다.[69] 이처럼 판넨베르크는 역사적 탐구의 경우와 마찬가지로 하나님의 존재도 이성적인 문제로 다루었다. 그는 과거의 인과적인 논증은 더 이상 설득력이 없다고 주장했다. 왜냐하면 원인을 무한히 찾아 거슬러 올라가는 것은 불합리하고, 운동이 항상 설명을 필요로 한다는 것도 더 이상 당연시될 수 없기 때문이다.[70] 그러나 그는 하나님의 존재를 합리적으로 설명할 수 있는 길, 곧 현대인들도 수긍할 수 있는 길이 있다고 믿었다. 심지어 오늘날에도 우리는 우리 자신이 유한한 존재라는 사실을 잘 알고 있다. 우리의 한계를 인지하는 것은 곧 그런 한계를 뛰어넘는 것에 대한 지식을 전제로 한다. 따라서 한계가 없는 무엇인가가 존재하지 않으면 안 된다. 그러나 그는 이것이 연역적으로 확실한 결론은 아니라고 말했다. 각 사람은 하나님의 개념이 자신에게 현실을 일깨워주는지 여부를 스스로 판단해야 한다.[71]

판넨베르크는 계속해서 구속사를 토대로 하나님의 본질과 속성을 논했다.[72] 우리는 예수 그리스도를 통해 하나님을 알고, 하나님을 통해 예수 그리스도를 안다.[73] 따라서 우리는 실존주의 신학자들과는 달리 "역사적 예수"에 대한 탐구를 포기할 수 없다. 판넨베르크는 예수님의 생애와 메시지가 세상의 임박한 종말에 대한 기대에 의해 결정되었다는 슈바이처와 바이스의 견해를 받아들였다. 슈바이처와 바이스의 경우에는 예수님의 그런 신념이 현대인들에게는 믿을 수 없는 것이라고 생각했다.

또한 불트만을 비롯한 그 이후의 신학자들은 종말론을 실존적인 자기 이해의 관점에서 재해석해야 하는 신화로 간주했다. 그와는 달리 판넨베르크는 좀 더 역사적인 설명을 시도했다. 그는 예수님이 옳았다고 생각했다. 하나님의 나라는 예수님과 제자들이 살던 시대에 부활을 통해 이루어졌다

---

69) Pannenberg, *The Apostles' Creed*, 16.
70) Ibid., 21-22.
71) Ibid., 22-25.
72) Ibid., 27-178.
73) Ibid., 44-45.

판넨베르크에게 부활은 신약 성경의 기독론을 이해하는 열쇠였다. 인자, 고난의 종, 메시아(그리스도)와 같은 예수님의 칭호는 부활에 비춰 이해해야만 적절히 이해할 수 있다. 복음서는 예수님이 세상에 계실 때 그분 자신이나 다른 사람들이 그런 칭호를 직접 사용했거나 그분에게 적용했다고 증언하지만 판넨베르크는 그것이 역사적 사실이 아니라고 믿었다. 그는 교회가 예수님의 부활 이후에 그런 칭호를 그분께 적용했고, 그것들을 복음서에 삽입시켰다고 생각했다.

복음서에 기록된 다른 사건들에 대해서도 그렇게 똑같이 말할 수 있다. 판넨베르크는 동정녀 탄생이 예수님의 신성을 소급해서 정당화시킬 목적으로 만든 전설이라고 말했다. 그에 따르면 예수님의 신성은 교회가 부활 이후에, 부활을 근거로 인정한 것이다.

예수님의 속죄의 죽음은 어떨까? 여기에서도 역사적인 문제는 없다. 모든 사람이 예수님이 죽으셨다는 것에 동의한다. 그러나 그분의 죽음은 어떤 점에서 대리적인 의미를 지니는 것일까? 역사적인 탐구를 통해 이 문제에 대해 어떻게 대답할 수 있을까? 판넨베르크는 이 문제에 대답하려고 시도했고, 또다시 부활을 대답으로 제시했다.

예수님은 두 가지 죄목으로 기소되었다. 하나는 유대인들이 주장한 신성모독의 죄(곧 예수님이 스스로 하나님이라고 주장하셨다는 것)이다. 그러나 유대인들은 자신들의 권위로 예수님을 처형할 수 없었다. 따라서 그들은 그분을 로마인들에게 데려갔다. 로마인들은 유대인들의 종교에 별로 관심이 없었다. 따라서 그들은 예수님이 반란을 일으켰다는 죄목을 뒤집어 씌웠다. 예수님은 스스로 왕이라고 주장했고, 그것이 가이사에 대한 반역이라는 논리였다. 결국 예수님은 신성모독과 반란의 죄로 형벌을 받으셨다.

그러나 부활은 그 두 죄목이 거짓이라는 것을 입증했다. 사실, 신성모독의 죄를 저지른 장본인은 유대인들이었다. 그 이유는 그들이 예수님의 주장을 거부했기 때문이다. 또한 로마인들은 하나님께 반역하는 죄를 저질렀다. 따라서 예수님은 유대인과 이방인들을 대신해 죽으셨다. 유대인과 이방인 관리들은 온 인류의 대표자들이었다. 따라서 예수님은 모든 사람을 위해 죽으셨다. 이런 점에서 그분의 죽음은 대리적인 의미를 지닌다. 예수님은 자기를 고소한 자들을 대신해 죽으셨을 뿐 아니

라 그들의 죄를 용서하심으로써 그 죄책을 친히 감당하셨다.[74]

현대인들은 대리 속죄를 믿을 수 없는 일, 심지어는 부도덕한 일이라고 생각할 수 있다. 그러나 사실 오늘날에도 우리의 도덕적 책임은 집단적인 차원을 띤다. 우리 각자가 우리가 속한 집단에 대해 어느 정도 책임을 짊어져야 한다. 우리 각자가 은혜에서 떠나 신성모독의 삶을 살고 있다는 신약 성경의 증언은 옳다. 하나님은 유대인들과 빌라도를 우리의 대표자로 세우셨다.[75] 예수님의 죽음에 참여해 그 의미를 적용받으려면 믿음으로 살다가 죽어야 한다.

불트만은 판넨베르크가 "재치가 있다."고 말했다고 한다. 속죄의 대리적인 의미에 대한 그의 논증은 분명히 재치가 있다. 그는 로마서 5장에 근거한 전통적인 논증을 활용해 우리가 아담 안에서 죄를 지었고, 그리스도의 속죄를 통해 그분과 연합했다고 설명하지 않았다. 그는 창세기 3장과 5장을 거론하는 것이 이성의 자율성에 근거한 역사적 탐구에 의해 정당화될 수 없다는 것을 알았다. 따라서 그는 역사적 탐구에 의해서만 확립될 수 있는 다른 방식의 논증을 생각해 냈다. 그러나 그렇게 하기 위해 그는 대표의 개념(유대인과 로마인들이 인류의 대표자라는 것)과 역사적 탐구에 의해 결코 검증될 수 없는 죄의 용서에 호소해야 했다.[76] 다른 모든 자유주의 신학자들처럼 판넨베르크도 성경에서 이것저것을 선택해 자신이 받아들일 수 있는 것과 (현대인의 이름으로) 거부해야 하는 것을 결정했다. 그러나 그의 선택은 별로 그럴 듯하지가 않다.

부활에 대한 판넨베르크의 설명도 그러기는 마찬가지다. 이 점이 특히 중요한 이유는 부활이 그의 신학 전체를 지탱하는 토대이기 때문이다. 그의 시도는 사실 우리를 크게 실망시킨다. 판넨베르크는 모든 것이 부활에 의존해 있다고 말했고, 부활은 오직 역사적 탐구에 의해서만 확립될 수 있다고 주장했다. 판넨베르크는 해박한 지식과 정교한 철학적 논리를 갖추고 있기 때문에 그 누구보다도 더욱 분명하게

---

74) Ibid., 79-87.

75) Ibid., 88-89.

76) 이것은 자연론적 오류("~이다."라는 사실 판단에서 "~해야 한다."는 가치판단을 이끌어내는 오류)에 해당한다. 판넨베르크는 자신의 결론을 확립할 수 있는 "도덕적" 전제를 제시하지 않고, 예수님이 석방되셨어야 했고, 우리는 유대인과 이방인 지도자들이 인류를 대표한다는 것을 받아들여야 한다고 주장했다. 이런 문제가 판넨베르크에게서 종종 발견된다. 그 이유는 그가 역사적 탐구의 방법을 통해 영적 의무를 확립하려고 시도했기 때문이다.

부활에 대한 역사적 증거를 내놓을 수 있을 것이라고 기대하기 쉽다. 그러나 부활에 대한 그의 논의는 전혀 확실한 증거를 제시하지 못한다. 그 결과, 그의 신학적인 체계는 공중누각이 되고 말았다.

첫째, 그는 예수님의 부활의 본질을 규명하려고 노력했다. 부활은 "단지 예수님의 육체를 소생시킨 것"이 아니라[77] "철저한 변화"였다.[78] 육체의 소생은 나사로의 부활과 같은 것, 곧 "죽었던 사람이 일시적으로 세상으로 돌아오는 것"을 의미한다.[79] 그러나 철저한 변화는 다음과 같은 변화를 가리킨다.

> 그것은 우리에게 전혀 알려지지 않은 현실로 변화하는 것을 가리킨다. …이 현실은 우리에게 알려져 있지 않기 때문에 우리의 일상생활 속에서 항상 되풀이되는 사건들의 범주에 속하지 않는다.[80]

이 현실은 "우리에게 전혀 알려지지 않은" 것이지만 판넨베르크는 그것을 좀 더 자세히 묘사했다. 부활의 육체는 고린도전서 15장 43, 44절에 언급된 "신령한 몸"이다. 그는 이렇게 설명했다.

> 바울에 따르면 하나님의 "영"은 모든 생명의 창조적인 기원을 가리킨다. 신령한 몸은 지금의 우리와는 다르게 이 기원과 분리되지 않고 하나로 연합된, 살아 있는 존재를 의미한다. 따라서 이 생명은 더 이상 죽음으로 끝나지 않는다.[81]

그렇다면 예수님의 제자들은 어떻게 그분의 육체가 그런 식으로 변화되었다는 결론에 도달했을까? 판넨베르크는 부활에 대한 바울의 개념이 종말에 모든 사람의

---

[77] Pannenberg, *The Apostles' Creed*, 99.
[78] Ibid.
[79] Ibid., 100. 판넨베르크는 예수님이 죽은 자를 다시 살리신 사건들이 그분 자신의 부활 사건보다 신빙성이 떨어진다고 생각했다.
[80] Ibid., 98.
[81] Ibid., 98-99. 판넨베르크는 이런 설명을 "썩는 것"과 "썩지 아니하는 것"을 구별한 바울의 논증(고전 15:50)과 결부시켰다.

부활이 있을 것이라고 믿었던 유대인의 전통에서 비롯했다고 말했다.[82] 사실, 바울은 종말이 예수님 안에서 (조기에) 미리 이루어졌다고 믿었다.

판넨베르크는 그런 식으로 이해한 부활은 의미 있는 개념이라고 주장했다. 그는 우리가 삶의 한계를 알고 있기 때문에 이 한계를 초월한 것에 대한 지식도 은연중에 인식하고 있다는 앞선 주장을 되풀이했다.[83] 이 현실, 곧 "사후의 삶"은 우리가 알고 있는 것에 빗대어야만 묘사가 가능하다.[84]

그렇다면 예수님이 죽은 자 가운데서 부활하셨다는 것을 어떻게 역사적으로 논증할 수 있을까? 판넨베르크는 어떤 역사적 주장이든 그 확실성은 오직 역사적 탐구를 통해서만 확인될 수 있다고 종종 강조했다. 따라서 우리는 판넨베르크가 예수님의 부활에 대한 역사적 증거를 어떻게 제시하는지 유심히 살펴봐야 할 필요가 있다.

먼저 그는 어느 정도의 의심은 당연할 수 있다고 말했다. 왜냐하면 부활의 주장은 전혀 일상적이지 않은 사건에 대한 주장이기 때문이다. 그러나 과학적인 반론을 제기할 수는 없다. "다른 방법을 적용하면 충분히 사실로 인정될 수 있는 하나의 사건의 가능성이나 불가능성을 좀 더 깊이 고민해 보지 않고" 무조건 과학을 내세워 거부하는 것은 옳지 않다.[85] 그런 사건이 발생했다는 것을 검증하려면 역사적 탐구가 필요하다. 특히 부활은 과학적인 반론을 적용하기 어려운 사건이다.

> 왜냐하면 여기에서 주장되는 사건은 그 궁극적인 본질이 인간의 경험으로는 전혀 근접할 수 없는 영역 안에 존재하는 까닭에 비유적으로나 경험적인 관점에서 온전히 실현되고, 통제될 수 없는 다른 언어의 형태로만 표현될 수 있는 것이기 때문이다.[86]

부활이 가능하다면 우리는 그 증거를 어떻게 평가해야 할까?

---

82) Ibid., 100-104.
83) Ibid., 105. 22-24 참조.
84) Ibid., 106.
85) Ibid., 110-11.
86) Ibid., 111.

부활에 관한 전승에는 전설적인 요소들이 내포되어 있는 것이 분명하다. 그러나 문제가 되는 것이 모두 다 전설이라고 입증하기는 불가능하다. 오히려 전승의 상태는 특히 부활 현현에 관한 기사나 예수님의 빈 무덤(이 점에 대해서는 비록 의견이 분분하지만)에 관해 그렇게 생각하는 것을 용납하지 않는다. 더욱이 부활하신 예수님의 현현을 환영으로 설명하려는 시도는 지금까지 모두 실패했다. 그런 식으로 생각할 수밖에 없게 만드는 증거는 없거나 최소한 불충분하다.[87]

그는 계속해서 이렇게 말했다.

이런 상황을 고려하면 예수님의 부활에 관한 전승의 배후에 놓여 있는 사건들의 본질에 관해 아예 판단을 중지할 수 있다. 그러나 그것은 기독교의 기원을 이해할 수 있는 가능성을 거부하는 것을 의미한다. …더욱이 예수님의 부활에 관한 초기 기독교 전승을 비평적으로 검토해 보면 그 사건을 종말론적인 희망의 언어로 묘사하는 것이 그 외의 다른 모든 경쟁적인 설명과 비교할 때 가장 큰 설득력을 지니는 것으로 나타난다는 견해에 도달할 수 있다. 물론 이 견해가 논의의 여지가 없이 명백하다고 장담할 수 있는 사람은 아무도 없다. 이것은 더 이상의 논의가 불필요할 만큼 역사적으로 확실하게 결정 짓거나 결정할 수는 있는 사안이 아니다.

그리고 나서 판넨베르크는 인간의 지식은 현세대에서는 모두 단편적이고, 일시적이라는 앞의 주장으로 되돌아갔다.[88] 그러나 이런 상황에서도 부활을 인정하는 것은 상당한 역사적 타당성을 지닌다.[89]

간단히 말해 판넨베르크의 역사적 논증은 그가 기꺼이 인정하는 대로 확실성에 미치지 못한다. 그가 말한 대로 무엇이, 왜 일어났는지는 매우 불확실하다. 만일 신약 성경의 가르침이 판넨베르크의 이런 논증에 의존한다면 그 가르침도 불확실하

---

87) Ibid., 113.
88) 이것은 "진리는 전체 안에 있기" 때문에 지식이 완성되었을 때, 곧 절대 정신이 자기를 온전히 의식하게 되는 때가 이르기 전까지는 그 어떤 것에 대한 지식도 최종적으로 주장할 수 없다는 헤겔의 견해와 비슷하다.
89) Pannenberg, *The Apostles' Creed*, 114-15.

게 된다. 그는 때로 종말이 조기에 역사 속으로 들어온 것이 현세대의 지식이 지니는 "일시적 속성"을 어느 정도 피할 수 있게 해주는 진리의 판단 근거를 제공한다고 암시한다(그는 "종말이 우리에게 완전한 지식을 가져다준다면 종말이 조기에 역사에 들어온 사실로 인해 그런 지식을 기대하는 것이 마땅하지 않겠는가?"라고 말한다). 이것은 부활을 일종의 계시, 곧 의심이 아닌 확실성을 제공하는 계시로 간주하는 것이다. 그러나 이것이 그의 견해는 아닌 듯하다. 그는 부활에 대한 우리의 탐구는 인간 지식의 상대적이고, 단편적인 속성에 영향을 받기 때문에 확실성의 여지가 존재하지 않는다고 생각했다.

그러나 판넨베르크의 생각과는 달리 역사의 종말이 완성된 형태로 아직 도착하지 않았다는 사실은 우리의 지식이 모두 일시적이라는 의미를 내포하지 않는다. 성경은 결코 그런 입장을 취하지 않는다. 성경의 입장은 오히려 그 반대다. 새 언약은 "온전한" 계시의 때다(히 1:1-3, 2:1-4; 벧후 1:3, 4). 만일 우리가 그것을 믿지 못하거나 이해하지 못하면 아무런 변명도 할 수 없다(히 2:1-4, "경고의 내용이 담긴" 다른 성경 본문들 참조). 물론 우리는 모든 것을 다 알지 못한다. 우리의 지식은 부분적이고, 불완전하다(고전 13:9-12). 그러나 "불완전하다."는 것이 곧 "불확실하거나" "일시적이라는" 의미는 아니다. 판넨베르크는 이 개념들을 번번이 혼동했다.[90]

판넨베르크의 생각과는 달리 하나님은 우리가 역사를 자율적으로 탐구하도록 놔두지 않으셨다. 오히려 그분은 역사 속에서 자기 자신을 계시하셨고, 그 계시를 우리의 생각을 통해 확실하게 알 수 있도록 이끄신다.[91] 판넨베르크가 (비록 명제적인 진리는 부인했지만) 명제적인 진리와 이성이 신학에서 차지하는 역할을 옹호한 것은 매우 다행스런 일이다. 그러나 그도 다른 모든 자유주의 신학자들과 마찬가지로 역사에 대한 탐구를 "자율적인" 이성에 맡겼다. 지금까지 내가 종종 주장한 대로 그런 태도는 성경적으로 용납될 수 없다.

부활에 대한 판넨베르크의 일반적인 견해는 다음과 같다. 예수님이 처형되고 나

---

90) 온전함과 확실성 사이의 방정식은 본질적으로 헤겔적인 특성이다.

91) 바울은 부활의 진리는 기독교적 삶의 토대가 될 만큼 확실하다고 말했다. 그는 만일 부활이 없다면 우리의 믿음이 헛것이고, 우리가 여전히 죄 가운데 있을 것이라고 강조했다(고전 15:14, 17). 그것은 단순한 가능성이 아니다(시 93:5; 사 53:4; 요 6:69, 17:8; 행 12:11; 계 22:20). 확실성은 그리스도 안에서 누리는 축복 가운데 하나다(요일 5:13-15; 눅 1:4; 딤후 1:12, 3:16, 17; 히 6:18, 19; 벧전 1:3-9; 벧후 1:19-21). 다음 자료를 참조하라. *DWG*, 297-315. Frame, "Certainity," http://www.frame-poythress.org/certainty/. 이 책 부록 A를 참조해도 좋다.

서 제자들 사이에서 매우 놀라운 일이 일어났다. 전에는 "전혀 알려지지 않았던" 일이 발생한 것이다. 그들은 그 일을 묘사할 표현을 찾기 위해 유대교의 종말론에 의존했다. 그들이 생각한 가장 놀라운 사건은 의인과 악인의 부활이 포함된 마지막 심판이었다. 따라서 그들은 "부활"을 자신들이 경험한 전혀 알려지지 않은 사건을 가리키는 표현으로 채택했다. 그들은 예수님을 메시아로 확신했기 때문에 부활을 그분에게 적용했고, 그분 안에서 종말론적인 하나님의 나라가 미리 임했다고 생각했다. 그러나 그것은 모두 인간의 언어를 초월한 일을 묘사하는 비유였다. 그렇다면 무엇이 실제로 일어났단 말인가? 그것은 오직 하나님만 알고 계신다.

그러나 부활이 표현할 수 없는 것에 대한 비유적인 용어라는 것은 부활에 관한 성경의 가르침과는 거리가 멀다. 성경은 무덤이 실제로 비었다고 가르친다. 예수님은 죽음에서 부활해 제자들과 함께 거닐며 대화를 나누셨다. 그분은 40일 동안 그들을 가르치셨고, 그러고 나서 그들이 보는 앞에서 하늘로 올라가셨다. 이런 일들은 참으로 놀랍고, 독특한 사건일 뿐, 표현할 수 없는 사건이 아니다. 성경은 도처에서 이런 일들을 풍성하게 전하고 있다. 이것들은 비유적으로 표현되지 않았다.

물론 판넨베르크는 예수님의 "부활"은 비유를 넘어선다고 말했다. 그분의 부활은 (나사로처럼) 죽은 뒤에 다시 살아나 사람들을 만났던 이들의 부활과 같지 않다. 나도 그렇게 생각한다. 고린도전서 15장의 "신령한 몸"에 대한 판넨베르크의 설명은 매우 적절하고, 유익하다. 어떤 점에서 부활은 마지막 심판을 역사 속으로 끌어들인 사건임에 틀림없다. 그러나 부활은 실제로 일어난 사건이다.

판넨베르크의 체계는 20세기 초의 실존주의 신학과 많은 차이를 드러낸다는 점에서 매우 흥미롭다. 그러나 결국 유사점이 상이점보다 더 많았다. 이전의 신학과는 달리 판넨베르크의 신학은 합리적인 역사적 탐구에 근거했다. 그러나 그의 신학도 이전의 신학과 마찬가지로 이성의 자율성을 받아들였고, 그 결과 기독교 신앙의 근본 원리들을 확실성 있게 확립하지 못했다. 그의 신학은 오히려 부활을 위한 논증을 받아들이거나 거부할 수 있는 자유를 사람들에게 부여하는 결과를 낳았다. 그것을 받아들이지 않더라도 사람들은 아무 책임이 없다. 또한 그것을 받아들였더라도 그들은 자신의 결정이 역사적 증거에 근거한다고 주장할 수 없다. 오히려 그것은 그들 자신의 믿음에 근거한다.

그런 믿음의 대상은 무엇일까? 그것은 교회가 "부활"이라는 명칭을 부여한 "말로 표현할 수 없는 사건"이다. 결국 그 사건은 바르트의 "게쉬히테(하나님의 본성이나 의도에 관해 명확하거나 확실한 정보를 제공하지 못하는 경험)"와 흡사하다. 그것을 유대교의 종말론적 경험에 따라 해석하는 것도 우리의 자유이고, 그렇게 하지 않는 것도 우리의 자유다. 결국 판넨베르크의 체계가 지니는 설득력은 합리적인 역사적 탐구가 아닌 우리의 자유로운 선택에 의존한다.

과정 사상

이제 지금까지와는 매우 다른 사상을 잠시 살펴보기로 하자. 과정 철학과 신학은 앞 장과 이번 장에서 다룬 독일의 신학적 전통에 속하지 않는다. 이 사상 운동은 영국과 미국에서 발전했다. 이것은 처음에는 일반적인 형이상학에서 출발해 점차 신학으로 나아갔으며, 성경 신학이나 전통적인 기독교 교리에 근거하지 않는다. 여기에서는 "보수적인 흐름"의 흔적이 전혀 발견되지 않는다. 이 학파에 속한 학자들은 성경의 권위나 교회의 전통을 거의 존중하지 않는다.

이 사상 운동은 『공간, 시간, 그리고 신성』을 저술한 "새뮤얼 알렉산더(1859-1983)"에서부터 시작했다.[92] 그러나 대다수의 사람들은 "알프레드 노스 화이트헤드(1861-1947)"를 이 운동의 창시자로, 그의 『과정과 현실』을 이 운동의 대표 저서로 간주한다.[93] 화이트헤드는 1910년에 버트런드 러셀과 함께 『수학 원리』를 공동 저술했다(12장 참조).[94] 수학자이자 물리학자인 그는 1924년, 63세의 나이로 하버드대학교에서 철학을 가

알프레드 노스 화이트헤드
(Alfred North Whitehead)

---

92) Samuel Alexander, *Space, Time, and Deity* (New York: Macmillian, 1920).
93) Alfred North Whitehead, *Process and Reality: An Essay in Cosmology*, ed. David Ray Griffin and Donald W. Sherbourne (New York: Free Press, 1979) (originally Published: New York: Macmillan, 1929).
94) Alfred North Whitehead and Bertrand Russell, *Principia Mathematica*, 3 vols. (Cambridge: Cambridge University Press, 1910-13).

르쳤다.

『수학 원리』의 두 저자는 철학적인 원자론자가 되었지만 그 방식은 서로 매우 달랐다. 원자론자란 현실의 가장 작은 구성 요소가 무엇인지 찾아내 그것을 분석함으로써 현실 전체의 본질을 규명하려는 철학자를 가리킨다(2장 참조). 화이트헤드와 러셀 이전의 원자론자로는 데모크리토스, 에피쿠로스(2장), 라이프니츠(5장) 등이 있었다.[95] 러셀과 초기 비트겐슈타인은 세상이 "원자적인 사실들"로 구성되었다고 생각했고(12장 참조), 화이트헤드는 세상이 "원자적 과정"으로 이루어졌다고 믿었다.[96] 화이트헤드는 개별적인 사물들과 사실들이 과정으로부터 추출되었다고 생각했다.

화이트헤드는 많은 철학자들이 "잘못된 구체성의 오류(때로 "실체화의 오류"로 불린다)"를 저지른다고 불평했다.[97] 이것은 추상적인 개념을 마치 구체적인 현실처럼 말하는 오류를 가리킨다. 많은 철학자들이 플라톤이 형상 이론을 언급하면서 그런 오류를 저질렀다고 비판한다. 그러나 플라톤의 그런 오류를 저질렀는지 여부는 그가 제시한 이론의 옳고, 그름에 달려 있다. 화이트헤드는 때로 "단순 정위의 오류"에 관해 말했다. 그는 현실이 명확하게 정의될 수 있고, 서로 분리되는 사물들로 구성되었다는 견해를 배격했다. 예를 들어 그는 물질과 정신을 나눈 데카르트의 이원론을 거부했다. 화이트헤드에 의하면 데카르트가 "정신"으로 일컬은 것은 구체적인 현실이 아닌 현실(즉 경험)로부터 추출된 개념이다. 정신적 측면과 물리적 측면은 구별될 수는 있지만 따로 분리되어 존재하지 않는다. 그와 비슷한 맥락에서 화이트헤드는 사실들과 개념들을 비롯해 과거와 현재와 미래의 사실들을 날카롭게 구분하는 철학자들도 옳지 않다고 생각했다. 화이트헤드의 세상은 모든 것이 함께 흘러가면서 다른 모든 것에 영향을 미치는 과정의 세상이다. 경험의 실질적인 대상은 복잡하면서도 질서 있는 환경과 밀접하게 연결되어 있는 사건이다.[98]

---

[95] 이와 반대되는 형이상학적인 입장은 일원론(monism)이다. 일원론자란 존재 전체의 성격을 규명하고, 그 개념을 다른 모든 존재들을 이해하는 열쇠로 삼는 철학자를 가리킨다. 파르메니데스, 플로티누스, 스피노자, 헤겔 등이 이 범주에 속한다.

[96] 아리스토텔레스는 세상이 개별적인 사물들(즉 실체들)로 이루어졌다고 이해했다(2장). 초기 비트겐슈타인은 세상을 "사실들"의 집합체로 생각했고(12장), 화이트헤드는 헤라클레이토스(2장), 헤겔(7장), 존 듀이(9장), 헨리 베르그송처럼 세상이 "과정"으로 구성되었다고 믿었다.

[97] Alfred North Whitehead, *Science and the Modern World* (New York: Free Press, 1925), 51.

[98] 화이트헤드가 세상을 "사건들"로 축소시킨 것은 그와 실존주의 전통 사이에 존재하는 공통점 가운데 하나다.

화이트헤드는 이 사건을 "현실적 계기(actual occasion)", 또는 "현실적 존재(actual entity)"로 일컬었다. 그것들이 "세상을 구성하는 최종적인 현실들"이다.[99] 현실적 계기란 시간과 공간 속에서 발생해 서로서로 영향을 주고받는 관계를 맺는 것들을 가리킨다. 그것들은 통합된 과정 안에서 모두 하나로 연결된다. 각각의 경우가 그 자체로 하나의 과정이다. 따라서 헤라클레이토스의 형이상학처럼 화이트헤드의 형이상학에서도 운동과 변화가 실질적인 모든 것의 특성을 이룬다.[100]

독립적으로 존재하는 다른 "존재들"과 구별되는 "존재"로 정의될 수 있을 만큼 안정된 상태에 도달할 수 있는 것은 아무것도 없다. 아리스토텔레스가 말한 실체는 존재하지 않는다. 실질적인 경우들이 제각각 인생의 과정(탄생, 활동, 죽음)과 매우 비슷한 순환을 거친다.[101] 이것은 "되어가는" 과정이다. 그 과정 안에서 하나의 계기는 "존재"의 상태에 이르기 전에 소멸된다.[102] 소멸된 계기는 우주적인 과정을 지속하는 다른 계기들에 의해 대체된다.

현실적 계기의 과정, 곧 그 탄생과 죽음이 이루어지는 동안 무엇이 일어나는가? 기본적으로 "파악(prehension)"이 이루어진다.[103] 파악한다는 것은 무엇을 고려하는

---

99) Alfred North Whitehead, *Process and Reality: An Essay in Cosmology* (New York: Macmillian, 1929), 28.
100) 나중에 살펴보겠지만 과정 사상 안에는 "과정과 추상적 형태라는 불변의 원리들이 존재한다." John B. Cobb Jr. and David Ray Griffin, *Process Theology: An Introductory Exposition* (Philadelphia: Westminster Press, 1976), 14. 이 원리들은 헤라클레이토스의 "로고스"나 플라톤의 "형상"과 비슷하다.
101) 내가 보기에 현실적 계기를 인생의 과정에 빗댄 화이트헤드의 비유는 사실상 전자를 후자에서 읽어내기라도 한 것처럼 서로 너무나도 유사하다. 현실적 계기에 관한 화이트헤드의 개념은 그와는 다른 어디에서 비롯했을까? 화이트헤드는 분명히 현실적 계기를 과학적인 도구들을 사용해 관측할 수 있다고 결코 주장하지 않았다. 그 개념은 안락의자에서의 사변, 곧 변화하는, 자발적인 우주가 정체된 요소들로 구성될 수 없다는 직관을 통해 형성된 것으로 보인다. 그러나 우주의 가장 근본적인 요소들이 인간의 삶을 구성하는 요소들과 본질적으로 똑같은 속성을 지니고 있다고 생각해야 할 이유가 무엇인가? 화이트헤드가 "분할의 오류(fallacy if division)", 곧 어떤 것의 부분들이 전체적으로 동일한 속성을 지닌다고 생각하는 오류를 저질렀다고 비판하지 않아야 할 이유가 무엇인가? 시보레 자동차가 시속 100킬로미터로 달린다고 해서 그 자동차에 달린 라디오도 시속 100킬로미터로 달릴 수 있다고 생각하는 것은 어리석다.
102) 화이트헤드는 변화하는 경험의 세상에 관한 플라톤의 견해를 인용해 현실적 계기라는 자신의 개념에 적용했다. "그러나 이성 없이 감각의 도움을 빌려 형성된 견해에서 비롯한 것은 항상 되어가며 소멸하는 과정 안에 있을 뿐 결코 실제로 존재하지 않는다." *Process*, 129. 여기에 과정 사상과 실존주의(인간은 죽을 때까지 본질에 이르지 못한다), 또 과정 사상과 헤겔주의(존재는 없고, 오직 되어감만 존재한다)의 접촉점이 존재한다. 그러나 이런 종류의 상황에서 존재는 과연 무엇을 의미할까? 우리가 논의할 수 있는 모든 것이 그런 점에서 존재를 지니고 있지 않은가? 화이트헤드는 현실적 계기의 속성을 거의 지겨울 정도로 자주 논하고 있지는 않은가?
103) 조지 고벨이 오래 전에 텔레비전 쇼에서 했던 말이 생각난다. 그는 "나는 너무 압도되지도 않았고, 너무 덜 압도되지도 않았다. 나는 당신이 내가 적당히 압도되었다고 말해야 한다고 생각한다."라고 말했다. 이처럼 파악이란 반드시 이해나 터득을 의미하지 않는다. 그런 개념들에는 일종의 행동이 함축되어 있다.

것을 의미한다. 인과적 상호작용, 영향, 사랑의 관계, 지식은 모두 서로 다른 종류의 파악에 해당한다. 현실적 계기는 제각각 두 개의 축을 가지고 있다. 하나는 "물리적인 축"이다. 인간이 부모에게 물려받은 물리적인 성질을 지니고 태어나는 것처럼 현실적 계기는 과거의 계기들을 파악함으로써 특정한 본성을 전달받는다.[104] 계기는 자신의 물리적인 축을 통제하지 않는다. 그것(또는 그)의 그런 측면은 이미 결정된 상태다.[105] 한편 계기는 "정신적인 축"을 가진다. 계기는 그것을 활용해 스스로를 다양하게 변화시킬 수 있다. 이런 변화는 자유의지론적 자유로 이해되는 자유로운 선택을 통해 이루어진다. 계기는 스스로를 변화시키면서 다른 현실들을 파악한다. 그것은 과거의 현실적 계기를 (인간이 기억과 역사적 탐구를 통해 과거를 이해하는 것처럼) 파악해 그 지식을 자신의 변화를 위한 본보기로 삼는다. 또한 계기는 (인간이 친구들, 권위자들, 최근의 소식들, 현재의 경험들을 활용하는 것처럼) 현재의 계기들을 파악해 다양한 방식으로 스스로를 변화시키는 데 활용하기도 하고, 실제로 존재하지는 않지만 가능해 보이는 이상이나 심지어는 신을 파악하기도 한다.

현실적 존재는 다른 현실들과의 상호작용을 통해 스스로의 본질을 형성해 나가기 때문에 과정 사상가들은 그것들이 "서로 본질적으로 연관되어 있다."고 설명한다. 개개의 존재는 과거의 존재를 통합해 하나의 경험을 이룬다.[106] 콥과 그리핀은 여기에서 "화육(化肉)"의 비유(곧 과거가 우리 안에 들어와서 영향을 미친다는 것)를 발견했다.

현실적 계기는 이 과정의 어느 시점에서 소멸된다. 그러나 비록 소멸되었더라도 다른 계기들이 그것을 파악하는 것이 여전히 가능하다. 이처럼 계기는 "객관적으로 불멸한다." 이것은 특정한 시간과 장소에 존재했던 A라는 계기가 파악할 수 있는 이전의 현실로 항상 남아 있다는 것을 의미한다. 예를 들어 조지 워싱턴은 죽었지만 그가 1732년부터 1799년까지 살았다는 사실은 항상 존재한다. 따라서 우리는 그의 생애에서 교훈을 얻을 수 있다.[107]

따라서 현실적 계기 안에는 두 종류의 과정이 존재한다. 하나는 "과도기(transition)", 즉

---

[104] 여기에서도 현실적 계기와 인간의 밀접한 유사성이 발견된다.
[105] 과거의 계기나 신에 의해 결정된다(이 점에 대해서는 뒤에서 좀 더 살펴볼 생각이다).
[106] 콥과 그리핀은 가능한 많은 과거의 계기들을 파악하라고 권유했다. *Process Theology*, 22. "우리의 구체적인 경험의 순간들은 다른 경험들을 포함하고, 그것들에 의존할수록 더욱 풍성해진다."
[107] 이런 식의 "객관적인 불멸성"은 육체의 부활이라는 성경의 교리에 비견될 수 없다.

하나의 현실적 계기에서 또 다른 현실적 계기로 변화하는 과정이다. 하나의 계기가 소멸하면 또 다른 계기가 그 자리를 메운다. 다른 하나는 "합생(concrescence)", 개개의 계기 안에서 일어나는 과정이다. 이 과정에서 하나의 계기는 다른 존재들을 파악하고, 스스로를 형성해 나가는 것을 선택한다. 합생은 계기의 "최초의 목적"(최선의 가능성을 현실화하려는 충동. 이 충동은 신이 부여한 것이다)과 더불어 시작한다. 이 과정은 계기가 다양한 현

존 콥(John B. Cobb)

실들을 파악하면서 계속 유지된다. 최초의 목적과 새로운 파악들이 서로 결부되어 계기의 "주관적인 목적", 곧 무엇이 될 것인지를 자유롭게 선택하는 것에 영향을 미친다. 이것은 다시 "창조적인 목적"으로 나아간다. 계기는 이 목적을 통해 스스로를 창조하고, 미래에 다른 계기들에게 영향을 미치기를 원한다. 다시 말하지만 이런 설명은 인간의 생애와 매우 흡사하다.

현실적 계기는 하나의 사건일 뿐 아니라 경험의 단위(계기 스스로에 대한 계기 자신의 경험)이다. 이처럼 개개의 계기는 일종의 "주관적인 즉각성" 또는 "즐거움"을 지닌다. 과정 사상가들은 현실적 계기는 모두 그런 경험을 한다고 믿는다. 가장 최상의 형태에 해당하는 경험은 "의식"이다. 이것은 모든 영역, 모든 차원, 즉 인간의 삶뿐 아니라 동물과 식물들, 심지어는 무생물의 근저에 있는 계기들에게까지 똑같이 적용된다. 이런 점에서 화이트헤드는 버클리와 라이프니츠처럼 "범물리론자"에 속한다. 그는 생각이나 생각과 유사한 것도 모든 현실 속에 존재한다고 믿었다.[108]

앞서 말한 대로 현실적 실재에 대한 화이트헤드의 설명은 인생의 과정(탄생, 학습, 선택, 소멸)과 매우 유사하다. 그러나 화이트헤드는 인간, 동물, 물체, 분자, 전자 등을 현실적 존재가 아닌 "사회"라고 일컬은 현실적 존재들의 "집합체"로 간주했다. 따라서 사람들은 "참된 개별자"가 아니다. 인간의 경험은 "연속적인 질서를 갖춘 경험의 계기들의 사회"다.[109] 사회는 현실적 존재들이 지니고 있지 못한 영구성을 지

---

108) 윤리적으로 말해 화이트헤드의 말에는 모든 계기가 그 자체로 목적이라는 의미가 내포되어 있다.
109) Cobb and Griffin, *Process Theology*, 15.

닌다. 사회는 시간이 지나도 쇠하지 않고,[110] 어느 정도의 정의를 내릴 수 있으며, 어떤 경우에는 기억을 지닌다. 그러나 과정 사상에서 변하지 않는 것은 아무것도 없다. 현실적인 것은 무엇이든 모두 변한다.

지금까지 화이트헤드가 "현실적 계기"라고 일컬은 과정을 설명했다. 그러나 이것은 화이트헤드가 세운 체계의 일부에 지나지 않는다. 그의 형이상학은 또 다른 두 가지 존재의 양식, 곧 영원한 대상과 신을 언급한다.[111] 영원한 대상, 곧 "본질"은 플라톤의 형상, 또는 보편적 실재와 비슷하다.[112] 이것들은 과정 형이상학 안에 있는 영원한 요소를 나타낸다. 그러나 전통적인 실재와는 달리 이것들은 현실이 아닌 잠재력, 곧 가능성이다. 이것들은 그 자체로는 추상적이지만 현실적 존재들에 의해 다양한 방식으로 파악되는 순간에 구체적인 현실 속에 모습을 드러낸다. 앞서 말한 대로 현실적 존재는 다른 현실적 존재들을 파악할 수 있다. 그것은 도덕적인 이상과 같은 추상적인 개념을 파악할 수 있다. 플라톤의 경우처럼 완전한 상태에 있는 용기, 미덕, 선과 같은 속성은 경험의 세계에서는 발견할 수 없다. 그러나 우리는 어떤 식으로든 그것들에 관해 생각할 수 있고, 그것들을 우리의 인격 속으로 이끌어 들이려고 애쓴다. 우리는 "네 잠재력을 계발하라."라는 말로 자녀들에게 그렇게 하도록 권고한다. 화이트헤드는 현실적 계기도 그와 비슷한 결정을 내릴 수 있다고 생각했다. 현실적 계기는 그렇게 함으로써 영원한 대상을 파악한다.

존재의 세 번째 양식은 신이다. 화이트헤드는 세상의 창조와 신생을 설명하기 위해 신을 끌어들였다. 신은 개개의 현실적 계기가 과거의 계기들과 다른 이유를 묻는 질문에 대답한다. 영원한 대상은 추상적이기 때문에 그 질문에 대답할 수 없다. 화이트헤드는 가능성의 세상(영원한 대상)을 현실적 존재와 결부시키는 존재가 있어야 한다고 생각했다. 일부 과정 사상가들은 이런 논증 외에도 전통적인(또는 약간 수정된) 유신론적 논증을 활용한다. 예를 들어 찰스 하트숀은 존재론적 논증을 사용해

---

[110] 일부 과정 신학자들은 현실적 계기가 비록 짧더라도 어느 정도는 한시적으로 연장되어 유지된다고 믿는다. 그들은 심지어 하나의 계기가 시작되어 소멸되기까지의 최장 시간을 언급하기까지 한다. 그러나 존재를 소유하지 못한 것에 대해 그런 주장을 펼치는 것은 이상하게 들린다. 콥과 그리핀은 시간은 합생이 아닌 과도기의 과정에만 적용된다고 생각했다. "합생의 과정 자체 안에는 시간이 존재하지 않는다. …모든 순간은 현재이고, 그런 점에서 초시간적이다." Ibid., 16. 나중에 콥스와 그리핀은 영원한 현재에 대한 경험을 불교의 "공(空)", 또는 "공허"와 결부시켰다(138-39).
[111] 파울 바이스의 표현을 빌려 말했다.
[112] 화이트헤드는 플라톤을 좋아한다. 그는 모든 철학은 플라톤에 대한 각주에 지나지 않는다고 말했다.

신이 필연적인 존재라는 것, 곧 가능한 세상에 반드시 존재해야 하는 존재라는 것을 입증하려고 노력했다.

그러나 과정 철학의 신과 성경의 하나님은 크게 다르다. 과정 철학의 신은 두 가지 본성, 또는 측면("원시적" 측면과 "결과적" 측면)을 지닌다. 이것들은 현실적 계기의 두 축과 비슷하다. 즉 정신적 축은 원시적 측면에, 물리적 축은 결과적 측면에 각각 해당한다. 신의 "원시적" 본성은 가능한 우주에서 신에게만 속하는 속성들로 이루어져 있기 때문에 특정한 세상에 의존하지 않는다. 이 속성들에는 전통적인 하나님의 속성 가운데 일부가 포함된다(영원성, 절대성, 독립성, 불변성). 그러나 이 속성들이 전통적인 의미 그대로 받아들여지는 것은 아니다. 예를 들어 전지적 능력은 신이 과거와 현재와 미래의 모든 것을 알고 있다는 것을 의미하지 않는다. 왜냐하면 그런 식의 신적 지식은 인간의 자유의지론적 자유를 부정하기 때문이다. 그러나 과정 신학자들은 신이 "알 수 있는" 모든 것, 곧 현실적 계기의 자유로운 선택에 좌우되지 않는 지식을 알고 있다고 말한다.[113]

신의 원시적 본성과 영원한 대상은 서로 밀접하게 관련된다. 화이트헤드는 대개 그 관계를 이렇게 묘사한다. 신은 영원한 대상을 준비시켜 그것들이 현실적 계기 안에 침투하기에 적절하게(즉 현실적 계기가 그것들을 파악하기에 적절하게) 만든다.[114] 그러나 플라톤의 『티마이오스』에 나오는 데미우르고스와는 달리 신은 영원한 대상을 창조하지는 않는다. 화이트헤드는 영원한 대상과 신의 속성이 어떻게 다른지 분명하게 설명하지 않았다. 신의 본성과 영원한 대상은 상호 의존적인 관계를 맺고 있는 것처럼 보인다.[115]

신의 "결과적" 본성은 그의 물리적 축에 해당한다. 신은 그것을 사용해 자신의 정신적 축과 관련된 이상을 실현한다. 이 본성에는 우리의 세상과 같은 특정한 세상에 있는 현실적 계기들과 신의 상호작용으로 인해 발생하는 속성들이 포함된다. 신 자신이 과정을 거치면서 변화한다. 신은 세상의 변화에 반응하며 그것에 맞춰나간

---

113) Cobb and Griffin, *Process Theology*, 47.
114) 영원한 대상이 신의 도움 없이는 왜 부적절한지, 곧 영원한 대상 안에 신을 필요하게 만드는 부적절함이 과연 무엇인지 이해하기가 어렵다.
115) 다음 자료를 참조하라. Norman Geisler, "Process Theology", *Tensions in Contemporary Theology*, ed. Stanley N. Gundry and Alan F. Johnson (Grand Rapids: Baker, 1976), 244.

다. 신은 절대적으로 필연적인 존재이지만 그 구체적인 본성 때문에 세상에 의존한다. 세상이 없다면 신은 명확한 속성을 지니지 못한 추상일 뿐이다. 신은 세상과 더불어, 세상과 관계를 맺는다. 과정 신학자들은 사랑의 본성은 상대성, 의존성, 대응성을 요구한다고 말한다. 이처럼 신은 불변하거나 정체되어 있지 않다. 세상이 변하기 때문에 신도 변한다. 그는 세상을 즐거워한다. 사실, 그의 즐거움은 곧 피조물의 즐거움이다.

과정 신학이 가르치는 하나님은 세상을 초월함과 동시에 세상을 포괄한다. 이 입장은 때로 "만유내재신론(panentheism)"으로 불린다. "범신론(pantheism)"은 하나님이 곧 우주이고, 우주가 곧 하나님이라는 견해를 가리킨다. 그에 비해 "만유내재신론"은 우주가 하나님 안에 있다는 견해를 가리킨다. 우주는 신성하지만, 그것이 곧 신성한 것의 전부는 아니다. 아무튼 신과 세상은 서로 영향을 주고, 서로를 변화시킨다. 반틸이 설명한 대로, 그 둘은 서로를 의존하며, 서로 "연관되어 있다." 신은 세상에서 일어나는 모든 것을 통제하지 않는다. 많은 것들이 현실적 계기의 자유로운 의지에 의해 일어난다. 신은 그런 것들에 맞춰나가면서(즉 그것들을 파악하면서) 스스로를 고쳐 나간다.

콥과 그리핀은 하나님의 창조적 활동이[116] 세상에 대한 그의 반응에 근거한다고 말한다.[117] 따라서 그것은 "강제적이지" 않고 "설득적이다." 하나님은 개개의 현실

---

116) 과정 신학은 무에서의 창조를 인정하지 않는다. 하나님과 세상은 둘 다 영원히 존재한다. 왜냐하면 서로 "연관되어 있기" 때문이다. 신의 "창조적 활동"에 관한 과정 사상가들의 개념은 전통적인 섭리의 개념과 비슷하다. 신의 "창조성"은 이미 존재하는 다양한 재료들을 사용해 아름다운 것들을 만들어내는 인간 예술가의 창의성과 비슷하다. 창조성에 관한 다음의 각주를 참조하라.

117) Cobb and Griffin, *Process Theology*, 52-54. 과정 사상은 화이트헤드가 "창조성"으로 일컬을 우주의 속성을 다룬다. 이 속성은 새로움과 변화를 지향하는 우주의 노력으로 정의된다. 이것이 하나님의 창조성(과정 사상가들은 이를 우주 안에 있는 새로움과 변화의 또 다른 하나의 원천으로 정의한다)과 어떻게 다른지 불확실하다. 또한 이것이 세 가지 존재의 양식과 어떤 식으로 관련을 맺고 있는지도 불확실하다. 이것을 네 번째의 존재 양식으로 이해해야 할까? 화이트헤드는 이것을 플라톤의 『티마이오스』에 나오는 "용기(容器)"와 아리스토텔레스의 제1 질료에 빗대었다(2장 참조). 그러나 나는 이런 개념들이 분명치 않기 때문에 플라톤과 아리스토텔레스의 주된 문제점이라고 비판한 바 있다. 예를 들어 제1 질료는 형태가 없고, 엄격히 말해 아무것도 아닌 것이나 다름없다. 그러나 그것은 반드시 어떤 것으로 존재해야 한다. 왜냐하면 아리스토텔레스는 형상을 "지닌" 어떤 것을 필요로 했기 때문이다. 플라톤의 용기도 마찬가지다. 그와 비슷하게 화이트헤드는 창조성을 우주가 서로 다른 수많은 형태를 취하려고 하지만 그런 형상의 한계를 정할 수 있는 충분한 속성이 없는 우주의 성향으로 이해한 것처럼 보인다. 아마도 과정 사상이 말하는 창조성은 새로움과 변화를 향한 "개방성"을 의미하는 듯하다. 신은 새로운 현실적 계기를 만들어냄으로써 그런 개방성을 현실화시킨다. 그것은 마치 신이 신적인 예술 작품을 만들어낼 수 있는 일종의 "캔버스"와도 같다. 이런 설명은 창조성과 제1 질료와 용기를 서로 더욱 유사하게 만든다. 그러나 그것은 창조성을 화이트헤드가 의도했던 것보다 좀 더 수동적인

적 존재에 최초의 주관적인 목적, 즉 최선의 가능성을 실현하려는 충동을 부여한다.[118] 현실적 존재는 이 목적을 받아들일 수도 있고, 거부할 수도 있다. 자유로운 의지를 통해 그것을 거부하는 데서 악이 비롯한다. 우리는 하나님의 태도를 본받아야 한다. 다시 말해 강요는 마지막 수단으로 사용하도록 다른 사람들을 설득해야 한다. 물론 이것은 자연론적 오류에 해당한다. 하나님은 설득하는 방식으로 자신의 뜻을 이루신다. 우리도 그렇게 해야 한다. 과정 신학은 자연론적 오류가 가득하다. 그 이유는 윤리적 "규범"의 원천(또는 현실)이 불확실하기 때문이다. 콥과 그리핀은 하나님이 전통적인 신학이 말하는 것과는 달리 "우주적인 도덕주의자"가 아니라고 말하는 대목에서 이 문제를 가장 심도 있게 다루었다. 그들은 다른 사람들의 즐거움을 훼손해서는 안 되기 때문에 도덕성이 중요하다고 인정했다. 그러나 도덕성이 즐거움의 원천이 아니고, 즐거움이 도덕성의 원천이다. 이런 관점에서 생각하면 과정 신학의 윤리는 공리주의(명확한 윤리적 규범이 없다는 비판에 종종 직면하는 견해)의 성격을 띤다.[119]

콥과 그리핀에 따르면 과정 신학의 하나님은 현상 유지를 좋아하지 않으신다(그들은 전통적인 유신론은 하나님이 그것을 좋아하신다는 입장을 취한다고 생각했다). 과정 신학의 하나님은 "강렬한 경험의 즐거움을 위한 목적"을 이루기 위해 새로움과 모험을 좋아하신다.[120] 하나님은 최선의 삶을 살도록 우리를 설득하시지만, 자신의 의도가 성공할지 여부를 알지 못하신다. 그분은 때때로 실패하시고, 실패의 상처를 느끼신다.[121]

지금까지 논의한 과정 사상은 신학이라기보다는 철학에 더 가깝다(물론 이런 구분은 그렇게 명확하지는 않다). 화이트헤드 자신은 기독론, 구원론, 종말론과 같은 것에 관심

원리로 만드는 결과를 낳는다. 이 개념이 어떻게 그에 상응하는 헬라 개념들에 대한 나의 비판을 피할 수 있을지 매우 궁금하다.

[118] 여기에서 말하는 "최선"은 무엇일까? 콥과 그리핀은 그것을 복합성으로 간주하는 경향이 있다. 그러나 그들은 단순성보다 복합성을 더 선호하는 이유를 제시하지 않는다. 이것은 과정 사상을 설득력이 떨어지게 만드는 요인 가운데 하나다. 왜냐하면 윤리적 규범의 원천이 결여되어 있기 때문이다.

[119] Cobb and Griffin, *Process Theology*, 54-57. 나는 다음 자료에서 공리주의를 다루었다. 참조하라. *DCL*, 96-100.

[120] Cobb and Griffin, *Process Theology*, 59. 이것은 헬라의 키레네 학파가 주장한 조악한 쾌락주의와 거의 흡사하다.

[121] Ibid., 60-61. 하나님이 감정을 느끼시는지에 관한 문제를 좀 더 자세히 알고 싶으면 다음 자료를 참조하라. Frame, *DG*, 608-11. 아울러 그분이 손실의 고통을 느끼실 수 있는지에 대해서는 같은 책 611-16쪽을 참조하라.

이 많지 않았다. 그러나 그의 추종자들 가운데 일부는 화이트헤드의 형이상학을 온전한 형태의 신학으로 발전시킬 수 있는 방법을 찾았다. 그런 목적을 추구한 학자들 가운데는 "찰스 하트숀(1827-2000), 존 콥(1925-), 데이비드 레이 그리핀(1939-), 슈베르트 오그덴(1928-), 노먼 피텐거(1905-97), 다니엘 데이 윌리엄스(1910-73)"가 포함된다.

나는 콥과 그리핀의 『과정 신학』의 나머지 내용을 간단하게 요약함으로써 과정 신학의 한 형태를 간단하게 소개하고자 한다. 나는 이미 이 책을 종종 언급한 바 있다.

1. 콥과 그리핀은 여성해방주의자의 관심을 정당하게 평가하려고 노력했다.[122] 하나님은 강제적이 아니라 설득적이며, 그분은 어떤 점에서는 세상과 관련해 수동적인 태도를 취하신다는 주장은 하나님을 여성의 형상으로 묘사하는 것을 독려하는 것처럼 보인다. 그렇다면 이것은 여성해방주의자들이 종종 진부하게 여기는 여성의 특성(수동적이고, 인내력이 강하고, 변덕스러운 기질)에 근거한 개념이 아니겠는가?[123]
2. 콥과 그리핀은 과정 신학이 창조와 진화를 조화시킬 수 있다고 믿었다. 그들은 하나님이 피조 세계의 현재적 본성을 창조하지 않으셨다고 주장했다. 그들은 그것이 수십억 년에 걸쳐 일어난 작은 변화들에 의해 형성되었다고 생각했다. 왜냐하면 과정 신학의 하나님은 무엇을 하든지 강제적이 아닌 설득적인 방법을 사용하고, 현실적 계기를 독려하는 수많은 행위를 통해 더 나은 형태를 취하며, 더 많은 즐거움을 느끼도록 이끌기 때문이다.[124] 물론 앞서 언급한 대로 과정 사상은 무에서의 창조를 인정하지 않는다. 이처럼 과정 사상은 창조를 재정의함으로써 창조와 진화를 조화시키려고 노력한다.
3. 그들은 이전의 많은 신학 사상처럼 인간의 자유의지론적 자유에 호소함으로써

---

122) Cobb and Griffin, *Process Theology*, 61-62, 132-36.
123) 이와 동일한 문제로 인해 오늘날 여성해방주의의 영역에서 하나님에 관해 말하는 것 가운데 대부분이 그 타당성을 잃고 만다. 하나님과 성에 관해 좀 더 자세히 설명한 내용을 원한다면 다음 자료를 참조하라. Frame, *DG*, 378-86.
124) Cobb and Griffin, *Process Theology*, 63-68.

악의 문제를 다룬다(악이 어떻게 하나님의 선하심과 조화를 이룰 수 있을까?) 그들은 하나님이 부조화를 최소화하고, 복잡성을 증대시켜 다양한 종류의 선의 즐거움을 위한 능력을 강화하는 데 관심을 기울이신다고 말한다.[125] 나는 "만일 세상의 고난이 좀 더 복잡한 파악을 위한 것이라면 그런 고난을 감당할 가치가 있는지 의심스럽다."고 말하지 않을 수 없다.[126]

4. 그들은 1) 모든 존재의 상호의존성, 2) "즐거움"을 추구하려는 모든 자연의 노력을 강조함으로써 "생태학적인 태도"를 독려한다.[127]

5. 그들은 인간의 실존과 관련해 과정 사상과 실존주의의 여러 가지 유사점을 제시한다. 두 경우 모두 1) 실존이 본질에 앞서고, 2) 미래가 온전히 개방되어 있으며, 3) 우리의 존재는 세상과 동떨어져 있지 않고(우리는 "세상 안에 있는 존재"이다), 4) "본래적 실존"을 추구해야 한다고 주장한다. 아울러 과정 사상이 실존주의의 견해와 다른 점도 몇 가지 있다: ① 삶은 "죽음을 향한 존재"다. 콥과 그리핀은 인간의 죽음은 중요하지만 좀 더 근본적인 것은 "영원한 소멸"의 교리, 곧 개개의 현실적 계기의 손실이다. ② 실존주의자들은 인간이 세상을 "공유한다."고 생각했다. 그러나 화이트헤드는 개별성과 참여가 서로 연관되어 있다고 말했다. ③ 화이트헤드는 인간을 비롯해 모든 피조물을 "세상 안에 존재한다."고 생각했다. 신도 세상의 즐거움을 누린다. ④ 과정 사상가들과 실존주의자들 모두 "결정"을 중요하게 생각했지만 과정 사상가들은 도덕적인 완전함보다는 삶의 목적인 "즐거움"에 더 많은 관심을 기울였다. ⑤ 과정 사상가들은 실존주의자들과는 달리 과거로부터의 해방만이 아닌 과거의 요소들을 창의적으로 통합하는 것을 추구했다. ⑥ 과정 사상가들은 인간의 실존을 "히스토리"이자 "게쉬히테"로 생각했다. 인간 삶의 의미(게쉬히테)는 그 진화론적인 기원과 발전(히스토리)을 전제로 한다. ⑦ 과정 사상가들은 자기 도취의 한 형태일 수 있는 "본래적 실존"을 뛰어넘어 신약 성경의 가르침처럼 사랑을 실천하라고 요구한다. ⑧ 하나님의 창조적이고, 반응적인 사랑에 대해 개방적인 자세

---

125) Ibid., 69-75.
126) 악의 문제에 대한 나의 입장을 살펴보려면 다음 자료를 참조하라. *AJBC*, 155-88. *DG*, 160-82.
127) Cobb and Griffin, *Process Theology*, 76-79, 144-58.

를 취함으로써 더 많이 사랑할 수 있다. 하나님은 우리에게 죄가 있는데도 불구하고 용납되었다는 확신을 심어주신다.[128]

6. 콥과 그리핀에 의하면 그리스도께서는 피조물의 본래적인 목적으로서 그들 안에 현존하시는 하나님의 원시적인 본성이시다. 그분은 창조적인 가능성을 제공하신다. 만일 그렇지 않았더라면 부조화를 이루었을 요소들이 조화롭게 하나로 통일되어 즐거움을 증폭시킨다. 이것은 "창조적인 변화"로 불린다. 나사렛 예수라는 한 인간은 그런 식으로 우리에게 창조적 변화의 가능성을 열어준다. 자유주의 신학이 가르치는 대로 예수님은 기껏해야 형이상학적인 원리를 상징하는 인류의 스승으로 간주된다.[129]

7. 삼위일체의 교리에 대한 견해는 과정 신학자들 사이에서도 서로 다양하게 엇갈린다.[130] 이 교리는 과정 신학자들이 가르치는 신의 개념과 조화시키기가 매우 어렵다. 왜냐하면 그들이 말하는 개념은 3극이 아닌 2극의 성격을 띠기 때문이다. 그러나 콥과 그리핀은 성자는 하나님의 원시적 본성이고, 성령은 결과적 본성이라고 생각했다. 콥과 그리핀의 신학은 "성부" 하나님에 대한 일관된 개념을 결여하고 있다. 그들도 그 점을 인지하고, 약간의 당혹감을 내비쳤다.

삼위일체의 교리는 기독교 신앙의 핵심이자 왜곡의 원천이요, 신학을 이유 있는 비웃음거리로 만든 부자연스런 게임이다.[131]

콥과 그리핀은 계속해서 교회론과 종말론에 관해 많은 말을 하고 있지만 그들에 대한 논의는 이쯤에서 마무리하는 것이 좋을 듯하다. 과정 신학이 성경적인 개념을 이용해 철학적 형이상학을 상징화했고, 다양한 윤리적 주제를 제시한 자유주의 신학의 한 형태인 것은 분명해 보인다.

---

128) Ibid., 80-94. 그러나 콥과 그리핀에 따르면 죄는 우리의 진화론적인 발전의 불가피한 일부다. 그러나 그렇다면 우리가 어떻게 죄에 대해 책임을 질 수 있는지가 불분명해진다.
129) Ibid., 95-108.
130) Ibid., 108-10.
131) Ibid., 109.

열린 유신론

열린 유신론(open Theism)은 어떤 점에서는 과정 신학과 비슷하지만 생겨난 배경은 서로 다르다. 과정 신학은 일반 형이상학으로부터 발전했고, 최근의 열린 유신론은 대부분 복음주의 그리스도인을 자처하는 사람들로부터 시작되었다.[132] 그들의 논증은 철학적이라기보다는 신학적이다. 위키피디아는 이 신학 운동의 최근 역사를 다음과 같이 요약했다.

"열린 유신론"이라는 용어는 1980년에 신학자 리처드 라이스의 책 『하나님의 개방성: 하나님의 예지와 인간의 자유의지의 관계』를 통해 처음 소개되었다.[133] 그 후 1994년에 (라이스를 포함한) 복음주의 학자들이 『하나님의 개방성』이라는 제목의 논문 다섯 편을 발표하면서 열린 유신론이 좀 더 뚜렷한 개념을 형성하게 되었다.[134] 최근에 이 견해를 주장하는 저명한 신학자들로는 클라크 핀녹(2010 현재 사망), 존 샌더스, 위르겐 몰트만, 리처드 라이스, 그레고리 보이드, 토머스 제이 오드, 피터 와그너, 존 폴킹혼, 캐런 윈슬로, 헨드리커스 벌코프, 앨런 로다, 아드리오 쾨니히, 해리 보어, 토머스 핑거(메노파), 노리스 클라크(로마 가톨릭), 브라이언 헤블스웨이트, 로버트 엘리스, 케니스 아처(오순절파), 베리 캘런(하나님의 교회), 헨리 나이트 3세, 고든 올슨, 윈키 프래트니가 있다. 종교 철학자 가운데도 열린 유신론을 인정하는 사람들이 상당수에 이른다. 예를 들면 윌리엄 해스커, 데이비드 배싱거, 니콜라스 월터스토프, 딘 짐머맨, 티모시 오코너, 리처드 스윈번, 페터 판 인바겐, 제임스 리슬러, 로빈 콜린스(철학자, 신학자, 물리학자), 루커스, 빈센트 브뤼머, 피터 기치, 리처드 퍼틸, 프라이어, 데일 터기, 키스 워드 등이다. 이 밖에도 테런스 프레타임, 존 골딘게이와 같은 성경학자들도 이 사상을 지지한다. 아울

---

[132] 열린 유신론은 특정한 역사적 입장에 근거한다. 하나님이 미래를 온전히 알지 못하신다는 열린 유신론자들의 견해는 16세기의 파우스투스와 렐리오 소시누스를 비롯해 18세기의 여러 신학자들(새뮤얼 팬코트, 아서 램지 등)과 19세기의 신학자들(아이작 오거스트 도너, 구스타프 페크너, 오토 플라이데러, 줄리스 레퀴어, 애덤 클라크 등)에게서 그 기원을 찾을 수 있다.

[133] 이 책은 본래 제칠일안식일예수재림교 출판사인 "리뷰 앤드 헤럴드"사에서 출판되었지만 논쟁이 불거지자 모두 수거되었다. 그 뒤에 이 책은 다음의 제목으로 다시 출판되었다. *God's Foreknowledge and Man's Free Will* (Grand Rapids: Baker/Bethany House, 1994).

[134] *The Openness of God* (Downers Grove, IL: InterVarsity Press, 1994).

러 메델레인 앵글과 폴 보그먼과 같은 작가들과 수학자 바돌로매와 생화학자 아서 피콕도 이 범주에 포함된다.135)

이 사상가들의 다수는 아르미니우스주의 전통에서 비롯했다. 그들의 열린 유신론은 아르미니우스 신학이 지니고 있는 한 가지 문제에 대한 반응이다. 전통적인 아르미니우스주의는 1) 인간은 자유의지론적 자유를 지니고 있기 때문에 하나님은 모든 것을 통제하지 않으시다, 2) 그렇지만 하나님은 일어나는 모든 일을 미리 알고 계신다고 가르친다. 아르미니우스주의자들은 2)가 구원의 교리에서 중요한 비중을 차지한다고 생각한다. 그들은 칼빈주의자들과는 달리 하나님이 오직 자신의 능력만으로 사람들을 구원으로 선택하신다고 주장하기를 원하지 않는다. 오히려 그들은 하나님은 각 사람이 은혜의 제시에 자유롭게 반응할 것을 "미리 아시고", 거기에 맞춰 축복을 준비하신다고 주장하기를 원한다.

그러나 하나님이 일어나는 모든 일을 미리 알고 계신다면 모든 사건은 확실히 일어날 수밖에 없다. 예를 들어 하나님이 내가 이 책을 2015년에 출판하리라는 것을 1931년에 이미 알고 계셨다면 그 일은 반드시 일어날 것이 틀림없다. 결국 나는 이 책을 저술해 출판하는 일을 회피할 자유가 없는 셈이다. 하나님이 모든 것을 미리 알고 계신다면 일어나는 모든 것은 반드시 일어나야 하기 때문에 자유의지론적인 자유의지가 존재할 여지가 없다.136) 이 딜레마를 해결할 방법은 두 가지다. 하나는 (칼빈주의자들처럼) 자유의지론적 자유를 부인하는 것이고, 다른 하나는 하나님이 모든 것을 하나도 남김없이 다 알고 계신다는 것을 부인하는 것이다. 열린 유신론은 두 번째 대안을 채택했다.

이런 선택은 전통적인 복음주의 신학과는 매우 다른 신학적 체계를 확립했다. 리

---

135) Wikipedia, s.v. "Open Theism", http://en.wikipedia.org/Open_theism. 나는 내가 쓴 책(*NOG* I)에서 스티븐 데이비스를 열린 유신론의 옹호자에 포함시킨 것을 후회한다. 사실, 그는 이 신학 운동을 비판했다. 나는 데이비스 교수에게 나의 잘못을 정중히 사과했다. 나의 어리석음과 경솔함 때문에 형제의 명예를 훼손한 것을 진정으로 참회한다.

136) 하나님이 모든 일이 일어나게 만드신다는 개념을 거부하더라도 이 사실은 바뀌지 않는다. 하나님의 행위에 의해서든 다른 결정 요인에 의해서든 "모든 사건은 반드시 일어나기 마련이다." 방금 예를 든 대로, 만일 하나님이 내가 이 책을 쓰지 못하게 하셨더라도 누군가나 다른 무엇이 이 책을 썼을 것이 틀림없다. 하나님이 내가 이 책을 쓸 것을 미리 아시는 것은 바로 그런 인과성을 근거로 한다. 따라서 하나님이 모든 일을 하나도 남김없이 미리 다 알고 계신다는 것은 그것이 신적인 인과성에 의한 결과이든 아니든 상관없이 명백한 결정론에 해당한다.

처드 라이스는 다음과 같은 명제들을 통해 하나님에 관한 열린 유신론의 견해를 요약했다.[137] 나는 여기에서 라이스의 표현을 대부분 그대로 살리면서 그 내용을 좀 더 간결하게 정리했다.

1. 사랑은 하나님의 가장 중요한 속성이다.
2. 사랑은 염려와 헌신일 뿐 아니라 섬세하고, 반응적인 특성을 띤다.
3. 피조물은 하나님께 영향을 미친다.
4. 하나님의 뜻이 모든 것의 궁극적인 설명은 아니다. 역사는 하나님과 피조물의 결정이 결합되어 나타난 결과다.
5. 하나님은 시간을 초월해 모든 것을 다 알고 계시지 않는다. 그분은 사건들이 일어날 때 그것들을 통해 새로운 사실을 배우신다.
6. 따라서 하나님은 여러 면에서 세상에 의존하신다.

물론 라이스는 열린 유신론자들이 가장 설득력 있고 중요하게 생각하는 명제를 자신의 목록에 포함시키지 않았다.

7. 인간은 자유의지론적인 자유를 누린다.

나는 이 책의 다른 곳에서 "자유의지론적 자유"를 정의한 바 있다. 그러나 현재의 논의를 위해 열린 유신론자인 윌리엄 해스커의 정의를 잠시 인용하는 것이 도움이 될 듯하다.

> 만일 행위자가 그 당시에 어떤 행위를 할 수 있는 능력은 물론, 그 행위를 삼갈 수 있는 능력을 동시에 지니고 있을 경우에는 특정한 때에, 특정한 행동에 대해 온전히 자유롭다고 말할 수 있다.[138]

---

137) Richard Rice, "Biblical Support", *The Openness of God*, 15-16.
138) Hasker, "A Philosophical Perspective", ibid., 136-37.

이 견해에 따르면, 우리의 자유로운 선택은 인과성이나 결정 요인으로부터 절대적으로 자유롭다. 우리의 선택은 하나님이나 상황이나 심지어는 우리 자신의 기질이나 욕구에 의해서조차 미리 결정되지 않는다. 열린 유신론은 자유에 대한 이런 견해를 주장하고, 옹호할 뿐 아니라 그것을 다른 모든 신학적 진술을 평가하는 "잣대"로 삼는다. 신학자가 잘못된 견해를 주장하는 것은 옳지 않지만 그것을 근본 원리, 곧 자신의 신학 체계를 지배하는 전제로 삼는 것은 더더욱 옳지 않다.

자유의지론적 자유는 자유에 관한 교부들의 견해 가운데 큰 비중을 차지했다(2장). 그것은 에피쿠로스와 같은 헬라 철학자들의 사상을 따르는 것이다(2장). 중세 사상가들은 자유에 대한 견해와 관련해 일관성이 없거나 모호한 태도를 취했다(4장). 그러나 루터와 칼빈은 자유의지론을 거부했고, 그 점은 칼빈의 계승자들도 마찬가지였다.[139] 그러나 소시니우스주의자들과 아르미니우스주의자들은 자유의지론적 자유의지를 받아들였다.

지금까지 열린 유신론자들의 주장과 논증을 대략적으로 살펴보았다. 나는 나의 책 『다른 하나님은 없다 : 열린 유신론에 대한 대답(NOG)』에서 논쟁 중인 신학적 주제들을 다양한 각도에서 다루었다. 열린 유신론자들이 제시하는 일곱 가지 기본 주장에 대한 나의 대답은 이렇다.

1. **사랑은 하나님의 가장 중요한 속성이다.** "하나님은 사랑이시다"(요일 4:8, 16). 그러나 성경은 또한 "하나님은 빛이시다"(요일 1:5), "하나님은 영이시다"(요 4:24)라고 가르친다. 더욱이 사랑의 속성은 질투(출 34:14), 거룩함(사 6:3), 주재권(출 3:14; 신 6:4; 롬 10:9)과 같은 하나님의 속성과 거의 동일시된다.[140] 이런 속성들과 그 밖의 속성들은 서로 밀접하게 관련되어 있다. 따라서 한 가지 속성을 다른 속성보다 "더 중요하다."고 말하는 것은 위험하다.
2. **사랑은 염려와 헌신일 뿐 아니라 섬세하고, 반응적인 특성을 띤다.** 물론 성경의 하나님은 섬세하시다. 피조물의 감정을 정확하게 알고 계시는 것은 그분의 전지한 속성의 일부다. 기도에 대한 성경의 교리에 따르면 그분은 우리의 부르

---

[139] 루터의 계승자들은 타락한 인간이 복음의 능력을 "거부할 수 있다."는 견해를 채택했다.
[140] 성경에서 하나님을 "주님"으로 일컬은 횟수는 무려 7,000번이 넘는다.

짖음에 반응하신다.141) 따라서 성경이 가르치는 하나님의 사랑이 섬세하고, 반응적이라는 열린 유신론자들의 생각은 옳다. 그러나 하나님의 사랑에 대해 논란의 소지가 있는 견해를 지니고 있는 것처럼 보이는 열린 유신론자들이 많다. 즉 그들은 하나님의 사랑이 상처받기 쉬운 특성을 지닌다고 생각한다.142) 다른 사람을 사랑하려면 상처를 받을 수밖에 없다는 것이 일반적인 통념이다. 그러나 과연 그것이 사실일까? 오히려 나는 사랑하는 자에게서 우리를 굳세게 해 줄 사랑, 곧 그 무엇도 우리를 갈라놓을 수 없는 사랑을 발견한다고 생각한다. 성경이 가르치는 하나님의 사랑은 바로 이런 사랑이다(요 10:28, 29; 롬 8:35).

3. **피조물은 하나님께 영향을 미친다.** 2에서 밝힌 대로 하나님의 사랑은 그분이 피조물의 기도에 반응하신다는 점에서 반응적이다. 그러나 그런 반응은 미리 작정된 하나님의 뜻에 따라 이루어진다. 피조물은 미리 작정된 하나님의 뜻을 좌지우지할 수 없다. 피조물은 하나님의 본질을 결정하거나 그분의 영원한 계획을 바꾸게 만들 수 없다. 하나님은 자존자이시다(출 3:14). 피조물이 하는 것은 모두 하나님에 의해 통제된다(애 3:37, 38; 롬 8:28, 11:33-36; 엡 1:11).

4. **하나님의 뜻이 모든 것의 궁극적인 설명은 아니다.** 역사는 하나님과 피조물의 결정이 결합되어 나타난 결과다. 3에서 인용한 성경 구절들은 하나님을 모든 것의 궁극적인 설명으로 제시한다.143)

5. **하나님은 시간을 초월해 모든 것을 다 알고 계시지 않는다. 그분은 사건들이 일어날 때 그것들을 통해 새로운 사실을 배우신다.** 하나님의 "영원성"은 어려운 주제다. 그러나 성경은 하나님과 시간의 관계와 우리와 시간의 관계는 큰 차이가 있다고 분명하게 가르친다. 하나님은 시작도 없고, 끝도 없으시다. 그분은 변하지 않으신다(말 3:6). 하나님께는 시간이 너무 빠르지도 않고, 너무 느리지도 않다(벧후 3:8). 그분은 사건들이 일어나는 때를 온전히 주권적으로 통제

---

141) 우리가 기도하기 전에 하나님이 기도의 결과를 미리 통제하신다면 그분이 우리의 기도에 반응하시는 것이 어떻게 가능할까? 그것이 가능한 이유는 하나님이 영원 전에 세상에서 일어나는 많은 사건들이 기도로 인해 일어나도록 작정하셨기 때문이다.

142) Clark Pinnock, "Systematic Theology", *The Openness of God*, 103.

143) 나는 다음의 자료에서 이와 관련된 다른 성경 구절을 많이 인용했다. 참조하라. Frame, *DG*, *NOG*. 그런 성경 구절들은 하나님이 자연 세계와 인간의 역사와 개인의 삶과 개인의 결정과 죄와 믿음과 구원을 주권적으로 다스리신다고 증언한다.

하신다. 이런 사실들은 인간의 경험과는 전혀 다르다. 이런 점에서 하나님이 "시간 위에 계신다."는 비유적 표현은 매우 타당하다. 그러나 열린 유신론자들은 하나님이 때로 미래를 알지 못하기 때문에 사건들이 실제로 일어났을 때 새로운 사실을 배워야 할 필요가 있으시다고 주장한다. 예를 들어 아브라함이 하나님의 명령에 복종해 아들 이삭을 기꺼이 희생 제물로 바치려고 했을 때 그분은 "내가 이제야 네가 하나님을 경외하는 줄을 아노라"라고 말씀하셨다(창 22:12). 그러나 만일 하나님이 아무것도 모르고 계셨다면 그분은 미래만이 아니라 현재, 곧 아브라함의 마음의 상태도 모르셔야 마땅하다. 열린 유신론자들은 대개 하나님이 현재의 일은 모두 알고 계신다고 말한다. 사실, 위의 성경 구절과 그와 비슷한 성경 구절들은 모두 하나님이 인간들을 시험하시는 것을 묘사하는 의미로 이해하는 것이 더 낫다. 시험과 평가 사이에는 어느 정도의 시간적 간극이 존재하기 마련이다. 평가는 "내가 이제야"라는 말 속에 담겨 있다. 이처럼 이 문구는 하나님이 나중의 평가를 미리 알고 계시지 못했다는 의미와는 거리가 멀다.

6. **따라서 하나님은 여러 면에서 세상에 의존하신다.** 그러나 성경은 하나님이 자신이 창조하신 피조물들의 도움은 물론, 그 어떤 것도 필요로 하지 않으신다고 가르친다(행 17:25). 그분은 만물을 지으셨고(창 1:1), 일어나는 모든 일을 결정하신다(엡 1:11).

7. **인간은 자유의지론적인 자유를 누린다.** 3에서 인용한 성경 구절들을 비롯해 다른 많은 성경 구절들이 하나님이 일어나는 모든 일의 궁극적인 원인이시라고 가르친다. 우리의 자유로운 결정의 원인도 하나님이시다. 이런 사실은 그런 결정이 자유의지론적인 의미에서 자유로울 수 있는 가능성을 남기지 않는다. 우리는 "양립 가능론"의 의미, 곧 우리가 원하는 것을 할 수 있다는 의미에서 자유롭게 결정한다. 그러나 그것이 우리의 행동이 아무런 원인이 없다는 의미를 내포하는 것은 결코 아니다. 요셉의 형제들(창 45:5-8), 고레스(사 44:28), 가룟 유다(눅 22:22; 행 2:23, 24, 3:18, 4:27, 28, 13:27)와 같은 사람들의 자유로운 결정이 모두 하나님의 뜻에서 비롯했다.

자유주의 이후의 신학

앞 장에서 급진적이고, 세속적인 형태의 신학을 거부한 "하트포드 선언"을 인용한 바 있다. 그렇다면 미국의 신학계에서는 그런 신학 운동을 무엇이 대체했을까? "하트포드 선언"의 서명자 가운데 한 사람인 "조지 린드벡(1923-)"은 1984년에 『교리의 본질: 자유주의 이후 시대의 종교와 신학』이라는 책을 펴냈다.[144] 그는 그 책에서 우리에게 필요한 것은 새로운 교리가 아니라 교리가 무엇인지를 새롭게 이해하는 것이라고 말했다. 그는 때때로 "철학적 신학(신학의 방법과 구조와 목적을 연구하는 학문)"으로 불리는 것을 제안했다. 그는 과거에는 교리를 (정통주의에서처럼) 명제적 진리나 (자유주의, 특히 슐라이에르마허처럼) 종교적 경험을 명시한 것으로 이해했다고 말했다. 그러나 이제는 제3의 대안을 찾아야 한다. 그것은 곧 교리를 일종의 언어로 이해하는 것이다. 언어는 우리의 일상생활 속에서 다양한 일을 하기 위해 사용하는 상징체계를 가리킨다.[145]

린드벡은 교리가 종교 공동체에 대화의 방식, 곧 다른 모든 언어와 마찬가지로 많은 일을 할 수 있고, 말할 수 있는 일련의 "규칙들"을 제공한다고 말했다.

그는 "하트포드 선언"에 서명한 대로 그런 식의 입장을 표명함으로써 명제적 계시와 (자유주의 전통 이후의) 신학을 비롯해 특정한 신학적 공식을 "규칙에서 벗어난" 것으로 간주해 배격했다. 그는 신조는 단지 되풀이되는 것이 아니라 (문법적인 원리를 공부할 때처럼) 다른 것들을 말하기 위한 도구로 사용되어야 한다고 생각했다. 예를 들어 우리가 라틴어 동사의 어형 변화를 배우는 목적은 그것을 끊임없이 반복하기 위해서가 아니라 그것을 활용해 다른 동사들의 어형 변화를 습득하기 위해서다.

린드벡은 어떤 교리들은 다른 교리들보다 우월할 뿐 아니라 심지어는 무오하다는 것을 보여주려고 노력했다. 나는 그의 시도가 성공하지 못했다고 생각한다. 그

---

[144] George Lindbeck, *The Nature of Doctrine: Religion and Theology in a Postliberal Age* (Philadelphia: Westminster Press, 1984). 린드벡은 1964년에서 1968년까지 예일대학교에서 나를 가르쳤던 스승 가운데 한 사람이었다. 나는 다음 자료에서 그의 책을 논평했다. Frame, *DKG*, 380-81.

[145] 이것은 루트비히 비트겐슈타인의 후기 저서에서 발견되는 견해에 해당한다(12장 참조). 자유주의 이후의 신학은 언어와 의미에 대한 비트겐슈타인의 견해에 크게 의존한다. 린드벡은 자신의 책에서 또한 (클리포드 기어츠와 같은) 문화 인류학자, (노엄 촘스키와 같은) 언어학자, (토머스 쿤과 같은) 과학 철학자들의 견해를 적용했다.

는 우리에게 "규칙들"을 제시했을 뿐, 어떤 규칙을 사용해야 하는지를 판단할 수 있는 수단을 제공하지 않았다.[146]

그러나 (린드벡의 경우와는 다르게) 일단 성경에 관한 정통주의의 견해를 받아들이면, 우리는 그의 이론을 통해 많은 것을 배울 수 있다. 교리는 크게 세 가지, 명제적 진리 주장, 중생과 성화라는 내적 경험의 표현, 하나님의 백성에게 적합한 말과 행위를 위한 규칙으로 나뉜다.

내가 1장에서 제시한 삼중적 이해의 관점에서 보면 이 세 가지를 규범적, 실존적, 상황적으로 각각 일컬을 수 있다. 이 세 가지를 성경의 가르침에 근거해 결정한다면 그것들 가운데 어느 하나가 다른 것들보다 앞선다고 생각할 필요는 전혀 없다. 또한 린드벡의 이론에는 하나님의 규칙을 제각기 다른 모든 상황에 적용하는 것이 신학의 과제라는 의미가 담겨 있다. 아래의 도표를 참조하라.

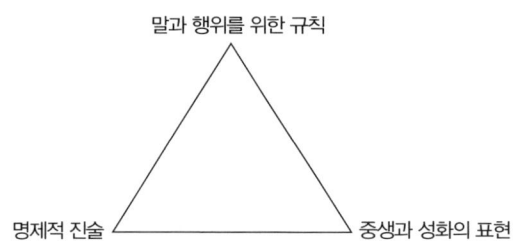

도표 11. 3. 신학적 언어에 관한 린드벡의 관점

그러나 린드벡은 자신의 생각대로 성경을 언어의 규칙으로 받아들이면 성경을 다루는 다른 두 가지 역사적 방법은 배제될 수밖에 없다고 생각했다. 그와는 달리 나는 오히려 그것들이 포함될 수밖에 없다고 생각한다. 세 가지 방법은 각각 나머지 두 가지 방법을 규정한다.

자유주의 이후의 신학 운동은 신학적 규칙의 본질을 특히 성경 해석과 연관시켜 좀 더 자세하게 다룬 다른 사상가들에게 영향을 미쳤다. 이 과정에서 "한스 프라이

---

[146] 그의 철학적 신학은 "철학적 신학을 위한 철학적 신학"을 필요로 하는 듯하다.

(1922-88)"가 저술한 책이 중요한 이정표를 세웠다.147) 프라이는 계몽주의 시대의 신학자들은 성경에 잘 맞지 않는 모델(영원한 진리의 교본, 또는 비평적 역사가들을 위한 자료)을 적용해 거기에 성경을 맞추려고 시도함으로써 성경을 왜곡했다고 주장했다. 프라이는 성경은 이야기, 곧 창조부터 완성에 이르는 극적인 사건들에 관한 이야기를 전한다고 말했다.148)

프라이도 린드벡처럼 신학적 주장이 아닌 신학을 하기 위한 "규칙들"을(즉 신학보다는 철학적 신학을) 제시했다. 그의 책은 때로 "이야기 신학"으로 불리는 신학 운동을 일으켰다(데이비드 켈시, 스탠리 하우어워스, 마이클 노박, 샘 킨, 하비 콕스,149) 마이클 콜드버그, 조지 스트룹). 이 신학 운동의 참여자들 가운데 많은 사람이 이야기가 참인지 아닌지, 또 어떤 방식으로 참인지에 관한 다양한 견해들을 제시하며 "이야기를 말하는 것"을 옹호했다. 린드벡, 프라이, 차일즈, 데이비드 켈시는 예일대학교에서 가르쳤고, 하우어워스는 그곳에서 공부했기 때문에 때로 이 운동은 "예일 신학"으로 불리기도 한다.

구약 학자 "브레버드 차일즈(1923-2007)"도 중요한 책 두 권을 저술해 이 운동에 기여했다.150) 차일즈도 프라이처럼 자율적인 역사 탐구에 의한 역사적, 비평적 방법은 교회 안에서 성경의 의미를 축소시켰다고 생각했다. 교회가 성경을 역사적 정보를 위한 훌륭한 자료가 아닌 정경으로 받아들였다. 그 이유는 교회가 성경의 "이야기"를 믿었고, 그것을 하나님의 말씀으로 간주했기 때문이다. 따라서 성경 비평은 성경의 신학적인 역할에 적절하지 못하다.

교회는 성경 저자들이 기록한 내용의 배후에 있는 참된 역사, 곧 자료 비평학자들과 양식 비평학자들이 심혈을 기울여 찾으려 애쓰는 사실들에 관심을 두지 않

---

147) Hans W. Frei, *The Eclipse of Biblical Narrative: A Study in Eighteen and Nineteenth Century Hermeneutics* (New Haven, CT: Yale University Press, 1974).
148) 여기에서 프라이의 관심은 "구속사"에 초점을 맞춘 신학자들(10장 참조)과 보수적인 구속사 운동의 관심과 공통점이 많다.
149) 10장에서 세속화 신학을 주창한 사람과 동일 인물이다.
150) Brevard childs, *Biblical Theology in Crisis* (Philadelphia: Westminster Press, 1970). *Introduction to the Old Testament as Scripture* (Philadelphia: Fortress, 1979). 그가 저술한 다음의 책도 아울러 참조하라. *Biblical Theology of the Old and New Testaments: Theological Reflection on the Christian Bible* (Philadelphia: Fortress, 1993).

는다. 교회는 정경 이전의 형태로 존재하던 성경(즉 모세 오경의 원(原)자료, 또는 "큐" 문서라는 예수님의 어록 등)이 아닌 오늘날 우가 소유하고 있는 정경 문서에 의해 움직인다. 따라서 설교나 가르침을 통해 성경의 이야기를 전할 때는 그런 정경 문서에 초점을 맞춰야 한다.

차일즈의 접근 방식은 자료 비평, 양식 비평, 편집 비평과 나란히 "정경 비평"으로 알려지게 되었다. 그러나 그의 방식은 이야기 신학의 관심 속으로 쉽게 통합된다. 그것은 린드벡의 철학적 신학의 "규칙들" 가운데 자연스레 포함된다. 간단히 말해 성경 연구가들은 정경 본문을 역사적으로 재건하는 것보다는 정경적 형태의 성경(즉 이야기)을 더 중시해야 한다.

자유주의 이후의 신학은 내가 "보수적 흐름"으로 일컬은 것을 보여주는 좋은 사례다. 자유주의 이후의 신학자들은 설교로 전할 수 있는 신학(전통적인 정통주의의 복음과 매우 흡사해 보이는 신학)을 발전시키는 데 열정적인 노력을 쏟아 부었다. 예를 들어 자유주의 이후의 설교자는 "실제로 일어난 사건인지"를 묻지 않고 이스라엘이 홍해를 건넌 사건을 자연스럽게 언급하며 그 이야기를 이용해 오늘날 우리의 삶 속에 나타나는 하나님의 언약적 충실하심에 관심을 기울이게 만들 수 있다. 그렇게 한다고 해서 무슨 잘못이 있을 수 있겠는가?

그러나 사실 바울이 그리스도의 부활에 관해 말한 대로 성경의 이야기가 "실제로 일어났는지" 여부는 매우 중요하다(고전 15:12-19). 물론 예수님의 비유에서 실제 역사를 찾으려는 것은 적절하지 않지만 주의 깊게 성경을 주석하면 성경 구절이 실제 사건을 묘사하려는 의도가 있다는 것이 분명하게 드러난다. 따라서 성경의 권위는 우리에게 실제로 일어난 사건을 묘사하고 있다는 사실을 믿으라고 요구한다.

바르트와 다른 자유주의 신학자들처럼 자유주의 이후의 신학자들도 성경의 이야기를 실제 역사와 다른 것으로 받아들이면서 성경에 대한 자율적인 역사적 비평에 온전한 자유를 부여하려고 애쓴다. 전자는 비합리주의에, 후자는 합리주의에 각각 해당한다.

안타깝게도 결국 자유주의 이후의 신학은 실질적인 차원에서 자유주의를 넘어서지 못했다. 다음의 도표를 참조하라.

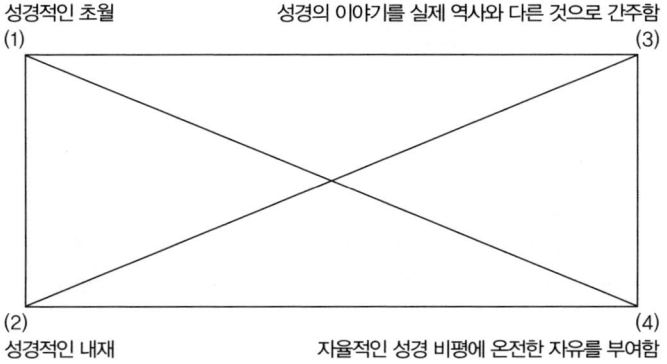

도표 11. 4. 자유주의 이후 신학의 합리주의와 비합리주의

핵심 용어

에른스트 블로흐(Ernst Bloch)
현현(Epiphany, 몰트만)
비움의 기독론(Kenotic Christology, 몰트만)
콘스탄티누스적인 모델(Constantinian model)
자포자기(Desperation)
프락시스(Praxis)
분석적 도구(Analytical tool)
이웃에게로의 전향(Conversion to the neighbor)
하나님의 무한한 구원적 의지(God's infinite salvific will)
열심당(Zealots)
구원의 보편적인 성례(Universal sacrament of salvation)
기독교의 취약점(Vulnerability of Christianity, 판넨베르크)
간접적인 계시(Indirect revelation, 판넨베르크)
일시성(Provisionality)
원자적 과정(Atomic processes)
잘못된 구체성의 오류(Fallacy of misplaced concreteness)
실체화의 오류(Fallacy of reification)
단순 정위의 오류(Fallacy of simple location)
현실적 계기(Actual occasion)
파악(Prehension)
정신적인 축(Mental pole)
화육(Incarnation, 화이트헤드)
과도기(Transition)
최초의 목적(Initial aim)
주관적인 즉각성(subjective immediacy)
의식(Consciousness, 화이트헤드)
참된 개별자(True individuals)
신(God, 화이트헤드)
결과적 본성(Consequent nature)
상호관계적인(Correlative)
강제적인(Coercive)
창조성(Creativity, 화이트헤드)
열린 유신론(Open theism)

열린 미래(Open future)
묵시(Apocalypse, 몰트만)
죄(sin, 몰트만)
주제넘음(presumption)
흑인 신학(Black theology)
대립적인(Conflictual)
신학(Theology, 구티에레스)

신생(Revivification)
조기적(Proleptic)

분할의 오류(Fallacy of division)
물리적인 축(physical pole)
본질적으로 연관된(Essentially related)
객관적인 불멸(Objectively immortal)
합생(Concrescence)
창조적 목적(Creative aim)
즐거움(Enjoyment)
사회(societies, 화이트헤드)
영원한 대상(Eternal objects)
원시적 본성(Primordial nature)
만유내재신론(Panentheism)
설득력 있는(Persuasive)
우주적 도덕주의자(Cosmic moralist)
창조적 변화(Creative transformation)
자유주의 이후의 신학(Postliberalism)

철학적 신학(Metatheology) 규칙들(Rules, 린드벡)
이야기 신학(Narrative theology) 정경 비판(Canon criticism)

학습을 위한 질문

1. 저자는 이번 장에서 논의한 사상가들이 칸트의 영향은 덜 받고, 헤겔과 마르크스의 영향은 더 받았다고 말했다. 이 말을 염두에 두고 몰트만, 구티에레스, 판넨베르크, 화이트헤드에 관해 논하라.
2. 몰트만이 블로흐에게 동의한 것과 동의하지 않은 것은 무엇인가? 설명하라.
3. 슈바이처, 바르트, 불트만, 세속화 신학에 대한 몰트만의 비판을 평가하라.
4. 몰트만의 희망의 신학에 대한 저자의 비판을 평가하고, 본인의 견해를 제시하라.
5. 이번 장의 사상가들은 명제적 계시를 어떻게 거부했는가? 몰트만, 구티에레스, 판넨베르크, 화이트헤드, 자유주의 이후의 신학자들의 입장을 설명하라.
6. 몰트만은 합리주의자인가 불합리주의자인가? 아니면 둘 다이거나 둘 다가 아닌가? 논의하라.
7. 해방 신학자들은 무엇을 성경을 옳게 이해하기 위한 조건으로 생각했는가?
8. "구티에레스는 모든 신학은 압제와 해방을 축으로 삼아 스스로의 위치를 확인해야 할 필요가 있다고 주장했다." 이 말의 의미를 설명하고, 평가하라.
9. "신학을 한다는 것은 곧 프락시스 안에서 프락시스를 비평적으로 반성하는 것을 의미한다." 이 말의 의미를 설명하고, 평가하라. 아스만은 이 원리를 어떻게 확장시켰는가? 그 점도 아울러 평가하라.
10. 구티에레스는 마르크스주의자인가? 논의하라.
11. 구티에레스는 몰트만의 "미래 지향적인" 신학을 어떻게 의문시했는가? 평가하라.
12. 예수님과 열심당의 관계를 설명하고, 논의하라.
13. 이성과 신학에서 그것이 차지하는 역할에 대한 판넨베르크의 견해를 설명하고, 평가하라. 그는 그 점에서 바르트와 어떻게 다른가? 그는 인간 이성의 결함이나 한계를 인식했는가?
14. 역사적 탐구에서 전제들이 차지하는 역할에 대한 판넨베르크의 견해를 설명하고, 평가

하라.

15. 하나님의 존재에 대한 판넨베르크의 논증을 설명하고, 평가하라.
16. 판넨베르크는 예수님의 가르침이 철저히 종말론적이었다는 슈바이처와 바이스의 견해를 어떻게 평가했는가?
17. 동정녀 탄생과 대리 속죄에 대한 판넨베르크의 견해를 설명하고, 평가하라.
18. 예수님의 부활에 대한 판넨베르크의 견해를 설명하고, 평가하라. 그에 대한 저자의 입장을 아울러 평가하라.
19. 판넨베르크와 실존주의 신학자들을 비교하라. 저자의 평가에 동의하는가? 동의 여부를 밝히고, 그 이유를 각각 설명하라.
20. 현실적 계기가 탄생과 활동과 죽음을 거친다는 화이트헤드의 견해를 설명하라. 저자는 "내가 보기에 현실적 계기를 인생의 과정에 빗댄 화이트헤드의 비유는 사실상 전자를 후자에서 읽어내기라도 한 것처럼 서로 너무나도 유사하다."라고 말했다. 이 말의 의미를 설명하고, 평가하라.
21. 화이트헤드는 결정론과 자유를 어떻게 조화시켰는가?
22. 화이트헤드는 범물리론자인가? 논의하라.
23. 화이트헤드가 인간은 "참된 개별자"가 아니라고 말한 이유는 무엇인가? 논의하라.
24. 하나님에 관한 화이트헤드의 개념을 설명하라.
25. 인간의 실존에 관한 콥과 그리핀의 교리를 실존주의와 비교하라.
26. 콥과 그리핀의 기독론을 설명하고, 평가하라.
27. 삼위일체 교리에 관한 콥과 그리핀의 견해를 설명하고, 평가하라.
28. 열린 유신론은 전통적인 아르미니우스주의와 어떻게 다른가? 열린 유신론이 그런 입장을 취하게 된 이유는 무엇인가?
29. 열린 유신론의 독특한 입장을 요약하고, 평가하라.
30. 조지 린드벡의 입장을 설명하고, 평가하라.
31. 한스 프라이와 브레버드 차일즈의 입장을 설명하고, 평가하라.

참고 문헌 : 20세기 자유주의 신학 2

출판물

Boff, Neonardo, *Introducing Liberation Theology* (Maryknoll, NY: Orbis Books, 1987).

Bonino, José Miguez, *Doing Theology in a Revolutionary Situation* (Minneapolis: Fortress, 1975). 해방 신학에 참여한 소수의 개신교 신자 가운데 한 사람. 그의 인식론적인 성찰이 특히 흥미롭다.

Boyd, Gregory, *God of the Possible: A Biblical Introduction to the Open View of God* (Grand Rapids: Baker, 2000).

Childs, Brevard S., *Biblical Theology in Crisis* (Philadelphia: Westminster Press, 1970).

_____, *Biblical Theology of the Old and New Testaments: Theological Reflection on the Christian Bible* (Minneapolis: Fortress, 2012).

Cobb, John B., Jr. and David Ray Griffin, *Process Theology: An Introductory Exposition* (Louisville, KY: Westminster John Knox Press, 1996).

Cone, James H., *A Black Theology of Liberation* (Maryknoll, NY: Orbis Books, 2011).

Frame, John M., *No Other God: A Response to Open Theism* (Phillipsburg, NJ: P&R Publishing, 2001).

Frei, Hans W., *The Eclipse of Biblical Narrative: A Study in Eighteenth and Nineteenth Century Hermeneutics* (New Haven, CT: Yale University Press, 1980).

Gutierrez, Gustavo, *A Theology of Liberation* (Maryknoll, NY: Orbis Books, 1988).

Hartshorne, Charles, *The Divine Relativity* (New Haven, CT: Yale University Press, 1982).

Johnson, Elizabeth A., *She Who Is: The Mystery of God in Feminist Theological Discourse* (New York: Crossroad Publishing, 2002).

Lacugna, Catherine Mowry, ed., *Freeing Theology: The Essentials of Theology in Feminist Perspective* (New York: HarperOne, 1993).

Lindbeck, George A., *The Nature of Doctrine: Religion and Theology in a Postliberal Age* (Louisville, KY: Westminster John Knox Press, 2009).

Moltmann, Jürgen, *The Crucified God: The Cross of Christ as the Foundation and Criticism of Christian Theology*, trans. R. A. Wilson and John Bowden (Minneapolis: Fortress, 1993).

_____, *Theology of Hope: On the Ground and the Implications of a Christian Eschatology*, trans. James W. Leitch (Minneapolis: Fortress, 1993).

_____, *The Trinity and the Kingdom: The Doctrine of God*, trans. Margaret Kohl (Minneapolis Fortress, 1993).

Pannenberg, Wolfhart, *The Apostles' Creed in the Light of Today's Questions*, trans. Margaret

Kohl (London: SCM Press, 1972).

_____, *Jesus, God and Man*, trans. Lewis L. Wilkins and Duane A. Priebe (Philadelphia: Westminster Press, 1977).

_____, *Systematic Theology*, trans. Geoffrey W. Bromiley. 3 vols. (Grand Rapids: Eerdmans, 1991-98).

_____, *Theology and the Kingdom of God*, ed. Richard John Neuhaus (Philadelphia: Westminster Press, 1969).

Ware, Bruce A., *God's Lesser Glory: The Diminished God of Open Theism* (Wheaton, IL: Crossway, 2000).

Whitehead, Alfred North, *Process and Reality: An Essay in Cosmology*, ed. David Ray Griffin and Donald W. Sherbourne corrected ed. (New Tork: Free Press, 1979).

_____, *Religion in the Making: Lowell Lectures, 1926*. (Cambridge: Cambridge University Press, 2011).

_____, *Science and the Modern World: LoWell Lectures, 1925*. (New York: Free Press, 1997).

온라인 자료

Boyd, Gregory, "What Is Open Theism?" Video. http://www.youtube.com/watch?v=gApXDGjyksw.

Frame, John M., "Open Theism and Divine Foreknowledge", In *Bound Only Once*, ed. Douglas Wilson, 83-94. (Moscow, ID: Canon Press, 2001). http://www.frame-poythress.org/open-theism-and-divine-foreknowledge/.

_____, 조지 린드벡의 『교리의 본질』에 대한 논평. *Presbyterian Journal 43* (February 27, 1985): 11-12. http://www.frame-poythress.org/review-of-lindbecks-the-nature-of-doctrine/.

Moltmann, Jürgen, *Theology of Hope: On the Ground and the Implications of a Christian Eschatology* (New York: Harper and Row, 1967). 다음 사이트를 참조하면 마지막 결론 부분을 살펴볼 수 있다. http://www.pubtheo.com/page.asp?pid=1036.

Pannenberg, Wolfhart, "God of the Philosophers." http://www.firstthings.com/article/2007/06/002-god-of-the-philosophers.

Postliberalism. Olson, Roger E. "Back to the Bible (Almost): Why Yale's Postliberal Theologians Deserve and Evangelical Hearing." *Christian Today* 40, 6 (May 20, 1996). http://www.christianitytoday.com/ct/1996/may20/6t6031.html. 논문 전체를 읽으려면 가입이 필요하다.

Process Thought. The Center for Process Studies. "과정 사상은 무엇인가?"를 비롯해 다양한

논문을 읽을 수 있다. http://www.ctr4process.org/about/process/.
Whitehead, Alfred North, "God and the World", *Process and Reality: An Essay in Cosmology*, ed. David Ray Griffin and Donald W. Sherburne (New York: Free Press, 1978). http://www.anthonyflood.com/whiteheadgodandtheworld.htm.

스스로 읽기

몰트만의 초기 저서인 『희망의 신학』은 그의 저서 가운데서 가장 읽기가 좋다. 일부 비평가들은 몰트만이 거기에서 삼위일체 교리를 잘못 이해했다고 지적한다. 그 문제가 그의 다른 저서에서도 여전히 사라지지 않고 나타난다. 해방 신학의 경우에는 먼저 구티에레스의 『해방 신학』을 읽고, 다른 해방 신학자들의 저서를 읽어라. 내 경우에는 미구에즈 보니노의 『혁명적 상황과 신학 연구(*Doing Theology in a Revolutionary Situation*)』가 특히 흥미로웠다.

판넨베르크의 글을 이해하려면 먼저 서론적으로 『사도신경』을 읽고, 그 다음에 그의 『조직 신학』을 읽어라.

콥과 그리핀의 『과정 신학』 처음 몇 장을 먼저 읽고, 관심 있는 부분을 골라 읽어라. 열린 유신론의 경우에는 보이드의 책과 프레임이 비판한 내용을 읽어라.

그런 다음에는 린드벡의 『교리의 본질(*The Nature of Doctrine*)』과 차일즈의 『성경적 이야기의 소실(*The Eclipse of Biblical Narrative*)』을 읽어라. 이 책들에 대한 다음 사이트를 참조하면 린드벡에 대한 나의 답변을 살펴볼 수 있을 것이다. http://www.frame-poythress.org/review-of-lindbecks-the-nature-of-doctrine/.

온라인 듣기

웹 사이트 http://itunes.apple.com/us/course/legacy-history-philosophy/id694658914.

- 위르겐 몰트만과 해방 신학 : 1:01:11
- 해방 신학과 볼프하르트 판넨베르크 : 1:08:28
- 과정 철학, 과정 신학, 열린 유신론 : 52:38

유명한 인용문

- **몰트만** : http://www.goodreads.com/author/quotes/52217.J_rgen_moltmann
- **구티에레스** : http://en.wikiquote.org/wiki/Gustavo_Gutierrez
- **화이트헤드** : http://en.wikiquote.org/wiki/Alfred_North_Whitehead

A History of
Western Philosophy and
Theology

개요

무어(1873–1958)
버트런드 러셀(1872–1970)
루트비히 비트겐슈타인(1889–1951)
논리실증주의
다른 과학 철학
일상언어 철학
다른 분석 철학자들
구조주의
후기 구조주의, 해체주의, 포스트모더니즘

12장

20세기 언어 철학

앞서 9장에서 20세기는 철학자들 사이에서 "언어의 세기"로 간주된다고 말했다. 다양한 유형의 철학자들과 신학자들이 그런 관심에 동참했다. 문헌학에 관한 니체의 견해, 언어를 "존재의 집"으로 일컬은 후기 하이데거의 수수께끼와 같은 말, 새로운 해석학을 주장한 불트만의 추종자들(그들은 "언어적 사건"이라는 개념을 통해 그런 통찰력을 드러내 보이려고 노력했다)이 그 단적인 예다. 그런 논의는 한스 게오르크 가다머와 폴 리쾨르(안타깝지만 나는 이들을 앞에서 이름만 간단히 언급하고 지나쳐야 했다)와 같은 학자들에 의해 해석학에 관한 탐구가 이루어지면서 심도 깊게 진행되었다. 이 밖에도 우리는 바르트를 비롯해 다른 실존주의 신학자들이 "하나님의 말씀"과 "계시"를 강조한 것도 잊어서는 안 된다. 그러나 이번 장에서는 또 다른 사상 운동, 곧 언어 분석을 철학적 문제를 다루는 근본적인 방법으로 삼았던 사상 학파를 다룰 생각이다.

언어를 논함으로써 철학적 문제에 대한 대답을 시도한 것은 새로운 일이 아니다. 소크라테스는 플라톤의 대화편에서 미덕과 용기와 선의 본질을 탐구하면서 (대낮에 등불을 들고 다녔던 디오게네스와는 달리) 사람들이 그런 속성을 지니고 있는지를 파악할 목적으로 경험적인 관찰을 시도하지 않았다. 오히려 그는 "언어"를 논했다. 그는 "미덕"이라는 용어 자체의 의미를 논함으로써 그 의미를 밝히려고 시도했다. 그는 누군가가 덕스러운 행위를 하는 것을 보면 "과연 그를 '덕스럽다.'고 일컬어야 하는가?"라고 물었다. 존재론적이고, 도덕적인 질문이 언어의 의미에 관한 문제로 축소되었다.

아리스토텔레스의 형이상학도 문장의 문법에 따라 구성되었다. "실체"는 명사로 표기해 문장의 주어 자리에 놓을 수 있는 것을 가리켰고, "속성"이나 "특성"은 문장의 술어 자리에 위치했다. 아퀴나스의 유비 교리는 언어적 서술의 교리로서 시작했고, 흄과 라이프니츠와 칸트를 비롯해 다른 많은 사상가들이 논의한 "분석과 종합의 구별"은 두 종류의 문장에 대한 구별이었다.

20세기는 이런 관심을 한 차원 더 깊게 끌고 나가 언어 연구를 철학의 핵심 주제(곧 모든 철학적 문제에 대한 대답을 제시하는 수단)로 삼았다. 잠시 이런 사상적 발전 과정을 살펴보는 것도 흥미로울 것이다. 나는 언어를 새롭게 강조한 데는 최소한 두 가지 동기가 작용했다고 생각한다. 1) 철학은 다른 학문들과 비교하면 핵심 문제에 대한 합의를 얻어내기가 매우 어렵다. 그런 어려움은 의사소통에 관한 문제(철학자들은 어느 정도까지 서로를 이해하지 못하는가?)를 야기했다. 그런 이유로 20세기에는 철학적인 문제를 진술하고, 논증하는 데 사용되는 언어를 명확하게 하려는 새로운 시도가 이루어졌다. 2) 일부 사상가들은 언어가 철학이 추구하는 지식에 이르는 새로운 통로가 될 수 있을 것이라고 생각했다. 예를 들면 "무엇을 말할 수 있는가?"를 물으면 "무엇이 있는지"를 더 잘 이해할 수 있다. 존재론의 필요조건은 언어를 사용해 표현할 수 있어야 한다는 것이다. 철학은 좋든 싫든 다른 무엇보다 언어를 통한 대화에 해당한다. 따라서 만일 존재가 언어를 초월한다면 그것은 철학적 이론의 일부가 될 수 없다. 철학은 말할 수 있는 것, 곧 말로 나타낼 수 있는 것만을 주장할 수 있다. 이것은 일종의 동의반복이다. 따라서 "현실적인 것은 이성적이고, 이성적인 것은 현실적이다."라는 헤겔의 말은 (그와 비슷한 이론적 근거에 따라) "현실적인 것은 말할 수 있고, 말할 수 있는 것은 현실적이다."라고 고쳐 말할 수 있다.

나는 이번 장에서 20세기의 언어 분석을 크게 두 가지 유형으로 나눠 다룰 생각이다(이 두 유형은 각기 또다시 여러 부분으로 세분된다). 이 두 가지 유형의 언어 철학도 과거의 다른 철학 운동과 마찬가지로 영국 해협을 사이에 두고 서로 구분된다. 영어권에서는 무어, 러셀, 비트겐슈타인이 시작한 전통이 우세했다.[1] 그러나 유럽 대

---

[1] 그러나 러셀은 독일의 고트로브 프레게의 영향을 받았고, 비트겐슈타인은 오랫동안 영국에서 공부하고 가르친 오스트리아인이었다. 논리실증주의자들은 히틀러를 피해 망명한 오스트리아인들이 주축을 이루었다. 칸트가 데이비드 흄의 저서를 읽은 것처럼 국제적인 교류는 종종 의미 있는 결과를 낳았다.

륙에서는 실존주의가 전성기를 구가하는 동안과 그 이후로 차츰 구조주의와 해체주의로 관심의 초점이 옮겨갔다.

무어(G. E. Moore, 1873-1958)

G. E. 무어
(George Edward Moore)

먼저 영국의 언어 철학에서부터 시작해 보자. 19세기에는 헤겔의 관념론이 영국 내에서 강한 영향력을 발휘했다(그린, 브래들리, 보상케, 맥타가트).[2] 무어는 맥타가트에게 배웠지만 상식적인 질문을 많이 제기했다. 예를 들어 맥타가트는 복잡한 논증을 구사해 시간과 공간이 존재하지 않는다는 것을 입증하려고 애썼다. 그러나 무어는 맥타가트가 무슨 말을 하는지 이해할 수 없다고 말했다. 그는 "시간이 현실이 아니라면 철학 강의가 정오에 끝난다는 것이 무슨 의미란 말인가?"라고 생각했다.

무어는 토머스 리드처럼(6장) "상식의 철학자"로 알려졌다. 그런 점에서 그의 철학은 리드의 철학과 비슷했다. 무어는 1925년에 쓴 "상식 옹호"라는 논문에서 "지금 살아 있는 인간의 몸, 곧 나의 몸이 존재한다."와 같은 진술은 상식을 통해 확실하게 알 수 있다고 주장했다.[3] 그런 진술은 철학적 논증을 통해 논박할 수 없다. 왜냐하면 상식적인 진술은 그것을 논박하는 데 사용할 수 있는 그 어떤 철학적 원리보다 더 분명하기 때문이다.

헤겔과 맥타가트와 같은 철학자들은 철학의 목적은 웅장한 사상 체계를 구축하는 것이라고 생각했다. 그러나 무어는 철학의 목적은 혼란을 제거하는 것이라고 믿었다(그런 혼란 가운데는 철학 자체에 의해 생성된 것이 적지 않다). 무어는 "그것이 정확히 무슨 의미인가?"라는 물음으로 철학적인 표현들을 점검하는 습관을 발전시켰다. 무

---

2) 7장을 참조하라.
3) G. E. Moore, *Philosophical Papers* (London: Allen and Unwin, 1959).

어와 다른 사상가들은 출판물과 같은 공식적인 통로나 비공식적인 통로를 통해 그런 질문을 거듭 제기했고, 그 결과 새로운 형태의 철학을 구축했다. 이 사상가들은 철학에서 가장 중요한 것은 표현의 의미를 명확하게 하는 것이라고 주장했다. 이런 식으로 철학을 하는 것을 사상 체계의 구축에 초점을 둔 전통 철학과 구별하기 위해 "언어 분석학", "언어 철학", "분석 철학" 등으로 일컫는다.

버트런드 러셀(Bertrand Russell, 1872-1970)

무어의 친구였던 러셀은 그의 생각을 많이 공유했다. 그러나 러셀은 분석 철학에 수학과 논리학과 과학에 관한 강한 관심과 능력을 첨가했다. 그는 고트로브 프레게(1848-1925)의 책을 읽고 그를 알게 되었다. 독일 수학자인 그는 러셀이 철학에 매우 중요하다고 생각했던 개념들을 많이 발전시켰다. 그 가운데 하나는 수학이 논리학에서 파생되었다는 것이다. 러셀은 알프레드 노스 화이트헤드와 공동으로 저술한 『수학 원리』에서 그 개념을 옹호했다.[4]

앞서 11장에서 화이트헤드가 나중에 "현실적 계기"를 다른 모든 존재가 비롯하는 근본적인 존재로 간주한 원자론적 형이상학을 발전시킨 것을 살펴본 바 있다. 러셀도 원자론적 철학을 발전시켜 그것을 "논리적 원자론"으로 일컬었다. 러셀의 원자론은 영국 헤겔주의의 일원론(현실 전체를 이해하지 못하면 실제로 단 한 가지도 이해할 수 없다는 개념)에 대한 반동으로 이해될 수 있다.[5] 러셀은 어떤 존재들은 그 자체만으로 충분히 이해할 수 있기 때문에 전지한 지식이 없이도 참된 지식을 가질 수 있다고 생각했다.

화이트헤드의 원자는 과정, 즉 "원자적 사건들"이었지만 러셀의 원자는 "원자적 사실들"이었다. 사실은 사물이 아니다. 사물은 아리스토텔레스의 실체와 같이 자동

---

4) *Principia Mathematica*, 3 vols. (Cambridge: Cambridge University Press, 1910-13).
5) 화이트헤드의 사상은 일원론과 원자론의 중간에 해당한다. 그는 개개의 현실적 계기가 다른 많은 계기들과 내적으로 관련되어 있고, 그 자체 안에 다른 현실들을 포함하고 있다고 믿었고, 신이 자기 자신 안에 모든 현실성을 내포하고 있다고 생각했다.

차, 집, 행성, 존처럼 명사로 지칭할 수 있다. 그러나 사실은 "저 자동차는 빨갛다", "저 집은 크다", "존은 식료품 가게 주인이다."와 같이 언어적 진술이나 문장으로 표시된다. 즉 사실은 "이것이 이러이러하다."라는 상황이나 현상을 의미한다. 우리는 사실들을 가리킬 때 접속사 "that"을 사용해 "알래스카에 순록이 있다는 사실(the fact that there are caribou in Alaska)"과 같은 식으로 말한다.

아리스토텔레스의 형이상학은 세상이 사물들(즉 실체들)의 집합체라고 주장한다. 그의 논리는 그런 형이상학을 반영한다. 아리스토텔레스는 "모든 사람은 죽는다."라는 것을 우리가 사람으로 일컫는 실체의 속성으로 규정했다.

버트런드 러셀
(Bertrand Russell)

그러나 러셀의 제자인 비트겐슈타인이 말한 대로, 그의 세계관은 "세상은 사물이 아닌 사실들의 총합이다."라고 주장한다.[6] 세상을 구성하는 모든 요소들을 나열해 보라는 질문을 받았다고 가정해 보자. 그러면 자동차, 집, 행성, 빌, 제인 등을 열거하기 시작할 것이다. 그러나 세상에 있는 모든 것을 다 열거한다고 해도 그 목록은 불완전할 것이 틀림없다. 왜냐하면 세상의 구성 요소들은 사물들만이 아니라 사물들의 속성(빨갛고, 파랗고, 크고, 재능이 있고 등등)과 사물들의 관계(빌은 자동차 안에 있다, 제인은 빌의 옆에 앉아 있다 등등)를 포함하고 있기 때문이다.

아리스토텔레스의 논리가 그의 형이상학을 반영하는 것처럼 러셀의 논리도 그의 형이상학을 반영한다. 그는 『수학 원리』에서 "모든 인간은 죽는다."라는 전제를 논리적 기호법으로 바꿔 "모든 것이 X이고 만일 그 X가 사람이라면 X는 죽는다."라고 표시했다.

이 전제에 대한 아리스토텔레스의 해석은 인간과 같은 존재가 있다는 것을 분명한 사실로 전제한다(이런 이유로 논리학자들은 아리스토텔레스의 논리에서 보편적이고, 긍정적인 진술은 "실존적인 의미"를 지닌다고 말한다).

그러나 러셀의 해석은 인간의 존재를 전제하지 않는다. 인간의 존재는 단지 가설

---

6) Ludwig Wittgenstein, *Tractatus Logico-Philosophicus*, 1.1. 다음 사이트에서 찾아 볼 수 있다. http://people.umass.edu/phil335-klement-2/tlp/tlp.pdf.

적이다(즉 사람들이 존재한다면 그들은 죽는다). 두 공식 모두 사실을 진술하지만 아리스토텔레스의 공식만이 사물들이나 실체에 대한 확신을 전제한다. 러셀의 논리를 따라 "인간들이 존재한다."라고 말하려면 "최소한 하나의 X가 존재하고, 그 X가 인간의 속성을 지니고 있다."라고 말해야 한다. 심지어는 러셀이 사물들에 관해 말할 때조차도 그의 논리는 속성들을 지닌 변수에 관한 사실을 강조한다.

그런 점에서 그는 아리스토텔레스보다는 플라톤에 더 가깝다. 아리스토텔레스는 세상을 사물들의 집합체로 보았고, 플라톤은 세상에서의 작은 경험들이 형상의 세계에 존재하는 속성들에 참여한다고 생각했다. 따라서 플라톤에게는 속성들이 사물들보다 더 현실적이었다. 아마도 그는 세상을 속성들의 집합체로 생각했을지도 모른다.

러셀은 사물들의 존재를 고려했지만 단지 그것을 사실들의 요소로만 생각했다. 그는 하나의 사실은 두세 개 이상의 현실(곧 사물, 속성, 관계)로 구성되어 있다고 생각했다. "그 자동차는 빨갛다."는 사물과 속성(즉 사물에 속성을 부여한 것)으로 구성되어 있다. "제인은 빌의 오른쪽에 있다."는 두 가지, 곧 사물들의 범주에 속하는 사람들과 그들의 관계로 구성되어 있다.

그렇다면 "원자적 사실"이란 무엇일까? 데모크리토스와 에피쿠로스가 말한 원자는 다른 모든 현실을 구성하는 근본적인 물질을 의미했다. 그러나 러셀의 견해대로 세상이 사실들로 이루어졌다면 원자적 사실은 다른 모든 사실을 구성하는 근본적인 사실을 가리킨다. 러셀은 만일 우리가 그런 원자적 사실들을 식별할 수 있다면 그것들을 통해 세상을 이해할 수 있을 것이라고 믿었다.

물론 사실들은 언어로 진술되고, 표현된다. 다양한 언어를 통해 어떤 종류의 사실들이 있는지가 표시된다. 어떤 문장들은 한 번에 한 가지 이상을 표현하는 "복합적인" 구조로 되어 있다. 예를 들면 "오늘 아침에는 날씨가 화창했지만 오후에는 비가 내리고 있다."와 같은 문장이다. 이 문장은 한 가지 사실을 진술하지만 그것이 "원자적" 사실은 아니다. 왜냐하면 사실을 진술하는 좀 더 단순한 두 개의 문장으로 나눌 수 있기 때문이다.

어떤 문장들은 "행복"이나 "녹색"과 같은 "일반적인 용어"들을 포함한다. 그러나 러셀은 일반적인 개념에 관한 진술은 구체적인 것(이 경우에는 행복한 개인들과 녹색으로 된 개개의 사물들)에 관한 진술로 축소시킬 수 있다는 생각으로 유명론적 신념을 드러냈다. 따라서 일반적인 개념들에 관한 진술은 원자적 사실이 될 수 없다. 때로는 구체적으로 들리는 표현 안에 일반적인 개념이 숨겨져 있을 수도 있다. "영국은 전쟁을 선포했다."라는 말은 구체적인 진술처럼 보이지만 사실은 국회의원들과 수상과 왕과 같은 개개인들이 행한 많은 일을 간략하게 표현하는 의미를 지닌다. 이처럼 원자적 사실을 찾아내려면 일반적인 것에 관한 진술을 구체적인 것에 관한 진술로 바꾸어야 한다.

심지어 "빌리는 놀러 나갔다."라는 말도 일반적인 진술이다. 따라서 러셀의 철학적 목적을 달성하려면 이 문장을 구체적인 진술로 축소시켜 빌리가 문을 열고, 한 걸음씩 발을 떼어 밖으로 나갔다는 식으로 말해야 한다. 또한 철학자가 진정으로 엄격하려면 빌리의 몸에서 일어나는 모든 현상(호흡하는 것, 두뇌에서 일어나는 신경 작용 등등)을 언급해야 할 필요가 있다.

이처럼 원자적 사실을 찾는 것은 결코 쉽지 않다. 일부 논리실증주의자들은 순간적으로 지각되는 감각적 정보에 대한 경험(예를 들면 "지금 이것은 빨갛다")만이 원자적 사실(그들은 이를 "프로토콜 명제"로 일컫는다)이 될 수 있다고 말했다.

이것은 러셀의 경험주의적인 성향(모든 지식을 어떤 식으로든 지각으로 축소시킬 수 있다는 신념)을 반영한다. 이는 모든 경험과 생각이 흄이 "인상"으로 일컬은 것을 통해 형성되는 것처럼 생각하는 것이다.

그러나 과연 그것이 사실일까? 비평가들은 빨간색 자체를 본 적이 없다고 지적한다. 사실 빨간색은 추상적인 개념, 곧 빨간 옷, 빨간 무, 빨간 자동차, 빨간 깃발과 같은 것들에 대한 우리의 경험에서 비롯한 일반적인 개념이다. 내가 이 책에서 논의한 대로 일반적인 것 없이 구체적인 것만을 경험하거나 구체적인 것 없이 일반적인 것만을 경험하지 않는다. 우리는 다수 없이 하나를 경험할 수 없다. 왜냐하면 하나님 안에서 하나와 여럿은 서로 나뉘지 않기 때문이다. 그분은 삼위일체적인 신비를 반영하도록 우주를 창조하셨다.

그러나 러셀은 이런 모든 생각을 고려하지 않고 오로지 원자적 사실을 추구하는 데만 관심을 기울였다. 원자적 사실은 그의 철학 체계를 지탱하는 중요한 요소다. 그의 목표는 세상의 본질을 완벽하게 반영하는 완전한 언어를 개발하는 것이었다(이것은 때로 "언어의 그림 이론"으로 불린다). 물론 완전한 언어는 사실을 진술하는 한 가지 기능을 발휘한다. 오직 원자적 사실만이 참된 사실이다.

완전한 언어에서는 개개의 문장이 각각 오직 한 가지 사실만을 진술한다. 사실이 세 가지 요소(사물, 속성, 관계)로 구성되었다면 거기에 상응하는 문장도 각각의 요소를 가리키는 세 개의 단어로 구성되어야 마땅하다. 이처럼 언어는 정확하게 세상에 대응한다. 완전한 언어는 원자적 사실을 진술하는 원자적 문장, 곧 『수학 원리』의 사실 지향적인 논리를 반영하는 문장으로 구성된다.

나중에 비트겐슈타인을 논의하면서 러셀의 사상을 다시 언급하겠지만 지금은 그에 대한 논의를 이 정도에서 마무리하고 싶다. 여기에서 러셀이 어디에서 끝났고, 비트겐슈타인이 어디에서 시작했는지를 말하기는 어렵다. 러셀은 98세까지 살았기 때문에 전문적인 철학적 문제에 대한 그의 관심이 그의 생전에 쇠퇴하는 현상을 보였다. 그는 1918년 이후부터는 논리적 원자론을 주장하지 않았다. 그는 대체로 우리의 생각 밖에 실제로 세상이 존재한다는 "현실주의적인" 입장을 취했다.[7] 그런 점에서 그는 상식에 대한 무어의 견해를 따랐다.

그러나 좀 더 중요한 사실은 그가 (훗날의 리처드 도킨스나 크리스토퍼 히친스와 같은) "공개적인 무신론자"가 되었고, 섹스에 대한 법률적, 사회적 제제를 비판했으며, 종교를 거부했고, 극좌파적 성향의 반전 운동에 참여했다는 것이다. 그는 1966년에 『베트남에서의 전쟁 범죄』를 펴냈고,[8] 그 후에 곧 베트남 전쟁을 주도한 미국인들을 재판하는 모의 전쟁 재판("러셀 법정")을 개설했다. 그가 남긴 유산은 논리적 원자론이 아니라 다음의 말 안에 가장 잘 표현되어 나타난다.

> 인간은 지향하는 목적을 전혀 알 수 없는 원인들로부터 비롯한 산물이다. 인간의 기원, 성장, 희망과 두려움, 사랑과 신념은 모두 원자들이 우연히 조합되어 만들어진 것이다. 그 어떤 정념도, 영웅주의도, 강렬한 생각과 감정도 개인의 삶을 죽음으로부터 지켜낼 수 없다. 대대에 걸친 모든 수고와 헌신과 정오의 태양처럼 밝은 인간의 천재성도 태양계의 거대한 죽음 속으로 소멸되어 사라질 운명이다. 인간의 업적이라는 신전이 송두리

---

7) "현실주의(realism)"를 플라톤의 "실재론(realism, 즉 보편적인 것에 관한 플라톤의 견해)과 혼동해서는 안 된다.
8) Bertrand Russell, *War Crimes in Vietnam* (London: Monthly Review Press, 1966).

째 파괴되어 우주의 파편 아래 묻히는 것은 불가피한 현실이다. 논쟁의 여지가 아예 없는 것은 아니지만 이 모든 것은 너무나도 확실한 사실인지라 이를 부인하는 철학은 성립되기가 매우 어려울 것이다. 따라서 오직 이런 진실의 비계 안에서만, 오직 이 확고한 절망의 토대 위에서만 영혼의 거처가 안전하게 건축될 수 있다.[9]

루트비히 비트겐슈타인(Ludwig Wittgenstein, 1889-1951)

루트비히 비트겐슈타인
(Ludwig Wittgenstein)

비트겐슈타인의 가족은 오스트리아에서 로스차일드 가문 다음가는 갑부였다. 그러나 그의 가정에는 불행한 일이 많았다. 그의 형제 중에 세 명이 스스로 목숨을 끊었고, 그도 그런 생각을 품은 적이 있었다. 마지막 남은 그의 형제 폴은 1차 세계대전 당시에 전쟁터에서 오른 팔을 잃었지만 고향으로 돌아와서 콘서트 피아노 연주자가 되었다.[10] 루트비히는 철학자의 삶을 만족스럽게 생각하지 않았지만 다른 경험들은 만족도가 그보다 훨씬 더 못했기 때문에 여러 번 학문 활동을 중단했지만 늘 되돌아와 철학에 관심을 기울였다.

그는 1908년에 영국에 왔다. 그는 본래 항공 공학을 공부했지만 철학에 관한 글을 썼다. 그러던 중 1911년에 고트로브 프레게의 제안을 받고 버트런드 러셀에게 그것을 한 번 읽어달라고 부탁했다. 러셀은 비트겐슈타인의 명석함에 놀라 그를 제자로 받아들였다.

1차 세계대전이 발발하자, 비트겐슈타인은 오스트리아를 위해 싸우기 위해 케임브리지를 떠났지만 전쟁에 참여하는 내내 일련의 논문들을 소지하고 다녔다. 그는 그 논문들을 토대로 그의 생전에 출판한 유일한 책인 『논리철학논고(*Tractatus Logico-*

---

9) Bertrand Russell, "A Free Man's Worship" (1903). 다음 사이트에서 찾아 볼 수 있다. http://www.philosophicalsociety.com/archives/a%20free%20man's%20worship.htm.
10) 라벨의 "왼손을 위한 피아노 협주곡"은 폴 비트겐슈타인을 위해 만들어 달라는 부탁을 받아 작곡된 것이다.

philosophicus)』를 펴냈다(인터넷 판으로 111쪽으로 구성된 이 책에는 서론은 포함되어 있지만 색인은 없다).[11]

『논리철학논고』는 기본적으로 러셀의 논리적 원자론을 따르지만 정의, 설명, 연역은 상당히 엄격하다. 명제들은 일곱 개로 나누어져 각각 정의되고, 적용되고, 소수점을 사용한 숫자로 표기한 하위 명제에 의해 보완되는 형식을 취한다. 예를 들어 첫 번째 명제와 그 하위 명제들은 다음과 같다.

1. 세상은 그런 모든 경우다.
    1.1 세상은 사물들이 아닌 사실들의 총체다.
    1.11 세상은 사실들과 그 사실들의 총체에 의해 결정된다.
    1.12 사실들의 총체가 무엇이 그런 경우인지, 또 무엇이 그런 경우가 아닌지를 결정한다.
    1.13 논리적인 공간에 있는 사실들이 곧 세상이다.
    1.2 세상은 사실들로 나뉜다.
    1.21 개개의 사실은 그 경우일 수도 있고, 그 경우가 아닐 수도 있으며 다른 모든 것은 변함없이 그대로 남아 있다.

하위 명제가 없는 나머지 명제들은 다음과 같다.

2. 그런 경우인 것, 곧 사실인 것이 곧 현상이다.
3. 사실들의 논리적인 그림이 곧 생각이다.
4. 생각은 의미를 지닌 명제다.
5. 명제는 기본 명제들의 진리 함수다.[12]
6. 진리 함수의 일반적인 형태는 $[\bar{p}, \bar{\xi}, N(\bar{\xi})]$다.[13]

---

[11] 각주 6을 참조하라. 비트겐슈타인은 다른 제목을 고려했지만 무어의 제안을 듣고는 스피노자의 『신학 정치론(*Tractatus Theologico-Politicus*)』과 비슷한 이 제목을 받아들였다.

[12] 이것은 명제의 진리값(거짓인지 참인지)이 그것을 구성하고 있는 기본 명제들의 진리값에 따라 결정되는 것을 의미한다.

[13] 비트겐슈타인의 의도는 복합 명제가 기본 명제들로부터 파생될 때의 기준이 되는 일반 규칙을 확립하는 데 있다.

이것이 명제의 일반적인 형태다.
7. 어떤 것에 관해 말할 수 없다면 그것에 대해 침묵해야 한다.

『논리철학논고』는 의미 있는 언어에 엄격한 제한을 가하려는 시도다. 언어는 명제들, 곧 사실들의 주장으로 구성된다. 오직 명제들만이 사실이거나 거짓일 수 있다. 비트겐슈타인의 판단 기준에 부합하지 않는 언어는 사실도, 거짓도 아니다. 그런 명제는 전문적인 의미에서 말하면 아무런 의미도 없는 "난센스"다(논리실증주의자들은 "인식적으로 무의미한"이라는 표현을 사용한다). 의미 있는 명제는 기본 명제이거나 하나로 축소될 수 있는 명제이거나 둘 중에 하나다. 기본 명제란 러셀이 "원자적 사실들"로 일컬은 것을 가리킨다. 결국 이 말은 의미 있는 명제는 즉각적인 감각적 경험으로 축소될 수 있다는 의미를 지닌다.

그러나 그런 판단 기준은 엄청난 양의 언어를 인식적으로 무의미한 것으로 간주해 배제한다. 예를 들어 윤리적 진술, 곧 윤리적 의무를 명시한 진술은 경험적 사실을 표현한 진술로 축소될 수 없다. 이것은 "~이다."에서 "~해야 한다."는 것을 추론할 수 없다는 흄의 논증을 되풀이한 것이다. 사실에 관한 진술로부터 윤리적인 의무를 추론할 수는 없다.[14]

『논리철학논고』의 판단 기준에 따르면, 윤리적인 진술은 인식론적으로 무의미하다. 비트겐슈타인은 "윤리학의 명제가 존재하는 것은 불가능하다."라고 말했다.[15] 그러나 비트겐슈타인은 윤리적인 관심이 많은 사람이었다. 그는 윤리적인 의무를 무의미하게 만드는 견해를 받아들일 수 없었다. 따라서 그는 명백한 윤리적 명제는 특별한 범주에 속한다고 말했다.[16] "윤리학은 말로 옮길 수 없는 것이 분명하다. 윤리학은 초월적이다."[17] 윤리적인 진리는 진술될 수 없지만 나타낼 수 있다.[18] 그런 종류의 진술은 비트겐슈타인이 "신비로운 것"으로 일컬은 범주에 속한다.

---

14) 비트겐슈타인의 친구인 무어는 이런 추론을 "자연론적 오류"라고 일컬었다.
15) *Tractatus*, 6.42.
16) 『논리철학논고』 6.41-6.422와 1929-30년경에 그가 전한 "윤리 강좌"를 참조하라. 이 강좌는 다음 계간지에 게재되었다. *Philosophical Review* 74, 1 (1965년 1월): 3-12.
17) *Tractatus*, 6.421.
18) Ibid., 6.522.

이것은 종교적인 진술에도 똑같이 적용된다. 비트겐슈타인은 『논리철학논고』에서 이렇게 말했다.

> 6.432 더 높은 차원에 속한 현실은 세상에서 진행되는 상황에 전적으로 무관심하다. 신은 세상 안에서 자기를 계시하지 않는다.
> 6.44 신비로운 것은 세상에서 진행되는 상황과 무관하지만 그래도 존재한다.[19]
> 6.45 세상을 신의 관점에서 본다는 것은[20] 전체, 곧 제한된 전체를 본다는 것이다. 세상을 제한된 전체로 느끼는 것, 그것이 곧 신비로운 것이다.

다시 말해 하나님에 관한 진술은 비트겐슈타인의 판단 기준에 따르면 의미가 없다. 또한 종교나 형이상학에서 논하는 인간의 영혼이나[21] 형이상학적 이론이나 종교적 교리가 말하는 세상의 창조도 마찬가지다(위의 인용문을 참조하라).

비트겐슈타인의 "신비로운 것"은 칸트가 말한 실재의 세계와 비슷하다. 칸트는 이성의 한계를 직접 논의했지만 비트겐슈타인은 언어의 한계를 토대로 이성의 한계를 말했다. 그러나 도덕성, 신, 영혼, 세상에 관한 형이상학적인 논의나 종교적인 논의를 배제하기 위해 이성의 한계를 규정해야 할 필요성을 느끼기는 두 사람 모두 똑같았다. 그런 것들을 온전히 이해하려면 하나님과 그분의 계시를 전제해야 하는데 칸트와 비트겐슈타인은 그 점을 전혀 고려하지 않았다. 그러나 그들을 통해 인간의 자율성을 전제로 하는 철학적 체계에서는 하나님과 계시가 아무런 의미가 있을 수 없다는 것이 명백하게 드러난 셈이다.

비트겐슈타인은 너무나 솔직했기 때문에 그 논의를 거기에서 끝내지 않고, 『논리철학논고』를 이렇게 마무리했다.

---

[19] 비트겐슈타인도 하이데거처럼 "왜 아무것도 존재하지 않고, 무엇인가 존재하는가?"라는 고전적인 존재의 문제를 언급하는 듯하다.
[20] 세상을 신의 관점에서 본다는 것(sub specie aeternis, 또는 aeternitatis)은 신의 눈으로 세상을 본다는 스피노자의 개념을 반영한 것이다.
[21] Tractatus, 6.4312. "실제"에 관한 비트겐슈타인의 논의도 아울러 참조하라(5.632-33).

6.54 나의 명제들은 다음과 같이 분명하게 밝힌다. 누구든지 결국 나를 이해한다면 그것들이 무의미하다는 것을 알게 될 것이다. 그리고 그것들을 발판으로 이용해 (위에 다 올라가서는 사다리를 내버리는 것처럼) 그것들을 넘어서게 될 것이다. 이 명제들을 넘어서야 한다. 그러면 세상을 옳게 보게 될 것이다.
7. 어떤 것에 관해 말할 수 없다면 그것에 대해 침묵해야 한다.

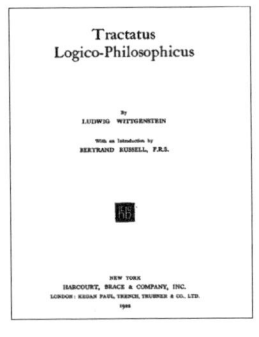

논리철학논고
(Tractatus Logico Philosophicus)

비트겐슈타인은 윤리적, 종교적, 형이상학적 언어에 대해 스스로가 비판한 대로 자신의 책이 그와 똑같은 비판을 받게 될 것을 익히 알고 있었다.

『논리철학논고』는 언어와 세상의 관계를 보여주는 데 목적이 있다. 그러나 이 책에서 지금까지 살펴본 대로 "세상"은 문제가 있는 상태다. 더욱이 비트겐슈타인이 명제 p와 원자적 사실 A의 관계 R을 정확하게 묘사한다면 그의 묘사는 다시 명제 p2가 되고, 그 자체로 관계 R2를 통해 관계 R과 관련될 수밖에 없다. 거기에서 다시 비트겐슈타인이 관계 R2를 정확하게 묘사하려면 그의 묘사는 또 다른 관계 R3를 요구하게 된다. 결국 이런 과정이 무한히 계속될 수밖에 없다. 무한한 회귀는 논리적으로 불가능하다.

완전한 언어는 오직 사실들만을 진술할 수 있다는 것이 비트겐슈타인의 견해다. 그런 언어는 비록 언어와 사실의 관계가 한 차원 높은 단계의 사실일지라도 그 관계를 가리킬 수 없다. 그러나 『논리철학논고』는 정확히 언어와 사실의 관계를 언어로 진술하려고 시도했다.

비트겐슈타인의 마지막 주장은 그 책이 그런 관계를 "보여준다."는 의미를 내포한다. 그러나 그의 책은 그런 관계를 언어로 진술하는 데 실패했다. 왜냐하면 그런 관계를 실제로 진술하는 것이 불가능하기 때문이다.

따라서 그의 책은 "무의미하고", "신비로운 것"에 속해 있다. 비트겐슈타인은 스스로 노력했던 일이 의미 있는 언어에 대한 자신의 판단 기준을 훼손했다는 것을 자인했다. 그것은 사람들이 (말로 표현할 수 없는) 초월적인 위치에서 관계들을 볼 수 있도록 도와주는 도구에 불과했다.

이것은 플로티누스와 에크하르트(2장과 4장 참조)와 같은 신비주의자들이 이성의 사용에 대해 주장한 것과 정확하게 일치한다. 이성은 결국 이성을 초월하는 이상을 달성하기 위한 도구다. 일단 이성의 목표에 도달하면 사다리를 버리듯 그것을 버릴 수 있다.[22]

비트겐슈타인 자신도 한동안 그 사다리를 버렸다. 그는 자신이 모든 철학적 문제를 충분히 다루었다고 생각했다.

> 철학의 올바른 방법은 다음과 같다. 그것은 말할 수 있는 것, 곧 자연 과학의 명제 외에는 아무것도 말하지 않고(곧 철학과 무관한 것은 아무것도 말하지 않고)[23] 다른 사람이 무엇인가 형이상학적인 것을 말하고 싶어 할 때마다 그에게 그의 명제에 사용된 특정한 상징에 의미를 부여하기가 어렵다는 것을 입증해 보이는 것이다. 비록 다른 사람(즉 우리가 여기에서 철학을 가르치고 있다고 생각하지 않을 사람)에게는 이런 말이 만족스럽지 못하더라도 절대적으로 정확한 방법은 오직 이 방법뿐일 것이다.[24]

『논리철학논고』는 그런 판단 기준을 근거로 모든 철학적 문제를 해결했다. 이런 식의 합리주의적인 주장은 근본적인 문제에 대한 대답이 신비롭다는 불합리한 주장과 연관되어 있다.

다음의 도표를 참조하라.[25]

---

[22] 비트겐슈타인은 이 점을 매우 흥미롭게 표현했다. "문제가 사라질 때 삶의 문제에 대한 해결책이 드러난다. (이것이 오랫동안 의심하다가 인생의 의미를 분명하게 깨달은 사람들이 그 의무를 구성하고 있는 것을 말로는 표현하지 못하는 이유가 아니겠는가?)" *Tractatus*, 6.521.
[23] 이런 식의 "과학주의", 곧 오직 과학적 방법만이 사실적인 지식에 대한 주장을 보증할 수 있다는 견해는 앞에서 찰스 퍼스를 논의할 때 살펴본 견해와 비슷하다(9장). 버트런드 러셀도 그런 견해를 지녔다. 곧 살펴보겠지만 이것은 논리 실증주의의 주된 주장이기도 하다.
[24] *Tractatus*, 6.53.
[25] 물론 이것은 현상과 실재에 관한 칸트의 주장과 비슷하다.

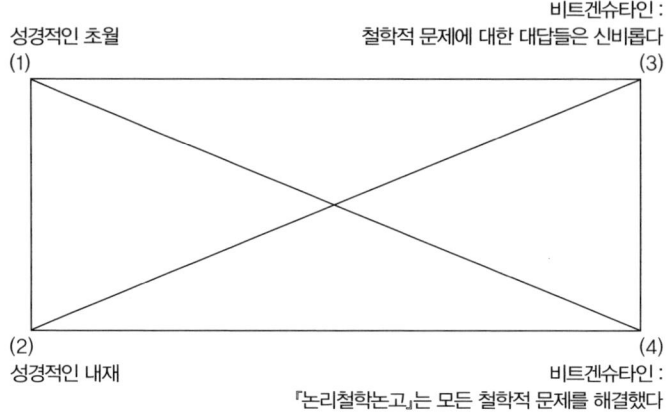

도표 12. 1. 비트겐슈타인의 『논리철학논고』의 초월과 내재

비트겐슈타인은 몇 년 동안 자신의 조언("어떤 것에 관해 말할 수 없다면 그것에 대해 침묵해야 한다")을 스스로 따랐다. 그는 오스트리아로 돌아가서 1920년에는 그곳의 한 수도원에서 정원사로 일했고, 1926년까지 초등학교에서 학생들을 가르쳤다. 그것은 그와 그의 학생들 모두에게 그다지 유쾌한 경험이 못되었다. 그리고 나서 그는 다시 다른 수도원에서 몇 달 동안 정원을 가꾸었고, 수도사가 되려고 고심하던 차에 빈에 있는 누이로부터 건축가들과 함께 집을 한 채 지어달라는 부탁을 받았다. 그는 그 부탁을 받아들였고, 그 결과 "소박한 현대적 주택"이 지어졌다.[26]

그러는 사이에 『논리철학논고』가 출판되어 철학계에서 상당한 관심을 불러일으켰다. 철학자 프랭크 램지는[27] 학교 교사를 하는 동안 1923년에 비트겐슈타인을 방문했고, 『논리철학논고』에 대한 자신의 논평에 대해 그와 대화를 나누었다. 그 후 램지와 경제학자 존 메이너드 케인스를 비롯해 다른 사람들이 비트겐슈타인에게 케임브리지에 돌아와서 철학을 가르치라고 권유했다. 러셀과 무어는 『논리철학논

---

26) David Egan, Stephen Reynolds, and Aaron Wendland, *Wittgenstein and Heidegger*, Routledge Studies in Twentieth Century Philosophy (New York: Routledge, 2013), 4.

27) 램지는 명석한 철학자이자 수학자였다. 들리는 말에 의하면 그는 약 일주일 만에 독일어를 배웠고, 비트겐슈타인의 도움을 받아 『논리철학논고』를 번역했다고 한다. 그는 복부 수술 이후에 발생한 합병증으로 스물여섯의 나이로 세상을 떠났다. 그는 경력이 짧은데도 영향력 있는 논문을 다수 발표했다.

고』를 논문으로 받아들이도록 주선했고, 비트겐슈타인은 1929년에 케임브리지 트리니티칼리지의 특별 연구원이 되었다. 나는 잠시 뒤에 이번 장에서 그의 후기 철학 사상을 간단하게 논할 생각이다.

논리실증주의

비트겐슈타인이 철학계를 잠시 떠나 있는 동안에 『논리철학논고』에 많은 관심을 기울였던 사람들 가운데는 한 무리의 철학자들과 과학자들이 포함되어 있었다. 그들은 빈대학교에서 모임을 가졌고, 그로 인해 빈 학파로 알려지게 되었다. 빈 학파는 나중에 "에른스트 마흐 학파"로 재구성되었다(그의 이름을 따른 이유는 그가 그들의 사상에 많은 영향을 미쳤기 때문이다).

이 학파의 대표자는 모리츠 슐리크였고, 회원들은 구스타프 베르크만, 루돌프 카르납, 필립 프랑크, 리처드 폰 미제스,[28] 오토 노이라트, 프리드리히 바이스만 등이었다. 헤르베르트 파이글과 쿠르트 괴델은 당시에 학생 신분으로 모임에 참석했지만 회원으로 간주되지는 않았다.[29] 비트겐슈타인도 1926년부터 그들과 만났지만 그들이 자신의 책을 잘못 이해하고 있다고 생각했다. 그는 모임이 지루하게 느껴질 때는 그들을 조롱하는 의미로 큰 소리로 시를 낭송했다.

이 사상가들을 일컫는 "논리실증주의자"라는 용어는 오귀스트 콩트(1798-1857)의 사상에서 유래했다(어떤 사람들은 그를 사회학의 창시자로 간주한다). 콩트는 역사를 1) 목적론적 단계, 2) 형이상학적 단계, 3) 실증적 단계로 나누었다. 실증적 단계에서는 과

---

[28] 그의 형 루트비히 폰 미제스(경제학자)는 빈 학파의 접근 방식을 강하게 거부했고, 자유 시장 경제를 옹호했다.
[29] 당시에 그와 비슷한 관심과 목적을 지닌 "베를린 학파"도 존재했다. 이 학파의 회원 중에는 한스 라이헨바흐, 칼 헴펠, 다비트 힐베르트 등이 포함되었다. 그들은 빈 학파와 잡지 『인식(Erkenntnis)』을 공유했다. 그들은 "논리실증주의자"보다는 "논리경험주의자"로 불리는 것을 더 좋아했지만 시간이 지나면서 두 명칭은 상호 교환적으로 사용되었다. 아울러 『언어, 진리, 그리고 논리(Language, Truth and Logic)』(London: Gollancz, 1936)의 저자인 알프레드 아이어를 언급해야 할 필요가 있다. 그는 영어권에서 논리실증주의를 널리 보급시켰다. 히틀러의 통치 시대에 유럽의 많은 논리실증주의자들이 영국과 미국으로 망명했다. 비트겐슈타인의 경우처럼 유대인을 조상으로 둔 사람들이 많았다 (비트겐슈타인의 할아버지 세 사람이 유대인이었지만 그는 로마 가톨릭 신자로서 세례를 받았다. 그의 글은 하나님에 대한 믿음을 드러내고 있지는 않지만 "더 높은" 무엇인가에 대한 갈망을 표출하고 있다). 그 결과, 논리실증주의는 유럽 대륙보다 영어권에서 더 많은 추종자들을 확보했다.

학이 신학과 형이상학보다 우세하고, "인간 중심의 종교"가 기독교보다 우세하다. 그 후로 "실증주의"라는 용어는 앞에서 "과학주의"로 일컬은 신념(곧 과학적 방법이 진리 확립의 유일한 수단이라는 신념)을 가리키게 되었다. 빈 학파는 자신들이 (콩트의 사변적인 역사와는 달리) 과학 철학을 위한 논리적 근거를 확립했다는 것을 보여주기 위해 스스로를 "논리"실증주의자로 일컬었다.

논리실증주의자들은 『논리철학논고』를 매우 흥미롭고, 건설적인 책으로 받아들였지만 형이상학적이고, 신비주의적인 요소는 거부했다. 물론 『논리철학논고』는 반(反)형이상학적인 책이다.

이 책은 형이상학적인 진술은 언어의 오해에서 비롯했다고 주장한다.[30] 그러나 『논리철학논고』의 명제 1.1("세상은 사물들이 아닌 사실들의 총합이다")은 확실한 형이상학적 진술이다. 그것은 아리스토텔레스의 형이상학적 "실체"와 화이트헤드의 형이상학적 "과정"에 상응하는 대안을 제시한다. 더욱이 『논리철학논고』는 우주가 마치 그것을 그림처럼 나타낼 수 있는 완전한 언어로 이루어진 문장을 구성하는 원자적 사실들로 나눌 수 있다는 매우 정교한 형이상학적 견해를 주장한다. 논리실증주의자들은 세계에 대한 비트겐슈타인의 일반적인 설명과 함께 이런 언어의 그림 이론을 형이상학적 유물로 간주해 거부했다.

또한 그들은 『논리철학논고』의 신비적인 측면도 아울러 거부했다. 그들이 좋아한 것은 신, 종교, 형이상학이 난센스라는 비트겐슈타인의 논증이었다.[31] 그러나 비트겐슈타인은 그런 것들을 중요하고, 특별한 종류의 난센스로 다루었다. 그는 그것들을 초월적인 영역에 속한 것으로 분류했다. 그러나 논리실증주의자들은 그것을 어리석은 사변에 불과한 것으로 생각했다.

그렇다면 『논리철학논고』에서 형이상학과 신비주의를 걷어내면 무엇이 남을까? 한마디로 과학주의가 남는다. "철학의 올바른 방법은 다음과 같다. 그것은 말할 수 있는 것, 곧 자연 과학의 명제 외에는 아무것도 말하지 않는 것이다."[32] 진리는 과

---

30) *Tractatus*, 6.53.
31) 논리실증주의자들은 윤리학을 완전히 배제하지는 않았다. 그들은 윤리적인 명령을 감정의 가장된 명령(disguised imperatives), 또는 표현으로 이해했다.
32) *Tractatus*, 6.53.

학적인 방법을 통해 발견되어야 한다. 형이상학과 신비주의를 비롯해 그 외의 다른 것은 모두 난센스다. 철학의 합법적인 기능은 과학의 언어를 분석하고, 명확하게 하는 것이다.

따라서 논리실증주의자들도 비트겐슈타인과 러셀처럼 언어 분석의 방법을 통해 자신들의 과제에 접근했다. 그들은 언어를 네 가지 범주로 나누었다.

1. "독신 남성은 결혼하지 않은 남자다."와 같은 동의반복 명제.[33] 동의반복이란 주어의 의미 안에 술어가 포함된 것을 의미한다. 주어와 술어는 모두 반드시 참이어야 하고, 용어들의 의미를 알면 그것이 참이라는 사실을 곧 알 수 있다. 이처럼 동의반복 명제는 "선험적"으로 그 의미를 알 수 있고, 종합적이라기보다는 분석적인 특성을 지닌다.[34]
2. "독신 남자는 결혼한 남자다."와 같은 모순 명제. 이것은 모두 반드시 거짓일 수밖에 없다. 용어들의 의미를 알면 그것이 거짓이라는 사실을 곧 알 수 있다. 따라서 이 어법의 허위성은 "선험적"으로 알 수 있다.
3. "뒷담은 하얗다."와 같은 경험적인 명제. 이것은 사실일 수도 있고 거짓일 수도 있다. 용어들의 의미만으로는 그 사실 여부를 결정할 수 없다. 그런 사실을 확인하려면 경험적인 지식이 필요하다. 따라서 이런 명제는 종합적이고, "귀납적"이다.
4. 명령, 질문, 시적 표현과 같이 1-3의 범주에 포함되지 않는 모든 종류의 언어를 포괄하는 "감정적인 언어." 이 범주의 명칭은 틀렸다. 왜냐하면 이 범주에 속한 언어가 모두 다 반드시 감정을 전달하는 것도 아니고, 꼭 그런 목적을 지닌 것도 아니기 때문이다.

논리실증주의자들은 범주 3에 속한 명제들만이 사실적인 정보를 전달할 수 있다고 믿었다. 따라서 그들은 종종 스스로를 "논리경험주의자"라고 일컬었다. 그들은 (콩

---

33) 이런 예들에 사용된 용어는 모두 문자적으로 이해해야 하고, 주어와 술어 안에서 모두 문자적인 의미를 보유하는 것으로 간주해야 한다.
34) 흄과 라이프니츠와 칸트를 논의할 때 이런 용어들을 사용한 바 있다(5장과 7장 참조).

트, 퍼스, 러셀과 함께) 오직 과학적 방법만이 지식을 확립할 수 있고, 과학적 방법은 철저히 경험에 근거한다고 주장했다. 그들은 과학에 있어 "이론적인" 진술과 "관찰된" 진술을 날카롭게 구별했다. 그들은 전자는 후자에 의해 검증되어야 한다고 생각했다. 가장 근본적인 형태의 관찰된 진술은 러셀이 "원자적 사실"로 일컬은 "프로토콜 명제(단순한 감각적 자료에 관한 진술)"였다.

이처럼 논리실증주의자들에게 "검증"이라는 용어는 매우 중요한 개념이었다. 그들은 "인식적으로 의미 있거나" "경험적으로 의미 있는" 명제, 곧 참이나 거짓을 분명하게 진술할 수 있는 명제만을 인정하는 "검증 원리"를 발전시켰다. 경험적인 과학의 방법과 같은 것을 통해 검증할 수 없는 형태의 언어는 인식적으로 의미가 없다. 그런 형태의 언어는 사실이 아닐 수도 있고, 거짓이 아닐 수도 있다. 그런 것들은 인식적으로 무의미하다.[35]

물론 그런 것들은 감정을 전달하거나 복종을 요구하는 것을 비롯해 여러 가지 기능을 수행한다는 점에서(범주 4) 어느 정도의 가치를 지닐 수는 있지만 사실적인 정보는 제공할 수 없다. 다시 말해 무엇이 그런 경우이고, 무엇이 아닌지를 분명하게 진술할 수 없다.

이처럼 인식적으로 의미 있는 언어는 검증할 수 있는 언어이어야 한다. 명제의 의미는 검증의 방법에 달려 있다.

이런 검증 원리는 윤리적, 종교적, 형이상학적 언어에 대해 『논리철학논고』와 정확하게 똑같지는 않을지라도 그와 비슷한 결론을 내렸다. 그런 종류의 언어들의 주장은 과학적으로 검증할 수 없다. 따라서 논리실증주의자들은 그것들이 명제가 아니라고 주장한다. 그것들은 사실도 아니고, 거짓도 아니다. 그것들은 비록 약간의 "감정적인" 용도를 지니지만 인식적으로 무의미하다.[36]

---

[35] 자신이 제시한 의미 있는 의사소통의 조건을 충족시키지 못하는 책은 무엇이든 "불살라 버려라."는 데이비드 흄의 말과 비교하라(5장 참조). 논리실증주의자들은 흄보다는 감정적인 언어에 대해 좀 더 개방적인 태도를 취했다. 그러나 흄도 다른 상황에서는 그런 언어에 대해 개방적인 태도를 취했다. 아울러 "우리의 생각을 분명하게 만드는 법"에 대한 찰스 퍼스의 견해와도 비교하라(9장 참조). 그는 후기 논리실증주의자들처럼 의미의 결정을 실질적인 검증과 연관시켰다.

[36] 논리실증주의자들은 형이상학과 종교의 언어를 복원하는 데는 관심을 기울이지 않았지만 윤리의 언어를 완전히 포기하는 것은 주저했다(특히 히틀러 정권이 저지른 악을 고려할 때). 카르납은 윤리적 언어는 가장된 명령이라고 말했고, 슐리크는 과학의 절차를 위한 규칙과 유사한 "행동의 규칙"이라고 말했다. 찰스 스티븐슨은 『윤리와 언어(Ethics and Language)』(New Haven, CT: Yale University Press, 1944)에서 좀 더 정교한 설명을 제시했다. 그에 따르면

논리실증주의자들의 검증 원리는 많은 그리스도인들에게 두려움을 안겨주었다. 그것은 니체, 러셀, 사르트르의 무신론보다 더 급진적이었다. 논리실증주의자들은 하나님의 존재를 인정하기를 거부했을 뿐 아니라 신의 존재라는 문제 자체가 아무런 의미가 없다고 주장했다. "하나님이 존재한다."는 것은 사실이나 거짓이 아닌 난센스일 뿐이다.

그러나 그리스도인들이 느낀 두려움은 그리 오래 가지 않았다. 일반 철학계 자체 내에서 논리실증주의의 검증 원리에 강력한 비판을 쏟아냈다. 그 결과, 1970년 즈음에는 아무도 그 원리를 더 이상 옹호하지 않게 되었다. 많은 사람이 그 원리가 애매모호하다고 생각했다. 논리실증주의자들은 그것을 다양한 방식으로 정확하게 진술하려고 노력했지만 그들 자신이 원하는 것을 성취한 사람은 아무도 없었다.

1) 초기의 원리는 경험적인 증거를 통해 "결정적으로 검증할 수 있는" 진술은 인식적으로 의미가 있다는 것이었다. 그러나 이 원리를 따른다면 일반적인 진술을 모두 다 무의미한 것으로 간주해 배제해야 한다. 왜냐하면 우리의 감각이나 과학적 도구 가운데 우주 전체를 파악하게 만들 수 있는 것은 존재하지 않기 때문이다. 논리실증주의자들은 과학을 진리에 이르는 유일한 길로 옹호하고 있지만 과학의 법칙 자체($E=MC^2$나 $F=MA$)도 일반적인 진술로 표현되기 때문에 그런 식의 검증 원리는 유지될 수 없다.

2) 칼 포퍼는 그 대안으로 명제가 "결정적으로 반증 가능하다면", 곧 그것이 틀렸고 그 틀린 것을 결정적으로 입증할 수 있는 경험적인 수단이 있다면 그 명제는 인식적으로 의미가 있다는 원리를 제안했다. 그러나 앞의 원리가 일반적인 주장을 모두 배제한다면 이 원리는 "블랙홀은 존재한다."와 같은 구체적인 주장을 모두 배제한다. 우리는 어떤 것이 존재하지 않는다는 것을 경험적으로 입증할 수 없기 때문에("부정 명제는 입증할 수 없다") 블랙홀이 존재하지 않는다는 것을 과학적으로 증명할 수 없다. 그런 증거를 제시하려면 우주에 있는 모든 사실을 고려해야 한다. 과학은 구체적인 주장을 요구하기 때문에 포퍼의 원리도 과학에 부합하지 않는 것으로 드

윤리적인 진술은 1) 감정의 표현이고, 2) 다른 사람들이 같은 방식으로 느끼라고 권고하는 의미를 지닌다. 예를 들어 "훔치는 것은 나쁘다."는 "나는 훔치는 것을 싫어한다. 당신도 그것을 좋아해서는 안 된다."라는 의미를 지닌다. "도덕 정서설"로 불리는 이 입장은 논리실증주의자들 사이에서 가장 인기 있는 도덕적 견해로 자리 잡았다. 이 점에 대해 좀 더 자세히 알고 싶으면 다음 자료를 참조하라. DCL, 82-84.

러났고, 결국 거부되었다.

3) 어떤 사람들은 검증 원리를 약간만 약화시키면 그것을 적절히 활용할 수 있다고 생각했다. 그것은 명제의 참이나 오류를 밝히는 데 적합한 약간의 경험적인 증거만 있다면 그 명제가 인식적으로 의미가 있다는 견해다. 그러나 이 견해는 모든 종류의 형이상학자들과 신학자들에게 그들의 입장을 입증할 수는 없지만 제각기 자신의 입장에 부합되는 확실한 증거가 있다고 말할 수 있는 빌미를 제공했다.

검증 원리를 둘러싸고 그런 혼선이 빚어지자 "인식적인 의미"를 규명하려는 논리실증주의자들의 시도에 대해 더욱 강력한 비판(곧 그들의 원칙이 제멋대로라는 비판)이 제기되었다. 논리실증주의자들의 주장을 처음 들었을 때는 그들이 사전 편찬자들이 공통된 용법에 근거해 다른 용어들을 정의하는 것처럼 "인식적인 의미"를 책임 있게 규명하려는 의도를 지닌 것처럼 보인다.

그러나 "인식적인 의미"는 공통적으로 사용되는 문구가 아니다. 더욱이 논리실증주의자들이 원하는 것은 과학적인 언어만을 인정하고, 윤리적, 종교적, 형이상학적 언어는 모두 배제하려는 개념을 확립하려는 것처럼 보인다. 그들은 결국 자신들의 목적을 이루지 못했다.

그 이유는 "인식적인 의미"에 대한 그들의 정의가 모든 과학 용어를 수용하기에는 너무 편협하고, 모든 형이상학과 종교의 언어를 배제하기에는 너무 폭넓은 경향이 있기 때문이다. 그들이 내린 정의는 공통된 용법을 확립하지 못했고, 단지 정치적인 연설이 종종 그러는 것처럼(예를 들면 "동정심"을 국가 사회주의를 포용하는 개념으로 정의하거나 "여성의 출산 건강"을 낙태를 인정하는 개념으로 정의하는 것) 하나의 이데올로기를 제안하려는 의도를 지닌 것처럼 보였다.[37]

더욱이 논리실증주의자들은 "검증의 본질"에 관해서도 합의를 이룰 수가 없었다. 그들은 모든 가설이나 이론은 기본적인 사실들을 진술하는 "프로토콜 명제"에 의해

---

[37] 나중에 아이어는 검증 원리에 대한 이런 비판들에 대해 그것이 일종의 관례(즉 폭넓은 사회적 관습을 나타내는 것은 아니지만 논리실증주의자들 사이에서 "인식적인 의미"의 정의로 사용하기로 암묵적으로 협의된 것)라고 대답했다. 물론 그것이 사실이라면 그들의 검증 원리는 아무런 검증도 필요로 하지 않는다. 왜냐하면 누구든지 어떤 식으로든 자기들이 원하는 방식으로 용어들을 정의해 사용하면 그만이기 때문이다. 결국 아이어는 그렇게 말함으로써 논리실증주의자들에게 속하지 않는 사람들은 "의미"나 그런 주장에 함축된 뜻에 대해 사적인 차원에서 이루어진 관례적인 정의를 인정해야 할 책임이 없다는 것을 스스로 자인한 셈이다.

검증되어야 한다고 믿는 경험주의자들이었다.

그러나 1) "프로토콜 명제"에 관한 논리실증주의자들의 개념은 러셀의 "원자적 사실"과 똑같은 어려움에 직면한다. 현실이 그런 작은 요소들로 나뉘고, 우리가 그런 요소들을 파악할 수 있는지가 전혀 분명하지가 않다. 아마도 원자적 사실이라는 개념은 좀 더 상식적인 유형의 사실들로부터 추론하거나 추정한 것이 분명하다. 2) 심지어 기본적인 사실들이 실제로 존재한다고 해도 과연 그것들을 어떻게 구분할 수 있을 것인가?

카르납과 노이라트는 그것들을 자명한 공리나 기존의 지식과의 일관성을 통해 식별할 수 있다고 생각했다. 슐리크의 경우는 흄과 러셀의 견해에 좀 더 가깝다. 그는 프로토콜 명제가 감각과 고통과 같은 심리적 경험에서 비롯한다고 생각했다.

간단히 말해, 논리실증주의는 진리 발견을 위한 새로운 대안을 제시한 것이 아니라 과거의 인식론이 직면했던 모든 전통적인 난제들을 또다시 재현시키는 결과를 낳았다.

마지막으로 논리실증주의의 검증 원리는 "자기 모순"인 것으로 드러났다. 즉 인식적인 의미는 검증에 달려 있다는 검증 원리를 그 자체의 크고 작은 다양한 명제들을 통해 검증하기가 불가능하다. 이 원리가 사실이라면 그 원리 자체에 대해 인식적으로 무의미하다는 반증을 제기할 수 있어야 한다. 다시 말해 검증 원리도 형이상학과 종교처럼 앞서 설명한 언어 기능의 범주 3이 아닌 4에 해당한다. 따라서 비트겐슈타인이 『논리철학논고』에 관해 스스로 인정한 것처럼 논리실증주의는 자기 모순을 안고 있다.

이런 비판은 논리실증주의가 다른 비기독교 철학들과 마찬가지로 합리주의와 불합리주의의 변증 관계에 얽매여 있다는 것을 보여준다. 논리실증주의는 참과 거짓을 결정할 수 있을 뿐 아니라 심지어는 자신의 기준에 따라 의미를 판단할 수 있다고 믿는 급진적 합리주의에 해당한다. 그러나 자세히 살펴보면 그 합리성이 공허하고, 무원칙적이고, 자기 모순이라는 것, 곧 불합리하다는 것을 알 수 있다. 다음의 도표를 참조하라.

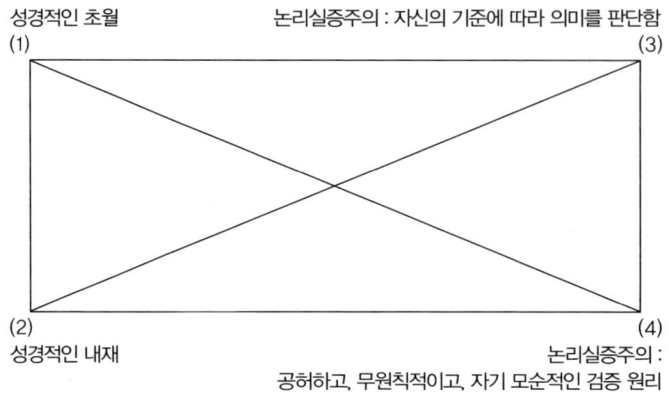

도표 12. 2. 논리실증주의의 초월과 내재

논리실증주의의 전성기가 지난 지 얼마 후에 안토니 플루는[38] 많은 사람이 사용한 논증과 비슷한 논증을 펼쳐 기독교를 논박했다.[39] 그는 다음과 같은 비유를 제시했다.

옛날에 탐험가 두 명이 정글에서 우연히 공터를 발견했다. 그 공터에는 많은 꽃과 잡초가 자라고 있었다. 한 탐험가는 "이곳을 돌보고 있는 정원사가 있는 것이 틀림없군."이라고 말했다. 그들은 텐트를 치고, 불침번을 세웠다. 그러나 정원사는 나타나지 않았다. "그렇다면 아마도 그는 보이지 않는 정원사일 거야." 그들은 가시철조망으로 울타리를 만들고, 거기에 전류를 통하게 했으며, 수색견들을 데리고 순찰했다(왜냐하면 웰스의 『투명 인간(The Invisible Man)』이 눈으로 볼 수는 없지만 냄새를 맡을 수도 있고, 만질 수도 있다는 말이 기억났기 때문이다). 그러나 침입자가 충격을 받았다는 것을 알리는 비명소리는 들리지 않았다. 보이지 않는 사람이 울타리를 넘어오는 것을 보여주는 철조망의 움직임도 전혀 없었고, 수색견들도 일체 짖지 않았다. 그러나 정원사가 있다고 믿는 탐

---

38) 나중에 플루는 지적 설계론에 관한 책들을 읽고 나서 이신론자가 되었다.

39) Antony Flew et al., "Theology and Falsification", *New Essays in Philosophical Theology*, ed. Antony Flew and Alasdair C. MacIntyre (London: SCM Press, 1955), 96-130. 이것에 대한 나의 대답을 살펴보려면 다음 자료를 참조하라. Frame, "God and Biblical Language: Transcendence and Immanence", *DWG*, Appendix E(이 책 부록 H).

험가는 생각을 바꾸지 않았다. 그는 "보이지도 않고, 만질 수도 없고, 전기 충격에도 무감각한 정원사, 냄새도 없고, 소리도 내지 않고, 은밀하게 나타나 자신이 사랑하는 정원을 돌보는 정원사가 틀림없이 있을 거야."라고 말했다. 마침내 회의를 품고 있던 다른 탐험가가 "자네가 본래 주장한 것에서 남아 있는 것이 대체 무엇인가? 자네가 보이지 않고, 만질 수도 없고, 영원히 확인할 수 없는 정원사가 상상 속의 정원사나 전혀 존재하지 않는 정원사와 무엇이 다르단 말인가?"라고 푸념했다.[40]

플루의 비유는 새로운 형태로 논리실증주의의 도전을 제기했다. 그 존재를 경험적으로 검증하거나 반증할 수 없는 신이나 아예 존재하지 않는 신이 어떻게 다른가? 이 비유는 신의 존재가 "의미 있는" 명제인지 여부를 묻는 질문을 다시 제기하고 있지 않은가? 그러나 이 물음은 한 가지 인식론, 곧 경험주의의 인식론을 전제한다. 이 인식론도 지금까지 논의한 흄과 러셀과 카르납의 인식론과 동일한 반론에 부딪치기 마련이다. 따라서 우리는 이렇게 결론지을 수 있다.

1. 기독교의 전제를 받아들일 경우, 기독교는 검증 가능하다. 모든 사실이 하나님에 관해 말한다. 기독교는 또한 "만일 그리스도께서 부활하지 않으셨다면 우리의 소망은 헛되다." 또는 "하나님의 약속이 실패한다면 그분은 사실이 아니다."라는 식으로 반증이 가능하다.
2. 그러나 기독교는 비기독교적 전제를 토대로 기독교를 반증하려는 의도를 지닌 논증을 거부한다.
3. 기독교가 비기독교적 전제를 토대로 한 반증을 거부하는 이유는 논리실증주의를 비롯해 다른 모든 세계관이 그 자체로 하나의 전제이기 때문이다. 따라서 기독교도 증거를 판단할 수 있는 권한을 지닌다.[41]
4. 플루의 검증 원리도 하나의 전제이기는 마찬가지다. 따라서 다른 전제들처럼 평가를 받아야 한다.

---

40) Flew, "Theology and Falsification", 96.
41) 나는 앞서 인용한 바 있는 "하나님과 성경적인 언어"에서 플루의 견해에 대답하면서 이 논증을 좀 더 길게 다루었다.

5. 플루의 검증 원리는 앞서 논의한 다른 원리들처럼 의미 있는 의사소통의 한계를 설정할 수 있는 원리가 되기에는 일관성이 떨어진다.

앞서 말한 대로, 1970년 이후부터 논리실증주의를 옹호하는 사람은 거의 없다. "논리실증주의는 완전히 틀렸다는 것을 쉽게 입증할 수 있는 몇 안 되는 철학적 입장 가운데 하나다. 이것이 논리실증주의가 유명한 이유다."라는 존 휘틀리의 말은 크게 틀리지 않는다.[42]

다른 과학 철학

이번 장은 20세기의 언어 분석 철학을 주로 다룬다. 그러나 지금까지의 논의를 통해 분명하게 알 수 있는 대로 20세기의 철학은 대부분 언어보다는 과학에 좀 더 많이 초점을 맞추었다. 계몽주의 시대의 철학자들은 대부분 과학에 깊은 관심을 기울였다. 그런 상황이 그 후로 계속되었다. 칼 마르크스는 경제적 결정론에 관한 자신의 견해가 과학적이라고 주장했고(7장), 찰스 퍼스는 과학적 방법이 진리를 결정하는 유일하고, 궁극적인 방법이라는 "과학주의"를 주장했다(9장). 그러나 현상학자들과 실존주의자들은 삶의 세계를 과학과 기술의 세계와 혼동하는 것에 대해 경고했다. 그러나 앞에서 살펴본 대로 논리실증주의자들은 자신들의 급진적인 과학주의를 조금도 당혹스럽게 여기지 않고, 형이상학과 신학을 경멸했다. 나는 논리실증주의자들이 심지어 과학을 비롯해 그 어떤 것에 대해서도 올바른 견해를 제시하지 못했다는 점을 분명히 해두고 싶다. 이런 이유로 나는 여기에서 20세기 과학 철학의 주된 전통이 사실상 과학주의와 과학에 관한 논리실증주의자들의 견해를 거부했다는 것을 밝혀두고자 한다.

과학에 관한 논리실증주의자들의 견해는 몇 년 전에 내가 사는 지역의 일간지에서 발견한 "편집자에게 보내는 편지"를 떠오르게 한다. 그것은 엔젤 산체스라는 사

---

[42] John Wheatley, *Prolegomena to Philosophy* (Belmont, CA: Wadsworth, 1970), 103.

람이 보낸 편지였다.

> 대다수 사람들이 종교와 정치에 관해 말하는 것을 거부하는 이유가 늘 궁금합니다. 나는 그것들이 둘 다 너무 애매모호하기 때문에 그렇지 않나 싶은 생각이 듭니다. 이제는 확고한 토대 위에, 곧 우리 대다수가 이해할 수 있고 우리가 통제할 수 있으며, 우리의 일상생활에 영향을 미치는 것 위에 우리의 신념을 구축해야 할 때가 되지 않았습니까? 그것은 바로 "과학"입니다. 이 점을 잘 생각해 보십시오.[43]

나는 생각해 보았고, 종종 학생들에게 이 말을 비판하라는 시험 문제를 내곤 했다. 논리실증주의자들이 좀 더 정확하고, 세련되게 말한 내용 가운데는 보통 사람들이 상식으로 생각하는 것과 비슷한 것이 많다. 과학은 객관적이고, 믿을 만하지만 종교와 정치는 주관적이고, 애매모호하다. 과학은 다른 모든 지식을 구축해야 할 확고한 토대다. 과학자들은 사실들을 수집하지만 형이상학자들과 신학자들은 단지 전설, 신화, 공상에 몰두할 뿐이다.

철학자들은 더 이상 실증주의를 옹호하지 않지만 과학은 객관적이고, 형이상학과 신학은 주관적이라는 개념이 오늘날의 정치와 종교와 대중문화 속에서 이루어지는 대화에 전제되어 있는 것이 보통이다. 과학에 대한 이런 견해는 과학자들이 단순히 밖에 나가 세상을 보고, 본 것을 그대로 기록한다고 생각한다. 사람들은 그들이 해석되지 않은 객관적인 "생짜 그대로의" 사실들, 곧 편견이나 선입관이나 전제로부터 자유로운 사실들을 수집한다고 믿는다.

그러나 정작 과학자들 자신의 생각은 그런 대중적인 생각과는 거리가 멀다. 이 점은 과학적인 방법과 담화를 분석하는 논리실증주의 이후의 철학자들도 마찬가지다. 20세기 과학자들 사이에서 이루어진 합의는 산체스 씨의 편지에서 발견되는 일반적인 생각과는 사뭇 다르다. 헬라 철학에서부터 계몽주의와 칸트를 거쳐 오늘날에 이르기까지 계속되어 온 인식론의 문제는 그 어떤 지식의 영역 못지않게 과학에도 그대로 적용된다. 감각과 이성의 관계, 선험적인 것과 귀납적인 것, 증언과 권위

---

43) Angel Sanchez, letter to the editor, *Escondido Times-Advocate*, April 28, 1983.

의 역할에 관한 문제가 역사나 종교 못지않게 과학과도 깊이 관련된다. 이 문제들 가운데 어느 하나도 철학계 안에서 확고한 합의를 이루었다고 말할 수 있는 근거는 전혀 없다.

따라서 20세기 과학 철학은 논리실증주의자들이나 엔젤 산체스보다 과학에 대해 훨씬 더 온건한 입장을 취해 왔다. 예를 들어 "규약주의"는 과학적인 주장이 객관적인 사실에 대한 주장이 아니라 자료를 특정한 방식으로 해석하기로 과학자들끼리 서로 협약한 것을 의미한다는 견해를 가리킨다. 이 견해를 제시한 사람은 "앙리 푸앵카레(1854-1912)"다. 그는 비(非)유클리드 기하학의 유용성을 고려하면 기하학을 논리실증주의에서 말하는 것과는 달리 선험적인 진리가 아닌 협약으로 간주해야 한다고 생각했다. 물리학자이자 철학자인 "피에르 뒤헴(1861-1916)"은 이 원리를 확대시켜 모든 과학을 포함시켰다. 뒤헴은 관찰된 사실을 설명하는 방법은 다양하기 때문에 논리실증주의의 주장과는 달리 과학적인 주장을 관찰된 사실에 근거하는 것으로 생각해서는 안 된다는 "전체론적인 견해"를 제시했다.[44] 물리학의 실험은 단순한 관찰이 아닌 이론적 체계 내에서 이루어지는 관찰에 대한 해석이다. 하나의 가설을 하나의 실험적 시험에만 국한시킬 수 없다. 왜냐하면 모든 실험이 실제로 복잡한 가설들과 이면적인 전제와 이론을 시험하는 목적을 지니기 때문이다. 가설들 가운데서 하나의 가설을 받아들이는 이유가 복합적일 때가 많고, 경우에 따라서는 심미적인 단순성과 균형과도 관련이 있을 수 있다.

"존 듀이"(9장)를 비롯한 다른 사상가들은 "도구주의"라는 견해를 제시했다. 도구주의는 과학적인 이론이 세상에 대한 묘사와 전혀 상관이 없다고 주장한다. 오히려 과학은 자연을 이용하는 데 사용할 수 있는 도구, 즉 수단이다. 이 견해는 듀이가 윌리엄 제임스와 공유했던 진리에 대한 실용주의적인 견해로부터 비롯했다.

과학에 대한 또 하나의 견해는 "조작주의"로 알려져 있다. 이 견해에 따르면 과학적인 이론은 세상을 묘사하는 것이 아니라 연구 계획을 요약한 것이다. 물리학자 "퍼시 브리지먼(1882-1961)"은 상대성 이론과 양자 역학과 관련된 역설들에 관심을 기울였고, 그 결과 어떤 개념의 의미는 일련의 조작에 의한 결과일 뿐이라는 견

---

44) 그의 견해는 헤겔과 윌라드 콰인의 견해와 비슷하다. 윌라드 콰인에 대해서는 나중에 논의할 생각이다.

해를 제시했다.⁴⁵⁾ 기독교와 과학이 양립할 수 있다는 것을 보여주려고 노력했던 천체물리학자 "아서 에딩턴"은 그리스도인들에게 걱정하지 말라면서 과학적인 이론들은 도구적인 정보 해독, 즉 "지침 해석"일 뿐이라고 말했다. 기독교 철학자이자 변증학자인 "고든 클라크(1902-85)"는 브리지먼의 이론을 근거로 경험적인 과학이 세상에 대한 지식을 전혀 제공하지 못한다고 주장했다(13장 참조).⁴⁶⁾

규약주의, 도구주의, 조작주의는 서로 겹치고, 또 서로에게 영향을 미쳤지만 과학이 가장 근본적인 사실을 발견할 수 있는 유일한 방법이라고 믿었던 논리실증주의자들을 비롯한 여러 사상가들의 주장을 무력화시키는 결과를 낳았다.

이 밖에도 과학적 탐구의 복잡한 본질을 더욱 온전하고, 명확하게 드러낸 사상가들이 더 있다. "마이클 폴라니(1889-1976)"는 물리화학에서 중요한 발견을 했고, 나중에는 자유시장경제의 옹호자가 되었다. 그는 객관적이고, 과학적인 지식에 관한 논리실증주의의 개념을 거부했고, 과학적인 발견에는 개인적인 헌신이 필요하다고 주장했다.⁴⁷⁾ 개인적으로 지식을 추구하지 않으면 지식을 얻을 수 없다. 우주에 관한 지식을 얻을 수 있는 기회를 가지려면 발견을 가능하게 해 줄 것으로 생각되는 질문들과 가설들을 선택하고, 우리가 찾으려는 것을 발견하는 데 필요한 수단을 활용하며, 우리의 자산과 평판을 잃을지도 모르는 위험을 감수해야 한다. 이처럼 과학적인 지식은 개인적인 지식을 전제한다.

무엇이 우리에게 동기를 부여해 진리를 찾도록 이끄는 것인지 공식적으로 설명하거나 명확하게 상술하기가 불가능할 때가 많다. 그러나 우리의 동기를 설명할 수 없다고 해서 우리의 탐구가 타당성을 잃는 것은 아니다. 폴라니는 그런 표현할 수 없는 동기 자체가 진리를 발견하는 데 어느 정도의 역할을 한다고 말했다. 우리는 우리가 입증할 수 있는 것보다 더 많은 것을 믿고, 우리가 말할 수 있는 것보다 더 많은 것을 안다. 폴라니는 그런 보조적인 신념과 이해를 "암묵적 지식"으로 일컬었다. 예를 들어 코페르니쿠스가 태양중심설의 가설을 주장하기 위해 자신의 평판을

---

45) Percy Bridgman, *The Logic of Modern Physics* (New York: Macmillan, 1927).
46) Gordon H. Clark, *The Philosophy of Science and Belief in God* (Nutley, NJ: Craig Press, 1964).
47) 다음 자료를 참조하라. Michael Polanyi, *Science, Faith and Society*, Riddle Memorial Lectures (London: Oxford University Press, 1946). *Personal Knowledge: Toward a Post-Critical Philosophy* (Chicago: University of Chicago Press, 1958).

잃을 위험을 기꺼이 감수했던 이유는 태양중심설이 경험적이거나 합리적인 방법에서 자동적으로 비롯하는 결과이기 때문이 아니라, 새로운 세계관이 그의 상상력과 그의 미적 감각을 자극했기 때문이다. 과학적인 성공은 암묵적 지식이 현상적 지식과 통합될 때 이루어진다.

"토머스 쿤(1922-96)"은 폴라니를 비롯한 다른 사상가들의 견해에 고무되어 과학적인 방법에 대한 일반적인 묘사를 뛰어넘어 과학이 실제로 진행되어 온 역사를 진지하게 탐구했다. 그는 자신의 연구 결과를 한 권의 책으로 펴냈다(『과학 혁명의 구조』).[48] 그 책은 과학의 본질에 대한 그 이후의 모든 논의를 촉발시킨 기폭제가 되었다. 쿤은 논리실증주의가 강조한 (위에서 인용한 산체스의 편지와 같은) 과학에 대한 일반적인 견해(곧 오랜 세월을 지나면서 발견된 사실들이 누적되면서 과학이 진보했다는 견해)를 거부했다. 코페르니쿠스, 뉴턴, 라부아지에, 아인슈타인과 같은 인물들과 연관된 과학의 중요한 전환점에 대한 쿤의 연구는 다음과 같은 결론에 도달했다.

> 그들은 제각기 과학적인 조사에 유용한 문제들과 전문가 집단이 무엇을 용인할 수 있는 문제나 타당한 문제 해결책으로 간주해야 하는지를 결정한 기준과 관련해 잇따른 전환을 이루어냈다. 또한 그들은 궁극적으로 세상(즉 과학적 작업이 이루어지는 장소)의 새로운 변화로 일컫지 않으면 안 될 방식으로 과학적 상상력을 새롭게 혁신시켰다. 그런 변화와 거기에 항상 뒤따르는 논쟁들이 곧 과학 혁명의 결정적인 특성이다.[49]

쿤은 "정상 과학"은 다음과 같은 전통 가운데 하나를 따른다고 말했다.

> 이 논문에서 "정상 과학"이란 과거에 이룬 한두 가지의 과학적 성취, 즉 일부 특정한 과학계에서 추후의 연구를 위한 발판을 제공한 것으로 한동안 인정을 받은 성취에 확고히 기반을 둔 탐구 활동을 의미한다.[50]

---

48) Thomas Khun, *The Structure of Scientific Revolutions* (Chicago: University of Chicago Press, 1962).
49) Ibid., 6.
50) Ibid., 10.

그런 성취는 "패러다임"을 만들어낸다. 이 용어는 쿤의 책을 통해 우리 시대의 일반 언어로 자리 잡았다.

> 내가 "패러다임"이라는 용어를 채택한 이유는 공인된 실제적인 과학적 실행의 사례들(즉 법칙과 이론과 적용과 기구 사용을 모두 포함하는 사례들)이 과학적인 탐구의 통일된 전통을 만들어낸 모델을 제시한다는 것을 말하기 위해서다.[51]

이런 사례들 가운데는 프톨레마이오스의 천문학, 코페르니쿠스의 천문학, 아리스토텔레스의 역학, 미립자 광학(파동 광학) 등이 포함된다. 정상 과학은 이런 패러다임 가운데 한두 가지를 전제하고, 그 안에서 작용한다. 정상 과학의 목적은 하나의 패러다임을 기준으로 그 부가적인 현상을 관측함으로써 패러다임을 예시하고, 적용하는 새로운 사실들을 발견하는 데 있다. 물론 그런 종류의 과학적 탐구는 패러다임이 없더라도 얼마든지 가능하다. 그러나,

> 패러다임이나 패러다임이 될 만한 것이 없는 경우에는 기존 과학의 발전과 관련된 모든 사실이 똑같이 적절한 것으로 보일 가능성이 높다. 따라서 사실 수집의 활동이 나중의 과학적 발전을 통해 익숙하게 될 활동보다 훨씬 더 마구잡이로 이루어질 수밖에 없다.[52]

그런 과학은 과학자들이 저마다 밑바닥에서부터 근본 원리들을 새롭게 확립하려고 하기 때문에 경쟁 학파 간에 서로 논증이 대립되는 등, 다소 무질서하게 진행되기 마련이다. 그러나 과학계가 일단 기초적인 패러다임을 받아들이면 과학자들은 공통된 노력을 기울일 수 있다. 그때가 곧 연구 활동이 가장 결실을 많이 맺는 시기가 된다. 패러다임이 있으면 과학자들은 어떤 실험이 가장 유익할 것인지, 또 그런 실험을 성공리에 수행하려면 어떤 방법과 기구 사용이 필요한지에 대해 의견 일치를 이룰 수 있다. 그들은 "퍼즐", 곧 설명을 요구하는 것처럼 보이는 현상들을 패러

---

51) Ibid.
52) Ibid., 15.

다임에 일치시킴으로써 문제를 해결한다.

그러나 과학자들은 때로 특별히 어려운 문제에 부딪칠 수 있다. 쿤은 이를 "변칙"으로 일컬었다.

> 발견은 변칙을 의식하는 데서부터, 곧 자연 현상이 정상 과학을 지배하는 패러다임을 토대로 한 기대에서 벗어났다는 것을 인식하는 데서부터 시작한다.[53]

과학자들은 변칙을 서로 다른 방식으로 해결한다. 그들은 때로는 변칙이 결국에는 기존의 패러다임에 포함될 수 있다는 것을 보여주기도 하고, 때로는 그것을 잠시 유보한 채 미래의 과학자들이 문제를 해결해 주기를 기대하기도 한다.[54] 그러나 때로는 변칙이 더 늘어나 "위기 상태", 곧 "정상 과학의 퍼즐이 제대로 해결되지 않고 실패만 거듭되는 상태"에 부딪칠 때도 있다.[55] 쿤은 코페르니쿠스 이전에 프톨레마이오스 천문학을 신봉했던 천문학자들 사이에서 벌어진 당혹스런 상황을 예로 들었다. "천문학의 복잡성이 그 정확성보다 훨씬 더 급속하게 증가하고 있었다. …한 곳에서 바로 잡은 모순된 현상이 다른 곳에서 또다시 나타날 개연성이 높았다."[56]

위기는 "하나의 패러다임이 불투명해지고, 정상적인 탐구 활동의 규칙들이 잇따라 와해되면서부터" 시작한다.[57] 만일 과학자들이 그 현상을 기존의 패러다임에 일치시키지 못하거나 미래의 해결을 위해 유보해 두지 않으면, "위기는 새로운 패러다임이 될 수 있는 것의 출현과 그것을 받아들일 것인지 여부를 둘러싼 논쟁의

---

53) Ibid., 52-53.
54) 이것은 심지어 신학에서조차도 매우 존경할 만한 전략이 아닐 수 없다. 기독교 신학에서도 악의 문제, 삼위일체, 하나님의 주권과 인간의 자유와 같은 주제들을 다룰 때 어려운 문제들이 발생한다. 그러나 많은 불신자들의 생각과는 달리 기독교 신앙의 본질에 의하면 그런 문제들 가운데 당장의 해결을 필요로 하는 것은 아무것도 없다. 그리스도인들은 설혹 해결책이 없더라도 하나님의 계시를 믿을 수 있는 충분한 이유를 가진다. 진실로 하나님이 그리스도인들이 고백하는 그런 하나님이시라면 해결되지 않은 문제가 없어야만 그분을 믿을 수 있다는 것은 결코 바람직한 생각이 못 된다.
55) Kuhn, *Revolutions*, 68.
56) Ibid. 쿤은 이 말을 다음 자료에서 인용했다. J. L. E. Dreyer, *A History of Astronomy from Thales to Kepler*, 2nd ed. (New York: Dover, 1953), chaps. 11-12.
57) Kuhn, *Revolutions*, 84.

시작으로 끝이 난다."⁵⁸⁾ 쿤은 새로운 패러다임을 받아들일 것인지 여부를 둘러싼 논쟁을 "과학 혁명"으로 일컬었다. "여기에서 과학 혁명이란 누적적으로 발전해 오지는 않았지만 양립 불가능한 새로운 패러다임으로 옛 패러다임의 전부나 일부를 대체하는 것을 의미한다."⁵⁹⁾

서로 경쟁하는 두 패러다임의 문제는 논리실증주의자들이 생각하는 것과는 달리 관찰에 의해 해결되지 않는다. 왜냐하면 관찰 자체가 패러다임에 따라 상대적이기 때문이다. 쿤은 변칙 카드를 사용한 실험을 언급했다. 실험자는 검정색 스페이드 6번을 붉은색 스페이드 6번으로 바꿔놓고, 피실험자에게 일련의 카드를 알아맞혀 보라고 요구했다. 피실험자는 변칙 카드의 순서가 되자 처음에는 자신의 정상적인 기대에 따라 "검정색 스페이드 6"이라고 대답했다. 그러나 그런 식으로 몇 차례 실험이 되풀이되자 피실험자는 변칙 카드에 대한 정보를 알게 될 때까지 불확실하고, 혼란스런 태도를 드러냈다. 그러나 그러기 전까지 그의 반응을 결정한 것은 그의 시각적인 경험이 아닌 그의 기대였다.⁶⁰⁾ 쿤은 이렇게 말했다.

> 이 심리적인 실험은 과학적인 발견의 과정에 대한 매우 단순하고, 설득력 있는 설명을 제시한다. 과학에서도 카드 실험의 경우처럼 기대를 벗어나는 현상이 거듭 나타나는 데서 비롯하는 어려움을 겪어야만 비로소 새로운 발견이 이루어진다.⁶¹⁾

패러다임을 둘러싸고 논쟁이 벌어졌을 때, 패러다임들을 비교 평가할 수 있는 중립적인 기준점은 존재하지 않는다.

> 패러다임들이 서로 경쟁에 돌입해 어떤 패러다임을 선택할 것인지에 대한 논쟁이 불거지면(패러다임들은 서로 부딪칠 수밖에 없다), 그것들의 역할은 필연적으로 순환적일 수밖에 없다. 각 그룹은 자신의 패러다임을 사용해 그것을 옹호하기 마련이다.

---

58) Ibid.
59) Ibid., 92.
60) Ibid., 62-64.
61) Ibid., 64.

물론 그 결과로 초래된 논리적 순환이 그 논증을 틀리게 만들거나 무력하게 만들지는 않는다. 하나의 패러다임을 옹호하기 위해 그것을 전제하는 사람은 그럼에도 불구하고 자연에 대한 새로운 견해를 채택한 사람들 앞에서 과학적 탐구처럼 보이는 행위를 분명하게 내보인다. 그런 내보임은 엄청날 뿐 아니라 때로는 도무지 거부할 수 없을 정도의 설득력을 지닌다. 그러나 순환 논리는 아무리 강력한 힘을 지녔다고 해도 단순한 설득에 지나지 않는다. 그것은 그 그룹에 가담하기를 거부하는 자들에게 논리성은 물론, 개연성조차 지니지 못하는 것처럼 보인다. …패러다임 선택의 문제는 논리와 실험만으로는 명료하게 해결될 수 없다.[62]

쿤은 패러다임을 "일관된 전통"으로 간주했다. 그는 과학의 공동체적 구조(즉 패러다임을 중심으로 규합된 공동체)에 관해 많이 말했다. 하나의 패러다임과 그와 경쟁하는 패러다임 가운데 하나를 선택해야 할 상황에서 순환적인 주장이 더 이상 설득력을 발휘하지 못할 때는 패러다임을 의문시하는 공동체의 성격이 가장 중요한 문제로 대두된다. 이것이 바로 폴라니가 과학적 발견에 그토록 중요한 영향을 미친다고 생각했던 "암묵적 지식(개인적인 지식)"이다.

쿤은 서로 다른 패러다임을 주장하는 과학자들 사이에 큰 간극이 존재한다고 주장한다. 이런 주장은 그의 가장 논란이 되는 입장과 곧바로 직결된다.

> 과학자들은 자신들이 보고, 행하는 것을 통해 그 세계(곧 그들의 연구 참여로 이루어진 세계-저자의 설명)에 의존하기 때문에 혁신이 일어난 후에는 그것과 다른 세계에 반응해야 한다.[63]

쿤은 여기에서 약간 주저하는 투로 말했지만, 하나의 패러다임으로부터 또 다른 패러다임으로 옮겨가는 것은 해석의 변화 이상의 의미를 지닌다고 생각했던 것이 분명하다. 해석은 패러다임에 의존한다. 두 사람이 어떤 것에 대한 해석만을 달리 한다면 자신들이 해석하려고 노력하는 것의 존재에 대해서는 이미 합의가 이루어

---

62) Ibid., 94.
63) Ibid., 111.

진 상태다. 그러나 패러다임 충돌이 일어나면 그런 합의조차도 깨어지기 마련이다. 쿤은 하나의 패러다임에만 있고 다른 패러다임에는 없는 물체들에 대한 사례를 많이 들었다(예를 들면 "플로지스톤"). 해석은 정상 과학의 과정에서 이루어지지만 "해석"이라는 용어는 새로운 패러다임을 채택할 때 일어나는 변화를 정확하게 묘사하지 못한다. 따라서 어떤 점에서 새로운 패러다임을 받아들인다는 것은 어떤 것에 대한 새로운 해석을 받아들이는 것 이상의 의미를 지닌다. 그것은 다른 세상에 사는 것과 같다.

쿤의 책에서 발견되는 이런 측면과 그 밖의 측면들은 종교적 공동체 내에서 발전한 학문인 신학에도 적용될 수 있다. 그는 『과학 혁명의 구조』를 처음 펴내고 나서 7년 후에 쓴 후기에서 예술, 문학, 음악, 정치와 같은 과학 이외의 분야들에서도 비슷한 분석을 시도할 수 있는가를 묻고, "물론 그럴 수 있다."라고 대답했다. 왜냐하면 『과학 혁명의 구조』는 다른 학문들에 명백히 적용되는 유형을 찾아내 그것을 (종종 매우 다른 구조를 지니고 있는 것으로 생각되는) 과학에 적용하는 것을 목표로 삼았기 때문이다.[64] 그러나 기독교 신학은 스스로를 과학에 일치시키려고 애쓰는 경우가 많기 때문에 내가 1장에서 강조한 것(그리스도의 주권 아래 복종하며 사는 것은 그분을 그런 식으로 받아들이지 않는 사람들과는 매우 다른 관점으로 세상을 바라보게 한다는 것)을 다시 상기해야 할 필요가 있다. 우리는 하나님의 계시를 통해 주어진 진리를 전제한다. 그 전제가 비기독교 철학의 세계관과는 전혀 다른 세계관을 견지하도록 이끈다. 쿤이 패러다임에 관해 말한 대로 그런 세계관을 주장하는 것은 어떤 점에서 순환적일 수밖에 없다. 그러나 기독교 공동체 안에서 실천되는 기독교적 세계관과 인생관을 보여주는 것 자체가 충분한 논증이 될 수 있다.

쿤의 책은 거센 비판을 불러일으켰다. 가장 주된 비판은 『과학 혁명의 구조』가 상대주의적 입장을 취한다는 것이었다. 쿤은 다양한 방식으로 자신의 입장을 적절히 해명하려고 노력했지만 비평가들을 온전히 만족시키지 못했다. 노우드 핸슨과[65]

---

64) Ibid., 208-9.
65) Norwood Russell Hanson, *Patterns of Discovery: An Inquiry into the Conceptual Foundations of Science* (Cambridge : Cambridge University Press, 1958).

파울 파이어아벤트[66]를 비롯한 여러 사람들은 쿤과 비슷하거나 그보다 훨씬 더 급진적인 모델을 발전시켰다. 확실한 사실은 논리실증주의가 제시한 과학적 검증 모델이 일반 대중의 생각 속에서는 여전히 위력을 발휘하고 있을지라도 과학자들이나 과학 철학자들 사이에서는 더 이상 고려되고 있지 않다는 것이다. 쿤의 책은 과학 철학의 논의를 위한 새로운 출발점을 제공했다.

일상언어 철학

이제 20세기의 언어 분석과 루트비히 비트겐슈타인의 이야기로 다시 돌아가 보자. 비트겐슈타인이 1929년에 케임브리지에 돌아오고 나서 곧 그의 생각이『논리철학논고』를 저술할 때와 달라졌다는 소문이 퍼졌다. "후기 비트겐슈타인"이『청갈색책』을 통해 뚜렷하게 모습을 드러냈다(이 책은 비트겐슈타인이 1933년에서 1935년까지 학생들을 가르친 두 권의 강의 노트였다).[67] 그것은 그의 사후에『철학적 탐구』라는 제목의 책으로 정식으로 출간되었다.[68] 사실, 비트겐슈타인의 기본적인 논증은 내용이 계속 연결되는『청갈색책』에서 더 쉽게 파악할 수 있다. 그에 비해 (파스칼의『팡세』처럼) 숫자를 표기한 경구들로 구성된『철학적 탐구』는 그것들을 서로 연관시켜 생각하기가 항상 쉽지만은 않다. 비트겐슈타인이 1951년에 사망하자 그의 제자들과 친구들은 많은 주제를 다룬 그의 노트를 모아 그의 이름으로 무려 20권이 넘는 책을 출판했다. 그런 경구들 가운데는 그가 오랜 세월에 걸쳐 기록해 보관하면서 다듬은 것들이 많다.

"후기 비트겐슈타인"은 (모든 언어 분석 철학자들의 주된 관심사인) 언어의 의미에 관한 그의 사상으로 유명하다.『철학적 탐구』는 아우구스티누스의『고백록』1권 8장(아우구스티누스가 어른들로부터 말을 배우게 된 과정을 설명하는 내용)을 길게 인용하는 데서부터

---

[66] Paul Feyerabend, *Against Method: Outline of an Anarchistic Theory of Knowledge* (London: Verso, 1975).
[67] Ludwig Wittgenstein, *Prelimianry Studies for the "Philosophical Investigation": Generally known as the Blue and Brown Books*, 2nd ed., Harper Torchbooks (New York: Harper and Row, 1965).
[68] Ludwig Wittgenstein, *Philosophical Investigation*, trans. G. E. M. Anscombe (New York: Macmillan, 1968).

시작한다. 비트겐슈타인은 이렇게 대답했다.

> 내가 보기에 이런 말들은 인간 언어의 본질을 구체적으로 보여준다. 다시 말해 언어에 포함된 개개의 낱말은 대상들을 명명하고, 문장들은 그런 명칭들을 결합시킨 것이다. 언어의 이런 묘사 안에서 모든 낱말은 제각각 의미를 지닌다는 개념의 뿌리가 발견된다. 이 의미는 낱말과 관련이 있다. 그것이 그 낱말이 나타내는 대상이다.[69]

비트겐슈타인이 아우구스티누스의 견해로 간주한 이 견해는 때로 "의미지시설"로 일컬어진다. 이것은 모든 낱말이 어떤 것을 "가리키거나" "표시한다."는 것을 의미한다. 낱말의 지시체가 곧 그것의 의미다. "나무"라는 말의 의미는 세상에 실제로 존재하는 나무들이다. 그러나 이런 견해에는 문제가 뒤따른다. 고트로브 프레게의 유명한 논문 "의미와 지시에 관해"는[70] "샛별", "개밥바라기별", "금성"이 모두 동일한 지시체를 가리키지만 자유롭게 바꿔 쓸 수 없기 때문에 모두 동일한 의미를 지니는 것은 아니라고 주장한다. 따라서 의미에는 단순한 말과 지시체 외에 다른 것이 포함되어 있는 것이 틀림없다. 프레게는 그런 부가적인 요소를 "의미(Sinn)"로 일컬었다. 그러나 그는 "의미"의 개념을 다소 신비스럽게 남겨 놓았다.

그럼에도 불구하고 러셀의 논리적 원자론과 비트겐슈타인의 『논리철학논고』는 본질적으로 의미지시설의 개념을 따랐다. 러셀의 완전한 언어에서 모든 문장은 원자적 사실을 진술하고, 가리키며, 개개의 낱말은 사실을 구성하는 요소(사물, 속성, 관계) 가운데 하나를 가리킨다. 문장이 가리키는 사실이 곧 그것의 의미이고, 개개의 낱말이 가리키는 것이 곧 그것들의 의미다. 그러나 우리는 그런 식의 의미는 러셀의 완전한 의미에만 국한된다는 것을 기억해야 할 필요가 있다. 그것은 일상언어에는 적용되지 않는다. 일상언어의 경우는 그 의미가 분명하게 드러나려면 다시 고치고, 재구성하는 것이 필요했다. 이런 점에서 비트겐슈타인의 『논리철학논고』는 러셀의 견해를 따른다.

---

[69] Ibid., 1. 『철학적 탐구』를 언급할 때 내가 표기하는 숫자는 페이지가 아닌 경구의 순번을 가리킨다.
[70] 1892년에 작성되었고, 맥스 블랙이 번역했다. 다음 사이트에서 찾아 볼 수 있다. http://en.wikisource.org/wiki/On_Sense_and_Reference.

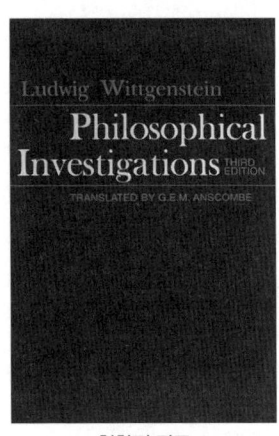

철학적 탐구
(philosophical investigations)

언어의 재구성은 러셀과 초기 비트겐슈타인의 전형적인 성향이었다. 러셀은 자신의 유명한 논문 "지시에 관해"에서[71] 지시하는 문구, 즉 "지금의 프랑스 왕은 대머리이다."와 같이 주어에 존재하지 않는 의미가 술어에 담겨 있는 "명확한 묘사"에 관해 논했다. 우리는 이 문장이 틀렸다고 생각하기 쉽다. 왜냐하면 오늘날 프랑스 왕은 존재하지 않기 때문이다. 그러나 "현재의 프랑스 왕은 대머리가 아니다."라는 부정적인 문장은 (배중률의 법칙에 의해) 사실이 될 수 있다. 그리고 이것은 별로 바람직하지 않은 결론인 것처럼 보인다. 따라서 러셀은 우리가 "현재의 프랑스 왕은 대머리다."라고 말할 때 우리가 실제로는 "존재 C가 있고, X = C라면 'X는 왕이고, 프랑스인이며, 대머리이다.'라는 말은 사실이다."라고 말하는 것과 같다고 주장했다. 이렇게 재구성된 문장은 확실히 잘못되었다. 그러나 그런 식으로 재구성된 문장이 본래의 문장이 지닌 의미를 그대로 나타내고 있는 것은 사실이 아닌가? 러셀의 복잡한 공식이 실제로 이 문장을 사용하는 사람들이 말하고자 하는 것을 묘사하고 있지 않은가?

비트겐슈타인은 『논리철학논고』에서 재구성의 규모를 일상언어에까지 확대시키려고 시도했다. 그는 일상언어에는 세상의 본질을 그릇 이해하게 만드는 혼란이 가득하다고 생각했다. 오직 완전한 문장에서만 의미가 분명하게 드러날 수 있다. 그러나 복잡한 논리적 공식과 가설로 추정된 원자적 사실에 근거한 형이상학을 통해 언어를 재구성하는 것은 언어로부터 보통 사람들 사이에서 이루어지는 의사소통의 도구로서의 기능을 박탈하는 결과를 낳았다.[72]

초기 비트겐슈타인과 후기 비트겐슈타인의 중요한 차이 하나는 후기 비트겐슈타인이 더 이상 일상언어를 재구성하려고 시도하지 않았다는 것이다. 그는 일상언어

---

[71] *Mind* 14 (1905): 479-93.
[72] 따라서 비트겐슈타인의 제자인 피터 스트로슨은 "지시에 관해"라는 논문(1950년 7월호 *Mind*, n.s., 59, 235: 320-44)에서 러셀과는 대조적으로 지시는 복잡한 논리적 공식에 대한 부적절한 진술이 아니라고 말했다. 누군가가 "현재의 프랑스 왕은 대머리이다."라고 말했다면 그는 복잡한 그릇된 주장을 제기한 것이 아니라 단지 스스로 혼동한 것을 표현했을 뿐이지 어떤 것을 참이나 거짓이라고 말한 것이 아니다. 문제의 문장은 전혀 명제가 아니다.

가 그 기능을 충분히 발휘할 수 있다고 생각했다. 그러나 가만히 귀를 기울여 그것이 무슨 의미인지를 이해하려고 노력해야 할 필요가 있다. 후기 비트겐슈타인 이후의 철학 운동이 종종 "일상언어 철학"으로 불리는 이유가 여기에 있다. 분석 철학은 이런 차이를 계속적으로 드러낸다. 러셀과 같은 사상가는 표현을 다른 용어나 논리적인 상징으로 재구성해 그 의미를 명료하게 하려고 시도한다. 그들은 문장의 재구성을 통해 본래의 표현이 "실제로 의미하는" 것을 드러낼 수 있다고 주장한다. 그러나 후기 비트겐슈타인과 같은 사상가들은 일상적인 표현 자체의 "고유한 용도"를 찾으려고 시도한다.[73]

그렇다면 일상언어 철학은 "의미"의 의미에 관한 문제를 어떻게 다룰까? 비트겐슈타인은 아우구스티누스의 견해를 언급하고 나서 모든 용어가 명칭의 기능을 하는 것은 아니라고 말했다(그는 "다섯"이라는 용어를 예로 들었다).[74] 심지어는 대상들을 가리키거나 지칭하는 용어들조차도 사람들이 그것을 사용하는 상황에서만 그런 기능을 발휘한다. 말을 배운다는 것은 그것을 단지 하나의 사물(또는 정신적인 개념)이 아니라[75] 인간의 삶의 유형과 결부시키는 것을 의미한다. 그는 "슬래브"는 단지 특정한 사물은 물론, 사물들을 가지고 우리가 하는 일(즉 그것들을 옮기고, 사용해 무엇인가를 짓는 일)과 관련이 있다고 예를 들어 설명했다.[76] 비트겐슈타인은 인간이 말을 사용해 무엇인가를 하는 것을 "언어 게임"으로 일컬었다.[77] 그는 이렇게 말했다.

> 도구 상자 안에 있는 도구들을 생각해 보라. 거기에는 망치, 펜치, 드라이버, 자, 아교냄비, 아교, 못, 나사 등이 들어 있다. 말의 기능은 이런 사물들의 기능만큼이나 다양하다(이

---

73) 최근의 종교 철학에서 종교적인 언어를 논리적인 용어로 재구성하려는 움직임이 다음 자료들에서 발견된다. Joseph M. Bochenski, *The Logic of Religion* (New York: New York University Press, 1965). William A. Christian, *Meaning and Truth in Religion* (Princeton, NJ: Princeton University Press, 1964). 그와는 대조적으로 종교적인 언어를 일상언어로 다루려는 움직임도 있다. 다음 자료들을 참조하라. Paul L. Holmer, *The Grammar of Faith* (San Francisco: Harper and Row, 1978). Ian T. Ramsey, *Religious Language: An Emprical Placing of Theological Phrases* (New York: Macmillan, 1957). 비트겐슈타인의 접근 방식에 대해서는 이번 항 뒷부분에서 논의한 내용을 참조하라.

74) Wittgenstein, *Investigations*, 1.

75) Ibid., 6.

76) Ibid., 2.

77) Ibid., 7.

두 경우는 서로 유사성이 있다).

물론 우리를 혼란스럽게 하는 것은 입으로 하는 말을 들을 때나 원고나 책에 쓰인 글을 읽을 때 발견되는 말들이 획일적인 형태를 띠고 있다는 점이다. 그 말들을 어떻게 "적용하는지"가 그다지 분명하게 나타나지 않는다. 철학을 할 때는 특히 더 그렇다.[78]

그는 말을 사용하는 용법의 차이에 대해서는 이렇게 말했다.

얼마나 많은 종류의 문장이 있을까? 주장도 있고, 질문도 있고, 명령도 있지 않은가? 우리가 "상징", "낱말", "문장"으로 일컫는 것을 사용하는 방법은 "무수히" 많다. 그런 다양성은 단번에 주어져 고정된 것이 아니다. 새로운 유형의 언어, 새로운 언어 게임이 생겨나고, 또 다른 것들은 쓸모없게 되어 사라진다. …
여기에서 "언어 게임"이란 언어를 "말하는 것"이 삶의 활동이나 형태의 일부라는 사실을 부각시키기 위한 것이다.
다음의 예들과 다른 예들을 통해 언어 게임의 다양성을 잠시 생각해 보라.
명령을 내리고, 거기에 복종하기,
사물의 외관을 묘사하거나 그 크기를 말하기,
묘사나 그림을 통해 사물을 구성하기,
사건을 보고하기,
사건에 대해 사색하기, …[79]
요구하고, 감사하고, 저주하고, 인사하고, 기도하기.
(『논리철학논고』의 저자와 같은) 논리학자들이 언어의 구조에 관해 말한 것을 가지고 언어의 도구들의 다양성과 그것들이 사용되는 방식, 곧 말과 문장의 다양한 형태를 비교해 보는 것은 흥미롭다.[80]

러셀의 논리적 원자론을 따른 『논리철학논고』는 모든 말을 하나의 용도(사물들을

---

78) Ibid., 11.
79) 생략 부호를 사용한 부분에는 아홉 가지 예들이 더 나열되어 있다.
80) Wittgestein, *Investigations*, 23.

명명하거나 지칭하는 것)로 축소시키려고 노력했다. 그 용도에 부적합한 말들(비트겐슈타인의 "신비로운 것"과 논리실증주의자들의 "감정적인 언어" 등)은 난센스로 간주되거나 다양한 형태의 언어의 감옥에 가두어 넣었다. 그러나 『철학적 탐구』의 비트겐슈타인은 그런 환원주의를 거부했다. 말은 다양한 용도를 지니며, 그 용도는 인간의 활동 안에서 수행하는 기능, 곧 언어 게임과 분리되어 묘사될 수 없다. 그렇다면 "의미"의 일반적인 정의를 확립하는 것은 과연 가능할까? 비트겐슈타인이 이 질문에 부정적으로 대답할 것이라고 생각하기 쉽지만 그는 이렇게 말했다. "우리가 '의미'라는 말을 사용할 때는 항상은 아닐지라도 대부분은 다음과 같이 정의될 수 있다. 즉 언어 안에서의 용도가 곧 그 말의 의미다."[81]

이런 "의미"의 개념 때문에 다양한 종류의 언어의 합법성을 인정하는 것과 관련해 후기 비트겐슈타인이 초기 비트겐슈타인에 비해 훨씬 더 자유로운 입장을 취하게 되었다. 그는 완전한 언어의 개념을 거부했다. 왜냐하면 언어는 많은 기능을 가지고 있기 때문이다. 그런 모든 기능을 완벽하게 발휘할 수 있는 언어는 존재하지 않는다. 또한 후기 비트겐슈타인은 복잡한 사실을 단순한 원자적 사실로 축소시키는 일을 거부했다.[82] 논리적인 단순성을 선택해야 할 이유는 없다. 단순성이라는 개념 자체도 복잡하다. 모든 점에서 단순한 사실은 없다. 복잡한 사실들은 여러 종류의 복잡성을 동시에 지니고 있다.[83]

초기 비트겐슈타인은 완벽하고, 정확한 언어를 만들려고 애썼다. 그러나 후기 비트겐슈타인은 정확하지 않아도 되는 언어가 많다는 것을 인정했다. "저기에 대충 서세요."라는 사진 촬영기사의 말은 정확한 장소를 위한 간결한 지시어가 아니다. "저기에 대충 서세요."라는 말은 그가 말하고자 했던 의도를 그대로 반영한 것일 수

---

81) Ibid., 43. "의미"에 관한 이런 정의는 내가 신학을 "적용으로서의 신학"으로 정의하는 데 영향을 미쳤다. 다음 자료를 참조하라. *DWG*, 272-79. ST, chap. 1. 그러나 베른 포이트레스는 자신의 언어 연구와 우리가 서로 공유한 삼중적 관점 모델을 토대로 의미에 관한 좀 더 정교한 견해를 발전시켰다. 그는 언어의 측면들을 분류, 예시, 연상으로 구별함으로써 감각, 적용, 취지의 균형을 갖춘 의미에 대한 견해를 제시했다. 다음 자료를 참조하라. Vern S. Poythress, *God-Centered Biblical Interpretation* (Phillipsburg, NJ: P&R Phublishing, 1999), 72-74. 아울러 그는 다음 책에서 언어에 관해 전반적으로 다루었다. *In the Beginning Was the Word: Language: A God-Centered Approach* (Wheaton, IL: Crossway, 2009). 24-28쪽과 그 밖의 여러 곳을 참조하라.

82) Wittgenstein, *Investigations*, 39.

83) 예를 들어 융단은 모양, 직조형태, 재질, 색깔, 목적과 같은 복합적인 의미를 지닌다.

있다.[84]

후기 비트겐슈타인은 "보편적인 것"을 다룰 때 여전히 어느 정도는 유명론적인 입장을 취했지만 그 이유는 『논리철학논고』를 썼을 때와 달랐다.

65. 여기에서 우리는 이 모든 생각의 배후에 있는 커다란 문제에 직면하게 된다. 어떤 사람은 나를 이렇게 반박할지도 모른다. "당신은 너무 쉽게 발뺌을 하는구려. 모든 종류의 언어 게임에 관해 말했지만 언어 게임의 본질, 곧 언어의 본질이 무엇인지, 곧 이 모든 활동에 공통적인 것이 무엇이며, 그것들을 언어나 언어의 일부로 만드는 것이 무엇인지를 언급한 적은 한 번도 없소이다. 당신은 당신을 골치 아프게 만드는 부분, 곧 명제들과 언어의 일반적인 형태에 관한 부분은 외면하고 말았소."[85]

그것은 사실이다. 나는 우리가 언어로 일컫는 모든 것에 공통적인 것을 말하지 않았다. 나는 이런 현상들이 모든 것에 동일한 언어를 사용하도록 만드는 공통점이 없다고 생각한다. 나는 단지 그것들이 다양한 방식으로 서로 관계를 맺고 있다고 말할 뿐이다. 우리가 그것들 모두를 "언어"로 일컫는 이유는 이 관계, 또는 이런 관계들 때문이다. 이를 좀 더 설명하면 다음과 같다.

66. 예를 들어 우리가 게임으로 일컫는 절차를 생각해 보자. 나는 보드게임, 카드게임, 볼게임, 올림픽게임 등을 염두에 두고 말한다. 그 모든 게임에 공통적인 것은 무엇인가? "무엇인가 공통점이 있는 것이 틀림없어. 그렇지 않으면 '게임'으로 일컬을 수 없어."라고 말하지 말라. 직접 그 모든 것에 공통된 것이 있는지 여부를 살펴보라. …

그렇게 살펴본 결과는 이것이다. 곧 우리는 때로는 전체적으로 비슷하고, 때로는 세세하게 비슷한 유사점들이 서로 겹치고, 교차하며, 복잡하게 얽혀 있는 것을 발견한다.

---

84) Wittgenstein, *Investigations*, 71. 나는 때로 비트겐슈타인의 견해를 고려해 성경에 대한 복음적인 교리는 성경이 최대로 정확하고, 철저한 사실만을 전한다고 주장하지 않는다고 말하곤 한다. 우리가 일상언어에서 흔히 그러는 것처럼 성경도 종종 어림수를 사용한다. 그리고 그런 것이 정확히 하나님이 우리에게 말씀하기를 원하시는 것이다. 다시 말해 성경의 하나님은 "일상언어"를 말씀하신다.
85) 이번 장의 앞에서 언급한 『논리철학논고』 6.0을 참조하라.

67. 이런 유사성을 표현하는 말로 "가족 유사성"이라는 말보다 더 좋은 표현은 없다. 가족들끼리는 서로 닮은 점이 많다. 체구, 생김새, 눈의 색깔, 기질 등이 서로 겹치고, 교차되어 나타난다. 따라서 나는 "게임들"은 하나의 가족을 형성한다고 말할 수 있다.[86]

그는 "실의 강도는 하나의 섬유가 그 전체 길이를 따라 이어져 있다는 사실이 아니라 많은 섬유가 한데 겹쳐 꼬인 것에 달려 있다."는 것을 예로 들었다.[87]

본질에 관한 문제는 이 정도로 끝내기로 하자.

이런 사례들은 비트겐슈타인이 후기에 생각했던 철학의 개념을 예시한다. 그는 『논리철학논고』 6. 53에서처럼 형이상학에 대해 여전히 회의적이었다. 그 이유(형이상학이 언어를 오용한다는 것)는 처음과 똑같았다. 그러나 『철학적 탐구』에서는 그런 오용의 문제를 다른 방식으로 다루었다. 비트겐슈타인은 아우구스티누스를 또다시 인용했다. 아우구스티누스는 『고백록』에서 "시간은 무엇인가? 아무도 내게 묻지 않아도 나는 안다. 그러나 누군가가 내게 묻는다면 나는 알지 못한다."라고 말했다. 비트겐슈타인은 이 말이 형이상학적인 문제의 전형적인 출발점이라고 생각했다.[88] 시간은 일상생활의 공통된 개념이다. 우리는 일을 하는 시간이 얼마이고, 다음 약속 시간 이전까지 남아 있는 시간이 얼마인지를 측정한다. 그러나 누군가가 "시간이 무엇인가?"라고 묻는다면 우리는 아무 대답도 하지 못한다. 누군가가 몇 시냐고 물었다고 가정해 보자. 그러면 우리는 "3시 45분입니다."라고 대답한다. 그런데 그 사람이 "알겠습니다. 그런데 시간이 무엇입니까?"라고 묻는다면 우리는 당혹스러워할 것이 틀림없다. 그러면 그 사람은 다시 "시간이 무엇인지 알지 못하면서 몇 시인지 알고 있다고 어떻게 말할 수 있습니까?"라고 말할 것이다. 바로 그 순간, 일상적인 질문이 형이상학적인 질문, 곧 시간의 본질에 관한 질문으로 바뀐다.[89] 비트겐슈타인은 일상언어를 가지고 그것의 기능과 상관없는 일을 시키려고 할 때 형이

---

86) Wittgenstein, *Investigations*, 65-67.
87) Ibid., 67.
88) Ibid., 89.
89) 물론 그렇게 묻는 사람은 물리학이 말하는 시간의 정의에 대해서 만족해 하지 않을 것이 틀림없다.

상학적인 문제가 발생한다고 생각했다. 그런 예는 시간, 실재, 형상, 단순성, 진리, 생각 외에도 매우 다양하다. 비트겐슈타인은 이런 분석을 "명칭 부여"에 적용했다.

> 이것은 명칭 부여를 신비한 과정으로 간주하는 개념과 관련된다. 명칭 부여는 말과 대상을 "기묘하게" 연결시키는 것이다. 철학자가 자기 앞에 있는 사물을 응시하면서 하나의 이름이나 심지어는 "이것"이라는 용어를 수없이 되풀이하며 명칭과 사물의 관계를 형성하려고 노력할 때 그런 기묘한 연결이 이루어진다. 언어가 "휴가를 갔을 때(언어를 일상생활에서 분리해 그 자체만을 따로 떼어놓고 생각할 때-역자주)" 철학적 문제들이 생겨난다. "이 점에서" 우리는 명칭 부여를 마치 그것이 사물의 명명식을 거행하는 것처럼 뛰어난 생각의 행위로 믿을 수도 있다. 또한 우리는 대상을 "이것"으로 일컬을 수 있는 것처럼 대상을 향해 "이것"이라는 용어를 사용할 수도 있다. 그것은 이 용어를 기묘하게 사용하는 것이다. 이런 일은 분명히 철학을 할 때 발생한다.[90]

그렇다면 철학이 하는 일은 무엇일까? 그것은 일종의 "치유"다. 비트겐슈타인은 신비한 존재를 발견하거나 헤겔처럼 거창한 진리 체계를 확립하는 것이 아니라 언어 사용에 대해 혼란을 느끼는 사람들을 돕는 것이 철학의 역할이라고 말했다. "철학을 하는 목적은 무엇인가? 그것은 파리에게 병 속에서 빠져나오는 방법을 알려주는 것이다."[91] 러셀과 논리실증주의자들은 철학자들이 과학자들에게 없는 진리 발견의 수단을 따로 가지고 있는 것은 아니기 때문에 철학의 과제는 단순히 과학 언어를 명확하게 하는 데 있다고 말했다. 후기 비트겐슈타인도 철학의 역할을 과학은 물론, 모든 언어를 명확하게 하는 것, 특히 혼란을 없애는 것으로 간주했다.

후기 비트겐슈타인은 형이상학을 제외하고는 여러 유형의 언어들을 평가하는 데 상당히 관대한 입장을 취한 것으로 나타난다. 그는 더 이상 모든 언어를 사실을 진술하는 한 가지 기능만으로 축소하려고 하지 않았다. 오히려 그는 다양한 언어 게임, 즉 사람들이 말을 가지고 하는 다채로운 활동을 인정했다. 말의 용도가 곧 의미

---

90) Ibid., 38. 논리적 원자론에서 "이것"이라는 용어는 종종 유일하고 참된 고유 명칭(곧 "지금 이것은 빨갛다."의 경우처럼 참된 원자적 사실을 명명할 수 있는 유일한 방식)으로 간주된다.
91) Ibid., 309. "철학은 언어를 가지고 우리의 지성을 홀리는 것에 대해 맞서 싸운다(109)."

라면 의미를 편협한 한 가지 종류의 언어에 국한시키고, 그 외의 것들은 "인식적으로 무의미한 것"으로 배제해야 할 가능성은 더 이상 존재하지 않는다. 사람들이 실제로 의사를 교환할 때 사용하는 언어는 무엇이든 그것이 참된 언어 게임이라면 그런 점에서 의미를 지닌다. 비트겐슈타인이 말한 대로 그런 언어에 대한 적절한 반응은 "그 언어 게임은 잘 이루어지고 있다."라는 것이다.[92]

따라서 종교적인 언어에 대한 그의 전기와 후기의 견해를 비교하는 것은 매우 흥미롭다(이 책을 읽고 있는 독자들에게는 특히 더 그렇다). 앞서 말한 대로 비트겐슈타인은 『논리철학논고』에서 신에 관한 말은 자신이 확립한 의미 있는 언어의 판단 기준에 부합하지 않는다고 결론짓고, 그것을 "신비한 것"으로 간주하는 데 그쳤다. (지금까지 논의한 내용에 따르면) 그는 이 문제를 『철학적 탐구』에서 다루지 않았다. 그러나 그는 다른 곳에서 종교를 논의했다. 그의 논의는 1938년에 몇몇 학생들과 함께 이루어졌다. 학생들이 그의 논의를 적은 노트가 『미학, 심리학, 종교적 신념에 관한 강의와 대화』라는 제목의 소책자로 출판되었다.[93]

종교에 관한 비트겐슈타인의 논의의 핵심은 종교적 언어의 "독특성"과 관련된다. 그는 이렇게 말했다.

> 신자인 누군가가 "나는 마지막 심판을 믿습니다."라고 말했을 때 내가 "글쎄요. 나는 확신할 수 없습니다만 가능할 수도 있겠지요."라고 대답했다고 가정해 보자. 그런 경우에는 우리 사이에 엄청난 간격이 존재한다고 말할 것이다. 그런데 만일 그가 "우리 머리 위로 독일 비행기가 날아가네요."라고 말했을 때 내가 "확신할 수는 없지만 가능할 수도 있겠지요."라고 대답한다면, 우리가 서로 상당히 근접해 있다고 말할 것이 분명하다.[94]

비트겐슈타인은 『철학적 탐구』에서 종교적인 언어의 의미를 인정했다. 그러나 그것은 사실 어떤 의미를 지닐까? 분명한 사실은 그것이 우리가 비행기를 보고 말하

---

92) Ibid., 654.
93) Rudwig Wittgenstein, *Lectures and Conversations on Aesthetics, Psychology, and Religious Belief*, ed. Cyril Barrett, notes written by Yorick Smythies, Rush Rhees, and James Taylor (Oxford: Blackwell, 1966).
94) Wittgenstein, *Investigations*, 53. 비트겐슈타인은 부활에 대한 믿음에도 동일한 추론을 적용했다(56).

는 언어와는 다르다는 것이다. 종교적인 언어에 대한 비트겐슈타인의 견해를 보여주는 한 가지는 그것이 삶을 "규정하는" 역할을 한다는 것이다.[95]

> 누군가가 마지막 심판에 대한 믿음을 현세를 살아가는 지표로 삼았다고 가정해 보자. 그는 무엇을 하든지 그것을 생각하며 살아갈 것이다. 그렇다면 우리는 그가 믿는다고 말하는 일이 일어날지 여부를 어떻게 알 수 있을까?
> 그에게 물어보는 것으로는 충분하지 않다. 아마도 그는 자신이 증거를 가지고 있다고 말할 것이다. 그러나 그는 우리가 흔들릴 수 없는 신념이라고 일컫는 것을 가지고 있다. 그 신념은 이성적인 추론이나 신념을 위한 일상적인 근거에 호소하지 않고, 그의 삶을 늘 규정하는 것에 근거할 것이다.
> 이것은 무엇보다 강력한 사실이기에 쾌락을 모두 버리고, 항상 그런 신념에 의존할 것이 분명하다. 이것은 어떤 점에서 모든 신념 가운데 가장 확고한 것으로 일컬어야 마땅하다. 왜냐하면 그것 때문에, 곧 스스로에게 훨씬 더 확고한 일을 위해 달갑지 않은 일도 기꺼이 감수할 것이기 때문이다.[96]

비트겐슈타인은 종교적인 신념이 삶을 규정할 때는 감정적인 요소가 크게 개입할 때가 많다고 말했다. "두려움은 신념의 핵심 가운데 일부다."[97]

비트겐슈타인은 삶을 규정하는 믿음의 기능은 증거나 근거의 여부와 아무 상관이 없다고 말했다. 또한 사람들이 심판의 날이 올 것이라는 증거를 가지고 있다고 해서 그들의 믿음이 반드시 종교적인 것은 아니다. 그들은 그 믿음을 삶을 규정하는 데 사용하지 않거나 그것에 대해 아무런 감정적 반응을 나타내지 않고서도 그런 믿음을 지니고 있을 수 있다.[98]

또한 비트겐슈타인은 이렇게 말했다.

---

95) 흥미롭게도 이것은 또한 종교적인 언어에 대한 칸트의 비유이기도 하다. 그는 "규정적인 개념들" 안에 하나님의 개념을 포함시켰다. 또한 비트겐슈타인은 여기에서 키에르케고르의 개념을 반영하고 있다. 그는 키에르케고르의 책들을 읽는 것이 유행하기 이전에 그것들을 읽기 위해 덴마크어를 배우기도 했다.
96) Wittgenstein, *Investigations*, 53-54.
97) Ibid. 앞에서 살펴본 대로 키에르케고르는 참 믿음에서 열정이 차지하는 중요성을 강조했다.
98) Ibid., 56.

(종교적인 사람들이 자신들의 믿음을 위해 역사적인 증거에 호소할 때는) 역사적 명제들에게 흔히 적용하는 의심을 적용하지 않는다. …그들은 어떤 점에서 매우 취약해 보이는 증거를 근거로 삼는다. 그들은 거창한 일들을 그런 증거에 근거시킨다. 이것은 그들이 불합리하다는 말일까? 나는 그들을 불합리하다고 일컫지 않을 것이다.

오히려 나는 그들이 합리적이지 않다고 말할 것이다. 그것은 분명하다. "불합리하다."는 말은 모든 사람이 알다시피 비난의 의미를 내포한다.

나는 그들이 이것을 합리성의 문제로 다루지 않는다고 말하고 싶다.

서신서를 읽어본 사람이면 누구나 그것은 합리적이지 않을 뿐 아니라 어리석다고 말할 것이 틀림없다.[99]

그것은 합리적이지 않을 뿐 아니라 합리적인 척하지도 않는다.[100]

이처럼 비트겐슈타인은 종교를 합리적인 판단을 지향하는 다른 다양한 게임(과학, 역사, 관찰 등)과는 다른 삶의 한 형태를 지배하는 언어 게임으로 간주했다. 종교적인 신자들은 비트겐슈타인이 온당하다고 생각하는 이유나 증거 없이 지식을 주장한다. 그들은 (단순한 개연성이나 가능성이 아닌) 확실성을 주장할 뿐 아니라 심지어는 불신앙을 죄로 간주하기까지 한다.

내가 볼 때 종교에 대한 비트겐슈타인의 설명은 지금까지는 어느 정도의 통찰력을 보여준다. 그리스도를 믿는 참 신앙은 감정을 비롯한 삶의 모든 것을 규정하고, 신자들은 자신의 믿음에 대한 확실성을 주장하며, 이 믿음은 비트겐슈타인이 시각적이고, 과학적이고, 역사적인 증거를 토대로 한 타당성에 근거하지 않는다. 비트겐슈타인이 간과한 것은 기독교 신앙의 실질적이고, 객관적인 토대, 즉 하나님의 계시다. 계시는 역사적, 합리적 자료를 포함하지만 그것들만으로 축소되지는 않는다. 성경도 중요하고, 성령의 내적 증거도 중요하다. 비트겐슈타인이 믿음이 합리

---

99) 바울 사도가 고린도전서 1장 18절에서 한 말이다. "십자가의 도가 멸망하는 자들에게는 미련한 것이요 구원을 받는 우리에게는 하나님의 능력이라." 비트겐슈타인이 생각한 것과는 달리 복음 자체가 어리석은 것은 아니다. 복음은 불신자들에게만 어리석게 보일 뿐이다. 비트겐슈타인은 여기에서 (바르트와 불트만의 경우처럼) 믿지 않는 생각으로 합리성을 정의해야 한다고 전제한다. 그러나 합리성에 관한 하나님의 판단 기준을 적용한다면 그도 이사야처럼 "오라 우리가 서로 변론하자"(사 1:18)라고 말할 수 있을 것이다.

100) Wittgenstein, *Investigations*, 57-58.

적이거나 역사적인 근거를 전혀 갖추고 있지 않다고 말한 이유는 계시를 무시했기 때문이다.

우리는 이런 논증을 대할 때 왜 불신자를 자처하는 비트겐슈타인이 신자들에게 그들의 믿음이 어떠어떠하다고 말할 수 있는 권위를 지니고 있다고 생각하는지 그 이유가 궁금해질 수밖에 없다. 그는 같은 문맥에서 종교적인 믿음이 합리적이라고 말하는 가톨릭 사제를 비웃었다.[101] 나는 후기 비트겐슈타인도 스스로가 주장하는 것만큼 그렇게 관대하지 않다고 생각한다. 그는 "그 언어 게임은 잘 이루어지고 있기" 때문에 우리가 그리스도를 자유롭게 믿을 수 있다고 생각하는 듯 보인다.[102] 그는 심지어 자신이 참여하지 않은 언어 게임에 있어서조차 언어의 "고유한 용도"를 판단할 수 있다고 생각했다. 그는 어떤 게임이든 이루어진다고 생각했고(불합리주의), 또한 어떤 언어 게임이든 그 말의 "고유한 용도"를 밝힐 권위를 지닌다고 주장했다(합리주의).

비트겐슈타인은 다른 종교 비평가들과 마찬가지로 종교가 일정한 한계를 벗어나지만 않는다면 괜찮다고 생각했다.[103] 이처럼 종교는 예배 공동체 내에서 삶의 한 형태로 존재한다면 아무 문제가 없지만 과학이나 예술, 철학이나 정치를 논의할 때는 거론해서는 안 될 사안이다. 그런 논의에서 종교를 거론하는 것은 그 한계, 곧 그 고유한 용도를 벗어나는 것이다. 그러나 성경에 기록된 하나님의 말씀은 비트겐슈타인이 언급한 것과 사뭇 다른 방식으로 "기묘하다." 그것이 기묘한 이유는 과학, 역사, 예술, 철학, 정치를 비롯해 삶의 모든 측면을 지배할 권한을 지닌다고 주장하기 때문이다. 이에 대한 증거는 확실하다. 성경이 확실성의 근거를 결정할 권한이 있다고 주장하는 것은 명백한 사실이다.[104] 따라서 인간이 아닌 오직 성경만이 그 고유한 용도를 결정할 수 있다. 다음의 도표를 참조하라.

---

101) Ibid., 58.
102) 사실 그는 형이상학에 좀 더 우호적인 태도를 취해야 했다. 왜냐하면 그 언어 게임도 이루어지고 있기 때문이다. 그는 자신이 모든 형이상학자들이 언어를 오용하고 있다는 것을 입증해 보일 수 있다고 믿었다. 그러나 그것은 그 스스로가 "고유한 용도"를 판단할 수 있는 근거를 지니고 있다는 것을 전제한다.
103) 그는 한 편지에서 "당신의 종교가 오직 당신과 하나님 사이의 문제라는 것을 명심하라."라고 말했다.
104) 다른 자료를 참조하라. "God and Biblical Language", Appendix E, *DWG*, 422-39. 이 책의 부록 H.

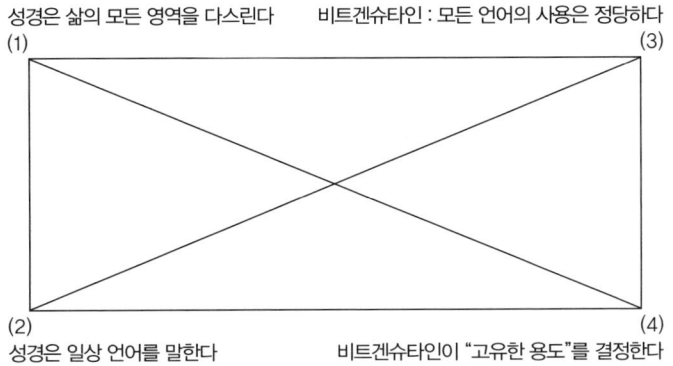

도표 12. 3. 후기 비트겐슈타인의 합리주의와 불합리주의

다른 분석 철학자들

비트겐슈타인의 제자들을 비롯해 많은 사람들이 언어 분석 철학의 전통을 이어 갔다.

"길버트 라일(1900-1976)"은 『마음의 개념』을 저술했다.[105] 이 책은 마음과 육체를 구분한 데카르트의 사상을 "기계 속의 유령"이라는 말로 풍자한 것으로 유명하다. 라일은 비트겐슈타인에게서 암시를 받아 생각이나 의지에 관한 언어는 비물질적인 독립된 영혼이 아닌 특정한 관점에서 바라본 물리적 행위에 관한 언어라고 주장했다.

"피터 스트로슨(1919-2006)"은 『개체들 : 기술적 형이상학을 위한 논문』을 펴냈다.[106] 비트겐슈타인은 형이상학에 관해 거의 전적으로 부정적인 견해를 피력했지만 때로는 자신의 언어 분석이 세상에 관한 긍정적인 통찰력을 제시한다고 암시하기도 했다. 예를 들어 그는 "내 언어의 한계가 내 세계의 한계를 의미한다."라고 말했다.[107] 세상을 사물이 아닌 사실로 다룬 그의 말은 형이상학적인 신념을 드러낸

---

[105] Gilbert Ryle, *The Concept of Mind* (Chicago: University of Chicago Press, 1949).
[106] Peter Strawson, *Individuals: An Essay in Descriptive Metaphysics* (London: Methuen, 1959).
[107] *Tractatus*, 5.6.

다. 스트로슨은 신중한 언어 분석을 통해 혼란을 걷어내면 세상의 참 모습을 좀 더 분명하게 볼 수 있다고 주장했다.

"오스틴(1911-60)"은 "화행(말로 하는 행위) 이론"을 상세하게 발전시켰다. 그는 『말로 행위를 하는 방식』이라는 책에서 우리가 말로 하는 세 가지 종류의 행위를 구별했다.[108] 그것은 "발어 행위(locutionary acts, 문장을 말하는 행위)", "발어 내적 행위(illocutionary acrs, 어떤 것을 말할 때 이루어지는 기능 : 질문, 명령, 약속 등)", "발어 매개 행위(perlocutionary acts, 발어를 통해 행하는 행위 : 정보 제공, 유쾌하거나 지루하게 만드는 것 등)"이다. 그는 약속(발어 내적 행위)은 주장과 다르며, 스스로를 포함시키는 "수행적인" 발언이라고 지적했다. 누군가가 그런 발언을 할 때는 어떤 것이 일어날 것을 예언하는 의미가 아니라 어떤 것이 일어나도록 확실하게 하겠다는 개인적인 의지를 표명하는 의미를 지닌다.

"존 설(1932-)"은 『발어 행위 : 언어 철학을 위한 논문』과 다른 많은 글을 통해 오스틴의 프로그램을 계속 이어갔다.[109] 그는 "간접적인 발어 행위"를 비롯해 발어 행위의 다양한 측면에 초점을 맞추었다. 예를 들어 "당신이 내 발을 밟고 서 있어요."라는 말은 언뜻 단순한 주장을 나타내는 것처럼 보이지만 간접적으로는 고통을 표현하며 발을 치워달라는 의미를 지닌다.

"윌라드 반 오르만 콰인(1908-2000)"은 비트겐슈타인의 제자로 알려져 있지는 않지만 논리실증주의의 진영에 속하는 것은 분명하다. 그러나 그의 유명한 논문 "경험주의의 두 가지 도그마"는 논리실증주의는 물론 로크 이후의 경험주의 전통의 핵심 개념을 논박한다.[110] 첫 번째 도그마는 "환원주의", 곧 모든 종합적인 문장을 기본적인 감각적 자료로 축소시킬 수 있다는 견해다. 콰인은 그런 시도는 이번 장 앞에서 논의한 검증 원리를 전제한다고 지적했다. 앞서 살펴본 대로 논리실증주의자들은 그 문제를 검증 원리로 해결하지 못했다. 또 다른 "경험주의의 도그마"는 "분

---

108) J. L. Austin, *How to Do Things with Words* (Oxford: Oxford University Press, 1976). 아울러 오스틴의 사후에는 다음의 책이 출판되었다. *Sense and Sensibilia* (Oxford: Oxford University Press, 1962). 제인 오스틴의 소설을 연상시키는 이 제목은 철학인들의 웃음을 자아냈다.

109) John Searle, *Speech Acts: An Essay in the Philosophy of Language* (Cambridge: Cambridge University Press, 1969).

110) *Philosophical Review* 60 (1951): 20-43. 다음의 책에 포함되어 있다. Willard Van Orman Quine, *From a Logical Point of View* (Cambridge, MA: Harvard University Press, 1953).

석과 종합의 구별"이다.[111] 콰인은 분석과 종합을 동일한 것의 양쪽 끝으로 간주했다. "독신남은 결혼하지 않은 남자다."와 같은 문장들은 분명히 분석적이고, "뒷담은 하얗다."와 같은 문장은 분명히 종합적인 극단적인 경우에 해당한다. 그러나 이 두 유형의 진술은 주어와 술어의 정의에 의존한다. 그 정의는 유연성을 지니기 때문에 철학자들이 항상 분명하게 인식하기가 어렵다. 예를 들어 "개들은 짖는다."와 같은 문장이 분석적인지 종합적인지는 "짖는 행위"를 "개"에 대한 정의에 포함시킬 것인지 여부에 따라 달라진다. 또한 콰인은 철학자들이 "분석성", "동의성", "의미"를 상호교차적인 관점에서 정의함으로써 순환논법에 치우쳤다고 지적했다.

콰인은 검증주의를 "포괄적 지식설"로 대체했다.[112] 우리는 각자 여러 가지 신념들을 지니고 있고, 그것들에 대한 확신도 제각기 다르다. 우리는 새로운 증거가 나타나면 종종 확실성이 가장 적은 신념들을 포기한다. 우리는 그것들을 종합적인 명제로 생각하는 경향이 있다. 그러나 확실성이 좀 더 많은 신념들은 도전에 직면했을 때 포기하기를 주저한다. 그런 신념들은 반증에 저항한다. 수학적인 진술과 같은 극단적인 경우에는 그것을 분석적인 명제로 받아들여 그런 신념을 파괴하려는 요소와 상관없이 굳게 견지하기로 결심한다. 검증에 관한 문제는 단지 "단순한" 사실들만이 아니라 우리가 주장하는 신념들 전체와 관련이 있다. 신념이 도전에 직면하면 우리는 그것이 전체적인 신념 안에서 무엇을 바꾸도록 요구하는지, 또 정말로 그래야 한다면 무엇을 바꾸어야 하는지를 생각하게 된다. 예를 들어 숲속에서 용과 같은 형체의 사물을 보았다면 우리가 현재 가지고 있는 신념들 가운데서 몇 가지(예를 들면 거대한 도마뱀이 오래 전에 멸종했다는 신념이나 우리 자신의 생각이 정상적이라는 신념이나 우리의 감각적 경험이 올바르다는 신념과 같은 것들) 바꾸어야 할 것을 고려하거나 우리의 신념들의 목록 안에 용이 존재한다는 신념을 첨가해야 할 것이다. 그런 목록 안에서 무엇을 변경할 것인지는 고려해야 할 요소들이나 다양한 상황에 의존한다.

---

111) 나는 이 책 앞에서 흄, 라이프니츠, 칸트를 다룰 때와 이번 장에서 논리실증주의를 다룰 때 이것을 이미 논의했다.
112) 앞에서 논의한 뒤헴의 견해와 비교하라. 이것은 러셀과 초기 비트겐슈타인이 매우 중요하게 생각했던 전제와 반대된다. 비트겐슈타인은 「논리철학논고」에서 "개개의 사실은 그 경우일 수도 있고, 그 경우가 아닐 수도 있으며 다른 모든 것은 변함없이 그대로 남아 있다."라고 말했다(1.21). 그와는 달리 콰인은 한 가지 명제의 진리는 다른 명제들의 진리에 의존하며, 궁극적으로는 우리의 생각 속에 있는 전체적인 개념 체계에 의존한다고 말했다. 콰인의 견해는 「논리철학논고」의 입장보다는 헤겔의 입장에 더 가깝다.

구조주의

이번 장의 서두에서 20세기 언어 철학은 영국 해협을 사이에 두고 크게 두 개의 전통으로 나뉜다고 말했다. 지금까지는 무어와 러셀과 비트겐슈타인에 의해 시작된 영국 쪽의 전통을 살펴보았다. 이번에는 또 하나의 전통인 구조주의와 해체주의를 살펴볼 차례다.

구조주의(Structuralism)는 종종 현대 언어학의 아버지로 간주되는 "페르디낭 드 소쉬르(1857-1913)"와 함께 시작되었다. 그는 말이나 문장의 의미가 기호 체계에서의 위치에 의해 결정된다고 생각했다.[113] "기호(sign)"는 개념과 관련된 소리나 형상, 또는 글로 쓴 표현을 가리킨다. 전자는 "기표(signifier)"로, 후자는 "기의(signified)"로 각각 일컬어진다. 기의(의미되는 것)는 러셀과 초기 비트겐슈타인의 지시설과는 달리 생각의 외부에 존재하는 것이 아니다. 그것은 생각 속에 있는 개념이다.[114] 기의는 로크와 흄의 "개념"들과 비슷하다. 그러나 그들은 그런 개념들을 언어적 표현과 직접적으로 관련된 것으로 간주하지 않았다.

그러나 언어적 기호와 기의는 서로 필연적인 관계를 맺고 있지 않다. 그들의 관계는 임의적인 관계, 곧 인간의 관습에서 비롯한 결과다. "빛이나 공기의 유입을 위해 벽에 낸 구멍"을 의미하는 영어 "윈도우"가 불어 "페네트르"보다 더 적합한 이유는 아무것도 없다.[115] 두 용어 모두 그 사물의 "본질"로 일컬어질 수 있는 속성을 지니고 있지 않다. 언어를 만들어내는 것은 기표와 기의 사이의 임의적이고, 관습적인 관계다.

언어는 시간이 지나면서 변한다. 새로운 기표와 기의가 나타나고, 옛 것들은 사라진다. 서로 다른 언어는 서로 다른 개념들을 만들어낸다. 왜냐하면 제각기 "현

페르디낭 드 소쉬르
(Ferdinand de Saussure)

---

113) 이번 장에서 논의한 "의미"에 관한 다른 정의들("지시", "검증", "용도")과 비교하라.
114) 그럼에도 불구하고 의미 지시설을 논박한 후기 비트겐슈타인의 논증은 이 견해와 같은 맥락인 것으로 보인다.
115) 창문에 대한 사전의 정의를 약간 고쳐 말했다. 다음 사이트를 참조하라. http://dictionary.reference.com/browse/window?s=ㅜ.

실의 파이"를 다른 형태로 자르기 때문이다. 어떤 언어는 칼라 스펙트럼을 스무 가지 색으로 나누고, 어떤 언어는 단지 네 가지 색으로 나눈다. 한 북방 부족의 언어는 스무 개의 낱말로 제각기 다른 눈을 묘사하지만 다른 부족은 그 개념들 가운데 대부분을 이해하지 못한다. 이처럼 어떤 언어에는 존재하는 개념이 다른 언어에는 존재하지 않는다. 따라서 소쉬르는 영원하고, 절대적인 본질에 대한 플라톤의 이상을 인정하지 않는다. 비트겐슈타인도 "가족의 유사성"이라는 이론을 내세워 그것을 거부했다.

한 용어의 의미는 그것이 속한 언어 체계 안에서의 위치에 의해 결정된다.[116] 그런 의미는 대개 부정적으로 정의된다. 예를 들어 우리는 "고양이"를 뜻하는 "cat"이라는 단어가 "bat, fat, hat, vat, cot, cage, cake, can, car"와 같은 단어들과 다르다는 것을 보고 그것을 이해한다.[117] 부정적인 초점은 중요하다. 왜냐하면 용어의 긍정적인 속성을 토대로 의미를 결정하려고 하면 기의와 관련된 말의 임의성을 부정해야 하기 때문이다. 소쉬르는 그렇게 생각했다.

"클로드 레비-스트로스(1908-2009)"는 소쉬르의 구조적인 언어학을 인류학에까지 확대시켰다. 그는 소쉬르가 언어를 바라보는 방식으로 사회를 바라보았다. 그는 사회라는 현상을 그 공리적 가치만으로는 온전히 이해할 수 없다고 생각했다. 오히려 사회는 그 사회의 다른 요소들과 관련된 "기표"에 해당한다. 소쉬르의 기표들이 서로 구별되어 이해되는 것처럼 사회도 다른 요소들과의 상관관계 안에서 이해된다. 더욱이 개개의 사회가 지닌 특징은 그보다 더 큰 것과 관련되어 있다. 인간은 서로 충분한 유사성을 지니기 때문에 서로 다른 문화들의 관습은 보편적인 필요와 욕구

---

116) 소쉬르는 또한 "랑그(언어의 체계적인 구조)"와 "파롤(사람들이 실제로 사용하는 언어)"을 구별한 것으로 유명하다. 더욱이 그는 언어의 "통시적인" 분석(언어의 표현이 지나온 역사에 대한 분석)과 "공시적인" 분석(언어적 표현의 현재적 용법)을 구별한 최초의 인물이기도 하다. 제임스 바는 다음의 책에서 용어들의 의미를 공시적인 분석이 아닌 통시적인 분석(즉 인식론)을 통해 확인하려는 성경 주석가들의 경향을 비판했다. James Barr, *The Semantics of Biblical Language* (London: Oxford University Press, 1961).

117) 케네스 파이크와 베른 포이트레스의 삼중적 관점의 언어학에서는 용어들이 단위, 기복, 현장=대조, 변용, 분포에 의해 식별된다. 소쉬르의 부정적인 판단 기준은 파이크의 "대조"에 해당한다. 그러나 한 단어의 의미는 그 "변용"(어떤 용어가 동일한 형태를 유지하면서 어떻게 변화되어 왔는지를 파악하는 것)과 "분포"(그 용어가 어디에서, 얼마나 자주 사용되었는지를 파악하는 것)에 의해서도 이해될 수 있다. 다음 자료를 참조하라. Vern S. Poythress, *Philosophy, Science, and Sovereignty* (Nutley, NJ: Presbyterian and Reformed, 1976). *In the Beginning Was the Word*.

를 반영하는 것으로 이해될 수 있다. 레비-스트로스는 언어에 대한 소쉬르의 견해와 비슷하게 모든 문화적 관습을 두 개 이상의 용어들 사이에 존재하는 관계로서 정의하고, 그런 용어들의 가능한 관계(예를 들면 어머니와 아들의 관계, 조카와의 관계, 남편과의 관계 등)를 모두 파악하려고 시도했다. 그는 가능한 관계들 사이에 있는 사람들이 내린 선택을 보고 특정한 사회를 묘사했다. 그는 "인간 사회는 개개의 인간처럼 …무엇을 절대적으로 창조하지 않는다. 그것은 단지 개념들의 창고로부터 조합된 것을 선택할 뿐이다."라고 말했다.[118]

후기 구조주의, 해체주의, 포스트모더니즘

구조주의의 특징 가운데 일부는 새로운 합리주의를 추구하면서 발전했다. "생성 문법"의 창시자인 "노암 촘스키(1928-)"는 『데카르트적 언어학』을 저술했다.[119] 그는 그 책에서 (데카르트가 마음과 정신을 날카롭게 구분한 것처럼) 언어의 "표면적 구조"와 "심층적 구조"를 구별했다. 그는 이 개념들을 각각 육체와 마음과 관련시켰다. 언어의 심층적 구조는 서로 다른 실제 언어를 말하는 사람들에게 공통된 것으로 보편적인 특성을 띤다. 물론 이것은 영어권의 철학과는 매우 다른 각도에서 생득적 개념에 관한 이론에 접근한다. 기호가 단지 체계 안에서만 의미가 있다는 개념은 헤겔식의 해석을 제시하기 마련이다.

한편 기호와 기의의 관계가 지닌 임의성과 그 결과로서 나타나는 본질에 대한 구조주의의 거부는 철학적 유명론과 같이 불합리주의에 이르는 전통적인 행로를 답습한다. 그것이 구조주의가 발전하면서 부각된 주제다.

소쉬르는 기호가 개념들을 가리키고, 개념들은 결국 기의(記意)에 해당한다고 주장했다. 그러나 앞서 말한 대로 그런 견해는 기호를 객관적인 세계와 연관시키기보다 기표와 기의를 생각 속에 위치시킨다.[120] 개념이란 무엇인가? 그것은 곧 복잡한

---

[118] Claude Lévi-Strauss, *Tristes Tropiques* (New York: Atheneum, 1964), 160.
[119] Noam Chomsky, *Cartesian Linguistics* (New York: Harper and Row, 1966).
[120] 아래에서 살펴보겠지만 이런 제한은 주관주의가 아닌 언어의 공적 체계로 귀결된다. 그러나 이것은 객관적인 사실과

기호들이 아니겠는가? 따라서 이런 접근 방식은 기호들이 단지 다른 기호들을 가리킨다는 의미를 내포한다. 물론 이것은 어느 정도 일리가 있다. 누군가가 내게 창문이 무엇이냐고 물으면 나는 그에게 창문을 가리킬 수도 있을 테지만(이것은 때로 "실물 지시적 정의"로 일컬어진다) 하나의 용어를 다른 용어로 대체시켜 설명하는 사전적인 정의를 제시할 가능성이 더 높다.[121]

따라서 "롤랑 바르트(1915-80)"가 지적한 대로 우리는 객관적인 진리 체계에 접근하지 못한다. 우리는 단지 기호들의 상호관계를 묘사할 수 있을 뿐이다. "자크 데리다(1930-2004)"는 소쉬르가 개개의 모든 기호의 의미는 다른 기호들을 포함한다는 견해를 지녔다고 지적했다. 따라서 그 어떤 의미도 온전히 알 수는 없다.

그렇다면 기호들을 만든 사람들에게 물어보면 그 의미를 이해할 수 있지 않을까? 예를 들어 셰익스피어의 『맥베스(Macbeth)』를 논할 때 셰익스피어가 그 자리에 함께 있으면서 자신의 의도를 말하거나 그 의미를 설명하지는 않는다. 심지어 그가 그 자리에 있더라도 자신의 말들에 담겨 있는 의미에 관한 의문을 해결해 줄 권한을 지니지 못할 수도 있다. 왜냐하면 말은 일단 공표되면 공적 자산이 되기 때문이다. 말들의 의미는 저자의 생각 속에 있는 것이 아니라 (사전에 요약된) 문화적 용법에 의해 결정된다.[122] 따라서 후기 구조주의자들은 "현존의 신화", 곧 마치 저자가 본문을 이해하도록 도와주는 것처럼 그것을 읽어야 한다는 신화를 거부하라고 권유한다.[123]

그러나 의미의 결정은 훨씬 더 어렵다. 그 이유는 언어가 저자의 명백한 의도와

같은 것보다는 더 많은 기호들로 이루어진 세상이다.

[121] 만일 내가 실물 지시적 정의를 제시한다고 하더라도 내가 가리키는 창문이 "창문"으로 불리는 유일한 물건은 아니며 다른 형태로 된 창문들도 있다는 설명을 덧붙여야 할 것이다. 물론 경우에 따라서는 그런 것들을 그에게 말해 줄 필요가 없을 수도 있다. 그러나 어찌되었든 실물 지시적 정의는 말의 개념으로만 설명할 수 있는 사실들을 전제한다.

[122] 다음 자료를 참조하라. Roland Barthes, "The Death of the Author", *Aspen* 5-6(1967). 나는 일전에 저자가 "죄의 지적인 영향"이라고 말하려던 것이 "죄의 시적인 영향"으로 잘못 인쇄되어 출판된 책을 논평한 적이 있다. 그런 문맥에서 "시적"이 "지적"을 의미한다고 말해야 할까? 그렇지 않다. 정상적인 사전적 의미에 따르면 "시적"은 "시적"을 의미한다. 저자의 의도가 그 말의 의미를 바꿀 수 없다. 물론 현명한 독자들은 저자가 잘못된 용어를 사용한 탓에 잘못된 의미를 전달했다는 점을 고려할 것이 분명하다.

[123] 전문적인 차원에서 보면 틀린 말은 아닌 것이 분명하다. 그러나 (이런 논증을 발전시킨 1950년대의 "새로운 비평주의"와는 달리) 우리가 이해를 돕는 좀 더 유익한 해석이나 "옳은" 해석과 "그릇된" 해석의 구별을 모두 포기하지 않는 이상, 셰익스피어가 『맥베스』를 논하는 세미나에 실제로 참석했는데도 아무런 도움이 되지 않을 것이라는 말은 믿기가 매우 어렵다.

모순되는 의미를 지닐 때가 많기 때문이다. 언어는 의사소통의 도구일 뿐 아니라 "능력"의 도구이기도 하다. 우리는 말로 단지 생각만을 표현하는 것이 아니라 (오스틴이 말한 대로) "무엇인가를 한다." 니체와 "미셸 푸코(1926-84)"가 강조한 대로 지식은 힘이며, 모든 사람이 말을 사용해 다른 사람들을 지배하려고 든다. 물론 하나님의 말씀이나 인간의 말이 능력을 지닌다는 것은 성경적인 주제다(창 11:6; 시 33:6; 롬 1:17; 히 4:12). 후기 구조주의가 말의 능력을 강조하며 우리 자신이 종종 말과 관련해 스스로 속을 때가 많다고 지적한 것은 옳다. 왜냐하면 순수한 의도로 말을 꺼냈지만 실제로는 악한 의도를 전달하는 경우가 많기 때문이다.

후기 구조주의는 대개 그런 저변의 의미를 마르크스주의의 관점에서 해석한다. 그들은 우리가 특히 다른 인종, 성, 성적 성향 등과 같은 것에 대한 편견을 드러내면서 다른 사람들을 억압하기 위해 말을 사용한다고 믿는다. 후기 구조주의 철학자들도 해방 신학자들처럼 모든 것을 억압과 해방의 관점에서 바라보려고 시도한다.

이 모든 것은 지식을 논하는 자리에서는 흥미로운 주제가 될 수 있겠지만 언어의 객관적인 의미를 이해하고, 그것을 통해 세상에 대한 객관적인 진리를 알 수 있다는 희망을 전하지는 못한다. 해체주의(deconstructionists)는 종종 회의주의를 광범위하게 확산시키는 경향이 있다. 그들은 언어와 사상이 일상생활에서 사용하기에는 충분하다고 생각하지만 세계관이나 "거대 담론"을 논하는 것은 거부한다. "장 프랑수아 리오타르(1924-98)"는 "포스트모던"을 "거대 담론에 대한 의심"으로 정의했다.

이 점에서 후기 구조주의와 해체주의(소쉬르의 언어학을 회의주의의 형태로 축소시키려는 사상 운동)는 광범위한 문화 현상인 포스트모던주의와 힘을 규합한다. 포스트모더니즘은 1930년대에 건축학과 관련된 문화 운동으로 시작해서 "현대주의"와의 차별을 선언했다. "현대주의"는 합리적이고, 과학적인 탐구를 통해 진리를 발견할 수 있다고 믿는다(논리실증주의를 상기하라). 궁극적인 현실은 물리적인 세계다. 무엇이든 물리적인 것으로 축소될 수 있다. 진리를 추구하는 사람들은 공동체와 동떨어져 객관적인 입장을 취해야 한다. 역사는 기술 문명을 통해 사람들이 원하는 모든 것을 누릴 수 있는 이상 사회를 향해 발전해 가는 중이다. 그러나 "포스트모더니즘"은 이성적인 수단과 영적이거나 정신적인 수단을 통해 진리를 발견할 수 있다고 믿는다. 신화와 전통이 다시 관심을 받는다. 미래에 대한 확실성은 존재하지 않는다.[124] 그러나 다양한 비전과 거대 담론과 신화들이 서로 겹치고, 교차하면서 우리에게 계속해서 무엇인가를 말하고 있다.[125]

현대주의와 포스트모던주의의 충돌은 합리주의와 불합리주의의 충돌을 보여주는 또 하나의 사례다. 아래의 도표를 참조하라.

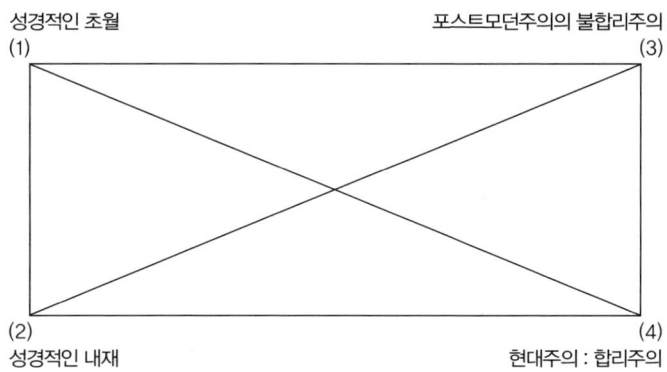

도표 12. 4. 현대주의와 포스트모던주의의 합리주의와 불합리주의

---

[124] 포스트모던주의자들은 많은 점에서 마르크스주의자들을 닮았다. 그러나 역사에 대한 그들의 견해는 마르크스보다는 블로흐의 견해에 좀 더 가깝다(11장 참조).

[125] 다음 자료를 참조하라. Jean-François Lyotard, *The Postmodern Condition: A Report on Knowledge* (Minneapolis: University of Minnesota Press, 1984).

핵심 용어

언어 분석 철학(Language-analysis philosophy)
원자적 사실(Atomic fact)
공개적 무신론자(Public atheist)
언어의 그림 이론(Picture theory of language)
명제(Proposition)
기본 명제(Elementary proposition)
논리실증주의(Logical positivism)
과학주의(scientism)
모순(Contradiction)
논리적 경험주의(Logical empiricism)
이론적인 진술(Theoretical statements)
감정적인 언어(Emotive language, 논리실증주의)
프로토콜 명제(Protocol statement)
인식적으로 의미 있는(Cognitively meaningful)
생짜 그대로의 사실(Brute facts)
전체론적 견해(Holism)
조작주의(Operationalism)
정상 과학(Normal science, 쿤)
퍼즐(Puzzles)
개인적인 헌신(Personal commitments, 폴라니)
패러다임(Paradigm)
변칙(Anomaly)
과학 혁명(Scientific revolution)
일상언어 철학(Ordinary-language philosophy)
가족의 유사성(Family resemblances, 비트겐슈타인)
의미(Sense, 프레게)
치유(Therapeutic, 비트겐슈타인)
기표(signifier)
임의성(Arbitrariness, 소쉬르)
심층적 구조(Deep structure)
파롤(Parole)
공시적인(Synchronic)
후기 구조주의(Poststructuralism)

거대 담론(Metanarrative)
사실(Fact)

러셀 법정(Russell Tribunal)
인식적인 명제(Cognitive meaning)
신비로운 것(The Mystical, 비트겐슈타인)
오귀스트 콩트(Auguste Comte)
동의반복(Tautology)
경험적인 명제(Empirical proposition)

관찰적인 진술(Observation statements)
검증 원리(Verification principle)
반증 가능한(Falsifiable)
관습주의(Conventionalism)
도구주의(Instrumentalism)

위기(Crisis, 쿤)
변칙 카드(Anomalous playing cards)
의미지시설(Referential theory of meaning)
용도로서의 의미(Meaning as use)

언어 게임(Language game)
구조주의(structuralism)
기의(signified)
표면적 구조(Surface structure)
랑그(Langue)
통시적인(Diachronic)
실물 지시적 정의(Ostensive definition)
해체주의(Deconstruction)

포스트모던(Postmodern)　　　　　현존의 신화(Myth of presence)

학습을 위한 질문

1. "언어를 논함으로써 철학적 문제에 대한 대답을 시도한 것은 새로운 일이 아니다." 20세기 이전에 있었던 그런 사례들의 역사를 간단하게 말해 보라.
2. 20세기 철학에서 언어가 그런 핵심적인 중요성을 지니게 된 이유는 무엇인가? 저자의 대답을 말하고 나서 자신의 대답을 제시해 보라.
3. "현실적인 것은 말할 수 있고, 말할 수 있는 것은 현실적이다." 이 말의 의미를 설명하고, 평가하라.
4. 러셀과 화이트헤드는 『수학 원리』를 집필하고 나서 각자 형이상학적 체계를 발전시켰다. 그들의 체계를 설명하고, 비교하라.
5. 사실과 사물의 차이를 설명하라. 이 둘을 구별하는 것은 형이상학적으로 어떤 의미를 지니는가? 또 그것이 논리에 미치는 영향은 무엇인가?
6. 러셀이 어떻게 복잡한 사실들을 단순한 사실들로 축소시키려고 시도했는지 설명하라. 그가 그렇게 하는 것을 중요하게 생각한 이유는 무엇인가?
7. 러셀과 비트겐슈타인의 입장이 경험주의의 인식론과 어떤 관계를 맺고 있었는지 설명하라.
8. 논리적 원자론의 프로그램을 설명하라.
9. 비트겐슈타인은 『논리철학논고』에서 윤리적이고, 형이상학적이며, 종교적인 명제들을 어떻게 다루었는가?
10. 저자는 "비트겐슈타인의 "신비로운 것"은 칸트가 말한 실재의 세계와 비슷하다."라고 말했다. 이 말의 의미를 설명하고, 평가하라.
11. 『논리철학논고』는 어떤 점에서 자기 모순인가? 설명하라. 반틸의 합리주의와 불합리주의의 비판을 『논리철학논고』에 적용할 수 있는지, 또 적용할 수 있다면 어떻게 적용할 수 있는지 논의하라.
12. 논리실증주의자들은 『논리철학논고』를 어떻게 활용했는가? 그들은 그것의 어떤 내용을 거부했는가? 또 그것을 거부한 이유는 무엇인가?
13. 논리실증주의가 인정한 언어의 범주들을 설명하라.

14. 검증 원리란 무엇인가? 논리실증주의가 그것을 중시하는 이유를 설명하고, 그 원리가 유지되기 어렵다는 비판들에 대해 말해 보라. 일부 사상가들이 그것이 자기 모순적이라고 논박한 이유는 무엇인가?
15. 논리실증주의자들이 종교적인 언어를 어떻게 다루었는지 논의하라.
16. 플루가 말한 정원사의 비유를 설명하라. 그리스도인들은 거기에 어떻게 대응해야 할까?
17. 엔젤 산체스의 견해에 대해 어떻게 생각하는가?
18. 관습주의, 도구주의, 조작주의가 어떻게 다른지 말해 보라.
19. 과학에 관한 마이클 폴라니의 견해를 설명하고, 평가하라.
20. 과학에 관한 토머스 쿤의 견해를 설명하고, 평가하라.
21. 쿤은 서로 경쟁하는 패러다임을 주장하는 사람들의 논리가 "순환적"이라고 말했다. 그 이유를 설명하고, 평가하라. 서로 다른 패러다임을 주장하는 사람들이 서로 다른 세계에 살고 있다고 말하는 것이 온당한가? 왜 단지 그들이 동일한 현실에 관해 서로 다른 해석을 주장하고 있다고 말하지 않는 것일까?
22. 비트겐슈타인은 아우구스티누스의 의미설을 어떻게 해석했는가? 설명하고, 평가하라.
23. 비트겐슈타인은 "'의미'의 의미"를 어떻게 다루었는가?
24. 의미에 관한 비트겐슈타인의 새로운 견해는 단순성과 모호성에 관한 그의 견해에 어떤 영향을 미쳤는가? 평가하라.
25. 후기 비트겐슈타인은 보편적 실재의 문제를 어떻게 다루었는가? 평가하라.
26. 후기 비트겐슈타인은 철학의 임무를 어떻게 이해했는가? 평가하라.
27. 후기 비트겐슈타인이 종교적인 언어를 어떻게 다루었는지 설명하고, 평가하라. 비트겐슈타인과 칸트를 비교하라.
28. 라일, 스트로슨, 오스틴, 설의 독특한 입장들을 간단하게 요약하라.
29. 콰인이 "분석적인" 명제와 "종합적인" 명제를 어떻게 다루었는지 논의하라. 그의 전체론적 입장도 아울러 논의하라.
30. 언어에 대한 소쉬르의 견해에서 발견되는 중요한 특징은 무엇인지 말해 보라. 그것이 보편적 실재의 본질과 어떤 관계를 맺고 있는지 설명하라.
31. 레비-스트로스는 소쉬르의 언어학을 인류학에 어떻게 적용했는가? 평가하라.
32. 구조주의는 합리주의적인가, 불합리주의적인가?

33. 후기 구조주의가 "현존의 신화"를 거부한 이유가 무엇인지 설명하고, 논의하라. 또 그것이 언어를 "능력"으로 보는 견해와 어떤 관련이 있는지 말해 보라.

34. 리오타르는 포스트모던을 "거대 담론에 대한 의심"으로 정의했다. 이 말의 의미를 설명하고, 평가하라.

35. 저자는 현대와 포스트모던의 갈등을 합리주의와 불합리주의의 갈등과 연관시켰다. 그 이유를 설명하고, 평가하라.

참고 문헌 : 20세기 언어 철학

출판물

Austin, J. L., *How to Do Things with Words* (Cambridge, MA: Harvard University Press, 1975).

_____, *Philosophical Papers* (Oxford: Clarendon, 1990).

Ayer, A. J., *Language, Truth and Logic* (New York: Dover, 1952). 논리실증주의의 입장을 영향력 있게 제시하고, 옹호한 책.

Flew, Antony, and Alasdair C. MacIntyre, eds., *New Essays in Philosophical Theology* (London: Macmillan, 2012). 신자들과 불신자들이 영국 분석 철학에 대해 저마다의 입장을 밝힌 논문들. 플루가 말한 정원사의 비유도 포함되어 있다.

Kuhn, Thomas S., *The Structure of Scientific Revolutions*, 50th anniversary ed. (Chicago: University of Chicago press, 2012).

Lévi-Strauss, Claude, *Structural Anthropology* (New York: Basic Books, 1974).

Lyotard, Jean-François, *The Postmodern Condition: A Report on Knowledge* (Minneapolis: University of Minnesota Press, 1984).

Moore, G. E., *Principia Ethica* (new York: Dover, 2004). 자연론적 오류를 비롯해 여러 가지 윤리적 문제를 논한다.

_____, *Selected Writings*, ed. Thomas Baldwin (New York: Routledge, 1993). 그의 가장 유명한 논문인 "상식의 옹호"와 "외부 세계의 증거"가 포함되어 있다.

Polanyi, Michael, *Personal Knowledge: Towards a Post-Critical Philosophy* (Chicago: university of Chicago Press, 1974).

Quine, Willard Van Orman, *From a Logical Point of View: Nine Logico-Philosophical Essays*, 2nd rev. ed. (Cambridge, MA: Havard University Press, 1980). "경험주의의 두 가지 도그마"와 "저기에 있는 것에 대해"가 포함되어 있다.

Russell, Bertrand, *The Basic Writings of Bertrand Russell*, ed. Robert E. Egner and Lester E. Denonn (New York: Routledge, 2009).

_____, *The Problem of Philosophy* (Hollywood, FL: Simon and Brown, 2013).

_____, *Why I Am Not a Christian and Other Essays on Related Subjects* (New York: Touchstone, 1976). 표제 논문 외에도 "자유로운 인간의 예배"라는 논문이 포함되어 있다.

Russell, Bertrand, and Alfred North Whitehead, *Principia Mathematica*, 3 vols. (Cambridge: Cambridge University Press, 1910–13).

Ryle, Gilbert, *The Concept of Mind* (Chicago: University of Chicago Press, 2000).

Saussure, Ferdinand de., *Course in General Linguistics*, ed. Charles Bally and Albert Sechehaye, trans. Roy Harris (Chicago: Open Court, 1998).

Urmson, J. O., *Philosophical Analysis: Its Development between the Two World Wars* (New York: Oxford University Press, 1956).

Wittgenstein, Ludwig, *Lectures and Conversations on Aesthetics, Psychology, and Religious Belief*, ed. Cyril Barrett (Berkeley, CA: University of California Press, 2007).

_____, *On Certainty*, trans. Denis Paul and G. E. M. Anscombe (New York: Harper and Row, 1972).

_____, *Philosophical Investigations*. Translated by G. E. M. Anscombe, P. M. S. Hacker, and Joachim Schulte. Rev. 4th ed. (Oxford: Blackwell, 2009).

_____, *Preliminary Studies for the "Philosophical Investigations": Generally Known as the Blue and Brown Books*, 2nd ed. Harper Torchbooks (New York: Harper and Row, 1965).

_____, *Tractatus Logico-Philosophicus* (New York: Dover, 1998).

온라인 자료

Austin, J. L., *How to Do Things with Words* (Cambridge, MA: Harvard University press, 1975). http://www.ling.upenn.edu/~rnoyer/courses/103/Austin.pdf.

Ayer, A. J., *Language, Truth and Logic* (New York: Dover, 1952). http://archive.org/stream/AlfredAyer/LanguageTruthAndLogic_djvu.txt.

Kuhn, Thomas S., *The Structure of Scientific Revolutions*, 3rd ed. (Chicago: University of Chicago Press, 1996). http://moodle.eosmith.org/pluginfile.php/3436/mod_resource/content/1/The%20Structure%20OF%20Scientific%20Revolutions%203rd%20ed%20-%20Thomas%20Kuhn.pdf.

Moore, G. E., "A Defence of Common Sense", *Contemporary British Philosophy*, ed. J. H. Muirhead. 2nd ser. 1925. 다음의 책으로 다시 출판되었다. G. E. Moore, *Philosophical Papers*, 32–45 (London: George Allen & Unwin, 1959). http://www.ditext.com/moore/commonsense.html.

_____, *Principia Ethica* (Amherst, NY: Prometheus Books, 1988). http://fair-use.org/g-e-moore/principia-ethica/.

_____, "Proof of an External World", *Philosophical Papers*, 126–48 (New York: Collier Books, 1962). http://www.hist-analytic.com/MooreExternalWorld.pdf.

_____, "The Refutation of Idealism", *Mind*, n. s., 12, 48 (October 1903): 433–45. http://www.ditext.com/moore/refute.html.

Quine, Willard Van Orman, "Two Dogmas of Empiricism", *Philosophical Review* 60 (1951): 20–43. 다음의 책으로 다시 출판되었다. Willard Van Orman Quine, *From a Logical Point of View: Nine Logico-Philosophical Essays*, 2nd rev. ed. (Cambridge, MA: Harvard University Press, 1961). http://www.ditext.com/quine/quine.html.

Russell, Bertrand, "Has Religion Made Useful Contributions to Civilization?" http://www.positiveatheism.org/hist/russell2.htm.

_____, *Mysticism and Logic and Other Essays* (London: George Allen & Unwin, 1917). http://en.wikisource.org/wiki/Mysticism_and_Logic_and_Other_Essays.

_____, *Our Knowledge of an External World as a Field for Scientific Method in Philosophy* (London: George Allen & Unwin, 1914). http://archive.org/details/ourknowledgeofth005200mbp.

_____, *The Philosophy of Logical Atomism* (Oxford: Taylor & Francis e-Library, 2009). http://www.ualberta.ca/~francisp/NewPhil448/RussellPhilLogicalAtomismPrars.pdf.

_____, *The Problems of Philosophy* (Oxford: Oxford University Press, 1959). http://www.ditext.com/russell/russell.html.

Urmson, J. O., *Philosophical Analysis: Its Development between the Two World Wars* (Oxford: Clarendon, 1958). http://www.questia.com/library/465525/philosophical-analysis-its-development-between-the. 모든 자료를 찾아보려면 회원 가입이 필요하다.

Wittgenstein, Ludwig, *The Blue Book*. http://www.geocities.jp/mickindex/wittgenstein/witt_blue_en.html.

_____, *On Certainty (Uber Gewissheit)*, ed. G. E. M. Anscombe and G. H. von Wright, trans. Deins Paul and G. E. M. Anscombe (Oxford: Basil Blackwell, 1969–75). http://web.archive.org/web/20051210213153/http://budni.by.ru/oncertainty.html.

_____, *Tractatus Logico-Philosophicus (Logisch-philosophische Abhandlung)* Side-by-side-by-Side ed. Version 0.41. February 11, 2014. http://people.unmass.edu/phi335-klement-side-by-2/tlp/tlp.pdf (London: Kegan Paul, 1922). 독일어 원문으로 된 것과 영어로 번역된 것이 둘 다 포함되어 있다.

스스로 읽기

무어의 "상식의 옹호"를 읽고 분석철학이 초기에 어떻게 논의되기 시작했는지를 파악하라. 러셀의 논문 "논리적 원자론"은 나중에 비트겐슈타인의 『논리철학논고』의 토대가 되었다. 러셀의 "내가 그리스도인이 아닌 이유"와 "자유로운 인간의 예배"를 읽으면 이 사상 운동의 강렬한 세속적 성향을 이해할 수 있다.

비트겐슈타인의 『논리철학논고』는 철학을 처음 배우는 사람에게는 매우 어렵다. 엄슨의 『철학적 분석(Philosophical Analysis)』을 비롯해 다른 해설서들을 참조하면 도움을 받을 수 있을 것이다. 아이어의 『언어, 진리, 그리고 논리』는 논리실증주의의 주교재로 삼아 읽고, 이 사상 운동이 종교에 미치는 영향을 이해하려면 플루와 맥킨타이어의 『새로운 논문들』(특히 "신학과 반증")을 읽어라.

후기 비트겐슈타인은 『청갈색책』을 읽으면 가장 잘 이해할 수 있지만 결국에는 그의 『철학적 탐구』를 읽고 싶은 마음이 들 것이 분명하다. 그의 『미학, 심리학, 종교적 신념에 관한 강의와 대화』를 읽으면 당시에 비트겐슈타인과 그의 학생들이 종교적인 문제를 어떻게 논의했는지를 이해할 수 있을 것이다.

아울러 폴라니의 『인격적 지식』과 쿤의 『과학 혁명의 구조』를 읽으면 과학 철학이 무엇인지 이해할 수 있을 것이다.

해체주의와 포스트모더니즘과 관련된 논의를 알고 싶으면 리오타르의 책을 읽어라.

온라인 듣기

웹 사이트 http://itunes.apple.com/us/course/legacy-history-philosophy/id694658914

- 한스 게오르크 가다머, 페르디낭 드 소쉬르, 클로드 레비-스트로스, 해체주의 : 36:30
- 언어 분석 철학, 논리적 원자론, 논리실증주의에 관한 서론적 강의 : 1:01:26
- 논리실증주의와 일상언어 철학 : 57:50
- 일상언어 철학, 현대 인식론 : 55:07

유명한 인용문

- **무어** : http://en.wikiquote.org/wiki/G._E._Moore
- **러셀** : http://en.wikiquote.org/wiki/Bertrand_Russell
- **비트겐슈타인** : http://en.wikiquote.org/wiki/Ludwig_Wittgenstein
- **폴라니** : http://en.wikiquote.org/wiki/Michael_Polanyi
- **쿤** : http://en.wikiquote.org/wiki/Thomas_Kuhn
- **콰인** : http://en.wikiquote.org/wiki/Willard_van_Orman_Quine
- **레비-스트로스** : http://en.wikiquote.org/wiki/Claude_L%C3%A9vi-Strauss
- **리오타르** : http://en.wikiquote.org/wiki/Jean_Fran%C3%A7ois_Lyotard

개요

아브라함 카이퍼(1837–1920)
헤르만 도이베르트(1894–1977)
고든 클라크(1902–85)
코넬리우스 반틸(1895–1987)
앨빈 플랜팅가(1932–)
북아메리카의 다른 기독교 언어 분석 철학자들
영국의 기독교 철학자들
오이겐 로젠스토크 휘시(1888–1973)
급진적 정통주의
에스더 라이트캡 미크(1953–)
베른 포이트레스(1946–)
후기

13장
최근의 기독교 철학

지금까지 이 책에서 논의한 내용에 실망할 사람들이 많을 것이다. 간단히 논평하면 지금까지의 논의는 타락한 사상가들이 세상을 자율적으로 개념화하려고 시도한 역사였다. 심지어 철학적, 신학적 작업에 충실하려고 노력했던 기독교 사상가들조차도 비성경적인 철학과 타협할 때가 많았다. 그리스도인을 자처하면서도 자유주의의 전통을 따르는 신학자들은 기독교의 용어를 빌려 비성경적인 철학을 옹호했다.

그러나 하나님은 사상의 세계를 외면하지 않으셨다. 그런 역사의 와중에서도 충실한 목회자, 교회 교사, 복음전도자, 신학자, 아버지, 어머니들이 참된 성경적인 복음을 굳건하게 지켜왔다. 심령들이 변화되었고, 많은 그리스도인들이 그리스도의 사랑을 널리 퍼뜨렸다. 아우구스티누스나 종교 개혁자들이 그랬던 것처럼 철학계에서도 좀 더 일관된 철학적 견해를 추구하려는 변화가 일어났다.

이런 개혁적인 사고의 전통을 통해 오늘날에 이르기까지 많은 저술가들이 성경적인 신학을 통해 성경적인 세계관을 꾸준하게 제시해 왔다. 이 책에서 그런 정통 기독교 신학자들을 일일이 모두 다 다루기에는 지면이 턱없이 부족하다.

그런 신학자들의 목록에는 프란시스 투레틴, 존 오웬, 아치볼드 알렉산더, 헹스텐버그, 찰스 하지, 아치볼드 하지, 벤저민 워필드, 게할더스 보스, 헤르만 바빙크, 루이스 벌코프, 칼 헨리, 존 머레이, 제임스 패커, 로저 니콜, 노먼 쉐퍼드, 웨인 그루뎀을 비롯한 많은 사람들이 포함된다. 나는 이 책에서 철학 사상의 역사에 영향을 미친 사상가들에게만 초점을 맞추었다. 지금 열거한 사람들은 철학에는 그렇게 실질적인 영향을 미치지는 못했지만 참된 기독교 신앙을 견고하게 유지해 새로운 세대에게 전하는 너무나도 귀한 일을 충실하게 감당해 왔다.

그러나 그들 외에도 기독교 철학자들이 있었다. 그들의 숫자는 갈수록 늘어나고 있다. 여기에서 "기독교 철학자"란 내가 1장에서 언급한 성경적인 세계관을 견지하는 사상가들을 의미한다.1) 그런 사상가들은 18세기나 19세기보다는 20세기에 좀 더 많이 나타났다. 나는 이것이 하나님이 일으키신 사상 운동이라고 믿는다. 나는 이 책의 마지막 장에서 이 사상 운동을 다룰 생각이다. 그로써 나는 이 책을 희망으로 마무리하고 싶다.

아브라함 카이퍼(Abraham Kuyper, 1837-1920)

19세기 후반부터 20세기 초까지 네덜란드에 살았던 아브라함 카이퍼는 신학, 교회 사역, 철학, 교육, 정치, 저널리즘, 문화 분석의 분야에서 탁월한 재능을 나타냈다. 그는 네덜란드에서 몇 십 년 동안 가장 유명한 인물이었다. 그는 1901년부터 1905년까지 그 나라의 수상을 지냈다. 그는 "아버지 아브라함", "위대한 아브라함"으로 불릴 정도로 뛰어났다.

아브라함 카이퍼
(Abraham Kuyper)

그는 레이던대학교에서 공부했다. 그는 특히 영향력 있는 자유주의 신학자 숄텐에게 배웠지만 칼빈의 교회론과 폴란드 개혁자 아 라스코를 비교한 박사 학위 논문을 쓰면서 정통 개혁

---

1) 앞에서는 자유주의 신학을 다루었기 때문에 이번 장에서는 정통적인 신학 사상을 지닌 사상가들에게 초점을 맞출 생각이다. 아울러 나는 한두 가지 예외는 있겠지만 로마 가톨릭과 동방정교회 전통을 따르는 철학자들은 다루지 않을 생각이다(그들 가운데도 가치 있는 기여를 한 사람이 적지 않다). 나는 그런 사상가들을 다룰 만한 준비를 잘 갖추지 못한 상태이고, 그들을 정당하게 평가하기 위해서는 더 많은 지면이 필요하다고 생각한다. 사실, 나는 칼빈주의 전통을 따르는 사상가들에게 더 많은 관심이 있다. 왜냐하면 그 전통 안에서 좀 더 많은 희망을 발견할 수 있다고 판단하기 때문이다. 그러나 다른 사람들이 나의 판단을 편견으로 간주하더라도 나는 크게 불평하지 않을 것이다.

주의 사상을 접했다. 그는 1863년부터 1867년까지 베이스트라는 마을의 한 교회에서 목회자로 활동했다. 그는 그곳 교인들의 믿음에 깊은 인상을 받았다. 당시에 그는 "반혁명당"의 주요 인물이었던 그룬 반 프린스테레르(1801-76)와 연락을 주고받았다.[2] 그는 시간이 지나면서 학술적인 자유주의 신학의 사변보다 역사적 칼빈주의의 단순한 믿음이 진리에 더 가깝다는 확신을 갖기에 이르렀다.

1867년에 카이퍼는 위트레흐트로 옮겨 목회 활동을 계속했고, 1870년에는 다시 암스테르담으로 건너가서 종교 신문인 『데 헤라우트(De Heraut)』를 위해 글을 썼다. 1872년, 그는 자신의 신문인 『드 스탄다르트(De Standaard)』를 창간했다. 그는 이 두 신문을 통해 교회와 정치를 비롯해 그리스도의 주권 아래 있는 삶의 모든 영역에 관한 자신의 비전을 명확하게 확립했다. 심지어 그는 자신의 비전을 이루기 위해 국가의 간섭으로부터 자유로운 대학까지 설립했다. 그것이 오늘날의 암스테르담 자유대학교이다. 그는 그곳의 신학 교수로 취임하면서 자신의 철학을 아래와 같이 간단하게 요약했다.

> 오, 우리의 정신세계의 단 한 부분이라도 나머지 세계와 동떨어져 밀폐되지 않고, 우리의 인간적 실존의 전체 영역 가운데서 만유를 다스리는 주권자이신 그리스도께서 "나의 것이다!"라고 말씀하지 않으실 곳이 단 한 곳도 없어야 할 것입니다.[3]

이 점에서 카이퍼는 칼빈의 사상을 따랐다. 그는 『칼빈주의 강의』에서 칼빈의 사상이 칼빈주의의 역사와 삶의 다양한 영역에 미친 영향을 설명했다.[4] 장 제목은 "칼빈주의, 하나의 삶의 체계", "칼빈주의와 종교", "칼빈주의와 정치", "칼빈주의와 과학", "칼빈주의와 예술", "칼빈주의와 미래"로 구성되어 있다. 종교적인 지식을 과학의 지식과 대립시키려는 자유주의 신학의 성향(현상과 실재, 히스토리와 게쉬히테 등)이나 종교적 언어를 과학의 언어와 역사적 증거와 날카롭게 대립시키려는 후기 비

---

2) "반혁명"이란 프랑스 혁명의 심미적이고, 합리주의적이고, 전체적인 원리들을 거부한다는 의미를 지닌다.
3) James D. Bratt, *Abraham Kuyper, A Centennial Reader* (Grand Rapids: Eerdmans, 1988), 488.
4) Kuyper, *Lectures on Calvinism* (Grand Rapids: Eerdmans, 1931). 이 강의는 본래 1898년에 프린스턴신학교 "스톤 재단 강좌"에서 전달되었다. 모두가 읽어야 할 책이다.

트겐슈타인의 성향이 카이퍼에게서는 조금도 발견되지 않는다. 그에게 종교는 인간의 모든 활동과 학문의 토대였다.[5]

1880년대와 1890년대에는 교회의 문제들이 그의 관심을 크게 사로잡았다. 네덜란드 국가교회인 개혁교회는 모든 성직자와 교인들에게 신앙고백적 동의를 요구했다는 이유로 1886년에 카이퍼와 다른 목회자들을 면직시켰다.[6] 카이퍼는 자신의 면직을 인정하지 않고 나중에 "슬퍼하는 자들"로 알려지게 된 지지자들에게 설교를 전했다. "슬퍼하는 자들"은 1834년에 국가교회인 개혁교회와 분리한 또 다른 그룹 "기독교 개혁교회"와 1892년에 합류했다. 이 연합 교회가 네덜란드 개혁교회로 알려지게 되었다.[7]

그런 상황이 전개되는 동안, 카이퍼는 저술가, 교수, 저널리스트, 정치가로서의 활동을 계속하면서 반혁명당 내에서 차츰 서열이 높아져 1901년에 수상의 직위에 올랐다. 정치가로서 그의 주된 신념은 "영역 주권론"이었다. 그는 모든 권리가 개인에게서 나온다는 프랑스 혁명의 대중적인 주권론과 모든 권리가 국가로부터 나온다는 독일의 국가 주권론(20세기 파시스트와 공산주의 정권의 전조)을 거부했다. 그는 모든 권리가 하나님에게서 나오며, 하나님이 개인과 국가 및 가정, 학교, 언론, 사업, 예술과 같은 "중간 소체"에 권리와 책임을 할당하신다고 말했다. 이들은 제각각 자신이 관계하는 삶의 구체적인 영역을 확보하고, 국가를 비롯해 다른 영역의 침해로부터 자유롭게 존재한다. 중세 시대에는 교회가 국가 위에 있는지 아래에 있는지를 둘러싸고 많은 논쟁이 있었다. 카이퍼의 견해는 그 둘 중에 어느 한 쪽도 아니었다. 그는 국가와 교회가 동등하며, 그들의 영역을 결정하는 하나님의 말씀에 종속된다고 생각했다. 물론 그 둘의 영역의 정확한 범위를 결정하는 일은 어려운 문제다. 카이퍼도 이 문제에 대해 최종적이고, 결정적인 분석을 제시하지 않았다. 다음의 도표를 참조하라.

---

[5] 내가 1장에서 종교에 관해 논의한 내용과 비교하라.
[6] 신앙고백적 동의에 관한 나의 입장은 카이퍼의 입장과 다르다. 다음 자료를 참조하라. *DWG*, 280-88. 그러나 나는 자유주의 노선을 선택한 네덜란드 국가교회보다는 "슬퍼하는 자들(Doleantie)"에게 심정적으로 동의한다.
[7] 국가교회를 뜻하는 "Hervormde"와 네덜란드 개혁교회를 뜻하는 "gereformeerde"는 둘 다 "개혁"으로 번역된다. 주류를 이룬 자유주의 교파는 전자로 불렸고, 분리된 카이퍼의 교파는 후자로 불렸다. 안타깝게도 "네덜란드 개혁교회"도 20세기를 거치면서 자유주의의 영향력에 굴복하고 말았다.

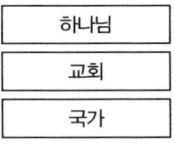

도표 13. 1. 로마 가톨릭교회의 견해

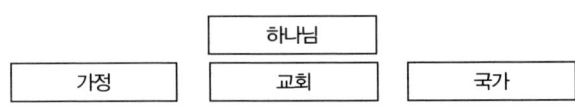

도표 13. 2. 카이퍼의 영역 주권론

　모든 형태의 신념 공동체(교회와 회당만이 아니라 인본주의자들과 사회주의자들의 단체까지)는 동등한 권리를 갖는다는 것이 카이퍼의 견해였다. 그들은 제각기 자신의 학교, 신문, 병원 등을 소유할 권리를 갖는다. 정부는 모든 단체를 동등하게 지원해야 한다. 오늘날 미국의 시민들은 세금을 내 국가가 운영하는 "공립" 학교(곧 세속적이고, 인본주의적인 가치를 가르치는 학교)를 지원해야 한다. 누군가가 자기 자녀들을 기독교 학교에 보내기를 원하면 세금 외에 가외의 비용을 더 지불해야 한다. 카이퍼의 정책은 그런 이중 납세를 없애고, 모든 종류의 학교에 동등하게 정부의 지원을 제공하는 것이었다.[8] 물론 카이퍼의 정책도 카이퍼 자신처럼 종교와 교육이 분리되어야 하고, 국가가 지원하는 학교들은 종교적으로 중립적인 입장을 취해야 한다는 개념을 용납하지 않을 것이 분명하다.

　다른 인간적인 활동이나 학문도 종교적으로 중립적일 수는 없다. 여기에는 과학도 포함된다. 그는 『신학 백과사전(Encyclopedia of Sacred Theology)』에서 과학도 "죄의 현실"을 고려해야 한다는 견해를 길게 설명하였다.[9] 그는 타락의 현실과 일부 사람들을 거듭나게 하시는 하나님의 사역에 대한 믿음에 근거하여 "두 종류의 사람들"

---

[8] 카이퍼는 교육에 대한 정부 지원의 합법성을 문제 삼지 않았다. 그러나 그것은 논의가 필요한 또 하나의 주제임에 틀림없다.

[9] Abraham Kuyper, *Principles of Sacred Theology* (Grand Rapids: Eerdmans, 1965), 106-49. 이 책은 헨드릭 데 프리스가 카이퍼의 『신학 백과사전』 전부가 아닌 그 상당 부분을 번역한 것이다.

과[10] "두 종류의 과학"이[11] 존재한다는 견해를 피력했다. 두 가지 과학 모두 모든 사실에 대한 타당성을 주장한다는 점에서 "보편적이며",[12] 각각 모든 사람에게 자기를 신봉할 것을 요구한다. 그런 점에서 신학, 곧 하나님에 관한 지식은 모든 과학 안에서 중심적인 역할을 한다. 인간을 다루는 과학, 곧 자연과학, 의학, 철학, 법학은 신학의 적용을 받고,[13] 신학은 "하나님의 계시를 통해 주어진 모형적인 지식" 안에서 탐구의 대상을 발견한다.[14] 나중에 카이퍼는 좀 더 자세한 설명을 곁들여 하나님께 대한 지식은 무오한 성경에 근거해야 한다고 강조했다.[15]

물론 비기독교 과학자들은 기독교의 하나님에 관한 계시를 과학적 탐구의 토대로 인정하지 않을 것이다. 그런 이유 때문에 두 종류의 과학은 서로 대립된다. 기독교 과학자들은 모든 것을 성경의 가르침에 따라 하나님의 영광을 위해 하기를 원한다. 그러나 비기독교 과학자들은 그런 방법론을 어떻게 해서든 거부할 것이다.

그렇다면 신자들과 불신자들이 과학적 탐구를 위해 서로 협력하는 것이 가능할까? 카이퍼는 그렇다고 대답한다. 그러나 그는 그 둘이 서로 대립되는 견해를 지닌 탓에 이것이 왜, 어떻게 가능한지를 설명하기를 어려워했다. 그는 신자와 불신자가 "형식적인 신앙(감각의 신빙성, 논리적인 공리, 과학 법칙의 보편성에 관한 신념)"을 서로 공유하고 있다고 말했다. 그러나 그는 "형식적인 신앙"은 구원 신앙도 아니고 참 하나님을 믿는 신앙도 아니라고 말했다. 사실, 그것은 아무런 "내용"이 없다. 따라서 그는 신자와 불신자는 영적 과학이 아닌 자연 과학에서만 서로 공통된 토대를 공유한다고 생각했다. 그들은 하나님의 본질이 아닌 측량 가능한 일에만 서로 동의할 수 있다.[16]

코넬리우스 반틸은 카이퍼가 여기에서 자기 모순에 빠졌다고 생각한다. 그 이유

---

10) Ibid., 150-54.

11) Ibid., 155-76. 그러나 카이퍼는 다른 측면에서 보면 오직 하나의 과학만이 존재한다고 지적했다. 두 종류의 과학이 서로 일치하지 않을 경우, 신자들은 믿음에 근거하지 않는 과학을 "그릇된 과학"으로 여겨 거부해야 한다.

12) Ibid., 181-82.

13) Ibid., 190, 192-210.

14) Ibid., 215. "모형(ectypal)"은 "원형(archetypal)"과 반대된다. 전자는 하나님에 대한 인간의 지식을, 후자는 하나님 자신에 대한 그분의 지식을 각각 가리킨다.

15) Ibid., 257-91, 341-563.

16) Cornelius Van Til, *The Defense of the Faith*, ed. K. Scott Oliphint, 4th ed. (Phillipsburg, NJ: P&R Publishing, 2008), 369-74.

는 카이퍼가 다른 곳에서 칼빈의 견해를 따라 "인간은 자신이 마주치는 모든 사실에서 항상 하나님을 대적한다."라고 말한 적이 있기 때문이다.[17] 그러나 불신자는 그렇게 하나님을 대적하면서도 감각의 신빙성과 논리적인 공리와 과학 법칙의 보편성, 곧 기독교적 세계관 안에서만 의미가 있는 원리들을 인정할 수밖에 없다. 이런 점에서 "형식적인 신앙"은 그런 대립적인 관계를 가리키는 말로 그다지 적합하지 않다. 그 말은 내용이 없는 것이 아니라 많은 내용을 포함하고 있다. 그것은 참 하나님을 대적하는 것이다. 그러나 앞으로 살펴보겠지만 반틸도 카이퍼처럼 "대립"의 의미를 정의하는 데 어려움을 느낀 것처럼 보인다.

카이퍼는 신자와 불신자가 과학적 탐구를 위해 어떻게 협력할 수 있는지에 대해 분명한 확신을 지니지는 못했지만 그들이 서로 협력할 수 있고, 그런 능력이 하나님의 일반 은혜(하나님이 선택받지 못한 사람들에게 구원에 상관없이 베푸시는 호의) 덕분이라고 생각했다. 따라서 카이퍼는 일반 은혜를 주제로 다룬 세 권의 책을 더 집필했다(이 책들은 지금 번역되는 중이다[18]).[19]

헤르만 도이베르트(Herman Dooyeweerd, 1894-1977)

헤르만 도이베르트
(Hermann Dooyeweerd)

도이베르트는 카이퍼의 비전을 먼저 법학에, 그 다음에는 철학에 적용하려고 시도했다. 그는 자신의 법학 연구가 철학적 의미를 지닌다는 것을 알고는 때로 "우주 법철학", 또는 "개혁 철학"으로 불리는 "법의 개념에 대한 철학"을 발전시켰다. 주이데마, 포프마, 멕케스, 반 리센을 비롯한 많은 네덜란드 학자들과 로버트 누드슨, 이반 러너, 캘빈 시어벨트와 같은 북아메리카 학자들이 그와 함께 그 일에 동참했다. 도이베르트

---

17) Ibid., 370.
18) 다음 사이트를 참조하라. http://www.acton.org/research/kuyper-translation-project.
19) 이 교리를 내가 성경적으로 분석한 내용을 살펴보려면 다음 자료를 참조하라. DG, 429-37.

의 처남 디르크 볼렌호벤은 특히 역사적인 문제와 관련해 그와 긴밀하게 협력했다. 남아프리카공화국 포체프스트룸대학교의 스토커는 도이베르트의 사상과는 약간 다르지만 거기에 영향을 받아 "창조 이념 철학"을 발전시켰다. 이번 장 뒤에서 논의하게 될 필라델피아 웨스트민스터신학교의 코넬리우스 반틸은 일찍부터 도이베르트와 관계를 맺었지만(예를 들어 그는 우주 법철학 기관지인『필로소피아 레포르마타(Philosophia Reformata)』발행인 난에 편집자로 이름을 올렸다), 나중에는 관계를 끊었다.[20] 이 사상 운동을 이끈 제2세대(제임스 올투이스, 존 올투이스, 헨드릭 하트, 폴 마샬 등)는 토론토에 "기독교 연구회"를 설립했다. (정치적으로나 신학적으로) 다소 보수적이면서도 개혁적인 성향을 지닌 학자들이 온타리오 주 해밀턴에 있는 리디머대학교의 교수단에 합류했다.[21]

도이베르트는 전(前)이론적(때로는 "순수한"으로 일컬어진다) 경험과 이론적 생각을 날카롭게 구분했다(후설과 하이데거의 현상학을 떠올리게 만드는 개념이다).[22] 전이론적 경험은 세상을 전체로 본다. 이론은 좀 더 세밀한 연구를 위해 이 세상의 다양한 측면을 나누어 생각한다. 따라서 그런 측면들의 상호관계, 곧 일관성과 전체성에 대한 의식을 잃을 위험이 있다. 더욱이 이론은 스스로 자율적이라고 생각할 가능성이 높다. 나는 이 책에서 인간의 생각이 하나님의 계시와 독립해서 자율적으로 진행한다는 비기독교적인 사고방식을 여러 차례 비판했다. 도이베르트의 논증도 비슷하다. 그러나 그는 하나님의 계시를 직접 거론하지 않고, 불신앙적인 이론적 사고가 전이론적 경험으로부터의 독립을 주장하고, 마음의 헌신을 외면함으로써 현실 전체에 근거한 뿌리를 잃게 만든다고 생각했다.

전이론적 경험은 인간의 사고가 하나님을 위하든 대적하든 상관없이 마음의 성향에 근거한다는 것을 보여준다. 도이베르트는 전도서 3장 11절("사람들에게는 영원을 사모하는 마음을 주셨느니라")을 인용해 인간의 마음이 "초시간적"이라는 비의적인 개념을 피력했다. 아마도 도이베르트는 인간의 마음이 하나님을 향하는 성향이 있다면 그분의 영원성을 공유할 것이 분명하다고 생각한 듯하다. 그러나 그런 생각은 다소

---

20) 그는 도이베르트의 "법적 관념"보다 스토커의 "창조 이념"을 선호한다고 말했다.
21) 물론 이 사상 운동 안에는 많은 차이점이 존재한다. 나는 여기에서 도이베르트에게만 초점을 맞출 생각이다.
22) 나는 도이베르트를 비롯해 여러 사람들이 전이론적인 것과 이론적인 것을 날카롭게 구분해야 한다고 주장하는 이유를 이해하기 어렵다. 내가 생각할 때 이 두 가지 범주는 정도의 차이는 있을지라도 서로 하나인 것이 분명해 보인다.

지나친 면이 없지 않다. 왜냐하면 창조주와 피조물의 구별을 모호하게 만들기 때문이다.

도이베르트의 견해에 따르면 하나님의 말씀은 시간적인 질서를 초월한다. 말씀은 하나님이나 우주와 동일하지 않다. 말씀은 그 둘의 중간에 있는 제3의 현실을 형성한다.[23] 이런 점에서 말씀은 마음의 방향을 정해주지만 이론적이거나 개념적인 지식은 그렇게 하지 못한다. 말씀은 하나님과 자아에 관한 근본적인 지식을 제공한다.[24]

도이베르트는 사고의 영역에서 마음이 나아가는 방향은 "근본 동기"라는 표현으로 묘사할 수 있다고 말했다. 그리스도인의 마음은 창조, 타락, 구원(이 세 가지는 성경의 이야기를 간단하게 요약한다)이라는 근본 동기에 의해 지배된다. 그러나 타락한 사상가들은 다른 대안들을 받아들인다. 내가 이 책에서 몇 차례 언급한 대로 도이베르트는 네 가지 근본 동기의 관점에서 사상의 역사를 간단하게 요약했다. 1) 형상과 질료(헬라 철학이 세상을 구분하는 방식). 2) 자연과 은혜(중세 철학의 구분 방식). 여기에서는 형상과 질료는 "자연" 안에 하나로 통합되고, 은혜(하나님의 구원)가 보충되었다. 이것은 비기독교적 주제와 기독교적 주제의 어설픈 통합이다. 3) 자연과 자유(현대 철학의 구분 방식). 중세 시대의 "은혜"가 "자유"로 바뀌었다. 4) 일관성 있는 기독교 사상은 위의 세 가지를 거부하고, 창조, 타락, 구원에 초점을 맞춘다.

이론을 구축하기 위해 전이론적 경험으로부터 자료를 추출하면 이론적인 사고가 세상에서 열다섯 가지의 "양태적 측면(modal aspects)", 즉 "법적 영역(law spheres)"을 구별한다. 도이베르트는 이를 높은 단계에서 낮은 단계로 차례로 나열했다.

- 믿음의 영역
- 도덕적인 영역

---

[23] 이런 입장은 내가 1장에서 말한 창조주와 피조물의 구별에 어긋난다.
[24] "하나님과 자아"를 한데 묶어 말한 것에 대해서는 아우구스티누스와 칼빈에 관한 나의 논의를 참조하라(3장과 5장). 데카르트, 칸트, 비트겐슈타인을 비롯한 다른 현대 철학자들은 하나님과 자아("영혼")를 동등하게 취급하는 경향이 있다. 나중에 나는 "하나님과 다른 정신들"에 관한 앨빈 플랜팅가의 논증을 다룰 생각이다. 철학적 논의에서 하나님과 자아가 자주 한데 묶여 논의되는 현상은 인간이 하나님의 형상으로 창조되었다는 성경적인 교리를 뒷받침하는 증거다.

- 법적인 영역
- 미적인 영역
- 경제적 영역
- 사회 규칙
- 언어적 영역
- 역사
- 논리적 영역
- 감정
- 생물적 영역
- 에너지 영역
- 동역학적 영역
- 공간적 영역
- 수적 영역

이 영역들은 어떤 점에서 서로 중첩된다. 낮은 영역은 높은 영역에서 흔히 발견되는 특징들을 나타냄으로써 높은 영역을 "예고한다." 예를 들어 삶(생물적 영역)은 예술 작품(미적인 영역)과 유사한 특징을 지닌다. 이와 비슷하게 높은 영역들은 낮은 영역들을 "드러낸다." 예를 들어 예술 작품(미적인 영역)은 선과 색채 따위의 경제학(소위 "미적 경제"로 일컬어지는 것)을 보여준다(경제적 영역). 어떤 점에서 개개의 영역은 다른 영역들을 보여주는 거울이다. 개개의 영역을 통해 세상 전체를 묘사하는 것이 가능하다. 예를 들면 동역학적 영역이나 생물적, 역사적 영역, 또는 미적인 영역을 통해 세상 전체를 바라볼 수 있다.25) 그러나 세상이 단지 동역학적 영역이나 생물적 영역으로만 이루어져 있다거나 다른 모든 영역을 하나의 영역으로 축소시킬 수 있다고 주장하는 것은 잘못이다.

도이베르트는 이런 사상체계를 비기독교 철학과 타종교들에 대응하기 위한 변증적 도구로 활용했다. 그는 철학자들이 다양한 경험을 하나의 측면으로 축소시키려

---

25) 따라서 나는 이런 측면들을 현실을 바라보는 "관점"으로 일컫고 싶다.

는 유혹에 빠지기 쉽다고 말했다. 예를 들어 마르크스는 경제적 영역을, 피타고라스는 수적 영역을, 베르그송과 화이트헤드는 생물적 영역을, 슐라이에르마허는 감정을, 헤라클레이토스는 동역학적 영역을, 파르메니데스는 논리적 영역을 각각 절대화했다. 성경적으로 말하면 세상에 있는 것을 절대화하거나 신격화하는 것은 우상 숭배에 해당한다. 도이베르트는 그런 우상들 가운데 그 무엇도 참 하나님을 대신할 수 없다는 것을 보여주려고 노력했다.

개개의 양태적 영역은 특정한 과학을 규정한다. 구체적으로 말해 수학은 수의 과학을, 물리학은 동역학의 과학을, 생물학은 생명의 과학을 각각 규정한다. 또한 신학은 신앙의 과학을 규정한다.

사람을 포함한 사물들은 모든 양태적 영역 안에 존재한다. 그러나 개개의 사물은 특정한 한 가지 영역에 의해 특별히 "규정된다." 수는 수리적인 대상이고, 동물은 생물적 대상이며, 교향곡은 미적 대상이고, 인간은 믿음의 대상이다. 사물들은 자신을 규정하는 영역에서는 주체가 되고, 상위 영역에 대해서는 객체가 된다. 따라서 믿음의 영역에 속하는 인간은 모든 영역에서 주체가 되고, 생물적 영역에 속하는 동물은 자신의 영역과 그 하위 단계에 있는 모든 영역에서는 주체가 되고, 상위 단계에 있는 영역에서는 객체가 된다. 바꾸어 말해 동물은 경제적 가치와 심미적 아름다움 등을 지닌다.

이런 견해는 19세기와 20세기에서는 거의 아무런 인기가 없었던 거대한 형이상학적 체계에 해당한다.[26] 아마도 무어는 복잡하고, 전문적인 용어에 대해 "그 말이 정확히 무슨 의미요?"라고 물었을 것이 분명하고, 장 프랑수아 리오타르는 이런 식의 거대 담론에 대해 회의적인 태도를 취했을 것이 틀림없다. 그러나 도이베르트는 『이론적 사유의 새로운 비판』이라는 세 권짜리 책과[27] 『종교 개혁과 스콜라주의(Reformation and Scholasticism)』라는 세 권짜리 책을 비롯해 다른 많은 책을 통해 이런 개념들을 상세하게 제시했다.

---

[26] 도이베르트 학파는 대다수의 다른 20세기 철학자들과 마찬가지로 자신들이 형이상학을 제시하고 있다는 것을 인정하기를 원하지 않았다. 그들은 피조 세계는 "존재"가 아닌 "의미"로 이루어져 있다는 말로 형이상학자라는 지적을 회피하려고 했다.

[27] Dooyeweerd, *A New Critique of Theoretical Thought* (Philadelphia: Presbyterian and Reformed, 1953). 역자들은 여기에 색인을 실은 네 번째 책을 첨가했다.

나는 이런 매우 인상적인 지적 체계를 비판할 의도는 별로 없지만 그 상세한 설명 가운데서 한 가지 결함을 발견했다. 그것은 특히 계시에 대한 견해와 관련된다.[28] 앞서 말한 대로 도이베르트는 하나님의 말씀을 모든 이론과 개념을 초월한 영역에서 인간의 마음을 향해 말하는 초시간적인 현실로 이해했다. 그러나 성경은 시간 속에 있는 책이다. 그것은 신학을 통해 연구할 수 있는 믿음의 영역과 직접 관련된다. 도이베르트는 (카이퍼의 정신을 따라) 믿음의 영역은 다른 모든 영역을 드러내고, 다른 모든 영역은 믿음의 영역을 예고하기 때문에 성경은 믿음에 초점을 맞추면서도 실제로는 인간의 모든 영역을 다룬다고 말할 수도 있었을 테지만 그렇게 하지 않고 성경은 전적으로 믿음에만 초점을 맞추기 때문에 다른 영역들의 관심은 다루지 않는다는 입장을 취했다. 따라서 도이베르트의 제자들은 성경이 도덕, 즉 옳고 그른 것의 차이를 가르치지 않는다고 주장했다. 도이베르트 자신은 성경은 숫자가 아닌 믿음만을 가르치기 때문에 창세기 1장의 "날"이 문자적인 의미의 날을 가리키지 않는다고 말했다. 즉 창세기의 날은 수적인 숫자가 아닌 믿음의 숫자다.[29]

이 모든 것을 종합해서 내려진 결론은 다소 충격적이다. 간단히 말해 도이베르트는 가장 높은 차원의 계시는 마음을 변화시키는 초시간적이고, 비개념적인 현실이지만 철학자들과 과학자들을 명제적인 방식으로 인도하지는 않는다고 생각했다.[30] 성경은 신앙의 영역(신학)에서 명제적 계시를 포함하지만 삶의 모든 영역 안에서 우리를 인도하지는 않는다. 더욱이 도이베르트는 자신의 철학적 체계에 따라 성경을 읽어야 한다고 주장하기까지 했다. 나는 그런 태도를 철학적 전제주의로 간

---

28) 다음 자료를 참조하라. Frame, *The Amsterdam Philosophy: A Preliminary Critique* (Phillipsburg, NJ: Pilgrim Press, 1972). 다음 사이트에서 찾아 볼 수 있다. http://www.frame-poythress.org/wp-content/uploads/2012/08/FrameJohnAmsterdamPhilosophy1972.pdf. Frame, "Dooyeweerd and the Word of God." 다음 사이트에서 찾아 볼 수 있다. http://www.frame-poythress.org and as Appendix D, *DWG*, 392-421. 나는 1970년대에 도이베르트의 추종자들 가운데 몇 명과 논쟁을 벌인 적이 있다. 그들은 전통적인 개혁 신학을 "스콜라적이고" "이원론적"이라고 비판했다. 그런 비판은 내가 성경에 대한 그릇된 견해로 간주하는 입장을 전제로 한다.

29) 일전에 나는 호텔에 묵고 있던 도이베르트의 제자를 방문한 적이 있다. 그는 무언가를 찾기 위해 자기 방으로 가야 했고, 나는 그런 그의 뒤를 따라갔다. 그런데 우리는 그만 방향을 잃고 말았다. 왜냐하면 방의 호실을 명시한 숫자에 문제가 있었기 때문이다. 호실의 숫자는 나란히 이어져 있지 않았다. 호실의 숫자가 어떤 식으로 배열되어 있는지 파악하기가 어려웠다. 그때 나는 그에게 이렇게 말했다. "아마도 이것은 수적 숫자가 아니라 믿음의 숫자인가 봅니다." 라고 말했다. 그가 그 말을 듣고 별로 달갑게 여기지 않은 기색을 드러낸 기억이 난다.

30) 이것은 바르트의 "게쉬히테"와 비슷하다(10장).

주하지 않을 수 없다.

확실히 그의 사상은 자율적인 철학의 우상들을 비판하는 데는 상당한 도움을 제공한다. 그러나 그는 성경이 성경 자체에 관해 가르치는 것을 신학적으로 책임 있게 생각해 본 적이 없다. 따라서 그의 철학은 자율성의 위험을 극복하는 데 실패했다. 그의 철학은 하나님의 말씀이 삶의 모든 영역을 포괄한다는 카이퍼의 사상에서 멀어지는 결과를 낳았다.

고든 클라크(Gordon H. Clark, 1902-85)

클라크는 미국의 장로교 신학자이자 변증학자요 철학자였다. 성경을 하나님의 무오한 말씀으로 굳게 믿었던 그는 "전제론자"로 불린 최초의 사상가 중에 한 명이었다.[31]

클라크는 자신의 철학적 접근 방식을 경험주의의 전통과 날카롭게 대립시켰다. 그는 흄과 칸트의 논증을 이용해 합리주의적인 논리를 펼쳐 감각적 경험만으로는 보편적이거나 필연적인 원리를 도출할 수 없다고 주장했다. 그러나 보편적이고 필연적인 지식은 논리학, 과학, 윤리학에 반드시 필요하다. 클라크는 논리가 없으면 아무것도 알 수 없다고 말했다.

그러나 과학은 경험적인 학문이 아닌가? 클라크는 그렇지 않다고 대답한다. 과학 법칙은 실제적인 우주를 묘사하는 것이 아니라 일련의 실험적인 조작에 의한 결과를 요약한 것일 따름이다. 따라서 그는 퍼시 브리지먼의 "조작주의"에 동의했다(12장). 만일 과학이 단지 조작된 결과를 기록한 것이라면(과학을 기록하는 과학이라면), 과학적인 근거를 내세워 기독교를 비판하려는 시도는 불합리하다.[32]

---

31) "전제론자"라는 용어는 제임스 올리버 버스웰 주니어가 만들어낸 것으로 추정된다. 버스웰은 이 용어를 사용해 클라크와 반틸을 비웃었던 기독교 경험주의자였다. 그러나 클라크는 이 용어를 좋아했고, 자기에게 기꺼이 적용시켰다. 반틸은 별로 탐탁해 하지 않았지만 다른 사람들이 이 용어를 사용하는 것을 존중하는 의미에서 때로 자신에 대해 그 말을 적용했다. 나는 그 이유가 클라크는 선험적인 것을 좋아하는 체계적인 성향을 지니고 있고, 반틸은 그렇지 않고 선험적인 것과 귀납적인 것을 인간 지식의 상관적인 측면으로 간주했기 때문인 것으로 생각한다.

32) Gordon H. Clark, *The Philosophy of Science and Belief in God* (Unicoi, TN: Trinity Foundation, 1996).

또한 우리는 경험적인 지식을 긍정적인 목적에 사용할 수 없다. 감각적인 경험을 토대로 하나님의 존재나 기독교의 진리를 입증하는 것은 불가능하다. 예를 들어 클라크는 우주론적 논증은 타당하지 않다고 말했다. 클라크는 아퀴나스가 "하나님은 세상의 원인이시다."라는 문장에서 "원인"을 문자적이 아닌 비유적으로 받아들여야 한다고 주장했다는 점을 지적했다. 그러나 우주론적 논증은 하나님이 세상의 원인이라는 것을 문자적으로 이해하지 않으면 아무런 소용이 없다고 말한다. 더욱이 클라크는 경험적인 증거는 기껏해야 경험 안에 있는 사물들의 존재만을 입증할 수 있다는 흄과 칸트의 입장에 동의했다. 성경의 하나님은 경험을 초월한다. 유신론적 증거가 그 고유한 영역에만 국한된다면 경험 안에 있는 신, 곧 유한한 신의 존재만을 입증하는 데 그칠 수밖에 없다.

또한 클라크는 기독교의 진리에 대한 역사적인 논증을 거부했다. 심지어는 그리스도의 부활에 근거한 논증조차도 예외가 될 수 없다. 그런 증거는 그 자체로 아무것도 입증하지 못한다. "순수한 사실"은 신학적인 관심의 대상이 될 수 없다. 한 유대인 남자가 2천 년 전에 죽은 자들 가운데서 다시 살아났다는 것을 보여줄 수 있다고 해도 기독교의 진리와 관련된 것을 입증할 수는 없다. 왜냐하면 기독교의 고백은 누군가가

고든 클라크(Gordon clark)

죽은 자 가운데서 다시 살아났다는 단순한 사실을 인정하는 것이 아니기 때문이다. 그것은 하나님의 아들이 성경대로 죄인들에게 주어질 하나님의 진노를 대신 짊어지고 죽으셨다가 그들과 함께 다시 살아나 새로운 생명을 얻게 하셨다는 사실을 인정하는 것이다. 한마디로, 그것은 신학적인 의미를 지닌 사실을 고백하는 것이다. 신학적인 의미는 역사적인 논증만으로는 입증하기가 어려운 사안이다.

한 학생이 클라크에게 요한일서 1장 1-3절을 어떻게 이해하느냐고 물었던 일이 기억난다.

"태초로부터 있는 생명의 말씀에 관하여는 우리가 들은 바요 눈으로 본 바요 자세히 보고 우리의 손으로 만진 바라 이 생명이 나타내신 바 된지라 이 영원한 생명을 우리가 보

았고 증언하여 너희에게 전하노니 이는 아버지와 함께 계시다가 우리에게 나타내신 바 된 이시니라 우리가 보고 들은 바를 너희에게도 전함은 너희로 우리와 사귐이 있게 하려 함이니 우리의 사귐은 아버지와 그의 아들 예수 그리스도와 더불어 누림이라."

클라크는 이따금 그랬던 대로 그 질문에 질문으로 대답했다. 그는 "그들이 무엇을 보았을까요?"라고 물었다. 나는 그가 그들은 색깔과 형태를 보았고, 소리를 들었고, 딱딱한 감촉의 물체를 만져보았다는 대답을 원했을 것이라고 생각한다. 클라크의 생각에는 그것이 경험적인 자료의 전부였다. 그러나 그런 경험적인 자료, 곧 순수한 사실은 그 자체로 좋은 소식이 될 수 없다. 제자들은 처음에는 예수님이 하나님의 아들이시며, 자기 백성을 죄에서 구원하시는 분이라는 것을 보지 못했다. 좋은 소식은 경험적인 자료와 하나님의 명제적인 계시가 결합할 때 비로소 나타났다(마 16:16, 17의 경우처럼). 그들은 계시를 통해 자신들이 보고, 듣고, 만진 사람이 누구인지를 알게 되었다. 그런 경험들이 그들에게 보배로운 것이 된 이유는 계시 때문이다.

클라크의 견해에 따르면 사실은 그 자체로는 아무런 의미가 없다. 사실은 다른 사실들을 비롯해 궁극적으로는 사고의 전체적인 "체계"와 관련을 맺을 때만 비로소 의미를 지닌다. 이처럼 클라크의 인식론은 사실들을 하나씩 쌓아가며 형성되는 지식이 아니라(로크, 흄, 러셀, 초기 비트겐슈타인) 진리 체계 전체에 대한 이해에 근거한 "전체적인" 특성을 지닌다(헤겔, 뒤헴, 콰인). 클라크는 이런 체계를 기하학적 체계에 비유한다. 기하학적 체계는 공리(체계 안에서 진리의 궁극적인 시금석으로 작용하는 원리)에 근거한다. 그와 비슷하게 철학과 신학의 체계도 "전제들"에 의해 지배된다. 이런 전제들은 스스로를 증명할 수 없다. 왜냐하면 증명의 근거이기 때문이다. 기독교의 궁극적인 전제는 성경의 명제적 진리다.

클라크에 따르면 기독교 체계 내에서는 오직 성경의 내용만이 참된 지식을 구성한다. 만일 지식을 전통적인 철학의 개념에 따라 "정당화된 참된 신념"으로 정의한다면[33] 그 진리를 확실하게 검증하기 전에는 어떤 명제도 지식으로 받아들일 수

---

[33] 삼중적 관점에 비춰 생각하면 "검증된"은 규범을 다루고, "참된"은 상황과 관련된 사실들을 다루며, "신념"은 인식자의 마음의 상태를 다룬다(규범적, 상황적, 실존적).

없다. 명제의 진정성을 의심한다면 그에 대한 지식도 의심할 수밖에 없다. 이처럼 지식은 확실성을 요구한다. 감각적 경험은 "지식"으로 불리기에는 너무나도 불확실하다. 그러나 성경은 하나님의 말씀이다. 따라서 오직 성경만이 진리에 절대적인 확실성을 부여할 수 있다. 클라크는 이런 견해를 "성경주의"로 일컬었다.

여기에서의 문제는 우리가 성경을 대하는 것이 최소한 부분적으로는 경험적인 속성을 지닌다는 것이다. 우리는 눈으로 성경을 읽고, 귀로 듣는다. 마치 감각적 경험이 성경과 권위가 동등하거나 그 이상인 것처럼 보인다. 내가 아는 한 클라크가 이 문제를 다룬 적은 없는 듯하다. 그러나 나는 그가 감각이 성경에 대한 우리의 지식에 관여한다고 하더라도 성경이 가르치는 것에 대한 우리의 확고한 신념에 어긋나는 경험적인 주장을 단호하게 거부할 수 있고, 그런 점에서 성경이 감각적 경험보다 더 큰 권위를 지닌다는 것을 인정할 수 있다고 대답할 것이라고 생각한다.

그렇다면 변증학은 어떻게 되는 것일까? 클라크는 전통적인 유신론적 논증은 타당하지 않다는 이유로, 역사적인 증거는 부적절하다는 이유로 모두 거부했다. 그러면 남은 것은 무엇인가? 클라크는 믿음을 전체적으로, 즉 기하학과 유사한 진리 체계로 옹호해야 한다고 주장했다. 이것은 변증적인 논쟁이 본질적으로 서로 경쟁하는 전제들(공리들) 사이에서 벌어지는 논쟁이라는 것을 의미한다. 그는 전제가 증명보다 우위에 있고, 오히려 그것을 지배하기 때문에 궁극적으로 어떤 증명도 불가능하다고 말했다.[34] 그러나 기하학에서처럼 논리적 일관성과 풍부한 내용을 판단의 기준으로 삼아 명제들을 선택하는 것이 가능하다. 이 판단의 기준에 대해서는 나중에 다시 살펴볼 생각이다.

클라크는 논리를 보편적이고, 필연적인 지식을 함유하는 체계로서 크게 강조했다. 논리는 보편적이고 필연적이기 때문에 감각적 경험에 근거하지 않는다. 그것은 창조 당시에 인간의 생각 속에 각인된 하나님의 사고 체계일 수 있다. 논리를 어기면 자체 모순에 빠지게 되어 생각과 말이 터무니없게 되어버린다. 따라서 지성적인 체계를 판별하는 첫 번째 기준은 논리적인 일관성을 지니는지 여부다. 클라크는 자

---

34) 그와는 반대로 반틸은 어떤 의미에서는 순환적인 방식으로 명제들의 자체 입증이 가능하다고 말했다. 클라크는 그런 입장을 취하기를 원하지 않았다. 그러나 그는 논리적인 일관성과 풍부한 내용이 성경을 판단하는 기준이라고 말했다. 이것은 엄밀히 말하면 클라크의 전제론적 입장을 타협한 것이다.

신이 저술한 많은 책에서 비기독교적 사상의 모순들을 지적했다. 예를 들어 물질주의는 사고를 물질과 운동으로 축소시키는 탓에 자가당착으로 기울고(2장 참조), 논리실증주의의 검증 원리는 논리적으로 검증이 불가능하다(12장 참조). 간단히 말해 비기독교 사상은 "무익한 회의주의"로 치우칠 수밖에 없다.

물론 사람들은 때로 기독교 사상도 논리적인 모순을 안고 있다고 비판한다. 삼위일체 교리는 하나님은 세 분이며, 또한 세 분이 아니라고 말하는 것처럼 들리고, 하나님의 선하심은 악의 현실과 모순을 일으키는 것처럼 보인다. 그러나 클라크는 기독교 신앙에는 논리적인 모순이 전혀 없다는 것을 입증할 수 있다고 믿었다. 일부 그리스도인들은 기독교 신학 안에 "명백한" 모순, 또는 "역설"이 존재한다고 말했다. 그러나 클라크는 그런 생각을 비웃었다. 전해지는 말에 따르면 그는 "역설이란 양쪽 귀 사이에서 일어나는 경련과 같다."라고 말했다고 한다. 그는 삼위일체는 완벽한 일관성을 갖추고 있으며, 명백해 보이는 그 어떤 모순도 적절히 해결할 수 있다고 주장했다. 삼위일체 교리는 하나님이 한 분이며 동시에 세 분이라는 의미가 아니라 하나의 "실체"와 세 "인격"이라는 뜻이다. 악의 문제에 대해서는 하나님은 "초법적인" 존재이기35) 때문에 인간을 위해 정하신 도덕법에 종속되지 않으신다. 따라서 "하나님은 죄를 작정하셨더라도 그것에 대한 책임은 없으시다."36)

클라크가 삼위일체의 문제를 해결한 방식은 전통적이며, 대체로 온당하다. 그러나 성경과 기독교의 전통은 전자의 단일성과 후자의 복수성이 서로 양립할 수 있다는 확신을 심어주기 위해 "실체"와 "인격"의 정확한 차이를 설명하지 않는다. 클라크가 악의 문제를 해결한 방식에 관해서도 하나님이 악을 작정하셨다는 견해는 틀리지 않지만 그분을 단지 "초법적인" 존재로 묘사하는 것은 성경적이라고 생각하기 어렵다. 하나님이 인간을 위해 정하신 율법은 대부분 그분 자신의 속성을 반영한 것이다. 하나님은 레위기 19장 2절에서 "너희는 거룩하라 이는 나 여호와 너희 하나님이 거룩함이니라"라고 말씀하셨다.37) 우리의 첫 번째 책임은 하나님을 닮는 것이다. 하나님은 자신이 말씀하신 대로 인간의 삶을 평가하신다. 따라서 하나님이

---

35) Gordon H. Clark, *Religion, Reason, and Revelation* (Philadelphia: Presbyterian and Reformed, 1961), 240.
36) Ibid.
37) 마 5:48; 벧전 1:15, 16 참조.

끔찍한 불행을 작정하셨다면 우리는 자연히 그것이 하나님의 선하신 본성과 어떻게 조화를 이루는지를 묻지 않을 수 없다.[38]

하나님은 진리를 말씀하기 때문에 그분을 논리적인 존재로 믿는 것은 옳다. 진리는 거짓을 배제한다. 그 사실이 비모순의 법칙의 근간이다. 더욱이 성경에는 논리적인 논증이 많다. 그런 논증은 때로 "그러므로"라는 말로 논증의 결론을 제시한다. 그런 논증은 단순한 주장이 아니라 논리적인 과정이라는 규범을 따른다.

그러나 클라크는 하나님의 완전한 논리는 인간의 논리 체계와 어느 정도 일치한다고 생각했다. 그러나 그런 생각은 불합리하다. 인간은 다른 많은 경우처럼 논리에서도 종종 실수를 저지른다. 그러니 논리의 법칙 자체를 만들어낼 때도 실수를 저지를 가능성이 있지 않겠는가? 아리스토텔레스와 러셀의 논리가 지니는 차이를 고려하면 그 두 사람 가운데 어느 한 사람이 어딘가에서 실수를 저지른 것이 분명하게 드러난다. 클라크는 이것이 타당한 질문이라는 것을 인정했다. 그는 하나님의 생각은 단지 일반적인 의미에서의 논리나 비모순의 법칙만이 아니라 구체적인 논리 체계를 포함하고 있다고 믿었다. 그렇다면 과연 누가 옳을까? 아리스토텔레스일까, 러셀일까? 아니면 제3의 대안이 있는 것일까? 클라크는 강의 후에 이루어진 대화에서 그 질문에 주저하지 않고 대답했다. 그의 대답은 아리스토텔레스가 옳고, 러셀은 틀렸다는 것이었다. 그렇다면 그렇게 확신할 수 있는 이유는 무엇일까? 클라크는 자신이 아리스토텔레스의 입장을 옹호하는 논문을 썼다고 말했다. 그렇다면 클라크의 논문이 옳다는 것을 어떻게 확신할 수 있을까? 클라크는 만일 자신의 논문이 옳지 않다면 결국 일관된 사고나 지성적인 대화의 가능성은 존재하지 않을 것이라고 말했다.

따라서 어떤 사람들은 클라크가 성경에 논리를 덧붙여 오직 성경에만 속하는 확실성을 논리에 부여했다고 비판한다. 그러나 위의 대화에서 알 수 있듯이 그는 단지 논리만이 아니라 아리스토텔레스에게까지, 또 아리스토텔레스만이 아니라 그에 대해 쓴 자신의 논문까지 무오성의 원칙을 적용했다.

논리는 하나님의 놀라운 선물이다. 논리가 보편적이고, 필연적이고, 확실하다는

---

38) 악의 문제에 대한 나의 견해를 살펴보려면 다음 자료를 참조하라. *AJCB*, 155-88. *DG*, 160-84.

클라크의 말은 옳다. 그러나 대학에서 논리를 공부한 사람이면 누구나 논리로 할 수 없는 일들이 있다는 것을 안다. 우리가 경험적인 전제, 즉 논리 밖에서 찾아야 하는 전제를 제공하지 않으면 논리는 우리에게 경험적인 사실을 알려줄 수 없다. 더욱이 논리의 무오성은 논리학자들이 실수를 저지르지 않을 것을 보장하지 않는다. 예를 들어 만일 중요한 의미를 갖는 용어가 하나의 전제에서 갖는 의미와 또 다른 전제에서 갖는 의미가 서로 다르다면 삼단논법은 성립될 수 없다. 이런 사실은 또 다른 각도에서 논리가 경험적 지식에 의존한다는 것을 보여준다. 용어들의 의미를 결정하려면 경험적인 탐구가 반드시 필요하다. 또한 논리학자 스스로도 항상 오류의 가능성(이것은 현실을 알려는 모든 시도에 영향을 미친다)을 지니고 있기 때문에 논리적 탐구를 통해 진리를 발견하지 못할 때가 많다.

방금 위에서 말한 내용은 "논리의 한계"로 일컬어질 수 있다.[39] 그러나 그런 한계가 명백한데도(모든 논리학 교재가 이 점을 인정한다) 클라크는 논리에 한계를 부여하기를 원하지 않는 것처럼 보인다(이것은 그의 제자들도 마찬가지였다). 그들은 "논리를 하찮게 여기는" 주장을 제기하는 사람은 누구나 강도 높게 비판했다. 클라크는 논리가 자신의 우상이라고 말하는 사람들에게는 그것은 결코 우상이 아니라고 대답했다. 왜냐하면 논리를 하나님의 속성, 곧 신적 "로고스"로 생각했기 때문이다.[40] 이미 신성한 것을 우상으로 만들 수는 없다는 생각이다.

클라크가 명제들의 체계를 판단하는 두 번째 기준으로 제시한 것은 "풍부함"의 기준이다. 이 점에 대한 클라크의 설명은 그렇게 분명하지 않은 측면이 있지만 이것이 기하학 체계를 평가하는 중요한 요소인 것은 분명하다. 클라크의 입장을 따른 변증학을 발전시키려면 이 기준이 반드시 필요하다. 물론 두 개의 서로 다른 체계가 똑같이 논리적 일관성을 지니는 것은 얼마든지 가능하다. 간단한 예를 한 가지 들면 다음과 같다.

---

39) 이를 좀 더 자세하게 논의한 내용을 원한다면 다음 자료를 참조하라. *DKG*, 254-60.
40) 다음 자료를 참조하라. Gordon H. Clark, *The Johannine Logos* (Nutley, NJ: Presbyterian and Reformed, 1972).

- 1 + 1 = 2
- 2 + 2 = 4

이 체계는 아무런 모순이 없다. 따라서 논리적 일관성을 갖춘 점에서는 성경과 하등 다를 바가 없다. 그러나 이 두 가지 등식의 체계는 별로 유용하지가 못하다. 예를 들어 이 체계는 삼위일체의 문제를 해결하는 데 이용될 수 없다. 클라크는 기독교가 논리적인 일관성을 지니고 있을 뿐 아니라 다양한 인간의 문제에 폭넓게 적용될 수 있다는 점을 강조했다. 이것이 클라크의 첫 번째 변증서인 『인간과 사물에 관한 기독교적 견해』의 핵심이다.[41] 이 책에는 "사회적 안정성이 기독교적 사회를 요구한다는 것을 보여주는 논고"라는 부제가 달려 있다. 클라크는 이 방대한 주제를 입증하기 위해 역사, 정치, 윤리, 과학, 종교, (그가 가장 근본적이라고 말했던) 인식론에 관한 글을 포함시켰다.[42] 그는 그런 내용의 글에서 비기독교적 관점에서 그런 주제들을 다룬 유력한 이론들이 모순을 지니고 있거나 타당하지 못하다는 것을 보여주고, 성경을 근거로 실행 가능한 대안을 제시하려고 시도했다. 나는 클라크의 명쾌하고, 수준 높은 논증에 깊은 인상을 받았다.

클라크는 역설을 거부하고 논리를 확신하는 입장 때문에 이따금 "합리주의자"로 불린다. 경험주의에 대한 그의 비판은 확실히 합리주의의 전통을 따른다. 그는 이전의 합리주의자들처럼 감각적 경험의 가치를 무시하는 실수를 더러 저질렀다. 그는 위에서 인용한 요한일서 1장 1–3절을 다루면서 이전의 합리주의자들처럼 경험주의자들은 단지 감각적 경험에만 의존한다는 개념을 나타냈다. 물론 단지 보고 듣는 것만으로는 많은 것을 배울 수 없다. 그러나 대다수의 경험주의자들은 이성적인 범주가 없이는 감각적 경험을 묘사할 수조차 없다는 것을 부인하지 않는다. 경험주의자들이 제시하는 이론들은 "감각"만이 아니라 "인상(감각적 자료가 정신에 의해 대상과 사실들로 체계화되는 것)"에 인식론적인 우월성을 부여했다.

그러나 좀 더 근본적으로 말하면 클라크는 합리주의자가 아닌 그리스도인이었다. 그는 감각만을 통해 진리를 배울 수 없다면 이성만을 통해서도 진리를 배울 수

---

41) Gordon H. Clark, *A Christian View of Men and Things* (Grand Rapids: Eerdmans, 1952).
42) 카이퍼의 『칼빈주의 강의』에서 다루어진 주제들과 비교하라.

없으며, 심지어는 그 둘을 다 합치더라도 결과는 마찬가지라고 생각했다. 그는 이성과 감각을 성경에 기록된 하나님의 계시의 권위 아래 복종시켜야만 진리를 배울 수 있다고 주장했다.

그러나 내가 볼 때 계시에 대한 그의 개념은 주지주의적인 성향을 지닌 것처럼 보인다. 그는 러셀과 초기 비트겐슈타인처럼 모든 진리는 명제적이라고 생각했다. 따라서 우리는 명제, 곧 사물이 아닌 사실들을 알 수 있을 뿐이다.[43] 이처럼 계시에 대한 그의 견해는 자유주의 신학자들과 정반대다. 그는 계시는 명제적이기 때문에 지성을 통해 배울 수 있다고 믿었다. 그는 초기 저서인『기독교 교육 철학』의 서문에서[44] "지성의 우월성"을 옹호한 그레샴 메이첸의『믿음이란 무엇인가?』를 인용했다.[45] 이것은 진리는 지성을 통해 인간의 삶에 들어와서 다른 기능과 행위로 확산된다는 견해를 가리킨다. 클라크는 자신의 책이 메이첸의 입장을 따른다고 말했다.[46]

클라크는 믿음이 본질적으로 명제에 대한 동의를 의미한다고 주장함으로써 믿음이 동의는 물론 지식과 신뢰를 의미한다는 전통적인 개혁주의의 입장을 거부했다. 나는 동의에 대한 클라크의 견해가 충분히 견고하다면 믿음에 대한 그의 입장이 유지될 수 있을 것이라고 생각한다.[47] 왜냐하면 예수님이 주님이시라는 명제에 대한 우리의 동의가 충분히 강하고, 확고하다면 신뢰(fiducia, 개혁주의 신학이 믿음을 가리킬 때 사용하는 표현)를 불러일으킬 것이 분명하기 때문이다. 그러나 우리가 주일에 신조를 암송하고, 예배당을 나선 뒤에는 곧 잊어버리는 경우처럼 동의가 그렇게 강하지 못한 경우가 얼마든지 존재한다.

나는 클라크가 정신이나 논리를 무시하는 말을 하지 못하게 만드는 수사법을 구사하기 위해 (감정을 무시하고) 지성을 우러르는 것이 항상 필요하다고 생각했던 이유

---

[43] 이 문제와 관련해서 클라크는 아리스토텔레스가 아닌 러셀의 입장에 섰다. 이것은 앞서 논의한 주제에 대한 그의 입장과 반대된다.

[44] Gordon H. Clark, *A Christian Philosophy of Education* (Unicoi, TN: Trinity Foundation, 2000).

[45] J. Gresham Machen, *What Is Faith?* (New York: Macmillan, 1925).

[46] 나는 그런 입장에 동의하지 않는다. 나의 견해를 살펴보려면 다음 자료를 참조하라. *DKG*, 78-79, 331. *DCL*, 318-20, 353-55, 366-69.

[47] *DKG*, 54-57.

를 궁금히 여긴 적이 많다. 내가 추측하기에는 클라크가 미국 복음주의의 환경(곧 "스콥스 원숭이 재판" 이후에 전문가들과 학자들과 지성주의와 학술계 전체를 좋게 보지 않던 시절) 속에서 성장기를 보낸 데 그 이유가 있지 않나 싶다. 당시의 그리스도인들은 "머리로 아는 지식"보다 "마음으로 아는 지식"을 더 선호하고, 교리보다 감정을 우위에 두는 경향이 있었다. 클라크는 그런 반지성주의에 경각심을 품고, 그것이 복음적이고, 개혁주의적인 참된 신학에 부합하지 않는다고 옳게 이해했다. 따라서 그는 지성적인 것을 중시하고, 감정적인 것을 경시하는 논리나 사상가들을 선택했다. 그는 그레샴 메이첸에게서 동지 의식을 느꼈다. 2차 세계대전 이후, 휘튼대학교에서 그에게 배운 학생들 가운데[48] 다수가 "신복음주의(1920년대와 1930년대의 반지성주의를 타파하고, 1920년대 이전처럼 복음주의 내에 학술적이고, 지성적인 업적과 격식을 회복하려는 운동)"의 지도자가 된 것은 매우 의미심장하다. 전쟁 이후에 복음주의자들이 학문적 성공을 이룬 데에는 클라크의 공헌이 크다(물론 안타깝게도 학문적 자만심에 치우친 경우도 없지 않았다).[49]

나는 다음 항에서 하나님의 불가해성을 둘러싸고 벌어진 반틸과 클라크의 논쟁을 살펴볼 생각이다.

코넬리우스 반틸(Cornelius Van Til, 1895-1987)

반틸은 열 살 때 가족과 함께 네덜란드의 흐로우테가스트에서 미국으로 이민했다. 그는 기독교 개혁주의 교파의 학교에서 공부했다. 구체적으로 말해 그는 칼빈고등학교와 칼빈대학교(그는 그곳에서 헨리 젤라마를 비롯한 여러 교수들에게 철학을 배웠다)를 거쳤고, 루이스 벌코프가 교수로 있던 칼빈신학교에서 일 년 동안 수학했다. 그는 다시 프린스턴신학교로 이적해 1925년에는 신학 석사학위를 취득했고, 1927년에는 근처에 있는 프린스턴대학교에서 철학 박사 학위를 취득했다. 그는 프린스턴신

---

48) 몇 사람을 예로 들면 에드먼드 클라우니, 칼 헨리, 에드워드 존 카넬 등이다.
49) 이 사상 운동의 긍정적인 측면과 부정적인 측면을 논의한 내용을 원한다면 다음 자료를 참조하라. Frame, *The Academic Captivity of Theology* (Lakeland, FL: Whitefield Publishers, 2012). 다음 사이트에서 찾아 볼 수 있다. http://whitefieldmedia.com/product/the-academic-captivity-of-theology/.

코넬리우스 반 틸
(Cornelius Van Til)

학교에서 자유주의 신학에 대항한 것으로 유명한 그레샴 메이첸, 게할더스 보스, 윌리엄 브렌턴 그린, 캐스퍼 위스타 하지를 비롯한 여러 교수들에게 배웠다.[50] 반틸의 박사 학위논문 지도 교수는 관념주의 철학자 아치볼드 앨런 보맨이었다. 반틸의 논문은 성경의 하나님과 철학적 관념론의 절대자를 비교하는 것이었다.[51]

반틸은 교육을 받으면서 카이퍼의 사상에 나타난 "대립"의 개념을 더욱 깊이 이해하게 되었다. 카이퍼를 존경했던 반틸이 프린스턴에 도착했을 때는 근본주의와 현대주의의 논쟁이 한창 진행 중이었다. 미국 장로교에 속한 자유주의자들은 프린스턴신학교가 정통 개혁주의를 표방하지 못하게 하려고 애썼다. 메이첸의 가르침은 그의 『기독교와 자유주의』라는 책의 제목이 예시하는 대로 이 두 진영의 대립을 첨예하게 만들었다.[52] 반틸은 신앙과 불신앙의 대립을 강조하는 변증학을 발전시켰다.

그러나 그런 대립에도 불구하고 반틸은 워필드처럼 하나님에 관한 객관적인 진리가 계시를 통해 모든 사람에게 전달된다고 믿었다. 따라서 그는 기독교의 진리를 위한 설득력 있는 논증이 가능하다고 생각했다. 카이퍼는 대립을 강조했고, 프린스턴신학교는 객관적인 합리성을 강조했다. 그리고 반틸은 그 둘의 결합을 시도했다.

반틸은 창조주와 피조물의 구별을 성경적인 세계관의 근본 원리로 강조했다. 『칼케돈 신조』에 명시된 대로 하나님은 피조물과 조금도 혼합되지 않으신다. 창조주와 피조물 사이를 잇는 중간 존재도 존재하지 않는다. 하나님의 아들이신 예수님은 중간 존재도 아니고, 신인의 혼합체도 아니시다. 그분은 두 개의 본성을 지닌, 온전

---

50) 프린스턴신학교의 가장 위대한 학자 가운데 한 사람인 워필드는 반틸이 그곳에 오기 2년 전인 1921년에 사망했다. 그러나 그의 영향력은 여전했다. 따라서 그도 반틸에게 주된 영향을 미친 인물 가운데 하나로 간주해야 옳다.
51) 윌리엄 레인 크레이그는 반틸의 박사 학위 논문과 신학과 변증학에 대한 그의 고도로 철학적인 접근 방식에도 불구하고 "반틸은 그의 모든 통찰력에도 불구하고 철학자가 아니다."라고 말했다. Steven B. Cowan, ed. *Five Views on Apologetics* (Grand Rapids: Zondervan, 2000), 235. 그러나 나는 반틸의 철학적 언어가 분석적이거나 실존적이 아니라 관념론적인 특성을 띠기 때문에 크레이그와 같은 20세기의 철학자들은 그의 사상의 깊이를 옳게 음미하거나 그를 이해하기가 어렵다고 생각한다.
52) J. Gresham Machen, *Christianity and Liberalism* (Grand Rapids: Eerdmans, 1923).

한 하나님이자 온전한 인간이시다. 심지어는 신성과 인성이 가장 밀접하게 연관되어 있는 그리스도 안에서조차도 창조주와 피조물은 분명하게 구별된다. 신적인 것은 창조된 모든 것과 구별된다. 하나님의 생각은 우리의 생각과 다르다(사 55:8, 9. 이는 인식론에 매우 중요한 영향을 미친다). 우리의 생각은 기껏해야 하나님의 본래적인 생각을 간접적으로 반영할 뿐이다. 다시 말해 하나님의 생각은 본래적이고, 우리의 생각은 파생적이다. 그분의 생각은 신적 속성(영원성, 무한성, 전지성 등)을 지니지만 우리의 생각은 그렇지 않다. 하나님의 주관적인 사고 경험은 우리의 경험과는 매우 다르다. 그분의 사고는 "영원한 직관"이다. 그분은 주님이자 최상의 권위를 지닌 진리의 판단 기준으로서 생각하신다. 그러나 우리는 종으로서 생각하며 그런 판단 기준을 존중해야 한다. 반틸이 종종 말한 대로 우리는 "하나님을 따라 그분의 생각을 생각해야 한다."

반틸이 하나님의 생각과 인간의 생각을 구별한 것이 그와 고든 클라크의 논쟁을 촉발시켰다.[53] 반틸과 클라크는 1930년대 초에 서로 친구였다고 한다. 당시 클라크는 펜실베이니아대학교에서 가르쳤고, 반틸은 필라델피아 도심에 있던 웨스트민스터신학교에서 가르쳤다. 그들은 서로 산책을 하면서 신학과 철학에 관련된 주제들을 논했다. 그들은 중요한 문제들에 관해 대부분 의견의 합일을 이루었다. 에드먼드 클라우니는 내게 클라크가 휘튼대학교에서 가르칠 때 자기에게 웨스트민스터신학교에 가서 반틸에게 배우라고 조언한 적이 있다고 말했다.

그러나 클라크는 휘튼대학교를 떠난 뒤에 메이첸의 지지자들이 1936년에 "미국 장로교회"를 탈퇴하면서 설립한 교파인 "정통 장로교회"에서 목사 안수를 받으려고 했다. 필라델피아 노회는 1944년에 클라크의 신학 시험을 인정했지만 반틸을 포함한 열두 명의 장로는 그런 결정에 대해 이의를 제기했다. 교단이 그 논쟁을 해결하기까지는 약 5년이 걸렸다. 클라크는 목회자의 신분을 견고하게 유지했지만 나중에 그와 그의 지지자들 가운데 일부가 교단이 총회 위원회 위원들을 위촉하면서 자신들을 차별했다는 이유를 들어 탈퇴했다.

그 논쟁에는 여러 가지 문제들이 불거졌지만 가장 주된 논쟁은 "하나님의 불가해

---

53) 나는 다음 자료에서 반틸과 클라크의 논쟁을 상세하게 다루었다. *CVT*, 97-113.

성"으로 일컬어지는 것과 관련이 있었다. 사실 이 표현은 조금 잘못된 측면이 있다. 진정한 문제는 인간의 생각이 하나님의 생각과 동일시될 수 있느냐 하는 것이었다. 반틸은 창조주와 피조물의 구별이라는 자신의 견해에 근거해 그 둘이 동일시될 수 있는 가능성을 부인했다. 그에게 인간의 생각은 기껏해야 하나님의 생각과 "유사할" 뿐이었다. 그러나 클라크는 인간의 생각은 하나님의 생각과 비슷한 것이 아니라 동일하다고 말했다. 그런 동일성은 가능할 뿐 아니라 필연적이다. 클라크는 인간의 생각(=명제들)과 하나님의 생각이 동일한 것이 곧 진리라고 믿었다. 그런 동일성이 없다면 진리에 다가갈 수 없다는 것이 그의 주장이었다.

나는 클라크가 하나님의 생각과 인간의 생각은 그 "양태"가 다르다고 말했을 때 결과적으로는 하나님의 생각은 영원한 직관이라는 반틸의 입장을 수용했다고 생각한다. 또한 나는 반틸도 하나님과 인간은 동일한 명제를 알 수 있다는 클라크의 요점을 인정했다고 생각한다. 그는 "2곱하기 2가 4라는 것은 명백한 사실이다. 하나님도 그것을 아시고, 인간도 그것을 안다."라고 말했다.[54] 그러나 정작 두 사람은 이런 문제에 대해 공통점을 찾지 못했다. 심지어 오늘날까지도 그들의 열렬한 지지자들은 똑같은 논쟁을 벌인다. 내가 보기에 그런 논쟁은 전혀 불필요했다. 두 사람 모두 최상의 상태는 아니었다. 아울러 그들의 가장 열렬한 지지자들도 대부분 능력 미달이다.

아무튼 반틸은 항상 창조주와 피조물의 구별을 기독교적 형이상학은 물론 인식론의 근본 원리로 삼아야 한다고 강조했다. 하나님이 모든 사실을 이미 알고 계시기 때문에 생짜 그대로의 사실은 존재하지 않는다. 인간의 지식은 하나님의 지식을 재해석한 것이다. 따라서 인간의 지식은 하나님의 계시에 종속되어야 한다. 이런 맥락에서 보면 "전제"는 다른 신념보다 우위에 있는 신념으로 정의될 수 있다. 따라서 "궁극적인" 전제는 모든 신념보다 우위에 있는 신념을 가리킨다(그리스도인들에게는 하나님의 계시가 궁극적인 전제다). 결국 이것은 마음의 근본적인 성향을 의미한다.

우리는 철학을 비롯해 삶의 모든 영역에서 우리의 전제를 굳게 붙잡아야 한다. 불신자들에게 복음을 전하고, 믿음을 변증할 때도 우리의 전제를 굳게 견지해야 한

---

54) Cornelius Van Til, *An Introductuon to Systematic Theology* (Nutley, NJ: Presbyterian and Reformed, 1974), 172.

다. 어떤 사람들은 불신자들은 기독교의 전제를 인정하지 않기 때문에 그런 전제들을 내세우지 말고, 불신자들이 전제하는 것(논리, 과학, 인과성, 감각적 경험과 같은 "공통된 근거")에서부터 변증을 시작해야 한다고 말한다. 그러나 그런 공통된 근거에 기초한 변증은 하나님이 세상을 창조하지 않으셨다고 해도 세상이 그 자체로 의미가 있다는 것을 인정하는 셈이다. 그런 식으로 공통된 근거를 수용하는 것은 비기독교적 세계관에 굴복하는 것이다. 만일 변증학자가 비기독교적 세계관에서 시작한다면 처음부터 패배를 자초하는 것이다.

반틸은 인간의 지식이 근거해야 할 전제를 강하게 강조했기 때문에 그가 기독교의 진리를 옹호하는 데 필요한 증거를 무시했다고 비판하는 사람들이 많다. 그러나 그는 증거가 변증의 중요한 측면이라는 것을 기꺼이 인정했다. 변증학자가 사실에 호소하는 것은 옳다. 그렇지만 그 사실은 순수한 사실이 아니다. 그것은 하나님에 의해 창조되고, 인도되고, 이해된 사실들이다. 여기에서 또 하나의 흔한 비판이 제기된다. 그것은 "만일 하나님의 계시를 전제로 삼아 그분이 창조하신 사실들로부터 그분의 존재를 추론한다면 그것은 결국 순환 논증에 불과하지 않은가?"라는 것이다. 클라크는 논리와 풍부함의 원리를 계시의 기준으로 삼음으로써 순환 논증이라는 비판을 피해갔다.[55] 그러나 반틸은 자신의 접근 방식이 어떤 점에서는 순환적이라고 인정했다.

반틸은 1) 모든 체계는 각각 나름의 전제를 옹호한다는 점에서 순환적이라고 주장했다. 합리주의자는 이성에 호소함으로써 이성이 궁극적인 기준임을 입증하려 하고, 무슬림은 코란이 내세우는 이유들을 거론함으로써 코란이 궁극적인 기준임을 입증하려고 한다. 반틸은 2) 이런 식의 순환 논증은 구체적인 증거들을 풍성하게 제시함으로써 좀 더 큰 설득력을 지닐 수 있다고 생각했다. 예를 들어 "성경은 성경이 하나님의 말씀이라고 가르친다. 따라서 성경은 하나님의 말씀이다."라는 것은 설득력이 빈약한 편협한 순환 논증에 해당한다.[56]

---

[55] 그러나 클라크는 성경을 근거로 그런 원리의 타당성을 입증했다. 따라서 그도 결국 반틸과 똑같은 일(곧 성경적으로 이해한 논리로 성경을 검증하는 일)을 한 셈이다.

[56] 기독교를 위한 논증은 편협한 순환 논증이라고 하더라도 논리적으로 타당하고(전제에 결론이 함축되어 있기 때문에), 건전하다(그리스도인에게 그런 전제는 사실이기 때문에). 그러나 그런 논증은 훌륭한 논증의 세 번째 특징인 설득력이 결여되어 있다(타당성은 규범적이고, 건전성은 상황적이며, 설득력은 실존적이다).

그러나 그런 식의 논증은 "성경은 일관성이 있다.", "성경은 우리의 참된 필요가 무엇인지 알려 준다.", "성경은 가장 깊이 있는 질문에 대답한다."와 같은 이차적인 논증을 첨가하면 좀 더 큰 설득력을 지닌 논증으로 확대할 수 있다. 이런 이차적인 논증들도 성경적인 전제에 근거하기 때문에 순환적이기는 마찬가지이지만 그로써 순환 논증의 폭이 넓어져 설득력이 좀 더 강해진다. 또한 "고고학적인 발굴이 사도행전의 진정성을 입증한다."와 같은 증거를 제시할 수도 있다(이런 경우에는 고고학의 방법론이 성경적인 세계관과 인식론에 부합해야 한다). 성경적인 세계관을 따르는 논증도 여전히 순환적이지만 더 많은 사실들을 제시하기 때문에 좀 더 강한 설득력을 지닐 수 있다.

반틸은 또 다른 방식으로 자신의 철학적 변증론에서 성경적인 형이상학에 근거한 논증을 펼쳤다. 하나님은 한 분 안에 세 인격이 존재하는 삼위일체 하나님이시다. 반틸에 따르면, 이는 하나님 안에 하나와 다수가 서로 연결되어 있다는 것을 의미한다. 다수 없이 하나만 있지 않고, 하나 없이 다수만 있지 않다. 세상도 하나님처럼 하나만도 아니고 다수만도 아니다.

물론 세상은 인격체 간의 연합은 아니다. 왜냐하면 돌, 공기, 행성, 별들과 같은 비인격적인 현실들로 구성되어 있기 때문이다. 그러나 세상, 곧 피조 세계는 하나님의 단일성과 다양성을 반영한다. 따라서 철학자들은 (파르메니데스의 "존재"나 플로티누스의 "유일자"처럼) 세상에서 다원성 없이 단일성만을 발견할 수도 없고, 아리스토텔레스의 형태 없는 제1질료와 같이 그 본성을 규정하는 단일성 없이 다원성만을 발견할 수도 없다.

철학자들은 완전한 하나나 완전한 다수를 찾으려고 할 때 대개는 현실의 궁극적이고, 최종적인 본질을 알려고 노력한다. 그들은 세상의 모든 다원성을 설명해 줄 단일성이나 모든 단일성의 배후에 있는 다원성을 찾으려고 한다. 그들은 오직 하나님에게만 가능한 완전한 지식을 원한다.

그러나 반틸은 하나님은 아무도 그런 지식을 가질 수 없는 방식으로 세상을 창조하셨다고 말했다. 인간이 "존재"와 같은 완전한 단일성을 발견했다고 생각하더라도 다원적 속성이나 방출과 같은 것을 언급하지 않고서는 그것에 대해 말할 수 없다. 또한 제1질료와 같은 완전한 다원성을 지닌 것을 발견했더라도 그것을 다른 경험적 사실들과 결합시키거나 그것들로부터 추론한 함축적인 용어를 사용하지 않고서는 그것에 대해 말할 수 없다.

따라서 반틸은 삼위일체 교리는 "단일성과 다원성의 문제를 해결한다."라고 주장한다.[57] 사실 그의 논증은 세상에서의 단일성과 다양성의 관계는 해결되거나 규명할 수 없다는 것이다. 그 이유는 하나님이 세상을 그런 관계를 숨긴 채 자신의 신비를 반영하도록 창조하셨기 때문이다.

지금까지 반틸이 성경을 토대로 제시한 형이상학적 견해(창조주와 피조물의 구별, 하나님이 알고 계시는 사실들, 창조주와 피조 세계의 단일성과 다원성)에 관해 살펴보았다. 아울러 반틸의 변증학은 윤리적, 역사적 현실, 곧 인간의 타락을 강조한다. 타락이 일어나지 않았더라도 우리는 전제론적으로 생각해야 할(즉 하나님의 계시에 부합하게 생각해야 할) 필요가 있다. 그러나 인간의 타락은 반틸의 논증에 한 가지 차원을 덧붙인다. 우리가 전제론적으로 생각해야 할 이유는 우리가 죄를 지은 탓에 진리를 왜곡하기 때문이다. 이것이 죄의 지성적 영향이라는 반틸의 견해다.

반틸은 로마서 1장 18-32절(모든 사람이 창조된 만물을 보고 하나님을 분명히 알 수 있다는 내용)을 크게 강조한다(21절: 사람들은 하나님에 관한 사실들만이 아니라 그분을 알고 있다). 그러나 타락한 인간은 "불의로 진리를 막는다"(18절). 따라서 세상의 지혜와 하나님의 진리, 육신의 생각과 성령의 생각은 서로 대립된다(고전 1-3장). 사탄과 그의 종자들은 하나님의 진리가 사실이라는 것을 알면서도 그것을 거부한다. 이것이 곧 불합리주의다.

반틸은 그런 대립이 "원리상으로는" 절대적이지만 사탄과 불신자들은 종종 참된 진리, 심지어는 하나님에 관한 진리를 말한다고 지적했다. 귀신들은 하나님이 한 분이고, 예수님이 "거룩한 자"이시라는 사실을 인정한다(약 2:19; 막 1:24). 바리새인들

---

57) 반틸은 이 문제를 분명하게 정의하지 않고, 대충 언급할 때가 많다. 나는 이 문제가 다음과 같은 의미를 지닌다고 생각한다. 철학자들은 플로티누스의 "유일자"처럼 세상에 있는 모든 것을 설명해 줄 하나의 원리를 찾으려고 하지만 그럴 때마다 그들은 다원적인 현실의 관점을 배제하고서는 그것을 적절히 규명할 수 없다는 것을 알게 된다. 그런 식으로 하나는 다수로 축소된다. 그와는 반대로 세상을 그 구성 요소들, 즉 데모크리토스의 "원자들"처럼 세상을 구성하는 수많은 물체들에 근거해 설명하려고 할 때도 그들은 그것들을 다른 물체들과 통합하는 일반적인 개념들을 동원하지 않고서는 적절하게 설명할 수 없다(예를 들면 "원자들은 작고, 단단하고, 움직인다"). 이처럼 하나는 다수 안으로 사라지고, 다수는 하나 안으로 사라진다. 이것이 내가 1장에서부터 종종 언급해 온 역학 관계(곧 합리주의는 불합리주의가 되고, 불합리주의는 합리주의가 되는 것)와 관련이 있다. 결국 이런 방식으로는 어떤 인식론도 성립되기 어렵다. 왜냐하면 단일성이든 다원성이든 둘 다 그 진정한 실체를 확인할 수 없기 때문이다.

은 비교적 구약 성경을 잘 믿었던 정통주의 신자들이었지만 예수님은 그들을 마귀의 자식으로 간주하셨다. 불신자들이 항상 거짓만을 말하지 않는 이유는 하나님의 일반 은혜 때문이다. 반틸도 카이퍼처럼 대립과 일반 은총의 관계를 규명하는 데 다소의 어려움을 느꼈다. 그의 논증 가운데는 설득력이 떨어지는 것은 물론 심지어는 서로 모순되는 것들도 있다.[58] 때로 그는 그릇된 전제를 근거로 이성적 추론을 전개하다가 불신자들은 아무것도 알지 못한다는 듯 말하기도 했다. 그러나 그런 말을 자주, 일관되게 되풀이한 적은 없다. 오히려 그는 그것을 "어려운 점"으로 인정했다.[59]

대립의 개념에 대한 나의 견해는 불신자들이 말할 수 없는 진리는 아무것도 없다는 것이다. 불신자는 하나님이 지으신 세상에서 살고 있다. 따라서 그가 현실을 철저히 부인한다면 그의 생각과 사고는 완전한 혼돈에 처할 수밖에 없다. 따라서 반틸이 말한 대로 불신자는 "자기 자신에도 불구하고" 진리를 인정해야 한다. 대립은 다음과 같은 사실에서 발견된다. 1) 불신자의 전반적인 의도는 사탄과 협력해 하나님의 주권을 무너뜨리는 것이다. 이런 생각은 극도로 불합리하기 때문에 그의 사고에 심원한 영향을 미친다. 2) 불신자는 하나님의 진리를 반대하고, 공격하려는 일관된 의도를 지닌다. 그런 의도가 불신자 자신의 의식과 다른 사람들과 사회에 뿌리 깊게 박혀 있다. 불신자가 진리를 말할 때는 (사탄이 성경을 인용할 때처럼) 바로 그런 의도로 말하는 것이다.

이미 말한 대로 반틸은 불신앙의 입장을 불합리하다고 생각했다. 지금까지 논의한 대로 비기독교적 사상가들 가운데는 이성을 훼손하는 입장을 채택한 사람들이 많다. 예를 들어 아리스토텔레스의 제1질료, 칸트의 실재의 세계, 비트겐슈타인의 신비로운 것은 불합리성의 대표적인 사례다. 그러나 그런 불합리주의는 합리주의와 관계가 있다. 많은 본보기를 들어 살펴본 대로 비기독교적 사상은 불합리적일

---

[58] 다음 자료를 참조하라. "Antithesis", *CVT*, 187-213.

[59] Van Til, *Introduction to Systematic Theology*, 26. 카이퍼는 이 어려운 점을 다루기 위해 세 권짜리 책을 써야 했다. 앨빈 플랜팅가와 그의 지지자들은 반틸이 불신자들은 "아무것도 알지 못한다."고 생각했다고 이따금 말하곤 했다. 그들은 반틸의 표현 가운데 일부를 놓고 나름의 견해를 피력했지만 반틸을 바라보는 그들의 시각은 매우 피상적이다. 그들은 반틸이 그와 카이퍼가 어려운 점이라고 인정한 것에 대해 너무 단순한 대답을 제시했다고 생각한다.

뿐 아니라 합리적이다. 왜냐하면 인간 이성의 궁극적인 권위를 주장하기 때문이다. 따라서 나는 이 책에서 "합리주의와 불합리주의의 변증 관계"를 근거로 많은 철학자들을 비판했다.

그런 형태의 비판은 반틸이 변증학에 기여한 많은 공헌 중에 하나다. 아래의 도표를 참조하라.

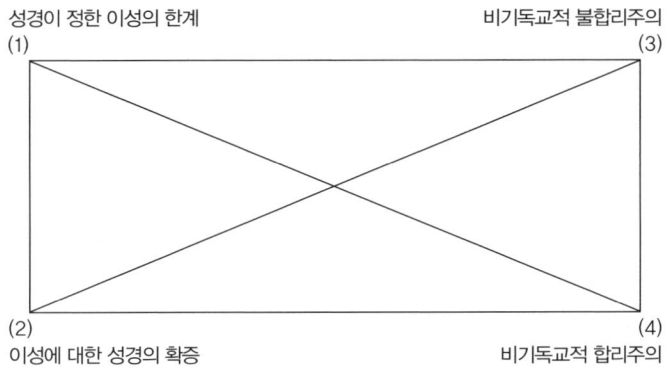

도표 13. 3. 반틸의 합리주의와 불합리주의의 변증 관계

반틸은 변증 방법을 구체적으로 논하면서 자신의 접근 방식과 "전통적인 방식"을 대조했다. 그는 전통적인 방식을 특별히 아퀴나스(4장)와 버틀러(6장)와 결부시켰다. 그는 그런 변증가들이 1) 인간의 자율성을 위한 여지를 남겼고, 2) (때로 순환 논증이 될까 봐서) 하나님의 계시를 전제하는 것을 주저했으며, 3) 하나님 없이도 세상을 이해할 수 있다고 생각했고, 4) 하나님 없이 알게 된 세상을 그분을 위한 증거의 원천으로 간주했으며, 5) 기독교는 확실한 사실이 아니라 단지 사실일 "가능성"이 있다고 주장했다는 이유를 들어 그들을 강도 높게 비판했다.[60]

---

60) 나는 변증학에서 언급되는 개연성의 개념에 대해 반틸보다는 좀 더 우호적이다. 반틸은 변증학적 논증을 위해 개연성을 주장하는 것은 곧 하나님의 계시가 명백하다는 것을 부인하는 것이라고 말했다(시 19:1; 롬 1:18-21). 그러나 나는 우리 자신의 논증이 지닌 논리적인 힘에 대해 온건한 자세를 취하면서도 얼마든지 하나님의 계시의 확실성을 인정할 수 있다고 생각한다. 변증적인 논증은 말로 계시의 확실성을 드러내는 데 초점을 맞춘다. 그런 효과가 큰 논증도 있고, 덜한 논증도 있다. 효과가 덜한 논증도 나름대로 어느 정도의 가치를 지닐 수 있다. 그런 점에서 우리는 그것을 "개연성"으로 일컬을 수 있다.

반틸은 긍정적으로는 자신의 변증적 접근 방식을 이렇게 설명했다. 그는 지성적인 자율성의 전제를 솔직하게 부인하고, 하나님의 계시를 전제해야 한다고 말했다. 하나님의 계시가 세상에서의 합리성과 의미의 유일한 원천이다. 이 계시를 부인하면 혼돈과 불합리로 귀결된다. 반틸은 변증적인 대화가 이루어지는 상황에서는 불신자들 앞에 두 가지 전제를 제시해야 한다고 제안했다. 다시 말해 기독교적 세계관과 비기독교적 세계관은 물론, 그것과 관련된 인식론적이고, 윤리적인 결과를 구체적으로 설명하고, 그 두 체계의 관점에서 서로를 평가해 어느 체계가 합리성과 일관성과 의미를 지니는지를 밝혀야 한다.

반틸은 이런 식의 논증을 칸트를 따라 "초월적" 논증으로 일컬었다(7장 참조). 또한 반틸은 그것을 "전제론적" 논증으로 일컫기도 했다. 칸트는 "초월적 논증"을 합리성의 궁극적인 조건을 보여주기 위한 논증으로 정의했다. 그는 자신의 철학이 그런 조건을 제공했다고 결론지었지만 그의 후계자들은 그렇게 확신하지 않았다. 반틸은 오직 성경의 하나님만이 합리성과 의미를 제시하실 수 있다고 믿었다. 다른 세계관은 무엇이든 자가당착으로 귀결될 수밖에 없다. 변증가로서는 지나치게 강한 주장인 것처럼 들린다.

그러나 반틸은 그렇게 주장하지 않는 것은 우주의 통치자이신 하나님을 공경하지 않는 것이라고 믿었다. 하나님은 만물의 주권자로서 모든 의미와 합리성과 진리의 창조주이시다.

반틸의 철학과 신학과 변증학은 다수의 젊은 사상가들과 목회자들과 저술가들과 복음전도자들에게 지대한 영향을 미쳤다. "그렉 밴슨(1948-95)"은 선천성 심장 질환을 고치기 위한 수술의 후유증으로 비교적 젊은 나이에 세상을 떠났다. 그러나 그는 뛰어난 저술가이자 논쟁가였다. 그는 반틸의 후계자들 사이에서 여전히 빛을 발하고 있다. 그는 웨스트민스터신학교(필라델피아)에서 반틸에게 배웠고, 서던캘리포니아대학교에서 박사 학위를 취득했다.[61] 그는 『반틸의 변증학』,[62] 『전제론적 변증

---

61) 댈러스 윌라드의 지도 아래 쓴 그의 학위 논문은 자기 기만에 관한 것이었다.
62) Greg L. Bahnsen, *Van Til's Apologetic* (Phillipsburg, NJ: P&R Publishing, 1998).

학」,63) 『항상 준비하라』를64) 비롯해 철학과 변증학에 관한 많은 논문을 저술했고, 강의 활동도 많이 했다. 또한 그는 "신율(theonomy, 구약 성경의 율법을 신약 시대 시민 정부의 규범으로 삼아야 한다는 견해)"의 주창자였다. 그는 반틸과 신율을 열심히 옹호했다. 그와 한 가지 점에서 견해를 달리하는 사람들은 그가 펼친 다른 논증이 지니는 설득력까지 간과하는 경향이 있었다. 그는 짧은 인생을 산 까닭에 "개혁주의 인식론"의 논의에 깊이 참여하지 못했다. 그러나 그는 반틸의 대안을 강력하게 주장했다. 그가 무신론자인 고든 스타인과 논쟁을 벌이면서 하나님의 존재를 입증하기 위해 초월적인 논증을 옹호한 것은 반틸의 지지자들 사이에서 매우 유명하다.65)

반틸의 다른 제자들도 영향력이 있었지만 그는 그들을 자신의 진정한 제자로 인정하지 않을 때가 많았다. "존 거스트너(1914-96)"는 역사와 철학과 종교를 다룬 하버드대학교의 학위 과정에서 박사 학위를 취득했고, 피츠버그제니아신학교와 피츠버그신학교에서 오랫동안 가르쳤다. 그는 반틸의 제자라기보다는 그의 비평가였지만 그에게서 상호적 교육 방식을 배웠다. 그는 내가 만나본 가장 인상적인 신학 교수 가운데 한 사람이었다. 그는 "리고니어 미니스트리스"의 설립자인 "R. C. 스프로울(1939-)"에게 지대한 지적 영향을 미쳤다.

"에드워드 존 카넬(1919-67)"은 클라크와 반틸에게 배우고 나서 풀러신학교에서 몇 년 동안 변증학을 가르쳤다. 그는 변증학에 대한 접근 방식이 약간씩 다른 여러 권의 책을 저술했다. 반틸은 그가 "전통적인" 변증학을 너무 많이 용인했다고 생각했다.

반틸의 제자 중에 또 하나의 중요한 인물은 스위스에 "라브리 공동체"를 설립한 "프랜시스 쉐퍼(1912-84)"였다. 수많은 젊은 지성인들이 그곳에서 환대를 받으며 "솔직한 질문에 대한 솔직한 대답"을 들었다. 쉐퍼의 방문객들 가운데 많은 사람이 그런 사역을 통해 그리스도를 영접했다. 쉐퍼는 전문적인 철학가라기보다는 복음전

---

63) Greg L. Bahnsen, *Presuppositional Apologetics* (Atlanta: American Vision, 2008). 내가 이 책을 논평한 내용을 살펴보려면 다음 자료를 참조하라. *John Frame's Selected Shorter Writings, volume 1* (Phillipsburg, NJ: P&R Publishing, 2014), 174-86.

64) Greg L. Bahnsen, *Always Ready* (Atlanta: America Vision, 1996).

65) 이 논쟁의 내용을 알고 싶으면 다음 사이트를 참조하라. http://www.brianauten.com/Apologetics/apol_bahnsen_stein_debate-transcript.pdf. 오디오 자료를 원한다면 다음 사이트를 참조하라. http://vimeo.com/34998731. http://www.cmfnow.com/thegreatdebatedoesgodexistbahnsenstein-1.aspx.

도자였지만 철학, 예술사, 음악, 문학, 문화, 현대 신학에 대해 폭넓은 지식을 지녔다. 그는 전제론적 변증학을 옹호했지만 반틸은 카넬의 경우처럼 "전제주의"에 대한 쉐퍼의 신념이 순수하다고 생각하지 않았다. 그러나 쉐퍼는 자신의 통찰력을 학문에 적용한 윌리엄 에드거와 같은 많은 젊은이를 그리스도께로 인도했다.

라브리를 통해 회심한 또 한 사람은 『월드(World)』 지의 "신앙과 영감"이라는 칼럼의 정기 기고가인 "앙드레 세우 피터슨(1951-)"이다(피터슨은 1970년대 말에 웨스트민스터 신학교에서 내게 배운 학생이기도 하다. 그녀와 나는 지금까지 다양한 주제에 관해 서로 의견을 나눈 바 있다). 피터슨은 전문 신학자나 철학자가 아니다. 그러나 나는 때로 그녀가 이 시대의 가장 훌륭한 신학자라고 말한다. 나는 신학을 "하나님의 말씀을 삶의 모든 영역에 적용하는 것"으로 정의한다. 피터슨은 이 책의 핵심 주제인 철학적인 문제들이 아니라 일상생활의 문제들에 성경을 적용한다.[66] 그러나 그녀는 그 일을 때로는 매우 탁월한 방식으로 너무나도 잘 하고 있다. 그녀의 성경 지식은 대다수 신학자와 철학자들의 지식을 능가한다. 그녀는 자신이 다루는 모든 삶의 상황에 대해 섬세한 이해력을 지니고 있다. 성경을 제외한다면 나는 다른 어떤 글보다 그녀의 글을 통해 주님의 임재를 더 강하게 느낀다.

앨빈 플랜팅가(Alvin Plantinga, 1932-)

플랜팅가도 반틸처럼 네덜란드계 미국인 공동체에서 성장했고, 기독교 개혁주의 교회의 대학인 칼빈대학교에 다녔다. 그는 그곳에서 한 세대 전에 반틸을 가르쳤던 헨리 젤레마에게 배웠다. 그와 함께 젤레마의 지도를 받았던 급우 가운데 한 사람이 니콜라스 볼터스토프였다.[67] 플랜팅가는 미시간대학교에서 석사 과정을 마치고

---

[66] 이런 이유 때문에 그녀를 상투적으로 "여성 저술가"의 범주에 포함시키는 것은 매우 유감이다.
[67] 일전에 과정 철학자 파울 바이스는 내게 헨리 젤레마가 세상에서 가장 훌륭한 철학 교사라고 말했다. 플랜팅가도 젤레마가 "모든 점에서…젤레마는 내가 만난 철학 교사 가운데 가장 재능이 뛰어난 사람이었다."라고 말했다. Wikipedia, s.v. "William Harry Jellema", http://en.wikipedia.org/wiki/William_Harry_Jellema#cite_note-2. 그러나 그런 재능 있는 학생들을 가르친 것도 젤레마 교수에게는 큰 축복이었다. 만일 젤레마가 자기가 가르치는 학생들 가운데서 미래에 "기포드 강연"의 강연자가 둘이나 있었다는 것을 알았다면 어떻게 생각했을지 궁금하다("기포드 강연"은 철학적 신학과 관련해 가장 권위 있는 강연 가운데 하나다).

예일대학교에서 박사 학위를 취득하고 나서 예일대학교와 웨인주립대학교에서 잠시 가르쳤고, 그 후에는 칼빈대학교와 노트르담대학교에서 오랫동안 가르쳤다.

그는 하나님에 관한 지식은 이성적 추론이 아닌 그분이 부여하신 "신의식"과 함께 시작한다는 칼빈의 견해에 근거한 "개혁주의 인식론"을 제시한 것으로 특별히 유명하다. 칼빈은 하나님의 현실을 보여주는 증거가 많지만 그분을 옳게 이해하려면 성령의 내적 증거가 필요하다고 강조했다.

플랜팅가는 때로 클리포드의 논문 "신념의 윤리학"을 언급했다.[68][69] 클리포드는 그 논문에서 존 로크와 데이비드 흄의 논증을 되풀이하며 충분한 증거 없이 무작정 무엇을 믿는 것은 잘못이라고 말했다. 그러나 플랜팅가는 증거나 논증 없이 우리가 믿고, 또 믿어야 할 것들이 많다고 대답했다.[70] 예를 들면 태양이 내일 뜬다는 것이나 지구의 나이가 5분은 더 되었다는 것이나 다른 사람들이 우리처럼 정신을 소유하고 있다는 것은 정확하게 증명할 방법이 없다. 우리는 그런 신념들을 자연적으로 확신한다. 현재로서는 그런 신념들은 그것들을 논박하는 데 사용할 수 있는 그 어떤 논증보다도 더 확실하다. 따라서 플랜팅가는 그런 신념들을 "기본적(또는 근본적)"으로 일컫는다. 우리는 그런 신념들을 다른 신념들에 근거해 믿는 것이 아니라, 그것들을 다른 신념들을 위한 근거로 간주한다.

앨빈 플랜팅가(Alvin Plantinga)

"근본"이라는 용어는 클라크와 반틸의 "전제"라는 용어와 비슷하게 느껴질 수 있다. 그러나 플랜팅가의 "근본 신념"은 그것과는 다르다. 클라크와 반틸이 말하는 전제는 특별한 체계 내에서 합리성의 판단 근거로서의 역할을 한다. 기독교적 전제를 주장하는 사람은 그 전제를 근거로 다른 경쟁적인 전제들을 불합리한 것으로 간주

---

68) 예를 들면 다음 자료를 참조하라. "Reason and Belief in God", *Faith and Rationality: Reason and Belief in God*, ed. Alvin Plantinga and Nicholas Wolterstorff (Notre Dame, IN: University of Notre Dame Press, 1983), 16-93.

69) 1877년에 처음 출판되었다. 지금은 다음 자료에 포함되어 있다. *The Ethics of Belief and Other Essay* (New York: Prometheus Books, 1999). http://www.infidels.org/library/historical/w_k_clifford/ethics_of_belief.html. 기쁘게도 클리포드는 인식론과 윤리학의 관계를 옳게 인식했다.

70) 그는 여기에서 자신이 토머스 리드(6장)와 비슷한 주장을 펼치고 있다는 것을 인정했다.

한다. 전제는 일단 받아들이면 포기할 수 없다. 왜냐하면 합리성과 진리의 확고한 판단 근거로서 작용하기 때문이다(물론 반틸과 클라크는 전제가 사탄의 유혹이나 성령의 증언과 같은 비논리적인 사실들에 의해 깨어질 수도 있다는 점을 알았고, 심지어는 강조하기까지 했다. 그런 비논리적인 사실들은 경쟁적인 전제에 근거한 주장이나 논증과 결부되어 나타날 수 있다). 그러나 플랜팅가가 말하는 근본 신념은 합리성의 기준을 확립하지 않는다. 그것은 인간의 다른 모든 신념들과 마찬가지로 "취소 가능한" 속성을 지닌다. 그런 신념은 증거와 논증에 근거해 주장되지 않더라도 다른 경쟁적인 신념이나 증거나 논증에 의해 얼마든지 무너질 수 있다.[71]

예를 들어 태양 숭배자들의 사회에서 성장했다면 태양신을 믿을 수 있는 인식론적 권리,[72] 심지어는 다른 신념들을 생각할 때 그 신념을 근본 원리로 삼을 수 있는 권리를 지닌다. 다시 말해 스스로의 주장을 뒷받침하는 논증을 제시할 필요가 없다. 그러나 누군가가 그런 신념을 무너뜨릴 수 있는 논증을 제시하는 것은 얼마든지 가능하다. 그런 일이 불가능하다고 주장할 수 있는 권리는 없다. 근본 신념을 지녔다고 해서 그것을 합리성의 근거로 내세우거나 다른 견해들을 불합리한 것으로 간주할 수 있는 권리를 지니는 것은 아니다. 따라서 지혜로운 사람이라면 자신의 근본 신념을 문제시하는 사람의 논증에 주의 깊게 귀를 기울일 것이 분명하다.

플랜팅가는 『하나님과 다른 정신들』에서[73] 다른 사람들이 우리와 똑같이 생각을 지니고 있다는 사실을 어떻게 알 수 있는지에 대한 철학적 논쟁을 개괄했다. 그의 견해에 따르면 그런 입장을 결정적으로 입증해 줄 증거는 어디에도 없다. 그러나 우리 모두는 그것을 믿고, 또 믿어야 한다. 그것은 근본 신념이다. 플랜팅가는 하

---

71) 이것은 건전한 증거와 논증의 근거에 대한 문제를 제기한다. 그런 근거가 근본 신념에 의해 확립되지 않는다면 그것은 과연 어디에서 비롯하는 것일까? 만일 그것이 A라는 원리에 의해 확립되었다면 그 원리가 그 사람의 생각을 위한 "실제적인" 근거가 되는 것이 아니겠는가? 그리고 만일 그런 실질적인 근거가 논리나 경험의 원리로 판명된다면 플랜팅가는 철학적 전통이 늘 해오던 것을 하는 셈이다. 다시 말해 그는 자신의 기독교적 신념을 논리와 경험의 일반 법칙에 종속시키는 결과를 낳는다.

72) 플랜팅가와 그의 동료들은 종종 지식을 윤리적 관점에서 언급했다. 나는 그런 상호 관계성을 인정한 것이 매우 마음에 든다. 그러나 나는 플랜팅가와 그의 제자들이 단지 인식론적 권리가 아닌 인식론적 "의무"를 가르쳤더라면 좋았을 것이라고 생각한다. 하나님을 믿는 신념이 도덕적 의무를 지니는 것으로 드러난다면(성경은 여러 곳에서 이 점을 강조한다. 롬 1장; 잠 1:7; 고전 1-3장; 골 3:10 참조), 개혁주의 인식론은 변화가 불가피하다.

73) Alvin Plantinga, *God and Other Minds: A Study of the Rational Justification of Belief in God* (Ithaca, NY: Cornell University Press, 1967).

나님을 믿는 신념도 그와 비슷하다고 말했다. 사실 하나님을 믿는 신념에 뒤따르는 어려움이나 다른 사람들의 생각을 믿는 신념에 뒤따르는 어려움은 그다지 큰 차이가 없다. 하나님을 믿는 신념을 정당화하는 것은 다른 사람들의 생각을 믿는 신념을 정당화하는 것과 거의 비슷하다.

그는 후기에 쓴 글에서[74] 유신론을 근본 신념으로 제시하는 중요한 인식론을 발전시켰다. 어떤 철학자들은 지식을 "정당화된, 참된 신념"으로 정의한다.[75] 그러나 이런 정의를 탐탁하게 여기지 않는 사람들도 있다. 예를 들어 에드먼드 게티어(웨인 주립대학교에서 플랜팅가와 함께 일했던 동료)는 1963년에 "정당화된, 참된 신념은 지식인가?"라는 짧은 논문을 발표했다.[76] 게티어는 어떤 사람이 정당화된, 참된 신념을 지녔지만 대다수의 사람들은 그가 지식이 있다고 인정하지 않는 경우를 두 가지 제시했다. 예를 들어 어떤 사람이 신념을 지니고 있고, 그 신념을 정당화하더라도 그것이 단지 우연히 사실로 드러난 것일 뿐 그것을 정당화하는 것은 적절하지 않은 경우가 있을 수 있다. 게티어의 논문은 철학자들 사이에서 "정당화"의 개념을 재검토하는 것을 비롯해 여러 가지 논란을 불러일으켰다.[77]

플랜팅가는 "정당화"라는 개념이 너무 많은 혼란을 야기한다고 생각하고, 그것을 "근거"로 대체했다. 그는 어떤 신념이 아래와 같은 조건을 갖추고 있다면 충분한 근거를 지닌다고 말했다.

1) 신념의 발생에 관여한 인식적인 기능이 온당하게 기능을 발휘했을 때…, 2) 인식적인 환경이 인식적인 기능에 알맞은 환경과 충분히 유사한 조건을 갖추었을 때, 3) …신념의

---

[74] 플랜팅가의 주저는 세 권으로 된 『근거(Warrant)』다(네덜란드 저술가들은 대개 세 권짜리 대작을 저술하는 경향이 있는 듯하다. 이번 장 앞에서 논의한 카이퍼를 참조하라). Alvin Plantinga, *Warrant: The Current Debate* (New York: Oxford University Press, 1993). *Warrant and Proper Function* (New York: Oxford University Press, 1993). *Warranted Christian Belief* (New York: Oxford University Press, 2000).
[75] 삼중적 관점을 기억하라. "정당화된"은 규범적인 것에, "참된"은 상황적인 것에 "신념"은 실존적인 것에 각각 해당한다.
[76] *Analysis* 23 (1966): 121-23. 다음 사이트에서 찾아 볼 수 있다. http://philosophyfaculty.ucsd.edu/faculty/rarneson/Courses/gettierphilreading.pdf.
[77] 나는 정당화의 문제, 즉 그것과 관련된 근거의 문제를 위한 해결책은 그것이 궁극적으로 하나님의 계시에 근거하고 있다는 것에서 찾을 수 있다고 생각한다. 그러나 정당화와 근거의 본질을 논하는 철학자들은 이 대안을 고려하지 않는다. 이 점은 플랜팅가도 예외가 아니다.

발생을 이끄는 설계 계획이 목적이나 기능으로서 참된 신념들의 발생을 포함할 때⋯ 4) 설계 계획이 훌륭할 때, 즉 통계적이거나 객관적인 차원에서 그런 식의 환경 안에서 설계 계획의 타당한 부분과 일치해서 발생한 신념이 사실일 수 있는 개연성이 높을 때.[78]

"정당화"에 관한 논의는 "내재론적" 개념과 "외재론적" 개념을 구별한다. 내재론적 견해는 내 자신이 지닌 신념을 내가 주장하는 다른 신념들을 근거로 삼아 정당화하는 것을 의미한다. 그런 경우, 신념을 정당화하는 것은 내 자신의 사고의 내부에서 이루어진다. 그러나 외재론적 견해는 신념의 정당화는 사고 주체의 밖에 있는 상황과 관련이 있다고 주장한다.[79] 정당화, 또는 근거에 대한 플랜팅가의 견해는 외재론적 견해에 해당한다. 그는 사고 주체의 신념이 다른 신념들이 아닌 그것을 발생시킨 환경과 설계 계획(간단히 말해 사고 주체의 주관성을 넘어서는 실제적인 세상과의 관계)에 의해 보증된다고 생각했다.[80] 아래의 도표를 참조하라.

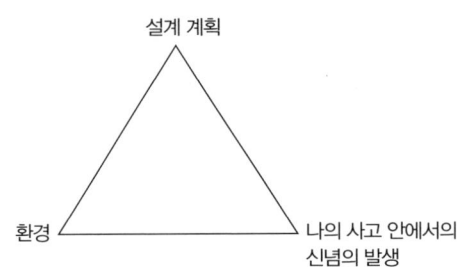

도표 13. 4. 플랜팅가의 인식론의 전제들

이를 근거로 하면 하나님을 믿는 신념은 증거나 논증이 필요없는 근본(또는 기본) 신념으로 간주될 수 있다. 그리스도인들은 인식적인 기능이 올바로 작동했고, 또

---

78) Plantinga, *Warrant and Proper Function*, 194.
79) 나는 정당화의 개념이 이 두 가지를 모두 필요로 한다고 생각한다. 내 자신의 신념을 정당화하려면 내부적인 정당화가 필요하고, 또 그것을 객관적인 사실로 제시하려면 외부적인 정당화가 아울러 필요하다. 외부적인 정당화가 없으면 나의 신념은 실제적인 세상과의 연관성을 확보할 수 없고, 내부적인 정당화가 없으면 나는 그것이 외부와 어떤 관계를 맺고 있는지 알 수 없다.
80) 여기에서 또다시 삼중적 분석이 가능해진다. 즉 설계 계획은 규범적이고, 환경은 상황적이며, 의식 안에서의 신념의 실제적인 발생은 상황적이다. 도표 13. 4.를 참조하라.

그런 기능이 적합하게 설계되었기 때문에[81] 특정한 환경에서는 참된 신념을 발생시킬 수 있다고 주장할 수 있다.[82] 예를 들어 별들이 빛나는 맑은 밤하늘을 바라보면 이토록 복잡한 세상의 구조가 지성적으로 설계되었다는 확신을 가질 수 있다. 따라서 증거나 논증이 없어도 하나님을 믿을 수 있다.[83]

이처럼 플랜팅가는 하나님을 믿는 신념의 "합리성"은 옹호했지만 그 신념의 진실성은 옹호하지 못했다. 위의 논증이 타당하다면 정신착란을 일으키지 않고서도 얼마든지 하나님을 믿을 수 있다는 것이 입증된 셈이다. 그러나 플랜팅가가 말한 대로 그런 이성적인 신념들 가운데는 거짓으로 판명될 수 있는 것들이 많다.

또한 플랜팅가는 진리의 문제에 관심을 기울였다. 그는 『필연성의 본질』과[84] 『신, 자유, 악』에서[85] 하나님의 존재를 입증하기 위한 존재론적 증명을 양태론적으로 설명한 개념을 발전시켰다. 또한 그는 악은 하나님의 선하심과 양립할 수 없다는 주장을 자유의지론적 자유의 개념을 들어 논박하며 유신론을 옹호했다.[86] 게다가 그는 필립 존슨, 마이클 베히, 윌리엄 뎀스키의 지적 설계론을 지지했다(물론 그는 그런 설계가 과학적으로 입증될 수 있다는 개념을 인정하지는 않았다).

이 밖에도 플랜팅가는 "진화론적 논증으로 자연주의를 논박한 것"으로 유명하다. 진화와 자연주의가[87] 둘 다 사실이라면 인간의 인식적인 기능은 진리를 얻기 위해서가 아니라 생존을 위해 진화한 셈이 된다. 진리가 항상 생존을 돕는 것도 아니고, 생존이 항상 진리 습득을 돕는 것도 아니다. 따라서 진화론이 인간의 생각이 지향하는 완전한 목적을 우리에게 제공할 수 있다고 주장한다면 진화론과 자연주의를 비롯해 생각에서 비롯한 모든 신념들을 의심해야 할 이유가 충분하다. 그와는

---

[81] 즉 "훌륭한" 계획에 의해 설계되었기 때문에.
[82] 그렇다면 이런 조건들이 충족되었다는 것을 어떻게 알 수 있을까? 이 점에서 외적인 근거는 물론 내적인 근거가 아울러 필요한 것처럼 보인다. 즉 외적인 조건들이 충족되었다고 확신할 수 있는 내적인 이유가 필요하다.
[83] 나는 하나님을 믿는 신념이 별들의 존재를 근거로 한 우주론적인 논증이나 목적론적인 논증이 아닌 경험 자체로부터 직접 비롯했다고 생각한다. 로마서 1장 18-21절도 이런 경험을 하나님에 관한 지식의 원천으로 제시한다.
[84] Alvin Plantinga, *The Nature of Necessity* (Clarendon Library of Logic and Philosophy (Oxford: Clarendon, 1974).
[85] Alvin Plantinga, *God, Freedom, and Evil* (Grand Rapids: Eerdmans, 1974).
[86] 나는 이 책 2장과 3장에서 자유에 대한 이 견해를 부정적으로 평가했다. 다음 자료를 참조하라. *DG*, 119-84. 플랜팅가는 이 점에서 칼빈의 견해와 개혁주의 신학의 전통에서 벗어났다.
[87] 자연주의란 하나님은 없고, 오직 자연만이 존재한다는 신념을 가리킨다.

달리 인간의 생각이 하나님에 의해 설계되었다면[88] 생각 속에서 발생한 개념들을 신뢰할 만한 이유가 충분하다.

플랜팅가의 외재론적 인식론이 "설계 계획"이라는 개념에 의존하고 있다는 점을 기억해야 할 필요가 있다. 과연 그런 계획은 무엇으로부터 비롯했을까? 그는 때로 진화 자체가 그런 계획의 원천일 수 있다고 인정한다.[89] 그러나 그는 인격적인 설계자를 상정하는 것이 그런 설계를 설명할 수 있는 가장 좋은 방법이라고 말하기도 했다.[90][91]

나의 견해는 플랜팅가보다는 반틸에게 더 가깝다. 반틸은 카이퍼와 칼빈처럼[92] 기독교 신앙은 하나님의 계시라는 전제에 확고하게 근거하고 있다고 말했다. 그러나 플랜팅가는 대다수의 분석적인 기독교 철학자들과 마찬가지로 계시나 성경을 좀처럼 언급하지 않고, 마치 계시, 특히 성경이 철학적 논의에 부적절한 것처럼 말했다. 그러나 성경을 전제하지 않는 한, 플랜팅가의 철학은 기독교적 인식론의 중요한 요소가 결여된 상태로 남는다.

그럼에도 불구하고 플랜팅가가 기독교 철학에 대해 기여한 것은 매우 크다. 내가 1957년부터 1961년까지 철학을 처음 공부할 무렵 강의나 세미나에서 기독교의 입장을 제시하는 철학적 견해를 듣는 일은 매우 드물었다. 강의실에서 기독교의 입장을 주장하는 사람은 대부분 비웃음을 샀다. 그러나 그 후로 몇 년이 지나자 상당수의 기독교인들이 철학의 분야에 모습을 드러냈다. 기독교 사상가는 물론 비기독교 사상가들까지도 플랜팅가의 견해를 존중했다. 많은 사람들이 그의 견해에 동조했다(나는 그 가운데 몇 사람을 아래에서 잠시 논의할 생각이다).[93] 『신앙과 철학』이라는 비중 있는 학술지를 펴낸 "기독교 철학자 협회"가 구성되었고, 플랜팅가와 그의 동료들이

---

[88] 플랜팅가는 신의 설계가 진화의 과정과 일치한다는 신념을 지니고 있다.
[89] Plantinga, *Warrant and Proper Function*, 21. 나로서는 어떻게 전적으로 비인격적인 과정이 규범적인 계획, 곧 사물이나 사람을 위한 목적을 설정할 수 있는지 이해하기 어렵다.
[90] Ibid., 237.
[91] 하나님의 존재에 관한 플랜팅가의 견해를 좀 더 자세히 알고 싶으면 다음 자료를 참조하라. "Two Dozen (or So) Theistic Arguments." http://www.calvin.edu/academic/philosophy/virtural_library/articles/plantinga_alvin/two_dozen_or_so_theistic_argumants.pdf.
[92] 칼빈은 성경이 제공하는 "안경"이 없으면 하나님의 자연 계시를 옳게 이해할 수 없다고 말했다(『기독교 강요』 1.6). 이 안경은 우리의 "인식적인 기능"의 일부다. 플랜팅가는 이 점을 적절하게 논하지 못했다.
[93] 이 기독교 철학자들은 대체로 신학자를 자처하는 사람들보다 좀 더 정통적인 신앙을 소유했다.

그 일에 주로 관여했다. 그들의 노력으로 기독교 철학을 할 수 있는 좋은 환경이 조성되었다.

나는 플랜팅가가 발표한 글 가운데서 "기독교 철학자에게 주는 조언"을 좋아한다.[94] 그는 그 글에서 그리스도인들에게 철학을 할 때(곧 정신적 스승들과 본보기들과 방법 등을 선택할 때) 신앙을 염두에 두라고 조언했다. 그리스도인들이 철학적이거나 과학적인 격식을 갖추려면 이런저런 접근 방식이 필요하다는 주장을 경계해야 할 뿐 아니라 어떤 주장이 기독교 신앙을 훼손하는지, 아니면 지지하는지를 옳게 분별해야 한다. 이제 이 책을 거의 마무리하는 시점에서 나도 독자들에게 그렇게 권고하고 싶다.

북아메리카의 다른 기독교 언어 분석 철학자들

니콜라스 볼터스토프
(Nicholas Wolterstorff)

몇몇 뛰어난 철학자들이 플랜팅가와 "기독교 철학자 협회"와 관련된 새로운 철학 운동에 동참했다. 그 중에 "니콜라스 볼터스토프(1932-)"는 특별히 언급해야 할 가치가 있다. 그는 철학 분야에서 플랜팅가 못지않게 뛰어난 철학자다. 볼터스토프와 플랜팅가는 칼빈대학교에서 헨리 젤레마에게 배운 급우였다. 볼터스토프는 하버드대학교에서, 플랜팅가는 예일대학교에서 각각 박사 학위를 취득했다. 플랜팅가가 노트르담대학교에서 가르칠 때 볼터스토프는 예일대학교에서 가르쳤다. 볼터스토프와 플랜팅가는 개혁주의 인식론을 발전시키는 데 함께 참여한 동료였다. 따라서 볼터스토프의 종교적인 인식론을 논의하는 것은 불필요한 반복이 될 수도 있다. 그러나 내가 이 책을 저술하려고 했을 때 처음 나의 열정을 자극하고, 또

---

[94] "Advice to Christian Philosophers", *Faith and Philosophy* 1 (October 1984): 1-19. 다음 사이트에서 찾아 볼 수 있다. http://www.calvin.edu/academic/philosophy/virtual_library/articles/plantinga_alvin/advice_to_christian_philosophers.pdf.

종종 그 열정을 새롭게 불타오르게 만든 것은 볼터스토프가 초창기에 펴낸 『종교의 한계 내에서의 이성』이었다.[95]

볼터스토프는 또한 존재론에 관한 책을 썼다.[96] 그는 그 책에서 현대의 유명론적 풍조와는 달리 보편적인 것이 실제로 존재할 뿐 아니라 "종류들"로서 그 특성을 묘사할 수 있다고 주장했다. 그 밖에도 그는 미학에 관한 두 권의 책을[97] 비롯해 정의, 정치적 문제, 교육, 신학에 관한 책들을 다수 저술했다. 아들의 죽음을 주제로 다룬 그의 『아들을 위한 애가』는 참으로 감동적이다.[98]

언어 철학과 인식론에서 상당한 평판을 얻은 "윌리엄 앨스턴(1921-2009)"은 "교회로 되돌아와서" 기독교 철학자 협회에 깊숙이 연루되었다. 그는 플랜팅가와 볼터스토프의 친밀한 협력자가 되어 개혁주의 인식론의 발전에 기여했다.[99] 그는 특히 종교적인 경험의 문제에 관심을 기울였다. 그는 자신의 책에서 그것을 지식의 수단으로 옹호했다.[100] 또한 그는 인식론과 언어 철학에 관한 책과 논문을 많이 펴냈다.

"조지 마브로즈(1926-)"는 플랜팅가, 볼터스토프, 앨스턴과 함께 개혁주의 인식론을 제시한 『신앙과 합리성』이라는 책에 여러 편의 논문을 기고했다.[101] 나는 그가 매우 고무적인 사상가라고 생각한다. 나는 그의 『하나님을 믿는 믿음 : 종교적 인식론에 관한 연구』를[102] 나의 책 『하나님에 관한 지식의 교리(*DKG*)』에서 열네 차례나 언급했다. 나는 그의 글에서 발견되는 간단한 논증들은 물론, 좀 더 광범위한 그의 주제들에 의해 자극을 받을 때가 많았다. 예를 들어 그는 『하나님을 믿는 믿음』에

---

95) Nicholas Wolterstorff, *Reason within the Bounds of Religion* (Grand Rapids: Eerdmans, 1976). 칸트의 『이성의 한계 내에서의 종교』를 역으로 뒤집은 것이다.

96) Wolterstorff, *On Universals: An Essay in Ontology* (Chicago: University of Chicago Press, 1970).

97) *Works and Worlds of Art* (Oxford: Clarendon, 1980). *Art in Action: Toward a Christian Aesthetic* (Grand Rapids: Eerdmans, 1980).

98) *Lament for a Son* (Grand Rapids: Eerdmans, 1987).

99) 성공회 신자였던 그는 "개혁주의 인식론"이라는 표현을 전적으로 달갑게 여기지는 않았다.

100) William P. Alston, *Perceiving God: The Epistemology of Religious Experience* (Ithaca, NY: Cornell University Press, 1991).

101) 나는 특히 그가 쓴 다음의 논문을 다룰 생각이다. *Faith and Rationality*, "Jerusalem and Athens Revisited", 192-218.

102) George Mavrodes, *Belief in God: A Study in the Epistemology of Religion* (New York: Random House, 1970).

서[103] (논리실증주의의 주장과는 다르게) 경험을 검증하는 법을 배우기 전에 경험의 의미를 알고 있다고 주장했다. 어떤 진술이 사실인지를 먼저 확인할 수 없으면 그것을 검증할 수 있는지 여부조차 알 수 없다. 이는 검증 원리를 근거로 검증을 주장할 경우, 그 검증에 대한 검증이 무한히 반복될 수밖에 없다는 것을 의미한다.[104]

또한 마브로즈는 "어떻게 내가 하나님을 알 수 있는가?"와 같은 인식론적인 질문에 대답하기 전에 "하나님은 존재하는가?"와 같은 본질적인 질문에 대답해야 할 때가 많다고 주장했다.[105] 그는 이유를 "갖는 것"과 이유를 "제시할 수 있는 것"을 구별하는 것이 중요하다고 말했다.[106] 따라서 우리는 플랜팅가가 말한 대로 증거와 논증으로 어떤 것을 검증할 수 없더라도 그것을 믿을 수 있는 권리를 가진다.

우리는 "우리가 알고 있는 모든 것을 오직 증거를 통해서만 배우지는 않는다."[107] 어떤 경우에는 증거나 논증을 통해 입증할 수 없는 지식도 얼마든지 가질 수 있다. 이것이 개혁주의 인식론이 주장하는 것이다.

이 밖에도 마브로즈는 명제를 입증하는 증거가 "사람에 따라 달라진다."고 종종 강조했다.[108] 이것은 변증학과 관련된 매우 중요한 요점 가운데 하나다. 어떤 논증이 타당하든 건전하든 상관없이 어떤 사람에게는 설득력을 지닐 수도 있고, 어떤 사람에게는 그렇지 않을 수도 있다. 만일 후자가 증거를 원한다면 그에게는 다른 종류의 증거를 제시해야 한다.

마브로즈는 "다시 찾은 예루살렘과 아테네"에서 플랜팅가와 볼터스토프에게 우리가 지닌 믿음의 "합리성"보다는 "진실성"에 더 많은 관심을 기울이라고 조언했다. 시간이 지나면서 플랜팅가와 다른 사상가들은 그 조언에 귀를 기울여 하나님의 존재와 종교적 경험의 진정성, 우주의 설계, 하나님과 악의 관계와 같은 주제들에 대한 논증을 발전시켰다.

그러나 마브로즈의 제안 가운데서 좀 더 설명이 필요한 것이 하나 더 있다. 개혁

---

103) Ibid., 47-48.
104) Ibid., 75.
105) Ibid., 41-50, 72, 76, 95, 112 참조.
106) Ibid., 11-13.
107) Ibid., 41.
108) Ibid., 7-8, 17-48, 80-89, 101-11.

주의 인식론은 "기본적인 신념"과 "기본적이지 않은 신념"을 구별한다. 하나님을 믿는 신념은 전자에 해당한다. 기본적인 신념은 다른 신념에 의존하지 않고 주장할 수 있는 신념을 의미한다. 그러나 마브로즈는 그런 구별에 대해 한 가지 중요한 질문을 제기했다.

> 유신론자로서 이 책을 읽는 독자들은 스스로 다음과 같은 시험을 해보는 것이 유익할 것이다. 잠시 멈춰 하나님이 존재한다고 믿는 자신의 신념을 생각해 보라. …그 신념이 스스로가 주장하는 다른 신념들에 근거하고 있는가? 만일 그렇다면 그 다른 신념들은 무엇이고, 하나님을 믿는 신념이 그것들에 어떻게 근거하고 있는가? (그것들이 그 신념을 함의하는가, 또는 그것을 가능하게 만드는가, 아니면 무엇인가?)[109]

마브로즈는 우리가 대부분 이런 질문에 분명한 대답을 제시하지 못할 뿐 아니라 우리의 대답이 때에 따라 변한다고 생각했다(나도 그런 생각이 옳다고 본다).[110] 이런 사실은 기본적인 신념과 그렇지 않은 신념을 너무 엄격하게 구분하면 인식적인 상황이 지나치게 단순화되는 결과가 초래될 수도 있다는 것을 암시한다.[111]

"케빈 반후저(1957-)"는 위에서 언급한 사상가들보다는 플랜팅가의 진영과는 다소 거리가 있는 사상가에 해당한다. 케임브리지대학교에서 박사 학위를 취득한 그는 일리노이 주 디어필드에 위치한 트리니티에반젤리컬신학교에서 주로 가르쳤다(그는 스코틀랜드 에든버러에 위치한 뉴칼리지와 휘튼칼리지에서도 한동안 가르쳤다).[112] 그는 철학자보다는 신학자로 주로 알려져 있지만 두 학문을 가장 긴밀하고도 효과적으로 결

---

[109] Mavrodes, "Jerusalem and Athens Revisited", 203.
[110] 나는 이 점에서 전제주의(이 경우 사람들은 자신이 전제로 삼은 것에 자신의 생각과 삶을 온전히 헌신한다)가 토대와 그 위에 확립된 신념들을 더욱 분명하게 구별할 수 있는 여지를 제공한다고 생각한다. 내가 『하나님에 관한 지식의 교리』에서 말한 대로 전제주의 안에는 한 가지 비슷한 문제가 존재한다. 규범적인 관점은 모든 현실을 포괄하기 때문에 궁극적으로는 상황적, 실존적 관점과 분리될 수 없다.
[111] 이 논의는 『신앙과 합리성』에 관한 나의 논평을 토대로 한 것이다. 『하나님에 관한 지식의 교리』 부록 I를 참조하라 (382-400).
[112] 반후저는 1970년대 말에 웨스트민스터신학교에서 내게 배웠다. 그는 다음의 책을 저술해 내게 헌정했다. *Remythologizing Theology: Divine Action, Passion, and Authorship*, Cambridge Studies in Christian Doctrine (Cambridge: Cambridge University Press, 2010). 아마도 그는 내게 배운 학생들 가운데서 오늘날의 신학계에서 가장 큰 인상을 심어준 사상가일 것이다.

합시킨 사람이다. 복음적이고 개혁주의적인 신념을 지 닌 그는 비트겐슈타인, 오스틴, 설의 화행이론을 고려한 신학의 모델을 발전시켰다(12장 참조). 그는 그런 준비를 갖춘 덕분에 폴 리쾨르, 한스-게오르크 가다머와 같은 사람들과 해석학적인 주제를 논의할 수 있었다. 그는 해체주의(12장)와는 달리 본문을 쓴 저자의 의도가 해석에 상당한 영향을 미친다고 주장했다. 그는 저자와 본문과 독자가 성경적인 언약의 공동체와 비슷한

케빈 밴후저(Kevin Vanhoozer)

공동체를 형성하기 때문에 본문에 대한 해석은 다양한 차원을 지닌다고 생각했다.

북아메리카에서 기독교 분석 철학이 한창 꽃을 피울 무렵, 그것과 연루된 다른 사상가들 가운데는 애덤스 부부(로버트와 마릴린), 켈리 제임스 클라크, 윌리엄 레인 크레이그, 스티븐 데이비스, 스티븐 에반스, 존 파인버그, 게리 하버마스, 윌리엄 해스커, 피터 반인와겐, 모어랜드, 낸시 머피, 린다 잭제브스키 등이 있다. 로널드 내시는 분석 철학의 전통과는 조금 거리가 있지만 고든 클라크, 역사가요 교육자인 아서 홈스, 복음적인 토마스주의자인 노먼 가이슬러와는 사상적 맥락이 비슷하다.

이 밖에 젊은 철학자들과 변증학자들을 몇 명 소개하면 다음과 같다.

- 제임스 앤더슨[113]
- 존 바버[114]
- 브루스 바우거스[115]

---

113) http://www.proginosko.com/. James Anderson, *Paradox in Christian Theology* (Eugene, OR: Wipf and Stock, 2007). *What's Your Worldview? An Interactive Approach to Life's Big Questions* (Wheaton, IL: Crossway, 2014). 앤더슨은 또한 코넬리우스 반틸에 관한 정보를 제공하는 웹사이트(http://www.vantil.info.)를 주관하고 있다.

114) 바버는 현재 활발한 저술 활동을 벌이고 있는 가장 훌륭한 문화 신학자 가운데 하나다. John Barber, *The Road from Eden: Studies in Christianity and Culture* (Lakeland, FL: Whitefield Media Publications, 2008). 이 책은 서구 문화를 참으로 적절하고도 훌륭하게 비판하고 있다. 나는 "바버는 막대한 양의 문헌을 두루 섭렵하거나 참조했다. 그의 책은 방대한 자원과도 같다. …그의 논증은 신중하고, 유력하며, 통찰력이 뛰어나다. 나는 그의 논증이 교회에 큰 영향을 미치기를 바라마지 않는다. …그것은 마치 개혁과 부흥과 문화 갱신을 독려하는 강력한 힘과도 같다. 나는 개혁주의 문헌 가운데 단행본으로 출간된 책 가운데 이만한 책을 지금까지 본 적이 없다."라고 그의 책을 추천했다.

115) 바우거스는 칼빈대학교에서 박사 학위를 취득했고, 최근에는 미시시피 주 잭슨에 위치한 개혁신학교에서 변증학 강

- 윌리엄 에드거[116]
- 윌리엄 데이비스[117]
- 폴 마나타[118]
- 스콧 올리핀트[119]
- 제임스 스미스[120]
- 그렌 웰티[121]

의를 시작했다.

[116] 재즈 피아니스트이자 음악학 연구가인 에드거는 프랜시스 쉐퍼의 사역을 통해 신앙을 갖게 되었고, 코넬리우스 반틸에게 배웠다. 그의 변증학 저서도 쉐퍼의 저서처럼 동시대 문화의 풍조에 민감하게 반응한다. William Edgar, *The Face of Truth: Lifting the Veil* (Phillipsburg, NJ: P&R Publishing, 2001); *Truth in All Its Glory: Commending the Reformed Faith* (Phillipsburg, NJ: P&R Publishing, 2004). 그는 또한 스콧 올리핀트와 함께 변증학과 관련된 두 권짜리 1차 자료를 편집했다. *Christian Apologetics Past and Present: A Primary Source Reader*, vol. 1, *To 1500* (Wheaton, IL: Crossway, 2009). Vol. 2, *From 1500* (Wheaton, IL: Crossway, 2011). 그는 현재 필라델피아 웨스트민스터신학교에서 가르치고 있다.

[117] 커버넌트칼리지와 다른 교육 기관에서 탁월한 철학 교수로 이름이 높다. 데이비스는 고든 클라크와 함께 커버넌트칼리지에서 수학했고, 노트르담대학교에서 박사 학위를 취득했다. 그는 루이스, 톨킨, 열린 유신론을 주제로 삼아 글을 썼다.

[118] 내가 가장 최근에 알게 된 정보에 따르면 그는 아직도 칼빈대학교에서 철학을 배우고 있다(그는 기독교 철학자 케빈 콜코란의 조교로 일하고 있다). 그러나 그는 블로그에 상당한 설득력을 지닌 많은 글을 게재했고, 많은 논쟁에 참여했다. 그 가운데 하나는 다음과 같다. "Free Will, Moral Responsibility, and Reformed Theology: A Contemporary Introduction." 다음 사이트에서 찾아 볼 수 있다. http://analytictheologye4c5.files.wordpress.com/2011/07/free-will-and-moral-responsibility-intro11.pdf. 나는 지금까지 소개한 젊은 학자들과 마찬가지로 그에게도 큰 기대를 걸고 있다.

[119] 올리핀트는 웨스트민스터신학교에서 가르치고 있다. 그는 반틸의 책을 여러 권 편집했다. 그는 최근에 다음의 책을 펴냈다. *Covenantal Apologetics* (Wheaton, IL: Crossway, 2013).

[120] 스미스는 요즘에 철학을 문화와 연관시켜 가장 설득력 있게 말하는 저술가들 가운데 하나다. 그는 최근에 다음의 책을 펴냈다. *Desiring the Kingdom: Worship, Worldview, and Cultural Formation* (Grand Rapids: Baker, 2009). *Imagining the Kingdom: How Worship Works* (Grand Rapids: Baker, 2013). 그는 이 책에서 카이퍼의 사상 노선을 따라 문화와 예전을 다루었다.

[121] 옥스퍼드대학교에서 리처드 스윈번 밑에서 박사 논문을 쓴 웰티는 현재는 사우스이스턴침례신학교에서 가르치고 있다. 그는 웨스트민스터신학교(캘리포니아)에서 4년 동안 내 조교로 일했다. 다음 사이트를 참조하면 그가 과거에 어떤 연구를 했고, 또 현재 어떤 연구를 하고 있는지 알 수 있다. http://sebts.academia.edu/GregWelty. 그는 자신의 박사 논문(2006년, 옥스퍼드대학교)에서 추상적인 대상들은 일부 사상가들이 주장하는 것과는 달리 창조된 물체가 아니라 하나님의 정신 속에 있는 생각이라는 아우구스티누스의 논제를 다루었다. 그는 최근에 다음의 책에서 이 견해를 옹호했다. *Beyond the Control of God? Six Views on the Problem of God and Abstract Objects* (London: Bloomsbury Academic, 2014). 또한 그는 다음의 논문에서 이 견해를 토대로 유신론적인 논증을 펼쳤다. "The Lord of Non-Contradiction: An Argument for God from Logic" (*Philosophia Christi* 13, 2 [2011], 개혁신학교의 제임스 앤더슨 교수와 공동 저술했다). 이 밖에도 웰티는 초월적인 논증, 몰리노주의, 세례, 새 언약 신학 등에 관한 글을 썼다.

영국의 기독교 철학자들

"C. S. 루이스(1898-1963)"는 철학자보다는 인기 있는 작가로 간주될 때가 많다. 그러나 그는 철학을 공부했고, 1924년에는 옥스퍼드대학교의 유니버시티칼리지에서 철학 강사로 일했다. 그러나 그 이듬해 그는 모들린칼리지의 영어 교수로 선임되었고, 그 후로 중세와 르네상스 문학을 연구하는 전문 학자로서의 명성을 확립했다. "영국에서 가장 절망적이고, 반항적인 회심자"로[122] 스스로를 소개한 그는 변증학에 관한 많은 책을 저술했고, 소설과 수필의 형태로 간접적으로 기독교를 변증하는 노력을 많이 기울였다. 나는 루이스의 『순전한 기독교』를 읽고 나서 그리스도에게로 돌아서게 되었다고 말하는 사람들을 많이 목격했다.[123] 나도 대학교에서 철학을 배우면서 혼란을 겪을 때 이 책을 통해 많은 도움을 받았다. 내가 쓴 『변증학』을 보면 하나님에 대한 루이스의 도덕적 논증을 개작한 내용을 살펴볼 수 있을 것이다.[124] 나를 가장 크게 감동시킨 루이스의 책은 『기적』이었다.[125] 그는 그 책에서 기적에 대한 논쟁은 곧 두 종류의 세계관(자연주의와 초자연주의)에 관한 논쟁이라는 점을 분명하고도 탁월하게 보여주었다.[126] 그 점에서 루이스가 내가 반틸을 연구할 수 있는 준비를 갖추게 해주었다. 반틸은 루이스의 책들을 그렇게 많이 좋아하지 않았다. 그는 루이스를 "중립적인" 출발점을 원했던 아퀴나스와 버틀러와 같은 사상가와 동일시했다. 그러나 기적과 관련해서는 반틸과 루이스가 나의 생각 속에서 하나로 모아졌다.

"앨러스데어 맥킨타이어(1929-)"는 영국과 미국의 여러 대학교에서 가르친 스코

---

[122] C. S. Lewis, "Surprised by Joy", *The Inspirational Writings of C. S. Lewis* (New York: Harcourt Brace Jovanovich, 1987), 118.
[123] C. S. Lewis, *Mere Christianity* (San Francisco: HarperCollins, 2001).
[124] *AJBC*, chap. 4, 95-123.
[125] C. S. Lewis, *Miracles: A Preliminary Study* (San Francisco: Harper One, 2009).
[126] 루이스와 비트겐슈타인 학에 속하는 철학자 엘리자베스 앤스콤이 『기적』의 세 번째 장에 제시된 내용을 중심으로 논쟁을 벌인 일은 매우 유명하다. 루이스는 그곳에서 자연주의는 자기 몰락의 길로 향할 수밖에 없다고 주장했다. 어떤 사람들은 루이스가 그 논쟁에서 패배했다고 주장했고, 심지어는 앤스콤이 그를 부끄럽게 만들었다고까지 말했다. 그러나 앤스콤 자신은 그 논쟁을 통해 진정어린 의견의 교환이 이루어졌다고 평가했다. 그녀는 루이스가 자신의 반론들을 다루기 위해 그 장의 내용을 다시 고쳐 썼다고 말했다. 다음 자료를 참조하라. E. M. Anscombe, *The Collected Philosophical Papers of G. E. M. Anscombe*, 3 vols. (Oxford: Blackwell, 1981, introduction to vol. 2, *Metaphysics and the Philosophy of Mind*.

틀랜드 사람이다. 그가 펴낸 첫 번째 유명한 책은 『덕의 상실』이다.[127] 토머스 쿤(12장 참조)과 임레 라카토스를 비롯해 여러 사람들에게 영향을 받아 저술한 이 책은 아리스토텔레스의 목적론적인 덕의 윤리학에 근거한 새로운 윤리학의 패러다임을 추구한다. 그는 이 패러다임이 광범위한 문화적 부패 현상으로부터 지역 공동체들을 보호할 수 있다고 생각한다. 그는 『누구의 정의인가? 어떤 합리성인가?』에서[128] 쿤의 패러다임처럼 서로 일치하지 않는 "실천적인 합리성"의 전통들 안에서 윤리적 결정의 근거를 찾았다. 그러나 그런 전통들은 서로를 유익하게 할 수 있는 대화가 가능할 뿐 아니라 심지어는 쿤의 과학 혁명과 비슷한 "위기"와 혁신으로 나아갈 수 있다.

"리처드 스윈번(1934-)"은 1972년부터 1985년까지 킬대학교에서 가르쳤고, 그 후에는 2002년에 옥스퍼드대학교에서 은퇴할 때까지 교수로 일했다. 그는 철학적 신학에 관한 책을 열 권 넘게 저술했다. 그의 접근 방식은 개연적이고, 수용적인 특성을 지닌다. 그는 하나님의 영원성과 전지성에 관한 열린 유신론의 견해를 옹호한다(12장 참조).

"폴 헴(1940-)"은 리버풀대학교와 런던대학교의 킹스칼리지와 밴쿠버의 리젠트대학교와 스코틀랜드의 하이랜즈신학대학교에서 가르쳤다. 그는 이번 장에서 지금까지 언급한 분석 철학자들 가운데서 가장 일관성 있는 칼빈주의자임에 틀림없다.[129] 신청교도주의를 지향하는 『배너 오브 트루스』의 편집장을 지낸 그는 철학은 물론 신학의 역사에서도 매우 인상적인 업적을 남겼다. 그는 칼빈과 자신이 속한 지성적인 환경에 관한 책을 세 권 저술했고, 철학 분야에서는 『신념의 원칙』,[130] 『신앙과 오성』,[131] 『이유 있는 믿음』을[132] 펴냈다. 또한 그는 최근에는 『영원하신 하나님』을[133] 저술해 하나님이 시간을 초월해 존재하신다는 것을 훌륭하게 논증했고,

---

[127] Alasdair MacIntyre, *After Virtue: A Study in Moral Theory* (Nortre Dame, IN: University of Notre Dame Press, 1981).

[128] MacIntyre, *Whose Justice? Which Rationality?* (Notre Dame, IN: University of Notre Dame Press, 1988).

[129] 그러나 안타깝게도 그는 전제론자가 아니다.

[130] Paul Helm, *Belief Policies* (Cambridge: Cambridge University Press, 1994).

[131] Paul Helm, *Faith and Understanding* (Grand Rapids: Eerdmans, 1997).

[132] Paul Helm, *Faith with Reason* (Oxford: Clarendon, 2000).

[133] Paul Helm, *Eternal God* (Oxford: Clarendon, 1988).

『하나님의 섭리』라는 책을[134] 통해서는 섭리에 대한 칼빈주의의 견해를 제시했다. 헴의 사상과 방법론과 논증에 관해 좀 더 자세히 살펴보려면 이 책의 부록 O(나는 그곳에서 헴의 『신념의 원칙』을 논평했다)와 내가 저술한 『하나님에 관한 교리』의 부록 E를 참조하라.

오이겐 로젠스토크-휘시 (Eugen Rosenstock-Huessy, 1888-1973)

이번에는 약간 다른 사상가 한 명을 생각해 보기로 하자.[135] 로젠스토크-휘시는 독일에서 유태인 부모에게서 태어났지만 십대 후반에 루터교로 개종했다. 당시에 기독교로 개종한 많은 유태인들과는 달리 그는 삶으로나 교리적으로 그리스도께 헌신과 열정을 다했다.[136] 1차 세계대전이 진행되는 동안 그는 유태인 사상가 프란츠 로젠츠바이크와 절친하게 지내면서 서로 교신을 나누었다. 그는 로젠츠바이크에게 신앙을 가지라고 진지하게 권고했지만 그를 기독교로 인도하지는 못했다.

이 책에서 언급한 다른 많은 사상가들과 마찬가지로 로젠스토크-휘시도 히틀러의 집권 시기에 미국으로 이주했다. 그는 처음에는 하버드대학교에서 가르쳤고, 그 다음에는 다트머스대학교에서 가르쳤다.

그의 저서는 분류하기가 쉽지 않다. 그는 40권의 책과 약 500편의 논문을 발표해 언어학, 사회학(특히 노동 문제), 철학, 법학, 신학, 역사학 등 다방면에 걸친 주제를 다루었지만 그 모든 것의 중심에는 항상 성경의 하나님이 계신다고 주장했다.[137] 그의 핵심 사상은 하나님이 "말씀하시는" 하나님이시라는 것이다.[138] 언어는 심지어 종교나 철학보다도 더 강력하게 역사적 변화를 이끄는 원동력이다. 역사적 변화의

---

[134] Paul Helm, *The Providence of God* (Downers Grove, IL: InterVarsity press, 1993).
[135] "완전히 다른"이라고 말하지 않은 이유는 두 사람이나 두 개의 사물이 서로 완전하게 다른 경우는 없기 때문이다.
[136] 체스터턴의 『정통(*Orthodoxy*)』이 그가 좋아하는 책 가운데 하나였다.
[137] 피터 레잇하트는 "하버드대학교 당국자들은 그를 어떻게 처리해야 할지 몰랐다. 그는 하나님에 관해 많이 말했기 때문에 그들은 그를 신학부로 보냈다."라고 말했다. Peter J. Leithart, "The Relevance of Eugen Rosenstock-Hussey", *First Things*, June 28, 2007. 다음 사이트에서 찾아 볼 수 있다. http://www.firstthings.com/onthesquare/2007/06/the-relevance-of-eugen-rosenst.
[138] 나는 이 점을 다음 자료에서 논의했다. *DG*, 469-79, *DWG*, 47-49.

가장 큰 사건은 단순한 사상이 아닌 언어다. 언어는 우리의 사고와 제도를 변화시키는 최강의 힘을 지닌다. 따라서 로젠스토크-휘시는 언어 분석 철학이나 구조주의와 깊은 관계를 맺지 않았는데도 불구하고 언어에 관심의 초점을 맞춘 20세기 철학에 나름대로 많은 기여를 했다.

그는 (러셀과 초기 비트겐슈타인과는 달리) 언어를 명제를 표현하는 수단이나 (구조주의와는 다르게) 현실을 여러 요소들로 나누는 수단으로 받아들이지 않고 사회적 매개체로 간주했다. 언어는 우리 자신을 다른 사람들에게 제시하는 수단이다. 두 사람이 대화를 통해 서로를 새롭게 만든다. 언어의 다양한 목적이[139] 시, 과학, 역사, 윤리와 같은 다양한 문화적 노력들에 영향을 미친다. 철학자들이 "존재"에 집착하는 것은 세상의 다채로운 역동성을 축소시킨다. 로젠스토크-휘시는 본질에 관심을 기울인 후기 헬라 철학보다 명칭들에 대한 호메로스의 전(前)철학적인 관심을 더 선호했다. 또한 그는 이신론이나 무신론보다는 다신론을 선호했고, 철학자들 가운데서는 파르메니데스보다 헤라클레이토스를 더 좋아했다.

그는 철학자들이 초월적인 논리에만 집착을 보이고, 역사적 사건들에는 관심을 충분히 기울이지 않는다고 생각했다. 기독교를 유심론적인 플라톤주의와 쉽게 병합될 수 있는 초월의 종교로 간주하는 그리스도인들이 많지만 로젠스토크-휘시의 생각은 달랐다. 그는 기독교를 역사를 변화시키는 힘으로 생각했다. 기독교의 경우에는 영지주의와는 달리 육체가 정신을 이끈다. 어떤 논문에 보면 로젠스토크-휘시의 인식론을 "풍요로운 것, 오직 그것만이 사실이다."라는 괴테의 경구로 간단하게 요약한 내용이 발견된다.[140] 그러나 풍요로운 것은 물질적인 번영을 의미하지 않는다. 큰 고통을 야기하는 역사적인 격변이 역사적으로 가장 의미 있는 사건이다. 교회는 고난을 감수하는 사랑을 통해 역사를 변화시키라는 소명을 부여받았다. 고통 가운데 많은 것이 하나님에 의해 작정되었다. 지난 세기에 있었던 전쟁들은 "마지막 심판"의 축소판이다. 그것을 통해 교회는 새롭게 정화되고, 새로운 말들이 나

---

139) 그는 후기 비트겐슈타인과 똑같은 발견(즉 언어는 서술적인 기능만이 아니라 그 밖의 다른 많은 기능을 지니고 있기 때문에 그런 기능들을 자유롭게 행사해야 한다는 것)을 했다.

140) Wayne Cristaudo, "Eugen Rosenstock-Huessy", *Stanford Encyclopedia of Philosophy* (June 14, 2012). http://plato.stanford.edu/entries/rosenstock-huessy/. 여기에서 논의한 휘시의 견해를 찰스 퍼스와 윌리엄 제임스의 견해(9장)와 비교해 보는 것도 유익할 듯하다.

타나 미래를 새로운 길로 이끈다. 로젠스토크-휘시는 그런 것들이 인류에게 새로운 세계 질서를 구축하려고 애쓰기보다 국소적인 대화를 통해 문제를 해결해야 할 필요성을 일깨우기를 희망한다.[141]

급진적 정통주의

이 명칭으로 불리는 사상 운동은 "존 밀뱅크(1952-)"가 저술한 『신학과 사회이론』과 함께 시작되었지만,[142] 이 명칭을 얻게 된 것은 밀뱅크, 캐서린 피스톡, 그레이엄 워드가 쓴 논문들이 게재된 『급진적 정통주의 : 새로운 신학』을 통해서였다.[143] 이 저자들은 강력한 고교회적 성향을 지닌 성공회 신자들이지만 급진적 정통주의에 속하는 사람들 가운데는 다른 교파적 배경을 지닌 사람들도 더러 포함되어 있었다. 개혁주의 철학자 제임스 스미스는 『급진적 정통주의』라는 책을 저술해 이 사상 운동을 적절하게 소개했다.[144]

급진적 정통주의도 카이퍼, 도이베르트, 반틸, 로젠스토크-휘시처럼 신학만이 아니라 삶의 모든 측면을 기독교적 관점을 통해 다시 생각하려고 시도한다. "급진적 정통주의는 정치학, 경제학, 언어학, 시학, 역사학, 사회이론, 문화이론 및 심지어는 자연 과학에까지 두루 관여한다."[145]

급진적 정통주의가 상대하는 적은 세속주의, 곧 포스트모던 사상가들이 "현대주의"로 일컬은 사상 운동이다(12장 참조). 급진적 정통주의 저술가들은 현대주의의 사고 경향에 대한 포스트모던주의의 비판에 의존하지만 그들의 주된 입장은 범교회

---

141) 이 점에서 그는 거대 담론을 거부하는 포스트모던주의와 맥을 같이 한다.
142) John Milbank, *Theology and Social Theory: Beyond Secular Reason* (Oxford: Blackwell, 2006). 최초 출판연도는 1990년이다.
143) Milbank, Catherine Pickstock, and Graham Ward, *Radical Orthodoxy: A New Theology* (London: Routledge, 1999).
144) James K. A. Smith, *Introducing Radical Orthodoxy: Mapping a Post-Secular Theology* (Grand Rapids: Baker, 2004).
145) Ashley Woodiwiss, "What's So Radical about Orthodoxy?", *Christianity Today*, May 2005. 다음 사이트에서 찾아 볼 수 있다. http://www.christianitytoday.com/ct/2005/mayweb-only/22.0c.html?start=1.

적 신조에 근거한 기독교적 정통주의다.146) 그들은 신학이 학문의 여왕이라는 옛 주장을 그대로 받아들이고, 정통주의가 세속주의자들의 과장된 주장들을 극복할 뿐 아니라 현대적 삶을 위한 좀 더 확고한 토대를 제공할 수 있는 지성적인 힘을 소유하고 있다고 믿는다.

나는 기독교적 관점에서 삶의 모든 영역을 새롭게 조망하기를 원하는 다른 모든 사상 운동과 마찬가지로 이 사상 운동에도 어느 정도의 공감을 느낀다. 그리스도께서는 삶의 모든 영역에 대한 통치권을 주장하신다. 타락으로 인해 삶의 모든 영역이 오염되었다. 따라서 변화를 이끌어야 할 책임이 있는 기독교 신학이나 철학은 폭넓은 비전을 가져야 할 필요가 있다. 그러나 그들이 상세한 논의에 개입하면서부터 급진적 정통주의의 주장을 이해하기가 점차 어려워지기 시작한다. 그들의 주장이 항상 건설적인 것은 아니다. 이 포스트모던주의 철학자들을 이해하려면 많은 시간이 필요하다. 이들은 해체주의(12장)에 지나치게 많은 신뢰를 보낸다. 포스트모던주의는 중요한 운동인 것이 틀림없지만 급진적 정통주의는 그 중요성을 과장하는 경향이 있다.

르노는 급진적 정통주의의 핵심을 드러내는 것처럼 보이는 논의를 전개한 바 있다.

> 급진적 정통주의가 포스트모던주의의 언어와 사고 형식과 문헌에 아무리 많은 관심을 기울인다고 하더라도 그것의 토대는 그와는 다른 근본적인 전제, 곧 우리가 "세상을 하나로 묶는 끈"이라고 일컫는 것에 있다고 하겠다. 급진적 정통주의의 사상을 형성하는 것은 니체가 말하는 전능한 권력에의 의지에 의한 폭력성이 아니라 하늘의 평화라는 아우구스티누스의 비전(이것은 하나님의 목적이라는 역동적이고, 구속력 있는 힘을 통해 효과를 발생한다)이다.147)

---

146) 밀뱅크는 자신의 접근방식을 "포스트모던적인 비평적 아우구스티누스주의"로 묘사했다. John Milbank, "Postmodern Critical Augustinianism: A Short Summa in Forty-two Responses to Unasked Questions", *The Postmodern God: A Theologycal Reader*, ed. Graham Ward (Oxford: Blackwell, 2005).

147) R. R. Reno, "The Radical Orthodoxy Project", *First Things* 100 (February 2000). 다음 사이트에서 찾아 볼 수 있다. http://www.firstthings.com/article/2000/02/the-radical-orthodoxy-project.149. Ibid.

급진적 정통주의가 하늘의 평화라는 아우구스티누스의 비전을 이해하는 방식은 신플라톤주의를 통해서다(아우구스티누스도 어느 정도 그런 경향을 띠었다). 모든 것을 하나로 묶는 끈은 인간의 포악한 언어가 아닌 하나님이다. 그분은 모든 것을 하나로 통합하면서 또한 그것들을 적절하게 구별하신다.

기독교 신학은 참여적인 체계, 유비적인 시, 평화의 "세미오시스", 근원적 폭력성을 가정하지 않는 거대 담론을 개진함으로써 근본적인 폭력성을 띤(급진적 정통주의가 포스트모더니즘으로부터 빌려온 표현) 니체의 허무주의를 대적한다. 좀 더 간단히 말해 급진적 정통주의는 세상을 하나로 묶는 끈을 설명하기 위해 신플라톤주의의 형이상학을 회복시키기를 희망한다. 어떤 것(의미론적 정체성이나 의미, 사람, 사회 관습과 같은 단위)은 자체적인 본질을 지님과 동시에 다른 것에 의존하고, 또 그것을 향해 나아간다. 좀 더 강하게 말하면 어떤 것은 이런 구성적인 의존과 생산력 안에서, 또 그것들을 통해서만 현실이 된다. 신플라톤주의자는 다른 사람이나 나, 또는 나의 도덕적 행위의 가치나 이 논문의 의미조차도 모두 다 유일자로부터 나와 그곳으로 다시 돌아간다고 믿는다.[148]

이런 평화의 형이상학이 성례의 본질 안에 반영되어 나타난다.

우리는 예수 그리스도의 살과 피를 받기 위해 "자신 아닌 것"이 될 필요도 없고, 변하지 않은 채로 단지 "우리 자신"으로 남아 있을 수도 없다(신플라톤주의적인 어조가 물씬 느껴진다). 기독교의 전례 행위는 우리가 우리 자신일 수 있고, 또 구원의 드라마에 포함될 수 있다는 것을 전제한다. 우리는 우리의 정체성을 포기하거나 그것을 지키기 위해 하나님의 통치를 거부하지 않고 거기에 참여할 수 있다.[149]

이 모든 것이 국가와 사회를 위한 본보기가 된다. 사람들은 자기 자신일 수 있으며, 또한 공동선을 이루는 일에 함께 동참할 수 있다.

---

148) Ibid.
149) Ibid.

르노는 이 모든 것을 알고 있으면서도 급진적인 정통주의가 "현대 신학의 표준적인 추이를 따라가고 있다."고,[150] 곧 구원(특히 속죄)을 실제적인 역사적 사건이 아닌 사상의 관점에서 생각하려는 경향을 지닌다고 말했다.[151] 그는 그런 경향이 사람들을 자유주의 신학으로 이끄는 흔한 동기들에 의해 야기되었다고 생각하지 않는다. 오히려 그는 그런 경향이 너무 많은 것들에 주의만 기울이고, 그것들을 일관된 방식으로 통합하려고 하지 않는 탓에 발생된 혼란에서 비롯했다고 지적했다. 그는 고교회파는 전통을 소중히 여기는 성향에도 불구하고 참된 기독교 전통을 확립하려면 약간의 창의성이 필요하다고 생각하는 자유주의 교파들과 어깨를 나란히 하게 되었다고 평가했다. 그렇게 하려면 엄격함을 다소 배제하고, 무엇인가를 즉흥적으로 창안하는 것이 필요하다.

따라서 르노는 이렇게 결론지었다.

> 그러므로 신학적인 현대주의의 유형을 따르는 것을 피하기 위해 가장 먼저 해야 할 일은 상상과 창작을 삼가는 것이다. 오히려 우리는 현대주의가 사생결단적으로 가장 철저하게 거부하는 것으로 우리 자신을 훈련해야 한다. 바꾸어 말해 지금까지 주어진 것을 받아들이는 훈련이 필요하다. 우리는 주님이 우리에게 주신 두루마리를 먹어야 하고, 그분의 백성 가운데 거해야 한다. 오직 그렇게 할 때만 아우구스티누스적인 열망이 되살아나 강렬하고, 구체적이고, 특별한 그리스도 중심적인 초점이 회복되어 복음의 능력을 발현할 수 있다. 그렇게 해야만 우리는 하나님의 평화를 맛볼 수 있다.[152]

나는 르노를 나의 대변자로 선택했다. 왜냐하면 내가 가장 필요하다고 생각하는 것을 나보다 더 잘 말하기 때문이다. 그는 급진적 정통주의에 속한 사람들이 나의 방식보다 더 잘 이해할 수 있는 방식을 사용해 말한다. 고교회주의의 개념적인 세계가 내게는 그리 편안하지는 않다. 더욱이 나는 플로티누스에게서 영감을 이끌어 내려는 운동을 지지할 생각이 조금도 없다. 2-4장에서 지적한 대로, 나는 (영지주의

---

150) Ibid.
151) 물론 로젠스토크-휘시는 이 점에 대해 할 말이 있을 것이다.
152) Reno, "The Radical Orthodoxy Project."

와 비슷한 세계관을 지닌) 신플라톤주의가 중세 시대에 신학과 철학을 오염시킨 요인들 가운데 하나라고 생각한다. 다양한 종류의 방출과 중간 존재들을 제시하며 절대 타자로서의 하나님을 가르치는 신플라톤주의의 교리는 창조주와 피조물이라는 성경적인 구분을 혼란스럽게 만든다(나는 창조주와 피조물의 구분이 현실에 대한 성경적인 견해의 핵심에 해당한다고 믿는다). 나도 르노처럼 급진적 정통주의가 유심론적 일원론에서 벗어나 좀 더 역사적이고, 구체적인 맥락에서 성경적인 사건들을 이해하는 데로 선회하기를 바란다. 그런 이해에 도달하려면 성경의 본문을 하나님의 무오한 말씀으로 받아들여 거기에 좀 더 깊은 관심을 기울여야 한다.

에스더 라이트캡 미크(Esther Lightcap Meek, 1953-)

에스더 미크는 상당한 중요성을 지닌 또 하나의 기독교 철학자다(미크는 1970년대 말에 필라델피아 웨스트민스터신학교에서 내게 배웠다. 나는 그녀가 쓰려는 책들에 대해 그녀와 의견을 교환했다. 나는 그녀가 쓴 첫 번째 책을 호의적으로 논평했고,[153] 그녀는 두 번째 펴낸 책에서는 나의 책을 논한 장을 포함시켰다). 그녀는 현재 피츠버그 근처에 위치한 제네바칼리지에서 철학 교수로 재직 중이다. 그녀가 언급한 대로 피츠버그는 나의 고향이다. 그녀는 또한 리디머신학교의 변증학 초빙교수로도 활동하고 있다.

그녀의 저서는 인식론에 초점을 맞춰 마이클 폴라니의 사상(12장)에 함축된 의미를 파헤치는 데 비중을 두고 있다. 그녀의 책들은 폴라니의 사상을 많이 다루고 있지만 단지 그의 글을 분석하는 데 그치지 않고, 폴라니와 다른 사람들의 통찰력을 토대로 그녀 자신의 독창적인 사상을 펼치고 있다. 그녀의 첫 번째 책 『알고 싶은 열망』에는 "평범한 사람들을 위한 지식의 철학"이라는 부제가 달려 있다.[154] 그녀는 전문적인 철학자들의 인식론이 진정성(즉 확실성)을 지식의 조건으로 만들어 지식을 희귀하고, 어렵게 만들거나 심지어는 아예 존재하지 않는 것처럼 보이게 만드는 역

---

[153] 이 책의 부록 P에 그 논평을 다시 게재했다.

[154] Esther Lightcap Meek, *Longing to Know: The Philosophy of Knowledge for Ordinary People* (Grand Rapids: Brazos Press, 2003).

설을 감지했다. 사실, 일반인들은 온갖 종류의 일상적인 상황 속에서 (심지어는 확실성을 주장할 수 없는 경우에조차) 지식을 추구하고, 또 지식을 소유하고 있다고 주장한다.[155]

그녀는 지식에 대한 "평범한" 견해는 사람 중심적이라고 말한다. 세상을 아는 것(특히 하나님을 아는 것)과 자주 애용하는 자동차 정비소를 아는 것은 서로 유사점이 많다. 따라서 그녀는 "아는 것"을 정당화된 참된 신념을 얻는 것이 아니라 "일관된 유형에 초점을 맞춰 현실에 순응하기 위해 정보에 의존하는 책임 있는 인간적인 노력"으로 정의한다.[156] 그녀의 책은 그런 정의의 내용을 구성하는 요소들을 하나씩 차례로 다룬다.

그녀의 두 번째 책 『알기 위해 사랑하기』는[157] 내용이 더 길고, 좀 더 야심적이다.[158] 그녀는 "언약적 인식론에 대한 소개"라는 부제가 달린 이 책에서 "언약적 인식론"의 개념을 다음과 같이 설명했다.

> (언약적 인식론은) 혁신적이고, 성경적으로 조화로우며, 총체적이고, 구체적이며, 삶을 형성하는 인식론적 비전을 의미한다. 모든 지식은 언약적으로 형성된 상호적인 관계의 형태를 취한다.[159]

> 바윗돌에서부터 하나님에 이르기까지 모든 것을 아는 과정에는 인격적인 관계가 근본적인 역할을 한다.

> 아는 것은 정보보다는 변화와, 이해보다는 이해받는 것과 더 많은 관련이 있다. 우리는 사랑하기 위해 알기보다는 알기 위해 사랑한다. 나는 모든 지식이 하나님을 아는 것과 같다는 것, 곧 변화를 일으키는 만남이라는 것을 보여주고 싶다.[160]

---

155) 그녀는 "확실성"보다는 "자신감"을 옹호한다. 그러나 확실성을 강조한 성경 본문들을 고려하면 나는 이 점에 대해 그녀에게 이의를 제기하고 싶다.
156) 내가 말한 삼중적 관점에 비춰보면 노력은 실존적이고, 정보와 유형은 상황적이며, 순응하는 것은 규범적이다.
157) Esther Lightcap Meek, *Loving to Know* (Eugene, OR: Cascade Books, 2011).
158) 그녀는 그 책을 첫 번째 책과 마찬가지로 "대중적인 철학 서적"으로 규정하지만(ibid., xii) 사실은 좀 더 전문성을 띠고 있다.
159) 다음 사이트를 참조하라. http://www.longingtoknow.com/loving-to-know-12k.html.
160) Ibid.

『알기 위해 사랑하기』의 구조 자체가 이런 논제를 그대로 반영한다. 미크는 마이클 폴라니, 제임스 로더, 마이크 윌리엄스, 존 맥머레이, 마르틴 부버, 데이비드 시나치, 콜린 건턴, 필립 롤닉, 그리고 나 사이에서 이루어지는 대화를 마음속으로 상상하며 그 대화에 참여한다. 마치 "직물의 무늬"처럼 대화에는 간간이 여러 가지 요소가 나타나 한데 어우러진다.

> 직물의 무늬란 본제에서 벗어난 여담과 같은 것이다. 그것은 문제를 다른 각도에서 바라보거나 그것에서부터 새로운 방향으로의 전환을 시도한다. 나도 거기에 섞여 짜지기를 원하지만 그렇다고 해서 너무 지나치게 밀착되어 질이 똑같은 부드러운 피륙처럼 되는 것은 원하지 않는다.[161]

미크는 책의 마지막 부분에서 좀 더 형식적인 철학적 범주들을 통해 자신이 배운 것을 간단하게 요약했다. 그녀는 언약적 인식론은 비록 "지식과 현실이 구상적으로 정확하게 일치하는 것"은 아닐지라도 현실 세계에 접근한다고 말했다.[162] 그런 일치는 "세상이 이차원적으로 경직된 상태, 즉 덜 현실적인 상태이어야만" 가능하다.[163] 현실의 인격적인 차원은 "우리가 거기에 존재라는 영예를 부여하는 것보다 …훨씬 더 깊고, 풍성하다."[164] 그녀는 이런 논리에 입각해 "언약적 현실주의"[165]와 "언약적 존재론"[166]을 비롯해 인식의 주체와 대상 및 아는 행위와 관련된 다양한 상호 관계적 이해에 관해 말했다.[167] 그녀는 이 밖에도 "아는 것은 변화무쌍한 인격적 특성을 지닌다."[168], "모든 지식은 알아가는 것이다."[169], "아는 것은 언약적으로 구

---

161) Meek, *Loving to Know*, xiii.
162) Ibid., 339.
163) Ibid.
164) Ibid.
165) Ibid., 400.
166) Ibid., 401.
167) Ibid., 402-3.
168) Ibid., 403.
169) Ibid., 405.

성되어 있다."170), "아는 것은 상호 내재적으로 리드미컬하게 이루어진다."171), "아는 것은 보완적인 지식과 초점을 맞춘 대상이 하나로 통합되어 변화를 이루어내는 것이다."172), "아는 것은 인식 주체와 인식 대상을 변화시킨다."173)와 같은 여러 가지 명제를 제시했다. 그러고 나서 그녀는 "언약적 인식론의 다양한 추론들을" 검토하면서174) 지식과 신념, 지식과 의견, 사실과 가치와 같은 전통적인 이분법을 바로 잡았으며,175) 지식의 "원천"이 되는 것들을 나열했고,176) 지식의 "정당화"와 관련된 주제들을 논의했다.177)

그 다음 15장의 주제는 "현실적인 것을 받아들이기: 인식론적인 에티켓"이다.178) 이것은 그녀가 "가장 쓰고 싶어 했던" 장이다.179) 그녀는 그곳에서 인격적인 초대에서부터 시작해 아는 것에 도움이 되는 습관들을 논의하면서 "자유롭게 이루어지는 상대방의 반응"을 추구했다. "현실적인 것을 받아들인다는 것에는 현실적인 것이 저기에 있고, 그것이 스스로를 드러낸다는 의미가 내포되어 있다."180) 그런 자기 노출은 종종 "깜짝 놀랄 만한 인식"의 형태를 취할 때가 많다. 현실적인 것을 받아들이려면 열망하고,181) 갈망하고,182) 사랑하는 것을183) 비롯해 하나님과 다른 사람들 앞에서의 침착한 태도,184) 올바른 행동거지(덕스러운 행위들),185) 적절한 전략(귀를 기울

---

170) Ibid., 406.
171) Ibid., 470. "상호 내재"를 뜻하는 "페리코레시스"는 춤을 의미한다. 이 말은 성삼위 하나님의 상호 교제를 가리키는 의미로 사용되었다. 미크는 이 말을 관계성, 특수성, 사랑, 언약, 인식 주체, 인식 대상, 제안과 반응과 같은 인식론적인 개념들을 가리키는 의미로 사용했다.
172) 폴라니는 지식이 우리가 초점을 맞추는 대상과 우리의 주변적인 지식(보조적이고, 암묵적인 지식)으로부터 어떻게 비롯하는지를 설명했다.
173) Meek, *Loving to Know*, 408.
174) Ibid., 408-11.
175) Ibid., 411-15.
176) Ibid., 415-19.
177) Ibid., 419-23.
178) Ibid., 425.
179) Ibid.
180) Ibid.
181) Ibid., 428-30.
182) Ibid., 431-32.
183) Ibid., 432-36.
184) Ibid., 436-46.
185) Ibid., 446-53.

이는 것, 똑바로 바라보는 것 등),[186] "지고한 행위(우정, 성례전적 예배)"가[187] 필요하다.

마지막 장인 "샬롬을 위한 알기"는[188] 목적(하나님과 다른 사람들과 온전한 관계를 맺는 것)을 향하는 과정을 설명한다.

미크의 인식론은 전인적이다(나는 헤겔, 뒤헴, 콰인, 고든 클라크에 대해서도 이렇게 말했다). 그녀는 지식을 서로 분리된 요소들로부터 조금씩 쌓아가는 것이 아니라 경험과 상호적인 관계라는 방대하고, 복잡한 현실의 일부로 이해하려고 노력했다. 다른 무엇보다도 그녀의 인식론은 독특한 기독교적 특성을 지닌다. 철학은 모든 자료와 경험을 하나님의 현실과 연관시킬 때 가장 큰 가치를 발휘할 수 있다. 미크의 인식론은 그런 일을 함으로써 하나님이 지으신 세상에 대한 큰 통찰력을 드러낸다.

베른 포이트레스(Vern S. Poythress, 1946-)

마지막으로 철학과 신학의 분야에서 나의 오랜 동료였던 포이트레스의 사상을 소개하고 싶다. 그와 나는 거의 40년 동안 친한 친구이자 공동 연구가로 지내왔다. 그는 하버드대학교에서 수학 박사 학위를 취득하고 나서 1970년대 초에 웨스트민스터신학교에 와서 신학 공부를 시작했다. 그때 이후로 그가 내게서 배운 것만큼 나도 그에게서 많은 것을 배웠다. 그는 1976년에 웨스트민스터신학교 교수가 되었다. 그 후로 우리는 오랫동안 웹사이트(http://www.frame-poythress.org)를 공동으로 운영해 왔다.

1970년대 초에 포이트레스는 케니스 파이크에게 언어학을 배웠고, "하계 언어학 연구소"에서 가르쳤다.[189] 나중에 그는 케임브리지대학교에서 신약학 학위와 문학 석사를 취득했고, 남아프리카공화국의 스텔렌보스대학교에서 신학 박사 학위를 취득했다. 그 결과 그는 다양한 주제, 곧 신학, 성경, 성경학, 언어학, 철학(특히 반틸과

---

186) Ibid., 453-65.
187) Ibid., 465-68.
188) Ibid., 469-80.
189) 그의 저서는 20세기의 특징인 언어 철학의 분야에서 또 하나의 장을 열었다.

베른 포이트레스
(Vern S. Poythress)

도이베르트), 수학, 과학에 관한 지식을 하나로 결합시킬 수 있었다.

포이트레스는 처음에 학생의 신분으로 웨스트민스터신학교에 왔을 때 케니스 파이크의 태그메믹스 언어 체계(Tagmemic Linguistic System)[190]와 우리가 신학교에서 탐구하기 시작했던 다중적 분석 사이에 비슷한 점이 있다는 것을 발견했다.

파이크의 언어학 역시 단어 고유의 의미(particle), 변동의 의미(wave), 문맥의 상황(field)의 삼중적인 구별을 많이 활용한다. "고유의 의미"는 개개의 단어가 각기 다른 단어들과 구별되는 특징을 찾아내고, "변동의 의미"는 하나의 단어가 동일한 단어의 형태를 유지하면서 거칠 수 있는 변화를 묘사하며, "문맥의 상황"은 하나의 단어가 정상적으로 기능하는 상황을 묘사한다.

포이트레스는 "고유의 의미"는 표현을 식별하는 규범으로서 작용하기 때문에 내가 말하는 규범적인 관점에 해당하고,[191] "변동의 의미"는 그 표현의 변화를 경험하는 것을 의미하기 때문에 실존적인 관점에 해당하며, "문맥의 상황"은 그 표현을 식별하도록 돕는 다른 요소들을 검토하는 것이기 때문에 상황적인 관점에 해당한다고 이해했다.

이런 원리는 단지 언어만이 아니라 경험의 모든 "대상"에 적용된다. 포이트레스는 나중에 『태초에 말씀이 계시니라』에서[192] 이 관점들을 "특색",[193] "변화", "상황"으로 표현했다. 그는 『하나님 중심적인 성경 해석』에서[194] 언어의 분류적인 측면과

---

[190] 편집자주 - 태그메믹스(Tagmemics)란 미국의 언어학자 케니스 파이크(Kenneth Pike)가 개발한 언어분석 체계를 말한다. 그에게 언어는 음운론(phonology), 어휘론(lexicon)과 문법(grammar)의 요소를 갖고 있는데, 음운론의 음소(phonome)와 어휘론의 형태소(morpheme)는 문법의 태그밈(tagmeme)과 병행된다. 그리고 문법의 기본 단위인 태그밈은 그것의 형태와 가능에 따라 4개의 영역(위치, 분류, 역할, 결속)에 따라 분석된다.

[191] 이 삼중 관점의 의미에 대해서는 1장을 참조하라.

[192] Vern S. Poythress, *In the Beginning Was the Word: Language: A God-Centered Approach* (Wheaton, IL: Crossway, 2009), 272-73, 24-28.

[193] 그는 그 전에 저술한 책에서 사용했던 "대조"를 "특색"으로 대체했다.

[194] Vern S. Poythress, *God-Centered Biblical Interpretation* (Phillipsburg, NJ: P&R Publishing, 1999), 72-74.

실증적인 측면과 관계적인 측면을 구별했다. 이런 구별을 통해 인식과 적용과 취지의 균형을 갖춘 의미론이 확립되었다.

포이트레스의 첫 번째 책 『철학, 과학, 그리고 하나님의 주권』은[195] 신학적인 다중적 관점주의와 파이크의 통찰력을 하나로 결합시켰다. 그런 이유로, 그 책에는 삼중적인 구별이 많이 등장한다("존재론, 가치론, 방법론", "부르짖음, 역동성, 평가", "양식, 시간성, 구조 속성", "집합적인, 양적인, 영적인" 등).

짝지어진 세 가지 용어들은 모두 관점적으로 연관되어 있다. 각각 다른 것에 대한 관점으로서 작용한다. 그의 책은 인간의 경험과 학문의 모든 특징을 분류하고, 묘사하는 데 초점을 맞춘다.[196]

다중 관점주의를 소개하는 포이트레스의 두 번째 책은 『조화로운 신학』이다.[197] 나는 포이트레스가 나와 똑같은 생각을 가지고 있고, 또 그것을 나보다 더 잘 설명하고 있다는 것을 발견할 때가 많았다. 그러나 포이트레스는 어떤 분야에서는(특히 과학, 수학, 언어학의 경우) 나의 이해 범위를 훨씬 넘어서는 사상을 지니고 있었다.

그는 성경 신학,[198] 해석학,[199] 언어,[200] 중성적 용어를 사용한 성경 번역(포이트레

---

[195] Vern S. Poythress, *Philosophy, Science, and the Sovereignty of God* (Nutley, NJ: Presbyterian and Reformed, 1976). 이 책은 비트겐슈타인의 『논리철학논고』처럼 소수점을 사용한 숫자로 표기되어 있다.

[196] 두 말할 필요도 없이 나는 큰 감명을 받았다. 비트겐슈타인이 항공 공학을 공부하기 위해 영국에 와서 자신이 쓴 철학에 관한 글을 들고 버트런드 러셀을 찾아갔을 때의 일화를 잠시 소개하면 다음과 같다. 당시에 그는 러셀에게 "선생님, 제가 완전한 백치라면 비행사가 될 것이고, 완전한 백치가 아니라면 철학자가 되고 싶습니다."라는 식으로 말했다고 한다. 러셀은 그가 쓴 글을 잠시 읽어보더니 "젊은이, 자네는 비행사가 될 필요가 없네."라고 대답했다. 나도 처음 포이트레스와 그의 글을 읽었을 때 러셀과 비슷한 심정을 느꼈다.

[197] Vern S. Poythress, *Symphonic Theology: The Validity of Multiple Perspectives in Theology* (Phillipsburg, NJ: P&R Publishing, 2001). 그의 책은 나의 『하나님에 관한 지식의 교리』보다 몇 달 뒤에 출판되었다. 나의 책도 조금 서투르긴 해도 그와 동일한 목적을 추구한다.

[198] Vern S. Poythress, *Understanding Dispensationalists* (Phillipsburg, NJ: P&R Publishing, 1993). Vern S. Poythress, *The Shadow of Christ in the Law of Moses* (Phillipsburg, NJ: P&R Publishing, 1995). (이 책은 신율과 관련되어 제기된 문제들을 가장 탁월하게 다루고 있다.) Vern S. Poythress, *The Returing King: A Guide to the Book of Revelation* ((Phillipsburg, NJ: P&R Publishing, 2000). Vern S. Poythress, *What Are Spiritual Gifts?* (Phillipsburg, NJ: P&R Publishing, 2010). 마지막 책은 "은사 중단"에 관한 신학적 논의와 관련해 새로운 장을 열었다.

[199] Vern S. Poythress, *Science and Hermeneutics: Implications of Scientific Method for Biblical Interpretation* (Grand Rapids: Zondervan, 1988). Vern S. Poythress, *God-Centered Biblical Interpretation* (Phillipsburg, NJ: P&R Publishing, 1999).

[200] Poythress, *In the Beginning Was the Word*.

스는 그런 식의 번역을 반대한다),201) 과학, 논리, 수학,202) 성경의 무오성과 203) 같은 주제들에 관해 책을 썼다. 또한 그는 짧은 연구 보고서와 귀한 논문들을 많이 썼다.204) 그는 학술적으로 정교하게 글을 쓰지만 항상 하나님의 말씀인 성경에 충실하고, 독자들을 배려하는 태도를 유지한다. 나는 이따금 포이트레스가 쓰는 것은 무엇이든 항상 그 분야에서 가장 훌륭한 책으로 판명된다고 말하곤 한다.

포이트레스는 기독교 사상에 창조적이면서도 성경적으로 충실한 공헌을 많이 했지만 그의 사상을 자세히 소개하기에는 지면이 부족하다. 나는 최근에 『과학을 구원하라』의 첫 번째 장에 제시된 포이트레스의 논증에 특별히 많은 감명을 느꼈다.205) 그는 그런 논증을 토대로 과학자들이 하나님을 믿어야 한다는 것을 보여주었다. 포이트레스는 과학 법칙의 특징이 신학자들이 하나님의 속성(진실성, 권능, 인격성, 불가해성, 선하심, 아름다우심, 삼위일체적 관계)으로 묘사하는 것과 동일하다고 지적했다(법칙은 법칙을 부여한 존재를 상정한다). 그는 두 번째 장에서는 성경과 과학의 관계를 다루었다. 내가 아는 한, 이 오래된 논제를 그토록 설득력 있고, 상세하게 설명한 내용은 쉽게 찾아보기 어려울 듯하다.

그가 쓴 가장 중요한 신학과 철학에 관한 논문 가운데 하나는 "존재론과 논리학을 삼위일체에 비춰 교정하기: 반틸의 유비에 관한 개념의 적용"이다.206) 나는 나의 『하나님에 관한 교리』에서 이 논문을 활용했다.207) 그는 그 논문에서 분류적, 실증적, 관계적 범주를 하나님의 본질에 적용했고, 삼위일체의 다수성 안에서의 단일성

---

201) Vern S. Poythress and Wayne A. Grudem, *The Gender-Neutral Bible Controversy: Muting the Masculinity of God's Words* (Nashville, TN: Broadman and Holman, 2000). Vern S. Poythress and Wayne A. Grudem, *The TNIV and the Gender-Neutral Bible Controversy* (Nashville, TN: Broadman and Holman, 2004).

202) Vern S. Poythress, *Redeeming Science: A God-Centered Approach* (Wheaton, IL: Crossway, 2006). Vern S. Poythress, *Redeeming Sociology: A God-Centered Approach* (Wheaton, IL: Crossway, 2011). Vern S. Poythress, *Logic: A God-Centered Approach to the Foundation of Western Thought* (Wheaton, IL: Crossway, 2013).

203) Vern S. Poythress, *Inerrancy and Worldview: Answering Modern Challenges to the Bible* (Wheaton, IL: Crossway, 2012). Vern S. Poythress, *Inerrancy and the Gospels: A God-Centered Approach to the Challenges of Harmonization* (Wheaton, IL: Crossway, 2012).

204) 다음 사이트를 참조하면 그가 쓴 책들 몇 권과 많은 논문들을 찾아 볼 수 있다. http://www.frame-poythress.org.

205) Poythress, *Redeeming Science*, 13-31.

206) *WTJ* 57, 1 (Spring 1995): 187-219.

207) *DG*, 730-32.

을 예시했다. 하나님이 한 분이면서 세 인격으로 존재하신다는 것은 포이트레스와 나의 책들에서 다루어진 삼중적 구별의 근간이다. 이런 구별은 철학적으로 매우 중요하다. 나는 『하나님에 관한 교리』에서 이렇게 요약했다.

> 포이트레스는 (플라톤과 아리스토텔레스 식의) 실재론이 분류적 측면을 다른 측면들의 위에 올려놓고, 특정한 실증적 범주와 상황적 관계에 의해 오염되지 않은 "순수한 범주들"을 발견하려고 애썼다고 설명하면서 실재론과 유명론에 대한 반틸의 비판을 재현했다. 경험주의는 실증적인 것을, 주관주의는 관계적인 것을 절대화시켰다. 이런 유형의 환원주의는 그럴 듯하게 보인다. 왜냐하면 그런 측면들이 공존하기 때문이다. 각각의 측면은 나머지 두 가지 측면을 포괄한다. 그러나 순수한 보편자나 순수한 개별자나 순수한 관계와 같은 것은 존재하지 않는다. 지식을 하나의 측면으로 축소시키는 것은 우상 숭배나 다름없다. 왜냐하면 하나님의 삼위일체적인 현존이 아닌 피조 세계에서 절대적인 출발점을 찾으려고 하기 때문이다.[208]

또한 포이트레스는 그런 범주들을 하나님의 의사전달(즉 하나님의 말씀), 분명한 것과 모호한 것과 유비적인 것의 구별, (클라크에게는 미안하지만) 논리의 한계와 연관시켰다. 그는 나중에 이런 주제들을 『논리(Logic)』에서 좀 더 자세하게 논의했다.

나는 포이트레스가 좀 더 대중적인 차원에서 방언과 예언의 은사가 지금도 계속되는지, 아니면 중단되었는지와 같은 교회적인 문제들을 다루려고 시도한 것에 고마움을 느낀다. 그는 두 입장 가운데 어느 하나에 대해 공격적인 입장을 개진하지 않고, 성경과 역사적인 논의를 신중하게 다루면서 사려 깊은 접근 방식을 취했다.[209]

포이트레스는 카이퍼와 반틸의 비전(인간의 학문이 하나님과 함께 시작하고, 모든 것을 그

---

[208] Ibid., 731.
[209] Vern S. Poythress, "Modern Spiritual Gifts as Analogous to Apostolic Gifts", *JETS* 39, 1 (1996), 71-101. 다음 사이트에서 찾아 볼 수 있다. http://www.frame-poythress.org/modern-spiritual-gifts-as-analogous-to-apostolic-gifts-affirming-extraordinary-works-of-the-spirit-within-cessationist-theology/. 또한 그가 저술한 다음의 소책자도 아울러 참조하라. Poythress, *What Are Spiritual Gifts?* (Phillipsburg, NJ: P&R Publishing, 2010). 다음 사이트에서 찾아 볼 수 있다. http://www.frame-poythress.org/wp-content/uploads/2012/08/PoythressVernWhatAreSpiritualGifts.pdf.

분의 계시에 비춰 생각할 때 이해가 가장 크게 증진되며, 문제들이 가장 만족스럽게 해결된다는 신념) 을 발전시켰다. 그는 오늘날 그런 접근 방식을 시도한 가장 훌륭한 본보기가 아닐 수 없다. 나는 좀 더 많은 기독교 사상가들이 모든 사상을 사로잡아 그리스도께 복종시키는 일에 동참할 수 있기를 기도한다.

후기

이 책을 마무리하는 시점에서 내가 지금까지 서양 철학과 신학의 역사를 올바로, 책임 있게 잘 설명했기를 바란다. 물론 "올바로, 책임 있게"는 "편견 없는"을 의미하지 않는다. 이 책을 기독교의 관점에서 쓴 것에 대해 굳이 양해를 구해야 할 필요는 없을 듯하다. 내가 거듭 말한 대로 종교적으로 중립적인 입장에서 역사나 다른 어떤 주제를 다룬다는 것은 불가능하다. 사실들을 선택하고, 평가할 때는 우리의 전제가 주된 역할을 할 수밖에 없다.

이 책은 설명뿐만 아니라 주장을 아울러 제시한다. 나는 서론에서 반틸이 자신의 학문 활동을 변증의 형태로 이해했다고 말했다. 그는 가장 훌륭한 변증은 일반인들은 물론 학계와 사회의 여론 형성자들에게까지 영향을 미칠 수 있다고 생각했다. 따라서 그는 자신의 학문 활동을 통해 성경의 전제를 부인하는 사상 체계들이 자기모순을 일으킨다는 것을 보여주려고 노력했다. 나도 이 책을 쓰면서 성경적인 철학과 신학이 그것을 무시하는 사람들 가운데 가장 지성적인 사람들조차도 능히 압도할 수 있다는 것을 보여주려고 시도했다. 나는 그런 식의 변증은 일반인들의 불신앙도 넉넉히 물리칠 수 있다고 믿는다.

아무쪼록 하나님이 이 책을 도구로 삼아 많은 사람들이 복음적인 기독교와 성경과 그리스도를 새로운 눈으로 바라보며 존중할 수 있게 해주시기를 기도한다. 이 책의 논증에 공감을 느끼거든 즉시 하나님께 죄를 지었기 때문에 그분의 진노를 받아야 마땅하다는 사실을 기꺼이 인정하라. 죄에서 돌이켜 예수님을 믿어라. 그분의 십자가의 희생이 우리가 받아야 할 징벌을 대신 감당했다는 것을 믿고, 그분을 만유의 주님으로 받아들여라. 그리스도를 단지 우리의 죄를 대신 짊어지신 분으로만 믿지 말고, 한 걸음 더 나아가 그분의 말씀에 복종할 때 그분이 또한 우리의 삶을 변화시켜 주신다는 것을 기억하라. 그리스도께서는 우리의 삶은 물론, 우리의 생각까지 새롭게 변화시켜 주실 것이다.

핵심 용어

기독교 철학자들(Christian philosophers)　　　위대한 아브라함(Abraham the Mighty)
『드 스탄다르트(De Standaard)』
암스테르담 자유대학교(Free University of Amsterdam)
슬퍼하는 자들(Doleantie)
네덜란드 개혁교회(Gereformeerde Kerken)
반혁명당(Anti-revolutionary Party)　　　영역 주권론(Sphere sovereignty)
중간 소체(Intermediate bodies)　　　두 종류의 사람들(Two kinds of people)
두 종류의 과학(Two kinds of science)
하나님에 관한 계시된, 모형적인 지식(Revealed, ectypal knowledge of God)
대립(Antithesis)　　　형식적인 신앙(Formal faith)
일반 은혜(Common grace)　　　우주 법철학(Cosmonomic)
창조 이념 철학(Creation idea)　　　『개혁 철학(Philosophia Reformata)』
기독교 연구회(Institute for Christian studies)　　　전이론적 경험(Pretheoretical experience)
자율성(Autonomy, 도이베르트)
초시간적인 인간의 마음(Supertemporal heart)　　　근본 동기(Ground-motives)
양태적 측면(Modal aspects)　　　법적 영역(Law spheres)
예고한다(Anticipate)　　　드러낸다(Retrocipate)
주체(Subjects, 도이베르트)　　　객체(Objects, 도이베르트)
전제주의(Presuppositionalism, 클라크)　　　조작주의(Operationalism)
순수한 사실(Bare facts)　　　공리(Axioms)
성경주의(scripturalism)　　　논리(Logic, 클라크)
역설(Paradox)　　　초법적인(Ex-lex)
논리의 한계(Limitations of logic)　　　풍부함(Richness)
지성의 우월성(Primacy of the intellect)　　　지식(Knowledge)
동의(Assent)　　　신뢰(Trust)
믿음(Fiducia)
반틸과 클라크의 논쟁(Van Til-Clark controversy)
하나님의 사고 양식(Mode of God's thoughts)　　　영원한 직관(Eternal intuition)
전제(Presupposition, 반틸)　　　공통된 근거(Common ground)
순환 논증(Circularity)　　　하나와 다수(One and many, 반틸)
죄의 지성적 영향(Noetic effects of sin, 반틸)　　　전통적인 방법(Traditional method, 반틸)
초월적인 논증(Transcendental argument, 반틸)
개혁주의 인식론(Reformed epistemology, 플랜팅가)

급진적 정통주의(Radical Orthodoxy)　　　언약적 인식론(Covenant epistemology)
기본 신념(Basic beliefs, 플랜팅가)　　　근본 신념(Foundational beliefs, 플랜팅가)
논파 가능한(Defeasible)　　　　　　　　근거(Warrant, 플랜팅가)
내재론적(Internalist)　　　　　　　　　　외재론적(Externalist)
자연주의를 논박한 진화론적 논증(Evolutionary argument against naturalism)
사람에 따라 달라지는(Person-variable, 마브로즈)
지식(knowledge, 미크)　　　　　　　　　설계 계획(Design plan)

학습을 위한 질문

1. 저자는 철학과 신학의 미래를 위한 희망을 말했다. 그는 무엇을 근거로 그렇게 말했을까? 논의하라.

2. 카이퍼의 취임 연설을 인용한 내용을 암기하라. 그의 말이 자신에게 어떤 의미를 지니는지 생각해 보라.

3. 카이퍼의 "영역 주권론"을 설명하라. 그것은 무슨 의미인가? 카이퍼는 그것을 무엇과 대조했는가?

4. 카이퍼는 기독교 학교를 어떻게 지원하려고 했는가? 평가하라.

5. 반틸은 카이퍼가 대립과 일반 은혜의 문제와 관련해 자기 모순에 치우쳤다고 생각했다. 양측의 견해를 설명하고, 스스로의 의견을 제시하라.

6. 저자는 도이베르트의 "전이론적인" 범주와 "이론적인" 범주를 서로 날카롭게 구별되는 것이 아닌 동일 선상에 있는 것으로 간주해야 한다고 생각했다. 이 개념들을 설명하고, 자신의 관점을 제시하라.

7. 하나님의 말씀과 성경에 관한 도이베르트의 개념을 설명하고, 평가하라. 저자의 비판을 평가하라.

8. 도이베르트가 제시한 네 가지 "근본 동기"를 설명하라.

9. 도이베르트가 제시한 양태적 영역 체계를 설명하라. 이 체계는 어떤 변증적 가치를 지니는가?

10. 경험주의에 대한 클라크의 비판을 설명하고, 평가하라. 그가 우주론적 논증과 역사적인 논증을 반대하는 이유는 무엇인가? 그리스도인들의 지식 안에서 감각적인 경험은 어떤 역할을 하는가? 논의하라.

11. 클라크의 "성경주의"를 설명하고, 평가하라.
12. 클라크의 변증을 설명하고, 평가하라.
13. 논리에 관한 클라크의 개념을 설명하고, 평가하라.
14. "그러나 위의 대화에서 알 수 있듯이 그는 단지 논리만이 아니라 아리스토텔레스에게까지, 또 아리스토텔레스만이 아니라 그에 대해 쓴 자신의 논문에까지 무오성의 원칙을 적용했다." 클라크가 어떻게 그렇게 했는지 설명하고, 평가하라.
15. 논리는 어떤 한계를 지니는가? 클라크의 견해와 관련시켜 말해 보라.
16. 클라크는 합리주의자인가? 가부를 말하고, 각각 그 이유를 밝혀라. 이 문제에 대한 그의 입장을 이해하는 데 도움을 주는 역사적인 정황은 무엇인가?
17. 신앙에 대한 클라크의 견해를 설명하고, 평가하라.
18. 반틸이 카이퍼의 장점과 워필드의 장점을 어떻게 결합시켰는지 말해 보라.
19. 반틸과 클라크는 무슨 문제로 논쟁을 벌였는가? 그들의 이견은 극복될 수 있을까?
20. 반틸의 변증 방법을 설명하라. 그의 변증 방법에서 증거나 사실은 어떤 역할을 하는가? 설명하라.
21. 반틸의 변증은 순환적인가? 만일 그렇다면 어떤 의미에서 그런가? 논의하라.
22. "하나와 다수의 문제"란 무엇인가? 반틸은 이 문제를 어떻게 해결할 수 있다고 생각했는가?
23. 인간의 타락은 전제론적인 추론의 필연성과 어떤 관련이 있는가?
24. 반틸은 불신자들이 어떤 것을 옳게 알거나 말할 수 있다고 생각했는가? 논의하라.
25. 반틸은 죄의 지성적 영향이 합리주의와 불합리주의의 변증 관계와 어떤 관련이 있다고 생각했는가?
26. "전통적인 방법"이란 무엇인가? 그런 방법을 옹호했던 철학자들을 몇 명 말해 보라. 그것에 대한 반틸의 비판은 정확했는가?
27. 반틸이 말한 "초월적인 논증"은 무엇인가? 그의 견해와 칸트의 견해를 비교하라.
28. 클리포드는 증거나 논증 없이는 어떤 것에 대한 지식을 주장해서는 안 된다고 말했다. 그것에 대해 플랜팅가가 어떻게 반응했는지 설명하고, 평가하라.
29. 플랜팅가의 "기본 신념"은 반틸과 클라크의 "전제"와 어떻게 다른가? 논의하라.
30. "하나님과 다른 정신들"에 관한 플랜팅가의 논증을 요약하고, 평가하라.

31. 에드먼드 게티어가 정당화를 지식의 요소로 간주하는 문제를 어떻게 다루었는지 논의하라. 플랜팅가는 또 어떻게 반응했는가?
32. 플랜팅가는 하나님을 믿는 신념이 합리적이라는 것을 어떻게 입증했는가? 평가하라.
33. 플랜팅가는 하나님을 믿는 신념이 합리적일 뿐 아니라 사실이라는 점을 어떤 식으로 입증했는가? 평가하라.
34. 플랜팅가가 철학의 분야에 미친 영향을 설명하라.
35. 다음 사상가들의 핵심 사상을 간단하게 설명하라. 1) 니콜라스 볼터스토프, 2) 윌리엄 앨스턴, 3) 조지 마브로즈, 4) 케빈 반후저, 5) 루이스, 6) 앨러스데어 맥킨타이어, 7) 폴 헴.
36. 마브로즈는 기본 신념과 그렇지 않은 신념에 대해 어떻게 말했는가? 그 의미를 평가하라.
37. 로젠스토크-휘시에 관해 간단하게 말해 보라.
38. 급진적 정통주의에 관해 간단하게 말해 보라. 세속주의에 대한 급진적 정통주의자들의 비판을 평가하라.
39. 에스더 미크의 "언약적 인식론"을 설명하라. 그녀가 말한 "현실적인 것을 받아들이기"는 어떤 의미를 지니는가?
40. 베른 포이트레스의 사상이 지니는 가치를 간단하게 요약하라. 언어학에 대한 그의 견해는 신학과 어떤 관련이 있는가?
41. 저자는 "후기"에서 이 책이 변증을 위한 것이라고 말했다. 그런 관점에서 이 책을 간단히 평가하라.

참고 문헌 : 최근의 기독교 철학

출판물

Alston, William, *Perceiving God: The Epistemology of Religious Experience* (Ithaca, NY: Cornell University Press, 1993).
Anderson, James N. and Greg Welty, "The Lord of Non-Contradiction: An Argument for God from Logic", *Philosophia Christi* 13, 2 (2011), 321-38. http://goo.gl/5Xn0w.
Bahnsen, Greg L., *Van Til's Apologetic* (Phillipsburg, NJ: P&R Publishing, 1998).
Bratt, James, *Abraham Kuyper: Modern Calvinist, Christian Democrat* (Grand Rapids:

Eerdmans, 2013).

Clark, Gordon H., *A Christian View of Men and Things* (Unicoi, TN: Trinity Foundation, 1998).

_____, *Religion, Reason, and Revelation* (Philadelphia: Presbyterian and Reformed, 1961).

Crampton, W. Gary, *The Scripturalism of Gordon H. Clark* (Unicoi, TN: Trinity Foundation, 1997).

Dooyeweerd, Herman, *In the Twilight of Western Thought* (Grand Rapids: Paideia Press, 2012).

_____, *A New Critique of Theoretical Thought*. 4 vols. (Philadelphia: Presbyterian and Reformed, 1953).

Frame, John M., *Cornelius Van Til: An Analysis of His Thought* (Phillipsburg, NJ: P&R Publishing, 1995).

Helm, Paul, *Belief Policies* (Cambridge: Cambridge University Press, 2007).

_____, *Eternal God: A Study of God without Time* (New york: Oxford University Press, 2011).

_____, *Faith and Understanding* (Grand Rapids: Eerdmans, 1997).

_____, *The Providence of God* (Downers Grove, IL: IVP Academic, 1994).

Kuyper, Abraham, *Abraham Kuyper: A Centennial Reader*. ed. James Bratt (Grand Rapids: Eerdmans, 1998).

_____, *Encyclopedia of Sacred Theology* (London: Forgotten Books, 2012).

_____, *Lectures on Calvinism*, ed. James D. Bratt (Grand Rapids: Eerdmans, 1943).

_____, *To Be Near unto God* (London: Forgotten Books, 2012). 경건 서적

_____, *Wisdom and Wonder: Common Grace in Science and Art* (Grand Rapids: Christian's Library Press, 2011). 최근에 이루어진 카이퍼 번역 프로젝트의 일부다.

Lewis, C. S., *Mere Christianity* (San Francisco: HarperCollins, 2009).

_____, *Miracles: A Preliminary Study* (San Francisco: HarperOne, 2009).

_____, *The Problem of Pain* (San Francisco: HarperOne, 2009).

MacIntyre, Alasdair C., *After Virtue: A Study In Moral Theory*, 3rd ed. (Notre Dame, IN: University of Notre Dame Press, 2007).

_____, *Whose Justice? Which Rationality?* (Notre Dame, IN: University of Notre Dame press, 1988).

Mavrodes, George I., *Belief in God: A Study in the Epistemology of Religion* (New York: Random House, 1970).

Meek, Esther Lightcap, *A Little Manual for Knowing* (Eugene, OR: Wipf and Stock, 2013).

_____, *Longing to Know: The Philosophy of Knowledge for Ordinary People* (Grand

Rapids: Brazos press, 2003).

_____, *Loving to Know: Introducing Covenant Epistemology* (Eugene, OR: Cascade Books, 2011).

Milbank, John, ed., *The Radical Orthodoxy Reader* (London: Routledge, 2009).

_____, *The Word Made Strange: Theology, Language, Culture* (London: Wiley-Blackwell, 1997).

Milbank, John, Catherine Pickstock, and Graham Ward, eds. *Radical Orthodoxy: A New Theology* (London Routledge, 1999).

Mouw, Richard, *Abraham Kuyper: A Short and Personal Introduction* (Grand Rapids: Eerdmans, 2011).

Plantinga, Alvin, *God, Freedom, and Evil* (Grand Rapids: Eerdmans, 1977).

_____, *God and Other Minds: A Study of the Rational Justification of Belief in God* (Ithaca, NY: Cornell University Press, 1990).

_____, *Warrant and Proper Function* (New York: Oxford University press, 1993).

_____, *Warranted Christian Belief* (New York: Oxford University press, 2000).

_____, *Warrant: The Current Debate* (New York: Oxford University press, 1993).

_____, *Where the Conflict Really Lies: Science, Religion, and Naturalism* (New York: Oxford University Press, 2011).

Plantinga, Alvin, and Nicholas Wolterstorff, eds., *Faith and Rationality: Reason and Belief in God* (Notre Dame, IN: University of Notre Dame Press, 1991).

Poythress, Vern S., *Chance and the Sovereignty of God* (Wheaton, IL: Crossway, 2014).

_____, *In the Beginning Was the Word: Language: A God-Centered Approach* (Wheaton, IL: Crossway, 2009).

_____, *Logic: A God-Centered Approach to the Foundation of Western Thought* (Wheaton, IL: Crossway, 2013).

_____, *Philosophy, Science, and the Sovereignty of God* (Phillipsburg, NJ: P&R Publishing, 2004).

_____, *Redeeming Science: A God-Centered Approach* (Wheaton, IL: Crossway, 2006).

_____, *Symphonic Theology: The Validity of Multiple Perspective in Theology* (Phillipsburg, NJ: P&R Publishing, 2001).

Rosenstock-Husessy, Eugen, *I Am an Impure Thinker* (Essex, VT: Argo Books, 2001).

_____, *The Origin of Speech* (Essex, VT: Argo Books, 1981).

_____, *Out of Revolution: The Autobiography of a Western Man* (Essex, VT: Argo Books, 1969).

_____, *Speech and Reality* (Eugene, OR: Wipf and Stock, 2013).

Smith, James K. A., *Intoroducing Radical Orthodoxy: Mapping a Post-Secular Theology* (Grand Rapids: Baker, 2004).

Swinburne, Richard, *The Coherence of Theism*, Rev. ed. Clarendon library of Logic and Philosophy (New York: Oxford University Press, 1993).

_____, *The Existence of God*. 2nd ed. (New York: Oxford University Press, 2004).

Troost, Andree, *What Is Reformational Philosophy?* (Grand Rapids: Paideia Press, 2012).

Vanhoozer, Kevin J., *The Drama of Doctrine: A Canonical-Linguistic Approach to Christian Doctrine* (Louisville, KY: Westminster John Knox Press, 2005).

_____, *First Theology: God, Scripture, and Hermeneutics* (Downers Grove, IL: IVP Academic, 2002).

_____, *Is There a Meaning in This Text?* (Grand Rapids: Zondervan, 2009).

_____, *Remythologizing Theology: Divine Action, Passion, and Authorship*, Cambridge Studies in Christian Doctrine (Cambridge: Cambridge University Press, 2012).

Van Til, Cornelius, *Christian Apologetics* (Phillipsburg, NJ: P&R Publishing, 2003).

_____, *The Defense of the Faith*, ed. K. Scott Oliphint, 4th ed. (Phillipsburg, NJ: P&R Publishing, 2008).

_____, *An Introduction to Systematic Theology* (Phillipsburg, NJ: P&R Publishing, 2007).

Welty, Greg, "Theistic Conceptual Realism: The Case for Interpreting Abstract Objects as Divine Ideas", DPhil dissertation (2006), University of Oxford. http://goo.gl/nrCP5o.

_____, "Theistic Conceptual Realism", Paul Gould, ed. *Beyond the Control of God? Six Views on the Problem of God and Abstract Objects* (London: Bloomsbury Academic, 2014). http://goo.gl/0Ahgdl.

Wolterstorff, NIcholas, *Divine Discourse: Philosophical Reflections on the Claim That God Speaks* (Cambridge: Cambridge University Press, 1995).

_____, *Lament for a Son* (Grand Rapids: Eerdmans, 1987).

_____, *Reason within the Bounds of Religion*, 2nd ed. (Grand Rapids: Eerdmans, 1988).

온라인 자료

Alston, William, *Perceiving God: The Epistemology of Religious Experience* (Ithaca, NY: Cornell University Press, 1993). http://www.questia.com/library/103762715/perceiving-god-the-epistemology-of-religious-experience. 책의 내용을 모두 읽으려면 회원 가입이 필요하다.

Clark, Gordon H., 클라크의 책들과 그에 관한 책들을 찾아 볼 수 있다. http://www.trinityfoundation.org/.

Dooyeweerd, Herman, 그의 책들 가운데 몇 권이 온라인에 출판되었다. 다음 사이트를 참조하라. http://www.allofliferedeemed.co.uk/dooyeweerd.htm. http://reformatorische.blogspot.com/2009/11/herman-dooyeweerd.html. 내가 도이베르트를 비판한 내용을 살펴보려면 다음 사이트를 참조하라. http://www.frame-poythress.org/wp-content/uploads/2012/08/FrameJohnAmsterdamPhilosophy1972.pdf. 그에 대한 비판을 좀 더 상세하게 언급한 내용을 살펴보려면 다음 사이트를 참조하라. http://www.frame-poythress.org/dooyeweerd-and-the-word-of-god/.

Dorrien, Gary, "The Origin of Postliberalism." *Christian Century* (July 4-11, 2001): 16-21. http://thinkerkang.blogspot.com/2014/04/the-origins-of-postliberalism-by-gary.html.

Helm, Paul. 다음 사이트를 참조하면 그가 많은 주제에 관해 쓴 논문들을 읽을 수 있다. http://paulhelmsdeep.blogspot.com/.

Kuyper, Abraham. Abraham Kuyper Translation Society. http://www.acton.org/research/kuyper-translation-project.

_____, 다음 사이트를 참조하면 『칼빈주의 강의(*Lectures on Calvinism*)』(스톤 재단 강좌)를 비롯해 카이퍼가 저술한 여섯 권의 책을 찾아 볼 수 있다. http://www.ccel.org/ccel/kuyper. 아울러 다음 사이트를 참조하라. http://kuyper.ptsem.edu/. 그의 출판된 책들 대부분과 출판되지 않은 자료까지 찾아 볼 수 있다.

Lewis, C. S., The C. S. Lewis Reading Room. 루이스가 쓴 논문들과 그에 관해 쓴 논문들을 찾아 볼 수 있다. http://www.tyndale.ca/seminary/mtsmodular/reading-rooms/theology/lewis.

_____, *Mere Christianity* (London: Fontana, 1952). http://lib.ru/LEWISCL/mere_engl.txt.

MacIntyre, Alasdair C., "Prologue" to *After Virtue: A Study in Moral Theology*. 3rd ed. (Notre Dame, IN: University of Notre Dame Press, 2007). http://www3.undpress.nd.edu/excerpts/P01162-ex.pdf.

Meek, Esther Lightcap, *Loving to Know: Introducing Covenant Epistemology* (Eugene, OR: Wipf and Stock, 2011). 다음 사이트를 참조하면 이 책을 간결하게 요약한 내용을 찾아 볼 수 있다. http://www.longingtoknow.com/loving-to-know-12k.html.

_____, 미크의 웹사이트를 참조하면 다양한 자료를 찾아 볼 수 있다. http://www.longingtoknow.com/. 『알고 싶은 열망』에서 다른 사상가들과의 대화를 다룬 내용을 찾아보려면 다음 사이트를 참조하라. http://www.missouriwestern.edu/orgs/polanyi/TDA%20WEB%20ARCHIVE/TAD31-3/TAD31-3-fnl-pg29-44-pdf. 그녀의 블로그 사이트는 다음과 같다. http://www.longingtoknow.com/blog.

Milbank, John, et al., *Radical Orthodoxy: Theology, Philosophy, Politics*. Online journal. 다음 사이트를 참조하면 이 책을 비롯해 급진적 정통주의에 관한 많은 논문을 찾아 볼 수 있다. http://journal.radicalorthodoxy.org/index.php/ROTPP. 다음 사이트도 아울러 참조하라. http://www.calvin.edu/~jks4/ro/.

Olson, Roger E., "Back to the Bible (Almost): Why Yale's Postliberal Theologians Deserve an Evangelical Hearing." 40, 6 (May 20, 1996). 다음 사이트에서 찾아 볼 수 있다. http://www.christianitytoday.com/ct/1996/may20/6t6031.html. 논문의 내용을 모두 읽으려면 회원 가입이 필요하다.

Plantinga, Alvin, "Advice to Christian Philosophers", *Faith and Philosophy 1* (October 1984): 1-19. http://www.calvin.edu/academic/philosophy/virtural_library/articles/plantinga_alvin/advice_to_christian_philosophers.pdf.

_____, "Two Dozen (or So) Theistic Arguments(하나님의 존재에 대한 그의 사상을 다룬 내용)." 다음 사이트에서 찾아 볼 수 있다. http://www.calvin.edu/academic/philosophy/virtual_library/articles/plantinga_alvin/two_dozen_or_so_theistic_arguments.pdf. 매우 흥미로운 논문이다.

_____, "Alvin Plantinga." The Virtual Library of Christian Philosophy. http://www.calvin.edu/academic/philosophy/virtual_library/plantinga_alvin.htm. (플랜팅가의 논문을 많이 찾아 볼 수 있다.) 내가 좋아하는 플랜팅가의 논문 가운데 하나는 "기독교 철학자들에게 주는 조언"이다(초심자들이 읽기에 좋다).

Poythress, Vern S., 다음 사이트를 참조하면 포이트레스가 쓴 책과 논문들 대부분을 찾아 볼 수 있다. http://www.frame-poythress.org.

Rosenstock-Huessy, Eugen, Guide to the Papers of Eugen Rosenstock-Huessy, 1870-2001. http://ead.dartmouth.edu/html/ms522.html. 또한 "북미 오이겐 로젠스토크-휘시 협회"의 사이트를 참조하라. http://www.erhsociety.org/. 이 밖에도 다음 사이트를 참조하면 많은 자료들을 검색할 수 있다. http://www.erhsociety.org/documents/.

Swinburne, Richard. 다음 사이트를 참조하면 선정된 그의 책들과 논문들을 찾아 볼 수 있다. http://www.questia.com/library/religion/philosophy-of-religion/richard-swinburne. 전체 내용을 살펴보려면 회원 가입이 필요하다.

Vanhoozer, Kevin J., ed., *The Cambridge Companion to Postmodern Theology* (Cambridge: Cambridge University Press, 2003). http://docs.google.com/viewer?url=http://assets.cambridge.org//052179/062x/sample/052179062Xws.pdf. 구글 무료 계정에 가입하면 된다.

_____, "The Inerrancy of Scripture". http://www.theologynetwork.org/biblical-studies/getting-stuck-in/the-inerrancy-of-scripture.htm.

_____, "Lost in Interpretation? Truth, Scripture, and Hermeneutics", *JETS* 48, 1 (March 2005): 89-114. http://www.etsjets.org/files/JETS-PDFs/48/48-1/48-1-pp089-114_JETS.pdf.

_____, Vanhoozer on the Net. 다양한 논문과 강의와 논평을 찾아 볼 수 있다. http://achorusofehoes.wordpress.com/2010/08/10/vanhoozer-on-the-net/.

Van Til, Cornelius. 반틸이 저술한 책들과 그에 관한 책들을 많이 찾아 볼 수 있다. http://

www.vantil.info/byauthor.html; http://presupp101.wordpress.com/2011/10/03/why-i-believe-in-god-by-cornelius-van-til/. 다음 사이트에는 반틸의 책 40권이 게재되어 있다. http://www.logos.com/product/3994/the-works-of-cornelius-van-til. 다음 사이트를 참조하면 반틸의 『기독교 인식론 개요(Survey of Christian Epistemolgy)』의 문서 파일을 무료로 제공받을 수 있다. http://veritasdomain.wordpress.com/2011/10/08/free-pdf-book-a-survey-of-christian-epistemology-by-cornelius-van-til/. 다음 사이트를 참조하면 반틸의 『기독교와 관념론(Christianity and Idealism)』을 살펴볼 수 있다. http://presupp101.wordpress.com/. 다음 사이트를 참조하면 반틸의 "내가 하나님을 믿는 이유"를 읽을 수 있다. 내용이 간단하고, 매우 흥미롭다. http://www.the-highway.com/why_I_believe_cvt.html.

_____, Van Til Info. "A Comprehensive catalogue of online resources explicitly related to the theology, Philosophy, and apologetics of Cornelius Van Til". http://www.vantil.info/.

_____, "Why I Believe in God". http://www.the-highway.com/why_I_believe_cvt.html.

Wolterstorff, Nicholas, "The Grace That Shaped My Life", *Philosophers Who Believe: The Spiritual Journeys of 11 Leading Thinkers*, ed. Kelly James Clark, 259-75. (Downers Grove, IL: IVP Academic, 1997). http://www.calvin.edu/125th/wolterst/w_bio.pdf.

스스로 읽기

대학교나 신학교에서는 위에 소개한 참고 문헌보다 훨씬 더 많은 자료들을 다룰 수 있을 것이다. 그러나 위에 소개한 책들이 모두의 관심을 자극할 수 있기를 바란다. "스톤 재단 강좌"에서 전달된 카이퍼의 『칼빈주의 강의』에서부터 시작하라. 모든 그리스도인들이 읽고, 진지하게 생각해야 할 내용을 전하고 있다. 카이퍼의 철학을 좀 더 깊이 알고 싶으면 그의 『신학백과사전』을 읽든지, 최소한 그 목차라도 살펴보라.

도이베르트는 2차 자료를 통해 접근하는 것이 가장 좋다. 트로스트(Troost)가 도이베르트에 관해 쓴 책에서부터 시작하는 것이 좋다. 그런 다음에는 도이베르트가 저술한 작은 책 『서구 사상의 황혼(In the Twilight of Western Thought)』을 읽고, 그의 비판적인 접근이 타당한지 생각해 보라. 가능하다면 그의 『이론적 사유의 새로운 비판』을 읽어라.

나는 고든 클라크의 책 가운데서 『인간과 사물에 관한 기독교적 견해』가 가장 훌륭한 변증서라고 생각한다. 이 책은 읽기가 매우 쉽다. 게리 크램프턴이 클라크의 성경주의를 설명한 내용을 살펴보라.

플랜팅가의 "기독교 철학자들에게 주는 조언"은 참으로 뛰어난 논문이자 그의 철학에 대한 훌륭한 서론이다. 그가 저술한 좀 더 부피가 있는 책들 가운데서는 『하나님과 다른 정신들(God *an Other Minds)*』이 읽기가 가장 수월하다. 그러다 보면 결국에는 그의 3부작인 『근거』에 관심을 기울이게 될 것이 분명하다.

볼터스토프의 『종교의 한계 내에서의 이성』은 마브로즈의 『하나님을 믿는 믿음』과 마찬가지로 기독교 철학 사상의 입문서로 가장 적합하다.

반후저의 『신학의 재신화화(*Remythologizing*)』는 읽기가 좀 어렵지만 그의 신학과 신학적 입장을 소개하는 책으로는 더할 나위 없다.

루이스가 저술한 책들 가운데서 어린아이들을 위해 쓴 『나니아 연대기(*The Chronicles of Narnia*)』를 제외하면 『순전한 기독교』가 가장 유명하다. 내 경우에는 그의 『기적』이 가장 유익했다. 나는 그 책을 통해 신학과 철학에서 세계관이 얼마나 중요한지를 깨달았다.

가능하다면 스윈번의 『하나님의 존재(*The Existence of God*)』, 헴의 『하나님의 섭리』, 휘시의 『나는 순수하지 못한 사상가이다(*I Am an Impure Thinker*)』를 읽어라. 급진적 정통주의에 대해 알고 싶으면 제임스 스미스의 『급진적 정통주의』에서부터 시작하는 것이 가장 좋다.

철학의 원리적인 문제들을 모두 다루는 기독교 철학을 하는 방법을 알고 싶으면 포이트레스의 책을 읽어라. 그가 사고하는 식으로 사고하는 습관을 기르는 것이 좋다.

온라인 듣기

웹 사이트 http://itunes.apple.com/us/course/legacy-history-philosophy/id694658914

- 아브라함 카이퍼, 헤르만 도이베르트, 앨빈 플랜팅가 : 1:08:02
- 고든 클라크, 코넬리우스 반틸 : 56:59
- 코넬리우스 반틸 : 34:45

유명한 인용문

- **카이퍼** : http://www.goodreads.com/author/quotes/385896.Abraham_Kuyper
- **도이베르트** : "순진한 경험의 차원에서는 개별적인 전체성에 속한 전형적인 구조 안에서 구체적인 사물들과 사건들을 경험한다. 그런 전체성은 계속적으로 서로 결합하면서 우리의 시간적 지평과 관련된 모든 양태적 측면 안에서 기능을 발휘한다. 우리의 전이론적인 논리적 개념들은 경험적인 현실의 추상적인 양태적 측면들이 아닌 개별적인 전체로서 사물들 및 사건들

과 관계를 맺는다. …그런 측면들은 사고의 논리적인 기능에 따라 분석적으로 분리되어 대립되는 명료한 형태로서가 아니라 사물들과 사건들 자체 안에서 은연중에 경험될 뿐이다."- *In the Twilight of Western Thought* (Nutley, NJ: Presbyterian and Reformed, 1960), 13-14.

- 도이베르트 : "양태적 측면 상호 간의 통합적 성격을 띤 분석적이고, 개념적인 지식은 모두 인간의 자아를 판단의 기준으로 전제한다. 그것은 결과적으로 초(超)양태적 본성을 지니기 때문에 논리적인 분석을 행할 수 없다."- "Cornelius Van Til and the Transcendental Critique of Theoretical Thought", E. R. Geehan, ed., *Jerusalem and Athens* (Philadelphia: Presbyterian and Reformed, 1971), 85.

- 도이베르트 : "나의 철학적 사고를 의미의 전체성을 향하는 개념으로 만들려면 양태적 측면들의 결합 내에서 기능한 의미의 양태적 구체성을 모두 초월하는 높은 곳에 오를 능력이 있어야 한다."- *A New Critique of Theoretical Thought*, 4 vols.(Philadelphia: Presbyterian and Reformed, 1953), 1:8.

- 도이베르트 : "이런 초월적이고, 제한적인 이념들의 참된 개념적 내용들은 시간과 관련된 우리의 경험적 지평의 양태적 차원을 초월하지 못한다. 이 점은 하나님의 속성과 관련된 제한적인 신학적 개념들도 마찬가지다."- *Jerusalem and Athens*, 87.

- 도이베르트 : "우리의 시간적인 경험적 지평은 수적 측면, 공간적 측면, 연장 운동의 측면, 경험적 현실의 물리화학적 관계를 경험할 수 있게 만드는 에너지의 측면, 생물적 측면(또는 유기적 생명의 측면), 감정과 감각의 측면, 논리적 측면(우리의 모든 개념과 논리적 판단의 근저에 놓여 있는 시간적 경험을 통한 분석적인 구별 방식)을 지닌다. 또한 거기에는 사회적 삶의 발전이라는 문화적 양식을 경험할 수 있게 만드는 역사적 측면도 있다. 그 외에도 경험적, 언어적, 현상의 근저에 놓여 있는 상징적 의미의 측면도 있고, 예의범절, 훌륭한 양육, 유행과 같은 것들의 규칙을 따르는 사회적 관계의 측면도 있다. 이런 경험적 양태 뒤에는 경제적, 심미적, 법률적, 도덕적 측면들을 비롯해 궁극적으로는 믿음(또는 신념)의 측면이 존재한다."- *In the Twilight of Western Thought*, 7.

- 도이베르트 : "말씀의 계시라는 핵심적인 의미가 걸려 있는 한, 우리는 신학과 철학과 관련된 과학적인 문제들을 초월한다. 그것을 받아들이거나 거부하는 것은 우리에게 이론적인 성찰의 문제가 아닌 생사가 달린 문제다."- *In the Twilight of Western Thought*, 125.

- 클라크 : http://www.goodreads.com/author/quotes/73852.Gordon_H_Clark.

- 반틸 : "반(反)유신론은 유신론을 전제한다."- *The Defense of the Faith*, ed. K. Scott Oliphint, 4th ed. (Phillipsburg, NJ: P&R Publishing, 2008).

- 반틸 : "타락한 인간의 지성은 날카롭게 빛나는 날을 가지고, 나무판자를 자를 준비가 되어 있는 전동 톱과 같다. 마루를 만들기 위해 50장의 나무판자를 자르기를 원하는 목수가 있다고 가정해 보자. 그는 나무판자에 표시를 하고, 톱으로 표시된 선을 따라 한쪽 끝을 자르기 시작한다. 그런데 그는 일곱 살 난 자기 아들이 톱을 만지작거리다가 톱날의 각도를 변경시켰다는 것을 알지 못했다. 결국 그가 자른 모든 나무판자가 비스듬하게 잘라졌다. 그 결과, 톱날이 나무

에 처음 맞닿은 곳을 제외하고는 모두 다 너무 짧게 잘라져 못쓰게 되고 말았다. 톱날의 각도를 옳게 고치지 않으면 결과는 항상 똑같을 수밖에 없다. 이처럼 기독교의 가르침이 거듭나지 못한 인간에게 전달될 때마다 인간의 부패한 본성에 맞춰 재단되는 현상이 빚어진다."- *The Defense of the Faith*.

- **반틸**: "내가 하나님을 믿지 않는다면 인류의 역사와 문명은 아무런 의미가 없을 것이다. 이것은 사실이기 때문에 나는 모든 것의 배후에 하나님이 계시지 않는다면 어떤 것에서도 의미를 발견할 수 없을 것이라고 장담할 수 있다. 하나님을 믿는 믿음을 주장하려면 그분의 존재를 당연시하지 않으면 안 된다. 그와 비슷하게 하나님을 믿는 믿음을 부인하려면 먼저 그분의 존재를 전제해야 한다. 하나님의 존재에 관한 논증은 공기에 대한 논증과도 같다. 한 사람은 공기가 존재한다고 주장할 수 있고, 다른 사람은 그것이 존재하지 않는다고 주장할 수 있다. 그러나 그런 논쟁을 벌이는 동안 두 사람 모두 공기를 호흡하고 있다."- *Why I Believe in God* (Chestnut Hill, PA: Westminster Theological Seminary, 1976), 3.

- **반틸**: "모든 사람의 마음 깊은 곳에는 자신이 하나님의 피조물이며 그분에 대해 책임을 져야 한다는 의식이 도사리고 있다. 모든 사람은 마음 깊은 곳에서는 자신이 언약을 파기했다는 것을 알고 있다. 그러나 그들은 마치 그렇지 않은 것처럼 행동하고, 말한다. 그들은 자기 앞에서 이 사실을 언급하는 것을 견디지 못한다. …"

"로마 가톨릭주의와 복음주의는 인간의 내면에 존재할 뿐 아니라 모든 인간이 부정하는 사실을 옳게 지적하지 못하고 거듭나지 못한 인간이 스스로를 바라보는 관점의 정당성을 인정하려는 경향이 있다(고전 2:14). 그들은 거듭나지 못한 인간이 항상 도피처로 삼고, 또 마지막 항거를 시도하는 최후의 요새를 파괴하려고 하지 않는다. …그러나 참된 성경적인 견해는 거듭나지 못한 인간이 스스로를 바라볼 때 사용하는 전제들을 향해 핵폭탄과 화염방사기를 쏟아 붓는다. …"

"오직 인간의 자의식 저변에 존재하는 신 의식 안에서 접촉점을 찾아야만 성경에 충실할 수 있고, 또 거듭나지 못한 사람과 효과적으로 변론할 수 있다. 인간은 하나님을 알면서도 그분을 기억하기를 거부한다(롬 1:28)."- *The Defense of the Faith*.

- **반틸**: "만일 세상의 사실들이 그리스도 안에서 하나님에 의해 창조되고, 속량되지 않는다면 구멍이 없는 탓에 실로 꿸 수 없는 구슬과도 같을 것이다. 만일 세상의 법칙들이 그리스도에 의해 창조되고, 속량된 사실들을 진술하지 않는다면 무한히 길어 그 양쪽 끝을 찾을 수 없는 실과도 같을 것이다. 구멍이 없는 탓에 실로 꿸 수 없는 구슬을 무한히 길어 끝을 찾을 수 없는 실로 꿰려고 하는 것은 교사가 그리스도께서 성경에서 말씀하신 자명한 진리를 전제하지 않고, 사람들을 가르치려고 시도하는 것과 같다."- *Essays on Christian Education* (Nutley, NJ: Presbyterian and Reformed, 1971).

- **반틸**: "만일 증명이라는 것이 방 안의 의자와 탁자를 보는 것과 같은 방식으로 확인하는 것을 의미한다면 마루 밑에 있는 받침목의 존재를 증명할 수 없다. 그러나 마루가 탁자와 의자를 지탱하고 있다는 것을 생각하면 그 아래에 받침목이 있다는 생각을 할 수 있다. 만일 밑에 받침목

이 없다면 마루는 존재하지 않을 것이다. 하나님의 존재와 기독교적 유신론의 진리를 입증하는 절대적으로 확실한 증거가 있다. 심지어 불신자들도 자신들의 업적을 설명하기 위해 기독교적 유신론의 진리를 전제해야 할 필요가 있다."– *The Defense of the Faith*, 103.

- 플랜팅가 : http://www.calvin.edu/academic/philosophy/virtual_library/articles/plantinga_alvin/advice_to_christian_philosophers.pdf. http://en.wikiquote.org/wiki/Alvin_Plantinga.
- 반후저 : http://www.goodreads.com/author/quotes/194641.Kevin_J_Vanhoozer
- 루이스 : http://en.wikiquote.org/wiki/C._S._Lewis
- 맥킨타이어 : http://en.wikiquote.org/wiki/Alasdair_MacIntyre
- 로젠스토크–휘시 : http://en.wikipedia.org/wiki/Eugen_Rosenstock-Huessy#Quotations
- 밀뱅크 : http://ortusmemoria.wordpress.com/2011/05/31/no-ethics-outside-the-church-or-how-milbank-has-influenced-my-theology/
- 미크 : "아는 것은 일관된 유형에 초점을 맞춰 현실에 순응하기 위해 정보에 의존하는 책임 있는 인간적인 노력이다."– *Longing to Know: The Philosophy of Knowledge for Ordinary People* (Grand Rapids: Brazos Press, 2003), 13.
- 미크 : "일반적으로 말해 서구의 유산은 앞뒤를 뒤집는 경향이 있다. 복종은 진리를 요구하지 않는다. 진리가 복종을 요구한다. 나는 복종을 진리를 '사는' 것으로 생각하고 싶다. 나의 자동차 정비소를 알고 싶은가? 나의 말을 실천하라. 하나님을 알고 싶은가? 그분의 말씀을 실천하라."– *Longing to Know*, 140.
- 미크 : http://quoteswithreferences.blogspot.com/2013/11/esther-lightcap-meek_28.html(*Longing to Know*).
- 미크 : "내가 전에 쓴 『알고 싶은 열망』을 읽은 독자들은 『알기 위해 사랑하기』가 그것과 다르면서도 비슷하다는 것을 발견할 것이다. 이 책은 앞선 책의 각주에서 약속한 언약의 인식론을 좀 더 상세하게 개진한다. 이 책은 『알고 싶은 갈망』에서 제시한 인식론적인 제의를 인격적인 것, 곧 상호 간의 관계로 끌고 나간다. 지식이 내가 그 책에서 묘사하는 방식대로 작용하는 이유는 상호 간의 관계성이 그것의 숨길 수 없는 특징이기 때문이다." *Longing to Know: Introducing Covenant Epstemology* (Eugene, OR: Cascade Books, 2011), xiv.
- 미크 : "우리는 확실성이라는 그릇된 이상을 좇아 특정한 방식으로 현실에 접근하고, 그것을 바라본다. 그것은 현실을 비인격적인 객체나 구체적이지 않은 합리성의 관점으로 바라보게 만들고, 지식을 수동적이고, 무덤덤한 태도로 자료를 기록하는 것으로 간주하게 만든다."– *Loving to Know*, 22.
- 포이트레스 : "인간의 언어가 가능한 이유는 하나님이 자신의 형상과 모양대로 인간을 만드셨기 때문이다. 인간의 언어는 하나님의 언어를 모방하며, 그것과 유사하다. 그뿐 아니라 하나님과 인간은 서로에게 말할 때 실제로 인간의 언어를 사용하고, 또 사용할 수 있다(창 3:9-19 참조). 사실, 언어는 하나님과 인간이 나누는 인격적이고, 영적이고, 책임 있는 관계를 표현하고,

촉진시키는 원리적인 수단이다."- *God-Centered Biblical Interpretation* (Phillipsburg, NJ: P&R Publishing, 1999), 23-24.

- **포이트레스** : "성경을 이해하는 것에는 하나님이 우리와 맺으신 언약을 이해하는 것이 포함된다. 그리고 그런 이해는 무궁무진하다."- *God-Centered Biblical Interpretation*, 31.
- **포이트레스** : "구약 성경은 하나님의 구원 사역에 관한 것이다. 구원은 오직 그리스도 안에서만 발견될 수 있다. 따라서 구약 성경의 몇 구절이 아닌 전부가 그리스도를 증언한다."- *God-Centered Biblical Interpretation*, 59.
- **포이트레스** : "우리는 '하나님이 이와 같이 말씀하시니라.'와 같은 오직 한 가지 종류의 언어만이 진정한 신적 언어라는 생각을 버려야 할 필요가 있다. 성경에 사용된 언어의 장르는 매우 다양하다."- *God-Centered Biblical Interpretation*, 81.
- **포이트레스** : "우리는 천국을 따로 떨어져 존재하는 장소가 아닌 모든 것을 변화시키는 능력의 원천으로 간주해야 한다."- *Understanding Dispensationalists* (Phillipsburg, NJ: P&R Publishing, 1993), 44.
- **포이트레스** : "한 가지 비유가 특정한 구절에서 주된 요점이 될 수는 있지만 성경에는 전체적으로 매우 다양한 비유가 사용되었다. 그것들은 제각기 나름대로의 기능을 발휘한다. 한 가지 비유가 전부를 말하는 법은 없다. 간단히 말해 성경은 하나의 지배적인 관점만을 제시하지 않는다."- *Symphonic Theology: The Validity of Multiple Perspectives in Theology* (Phillipsburg, NJ: P&R Publishing, 2001), 17.
- **포이트레스** : "나는 단 한 가지 범주나 주제, 또는 개념이나 범주들의 체계가 우리에게 세상에 대한 무한히 깊이 있는 분석을 제공할 수는 없다고 생각한다."- *Symphonic Theology*, 82.
- **포이트레스** : "하나님은 전문적인 특수 용어가 아닌 일반적인 인간의 언어를 사용하신다. 그분은 학자들의 관심을 끌 만한, 전문적이고, 현학적인 세부 내용을 일일이 언급하지 않으신다."- *Symphonic Theology*, 69.
- **포이트레스** : "우리는 복음을 통해 다양한 집단의 사람들에게 참된 화해를 전함으로써 다양성 안에서의 일치와 일치 안에서의 다양성을 이끌어내야 한다. 우리는 신성 안에 존재하는 일치와 다양성의 영광을 인간들 사이에서 재현해야 한다. 다양성 안에서의 일치는 오늘날 널리 제시되어 나타나는 흔한 대답과는 다른 대답을 제시한다. 우리의 대답은 억지로 강요된 획일성(어떤 사람들은 자율적인 이성을 통해 그것을 이룰 수 있다고 생각한다)과 다르다. 획일성에 대한 그런 희망은 이른바 현대주의라고 일컬어지는 것과 관련된 대답이다. 또한 우리의 대답은 오늘날 유행하는 관용이라는 해결책(즉 다양성을 높이지만 보편적인 진리는 포기하는 것)과도 다르다."- *Redeeming Sociology: A God-Centered Approach* (Wheaton, IL: Crossway, 2011), 142.
- **포이트레스** : "인간은 하나님이 없다면 도덕적 의무가 어디에서부터 비롯되는지를 명확하게 규명하기가 어렵다. …만일 도덕적 기준에 대한 초월적인 원천이 존재하지 않는다면 도덕적 개념은 모두 사라지고 우리의 기분에 따라 좌우되는 주관적인 취향만이 남지 않겠는가? 우리는 본

능적으로 그 이상의 무엇이 존재한다는 것을 잘 알고 있다. 그러나 체계적으로 하나님을 배제하려고 시도하는 탓에 하나님이 허락하신 그런 본능이 억압되고 있다."- *Redeeming Sociology*, 39.
- **포이트레스**: "불가지론자들과 유신론자들을 막론하고 과학자들은 모두 하나님을 믿는다. 그들은 자신의 일을 하기 위해서는 그렇게 하지 않을 수 없다."- *Redeeming Science: A God-Centered Approach* (Wheaton, IL: Crossway, 2006), 13.

부록

이전에 출판한 나의 책들에서 알 수 있듯이, 나는 대개 나중에 책의 주제와 관련 있는 짧은 논문들과 논평을 발표해 그 책을 보완하는 작업을 하곤 했다. 그러나 이번 경우에는 그런 내용의 글들이 많은데다 또 그 가운데 상당 부분이 이미 다른 책들에서 부록으로 사용된 관계로 여기에는 그것들을 모두 포함시키기보다는 단지 몇 가지 경우만 예외를 두고 다른 책에서 소개하지 않은 글들만을 포함시킬 생각이다. 그 외의 것들은 아래의 자료에서 찾아 볼 수 있다. 아울러 여기에 언급되지 않은 논문들을 살펴보려면 다음 사이트를 참조하라. http://www.poythress.org.

1. *DKG*.
    - Review of George Lindbeck, *The Nature of Doctrine* (11장에서 린드벡을 논의한 내용을 보완한다).

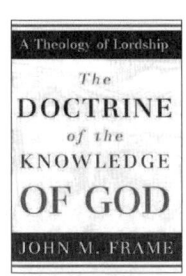

2. *DG*.
    - Review of Benjamin Wirt Farley, *The Providence of God* (10-11장에서 자유주의 신학에 관해 논의한 내용을 보완한다).
    - Review of Paul Helm, *The Providence of God* (13장에서 폴 헴에 관해 간단하게 논의한 내용을 참조하라).
    - Review of David Ray Griffin, *Evil Revisited* (11장에서 과정

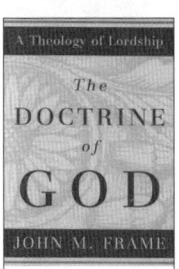

신학에 관해 논의한 내용을 보완한다).

3. *DWG*.

- Lecture, "Antithesis and the Doctrine of Scripture" (10-11장에서 자유주의 신학에 관해 논의한 내용을 보완한다).

- "Rationality and Scripture" (10-11장에서 자유주의 신학에 관해 논의한 내용을 보완할 뿐 아니라 13장에서 다룬 기독교적 견해와 부분적으로 관련이 있다).

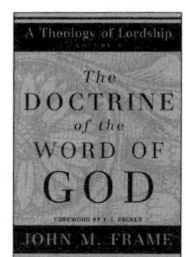

- "Dooyeweerd and the Word of God" (13장에서 도이베르트에 관해 설명한 내용을 보완한다).

- Review of David Kelsey, *The Uses of Scripture in Recent Theology* (5-12장에서 자유주의 신학에 관해 논의한 내용을 보완한다).

- 『하나님의 말씀에 관한 교리』의 다른 부록들을 참조하면 성경의 교리와 관련된 현대의 복음적인 사상(13장)을 논의한 내용을 살펴볼 수 있다.

4. *John Frame's Selected Shorter Writings, volume 1* (Phillipsburg, NJ: P&R Publishing, 2014).

- "A Primer on Perspectivalism"(1장에서 논의한 내용은 물론, 그 외의 여러 곳에서 논의한

내용과 관련이 있다).

- "Review of Greg Bahnsen, *Presuppositional Apologetics*"(13장에서 클라크, 반틸, 밴슨에 관해 논의한 내용과 관련이 있다).
- "The Picture Theory of Theology"(12장에서 언어의 그림 이론에 관해 논의한 내용을 보완한다).
- "Narrative and the Picture Theory of Theology"(위와 동일하다).
- "Intellectual Repentance"(이 책의 전반적인 논의와 관련이 있다).
- "Intellectual Discipleship"(위와 동일하다).
- "Meditation on Romans 11:33-36"(위와 동일하다).

5. 다음의 자료들을 통해 출판된 논문들. W. C. Campbell-Jack and Gavin J. McGrath, eds., *New Dictionary of Christian Apologetics*, consulting ed. C. Stephen Evans (Downers Grove, IL: InterVarsity Press, 2006). 이 논문들은 다음 사이트에서도 찾아 볼 수 있다. http://www.frame-poythress.org.

- "Cornelius Van Til"
- "Presuppositional Apologetics"

나는 아래의 논문과 논평들을 이 책에 포함시키기로 결정했다. 처음 아홉 편의 부록(A에서 I까지)에서는 본문에서 간단하게 다룬 철학과 신학의 문제들을 다룬 내용을 실었다. 그 다음 네 편의 부록에서는 아킨스타인과 바커의 논평(J), 맬러스 하이의 논평(K), 폴 반 뷰렌의 논평(L), 폴 홀머의 논평(M)을 실었다. 이들의 논평은 분석철학, 특히 그것과 기독교 신학의 관계를 다룬다(이 책 12, 13장 참조). 그 다음의 부록(N)은 불트만주의자인 슈베르트 옥덴의 책을 논평하는 내용이다(여기에서 다루는 그의 책에는 아직 그의 과정 신학이 분명하게 드러나 있지 않지만 그는 나중에 과정 신학자가 되었다). 부록 O-Q는 인식론을 다룬다. 부록 O는 인식론을 주제로 다룬 책을 폴 헴이 논평한 내용이다(폴 헴은 이 책 13장에서 잠시 다루었다). 부록 P는 에스더 미크의 첫 번째 책 『알고 싶은 열망』을 논평한 내용이다(13장 참조). 부록 Q는 존 폴록의 인식론(앨빈 플랜팅가의 인식론에 대한 대안)을 다룬다(12, 13장 참조). 부록 R은 고든 클라크가 나와 반틸을 비판한 것에 대한 나의 답변이다(이것이 출판된 것은 이 책이 처음이다). 부록 S는 허버트 슬로스버그의 문화 비평을 논평한 내용이고, 부록 T는 반틸의 책에서 발견되는 몇 가지 문제를 다룬다.

부록 A
확실성

본래는 다음의 자료에 실려 처음 출판되었다. W. C. Campbell-Jack and Gavin J. McGrath, eds., *New Dictionary of Christian Apologetics*, consulting ed. C. Stephen Evans (Downers Grove, IL: InterVarsity Press, 2006), 141-45. 출판사의 허락을 받아 게재했다. 많은 철학자들이 확실성을 추구하거나 그 가능성을 부인했다. 나는 우리가 하나님과 피조 세계의 많은 것에 관해 확실성을 가질 수 있다고 생각한다. 이 논문은 그런 나의 주장을 간단하게 요약한다(이 책에 맞게 문체를 약간 다듬었다).

확실성이란 어떤 것에 대해 의심이 없는 상태를 가리킨다. 예를 들어 지구가 태양의 세 번째 행성이라는 것을 의심하지 않는다면 나는 그 사실에 대해 확실성을 가진다고 말할 수 있다. 확실성도 의심과 마찬가지로 정도의 차이가 있다. 절대적인 확실성은 의심이 전혀 없는 상태를 의미한다. 그런 경우와는 다른 상대적인 확실성은 그 정도가 매우 다양하다.

철학자들은 때로 "심리적인 확실성"과 "지적, 논리적, 또는 명제적"으로 일컬어지는 확실성을 구별한다. 두 번째 종류의 확실성에 대한 정의 가운데 보편적으로 인정되는 것은 존재하지 않는다. 그러나 이 확실성은 대개 명제를 믿을 수 있는 정당성이나 근거와 관련이 있다. 만일 명제가 최대한의 근거를 지닌다면 지적으로 확실하다고 말할 수 있다. 최대한의 근거가 무엇인지는 인식론적 체계의 종류에 따라 다르게 정의된다. 데카르트는 명제가 확실하려면 의심할 만한 이유를 모두 배제할 수 있는 근거를 지녀야 한다고 생각했다. 또한 치솜은 어떤 명제가 지적으로 확실하려면 그것보다 더 확실한 근거를 가지는 명제가 없어야 한다고 생각했다. 그 밖에 다른 철학자들은 논리나 감각적 경험이나 직관 등을 적절한 근거를 확립하는 기준으로 삼는다.

그러나 나는 "지적 확실성"을 어떻게 정의하든 상관없이 그것이 "심리적 확실성"과 그렇게 크게 다르지 않다고 생각한다. 지적 확실성을 위해 요구되는 근거가 어느 정도이든 그것은 항상 심리적인 자신감을 제공할 수 있어야 한다. "근거"에 대한 전문적인 정의를 받아들이려면 그 정의가 실제로 우리가 "확실성"으로 일컫는 것을 제공한다는 심리적인 자신감이 생겨나야 한다. 이런 점에서 지적 확실성은 심리적 확실성으로 축소될 수 있다. 우리의 심리적 확실성의 감정을 지식의 객관적인 원리에 적용하면 의심이나 확실성의 감정 역시 임의적이거나 병적인 것이 아닌 합리적인 것으로 간주되어야 마땅하다. 따라서 심리적인 확실성과 지적 확실성은 서로를 의존한다고 말하는 것이 최선이다. 나는 『하나님에 관한 지식의 교리』에서 감정과 지식의 상호 의존성을 설명하고, 옹호하려고 노력했다.

또한 철학자들은 확실성이 어디까지 가능한지에 대해서도 제각기 의견이 다르다. 상대적으로 회의적인 사람들도 있고, 어느 정도의 확실성을 주장하는 사람들도 있다. 어떤 사람들은 서로 다른 수준의 지식을 구별하고, 확실성을 더 높은 수준의 지식에 해당하는 것으로 받아들인다. 예를 들어 플라톤은 『국가론』에서 추측, 신념, 이해, 직관을 구별했다. 그는 그 중에서 추측이 가장 불확실하고, 직관(현실의 기본적인 형상에 대한 순수한 지식)이 절대적인 확실성을 지닌다고 생각했다.

어떤 것에 대해 절대적인 확실성을 지닌다는 것이 가능할까? 고대와 현대의 회의론자들은 불가능하다고 대답한다. 그러나 데카르트는 우리가 생각한다는 사실은 의심할 수 없다고 말했고, "나는 생각한다."라는 명제로부터 스스로 확실하다고 생각했던 여러 가지 다른 명제들(우리의 존재와 하나님의 존재 등)을 추론했다. 로크와 흄과 같은 경험론자들은 우리의 생각의 기본적인 내용, 곧 사물들이 우리에게 나타나는 방식은 잘못될 수 없다고 주장했다. 그러나 그들은 우리의 생각 밖에 존재하는 세상에 대한 지식은 확실하지 않고, 단지 개연성을 지닐 뿐이라고 생각했다. 칸트는 지식의 필연적인 조건을 명시하는 명제들에 대해서는 확실성을 지닐 수 있다고 말했고, 토머스 리드와 무어는 상식의 확실한 진술은 어떤 점에서 그것에 도전을 제기할 수 있는 다른 어떤 원리보다 더 잘 알려진 지식의 토대이기 때문에 의심할 수 없다고 주장했다.

루트비히 비트겐슈타인은 이론적인 의심과 실제적이고 현실적인 의심을 구별했다. 일상생활 속에서 어떤 것을 의심할 경우에는 그 의심을 해소할 수 있는 방법이 있다. 예를 들어 통장에 돈이 얼마나 있는지 의심스럽다면 통장의 잔고를 조회하거나 통장의 금액을 확인하면 의심이 해소된다. 그러나 이론적이거나 철학적인 의심은 표준적인 해결 수단이 존재하지 않는 의심이다. 비트겐슈타인은 "내가 두 손을 가지고 있다는 것을 의심하고, 그 의심을 달래려고 애쓴다면 어떨까?"라고 물었다. 세상이 존재한 지 5분이 넘었는지, 또 다른 사람들이 생각을 지니고 있는지에 대한 의심도 그와 비슷하다.

비트겐슈타인은 의심과 확실성을 표현하는 언어는 실질적인 삶의 상황에 속해 있다고 주장했다. 그런 언어는 그런 상황에서 벗어나면 더 이상 아무런 의미가 없다. 왜냐하면 의미는 일상적이고, 실질적인 상황에서의 언어 사용과 관련되기 때문이다. 그는 이를 "언어 게임"으로 일컬었다. 그런 철학적인 문제를 제기하는 것은 삶의 전반적인 방식에 대해 의문을 제기하는 것이다. 따라서 비트겐슈타인은 상대적인 확실성은 표준적인 방법을 통해 일상생활 속에서 가능할 수 있다고 생각했다. 그러나 전통적인 철학적 문제는 의심이나 확실성의 정당한 주제가 될 수 없다.

이처럼 비트겐슈타인은 일상적인 삶의 상황에서 상대적인 확실성을 용인했다. 그의 논증은 절대적인 확실성을 배제하지만 그는 우리의 신념들(예를 들면 우주가 생겨난 지 5분 이상이 지났다는 것) 가운데는 더러 의심할 수 없는 것들이 있다는 것을 인정했다. 그는 그런 문제들을 알 수 있는 비상한 방식을 제시함으로써가 아니라 그런 문제를 "의심"이나 "확실성"이 의미를 지니는 언어 게임에서 제외함으로써 의심의 문제를 해결했다.

그러나 철학도 언어 게임에 해당한다. 경험된 세상의 현실에 관한 의심은 오랫동안 사람들을 괴롭혀 왔다. 철학자들은 앞 다퉈 그런 의심을 해결하기 위한 방법을 제안했다. 따라서 이론적인 것과 실질적인 것을 예리하게 구분할 수 있는 가능성이 존재한다고 하더라도 "의심"과 "확실성"의 의미를 실질적인 삶의 영역에만 국한시키는 것은 독단이다. 비트겐슈타인이 생각하기에 부적절한 문제들과 단지 대답하기 어려운 문제들을 구별하기는 그렇게 쉽지 않다.

이처럼 확실성에 관한 문제는 일반 철학자들 가운데서 미해결의 문제로 남아 있다. 비트겐슈타인 이후로 그런 문제들이 "정초주의(인간의 지식은 모두 확실한 기본 명제에 근거한다는 신념)의 관점에서 제기되어 왔다. 데카르트가 고전적인 정초주의의 대표적인 사례다. 그 이유는 그가 기본 명제가 절대적으로 확실하다고 생각했기 때문이다. 최근의 많은 사상가들은 그런 의미의 정초주의를 거부한다. 그러나 앨빈 플랜팅가를 비롯한 여러 사상가들은 개정된 정초주의(기본 명제가 지식이 증대됨으로써 논박되거나 논파될 수 있다는 것)를 발전시켰다. 오늘날의 철학은 절대적인 확실성의 개념을 거부하는 경향을 띤다. 그런 경향이 해체주의자들과 포스트모던주의자들 사이에 크게 만연해 있다.

이것은 종교와 관련해서도 "우리가 하나님을 확실하게 알 수 있는가?"라는 문제를 제기한다. 성경은 그리스도인들은 하나님과 계시의 진리를 알 수 있고, 알고 있으며, 또 마땅히 알아야 한다고 가르친다(마 9:6, 11:27, 13:11; 요 7:17, 8:32, 10:4, 5, 14:17, 17:3 등). 그런 구절들은 하나님을 아는 지식이 가설이 아닌 삶과 희망의 확실한 근거라고 강조한다.

성경은 확실성과 관련된 표현을 남발하지는 않지만 분명하게 사용하고 있다. 누가는 자신의 수신자인 데오빌로가 자신이 전한 것과 예수님이 부활하신 후에 보여주신 "증거들(테크메리아)"을 "확실하게(아스팔레이아)" 알기를 원했다(눅 1:4; 행 1:3). 그리스도의 십자가를 지켜본 백부장은 "이 사람은 정녕(온토스, 확실히) 의인이었도다"(눅 23:47)라고 말했다.

히브리서 저자는 하나님이 아브라함에게 자기를 가리켜 맹세하셨다고 말했다(히 6:13). 하나님은 약속을 하시고, 맹세로 그것을 확증하셨다. "이는 하나님이 거짓말을 하실 수 없는 이 두 가지 변하지 못할 사실로 말미암아"(18절). 그와 비슷하게 바울(딤후 3:16, 17)과 베드로(벧후 1:19-21)도 성경을 거짓 교사들이 넘쳐나는 세상에서 확실한 길잡이가 되어 줄 하나님의 말씀으로 간주했다. 하나님의 특별 계시는 확실하다. 따라서 우리는 그 계시를 굳게 확신해야 한다.

성경은 대체로 의심을 부정적으로 평가한다. 의심은 하나님의 일을 방해하는 영적 장애 요소다(마 14:31, 21:21, 28:17; 행 10:20, 11:12; 롬 14:23; 딤전 2:8; 약 1:6). 의심은 믿음의 반대이기 때문에 죄에 해당한다(마 14:31; 롬 14:23). 물론 이 죄도 다른 죄들과 마찬가지로 우리가 세상에서 사는 동안에는 온전히 극복할 수 없다. 그러나 그렇다고 해서 의심을 무기력하게 용납해서는 곤란하다. 온전한 거룩함을 이루는 것이 신앙생활의 목표인 것처럼 하나님의 계시를 절대적으로 확신하는 것이 신자의 생각이 추구해야 할 목표라는 것을 잊지 말아야 한다.

물론 의심이 항상 죄라고 결론지을 필요는 없다. 마태복음 14장 31절과 로마서 14장 23절과 같은 경우는 특별 계시가 확실하게 주어졌는데도 의심하는 것은 옳지 않다고 가르친다. 하나님이 분명하게 말씀하신 것을 의심하는 것은 잘못이다. 그러나 의심이 잘못이 아닌 경우도 많다. 사실, 어떤 경우에는 확실성은 고사하고 지식을 주장하는 것이 오히려 잘못일 때가 있다. 우리의 무지를 인정하는 것이 가장 바람직한 경우일 때가 적지 않다(신 29:29; 롬 11:33-36). 바울은 자신이 세례를 베푼 사람들의 숫자를 정확하게 기억하지 못했지만 그것이 잘못은 아니었다(고전 1:16). 야고보는 우리는 미래의 일을 알 수 없기 때문에 알고 있는 것보다 더 많이 아는 척해서는 안 된다고 가르쳤다(약 4:13-16). 욥의 친구들은 그가 고통당하는 이유를 알고 있다고 생각했지만 그것은 잘못이었다. 욥의 경우도 하나님이 그의 무지를 깨우쳐 주시자 자기를 겸손히 낮춰야 했다(욥 38-42장).

기독교 인식론자 에스더 미크는 세상에서의 삶을 통해 지식을 얻는 과정이 일종의 탐구와 같다고 말했다. 그것은 곧 단서를 찾고, 유형을 발견하고, 헌신하고, 정직한 의심을 존중하는 과정이다. 그녀는 인생을 살다보면 확실성이나 자신감을 우리의 목적으로 삼아서는 안 될 상황이 많다고 말했다.

그러나 나는 절대적인 확실성은 하나님의 특별 계시에 대한 온당한 반응이라고 생각한다. 그렇다면 우리 자신의 유한성과 오류 가능성을 생각하면 어떻게 그것이 가능할 수 있을까? 우리의 속된 생각을 지배하는 회의적인 성향을 고려하면 어떻게 그것이 가능하단 말일까? 어떤 것을 확실하게 아는 것이 과연 인간적으로 어떻게 가능하다는 것일까?

첫째, 모든 상황에서 절대적인 확실성을 배제하는 것은 불가능하다. 그런 확실성은 존재하지 않는다는 것을 보여주기 위한 논증은 무엇이든 그 자체로 불확실하다는 것을 인정해야 한다. 더욱이 그런 논증은 논증 자체가 진리를 발견하는 수단이라는 것을 전제해야 한다. 만일 누군가가 논증을 사용해 명제의 확실성을 시험하려고 시도한다면 그는 자신의 논증을 위해 자기 나름의 확실성을 주장하지 않으면 안 된다. 결국 그런 사람은 자신이 그런 논증을 통해 확실성에 대한 주장의 타당성을 시험할 수 있다고 주장하는 셈이 된다. 그러나 그러려면 확실성에 대한 그런 시험, 즉 확실성에 대한 임의의 판단 기준 자체가 확실해야만 한다. 다시 말해 절대적인 확실성을 시험하려는 논증 자체가 절대적으로 확실해야 한다.

기독교 인식론에서는 하나님의 말씀이 확실성의 궁극적인 판단 기준이다. 하나님이 말씀하시는 것은 분명한 사실이다. 왜냐하면 히브리서 저자가 말한 대로 하나님은 거짓말을 하실 수 없기 때문이다(히 6:18; 딛 1:2; 요일 2:27). 하나님의 말씀은 진리다(요 17:17; 시 33:4, 119:160). 따라서 우리는 하나님의 말씀을 기준으로 삼아 다른 모든 지식의 원천을 판단할 수 있다.

하나님이 아브라함에게 많은 후손과 가나안 땅을 기업으로 주시겠다고 약속하셨을 때 그 약속을 의심하게 만들 수 있는 요인이 많았다. 그는 백 세가 될 때까지 자식이 없었고, 그의 아내 사라도 가임기를 훨씬 지난 상태였다. 그는 가나안에 나그네로 머물렀을 뿐, 그곳의 작은 땅 하나도 소유하지 못했다. 그러나 바울은 그가 "믿음이 없어 하나님의 약속을 의심하지 않고 믿음으로 견고하여져서 하나님께 영광을 돌리며 약속하신 그것을 또한 능히 이루실 줄을 확신하였으니"라고 말했다(롬 4:20, 21). 하나님의 말씀은 다른 그 어떤 증거보다도 더욱 강력하게 아브라함의 믿음을 형성하는 데 영향을 미쳤다. 이 원리는 너무나도 중요했기 때문에 바울은 이를 죄인을 의롭게 하는 믿음의 근거로 삼았다. "그러므로 그것이 그에게 의로 여겨졌느니라"(22절).

이런 점에서 아브라함은 하와와 극명하게 대조된다. 하와는 하나님의 명령보다 자신의 눈으로 보는 증거를 더 우선시했다(창 3:6). 아브라함은 믿음의 영웅 가운데 한 사람이다. 히브리서 11장 13절은 그를 "믿음을 따라 죽었으며 약속(즉 약속된 것들)

을 받지 못하였으되 그것들을 멀리서 보고 환영한" 사람들 가운데 포함시켰다. 그들은 약속을 받았을 뿐이지만 단지 그것만으로도 세상에서 사는 동안 온갖 극심한 고난과 궁핍함을 능히 견뎌내기에 충분했다.

결론적으로 말해 그리스도인들은 하나님의 말씀이 절대적으로 확실하다고 믿고, 그 말씀을 모든 지식의 원천을 판단하는 기준으로 삼아야 할 책임이 있다. 이성적인 논증이나 경험적인 검증은 유익할 때가 많지만 하나님이 하신 말씀의 확실성은 궁극적으로 그런 것들이 아니라 그분 자신의 말씀이 지닌 권위에서 비롯한다.

성경은 종종 사람들의 증언과 역사적인 증거를 통해 스스로를 증언한다. 예를 들면 사도행전 1장 3절의 "증거", 누가복음 23장 47절에 언급된 백부장의 증언, 예수님의 부활을 목격한 많은 증인들(고전 15:1-11) 등이다. 그러나 우리는 그런 증거들이 하나님 자신의 권위를 통해 우리에게 주어졌다는 사실을 잊어서는 안 된다. 바울은 고린도전서 15장에서 신자들에게 증거는 사도적 증언의 일부이기 때문에 믿음으로 받아들여야 한다고 말했다. "그러므로 나나 그들이나 이같이 전파하매 너희도 이같이 믿었느니라"(11절, 1-3절 참조).

그렇다면 하나님의 말씀은 어떻게 우리에게 심리적인 확신을 제공할까? 사람들은 때로 지성과 감정의 노력을 기울여 성경을 믿으려고 애쓴다. 그러나 우리는 스스로 믿을 수 없다. 확신은 하나님의 행위, 곧 성령의 증언을 통해 우리에게 주어진다(고전 2:4, 9-16; 살전 1:5; 살후 2:13). 성령의 증언은 종종 인간의 이성적 추론의 과정을 수반한다. 성경은 믿음의 질문을 통해 정직하게 생각하려고 노력하는 사람들을 결단코 꾸짖지 않는다. 그러나 성령께서 우리의 이성을 이끌어주지 않으시면 온전한 확신에 도달할 수 없다.

이처럼 확신, 또는 확실성은 궁극적으로 하나님의 말씀과 성령을 통해 주어진다. 하나님은 말씀의 확실성 위에 우리의 삶과 생각을 구축하라고 요구하신다. 왜냐하면 그렇게 해야만 "어둠에 다니지 아니하고 생명의 빛을 얻을 수 있기" 때문이다(요 8:12). 우리의 삶과 생각을 구축하는 과정은 단지 지성적 차원을 뛰어넘어 윤리적, 영적 차원을 포괄한다. 예수님이 가르치신 말씀의 진리를 아는 사람은 기꺼이 하나님의 말씀을 실천하고(요 7:17), 마땅히 알아야 할 것을 알 수 있는 사람은 자신의 이웃을 사랑한다(고전 8:1-3).

세속 철학은 절대적인 확실성을 거부한다. 왜냐하면 절대적인 확실성은 본질적으로 초자연적인 속성을 지니지만 세속주의자들은 그 어떤 초자연적인 지식의 근거도 인정하려고 들지 않기 때문이다. 그러나 그리스도인들은 하나님의 말씀을 진리와 거짓, 옳은 것과 그른 것을 판단하는 궁극적인 근거이자 확실성의 기준으로 삼는다. 성경을 확실성의 기준으로 삼아 일관되게 의지하면 그것을 절대적인 확실성을 지닌 것으로 받아들일 수 있다(또 마땅히 그래야 한다). 이처럼 그리스도인들은 하나님의 계시 안에서 놀라운 보화, 곧 영혼을 죄에서, 생각을 의심에서 구원하는 귀한 진리를 발견할 수 있다.

참고 문헌

Frame, John M., *The Doctrine of the Knowledge of God* (Phillipsburg, NJ: Presbyterian and Reformed, 1987).

Meek, Esther Lightcap, *Longing to Know: The Philosophy of Knowledge for Ordinary People* (Grand Rapids: Brazos Press, 2003).

Plantinga, Alvin, *Warranted Christian Belief* (New York: Oxford University Press, 2000). 지식의 본질과 그 근거를 기독교적인 관점에서 깊이 있게 다룬 책이다.

Wittgenstein, Ludwig, *On Certainty*, trans. Denis Paul and G. E. M. Anscombe (New York: Harper and Row, 1972).

Wood, W. Jay, *Epistemology: Becoming Intellectually Virtuous* (Downers Grove, IL: InterVarsity Press, 1998). 기독교 사상가인 저자는 지식이 미덕 및 감정과 어떤 관련을 맺고 있는지를 다룬다.

부록 B
무한급수

본래는 다음의 자료에 실려 처음 출판되었다. W. C. Cambell-Jack and Gavin J. McGrath, eds., *New Dictionary of Christian Apologetics*, consulting ed. C. Stephen Evans (Downers Grove, IL: InterVarsity Press, 2006), 353-54. 출판사의 허락을 받아 게재했다. 아리스토텔레스(2장)와 아퀴나스(4장)를 비롯해 여러 사상가들이 무한의 개념에 관심을 기울였다. 예를 들면 그들은 원인들을 무한히 추적하는 것을 부인함으로써 하나님의 존재를 증명할 수 있는지 여부를 다루었다. 나는 아래의 논문에서 최근의 몇몇 사상가들의 견해를 참고해 이 문제를 다루었다(이 책에 맞게 문체를 약간 다듬었다).

무한급수의 개념과 그 특징

일반적으로 무한급수는 1, 2, 3…으로 이어지는 자연수처럼 항의 수가 무한히 계속되는 급수를 가리킨다. 수학자이자 논리학자인 조지 캔터는 무한급수를 항들에 포함된 숫자를 자신의 급수의 하나로 거느린 급수라고 좀 더 정확하게 정의했다. 예를 들어 1, 2, 3…이라는 자연수의 무한급수는 2, 4, 6…이라는 또 하나의 급수(짝수들의 급수)를 형성한다. 그러나 역설적으로 들릴는지 몰라도 짝수들의 급수도 자연수의 항들만큼이나 많다. 짝수들의 급수도 이런 역설로 인해 무한히 이어진다.

무한급수는 "실제적인" 무한급수와 "잠재적인" 무한급수로 구별할 수 있다. 자연수는 실제적인 무한급수에 해당한다. 이 급수는 실제로 무한한 숫자들로 이루어져 있다. 그러나 잠재적인 무한급수는 무한한 숫자를 향해 나아가지만 절대로 그곳에 도달하지 못하는 급수를 가리킨다. 자연수를 하나씩 모두 열거하려고 한다거나 하나의 물건을 절반으로 나누고, 그 절반을 다시 또 절반으로 나누려고 할 때 그런 상황이 발생한다. 그런 경우에는 결코 마지막 종착점, 곧 그 급수의 마지막 숫자에 도달할 수 없다. 간단히 말해 우리가 "무한"으로 부를 수 있는 숫자에 도달하는 것은 불가능하다.

변증적 중요성

하나님의 존재에 대한 우주론적 증명 가운데 몇 가지 형태는 무한히 계속되는 과정 가운데 특정한 몇몇 종류는 인정하지 않는다. 토마스 아퀴나스는 다섯 가지 논증 가운데 처음 세 가지 논증에서는 원인들(운동, 존재, 필연성)의 연속되는 과정이 영원히 거슬러 올라갈 수 있다는 것을 부인했다. 그는 모든 인과 관계는 시작이 있다고 주장했다(최초의 동인, 최초의 존재의 원인, 최초의 필연적 존재, 즉 하나님. 아퀴나스의 『신학대전』 1부, 2문, 3항 참조). 최근에 윌리엄 레인 크레이그가 설명한 알 가잘리의 "칼람(Kalam)" 논증은 사건들이 시간 속에서 사슬처럼 하나씩 무한히 연결되어 나갈 수 있다는 것을 부인했다. 따라서 우주는 시작이 있고, 그것은 신적 원인을 통해 설명되어야 한다.

크레이그는 첫째로는 (실제로 무한급수와 같은 것이 존재할 수 있다고 하더라도) "사물들을" 실제로 무한히 집합시켜 놓는 것은 불가능하다고 주장했고, 둘째로는 심지어는 그런 집합이 가능하다고 하더라도 하나의 숫자에 또 다른 숫자를 더함으로써 그런 일을 이룰 수는 없다고 주장했다. 이것은 시간적으로 연속해서 일어나는 사건들의 경우에도 마찬가지다.

크레이그는 실제로 사물들을 무한히 집합시키는 것이 불가능하다는 것을 보여주기 위해 캔터가 지적한 역설을 거론했다. 1) 무한급수에서 전제는 그 부분 가운데 일부와 같다. 2) 한 급수에 속한 항들의 숫자를 증가시키지 않고 그 무한한 과정에 숫자들을 더해 나갈 수 있다(숫자는 무한히 계속된다). 3) 항들의 숫자를 줄이지 않고서도 그 무한한 과정에서 숫자들을 제거할 수 있다. 이런 것은 숫자라는 추상적인 세계에서만 가능하다. 크레이그는 그런 속성을 지닌 구체적인 물체들이나 사건들이 무한히 계속되는 것은 불가능하다고 말한다.

그는 조지 가모프의 『1, 2, 3… 무한대(On, Two, Three, Infinity)』라는 책 17쪽에 나오는 "힐버트 호텔(만일 호텔에 손님들로 가득 찬 방들이 무한히 늘어져 있다면 손님들이 방을 비우지 않은 상태에서 다른 손님들이 더 오더라도 손님들의 숫자는 이전과 동일할 것이라는 것)"을 예로 들었다. 그런 호텔에는 "빈 방 없음. 투숙객 환영"이라는 푯말이 붙어 있을 것이 틀림없다(크레이그 『합리적인 믿음(Reasonable Faith)』 p. 96 참조).

그리고 나서 크레이그는 심지어 사물들을 무한히 집합시키는 것이 가능할지라도 숫자를 하나씩 더함으로써 그런 집합을 이룰 수는 없다고 주장했다. 예를 들어 무한한 집합을 하나씩 세는 것은 불가능하다. 왜냐하면 "아무리 많은 숫자를 헤아린다고 하더라도 항상 무한에 도달하기 전까지 헤아릴 숫자가 더 남아 있을 것이기 때문이다."(p. 98). 시간 속에서 무한히 계속되어 일어나는 사건들의 경우도 마찬가지다. 자연과 역사의 과정은 과거로 무한히 거슬러 올라가고, 또 사건들은 무한히 계속되면서 한 가지씩 앞으로 전개되어 나오다가 정확히 현재의 시점에서 끝이 났다고 가정해 보자. 그러나 그 과정이 어제나 천 년 전이 아니라 지금 끝나야 할 이유는 무엇인가?

이런 가정에 의하면, 어제가 무한한 사건들의 과정이 끝나는 순간이 될 수도 있고, 현재가 아닌 천 년 전이 그 순간이 될 수도 있다. 그러나 사실 끝은 존재할 수 없다. 무한한 과정은 결코 끝날 수 없기 때문이다.

따라서 크레이그는 과거의 사건들은 유한할 수밖에 없다고 결론지었다. 우주는 시작이 있고, 원인이 있다. 왜냐하면 "존재하는 것은 무엇이든 원인이 있기 때문이다."(p. 92).

평가

확실히 실제로 사물들을 무한히 집합시키는 것을 상상하기는 어렵다. 힐버트 호텔은 반직관적인 발상이다. 캔터의 역설을 처음 들었을 때는 믿기가 어렵다고 느끼는 사람들이 많다. 그러나 무한급수의 개념을 이해하면 그의 정의를 당연하게 받아들일 가능성이 높다. 물론 우리는 물체가 무한히 늘어져 있는 것을 본 적이 없다. 그렇다면 실제로 그런 것을 목격한다면 과연 우리는 결과적으로 그것의 낯선 속성에 익숙해질 수 있을까? 여기에서는 상상력이 중요하다. 무한한 호텔이라는 개념은 딸꾹질하는 호텔의 개념만큼이나 터무니없다. 그렇다면 무한히 연결되어 있는 구슬들의 개념은 어떨까? 그런 경우에는 언젠가는 무한히 집합된 구슬들의 숫자를 변화시키지 않고 구슬을 더하거나 뺀다는 개념에 익숙해질 수 있지 않을까?

문제의 하나는 우리가 무한한 호텔을 상상할 경우 매우 이상한 속성(즉 사람들이 다른 사람들을 비좁게 만들지 않고서 그곳을 비집고 들어간다는 것)을 지닌 무한한 호텔을 생각하는 경향이 있다는 것이다. 그러나 만일 호텔이 실제로 무한하다면 그런 속성은 전혀 이상하지 않을 것이다. 그런 속성을 생각으로 상상하기는 매우 어렵지만 그래도 그것은 충분히 예상할 수 있는 일이다. 물론 숫자들이 무한히 나열된 경우의 속성을 생각하는 것도 어렵기는 마찬가지지만 캔터는 그런 경우가 존재한다는 것을 입증했다.

그와 비슷하게 시간 속에서 무한히 계속되는 사건들이라는 개념도 이해하기는 어렵지만 그렇다고 해서 그것이 전혀 불가능한 것일 수 있을까? 나는 무한급수를 하나씩 세어 마지막 숫자에 도달하는 것은 불가능하다는 크레이그의 말에 동의한다. 그러나 1) 시간 자체가 객관적이 아니라 주관적이라면 무한히 나열된 과거의 사건들은 시간적인 과정을 거쳐 하나씩 더해져서 존재한다기보다는 (1, 2, 3…의 경우처럼) 동시에 존재할 수도 있다. 2) 만일 시간이 n차원의 공간에 속한 객관적인 차원에 해당한다고 해도 그와 똑같은 결론이 가능하다. 그럴 경우에는 한 차원 높은 존재가 과거와 현재와 미래의 모든 사건을 한 눈에 파악할 수 있을 것이다. 3) 만일 현재에서부터 시간을 뒤로 거슬러 올라갈 수 있다면 오늘에서부터 내일과 모레로 나아갈 수 있는 것처럼 어제와 그저께와 *그끄저께*로 되돌아 갈 수 있을 것이다. 그런 경우 우리는 미래의 일들을 인식할 수 있는 것처럼 과거의 역사를 인식할 수 있다(실제적인 무한성이라기보다는 잠재적인 무한성).

이런 세 가지 가정은 시간에 대한 크레이그의 이론과 반대된다. 그의 『시간과 영원(Time and Eternity: Exploring God's Relationship to Time)』을 참조하라(Craig, Wheaton, IL: Crossway, 2001). 여기에서 크레이그의 견해가 지닌 일관성을 문제시할 생각은 없다. 그러나 이런 생각들은 우리가 무한급수에 관해 제기하는 질문들에 대해 명백한 대답을 찾기가 어렵다는 점을 보여준다. 그런 문제들은 책 한 권을 따로 써서 다루어야 할 만큼 다른 여러 가지 문제와 긴밀하게 연결되어 있다.

토마스 아퀴나스는 심지어 잠재적으로 무한히 연결된 과거의 자연적 사건들조차도 세상을 우리가 알고 있는 대로 설명하기에는 충분하지 않다는 가정 3)을 거부할 것이 분명하다. 왜냐하면 이 가정에 의하면 개개의 사건이 일어나는 원인은 그 이전 사건에 있다(실제로 그 연속되는 과정을 처음 시작하는 사건은 존재하지 않는다). 결국 우주는 원인도 없고, 설명할 수도 없는 것이 되고 만다. 아퀴나스는 우주는 반드시 원인이 있어야 한다고 믿었다. 따라서 인과적인 설명의 사슬은 결코 무한하지 않다. 심지어는 잠재적으로 무한하지도 않다.

아퀴나스는 우주는 원인이 있기 때문에 인과관계가 무한히 이어질 수는 없다고 주장했다. 크레이그는 아퀴나스의 논리를 역으로 뒤집어 무한급수와 같은 것은 존재할 수 없기 때문에 우주는 원인이 있어야 한다고 주장했다. 나는 아퀴나스의 견해가 좀 더 설득력이 있다고 생각한다. 사건들의 무한한 연속이 불가능하기 때문이 아니라 우주는 그 자체로 원인이 필요하다는 것이 내게는 더욱 분명해 보인다. 그러나 심지어 아퀴나스의 견해도 하나의 전제, 곧 충분한 원인이 없고, (우주의 원인을 포함한) 원인들이 인간의 이성으로 이해할 수 있어야 한다는 전제를 요구한다. 그런 전제를 용인하지 않는 회의론자들이 과거에도 많았고, 지금도 여전히 많다.

결론적으로 말해 원인, 이유, 무한급수에 대한 우리의 개념들은 세계관, 곧 존재론적이고, 인식론적인 전제에 의존한다. 그것들은 그 자체로는 세계관의 근거가 되기에 불충분하다. 기독교적 유신론자는 이런 문제들에 대해 회의론자들과는 다르게 생각할 것이다. 기독교적 유신론자가 기독교적 유신론에 영향을 미치는 것이 아니라 오히려 후자가 원인과 이유와 무한에 관한 전자의 견해에 영향을 미칠 것이 분명하다.

참고 문헌

Cantor, George, *Contributions to the Foundations of the Theory of Transfinite Numbers*, trans. Philip E. B. Jourdain (Chicago: Open Court, 1915).

Craig, William Lane, *The Kalam Cosmological Argument* (New York: Barnes and Noble Books, 1979).

_____, *Reasonable Faith: Christian Truth and Apologetics* (Wheaton, IL: Crossway, 1994).

Gamow, George, *One, Two Three…Infiinity: Facts and Spectulations of Science* (London: Macmillan, 1946).

부록 C
존재론적 논증

본래는 다음 책에 실려 처음 출판되었다. W. C. Campbell-Jack and Gavin J. McGrah, eds., *New Dictionary of Christian Apologetics*, consulting ed. C. Stephen Evans (Downers Grove, IL: InterVarsity Press, 2006), 513-16. 출판사의 허락을 받아 게재했다. 앞에서 살펴본 대로 이 논증으로 하나님의 존재를 입증하려는 시도를 지지했던 철학자들이 많았다(아우구스티누스, 안셀무스, 데카르트, 스피노자, 라이프니츠, 플랜팅가, 하트숀). 물론 이 논증을 거부했던 철학자들도 더러 있었다(아퀴나스, 칸트, 러셀). 이 논문은 나의 견해를 요약적으로 잘 보여준다(이 책에 맞게 문체를 약간 다듬었다).

이 논증의 형태 가운데 가장 영향력 있는 형태가 캔터베리의 안셀무스(1033-1109)가 지은 『프로슬로기온(*Proslogium*)』의 처음 세 장에서 발견된다(물론 그는 "존재론적"이라는 용어를 사용하지 않았다). 그는 그 이전에 『모놀로기온(*Monologium*)』에서 하나님의 존재를 입증하기 위한 여러 가지 논증을 검토한 바 있다. 그러나 그러고 나서 그는 "나는 우리가 신적 존재에 관해 어떻게 믿든 상관없이 그 자체 외에는 다른 증거를 필요로 하지 않는 단 하나의 논증, 곧 그것만으로 하나님이 실제로 존재하신다는 것을 입증하기에 충분한 논증을 발견할 수 있는지를 묻기 시작했다."라고 말했다(서문, 1.). 그는 그런 논증을 찾기 위해 광범위한 노력을 기울였고, 그런 노력을 거의 중단할 무렵, "하나의 논증이 끈질기게 나를 압박하기 시작했다."라고 말했다(2).

『프로슬로기온』은 『모놀로기온』과는 달리 기도의 형식을 취한다. 안셀무스는 첫 장에서 하나님의 불가해성과 자신의 죄를 고백하며 그분의 임재를 간구했다. 그는 다음과 같은 유명한 말로 자신의 기도를 결론지었다. "오, 주님. 주님의 장엄하심을 알려고 노력하지 않겠습니다. 왜냐하면 저의 이해는 결코 그것에 미치지 못하기 때문입니다. 그러나 저는 제가 믿고, 사랑하는 주님의 진리를 어느 정도는 이해하기를 원합니다. 믿기 위해 이해를 구하는 것이 아니라 이해하기 위해 믿기를 원합니다(credo ut intelligam). 왜냐하면 믿지 않으면 이해할 수 없다고 생각하기 때문입니다."(6-7).

두 번째 장은 안셀무스를 압박했던 논증을 다루기 시작한다. 그는 이해하기 위해 믿기를 구하겠다고 결심한 대로 기독교적인 신념에서부터 출발했다. 그는 "우리는 주님이 그보다 더 위대한 것을 생각할 수 없는 존재이시라고 믿나이다."라고 말했다(7).

안셀무스는 시편 14편 1절("어리석은 자는 그의 마음에 이르기를 하나님이 없다 하는도다")에 언급된 어리석은 자와 같이 그런 하나님을 믿지 않는 사람들이 있다는 것을 인정했다. 그러나 아무리 어리석은 자일지라도 최소한 "그보다 더 위대한 것을 생각할 수 없는 존재"라는 말은 충분히 이해할 수 있다. 따라서 우리는 어떤 점에서 비록 실제로는 아닐지라도 "어리석은 자의 생각 안에는 (그런 존재가) 존재한다."라고 말할 수 있다. 그리고 우리는 단지 생각만이 아니라 실제로 존재하는 더 위대한 존재를 상상할 수 있다. 어리석은 자의 생각 속에 존재하는 존재는 사실 그보다 더 위대한 것을 생각할 수 없는 존재"가 아니다. 하나님에 관한 안셀무스의 정의를 진정으로 충족시킬 수 있는 존재, 곧 그보다 더 위대한 것을 생각할 수 없는 존재는 생각만이 아니라 실제로 존재해야 마땅하다. 따라서 안셀무스의 정의에 따르면 하나님은 당연히 존재하셔야 한다.

안셀무스는 3장에서 이런 하나님이 "존재하지 않는다고 상상할 수는 없다."라는 말로 그런 정의에 함축된 의미를 좀 더 자세히 설명했다(8). 다시 말해 그는 하나님이 존재하지 않으신다고 생각할 수 있다면 그보다 훨씬 더 위대한 하나님, 곧 존재하지 않는다고 생각할 수 없는 하나님의 존재를 상상하는 것이 얼마든지 가능하다고 주장했다. 이처럼 (후대의 일부 철학자들과 신학자들이 주장한 대로) 하나님은 존재하실 뿐 아니라 "필연적으로" 존재하신다. 하나님은 어쩌다가 우연히 존재하지 않으신다. 그분은 당연히 존재하신다.

일단 안셀무스가 정의한 대로 "하나님"의 의미를 옳게 이해하면 그분이 존재하지 않으신다고 생각할 수 없게 된다. 왜냐하면 존재하지 않는 하나님보다는 존재하는 하나님이, 또 우연히 존재하는 하나님보다는 필연적으로 존재하는 하나님이 훨씬 더 낫고, 더 위대하기 때문이다.

안셀무스는 그 책의 나머지 부분에서 비슷한 방법을 활용해 전통적인 하나님의 속성들을 입증하려고 노력했다. 하나님은 "의롭고, 진실하고, 복되시다. 무엇이든 존재하지 않는 것보다는 존재하는 것이 더 낫다."(11).

안셀무스의 논증을 기억하기 쉽게 간단하게 정리하면 다음과 같다. 1) 하나님은 모든 면에서 완전하시다. 2) 존재는 완전한 한 가지 측면이다. 3) 그러므로 하나님은 존재하신다.

언뜻 들으면 오류가 있는 논증이라고 의심할 사람들이 많을 것이 분명하다. 전에 파티에서 놀이를 하던 때가 생각난다. 한 친구가 "1 = 2"라는 증거가 있다면서 그 등식이 무엇이 잘못인지를 찾아보라고 말했다(나중에 알고 보니 그 숫자를 모두 0으로 나눌 경우를 생각했던 것으로 드러났). 그와 비슷하게 안셀무스의 논증에서 개념적인 눈속임이 있지 않나 의심하는 사람이 있을 수 있다. "하나님의 존재를 입증하는 것이 과연 그렇게 쉽단 말인가?"라는 생각이 떠오를 수 있다.

그러나 철학자들과 신학자들은 그 논증의 어디에 오류가 존재하는지를 쉽게 찾아내지 못했다. 안셀무스 시대의 가우닐로처럼 토마스 아퀴나스, 데이비드 흄, 임마누엘 칸트, 맥키를 비롯해 많은 사상가들이 그의 논증을 거부했지만 오늘날에 이르기까지 그의 논증을 약간씩 형태만 달리해 제시한 사상가들도 적지 않다(예를 들면 데카르트, 스피노자, 라이프니츠, 헤겔과 그의 추종자들, 20세기 사상가 하트숀, 노먼 말콤, 앨빈 플랜팅가 등).

『프로슬로기온』에는 수도사 가우닐로가 쓴 "어리석은 자를 대신해"라는 글과 그에 대한 안셀무스의 답변이 수록된 부록이 포함되어 있다. 가우닐로는 우리가 안셀무스의 정의에 따라 심지어 하나님을 생각할 수조차 있는지 의심스럽다고 지적했다. 과연 누가 그보다 더 위대한 것이 존재할 수 없는 존재를 생각할 수 있겠는가? 만일 안셀무스가 말한 대로 개념으로부터 현실을 추론할 수 있다면 완전한 섬의 존재를 쉽게 입증할 수 있을 것이다. "왜냐하면 만일 그것이 존재하지 않는다면 실제로 존재하는 땅은 어느 곳이든 그보다 뛰어날 것이기 때문이다"(151).

안셀무스는 가우닐로에게 상당히 길게 대답했다. 먼저 가우닐로는 "어리석은 자를 대신해" 말했지만 안셀무스는 그가 "결코 어리석은 자가 아닌 가톨릭 신자라고" 말했다. 그는 "나는 가톨릭 신자에게 대답하는 것으로 족하다고 생각한다."라고 말했다(153). 안셀무스는 가우닐로의 첫 번째 의문에 대해 가우닐로는 가톨릭 신자이기 때문에 하나님을 생각할 수 있다는 것을 부인할 수 없다고 대답했다. 안셀무스는 완전한 섬이라는 가우닐로의 비유적 논증을 무작정 무시하지 않고, 그런 섬은 하나님을 그보다 더 위대한 것을 생각할 수 없는 존재로 정의한 자신의 견해에 적합하지 않다고 대답했다. 그런 정의에 포함된 조건을 모두 충족시킬 수 있는 존재는 단 하나, 기독교의 하나님뿐이다. 안셀무스는 이를 기본 전제로 삼고 나머지 답변에서는 "생각"과 "이해"와 "존재"의 다양한 의미와 그런 개념들의 관계를 논의하는 데로 나아갔다.

임마누엘 칸트는 안셀무스가 존재의 본질을 하나님의 완전한 속성으로 다뤄 그것을 그릇 이해했다고 생각했다. 칸트의 견해에 따르면 존재는 완전함도 아니고, 심지어는 하나의 속성도 아니다. 그것은 "하나님은 존재하신다."라는 문장에서 술어의 위치를 차지하고 있지만 "진정한" 술어가 될 수 없다. 칸트는 존재는 어떤 것에 관한 우리의 개념에 아무것도 더해주지 못한다고 말했다.

별 특징 없는 자동차를 머릿속에 떠올렸다가 거기에 파란 색이라는 술어를 더하면 개념이 달라진다. 그러나 칸트는 자동차 한 대를 머릿속에 그리면서 그 차가 존재한다고 생각하는 경우에는 아무것도 달라지지 않는다고 주장했다. 왜냐하면 그것은 결국 똑같은 자동차일 뿐이기 때문이다. 칸트가 말한 대로 "실제의 백 달러나 가능한 백 달러는 단 1센트의 차이도 없이 똑같다."(칸트 『순수 이성 비판』, 282). 이처럼 칸트는 안셀무스가 존재를 하나님의 속성이나 특성의 하나로 간주함으로써 실수를 저질렀다고 생각했다.

그러나 칸트는 가능한 달러보다 실제의 달러를 소유하면 자신의 경제적 형편이 나아질 것이라고 인정했다. 실제의 자동차는 상상 속의 자동차와는 다르고, 실제로 존재하는 일각수도 상상 속의 일각수와 다를 것이 분명하다. 실제의 자동차는 우리의 머릿속에 있는 자동차와 똑같아 보일 수 있지만 후자와는 분명히 다르다. 따라서 존재도 다른 속성이나 술어와는 어떤 점에서 서로 다르지만 그렇다고 해서 존재를 속성으로 지닌 물체에 아무런 변화도 일으키지 못한다고 단정할 수는 없다. 이런 측면에서 보면 존재론적 논증에 대한 칸트의 반론은 과거부터 지금까지 여전히 많은 논의를 불러일으키고 있지만 확실한 설득력은 없어 보인다.

아퀴나스가 제기한 이후로 다른 많은 사람들이 뒤쫓고 있는 존재론적 논증에 관한 가장 흔한 반론 가운데 하나는 생각 속에 있는 개념들은 단지 정신적인 존재일 뿐, 현실적인 존재를 내포하지 않는다는 것이다. 이 논증은 일각수와 요정과 같이 실제로 존재하지 않는 많은 것을 생각할 수는 있지만 그런 정신적인 개념들 가운데 어느 것 하나라도 그 자체만으로 그런 존재가 현실 속에 존재한다고 입증할 수는 없다는 우리의 직관에 잘 들어맞는다. 그러나 안셀무스는 개념에서 현실을 추론하는 것이 타당하다고 말하지 않았다. 그는 그런 추론은 단지 한 가지 경우(곧 하나님에 관한 경우)에만 가능하다고 생각했다. 간단히 말해 그런 추론은 일각수나 완전한 섬과 같은 개념이 아니라 그보다 더 위대한 것을 생각할 수 없는 존재의 경우에만 타당하다.

생각의 내용으로부터 현실적인 것의 본질을 추론하는 것이 전혀 가능하지 않다면 우리는 심각한 상태에 처할 수밖에 없다. 어떤 점에서 (감각의 경험, 이성적인 반성, 기억, 상상, 개념과 같은 것을 비롯해) 우리의 생각에서 일어나는 것들은 모두 우리가 직접적으로 인식할 수 있다. 만일 그런 것들로부터 현실 세계에 대한 결론을 도출할 수 없다면 우리는 현실 세계를 알 수 없고, 무엇이든 의심할 수밖에 없을 것이다. 경험주의자들, 합리주의자들, 관념론자들과 같은 사상가들은 그런 추론을 이끌어내는 다양한 방법을 제시한다(칸트가 그런 가능성을 부인하는 한 그는 스스로를 회의론자로 규정하는 셈이 된다). 그런 추론은 시도되어야 마땅하다.

안셀무스의 추론은 우리가 경험하는 것들은 좀 더 완전한 것들(형상, 또는 이데아)의 그림자라고 생각했던 플라톤의 견해와 비슷하다. 예를 들어 우리의 경험 속에 완전한 선은 존재하지 않지만 그럼에도 불구하고 우리는 선의 개념을 가지고 있다. 따라서 플라톤은 선의 본보기요 판단 기준이자 잣대인 "완전한 선"이 현실 세계 안에 존재해야 마땅하다고 생각했다. 우리가 과거의 경험을 통해 완전한 선을 알고 있다는 플라톤의 개념은 설득력이 없지만 진선미의 가장 높은 기준이 우리의 생각만이 아니라 현실 속에 존재해야 마땅하다는 주장은 여전히 의미가 있다. 만일 그렇지 않다면 주관적이고 독단적인 기준만을 적용해 그런 것들을 평가할 수밖에 없을 것이다. 만일 진선미가 존재한다면 그것들을 평가할 수 있는 객관적인 기준도 반드시 존재해야 한다.

안셀무스를 따라 하나님을 그보다 더 위대한 것을 생각할 수 없는 존재로 간주하는 것은 그분을 가장 완벽한 완전체, 곧 모든 위대함과 아름다움과 선과 진리를 비롯해 다른 완전한 모든 것의 기준이자 본보기로 받아들이는 것과 같다. 그런 기준이나 본보기가 없다면 세상에는 선과 진리와 아름다움은 없고 온통 혼돈만 존재할 것이다.

이처럼 존재론적 논증과 초월적 논증은 서로 매우 유사하다. 둘 다 하나님이 우리의 생각에만 존재하신다면 진리와 의미는 물론, 그 어떤 존재도 존재하지 않을 것이라고 주장한다. 따라서 하나님은 필연적으로 존재하실 수밖에 없다.

안셀무스에게 존재론적 논증은 기독교적 세계관(하나님이 모든 가치의 원천이시기 때문에 만물의 존재를 인정하려면 그분의 존재를 전제해야 한다는 것)의 요체였다. 이 논증이 기도에 대한 응답으로 떠올라 기도의 언어로 표현된 것은 조금도 놀랍지 않다. 또한 가우닐로가 반론을 제기했을 때 안셀무스가 어리석은 자가 아닌 가톨릭 신자에게 대답하겠노라고 말한 것도 지극히 당연하다.

그는 자신의 서문에서 말한 대로 믿기 위해 이해하려고 하지 않고, 이해하기 위해 믿으려고 노력했다. 그는 그보다 더 위대한 것을 생각할 수 없는 존재에서 한 걸음 더 나아가 성경의 하나님을 더욱 깊이 이해하게 되자 그분이 반드시 존재하셔야 하는 중요한 이유를 분명하게 깨달았다.

이 논증의 문제는 다른 세계관을 지닌 사람들도 이 논증을 펼치려고 노력했다는 데 있다. 스피노자가 하나님의 존재를 입증하기 위해 펼친 존재론적 논증은 안셀무스의 논증과는 매우 다르다. 그는 자연과 동일한 하나님(Deus sive natura)을 입증하려고 애썼다. 헤겔의 절대 정신이나 하트숀이 제시한 과정의 하나님도 마찬가지다. 그런 차이가 발생하는 이유 가운데 하나는 완전한 것이나 위대한 것에 대한 생각이 세계관에 따라 달라지기 때문이다. 안셀무스는 세상을 무로부터 창조하신 하나님을 완전한 존재로 생각했지만(『프로슬로기온』 10, 11) 스피노자는 그렇지 않았다. 또한 안셀무스는 열정 없는 하나님을 완전한 존재로 생각했지만(11) 하트숀은 그렇지 않았다. 존재론적 논증은 필연적으로 가치 체계를 전제한다. 안셀무스의 경우에는 그 체계가 기독교 신앙에 대한 그의 이해에서 비롯했다. 그런 점에서 이 논증은 기독교적 계시를 전제한다. 안셀무스의 기도와 "이해하기 위해 믿는다."라는 신념을 이해하면 이것은 당연한 결론이다.

토마스 아퀴나스가 말한 대로 모든 사람이 하나님을 "그보다 더 위대한 것을 생각할 수 없는 존재"로 인정하지는 않을 것이 분명하다. 그는 하나님이 육체를 지니고 있다고 생각하는 사람들도 있다고 말했다(『신학대전(Summa Theologiae)』 1부, 2문, 1항, 반론과 답변 2). 또 존재가 "진정한 술어"일지라도 그것을 완전한 속성으로 인정하지 않을 사람들도 있을 것이다. 예를 들어 불교 신자들은 존재보다는 존재의 사멸을 더 선호한다.

이처럼 기독교 신앙의 변증으로서 존재론적 논증이 지니는 설득력은 성경적인 가치 체계, 곧 완전에 대한 성경적 개념이 지닌 설득력에 의존한다. 이것은 종교적으로 중립적인 주장이 아니라 스스로가 그 정당성을 입증하려고 노력하는 진리를 전제로 받아들인다. 전제론적 변증가들은 그런 종류의 순환적 변증을 솔직하게 인정하고, 옹호한다. 물론 그런 이유로 존재론적 주장을 거부할 사람들도 있을 것이다. 데이비드 흄은 그렇지 않지만 우주론적 논증은 성경에서 발견하는 것과 같은 인과론적 질서를 전제하고, 목적론적 논증도 목적을 비인격적인 것이 아닌 인격적인 것으로 받아들여야만 비로소 설득력을 지닌다.

참고 문헌

Anselm of Canterbury, *St. Anselm: Basic Writings*, ed. S. N. Deane (La Salle, IL: Open Court, 1962).

Aquinas, Thomas, *Summa Theologica. Introduction to St. Thomas Aquinas*, ed. Anton C. Pegis (New York: Modern Library, 1948).

Barth, Karl, *Anselm: Fides Quaerens Intellectum* (Richmond, VA: John Knox press, 1960). 이 책은 안셀무스의 논증이 근거로 삼는 신학적 전제들을 설명한다.

Frame, John M., *Apologetics to the Glory of God* (Phillipsburg, NJ: P&R Publishing, 1994).

Kant, Immanuel, *Critique of Pure Reason* (New York: Modern Library, 1958). 노먼 켐프 스미스가 서론을 쓰고, 번역하고, 편집한 축약본이다.

Plantinga, Alvin, *God, Freedom and Evil* (New York: Harper and Row, 1974). 양상논리학과 가능세계의 이론에 따라 존재론적 논증을 현대적으로 재구성한 내용을 담고 있는 책이다.

부록 D
초월적 논증

본래는 다음 책에 실려 처음 출판되었다. W. C. Campbell-Jack and Gavin J. McGrah, eds., *New Dictionary of Christian Apologetics*, consulting ed. C. Stephen Evans (Downers Grove, IL: InterVarsity Press, 2006), 716-17. 출판사의 허락을 받아 게재했다. 칸트(7장)는 철학에 초월적 논증의 개념을 도입했고, 코넬리우스 반틸(13장)과 같은 사람들은 그것을 기독교 변증학에 적용했다. 이 논문은 그에 대한 나의 생각을 대변한다(이 책에 맞게 문체를 약간 다듬었다).

"초월적"이라는 용어를 철학적 논의에 도입한 사람은 임마누엘 칸트(1724-1804)다. 칸트는 데이비드 흄의 회의론을 논박하려고 했지만 크리스티안 볼프의 합리주의적 방법을 받아들일 수는 없었기에 수학과 과학과 철학의 확실성을 확립하는 새로운 수단으로 초월적 논증을 주장하기에 이르렀다.

그는 우리 모두가 지식이 가능하다는 것을 인정해야 한다고 주장했다. 왜냐하면 그렇게 하지 않으면 무엇을 논하거나 탐구해 봤자 아무런 의미가 없기 때문이다. 칸트는 지식이 가능하다면 어떤 조건이 지식을 가능하게 만드는지를 물어야 한다고 말했다. 인간의 지식이 가능하다면 세상이 어떠해야 마땅하고, 또 생각의 기능이 어떻게 작용해야 하는가?

칸트는 지식의 조건 가운데 초월적 감성론(생각이 감각적 경험을 공간적, 시간적 순서대로 배열한다는 것)과 초월적 분석론(생각이 실체와 원인과 같은 범주를 경험에 부여한다는 것)을 포함시켜야 한다고 주장했다. 이처럼 우리는 초월적 논증을 통해 세상(좀 더 정확하게 말하면 세상 "그 자체"가 아닌 나타난 현상으로서의 세상)이 시간과 공간 속에 위치한 채로 서로 인과적 관계를 맺고 있는 실체들의 집합체라는 것을 알 수 있다. 우리는 그런 지식을 감각적 경험이나(흄) 합리적인 추론(라이프니츠, 볼프)만이 아니라 지식의 현실을 주장하고 그 주장의 필연적 전제들을 입증하는 논증으로부터 얻는다.

초월적 논증은 칸트를 따르는 관념론자들의 글에서 핵심 주제로 다루어졌고, 거기에서부터 기독교 변증학으로 흘러들어갔다. 제임스 오어(1844-1913)가 그 논증을 활용했지만 초월적 논증을 가장 분명하게 강조한 20세기 변증학자는 코넬리우스 반틸(1895-1913)이다(그는 때로 초월적 논증을 "전제에 의한 추론"으로 일컬었다).

반틸도 칸트처럼 경험주의와 합리주의는 물론, 아퀴나스의 방식과 같이 이성과 감각적 경험을 하나로 결합하는 전통적 방식을 마뜩찮게 생각했다. 칸트는 그런 식으로 지식에 접근하는 것이 논리적으로 타당하지 않다고 판단했다. 반틸은 그것이 신학적인 방식과 관련해서도 잘못이라고 생각했다. 그는 변증학에 적용된 전통적인 방법론은 인간의 감각적 경험이나 인간의 이성이 하나님이 없어도 적절하게 기능할 수 있다는 것, 곧 중립적이거나 자발적으로 기능한다는 것을 전제한다고 말했다. 따라서 그런 방법론은 변증적 주장의 첫 시작부터 모든 것을 양보하는 것과 같다. 그것은 스스로 주장하려는 결론과 반대되는 전제를 채택하고, 비유신론적인 인식론을 선택함으로써 하나님에 관한 지식을 얻으려고 시도한다.

반틸은 유신론적 인식론을 채택해 하나님의 존재를 입증하는 것이 유일한 대안이라고 주장했다. 그러나 그런 접근 방식(하나님을 인식론의 전제로 삼고, 그 인식론을 활용해 그분의 존재를 입증하는 방법)은 지나치게 순환논리적인 것처럼 보인다.

반틸은 순환논리라는 비판에 대해 이렇게 대답했다. 1) 사상 체계는 무엇이든 근본적인 전제를 주장하기 때문에 순환논리에서 자유로울 수 없다(예를 들어 합리주의자는 이성을 이용해 이성의 권위를 주장한다). 2) 기독교적 순환논리만이 현실을 이해 가능하게 만드는 유일한 논리다.

반틸은 2)를 옹호하기 위해 자신의 독특한 초월적 논증을 구축했다. 그는 기독교적 유신론이 모든 의미, 곧 모든 합리적인 의미와 이해 가능한 논의의 전제라고 주장했다. 그는 심지어 어떤 사람이 기독교적 유신론을 반박할 때조차도 그것을 전제로 하고 있다고 말했다. 그는 그 이유를 그 사람이 이성적인 논증이 가능하고, 진리가 언어를 통해 전달될 수 있다는 것을 전제하기 때문이라고 밝혔다. 반틸의 유명한 예화에 따르면 불신자는 아버지의 무릎에 앉아 그의 얼굴을 때리는 어린아이와 같다. 어린아이는 아버지의 무릎이 자신을 지탱해주지 않으면 그를 때릴 수 없다. 불신자도 하나님이 그런 반역 행위를 용납하지 않으면 그분께 거역할 수 없다. 하나님을 반대하는 것도 이해 가능한 우주를 전제하기 때문에 결국은 유신론적 우주를 인정하는 것이다.

그렇다면 "이해 가능한 우주"에서 "유신론적 우주"로 논리를 발전시키는 것을 어떻게 정당화할 수 있을까? 반틸은 그런 논리적 이행의 이유를 정확하게 밝히지 않았다. 그는 그것을 자명한 것으로 받아들인 것으로 보인다. 사실상 그는 이 점에서 좀 더 전통적인 형태의 변증학으로 되돌아갔다. 변증학자들은 세상이 지식에 적합하게 설계되지 않았다면 우리는 그것을 전혀 알 수 없을 것이라고 종종 말한다. 만일 세상이 단지 물질과 운동과 시간과 우연에만 국한되어 있다면 우리의 머릿속에 있는 개념들이 현실 세계에 관한 지식을 알려준다고 생각할 이유가 조금도 없다. 오직 인격체가 세상을 알 수 있고, 또 인간의 정신이 그것을 알도록 설계했다고 전제해야만 비로소 지식이 가능해진다. 따라서 반틸은 이 점에서 전통적인 신학적 논증으로 회귀했다. 그러나 그는 이 점을 결코 인정하지 않았다. 사실 그는 인정할 수가 없었을 것이다. 왜냐하면 (다른 전통적인 논증과 마찬가지로) 전통적인 목적론적 논증이 자율적이고, 중립적이라고 생각했기 때문이다.

반틸의 초월적 방식이 성공하려면 전통적인 논증이 자율적일 수밖에 없다는 생각을 버리고, 그런 논증을 초월적 논증을 보완하는 것으로 받아들여야 한다. 사실 하나님의 존재를 초월적인 결론으로 확립하려면 전통적인 논증이 반드시 필요하다. 반틸처럼 목적이나 인과성을 주장하는 논증을 펼치는 사람은 비유신론적인 인식론을 전제로 한다고 생각해야 할 이유가 없다. 오히려 그런 전통적인 논증을 펼치는 사람들은 하나님이 없으면 질서와 인과성을 암시하는 모든 경험의 자료가 이해 불가능하게 되고 만다는 것을 보여준다.

그렇다면 초월적 논증은 전통적인 논증을 넘어서서 변증가의 무기에 무엇을 더해줄까? 첫째, 초월적 논증은 변증학의 목적을 명시한다. 변증학의 목적은 하나님이 존재할 뿐 아니라 그분이 어떤 분이신지(곧 그분이 우주 안에 있는 모든 의미와 이해가능성의 원천이시라는 것)를 보여주는 것이다.

초월적 논증은 또한 전통적인 논증이 소홀히 취급했던 변증적 전략을 제시한다. 전통적인 변증학자들은 인과성이 하나님의 존재를 "내포한다."고 종종 주장했다. 초월적 논증은 그보다 더 강력한 주장(인과성은 하나님의 존재를 "전제한다"는 것)을 제시한다. 피터 스트로슨과 바스 반 프라센의 설명에 따르면 "내포하다."와 "전제하다."의 차이는 이렇다. 즉 후자의 경우는 인과성을 주장할 때는 물론, 그것을 부인할 때도 똑같이 하나님의 존재를 내포하는 의미를 담고 있다는 것이다. 다시 말해 인과성이 존재할 때도 하나님의 존재가 내포되어 있고, (가능하다면 이해하기 쉽게) 인과성의 존재를 부인하더라도 하나님의 존재를 전제하는 의미 체계에 의존할 수밖에 없다. 돈 콜렛은 스트로슨과 반 프라센이 말한 전제는 반틸의 전제와 동일한 의미를 지닌다고 말했다. 따라서 세상의 창조가 하나님을 전제한다면 창조를 부인해도 그분을 전제할 수밖에 없다. 그런 점에서 무신론자는 아버지의 무릎에 앉아 그의 얼굴을 때리는 어린아이와 같다.

성경은 세상의 창조가 하나님을 내포할 뿐 아니라 그분을 전제한다는 그런 과감한 주장을 내세운다. 하나님은 만물의 창조주이기 때문에 모든 의미와 질서와 지식의 원천이시다. 그리스도 안에서 만물이 함께 서 있다(골 1:17). 따라서 하나님이 없으면 모든 것이 와해되고, 모든 의미가 사라진다. 이것이 성경이 불신앙을 어리석은 것으로 간주하는 이유다(시 14:1; 고전 1:20). 이런 결론을 제시할 수 있는 논증이 많다. 물론 개개인의 변증이 모두 그런 결론에 도달하는 데까지 나갈 필요는 없다. 그러나 변증가의 과업은 그런 결론에 도달할 때, 곧 성경이 하나님에 관해 가르치는 것이 모두 진리라는 것을 부인하는 자들을 온전히 설득할 수 있을 때 비로소 완성된다. 이런 점에서 기독교적 유신론을 위한 완벽한 논증은 아무리 많은 하위 논증을 포함하고 있더라도 성격상 초월적일 수밖에 없다.

참고 문헌

Collett, Don, "Van Til and Transcendental Argument", *WTJ* 65, 2 (Fall 2003): 289-306.

_____, "Van Til and Transcendental Argument", *Revelation and Reason: New Essays in Reformed Apologetics*, ed. K. Scott Oliphint and Lane G. Tipton (Phillipsburg, NJ: P&R Publishing, 2007), 258-78.

Frame, John M., *Cornelius Van Til: An Analysis of His Thought* (Phillipsburg, NJ: P&R Publishing, 1995).

Kant, Immanuel, *Critique of Pure Reason* (New York: Modern Library, 1958). 노먼 켐프 스미스가 서론을 쓰고, 번역하고, 편집한 축약본이다.

Oliphint, K. Scott, and Lane G., Tipton, eds., *Revelation and Reason: New Essays in Reformed Apologetics* (Phillipsburg, NJ: P&R Publishing, 2007), 258-78.

Strawson, Peter F., *An Introduction to Logical Theory* (London: Methuen, 1952).

Van Fraassen, Bas C., "Presupposition, Implication, and self-Reference", *Journal of Philosophy* 65, 5 (1968): 136-52.

Van Til, Cornelius, *The Defense of the Faith* (Philadelphia: Presbyterian and Reformed, 1963).

부록 E
결정론, 우연, 그리고 자유

본래는 다음 책에 실려 처음 출판되었다. W. C. Campbell-Jack and Gavin J. McGrath, eds., *New Dictionary of Christian Apologetics*, consulting ed. C. Stephen Evans (Downers Grove, IL: InterVarsity Press, 2006), 218-20. 출판사의 허락을 받아 게재했다. 앞서 몇몇 결정론자들(데모크리토스, 스토아 학파, 스피노자)과 다양한 종류의 자유의지를 주장하는 자들(에피쿠로스, 화이트헤드, 열린 유신론)을 살펴보았다. 나는 아래의 논문에서 그런 논의에서 다루어지는 개념들 가운데 일부를 분석해 볼 생각이다(이 책에 맞게 문체를 약간 다듬었다).

결정론자들은 모든 사건(또는 특정한 범주 내에 있는 모든 사건)이 그것을 정확하게 일어나게 만드는 원인을 가지고 있다고 믿는다. 결정론의 형태는 다양하다. 그 중에서 몇 가지 예를 들면 1) 플라톤은 인간의 윤리적인 선택이 선에 관한 견해에 의해 결정된다고 주장했고, 2) 스키너는 외부 자극, 성향, 동기가 인간의 모든 행동을 지배한다고 믿었으며, 3) 데모크리토스, 홉스, 스피노자를 비롯해 많은 사상가들은 우주에서 일어나는 모든 사건이 물리적인 원인에 의해 결정된다고 생각했다. 우리가 특별히 관심을 기울여야 할 것은 4) 모든 사건이 하나님이 미리 정하신 대로 정확하게 일어난다고 믿는 신학적 결정론이다. 여기에는 칼빈과 그의 전통을 따르는 사상가들의 견해가 포함된다. 신학적 결정론을 해설한 고전으로는 조나단 에드워즈의 『의지의 자유(Freedom of the Will)』가 있다. 3)에 해당하는 결정론자가 되지 않고서도 4)에 해당하는 결정론자가 될 수 있다는 점에 주목하라. 이것이 『웨스트민스터 신앙고백(WCF)』의 입장인 것처럼 보인다. "하나님은 일어날 모든 일을 미리 작정하셨다"(3장 1항). 그러나 9장 1항에는 인간의 의지는 "선이나 악을 행하도록 강요당하거나 자연의 절대적인 필연에 의해 결정되지 않는다."라고 명시되어 있다(5장 2항 참조).

윌리엄 제임스는 "결정론의 딜레마"라는 논문에서 "강경한" 결정론과 "온건한" 결정론을 구별했다. 그의 견해에 따르면 온건한 결정론자들은 인간의 결정을 포함해 모든 사건이 결정되었지만 일정한 자유와 도덕적 책임도 아울러 존재한다고 주장한다. 그와는 달리 강경한 결정론자들은 인간의 결정이 결정되었다고 말하려면 도덕적 책임이라는 개념을 거부해야 한다고 주장한다(제임스는 이 견해가 좀 더 일관성이 있다고 생각했다). 그러나 다른 사상가들은 "강경과 온건"의 구별을 다르게 적용해 "온건한 결정론"을 대체로는 결정론적이면서 인간의 무위적, 또는 자의적 선택을 감안하는 견해로 정의한다.

"우연"은 1) 무위적 사건들이나 2) 원인이 확실하지 않고, 통제하기가 어려운 사건들을 가리킨다. 주사위 놀이를 할 때 우리는 종종 그 결과가 "우연적"이라고 말한다. 그러나 그 말은 결과가 원인이 없다는 것을 의미하기보다는 그 원인을 확인하거나 통제하기가 어렵다는 의미를 내포한다. 확률의 법칙은 개별적인 경우가 아닌 장기적인 관점에서 볼 때 그런 우연적인 사건들의 결과가 어떻게 될 것인지를 예측하도록 도와준다(예를 들어 동전 던지기를 계속하면 앞면이나 뒷면이 나올 확률이 반반이다). 첫째, 우연은 결정론과 양립할 수 없다. 둘째, 우연은 결정론과 양립 가능하다. 셋째, 우연은 결정론을 전제한다.

"자유"는 좀 더 복잡한 개념이다. 일반적으로 말하면 인간은 1) 무엇인가를 할 수 있는 능력이 있을 때나 2) 그런 능력을 발휘하는 것을 가로막는 장애나 난관이 있지만 그것을 모두 극복하고 더 이상 그런 것에 구애받지 않을 때 자유롭다고 말할 수 있다. 예를 들어 어떤 사람은 감옥에서 "자유롭게 되어" 더 이상 감옥의 창살이나 간수와 같은 요인에 구속받지 않고 자기가 가고 싶은 대로 갈 수 있다. 또한 사람들은 정부의 간섭 없이 정치적인 견해를 말하고, 정치적 당파를 조직하는 것과 같은 일을 할 수 있을 때 정치적 자유를 향유한다. 자유는 항상 "무엇으로부터의 자유"이자 "무엇을 향한 자유"(곧 장애 요인으로부터의 자유와 무엇인가를 할 수 있는 자유)를 의미한다.

우리가 자유롭게 할 수 있는 일이 서로 다르고, 우리가 자유롭게 되어야 할 장애 요인이 많기 때문에 자유의 종류도 그만큼 다양할 수밖에 없다. 따라서 우리는 경제적 자유, 정치적 자유, 종교적 자유, 질병과 다른 많은 것으로부터의 자유를 말한다.

신학자들과 변증가들이 특별히 관심을 기울이는 자유는 1) 도덕적 자유(우리의 부패한 상태에도 불구하고 선을 행할 수 있는 능력)다. 하나님은 우리에게 은혜로 그런 자유를 허락하셨다(요 8:32-36; 롬 6:7, 18-23, 8:2). 성경이 인간의 자유에 관해 말할 때는 항상 이런 의미를 담고 있다.

2) 개인의 욕망에 따라 행동할 수 있는 자유다. 이 자유는 때로 "양립 가능론"으로 불린다. 결정론과 양립이 가능하다는 이유에서다. 성경은 이 능력을 자유로 표현하지는 않지만 모든 인간에게 그런 능력이 부여되었다고 인정한다. 예를 들어 예수님은 선한 사람은 그 선한 마음에서 선한 행위를 하고, 악한 사람은 그 악한 마음에서 악한 행위를 한다고 가르치셨다(마 12:35). 물론 우리가 마음으로는 원해도 그 "원하는 것"을 할 수 없을 때가 있다(롬 7:15 참조). 그러나 비록 잠재적인 난관이 따르더라도 우리는 삶의 결정 가운데 대부분을 우리가 원하는 대로 할 수 있다.

3) 자연적인 필연으로부터의 자유, 곧 자연적인 원인에 구속받지 않고 행동하는 자유다. 이것은 앞서 인용한 『웨스트민스터 신앙고백』에 언급된 자유다. 이것이 신학적으로 중요한 이유는 인간의 선택이 항상, 또는 필연적으로 자연적인 원인에 구애받지는 않는다는 의미를 내포하고 있기 때문이다. 하나님의 형상대로 창조된 우리는 땅을 다스리는 권한이 있고, 어떤 점에서는 세상의 과정을 초월한다. 우리는 유전이나 환경의 요인 때문에 어쩔 수 없이 죄를 지었노라고 변명할 수 없다.

4) 모든 인과관계로부터의 자유다. 이것은 때로 "자유의지론적 자유"로 일컬어진다. 내가 무엇을 선택하든 그 반대의 것을 선택할 수 있다는 점에서 나는 자유의지론적 자유를 향유한다. 나의 선택은 3)의 경우처럼 자연적인 원인으로부터는 물론, 하나님에 의해 정해진 인과성으로부터도 자유롭다. 나의 자유의지론적 선택은 또

한 나로부터도 자유롭다. 왜냐하면 나의 성격이나 성향이나 욕망에 의해 결정되지 않기 때문이다. 그런 내적 동기들은 어떤 점에서 자유로운 결정에 영향을 미칠 수 있지만 결코 그것을 결정하지는 못한다. 이처럼 자유의지론적 자유는 불확정적이며, 비원인적이다. 자유의지론적 자유는 때로 "양립불가능론"으로 불린다. 왜냐하면 결정론과 양립할 수 없기 때문이다.

고대 그리스로부터(에피쿠로스) 현대에 이르는(앨빈 플랜팅가) 많은 철학자들이 자유의지론적 자유를 가르쳤다. 순교자 유스티누스와 테르툴리아누스를 비롯해 일부 교부들도 그런 입장을 취했다. 아우구스티누스의 적이었던 펠라기우스, 예수회의 루이스 몰리나, 파우스토와 렐리오 소시누스, 야콥 아르미니우스, 오늘날의 아르미니우스주의자들, 열린 유신론자들, 과정 신학자들도 모두 이 견해를 지지한다.

자유의지론적 자유를 믿는 사람들은 1) 우리에게 그런 자유가 주어졌다는 것을 직관적으로 알 수 있고, 2) 도덕적 책임을 지는 것이 필요하기 때문에(곧 이미 결정된 일을 하는 것에는 아무런 책임이 뒤따르지 않기 때문에) 그런 자유가 우리에게 주어졌다는 것을 확실하게 알 수 있다고 주장한다.

그러나 자유의지론적 자유를 논박하는 사람들은 이렇게 대답한다. 1) 여러 가지 대안 가운데서 하나를 선택한다는 것은 직관적으로 알 수 있지만 그렇다고 해서 우리의 선택이 절대적으로 원인이 없다고 단정하기는 곤란하다. 직관은 "보편적인 부정"을 입증하는 증거가 될 수 없다. 2) 자유의지론적 자유가 도덕적 책임을 일깨우는 데 반드시 필요하다는 가르침과는 무관하게 성경은 그런 자유를 단 한 번도 언급하지 않는다. 3) 이 교리는 법정에서 다른 사람의 죄책을 판단하는 일을 불가능하게 만든다. 피고의 결정이 아무런 이유가 없었다고 한다면 어떤 사람이 범죄에 대해 책임이 있고, 그런 이유에서 유죄라는 것을 입증하는 것이 불가능해져 기소 자체가 성립되지 않는다. 4) 법정은 자유의지론적 자유와 반대되는 입장(곧 사람들이 충분한 동기를 가지고 행동한 것에 대해서만 책임이 있다는 것)을 취한다. 만일 피고가 충분한 이유나 동기 없이 범죄를 저질렀다는 것이 입증된다면 유죄 판결보다는 정신이상자라는 판결이 내려질 것이 분명하다. 5) 성경의 가르침은 자유의지론적 자유와 대립된다. 성경은 인간의 결정은 심지어 악한 결정까지도(창 45:5-8; 시 105:24; 눅 22:22; 행 2:23, 24, 3:18, 4:27, 28; 롬 9:17) 모두 하나님이 작정하신 원인에 의해 결정된다고 가르친다(출 34:24; 사 44:28; 단 1:9; 요 19:24; 행 13:48, 16:14). 물론 하나님의 작정에 의해 모든 일이 결정되었다고 해도 인간의 책임이 배제되는 것을 결코 아니다. 사실, 인용한 성경 본문들은 동일한 문맥 안에서 종종 인간의 책임을 똑같이 강조한다. 6) 성경은 또한 인간의 결정이 마음의 지배를 받으며(눅 6:45), 그 마음 자체가 하나님의 통제를 받는다고(시 33:15; 잠 21:1) 가르침으로써 자유의지론적 자유와 대립된다. 7) 성경은 인간의 책임이 자유의지론적 자유가 아닌 (1) 피조물의 행위를 판단하시는 하나님의 주권적인 권한(롬 9:19-21), (2) 하나님이 각 사람에게 허락하신 지식(눅 12:47, 48; 롬 1:18-32)과 재능(마 25:14-29)에 근거한다고 가르친다. (2)에서 알 수 있는 대로 성경은 책임과 능력이 서로 밀접한 관계를 맺고 있다고 가르치지만 그 능력은 정반대의 행위를 선택할 수 있는 절대적인 능력을 의미하지는 않는다.

이런 점들을 고려하면 성경은 유신론적 결정론(제임스의 표현을 빌리면 "온건한 결정론")을 가르친다고 결론지을 수 있다. 성경은 두 번째가 아닌 첫 번째와 세 번째 의미에서의 우연을 배격한다. 성경은 인간이 때로 도덕적인 자유를 누리지만 자유의지론적 자유가 아닌 "양립 가능론적인" 자유를 누린다고 가르친다. 성경의 가르침에는 우리가 자연적인 인과성으로부터의 자유를 향유한다는 의미가 아울러 내포되어 있다. 성경은 그런 자유를 부인하지는 않지만 그 점을 분명하게 언급한 구절은 어디에도 없다.

참고 문헌

Edwards, Jonathan, *Freedom of the Will*, ed. Paul Ramsey (New Haven, CT: Yale University Press, 1973).

Frame, John M., *The Doctrine of God* (Phillipsburg, NJ: P&R Publishing, 2002).

_____, *No Other God: A Response to Open Theism* (Phillipsburg, NJ: P&R Publishing, 2001).

James, William, "The Dilemma of Determinism", *Essays in Pragmatism*, ed. Alburey Castell, 37-64. (New York: Hafner Publishing, 1954).

Poythress, Vern S., *Chance and the Sovereignty of God: A God-Centered Approach to Probability and Random Events* (Wheaton, IL: Crossway, 2014).

부록 F
자기 모순적 진술

본래는 다음 책에 실려 처음 출판되었다. W. C. Campbell-Jack and Gavin J. McGrath, eds., *New Dictionary of Christian Apologetics*, consulting ed. C. Stephen Evans (Downers Grove, IL: InterVarsity Press, 2006), 660-62. 출판사의 허락을 받아 게재했다(이 책에 맞게 문체를 약간 다듬었다).

자기 모순적인 진술의 종류는 여러 가지다.

1) "소크라테스는 죽는다. 소크라테스는 죽지 않는다."와 같은 논리적으로 모순되는 진술. 이 문장에서 "죽는다."라는 표현이 두 차례 등장해 소크라테스라는 주어의 술어로 사용되었다. 이 문장은 사실일 수 없다. 첫 번째 문장과 두 번째 문장이 서로 모순된다.

2) "모든 진술은 거짓이다."와 같이 스스로를 가리키는 자기 지시적인 진술. 이 진술이 사실이라면 자기 자신도 거짓이 된다.

3) 확실한 내용 때문이 아니라 그것을 말한 사람 때문에 자기 모순을 일으키는 진술. 예를 들면 "나는 지금 거짓말을 하고 있다."와 같은 진술이다. 일반적으로 누군가가 거짓말을 하고 있다고 밝히는 말은 모순되지 않는다. "그는 지금 거짓말을 하고

있다."라고 1인칭을 3인칭으로 바꾸면 모순이 사라진다. 그러나 이 진술에서 1인칭을 사용하면 자기 모순을 일으킨다. 왜냐하면 어떤 것을 주장하는 그 행위 안에 진실을 말한다는 주장이 함축되어 있기 때문이다. 따라서 "나는 지금 거짓말을 하고 있다."라는 말은 사실상 "나는 지금 진실을 말하고 있고, 또 거짓말을 하고 있다."라는 의미가 된다. 이는 자기 모순이다.

4) 화자의 말보다는 화자 자신과 좀 더 관련이 있는 "실천적인" 형태의 자기 모순적 진술. 만일 어떤 사람이 콩을 싫어한다고 말하면서 실제로는 많은 양의 콩을 먹는다면 그것을 지켜보는 사람들은 그의 행위와 말이 모순된다고 말할 것이 틀림없다. 그의 말 자체는 모순이 아니지만 그는 중요한 의미에서 자기 모순에 빠진 상태다. 물론 그런 실천적인 자기 모순을 비판하는 것은 인신공격에 해당한다.

5) 스스로 충족시킬 수 없는 의미나 합리성이나 진리의 조건을 내세우는 철학적 이론. 예를 들어 루트비히 비트겐슈타인은 『논리철학논고(Tractatus-Logico-Philosophicus)』의 마지막 부분에서 자신의 책이 제시하는 명제들이 의미에 대한 자신의 판단 기준에 부합하지 않는다고 솔직하게 인정했다. 그는 그런 명제들이 높은 위치에 올라섰을 때 내버려도 되는 사다리와 같다고 말했다. 나중에 논리실증주의자들은 경험적인 사실이 자연과학과 비슷한 방법을 사용해 경험적으로 검증할 수 없는 것이라면 언어를 사용해 그것을 의미 있게 진술할 수 없다고 주장했다. 그러나 많은 사람들이 그들의 "검증 원리" 자체가 경험적으로 검증될 수 없는 것이라고 지적했다. 그들의 논증을 통해 논리실증주의는 영향력 있는 철학 운동으로서의 동력을 상실하고 말았다.

6) 진리가 없다거나 아무것도 알 수 없다고 주장하는 일반적인 형태의 회의론으로 알려진 철학적 견해. 회의론을 반대하는 사람들은 회의론자들이 진리가 없다고 말하거나 아무것도 알 수 없다는 것을 스스로 알 수 있다고 주장한다는 점에서 위의 2)에서 언급한 오류를 저지른다고 지적한다. 그런 지적에 대해 회의론자들은 (1) 회의적인 입장을 포기하거나 (2) 스스로의 주장을 수정해 독단적이고 아전인수 격이라고 쉽게 비판을 당할 수 있는 내용을 제거하거나 (3) 몇 가지 알 수 있는 진리들을 용납하기 위해 자신들의 견해를 다소 수정하는 식으로 대응한다. 대안 (3)은 일차적 진리와 이차적 진리(즉 진리에 관한 진리)를 구별하는 작업을 필요로 할 수도 있

다. 그러나 일차적 진리를 의심하는 것과 이차적 진리를 의심하는 것을 구별할 수 있는 근거를 발견하는 것은 그리 쉽지 않다. 그런 구별은 자연히 또 다른 논증을 요구하기 마련이다.

7) 임마누엘 칸트가 주장한 대로 수학과 과학의 진리는 (라이프니츠의 경우처럼) 합리적인 연역에 의해서나 (흄의 경우처럼) 감각적 경험에 의해서 입증될 수 없고, 지식이 가능한 조건들을 제시하는 초월적 논증에 의해서만 입증될 수 있다는 견해. 칸트는 이 견해를 부인한다면 지식의 필요 조건을 부인하면서 지식을 가졌다고 주장하는 자기 모순에 빠질 수밖에 없다고 믿었다. 그러나 다른 많은 인식론적인 이론들에 대해서도 이와 비슷한 비판이 제기되었다. 그 가운데 더러는 칸트의 인식론과 매우 다르다.

기독교 변증가는 자기 모순의 개념을 활용해 기독교 유신론을 대체하려는 대안들에 대해 종종 비판을 가한다. 고든 클라크는 『인간과 사물에 대한 기독교적 견해 (A Christian view of Men and Things)』를 비롯해 다른 여러 저서에서 비기독교적 사상가들(특히 회의론을 주장하는 자들)의 논리적 모순을 밝히는 변증가로서의 면모를 드러냈다. 스튜어트 헤켓은 『유신론의 부활(The Resurrection of Theism)』에서 칸트의 초월적 논증을 약간 수정한 방법을 발전시켰다. 그의 견해는 이런 식의 접근 방식을 뚜렷하게 보여주는 또 하나의 변증적 사례에 해당한다.

프랜시스 쉐퍼는 종종 4)에서 말한 "실천적인" 자기 모순의 방법을 자주 사용했다. 그는 『거기 계시는 하나님(The God Who Is There)』에서 순수한 우연이 현실을 지배한다는 것을 보여주기 위해 "무작위로 표현하는 음악"을 작곡한 존 케이지를 언급했다(p. 72-74). 그러나 케이지는 취미로 버섯을 모았고, 버섯을 모으는 일에 자신의 우연성 철학을 적용한다면 죽게 될 것을 알게 되었다. 쉐퍼는 케이지가 실천과 이론이 일관되지 않는다는 점에서 자기 모순에 빠졌다고 지적했다.

코넬리우스 반틸은 『기독교 교육에 관한 에세이(Essays on Christian Education)』와 같은 저서(p. 89)에서 기차에서 한 어린아이가 아버지의 무릎 위에 앉아 그의 얼굴을 때리는 광경을 목격한 일을 종종 언급했다. 그는 그때의 일화를 통해 불신자들이 기독교적 유신론을 의존하지 않고서는 그것을 비판할 수 없다는 자신의 견해를 구체적으로 예시했다. 기독교를 논박하려면 세상이 의미 있고, 알 수 있고, 언어로 표현할 수 있다는 것을 전제해야 한다. 반틸의 견해에 따르면 오직 기독교적 유신론만이 그런 이성적인 논의를 가능하게 하는 조건들을 제공한다. 따라서 하나님을 거부하는 불신자는 스스로의 입장을 논박하는 것이다. 이런 유형의 자기 모순은 그것이 주장하는 내용 가운데 직접 드러나 있지 않고, 그런 주장을 내세우는 화자의 결정에서 비롯한다는 점에서 위에서 말한 3)과 4)와 비슷하다.

참고 문헌

Clark, Gordon H., *A Christian View of Men and Things* (Grand Rapids: Eerdmans, 1952).

Hackett, Stuart C., *The Resurrection of Theism: Prolegomena to Christian Apology* (Chicago: Moody Press, 1957).

Hasker, William, "Self-Referential Incoherence", *The Cambridge Dictionary of Philosophy*, ed. Robert Audi, 721 (Cambridge: Cambridge University Press, 1995).

Schaeffer, Francis A., *The God Who Is There* (Chicago: InterVarsity Press, 1968).

Van Til, Cornelius, *Essays on Christian Education* (Nutley, NJ: Presbyterin and Reformed, 1974).

Wittgenstein, Ludwig, *Tractatus Logico-Philosophicus* (London: Routledge and Kegan Paul, 1963).

부록 G

거듭나지 못한 자들이 생각하는 하나님

본래는 다음 책에 실려 처음 출판되었다. W. C. Campbell-Jack and Gavin J. McGrath, eds., *New Dictionary of Christian Apologetics*, consulting ed. C. Stephen Evans (Downers Grove, IL: InterVarsity Press, 2006), 732-35. 출판사의 허락을 받아 게재했다. 이 논문은 인간의 지식에 미치는 죄의 영향을 논의한다. 이 책 1장과 13장(반틸에 관한 논의)을 보충하는 내용이다(이 책에 맞게 문체를 약간 다듬었다).

훌륭한 가르침은 아는 것에서부터 모르는 것으로 나아간다. 따라서 훌륭한 변증가라면 문의자가 하나님에 관해 이미 무엇을 알고 있는지부터 파악하기를 원할 것이 분명하다. 과연 불신자들은 참 하나님에 관한 지식을 알고 있을까? 만일 그렇다면 그들은 무엇을 알고 있고, 또 그런 지식은 어떤 식으로 표출될까?

성경은 불신자들이 하나님을 안다고 가르치면서(롬 1:21) 또한 그들이 그분을 모른다고 가르친다(고전 2:14, 15:34; 살전 4:5; 살후 1:8; 딤후 3:7; 딛 1:16; 요일 4:8). 어떤 점에서 하나님에 관한 지식은 보편적이기도 하고, 그렇지 않기도 하기 때문에 약간의 구별이 필요하다.

로마서 1장 18-32절은 이 문제를 다루는 전형적인 성경 본문이다. 바울은 불의한 자들에게 하나님의 계시가 분명하게 나타났다고 강조했다. 하나님은 그들에게 자신의 진노를 드러내고(18절), 자신에 관한 진리를 분명하게 나타내신다(19절). 그분의 진리가 "분명히 보여 알려졌다"(20절). 계시된 진리 안에는 하나님의 "영원하신 능력과 신성"이 포함된다(20절). 또한 거기에는 "이 같은 일을 행하는 자는 사형에 해당한다고 하나님께서 정하심을 알고도"(32절)라는 말씀대로 도덕적인 내용이 아울러 포함된다. 의미심장하게도 로마서 본문은 자연에 나타난 계시가 구원의 길을 가르친다고 말씀하지는 않는다. 바울은 구원과 관련된 것은 복음의 전파를 통해 이루어진다고 말했다(롬 10:13-17). 이처럼 그는 일반 계시(피조 세계를 통해 드러난 하나님의 계시)와 특별 계시(예언과 복음 선포와 성경을 통해 드러나는 하나님의 계시)를 신학적으로 구분했다.

일반 계시를 통해 주어진 지식은 하나님에 관한 지식(곧 명제적인 지식)일 뿐 아니라 하나님을 아는 지식(곧 인격적인 지식)이다. 바울은 악인들도 하나님에 관한 정보만이 아니라 그분을 아는 지식을 가지고 있다고 말했다(롬 1:21).

그러나 바울의 가르침에 따르면 악인들은 계시된 지식을 올바르게 사용하지 못한다. 오히려 그들은 "불의로 진리를 막는다"(롬 1:18). 그는 "하나님을 알되 하나님을 영화롭게도 아니하며 감사하지도 아니하고 오히려 그 생각이 허망하여지며 미련한 마음이 어두워졌나니 스스로 지혜 있다 하나 어리석게 되어"(21, 22절)라고 말했다. 바울은 그들의 어리석음을 우상 숭배로 간주했다(22, 23절). 그가 생각한 우상 숭배는 순수한 마음으로 신성한 것을 추구하는 것이나 정직한 무지에서 비롯한 결과가 아니었다. 그것은 참 하나님에 관한 분명한 계시를 완강하게 거부하며 죄를 짓는 것을 의미한다. "썩어지지 아니하는 하나님의 영광을 썩어질⋯우상으로 바꾸고"(23절), "하나님의 진리를 거짓 것으로 바꾸는"(25절) 것, 그것이 곧 우상 숭배다.

악인들은 하나님의 분명한 계시를 완강하게 거부하기 때문에 하나님은 그들을 더러운 죄, 특히 성적인 죄를 짓도록 내버려 두신다(롬 1:24, 26, 28). 그러나 그런 상황에서도 본래의 확실한 계시는 계속해서 심판의 기준으로서의 기능을 발휘한다. 따라서 바울이 말한 대로 그들은 "핑계하지 못한다"(20절).

우리는 이 본문을 통해 거듭나지 못한 자들이 하나님을 알고 있기도 하고 모르고 있기도 하다는 것을 알 수 있다. 그들은 하나님의 계시를 통해 그분을 안다. 다른 성경 본문들도 이 계시가 자연 세계만이 아니라 사람들의 인격 안에서 발견된다고 가르친다. 왜냐하면 인간은 모두 하나님의 형상으로 창조되었기 때문이다(창 1:27). 따라서 하나님의 계시는 피할 수 없다. 그러나 특별 계시와 하나님의 구원 은혜가 없는 한, 사람들은 이 진리를 거짓으로 바꾸고, 사악한 행위를 저질러 하나님의 친구가 아닌 원수로 전락한다.

그러나 하나님의 은혜는 이런 반목의 관계를 우정으로 바꾸고, 로마서 1장 21절의 지식을 뛰어넘는 차원에서 하나님을 아는 지식에 다다르게 만든다. 이것이 예수님이 영생과 동일시하셨던 하나님을 아는 지식이다(요 17:3). 다른 많은 성경 본문도 구원 은혜를 전제하는 다양한 종류의 지식을 언급한다(롬 15:14; 고전 1:5, 2:12; 고후 2:14, 4:6, 6:6, 8:7; 엡 1:17; 빌 1:9, 3:8, 10; 골 1:10; 딤전 2:4; 딤후 1:12; 히 8:11; 벧후 3:18; 요일 2:3-5, 13, 20, 21, 3:14, 29, 24, 4:2, 4, 6, 7, 13, 16, 5:2, 13, 19, 20; 요이 1:1). 거듭나지 못한 자들은 이런 종류의 지식을 가질 수 없다. 이것이 로마서 본문이 그들이 하나님을 알지 못한다고 말씀하는 이유다.

신학적인 전통에 따르면 하나님에 관한 거듭나지 못한 자들의 지식은 두 가지로 구분된다. 먼저 토마스 아퀴나스가 주장한 대로 이 지식은 인간의 자연적인 이성에서 비롯한다. 아퀴나스의 견해에 따르면 세상에서의 행복을 추구하는 데는 자연적인 이성만으로도 충분하지만 영생을 얻으려면 그보다 차원이 높은 초자연적인 지식이 필요하다. 자연적인 이성은 거룩한 계시와 무관하게 기능하지만 초자연적인 지식은 우리가 자연적으로 아는 것을 보완하는 계시에 근거한다.

개혁주의 신학자들은 하나님이 인간의 자연적인 이성이 계시와 무관하게 자동적으로 기능하도록 의도하셨다는 견해를 거부한다. 인간의 지식은 모두 계시(곧 일반 계시와 특별 계시)에서 비롯한다. 더욱이 타락 이전에도 하나님은 아담의 자연적인 지식을 말씀의 계시로 보완하셨다. 타락 이후에는 일반 계시와 특별 계시가 모두 있어야만 인간의 자연적인 이성이 올바로 기능할 수 있다. 로마서 1장이 가르치는 대로 우리에게만 모든 것을 맡겨 놓으면 일반 계시의 진리를 억누르고, 왜곡하는 결과가 빚어진다. 오직 특별 계시를 통해 주어진 복음 안에서 역사하는 하나님의 은혜만이 일반 계시를 올바로 바라볼 수 있는 능력을 부여할 수 있다. 칼빈은 특별 계시를 일반 계시를 이해하는 "안경"으로 설명했다.

칼빈주의자들이 하나님에 관한 불신자들의 지식과 관련해 아퀴나스보다 좀 더 회의적인 입장을 취해 온 이유가 여기에 있다. 아퀴나스는 이교도인 아리스토텔레스를 자연적인 이성의 전형으로 간주하고, 그의 사상을 하나님의 존재에 관한 증명은 물론, 철학이나 신학과 연관된 다른 문제들을 다루는 근거로 삼았다. 그러나 칼빈의 사상을 따르는 자들은 불신자들로부터 하나님에 관한 것을 많이 배울 수 있다고 생각하지 않는다. 아브라함 카이퍼와 코넬리우스 반틸과 같은 일부 칼빈주의자들은 하나님에 관한 지식은 인간의 모든 지식과 밀접하게 관련되어 있기 때문에 불신자들의 사상은 비교적 신학과 거리가 먼 주제에 관해서조차도 심각하게 왜곡되었다고 주장했다. 개혁주의 전통은 "일반 은혜"의 교리, 곧 하나님이 불신자들이 자신을 완전히 배격하는 죄를 짓지 않도록 돕고, 시민적인 덕성과 참된 신념을 추구할 수 있는 성향을 지니도록 이끄신다는 견해를 받아들인다(물론 예외도 일부 존재한다).

개혁주의의 견해에 따르면 하나님에 관한 불신자들의 지식은 보완 이상의 것, 곧 내적 성향의 획기적인 전환을 필요로 한다. 변증학자들의 일은 불신자들이 이미 알고 있는 것에 몇 가지 정보를 더하는 것이 아니라 "모든 생각을 사로잡아 그리스도에게 복종하게 하는 것"(고후 10:5)이다. 따라서 그 일에는 불신자들의 기본적인 세계관, 곧 그의 가장 기본적인 전제에 의문을 제기하는 활동이 포함되기 마련이다. 전제론적 입장을 취하는 개혁주의 변증가들은 믿음에 근거한 생각과 그렇지 않은 생각, 곧 (성경의 표현을 빌리면) 하나님의 지혜와 세상의 어리석음이 서로 대립한다고 분명하게 지적한다. 이 대립의 교리와 일반 은혜의 교리를 균형 있게 조화시키는 것은 그리 쉽지 않다. 만일 그런 대립 때문에 불신자들이 모든 점에서 하나님의 진리를 거부한다면 과연 불신자들에게 무슨 지식을 전할 수 있겠는가?

나는 『코넬리우스 반틸 : 그의 사상에 대한 분석(*CVT*)』이라는 책에서 이 문제를 다루려고 노력했다. 간단히 말해 불신자들과 신자들은 결코 완전한 합의에 도달할 수 없다. 그들은 항상 서로의 차이를 인정할 수밖에 없다. 불신자와 신자는 하늘이 파랗다는 것에는 모두 아무런 이견이 없다. 그러나 불신자는 그런 사실을 물질과 에너지와 우연의 산물로만 바라본다. 또한 그리스도인과 바리새인은 하나님이 안식일 준수를 명령하셨다는 데에는 동의하지만 후자는 그 명령에서 하나님의 긍휼을 보지 못하고, 병자 치유를 단죄한다. 다시 말해 불신자들은 많은 문제와 관련해 신자들과 의견을 같이 하지만 전반적으로 보면 하나님에 관한 그들의 이해는 심각하게 왜곡된 상태다. 변증가는 그런 왜곡된 지식을 반드시 다루어야 한다.

이 논문의 나머지는 하나님에 관한 불신자의 지식과 관련된 세 가지 질문을 다룬다. 1) 그런 지식은 어떻게 얻어지는가? 2) 그런 지식은 어떻게 묵살되는가? 3) 그럼에도 불구하고 그런 지식은 어떤 식으로 기능을 계속 유지하는가?

1) 로마서 1장은 그런 지식이 "하나님이 만드신 만물", 곧 인간을 포함한 피조 세계 전체에 나타난 그분의 계시에서 비롯된다고 가르친다. 그렇다면 사람들은 어떻게 피조 세계로부터 그런 지식을 얻을까? 어떤 변증가들은 그것이 이성적인 활동, 특히 유신론적 증명과 증거로부터 비롯된다고 생각한다. 그러나 그런 식의 관점은 로마서 1장이 다루는 지식을 그런 논증과 증거를 이해할 수 있고, 또 그것에 설득될 수 있는 능력을 지닌 자들에게만 국한시키는 결과를 낳는다. 바울은 이 지식을 보편적인 것으로 간주했다. 로마서 1장은 로마서 3장 10-20절과 23절(모든 사람이 죄를 지어 하나님의 은혜를 필요로 하는 상태에 처해 있다는 결론)에 이르는 논증의 첫 시작이다. 로마서 1장이 다루는 지식은 모든 인간을 핑계하지 못하게 만든다(20절).

그런 지식이 보편적이지 않다면 그것을 근거로 로마서 3장의 결론을 도출하기는 어렵다.

이처럼 피조 세계에서 발견되는 하나님에 관한 지식은 모든 사람에게 미친다. 여기에는 심지어 증명이나 증거를 제시하거나 평가할 능력이 없는 사람들도 아울러 포함된다. 우리는 직관의 형태로 하나님에 관한 일반 계시를 분별할 수 있다. 어떤 사람들은 그런 직관을 증명과 증거를 통해 좀 더 분명하게 나타내고, 주장할 수도 있지만 그것이 그런 사람들에게 의존하는 것은 아니다. 앨빈 플랜팅가는 우리의 이성적인 기능이 유신론적인 신념을 형성하는 데 자연적으로 도움이 되는 환경에서 하나님이 의도하신 대로 기능할 때 그분을 믿는 믿음에 도달할 수 있다고 말했다. 아직까지는 이 과정에 대한 설명으로 이보다 더 나은 설명이 제시된 적이 없다.

2) 사람들은 어떻게 이 진리를 묵살하는가? "묵살"의 개념을 달갑지 않은 진실을 잠재의식이나 무의식 속으로 밀어 넣는다는 식으로 심리적 관점에서 생각하기가 쉽다. 그러나 그것은 성경의 가르침과는 거리가 멀다. 애굽인들(출 14:4)에서부터

바리새인들을 거쳐 사탄에게 이르기까지 하나님을 대적하는 원수들은 종종 그분의 존재를 의식적으로 인정했다. 로마서 1장은 진리의 묵살을 우상 숭배와 불법적인 성행위와 연관시킨다. 거듭나지 못한 자들은 윤리적인 반항을 통해 하나님에 관한 지식을 거부한다.

성경이 은혜로 주어지는 하나님에 관한 지식을 언급할 때는 항상 복종과 거룩함을 수반하는 지식을 가리킨다. 요한은 "우리가 그의 계명을 지키면 이로써 우리가 그를 아는 줄로 알 것이요"(요일 2:3)라고 말했다. 이처럼 성경은 인식론과 윤리학을 밀접하게 연관시킨다.

하나님에 관한 거듭난 자의 지식과 거듭나지 못한 자의 지식의 차이는 윤리적인 차원을 지니는 것으로 이해될 수 있다. 거듭나지 못한 자는 하나님께 복종하지 않음으로써 그분에 대한 지식을 묵살한다. 이런 불순종은 어떤 경우에는 심리적인 묵살이나 노골적인 무신론으로 발전하지만 항상 그런 것은 아니다. 따라서 변증가들은 불신자의 문제가 지성보다는 윤리와 우선적으로 연관이 있다는 것을 옳게 인식해야 한다. 불신자가 진리를 거부하는 이유는 하나님의 윤리적 기준을 거부하기 때문이다.

그러나 이런 윤리적인 반항은 항상 거듭나지 못한 사람들의 생각을 불합리한 방향으로 치우치게 만든다. 하나님과 그분의 계명은 물론 심지어 그분의 "영원한 능력"(롬 1:20)을 알면서도 그분을 거역하는 것은 무익하기 짝이 없는 일이다. 이런 점에서 불신앙은 곧 어리석음이다(시 14:1). 어떤 점에서 우리보다 하나님을 더 잘 알고 있지만 그분의 보좌를 빼앗으려고 애쓰는 사탄을 생각해 보라. 사탄은 매우 뛰어난 지성과 지식을 지니고 있지만 극도로 불합리하다. 따라서 변증가라면 불신자들의 상태가 그와 같다는 점(곧 종종 지성적으로 탁월하면서도 궁극적으로는 매우 어리석다는 것)을 옳게 이해하는 것이 중요하다.

3) 불신자들은 결코 진리를 완전히 묵살할 수는 없다. 불신자는 자신의 생각 속에서 진리를 완전하게 제거할 수 없다. 만일 그럴 수 있다면 더 이상 살아 있을 수 없을 것이다. 왜냐하면 이곳은 하나님의 세상이고, 세상의 모든 구조와 질서와 의미가 그분의 사역에 달려 있기 때문이다. 더욱이 지금까지 살펴본 대로 하나님의 일반 은혜는 불신자가 진리를 왜곡시키는 것을 제한한다. 심지어는 사탄도 자신의 목

적을 이루기 위해 진리를 이용했고, 바리새인들처럼 비교적 정통적인 진리를 알고 있으면서도 거듭나지는 못한 사람들도 더러 있다.

따라서 불신자가 하나님에 관한 지식을 아무리 묵살하려고 애써도 때때로 그의 의식 속에서 그것이 불현듯 떠오르는 경우가 얼마든지 있을 수 있다. 그런 일은 어떻게 일어날까? 몇 가지 경우를 나열하면 다음과 같다. (1) 불신자들은 바리새인들의 경우처럼 때로 하나님에 관한 지식을 상당히 많이 드러낼 수 있다. (2) 불신자는 세상이 혼돈이 아닌 예측 가능한 질서를 갖춘 곳으로 생각할 수 있다. 그런 생각 자체가 하나님을 전제한다. (3) 불신자는 윤리적 영역에서 종종 하나님의 율법에 관한 지식을 드러낸다. 루이스와 부지셰프스키와 같은 변증가들은 "공정한 플레이", "살인하지 말라.", "배우자에게 감사하라.", "가족을 돌봐라."와 같은 원리들이 보편적으로 인정되고 있다는 점을 지적했다. 많은 사람이 그런 원리들을 어기면서 변명이나 자기 합리화를 시도하거나 다른 사람들도 똑같이 그런 원리들을 어겼다고 비난하는 태도를 취한다. 그들은 그렇게 함으로써 스스로가 그런 원리들을 알고 있다는 것을 분명하게 드러낸다.

바꾸어 말해 사람들은 도덕법을 법으로 간주한다. 어떤 사람들은 도덕적 원리가 감정이나 관습, 또는 본능에서 비롯한 것이라고 생각하지만 실제로 그렇게 믿는 사람은 아무도 없다(특히 스스로 불의한 일을 당했을 때는 더더욱 그렇다). 누구나 다른 사람에게 부당한 대우를 받으면 그것을 객관적인 잘못으로 간주하기 마련이다. 객관적인 잘못은 단지 본능이나 관습이나 감정이나 진화적인 방어기제와 같은 것에서 파생될 수 없다. 도덕적인 옳고 그름은 인격적인 관계, 특히 충성과 사랑의 관계에 근거한다. 이 말은 절대적인 도덕 기준은 절대적인 인격으로부터 파생되어야 한다는 것을 의미한다. 이런 점에서 "하나님의 존재를 입증하는 도덕적 논증"이 성립된다. 그런 논증은 양심(객관적인 옳고 그름에 대한 보편적인 의식. 이 의식은 심지어 그런 논증을 제시하지 않는 사람들에게까지 존재한다)에 근거한다. 부지셰프스키도 양심을 어기는 데서 비롯하는 심각한 결과들을 지적한 바 있다. 변증가들은 불신자들의 양심에 호소해 하나님을 더욱 분명하게 알 수 있는 단계로 이끌어야 한다. 하나님을 아는 지식, 그것이 곧 그리스도 안에 있는 영생이다.

참고 문헌

Budziszewski, J., *The Revenge of Conscience* (Dallas: Spence Publishing, 1999).

_____, *What We Can't Not Know* (Dallas: Spence Publishing, 2003).

Frame, John M., *Apologetics to the Glory of God* (Phillipsburg, NJ: P&R Publishing, 1994). 하나님의 존재를 입증하는 도덕적 논증을 제시한 책이다.

_____, *Cornelius Van Til: An Analysis of His Thought* (Phillipsburg, NJ: P&R Publishing, 1995). 믿음에 근거한 하나님에 관한 지식과 그렇지 않은 지식의 대립을 다루는 내용을 살펴보려면 15장과 16장을 보라.

_____, *The Doctrine of the Knowledge of God* (Phillipsburg, NJ: Presbyterian and Reformed, 1987). 이 책은 인식론을 윤리학의 한 분야로 간주할 수 있다는 것과 그 두 가지가 성경에서 그토록 밀접하게 연관되어 나타나는 이유를 설명한다.

Lewis, C. S., *Mere Christianity* (London: Bles, 1952).

Plantinga, Alvin, *Warranted Christian Belief* (New York: Oxford University Press, 2000).

Sproul, R. C., *If There's a God, Why Are There Atheists?* (Wheaton, IL: Tyndale, 1988). 로마서 1장을 근거로 무신론의 심리 상태를 훌륭하게 분석한 책이다.

부록 H

하나님과 성경적인 언어
: 초월과 내재

본래는 다음 책에 실려 처음 출판되었다. John W. Montgomery, ed., *God's Inerrant Word* (Grand Rapids: Bethany House Publishers, 1974), 159–77. 출판사의 허락을 받아 게재했다. 다음 책의 부록으로 다시 출판되기도 했다. John M. Frame, *The Doctrine of the Word of God*, A Theology of Lordship (Phillipsburg, NJ: P&R Publishing, 2010), 422–38. 앞서 12장에서 일부 언어 분석 철학자들이 하나님에 관한 진술은 검증할 수도, 오류를 입증할 수도 없기 때문에 인식적으로 의미가 없다는 주장을 근거로 그분에 대한 신앙을 거부했다는 것을 살펴본 바 있다. 이 논문은 그 문제를 좀 더 자세하게 논의한다. 아울러 이 논문은 계시에 관한 칼 바르트의 견해를 논의함으로써 10장의 논의를 보완한다(이 책에 맞게 문제를 약간 다듬었다).

오늘날 성경의 권위에 대한 정통적인 견해에 대해 가장 자주 제기되는 반론이자 가장 큰 설득력을 지닌 반론 가운데 하나는 인간의 언어는 하나님의 말씀이 될 수 없기 때문에 성경은 결국 그분의 말씀이 아니라는 것이다. 이 견해에 따르면 성경을 비롯해 인간의 언어는 무엇이든 하나님이 인간에게 전하고자 하시는 메시지를 전달하는 수단이 되기에 부적합하다.

이런 반론은 다양한 형태를 취한다. 나는 그 중에 세 가지를 간단하게 논의할 생각이다.

1. 일부 언어학자들과 언어철학자들은 언어는 결코 완전한 사실일 수 없다고 주장한다. 상징과 현실 사이에 항상 부인할 수 없는 불일치가 존재하기 때문에(예를 들어 책상이라는 용어는 실제의 책상이 아니다) 모든 말에는 거짓의 요소가 담겨 있다는 주장이다. 이들은 때로 모든 언어는 은유적이고 비유적이기 때문에 결코 "문자 그대로의" 진실을 전달할 수 없다는 주장으로 앞의 주장을 더욱 강화한다. 그러나 모든 언어에는 거짓의 요소가 담겨 있다는 견해는 약간 이상한 측면이 있다. 먼저 "모든 문장은 거짓이다."라는 주장은 문자 그대로 받아들이면 자기 모순적이다. 만일 문장을 문자 그대로 받아들이지 않는다면 그 문장은 과연 무슨 의미를 지닌단 말인가? 아마도 언어는 "온전한 진실"을 전할 수 없다고(즉 절대적인 정확성이나 절대적인 포괄성을 지닌 진실을 전달할 수 없다고) 말하는 것이 좀 더 정확할 것이다.

그러나 다음과 같은 경우를 생각해 보자. 1) 어떤 점에서 어떤 문장들은 온전히 정확하고, 포괄적이다. 예를 들면 "워싱턴은 미국의 수도다."와 같은 문장이다. 이 사실을 이보다 더 정확하게 진술할 수 있는 문장이 달리 있을 수 있겠는가? 2) 물론 방금 예로 든 문장조차도 워싱턴과 미국에 대해 "있는 사실을 모두 말해야 한다."는 점에서는 포괄적이지 못하다. 그러나 그 모든 사실을 말하려고 노력할 사람은 아무도 없다. 성경도 하나님에 관한 "모든 것"을 말한다고 주장하지 않는다. 무오성의 주장에는 이런 의미에서의 포괄성에 대한 주장이 포함되어 있지 않다. 포괄성을 주장하지 않는데 포괄성이 결여되어 있다고 해서 무오성까지 논박하는 것은 옳지 않다. 3) 정확하지 못한 것이 반드시 결함인 것은 아니다. "피츠버그는 필라델피아에서 약 300마일 떨어져 있다."라는 문장은 어떤 의미에서는 정확하지 않지만 완벽한 문장이며, 일상적인 의미에서는 정확한 사실이다. "무오한" 책도 이런 식으로 부정확하지만 사실인 문장들을 많이 포함할 수 있다. 언어가 "온전한 진실"을 전하지 못하는 것은 사실이지만 그것을 근거로 성경의 권위에 대한 정통적인 견해를 부인할 필요는 없다.

지금 논의 중인 첫 번째 형태의 반론에 대해서는 언급할 내용이 좀 더 있을 수 있다(예를 들면 이 반론은 이미 신뢰성을 잃은 의미지시론에 의존하고, "비유"의 개념을 지나치게 일반화시키며, 언어의 기원과 발전에 대한 의심스런 전제에 근거하고, 궁극적으로는 신학적인 사상 노선에서 유래했다). 그러나 이런 주제들은 다른 곳에서 이미 적절히 논의되었다.[1] 나로서는 이 문제의 다른 측면을 살펴보는 것이 나 자신의 관심과 적성에 더 잘 들어맞는다. 아래의 논의를 읽어보면 이런 첫 번째 관심의 영역을 좀 더 명확하게 해 줄 몇 가지 기본적인 사안들을 파악할 수 있을 것이다.

2. 주로 언어학자들과 언어철학자들과 같은 부류의 사람들이 이 첫 번째 형태의 반론을 제기한다면 두 번째 형태의 반론은 (언어에 초점을 맞춘다는 점에서는 비슷하지만) 그보다는 좀 더 폭이 넓은 인식론적이고, 형이상학적인 관심을 지닌 사람들에 의해 제기된다. 논리실증주의 철학은 1920년대와 30년대에 철학적으로 중요한 모든 언어를 1) 동의반복("책은 책이다." 비가 오거나 비가 오지 않거나 둘 중에 하나다.") 2) 모순("지금 비가 오고 있고, 또 오고 있지 않다." "그 테이블은 정사각형이고, 정사각형이 아니다.") 3) 경험적 사실의 주장("지붕 위에 새가 있다." "대통령이 소고기 가격을 통제한다.")이라는 세 가지 범주로 나누었다. 이 견해에 따르면 동의반복은 순전히 용어들의 의미 때문에 사실로 간주되고, 모순은 같은 이유로 거짓으로 간주된다. 그리고 경험적인 주장은 사실일 수도 있고, 거짓일 수도 있다. 그것의 진실이나 거짓은 자연 과학의 방법과 같은 것을 활용해 확인할 수 있다고 주장된다. 논리실증주의자들은 누군가가 사실을 진술했다고 주장하지만 조사를 거친 후에 그 "사실"이 그런 식의 방법을 통해 검증되어 사실이나 오류로 판명될 수 없는 경우에는 그것을 사실을 진술한 말로 간주할 수 없다고 말한다. 그들에 따르면 그런 진술은 "경험적인 주장"이 아니기 때문에 사실도 아니고 거짓도 아니다. 검증할 수 없는 말은 시나 감정을 표현하는 데 사용될 수는 있지만 세상에 대한 사실은 진술할 수 없다. (논리실증주의자들의 전문 용어를 빌려 말하면) 그런 말은 "인식적으로 의미가 없다." 그것은 "의미를 검증하는 판단 기준"에 부합하지 않는다. 논리실증주의자들은 이런 주장을 근거로 형이상학적인 진술("생각이란 자의식에 확실하게 도달된 상태를 뜻한다")과 신학적인 진술("하나님은 사랑이시다")은 인식적으로 의미가 없는 진술로 간주한다. 윤리적인 진술("도둑질은 잘못이다")도 사실에 관

---

[1] 이런 논의를 정통 기독교의 관점에서 논의한 내용을 살펴보려면 다음 자료를 참조하라. Gordon H. Clark, *Religion, Reason and Revelation* (Philadelphia: Presbyterian and Reformed, 1961), 111-50.

한 진술이 아니라 태도나 명령, 또는 다른 형태의 비(非)정보적인 언어와 동일한 것으로 취급된다.[2]

논리실증주의의 의미론은 오래 유지되기에는 너무나도 조잡했다. 어떤 검증 방법을 용인해야 하고, 사실 검증이나 오류 판정을 어떻게 결정해야 하는지와 같은 문제를 비롯해 너무 전문적이라서 여기에서 다루기는 좀 곤란한 다양한 문제들을 둘러싸고 즉각 많은 논쟁이 불거졌다. 논리실증주의의 주장이 일종의 편견의 합리화, 곧 "의미"를 구성하는 것에 대한 객관적인 분석이라기보다는 여러 철학자들이 제멋대로 설정한 "원리"를 근거로 스스로가 못마땅하게 여기는 언어를 제거하려는 시도라고 느끼는 사람들이 많았다.[3]

오늘날 중요한 사상가들 가운데 이 검증 원리를 의미의 일반적인 판단 기준으로 인정하는 사람은 아무도 없다. 그러나 논리실증주의자들의 관심 가운데는 매우 중요한 측면이 하나 있다. 논리실증주의의 이론을 모두 용인할 필요는 없지만 "사실은 차이를 만들어내야 한다."라는 기본 개념은 상당히 중요한 의미를 지닌다. 이 측면이 자주 인용되는 안토니 플루의 비유에 생생하게 묘사되어 나타난다.

> 옛날에 탐험가 두 사람이 정글에서 우연히 공터를 발견했다. 그 공터에는 많은 꽃과 잡초가 자라고 있었다. 한 탐험가는 "이곳을 돌보고 있는 정원사가 있는 것이 틀림없군."이라고 말했다. 그들은 텐트를 치고, 불침번을 세웠다. 그러나 정원사는 나타나지 않았다. "그렇다면 아마도 그는 보이지 않는 정원사일 거야." 그들은 가시철조망으로 울타리를 만들고, 거기에 전류를 통하게 했으며, 수색견들을 데리고 순찰했다(왜냐하면 웰스의 『투명 인간(The Invisible Man)』이 눈으로 볼 수는 없지만 냄새를 맡을 수도 있고, 만질 수도 있다는 말이 기억났기 때문이다). 그러나 침입자가 충격을 받았다는 것을 알리는 비명소리는

---

[2] 논리실증주의를 영어로 설명한 고전적인 자료를 원한다면 다음의 책을 참조하라. A. J. Ayer, *Language, Truth and Logic* (New York: Dover, 1946).

[3] 검증 원리 자체의 신뢰성을 둘러싸고 가장 날카로운 논쟁 가운데 하나가 제기되었다. 물론 그 원리가 동의반복으로 간주된 것은 아니지만 그렇다고 해서 유사 과학적인 의미에서 "검증 가능한" 것처럼 보인 것도 아니었다. 그렇다면 이 원리는 "인식론적으로 의미가 없는" 것으로 거부되었을까? 아이어 자신은 검증 원리가 하나의 "관습"이라는 견해를 피력했다(앞의 각주 참조). 다음 자료에 실린 그의 서론을 참조하라. *Logical Positivism* (Glencoe, IL: Free Press, 1959), 15. 그는 이런 관습이 어느 정도는 일상적인 용법에 근거를 두고 있다고 주장하면서도 그것이 중요한 측면에서 일상적인 용법을 넘어섰다는 것을 인정했다.

들리지 않았다. 보이지 않는 사람이 울타리를 넘어오는 것을 보여주는 철조망의 움직임도 전혀 없었고, 수색견들도 일체 짖지 않았다. 그러나 정원사가 있다고 믿는 탐험가는 생각을 바꾸지 않았다. 그는 "보이지도 않고, 만질 수도 없고, 전기 충격에도 무감각한 정원사, 냄새도 없고, 소리도 내지 않고, 은밀하게 나타나 자신이 사랑하는 정원을 돌보는 정원사가 틀림없을 거야."라고 말했다. 마침내 회의를 품고 있던 다른 탐험가가 "자네가 본래 주장한 것에서 남아 있는 것이 대체 무엇인가? 자네가 보이지 않고, 만질 수도 없고, 영원히 확인할 수 없는 정원사가 상상 속의 정원사나 전혀 존재하지 않는 정원사와 무엇이 다르단 말인가?"라고 푸념했다.[4]

"보이지 않는 정원사"와 "존재하지 않는 정원사" 사이에 아무런 차이가 없다면 신자와 회의론자의 논쟁은 사실에 관한 논쟁이 아닌 것이 분명하다. 아무런 차이가 없다면 "보이지 않는 정원사"에 관한 말은 세상에 대한 태도를 표명하는 유익한 방법은 될 수 있을지 몰라도 세상에 대한 경험적인 주장은 될 수 없다. 플루는 신자에게 (그것이 자기 자신을 가장 행복하게 만드는 것처럼 생각될지라도) 유사 과학적 방법으로 스스로의 견해를 검증하라고 요구하지 않는다. 그는 단지 그의 신앙이 어떤 차이를 만드는지를 진술하라고 요구할 뿐이다.

익히 짐작하는 대로 플루는 하나님에 관한 많은 언어가 "아무런 차이도" 만들지 못한다고 생각했다. 신자들은 세상이 잔혹함과 증오로 가득 차 있는데도 "하나님은 사랑이시다."라고 말한다. 그런 하나님이 마귀나 전혀 존재하지 않는 하나님과 어떻게 다르단 말인가? 만일 "하나님은 사랑이시다."라는 말이 아무런 차이를 만들지 않는다면 그것이 어떻게 사실일 수 있고, 또 논리실증주의자들이 즐겨 사용하는 표현대로 어떻게 "인식적으로 의미가 있을 수" 있단 말인가?

물론 플루는 종교적인 언어가 모두 이런 어려움에 굴복하거나 하나님에 관한 언어가 모두 위험한 상태에 처해 있다고 주장하지 않는다. 그는 "지성적인 종교인들"

---

[4] Antony Flew et al, "Theology and Falsification", *New Essays in Philosophical Theology*, ed. Antony Flew and Alasdair C. MacIntyre (London: SCM Press, 1955), 96. 편집자 주: 안토니 플루는 2008년에 다음의 책을 펴냈다. *There Is a God: How the World's Most Notorious Atheist Changed His Mind* (New York: HarperOne, 2008). 이 책의 제목은 그가 위의 논문을 발표한 후로 2010년 즈음에 무신론의 주창자에서 이신론의 옹호자로 바뀌었다는 것을 암시한다.

의 생각 속에서 "종종" 일어나는 것을 주로 다루는 것처럼 보인다.[5] 그러나 그의 논리적 칼날은 좀 더 깊숙한 곳을 파고든다. 플루는 결론적으로 "하나님의 사랑이나 그분의 존재를 논박하려면 어떤 증거가 있어야 하거나 발견되었어야 한다고 생각하는가?"라고 물었다.[6] 어떤 그리스도인이 이 물음에 대해 솔직한 대답을 제시할 수 있을까? 아마도 우리는 곧바로 바울 사도의 말을 빌려 "그리스도께서 만일 다시 살아나지 못하셨으면 우리가 전파하는 것도 헛것이요 또 너희 믿음도 헛것이며"라고 말함으로써 그런 논박이 옳지 않다고 주장할 가능성이 높다.[7] 부활은 하나님이 차이를 만드셨다는 것을 입증한다. 부활을 논박하는 것은 곧 하나님을 논박하는 것이다. 부활은 하나님의 존재와 비존재의 차이가 얼마나 큰지를 분명하게 보여준다(물론 그런 증거는 단지 부활만이 아니다).

그러나 이런 논증을 한 단계 더 발전시켜 보자. 즉 "부활을 논박하려면 어떤 증거가 제시되어야 하거나 발견되었어야 한다고 생각하는가? 부활이 거짓임을 입증할 수 있는 방법을 확실하게 알고 있는가?"라고 물어보자. 바울은 증인들에게 호소했다.[8] 그러나 그 증인들은 모두 죽었다. 만일 1세기에 유대 지역에 살던 유대인들이 전한 기독교의 메시지를 논박하는 내용이 담긴 사본들이 출토되었다면 어떻게 될까? 만일 그런 사본들 안에 고린도전서 15장에 기록된 바울의 주장을 상세하게 비판한 내용, 곧 엄청난 양의 문서와 많은 증인들의 증언 등이 담겨 있는 비판의 내용이 들어 있다면 어떻게 될까? 그리고 가장 권위 있는 스물다섯 명의 신약학 학자가 그런 발견을 근거로 그리스도의 육체 부활을 믿는 믿음이 더 이상 유지될 수 없다고 말한다면 어떻게 될까? 그것이면 부활에 대한 우리의 믿음을 파괴하기에 충분하지 않을까? 아마도 과거의 역사적 사건들 가운데 이보다 더 강력한 "반증 가능한 방법"을 생각하기는 어려울 듯하다. 분명히 그런 반증에 흔들릴 신자들이 많을 것이다. 그러나 조금도 흔들리지 않을 사람들도 역시 많을 것이다. 나로서는 그런 문서들과 그것들을 해석한 학자들의 편견을 드러내 줄 온갖 종류의 의문을 제기할 것

---

5) Flew et al., "Theology and Falsification", 98.
6) Ibid., 99.
7) 고전 15:14. 이 부록에서 인용한 성경 구절은 모두 『킹제임스 성경』에서 비롯했다.
8) 고전 15:5-8.

이다. 나는 그들의 주장을 용인하기 전에 모든 질문을 직접 점검할 것이 분명하다. 그렇다면 그 모든 것을 점검하고 난 뒤에도 부활을 논박하는 입장을 논박할 방법을 찾지 못한다면 어떻게 될까? 그것이 부활이 거짓임을 드러내는 확실한 증거가 될 수 있을까? 나는 그렇게 생각하지 않는다. 분명히 다른 많은 그리스도인들도 그렇게 생각하지 않을 것이다. 모두 잘 알다시피 학문적인 주장들은 매우 난해하고, 개중에는 틀릴 수 있는 것도 너무나 많다. 그런 상황에서 "비록 당장에는 학자들이 틀렸다는 것을 입증할 수는 없지만 그들은 얼마든지 틀릴 수 있다."라고 말하는 것은 그리 어렵지 않다. 만일 그리스도의 사랑이 내게 보배롭게 느껴지고, 성경이 그분의 말씀이라고 강하게 확신한다면 나로서는 많은 학자들이 성경 외에 다른 증거를 근거로 주장하는 것을 믿기보다는 바울이 고린도전서 15장에서 말한 것을 믿을 가능성이 더 높다. 부활이 사기라는 주장에 설득될 수 있을까? 아마 그럴 수도 있겠지만 그렇게 되려면 단지 견해를 바꾸는 것 이상의 변화(곧 믿음의 상실)가 일어날 것이 분명하다. 성경의 관점에서 보면 그런 변화는 곧 유혹에 굴복하는 것이다. 하나님은 말씀이 사실이 아닌 것처럼 보이게 만드는 증거가 있더라도 말씀을 믿으라고 요구하신다. 사라는 아흔 살이고, 그녀의 남편은 백 살이었는데도 그녀는 아들을 낳을 것이었다.[9] 의로운 욥이 고난을 당한다고 해도 하나님은 의로우시다. 믿음의 영웅들은 다른 증거의 확증이 없는 상황에서도 하나님의 말씀을 믿었다. 그들은 보는 것이 아니라 믿음으로 행했다.[10] 우리가 충실한 신자라면 다른 증거보다 하나님의 말씀을 우선시할 것이 분명하다.

물론 플루의 반론은 가볍게 무시할 것이 못 된다. 어떤 점에서는 "지성적인 종교인들"의 언어만이 아니라 단순한 그리스도인들의 언어도 그가 제기한 도전에 부합하기 어렵다. 하나님에 관한 언어는 오류 가능성을 입증하는 방법을 "거부한다." 무엇이 믿음의 주장을 논박하는지를 말하기는 어렵다. 왜냐하면 믿음은 의심을 야기하는 모든 유혹을 거부하라고 요구하기 때문이다. 믿음의 언어 안에는 믿음의 주장을 논박하는 데 사용할 수 있는 용어가 존재하지 않는다. 믿음은 그런 식의 부인과 비판을 "배제하고", "금지한다."

---

9) 창 17:16, 17.
10) 히 11장. 믿음과 보는 것의 대조는 고린도후서 5장 7절을 연상시킨다.

그렇다면 이것은 곧 부활이 "아무런 차이를 만들지 않는다."는 의미일까? 그렇지 않다. 우리는 부활이 차이를 만든다고 말하기를 원한다. 부활을 믿는 우리의 믿음을 논박할 수 있는 것이 과연 무엇인지 말하기는 어렵다. 우리의 믿음을 포기해야 할 상황이 어떤 상황인지를 생각하는 것도 어렵고, 부활이 무엇을 배제하는지를 말하는 것도 어렵다. 이런 점에서 부활이 어떤 차이를 만드는지를 진술하는 것도 쉽지가 않다. 그렇다면 부활에 관한 말은 실제로 경험적인 사실과 무관할 수도 있다. 어쩌면 하나님의 말씀은 모두 인식적으로 무의미하고, 그분을 인간의 언어로 묘사하기가 불가능할 수도 있다. 만일 이것이 사실이라면 성경을 하나님의 말씀으로 인정해 말하는 것은 난센스에 지나지 않는다.

이것이 내가 이 논문의 서두에서 언급한 두 번째 형태의 반론(곧 인간의 언어는 하나님의 말씀을 전달하는 수단이 될 수 없다는 것)이다. 이에 대한 나의 답변을 제시하기에 앞서 세 번째 형태의 반론을 잠시 생각해 보자.

3. 세 번째 형태의 반론은 좀 더 분명한 신학적 특성을 지닌다. 예를 들어 칼 바르트는 신학적 근거를 내세워 인간의 언어가 하나님에 관한 진리를 전달하기에 부적합하다는 견해를 내비쳤다.

> 하나님에 대한 우리의 묘사, 그분에 대한 우리의 생각, 그분을 정의하는 우리의 말들은 그 자체로 그런 목적을 수행하기에 부적합하기 때문에 하나님에 관한 지식을 표현하고, 확증하기에는 적절하지 못하다.[11]

> 성경은 그 자체로는 과거에 주어진 하나님의 계시가 아니다. 성경은 하나님의 말씀이 됨으로써 과거에 주어진 그분의 계시를 증언한다. 성경은 과거에 주어진 하나님의 계시가 증언의 형태로 나타난 것이다. …따라서 증언은 다른 무엇인가를 떠받들고, 그렇게 함으로써 그 다른 무엇에 관한 진리를 보증한다.[12]

---

11) Karl Barth, *Church Dogmatics*, vol. 2, *The Doctrine of God*, ed. G. W. Bromiley and T. F. Torrance, trans. T. H. L. Parker, W. B. Johnston, H. Knight, and J. L. M. Haire (New York: Scribner, 1957), 1:188.
12) Karl Barth, *Church Dogmatics*, vol. 1, *The Doctrine of the Word of God*, ed. G. W. Bromiley and T. F.

20세기 신학에서 매우 흔하게 발견되는 이런 식의 생각은 본질적으로 신적 초월에 초점을 맞춘다. 하나님은 주님이요 창조주요 구원자이시다. 모든 찬양과 영광이 그분께 속한다. 어떻게 인간의 언어가 그분의 말씀을 전달하기에 적합할 수 있겠는가? 인간의 언어도 유한하고, 인간적인 다른 모든 것과 마찬가지로 스스로의 부족함과 부적절함을 고백해야 할 종에 지나지 않는다. 성경은 계시 자체가 될 수 없다. 성경은 단지 계시를 섬길 뿐이다. 인간의 언어, 곧 성경을 위해 그 이상의 무엇을 주장하는 것은 하나님의 영광을 빼앗는 것, 곧 유한하고, 인간적인 것을 하나님의 위치에 올려놓는 것에 해당한다. 그 이상의 무엇을 주장하는 것은 계시를 하나님 자신과 예수 그리스도로부터 "분리되어 존재하는" 것으로 생각하는 것이다.[13] 그것은 단지 실수가 아닌 불경에 해당한다.

그와 동시에 바르트는 계시의 말씀이 중요성을 지닌다고 주장했다.

> 하나님은 언어를 수단으로 사용한 명제들로 자신을 계시하신다. 그런 이유에서 인간의 언어는 때로 선지자들과 사도들이 전한 말과 교회 안에서 선포된 말을 통해 하나님의 말씀이 된다. 따라서 하나님의 말씀의 인격성과 그 언어적 성격과 영성을 서로 떼어놓아서는 안 된다.
> 하나님의 말씀의 개념을 인격화하는 것은 그 언어적 성격을 조금이라도 축소시키는 것을 의미하지 않는다.[14]

말은 여전히 부적합하다. 그것은 그 자체로 계시가 아니고, 반드시 사실인 것도 아니다. 말은 "다른 무엇"에 관한 진실을 증언할 뿐이다. 그럼에도 불구하고 말이 중요한 이유는 하나님이 때때로 그것을 사람들에게 자신의 뜻을 전하는 수단으로 활용하시기 때문이다. 말이 거짓일 때에도 그것은 하나님의 도구다. 하나님은 그것을 자신의 메시지를 명제적으로 옳게 나타내는 수단이 아니라 어떤 인간의 언어도 적절히 묘사할 수 없는 영적 만남을 위한 도구로 사용하신다.

Torrance, trans. G. T. Thomson (New York: Scribner, 1936), 1:125.
13) Ibid., 1:155ff.
14) Ibid., 1:156f.

이처럼 바르트도 플루처럼 하나님은 인간의 언어로 옳게 묘사할 수 없다고 주장한다. 언뜻 생각하면 바르트와 플루의 유사성은 여기까지인 것처럼 보인다. 왜냐하면 전자는 "위로부터" 주장하고, 후자는 "아래로부터" 주장하기 때문이다. 바르트는 하나님은 언어로 표현하기에는 너무나 위대한 존재이시라고 주장하고, 플루는 언어는 하나님에 관해 의미 있게 진술할 수 없다고 주장한다. 그러나 과연 이 두 입장은 실제로 서로 아무런 관계가 없을까? 토머스 맥퍼슨은 논리실증주의 철학자들과 하나님이 언어를 초월하신다는 것을 강조하는 루돌프 오토와 같은 신학자들의 연계가 가능하다고 말했다(맥퍼슨은 또한 이 점과 관련해 칼 바르트를 인용했을 수도 있다).

아마도 논리실증주의 철학은 종교를 유익하게 했는지도 모른다. 논리실증주의자들은 그들 자신의 방법으로 신학자들이 말하려고 애쓰는 것의 부조리함을 보여줌으로써 종교가 말로 표현할 수 없는 것의 영역에 속한다는 것을 보여주는 데 일조했다. 그리고 그것은 사실일 수 있다. 그것이 곧 오토가 그 자신의 방식에 따라 상기시켜 주기를 원했던 것이다. 논리실증주의자들은 신학의 적일지는 몰라도 종교와 관련해서는 그 친구라고 할 수 있다.[15]

논리실증주의자들은 일부 신학의 적이다. 그들은 오토나 바르트나 (맥퍼슨이 각주에서 언급한) 부버의 신학을 비롯해 (내가 판단할 때) 20세기 변증 신학이나 실존 신학의 적은 아니다. 논리실증주의와 이들 현대신학 안에서 하나님은 말로 표현할 수 없는 것의 영역에, 인간의 언어(즉 "인식적으로 의미가 있는" 경우)는 인간적으로 검증 가능한 영역에 각각 속해 있다. 그러면 플루와 바르트의 문제가 무엇인지 잠시 살펴보도록 하자.

---

15) Thomas McPherson, "Religion as the Inexpressible", *New Essays in Philosophical Theology*, ed. Antony Flew and Alasdair C. MacIntyre (London: SCM Press, 1955), 140f. 맥퍼슨은 마르틴 부버의 『나와 너』에서도 이와 비슷한 견해를 발견했다고 밝혔다, Martn Buber, *I and Thou*, trans. Ronald Gregor Smith, 2nd ed. (new York: Scribner, 1958).

우리의 반응

종교적인 언어는 많은 점에서 "특이하다." 그것은 플루가 지적한 대로 오류를 검증하는 방법을 적용하기 어렵고, 단순한 가능성이나 개연성이 아닌 확실성을 주장하는 경향이 있다.[16] 또한 종교적인 언어는 믿음이 없는 것이 단순한 실수가 아닌 죄인 것처럼 "도덕적인" 요구를 제시하는 경향이 있다.[17] 종교적인 언어는 종종 열정적인 감정에 실려 전달된다. 키에르케고르를 통해 알 수 있는 대로 초연하거나 미온적인 태도로 전달되는 종교적인 언어는 의심을 사기에 충분하다.

다른 한편, 종교적인 언어는 어떤 점에서 매우 "일상적이다." 그것은 다른 언어와 매우 유사하다. 물리학이나 철학과 같은 전문적이고, 학술적인 용어와는 다르다. 그것은 보통 사람들의 언어다. 종교적인 언어는 특별히 제한된 삶의 영역에만 국한되지 않고, 인간의 모든 활동과 관심의 영역에까지 확대된다. 우리는 기도로 사랑하는 사람의 질병 치유나 위기에 처한 사업을 위한 도움을 구한다. 우리는 하나님의 영광을 위해 먹고 마신다.[18] 우리는 우리의 믿음이 현실 세계에서 "변화를 만들어내고", 하나님이 삶의 모든 문제에 관여하시기를 바라고, 그분의 임재를 느낄 수 있기를 원한다.

이런 점에서 "역사 속에 나타난 하나님의 행위는 역사 속에서 살아가는 인간의 행위와 흡사하다. 하나님은 상황을 변화시키고, 그것을 다르게 바꾸실 수 있다. 그분이 그렇게 하기로 결정하지 않으시면 그분의 행위는 일어나지 않는다. 하나님은 차이를 만드시고, 그 점에서 "검증 가능한" 존재이시다. 그분은 구체적으로 그 존재를 검증할 수 있는 인간들과 크게 다르지 않으시다(최소한 신자에게는 그렇게 보인다). 자신의 믿음이 어둠 속을 맹목적으로 도약하는 것과 같다고 주장할 종교인은 아무도 없다. 그들은 "믿어야 할 이유"를 알고 있다. 철학자들이 제시하는 전문적인 유신론

---

16) 다음의 책에서 이 점을 다룬 비트겐슈타인의 논의는 매우 흥미롭다. Ludwig Wittgenstein, *Lectures and Conversations on Aesthetics, Psychology, and Religious Belief*, ed. Cyril Barrett, comp. from notes by Yorick Smythies, Rush Rhees, and James Taylor (Oxford: Blackwell, 1966), 53–59. 비트겐슈타인은 종교적인 신념은 성격상 절대로 "개연적"이 될 수 없다는 극단적인 주장을 제기한 것으로 보인다. 그는 신학생들이나 전문적인 신학자들과 접촉해 본 경험이 거의 없었다.

17) Ibid., 59.

18) 고전 10:31.

적 논증이나 "그분은 나의 마음속에 살아 계신다."와 같은 어린아이와 같은 경험이 그 이유가 될 수 있다. (아무 생각 없이 종교적인 전통을 따르는 사람과는 달리) 진정한 믿음을 지닌 사람은 분명한 이유가 있기 때문에 믿는다. 왜냐하면 하나님의 임재를 느낄 수 있고, 그분이 지금 자신을 "변화시키고 계신다."고 생각하기 때문이다.

종교적인 언어는 "특이하면서도 일상적이다." 종교적인 언어를 올바로 분석하려면 이 두 가지 특성 가운데 하나만이 아니라 그 둘을 모두 고려해야 한다. 플루와 바르트는 종교적인 언어의 "일상성"을 깊이 생각하지 못했다. 그들의 견해에는 종교적인 언어가 일종의 망상에 해당한다는 의미가 함축되어 있다. 왜냐하면 엄밀한 분석을 거치면 허위로 드러나게 될 검증 가능성을 주장하거나 하나님을 인간의 수준으로 끌어내리려는 인간의 교만한 정신을 보여준다고 생각했기 때문이다. 바르트의 경우에는 종교적인 언어의 "일상성"이 곧 그것의 인간적인 측면을 드러내는 표징, 곧 하나님의 말씀을 전달하기에 부적합하다는 표징으로 간주되었다고 생각할 수 있다. 그러나 그 점에 대한 다른 해석이 존재한다. 이것은 종교적인 언어의 "일상성"을 망상으로 치부하지 않게 만들 뿐 아니라 종교적인 진술의 검증 가능성과 검증을 거부하려는 경향을 설명해 주며, 성경 자체가 하나님에 관해 말하는 방법을 상기시켜 주는 해석이다.

종교적인 언어는 "기본적인 신념"의 언어다. 그것은 우리가 가장 확실하다고 생각하는 것들, 곧 우리에게 가장 중요하고, 다른 모든 것을 잃더라도 끝까지 포기하지 않을 것들을 진술하고, 기원하고, 높이 기리고, 옹호하고, 힘써 전하기 위한 언어다. 기본적인 신념의 언어가 모두 다 종교적인 것은 아니다. 스스로가 종교적이지 않다고 생각하는 사람들 가운데도 어떤 식으로든 기본적인 신념을 지닌 사람들이 많다. 사실, 이성을 믿는 신념이든, 물질적인 성공이나 철학적인 절대 이론이나 우상을 믿는 신념이든, 기본적인 신념을 갖지 않은 사람을 찾아보기는 어렵다. 일상적인 의미에서의 종교적인 언어는 모두 기본적인 신념의 언어다.

이렇게 말하면 종교를 자신의 가장 기본적인 신념으로 생각하지 않는 사람들도 많다는 반론을 제기할지도 모른다. 물론 주일마다 교회에서 예전을 읊조리면서도 마음속으로는 정치권력을 잡을 생각만 하는 사람이 얼마든지 있을 수 있다. 그런 사람에게 예전은 그의 "기본적인 신념"을 보여주는 증거가 되지 못한다. 그러나 그런 경우가 발생하는 이유는 무엇인가가 잘못 되었기 때문이다. 우리는 그런 사람을 위선자라고 부른다. 왜냐하면 예전은 기본적인 신념을 나타내기 위해 고안된 것이지만 권력을 탐하는 정치인은 거짓으로 예전의 내용을 고백했기 때문이다. 그는 믿음을 가졌다고 말할 테지만 성경적인 믿음의 관점에서 바라보면 그는 전능하신 아버지 하나님을 믿는 참된 믿음이 없는 사람이다. 그는 거짓말쟁이일 뿐이다. 그러나 그가 예전의 언어를 허위로 사용했다고 해서 하나님을 믿는 참된 믿음을 고백하는 예전의 의미가 변하는 것은 아니다.

우리 모두는 기본적인 신념을 지니고 있다(만일 그렇지 않다면 우리는 혼란에 빠질 것이다). 논리실증주의자들도 그렇고, 바르트주의자들도 그렇다. 일관된 태도를 유지하려면 모든 삶과 생각을 우리의 기본적인 신념에 일치시키려고 노력해야 한다.19) 그런 신념에 부합하지 않는 것은 무엇이든 용인할 수 없다. 일관성이 없으면 충성심이 나뉘어 삶의 방향을 가늠하기가 어렵다. 최소한 우리 가운데 대다수는 그런 혼란을 피하려고 애쓴다. 기본적인 신념이 현실과 진리와 옳은 것의 기준이 된다. 이 기준에 의해 다른 모든 현실과 진리와 옳은 것이 판단된다. 기본적인 신념은 우리의 형이상학과 인식론과 윤리학의 초석이다. 물론 기본적인 신념이 사고 체계의 발전을 이끄는 유일한 요인은 아니다. 두 사람이 거의 비슷한 기본적인 신념을 지니고 있는데도 사고 체계에 있어서는 크게 다른 경우가 있을 수 있다. 두 사람 모두 공통된 전제를 토대로 사고 체계를 발전시켜 나가려고 노력할 테지만 경험, 능력, 부차적인 신념 등과 같은 요인들 때문에 서로 다른 방향으로 일관성을 추구하는 결과가 나타날 수 있다. 그러나 기본적인 신념이 사고와 삶의 발전을 이끄는 유일한

---

19) 여기에서 우리의 신념들 가운데 "기본적인 것들"의 정도가 매우 다양하다는 것을 알아두면 도움이 될 수 있다. 우리가 지닌 신념은 모두 어느 정도는 삶을 지배한다. 누군가가 우리가 지닌 견해에 동의하지 않으면 우리는 상대방의 주장을 논박하거나 그의 입장이 우리의 입장과 양립할 수 있다는 것을 보여줌으로써 그것을 옹호하려는 경향이 있다. 그런 학습 과정을 통해 과거의 견해를 혼란스럽게 하는 것을 최소화시키는 방식으로 새로운 지식을 해석하려는 성향이 생겨난다. 우리가 다른 견해들보다 더 굳게 지키려고 애쓰는 견해가 있다. 어떤 야구단의 평균 타율을 내가 잘못 알고 있다는 것을 지적하는 일은 그리 어렵지 않다. 그에 비하면 지구가 편평하다고 나를 설득하는 일은 훨씬 더 어렵다. 처음의 경우에는 자격이 있는 권위자의 말 한마디를 인용하는 것으로 충분하다. 그러나 두 번째의 경우에는 지구가 편평할 리 없다는 본질적인 확신 때문에 그런 견해를 제시하는 "자격이 있는 권위자"의 자격 여부가 의심의 대상이 될 수밖에 없다. 그러나 과학자들 사이에서 측량 제도와 관련한 전면적인 혁신이 일어나 지구가 편평하다는 견해를 받아들여야 할 유력한 근거가 제시된다면 나는 나의 신념을 재고할 수밖에 없을 것이다. 이처럼 우리가 다른 것들보다 쉽게 포기하지 못하는 신념들이 있다. "가장 기본적인 신념"은 모든 신념 가운데 포기하기가 가장 어렵다. 사실 그런 신념들을 포기하는 일은 먼저 합리성에 관한 우리의 기본적인 개념을 바꾸어야만 가능하다.

요인은 아닐지라도 가장 중요한 요인인 것은 틀림없다.

앞서 말한 대로 종교적인 언어는 "기본적인 신념의 언어"에 속한다. 기본적인 신념의 언어는 일반적으로 종교적인 언어에서 발견되는 것과 동일한 "특이성"과 "일상성"을 나타낸다. 우리는 우리의 기본적인 신념을 가능성이나 개연성이 아닌 확실성을 지닌 것으로 간주해 진술한다. 그 이유는 기본적인 신념이 곧 우리가 가장 분명하게 확신하는 것(다른 모든 확실성을 판단할 수 있는 확실성의 기준)이기 때문이다. 또한 기본적인 신념은 "의로움"의 본보기이기도 하다. 우리는 그런 신념에 도전을 제기하는 것을 부당하게 생각한다. 왜냐하면 그런 도전이 성공을 거둘 경우에는 우리가 지켜온 삶의 이유를 송두리째 부정해야 하기 때문이다. 기본적인 신념의 언어는 초연한 객관성이 아닌 "헌신"의 언어다. 그런 "특이성"에 오류 가능성을 입증하는 방식을 거부하는 특이성도 아울러 포함시켜야 한다.

돈을 버는 것을 인생의 기본적인 신념으로 삼은 사람을 잠시 생각해 보자. 그는 그 목적의 합법성을 조금도 의심하지 않고 분명하게 확신한다. 만일 그 목적과 다른 목적들이 충돌을 일으킬 때는 기본적인 목적이 우선시되기 마련이다. 의심과 의문이 머릿속에 떠오를 테지만 그런 의심과 의문은 마치 종교적인 유혹과 흡사하다. 그런 것들을 진지하게 받아들이는 것은 곧 그의 신념을 타협하는 것이다. 다시 말해 생각이 둘로 나뉘어 불안정한 상태가 되고 만다. 그럴 경우 그는 자신의 기본적인 신념을 바꾸도록 도전하는 위기에 직면한다. 그런 압박감 아래 그는 기본적인 신념을 바꿀 수도 있다. 그러나 새로운 신념도 옛 신념과 똑같은 충성심을 요구할 것이다. 따라서 도전은 가급적 거부해야 한다. 신념의 합법성을 논박하는 증거는 무시하고, 억제하고, 그것을 손상시키지 않는 방식으로 처리되어야 한다. "인도 사람들이 기아에 허덕이고 있다고? 동정심을 베풀어야 마땅하지만 가난한 자를 돕는 가장 좋은 방법은 자유 기업 체제와 자립의 미덕을 가르치는 것이야. 모든 사람이 돈을 버는 일에 정성을 쏟는다면 가난은 사라질 거야. 우리의 신념을 저버리는 것은 그들에게 아무런 도움도 되지 않아." 일종의 자기 합리화가 아닐까? 그러나 그런 신념을 굳게 가지고 있는 사람은 그렇게 생각하지 않을 것이다. 가난의 문제에 대한 손쉬운 해결책이 달리 존재하지 않는 경우에는 특히 더 그럴 것이다.

플루의 질문을 돈을 숭배하는 사람에게 적용해 보자. 돈 버는 일을 가장 우선시하는 것을 논박하려면 어떤 증거가 있어야 하거나 발견되었어야 한다고 생각하는가? 그가 그런 신념을 버리려면 어떤 일이 일어나야 하는가? 이것은 섣불리 대답할 수 없는 문제다. 그는 자신의 신념에 온전히 헌신한 상태이기 때문에 그런 변화를 일으킬 일이 일어나지 않기를 진정으로 바란다. 그는 단지 바랄 뿐 아니라 그런 일이 없을 것이라는 것을 알고 있다(또는 그렇게 생각하고 있다). 왜냐하면 모든 현실을 자신의 신념에 따라 해석하기 때문이다. 만일 그가 어떤 사건을 돈을 숭배하지 않는 관점에서 바라보려는 유혹에 굴복한다면 그 일을 통해 변화될 수도 있다. 그가 변화되는 이유는 자신의 신념을 이미 타협했기 때문이다. 종교적인 신념의 변화도 이와 비슷하다.

　기본적인 신념의 언어는 "특이할" 뿐 아니라 "일상적이다." 그것은 낯설거나 비의적이지 않다. 우리는 그것을 항상 사용한다. 그것은 삶의 모든 영역에 관여한다. 그 이유는 그것이 그만큼 기본적이고, 중요하기 때문이다. 그것이 중요한 이유는 "변화(곧 다른 어떤 것보다도 더 많은 변화)를 일으키기" 때문이다. 그것이 없으면 다른 것은 모두 아무런 의미가 없다. 모든 경험이 그런 신념의 타당성을 "입증한다." 우리는 우리의 신념을 다양한 방식으로 입증할 수 있다. 증거들이 곳곳에서 발견된다.

　그렇다면 신념은 어떻게 증명할 수 있고, 또 동시에 증명할 수 없는 것일까? 그것은 어떻게 증거를 제시할 수 있으면서 동시에 반대되는 증거로 허위임을 입증하는 방식을 거부할 수 있는 것일까? 이 역설을 해결하는 것이 문제의 핵심이다. 감각의 증거를 통해 모든 진리를 확증하기로 결심한 철학자가 있다고 가정해 보자. 그가 의지하는 진리의 판단 기준은 감각적 경험이다. 어떤 증거가 그런 판단 기준을 논박할 수 있을까? 어떤 점에서 그런 증거는 전무하다. 왜냐하면 감각적 경험이 그의 진정한 판단 기준이라면 그 기준을 논박하는 것은 무엇이든 감각적 경험을 통해 검증될 것이 분명하기 때문이다. 그런 증거들은 그것들이 반대하는 판단 기준에 의해 시험될 것이다. "반박"도 다른 기본적인 신념처럼 신념의 위기와 같은 것이 일어나야만 비로소 가능해진다. 그와 동시에 모든 증거가 그런 판단 기준을 입증한다. 철학자는 자신의 신념을 확립하기 위해 훌륭한 학문적 주장을 펼칠 것이고, 반대 주장을 논박하며 신중하게 구축된 논증을 제시할 것이다.

　물론 그런 논증은 "순환적일" 수 있다. 감각적 판단 기준을 위한 논증은 감각적 판단 기준에 의해 검증되어야 한다. 철학자는 감각적 경험에 호소함으로써 감각적 경험을 논증해야 한다. 그는 어떤 선택을 할 수 있을까? 만일 그가 다른 것을 자신의 궁극적인 권위로 삼는다면 일관성을 잃고 말 것이다. 어떤 기본적인 신념이든 그럴 수밖에 없다. 하나의 절대적인 권위를 위해 논증을 펼친다면 결국 다른 것이 아닌 그 권위에 호소할 수밖에는 없다. 이성의 지상권을 입증하려면 이성에 호소해야 하고, 논리의 필요성을 입증하려면 논리에 호소해야 하며, 물질의 지상권을 입증하려면 돈을 더 많이 버는 것의 중요성을 밝혀야 하고, 하나님의 존재를 입증하려면 궁극적으로 하나님께 호소해야 한다.

그런 논증들은 순환적이지만 그럼에도 불구하고 엄연한 논증이다. 이성의 지상권을 입증하는 "증거"는 비록 순환적일지라도 매우 설득적이고, 논리적으로 건전할 수 있다. 그런 순환성은 노골적이지 않다. 그것은 뒷전에 가만히 숨어 있다. "이성이 사실인 이유는 이성이 그렇게 말하기 때문이다."라고 말하는 사람은 없다. 오히려 사람들은 "이성이 사실인 이유는 그것을 부인하는 것까지도 전제해야 하기 때문이다."라고 말할 것이다. 두 번째 주장도 첫 번째 주장만큼이나 순환적이다. 둘 다 이성의 타당성을 전제한다. 그러나 두 번째 주장의 경우에는 그런 전제가 뚜렷하지 않고 암시적이다. 또한 두 번째 주장은 매우 설득적이다. 비합리주의자는 자신의 비합리주의를 매우 합리적인 방식으로 제시하고 있다는 것을 의식하지 않을 수 없다. 그는 합리주의자들보다 더 합리적인 방법으로 자신의 비합리주의를 논증하려고 애쓴다. 그는 좀 더 일관성 있는 비합리주의자가 되거나 자신의 비합리주의를 포기하거나 둘 중에 하나를 선택해야 한다. 물론 그는 일관성을 포기할 수도 있다. 그러나 그렇게 하려면 논증의 전제 자체를 포기해야 한다. 그런 논증은 합리성 없이 사는 것이 얼마나 어려운지를 그에게 생생하게 상기시켜 준다. 논증은 순환적이지만 중요한 사실들에 그의 관심을 기울이게 만든다. 논증이 순환적이지만 설득력이 있는 이유는 마음 깊은 곳에서 이성 없이는 살 수 없다는 것을 알기 때문이다.[20]

---

[20] 우리는 어떻게 아는가? 설명하기 어렵지만 우리는 안다. 어떤 순환적 논증은 다른 논증보다 더 설득력 있게 들린다. "진리는 거대한 양파다. 왜냐하면 참된 진술은 모두 감추어진 양파의 싹이기 때문이다." 이 논증은 제시된 이유에 결론이 전제되어 있는 전형적인 순환적 논증에 해당한다. 그러나 이 논증에는 불합리한 것이 존재한다. "이성은 필요하다. 왜냐하면 이성을 부인하려고 할 때도 이성을 사용해야 하기 때문이다. 이 논증도 순환적이지만 앞의 것보다 훨씬

어떤 순환 논증은 다른 것들에 비해 좀 더 큰 설득력을 지닌다. 가장 기본적인 삶의 신념들을 입증하는 순환 논증이 가장 큰 설득력을 지니기 마련이다. 우리는 그런 신념들을 사실로 믿기 때문에 그것들이 다른 사람들에게도 설득력을 지녀야 한다고 생각한다. 기독교적 유신론자는 하나님의 존재를 입증하는 논증이 순환적이라는 것을 인정하면서도 여전히 그 논증이 건전하고, 타당하다고 주장할 것이다. 왜냐하면 자신의 견해가 사실이라고 진정으로 믿고, 또 그런 식으로 분명하게 인식될 수 있다고 확신하기 때문이다. 그는 하나님이 경쟁 관계에 있는 다른 순환 논증이 아닌 그런 식의 순환 논증의 관점에서 생각하도록 인간을 창조하셨다고 믿는다.[21]

따라서 기본적인 신념의 언어는 "특이하면서도 일상적이다." 이 언어는 오류를 입증하는 방식을 거부하고, 대립되는 신념에 의해 판단받는 것을 거부한다. 그러나 이 논리는 스스로를 검증해야 할 책임과 스스로가 주장하는 합리성과 일관성을 분명하게 제시해야 할 책임을 기꺼이 인정한다.

안토니 플루의 기본적인 신념은 무엇인가? 이성인가? "학문적인 성실성"인가?

더 큰 설득력을 지닌다. 회의론자는 두 번째 논증이 좀 더 그럴 듯하다고 말할 것이다. 우리의 논증은 첫 번째가 아닌 두 번째에 해당한다. "지식"을 정의하기는 매우 어렵다. 논리학자, 인식론자, 과학자들이 참된 지식을 위한 판단 기준을 찾기 위해 수많은 시간과 노력을 기울였다. 그러나 그런 판단 기준을 지키는 것을 지식의 정의로 삼을 수는 없다. 지식은 논리학이나 인식론이나 생물학이 생겨나기 오래 전부터 인간의 삶 속에 나타났고, 사람들은 여전히 그런 학문을 거론하지 않고서도 지식을 얻고 있다. 그런 학문들은 그것들과 상관없이 존재하는 현상을 개념화하고, 정의하고, 이해하려고 노력할 뿐이다. 그것들이 지식을 가능하게 하는 것은 아니다. 지식에 관한 그것들의 개념은 자주 바뀐다. 따라서 그런 학문들이 지식을 구성하는 모든 것을 궁극적으로 정의할 수 있을 것이라고 생각하는 것은 주제넘은 일이다. 만일 순환 논증의 타당성이 존재하는 전문적인 지식의 판단 기준에 부합하지 않는다면 그런 판단 기준이 그만큼 실효성이 없다는 증거다. 그런 타당성을 인정하는 것이 곧 인식론자들이 주목하고, 설명해야 할 지식의 한 형태다. "기본적인 신념"은 피할 수 없다. 그런 신념은 순환적인 논증을 통해서만 입증될 수 있다. 따라서 기본적인 신념의 차원에서는 순환 논증이 불가피하다. 어떤 사상 체계든 그런 식의 순환성은 결함이 아니다. 오히려 그것은 모든 사상 체계의 본질적인 요소다. 그것은 인간적인 조건의 일부다. "이런 점에서 지식"이라는 용어를 기본 신념에 적용하는 것은 매우 자연스럽다. 만일 그런 종류의 지식을 전문적으로 설명할 수 있는 방법이 아직 발견되지 않았다면 때 늦은 감이 없지 않다. 특정한 체계 내에서 기본적인 신념은 단순히 진리라는 차원을 넘어 가장 확실한 진리(곧 다른 진리들을 판단하는 기준)에 해당한다. 만일 가장 확실한 것이 "지식"이라는 용어를 적용하는 것을 거부한다면 그보다 덜 확실한 것들도 모두 지식으로 일컬어질 수 없다. 지식을 모두 없애면 자신이 해야 할 일도 없어질 것이라고 생각할 인식론자는 아무도 없을 것이다. 지식은 이상이 아니다. 지식은 우리가 열심히 추구해도 결코 도달할 수 없는 무엇이 아니다. 지식은 일상생활에서 일어나는 평범한 현상이다. 그런 현상이 존재하지 않는다고 정의하는 것이 아니라 그것을 설명하는 것이 인식론자의 임무다. 무엇을 알려면 우리의 인간성을 초월해야 한다고 요구하는 방식으로 "지식"을 정의해서는 안 된다. 우리는 평범한 현상을 존중해야 한다. 기본적인 원리들에 관한 지식은 그런 평범한 현상의 일부다.

21) 이 문제는 이런 식으로 접근해야 한다. 이것은 순환성과 비순환성에 관한 논쟁이 아닌 서로 경쟁적인 순환 논증에 관한 논쟁이다.

세속적인 윤리학인가? 종교적인 불가지론인가? 나로서는 잘 모르겠다. 그러나 나는 그가 기본적인 신념을 지니고 있다고 생각한다. 왜냐하면 아무런 생각 없이 어떤 가치를 받아들일 사람이 아니기 때문이다. 좀 더 구체적으로 말해 인류를 신자와 불신자, 하나님을 아는 자와 모르는 자, 그분을 사랑하는 자와 반대하는 자로 나눈다면 플루의 글을 통해 판단할 때 그는 분명히 하나님을 반대하는 부류에 속한다. 이러한 자기 정체성이 그의 기본 신념을 나타낸다면 그는 하나님의 진리를 "가로막고", 그분의 진리를 거짓 것으로 바꾸는 일을 하고 있는 셈이다.[22] 성경에 따르면 그는 기본적인 차원에서 스스로가 "알고 있는" 하나님의 진리를 반대하고, 논박하고, 거부하는 일을 하고 있다.[23] 그런 신념도 오류를 입증할 수 없지만 자기 검증적 성격을 지닌다. 그 이유는 그것이 기본 신념에 해당하기 때문이다. 그것은 철저히 비종교적이지만 논리적으로는 종교적인 신념과 크게 다르지 않다. 플루의 비유를 패러디한 내용을 예로 들면 다음과 같다.

옛날에 탐험가 두 사람이 정글에서 우연히 공터를 발견했다. 그곳에서 한 남자가 잡초를 뽑고, 비료를 주고, 가지를 치고 있었다. 그는 탐험가들에게로 돌아서서 자기를 궁궐 정원사라고 소개했다. 한 탐험가는 악수를 청하면서 몇 마디 담소를 주고받았다. 다른 탐험가는 그를 외면하며 돌아섰다. 그는 "이런 정글에 정원사가 있을 리가 없어. 뭔가 속임수가 있는 것이 분명해. 누군가가 우리가 먼저 발견한 것을 믿지 못하게 만들려고 하고 있어."라고 말했다. 그들은 그곳에 텐트를 쳤다. 정원사는 매일 와서 그곳을 돌봤다. 그곳은 곧 잘 가꾸어진 꽃들로 가득 찼다. "그가 이 일을 하는 이유는 우리가 이곳에 있기 때문이야. 그는 우리를 속여 이곳을 궁궐의 정원으로 생각하게 만들려고 해." 마침내 정원사는 그들을 궁궐에 데려가서 자신의 지위를 입증해 줄 여러 관리들에게 그들을 소개했다. 그런데도 회의적인 탐험가는 "우리의 감각이 우리를 속이고 있어. 정원사나 꽃이나 궁궐이나 관리들은 존재하지 않아. 모두 속임수야."라고 말했다. 마침내 믿음을 가진 탐험가는 "그렇다면 자네의 본래 주장은 어디로 간 것인가? 자네가 일컫는 대로 이런 신기루가 실제 정원사와 어떻게 다른가?"라고 탄식했다.

---

22) 롬 1:18-25.
23) 롬 1:19-21. "하나님을 알되"를 뜻하는 헬라어 "그논테스 톤 데온"이라는 문구에 주목하라.

그렇다. 정원이다. 정원에 관해 말하는 것은 매우 편리하다. 왜냐하면 성경의 이야기가 그곳에서부터 시작되었었기 때문이다. 아담과 하와는 정원에서 살았다. 그들은 거룩하신 정원사를 알고 있었다. 그분은 어느 날 하와와 아담이 자신의 존재를 부인하기 전까지 그들에게 말씀하셨고, 그들과 함께 일하며, 그들과 더불어 사셨다. 성경은 그 후로 죄인들이 그와 똑같이 불합리한 죄를 저질러 왔다고 증언한다. 하나님은 검증할 수 있고, 알 수 있고, 그분의 사역을 통해 "분명하게 알려지셨다."[24] 그러나 사람들은 죄의 영향 때문에 여전히 "불합리하게도" 그분을 부인한다. 그리스도인들이 보기에 그런 부인은 인식적으로 무의미하다. 그것은 명백한 유신론적 세상을 무신론적 언어를 사용해 묘사함으로써 하나님을 외면하려는 시도에 지나지 않는다.

"중립적인" 관점에서 보면 플루와 그리스도인은 같은 배를 타고 있다. 둘 다 오류 가능성을 검증하는 방식은 거부하면서도 자체적인 관점에서는 검증 가능한, "특이하면서도 일상적인" 신념을 지니고 있다. 그러나 "중립적인" 관점은 존재하지 않는다. 하나님을 위하든 그분을 대적하든 둘 중에 하나다. 어디든 한쪽에 가담해야 한다. 두 체계는 논리적으로 순환성의 어려움에 직면한다. 그러나 하나가 사실이면 다른 하나는 거짓이다. 만일 인간이 그런 일을 알도록 창조되었다면 그 차이를 알 수 있다. 우리는 우리가 그렇게 할 수 있다는 것을 알고 있다.

플루에 대한 우리의 반응은 다음과 같다. 1) 그는 단지 이야기의 절반만을 말했다. 그가 말한 대로 종교적인 언어는 오류 가능성을 검증하는 방식을 거부하지만 스스로의 전제를 토대로 검증 가능하다고 주장한다. 2) 이런 인식론적인 특이성은 단지 종교적이거나 기독교적인 언어만이 아니라 모든 형태의 기본적인 신념에 적용된다. 무신론적인 언어도 예외가 아니다. 따라서 그런 특이성을 기독교에 대한 비판으로 강조해서는 안 된다. 그것은 단지 인간의 인식론적인 상태를 기술할 뿐이다. 3) 성경은 명백한 증거를 무시하고, 이성을 비웃으며 그것을 근거로는 어떤 지식도 불가능하다고 주장하는 사람을 어리석은 자로 간주한다. 그리스도인들이 볼 때 불신자들의 논리는 "진리는 거대한 양파야. 그러므로 진리는 거대한 양파야."라

---

[24] 롬 1:20.

는 식의 터무니없는 주장을 되풀이하는 것에 불과하다.

따라서 플루는 종교적인 언어가 "인식적으로 무의미하다."는 것을 설득력 있게 보여주지 못했다. 그는 인간의 언어가 하나님에 관해 말할 수 없다는 것을 입증하는 데 실패했다. 그렇다면 세 번째 형태의 반론은 어떨까? 칼 바르트의 경우는 어떻게 생각해야 할까? 그의 주장은 그냥 제쳐두어야 하는 것일까?

다시 종교적인 언어(특별히 기독교적 언어)의 "특이성"과 "일상성"으로 되돌아가보자. 기독교적 언어의 특이성은 하나님의 초월에서 비롯하고, 그 일상성은 그분의 내재에서 비롯한다. 기독교적 언어가 특이한 이유는 기본적인 신념의 언어이기 때문이고, 하나님의 주권적인 초월이 그런 기본적인 신념을 요구하기 때문이다. 또한 이 언어가 특이한 이유는 우리의 가장 궁극적인 전제를 표현하기 때문이고, 그 전제가 하나님이 우리에게 요구하시는 것이기 때문이다. 기독교적 언어는 하나님의 요구(삶의 모든 것에 대한 그분의 요구)를 전달하는 것이기 때문에 특이하다. 그것은 세속적인 철학의 판단 기준을 통해 "오류 가능성을" 입증할 수 없다. 왜냐하면 하나님이 그런 판단 기준에 의해 판단받지 않으시기 때문이다. "사람은 다 거짓되되 오직 하나님은 참되시다."[25] 따라서 모든 기독교적 언어의 기준인 하나님의 말씀은 그야말로 더할 나위 없이 특이하다.

기독교적 언어가 "일상적이고", 검증 가능한 이유는 하나님이 초월적인 주권자이실 뿐 아니라 우리를 가까이 하시며, "우리와 함께" 하시는 분이시기 때문이다. 이 두 가지 속성은 서로 모순되지 않는다. 하나님이 우리를 가까이 하시는 이유는 그분이 주권자이시기 때문이다. 그분은 주권자이시기 때문에 우리가 가는 곳마다 자신의 능력을 의식할 수 있게 하신다. 하나님은 주권자이시기 때문에 우리에게 자신을 분명하게 나타내고, 스스로를 모든 피조물로부터 구별하신다. 그분은 주권자이시기 때문에 우리의 경험 가운데서 가장 핵심적인 사실, 곧 가장 검증 가능하고, 결코 회피할 수 없는 실체이시다.

하나님의 말씀은 더할 나위 없이 특이하기 때문에 또한 더할 나위 없이 일상적이다. 그분의 말씀은 최상의 권위를 지니기 때문에 가장 검증 가능하다. 하나님의 말

---

25) 롬 3:4.

씀은 생각의 궁극적인 전제를 제시하기 때문에 또한 생각의 궁극적인 "진리들"을 아울러 제공한다.

바르트의 논증은 (성경에서 비롯한) 이런 식의 하나님의 초월과 내재를 반대로 뒤집는다. 바르트에게 하나님의 초월은 그분이 인간에게 명확하게 계시될 수 없다는 것, 곧 인간의 말과 개념으로는 그분을 분명하게 나타낼 수 없다는 의미를 내포한다. 하나님의 초월에 관한 그의 견해는 우리가 제시한 그분의 내재에 관한 견해와 상충된다. 하나님의 내재에 관한 바르트의 견해도 우리가 제시한 그분의 초월에 관한 견해와 상충되기는 마찬가지다. 바르트에게 하나님의 내재는 인간적인 권위를 지닌 말, 곧 유오한 말이 때때로 하나님의 말씀이 "될 수" 있다는 의미를 내포한다. 결국 우리가 가진 유일한 권위는 유오한 것이다. 우리에게 있는 유일한 "하나님의 말씀"은 유오한 인간의 말에 지나지 않는다. 이런 견해에 따르면 하나님은 무조건적인 믿음을 요구하는 권위적인 주장을 내세우지도 않고, 우리의 생각의 전제를 결정하지도 않으시며, 오류를 입증하는 방식을 거부하지도 않고, 오히려 거짓을 용인하고, 인정하신다.

과연 누가 옳을까? 하나님의 초월은 권위 있는 말로 인간에게 그분을 나타낸 계시를 포함할까, 아니면 배제할까? 우리는 이 질문에 정직하게 대답해야 한다. 하나님의 초월이라는 상황 속에서 계시가 나타나야 한다고 말하는 것만으로는 충분하지 않다. 왜냐하면 초월은 다양한 방식으로 이해될 수 있기 때문이다. 따라서 각 사람은 초월에 대한 자신의 특별한 견해를 옹호하지 않으면 안 된다. 계시는 하나님의 주권과 "분리되어 있다."는 견해를 주장한다고 해서 문제의 핵심에 도달하는 것은 아니다. 왜냐하면 주권의 본질이나 계시와 그 주권과의 관계에 관한 양측의 의견이 서로 다르기 때문이다.

두 견해 모두 성경적인 근거를 주장한다. 바르트는 성경이 가르치는 창조주와 피조물의 관계에 호소한다. 인간은 피조물이다. 인간은 궁극적으로 오직 하나님만을 신뢰해야 한다. 유한한 것을 궁극적으로 신뢰하는 것은 우상 숭배다. 인간의 말은 유한하다. 따라서 성경을 궁극적으로 신뢰하는 것은 우상 숭배에 해당한다. 타락한 세상에서는 그런 신뢰가 더욱 어리석은 것이 된다. 왜냐하면 인간의 말은 유한할 뿐 아니라 부패했기 때문이다. 부패한 언어는 하나님을 온전히 영화롭게 하지 못한다. 복음은 완전을 주장하는 것은 무엇이든 인정하지 말고, 인간의 말이 부족하다는 것을 고백하며 하나님께 모든 희망을 두라고 요구한다. 인간의 말을 궁극적으로 신뢰하면서 어떻게 하나님의 긍휼을 또한 신뢰할 수 있겠는가?

이런 바르트의 견해는 창조와 구원이라는 일반적인 사실에 초점을 맞추는 한 매우 설득력 있게 진술될 수 있다. 성경은 우상 숭배를 단죄한다. 성경은 인간적인 구원의 수단을 의지하는 것을 용납하지 않는다. 그러나 이 견해를 계시의 개념에 적용하면 그 비성경적인 속성이 명확하게 드러난다. 성경은 하나님의 초월로부터 인간의 언어로 된 모든 계시의 부적당함과 오류 가능성을 도출하지 않는다. 오히려 성경은 바로 하나님의 초월 때문에 아무런 의심 없이 인간의 언어로 된 계시에 기꺼이 복종해야 한다고 가르친다.

"이스라엘아 들으라 우리 하나님 여호와는 오직 유일한 여호와이시니 너는 마음을 다하고 뜻을 다하고 힘을 다하여 네 하나님 여호와를 사랑하라 오늘 내가 네게 명하는 이 말씀을 너는 마음에 새기고 네 자녀에게 부지런히 가르치며 집에 앉았을 때에든지 길을 갈 때에든지 누워 있을 때에든지 일어날 때에든지 이 말씀을 강론할 것이며…너희의 하나님 여호와께서 너희에게 명하신 명령과 증거와 규례를 삼가 지키며."[26]

하나님을 주님으로 섬기는 사람은 말로 된 그분의 계시에 기꺼이 복종한다. 하나님을 주님으로 사랑하는 사람은 그분의 계명을 지킨다.[27] 하나님의 주권, 곧 초월은 계시의 말씀에 대한 무조건적인 신뢰와 복종을 요구한다. 하나님의 초월은 계시의 말씀이 지니는 권위를 상대화시키거나 약화시키지 않는다. 어떻게 그럴 수 있을까? 성경이 인간의 말을 우상화하는 것은 아닐까? 대답은 간단하다. 성경은 말로 된 계시를 단지 인간의 말로 간주하지 않는다. 성경에 따르면 말로 된 계시는 인간의 말이자 곧 하나님의 말씀이다. 성육하신 그리스도처럼 말로 된 계시도 인간의 속성과 하나님의 속성을 동시에 지닌다. 성경은 신성한 권위를 지닌다. 하나님의 말씀에 복종하는 것이 곧 그분께 복종하는 것이고, 그분의 말씀에 불순종하는 것이

---

26) 신 6:4-7, 17.
27) 요 14:15, 21, 23, 15:10. 이 점에 대해 좀 더 자세히 알고 싶으면 이 책 부록 I를 참조하라.

곧 그분께 불순종하는 것이다. 말로 된 계시에 무조건적으로 복종하는 것은 인간의 말을 우상화하는 것이 아니다. 그것은 하나님의 말씀이 지닌 신성한 권위를 인정하는 의미일 뿐이다. 말씀에 복종하는 이유는 우리의 창조주와 구원자이신 하나님을 존중하기 때문이다.

신성한 것을 욕되게 하는 것은 피조물을 우상화하는 것과 똑같은 죄에 해당한다. 이 둘은 서로 밀접하게 관련된다. 하나님께 불순종하는 것은 그분보다 열등한 것에 복종하는 것이다. 하나님의 말씀을 저버리면 인간의 말을 우상화하는 잘못이 발생한다. 만일 성경이 옳고, 말로 된 계시가 하나님의 권위를 지닌다면 바르트의 견해야말로 우상 숭배를 조장하는 결과를 낳는다. 그 이유는 그의 견해가 하나님의 말씀을 마땅히 존귀하게 여겨야 하는데도 그렇게 하지 못하게 막고, 오히려 다른 말, 즉 우리 자신의 말이나 과학자들이나 신학자들의 말을 의지하라고 부추기기 때문이다.

물론 이런 말이 성경이 하나님의 말씀임을 입증하는 증거는 아니다. 이것은 하나님의 초월에 관한 성경의 견해를 곡해해 말로 된 계시의 권위를 깎아내리는 것이 잘못임을 지적하는 의미를 지닌다. 초월에 대한 바르트의 개념을 성경적인 개념보다 더 좋아하는 사람이 있을 수 있다. 그러나 그런 견해를 참된 기독교의 입장으로 선전하거나 나타내려고 해서는 안 된다.

결론적으로 세 가지 형태의 반론은 모두 건전하지 못하다. 하나님은 인간의 언어를 포함한 모든 것의 주님이시기 때문에 인간의 언어는 하나님의 무오한 말씀을 전달할 수 있다.

부록 I
성경의 자증

본래 다음의 자료에 실려 처음 출판되었다. John W. Montgomery, ed., *God's Inerrant Word* (Grand Rapids: Bethany House Publishers, 1974), 178–200. 출판사의 허락을 받고 게재했다. 이 내용은 다음 책의 부록으로 다시 출판되기도 했다. John M. Frame, *The Doctrine of the Word of God*, A Theology of Lordship (Phillipsburg, NJ: P&R Publishing, 2010), 440–62. 나는 이 책에서 성경의 권위가 기독교적 인식론의 근본 전제라고 자주 언급했다. 이 논문은 성경의 권위라는 개념이 성경 자체에 의해 확실하게 보증된다는 점을 보여주는 데 초점을 맞춘다. 나는 이 논문의 마지막 부분에서 이에 대한 바르트의 견해를 잠시 다루었다(이 책에 맞게 문체를 조금 다듬었다).

성경은 스스로에 대해 뭐라고 말하는가? 이 물음은 중대하면서도 진부하다.

이것이 중대한 이유는 성경의 자증이 오랫동안 성경의 권위에 대한 정통 기독교의 논증을 위한 초석이 되어왔기 때문이다. 성경이 권위를 주장한다는 것을 믿어야 할 이유가 없다면 그런 논증은 존재하지 않았을 것이다. 만일 성경이 권위를 주장하지 않았거나 그 점에 대해 중립을 지켰다면 그리스도인들이 성경의 권위를 주장할 수 있는 근거를 확보하기 어려웠을 것이다. 그러나 만일 성경이 권위를 주장한다면 우리는 중대한 도전에 직면할 수밖에 없다. 그런 주장을 용인하느냐 거부하느냐에 따라 기독교적 교리와 삶의 모든 측면이 영향을 받는다.

더욱이 성경의 권위는 그리스도의 신성, 이신칭의, 대리 속죄와 같이 기독교의 교리 가운데 하나다. 그리스도인들은 그런 교리들을 입증하기 위해 성경을 의지한다. 하나님의 구원적인 목적에 관한 정보를 성경 외에 달리 어디에서 발견할 수 있겠는가? 그렇다면 성경의 권위라는 교리는 어떨까? 일관성을 유지하려면 그 교리도 성경을 통해 입증해야 하지 않겠는가? 만일 그렇다면 성경의 자증이 논증의 첫 번째 고려 사항이자 궁극적이고, 결정적인 고려 사항이 되어야 할 것이다.

물론 어떤 사람은 그런 주장이 확고한 설득력을 지니지 못한다고 이의를 제기할지도 모른다. 성경이 스스로 하나님의 말씀이라고 주장하는 것만으로는 그것이 그분의 말씀이라는 증거가 되지 못한다는 말은 어떤 점에서는 사실이다. 이런 저런 신의 계시라고 주장하는 문서들이 많다. 코란과 모르몬경을 비롯해 많은 책들이 그렇게 주장한다. 그런 주장 자체가 그 책의 권위를 확립하는 것은 결코 아니다. 주장은 증거(다른 무엇보다도 우리의 종교적인 확신에서 비롯하는 전제를 통해 제시되는 증거)에 의해 뒷받침되어야 한다. 그리스도인은 기독교적 전제에 근거한 증거에 초점을 맞춰야 한다. 그리스도인은 성경에서 가장 기본적인 전제를 발견한다.

다른 곳에서 주장한 대로[1] "궁극적인 판단 기준"을 위한 논증을 펼칠 때는 어느 정도의 순환 논리는 불가피하다. 궁극적인 판단 기준을 주장하고자 할 때 다른 궁극적인 판단 기준에 호소하는 것은 있을 수 없다. 성경의 권위에 대한 논증도 정확히 궁극적인 판단 기준에 대한 논증에 속한다.

물론 불신자들에게 성경이 그렇게 말하기 때문에 성경을 받아들여야 한다고 권유할 수는 없다. 그런 단순한 권유 안에는 상당한 진실이 담겨 있지만 더 이상의 설명을 덧붙이지 않고 그렇게 말하는 것은 자칫 오해를 불러일으킬 소지가 높다. 불신자는 그의 현 위치에서부터 출발해야 한다. 아마도 그는 성경이 무오하지는 않더라도 상당히 신뢰할 만한 책이라고 생각하고 있을 수도 있다. 그런 경우에는 기독교 교리를 위한 역사적 자료로서, 곧 "원초적" 자료로서 성경을 연구해 보라고 권유할 수 있다. 그러면 그는 성경이 하나님과 그리스도와 인간과 스스로에 대해 주장

---

[1] 부록 H를 참조하라.

하는 내용을 발견할 수 있을 것이고, 상황을 자신의 관점에서 바라보는 것과 성경의 관점에서 바라보는 것을 견주어 보고, 만일 하나님이 원하시면 후자의 관점에서 상황을 바라보는 지혜를 터득하게 될 것이다. 그러나 그가 성경의 요구를 그릇 오해하지 않도록 주의를 기울여야 할 필요가 있다. 과거의 사고방식을 버리지 않고서도 그리스도인이 될 수 있다는 생각을 부추겨서는 곤란하다.

오히려 그리스도께서 마음과 생각과 의지와 감정, 즉 전인이 모두 포함된 "전적인" 회개를 요구하신다는 점을 깨우쳐 주어야 한다. 그는 그리스도께서 "궁극적인 판단 기준"의 변화를 요구하신다는 것을 깨달아야 할 필요가 있다. 그는 스스로 증거를 동원해 성경의 권위를 확립하려는 일조차도 성경에 의해 수정되고, 보완되어야 한다는 점을 알아야 하고, "증거"는 결국 하나님의 자기 증언에 근거한 것이며, 하나님을 "입증하는 것"은 곧 그분의 말씀을 청종하는 것과 같은 의미라는 점을 배워야 한다.

이처럼 성경의 자증이라는 문제는[2] 너무나도 중대하다. 어떤 점에서 그것은 유일한 문제에 해당한다. 만일 "자증"이 단지 성경이 분명하게 권위를 주장하는 본문

---

[2] 이 문제와 관련해 가장 유익한 자료들을 몇 권 소개하면 다음과 같다. 지금도 여전히 유익한 19세기의 자료로는 다음의 책이 있다. Louis Gaussen, *The Inspiration of the Holy Scriptures*, trans. D. D. Scott (Chicago: Moody Press, 1949). 이 분야에서 지금까지 가장 인상적인 학술 서적으로는 벤저민 워필드의 책을 꼽을 수 있다. Benjamin Breckinridge Warfield, *The Inspiration and Authority of the Bible*, ed. S. G. Craig (Philadelphia: Presbyterian and Reformed, 1948). 영감의 교리를 세계와 삶에 관한 포괄적인 기독교적 견해와 결부시켜 설명한 아브라함 카이퍼의 책은 독보적인 가치를 지닌다. Abraham Kuyper, *Principles of Sacred Theology*, trans. J. H. De Vries (Grand Rapids: Eerdmans, 1965). 지난 몇 년 동안 이 교리에 관해 새로운 견해를 제시한 자료로는 다음의 책이 유일하다. Mersdith G. Kline, *Structure of Biblical Authority* (Grand Rapids: Eerdmans, 1972). 신약학자 헤르만 리덜보스의 책도 이 분야의 유익한 지침서다. Herman N. Ridderbos, *The Authority of the New Testament Scriptures*, ed. J. M. Kik, trans. H. de Jongste (Philadelphia: Presbyterian and Reformed, 1963). 내가 볼 때 이 문제와 관련된 신학적인 논쟁을 가장 건전하게 개괄한 자료는 코넬리우스 반틸의 책이 아닌가 싶다. Cornelius Van Til, *A Christian Theolry of Knowledge* (Nutley, NJ: Presbyterian and Reformed, 1969). 반틸의 다음 자료도 아울러 참조하라. *The Doctrine of Scripture* (Ripon, CA: Den Dulk Foundation, 1967). 이 문제를 전반적으로 간단하게 요약한 자료를 원한다면 다음 책을 참조하라. Ned Bernard Stonehouse and Paul Wooley, eds., *The Infallibls Word*, 3rd rev. ed. (Philadelphia: Presbyterian and Reformed, 1967). 존 머레이가 쓴 논문이 특히 유익하다. Carl F. Henry, ed., *Revelation and the Bible* (Grand Rapids: Baker, 1958). 에드워드의 책은 좀 더 대중적인 성격을 지니지만 논리적 설득력이 매우 강하다. Edward J. Young, *Thy Word Is Truth* (Grand Rapids: Eerdmans, 1957). 이 밖에도 성경의 자증에 관한 문제를 다룬 최근의 유익한 자료들을 몇 가지 예로 들면 다음과 같다. René Pache, *The Inspiration and Authority of Scripture*, trans. Helen I. Needham (Chicago: Moody Press, 1969). Clark H. Pinnock, *Biblical Revelation: The Foundation of Christian Theology* (Chicago: Moody Press, 1971). John William Wenham, *Christ and the Bible* (Downers Grove, IL: InterVarsity Press, 1973).

만이 아니라 우리가 마주하는 성경의 특성 전체를 의미하는 것이라면 성경의 권위에 관한 문제는 전적으로 성경의 자증에 국한된다.

한편 이 물음은 진부하기도 하다. 왜냐하면 너무나도 중요한 문제라서 그동안 많은 신학자들이 거듭해서 논의해 온 주제이기 때문이다. 그런 기본적인 문제에 대해 강연을 하거나 글을 써달라는 요청을 받는 것은 큰 영예이지만 한편으로는 약간의 당혹감이 느껴지기도 한다. "이미 많이 다루어진 것에 무엇을 더 보탤 수가 있단 말인가? 가우센, 워필드, 카이퍼, 머레이, 영, 반틸, 클라인, 리델보스, 파쉐, 벤함, 패커, 몽고메리, 피녹, 거스너 등이 말한 것 외에 무엇을 더할 수 있단 말인가?"라는 생각이 든다. 심지어는 이 책에서조차[3] 논문들 가운데 더러는 이 주제를 다루고 있다. 그런 식의 논문들을 한데 모아놓은 책에서는 누군가가 핵심 논제를 요약해 줄 필요가 있다. 그러나 나로서는 나보다 월등한 학식과 논리를 갖춘 다른 저자들의 글을 인용하는 것이 최선이라는 생각이 들지 않을 수 없다. 사실 그것이 최선일 수 있지만 나는 여기에서 그렇게 하지는 않을 것이다. 왜냐하면 독자적으로는 아니더라도 개인적으로 연구를 시도해야 할 몇 가지 이유가 있기 때문이다.

이 문제에 대한 과거의 정통적인 기독교의 논의는 전반적으로 볼 때 매우 적절했다고 평가할 수 있다. 그러나 다른 모든 인간의 노력과 마찬가지로 여기에도 좀 더 개선해야 할 여지가 남아 있다. 내가 생각하는 개선의 내용은 크게 두 가지다.

1. 성경의 자증이 성경에 광범위하게 퍼져 있다는 점을 좀 더 강조해야 할 필요가 있다. 앞서 암시한 대로 어떤 의미에서는 성경 전체가 성경의 자증이라고 할 수 있다. 성경이 말씀하는 것은 모두 성경 자체에 관한 것이다. 심지어는 왕들의 계보도 성경의 내용과 속성에 관해 말한다. 성경이 왕들과 포도원과 광야 여행과 하나님과 인간과 그리스도에 관해 말하는 방식은 그 자체의 속성을 증언한다. 좀 더 구체적으로 말하면 성경의 전반적인 교리 체계가 성경의 자증에 관한 중요한 요소에 해당한다. 성경이 속죄, 화목, 칭의, 영화와 같은 것을 말할 때는 스스로의 중요한 역할을 전제하는 방식으로 말하는 것이다. 좀 더 역사적인 관점에서, 곧 하나님이 사람

---

[3] 이 부록이 본래 실려 출판된 책을 가리킨다. 이 부록의 서론을 참조하라.

들을 처음 다루기 시작하신 때로부터 구원의 문제를 살펴보면 그분이 그들에게 자신의 말씀이 그들의 삶 속에서 특별한 역할을 한다는 점을 가르치려고 하셨다는 것을 알 수 있다(이것은 수천 년에 걸친 구원사의 과정을 통해 거듭해서 강조되어 온 교훈이다). 성경의 자증이 성경에 광범위하게 나타난다는 점을 강조하지 않으면 최소한 두 가지 오류가 발생할 수 있다. 1) 사람들이 성경의 권위라는 개념이 주로 성경의 몇 곳에 산재되어 나타나는 성경 구절(성경 전체를 놓고 볼 때 그다지 중요하지 않을 수도 있는 몇몇 본문)에 근거한다고 생각할 소지가 높다. 심지어는 영감의 교리가 두어 곳의 본문(딤후 3:16; 벧후 1:21)에 근거하는 것처럼 생각하기 쉽다(자유주의 신학자들은 이 두 본문을 후대에 삽입된 율법적인 본문으로 간주한다). 간단히 말해 성경의 권위라는 교리가 지극히 주변적인 교리, 심지어는 구미에 맞지 않는 교리들을 제거하는 것을 별로 달갑게 여기지 않는 사람들조차도 쉽게 외면할 수 있는 교리처럼 보일 수 있다. 2) 사람들이 그리스도와 성경이 서로 분리될 수 있고, 성경을 믿고, 따르지 않아도 그리스도를 믿고 따를 수 있다고 생각할 소지가 높다. 즉 성경은 구원에 관한 기독교의 메시지에 별로 중요하지 않다고 생각하기 쉽다.

2. 정통적인 사람들이 주장하는 대로 성경의 권위와 무오성에 대한 성경의 자증이 명백하고 분명하다면, 그것이 성경에 "광범위하게" 나타나 있는 것이 확실하다면 정통적이지 않은 사람들이 그 문제를 다르게 보는 이유에 대해 좀 더 단호한 태도를 취하는 것이 마땅하다. 그들이 불신앙 때문에 진리를 알지 못한다고 말하는 것은 정당하다. 이 세상의 신이 그들의 마음을 혼미하게 했다.[4] 죄는 명백한 것을 도외시한다는 점에서 "비이성적이다." 그러나 죄인들 가운데 특히 학자들은 이성이 왜곡되었는데도 불구하고 이성을 위한 일을 한다고 생각한다. 그런 이성적 추론은 왜곡의 여부와 상관없이 종종 매우 그럴 듯하게 들린다. 정통적인 사람들이 그런 이성적 추론을 파헤쳐 그것의 표면적인 논리를 설명함과 동시에 그 안에 숨겨진 오류를 드러낸다면 성경의 자증에 대한 정통적인 견해를 훨씬 더 확실하게 진술할 수 있을 것이다.

---

4) 고후 4:4.

나는 이 논문의 남은 부분에서 성경의 자증에 대한 전통적인 논증을 제시할 생각이다. 나는 특히 위에서 언급한 두 가지 관심 사항을 이용하는 방식으로 (비록 충분하거나 포괄적이지 않더라도 이 정도의 길이를 지닌 논문에서 기대할 수 있는 것보다는 훨씬 더 깊이 있는) 논의를 전개하고자 한다.5) 첫 번째 항은 말로 된 계시가 구원에 관한 성경적인 이해에서 어떤 역할을 차지하는지를 살펴보는 데 초점을 맞춘다. 아울러 두 번째 항은 말로 된 계시와 성경의 관계를 논의하고, 세 번째 항은 내가 논리적으로 가장 그럴 듯하고, 또 가장 흔히 제기되는 반론으로 생각하는 것을 분석하는 내용을 다룰 것이다.

계시된 말씀과 구원

앞서 성경 전체가 자증으로 이루어져 있다고 말했다. 그러나 성경만이 유일하거나 가장 우선적인 자증은 아니다. 성경은 평범한 책이 아니라 하나님과 그리스도와 인간의 구원에 관한 책이다. 그러나 구원에 관한 메시지 안에는 성경에 관한 메시지가 포함되어 있다. 왜냐하면 이 구원은 "말로 된 계시"를 요구하기 때문이다. 하나님은 인간을 구원하기 위해 그에게 "말씀하신다."

주님과 종

하나님은 인간이 타락하기 전에도 그에게 말씀하셨다. 성경에 언급된 최초의 인간적인 경험이 곧 하나님의 말씀을 듣는 것이었다. 성경을 보면 인간의 창조에 관한 기사가 있고 나서 곧바로 다음과 같은 말씀이 기록된 것을 알 수 있다.

"하나님이 그들에게 복을 주시며 하나님이 그들에게 이르시되 생육하고 번성하여 땅에 충만하라, 땅을 정복하라, 바다의 물고기와 하늘의 새와 땅에 움직이는 모든 생물을 다

---

5) 따라서 이 논문에서 다른 정당한 관심 사항들을 모두 다루기는 어렵다.

스리라 하시니라."⁶⁾

이런 말씀을 듣는 것이 성경에 언급된 인간의 최초의 경험인 것은 매우 적절하다. 왜냐하면 그것이 곧 인간 삶의 모든 과정을 결정짓는 경험이기 때문이다. 인간에게 주어진 이 하나님의 말씀이 바로 인간에 대한 그분의 정의다. 하나님은 인간에게 그의 정체성과 임무를 가르쳐 주셨다. 인간이 하는 모든 것은 이 명령에 대한 복종이다. 목자든 농부든 광부든 사업가든 교사든 상관없이 인간의 주된 임무는 이 명령에 복종해 땅에 충만하고, 땅을 정복하는 것이다. 이 명령은 삶의 일부가 아닌 모든 것을 포괄한다. 이것은 이의를 제기할 수 없는 명령이다. 하나님이 인간의 책임을 주권적으로 정하신 것이다. 이 명령에는 "궁극적인" 권위에 대한 하나님 자신의 주장이 담겨 있다. 이 명령은 인간에게 땅을 정복하라고 명령함과 동시에 인간에 대한 하나님의 통치권을 천명한다. 인간이 행사하는 통치권은 모두 하나님에게서 비롯된 것이다. 인간이 그런 권한을 누리는 이유는 하나님이 그렇게 하도록 허락하셨기 때문이다. 인간의 권한은 곧 하나님의 명령에 대한 복종에 근거한다.

왜 그래야 하는 것일까? 그 이유는 하나님은 하나님이시고, 인간은 인간이기 때문이다. 하나님은 주님이시고 인간은 종이다. 하나님은 명령하시고, 인간은 복종해야 한다. 주님을 모신다는 것은 권위 아래 있는 것을 의미한다. 종은 주인의 명령에 복종해야 할 책임이 있다. 명령하지 않는 주권자가 어디에 있겠는가? 그런 개념 자체가 터무니없다. 명령이 없으면 복종도 없고, 복종이 없으면 책임도 없으며, 책임이 없으면 권위도 없고, 권위가 없으면 주권도 없다.

인간은 복종하기 위해 창조되었다. 인간은 불순종(주인의 명령에 대한 불순종)으로 인해 타락했다. 이 경우에는 금단의 열매에 관한 명령을 어긴 것이 타락의 원인이었다.⁷⁾ 죄에 대한 가장 간단한 성경의 정의는 "불법(하나님의 명령을 거부하는 것)"이다.⁸⁾ 하나님의 말씀은 우리를 그분의 피조물이자 종으로 규정함과 동시에 우리를 타락한 피조물, 곧 죄인으로 규정한다.

---

6) 창 1:28.
7) 창 2:17, 3:6, 11f.
8) 요일 3:4.

성경에 따르면 구원에는 하나님의 주권의 회복이 포함된다. 물론 타락으로 인해 하나님의 주권이 무너진 것은 아니다. 타락한 인간에 대한 하나님의 주권이 죄에 대한 그분의 심판을 통해 생생하게 표현된다. 그러나 인간이 구원받으려면 하나님이 주님이시라는 것과 그분이 인간에게 무조건적인 복종을 요구하신다는 사실을 깨달아야 한다. 하나님은 이스라엘 백성을 애굽에서 구원하실 때 "여호와"라는 신비로운 이름을 계시하셨다. 그 이름의 정확한 의미는 불확실하지만 무조건적인 주권을 주장하는 의미를 담고 있는 것은 분명하다.[9] 하나님은 구원의 역사 전반에 걸쳐 자기 백성을 향해 "절대적인 요구"를 제시함으로써 계속해서 그와 같은 권한을 주장하셨다.

하나님의 요구는 최소한 세 가지 의미에서 절대적이다. 1) 하나님의 요구는 의문시할 수 없다. 주님이신 하나님은 확고하면서도 단호한 복종을 요구할 권한을 지니신다. 하나님이 아브라함을 축복하신 이유는 그가 "(하나님의) 말을 순종하고 (그분의) 명령과 계명과 율례와 법도를 지켰기" 때문이다.[10] 아브라함은 심지어 하나님이 그의 아들 이삭(약속의 자손)을[11] 희생 제물로 바치라고 명령하셨을 때도 조금도 주저하지 않았다.[12] 아무리 혹독한 상황일지라도 복종하기를 주저하는 것은 죄에 해당한다. 2) 하나님의 요구가 절대적인 이유는 다른 모든 충성심이나 요구를 능가하기 때문이다. 주님이신 하나님은 자신과의 경쟁을 용납하지 않으신다. 그분은 "독점적인" 충성심을 요구하신다.[13] 종은 마음과 뜻과 힘을 다해 주인을 사랑해야 한다.[14] 한 사람이 두 주인을 섬길 수는 없다.[15] 그리스도의 신성을 입증하는 가장 뚜렷한 증거 가운데 하나는 그분이 제자들에게 정확히 그와 똑같은 충성심을 요구하고, 또 받으셨다는 사실이다. 그것은 여호와 하나님이 이스라엘 백성에게 요구

---

9) 출 3:14. 나중에 하나님의 이름은 너무나 거룩해 감히 입으로 부를 수 없다고 생각한 유대인들은 그 이름을 "주님"을 뜻하는 "아도나이"로 대체했다.
10) 창 26:5.
11) 창 22:18.
12) 롬 4:20.
13) "너는 나 외에는 다른 신들을 네게 두지 말라"(출 20:3).
14) 신 6:4, 5.
15) 마 6:22-24.

하셨던 것과 똑같은 충성심이었다.16) 주님은 가장 으뜸 되는 자리를 요구하신다.
3) 하나님의 요구가 절대적인 이유는 삶의 모든 영역을 지배하기 때문이다. 구약 시대에 하나님은 단지 이스라엘의 예배만이 아니라 음식과 정치와 성과 경제와 가정과 여행과 절기까지 모든 것에 대한 율법을 제정하셨다. 삶의 영역 가운데 하나님의 율법과 무관한 것은 아무것도 존재하지 않았다. 신약 성경은 어떤 점에서 우리에게 좀 더 많은 자유를 부여한다(엄격한 음식법, 정결법, 동물 제사를 비롯해 구약 시대의 여러 가지 율법이 더 이상 구속력을 발휘하지 않는다). 그러나 신약 성경은 하나님의 요구가 지닌 포괄성에 관해 구약 성경보다 더욱 분명한 가르침을 전한다. 우리가 하는 모든 것, 심지어는 먹고 마시는 것조차도 하나님의 영광을 위해 해야 한다.17) 우리의 삶의 어떤 영역에서도 주님을 배제해서는 안 된다. 우리에게만 주어진 영역은 존재하지 않는다. 하나님의 주권은 그와 같은 "절대적인 요구"를 포함한다.

구원자와 죄인

그러나 구원은 하나님의 주권의 회복 이상의 의미를 지닌다. 하나님이 단지 자신의 주권만을 회복하기를 원하신다면 우리에게 아무런 희망이 없을 것이다. 왜냐하면 하나님을 거역한 탓에 그분의 손에 죽음을 당해야 마땅하기 때문이다.18) 만일 하나님이 우리에게 절대적인 요구만을 하신다면 그런 요구에 불순종한 우리로서는 멸망할 수밖에 없다. 그러나 하나님은 주님이실 뿐 아니라 또한 구원자이시다. 그분은 우리에게 요구나 율법만이 아니라 복음(예수 그리스도에 관한 좋은 소식)을 허락하셨다. 여기에서 기억할 것은 하나님이 복음을 "말씀하신다."는 것이다. 복음은 메시지, 곧 말로 된 계시다. 그리스도의 죽음이 우리를 죄에서 구원하기에 충분하다는 것을 어떻게 알 수 있는가? 오직 하나님만이 죄인들에게 죄 사함을 선언하실 수 있다. 믿는 자에게 구원을 약속할 권한을 지니신 분은 하나님뿐이시다. 말씀으로 복

---

16) 마 19:16-30, 8:19-22, 10:37; 빌 3:8.
17) 고전 10:31. 음식에 관한 신약 시대의 율법이라고 말할 수 있다. 롬 14:23; 고후 10:5; 골 3:17 참조.
18) 롬 3:23, 6:23.

종을 요구하시는 주님이 또한 말씀으로 구원을 약속하신다. 아브라함처럼[19] 우리도 복음을 믿으라는 부르심을 받는다. 그 이유는 복음이 하나님의 약속이기 때문이다. 그리스도를 믿는 신자들이 구원을 받는 이유는 그분이 그렇게 말씀하셨기 때문이다.[20] 오직 주님만이 용서의 말씀(죄인이 죄 사함을 받았다는 것과 영생을 약속하는 말씀)을 말하실 수 있다.

절대적인 요구 없는 주권이 있을 수 없는 것처럼 확실한 은혜의 약속이 없는 구원도 있을 수 없다. 따라서 성경의 메시지는 "말로 된 계시의 필요성"을 전제한다. 계시된 말씀이 없으면 주권도 없고, 구원도 없다. "그리스도를 구주로 영접하는 것은 곧 마음으로 그분의 요구와 약속을 받아들이는 것을 의미한다. 이 점을 오해해서는 안 된다. 그리스도의 말씀을 받아들이지 않으면 그분을 영접할 수 없다. 그리스도께서 직접 이 점을 거듭 강조하셨다.[21] 만일 그리스도의 말씀을 제쳐두고 그분과의 모호하고, 불확실한 "인격적인 관계"만을 추구한다면 우리의 상상이 빚어낸 그리스도로 성경적인 그리스도를 대체하는 잘못을 저지를 수밖에 없다.

물론 모든 말이 다 그런 효력을 나타내는 것은 아니다. 신성한 권위를 지닌 말씀, 곧 의문의 여지가 없고, 다른 모든 충성심을 초월하고, 삶의 모든 영역을 지배하는 하나님의 말씀이어야만 한다. 인간의 철학이나 신학, 심지어는 "현대적 학문의 확실한 결과"를 가지고서도 결코 논박할 수 없는 말씀이어야만 한다. 그런 말씀이 없으면 주님도, 구원자도 있을 수 없다.

그렇다면 그런 말씀을 어디에서 발견할 수 있을까? 철학자나 신학자나 사상가는 그런 말씀을 제공할 수 없다. 그런 말씀을 소유하고 있다고 주장하는 종교가 많다. 그런 많은 주장 가운데서 어떻게 참된 주장을 판별할 수 있을까? 하나님의 음성을 마귀의 음성이나 인간이 마음으로 그려낸 상상과 어떻게 구별할 수 있을까?

---

19) 롬 4:10, 20.

20) 요 5:24.

21) 마 7:24–29; 막 8:38; 눅 8:21, 9:26; 요 8:31, 47, 51, 10:27, 12:47–50, 14:15, 21, 23, 24, 15:7, 10, 14, 17:6, 8, 17. 그리스도와 그분의 말씀과의 관계는 구약 성경이 가르치는 하나님과 그분의 말씀과의 관계와 동일하다.

계시된 말씀과 성경

성경은 성경에 귀를 기울이라고 요구한다. 성경의 하나님은 성경을 통해 성경에 귀를 기울이라고 명령하신다.

물론 처음부터 분명하게 해 둘 것이 있다. 그것은 성경이 하나님이 하신 유일한 말씀은 아니라는 것이다. 하나님이 사도들과 선지자들을 통해 말씀하셨지만 성경에는 기록되지 않은 말씀들도 있다. 하나님은 땅과 폭풍우와 바람을 향해서도 말씀하신다.[22] 하나님의 말씀은 신비롭게도 하나님 자신이나[23] 특히 예수 그리스도와 동일시되기도 한다.[24] 그러나 하나님은 바람과 파도를 향해 하신 말씀을 우리에게 일일이 알려주시는 것도 아니고, 선지자들을 항상 우리에게 보내시는 것도 아니다. 오히려 하나님은 책을 읽으라고 말씀하신다. 우리는 날마다 규칙적으로 그 책을 읽어야 한다. 우리는 그 책에서 항상 주님의 명령과 구원자의 약속을 발견할 수 있다.

기록은 구원의 역사가 시작된 오래 전부터 이루어졌다. 창세기는 오랜 세대에 걸쳐 기록된 책들로부터 유래한 것처럼 보인다.[25] 이런 책들의 기원에 관해 알려진 것은 거의 없다. 그러나 1) 그 안에 영감을 받아 말한 예언이 포함되어 있고,[26] 2) 나중에는 그것이 이스라엘의 권위 있는 기록 안에 포함되었다는 사실은 매우 의미심장하다. 하나님의 백성은 매우 일찍부터 후손들을 위해 구원의 역사를 "기록하기" 시작했다. 하나님의 언약과 구원과 약속이 잊히지 않도록 말로 기록되었다는 사실은 매우 중요하다. 하나님의 권위를 지닌 책을 가장 최초로 분명하게 언급한 내용이 출애굽 직후에 있었던 이스라엘과 아말렉과의 전쟁 기사와 연관되어 나타난다.

---

[22] 창 1:3; 시 33:6, 9, 119:90, 91, 147:15-18, 148:5, 6; 마 8:27.
[23] 요 1:1.
[24] 요 1:14.
[25] 창 5:1, 2:4, 6:9, 10:1, 11:10, 27, 25:12, 19, 36:9, 37:2.
[26] 창 9:25-27. 노아가 말을 했지만 그는 단지 언약의 축복과 저주를 전달했을 뿐이다(그것은 하나님의 재가가 있어야만 효력을 발휘할 수 있는 것이었다). 이 말씀은 그 후 오랜 세월이 흐른 뒤에 성취되었다. 이런 사실은 이 말씀이 본질상 하나님의 말씀이라는 것을 분명하게 보여준다. 창 25:23, 27:27-29 참조.

"여호수아가 칼날로 아말렉과 그 백성을 쳐서 무찌르니라 여호와께서 모세에게 이르시되 이것을 책에 기록하여 기념하게 하고 여호수아의 귀에 외워 들리라 내가 아말렉을 없이하여 천하에서 기억도 못하게 하리라 모세가 제단을 쌓고 그 이름을 여호와 닛시라 하고 이르되 여호와께서 맹세하시기를 여호와가 아말렉과 더불어 대대로 싸우리라 하셨다 하였더라."[27]

하나님은 이 책의 기록에 권위를 부여하셨다. 이 책의 내용은 하나님 자신의 맹세였다. 이것은 하나님의 말씀, 곧 절대적인 권위와 확실한 약속의 말씀이다. 이 말씀은 하나님이 하셨기 때문에 확실하게 이루어질 것이다.

위의 본문에서 뒤로 몇 장 더 내려가 보면 신성한 기록과 관련해 이보다 훨씬 더 중요한 사례가 나타난다. 하나님은 출애굽기 20장에서 이스라엘 백성에게 십계명을 수여하셨다. 백성들은 두려워 떨며 모세에게 하나님과 자기들 사이를 중재해 달라고 요구했다. 하나님은 출애굽기 20장 22절에서 23장 33절에 걸쳐 모세에게 십계명 외에 더 많은 계명을 허락하셨다. 모세는 그것을 백성들에게 전달했다. 아울러 그는 그 모든 말씀을 기록했고(출 24:4), 그것을 백성들에게 읽어주었다(7절). 백성들은 그것을 하나님의 말씀으로 받아들였다. "그들이 이르되 여호와의 모든 말씀을 우리가 준행하리이다."[28] 그들은 그 기록된 말씀을 절대적인 명령으로 간주했다. 거기에서 몇 구절 뒤에 보면 훨씬 더 주목할 만한 일이 일어나는 것을 알 수 있다. 하나님은 모세에게 혼자 산으로 올라오라고 지시하셨다. "네가 그들을 가르치도록 내가 율법과 계명을 친히 기록한 돌판을 네게 주리라."[29] 1인칭 단수 대명사가 사용된 것에 주목하라. 하나님이 친히 기록하셨다. 동사의 시제를 보면 하나님이 모세가 산에 올라오기 전에 이미 기록을 마치셨다는 것을 알 수 있다. 모세는 산에 올라가서 하나님이 기록하신 율법을 받았다. 율법의 신적 권위를 강조하는 성경 본문은 이것만이 아니다. 다른 성경 본문도 돌판이 "하나님이 친히 쓰신 것"이라고

---

27) 출 17:13-16. 이 말씀은 마치 이 책이 신성한 원본을 복사한 사본인 것처럼 그것을 거룩한 "생명의 책"과 동등한 것으로 간주하고 있다.
28) 출 24:7.
29) 출 24:12.

증언한다.[30] 그것은 "하나님이 만드신 것이요 글자는 하나님이 쓰셔서 판에 새기신 것"이었다.[31]

그렇다면 이것은 과연 무슨 의미일까? 신성한 기록을 계속해서 강조하는 이유는 무엇일까? 메러디스 클라인은 그 이유가 근동 지역에서 이루어진 언약 체결의 특성과 밀접하게 관련되어 있다고 말한다.[32] 대국의 왕이 소국의 왕과 "주종의 언약 관계"를 체결할 때 대국의 왕은 언약의 조건을 명시한 문서를 제시한다. 대국의 왕이 문서를 작성하는 이유는 그가 군주, 즉 주권자이기 때문이다. 그가 조건을 정한다. 소국의 왕은 그것을 읽고 복종해야 한다. 왜냐하면 봉신, 즉 종이기 때문이다. 언약 문서는 대국의 왕의 명령을 명시한 법이고, 종은 거기에 무조건 복종해야 한다. 문서에 불복하는 것은 곧 대국의 왕에게 불복하는 것이고, 거기에 복종하는 것은 곧 그에게 복종하는 것이다. 출애굽기 20장 이후에서 하나님은 이스라엘 백성과 일종의 "주종의 언약"을 체결하셨다. 하나님은 자신의 절대적인 요구를 공식적으로 기록한 문서를 제시하셨다. 그 문서가 없으면 언약도 성립되지 않는다.

나중에 좀 더 많은 말씀이 그 문서에 더해졌다. 신명기는 모세가 그 모든 말씀을 언약궤(하나님의 처소, 이스라엘에서 가장 거룩한 곳)에 두었다고 진술한다. "이 율법책을 가져다가 너희 하나님 여호와의 언약궤 곁에 두어 너희에게 증거가 되게 하라."[33] 언약의 문서는 하나님에 관한 인간의 증언이 아니다. 그것은 인간을 향한 하나님의 증언이다. 인간은 그 문서에 무엇을 더하거나 뺄 수 없다.[34] 왜냐하면 그 문서는 그 어떤 인간적인 권위로도 혼잡하게 돼서는 안 될 하나님의 말씀이기 때문이다.

이런 신성한 권위는 다양한 형태를 띤다. 성경 밖에서 발견되는 주종의 언약

---

30) 출 31:18.
31) 출 32:16. 다음 성경 구절들도 함께 참조하라. 출 34:1; 신 4:13, 9:10, 11, 10:2-4. 모세도 말씀을 기록했다. 아마도 십계명 이외의 다른 율법들을 기록한 것으로 보인다. 그러나 모세가 기록한 율법도 하나님이 기록하신 것과 동등한 권위를 지닌다(출 34:32 참조). 모세는 하나님의 말씀을 백성들에게 전한 선지자이자 언약의 중재자였다. 출 4:10-17; 신 18:15-19 참조. 따라서 반드시 하나님의 손으로 친히 기록해야만 신성한 문서의 권위가 입증되는 것은 아니다. 사람이 기록한 문서도 그것이 하나님의 말씀이라면 동등한 권위를 지닌다. 여기에서 "하나님의 손"은 그 말씀의 권위를 엄중히 강조하는 의미를 지닌다.
32) Kline, *Structure of Biblical Authority*.
33) 신 31:26.
34) 신 4:2, 12:32. 잠 30:6; 계 22:18, 19. 그렇다면 어떻게 그 문서에 무엇을 더할 수 있었을까? 성경에 보면 거기에 다른 말씀들이 더해진 것을 알 수 있다(수 24:26 참조). 인간은 무엇을 더하거나 뺄 수 없기 때문에 언약의 문서에 다른 말씀을 더한 것도 하나님의 재가에 의해 이루어진 것으로 간주해야 마땅하다.

을 보면 독특한 요소들이 발견되는 것을 알 수 있다.[35] 구체적으로 말하면 군주의 신분(그의 이름), 역사적인 서론(군주가 봉신에게 베푸는 자비로운 행위), 독점적인 충성심에 대한 기본적인 요구("사랑"으로 일컬어짐), 군주의 상세한 요구 사항, 불복에 대한 저주, 복종에 대한 축복, 문서의 활용과 언약의 집행에 대한 세부 내용 등이다. 하나님의 율법에도 이런 요소들이 모두 나타난다. 하나님은 자신의 신분을 밝히셨고,[36] 역사 속에서 이루어진 자신의 행위에 근거해 은혜를 선포하셨으며,[37] 사랑을 요구하셨고,[38] 자신의 요구를 구체적으로 제시하셨으며,[39] 언약의 복종 여부와 관련된 저주와 축복을 선언하셨고,[40] 언약의 집행을 유지하기 위한 체계를 구축하셨다(하나님은 언약 책의 사용을 특별히 강조하셨다).[41] 이 모든 언약의 요소들은 권위가 있다. 그것은 모두 하나님의 말씀이다.

신학자들은 대개 성경적인 권위의 개념을 지나치게 단순화시킨다. 어떤 신학자들은 (신성한 이름을 밝히는 것과 같은) 하나님의 인격적인 자기 계시만을 권위로 인정하고, 어떤 신학자들은 역사적인 사건들에 관한 기록만을 중시한다. 그 밖에도 사랑에 대한 요구를 핵심으로 간주하는 신학자들도 있고, 축복하겠다는 하나님의 확고한 자기 의지를 강조하는 신학자들도 있다. 그러나 계시의 언약적인 구조는 그 모든 요소를 포괄할 뿐 아니라 그것들을 서로 적절하게 연관시킨다. 사랑과 율법, 은혜와 요구, "케뤼그마"와 "디다케", ("나와 너"의 형태로 진술된) 인격적인 계시와 객관적인 사실 선언, 역사의 개념과 영감으로 기록된 말씀이 모두 있다. 언약의 문서는 역사에 관한 권위 있는 "명제들"(봉신은 언약의 역사에 대한 군주의 진술을 거부할 권한이 없다)

---

35) 클라인은 『성경적인 권위의 구조』라는 책에서 BC 1,000년대의 여러 조약에서 발견되는 요소들을 나열했다. 그는 십계명과 신명기가 그런 기본적인 구조를 갖춘 것으로 간주했다(이것은 신명기가 BC 1,000년대에 기록되었다는 것을 암시한다). 그는 구약 성경이 그런 "조약"들로부터 발전한 것으로 생각했다.
36) "나는…네 하나님 여호와니라"(출 20:2, 3:14).
37) "나는 너를 애굽 땅, 종 되었던 집에서 인도하여 낸"(출 20:2).
38) "너는 나 외에는 다른 신들을 네게 두지 말라"(출 20:3). 신명기 6장 4, 5절과 비교하라. 그곳에 보면 이런 독점적인 언약의 충성심을 묘사하는 데 실제로 "사랑"이라는 용어가 사용된 것을 알 수 있다. 역사 속에서 일어난 하나님의 은혜로운 행위를 언급한 뒤에 사랑에 대한 요구가 뒤따랐다. 이는 군주의 은혜에 감사하는 봉신의 태도로 간주된다. "우리가 사랑함은 그가 먼저 우리를 사랑하셨음이라"(요일 4:19)라는 신약 성경 말씀과 비교하라.
39) 출 20:12-17. 십계명을 정확하게 구분하기는 어렵지만 처음 네 계명은 근본적인 사랑의 요구를 명시한 것으로, 나머지 여섯 계명은 그런 사랑을 실천에 옮긴 것을 명시한 것으로 각각 이해할 수 있다.
40) 출 20:5, 6, 12. 이런 언약의 요소들은 비단 십계명만이 아니라 성경의 다른 많은 곳에서도 종종 나타난다.
41) 십계명에는 그렇게 강조하는 내용이 없지만 이는 신명기의 주요한 강조 사항 가운데 하나다.

과 복종해야 할 권위 있는 계명들과 (언약 준수를 약속하는 봉신의 충성 서약을 요구하는) 권위 있는 질문들과 (축복하거나 저주하겠다는 하나님의 확고한 자기 의지를 표명한) 권위 있는 "수행문(遂行文)"을 포함하고 있다.[42] 명제들은 무오하다. 그러나 무오성은 성경적인 권위의 일부에 지나지 않는다. 이 권위는 비명제적인 언어의 권위까지 아울러 포괄한다.

앞서 살펴본 대로 "정경", 곧 기록된 권위 있는 하나님의 말씀의 개념은 이스라엘의 초기 역사, 곧 그들이 처음 국가를 형성했던 시기까지 거슬러 올라갔다. 성경은 이스라엘의 헌법이자 그 생존의 근거였다. 기록된 하나님의 말씀이라는 개념은 20세기 근본주의나 17세기 정통주의나 속사도 시대의 교회나 디모데후서나 포로기 이후의 유대교에서 생겨나지 않았다. 기록된 하나님의 말씀이라는 개념은 성경적인 신앙의 근간이다. 따라서 하나님은 구원의 역사 전반에 걸쳐 자기 백성들에게 기록된 말씀으로 돌아가라고 거듭 촉구하셨다. 그분은 그들에게 "너희의 하나님 여호와께서 너희에게 명하신 명령과 증거와 규례를 삼가 지키라"고 거듭 당부하셨다.[43] 이것은 절대적인 요구와 확실한 약속의 말씀, 곧 주님의 말씀이다. 이것은 삶과 죽음을 결정짓는 말씀, 곧 그 어떤 요구보다 앞서며 삶의 모든 영역을 지배하는 말씀이었다. 이스라엘 백성이 죄를 짓고 나서 다시 주님께 돌아온다는 것은 곧 그분의 율법으로 되돌아오는 것을 의미했다.[44]

때때로 하나님의 말씀이 새로 주어졌다. 여호수아는 모세가 언약궤에 넣어둔 말

---

[42] 수행문("당신들을 남편과 아내로 선언합니다." "당신은 체포되었다." "복종하지 않는 자는 모두 저주를 받을 것이다.")은 사실을 진술하는 데 그치지 않고, 다양한 종류의 행위를 "실행하는 데" 주안점을 둔다. 이는 누군가가 그런 말을 권위 있게 진술했다면 그것이 명시한 행위가 반드시 "이루어질 것"이라는 의미다. 성경에 기록된 하나님의 "수행문"은 독특한 권위를 지닌다. "무오성"이라는 용어로 그런 말씀의 권위가 지니는 특성을 적절하게 밝히기는 역부족이다. 무오성은 성경적인 권위의 특성을 묘사하기에는 너무 강하지도, 또 너무 약하지도 않은 용어다.

[43] 신 6:17. 다음 성경 구절도 아울러 참조하라. 신 4:1-8, 5:29-33, 6:24, 25, 7:9-11, 8:11, 10:12, 13, 11:1, 13, 18-20, 27, 28, 12:1, 28, 13:4. 신명기에 보면 거의 모든 장에 걸쳐 하나님의 명령과 증거와 규례를 지키라는 권고가 기록되어 있는 것을 알 수 있다. 그러나 그것은 비단 신명기만이 아니다. 다음 성경 구절들을 참조하라. 수 1:8, 8:25-28; 왕하 18:6; 시 1:1-3, 12:6, 7, 19:7-11, 33:4, 11, 119:1-176; 사 8:16-20; 단 9:3-5. 이 구절들과 이와 비슷한 많은 구절들을 읽고, 그 말씀을 마음속에 깊이 간직하라. 기록된 말씀의 권위를 인정하지 않는 것은 불가능하다.

[44] 왕하 23:2, 3, 21, 25, 느 8장. 구약의 전체 역사가 복종과 불복종의 역사다. 그것은 무엇에 대한 복종이고, 불복종이었을까? 그것은 하나님의 명령에 대한 복종이거나 불복종이었다. 그리고 출애굽기 20장 이후부터는 기록된 하나님의 말씀에 대한 복종이거나 불복종이었다. 이처럼 구약 성경의 자증은 그 전체에 걸쳐 분명하게 나타나 있다. 앞서 말한 대로 그것은 "광범위하게" 걸쳐 나타난다.

씀에 또 다른 말씀을 더했다.[45] 신명기 4장 2절의 명령에도 불구하고 어떻게 인간의 말을 하나님의 말씀에 더할 수 있었을까? 이에 대한 대답은 여호수아의 말이 하나님의 말씀으로 인정되었다는 것뿐이다. 선지자들도 하나님의 말씀을 전했고,[46] 그 말의 일부가 글로 기록되었다.[47]

구약 성경은 그런 식으로 늘어났다. 예수님 당시에는 잘 정리된 문서가 하나님의 말씀으로 인정되었고, 최상의 권위를 지닌 말씀(곧 성경)으로 인용되었다. 예수님과 사도들도 그런 견해를 거부하지 않고, 그대로 받아들였다. 그들은 그것을 인정했을 뿐 아니라 말과 행위를 통해 적극적으로 증언했다. 예수님의 삶에서 성경이 차지하는 역할은 너무나도 뚜렷했다. 예수님은 하나님의 아들, 곧 삼위일체 하나님 가운데 두 번째 위격 되시는 분이시지만 세상에서 일하시는 동안 구약 성경에 온전히 복종하셨다. 그분은 "성경을 응하게 하기" 위해 다양한 행위를 실천에 옮기셨다.[48] 예수님의 희생적인 죽음과 부활이 성경에 의해 미리 정해졌다.[49] 예수님은 가끔이 아니라 줄곧 성경을 증언하셨다. 그분의 삶 전체가 성경의 권위에 대한 증언이었다. 예수님과 사도들이 구약 성경에 관해 어떻게 말했는지 들어보라. 사도들이 논증을 "매듭짓고", 반론을 논박하기 위해 성경을 인용한 방식이나 예수님이 사탄 앞에서 성경을 인용하신 방식에 주목하라.[50] 그들이 구약 성경을 어떻게 일컬었는지 살펴보라. 그들은 그것을 "성경", "율법", "선지자", 자유하게 하는 왕의 율법…하나님의 계시"로 일컬었다.[51] 그들은 성경을 인용할 때 "기록되었으되"라거나 "성경이 말씀하기를"과 같은 표현을 사용했다.[52] 이런 표현과 명칭들은 예수님 당시의 사람

---

45) 수 24:26.
46) 신 18:15-19; 사 59:21; 렘 1:6-19; 겔 13:2, 3, 17. 선지자의 표징은 "하나님이 이같이 말씀하셨느니라"였다. 이 표현은 선지서의 곳곳에서 발견된다. 성경의 권위에 대한 정통적인 견해를 거부하는 신학자들 가운데도 선지자들이 자신의 말과 하나님의 말씀을 동일시했다는 것을 인정하는 사람들이 많다. 다음 자료를 참조하라. Emil Brunner, *Dogmatics*, vol. 1, *The Christian Doctrine of God*, trans. Olive Wyon (Philadelphia: Westminster Press, 1950), 18, 27, 31, 32.
47) 사 8:1, 34:16-18; 렘 25:13, 30:2, 36:1-32, 51:60-62; 단 9:1, 2.
48) 요 19:28. 다음 성경 구절들도 함께 참조하라. 마 4:14, 5:17, 8:17, 12:17, 13:35, 21:4, 26:54-56; 눅 21:22, 24:44.
49) "그리스도가 이런 고난을 받고…들어가야 할 것이 아니냐"(눅 24:26). 성경은 그리스도께 "필연성"을 부여한다.
50) 마 4장. 22:29-33.
51) 다음 자료를 참조하라. Warfield, *The Inspiration and Authority of the Bible*, esp. 229-41, 361-407.
52) Ibid., 229-348.

들이 단순한 인간의 문서를 훨씬 능가하는 무엇인가를 염두에 두었다는 것을 보여 준다. 이런 용어들은 성경이 하나님의 영감으로 기록된 권위 있는 말씀이라는 것을 가리킨다. 워필드가 말한 대로 "성경이 말씀한다."와 "하나님이 말씀하신다."라는 표현은 상호교체가 가능하다.[53]

성경의 권위에 대한 예수님과 사도들의 가르침을 좀 더 생각해 보자.

1. "내가 율법이나 선지자를 폐하러 온 줄로 생각하지 말라 폐하러 온 것이 아니요 완전하게 하려 함이라 진실로 너희에게 이르노니 천지가 없어지기 전에는 율법의 일점일획도 결코 없어지지 아니하고 다 이루리라 그러므로 누구든지 이 계명 중의 지극히 작은 것 하나라도 버리고 또 그같이 사람을 가르치는 자는 천국에서 지극히 작다 일컬음을 받을 것이요 누구든지 이를 행하며 가르치는 자는 천국에서 크다 일컬음을 받으리라."[54]

"일점일획"은 구약 성경을 기록하는 데 사용된 히브리어 가운데 가장 작은 문자를 가리킨다. 예수님은 율법과 선지자(곧 구약 성경)에 기록된 모든 말씀이 신적 권위를 지닌다고 말씀하셨다. 율법에 대한 복종 여부가 천국에서의 위대함을 판별하는 기준이다.

2. "내가 너희를 아버지께 고발할까 생각하지 말라 너희를 고발하는 이가 있으니 곧 너희가 바라는 자 모세니라 모세를 믿었더라면 또 나를 믿었으리니 이는 그가 내게 대하여 기록하였음이라 그러나 그의 글도 믿지 아니하거든 어찌 내 말을 믿겠느냐."[55]

유대인들은 모세의 글을 믿는다고 주장했지만 그리스도를 배격했다. 예수님은

---

53) Ibid.
54) 마 5:17-19. 이 말씀에 대한 자세한 설명을 원한다면 다음 자료를 참조하라. John Murray, *Principles of Conduct* (Grand Rapids: Eerdmans, 1957), 149-57. 존 머레이의 다음 논문도 함께 참조하라. "The Attestationb of Scripture", Stonehouse and Woolley, *The Infallible Word*, 15-17, 20-24.
55) 요 5:45-47.

그들이 실제로는 모세를 믿지 않는다고 말씀하시며 구약 성경을 좀 더 진지하게 의지하라고 권고하셨다. 그분은 모든 율법을 믿고, 자신이 메시아라는 것을 인정하라고 말씀하셨다. 예수님은 단지 성경을 인용하는 데 그치지 않으셨다. 성경 인용은 유대인들의 관습 가운데 하나였다. 오히려 그분은 당시의 관습을 비판하셨다. 왜냐하면 성경에 대한 그들의 충성심이 부족하다는 것을 아셨기 때문이다. 예수님의 성경관은 바리새인들과 서기관들의 성경관보다 더 강력했다. 예수님은 모세가 유대인들을 고발하는 것이 정당하다고 생각하셨다. 그 이유는 그들이 성경을 불신했기 때문이다. 그리스도를 믿으려면 먼저 모세를 믿어야 했다.

3. "유대인들이 대답하되 선한 일로 말미암아 우리가 너를 돌로 치려는 것이 아니라 신성모독으로 인함이니 네가 사람이 되어 자칭 하나님이라 함이로라 예수께서 이르시되 너희 율법에 기록된 바 내가 너희를 신이라 하였노라 하지 아니하였느냐 성경은 폐하지 못하나니 하나님의 말씀을 받은 사람들을 신이라 하셨거든 하물며 아버지께서 거룩하게 하사 세상에 보내신 자가 나는 하나님의 아들이라 하는 것으로 너희가 어찌 신성모독이라 하느냐."[56]

어려운 본문이지만 인용적인 표현에 주목하라. 예수님은 시편의 한 구절을 인용하면서 "성경은 폐하지 못하나니"라고 말씀하셨다. 이는 성경은 틀릴 수 없고, 실패할 수 없으며, 인간의 말을 거부하는 것처럼 거부할 수 없다는 뜻이다.

4. "무엇이든지 전에 기록된 바는 우리의 교훈을 위하여 기록된 것이니 우리로 하여금 인내로 또는 성경의 위로로 소망을 가지게 함이니라."[57]

바울 사도는 구약 성경이 구약 시대의 하나님의 백성만이 아니라 우리에게도 똑같이 적용된다고 말했다. 성경은 우리에게 교훈과 인내와 위로와 희망을 전한다. 주목할 만한 것은 구약 성경 전체가 그렇다는 사실이다. 그 가운데 시대착오적인

---

[56] 요 10:33-36. 다음 자료를 참조하라. Warfield, *The Inspiration and Authority of the Bible*, 138-41.
[57] 롬 15:4.

것이나 최근의 사상에 의해 그 타당성을 잃게 된 것은 아무것도 없다. 어떤 인간의 언어에 대해 그런 식으로 말할 수 있겠는가?

5. "또 우리에게는 더 확실한 예언이 있어 어두운 데를 비추는 등불과 같으니 날이 새어 샛별이 너희 마음에 떠오르기까지 너희가 이것을 주의하는 것이 옳으니라 먼저 알 것은 성경의 모든 예언은 사사로이 풀 것이 아니니 예언은 언제든지 사람의 뜻으로 낸 것이 아니요 오직 성령의 감동하심을 받은 사람들이 하나님께 받아 말한 것임이라."[58]

본문의 문맥에 주목하라. 베드로는 자신이 곧 죽을 것이라고 생각하고, 신자들에게 복음의 진리를 확신시켜 주기를 원했다.[59] 그는 거짓 교사들이 교회를 공격하고, 양들을 미혹할 것을 알았다.[60] 그는 복음이 신화나 전설이 아니라 자신이 직접 목격한 사건들에 대한 증언이라고 주장했다.[61] 목격자들이 세상을 떠났을 때에도 신자들은 여전히 확실한 진리의 원천을 소유한다. 그들에게는 "예언의 말씀", 곧 "더 확실한" 구약 성경이 있다.[62] 그들은 그 말씀에 "주의해야 하고" 모든 거짓 가르침을 배격해야 한다. 왜냐하면 말씀은 빛이고, 다른 것은 모두 어둠이기 때문이다. 말씀은 인간의 해석을 통해 생겨나지 않았다. 말씀은 하나님에 관한 인간의 견해도 아니고, 인간의 의지에 의해 생겨난 것도 아니다. 성령께서 성경 저자들을 감동시켜 자기를 대신해 말하게 하셨다. 성령께서 그 모든 과정과 결과를 결정하셨다. 성경은 인간의 글로 이루어져 있지만 그 권위는 인간의 권위가 아니다.

6. "모든 성경은 하나님의 감동으로 된 것으로 교훈과 책망과 바르게 함과 의로

---

58) 벧후 1:19-21. 다음 자료를 참조하라. Warfield, *The Inspiration and Authority of the Bible*, 135-38.
59) 벧후 1:12-15.
60) 벧후 2장.
61) 벧후 1:16-18. 베드로가 복음의 메시지와 관련해 그 어떤 신화적인 성격도 인정하지 않았다는 사실은 오늘날의 신학적 상황에서 깊이 주의를 기울여야 할 가치를 지닌다. 복음은 "신화"가 아니다.
62) 성경 말씀은 목격자들의 증언에 의해 확증되었다는 점에서 "더 확실한" 것인가? 아니면 워필드가 말한 대로 목격자의 증언보다 '더 확실한' 것일까? 어느 경우가 되었든 본문은 말씀의 "확실성"을 강하게 강조한다.

교육하기에 유익하니 이는 하나님의 사람으로 온전하게 하며 모든 선한 일을 행할 능력을 갖추게 하려 함이라."[63]

다시 한 번 문맥에 주목하라. 왜냐하면 앞선 본문의 문맥과 비슷하기 때문이다. 바울은 디모데후서 3장에서 속이는 자들이 신자들을 그릇된 길로 미혹할 것이라는 우울한 전망을 내비쳤다. 그런 혼돈 속에서 어떻게 진리를 알 수 있을까? 바울은 디모데에게 자기에게서 배운 진리와[64] "성경"을 굳게 붙잡으라고 당부했다(이 성경은 바울에게 직접 배우지 않은 우리에게도 똑같이 적용된다).[65] 성경은 "하나님의 감동으로", 좀 더 문자적으로 말하면 "하나님의 숨결로 된 것이다."[66] 좀 더 간단한 표현을 사용하면 성경은 "하나님이 말씀하신 것"이다. 그러나 좀 더 생동감이 느껴지는 앞의 표현에는 기록의 과정에서 성령의 활동이 있었다는 것을 암시한다. 헬라어 원문에서 "영"과 "숨결"이라는 용어는 서로 밀접하게 연관되어 있다. 성경은 하나님이 말씀하신 것이다. 그것은 그분의 말씀이다. 따라서 온전히 유익하며, 선한 일을 행할 준비를 갖추는 데 필요한 모든 것을 제공한다.

신구약 성경이 모두 구약 성경의 권위를 광범위하게 주장한다. 그렇다면 신약 성경은 어떤가? 신약 성경도 하나님의 말씀이라고 말할 수 있는가?

구약 성경과 신약 성경에 말로 기록된 계시의 중요성에 대해서는 이미 살펴본 바 있다. 신구약 성경 모두 하나님의 구원 계획에 계시의 말씀이 반드시 필요하다는 것을 거듭 강조한다. 앞서 말한 대로 주권과 구원의 개념은 계시된 말씀을 전제한다. 신약 성경은 예수 그리스도께서 주님이요 구원자이시라고 가르친다. 여호와, 곧 구약 시대 하나님의 백성이 섬겼던 주님이 요구와 약속들이 기록된 말씀을 주셨는데 예수님, 곧 신약 성경이 증언하는 성육하신 주님이 그런 기록을 남기지 않으셨다면 도무지 이해하기 어려운 일일 것이다. 예수님은 제자들에게 자기 말에 복종

---

63) 딤후 3:16, 17. 본문에 대해 좀 더 자세한 설명을 원한다면 다음 자료를 참조하라. Warfield, *Inspiration and Authority of the Bible*, 133-35, 245-96. ("하나님의 감동으로"라는 표현과 "하나님의 숨결로 주어진"이라는 표현의 의미를 포괄적으로 다루고 있다.)
64) 딤후 3:14.
65) 딤후 3:15.
66) 딤후 3:16.

하는 것이 참된 제자직의 판단 기준이자 천국의 백성이 되기 위한 절대적인 필요조건이라고 누차 강조하셨다.[67] 우리는 예수님의 말씀을 필요로 한다. 그렇다면 그분의 말씀은 어디에 있는가? 만일 기록된 말씀, 곧 신약이라는 "언약의 문서"가 존재하지 않는다면 우리는 어둠 속을 헤매고 있을 것이다.

감사하게도 예수님은 우리를 그렇게 방치하지 않으셨다. 그분은 성령을 보내 제자들을 모든 진리 가운데로 인도하시게 하겠다고 약속하셨다.[68] 오순절에 성령께서 강림하신 후 제자들은 큰 능력과 확신으로 복음을 전파하기 시작했다.[69] 사도행전 전체에 걸쳐 그런 식의 유형(즉 제자들이 성령 충만을 받고, 예수님을 전했다는 것)이 계속해서 유지되었다.[70] 그들은 자신의 능력으로 말하지 않았다. 그들은 자신들의 메시지가 사람이 아니라 하나님에게서 비롯했다고 강조했다.[71] 그들의 말은 상대적이 아닌 절대적인 권위를 지녔다.[72] 그 권위는 입으로 전한 말만이 아니라 기록된 말에도 똑같이 적용된다.[73] 베드로는 바울의 편지들을 "다른 성경"과 동등하게 취급했다.[74] 바울의 편지들은 "성경"이었다. 앞서 말한 대로 "성경"은 "하나님의 감동으로 된 것"이다.[75]

---

[67] 마 7:21-24, 28, 29; 막 8:38; 눅 8:21, 9:26; 요 8:47, 10:27, 12:47, 14:15, 21-24, 15:7, 10, 14, 17:6, 8, 17, 18:37. 다음 성경 구절들을 함께 참조하라. 딤전 6:3; 요일 2:3-5, 3:22, 5:2, 3; 요이 1:6; 계 12:17, 14:12. 이 성경 구절들을 찾아보고, 그런 식의 강조가 "광범위하게" 이루어지고 있다는 점을 기억하기 바란다.

[68] 요 16:13; 행 1:8.

[69] 행 2장.

[70] 행 2:4, 4:8, 31, 6:10(3, 5절 참조), 7:55, 9:17-20, 13:9, 10, 52, 53.

[71] 롬 16:25; 고전 2:10-13, 4:1, 7:40; 고후 4:1-6, 12:1, 7; 갈 1:1, 11, 12, 16, 2:2; 엡 3:3; 살후 2:2.

[72] 롬 2:16; 살전 4:2; 유 1:17, 18. 앞의 각주와 아래의 각주에 언급된 성경 구절들도 함께 참조하라.

[73] 고전 14:37; 골 4:16; 살전 5:27; 살후 3:14.

[74] 벧후 3:16. "성경"이라는 명칭 아래 누가복음의 글과 모세 율법의 글을 함께 인용한 것으로 보이는 디모데전서 5장 18절과 비교해 보라.

[75] 어떤 책이 신약 성경으로 간주되어야 하는지에 관한 문제는 이 논문의 범위를 벗어난다. 왜냐하면 신약 성경의 자체 증언 안에서는 그 어떤 정경 목록도 발견되지 않기 때문이다. 그러나 지금까지 살펴본 것에 근거해 계시된 말씀이 성경적인 구원의 필수 요소이고, 성육하신 그리스도와 사도들의 말이 그런 필요성을 지니고 있다면 주권자이신 하나님은 "어떤 식으로든" 그런 말씀을 발견할 수 있는 길을 우리에게 허락하실 것이라고 확실하게 추정할 수 있다. 사실, 그분은 그런 길을 허락하셨다. 구약 정경에 관해서는 교회들 사이에서 약간의 논쟁이 있어 왔지만 신약 정경에 대해서는 어떤 교회도 이견을 제시하지 않았다. 물론 신약 성경 가운데 몇 권은 논쟁의 소지가 된 적도 있었지만 일단 모든 사실이 공적인 논의의 장을 거친 뒤에는 그런 의문들이 항상 잘 해소되곤 했다. 이것은 참으로 놀라운 일이다. 왜냐하면 부끄러운 일이지만 교회는 항상 서로 다투는 일이 많은 곳이기 때문이다. 그러나 정경의 문제는 많은 사람이 당혹스럽게 생각하는 문제인데도 그와 관련해 심각한 논란이 불거진 적이 한 번도 없었다. 한 가지 실험을 해 보라. 바울이 고린도 신자들에게 보낸 편지(정경)와 클레멘스가 보낸 편지를 읽어보라. 그리고 생각하고, 기도해 보라. 명

결론적으로 말해 성경의 권위에 대한 성경의 자증은 "광범위하다." 1) 구원의 메시지가 계시된 말씀(절대적인 요구와 확실한 약속의 말씀)을 전제하고, 필요로 한다. 이 말씀이 없으면 주님도, 구원자도, 희망도 없다. 2) 하나님은 구원의 역사 전반에 걸쳐 자기 백성에게 우리가 구약과 신약으로 알고 있는 책에서 그런 말씀을 찾으라고 명령하신다.

계시된 말씀과 현대 신학자들

그러나 우리의 결론은 한 가지 심각한 문제를 야기한다. 성경의 권위에 대한 성경의 자증이 "광범위하다면" 그 점을 인식하지 못하는 성경학자들과 신학자들이 그토록 많은 이유가 무엇인가?

이는 그런 신학자들이 성경의 주장을 "믿지 않은" 이유를 묻고자 하는 물음이 아니다. 신학자들의 불신앙은 사실 별로 흥미로운 주제가 못 된다. 그것은 일반인들의 불신앙과 크게 다르지 않다. 그러나 성경이 그런 주장을 하고 있다는 것을 인정하면서도 그 주장을 믿지 않는 것이 얼마든지 가능하다. 일부 자유주의 신학자들은 그런 견해를 채택해 성경은 영감을 "주장하지만" 현대인으로서는 그런 주장을 받아들일 수 없다고 말한다.[76] 물론 심지어 성경이 그런 주장을 제기한다는 것조차도 인정하기를 거부하는 신학자들도 있고 성경의 일부분과 관련해서는 그런 주장을 인정하면서도 그것이 성경의 다른 부분, 곧 좀 더 중요한 성경적인 가르침과 모순된다는 판단 아래 성경이 "전체적으로는" 우리가 말하는 권위 있는 성경의 개념을 거부한다고 결론짓는 신학자들도 있다.

똑같은 질문을 조금 다르게 전개해 보자. 성경의 유오성에 관한 건전한 성경적인 논증을 펼치는 것이 가능한가? 우리와 다른 사람들이 제시한 반대되는 증거에도 불

백한 차이가 느껴지지 않는가? 그리스도의 양들은 그분의 음성을 듣는다.

76) 다음 자료를 참조하라. Warfield, *The Inspiration and Authority of the Bible*, 115-17, 423-24. 좀 더 최근에 프레드릭 그랜트는 신약 성경의 저자들이 성경을 "무류하고, 무오하며, 신뢰할 수 있는" 말씀으로 생각했다고 인정했다. Frederick C. Grant, *An Introduction to New Testament Thout* (Nashville, TN: Abingdon Press, 1950), 75.

구하고 그렇다고 대답하는 신학자들이 의외로 많다. 그것은 이단 사상을 지지하기 위해 성경을 왜곡하는 것이 아닐까? 그것은 실제로 현대적인 불신앙의 또 다른 형태가 ?(이것도 앞서 말한 불신앙만큼이나 "흥미로운" 주제가 될 수 없다). 나는 결론적으로 "그렇다."고 대답할 수 있다. 그러나 약간의 분석이 필요하다. 성경적인 자증과 관련해 중요한 것을 간과하지 않으려면 그런 주장을 주의 깊게 점검해 봐야 할 필요가 있다.

여기에서 성경 구절들을 구체적으로 주석할 생각은 없다. 어떤 사상가들은 마태복음 5장 17-19절에 대한 우리의 해석을 의문시하며 예수님이 산상설교와 다른 곳에서 구약의 계명들을 "비판적으로 구별하셨다."고 주장한다. 또 어떤 사상가들은 디모데후서 3장 16절의 "하나님의 감동"이나 "하나님의 숨결"과 같은 표현에 대한 우리의 이해에 의문을 제기하기도 한다. 그 밖에도 (디모데후서 3장 16절은 무시한 채) 베드로후서 1장 21절을 근거로 영감은 성경 저자들에게만 주어졌을 뿐 그들이 기록한 책들에는 주어지지 않았다고 주장하는 학자들도 있다. 이런 논쟁들을 이해하려면 각주에 소개한 참고 자료들을 살펴보기 바란다. 비록 우리의 주석적인 요점들 가운데 몇 가지에 의문을 제기할 수는 있다고 하더라도 증거가 너무나도 "방대하기" 때문에 여전히 일반적인 결론을 거부하기는 매우 어려울 것이다.

완전 영감에 대한 성경의 증언을 무시하려는 노력은 실험실에 안전하게 머문 상태로 도표와 수학 공식의 도움을 빌려 산사태로 인해 밀려오는 돌들이 모두 정해진 길을 따라 굴러 내리기 때문에 정신만 바짝 차리면 쉽게 피할 수 있다는 것을 정교하게 설명하려는 사람을 연상시킨다. 실제로 산사태를 그것을 이루는 돌들로 일일이 분리해 돌과 돌이 연이어 굴러 내리는 경로가 제한되어 정해져 있기 때문에 쉽게 피할 수 있다는 것을 입증할 수 있다면 한가롭게 빈둥거리며 정교한 이론을 제시하는 사람이 득의만만한 웃음을 지을 수도 있을 것이다. 그러나 불행하게도 산사태는 한 번에 돌이 하나씩 굴러 내리면서 우리에게 예의를 갖춰 그 경로에서 피할 수 있는 기회를 제공하기는커녕 큰 굉음과 함께 한꺼번에 무너져 내려 거대한 파괴를 가져다준다. 그와 마찬가지로 완전 영감을 가르치는 한두 곳의 본문을 다른 본문들과 연관시키지 않고 스스로의 만족만을 위해 손쉽게 설명하기는 그리 어렵지 않다. 그러나 불행하게도 그런 본문들은 그런 식으로 인위적으로 단절된 상태로 우리에게 주어지지 않는다. 더구나 그런 본문들은 그 양도 결코 적지 않다. 그런 본문들이 수십 개, 아니 수백 개가 존재하며, 한꺼번에 거대한 덩어리가 되어 우리에게 몰아닥친다. 그런 본문들을 쉽게 설명할 수 있을까? 그러려면 신약 성경 전체를 거부해야만 할 것이다. 산사태로 무너지는 돌들을 보고 느끼는 것만큼이나 분명하게 산사태와 같은 성경 본문들 밑에 우리가 무기력하게 파묻혀 있다는 것을 보고, 느끼지 못하는 것이 참으로 안타깝다.[77]

심지어 가장 명석한 주석가도 주권과 구원 및 이들 개념과 계시된 성경 말씀과의 필연적인 관계를 쉽게 설명해 처리할 수 없다. 하나님의 백성에게 주님의 "명령과 계명과 증거와 율례"에 복종하라고 요구하는 성경 구절들, "기록되었으되"라는 표현이 적용된 구절들, 사도들과 선지자들이 권위 있게 전한 명령들을 모두 설명할 수 있는 주석가는 존재하지 않는다.

그런 상세한 질문들보다는 현대의 신학적 논의에서 상당한 비중을 차지하는, 좀 더 폭넓은 주제들에 관심을 기울이는 편이 더 낫다. 왜냐하면 우리가 주권과 구원에 관한 성경적인 개념들이 계시된 말씀의 존재를 "요구한다."고 주장하는 것처럼, 다른 사람들은 성경의 기본적인 개념들이 그런 말씀의 "가능성"을 배제한다고 주장하기 때문이다.

아래에 인용한 칼 바르트와 에밀 브룬너의 글에서 알 수 있는 대로 그런 신학적인 견해는 하나님의 초월에 중점을 둔다.

> 성경에 기록된 인간의 말과 하나님의 말씀, 곧 창조된 피조물의 현실과 창조주 하나님의 현실을 직접적으로 일치시킬 수는 없다.[78]

> 따라서 인간의 말, 곧 "하나님에 관한 말"과 하나님의 자기 계시를 동등하게 취급할 수는 없다.[79]

---

77) Warfield, *The Inspiration and Authority of the Bible*, 119-20.
78) Karl Barth, *Church Dogmatics*, vol. 1, *The Doctrine of the Word of God*, ed. G. W. Bromiley and T. F. Torrance, trans. G. T. Thomson and Harold Knight (New York: Scribner, 1956), 2:499.
79) Brunner, *The Christian Doctrine of God*, 15.

이런 말들은 일종의 본원적인 종교적 호소력을 지닌 것처럼 들린다. 오직 하나님만이 하나님이시고, "그분과 동등한" 존재는 아무것도 없다. 하나님과 다른 무엇을 "동등하게" 간주하거나 "직접적으로 일치시키는" 것은 우상 숭배다. 물론 성경은 분명히 그런 생각을 지지한다. 성경은 우상을 거부하고, 하나님을 만유의 주님으로 크게 높인다. 이것이 사실이라면 성경은 하나님과 그분에 관한 언어를 확실하게 구별하라고 요구하는 것처럼 보인다. 하나님의 초월은 성경의 핵심적인 개념 가운데 하나다. 만일 초월이 "계시된 말씀"에 대한 모든 생각을 배제할 것을 요구한다면 다른 성경적인 교리들이 그와 다르게 말할지라도 이 문제를 진지하게 고려해야 마땅하다.

그러나 "직접적으로 일치시키는 것"이라는 바르트의 개념은 "동등하게 취급하는 것"이라는 브룬너의 개념과 마찬가지로 이해하기 어려운 개념에 해당한다. 하나님과 인간의 말을 "직접적으로 일치시키거나" "동등하게 취급하는 것"을 주장하거나 부인하는 것은 과연 무슨 의미일까? 하나님과 그분에 관한 언어를 동의어로 취급할 사람은 아무도 없을 것이 분명하다. 지금까지 말과 문장 앞에 머리를 조아려야 한다고 주장한 사람도 아무도 없었다. 성경의 무오성에 대한 가장 정통적인 옹호자도 하나님과 인간의 말을 구별해야 한다고 주장한다. 가장 진지한 정통주의자도 성경의 말씀이 어떤 점에서 창조되었고, 바로 그런 이유 때문에 하나님과 구별되어야 한다는 데 기꺼이 동의한다. 그러나 그런 말이 하나님의 말씀이라면 나의 말이 나와 밀접하게 관련된 것처럼 그분과 밀접하게 관련되었을 것이 분명하다. 하나님이 그 말을 하셨다면 그 말의 진리는 곧 그분의 진리이고, 그 권위는 곧 그분의 권위이며, 그 능력은 곧 그분의 능력일 것이다. 바르트는 성경이 이따금 하나님의 말씀이 된다고 말했다. 그는 하나님과 성경의 밀접한 관계가 본질적인 요소에 해당한다고 인정했다. 그렇다면 이제는 하나님이 그분의 말씀과 어떤 식으로 "구별되며", 또 어떤 식으로 "관련되는가?"라고 물어야 할 필요가 있다. 경건한 태도로 하나님의 초월을 강조하는 것은 아무리 큰 설득력을 지니더라도 이 질문에 대답할 수 없다. 정통주의자와 바르트주의자 모두 우상 숭배라는 비난을 피하려고 할 것이 분명하다. 하나님의 초월은 과연 하나님과 언어를 어떤 식으로 구별하는 것을 요구할까?

바르트는 이 관계를 긍정적으로 묘사하는 것을 누구보다도 싫어했다. 그는 디모데후서 3장 16절을 이렇게 주석했다.

> 하나님과 성경의 관계에 관한 말씀이 이 본문의 중심에 놓여 있다. 이 말씀은 하나님의 자유로운 행위와 결정으로만 이해될 수 있다. 따라서 꼭 필요할 때만 간단하게 언급하는 것 외에 더 확장시킬 수는 없다. 결정적인 시점에서 우리가 그것에 관해 말해야 하는 것은 무엇이든 우리가 다가갈 수 없는 값없는 은혜의 신비가 규정하고, 제한하는 범위 안에만 존재할 수 있다. 하나님의 성령께서는 그 신비를 통해 성경 앞에, 그 위에, 그 안에 임재해 활동하신다.[80]

바르트는 영감은 하나님의 은혜로운 행위이기 때문에 신비에 해당한다고 주장했다. 우리는 그 본질을 규명할 수 없고, 단지 그 과정의 은혜로움만을 주장할 수 있다. 그러나 그는 다른 곳에서는 디모데후서 3장 16절에 사용된 용어를 떠오르게 하는 말로 영감을 묘사하기도 했다.

> 성경적인 사고의 한계 내에서 "하나님의 감동(theopneustia)"은 이 특별한 섬김을 위해 부르심과 선택을 받은 사람들(즉 성경 저자들) 편에서의 특별한 복종의 태도를 의미한다. …그러나 오직 참되고, 정직한 사람들만이 자연히 그런 복종의 태도를 취할 수 있었다.[81]

영감은 사람들 안에서 특별한 복종의 태도를 만들어내는 하나님의 사역이다. 영감은 그들에게 평범한 인간의 능력 이상의 것을 제공하지 않았다. 따라서 바르트의 결론은 이렇다.

> 성경은 계시의 책이 아니다. 성경은 직접적인 계시의 도구가 아니다. 성경은 참된 증언이다. 하나님의 독생자 안에서 이루어진 그분의 실제적인 행위와 목적과 결정이 선지자

---

[80] Barth, *The Doctrine of the Word of God*, 2:504.
[81] Ibid., 2:505. 나와 워필드는 바르트가 여기에서 디모데후서 3장 16절의 "하나님의 감동"을 매우 부적절하게 해석했다고 생각한다.

들과 사도들에 의해 목격되고 청취되어 성자가 성경 안에서 그런 결정과 분리된 진리들의 총합으로 해체되고, 그런 진리들이 믿음과 구원과 계시의 진리로 우리에게 주어진다면 어떻게 그것이 신성한 계시에 대한 증언이 될 수 있겠는가? 만일 성경이 증언 이상의 것, 곧 직접적인 계시가 되려고 한다면 유일하고 참된 현실, 곧 하나님이 우리에게 말씀하고 허락하기를 원하실 뿐 아니라 우리 자신이 필요로 하는 최상의 것에 다가가지 못하게 가로막는 결과가 나타나지 않겠는가?[82]

물론 이 질문은 수사학적이다. 바르트는 독자들이 명백한 것으로 인정할 것이라고 생각하는 것에 호소했다. 그는 우리가 "만일 성경이 그 이상의 무엇이 되려고 노력한다면, 곧 그 정당한 특권을 넘어서서 하나님의 특권을 빼앗으려 한다면 우리 앞에서 그분의 초월에 관한 참된 메시지를 감추는 결과가 나타날 것이라는 점"을 인정할 것이라고 생각했다. 그러나 과연 무엇이 성경의 "정당한 특권"인가? 하나님의 초월에 근거한 수사학적 주장이 효력을 발생하려면 먼저 그 점부터 분명하게 규명해야 한다. 초월의 수사법은 그 자체로 그런 특권이 무엇인지 밝히지 못한다.

마지막에 인용한 내용을 보면 바르트가 성경이 한 가지 특별한 특권, 곧 그리스도 안에서 이루어진 하나님의 구원 행위와 "분리된 계시의 진리들"을 제시하는 특권을 누릴 수 없다고 주장한 것이 분명해 보인다. 그렇다면 이 문맥에서 "분리된"은 과연 어떤 의미일까? 분리는 구별이나 구분을 의미한다. 그러나 어떤 종류의 구별이고, 구분일까? 정통주의 신학자들은 성경적인 "계시의 진리들"은 그리스도 안에서 이루어진 하나님의 행위와 "분리되지 않는다."고 주장한다. 오히려 우리는 이 행위에 관해 배우고, 그것을 높이 찬양한다. 왜냐하면 성경이 그것에 대한 참된 이해를 제공하기 때문이다.

나는 바르트의 생각 안에 많은 학자들의 우려가 반영되어 있다고 생각한다. 우리 교수들은 학생들이 신학 시험을 위해 당일치기로 많은 지식을 머릿속에 억지로 채워 넣는 것을 보면서 이따금 이 모든 것이 하나님의 나라와 무슨 상관이 있는지 궁금해 하곤 한다. 그 점은 학생들도 마찬가지다. "진리를 습득하는 것"이 "관념적인"

---

[82] Barth, *The Doctrine of the Word of God*, 2:507.

것처럼 보인다. 그런 행동은 성경의 메시지를 하찮은 것으로 만든다. 하나님의 임재를 의식하거나 진정한 기도와 감사의 정신이 느껴지지 않을 때가 많다. 마치 하나님의 말씀을 가지고 놀이를 하는 것처럼 보인다.

신학 시험이나 신학 공부는 영적인 시련일 수 있다. 그러나 그런 진리들을 공부하면서 하나님을 의식하지 못한다면 그것은 그분의 잘못이 아니라 우리의 잘못이다. 때로 진리를 공부하는 것은 매우 고무적일 수 있다. 심지어는 신학교에서조차도 주님의 율법은 영혼을 정결하게 한다. 바르트의 생각 안에 존재하는 악은 계시된 진리의 개념을 제거함으로써 치유될 수 있는 악이 아니다. 그런 인격적인 죄가 개념의 전환을 통해 제거될 수 있다면 참으로 좋을 것이다. 그러나 우리 모두는 하나님의 말씀을 하찮게 만드는 죄로부터 자유롭지 못하다. 그 점은 바르트주의자든 누구든 다 똑같다. 우리는 바르트의 방식으로 그런 죄를 제거할 수 없다. 우리는 그런 식으로 말씀을 하찮게 만드는 것을 허용하는 성경의 교리를 확립하려고 해서는 안 된다. 그런 교리를 만들려고 하는 것은 잘못이다. 현재의 남용을 없애기 위해 우리 마음대로 교리를 만들어서도 안 된다. 교리는 하나님의 계시에 근거해 확립되어야 한다.

계시된 진리나 말씀이라는 개념을 거부함으로써 "분리"를 극복할 수는 없다. 성경의 무오성을 거부한다고 해도 그것을 피할 수는 없다. 우리가 옹호하는 교리 가운데 하나님의 초월을 훼손하는 명백한 내용이 존재하지 않는 한, 우리는 우리의 입장을 굳게 견지하지 않을 수 없다. 정통적인 견해는 "하나님의 행위와 계시를 분리하지도" 않고, 그분의 위대하심과 엄위로우심을 타협하지도 않는다. 성경에 묘사된 하나님의 위대하심과 주권과 구원은 계시된 진리를 요구한다. 그런 진리가 없으면 주님도 없고, 구원자도 없고, 경건의 근거도 없다. 그런 진리가 없으면 우리가 말하고, 생각하고, 행하는 모든 것이 하나님의 현실과 "분리될" 수밖에 없다. 바르트주의와 자유주의와 "신자유주의" 신학은 그런 말씀을 제공할 수 없다. 그런 신학은 절대적인 요구와 확실한 약속의 말씀을 발견할 수 없다. 오히려 그런 신학은 신성한 권위가 부여된 판단 기준 없이 제멋대로 모든 말씀의 진실과 거짓을 판단하는 권한을 주장할 따름이다. 그리스도의 교회가 우리의 시대를 위한 구원의 메시지와 능력을 얻기를 원한다면 그런 신학을 단호하게 배격해야 한다. 성경은 스스로가 하나님의 말씀이라고 주장한다. 그런 주장은 외면할 수 없을 만큼 광범위하다. 그런 주장을 부인하는 것은 곧 주님을 부인하는 것이고,[83] 말씀을 존중하는 것은 곧 그리스도를 존중하는 것이다.[84]

---

[83] 막 8:38.
[84] 요 8:31. 각주 66에 인용한 성경 구절들을 함께 참조하라.

부록 J
논리실증주의가 남긴 유산에 대한 논평

다음의 책에 대한 논평이다. Peter Achinstein and Stephen F. Barker, eds., *The Legacy of Logical Positivism* (Baltimore: Johns Hopkins Press, 1969). 이 논평은 본래 다음 자료에 실려 처음 출판되었다. *WTJ* 34, 2 (1972년 5월): 199–201. 웨스트민스터신학교의 허락을 받아 게재했다. 이 논문은 논리실증주의에 대한 나의 논의(12장)를 보완한다(이 책에 맞게 문체를 약간 다듬었다).

아마도 철학자가 아닌 사람들과 초보적인 철학자들의 경우에는 "분석 철학"이라는 명칭 아래 폭넓게 뭉뚱그려 놓은 철학적 접근 방식 가운데 논리실증주의가 이해하기가 가장 수월할 것이다. 논리실증주의라는 이데올로기는 몇 가지 상당히 간단한 주제들(분석과 종합의 구별, 논리와 수학의 동의반복적인 성격, 의미를 검증하는 판단 기준, 형이상학의 배제, 과학의 일체성, 모든 과학을 물리학으로 축소하기 등)을 중심으로 형성되었다. 이런 주제들은 지난 몇 년 동안 상당히 많이 수정되었고, 다른 주제들도 더러 첨가되었다(특히 과학에서의 이론적인 언어와 관찰적인 언어의 관계). 그러나 오늘날까지 이 사상 운동의 논의 가운데 대부분은 그런 간단한 주제들로부터 시작해서 여전히 그것들을 계속 다루고 있다.

우리 앞에 있는 이 책은 그런 종류의 단순성을 공유한다. 동일한 주제들이 계속 되풀이된다. 열 편의 논문 가운데 세 편은 주로 "이론과 관찰"의 구별에 초점을 맞추고, 다른 세 편도 그 점에 대해 상당한 지면을 할애한다. 그 외에 낯익은 주제들도 종종 다루어진다. 이 책을 읽으면 그 주장하는 바를 수긍할 수는 없더라도 그런 문제들의 본질에 대해 상당히 명확한 지식을 얻을 수 있다. 더욱이 이 책은 상징적인 논리를 거의 사용하지 않는다. 특히 파이글, 툴민, 헴펠의 논문들에는 가치 있는 역사적 배경이 제시되어 있다. 따라서 신학적인 훈련을 받은 독자라면 이 책을 이용하는 데 아무런 문제가 없을 것이다.

사실 이 책에 관심을 기울여야 할 이유가 많다. 이 논문의 저자들은 모두 일류다. 파이글과 헴펠은 최초의 논리실증주의자들 가운데 속할 뿐 아니라 지금도 여전히 논리실증주의의 전통 안에서 높이 평가를 받는 글을 쓰고 있고, 다른 저자들의 글들도 이 사상 운동의 가장 탁월한 비평 가운데 해당하는 것으로 간주된다. 내가 다른 곳에서 해설한 분석 철학을 공부하는 것은 일반적으로 상당한 가치를 지닌다.

특히 신학자들이 논리실증주의를 공부해야 할 이유가 몇 가지 있다. 오늘날 우리 시대에는 과학을 이해하고, 기독교적 관점에서 그 구조를 옳게 파악하는 것이 중요하다. 세속 철학 중에서 논리실증주의보다 과학적 방법을 분석하는 데 더 많은 노력을 기울인 철학은 일찍이 없었다. 그렇다면 신학은 어떤가? 신학은 과학적, 또는 "이론적" 학문인가? 만일 신학이 그런 학문이라면 신학의 "이론들을" 어떻게 다른 과학의 이론들과 비교해야 하는 것인가? 반대로 만일 신학이 그런 학문이 아니라면 그 이유는 또 무엇인가? 신학이 성경의 "자료"에 "근거한" 이론들을 발전시킨다면 그 이론과 자료의 정확한 관계는 무엇인가? 전제 없는 주석이 가능한가? 아니면 신학적인 이론들이 합법적인 주석으로 간주되는 것을 지배하는가? 또 그런 두 가지 극단을 피할 수 있는 이론과 관찰 사이에 모종의 관계가 존재하는가? 나는 (비록 논리실증주의가 명백한 반기독교적 편견에 치우쳐 있다고 하더라도) 그런 문제들과 관련해 기독교 철학이라는 이름으로 내세우는 애매한 이론들보다 논리실증주의자들의 명확한 사상으로부터 더 많은 도움을 얻는다.

물론 나는 논리실증주의자들의 결론이나 이런 문제들에 관한 이론들을 결정적인 것으로 받아들일 생각은 추호도 없다. 그러나 그들의 예리한 통찰력이 우리의 사고에 진정한 자극제가 되는 것은 분명하다(믿지 않는 철학자들이 나쁜 이유는 어리석음이 아닌 죄 때문이다).

이 정도 분량의 평가로는 이런 책을 철저하게 비평적으로 분석하는 것이 불가능하지만 개괄적인 인상을 심어주기에는 충분하다. 그런 인상 가운데 하나는 엄격한 논리실증주의가 어떻게 "전통적인 철학의 관심" 안에 근거하는지를 발견하는 데서 오는 놀라움이다. 왜 놀라울까? 그 이유는 초기 논리실증주의의 성명서가 묵시적인 성향(구체적으로 말하면 논리실증주의가 전통적으로 이해되어 온 모든 철학의 종말이 될 것이고, "특별히 철학적이라고 할 수 있는" 문제들을 일거에 해소할 것이며, 철학을 메타사이언스로 재창조할 것이라는 예측)을 물씬 풍겼기 때문이다. 그러나 시간이 지나면서 (이 책은 단지 한 가지 예에 지나지 않는다) 논리실증주의자들은 특히 묵시적인 성향에서 이전의 철학자들과 점점 흡사하게 변해갔다.

예를 들어 이 책에서 퍼트넘은 사실에 관한 논리실증주의의 "이상적인" 개념과 생각에 관한 그들의 "물질적인" 개념이 서로 모순된다는 것을 발견했다. 또한 샤피어는 논리실증주의자들의 "이론과 관찰의 모순"이 본질적으로 흄의 "인상과 개념"의 구도를 약간 수정한 것과 같다는 점을 발견했고, 툴민은 논리실증주의자들의 주된 결함이 순수한 분석적, 동의반복적, 형식적 체계가 (우리가 현실 체계에 대해 서로의 의사를 나누는) 순수한 종합적, 경험적, 귀납적 진술에 어떻게 적용될 수 있는지를 입증하는 데 실패했다고 주장했다(또는 좀 더 포괄적인 문제를 지적하자면 논리실증주의자들은 어떻게 언어가 어떤 의미에서 세상과 "연관을 맺을 수 있는지"를 보여주는 데 실패했다). 그러나 이것은 매우 오래된 철학적인 문제(즉 법칙과 사실, 하나와 다수의 문제)가 아니고 무엇인가?

툴민은 비트겐슈타인이 어떻게 그 문제에 대한 칸트의 해결책(언어와 세계의 관계는 이론적이고 논리적인 관계에서가 아니라 특정한 방식으로 언어를 사용하기로 한 인간의 구체적이고, 실천적인 결정에서 발견될 수 있다는 것)을 선택했는지를 보여주었다. 툴민 자신은 비트겐슈타인을 넘어서서 어떤 용법의 규칙이 우리의 구체적인 문화 속에서 발전해 왔는지를 파악하고, 또 무엇을 "말할 수" 있고, 또 없는지를 결정하는 데까지 나아가야 한다고 생각했다. 그러나 안타깝게도 툴민이 제시한 것과 같은 중립적인 역사적, 심리적, 사회적 연구가 어떻게 구속력 있는 언어적 "규범들"을 만들어내는지는 의문이다. 누구의 언어 "사용"이 규범적인 용법인가? 비트겐슈타인은 이 질문에 대답하지 못했다. 나는 툴민도 대답하지 못할 것이라고 생각한다. 성경의 하나님, 곧 먼저 자기 자신에게 말씀하고, 그런 다음에 인간에게 분명하게 말씀하시는 하나님이 존재하지 않으신다면 이 질문에 대한 대답은 결코 찾을 수 없을 것이다.

따라서 논리실증주의는 궁극적으로 인간의 자율성을 포기하지 않은 상태에서 사실과 의미의 통합을 이루려는 많은 철학적 시도 가운데 하나일 뿐이다. 지성적인 명확성과 논리성이 제아무리 탁월하다고 해도 그런 목표를 달성할 수는 없다. 물론 논리실증주의가 그 목표를 이루지 못했다고 해서 그 명확성과 논리성과 유익함마저 사라지는 것은 아니다.

부록 K

『종교적 언어에 관한 새로운 논문』에 대한 논평

다음의 책에 대한 논평이다. Dallas M. High, ed., *New Essays on Religious Language* (New York: Oxford University Press, 1969). 이 논평은 다음 자료에 실려 처음 출판되었다. *WTJ* 33, 1 (1970). 11. : 126-31. 웨스트민스터신학교의 허락을 받고 게재했다. 이 논문은 일상언어 철학에 관한 나의 논의(12장)를 보완한다(이 책에 맞게 문체를 약간 다듬었다).

아담의 타락 이후 수많은 사람이 하나님의 존재에 대해 의심을 품었고, 어떤 사람들은 한 걸음 더 나아가서 하나님의 존재 가능성까지 의심했다. 우리 시대에는 불신앙이 그보다 훨씬 더 심각한 수준에 이르렀다. 오늘날의 지성인들은 "하나님이 존재하신다."는 문장의 "의미"를 의문시하기에 이르렀다. 여기에는 기독교적 언어의 의미가 모두 의심의 대상 안에 포함된다는 뜻이 내포되어 있다. 조금 덜 급진적인 사람들은 "하나님은 존재하신다."는 문장은 어느 정도 의미가 있다고 인정하지만, 그 문장이 사실을 진술하지 않는다고 주장하기도 한다. 그들은 이 문장이 도덕적인 결의와 태도를 표명하고, 심미적인 판단을 내리고, 명확하게 규명할 수 없는 신비로운 기능을 수행하는 의미를 지닌다고 주장한다.

그것이 기독교에 대한 "분석 철학"의 도전이다. 물론 모든 "분석 철학자들"이 그렇게까지 급진적이지는 않지만 종교적인 관심을 가진 사람들은 그런 문제에 열중하는 경향이 있다. 사실 그 문제는 근본적인 문제다. 더욱이 분석 철학이 오늘날 영국과 미국의 대학들에서 주도적인 철학적 위치를 점유하고 있다는 사실에 비춰보면 이런 도전은 더더욱 심각하게 느껴지지 않을 수 없다. 그런 대학들에서는 이 도전이 가장 효과적인 영향력을 발휘한다. 분석 철학자들은 내가 알고 있는 어떤 신학자들보다 더 우월한 명확성과 논리적인 엄격함을 가지고 솔직하면서도 신선한 태도로 자신의 의견을 제시한다. 따라서 이제는 정통적인 기독교 학자들이 분석철학을 옳게 이해해야 할 때가 되었다. "인식론적인 자의식"을 가장 중시하는 정통적인 진영에서조차 지금까지 이 운동을 비평적으로 철저하게 파악하려는 시도가 한 번도 없었던 이유가 대체 무엇일까? 우리는 비교적 비중이 그다지 크지 않은 사상 운동을 다루는 데에만 지성적인 노력을 낭비했을 뿐, 오늘날 복음을 가장 심각하게 위협하는 철학적 도전에 효과적으로 대응하는 데는 실패했다. 우리는 로버트 딕 윌슨 박사와는 달리 "어려운 문제들을 회피했다."

비록 늦은 감은 있지만 지금이라도 이 개탄스런 현실을 타개하기 위해 무엇인가를 하기를 원한다면 하이 교수가 편집한 논문 모음집이 좋은 출발점이 될 수 있을 것이다. 이 논문의 저자들 가운데는 영어를 사용하는 가장 뛰어난 분석 철학자들이 여러 명 포함되어 있다. (내가 판단하기에 포티트와 맥퍼슨의 글이 평균적인 수준에서 약간 뒤쳐지지만) 전체적으로 사고의 수준이 상당히 뛰어나다. 처음 두 편의 논문은 분석 철학의 대표 학자 가운데 하나(아마도 우리 시대의 가장 중요한 철학자이자 키에르케고르 이후로 가장 매혹적인 철학적 "개성"을 지닌 인물)인 비트겐슈타인을 소개한다. 그 외의 논문들은 "종교적인 언어의 문제"를 해결하기 위한 다양한 방법을 제안할 뿐 아니라 그 과정에서 이 주제에 관한 요즘의 견해들을 개괄적으로 살펴볼 수 있는 좋은 기회를 제공한다. 논문의 기고자들은 이 사상 운동의 "우파"를 대변한다. 그들 가운데 종교적인 언어가 대체로 아무 의미가 없다거나 종교적인 주장이 허위라고 말하는 사람은 아무도 없다. 오히려 모든 기고자가 하나님에 관한 언어의 의미를 무차별 공격하는 "좌파"의 논리를 의식하고, 그것에 대한 답변을 제시하려는 의도를 어느 정도 내비치고 있다. 이들은 모두 "하나님"이라는 용어를 포함하는 문장에 무엇인가 "특이한(분석 철학에서 즐겨 사용하는 표현 가운데 하나)" 것이 있다는 데 동의한다.

"하나님은 존재하신다."라는 문장을 생각해 보자. 금세기 초의 논리실증주의자들은 이 문장을 과학적 이론을 검증하는 방식으로(최소한 논리실증주의자들이 인정하는 검증 방식으로) 검증할 수 없다고 주장했다. 더욱이 존 위즈덤과 안토니 플루가 관찰한 대로 종교인들은 이상하게도 그런 문장의 오류 가능성을 입증할 수 있는 경험적인 사실을 생각하는 것조차 주저하는 경향이 있다. 따라서 이 문장은 이런 점에서 사실을 진술하는 다른 문장들과 매우 다르기 때문에 자연히 이 문장이 (어떤 식으로든 사실을 진술할 수 있다면) 그 진술하고자 하는 "특이한" 사실이 과연 무엇인지를 묻고 싶은 생각이 들기 마련이다.

이 책의 논문들은 모두 그런 문제에 대한 반응을 표현한 것이다. 그 중에 하나는 종교와 과학(특히 과학적 검증)의 관계를 자세하게 살핀다. 이얀 램지는 과학은 흔히 생각하는 만큼 비종교적이지 않다고 주장한다. 그는 과학이 포괄적인 개념 체계의 목표를 달성하려면 종교적인 형이상학을 필요로 한다고 지적했다. 프레드릭 페레는 같은 문제의 다른 쪽 측면에 초점을 맞춘다. 램지의 과학자들이 종교적인 것처럼 페레의 종교인들은 중요한 측면에서, 특히 개념적인 모형들을 사용하는 점에서 과학적이다(페레는 부수적으로 논란이 많은 이 주제에 대해 귀중한 정보를 많이 제공한다). 바실 미첼은 역사학(과학과 다른 학문들의 경계점에 해당하는 학문)을 이용해 역사가들이 증거를 다루는 방식이 신학자들의 방식과 그렇게 다르지 않다고 주장한다. 물론 종교와 과학은 차이가 있다. 램지, 페레, 미첼은 그 차이점을 지적했다. 그러나 그들은 모두 종교적인 진술을 "검증할 수 없다."고 해서 무의미한 것으로 거부하거나 과학적으로 의미가 없다고 단정할 수는 없다고 주장한다.

그렇다면 과학과 종교의 차이는 무엇일까? 이 책의 저자들도 이 질문을 다룬다. 그들의 대답은 부분적으로는 종교적인 주장의 "오류 가능성을 검증하는 것이 불가능하다."는 입장을 정당화하는 경향이 있다. 램지와 페레는 종교와 과학은 서로에게 필요하기 때문에 하나의 포괄적인 학문으로 통합되어야 한다는 견해에 가깝다. 그러나 그들은 그런 통합적인 학문은 좀 더 좁은 의미에서 종교적이거나 과학적인 요소들을 포함해야 한다고 주장하는 듯하다. 종교는 가설을 세우는 데 필요한 통찰력을 제공하고, 과학은 (비록 고도의 일반성의 차원에서 결정적인 검증이 불가능하더라도) 그것을 시험하고, 적용하는 데 필요한 기술을 제공한다. 미첼은 우리 가운데 전제에 관심이 있는 사람들에게 특별히 중요한 논문에서 최고의 일반성이 요구되는 차원에서조차 "증거"가 여전히 역할을 한다는 주장을 덧붙였다. 그러나 그는 다른 저자들과 마찬가지로 그 역할이 결정적인 검증의 역할은 아니라는 데 동의하는 듯하다. 램지는 두 번째 논문에서 종교적인 언어가 "역설적이라고" 주장하는 말에 어떤 의미가 담겨 있는지를 논의한다. 토머스 맥퍼슨은 "유비"와 "상징"의 개념을 파헤쳐 종교적인 언어를 "간단명료한" 과학의 언어와 좀 더 분명하게 구분했다. 매우 흥미롭게도 몇몇 논문 기고자들은 편협한 과학적 언어는 인격체, 즉 인간과 더 나아가서는 신에 관해 적절히 설명할 수 없다는 생각에 깊은 관심을 드러냈다. 과학의 언어는 특히 1인칭 단수 대명사를 포함하는 문장들을 분석할 수 없다. 윌리엄 포티트는 두 편의 논문에서 "객관적이고, 과학적인" 언어와 "인격적인 참여"의 언어가 지니는 차이는 매우 크기 때문에 마르틴 부버와 같은 사람이 사용하는 시적 산문을 통해서만 설득력 있게 진술할 수 있다고 말했다. 물론 포티트는 부버와 같은 사람이 아니다. 그러나 램지는 로버트 코번과 댈리와 더불어 칼빈의 주제(하나님에 대한 지식과 자아에 대한 지식은 상호의존적이라는 것)를 "분석적으로" 변형시킨 흥미로운 견해를 제시했다. 댈리의 논문은 특히 흥미롭다. 그는 인간의 자아에 대한 분석이 비트겐슈타인의 분석으로부터 전통적인 유형의(심지어는 하이데거 식의) 형이상학으로 돌아가는 많은 통로 가운데 하나라고 생각했다. 그는 "가족 유사성"이라는 비트겐슈타인의 개념이 중세 시대의 "존재의 유비"와 매우 흡사하다고 지적했지만 비트겐슈타인이 그런 해석들을 분명하게 논박한 내용에 관해서는 적절하게 반응하지 못했다.

그러나 코번과 폴 홀머에 따르면 하나님을 아는 데 필요한 자아에 대한 지식은 인칭 대명사를 예리하게 분석하는 것을 훨씬 뛰어넘는 차원을 지닌다. 코번은 "하나님은 존재하신다."와 같은 문장은 "삶의 의미는 무엇인가?"와 같은 종교적 질문에 대해 "논리적으로 완벽한 대답"을 제시한다고 말한다. 그런 질문에 대해 대답이 주어질 때 그것을 야기한 개인적인 고뇌가 치유되어 질문자의 삶이 실천적으로 변화된다. 홀머는 신학의 임무는 마치 하나님에 관한 사실들이 성경과 신조에 부적절하게 제시되어 있는 것처럼 고도로 비의적이고 알기 어려운 사실들을 끊임없이 추구하는 것이 아니라 사람들의 문제, 곧 생각의 혼돈과 복음의 능력을 느끼지 못하게 만드는 갖가지 삶의 쾌락을 치유하는 데 있다고 말했다(댈리도 램지와 다른 기고자들과는 상당히 다른 관점에서 이와 비슷한 견해를 피력했다).

그렇다면 우리 그리스도인들은 이 모든 것에 대해 어떻게 반응해야 할까? 먼저 하나님에 관한 언어의 검증 가능성이라는 가장 핵심적인 문제를 잠시 생각해 보자. 그리스도인이 하나님의 존재의 "오류 가능성을 입증하는 것"에 대한 생각을 거부하는 이유는 하나님의 존재가 곧 그의 전제이기 때문이다. 하나님의 존재를 부인할 수 있는 증거는 있을 수 없다. 왜냐하면 주장이나 부인의 말이 모두 그분의 존재를 전제하기 때문이다. 하나님의 존재의 "오류 가능성을 입증하는 것"이 있을 수 없는 이유는 가능한 것과 가능하지 않은 것을 결정하는 장본인이 바로 하나님이시기 때문이다. 더욱이 하나님의 존재는 "증거"와 긍정적인 관계를 맺고 있다. 모든 사실이 하나님을 전제하기 때문에 모든 사실이 그분의 현실을 입증하는 증거다. 따라서 하나님의 존재는 검증 가능하다. 그러나 논리적으로 독특한 전제적인 성격 때문에 그에 대한 검증에는 일종의 "특이성"이 존재한다. 그리스도인들은 인간의 판단 기준에 하나님을 예속시키는 것을 거부한다. 왜냐하면 그들에게는 "모든 생각을 사로잡아 그리스도에게 복종하게 하라"(고후 10:5)는 명령이 주어졌기 때문이다. 또한 그리스도인들은 하나님 자신의 판단 기준, 곧 그분의 자기 증명을 인정해야 한다. 하나님의 자기 증명은 "특이하다." 그 이유는 오직 하나님만이 자기를 증명하실 수 있기 때문이다.

램지와 댈리를 비롯한 이 책의 기고자들은 종교적인 진술이 매우 기본적이기 때문에 현실 전체를 해석하는 개념적인 체계를 제공한다는 것을 인정한다. 그러나 그들은 어떤 영역(일반적으로 "협의의 과학"으로 일컫는 영역)에서는 하나님의 음성에 귀를 기울일 필요없이 인간이 추구하려는 일을 할 수 있다는 견해를 곳곳에서 피력했다. 결국 종교적인 "개념적인 체계"는 현실 전체를 해석할 수 없다. 모든 사상을 사로잡아 그리스도께 복종시킬 수 없다. 예를 들어 미첼은 처음부터 암묵적으로라도 다른 경쟁적인 신앙을 용인하지 않고서도 얼마든지 나의 신앙을 논박하는 논증을 받아들일 수 있다고 주장한다. 나의 의심은 어떤 식으로 나의 신념 체계를 "수정하도록" 자극할 수 있다. 이것은 어떤 점에서는 일리 있는 말이다. 때로는 성경의 가르침에 좀 더 부합하기 위해 나의 신념 체계 안에 존재하는 부적절한 요소들을 인지해야 한다. 그러나 미첼은 그리스도인이 자유롭게 성경을 "수정할 수 없다."는 점을 옳게 이해하지 못했다. 그리스도인이 성경을 "논박하는 주장을 받아들이는 것"은 곧 비기독교적인 사상을 받아들이는 것을 의미한다. 미첼은 다른 저자들과 마찬가지로 인간이 스스로의 신념 체계를 끊임없이 자율적으로 형성해 나갈 수 있는 권한을 지니고 있다고 생각한다. 그리스도인은 그런 생각을 결코 수용할 수 없다. 철학자가 아닌 독일어 교수인 에릭 헬러는 지금까지 언급하지 않은 이 책의 논문에서 이 점을 부각시켜 말했다. 괄목할 만한 그의 논문은 비트겐슈타인을 "대륙" 철학과 문학의 상황 속에 위치시켜 그와 니체가 놀라울 정도로 흡사한 면모를 더러 지니고 있다고 지적했다. 그는 니체의 "신의 죽음"이 비트겐슈타인이 현실을 "비추는" 언어의 능력에 대한 믿음을 상실한 것과 나중에 인간이 자신의 "삶의 형상"을 통해 언어와 세상에 의미를 부여해야 한다고 주장했던 것과 유사하다고 말했다. 지금까지 살펴본 대로 비트겐슈타인을 추종하는 이 책의 기고자들 가운데서도 그와 비슷한 자율적인 사고를 확인할 수 있다. "좌파" 분석 철학자들이 기독교 언어의 의미를 부인하는 것은 조금도 놀랍지 않다. 그런 판단 기준을 적용하는데 어떻게 그것이 의미가 있을 수 있겠는가? 정통적인 그리스도인은 그런 우상 숭배적인 사고와 결코 타협할 수 없다.

그러나 우리는 분석 철학자들로부터 참으로 많은 것을 배울 수 있다. 그렇다. 신학은 개념적인 모형들을 이용한다. 또한 신학에는 역설이 존재한다. 한 가지 유형의 역설을 다른 유형과 구별하는 법을 배우는 것이 좋다. 우리는 표징과 상징의 기능에 관해 배워야 할 것이 많다. 나와 하나님 사이에는 아직 탐구해야 할 중요한 유사성이 존재한다. 명확성과 논리성에 대한 우리의 기준은 지금까지도 죄스러울 만큼 조잡하기만 하다. 우리는 성경이 분명하게 가르치는 것을 신학에서 무시할 때가 너무나도 많았다. 성경은 실천적인 복종이 하나님을 아는 지식의 "구성적 측면"에 해당하기 때문에(요일 2:3-6) 어떤 신학이든 신학이라는 명칭에 합당하려면 하나님의 능력으로 그분의 말씀을 붙잡지 못하게 방해하는 유해한 사상과 그릇된 삶과 자율적인 "분석"의 해악을 온전히 치유하는 것을 목표로 삼아야 한다.

부록 L

폴 반 뷰렌의
『언어의 변두리』에 대한 논평

다음 책에 대한 논평이다. Paul M. Van Buren, *The Edges of Language* (New York: Macmillan, 1972). 이 논평은 본래 다음 자료를 통해 처음 발표되었다. *WTJ* 36, 1 (1973년 가을): 106–11. 웨스트민스터신학교의 허락을 받아 게재했다. 반 뷰렌은 학자로 살면서 서로 다른 여러 철학 학파의 사상을 추종했다. 이 논문집은 그를 후기 비트겐슈타인을 추종하는 "일상언어" 철학자의 범주에 포함시켰다(12장. 이 책에 맞게 문체를 약간 다듬었다).

    이 책은 폴 반 뷰렌이 철학적으로 성숙해져 가고 있다는 것을 어느 정도 보여준다. 그러나 논평자인 나는 지금도 여전히 그가 독자 대중과 성장의 진통을 공유하려는 열의가 조금 덜 했더라면 좋았을 것이라고 생각한다.

    책 표지에서 알 수 있는 대로 반 뷰렌은 하버드대학교에서 우등으로 문학학사 학위를 취득했고, 바젤대학교에서 칼 바르트의 지도 아래 최우등으로 신학 박사 학위를 취득했다. 그의 논문은 그가 초창기에 철저히 바르트주의에 입각해서 펴낸 『우리를 대신하신 그리스도(*Christ in Our Place*)』라는 책에 그대로 반영되었다. 그러나 책 표지에는 반 뷰렌이 철학의 분야에서 우등한 실력을 지녔다고 명시한 내용이 발견되지 않는다. 또한 그는 언어 분석 철학에 관해 자신이 최초로 시도했던 연구에서 학계의 갈채를 받지도 못했다. 오히려 그의 『복음의 세속적 의미(Secular Meaning of the Gospel)』는 "신은 죽었다."고 주장하는 시대 풍조에 편승했는데도 거의 모든 전문적인 철학 비평가들로부터 비웃음을 샀다. 그 책을 좀 더 신학적인 관점에서 비판한 비평가들 외에는 대다수 비평가들이 그 책이 철학 서적으로서는 이것저것을 누더기처럼 기워 만든(1930년대 실증주의 조금, "용법 분석" 조금, 분석적인 사고를 지닌 철학자라면 누구도 용납하지 않을 교조적인 세속적 형이상학 조금 등) 모음집에 지나지 않는다고 논평했다. 그러나 반 뷰렌은 포기하지 않았다. 그의 두 번째 책인 『신학적 탐구(Theological Explorations)』는 최소한 연구 범위가 간소한 장점을 지녔고, 그 가운데는 더러 가능성을 보여준 내용도 있었다. 그러나 아마도 전도유망한 철학 초보자들에게는 『신학적 탐구』보다 좀 더 무르익은 생각을 내놓을 수 있을 때까지 성급히 책을 펴내지 말라는 조언이 최선일 것이다.

이제 『언어의 변두리(The Edges of Language)』를 본격적으로 다뤄보자. 이것은 반 뷰렌이 "비트겐슈타인의 『철학적 탐구(Philosophical Investigations)』가 기독교 신학에 미치는 영향을…밝히려고 시도한 데서" 비롯한 결과물이다(ix). 우리는 처음에는 이런 시도가 그 이전의 무책임한 태도와 별반 다를 것이 없다는 것에 놀라지 않을 수 없다. "비트겐슈타인의 책이 지니는 중요성이 보편적으로 인정되고 있는 상황에서 반 뷰렌이 올바른 양심을 지녔다면 『복음의 세속적 의미』와 같은 책을 펴내기 전에 먼저 그것이 함축하는 영향력을 밝히려고 시도했어야 마땅하지 않았을까?"라는 생각이 들 수밖에 없다. 그러나 그것은 이미 지나간 과거다. 다행히도 『언어의 변두리』는 『복음의 세속적 의미』와는 다르게 원리들의 선택이 상당히 일관성 있게 이루어졌다. 사실 일관성이 너무 지나치지 않나 싶을 정도다. 왜냐하면 『언어의 변두리』는 독자들에게 비트겐슈타인의 『철학적 탐구』가 전혀 아무런 오류도 포함하고 있지 않다는 식의 인상을 심어주기 때문이다. 반 뷰렌은 이 책에서 전에도 그랬고 지금도 어느 정도는 그렇지만 비트겐슈타인, 검증 원리, 현대의 세속적 형이상학을 맹종하는 추종자로서의 면모를 보여주었다(독자들은 마지막 문장을 이해할 것이다. 그러나 "비트겐슈타인을 맹종하는 추종자"는 "소크라테스를 맹종하는 추종자"만큼이나 용어상의 모순을 지닌다는 점을 상기해야 한다). 『언어의 변두리』를 철학 서적으로 간주한다면 그것은 또 하나의 미성숙한 작품에 지나지 않는다. 일관성이나 비트겐슈타인에 대한 해석의 건전성은 그런대로 뛰어나지만 철학자들과 단순히 철학을 공부하는 사람들을 구분하는 중요한 특성(즉 누군가의 글을 논리와 명확성을 갖춰 설득력 있게 비판하는 능력)은 매우 취약하다.

따라서 (여기에서 종종 제시된) 나의 권고에 주의를 기울여 언어 분석을 공부하기를 원하는 『웨스트민스터 신학저널』 독자들은 아마도 반 뷰렌의 책보다는 이 분야에서 좀 더 흥미롭고 도전적인 다른 자료들을 원할 것이 틀림없다. 그러나 『언어의 변두리』는 읽기가 쉽고, 흥미로운 사례와 예증을 많이 다루고 있기 때문에 만일 이 논평에서 주의를 환기시킨 것만 잊지 않는다면 종교적인 주제와 관련해 비트겐슈타인의 후기 사상을 소개하는 입문서로는 다른 자료들에 크게 뒤지지 않으리라고 생각된다. 이런 점에서 이왕 내친김에 구체적인 주의를 몇 가지 더 환기시키면 다음과 같다.

이 책은 종교적인 언어의 측면을 다룬 현상학으로서 새로운 것은 아니지만 신학자들, 특히 정통주의자들이 좀 더 관심을 기울여야 할 가치가 있는 요점을 몇 가지 제시한다. 반 뷰렌은 언어는 물체를 가리키거나 묘사하는 공인된 기능 외에도 매우 다양한 기능을 지닌다고 지적했다. 모든 용어가 명칭이고, 모든 문장이 "사실을 진술하거나" "생각을 전달하는 것"은 아니다. 언어는 다양한 인간적인 과제를 성취하기 위해 다양한 방식으로 사용된다. 사실 우리가 하는 일은 모두 우리의 언어 능력에 의해 영향을 받는다. 어떤 점에서 인간의 실존은 "언어적이다(물론 이 한 가지 속성만 지니는 것은 아니다)." 더욱이 "언어를 초월하는 것"은 아무것도 없다. 왜냐하면 언어로 인정될 수 없는 것은 그 존재를 인정할 수 없기 때문이다. 또한 언어에는 사물을 묘사할 때 사용하는 술어가 포함된다. 따라서 현실적인 것은 말할 수 있고, 말할 수 있는 것은 현실적이다. 반 뷰렌은 "말할 수 없는" 것이 있을 수 있다고 인정했지만 만일 그런 것이 존재한다면 그것에 대해 침묵을 지키는 것이 최선이라고 말한다. 언어를 초월하는 "말할 수 없는 무엇인가"가 진정으로 존재한다면 그것은 그 이름조차 거론하기가 어렵다. 이런 점에서 언어가 변하면 세상도 변한다. 우리의 언어가 서로 다르면 그 다른 만큼 우리는 서로 다른 세상에 살고 있는 셈이다.

우주법적 철학을 추구하는 그리스도인들은 이 점에서 반 뷰렌의 견해가 현실의 "언어적 측면을 절대화하는" 특성을 지닌다고 반박할 소지가 높다. 그러나 나는 그런 비판에 대해 반 뷰렌을 옹호하고 싶다. 반 뷰렌은 인간의 실존이 마치 다른 방법으로는 그 특성을 규정할 수 없는 것처럼 오직 "언어적이다."라고 말하지 않았다. 나는 그 자체로는 언어로 설명할 수 없지만 다른 모든 언어를 설명할 수 있는 "초언어적인 아르키메데스의 점(가설적인 준거점. 아르키메데스가 고정된 적당한 위치와 충분히 강한 지렛대가 있으면 지구를 들어 올릴 수 있다고 말했다는 데서 유래한 표현-역자주)"은 존재하지 않는다는 반 뷰렌의 말이 옳다고 생각한다. 언어에 대한 논의는 하나의 언어를 이해하기 위해 또 다른 언어를 사용해야 한다는 점에서 항상 순환적일 수밖에 없다. 내가 볼 때 이것은 그런 순환성과 그와 관련된 다른 형태의 순환성을 피해 우주법적 철학 내에 존재하는 약간의 혼란을 부분적으로 설명하려는 시도의 하나로 생각된다.

다시 반 뷰렌으로 되돌아가자. 그의 견해에 따르면 종교는 인간의 언어적 활동 가운데 하나다. 따라서 종교적인 삶의 상황 속에서 그 언어를 연구하면 그것의 목적과 요점에 관해 배울 수 있다. 반 뷰렌의 논의는 기독교에 초점을 맞춘다. 그는 기독교가 간단명료한 "문자적인" 의미의 언어들을 많이 포함하고 있지만(예를 들면 "모세는 애굽에서 태어났다") 철학적으로 매우 당혹스런 종류의 언어도 아울러 포함하고 있다고 말했다(특히 기적, 영생, 하나님 등에 관한 용어들). 반 뷰렌은 하나님에 관한 언어와 관련해서는 『복음의 세속적 의미』에서처럼 여전히 검증의 문제(하나님에 관한 기독교의 진술은 왜 우리가 인격체에 관해 사용하는 다른 종류의 문장들에 적용하는 검증 원리와 오류 가능성을 입증하는 방식을 거부하는가?)를 고민한 것으로 나타난다.

정통주의 진영 내에 있는 신학적 낙관주의자들은 반 뷰렌이 『복음의 세속적 의미』에서 검증의 문제를 해결할 수 없다고 여겨 하나님에 관한 언어를 모두 타당하지 않은 것으로 간주했지만 결국에는 자신의 견해를 바꾸었다는 것을 알고 좋아할 수도 있다. "하나님"이라는 용어는 더 이상 "죽지 않았다." 그 용어는 생생하게 살아있다. 그렇게 생각하는 낙관주의자들은 반 뷰렌이 성경과 역사적 기독교의 하나님에 관한 종전의 태도를 조금도 바꾸지 않았다는 사실을 기억해야 할 필요가 있다. 그는 그런 하나님은 자신의 생각 속에 존재하지 않는다는 점을 분명히 했다. 그는 기독교적인 자료 안에서 자신의 견해를 지지하는 근거를 더러 발견했다고 생각한다. 그의 기독교는 "20세기 후반의 서구 사회 안에 존재하는 교육받은 기독교인들", 곧 다른 무엇보다도 "문자적인 유신론"을 넘어서서 불트만, 본훼퍼, 검증 원리를 따르는 사람들의 종교였다.

그렇다면 하나님에 관한 언어를 비롯해 문제의 소지가 있는 다른 기독교의 용어들이 담당하는 기능은 무엇일까? 반 뷰렌은 그런 언어가 사람들과 사건들을 문자적으로 묘사하는 기능을 발휘한다고 말하기를 원하지 않는다. 또한 그는 그런 언어가 "전적으로 다르기 때문에" 말할 수 없는 어떤 것을 단지 제멋대로 가리키는 기능을 한다고 생각하지도 않는다. 그에 따르면 문자주의 대 표현불가능의 딜레마는 전통적인 유신론(여기에는 폴 틸리히의 비전통적인 유신론도 아울러 포함된다)이 회피할 수 없는 문제에 해당한다. 반 뷰렌의 대안은 그런 언어가 "언어의 변두리"에 놓여 있다는 것이다.

반 뷰렌은 어떤 언어가 문자적이지도 않고, 완전한 난센스도 아닌 경우에는 "변두리"에 속한다고 설명했다. 그는 이 점을 설명하기 위해 비유, 펀, 농담, 시와 같은 여러 가지 예를 들었다. 시는 용어의 사전적인 정의에서 벗어나 색다른 방식으로 사용하면서도 약간의 노력을 기울이면 얼마든지 이해해 충분히 일상적인 언어와 유사하게 사용할 수 있는 표현을 구사하는 경우가 많다. 그런 식으로 규칙을 "넘어서는" 경우에는 규칙에서 완전히 벗어나 난센스로 치우칠 위험이 있지만 일상적인 용어들로는 표현할 수 없는 것들을 표현할 수 있는 가능성을 열어준다. 시는 일상적인 언어를 뛰어넘어 우리의 세상을 좀 더 넓게 확장시켜 새로운 관점과 그 세상을 경험할 수 있도록 이끈다.

반 뷰렌은 문제의 소지가 있는 기독교의 용어는 일종의 세상을 확장시키는 활동, 특히 역사에 초점을 맞춰 문자적인 문장을 통해서 말할 수 있는 특정한 역사적인 사건들에 관해 좀 더 많은 것을 일깨워 주려는 노력의 일환이라고 말했다. 반 뷰렌에 따르면 "하나님이 애굽에서 자기 백성을 구원하셨다."라는 문장은 어떤 신비로운 초자연적인 인격의 (검증되지 않은) 활동에 관한 진술이 아니다. 그는 그런 문장에서 "하나님"이라는 용어를 하나의 이름으로 간주하는 것은 잘못이라고 말했다. 그런 문장은 일상적인(검증할 수 있는) 사건(유대인들의 애굽 탈출)을 토대로 단순한 말로 전달할 수 있는 것 이상의 의미를 부여하는 기능을 한다는 것이 그의 생각이다. 일상적인 언어로 말할 수 없는 것을 말하고 싶을 때는 그런 문장이나 시를 사용할 수 있다. 반 뷰렌은 그런 식으로 직접 말은 하지 않았지만 그에게 기독교의 언어는 일종의 시, 곧 굳이 정통적인 유신론의 교리와 같은 것으로 표현할 필요가 없는 시에 해당한다.

그러나 이것은 결국 검증 문제에 대한 절반의 대답에 지나지 않는다. 그 이상의 대답을 제시할 수 없다면 전혀 아무런 대답을 제시하지 않은 것이나 다름없는 결과가 될 수 있다. 그런 문장이 일종의 시라고 하더라도 좋은 시와 나쁜 시를 구분하는 것이 무엇인지, 또 시를 난센스와 구분하는 것이 무엇인지를 묻지 않을 수 없다. 물론 모든 시에 적용할 수 있는 동일한 판단 기준이 존재할 것이라고는 기대할 수 없지만 시라면 일반적으로 그런 질문에 답변할 수 있는 방법이 존재하기 마련이다. 시인이 일상적인 언어로 말할 수 있는 것 이상의 것을 말하고자 할 때 우리는 종종 "말하고자 하는 것이 무엇인가?"라는 물음으로 그의 작품을 평가한다. 시인의 "메시지"가 사소하거나 흥미롭지 않거나 이해할 수 없거나 거짓으로 드러난다면 언어를 미적으로 잘 사용한 것에는 높은 점수를 줄 수 있더라도 시 전체가 주는 감동은 별로 느끼지 못할 것이 틀림없다.

종교적인 "시"의 경우에는 미적인 수준보다는 "메시지" 자체가 더 중요하다. 즉 다른 어떤 것보다도 그 종교가 말하고자 하는 것이 무엇인지를 평가하는 것이 더 중요하다. 물론 반 뷰렌이 지적한 대로 정확한 번역을 좀 더 산문적인 언어로 표현하는 것을 요구할 필요는 없지만, 최소한 그 진술이 난센스인지 아닌지, 또 그것이 의미가 있다면 그 가운데 무엇이 진실을 말하고, 무엇이 그렇지 않은지를 판단할 수 있는 근거는 마련해야 한다.

내가 아는 한 반 뷰렌은 이 중요한 질문에 대해 아무런 지침도 제시하지 않았다. 때로 그는 진술의 선택을 거의 취향의 문제로 생각하는 듯 보인다(또 어떤 때에는 그런 진술이 세상에 관해 무엇인가를 말해 주고, 그 점에서 거짓이거나 사실일 수 있다고 주장하는 것처럼 보이기도 한다). 그러나 심지어 시도 순전히 취향의 문제만은 아니다. 전혀 쓸모없는 시를 쓰는 시인들도 있고, 단지 기교만 부리는 시인들도 있으며, 귀를 기울여 들을 가치가 있는 시인들도 있다. 반 뷰렌의 체계는 하나님의 자기 계시에 구애받지 않는 사고의 독단적인 성격을 보여준다. 그는 하나님에 관한 언어의 의미를 옹호하기 위해 그런 언어도 "언어"라는 사실(곧 규칙이 있기 때문에 난센스가 아니라는 것)에 호소한다. 그러나 그런 규칙이 무엇인지를 상세히 밝히라는 요구를 들으면 그는 하나님에 관한 언어가 언어의 "변두리"에 있기 때문에 규칙을 넘어선다고 대답한다. 아무도 그

규칙이 무엇인지 알지 못하고, 그런 규칙을 넘어서는 것이 그것을 어기는 것과 어떻게 다른지를 이해할 수 없다. 그저 반틸이 "비합리주의의 원리"라고 일컫는 것(변두리)과 "합리주의의 원리"라고 일컫는 것(언어)의 균형이 어정쩡하게 유지되고 있을 뿐이다. 반 뷰렌은 문자주의와 말할 수 없는 표현 사이를 잇는 확고한 중간 지점을 설정하는 데 실패했다. 아래의 도표를 참조하라.

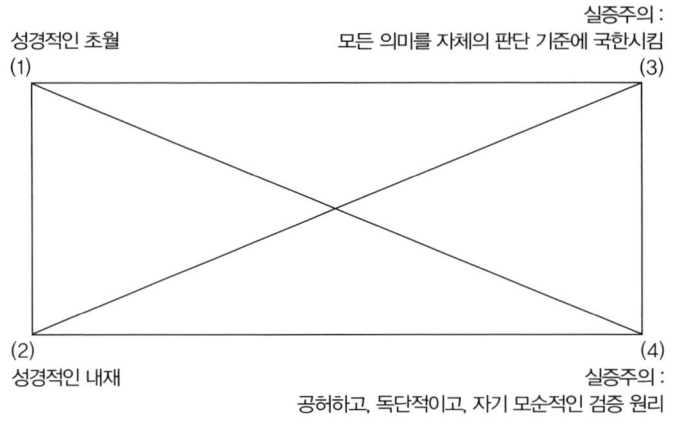

도표 L. 1. 반 뷰렌의 초월과 내재

반 뷰렌이 하나님에 관한 언어는 책상과 의자에 관한 언어와는 다르다고 말한 것은 옳다. 하나님에 관한 언어는 많은 점에서 일상적인 언어와는 다르다. 하나님에 관한 진술이 다른 문장들에 적용되는 검증 원리와 오류 가능성을 입증하는 원리를 거부한다는 경향이 있다는 것은 이미 많이 논의된 바 있다. 하나님에 관한 문장에서 초월과 내재가 긴장 관계를 형성하고 있다고 말한 것도 틀리지 않는다. 우리는 하나님을 우리와 너무 비슷하게 만들어서도 안 되고, 또 우리와 너무 다르게 만들어서도 안 된다.

그러나 초월과 내재에 관한 성경적인 개념은 그분을 적절하게 묘사할 수 있도록 도와준다. 성경적인 하나님의 초월성은 비트겐슈타인의 "말로 표현할 수 없는 것"이 아니라 그분의 주재권(우주를 주권적으로 다스리는 권한)을 의미한다. 그와 마찬가지로 성경적인 하나님의 내재는 하나님과 인간을 구별할 수 없게 만드는 것이 아니라 인간의 삶 속에 들어와서 스스로를 분명하고 확실하게 나타내시는 그분의 주권적인 자유를 의미한다. 반 뷰렌은 이 두 가지 성경적인 개념을 모두 거부한다. 만일 그가 그것을 인정했더라면 "하나님에 관한 언어"의 문제를 쉽게 해결할 수 있었을 것이다. 하나님에 관한 문장이 일반적인 종류의 검증이나 오류를 입증하는 원리를 거부하는 이유는 의미와 진실성이 불분명하기 때문이다.

초월과 내재 사이의 긴장은 하나님과 우리의 유사점과 비유사점을 성경에 나타난 그분 자신의 증언이라는 최상의 판단 기준에 따라 판단할 때 완화될 수 있다. 문자주의와 난센스 사이에서 어느 하나를 선택해야 할 필요는 없다. 왜냐하면 우리에게 주어진 하나님의 계시는 신성한 메시지를 전하는 데도 적합하고, 우리가 이해하기에도 적합하다. 그것은 불분명하지도 않고, 평범하지도 않다.

반 뷰렌은 성경에 관해 배워야 할 것이 많다. 그의 성경 사용은 지나치게 선택적이고, 논쟁이 되는 문제에 관해서는 또 너무 교조적이며(예를 들면 출애굽이 3장에 나오는 하나님의 이름을 이용하는 방식) 논란이 되는 요점(이야기가 아무런 명제도 포함하지 않는다는 것이나 하나님을 믿는 것이 "어떤 진술을 사실로 믿는 것과는 전혀 다르다."는 것이 과연 사실일 수 있을까? 그 외에도 성경 외적인 문제에 관해서도 사소한 오류가 적지 않다. 예를 들어 "의도하다."의 적절한 사용 여부에 대한 판단이 사람들이 의도한 것을 말로 나타낸 것에 달려있다는 것이 과연 사실일까?)에 관해서는 애처로울 정도로 설득력이 없다. 만일 그렇다면 아무도 자신의 의도를 잘못 나타낼 수 없을 것이다. 반 뷰렌의 책에는 재고해야 할 것이 많다. 그러나 다른 무엇보다도 반 뷰렌은 자신이 현대의 세속적인 사상을 교조적이고, 무비판적으로 앞세우는 경향이 있다는 것을 인정하고, 이 모든 것이 창조와 타락과 구원에 관한 성경의 메시지와 어떻게 다른지를 깨우쳐야 할 필요가 있다. 또한 그는 교조주의와 침묵을 제멋대로 혼합시킬 것인지 아니면 언어의 참된 자유를 말로 표현하게 하시는 그리스도를 섬길 것인지 둘 중에 하나를 선택해야 한다(파르헤지아).

부록 M
폴 홀머의
『믿음의 문법』에 관한 논평

다음 책에 대한 논평이다. Paul L. Holmer, *The Grammar of Faith* (San Francisco: Harper and Row, 1978). 이 논평은 다음 자료에 실려 처음 출판되었다. *WTJ* 42, 1 (1979년 가을): 219-31. 웨스트민스터신학교의 허락을 받아 게재했다. 홀머는 복음적인 배경을 지니고 있고, 키에르케고르와 후기 비트겐슈타인의 사상(12장)에 호의적이다(이 책에 맞게 문체를 약간 다듬었다).

이 책은 매우 기본적인 관점에서 신학이 무엇이고, 그것이 사람들을 위해 할 수 있는 것과 없는 것이 무엇이며, 어떻게 그것을 해야 하는지를 다룬다. 이 책은 전혀 새로운 관점에서 그런 문제들을 다루기 때문에 주의 깊게 관심을 기울여야 할 필요가 있다(특히 복음주의자들은 더 더욱 그래야 한다). 나는 이 책이 상당한 논의를 촉발시킬 수 있기를 기대한다.

홀머는 다른 신학적 주제들보다 신학의 본질에 더 많은 관심을 기울이는 예일대학교 교수들 가운데 한 사람이다.[1] 그는 데이비드 켈시보다는 나이가 조금 더 많

---

1) 그 외의 교수들에 대해 알고 싶으면 다음 자료를 참조하라. Frame, "The Uses of Scripture in Recent Theology", *WTJ* 39, 2 (Spring 1977): 329. 홀머는 나의 논문 지도교수였다. 이 점을 기억하면 혹시나 서로의 관심이 충돌을 일으키는 것을 발견하더라도 적절하게 이해할 수 있을 것이다.

지만 지금까지 대부분 학술지에 글을 발표해 왔다. 나는 그가 곧 지금보다 훨씬 더 잘 알려질 것이라고 생각한다. 그는 1976년에 루이스에 관한 책을 출판해 큰 관심을 불러일으킨 바 있다. 그리고 최근에는 『논리와 신학자(Logic and the Theologians)』와 『철학과 신학자(Philosophy and the Theologians)』라는 두 권의 책을 펴낼 계획을 세우고 있다. 이 책에는 1961년까지 거슬러 올라가는 논문들(이 논문들은 최근에 개정되었다)과 전에 출판되지 않은 논문들이 포함되어 있다. 이 논문들은 지금까지 그가 지녀 온 사상의 정수를 보여주기 때문에 여기에서 좀 더 깊이 있게 다루어야 할 충분한 가치를 지닌다.

그를 신학의 영역 어느 곳에 위치시켜야 할지는 쉽게 결정하기 어렵다. 복음주의가 그에게 주된 영향을 미친 것만은 분명하다. 전에 모르데카이 햄(빌리 그레이엄의 회심을 이끌었던 복음주의자)을 위해 피아노 반주자로 활동했던 홀머는 휘튼대학교에서 루이스에 대해 강의했고, 예일대학교의 기독학생회 상담 교수로 일했으며, 그곳에서 홀로 고군분투하는 복음주의자들의 좋은 친구가 되어 주었다.

> (홀머는) 복음주의자들에게 지속적으로 빚을 지고 있다는 것을 인정했다. 그 빚이란 어린 시절의 양육을 통해 기독교를 단순한 취미 생활 이상의 중대한 의미를 지니는 것으로 만들어 준 것과 복음주의자들이 복음이 세상의 "이성(nous)"에서 비롯했다는 급진적이고 파괴적인 주장을 잊지 않도록 항상 일깨움을 준 것을 가리킨다.[2]

그는 나중에 자기 자신에 대해 "복음주의자이면서 지성인이 되려고 애썼던 힘든 고통을 겪었다."고 말했다(『복음주의자들(Evangelicals, 69)』). 그러나 그의 글은 표준적인 복음주의의 내용과는 거리가 멀다. 그 운동에 대한 그의 비판은 어떤 사람들이 보기에는 상당히 기본적인 수준에 머물러 있는 것처럼 보인다. 그가 많은 노력을 기울여 연구했고, 대체로 우호적인 시각으로 가장 자주 언급하는 사상가는 키에르케고르와 후기 비트겐슈타인이다. 이것(실존주의의 아버지와 일상언어 철학의 아버지)은 좀

---

2) Holmer, "Contemporary Evangelical Faith: An Assessment and Critique", *The Evangelicals: What They Believe, Who They Are, Where They Are Changing*, ed. D. F. Wells and J. D. Woodbridge (Nashville, TN: Abingdon, 1975), 68.

특이한 조합인 것처럼 보인다. 그러나 비트겐슈타인은 키에르케고르의 책을 읽었고, 그를 매우 중요한 인물로 생각했다. 홀머의 키에르케고르는 복음주의자들이 신정통주의를 논박할 때 그다지 많은 비판을 받지는 않았다(Cf. 182f).[3] 그는 비합리주의자가 아니라 비트겐슈타인과 비슷하게 서로 다른 종류의 합리성을 주의 깊게 구별하려고 시도했던 사람이다. 비트겐슈타인의 주제가 『믿음의 문법(The Grammar of Faith)』에 많이 등장한다. 홀머는 항상 "우리를 영원히 붙잡는 그런 특유한 철학적 갈망의 망령"을 잠재우려고 노력했고, 이런저런 "그럴 듯한 주장들"에 대해 의문을 제기했다. 그는 이런저런 사상 안에 존재하는 많은 혼란이나 난점들에 관해 말했지만 때로는 그것들이 무엇인지 구체적으로 사례를 드는 수고를 굳이 감수하지 않았다. 그는 일반화와 철학적 체계를 의심했고, 평범한 언어와 일상생활의 구체적인 현실을 가장 당혹스러운 문제들을 해결하는 수단으로 활용하는 일에 관심을 기울여야 한다고 촉구했다.[4] 그러나 비트겐슈타인과는 달리 홀머는 기독교 신학자이다(그는 루터교 신자다).

간단히 말해 홀머는 어떤 사상 운동의 일원이 아닌 개인적인 사상가로 간주하는 것이 현명할 듯하다. 그의 개성은 그의 글쓰기 형태를 통해 분명하게 드러난다. 위에서 이미 인용한 글을 보면 그가 용어 선택과 문법 구조를 약간 이상하게 하는 취향이 있다는 것을 알 수 있다(즉 의미는 대체로 불분명하지는 않지만 전통적인 학술어와는 크게 대조되는 문체, 곧 독자들을 인습적인 잠에서 깨어나게 만들기 위해 일부러 고안한 듯한 문체를 사용하는 것). 그는 "이 신학적인 문제, 곧 하나님과 인간에 관한 이 소식은 인간의 경계를

---

3) 홀머의 논제를 (반추상주의, 무엇에 관한 언어 대 무엇의 언어, 믿음을 위한 철학적 근거를 부인하는 태도와 같은) 상투적인 "신정통주의" 사상가처럼 들리게 만드는 방식으로 진술하는 것이 불가능하지는 않다. 그러나 홀머에게는 변증법적인 경향이나 초역사적인 구원 사건, 그리스도 일원주의, 명제를 거부하고 인격적인 만남만을 강조하는 것과 같은 특성이 발견되지 않는다. 그는 바르트에 관해 잘 말했지만 그의 관심과 사상 체계는 매우 다르다.

4) 때로 홀머는 반 뷰렌이 『언어의 변두리』에서 했던 것처럼 비트겐슈타인을 무비판적으로 수용하는 것처럼 보인다(이 책 부록 L을 참조하라). 예를 들어 그는 의미와 용도라는 비트겐슈타인의 등식이 거의 아무런 논증도 필요하지 않을 정도로 너무나도 명백한 것처럼 말했다(그러나 그것은 지금도 여전히 논쟁 중에 있다). 그에 비해 『언어의 변두리』에 나타난 반 뷰렌의 입장은 하나의 국면을 거치는 것과 같았다. 즉 그는 쉴 새 없이 이런저런 유행을 좇는 과정에서 잠시 비트겐슈타인에 심취했을 뿐이다. 그런 식으로 유행을 좇는 일을 근본적으로 싫어하는 홀머는 비트겐슈타인을 수년 동안 열심히 연구했다. 그는 어느 정도는 교조적인 성향을 띠는 듯 보인다. 왜냐하면 전에는 그런 논증들을 심도 있게 검토했고, 지금은 그 일을 성숙하고 안정적인 신학적 견해와 통합하는 일에 주로 관심을 기울이고 있기 때문이다. 그러나 어떤 이유에서든 비트겐슈타인을 여전히 의심스런 눈길로 바라보는 사람들을 좀 더 고려하고 싶어 하는 이들도 있을 테지만 홀머의 교조주의는 균형 있는 시각으로 이해하려고 시도해야 할 필요가 있다.

재설정해 그곳의 방랑자들을 길들이는 데 도움을 준다."라고 말했다. 또한 그는 "또 하나의 뒤틀린 배움의 결과"나 "토대, 즉 새로운 위치"에 관해 말했다. 그는 『복음주의자들』이라는 논문에서 비성경적인 사고를 주장하는 사람들을 비판하고 나서 "무엇이 복음주의자들에게 이보다 더 큰 딜레마일 수 있겠는가?"라는 질문으로 결론을 내렸다. 이 모든 것의 배후에는 가장 건설적인 의미에서의 신학은 일상어로 이루어져야 하고, "필요한 상상을 전개하기 위해 은유와 비유와 이야기"를 포함해야 한다는 그의 견해가 놓여 있다. 그는 『믿음의 문법』에서와 같이 약간 전문적인 문제들을 다룰 때는 키에르케고르의 "간접적인 의사소통"을 적용하기가 어렵다고 인정했다. 그러나 그는 자신의 이야기에는 최소한 간접성의 느낌을 부여하려고 노력하는 것처럼 보인다.

  이 책의 핵심 내용은 성경과 신조의 언어가 과학과 기술문명과 철학에서 일어난 변화로 인해 현대인에게 더 이상 아무런 의미가 없게(무익하게) 되었다는 낯익은 개념을 논의하는 것이다. 흔히 사람들은 다양한 형태의 학문을 통해 잃어버린 의미를 회복하려고 노력하는 것을 이 문제의 해결책으로 삼으려고 한다(역사가는 고대 팔레스타인 지역에서 실제로 무슨 일이 있었는지를 말하고, 과학자들은 아인슈타인의 우주관 안에서 어떤 종류의 신을 용인할 수 있는 여지가 남아 있는지를 말하고, 형이상학자들은 지성을 희생시키지 않고서 옛 언어를 사용할 수 있는 새로운 개념적인 체계를 구축하려고 하고, 신학자들은 그런 방법들이 성경의 메시지의 핵심 주제를 고스란히 보존하도록 만드는 것).

  그러나 홀머에 따르면 이런 평범한 접근 방식은 문제를 더욱 증폭시킬 뿐이다. 첫째, 새로운 체계는 처음에는 그럴 듯하게 보여 곧 추종 세력을 형성하게 되지만 학자가 아닌 신자들은 다양한 학파들 가운데서 어떤 판단을 내려야 할지 알 수 없다. 결국 기독교의 의미를 회복하는 중요한 문제가 전문가들만을 위한 게임(즉 "똑똑하고, 말 많은 대학 교수들을 위한 입담거리")이 되고 만다. 둘째, 교리사가 일련의 단기적인 유행으로 변하고, 의미를 추구하려는 새로운 희망이 순식간에 다른 희망으로 대체된다. 셋째, 유행은 회의론을 낳는다. 가장 독창적인 체계가 단지 몇 년 동안 유행하는 것으로 끝나고, 그것이 의미와 진리로 통하는 우리의 유일한 통로라면 무엇이 옳은지 누가 알 수 있겠는가? 그런 식이면 신학이 "자유로운 창작물"이 되어 한 사람의 생각이 다른 사람의 생각과 똑같이 좋다는 결론이 도출된다. 넷째, 신학이 예리한 위력을 상실하게 된다. 다시 말해 시대정신에 너무 많이 의존하는 탓에 그것에 도전할 수 있는 힘이 소실된다. 다섯째, 성경의 권위를 상실하게 된다. 성경 안에, 또는 그 배후에 있는 체계에 우선적으로 충실하거나 신학이 시대에 따라 어떻게 변해야 하는지에 대한 "모호한 거대 관점"에 충성하거나 둘 중에 하나다. 권위의 변화는 매우 현대적이고, 세련된 것처럼 보일 수 있지만 홀머는 그런 체계와 거대 관점은 매우 의심스럽다고 지적했다. 사람들이 그 점을 의식하면 훨씬 더 회의적으로 변하기 쉽다. 여섯째, 존재론과 형이상학과 같은 것으로 인해 상실된 성경의 메시지와 더불어 기독교의 기본 진리, 곧 그리스도를 믿는 믿음, 사랑, 복종이 무시됨으로써 신학의 강조점이 성경의 가르침으로부터 철저하게 멀어질 소지가 높다.

홀머는 그런 접근 방식이 전반적으로 매우 잘못되었다고 생각했다. 종교는 독특하다. 종교는 다양한 영역의 전문적인 학문과는 근본적으로 다르며, 그것들 가운데서 그 어떤 근거도 필요로 하지 않는다.[5] 하나님을 아는 것은 다른 것을 아는 것과 같지 않다. 하나님을 경외하며 사랑하지 않으면, 또한 경건한 감정을 경험하고, 기뻐하며, 경건한 미덕을 실천하지 않으면 그분을 안다고 말할 수 없다. 하나님을 발견하는 길은 관찰이 아니라 기독교적 삶의 실천과 기도와 예전을 통해서다. 지성이 하나님을 아는 지식을 보장할 수 없다. 그분을 아는 지식은 "이론으로 주어지지 않는다." 거기에는 "사실들", 곧 그리스도께서 "다 이루신(consummatum est)" 사실들이 있지만 그것은 일반 학문에서 사용되는 판단 기준에 근거해 측정할 수 없는 독특한 종류의 사실들에 속한다. 하나님에 관한 우리의 지식은 "직접적이고", 신학은 전문 용어가 아닌 일상어로 가장 잘 표현될 수 있다.

물론 학문적인 신학도 있다. 성경 원문에 대한 역사적인 탐구가 그 한 가지 예다. 홀머는 그런 종류의 연구를 가로막거나 폄하하지 않지만 그런 연구가 믿음의 토대도 아니고, 신학이라는 명칭에 합당한 유일한 종류의 신학도 아니라고 주장한다. 학문적이거나 과학적이지 않은 신학도 있지만 "그런 이유 때문에 열등한" 것은 아니다. 이것이 바울과 아우구스티누스와 루터 및 키에르케고르에게서 발견되는 신

---

5) 홀머가 사용하는 "종교"라는 용어는 대개 "기독교"를 의미한다. 그는 기독교의 종교적인 개념들이 자기에게 "지속적인 익숙함"을 제공하는 유일한 개념들이라고 말했다. 여기에서 약간 불분명한 점이 발견된다. 왜냐하면 그는 "기독교와 비기독교"의 구별을 적용하는 것이 좀 더 적절한 상황인데도 이따금 "종교와 과학"의 구별을 적용하는 경향이 있기 때문이다.

학이다. 첫 번째 종류의 신학은 믿음에 "관한" 언어다. 그것은 "신자와 불신자가 공유할 수 있는" 중립적이고 독립적인 무엇이다. 두 번째 종류의 신학은 "단지 믿음에 '관한'이 아닌 믿음'의' 언어"다(물론 이 신학도 많은 것들, 곧 하나님, 우리 자신을 비롯해 "세상에 있는 다른 모든 것"에 관해 말하지만 믿음의 언어라는 특징을 지닌다). 그는 신약 성경의 신학이 "인식적인 관심을 충족시킨다."는 것을 부인했다. 믿음"의" 언어는 "열정적이고, 인격적이고, 평가적이고, 충실해지는 목적을 이루기에 유익하다." 이런 점에서 신학은 "판단과 신념을 명확하게 할 수 있는 열정을 표현한다." 이런 열정은 학문적인 상황에서는 부적절한 것으로 간주될 것이 틀림없다.

학문적인 신학은 믿음의 토대가 될 수 없고, 그런 토대를 만들어낼 수도 없다. 지성적인 업적은 사람들을 경건하게 만들지 못한다. 그것은 단지 믿음을 "간접적으로" 도울 수 있을 뿐이다. 심지어 두 번째 종류의 신학도 믿음을 "직접적으로" 전달할 수 없다. 왜냐하면 하나님을 아는 것은 단지 특정한 사상의 내용을 습득하는 문제가 아니기 때문이다. 그러나 믿음"의" 신학은 믿음의 "문법"을 제시해 신앙의 규칙이 무엇인지를 보여준다. 그것은 은유와 비유와 권고와 시와 산문을 통해 종교적인 열정을 독려하고, 사랑과 복종에 힘쓰도록 이끈다. 그것은 참된 판단을 하게 만들고, "단지 정보를 제공하는 것이 아니라 마음을 고무한다." 아마도 이것이 앞서 말한 대로 홀머가 특이한 문체를 사용하는 이유일 것이다.

홀머는 이 점을 좀 더 넓은 것을 예시하는 특별한 사례로 간주한다. 언어의 의미는 이런저런 이론적인 체계로부터 파생하지 않는다. 오히려 언어의 의미는 일반적으로 일상생활에서의 용도로부터 파생한다. 비트겐슈타인이 말한 대로 언어의 의미는 곧 그 용도에 있다. 언어의 의미는 사람들이 그것을 사용해 무엇인가를 할 때 결정된다. 우리는 수없이 다른 방식으로 언어를 사용하기 때문에 언어가 의미를 획득하는 표준적인 방법은 존재하지 않는다.

따라서 하나님이라는 용어가 지니는 본래의 의미가 "3층으로 구성된 우주"를 믿었던 우주론으로부터 파생되었고, 이제는 그 우주론이 폐기되었으니 더 이상 아무런 의미가 없다고 단정해서는 안 된다. 아인슈타인의 물리학이나 진화론이나 과정 형이상학 안에서 그 용어를 위한 새로운 논리적인 거처를 발견함으로써 그 의미를 회복시키려고 노력할 필요도 없다. 그 말의 의미는 "용도"로서 이해된다. 그것이 예배와 실천적인 경건이라는 자연적인 상황에서 효력을 발휘하는 한 그 생명력은 변함없이 유지된다. 홀머는 이렇게 말했다.

> 충실하지 않기 때문에 게으른 사변을 일삼거나 주로 그런 활동에 치우치는 신학이 참으로 많지 않은가? 존재하는 것도 없고, 해야 할 일도 별로 없고, 믿어야 할 것도 거의 없는 것이 그리스도인의 길이라면 "이해"와 그것의 상관어인 "의미"를 추구하는 일이 큰 부담으로 다가올 수밖에 없다(39쪽).

홀머는 만일 우리가 충실하고, 경건한 사람들이라면 기독교의 "의미"에 관해 걱정할 필요가 없다고 말한다. 경건한 것은 곧 의미를 지닌다.

홀머가 생각한 대로 기독교적인 삶과 기독교의 의미는 1세기 이후로 지금까지 그 기본적인 성격이 변하지 않았다. 우리는 여전히 사랑하고, 복종하라는 부르심을 받고, 절망과 근심과 의심과 불친절 따위에 유혹을 받는다. 기독교 신앙을 그런 관점에서 생각하면 과학과 철학 등의 진보는 믿음에 그 어떤 유해한 영향도 끼칠 수 없다. 우리의 믿음이 희미해졌을 때 그 원인은 교육이나 학문적 기술의 결핍에 있지 않다.

지금까지 살펴본 대로 홀머의 입장은 종교와 과학, 하나님에 관한 지식과 다른 것들에 관한 지식, 학문적인 신학과 건설적인 신학, 무엇에 "관한" 언어와 무엇"의" 언어, 전문적인 체계와 언어의 일상적인 용도와 같은 것을 구분하는 데 중점을 둔다. 그도 비트겐슈타인처럼 지나치게 과장된 일반화에 그릇 이끌리기보다는 구체적인 것에 관심을 기울여 사물들의 차이를 파악할 것을 요구함으로써 철학적으로 미혹된 상태에서 벗어나게 하려고 노력했다. 그의 책은 상당히 광범위한 언어 복수주의를 강조한다. 홀머는 어떤 개념들은 서로 다른 많은 상황에서도 동일한 방식으로 기능할 만큼 폭넓은 용도를 지닌다는 것을 인정했다. 구체적으로 말해 "아니, 그리고, 만일"과 같은 용어들은 "그것들이 연관된 상황과 독립된 의미"를 지닌다. "물체, 사건, 뜨거운, 차가운"과 같은 용어들도 마찬가지다. 그는 역사적 과정을 거치는 동안 모든 개념이 변하거나 구닥다리가 된다는 그릇된 개념에 사로잡히지 않으려면 이런 경우들을 염두에 두는 것이 중요하다고 강조했다. 그러나 그는 대체로 상황이 달라지면 용어 사용도 달라지거나 단절될 수 있다는 점을 강조했다. 따라서 그는 "해석"이라고 불리는 하나의 활동은 없고, "해석들", 곧 다양한 의미를 나타내는 다양한 방식들이 존재할 뿐이라고 주장했다. 예를 들어 과학적인 언어가 종교적인 언어보다 "의미"가 덜한지 더한지를 판단할 수 있는 일반적인 의미론은 존재하지 않는다. 이 둘은 서로 "비교할 수 없다."

심지어는 논리와 합리성도 일반화시킬 수 없다. 과학의 "논리"는 종교의 논리와 다르다. 합리성은 "다양한 형태를 띤다." "'사실'을 획일적으로 규정하는 하나의 개념"이나 모든 것을 "일반적으로 규정짓는 원인"이라는 개념은 존재하지 않는다. 이 점은 "지식", "객관적인", "참된", "현실적인"과 같은 경우도 마찬가지다.

이런 종류의 접근 방식은 현재의 신학적 논의에도 확실히 필요하다. 홀머는 옳다. 무엇이 사실이나 합리성과 같은 것을 구성하느냐에 관해서는 갖가지 혼란이 존재한다. 중요한 논의는 얼버무리고 넘어갈 때가 많다. 그러나 홀머의 주장은 지나친 면도 있고, 그다지 충분하지 않은 면도 있다. 특히 그의 복수주의가 지나치게 일반화되는 역설이 발생한다. 이런 식의 추상적인 복수주의는 몇 가지 중요한 특성들을 인정하지만 다른 특성들은 간과할 수밖에 없는 한계를 지닌다.

나는 그가 종종 아무런 논증 없이, 또 때로는 부적절한 논증만으로 그런 식의 단절을 주장한다는 점에서 너무 지나치다고 생각한다. 그는 변하지 않는 용어들("아니, 그리고" 등)을 고려하기 때문에 그런 표현들이 변할 경우에는 자연히 그것을 정당화할 수 있는 근거를 찾아야 한다. 분석 철학에 큰 영향을 받은 사상가는 그런 논증을 제시하는 데 열심을 낼 가능성이 높다.[6] 더욱이 홀머의 복수주의는 적절하게 규명되지 않은 경우도 많다. 사실 특정한 표현이 변화하는지 여부보다는 "어떤 관점에서" 그러한지를 밝히는 것이 중요하다. 과학적인 사실, 역사적인 사실, 종교적인 사실은 어떤 점에서는 서로 다르지만 어떤 점에서는 동일하기도 하다. 홀머 자신도

---

[6] 이 책에서 드러나는 일반적인 약점은 홀머가 문제가 명백하거나 분명하지도 않는데도 "명백하게"나 "분명하게"라는 표현을 자주 사용한다는 것과 진지한 논의가 필요한 경우인데도 다른 견해들을 "터무니없다."거나 "어리석다."는 식으로 단정한다는 것이다. 예를 들어 그는 "신약 성경을 마치 그것이 성경 저자와 독자들의 이론적인 지성적 관심사를 충족시키기 위해 쓰인 것처럼 해석하는 것은 미친 짓이 아닌가?"라고 말했다. 그러면서 그는 그런 견해의 예로 불트만을 손꼽았다. 비록 불트만에게 동의할 수 없는 것이 아무리 많다고 해도 그를 미쳤다고 말해야 할까? 그런 말이 과연 명백한 사실일까? 홀머는 자기가 볼 때 어려운 문제 앞에서 너무 쉬운 대답을 찾는다고 생각하는 사람들을 지나치게 폄하하는 경향이 있다. 이런 점에서 때로는 입장이 서로 뒤바뀌지 않았나 하는 생각이 들 때도 있다.

"대개"라는 한정적인 수식어가 필요할지라도 방금 언급한 학문들에 두루 걸쳐 놓여 있는 사실이 존재하다는 것을 기꺼이 인정한다. 그는 "대개 우리가 사실로 일컫는 것은 우리가 추론할 수 있는 것, 곧 우리가 당연시하는 것을 가리킨다."라고 말했다. 이처럼 심지어 홀머도 서로 다른 종류의 사실들 사이에 어느 정도의 영속성이 존재한다는 것을 인정했다. 또 다른 한편으로는 그가 단절을 강조한 대로 여러 종류의 사실들 사이에는 서로 다른 차이가 존재한다(홀머는 이 차이를 탐구하지 않는다). 만일 의미가 용도에 달려 있다면 하나의 용어를 전혀 다른 두 가지 용도로 사용했을 때는 그 단어를 사용할 때마다 의미가 달라지는 결과가 발생한다. "사실"이라는 용어의 의미도 상황에 따라 달라지고, 또 말을 할 때마다 달라진다. 어떤 점에서 홀머의 복수주의는 그다지 충분하지 않은 면이 있다. 그러나 그 전반적인 요점은 그의 입장을 뒷받침하는 데 필요한 특정한 종류의 단절을 입증하려면 좀 더 많은 논증이 필요하다는 것이다. 과학적인 사실이 종교적인 사실과 이런 방식에서는 어떻게 다르고, 또 저런 방식에서는 어떻게 다르지 않은지를 좀 더 자세히 설명해야 할 필요가 있다.[7]

그가 이런 종류의 차이를 간과하는 경향이 있다는 것은 곧 그의 복수주의가 충분히 다루지 못한 심원하고, 부가적인 의미가 존재한다는 점을 보여준다. 아이러니컬하게도 그는 구체적인 것에 충분한 관심을 기울이지 못했다.

나는 좀 더 구체적으로 말하고 싶다. 홀머가 지적한 믿음에 "관한" 언어와 믿음 "의" 언어의 차이를 비롯해 하나님에 관한 지식과 다른 종류의 지식의 차이에 대해 좀 더 자세히 생각해 보자. 이런 차이는 "전(前)이론적인 것"과 "이론적인 것"을 구별한 도이베르트를 연상시킨다.[8] 홀머도 도이베르트처럼 만인사제설과 계시의 명료성에 관심을 기울였다(물론 그는 이런 용어들을 직접 사용하지는 않았다). 하나님을 아는

---

7) 다른 예들을 몇 가지 더 들어보자. 홀머는 "객관성"이 다양한 형태를 띤 표현이라고 생각했지만 그것이 대개의 경우 "일시적인 변덕"과는 크게 다를 수 있다는 것을 인정하는 것처럼 보인다. "의미"도 다양한 형태를 띤 표현이지만 홀머는 비트겐슈타인의 "의미는 곧 용도"라는 공식을 매우 일반적인 원리처럼 간주하는 경향이 있다. (비트겐슈타인이 주장한 대로) 하나의 특정한 단어를 사용하는 모든 경우에서 단 하나의 의미만이 존재하는 것은 아니지만 하나의 단어는 서로 겹치는 "가족" 유사성 때문에 그것이 사용되는 모든 상황에서 "의미의 동일성"을 유지한다. 이 말대로 유사성이 존재한다. 그런 유사성을 가려내 어디에서부터 어디까지가 유사한지를 규명하는 것이 무엇보다 중요하다.
8) 앞으로 살펴보겠지만 여기에는 상당히 큰 차이점이 존재한다. 그러나 홀머의 언어 분석과 도이베르트의 구별이 배경으로 삼은 현상학이 서로 큰 차이가 있는데도 불구하고, 비트겐슈타인이 현상학에 정통할 뿐 아니라 어떤 점에서는 기꺼이 자신의 연구에 현상학이라는 명칭을 부여하기를 원했다는 사실은 매우 흥미롭다.

지식은 교육을 받은 사람들, 곧 지성인들만을 위한 것이 아니다. 종교적인 지혜는 "양심적인 천막 제조자, 번연과 같은 사상가들, 브라더 로렌스와 같은 평신도들"에게 주어진다. 이 점은 다른 분야에서도 마찬가지다. 자동차 수리공은 원자 물리학을 알지 못하면서도 자신의 일을 훌륭하게 수행할 수 있고, 예술가는 미학에 관한 학문적인 지식이 없어도 멋진 작품을 만들 수 있다. 일상적인 삶이나 일상적인 언어나 추상적이고, 이론적인 체계로부터 그 의미를 도출해 내지 않는다. 일상적인 언어는 "이론에 의존하지 않는다." 오히려 전문적인 개념이 일상적인 개념에 의존한다.

> 전문화된 개념들의 의미는 풍성하기보다 오히려 빈약하다. 그런 개념들처럼 이론적이고, 인위적인 상황에 얽매인 개념들은 그다지 큰 영향력을 발휘하지 못한다. 그런 개념들은 특별한 형이상학적 상황에서만 살아 숨 쉴 수 있다(175쪽).

믿음은 형이상학, 일반화된 개념적 체계, 과학 이론, 역사적 탐구는 물론 심지어는 조직 신학자들의 사상과도 무관하다. 믿음은 그런 것들과는 분명하게 구별되기 때문에 홀머는 신약 성경의 신학이 "다른 무엇보다도…인식적인 관심을 만족시킨다."는 것을 부인했다. 하나님을 아는 지식과 우리의 인식은 서로 아무런 관계가 없는 것처럼 보인다. 믿음에 "관한 언어"와 믿음"의 언어"는 서로 별개다.

그러나 앞선 설명한 대로 사실은 그렇지 않다. 홀머는 믿음이 특정한 종류의 사실에 의존한다고 생각했다. 믿음은 정보를 제공하는 것을 가장 우선적인 목표로 삼지는 않지만 그럼에도 불구하고 온 세상을 포괄하는 모든 종류의 일들에 "관해" 말한다.

> 사람은 세상을 다르게 보고, 다르게 이해한다. 누군가의 일에 관한 감정이 서로 다르게 발전한다. 또한 세상을 향한 전혀 새로운 여유, 곧 대조적인 형이상학이 논리적으로 도출된다(158쪽).

형이상학! 그는 철학적인 체계에 속한 것은 아닐지라도 "존재론적인 헌신"을 추구한다고 말했다. 홀머는 『믿음의 문법』에서 유신론을 불필요하고 유해한 종류의 철학적 시도로 단정하는 것처럼 보였지만 『복음주의자들』에서는 그 개념을 "성경적인 관점에서" 이해한다면 그리스도인들은 "유신론자들이 된다."라고 말했다. 그는 전문적이고 이론적인 체계에 관한 모든 논쟁을 마무리하고 나서 "종교적인 삶은 이론으로부터 자유롭다."는 것을 부인함으로써 우리를 놀라게 한다. 결국 기독교적 개념들은 "그것들을 하나로 묶는, 조각조각 맞추어진 견해와 이론들에 의존한다."고 말했다.

결국 "무엇에 관한 언어", 곧 이론적인 언어는 물론 심지어 형이상학적 언어까지도 믿음"의 언어" 안에 포함되는 것처럼 보인다. 그러나 이런 사실은 조금은 어설픈 단절의 수사학을 약간 수정해야 할 필요성을 요구한다. 전체적인 관점에서 바라보면 어떻게 홀머가 신약 성경이 "다른 무엇보다도…인식적인 관심"을 만족시킨다는 것을 부인했는지를 이해하기가 어려워진다.[9] 그는 믿음을 과학과 분리시켰지만 믿음"의" 언어 내에 있는 그런 이론적인 구조와는 분리시키지 못했다. 이런 점에서 믿음이 모든 이론으로부터 자유롭다고 한 그의 말은 너무 지나친 감이 없지 않다.

다른 각도에서 바라보면 그런 구별이 더욱더 불분명해진다. 학문적인 지식은 신자와 불신자 모두에게 공통되는 "중립성"을 유지해야 한다. 그러나 때로 홀머는 대부분 이 원리를 수정한다. 그는 성경학자는 "자신의 주제를 적절하게 묘사하고자 할 때" 믿음의 개념들을 사용한다고 지적했다. 또한 그는 과학적인 언어 자체가 종교적인 열정을 지니게 되는 경우를 언급했다. 과학적인 언어는 "가장 먼저 호기심을 충족시키고, 그 외의 다른 필요는 간접적으로만 만족시킨다."라고 말했다. 그러나 이런 말은 과학이 종교적인 필요(곧 종교적인 언어 자체로 충분히 채워줄 수 있는 것)를 "간접적으로" 채워주게 만드는 여지를 남긴다.

단절의 개념에서 수사적인 과장을 제거하고 나면 그런 구별을 통해 남는 것은 무엇일까? 과학적인 언어는 항상은 아니지만 때로는 종교적으로 동기를 부여받고,

---

9) 그는 한 가지 종류의 "인식"과 또 다른 종류의 인식을 구별하기를 원했을까? 이런 문제는 홀머가 서로 양립할 수 없는 두 가지 수사법(하나는 기독교를 위한 이론적인 토대를 모두 부인한 것이고, 다른 하나는 서로 다른 종류의 이론을 구별하려고 시도한 것)을 사용한 데에 부분적인 원인이 있다.

또 때로는 종교적인 목적을 수행한다. 종교적인 언어는 단지[10] 과학적이지 않다. 그러나 종교적인 언어는 다른 언어들과 마찬가지로 과학적인 기능을 수행할 뿐 아니라 "중립적인" 과학이 아닌 그 자체의 과학, 곧 "믿음의 언어"의 과학적인 측면에 의존한다.[11] 단순히 두 가지로 구별하는 것보다는 네 가지로 구별하는 것이 더 나을 듯싶다. 1) 중립적인 과학적 언어, 2) 종교적인 성격이나 목적을 띤 과학적 언어, 3) 과학적인 성격이나 목적을 띤 종교적인 언어, 4) 과학적인 성격이나 목적을 띠지 않은 종교적인 언어. 나는 2)와 3)은 원칙적으로 차이가 없기 때문에 동일한 것으로 간주하거나 단지 강조점이 서로 다른 것으로 간주해도 무방하다고 생각한다. 나는 도이베르트와는 달리 다른 곳에서 과학적인(이론적인) 언어와 비과학적인 언어의 구별은 명확한 구별이 아닌 동일선상에 놓여 있는 상대적인 구별에 해당한다고 주장한 바 있다. 우리는 어떤 것에 대해 다소 이론적일 수 있다. 이런 논증은 3)과 4)의 구별까지도 어느 정도 상대화시킨다.

　종교와 과학의 구별은 그렇게 심각하지 않다. 홀머 자신이 부여한 조건도 그런 구별을 상대화시킨다. 주된 차이는 1)과 나머지, 곧 "중립적인" 언어와 종교적인 언어 사이에 있다. 여기에 큰 문제가 놓여 있다. 홀머가 주로 다루는 주제, 곧 기독교 언어의 의미 상실은 이 점을 중심으로 논의되어야 한다. 문제는 사람들이 종교를 과학에 근거시키려고 애쓰는 데(그들이 그렇게 하려고 애쓰는 데서 혼란이 발생한다는 홀머의 지적은 옳다) 있는 것이 아니라 그들이 "중립적인" 과학을 내세워 거기에 종교를 근거시키려고 하는 데 있다. 나는 이것이 홀머가 좀 더 많은 관심을 기울여야 할 문제라고 생각한다. 예를 들어 지금까지 살펴본 대로 그는 성경적인 관점에서 이해하는 한, "존재론적인 헌신"이나 "유신론"은 아무런 문제가 없다고 생각했다. 이것

---

10) 신학자들이 이 용어를 사용하는 법을 터득한다면 놀라울 정도로 많은 양의 혼란을 피할 수 있을 것이라는 생각이 최근에 들었다. 신학자들이 "단지…가 아닌"이라고 말할 때는 간단히 "아니다."를 의미할 때가 매우 많다.

11) "의존한다."는 것은 "무엇에 근거한다"는 의미인가? 토대나 의존과 같은 언어는 홀머의 공식이 좀 더 분명하게 밝혀야 할 또 하나의 영역에 해당한다. 어떤 것이 다른 것에 "의존하거나" "근거하는" 방식은 매우 다양하다. 홀머는 이 점을 옳게 구별하지 못한 탓에 자신의 복수주의를 또다시 타협하는 잘못을 범했다. 토대와 기초는 건축학적 비유에 해당한다. 그것을 개념에 적용할 때는 그 뜻이 분명하지가 못하다. 그런 용어는 존재론적인 관계나 서로 다른 종류의 인과성이나 (필요하거나 충분한) 논리적인 조건성, 특정한 개념을 지지하는 심리적인 선입견 따위를 가리킬 수 있다. 자동차 수리공의 일은 원자 이론에 "근거하지 않는다." 그는 그런 이론을 꼭 알아야 할 필요가 없다. 그러나 우리가 흔히 원자 물리학의 관점에서 묘사하는 규칙성이 존재하지 않는다면 그의 일도 불가능해진다. 이것은 믿음이 조직 신학의 요점들에 "의존하는지" 여부를 묻는 질문과 매우 흡사하다.

은 일반적인 존재론 대 종교가 아닌 비성경적인 존재론 대 종교의 문제다. 그가 하나님의 전지하심의 교리를 조금 이상한 각도에서 비판한 것도 생각해 볼 가치가 있다. 그것은 믿음이 조직 신학자들의 전문적인 체계로부터 독립되어 있다는 그의 입장을 보여주는 한 가지 사례다. 그러나 그의 논증의 힘은 학문적인 신학과 믿음의 불일치에 의존하지 않는다. 그런 불일치는 설득력을 지닐 만큼 명확하지가 못하다. 나는 홀머조차도 그것을 근거로 자신의 결론을 제시하지 않았나 하는 의심이 든다. 전지하심의 교리를 비판하게 만든 것은 그 개념이 성경적이 아니라는 홀머의 생각에서 비롯한 것처럼 보인다(앞서 말한 대로 그는 유신론을 "성경적인 관점"에서 용인했다). 그는 "아무튼 대다수 사람들이 경건해지기 위해 하나님이 아시는 것을 알아야 할 필요가 있는지는 매우 의심스럽다."라고 말했다. 어떤 근거에서 의심스러운지 궁금하다. 아마도 종교적인 근거에서 그렇게 말했을 것이라고 생각된다. 그는 다른 곳에서 말한 대로 그런 가설이 성경과 신조에 확실하게 보장되어 있지 않은 것을 발견했다. 그는 나중에 성경과 기도에서는 "유신론적인 형이상학의 언어를 전혀 발견할 수 없다."고 말했다.

나는 여기에서 그에게 이의를 제기할 수 있다. "전지하심"이라는 표현이 성경에서 발견되지는 않지만 그 개념이 분명하게 함축되어 있는 것은 사실이다(시 139편; 히 4:12, 13 참조). 그런 성경 본문들의 문맥이 암시하는 대로 그것은 단지 사변적인 개념이 아니다. 그것은 우리가 하나님을 피해 도망칠 수도 없고, 그분 앞에서 무엇을 감출 수도 없다는 종교적인 신념을 표현한다. 그것은 경외심과 예배를 고무한다. 물론 홀머의 비판적 논쟁을 피하기 어려운 순전히 "사변적인 차원의" 전지하심의 개념이 있을 수 있다. 그러나 그런 개념들과 실질적인 개념들은 마땅히 구별되어야 한다. 이 점에서 홀머는 자신의 복수주의를 좀 더 진지하게 적용한다. 그러나 홀머나 내가 생각해야 할 진정한 문제는 전지하심이 종교적이냐 과학적이냐가 아니라 성경적이냐 비성경적이냐 하는 것이다.

만일 과학과 종교가 아니라 중립적인 언어와 종교적인 언어를 구분한다면 좀 더 생각해 봐야 할 문제가 대두된다. 그것은 "중립적인 언어가 실제로 존재하는가, 아니면 단지 중립적인 척하는 언어만 존재하는가?"라는 문제다. 홀머는 의미나 상황과 무관한 사실이나 언어라는 의미에서의 "중립성"은 인정하지 않는다. 그러나 앞서 말한 대로 그는 과학의 언어는 "신자와 불신자 모두에게 공통된" 것이라는 의미에서 중립적이라고 생각했다. 과학적인 언어가 공통적인 측면을 지니는 것은 사실이다. 1미터는 신자나 불신자에게 똑같이 100센티미터다. 그러나 여기에서도 구별이 좀 더 필요하다. 만일 (위의 논의에 함축된 대로) 종교와 과학이 서로 영향을 주고받는다면 모든 과학자는 그리스도인이 될 것인지 아닌지를 결정해야 할 뿐 아니라 기독교가 자신의 과학적 작업에 미치는 영향을 받아들일 것인지 여부를 고려해야 한다. 중량과 척도에 관해 어떻게 말하든 상관없이 과학은 종교적으로 중립적이지 않다. 중립성을 주장하는 것은 기독교를 거부하는 쪽을 선택하는 것이나 다름없다.

결론적으로 말해 종교와 과학이나 중립적인 언어와 종교적인 언어가 아니라 신앙과 불신앙을 구분해야 한다. "비종교적인" 과학이나 "중립적인" 과학과 같은 것은 존재하지 않는다. 어떤 개념이 기독교의 "토대"로 적합한지를 물으려면 그것이 과학적인지 종교적인지, 또는 그것이 중립적인지 편견에 치우쳤는지가 아니라 앞서 말한 대로 그것이 성경적인지 아닌지를 물어야 한다.

문제를 이런 관점에서 바라보면 홀머가 자신의 책에서 언급한 문제들을 명확하고, 강력하게 논박할 수 있는 준비를 갖출 수 있다. 기독교적 언어가 오늘날 많은 사람들에게 무의미하게 변한 이유는 무엇인가? 그 이유가 과학과 기술이 발전해서가 아니라 사람들이 성경적인 경건을 더 이상 추구하지 않기 때문이라는 홀머의 말은 옳다. 또한 상황은 새로운 개념적인 체계를 구축하는 것이 아니라 사람들이 은혜로 인해 자신의 정욕이 아닌 하나님께 복종하게 되어야만 나아질 수 있다는 그의 생각도 결코 틀리지 않는다(물론 나는 그가 나와 마찬가지로 성경에 근거한 개념적인 체계는 상황 개선에 도움을 줄 것이라고 생각했을 것이라고 믿는다). 따라서 일시적인 유행을 좇거나 회의주의를 선택할 필요는 없다.

성경은 권위 있는 하나님의 말씀이다. 성경은 영원히 견고하다. 이런 점에서 신학은 "모호한 거대 이론"을 비롯해 시대의 정신에 도전할 수 있고, 또 도전해야 한다. "존재"와 "개념적인 체계"와 같은 것을 추구하느라고 복음의 단순한 진리(예수님이 우리를 사랑하사 우리를 위해 자신을 내주셨다는 진리)를 믿는 믿음을 상실해서는 곤란하다. 하나님을 아는 것은 (비록 좀 더 단조로운 지식을 포함하더라도) 그분을 경외하며 사랑하는 것과 결코 분리될 수 없다. 기독교적인 개념들은 삶의 모든 영역에 "관해" 말한다. 이처럼 홀머가 구분한 것을 약간 새롭게 고쳐 좀 더 명확하게 만들면 그가 주장하는 것이 대부분 더욱더 확실하고, 강력해진다.

사실 홀머는 다른 누구보다도 우리 시대의 문제는 삶의 영역들을 구분하지 못하는 데(곧 지성적인 실수에) 있지 않다는 것을 분명하게 인식해야 할 필요가 있다. 그것은 정보를 미처 알지 못해서가 아니라 종교적인 무능력(그릇된 지성적인 표준을 확립하고, 스스로의 불신앙을 합리화하기 위해 언어의 혼잡함을 내세우려는 종교적인 무능력) 때문이다.

홀머가 다음에 펴낼 책들을 읽는 것은 흥미로울 것이다. 그는 현재로서는 현대 사상을 성경에 입각해서 철저하게 비판하는 것과 중립적인 위치에서 인간의 다양한 삶의 영역을 분석하는 것 사이에서 자신의 생각을 개진하고 있는 것처럼 보인다. 필경 그는 이쪽이든 저쪽이든 어느 한 쪽을 선택하게 될 것이 틀림없다. 나는 그가 전자를 선택하기를 바라마지 않는다. 그는 강력한 변증가로 발전하기에 충분한 통찰력과 설득력과 건설적인 도움을 제공하려는 태도를 겸비했다.

부록 N
슈베르트 옥덴의
『신학에 관해』에 대한 논평

다음 책에 대한 논평이다. Schubert M. Ogden, *On Theology* (San Francisco: Harper and Row, 1986). 이 논평은 다음의 자료를 통해 처음 출판되었다. *WTJ* 50, 1 (1988년 봄): 157-65. 웨스트민스터신학교의 허락을 받아 게재했다. 옥덴은 과정 신학을 대표하는 학자다(11장, 이 책에 맞게 문체를 약간 다듬었다).

지난 수년간 슈베르트 옥덴은 불트만의 비신화화와[1] 과정 신학과[2] 해방 신학을[3] 옹호하는 학자로 이름을 날렸다. 그는 이 책에서 1971년부터 1982년 사이에 발표한 논문 여덟 편을 한데 모아 신학의 본질과 그와 관련된 몇 가지 주제에 대한 자신의 견해를 피력했다.[4]

---

1) Ogden, *Christ without Myth: A Study Based on the Theology of Rudolf Bultmann* (New York: Harper and Brothers, 1961).
2) Ogden, *The Reality of God and Other Essays* (New York: Harper and Row, 1966).
3) Ogden, *Faith and Freedom: Toward a Theology of Liberation* (Nashville, TN: Abingdon Press, 1979).
4) 이 논문들의 제목은 매우 흥미롭다. 이 논평에서 이 논문들을 개별적으로 다루지는 않을 것이기 때문에 그 제목을 여기에 간단히 언급하는 것이 좋을 듯 싶다. "What is Theology?", "On Revelation", "The Authority of Scripture for Theology", "The Task of Philosophical Theology", "Prolegomena to Practical Theology", "Theology and Religious Studies: Their Difference and the Difference It Makes", "Theology in the University", "The Concept of a Theology of Liberation: Must Christian Theology Today Be So Conceived."

아마도 신학에 관한 옥덴의 개념을 이해하려면 그가 신학이 전제로 삼는 개념들로 생각했던 것들, 곧 실존적인 믿음, 계시, 종교, 종교적인 연구, 철학 등을 먼저 살펴보는 것이 가장 좋은 방법일 것이다.

실존적인 믿음 : 옥덴은 생명체는 자신이 처한 환경이 삶과 번식을 위한 노력에 우호적이라는 본능적인 확신을 가지고 있다고 말했다. 산타야나는 이를 "동물적 신앙"으로 일컬었다. 인간의 경우에는 이 동물적 신앙이 "자의식"으로 발전한다. "인간은 자신의 삶을 살 뿐 아니라 그것을 이끌어간다." 따라서 인간의 실존은 믿음에 근거한다. 이성은 "이해를 구하는 믿음"이다. 모든 인간의 반성적인 사고는 궁극적으로 (정당화할 수도 없고 정당화를 필요로 하지 않는) 그런 실존적인 믿음에 근거한다. 그러나 그렇다고 해서 실존적인 믿음이 참되거나 확실하다는 의미는 아니다. 삶이 살 가치가 있다는 기본적인 확신은 의심할 수 없지만 삶의 불행이 그런 믿음을 "단순하게 이해하는 차원을 넘어서게 만든다."

계시 : 『신학에 관해』는 개별적인 논문들로 구성되어 있기 때문에 한 논문의 개념들이 다른 논문의 개념들과 어떻게 연관되어 있는지를 항상 분명하게 알기가 어렵다. "계시에 관해"라는 제목의 논문이 있지만 그 논문은 계시와 실존적인 믿음의 관계를 논하지 않는다. 실존적인 믿음을 논하는 논문도 그렇게 하지 않기는 마찬가지다.

그러나 내가 볼 때 옥덴은 실존적인 믿음을 신성한 계시(원계시, 또는 자연 계시. 즉 "기독교적 실존만이 아니라 일반적인 인간의 실존을 구성하는 원초적인 사건")에 대한 반응으로 간주하는 것처럼 보인다. 하나님은 편재하기 때문에 그렇게 구성된 모든 현실 가운데 내재하신다. 하나님에 관한 지식은 세상에 관한 지식과 자기 이해 안에 포함되어 있다. 하나님은 실존적인 믿음의 대상이신 것이 분명하다. 옥덴은 인간이 하나님이 실존적인 믿음의 대상이시라는 것을 의식하지 않고서도 그런 믿음을 가지고 있다고 생각했던 것으로 보인다.

종교 : 다양한 종교가 실존적인 믿음의 대상을 다양한 방식으로 해석하고, 그 믿음이 제기하는 "문제"에 대해 다양한 "대답"을 제시한다. 종교는 상징, 의식, 교리와 같은 것을 포함한다. 의미심장하게도 종교는 또한 "특별 계시", 즉 다양한 역사

적 사건과 인물과 경험과 의식(그 종교에 독특한 신에 대한 지식을 알기 위해 거행하는 의식)을 주장한다. 기독교는 그리스도를 위해 그런 주장을 펼친다. 옥덴은 불트만을 따라 그런 주장을 일반 계시에 새로운 내용을 덧붙이는 것이 아니라 개인의 삶 속에서 새로운 사건을 일으켜 그 안에서 새로운 진실성, 곧 "'사랑으로 역사하는 믿음'의 참된 가능성"을 새롭게 창조하는 것으로 이해했다. 옥덴도 불트만처럼 예수님이 말씀하신 것을 새로운 것으로 생각하지 않았다. 예수님의 말씀이란 곧 그분의 입으로 직접 그것을 말씀하셨다는 것을 의미할 뿐이었다.

종교적인 연구 : 이 학문은 종교를 연구의 대상으로 삼는다. 심리학, 사회학, 역사학도 종교를 연구하지만 종교적인 연구는 실존적인 믿음이 제기한 문제들을 해결하기 위해 종교를 좀 더 구체적으로 연구한다.

철학 : 철학자는 실존적인 믿음을 탐구한다. 철학의 핵심은 형이상학이다. 형이상학은 존재 일반을 비롯해 존재의 근본적인 형태, 자아, 세상, 신을 연구한다. 철학의 "초월적인 방법"은 "우리의 존재와 의식의 가능성을 위한 필요조건을 구성하는 기본 신념들"을 의식의 전면에 내세운다. 하나님에 관한 문제는 철학의 가장 근본적인 문제다(그는 하트숀을 인용했다). 오직 형이상학을 통해서만 하나님의 존재를 입증할 수 있다.

또한 철학은 계시의 신빙성을 평가하는 역할을 한다. 철학은 그리스도에 대한 기독교의 주장을 비롯해 다양한 계시 주장의 진위를 밝혀내야 한다.

신학 : 옥덴에 따르면 신학은 여러 가지 형태를 취한다. 먼저 철학적 신학은 실존적인 믿음을 다루며, 신의 존재 여부를 밝히고, 다양한 계시 주장을 평가한다는 점에서 본질적으로 철학에 가깝다. 다른 하나는 다양한 종교에 관한 신학으로 기독교 신학도 그 가운데 하나다. 옥덴은 기독교 신학을 "기독교적인 믿음의 증언을 인간의 실존을 위한 결정적인 요인으로 이해하고, 생각하는 학문"으로 정의했다.

기독교 신학은 다시 역사 신학(또는 서술적 신학), 조직 신학(또는 체계적 신학), 실천 신학으로 나뉜다. 옥덴은 각각의 신학은 모두 다른 신학을 포함한다고 말했다. 역사 신학은 특별히 주석적 신학을 포함한다. 역사 신학은 "이미 인간의 실존을 위한 결정적인 요인으로 굳어진 기독교 신앙은 무엇인가?"라는 질문을 묻는다. 역사 신학이 과거를 지향한다면 조직 신학은 현재를 지향하며 "지금 인간의 실존을 위한 결정적인 요인이 된 기독교 신앙은 무엇인가?"라는 질문을 묻는다. 그리고 실천 신학은 미래를 지향하며 "앞으로 인간의 실존을 위한 결정적인 요인이 되어야 할 기독교 신앙은 무엇인가?"라는 질문을 묻는다(이 점에서 옥덴은 해방 신학을 위한 여지를 열어 놓는다).

옥덴은 신학의 진리 여부를 판단하는 근거라는 중요한 문제를 솔직하게 다룬다. 그는 신학적 진술이 그 자체의 "적절성"이나 "신뢰성"에 따라 판단될 수 있다고 말했다. "적절성"은 믿음을 "규범적인 기독교적 증언의 '자료 강화'에 제시된 그대로 이해해" 제시하는 것을 의미한다. 그런 "자료 강화"는 성경이 아닌 성경에 대한 역사적, 비평적 연구를 통해 결정된 "사도적 증언"을 가리킨다. 그러나 옥덴은 기독교적 계시가 신학이 해석하고자 하는 일정한 상징들의 의미를 역사적인 출발점으로 삼는다고 인정했다.

그러나 "신뢰성"은 다른 문제다. 그것은 논의 중인 교리들의 사실 여부에 관한 문제다. 성경이나 "사도적 증언"이 신뢰성의 궁극적인 판단 기준이 될 수 있는지를 결정할 종교적인 권위는 없다. 오히려 신뢰성은 철학과 역사와 과학이 사용하는 판단 기준에 의해서만 확립될 수 있다.

옥덴의 책에서 가장 자주 되풀이되는 요점은 신학이 철학과 과학과 역사를 비롯해 다른 학문들과는 달리 진리에 대한 "특별한 판단 기준"을 가지고 있지 않다는 것이다(그는 이 점을 말하면서 콜리지의 흥미로운 말을 인용했다). 그의 논증 가운데 몇 가지를 소개하면 다음과 같다.

1. 옥덴은 초대 교회가 사도성을 (비록 그것을 적용하는 데 더러 역사적인 오류를 범했더라도) 정경의 범위를 결정하는 판단 기준으로 삼은 것이 옳았다고 생각한다. 따라서 정경은 권위의 측면에서 그보다 더 높은 사도성이라는 판단 기준에 종속된다.
2. 그리스도께서 지니신 최상의 권위를 제외한 다른 모든 교회의 권위는 상대적이다.
3. 성경은 그리스도의 말씀이나 심지어는 사도적 증언과 동일하지 않다. 사도적 증언은 역사적, 비평적 연구에 의해서만, 곧 가장 초기 형태의 비평적 심층을

밝혀냄으로써만 결정될 수 있다.[5]

4. 기독교의 주장은 모든 인간에게 주어진 것이기 때문에 "특별한 판단 기준"이 아닌 보편적인 규범에 호소해야 한다.
5. 기독교가 모든 인간의 삶에 결정적으로 중요한 영향을 미친다는 주장이 효력을 발휘하려면 단지 기독교의 전통만이 아니라 가용한 모든 증거에 호소해야 한다.
6. 기독교는 사실이라고 주장하기 때문에 의미와 진리를 위한 일반적인 판단 기준을 따라야 한다. "어떤 주장의 진실성을 밝히는 궁극적인 판단 기준은 우리의 공통된 인간적 경험과 이성뿐이다."
7. 유신론적인 형이상학을 구축하지 않고서는 기독교를 인간의 실존적 문제를 위한 해답으로 제시할 수 없다.

옥덴의 책에서 두 번째로 가장 자주 언급되는 요점은 인격적인 믿음이 신학적 이해의 조건이 아니라는 것이다. 신학자는 기꺼이 종교적인 질문을 물어야 하지만 (그 둘을 따로 분리하기가 아무리 어렵다고 하더라도) 반드시 기독교적인 대답을 받아들일 필요는 없다.[6] 그는 인격적인 믿음이 그런 기능을 담당하는지는 적절하게 판단할 수 없고, 그런 원리는 결국 불신자는 아무도 기독교를 이해할 수 없다는 의미를 지닌다고 주장했다. 옥덴이 우호적으로 바라보는 해방 신학은 해방의 실천에 모든 그리스도인이 참여해야 한다고 호소하는 점에서는 옳지만 신학적인 과제를 올바로 처리할 수 있기도 전에 기독교적 해방의 프로그램에 우선적으로 헌신할 것을 요구한다는 점에서는 오류를 범했다.

---

5) 주석적 신학이 특별히 역사 신학에 속한다는 옥덴의 말을 상기하라. 역사 신학은 기독교 신앙이 어떻게 오늘날 우리를 위한 결정적인 요인이 아니라 과거에 인간의 실존을 위한 결정적인 요인으로 굳어졌는지를 밝히는 데 초점을 맞춘다.

6) 그의 이런 견해는 조금 불분명하다. 그는 어떤 점에서 대답이 문제 안에 내포되어 있다고 말하면서도 그 둘을 목전의 목적을 위해 따로 분리할 수 있다고 주장했다. 이 둘이 어떻게 분리될 수 있고, 어떻게 분리될 수 없는지를 좀 더 분명하게 밝혀야 할 필요가 있다. 실존적인 문제는 결코 온전히 해결되기 어렵다는 것이 그가 말하고자 하는 요점인 것처럼 보인다. 그러나 만일 그것이 그의 요점이라면 모든 신학자는 한 배를 타고 있는 셈이다. 기독교의 대답을 받아들이는 사람들과 그렇지 않은 사람들 사이에 아무런 구분이 없다. 왜냐하면 그 대답을 받아들였다고 말할 수 있는 신학자가 아무도 없기 때문이다. 또한 받아들일 대답이 존재하지 않을 수도 있다. 그러나 그는 다른 곳에서는 또 다른 견해를 피력하고 있는 것처럼 보인다.

그렇다면 그런 식으로 바라본 신학을 대학교 커리큘럼에 포함시켜야 할까? 옥덴은 철학적 신학이나 역사 신학(서술적 신학)은 포함시킬 수 있다고 생각했다. 또한 그는 기독교 조직 신학(체계적 신학)은 일반 대학교가 아닌 기독교 대학교에서 가르칠 수 있다고 생각했다. 나로서는 여기에서 그의 논리를 좇는 것이 어렵게 느껴진다. 왜냐하면 이런 문제에 대해서는 별로 관심이 없기 때문이다. 그러나 옥덴의 생각에 동의한다고 해도 어떻게 기독교 대학교와 일반 대학교를 의미 있게 구분할 수 있을지 의문이다. 왜냐하면 그의 말에 따르면 기독교는 어떤 "특별한 판단 기준"도 가지고 있지 않기 때문이다. 더욱이 나는 옥덴이 정의한 "조직 신학"이 왜 일반 대학교라는 상황에서 배제되어야 하는지 그 이유를 감지하기 어렵다. 그의 주장은 기독교가 "특별히 기독교 대학교가 아니라면 그 어떤 대학교의 발전 가능성을 위한 필요 조건으로" 전제될 수 없다는 것이다. 그러나 대학교 커리큘럼이 대학교의 발전 가능성을 위한 필요조건을 채워줄 연구에만 국한된 적이 있었는가? 대학교가 프랑스 문학을 그 발전 가능성을 위한 필요조건으로 전제하는가? 나는 옥덴이 이런 물음에 대해 올바로 대답할 수 있을지 의심스럽다. 그의 요점은 그 자체만으로는 별로 확실하지가 않다.

　그런 불명료성은 옥덴의 책에서는 조금 의외다. 옥덴은 글을 대체로 명료하게 쓴다. 그의 논증은 그의 전제를 인정하는 한 대부분 매우 체계적이고, 설득력이 강하다. 그러나 그 전제가 의심스러울 때가 많다. 옥덴의 책에서 내가 가장 큰 실망을 느끼는 것은 그가 자신의 전제에 대해 제기될 수 있는 가장 심각한 문제들을 거의 의식하지 않는 듯 보인다는 점이다. 물론 내가 염두에 두고 있는 문제는 정통주의 신학의 관점에 근거한 것이다. 옥덴은 그런 관점에 호의적이지 않을 뿐 아니라 거의 아무런 관심도 없다. 그는 불트만처럼 지성과 문화와 기술이 역사적으로 발전해 온 관계로 20세기 인간이 정통 기독교 신앙을 받아들이려면 지성적인 부정직함이나 어리석음이나 무지를 자청하지 않으면 안 된다는 신념을 지니고 있는 듯 보인다. 그런 견해가 종종 교조적으로 표출되었지만 설득력 있게 개진된 적은 단 한 번도 없었다. 간단히 말해 이것은 유행하지 않는 것, 곧 성경이나 서구 사회의 이성적 사고를 이끌어온 위대한 소크라테스적인 전통을 거부하는 전제는 아무것도 믿어서는 안 된다는 견해라고 할 수 있다.

정통적인 기독교가 존중받아야 한다는 것을 입증하는 것은 이런 견해의 범주에서 벗어나는 일이다. 그러나 아마 독자들도 직감하다시피 『신학에 관해』의 논제들 가운데는 더러 짚고 넘어가야 할 것이 있다. 나는 실존적인 믿음과 자연 계시에 관한 옥덴의 견해가 상당한 통찰력을 지닌다고 생각한다. 그는 로마서 1장의 바울처럼 만민이 하나님을 안다고 주장했고, 다른 성경 구절들을 근거로 하나님이 인간을 비롯해 피조 세계와 역사 안에서 존재하는 모든 현실에 임재해 계신다고 주장했다. 믿음이 죄로 인해 아무리 왜곡되었더라도 모든 사람이 믿음으로 살아간다는 그의 말도 결코 틀리지 않다. 옥덴은 때로 실존적인 믿음이 궁극적인 "기반", 곧 전제라는 인상을 심어준다. 그러나 그는 또한 실존적인 믿음은 그릇될 수 있고, 사실이 아닌 거짓일 수도 있다고 말했다. 그는 실존적인 믿음이 그 기본적인 낙관적 속성, 즉 실존의 가치에 대한 확신과 관련해서는 결코 변할 수 없지만 그런 낙관적 속성을 구체적으로 형식화하고 옹호하는 방식은 변할 수 있다고 생각했던 것이 분명하다. 그렇다면 그런 "구체적인 방식"을 평가하는 데 적용할 수 있는 판단 기준은 무엇일까? 그는 "특별한 판단 기준"은 존재하지 않기 때문에 인간이 만든 지성적인 학문(철학, 역사, 과학과 같은 것)이 판단 기준이 되어야 한다고 대답했다. 그러나 그런 학문들 안에 확정된 지식의 판단 기준은 존재하지 않는다. 모든 지식의 분야에서 인식론의 문제는 엄청나게 큰 논쟁거리에 해당한다. 옥덴의 논의는 그런 논쟁을 조금도 해결하지 못한다. 옥덴 자신도 그 점을 알고 있는 것이 분명하다. 그의 『신학에 관해』를 읽는다고 해도 그 대답을 찾을 수 없기는 마찬가지다. 따라서 "실존적인 믿음"에 대해 배운다고 해서 과연 인식론적으로 무슨 유익이 있는지 불확실하다. 그런 믿음은 아마도 부당한 비관주의를 배제한다는 점을 제외하고는[7] 철학을 통해 비평적으로 검토되어야 할 또 하나의 자료인 것이 분명하다.

실존적인 믿음에서 철학과 신학에 대한 옥덴의 견해로 관심의 초점을 옮기면 후자가 불트만의 성경 비평에 대한 교조적인 신념과 권위와 판단 근거 및 그것들과 믿음의 관계에 관한 그릇된 개념에 의해 왜곡되어 있는 것을 발견할 수 있다. 나는 여기에서 성경 비평에 관한 문제들을 다룰 생각은 없고, 그보다 권위라는 좀 더 폭

---

[7] 로버트 슐러가 마음에 들어 할 말이다.

넓은 문제를 살펴보고 싶다.

첫째, 그리스도와 사도들이 성경을 보증한 것은 사실이다. 그러나 그런 사실 자체가 성경을 그들보다 열등한 하위 기준으로 만드는 것은 아니다. 왜냐하면 그리스도와 사도들은 성경을 상대적인 기준이 아니라 교회를 위한 절대적이고, 오류가 없는 규칙으로 확립할 의도를 지녔기 때문이다. 이것이 성경의 권위를 언급한 디모데후서 3장 16절과 베드로후서 1장 19-21절과 같은 대표적인 성경 구절들의 가장 우선적인 의미인 것이 분명하다. 이것이 곧 신명기 31장 24-29절이 가르치는 성경에 대한 언약적 이해의 핵심이다.

둘째, 나는 옥덴이 "특별한 판단 기준"을 거부한 것에는 동의하지만 그것을 거부한 이유나 그로부터 도출된 결론은 그의 경우와는 전혀 다르다. 신학을 위한 특별한 판단 기준이 존재하지 않는 이유는 하나님이 신학을 비롯해 인간의 모든 사고가 성경의 지배를 받도록 의도하셨기 때문이다. 따라서 특별한 판단 기준을 거부한다고 해서 옥덴처럼 (아무런 문제의식도 없이) 비기독교적인 지성적 유행들을 무작정 따라야 할 필요는 없다. 오히려 그리스도인들은 담대하게 나서서 지성적인 활동 전체, 곧 인간의 삶 전체가 그리스도를 위한 것이라고 주장해야 한다. 하나님의 존재를 입증하기 위해서는 형이상학이 필요하다는 옥덴의 말은 틀리지 않지만 그런 형이상학은 반드시 하나님의 말씀을 따르는 기독교적 형이상학이어야만 한다. 그런 형이상학은 인간적인 유행에 예속되지 않는다. 옥덴의 책은 하나님이 인간의 지식을 다스리는 주님이실 수 있다는 가능성조차 고려하지 않는다는 점에서 빈약하기 이를 데 없다. 현대의 지성적인 유행에 압도되어 세상의 온갖 풍조(실존주의, 과정 사상, 해방 신학)에 이리저리 이끌려 학문의 영역에서 하나님의 말씀을 옳게 다루지 못하는 그가 참으로 애처롭기만 하다.

셋째, 만일 개인적인 믿음이 신학적 이해의 조건이 될 수 없다는 옥덴의 말이 반틸이 이따금 말한 대로 불신자들이 "그들 자신의 생각에도 불구하고" 진리를 말하는 경우가 종종 있다는 의미를 지닌다면 어느 정도 일리를 지닌다고 말할 수 있다. 그리스도께 대한 마음의 헌신은 객관적으로 검증될 수 있는 것이 아니라는 것도 사실이다. 그러나 우리는 옥덴과는 달리 불신앙으로 인해 신학적 이해가 심각하게 왜곡된 현실을 반드시 감안해야 한다(고전 2장 14절 참조). 또한 마음의 헌신을 검증하는 것이 아니라 고백의 진정성을 판단하는 것과 관련해서는 비교적 객관적인 방법이 더러 존재한다(요일 4:1-6절 참조). 따라서 교회(또는 대학)가 그리스도께 충성하는 증거를 보이지 못하는 사람들에게 신학적인 가르침을 위탁하는 것은 어리석은 일이다.

옥덴의 책은 자유주의 전통에 대한 그의 교조적인 신념을 인정한다면 제법 훌륭한 논증과 통찰력을 갖추었다고 평가할 수 있다. 그러나 인간의 전통에 예속되지 않고 그리스도의 주권 아래에서 신학을 하기를 원하는 우리와 같은 사람들에게는 매우 부적절한 책이 아닐 수 없다.

전에는 자유주의 신학자들이 그다지 큰 어려움 없이 정통주의 신학자들과 그들의 논증을 쉽게 무시할 수 있었다. 정통주의 신학을 무시하는 것이 곧 "학문적인 격식"을 갖춘 것으로 이해되고, 용인되고, 심지어는 요구되기까지 했다. 그런 상황이 앞으로는 변할 것이다. 복음주의자들의 숫자가 늘고 있고, 또 그들의 문화적 영향력도 점차 커지고 있다. 그와는 달리 자유주의 신학은 수적인 측면이나 영향력의 측면에서 그 힘을 차츰 잃어가고 있다. 또한 복음주의 학자들의 연구가 양적으로나 질적으로 크게 향상되고 있다. 나는 머지않아 (학문적 공정성이라는 개념을 새롭게 고쳐 적용하지만 않는다면) 단지 경제적인 이유 한 가지만으로도 대학교의 종교 분야 교수단, 심지어는 지금 자유주의 신학을 가르치는 신학교의 교수단 가운데서 복음주의자들이 다수를 차지하게 될 것이라고 믿어 의심하지 않는다. 그런 분위기가 이루어지면 자유주의 신학자들은 더 이상 그들의 이론을 강력하게 논박하는 사람들의 논증을 무작정 무시하는 호사를 누리지 못할 것이다. 그런 도전을 진지하게 받아들이는 자유주의 신학자들의 경우에는 스스로의 견해를 바꾸어야 할 것이다. 그런 사람들은 미래의 역사가들에 의해 새롭게 되살아난 자유주의 신학의 설립자로, 곧 복음주의의 물결에 맞서 자신의 신념을 잘 지켜낸 사람들로 평가받을지도 모른다. 물론 미래의 일은 아무도 알 수 없다. 그러나 옥덴이 주장한 자유주의, 곧 가장 큰 도전을 무시하는 오만하고, 자기 만족적인 자유주의는 상당한 지성과 학문성을 갖추었는데도 불구하고 결국에는 역사의 쓰레기통에 버려질 것이라는 나의 확신은 지극히 합리적이다. 물론 신학의 미래에 대한 나의 예측이 빗나갔다고 하더라도 우리 앞에는 영원이 존재한다. 옥덴과는 달리 우리는 "영원한" 미래가 하나님의 무오한 말씀에 충실한 사람들에게 속해 있다는 것을 분명하게 알고 있다.

부록 O
폴 헴의
『신념의 원칙』에 대한 논평

다음 책에 대한 논평이다. Paul Helm, *Belief Policies* (Cambridge: Cambridge University Press, 1994). 이 논평을 축약한 내용이 다음의 자료를 통해 출판되었다. *WTJ* 57, 1 (1995년 봄): 248–51. 웨스트민스터신학교의 허락을 받아 게재했다. 이 책은 분석 철학(12장)과 역사 신학을 연구하는 정통 칼빈주의자인 폴 헴(13장)의 저서 가운데 하나다(이 책에 맞게 문체를 약간 다듬었다).

폴 헴은 런던대학교 킹스칼리지에서 종교 철학과 역사학 교수로 활동하고 있다. 그는 또한 『진리의 깃발(*The Banner of Truth*)』이라는 잡지의 부편집장으로 일하는 칼빈주의 그리스도인이기도 하다. 나는 최근에 그 잡지에 IVP 출판사가 펴낸 그의 『하나님의 섭리』에 대한 논평을 기고한 바 있다.

『신념의 원칙』은 매우 학문적이고, 전문적인 철학 서적이다. 『하나님의 섭리(*The Providence of God*)』와는 달리 이 책은 일반 대중을 고려하려는 의도가 전혀 없고, 다른 무엇보다도 종교적인 인식론의 문제들을 논의하면서도 저자인 헴의 개인적인 종교적 신념이나 신학적 신념을 전혀 내비치지 않는다. 『신념의 원칙』은 철학자들의 관심사를 논한다. 이 책은 많은 중요한 개념들과 논증들을 아무런 사족 없이 진지하게 분석하고, 평가한다. 논리 체계가 매우 치밀하다. (『하나님의 섭리』와는 달리) 개개의 문장과 논의가 논리적으로 정확하게 전개되고 있다는 인상을 준다. 문장 하나가 덧붙여질 때마다 논의가 조금씩 발전한다. 대충 읽어도 되는 쉬운 책이 결코 아니다. 내가 지금까지 읽은 다른 철학 서적처럼 『신념의 원칙』도 그 명칭에 어울리는 매우 숙달된 체계를 갖추고 있다.

그러나 이 책은 그 모든 철학적인 정교함에도 불구하고 단지 철학자의 관심만을 자극하지 않는다. 나는 신학, 좀 더 일반적으로 말하면 기독교 사상을 위해 이 책에 함축된 의미와 거기에서 제기된 문제들에 관심을 기울여 볼 생각이다.

헴은 이 책에서 인간의 신념이 형성될 때 의지가 어떤 역할을 하는지를 탐구했다. 이것은 기독교 신학과 관련해 매우 중요하다. 왜냐하면 기독교 신학은 하나님과 그분의 세계를 아는 인식론에 항상 관심을 두기 때문이다. 구체적으로 말해 성경은 사람들에게 그리스도를 믿으라고 "명령한다." 기독교의 적들은 사람들이 무엇인가를 믿어야 할 의무가 있다는 개념을 종종 비웃곤 한다. 그들은 "신념은 무엇의 지배도 받지 않는데 어떻게 하나님이 우리가 믿지 않는 것을 믿으라고 요구하실 수 있느냐?"고 주장한다. 어떤 점에서 개혁주의 신학은 그런 반론에 동의한다. 왜냐하면 우리가 믿는 것은 궁극적으로 우리 자신이 아닌 하나님의 통제 아래 놓여 있기 때문이다. 그러나 성경은 우리가 행위만이 아니라 신념에 대해서도 책임을 져야 한다고 가르친다. 따라서 우리는 이차적인 원인자로서 우리가 하는 행위를 통제하는 것처럼 우리가 믿는 신념도 어느 정도는 통제할 수 있다. 로마서 1장은 불신앙을 자의적인 결정("진리를 거짓 것으로 바꾸어")의 결과로 간주한다. 그렇다면 그런 일은 어떻게 일어나는 것일까?

언뜻 생각하면 의지가 신념에 아무런 영향도 미치지 못한다는 주장이 그럴 듯하게 들린다. 내가 스스로의 의지로 무엇인가를 믿는 것은 불가능하다. 나는 미국인이고, 내가 미국인이라고 믿기 때문에 나의 순수한 의지로 내가 인도네시아 사람이라고 믿는 것은 불가능하다. 따라서 버나드 윌리엄스는 사람이 "갑작스레" 무엇인가를 믿기로 결정할 수는 없다고 주장했다. 그러나 헴은 자신의 책에서 신념과 행위의 많은 유사점에 착안해 "흡연 습관을 바꾸는 것은 '갑작스레' 그 습관을 바꾸지는 못하더라도 얼마든지 의지를 내포할 수 있다."라고 말했다.

헴은 윌리엄스가 염두에 둔 것들보다 좀 더 미묘한 방식으로 의지가 신념에 영향을 미친다고 지적했다. 사람들은 때로 정당한 이유 없이 무엇인가를 믿는다. 그런 경우 우리는 그들의 신념이 "고집스럽다."고 말하는 경향이 있다. 예를 들면 막연한 바람이나 상상과 같은 현상이 있다. 사람들은 종종 고집스럽게도 증거를 충분히 고려하거나 적절한 기준에 의거해 그것을 평가하려고 들지 않는다.

신념은 "기준"에 예속되어 평가를 받아야 하기 때문에 "신념의 윤리학"과 같은 것이 존재하기 마련이다. 무엇을 믿어야 할 의무가 있고, 또 무엇을 믿도록 허용되는지와 같은 주제에 관해 논의한 저자들이 많다. 헴은 로크가 "인식론을 윤리학의 한 분야로 만들었다."고 말했다(헴 자신은 그렇게까지 생각하지는 않은 것처럼 보인다). 신념의 윤리학에 관한 견해는 충분한 증거가 없으면 아무것도 믿어서는 안 된다는 클리포드의 견해에서부터 최소한 기독교 신앙과 관련해서는 "믿음을 증거에 근거하게 만들려는 시도를 거부해야 한다."고 주장한 부스마의 견해에 이르기까지 매우 다양하다.

헴은 그런 원리에 "신념의 원칙"이라는 명칭을 부여한다. 그는 이렇게 말했다. "내가 사용하는 신념의 원칙이라는 표현은 명제들의 진위 여부를 일련의 증거적 규범에 따라 받아들이거나 거부하거나 판단을 중시하기 위한 전략이나 계획이나 프로그램을 의미한다." 신념의 원칙이 우리의 신념을 발전시키기 위해 증거들을 활용하는 방식을 규정한다. 헴의 견해에 따르면 신념의 원칙은 의지가 신념에 영향을 미치는 가장 중요한 영역이다. "우리는 신념을 획득하거나 보유하거나 포기하기 위해 신념의 원칙을 새로 선택하거나 그대로 유지하기를 선택함으로써 믿는 것을 결정한다."

모든 신념이 신념의 원칙에 의해 정당화되는 것은 아니다. 왜냐하면 "본능적이고, 유아적인 신념들이 정당화되는 경우가 있기 때문이다." 신념의 원칙이 반드시 의식적인 것도 아니다. 신념의 원칙은 "명백한 선택의 결과이거나 암묵적이고, 기질적인 성향을 띨 수도 있다." 신념의 원칙은 다양하다. 위에서 언급한 사례 외에도 헴은 로크, 제임스, 플랜팅가의 신념의 원칙에 대해서는 다소 길게, 그 밖의 사람들이 말하는 신념의 원칙에 대해서는 다소 간단하게 논의했다. 신념의 원칙은 신념의 강도, 검증, 오류 입증 가능성, 허용, 책임, 신념들 간의 우선순위나 중요성, 과거의 신념을 유지하거나 수정하는 것과 관련된 보수적 성향의 정도, 입증의 부담에 관한 문제들을 다룬다. 참된 신념의 숫자를 최대화하기를 원하는 신념의 원칙도 있고, 그릇된 신념을 최소화하려는 신념의 원칙도 있으며, 그런 관심사들의 균형을 유지하려는 신념의 원칙도 있다.

헴은 신념의 원칙이라는 개념을 활용해 "의지의 연약함"과 "자기 현혹"이 신념과 어떤 관계를 맺고 있는지를 밝힌다. 의지의 연약함이 우리의 행동에 영향을 미치는 것처럼 그것은 또한 신념의 원칙을 활용하는 것을 방해할 수 있다. 신념의 원칙은 우리가 믿음을 통해 이루려는 목적을 구체적으로 명시한다. 의지는 그런 목적을 이루기 위해 애쓴다. 자기 자신의 신념의 원칙을 실천에 옮기지 못하는 경우가 말은 물론 행동에서도 얼마든지 관측될 수 있다.

때로는 의지의 연약함 때문에 신념의 원칙이 무엇을 요구하는지 알면서도 그것이 이끄는 대로 신념을 갖지 못할 때도 있다. 헴의 견해에 따르면 이것이 자기 현혹은 아니다. 자기 현혹은 "당사자가 신념의 원칙을 채택하거나 따르지 못하는 잘못을 인정하지 않을 때" 발생한다. 명제 P가 사실이라는 신념과 관련해 발생할 수 있는 자기 현혹의 "논리적인 형태"는 P를 믿어야 한다고 생각하지 않으면서도 그것을 믿거나 (좀 더 분명하게는) P를 믿어서는 안 된다고 생각하면서도 그것을 믿는 것을 가리킨다." 이처럼 헴은 개인이 서로 모순되는 두 가지 신념을 동시에 가질 수 있다고 생각했다.

따라서 헴은 신념은 의지에 크게 지배를 받기 때문에 개인은 스스로의 신념에 대해 책임을 져야 한다고 주장했다. 그렇다면 이런 견해는 잘못된 신념을 지녔다는 이유로 사람들을 박해하는 행위에 정당성을 부여하는 것일까? 헴은 관용의 문제를 다루면서 관용에 관한 고전적인 견해 가운데 일부가 신념과 신념의 원칙에 관한 개인의 책임이라는 자신의 견해와 양립할 수 있다고 말했다.

헴이 신앙주의를 논하고 있는 마지막 장은 신학의 관점에서 생각할 때는 가장 흥미로운 대목이 아닐 수 없다. 그는 신앙주의를 "종교적인 진리는 궁극적으로 이성적 추론이나 증거가 아닌 믿음에 근거한다."는 주장으로 정의한 폽킨의 말을 언급했다. 그러나 헴은 신앙주의를 좁은 의미로 정의된 종교적인 논의 밖에서 일어나는 것으로 제시하기도 했다. "신앙주의자란 믿는 것의 진리를 입증하는 증거가 불충분하거나 심지어는 아무런 증거가 없거나 오히려 반대되는 증거가 있는데도 불구하고 스스로의 신념을 정당화하는 사람, 또는 믿고자 하는 명제를 뒷받침하는 증거를 찾기보다는 신념 자체에 더 큰 비중을 두는 사람을 가리킨다." 이처럼 아무런 증거가 없는데도 신념을 지닐 것을 부추기는 인식론적인 회의론의 형태를 신앙주의로 일컬을 수 있다.

헴의 견해에 따르면 신앙주의도 신념의 원칙에 해당하지만 그것은 증거나 이성적 추론의 적용을 거부하는 역설적인 특성을 지닌다. 그럼에도 불구하고 일부 신앙주의자들은 다양한 이성적인 논증을 활용해 자신의 입장을 주장한다. 예를 들면 계시를 신적 권위에 근거한 것으로 받아들여야 할 우리의 책임과 하나님의 초월이라는 개념이 종교적인 논의에서 신앙주의적인 인식론을 뒷받침하는 데 활용된다. 그런 사상가들은 하나님에 관한 신념의 형성과 관련된 증거의 활용을 거부하거나 경시하면서도 이성적인 논증을 활용해 스스로의 신념의 원칙을 옹호한다. 그런 이성적인 논증은 "일차적인" 신앙주의를 옹호하는 "이차적인" 역할을 한다.

헴은 "신앙주의"라고 불리는 입장 가운데는 다양한 차이가 존재한다고 주장한다. 모든 지식이 신앙에서 비롯한다는 "보편주의적인" 입장을 취하는 경우도 있고, 하나님에 관한 지식과 같이 특정한 지식에만 신앙주의를 국한시키는 입장을 취하는 경우도 있다. 또한 "이차적인" 이성적 논증을 통해 자신의 입장을 옹호하는 경우도 있고, 그렇지 않은 경우도 있으며, 인식론적인 근거를 토대로 자신의 입장을 옹호하거나 도덕적이거나 종교적인 근거를 토대로 자신의 입장을 옹호하는 경우도 있다. 신앙주의는 증거를 활용하는 것과 관련해서도 다양한 차이를 드러낸다. 증거를 뛰어넘는 주장을 펼치는 경우도 있고, 증거에 입각한 입장의 옹호를 아예 무시하는 경우도 있다. 헴은 다른 누구보다도 토마스 아퀴나스가 신앙주의자였다고 말한 어빈 보스를 언급했다. 보스는 아퀴나스가 "믿음을 위한 약간의 증거"를 제시했지만 "대부분의 신학이 다루는 초월적인 주제는 필연적으로 인간의 이해를 넘어설 수밖에 없다."는 말로 그 이유를 밝혔다.

앨빈 플랜팅가는 하나님을 믿는 신념은 증거나 논증을 요구하지 않으며, 개인이 지닌 인식 체계의 "기본 명제"에 속한다고 주장했다. 그럼에도 불구하고 그는 "개혁주의 인식론"은 그런 명제들이 직접적인 경험을 통해 근거를 지닐 뿐 아니라 인식론적인 기본 명제로서 "이성의 진술" 안에 포함되기 때문에 신앙주의에 해당하지 않는다고 강조했다. 그러나 헴은 플랜팅가의 견해와 일부 형태의 신앙주의 사이에 어느 정도의 유사점이 존재한다고 생각했다. 그는 특히 하나님이 존재하신다고 믿는 근거가 개인이나 공동체와 관련이 있다는 플랜팅가의 주장에 주목했다.

나는 플랜팅가에 대한 헴의 설명에 한 가지 의문을 제기하고 싶다. 헴은 플랜팅가가 "하나님을 기본 전제로 받아들이는 사람은 또한 그분이 존재하신다는 것을 알 수 있다."라고 말했을 때 자신의 견해를 분명하게 밝히려고 했다면 "알 수 있다."가 아니라 "안다."라고 말했어야 옳았다고 생각했다. 그러면서 헴은 그렇게 표현을 바꾸면 모순이 발생한다고 덧붙였다. 왜냐하면 하나님의 비존재를 기본 전제로 받아들이는 불신자의 경우에는 그분이 존재하지 않으신다는 것을 "알기" 때문이다. 다시 말해 신자는 하나님이 존재하신다는 것을 알고 불신자는 그분이 존재하지 않으신다는 것을 아는 모순이 발생한다. 그런 경우는 불가능하다. 내가 볼 때 헴의 논증은 플랜팅가의 진술 가운데서 "알 수 있다."를 "안다."로 대체하는 것이 과연 타당한 것인지에 관한 문제를 제기한다.

헴의 책이 신학에 중요한 이유는 그가 인간의 신념이 의지에 영향을 받는 방식 가운데 일부를 보여주었기 때문이다. 신념의 원칙이라는 개념은 매우 중요하다. 성경은 명확한 계시에도 불구하고 믿지 못하는 사람들을 꾸짖는다. 그것은 곧 그들의 신념의 원칙, 곧 계시를 통해 주어진 증거를 적절히 고려해 평가하기를 거부하는 사람들의 태도를 꾸짖는 의미를 지닌다. 사람들이 하나님의 성령에 의해 거듭나면 비로소 계시의 참된 현실을 볼 수 있는 능력을 새롭게 부여받는다. 하나님의 계시를 새롭게 받아들이는 그것이 곧 새로운 신념의 원칙으로 자리 잡는다. 성경이 회개와 믿음을 요구하는 것은 사람들에게 옛 신념의 원칙을 버리고 하나님과 세상과 자아에 관한 새로운 신념을 발생시키는 새로운 신념의 원칙을 채택하라고 요구하는 의미를 지닌다(반틸은 새로운 신념을 전에 억눌렸던 신념으로 이해했다).

또한 헴의 설명은 자기 현혹을 부추기는 인간의 심리와 인식론의 복잡한 측면들 가운데 일부를 드러낸다. 이는 불신앙을 자기 현혹(곧 사실로 알고 있는 것을 억누르는 것)으로 간주하는 성경의 가르침을 뒷받침한다.

불신자들이 신념은 의지와 무관하다고 주장하며 믿으라는 성경의 명령을 거부하는 경우에도 헴의 책은 그에 대한 유익한 대답을 많이 제공한다. 신념의 원칙을 고려하는 것이 특히 유용하다. 신념의 원칙이 형성되는 데 의지가 미치는 영향을 거부하는 불신자들과 대화를 나눈다는 것은 궁극적으로 도이베르트가 "이론적 사고의 자율성"으로 일컬은 것에 의문을 제기하는 것이다. 인간의 자율성에 대한 도전은 기독교적 증거의 핵심 사안과 직결된다.

물론 몇 가지 의문은 여전히 그대로 남아 있다. 신념의 원칙을 정당화하는 것에 대한 헴의 설명은 그다지 만족스럽지가 못하다. 그는 개인이 어떤 신념의 원칙을 따를 것인지를 결정할 때 영향을 미치는 다양한 요소들을 열거했다. 그럼에도 불구하고 그는 "상당한 설득력을 지닌 채 하나의 신념의 원칙을 다른 몇 가지 신념의 원칙보다 중요시하게 만들 수 있는 논증은 더러 존재할 수 있지만 이성적으로 강력한 설득력을 지닌 채 그 한 가지 원칙을 다른 모든 원칙들보다 중요시하게 만들 수 있는 논증은 존재할 수 없다."라고 말했다. 신념의 원칙은 증거의 활용을 지배하기 때문에 그 자체로는 증거에 근거할 수 없다. 헴은 이 문제와 관련된 합리적인 설득력의 부재를 의지의 본질적인 역할과 결부시킨다. 신념의 원칙은 부분적으로 의지와 관련이 있기 때문에 전적으로 이성적인 사고에만 국한시킬 수 없다.

나는 헴의 입장과는 달리 이성과 의지를 그렇게까지 날카롭게 구분할 필요는 없다고 생각한다. 나는 의지와 이성이 인간의 통일된 인격의 측면이나 관점의 일부라고 말하고 싶다. 그런 의미에서 의지는 항상 이성적이며, 이성은 항상 의지적으로 활동한다. 물론 이성은 때로 속박을 당하기도 한다. 그런 순간에는 의지와 분리된 것처럼 보인다. 그러나 앞서 말한 대로 흡연 습관의 변화를 예로 든 헴의 설명을 상기하라. 의지가 상대적으로 속박된 상태에서도 여전히 그 기능을 발휘하는 것을 알 수 있다. 의지의 "합리성"은 때로는 결함이 있는 합리성을 보인다. 그 이유는 이성 자체가 때로 온전하지 않게 기능하기 때문이다. 그러나 의지가 이성과 온전히 동떨어져 기능하는 경우는 없다.

헴은 의지나 이성을 정의하지 않았다. 따라서 그가 신념의 원칙과 관련된 의지의 역할이 신념의 원칙을 위한 이성적인 설득력을 지닌 논증을 필연적으로 배제한다고 말해야 할 필요성을 느낀 이유가 무엇인지 궁금하다. 나는 기독교적인 신념의 원칙을 위한 이성적인 설득력을 지닌 근거가 충분한데도 사람들이 고집스럽게 그 원칙을 거부하고 있다고 말할 수 없는 이유를 묻지 않을 수가 없다. 계시의 명확성에 관한 성경의 가르침(롬 1:18-21)에는 이런 의미가 함축되어 있는 것으로 보인다.

지금까지 살펴본 대로 헴은 신념의 원칙이 증거의 활용을 지배하기 때문에 증거에 근거할 수 없다고 주장했다. 그러나 나는 반틸의 입장을 좇아 "약간의 순환성이 무슨 문제가 될 수 있겠는가?"라고 말하고 싶다.

지금까지의 논의에서 의지의 정확한 정의가 필요했던 것처럼 이 점에서도 증거의 의미를 옳게 정의해야 할 필요가 있다. 증거가 "자명한 것"과 "감각에 명백한 것"에 국한된다면 헴이 옳다고 말할 수 있다. 신념의 원칙을 채택하는 데 필요한 근거는 좁은 의미에서의 "증거"보다는 폭이 더 넓다. 신념의 원칙은 그런 증거의 활용을 지배하기 때문에 스스로를 완벽하게 정당화하려고 노력할 필요가 없다.

그러나 증거가 신념의 채택을 합법적으로 정당화하는 데 필요한 모든 것을 포함한다면 순환성을 피할 수 있는 방법은 없다. 신념의 원칙을 채택하는 데 필요한 근거는 필연적으로 그 신념의 원칙에 의해 평가될 수밖에 없다.

그렇다면 헴의 주장대로 신념의 원칙이 넓은 의미가 아닌 좁은 의미에서의 증거만을 지배한다고 생각해야 할 이유가 무엇인가? 인간이 좁의 의미로 정의된 증거만이 아니라 모든 종류의 이성적인 사고를 포괄하는 원칙을 채택하는 경우도 있지 않겠는가? 그렇다면 그런 포괄적인 신념의 원칙은 본질상 자기 성찰적이고, 자기 정당화의 특성을 띨 수밖에 없지 않겠는가?

반틸의 요점은 계시에 근거한 기독교적인 신념의 원칙은 자증적이고, 자기 정당화적인 특성을 지닌다는 것이었다. 그것이 자증적인 이유는 자기 검증을 위해 다른 권위에 의존할 필요가 없고, 그 자체로 최상의 권위를 지니기 때문이다. 그런 점에서 그것은 자기 정당화를 위해 다른 신념의 원칙에 의존할 필요가 없다. 그리고 그런 식의 자기 정당화는 "순환적이기" 마련이다. 그러나 기독교적 신념의 원칙을 계시가 아닌 신자의 의식과 연관시킬 경우에는 하나님의 계시 안에서 자기 정당화를 위한 외적 증거를 찾을 수 있다.

나는 여러 곳에서 "순환성"에 관한 반틸의 개념을 논의한 바 있다(*DKG*, 130-33, *AJCB*, 10-15, *CVT* chap. 22 참조). 따라서 그런 논증을 여기에서 되풀이할 생각은 없다. 나는 현재의 논의의 관점에서 "궁극적인" 신념의 원칙, 즉 모든 신념을 지배하는 원칙으로 일컫는 것을 정당화하려고 할 때는 어느 정도의 순환성이 불가피하다고 믿는다.

그럼에도 불구하고 헴의 책은 인간의 지식에 의지적인 요인들이 개입하고, 그것들이 정확하게 사람들이 자신의 신념을 정당화하려고 할 때 영향력을 발휘한다는 사실을 훌륭하게 설명하고 있다. 따라서 이 책은 "중립성"을 내세우는 주장, 곧 지식은 종교적인 것과는 아무 관련이 없다는 주장을 논박하는 강력한 무기로 활용될 수 있다. 나는 이 책이 비록 올바른 목적지에는 아직 도달하지 못했지만 그래도 그 방향을 향해 어느 정도 큰 걸음을 내디뎠다고 평가하고 싶다.

부록 P
에스더 라이트캡 미크의 『알고 싶은 열망』에 대한 논평

다음 책에 대한 논평이다. Esther Lightcap Meek, *Longing to Know* (Grand Rapids: Brazos Press, 2003). 이 논평은 다음의 자료를 통해 처음 발표되었다. *Presbyterian* 29, 2 (2003년 가을). 커버넌트신학교의 허락을 받아 게재했다. 13장에서 미크의 책을 논의한 바 있다. 이것은 그녀가 펴낸 첫 번째 책에 대한 논평이다(이 책에 맞게 문체를 약간 다듬었다).

에스더 미크는 이 책에서 소크라테스 이전 시대부터 지식에 관한 이론에 상당한 어려움을 야기해 온 역설을 다룬다. "내 차에 연료가 있다는 것을 알고 있다."는 말에는 실제로 내 차에 연료가 있다는 의미가 담겨 있다. 지식에 대한 고전적인 정의는 "정당화된 참된 신념"이다. 따라서 지식으로 간주되는 신념은 참이어야 한다. 만일 그 신념의 진정성에 대해 조금이라도 의심을 가진다면 그것은 곧 그 신념을 지식으로 간주하기를 거부하는 것과 같다. 철학의 역사를 돌아보면 대다수의 사상가들이 모든 의심을 배제하고, 절대적인 확실성을 지닌 지식을 추구하려고 했던 것을 알 수 있다. 힘겨운 이성적 활동을 통해 그런 확실성에 도달할 수 있다고 생각했던 사상가들도 있었고(플라톤과 데카르트), 절대적인 확실성은 불가능하기 때문에 회의론만이 유일한 대안이라고 생각했던 사상가들도 있었다(프로타고라스, 흄, 일부 포스트모던주의 사상가들). 이처럼 지식을 얻기가 매우 힘들고, 드물다거나 아니면 아예 얻기가 불가능하다는 것이 인식론의 주된 전통이다.

그럼에도 불구하고 우리는 일상생활 속에서 사실, 수, 사람들, 기술, 언어, 과학 법칙, 하나님 등, 온갖 종류의 다양한 지식을 주장하며 살아간다(이것은 역설의 또 다른 측면이다). 절대적인 확실성을 주장하지 않을 때나 심지어는 우리가 틀릴 수 있다는 것을 인정할 때조차도 우리는 지식을 주장한다.

미크는 지식에 대한 그런 식의 일상적인 주장 안에 인식론이 함축되어 있다고 생각했다. 이것은 철학의 전통 안에서 합리주의자들이나 회의론자들이 제시한 대안과는 사뭇 다른 견해다. 미크는 이 인식론이 우리를 회의주의와 회의주의로 기울지도 모른다는 두려움으로부터 우리를 구원할 수 있다고 믿는다.

그리스도인인 미크는 회의주의가 하나님을 추구하는 사람들에게 유혹의 덫이 될 수 있다고 생각했다. 이 점에서 그녀의 책은 그런 장애 요소를 제거하고, 믿음을 독려하려는 목회적인 기능을 발휘한다. 그녀는 다른 사람들을 아는 것과 똑같은 방법으로 하나님을 알 수 있다고 주장한다. 그녀는 하나님을 아는 것은 자동차 수리공인 제프를 아는 것과 같다고 말했다.

그녀의 인식론은 마이클 폴라니의 인식론과 상당히 흡사하지만 그녀의 책은 그의 책에 대한 풀이가 아니다. 그녀는 폴라니의 말을 인용하거나 그의 글을 분석하지 않는다. 그녀는 단지 일상생활 속에서 우리 자신과 세상과 하나님을 아는 방법에 대한 연구에 그의 기본적인 관점을 적용할 뿐이다. 나는 그녀의 적용이 폴라니의 접근 방식을 더욱 의미 있게 만든다고 생각한다.

미크는 지식이 추상적인 개념이 아닌 구체적인 인식의 행위(우리가 매일 하면서 살아가는 "인식적인 행위")라는 전제에서부터 출발한다(그녀는 지식을 "정당화된 참된 신념"으로 정의한 전통적인 생각을 버려야 한다고 암시한다). 그녀는 지식을 "일관된 유형에 집중해 그 현실을 따르는 데 실마리가 되는 정보를 찾고자 노력하는 인간의 책임 있는 행위"로 정의한다. 그녀의 책은 이 정의의 의미를 일관되게 진술하고, 설명하는 데 초점을 맞춘다.

그녀는 3차원의 그림을 보는 것과 같은 방식으로 신문의 퍼즐을 바라보는 것을 지식의 좋은 사례로 지적했다. 언뜻 보면 단지 여러 가지 모양과 색깔들만 희미하게 보인다. 그러나 지시에 따라 신문을 눈에서 서서히 멀어지게 만들면 모양들이 움직이는 듯하면서 흐릿한 것이 돌고래들의 형상을 한 3차원의 그림으로 바뀐다. 물론 모든 사람이 그 그림을 즉각 인식하는 것은 아니다. 그 과정을 어렵게 느끼는 사람들이 많다. 표면의 특징들이 실마리가 되는 정보를 제공하지만 궁극적으로는 그 그림의 일부가 아니라 그림의 배경이 되는 데 그친다. 전체적인 그림을 보려면 실마리가 되는 정보를 꿰뚫고 나가는 방법을 배워야 한다. 다시 말해 그 그림의 현실을 따르고, 확증하는 것이 필요하다.

자동차 수리공과 하나님을 아는 것은 서로 매우 비슷하다. 먼저 우리가 가지고 있는 자료로부터 출발해 인격체에 대해 책임 있는 판단을 내리려고 노력해야 한다. 진실성과 같은 다양한 속성이 드러나는 것을 보면서 하나의 유형이 형성되고, 그것이 그 이후의 경험을 이해하는 데 도움을 제공한다. 그러다보면 결국에는 우리의 생각과 행위로 인정할 수 있는 뚜렷한 유형이 발견된다(여기에서 미크는 하나님과 우리와의 관계에서 지식과 복종의 통합을 요구하는 성경의 가르침과 일치하는 견해를 드러내고 있다).

아울러 그녀는 그런 지식의 행위를 통해 아무런 의심도 없는 절대적인 확실성에 도달할 수 있다고 기대해서는 안 된다고 말한다. 그녀는 확실성의 개념(오류가 없는 절대적인 지식)을 신뢰의 개념(지식의 행위들을 통해 어딘가 올바른 방향을 향해 나아가고 있다는 지속적인 확신)으로 대체한다. 또한 그녀는 지식을 얻는 과정에서 생각과 현실의 "일치(미크는 이를 현실의 완전한 형상으로 이해한다)"가 아닌 "접촉"을 추구한다고 말했다.

나는 『하나님에 관한 지식의 교리(*DKG*)』에서 지식과 지식의 과정에 관한 여러 가지 관점을 다룬 바 있다. 미크의 책은 내가 "실존적인 관점(지식을 주관적인 과정으로 간주하는 견해)"으로 일컫는 것을 주로 따른다. 그 외의 관점으로는 "규범적인 관점(지식을 규칙이나 규범을 따르는 것으로 간주하는 견해)"과 "상황적인 관점(지식을 사실과의 일치를 추구하는 것으로 바라보는 견해)"이 있다. 그러나 이것들은 관점이기 때문에 각기 다른 두 가지 관점을 포함한다. 주관적인 과정으로서의 지식은 권위 있는 규범을 따라 현실 세계와의 일치를 추구한다. 미크는 규범적이고, 상황적인 차원을 모두 인정한다. 규범은 3차원의 퍼즐을 푸는 데 필요한 신문의 규칙과 같고, 상황적 사실은 실마리가 되는 정보와 그것을 통해 발견되는 그림에 해당한다. 이처럼 미크는 하나님을 아는 지식을 얻는 과정에서 성경의 권위와 피조 세계에 드러난 하나님의 자기 계시가 어떤 역할을 하는지를 이해하는 데 매우 유익한 깨달음을 제공한다.

이 책은 매우 훌륭하다. 짧은 논평으로는 문장의 아름다움과 추론의 일관성을 적절하게 묘사하기가 불가능하다. 지금까지 진지한 철학적 문제를 이처럼 유쾌하고, 설득력 있게 논의한 책은 일찍이 읽어본 적이 없다. 미크는 예증을 제시하는 재능이 매우 탁월하다. 그녀의 머리에서는 비유와 예화가 마치 큰 저수지에서 물이 흘러나오는 것처럼 거침없이 쏟아져 나온다. 페이지마다 그런 것들이 두세 개씩 포함되어 있다. 이 책에는 그런 것들이 수백 개나 포함되어 있다. 미크는 식탁, 골프 경기, 뱀, 어린아이, 결혼식 등과 같은 것을 예로 들면서 일상적인 삶의 경험 속에서 어떻게 지식이 생겨나는지를 보여주고자 노력한다.

그러나 확실성에 대한 비판과 의심을 용납하는 태도에 대해서는 선뜻 수긍하지 못할 측면이 더러 있다. 그녀가 정의한 대로 확실성이 절대적인 지식을 의미한다면 나도 그녀처럼 그것을 기꺼이 거부할 생각이 있다. 그러나 성경은 종종 의심을 부정적인 것으로 간주한다(마 14:31, 21:21, 28:17; 행 10:20, 11:12; 롬 14:23; 약 1:6). 의심은 믿음의 반대이기 때문에 죄에 해당한다. 더욱이 성경은 하나님을 아는 지식을 미크가 정의한 "확실성"에는 미치지 못하지만 그녀가 정의한 "확신"보다는 좀 더 분명한 진정성을 지닌 것으로 간주하는 것처럼 보인다. 특히 누가복음 1장 4절의 "확실하게"와 사도행전 1장 3절의 "증거", 누가복음 23장 47절에 기록된 백부장의 말에 주목하라.

마지막으로 지식에 대한 미크의 정의 가운데 마지막 단계에 해당하는 "따름(곧 순응)"의 본질에 관해 몇 마디를 덧붙이면 다음과 같다. 우리가 따르는 하나님의 계시가 무오하다면 그것을 모든 지식의 판단 기준으로 삼아야 마땅하다. 하나님의 계시는 그 자체로 확실성의 기준이기 때문에 가장 확실한 것으로 간주해야 한다.

하나님의 말씀이 지닌 확실성조차도 그분의 생각을 남김없이 드러내는 것은 아니라는 미크의 말에는 아무런 이견이 없다. 또한 우리의 오류 가능성을 정직하게 인정한다는 의미에서 의심을 받아들일 수 있고, 또 심지어는 미덕으로 간주할 수 있다는 그녀의 견해도 틀리지 않는다(약 4:13-16. 바울도 로마서 11:33-36절에서 하나님을 아는 지식이 얼마나 심오한 것인지를 기꺼이 인정했다). 그러나 『알고 싶은 열망』은 죄가 되는 의심과 정당화될 수 있는 의심의 차이를 구별하지 않았을 뿐 아니라 하나님의 계시가 우리에게 아무런 변명의 여지를 남기지 않는다는 것이 무슨 의미인지를 옳게 이해하도록 이끌지 못한 단점이 있다. 아마도 하나님을 아는 지식과 자동차 수리공을 아는 지식 사이에는 좀 더 세심하게 파헤쳐야 할 차이가 존재할 것이 분명하다.

그러나 이런 문제점은 (단지 나의 오해에서 빚어진 것이 아닌 진정한 문제일지라도) 미처 생각하지 못하고 간과한 오류일 뿐이다. 이 책은 간과한 것 몇 가지가 있다는 이유만으로는 전혀 불평을 제기할 수 없을 만큼 많은 장점을 지니고 있다. 전반적으로 볼 때 이 책은 인식론에 관한 한 (기독교적 인식론이라는 차원을 넘어 일반적인 인식론에 이르기까지) 참으로 오랜만에 모습을 드러낸 최고의 책이 아닌가 싶다. 인식론에 깊은 관심이 있는 학생들은 물론이고, 어떻게 하나님을 아는지를 좀 더 분명하게 이해하기를 원하는 일반인들이라면 누구나 반드시 읽어봐야 할 책이다.

부록 Q
기독교와 오늘날의 인식론

다음 책에 대한 논평이다. John L. Pollock, *Contemporary Theories of Knowledge* (Totowa, NJ: Rowman and Littlefield, 1986). 본래는 다음 자료를 통해 처음 발표되었다. *WTJ* 52, 1 (1990년 봄); 131-41. 웨스트민스터신학교의 허락을 받아 게재했다. 폴록은 비종교적인 분석철학자이다. 그는 플랜팅가의 외재론적 인식론(13장)과 대조되는 내재론적 인식론을 제시한다(이 책에 맞게 문체를 약간 다듬었다).

신학자들이 전통적으로 철학적 인식론에 관심을 기울여 온 이유는 하나님에 관한 지식을 다루기 때문이다. 그들은 때로 비종교적인 인식론을 유익하게 활용하거나 거부하곤 했다. 그런 식으로 상호교호가 활발하게 이루어졌다. 이런 역사는 인식론의 흐름을 파악하는 것이 신학자들에게 상당한 가치를 지닌다는 점을 잘 보여 준다. 지금도 여전히 (파르메니데스와 궤변론자들을 배경으로 삼아) 플라톤과 아리스토텔레스의 고전적인 인식론에 관해서나 전통적인 합리주의와 경험주의 및 칸트와 헤겔에 관해서 쓴 글들이 심심하지 않게 발표되고 있다. 어떤 신학자들은 20세기에 발전된 인식론, 특히 논리실증주의, 후기 비트겐슈타인, 실존주의자들을 비롯해 토머스 쿤, 마이클 폴라니, 노우드 한슨, 파울 파이어아벤트, 앨러스데어 맥킨타이어,

필립스와 같은 사람들에 의해 다양한 방식으로 제시된 "객관적인" 지식을 거부하는 사상 운동에 관심을 기울였다.

다른 신학 서적들과 마찬가지로 나의 『하나님을 아는 지식의 교리(DKG)』도 고전적이고, 전통적인 인식론을 다루는 데 주로 초점을 맞춘다.[1] 물론 그 책의 목적은 비종교적인 이론들을 설명하는 것이 아니라 지식에 관한 성경적인 가르침을 제시하는 데 있다. 그러나 성경적인 개념과 비종교적인 개념을 어느 정도 비교해야 할 필요가 있었다. 지금은 그 책에서 좀 더 최근에 발전된 비종교적인 이론들을 충분히 다루지 못한 것이 조금 후회스럽다.

존 폴록의 『현대의 지식 이론』은 오늘날의 비종교적인 인식론을 훌륭하게 논하고 있다. 아마도 오늘날 가장 유명한 인식론자인 로데릭 치좀은 그의 책을 "이 주제와 관련된 현재의 논의를 철저하고, 정확하게 다루고 있을 뿐 아니라 독창적인 기여를 한 매우 뛰어난 책이다. 내가 아는 한 현대의 지식 이론을 이보다 더 잘 소개한 책은 없다."라고 평가했다. 나도 치좀의 평가에 동의한다. 나는 폴록의 책이 신학에 관심이 있는 사람들에게 이 분야에 대한 최근의 정보를 제공하는 매우 유익한 수단이 될 뿐 아니라 현대의 지식 이론에 대한 기독교적 평가를 내릴 수 있는 좋은 발판이 될 수 있다고 생각한다.

폴록의 책은 대체로 읽기가 어려운 매우 전문적인 책이라서 대다수 사람들이 원하는 것보다는 좀 더 상세한 논의의 장으로 우리를 깊숙이 이끌어 들인다. 그러나 폴록은 때로 생생한 예화와 논증들을 간편하게 요약한 내용으로 우리의 이해를 돕는다. 전자의 경우에 해당하는 예를 하나 들면 책의 서두에 게재된 내용이다. 그것은 해리의 발견으로 끝을 맺는 흥미진진한 세 쪽짜리 예화다. 해리의 뇌를 외과 수술을 통해 그의 몸에서 떼어내 영양소가 갖추어진 통에 담아 두었다. 그의 뇌는 그곳에서 계속 생명을 유지한다. 컴퓨터가 뇌에 부착된 전선을 통해 자극을 주어 해리에게 통에 들어가기 이전처럼 정상적인 삶을 살고 있다는 인상을 심어준다. 그러면서 해설자는 "나는 실제로 통 안에 든 뇌이고, 내 주위에 있는 이 모든 것은 단지 컴퓨터가 만들어낸 허구라는 의심에 시달린다."라고 결론짓는다.

---

[1] 그러나 나의 책은 플랜팅가와 볼터스토프를 다룬 부록에서 좀 더 최근에 발전된 인식론을 우회적으로 언급하기도 했다.

이 이야기를 읽으면 폴록의 책이 주로 회의론을 다루고 있는 내용인 것처럼 생각될 소지가 높다. 그러나 사실 폴록은 회의론자들을 간단하게 처리한다. 그는 우리가 아무것도 정확하게 알지 못한다는 회의주의적인 결론은 설득력도 없고, 아무런 가능성도 없기 때문에 일종의 배리법과 같은 기능을 하는 것으로 간주했다. 그는 어떤 논증이 논리적으로 회의론을 함축하고 있다면 그 전제에 잘못이 있는 것이 틀림없다고 주장한다. 물론 순수한 회의론은 논박할 수 없다. 왜냐하면 회의론자가 자신을 비판하는 사람에게 논쟁의 근거가 되는 지식을 전혀 허용하지 않기 때문이다. 그러나 우리는 회의론자가 틀렸다는 것을 안다. 왜냐하면 그 사실을 알지 못한다면 다른 무엇도 알지 못하기 때문이다. 만일 우리가 그 사실을 안다면 그것은 우리가 증명할 수 없는 어떤 것(곧 회의론자가 틀렸다는 것)을 알고 있다는 증거다.

회의론 자체는 폴록에게 그렇게 큰 관심사가 아니다. 그러나 그는 회의론적인 논증이 그릇된 전제를 경계하도록 도와준다는 점에서 유익하다고 말한다. 만일 어떤 전제가 회의론으로 귀결된다면 그것을 받아들일 수 없다. 회의적인 논증은 상당한 부정적인 가치를 지닌다. 우리는 그것으로부터 지식에 무엇이 포함되어 있고, 무엇이 포함되어 있지 않은지에 대한 다양한 사실들을 배울 수 있다.

폴록은 그런 논리에 근거해 지식의 가능성을 당연시할 뿐 아니라 다양한 종류의 지식(개념적인 지식, 기억에 의한 지식, 귀납법과 연역법을 통한 지식 등)을 인정했다. 폴록의 책은 이 네 가지 종류의 지식에 초점을 맞춘다. 또한 그는 선험적인 지식과 도덕적인 지식이 가능하다고 생각했지만 그런 지식은 현대의 인식론에서 상당히 큰 논란거리라고 솔직하게 말했다. 그는 자신의 책에서 그런 지식에 대해 더 이상 아무 말도 하지 않았다. 아울러 그는 다른 사람들의 생각에 대한 지식의 경우는 짧게 언급하고 나서 무시해 버렸고, 다른 사람들의 증언을 통해 주어지는 지식의 가능성은 언급조차 하지 않았다(나는 이 지식을 다른 형태의 지식과 충분히 구별되기 때문에 따로 분리해서 다루어야 할 가치를 지닌 중요한 지식으로 생각한다).[2]

그는 하나님의 계시를 통해 주어지는 지식에 관해서도 아무 말도 하지 않았다. 하나님은 폴록의 인식론 안에서 아무런 역할도 하지 않으신다. 폴록은 자신의 입장

---

2) 토머스 리드의 "경신(輕信) 원리"를 참조하라.

을 "자연주의"로 묘사했다. 그 말은 데카르트의 자아, 즉 "기계 속의 망령"을 포함해 그 어떤 종교적이거나 초자연적인 개념도 의존할 생각이 없다는 의미를 지닌다. 그는 지식에 대한 자신의 개념은 "인식적인 기계"에 적용될 수 있다는 점을 내세워 자신의 견해가 장점을 지닌다고 주장하면서 그런 로봇이 어떻게 기능하도록 유도될 수 있는지를 사변하는 데 약간의 지면을 할애했다. 나는 인식적인 로봇에 관한 폴록의 논의가 별로 만족스럽지 않다. 그는 오스카에게 "감각의 기관", "연역적이고, 귀납적인 추론의 기능", "고통 센서", "생각의 언어", "고통 센서를 감지하는 기능", 개념적인 기관 활동 센서, 인식적인 과정 센서, 물체와 자아에 대한 정신적 표상 등과 같은 기능이 주어졌다고 말했다. 그러나 그는 어떻게 그런 놀라운 기능들이 로봇 안에 탑재되었는지에 관해서는 아무 말도 하지 않는다. 따라서 그가 그 점을 분명하게 밝히기 전까지는 그런 기능들이 정신, 심지어는 "데카르트의 자아"에 의해서만 기능을 발휘할 수 있다는 비평이 얼마든지 가능하다. 폴록이 단지 자신의 인식론적인 제안을 구체적으로 설명하려는 의도로 그렇게 말했다면 오스카는 그 목적에 나름대로 충실한 셈이 되지만, 만일 그가 그것을 자연주의를 위한 논증으로 제시했다면 아무런 소득도 얻지 못할 것이 틀림없다.

지식은 무엇인가? 1963년 이전의 분석 철학자들은 대부분 지식을 "정당화된 참된 신념"으로 정의했다. 그러나 에드먼드 게티어는 1963년에 "정당화된 참된 신념이 지식인가?"라는 논문을 발표했다.[3] 게티어는 여러 가지 반증을 통해 정당화된 참된 신념이 모두 지식은 아니라고 말했다. 폴록이 조금 고쳐 쓴 게티어의 반증 가운데 하나를 소개하면 다음과 같다.

> 스미스의 생각은 틀렸지만 존스가 포드 자동차를 소유하고 있다고 생각할 만한 충분한 이유가 있었다. 또한 스미스는 브라운이 어디에 있는지 몰랐지만 제멋대로 바르셀로나라고 단정했다. 그리고 그는 존스가 포드 자동차를 소유하고 있다는 추정된 사실을 통해 존스가 포드 자동차를 소유하고 있거나 브라운이 바르셀로나에 있다고 추론했다. 우연히도 브라운은 바르셀로나에 있었고, 그 결과 이 선언(選言)은 참으로 드러났다. 더욱

---

3) *Analysis* 23 (1966): 121–23.

이 스미스는 존스가 포드 자동차를 소유하고 있다고 믿을 만한 충분한 이유가 있었기 때문에 이 선언을 믿는 것이 정당하다. 그러나 그의 증거는 선언의 참된 선언지(選言肢)에 해당하지 않기 때문에 존스가 포드 자동차를 소유하고 있거나 브라운이 바르셀로나에 있다는 것을 스미스가 알고 있는 것으로 간주하기가 어렵다.

많은 사람들이 논문을 발표해 정당화, 참, 신념 외에 네 번째 조건을 지식에 더함으로써 "게티어의 문제"를 해결하려고 노력했다. 그러나 또 다른 사람들이 여전히 그런 네 번째 조건에 대한 반증을 제시했고, 그 결과 논쟁은 오늘날까지도 계속되고 있다.

게티어의 문제에 대한 폴록 자신의 해결책은 "정당화"의 개념을 재구성하는 것이었다. 폴록은 "정당화된 신념이란 믿을 수 있도록 '인식적으로 허용된' 신념을 가리킨다."라고 말했다. 그는 인식적인 허용성을 신중한 허용성이나 도덕적 허용성과 구별한다. 나는 이런 선언들이 그다지 설득력이 없다고 생각한다. 폴록의 논증은 단지 자신이 생각하기에 신중하거나 도덕적으로는 옳지만 인식적으로는 틀린(또는 인식적으로는 옳지만 신중하거나 도덕적으로 틀린) 신념의 사례들을 제시하는 데 그친다. 예를 들어 어떤 사람이 다른 사람을 더 이상 나쁘게 생각하지 않겠다고 약속했다고 가정해 보자. 이 경우 다른 사람을 나쁘게 생각하는 것은 인식적으로는 옳지만 도덕적으로는 잘못일 수 있다.

그러나 이 경우를 내가 분석한다면 그런 약속은 타당하지 않다고 말할 수 있다. 왜냐하면 약속할 수 없는 것을 약속하는 것이기 때문이다. 누군가에게 내가 진실을 거짓으로 간주하거나 거짓을 진실로 간주하겠노라고 약속하는 것은 옳지 않다. 따라서 누군가를 나쁘게 생각하는 것은 (인식적으로 정당화되는 경우에는) 인식적으로나 도덕적으로 모두 옳다. 이 예증은 전자가 후자와 관련이 있다는 것을 부인하지 못한다. 그러나 심지어 폴록의 평가도 인식적인 허용성이 유일한 종류의 신중한 허용성이나 도덕적 허용성이 아니라는 의미일 뿐, 인식적인 허용성이 그 두 영역의 밖에 존재한다는 의미는 아니다.

인식적인 허용성은 오직 진실만을 믿어야 하는 우리의 윤리적인 의무에 근거하는 것이 분명하다. 만일 그렇지 않다면 무엇을 근거로 삼아야 할지 알 수 없다(나는

나중에 폴록의 근거를 논의할 생각이다).[4]

또한 폴록은 인식적인 허용을 인식적인 "의무"라는 개념과 구별했다.

> 인식적인 규범은 무엇인가를 믿는 것이 인식적인 의무라고 요구하지 않는다. 그것은 단지 그렇게 하도록 인식적으로 허용될 수 있다는 것만을 말할 뿐이다. 예를 들어 내가 P를 믿고, 또 서로 상충되는 이유들이 없는 상태에서 "P라면 Q라고 하더라도" Q를 꼭 믿어야 한다는 것은 사실이 아니다. 그 이유는 내가 Q에 아무런 관심이 없을 수 있기 때문이다(84쪽).

물론 우리는 Q에 관심을 기울여야 할 도덕적인 의무가 있을 수 있다. 그런 의무감은 우리의 무관심을 변명으로 내세울 수 없게 만든다. 그러나 그런 것과는 상관없이 폴록의 논증은 이 경우에 우리가 Q를 의식적으로 믿어야 할 의무가 없는 좋은 이유를 제시한다. 사실, 우리의 신념 가운데 대부분은 특정한 순간에 의식적으로 형성되지 않는다. "관심"은 특정한 때에 특정한 신념에 의식적으로 주의를 기울일 수 있게 만드는 이유 가운데 하나이지만, 우리가 믿는 것이나 믿지 않는 것과는 그다지 큰 관계가 없는 것처럼 보인다.

내 설명은 이렇다. 누군가가 P를 믿고 있고, "만일 P가 Q라면" 그는 어떤 점에서 이미 Q를 믿고 있는 것이나 마찬가지다. 왜냐하면 Q에는 이미 전제에 포함되어 있는 정보가 모두 포함되어 있기 때문이다. 또한 그가 그런 포함 관계를 의식하게 되거나 의식할 때는 당연히 그것을 믿을 것이 틀림없다. 의무의 요소는 누군가가 자신이 알고 있는 것을 부인하려고 노력할 때(즉 자기 자신에게나 다른 사람에게 그것을 부인하려고 할 때) 분명하게 드러난다. 그런 점에서 "당신은 Q를 믿어야 한다. 그리고 적절한 상황에서 질문을 받을 경우에는 본인이 Q를 믿고 있다는 것을 인정해야 한다."라고 말하는 것은 정당하다.

폴록이 이성적인 추론을 도덕적인 평가에 종속시키는 것을 거부하는 것처럼 보

---

4) 신중함에 관한 그리스도인인 나의 입장은 신중함과 도덕성이 궁극적으로 서로 일치한다는 것이다. 실용주의는 인식적인 규범을 신중함의 규범으로 축소시켰다. 나는 그것이 그 자체로는 틀리지 않는다고 생각한다. 그러나 그런 입장이 실제로 효과를 발휘하려면 신중함에 대한 기독교적 개념을 갖추는 것이 반드시 필요하다. 대다수 형태의 실용주의에는 이 개념이 결여되어 있다.

이는 이유 가운데 하나는 "우리가 사실상 무엇을 믿을지를 '결정하지' 못한다."는 그의 견해 때문이다. 그는 이렇게 말했다.

> 우리는 우리 자신의 신념들을 자발적으로 통제하지 못한다. 우리는 2+2=5라고 믿기로 결정할 수 없다. 우리는 기껏해야 우리가 믿는 것을 간접적으로 통제할 뿐이다. 우리는 어떤 것을 위한 증거를 반복적으로 되풀이하거나 우리의 생각으로부터 대항력이 있는 증거를 제거하거나 의도적으로 그것을 위한 새로운 증거를 찾음으로써 그것을 믿으려고 노력할 수는 있지만 우리의 의도대로 주먹을 불끈 쥘 수 있는 것과 똑같은 의미에서 무엇인가를 자의적으로 믿을 수는 없다.

이 말에는 상당한 진실이 담겨 있다. 우리는 단지 우리가 믿는 것을 믿을 뿐이고, "무엇을 믿을 것인지를 결정하기 위한 노력"은 (폴록이 위에서 설명한 대로 증거를 논박함으로써) 새로운 신념을 형성하기 위한 노력, 곧 둘 이상의 신념들 가운데 어느 것이 우리의 사고를 지배하고 있는지를 결정하려는 노력이거나 아니면 우리의 마음속 깊은 곳에서 우리가 이미 무엇을 믿고 있는지를 결정하기 위한 자기 성찰적인 노력에 해당하는 것일 수 있다.[5]

그럼에도 불구하고 우리의 의도대로 무엇을 믿어야 하는지를 결정할 수는 없다고 하더라도 신념을 고백하고, 적용하고, 활용할지 여부와 그 방법에 관한 결정은 자의적으로 이루어지는 것이 확실하다. 특히 사람들이 스스로가 사실로 알고 있는 것을 인정하기를 거부할 때는(즉 "진리를 거짓으로 바꿀 때는) 의지가 명백히 개입한다. 위의 인용문에서 언급한 대로 증거를 활용할 때도 의식적인 결정이 이루어진다. 이처럼 인식적인 영역에서 도덕적인 평가를 내려야 할 여지가 많다. 인식론은 우리가 실제로 가지고 있는 신념들만이 아니라 우리가 그것을 고백하고, 옹호하고,

---

5) 나는 여기에서 "것일 수 있다."라고 말했다. 이 문제에 대한 나의 실제적인 견해는 좀 더 복잡하다. 나는 서로 다른 "차원"의 신념이 존재한다고 생각한다. 가장 근본적인 차원에서는 하나님을 알고, 또 그분이 창조하신 그대로의 세상을 안다. 이처럼 우리의 참된 신념들은 적절할지라도 매우 제한적이다. 그러나 죄로 인해 그런 참된 신념들에 일치하지 않는 부가적인 신념들이 생겨났다(즉 "진리를 거짓으로 바꾸는 것"). 중생은 그런 일을 거부할 수 있는 능력을 부여한다. 가장 근본적인 차원의 신념은 자의적이지 않다. 그러나 죄와 중생의 상태에서 신념이 대체되는 과정에는 의지가 상당히 크게 작용한다(물론 그런 상태에서 그 과정이 항상 의식적으로 이루어지는 것은 아니다).

활용하고, 적용하고, 거부하고 부인하는 과정도 아울러 다룬다. 따라서 우리가 믿어야 할[6] 특정한 신념, 곧 도덕적인 타당성에 의해 정당화되는 신념들이 있다고 말해도 결코 틀리지 않는다.

인식적인 정당화에 관한 폴록의 견해에서 마지막으로 살펴봐야 할 점은 그것이 객관적이라기보다는 주관적이라는 것이다. 또한 그는 이 개념을 "신념이나 이성을 이끄는" 정당화의 의미로 규정했다. 그것은 "무엇을 믿을 것인지를 결정하도록" 돕는다.[7] 정당화는 특정한 신념을 채택해야 할 이유를 제공한다.

이런 의미에서의 정당화는 사람마다 다를 수 있다. 한 사람에게 P를 믿어야 할 좋은 이유가 있다고 해서 그것이 반드시 다른 사람에게도 그것을 믿어야 할 좋은 이유가 되는 것은 아니다. 어린아이가 산타클로스의 존재를 믿는 이유는 그의 어머니가 그 명제를 증언했기 때문이다. 그는 자신의 어머니를 신뢰할 수 있다고 생각하기 때문에 그렇게 믿을 수 있는 좋은 근거를 가진다. 그러나 어린아이의 아버지는 자신의 문화적 상황에서 크리스마스를 축하하는 방법을 훨씬 더 다양하게 경험해 왔기 때문에 아들이 그런 신념을 정당화하는 것을 인정하지 않을 것이 분명하다.

정당화에 대해 그런 견해를 갖는다면 심지어 P가 틀렸더라도 P를 믿는 것이 얼마든지 정당화될 수 있다. 이런 사실은 위에서 구체적으로 예시한 바 있다. 어린아이는 산타클로스를 믿을 만한 좋은 이유를 가지고 있을 뿐, 그의 존재를 부인할 만한 좋은 이유는 가지고 있지 않다. 따라서 그 어린아이는 우리 대다수가 객관적으로 틀렸다고 말하는 명제를 믿는다고 해도 여전히 정당하다.

폴록의 책의 나머지 내용은 이러한 정당화의 개념을 탐구하는 데 초점을 맞춘다. 폴록은 "인식론의 핵심 주제는 지식이라기보다는 인식적인 정당화에 있다."라고 말했다. 인식론에 관한 책들 가운데서 이 개념이 차지하는 중요성을 고려하면 그의 말은 틀리지 않다.[8] 주관적인 정당화가 중요한 범주에 속하기 때문에 연구할 만한 가치가 있다는 것에는 기꺼이 동의한다. 그러나 이 개념이 폴록의 책을 비롯해

---

6) 여기에서 나는 "믿어야 할"이라는 용어를 신념을 소유하고, 인정하고, 고백하고, 적용하고, 활용하는 것을 모두 포함하는 넓은 의미로 사용했다.
7) 지금까지 살펴본 대로 이 문장에서도 우리가 생각할 수 있는 도덕적인 의미는 고려하지 말아야 한다.
8) 다음 자료를 참조하라. *DKG*, 389-91, 395-98(플랜팅가와 볼터스토프에 관한 논의).

다른 인식론에 관한 책들에서 이 정도까지 중요한 비중을 차지해야 하는 이유는 쉽게 이해하기 어렵다. 그것이 유일한 종류의 인식적인 정당화도 아니고, 심지어는 가장 중요한 종류도 아닌 것은 분명하다.

어머니의 증언을 듣고 산타클로스를 믿는 어린아이를 다시 생각해 보자. 그가 산타클로스를 믿는 것이 정당한가? 이미 설명한 대로 주관적인 의미에서 정당화될 수 있다는 점에서는 이 질문에 "그렇다."라고 대답할 수 있다. 그러나 또 다른 의미에서 그 아이의 신념이 정당화될 수 없는 것도 또한 분명하지 않은가? 대학교에 처음 입학한 신입생들에게 어머니의 무릎 위에서 무비판적으로 획득한 신념들이 고등 교육의 목적을 위해서는 더 이상 적절하게 정당화될 수 없다고 말해 주는 것은 너무나도 당연하지 않은가?

또한 전기 비평가가 "근거 없는 주장"을 내세운다는 이유로 저자를 비판하는 것도 당연하기는 마찬가지 아닌가? 그런 상황에서 비평가는 논란이 되는 신념들을 위해 저자가 내세운 사적이고, 주관적인 이유들을 논하는 것이 아니다. 오히려 비평가는 저자가 제시한 이유들이 다른 사람들을 자기처럼 믿게 만들기에는 충분하지 않다는 실망감을 표현했을 따름이다.

나는 우리가[9] 정당화된 신념들을 말할 때는 대개 그것들을 주장하는 사람들만이 아니라 그 주제를 가장 잘 알고 있는 사람들이 볼 때에도 충분한 근거를 지닌 신념들을 의미한다고 생각한다.[10]

놀랍게도 폴록은 게티어의 문제를 다룬 부록에서 자신이 앞서 정의한 주관적인 정당화는 지식에 필요한 종류의 정당화가 아니라는 견해를 드러냈다. 그는 게티어의 도전에 대한 응답으로 "객관적인" 정당화의 개념을 발전시켰고, 그것이 곧 정당화가 지식의 필요조건이라는 우리의 직관에 부합한다고 생각했다. 그는 여러 가지 가능성을 논하고 나서 다음의 문제에 초점을 맞추었다.

---

9) 앞서 지적한 대로 여기에서의 "우리"는 전문적인 인식론자들을 포함하지 않는다.
10) 『하나님에 관한 지식의 교리(*DKG*)』에서 제시한 또 하나의 가능성은 다양한 상황(예를 들면 학자들의 세계와 어린아이들을 위한 주일학교)에서 사람들이 요구하는 설득력의 종류에 부합하는 정당화의 "수준들이" 제각각 다를 수 있다는 것이다. 이 경우 가장 고차원적인 사회적 수준은 하나님과 우리와의 관계일 것이다. 우리는 하나님 앞에 항상 서 있고, 그분은 절대적인 정당성, 곧 자신의 말씀에 근거한 정당성에 미치지 못하는 것에 만족하지 않도록 끊임없이 우리를 독려하신다.

만약 S가 1) 모든 진리와 관련해 궁극적으로 논파되지 않고, 2) S에게 사회적으로 민감한 모든 진리와 관련해 궁극적으로 논파되지 않는 P를 지지하는 논증 A를 증명하거나 증명해야만 S가 P를 안다고 할 수 있다(193쪽).

여기에서 "증명한다."는 말은 "받아들인다."와 그 의미가 비슷하다(이 점에 대해 좀 더 정확하게 알고 싶으면 폴록의 책 188쪽을 참조하라). "궁극적으로 논파되지 않는"은 그 논증에 대한 잠재적인 비판들을 결정적으로 논박할 수 있다는 의미이고, "사회적으로 민감한" 진리들이란 S가 속한 사회적 그룹 안에서 다른 사람들이 그가 "알기를 기대하는" 진리들을 가리킨다. 만일 사람들이 S가 명제 Q를 알기를 기대하는 상황에서 P가 진실에 어긋나고, Q를 지지하는 타당한 "논파 논증"에 대해 알지 못한다면 S는 설혹 Q가 틀렸더라도 P를 알고 있다고 말할 수 없다. 그러나 S의 논증이 그런 Q들과 다른 모든 잠재적인 "논파 논증"을 반박할 수 있다면 S는 비로소 P를 안다고 말할 수 있다. 이런 "객관적인 정당화"의 개념은 내가 앞에서 직관적으로 대략 설명한 개념을 좀 더 정확하게 드러낸다.

만일 폴록이 주관적이 아닌 객관적인 정당화가 지식에 필요한 종류의 정당화라고 말한 것이 옳고, 또 내가 객관적인 정당화는 최소한 주관적인 정당화 못지않게 인식론에 중요하다고 말한 것이 옳다면 폴록이 자기 책의 95퍼센트를 차지하는 지면을 주관적인 정당화를 다루는 데 할애한 이유가 무엇인지 참으로 궁금하지 않을 수 없다. 아마도 그 이유는 그가 자신의 인식론에서 하나님의 역할을 배제하다 보니 더 이상 객관적인 진리를 설득력 있게 진술할 수 없었기 때문이 아닌가 싶다.

나는 유신론적인 신념이 그의 관점을 어떻게 변화시켜 좀 더 설득력 있게 만드는지를 보여주고 싶다. 폴록이 객관적인 정당화를 묘사하면서 인식아가 속한 사회적 그룹(곧 인식아가 알기를 기대하는 것)에 역할을 부여한 것은 의미심장하다. 만일 폴록이 그런 사회 그룹 안에 하나님을 포함시키기에 충분한 넓은 사고의 폭을 지녔다면 "알기를 기대하는 것"이 (그가 앞서 주장한 것과는 달리) 도덕적인 의미를 지니게 되었을 것이고, 우리에게는 객관적인 지식에 대한 주장을 평가하는 방법에 대한 구체적인 지침이 주어졌을 것이다. 하나님은 편재하시기 때문에 누구든지 조건 2)를 충족시키는 사람은 자동적으로 조건 1)을 충족시킬 수 있다. 우리는 하나님이 A가 알기를 원하시는 것(곧 하나님의 계시에 관한 지식)에 대한 우리의 지식을 근거로 A가 주장하는 지식을 판단할 수 있다(하나님의 계시에 대한 지식이 없다면 누군가가 조건 1)을 충족시켰는지 여부를 판단하기 위해서는 우리 자신이 직접 전지한 능력을 소유해야 할 것이다).[11]

폴록의 책은 현대의 인식론을 개괄하는 데 주된 목적이 있다. 그는 그 가운데서 한 가지 유형의 인식론을 옹호했고, 나머지는 모두 논박하려고 시도했다. 그런 인식론들을 통해 우리가 여기에서 이해해야 할 것은 주관적인 정당화에 관한 견해들이다. 지금부터 "정당화"라는 용어는 특별한 설명이 없으면 주관적인 정당화를 의미한다. 폴록은 먼저 "신념적 이론"과 "비신념적 이론"을 구별한다(그의 책 19-25쪽을 보면 폴록의 분류표를 찾아볼 수 있다). 전자는 S가 내세우는 한 가지 신념의 정당화는 전적으로 그가 믿는 다른 신념들에 의해 이루어진다. 신념적 견해에 따르면 신념의 정당화는 (비교, 귀납, 연역 등과 같은 방법을 통해) 하나의 신념을 그 사람이 믿는 다른 신념들과 연관시킴으로써 이루어진다. 그와는 달리 비신념적 견해는 그런 종류의 정당화에만 국한시키지 않는다. 예를 들어 어떤 비신념적인 견해에 따르면 지각으로부터 "직접" 생겨난 신념은 지각 자체가 합법적인 인식의 과정이기 때문에 그 신념의 출처와 지각의 합법성에 관한 신념을 지니고 있는지 여부에 상관없이 정당화될 수 있다.

폴록이 인식론적 견해를 다음과 같이 분류했다.

I. 신념적인 견해
  A. 정초주의
  B. 일관주의
    1. 선적이고, 긍정적인 일관주의
    2. 전인적이고, 긍정적인 일관주의
    3. 부정적인 일관주의

---

[11] 물론 "하나님이 우리가 알기를 기대하시는 것을 아는 것"은 그 자체로 또 다른 논의의 대상이다. 내가 『하나님에 관한 지식의 교리』를 저술한 목적 가운데 하나는 우리가 하나님의 계시를 어떻게 알고, 또 어떻게 적용해야 하는지에 관한 문제를 다루기 위해서였다.

II. 비신념적 견해
　　A. 외재주의
　　　1. 개연론
　　　2. 신뢰주의
　　B. 내재주의

직접적인 현실주의-폴록의 견해

신념적인 견해의 범주 아래 서로 구별되는 두 가지 견해가 존재한다. 하나는 정초주의(foundationalism)이고 다른 하나는 일관주의(coherentism)다. 정초주의에 따르면 신념은 궁극적으로 "근본적인(또는 기본적인)" 신념들과 관련해 정당화된다. 우리가 믿는 신념들 가운데는 다른 신념들에 비해 정당화에 좀 더 근본적인 영향을 미치는 것들이 있다. 철학의 역사를 돌아보면 다양한 종류의 신념들이 근본적인 것으로 간주된 것을 알 수 있다. 예를 들면 데카르트의 "명확하고, 분명한 개념들", 스피노자의 "공리들", 라이프니츠의 "사고의 법칙", 흄의 "인상",[12] 토머스 리드의 "상식", 러셀과 초기 비트겐슈타인의 "논리적 원자들" 등이다. 최근에 앨빈 플랜팅가와 니콜라스 볼터스토프는 하나님을 믿는 신념을 "인식적인 기본 신념"으로 제시했다.[13] 그러나 오늘날 가장 일반적인 견해는 기본 신념이 감각적 경험을 통한 자료나 우리가 알고 있는 "현상들"에 관한 자료로 구성된다는 다양한 형태의 경험주의다.[14] 이런 신념들은 자기 정당화의 속성을 띤다. 다른 모든 신념들은 모두 그런 신념들과 관련되어 정당화된다. 근본적이지 않은 신념들은 약간의 "추론"을 통해 근본적인 신념들로부터 파생한다.

폴록은 자신이 궁극적으로 논박하기를 원했던 견해들을 매우 상세하게 설명하려

---

12) 그러나 흄의 견해는 폴록의 분류에 따르면 비신념적인 견해로 간주할 때 더 잘 이해할 수 있을 듯하다.
13) Alvin Plantinga and Nicholas Wolterstorff, eds., *Faith and Rationality: Reason and Belief in God* (Notre Dame, IN: University of Notre Dame Press, 1983). 다음 자료를 참조하라. *DKG*, 382-402.
14) 폴록이 인용한 대로 "나는 붉은 것의 현상을 느끼고 있다."라는 치좀의 유명한 말은 그런 현상이 어떤 현실을 가리키느냐는 문제를 편향된 관점에서 생각하지 않으려는 시도에 해당한다.

고 노력했다. 그 점에서 그는 칭찬받을 만하다. 그레샴 메이첸도 그런 일에 능했다. 오늘날의 철학자들은 그런 태도를 본받는 것이 좋다. 나는 폴록의 설명과 논증을 다시 상세히 되풀이할 만한 능력은 없지만 그것을 가능한 정확하게 요약하려고 노력할 생각이다.

정초주의에 대한 폴록의 논증을 간단하게 압축하면 다음과 같다. 1) 우리는 우리가 무엇을 어떻게 느끼는지를 항상 분명하게 알지는 못한다. 우리의 감각이 틀릴 수도 있다. 사고가 일어난 후에 그것을 목격한 증인들은 종종 처음에 느꼈던 인상들을 수정하는 경우가 많다. 따라서 현상적인 신념은 자기 정당화의 속성을 띤 신념이 아니다. 2) 우리가 느끼는 것에 대한 확실한 신념을 지니기는 어렵다. 감각을 통한 증거는 신념의 형태를 취하지 않는다. 따라서 감각적 인식이 정당화에 어느 정도 기본적인 역할을 한다고 해도 그것은 정초주의 이론에서처럼 우리의 감각에 관한 신념을 통해 그런 역할을 하는 것은 아니다. 3) 인식적으로 기본적인 신념들의 경우에는 교정할 수 없거나 자기 정당화적인 속성을 띠는 것이 아니라 단지 달리 논박할 증거가 없는 한 충분히 정당화될 수 있는 것이라고 말해야 옳지 않겠는가? 이 말은 곧 그런 신념들이 우리가 불신할 만한 이유를 찾기 전까지만 정당화될 수 있다(곧 "유죄로 판정되기 전까지만 무죄하다")는 뜻이다. 그러나 감각적 현상의 신념들도 그 외의 다른 종류의 신념들과 비교할 때 자명하다고 주장할 만한 근거가 없기는 마찬가지다. 특정한 종류의 인식적인 기본 신념으로 내세울 수 있는 근거는 존재하지 않는다. 기본적인 신념들이 없다면 이제 남은 것은 정초주의가 아닌 일관주의다(나는 이것이 플랜팅가와 볼터스토프가 제안한 형태의 정초 이론에 대한 폴록의 답변일 것이라고 생각한다). 4) 심지어 감각적 신념들의 교정 불가능성을 인정한다고 하더라도 우리는 그것들로부터 기억을 통해 다른 신념들을 추론할 수 있다. 그런 과정은 기억을 기본 신념들의 부가적인 원천으로 삼게 만들거나(이 경우에는 위에서 언급한 문제들이 다시 발생한다) 비신념적으로 기능하도록 만드는 것이 필요하다.

어떤 신념을 지니는 이유를 묻는 질문을 받았을 때 그 신념을 우리가 좀 더 많은 확신을 가진 신념으로부터 귀납적으로나 연역적으로 추론하는 것은 지극히 정상적인 일이다. 이것이 정초주의를 위한 직관적인 토대다. 그러나 우리는 폴록이 다룬 구체적인 질문을 계속해서 상기해야 할 필요가 있다. 그것은 주관적인 정당화의 문제다. 우리의 신념을 다른 사람들에게 어떻게 정당화시킬 것인지에 관한 문제는 그다지 의미가 없다. 그것은 객관적인 정당화의 범주에 속하는 문제다. 폴록은 그것보다는 우리가 믿는 것을 믿도록 만든 "인식적인 허용"이 어떻게 이루어지느냐고 묻는다. 그는 "확실한 신념들"이 우리의 인식적인 자기 방어와 관련해 어떤 역할을 하든지 대개는 우리의 신념들이 주관적으로 정당화될 수 있는 이유가 되지는 못한다고 주장했다. 정당화된 신념들 모두가 감각적인 기본 신념들에서 파생될 수 있는 것은 아니다. 또한 감각적인 신념들이 의미 있는 차원에서 자기 정당화의 속성을 띠는 것도 아니다.

일관주의와 정초주의의 다른 점은 이렇다. 일관주의자들에게는 기본 신념이라는 것이 존재하지 않는다. 그들은 인식적으로 특권이 부여된 명제를 인정하지 않는다. 신념의 정당화는 하나의 신념을 다른 모든 신념들과 연관시킬 때 이루어진다("신념들"이라는 용어를 사용한 것은 일관주의도 정초주의처럼 신념적인 견해에 해당하기 때문이다). 하나의 신념이 나머지 신념들과 "일관성"을 유지한다면 그것은 정당화될 수 있다. 폴록은 긍정적인 일관주의(모든 신념에 대한 긍정적인 증거를 요구하는 견해)와 부정적인 일관주의(모든 신념은 "유죄로 판정되기 전까지만 무죄하다"는 원칙대로 부정적인 이유나 근거가 충분히 확보되면 폐기된다는 견해)를 구별한다. 그는 또한 선적인 일관주의와 전인적인 일관주의를 구별했다. 전자에 따르면 명제를 믿는 기본적인 이유가 일련의 신념들로 구성된다. 이유들을 위한 이유를 물으면 나머지 신념들 전체에까지 확대되어 나간다. 그러나 후자는 신념에 대한 정당화를 그런 선적인 사슬과 같은 것으로 축소할 수 없다고 주장한다.

폴록은 그런 견해들은 "지각으로부터 직접 파생된 신념들을 위한 이유가 될 만한 그럴 듯한 이론"을 제시하지 못한다는 주장으로 선적이고, 긍정적인 일관주의를 논박했다. 일관주의에 따르면 모든 이성적 사고는 추론에 의해 이루어지지만 "지각은 추론이 아니다. 내가 지각에 근거해 그 책이 빨갛다고 믿는 것은 내가 믿는 다른 어떤 것을 근거로 추론해 낸 신념과는 거리가 멀다. 지각은 이미 소유하고 있는 다른 신념들을 근거로 정당화하거나 그것들로부터 추론하는 과정 없이 우리의 신념적 체계 안에 특정한 신념을 주입하는 인과적 과정에 해당한다."

폴록은 여기에서도 주관적인 정당화(즉 다른 사람들에게 우리의 신념을 어떻게 옹호하느냐가 아닌 믿을 수 있는 인식적인 허용을 어떻게 획득하느냐라는 문제)를 염두에 두고 있다. 사실 우리는 항상 추론을 통해 우리의 신념들을 옹호하는 방식을 선택할 수 있지만, 그것이 곧 우리의 본래적인 주관적 정당화가 이루어지는 방식은 아니다.

또한 폴록은 우리가 가진 신념 체계의 일관성에 관한 신념으로부터 모든 신념을 도출하는 것은 아니라는 주장에 이의를 제기함으로써 전인적인 일관주의를 논박했다. 우리가 일관성에 관한 그런 신념들을 가지는 경우는 거의 없다. 만일 그런 경우가 있다면 그런 신념들은 과연 어떻게 형성되는 것일까? P를 믿기 위해서는 먼저 Q를 믿어야 한다. 다시 말해 P가 우리의 다른 신념들과 일관성을 유지해야 한다. 그러나 Q를 믿으려면 또한 R을 믿어야 한다. 그래야만 Q가 일관성을 지닌다. 이런 식의 과정이 무한히 이어진다.

이 외에도 폴록은 정당화된 모든 신념들이 논파되거나 논박되기 전까지 그것들을 고려한다면 이성은 신념들을 정당화하는 것과 관련해 아무런 긍정적인 역할을 하지 못하고, 단지 부정적으로 논박하는 역할만을 감당할 뿐이라는 답변을 제시함으로써 부정적인 일관주의를 논박했다. 그러나 이것은 어떤 이유로 어떤 것을 믿는다는 개념(주관적인 정당화의 개념에 매우 중요한 개념)이 아무런 의미도 지닐 수 없다는 것을 의미한다.

한편 폴록은 비신념적 이론의 범주 아래서 외재주의(externalism)와 내재주의(internalism)를 논했다. 비신념적 이론은 우리의 신념들이 다른 신념들만이 아니라 우리가 신념을 가질 수 없는 상황에 의해 주관적으로 정당화될 수 있다고 주장한다. 내재주의는 그런 상황이 우리에게 내재적일 뿐이라고 말하고, 외재주의는 그것이 우리에게 외재적일 수도 있다고 말한다.

폴록은 두 가지 형태의 외재주의(개연론과 신뢰주의)를 다루었다. 개연론(probabilism)은 신념들이 충분히 확실한 개연성을 지닐 때 정당화될 수 있다는 견해를 의미한다. 폴록은 이 점을 검토하기 위해 약간 복잡한 수학을 다루고 나서 "지식에 관한 개연론에 활용할 수 있는 적절한 종류의 개연성은 존재하지 않는다."라고 결론지었다. 그는 "인식론적인 개연성에 관한 좀 더 평범하고 직관적인 영어식 개념이 인식적인 정당화의 관점에서 정의될 수 있기 때문에 이것은 인식적인 정당화에 대한 분석을 제공하거나 개연론을 입증하지 못한다."라고 말했다.

신뢰주의(reliabilism)는 "신념이 신뢰할 만한 인식적인 과정에 의해 발생했다면 정당화될 수 있다."라고 가르친다. 폴록은 과정의 신뢰성은 인식적인(주관적인) 정당화와는 아무 관계가 없다는 것을 근거로 이 원리를 거부했다. 뇌가 통 속에 있는 가엾은 해리는 신뢰할 수 없는 인식 기능을 소유하고 있다. 그러나 그는 자신의 기능이 신뢰할 수 없다고 판단할 만한 이유를 발견하지 못한다. 따라서 그는 그것을 신뢰하는 것 외에는 다른 대안을 찾을 수 없다. 다시 말해 "정상적인 삶"에 대한 해리의 신념은 대부분 거짓이지만 주관적으로 정당화된다. 폴록은 한 걸음 더 나아가서 "신뢰할 수 있는 인식의 과정(그는 색 식별 기능을 예로 들었다)"은 대부분 특정한 상황에서만 신뢰할 수 있다고 주장했다. 그러나 (고려 중인 신념의 진리 가치를 전제하는 것과 같은 방식으로) 상황을 너무 지나치게 좁히면 신념은 단지 그것이 사실일 때만 정당화될 수 있다는 결론에 도달할 수밖에 없다(이것은 주관적인 정당화가 작동하는 방식과는 아무런 관계가 없다).

폴록은 모든 형태의 외재주의를 논박하기 위해 순간순간 신념이 형성될 때마다 항상 인식적인 과정의 신뢰성이나 명제의 개연성에 관한 자료에 접근하는 것은 아니라고 주장했다. 물론 우리는 인식적인 과정 자체에는 접근할 수 있지만 그것은 외적이라기보다는 내적이다.

결국 이것저것을 모두 배제하고 나면 한 가지 형태의 내재주의만 남는다. 폴록은 이런 내재주의에 관한 자신의 견해를 비신념적이라는 이유를 들어 "직접적인 현실주의"로 일컬었다. 이는 우리가 다른 신념들의 매개 역할 없이 신념을 정당화할 수 있다는 뜻이다. 신념의 이유는 근본적으로 우리의 정신적 과정에 해당한다. 우리가 무엇을 믿는 이유는 우리의 정신적 과정을 통해 우리가 믿는 신념에 도달하기 때문이다. 그런 일이 일어나게 하기 위해 우리의 정신적 과정에 관한 신념(곧 그것의 신뢰성에 관한 신념)을 가져야 할 필요는 없다. 만일 우리가 때로 신뢰성이나 개연성, 또는 기본 개념이나 체계적인 일관성을 거론한다면 그것은 곧 우리의 정신적 과정이 때로 그런 식으로 작용하기 때문이다. 따라서 신뢰성과 같은 것에 호소하는 것으로 근본적인 정당화가 이루어지는 것은 아니다. 그것은 단지 우리의 정신적인 과정이 그런 식으로 작용하는 것일 뿐이다.

그러나 우리의 정신적 과정은 때로 오류가 있을 수 있지 않은가? 물론이다. 그러나 우리는 정신적 과정 자체를 통해 이것저것을 점검할 수 있다(지금 우리가 주관적인 정당화를 논의하고 있다는 점을 잊지 말라). 주관적인 정당화와 진리 사이의 상관관계가 결여된 경우가 종종 있을 수 있다. 따라서 정신적 과정이 주관적인 정당화에서 가장 으뜸 되는 역할을 차지할 수는 없다.

뇌가 통 속에 있는 가엾은 해리를 생각해 보라. 그의 기능은 극도로 신뢰할 수 없는 상태다. 그러나 그 자신이 그 사실을 의심할 수 있는 이유를 지니고 있지 않기 때문에 자신이 정상적인 삶을 살고 있다는 그의 신념은 주관적으로 정당화될 수 있다. 그가 주관적으로 정당화될 수 있는 이유는 그의 기능이 그런 식으로 기능하기 때문이다.

이것은 우리의 모든 신념이 정당화될 수 있다는 뜻이 아니다. 우리의 신념들 가운데는 (막연한 바람과 같은 것을 통해) 임의로 선택한 것들이 존재한다. 그런 신념들은 인식적인 기능의 작용에 의한 결과물이 아니다(그러나 폴록의 견해를 따른다면 과연 어떻게 신념을 형성하는 다른 심리적인 수단들과 올바른 인식적 기능을 구별할 수 있을지 궁금한 생각이 든다).

폴록은 자신의 내재주의를 옹호하기 위해 이보다 훨씬 더 많은 설명과 논증을 제시했다. 그러나 나는 이쯤에서 나의 설명을 마칠 생각이다. 독자가 주관적인 정당화의 개념을 명확하게 이해하는 순간, 내재주의는 그 책의 불가피한 결론인 것처럼 보인다. 우리의 신념들을 다른 사람들에게 정당화하기 위해 정초주의, 일관주의, 신뢰주의, 개연론과 같은 논증을 사용하는 것은 사실이다. 때로 우리는 우리 자신의 신념과 다소 동떨어진 것을 발견한 상황에서 우리 자신에게 스스로의 신념을 정당화할 때도 그런 방법들을 사용하곤 한다. 그러나 그것들은 그런 개념들의 객관적인 진실성을 보여주는 것을 목표로 하는 정당화에 해당한다. 그것들은 우리가 그런 신념들을 얻기 위한 본래적인 수단이 아니다.

신념들이 본래적으로 형성되는 과정에는 신비로운 부분이 많다. 우리 자신을 논리적으로 명확하게 규명하기는 극히 어렵다는 폴록의 생각은 옳다. 우리는 근본이나 일관성이나 개연성이나 신뢰성에 의존하지 않는다. 오히려 우리는 단지 신념을 지니고 있는 우리 자신을 발견할 뿐이다. 우리의 생각은 특정한 상황에서 우리에게 확신을 주도록 "프로그램화되어 있다."

따라서 정초주의, 일관주의, 개연론, 신뢰주의는 모두 어느 정도는 주관적인 정당화와 객관적인 정당화를 혼동하고 있다. 주관적인 정당화에 적용할 수 있는 온전히 주관적인 체계는 내재주의뿐이다.

나는 폴록의 전반적인 요점에는 동의하지만 그것이 지닌 "공허한" 결론에 무엇인가를 좀 더 보태고 싶다. 왜냐하면 내가 "P를 믿는 내가 어떻게 정당화될 수 있는가?"라는 질문을 던졌을 때 폴록의 대답은 "당신은 당신이 지닌 생각의 정당화 기능에 의해 정당화될 수 있다."라는 한마디로 간단하게 압축될 수 있는 것처럼 보이기 때문이다. 그런 대답은 마치 낙하하는 물체를 설명하면서 그 물체 안에 "낙하하려는 성질"이 있기 때문이라고 말하는 것과 조금 비슷하다. 물론 폴록은 그 정도로 무책임하지는 않다. 그는 우리가 신념을 어떤 식으로 결정하는지에 관해 약간의 통찰력이 엿보이는 심리적인 설명을 덧붙였다. 그러나 그런 설명은 대부분 우리가 하지 않는 것을 언급하는 부정적인 성격을 띤다. 기억하다시피 폴록은 선험적이고, 도덕적인 지식과 같은 중요한 문제들에 대한 일반적인 무지를 다루었을 뿐이다(만일 내가 『하나님에 관한 지식의 교리』에서 펼친 논증이 옳다면 도덕적인 지식이 없으면 그 어떤 것에 대한 지식도 불가능하다). 그는 그것들에 관해 긍정적인 말을 한마디도 하지 않았다. 그가 긍정적으로 말한 것은 대부분 "센서"와 같은 것들이다. 그러나 그는 굳이 우리가 그런 기능을 갖추고 있다는 것을 말할 필요가 없었다. 그는 우리의 정신적 과정(여기에서는 주관적인 정당화)을 신비의 베일 속에 남겨 놓았다. 결국 우리가 어떤 식으로 생각하는 이유는 우리가 그렇게 생각하게끔 되어 있기 때문이다. 그것이 폴록의 주된 결론이라면 도움을 주기에는 너무 공허한 것처럼 들린다.

이것은 일부 철학자들이 "분석의 역설"로 일컫는 것을 생각나게 한다. 즉 어떤 것을 열심히 분석해서 분석과 분석되는 것의 엄격한 등식을 주장하는 경우, 아무런 유익도 주지 못하는 결론을 내놓을 때가 많다. 블랙홀은 무엇인가? 분석과 분석되는 것의 완전한 등식을 찾을 수 있는 유일한 방법은 블랙홀은 블랙홀이라고 말하는 것이다. 폴록도 분석적인 완전함에만 너무 많은 노력을 기울인 것은 아닐까?

또한 이것은 코넬리우스 반틸의 요점(철학적 합리주의는 현실에 대한 완전한 설명을 추구하는 한 파르메니데스의 "존재", 플라톤의 "선", 아리스토텔레스의 "생각을 생각하는 생각", 플로티누스의 "유일자"처럼 "이름뿐인 실체"의 관점에서 세상을 바라보도록 만든다는 것)을 생각나게 한다.

그렇다면 기독교적 유신론이 제시하는 대안은 무엇일까? 생각이 그 작동하는 방식대로 기능을 발휘하는 것은 사실이다. 그러나 주관적인 정당화는 인식론과 관련된 이야기의 작은 일부에 지나지 않는다. 객관적인 정당화는 "모든 것을 시험해" 하나님의 진리를 옳게 이해하여 적용해야 할 우리의 책임 가운데 하나다. 그것은 폴록이 시도한 것보다 훨씬 더 많은 분석을 시도해야 할 가치를 지닌다. 우리는 단지 폴록이 주장하는 대로 "인식적인 허용"이 아닌 인식적인 의무를 살아 계신 하나님으로부터 부여받았다.15)

아울러 기독교적인 견해는 주관적인 정당화와 관련해서는 하나님이 자기와 자신의 진리를 알도록 인간을 창조하셨다는 사실을 강조하는 데 중점을 둔다. 인간은 본래 주관적인 정당화와 객관적인 정당화가 서로 온전히 일치하도록 창조되었다. 해리의 뇌와는 달리 우리의 정신적인 기능은 충분히 신뢰할 만했다. 그러나 죄로 인해 인간은 진리와 하나님을 외면하게 되었다. 이것 때문에 왜곡, 곧 자기 현혹이 시작되었다.

기독교적 분석은 이런 자기 현혹의 과정을 논의하고,16) 하나님의 구원 은혜의 일부인 건전한 사고를 회복하는 데 초점을 맞춘다.

우리는 폴록의 철저하고, 엄격한 논증을 통해 많은 것을 배울 수 있다. 그러나 우리는 인간의 지식과 관련해 폴록을 비롯해 현대 철학적 인식론이 우리에게 가르치는 것보다 훨씬 더 많은 것을 배워야 할 필요가 있다.

---

15) 다음 자료를 참조하라. *DKG*.
16) 다음 자료를 참조하라. Greg Bahnsen, "A Conditional Resolution of the Apparent Paradox of Self Deception" (Ph.D. diss., University of Southern California, 1978).

부록 R
고든 클라크에 대한 답변

고든 클라크와 나는 1980년대에 서로 잠시 연락을 주고받은 적이 있었다. 내가 그의 저서를 평가한 내용을 살펴보려면 13장을 참조하라. 여기에는 편지로 주고받은 내용을 실었다. 처음 몇 단락은 1980년대 초에 이 글을 쓰게 된 배경을 다룬다. 나는 이 글을 몇 부 복사해 내 견해를 신정통주의로 공표한 "트리니티 재단"의 존 로빈슨과 클라크를 비롯해 나의 여러 친구들에게 보냈다. 로빈슨은 사과는 고사하고 답변조차 하지 않았다. 그러나 클라크는 답변을 보냈다. 그는 로빈슨과 어느 정도 거리를 두었다. 우리는 진정어린 교신을 나누었다(이 책에 맞게 문체를 약간 다듬었다).

여섯 사람이 최근에 내게 고든 클라크의 고든 콘웰 강연("진리의 옹호") 광고가 실린 트리니티 재단의 팸플릿을 보내주었다. "존 프레임과 코넬리우스 반틸"이라는 제목의 14번 테이프에는 다음과 같은 설명 문구가 적혀 있었다. "역설인가 계시인가? 성경의 가르침이 모두 모순인가? 웨스트민스터신학교의 신정통주의." 마지막 문구가 눈길을 사로잡는다. 내 친구들 가운데 몇몇은 그 말이 조금 거슬렸는지 클라크에게 나와 반틸을 신정통주의로 규정한 것을 논박하는 답변서를 보내는 것이 좋겠다고 생각했다.

나는 테이프를 경청했고, 최소한 어느 시점에서는 그렇게 말했을 것 같은 생각이 들었다. 물론 강연 자체에서는 클라크가 나나 반틸을 신정통주의자로 지칭하지 않았다. 아마도 "신정통주의"라는 용어는 테이프 판매업자들이 관심을 끌기 위한 수단으로 사용한 것처럼 보였다. 실제 강연에서는 그 용어가 사용되지 않았다. 그런 생각은 광고 전략으로서는 기발했지만 윤리적으로는 『내셔널 인콰이어러(*National Enquier*)』나 『크리스천 비컨(*Christian Beacon*)』의 수준에 가까웠다.

혹시라도 그 말을 진지하게 받아들이는 사람이 있다면 나는 반틸과 내가 성경의 영감설과 무오성과 무류성을 확고하게 믿고 있고, 또 구원이 역사의 시공 속에서 실제로 일어난 사건들에 근거한다는 것과 기적의 현실과 예수님의 실질적인 성육신과 희생적인 죽음과 육체 부활과 재림을 기독교 신앙의 절대 진리로 확신하고 있다는 사실을 분명하게 밝혀두고 싶다. 따라서 우리를 신정통주의자로 일컫는 것은 그 말을 책임 있게 사용하는 것이 못 된다.

몇 년 전, 한 강연에서 고든 클라크가 나의 동료 하비 콘(간하배)이 자신을 "신복음주의자"로 일컬었다는 이유로 그에게 상당한 불쾌감을 드러냈던 일이 기억난다.[1] 클라크는 "신복음주의"란 일반적으로 성경의 권위와 관련해 "부분적인 무오성"을 주장하는 등, 타협적인 입장을 취하는 의미를 담고 있다면서 자신은 그런 견해를 지니고 있지 않다고 적극 부인했다. 나는 개인적으로 "신복음주의"가 성경의 권위와 관련해 타협적인 입장을 취하는 의미를 지니고 있다고 생각하지 않는다(사실 이 용어는 그 자체로 매우 모호해 나도 그것을 가급적 사용하지 않으려고 노력한다). 나는 하비가 그런 용어를 논의에 사용하지 않기를 바라지만 그가 그것을 사용한 것에 대해 클라크가 그렇게까지 격한 반응을 보일 필요는 없었다고 생각한다. 아무튼 하비가 클라크를 신복음주의자로 일컬은 것이 잘못이거나 그 용어가 클라크의 예민한 반응을 불러일으킨 것이 사실일진대 클라크와 트리니티 재단도 나와 반틸의 입장을 "신정통주의"로 일컬은 것에 대해 내가 다소의 격한 반응을 나타내더라도 너그럽게 이해

---

1) 반틸이 신정통주의를 평가한 내용을 살펴보려면 다음 자료를 참조하라. Cornelius Van Til, *The New Modernism* (Philadelphia: Presbyterian and Reformed, 1946). *Christianity and Barthianism* (Philadelphia: Presbyterian and Reformed, 1962). 이 밖에도 그의 다른 글에서 언급한 내용과 많은 팸플릿을 참조하라. 반틸은 복음주의 진영 내에서 신정통주의를 가장 날카롭게 비판한 사상가 가운데 한 사람으로 알려져 있다. 나는 이 문제와 관련해 그를 전폭적으로 지지한다.

해 줄 것이라고 믿는다.

클라크의 강연은 "신학적인 역설의 문제"라는 나의 논문을 다룬다.[2] 그는 강연에서 그 논문을 훑어보면서 여러 곳을 인용했고, 그 인용한 내용을 간간이 비평적으로 평가했다. 그런 식의 강연 방법은 내가 답변을 하기에는 조금 어려운 측면이 있었다. 클라크의 간단한 설명은 사실 매우 많은 영역을 포괄하는 것이었고, 개개의 설명마다 많은 문제를 야기했다. 만일 그가 내 논문의 주된 요점을 한두 가지만 주의 깊게 설명하고, 비평했더라면 답변하기가 좀 더 쉬웠을 것이다. 그러나 그에게 적절하게 대답하려면 내가 지금 가능한 것보다 훨씬 더 많은 시간과 지면을 할애해 다양한 종류의 문제를 전부 다루어야 할 형편이다. 그런 점에서 보면 다의 답변은 불충분할 것이 틀림없다. 나도 논증이나 정의를 일일이 전개하지 않고, 그가 했던 대로 나의 답변을 간단간단하게 제시할 생각이다. 누구든 이 글을 주의 깊게 읽으면서 쉽게 예단하지만 않는다면(우리 그리스도인들은 모두 그런 태도를 취해야 한다) 클라크에 대한 나의 답변이 (그것을 충분히 해명할 시간만 있었더라면) 어떤 방향으로 전개될 것인지를 짐작할 수 있을 것이다. 그런 지성적이고, 도덕적인 노력을 기울일 생각이 없는 독자가 혹시 있더라도 지금으로서는 충분히 설명해 줄 시간이 없다.

클라크의 비평적인 설명을 테이프에 기록된 순서대로 정리하면 다음과 같다.

1. 그는 반틸에 대한 나의 해석을 대부분 인정하는 것처럼 보였지만 테이프 초반에서 내가 반틸의 가르침을 "희석시켰고" "하찮게 만들었다."고 비판했다. 나는 그런 비판에 대답할 수 없다. 왜냐하면 클라크가 희석시켰거나 하찮게 만든 구체적인 사례를 제시하지 않았기 때문이다. 내가 반틸이 말한 것을 모두 받아들이지 않는 것은 사실이지만(이 점은 성경 외에는 다른 누구의 사상도 마찬가지다) 내가 반틸에 관해 말한 것은 모두 그의 글을 토대로 확립된 것이라고 확신한다. 나는 짐 핼시를 비롯해 반틸 "우파"에 속한 사람들에 의해 "수정주의자"라는 비판을 받은 적이 있다. 그런 비판에는 어느 정도의 진실이 담겨 있다. 그러나 전반적으로 보면 내가 그들보

---

[2] 다음 자료에 실려 발표되었다. *Foundations of Christian Scholarship: Essays in the Van Til Perspective*, ed. Gary North (Vallecito, CA: Ross House, 1976), 295-330. 아울러 다음의 소책자를 통해서도 출판된 바 있다. *Van Til: The Theologian* (Phillipsburg, NJ: Pilgrim Publishing, 1976).

다 반틸에 더 가깝다고 생각한다. 곧 출판될 예정인 핼시에 대한 나의 답변을 참조하라.[3]

2. 클라크는 반틸이 하나님은 "어떤 점에서는 한 분이고, 또 다른 점에서는 세 분이시다."라는 표준적인 가르침을 거부했다고 말했다. 나는 그 말에 동의하지 않는다. 반틸은 표준적인 가르침을 인정했지만 그 표현이 명백한 모순을 해결할 수 있다고 생각하지 않았다. 실재(우시아)가 무엇이고, 위격(후포스타시스)이 무엇이며, 어떻게 그 둘이 서로 관련되는지를 정확하고, 분명하게 안다면 그 명백한 모순을 해결할 수 있을 것이다. 그러나 우리는 그렇게 할 수 없다. 만일 단지 "하나"와 "셋"에 서로 다른 명칭을 부여하기만 하면 그 역설이 해결될 줄로 생각한다면 큰 오산이다. 물론 서로 다른 명칭을 부여하는 것은 정당하다. 그것은 해결책이 있다는 우리의 신념을 표현하는 방법 가운데 하나다. 그러나 그것이 곧 실질적인 해결책은 아니다. 클라크가 강연에서 논하지 않은 나의 논문 306-7쪽을 읽어보라. 그가 자신의 요점을 분명히 할 생각이었다면 그 부분을 다루었어야 한다.

3. 클라크는 내가 인용한 반틸의 글을 인용했다. "우주에 대한 우리의 지식은 사실임에 틀림없다. 왜냐하면 우리는 우리와 우주를 만드신 하나님의 피조물이기 때문이다." 클라크는 이것이 불합리한 추론이라고 말했다. 문장 자체로만 생각하면 그렇게 말할 수 있지만 반틸이나 나나 그것을 완전한 논증으로 제시할 생각은 조금도 없었다. 반틸의 책의 문맥이나 내 논문의 문맥을 보면 무엇을 전제로 그렇게 말했는지, 또 그런 말의 의미가 무엇인지를 분명하게 알 수 있다. 내 논문의 문맥에 따르면 인간의 사고를 신뢰할 수 있는 이유는 하나님과 우리의 관계 때문이라는 것이 이 문장의 의미라는 것을 쉽게 알 수 있다. 반틸의 인용문도 그런 개념을 다소 부정확한 방식으로 표현하고 있다. 그러나 그것이 그가 말하고자 하는 의미인 것은 너무나도 분명하다. 나는 클라크가 그 점에 대해 동의하지 않을 것이라고 생각하지 않는다.

4. 클라크는 반틸에게 기독교적 유신론을 "절대적으로 확실하게 증명해 보라."고 촉구했다. 나는 모든 상황에서 모든 사람을 만족시킬 수 있는 결정적인 논증을 요

---

[3] John Frame, *Doctrine of the Knowledge of God* (Phillipsburg, NJ: Presbyterian and Reformed, 1987).

구하는 것은 불합리하다고 생각한다(이 점에 대해서는 매브러즈의 『신을 믿는 신념(Belief in God)』을 참조하라). 그러나 다음의 논리를 생각해 보라. 1) 어떤 것에 대한 의식은 하나님에 대한 의식을 전제한다. 2) 나는 어떤 것을 의식한다. 3) 따라서 나는 하나님을 의식한다. 4) 내가 하나님을 의식한다면 그분은 존재하신다. 5) 따라서 하나님은 존재하신다. 나는 이것이 반틸의 "증명"이라고 생각한다. 그러나 모든 사람이 이런 전제들을 다 받아들이는 것은 아니다. 반틸은 삼단논법의 증명을 제시하지는 않았지만 자신의 방식을 통해 플라톤, 칸트, 바르트를 비롯한 많은 사상가들을 논박하는 논증을 거듭 제시했다.

5. 클라크는 우리의 참된 개념들이 "사실인 이유는 유비적이기 때문이라는" 반틸의 주장을 논의했다. 그는 그 주장이 결함이 있다고 생각했다. 왜냐하면 유비에 관한 반틸의 개념에는 "명료한 요소"가 포함되어 있지 않기 때문이라고 판단했기 때문이다. 그는 그런 명료한 요소가 없으면 우리의 개념들이 하나님의 개념들과 의미 있는 조화를 이룰 수 없다고 말했다. 그러나 이상하게도 이 점에서 클라크는 유비에 대한 나의 논의(310-11쪽)를 언급하지 않았다. 나는 그 논의에서 유비에 관한 반틸의 개념은 문자적이거나 비유적인 신학적 언어에 대한 전통적인 논쟁과 거의 아무런 관계가 없기 때문에 일부 신학적 언어가 문자적이라는 주장과 잘 양립할 수 있다고 설명했다. 물론 여기에서 반틸에 대한 나의 해석은 기존의 해석들과는 다르다. 그러나 나는 반틸과의 직접적인 대화를 통해 그 점을 확인한 바 있다. 그것이 잘못된 이해일 수도 있겠지만 만일 그렇다면 나는 클라크가 단지 기존의 해석을 당연시하기보다는 그것이 틀렸다는 것을 보여주어야 할 책임이 있다고 생각한다.

6. 하나님의 자유와 필연성에 관한 문제. 그는 하나님의 자유는 그분 밖에 있는 그 무엇도 그분을 통제할 수 없다는 의미를 지닌다고 설명했다. 그런 점에서 하나님의 행위는 모두 자유롭다. 그러나 신학자들은 전통적으로 자유의 또 다른 의미(곧 피조 세계와 관련된 하나님의 행위만이 자유롭다는 것)를 구별했다. 여기에서의 요점은 성경의 하나님이 특정한 속성(정의, 영원성, 전지하심)을 지니고 계시고, 또한 특정한 행위(성부로부터의 성자의 발생)를 하신다는 것이다(이런 속성과 행위가 없으면 하나님은 하나님이 되실 수 없다). 이런 속성과 행위들은 "필연적이다." 그러나 다른 속성과 행위들은 이 범주에 속하지 않는다. 하나님은 세상을 창조하지 않거나 자기 백성을 구원하지 않기로 결

정하셨더라도 여전히 하나님이시다. 하나님이 "이스라엘의 하나님"이 아니시더라도 그분이 하나님이시라는 사실은 변하지 않는다. 이런 두 번째 범주에 속하는 속성과 행위들은 "자유로운" 것으로 일컬어진다. 그러나 클라크의 견해에 따르면 그런 구별은 불가능하다. 만일 클라크가 말한 대로 외부의 통제로부터의 자유가 하나님의 유일한 자유라면 우리를 구원하시는 그분의 행위도 성부로부터의 성자의 영원한 발생과 마찬가지로 그분의 본성에 반드시 필요한 것이 된다. 그러나 신학을 공부한 사람이라면 누구나 그런 생각이 범신론적인 경향을 띤다는 것을 쉽게 알 수 있다. 이 점을 구별하지 않으면 성자가 자신의 외부에 있는 것을 의존할 수밖에 없다고 결론짓지 않을 수 없다. 왜냐하면 그분의 본성이 외부적인 것에 의해 규정되기 때문이다. 그러나 이 점을 구별하면 어느 정도의 명백한 모순이 발생한다는 것을 인정하지 않을 수 없다. 우리는 하나님의 모든 행위가 합리적이라는 것을 인정해야 한다(클라크와 나도 우리가 당연히 그래야 한다고 생각한다). 그렇다면 그런 행위 가운데 일부가 합리적인데도 어떻게 합리적으로 필연적이 아니라고 말할 수 있단 말인가? (여기에서 "의지와 지성의 분리에 관한" 클라크의 견해는 논할 게재가 못 된다. 어떤 심리적인 모델을 활용하더라도 동일한 문제가 발생한다.)

7. 클라크는 하나님의 계획 속에 악이 포함된 것에 관해 언급했다. 나는 이사야서 45장 7절에 대한 클라크의 해석에 동의하지 않는다. 내가 볼 때는 그 말씀을 죄 자체보다는 죄의 결과로 주어진 심판을 다룬 의미로 읽는 것이 더 자연스러운 듯하다. 그러나 하나님이 악을 미리 작정하셨다는 클라크의 견해에는 동의한다. 한편 성경은 하나님은 선하시고, 악을 미워하시며, 선한 나무는 악한 열매를 맺지 않는다고 가르친다. 이런 가르침은 하나님이 악을 미리 작정하셨다는 개념과 명백하게 상충된다. 나는 클라크가 『종교, 이성, 그리고 계시(Religion, Reason, and Revelation)』에서 제시한 악의 문제에 대한 해결책을 인정하지 않는다. 어떤 점에서는 다소 일리가 있지만 내가 볼 때는 유명론으로 지나치게 기운 것처럼 생각된다. 선이 선한 이유는 하나님이 단지 선하다고 말씀하셨기 때문이 아니라 그것이 그분의 본성과 일치하기 때문이다(클라크가 "로고스"나 신적 이성에 관해 말한 선에 관해서도 이와 똑같이 말할 수 있다).

8. 하나님의 형상에 관한 문제. 어떻게 타락한 인간이 지식과 의와 거룩함이 결여

된 상태인데도 여전히 하나님의 형상으로 창조되었다고 말할 수 있을까(엡 4:23; 골 3:10 참조)? 나는 클라크가 이 점과 관련해 아직 해결되지 않은 문제가 남아 있다는 것을 인식할 필요가 있다고 생각한다.

9. 클라크의 표현에 관해. 나는 "어떤 점에서나 일치하지 않는"이라는 표현과 "내용의 일치"라는 표현이 조금의 차이도 없이 똑같이 불명료하다고 생각한다. 여기에서 "일치하는"이라는 용어는 일종의 비유인 것이 분명하다. 그것은 모든 종류의 문제를 은폐한다. 반틸은 그런 일치를 모두 배제했다. 왜냐하면 그것의 불명료함을 의식하지 않았기 때문이다. 나는 이 점에 대해서도 내가 "내용"에 관해 말한 것과 똑같이 말할 것이다.

10. 클라크는 성경을 해석하기 위해서는 성경 이외의 자료가 필요하다는 나의 주장을 의문시했다. 나는 그가 왜 그런 의문을 가졌는지 이해할 수 없다. 나로서는 그런 필요가 너무나도 명백한 일처럼 생각되기 때문이다. 그는 이미 폐기된 중력 이론과 같은 것을 계속 믿어야 하느냐고 묻는다. 나의 대답은 그렇지 않다는 것이다. 그래서 어떻다는 것일까? 나는 그런 성경 이외의 자료가 우리의 사고에 오류를 불러일으킬 가능성이 있다는 것을 인정한다. 그렇다면 과연 클라크는 성경에 대한 우리의 해석이 무오하다고 믿는 것일까?

11. 클라크는 내가 성경 이외의 정보를 "두려움 없이 감사함으로" 활용해야 한다고 말한 것과 자연에 대한 우리의 지식은 죄와 유한성에 의해 왜곡된 상태라고 말한 것이 모순된다고 지적했다. 나는 성경에 대한 우리의 해석이 오류가 있을 수 있고, 필요하면 새로 고쳐야 하며, 우리가 할 수 있는 최선의 노력을 기울여야 한다는 사실을 인정해야 할 필요가 있다고 생각한다. 물론 그렇다고 해서 그 과정에서 두려움을 갖거나 감사하지 않는 마음을 가질 필요는 없다. 우리가 감사함과 담대함을 지녀야 하는 이유는 하나님이 그런 과정을 통해 자기 백성을 진리 가운데로 점점 더 가까이 이끄시기 때문이다.

12. 클라크는 어떻게 성경이 성경을 해석할 수 있는지를 논한다. 나는 성경에 대한 무오한 해석자는 오직 성경뿐이라는 견해에 기꺼이 동의한다. 다른 모든 해석은 성경이라는 해석학적인 잣대에 의해 평가되어야 한다. 그러나 클라크가 성경을 이해하는 데 언어학과 고고학 같은 것이 필요하지 않다는 견해를 지녔다면 나는 그가

터무니없는 말을 하고 있다고 생각한다. 하나님은 우리에게 성경만을 허락하지 않으셨다. 그분은 또한 성경을 이해하고, 전하게 하기 위해 재능이 있는 교사들을 아울러 허락하셨다. 성경은 그리스도인들이 때로 말씀을 이해하는 데 어려움을 느낄 것이라고 말씀한다. 하나님이 우리에게 눈과 귀를 허락하신 이유는 분명한 이유가 있기 때문이다.

13. 클라크는 성경 외적인 지식의 문제를 경험주의가 지식 이론으로서 명맥을 유지할 수 있는지 여부에만 국한시켜 생각한 것처럼 보인다. 클라크가 경험주의를 비판한 것은 충분히 일리가 있다. 그의 비판은 단순한 감각적 경험, 곧 선험적인 원리 없는 감각적 경험은 지식을 산출할 수 없다는 것을 잘 보여주었다. 그러나 감각적 경험 없이 선험적인 원리만으로도 지식을 산출할 수 없기는 마찬가지다(지각과 개념에 관한 칸트의 논의를 참조하라). 나는 클라크의 논증이 성경 외적인 지식이 불필요하다는 의미라기보다는 성경 이외의 자료들이 성경적인 전제에 근거해 확립된 사고의 틀 안에서 이해되어야 한다는 의미를 지닌다고 생각한다.

14. 클라크는 내가 "성경의 모든 가르침은 명백히 모순적이다."라는 반틸의 말에 동의하면서(하나님의 말씀은 인간의 생각으로 판단하면 논리적으로 모순되는 것처럼 보인다는 의미-역자주) 어떻게 비역설적인 말들을 용인할 수 있는지를 묻는다. 어떤 면에서는 나에 대해 그런 푸념이 나올 법하다. 반틸의 표현 가운데 가장 중요한 용어는 "가르침"이다. 내가 말하고자 했던 것은 하나님과 세상과의 관계를 발전시킨 위대한 성경의 가르침들이 명백히 모순적이라는 것이었다. 여기에는 "다윗이 이스라엘의 왕이었다."와 같은 말씀은 포함되지 않는다. 내가 좀 더 분명하게 의도를 밝혔어야 했다고 생각한다. 그러나 326-28쪽에서 제시한 요점들을 비교해 보라. 클라크는 그것들을 언급하지 않았다. 이것은 또 다른 복잡한 문제들을 야기한다.

15. 나는 사물이 아닌 명제만이 사고와 지식의 정당한 대상이 될 수 있다는 클라크의 견해에 동의하지 않는다. 이런 견해는 생각과 지식을 매우 좁게 규정할 때만(그런 경우에는 동의반복적이 될 수밖에 없다) 의미가 있다. 나는 이 용어들을 그렇게까지 좁게 규정할 필요가 없다고 생각한다. 나는 이 점에서 일상언어가 아무런 결함이 없다고 믿는다. 우리는 "지식"에 대한 일상적인 정의를 적용함으로써 커피 향기를 안다. 나는 우리가 지식을 명제들로 축소시키려고 지나치게 애쓰는 경향이 있다고 생각한다.

16. 클라크는 나의 견해를 따른다면 어떤 해결책도 찾지 말고 명백한 모순들을 있는 그대로 받아들여야 한다고 말한다. 325쪽을 보면 그것이 나의 견해가 아니라는 분명한 증거를 발견할 수 있다.

이처럼 클라크와 나는 여러 면에서 중요한 차이가 있지만 그렇다고 해서 그런 차이들이 신정통주의와 관련이 있는 것은 전혀 아니다. 앞서 말한 대로 클라크는 강연 중에 나를 신정통주의자로 규정하기는커녕 신정통주의라는 용어조차 언급하지 않았다. 그런데 어떻게 아무리 광고 전략이라고 하더라도 신정통주의라는 용어를 사용할 수 있는 것일까? 아마도 광고 문구 제작자는 "신정통주의는 역설을 옹호하고, 프레임도 역설을 옹호해. 따라서 프레임은 신정통주의자야."라는 생각을 한 듯하다. 만일 독자들도 그런 식의 생각을 한다면 나는 이렇게 대답하고 싶다. 1) 당신도 클라크처럼 불합리한 추론을 싫어한다면 논의 중에 있는 논증이 정확히 그런 추론에 해당한다는 점을 기억해 주기 바란다. 그런 논리적 추론은 "신정통주의 신학자들은 구운 쇠고기를 먹는다. 고든 클라크도 구운 쇠고기를 먹는다. 따라서 고든 클라크는 신정통주의자다."라고 말하는 것과 똑같다. 2) 역설의 옹호는 신정통주의 사상의 한 가지 요소에 지나지 않는다. 앞서 말한 대로 반틸과 내가 동의하지 않는 요소들이 많다(앞서 말한 것 외에도 보편 선택의 교리, 하나님은 거짓된 명제들을 통해 진리를 나타내실 수 있다는 개념, 바르트에게서 발견되는 이상한 구원의 형이상학 등과 같은 것을 더 언급할 수도 있다). 3) 반틸과 프레임이 말하는 역설의 개념은 신정통주의가 가르치는 역설의 개념과 근본적으로 다르다. (1) 우리는 하나님이 온전히 합리적이고, 논리적이시라고 믿는다. 따라서 그분의 계시도 합리적이고, 논리적이다. 신정통주의자들은 그렇게 믿지 않는다. (2) 따라서 우리는 하나님의 생각이나 성경 안에 실질적인 모순이 존재하지 않는다고 믿는다. 신정통주의자들은 이 점에 대해 우리와 다르다. (3) 우리는 신정통주의와는 달리 역설이 인간의 죄와 유한성에서 기인한다고 믿는다. 테이프의 내용을 들어보면 클라크도 인간의 오해에서 비롯한 "명백한 모순들"이 존재한다고 믿는 것으로 나타난다. 나는 이 점에서 클라크가 나나 반틸과 다르다고 생각하지 않는다.

클라크가 나와 반틸과 이 문제와 관련해 가장 큰 차이를 나타내는 것은 논리의 지위와 관련이 있다. 우리 셋은 모두 성경이 무오하다고 믿는다. 그러나 클라크는 인간의 논리도 무오하다고 믿는다. 예를 들어 클라크는 존 거스너와는 달리 비모순의 법칙의 무오성만을 언급하지 않는다. 클라크의 사고는 모순적인 것과 모순적이지 않은 것, 논리적으로 추론할 수 있는 것과 없는 것을 결정하는 데 적합한 방법 체계가 없으면 비모순의 법칙이 그다지 큰 도움이 되지 못할 것이라는 점을 충분히 인지할 수 있을 만큼 정교하다. 따라서 클라크는 아리스토텔레스의 논리 체계 전체가 무오하다고 옹호한다. 그는 그렇게 하지 않은 사람은 누구든 비합리주의자로 규정한다. 그리고 최소한 클라크의 추종자 가운데 한 사람은 그런 사람을 신정통주의자로 간주한다.

몇 년 전 클라크가 필라델피아에서 강연을 마치고 난 후에 나는 그에게 어떻게 아리스토텔레스의 논리가 "오직 성경으로!"라는 우리의 신념과 관련해서 무오할 수 있느냐고 물은 적이 있다. 그는 아리스토텔레스가 틀렸다면 이해의 근거가 존재하지 않을 것이라고 대답했다. 나는 그에게 아리스토텔레스의 논리 체계와 버트런드 러셀의 논리 체계는 서로 상당히 다른데 어떻게 전자가 옳다고 확신할 수 있느냐고 물었다. 그러자 클라크는 아리스토텔레스가 옳고, 러셀이 틀렸다는 것을 설명한 자신의 논문을 읽어보라고 말했다. 나는 다시 그에게 자신의 논문이 옳다는 것을 어떻게 알 수 있느냐고 물었다. 그러자 그는 자신의 논문이 틀렸다면 지성적인 의사소통이 불가능할 것이라고 대답했다. 참으로 인상적인 대화였다. "오직 성경으로!"와 "성경은 성경으로 해석한다는 원리"를 성경 외적인 진리에 관한 지식을 모두 부인할 정도의 그릇된 극단에 치우칠 만큼 강력하게 주장하는 고든 클라크가 아리스토텔레스의 논리는 물론, 심지어는 그의 논리를 옹호하는 스스로의 입장까지도 아무런 오류가 없다고 주장했다. 나는 이것이 그의 접근 방식의 부조리함을 보여주는 일종의 귀류법적 증거라고 생각한다.

논리의 유효성에 관한 나의 견해를 살펴보려면 포이트레스의 『철학, 과학, 그리고 하나님이 주권(Philosophy, Science, and the sovereignty of God)』에 수록된 비모순의 법칙에 관한 부록을 비롯해 곧 나올 나의 『하나님에 관한 지식의 교리』와[4] "합리성

---

[4] Ibid.

과 성경"을[5] 참조하라. 나는 『웨스트민스터 신앙고백』 1장 6항에 따라 성경의 명백한 진술은 물론, 거기에 논리적으로 함축된 의미까지도 받아들여야 한다고 생각한다. 그러나 그럼에도 불구하고 그런 함축된 의미를 도출해 내는 논리적인 추론의 과정은 오류가 있을 수 있다. 그것이 오류가 있을 수 있는 이유는 우리의 논리적인 체계가 오류가 있을 수 있고, 또 성경 외적인 지식이 필요하기 때문이다. 논리는 성경의 의미를 발견하기 위해 사용하는 많은 도구 가운데 하나일 뿐이다. 그것은 언어학, 고고학, 역사학, 문학 비평과 같은 해석학적인 도구 가운데 하나다.

클라크와 나의 중요한 차이에도 불구하고, 나는 클라크의 사상을 크게 존중한다. 그의 사고는 탁월하다. 그는 항상 개혁주의 신앙을 굳세게 옹호하는 입장을 견지한다. 사실 나는 웨스트민스터신학교와 정통 장로교회 진영 내에서 그를 강력하게 지지해 왔다. 나는 앞으로도 그가 오해나 그릇된 비판을 받는다고 판단되는 경우에는 언제라도 그를 옹호할 준비가 되어 있다. 나는 그가 고든 콘웰 강연에서 반틸에 관한 나의 변변찮은 논문을 논의하는 수고를 아끼지 않은 것을 일종의 칭찬으로 받아들인다. 우리의 차이는 제법 크지만 그것은 좀 더 궁극적인 일체 안에서의 차이일 뿐이다. 우리가 그리스도 안에서 온전한 일체를 이룰 때까지 하나님이 우리를 계속 가르쳐 주시기를 기도한다.

---

5) *DWG*, 347-70.

부록 S

허버트 슬로스버그의 『멸망할 우상들』에 대한 논평

다음 책에 대한 논평이다. Herbert Schlossberg, *Idols for Destruction* (Nashville, TN: Thomas Nelson, 1984). 이 논평은 다음 자료들을 통해 발표되었다. *WTJ*, 2 (1984년 가을). *Presbyterian Journal* 43 (1983년 6월 6일): 10. 웨스트민스터신학교의 허락을 받아 게재했다. 슬로스버그는 현대 사상과 문화를 날카롭게 비판한 기독교 사상가이다(이 책에 맞게 문체를 약간 다듬었다).

나는 한동안 오스 기니스가 1973년에 펴낸 『죽음의 먼지(*The Dust of Death*)』라는 훌륭한 책의 뒤를 이어줄 책을 찾았다(아마 다른 사람들도 그랬을 것이라고 생각한다). 그 책은 사려 깊고, 균형 잡힌 기독교적 관점을 토대로 1960년대 말의 서구 문화를 참으로 설득력 있고, 심도 깊게 비평했다. 그 분야에서는 교과서로 간주되어도 될 만큼 완벽한 것처럼 보였다. 단 한 가지 문제는 현대 역사 가운데 불과 몇 년에만 초점을 맞춘 탓에 곧 구닥다리가 되고 말았다는 것이다. 그러나 그런 일을 그토록 훌륭하게 해낼 다른 책을 기대하기는 더 이상 힘들 것만 같았다. 그런데 다행히도 슬로스버그가 나타났다. 놀랍게도 그의 『멸망할 우상들』은 거의 모든 점에서 기니스의 책과 동등하거나 더 뛰어난 면모를 지녔다. 그의 책은 좀 더 넓은 역사적 관점에서 쓰였기 때문에 현대 문화를 분석한 책으로서의 유용성을 그렇게 빨리 잃지는 않을 것이 분명하다.

슬로스버그는 우리 가운데 많은 사람에게 낯선 이름일지 모른다. 그 점은 나도 마찬가지였다. 안타깝게도 그의 책에는 간단한 저자 소개조차 기재되어 있지 않다. 그러나 나는 다음의 자료에 소개된 슬로스버그와의 인터뷰를 통해 아래와 같은 정보를 발견할 수 있었다. 『칼케돈 카운셀(The Counsel of Chalcedon)』 5, 10 (1983년 12월): 11. "(슬로스버그는) 미국 북중서부 지역에서 자산관리사로 일하고 있다. 그는 베델대학교에서 수학했고, 미네소타대학교에서 1965년에 박사 학위를 취득했다. 슬로스버그 박사는 캐나다 온타리오 주의 워털루대학교에서 역사학 교수로 재직했고, 웨스트버지니아 주의 쉐퍼드대학교의 학장을 역임했으며, 미국 중앙정보국의 직원으로 활동했다."

『멸망할 우상들』의 요점을 간단하게 요약하는 것이 이 책과 기니스의 책을 비교하는 데 유익할 것이라고 생각된다. 기니스에게 프랜시스 쉐퍼가 있었다면 슬로스버그에게는 러시두니와 개리 노스가 있었다. 쉐퍼는 기니스에게 폭넓은 기독교적 관점을 제공했고, 기니스는 그것을 상세하게 설명하고, 옹호했다. 그와 비슷하게 러시두니와 노스는 슬로스버그의 정신적 안내자였다. 그러나 『멸망할 우상들』은 광범위한 탐구에 근거한 창의적인 해석과 적용이 돋보이는 독립적인 작품이다.

(미국 중앙정보국과의 관계는 차치하고라도) 러시두니와의 관계는 슬로스버그와 기니스의 또 다른 차이를 암시한다. 두 사람 모두 그리스도인들을 자유주의나 보수주의, 급진주의나 고착주의가 아닌 "제3의 인종"으로 묘사하는 수사법을 사용한다. 또한 두 사람 모두 똑같이 낙관적이든 비관적이든 상관없이 우리 시대에 대한 관습적인 분석들을 비판한다. 그러나 "제3의 대안"의 본질과 관련해서는 두 사람이 서로 차이를 보인다. 기니스는 새로운 좌파에 속하는 급진주의자들에게 상당한 동정심을 표현하면서 기존의 질서에 대한 그들의 비판이 그릇된 철학적 근거에서 비롯한 탓에 신뢰할 수 있는 긍정적인 대안이 될 수는 없지만 그래도 대체적으로 사실에서 벗어나지 않는다고 말했다. 기니스 자신의 긍정적인 제안이 무엇인지는 그렇게 분명하지는 않다. 그러나 독자들은 그런 제안이 좌파의 논법 가운데 많은 것을 기독교적인 논법으로 바꾸어 놓을 것이라는 인상을 받았다.

그와는 달리 슬로스버그의 경우에는 좌파의 논법을 동정하는 어조가 전혀 발견되지 않는다. 그의 책은 좌파주의와 그 뿌리(즉 역사주의와 성공한 자들에 대한 증오심)를 상세하고도 철저하게 비판하는 내용 일색이다. 그렇다면 왜 "제3의 인종"의 논법이 필요한 것일까? 슬로스버그가 기존의 대안들 가운데 하나를 선택하지 않는 이유는 무엇일까? 그는 일반적인 보수주의 운동은 그 자체로 너무 사회주의적이기 때문에 적절하지 않다는 논증을 펼쳤다. 그는 오직 기독교만이 세속 정치와 경제의 뿌리에 놓인 탐욕의 정신을 극복할 수 있다고 말했다. 오직 기독교만이 사회주의적인 "우상들"을 타파하고, 참되고, 자유로운 진취적 정신을 일깨울 수 있다. "제3의 인종"이 우리를 어디로 인도할지에 대해서는 슬로스버그와 기니스의 생각이 조금 다르다. 독자들이 누구의 생각을 더 좋아할 것인지는 각자의 정치적 신념이나 신학적 신념에 달려 있다. 내가 볼 때는 슬로스버그는 성경에 함축된 경제적, 정치적 개념을 좀 더 신중하고 깊이 있게 다루었고, 기니스는 자신과 의견이 다른 사람들의 관심에 대해 인간적인 동정심을 좀 더 잘 드러냈다.

슬로스버그의 책은 주요 주제를 간단히 요약하는 서론에서부터 시작한다. 그는 현대적인 사상과 삶의 여러 가지 "우상들"을 개괄했다. 우리 시대의 주된 오류는 피조 세계의 다양한 측면(역사, 자연, 인간성, 경제, 정치권력)을 신격화하려는 시도에서 비롯했다. 창조주와 피조물의 구별을 인정해 적용하는 것만이 유일한 탈출구가 될 수 있다. 따라서 이 문제는 근본적으로 종교적이고, 도덕적이다. 새로운 형태의 정치 조직이나 새로운 경제 체계, 심지어는 좀 더 "보수적인" 체계를 구축한다고 해서 우리의 딜레마를 해결할 수는 없다. 그런 점에서 이 문제는 또한 전제론적인 것으로 묘사될 수 있다. 슬로스버그는 기니스보다 좀 더 분명하게 그 어떤 인간의 과학이나 학문도 "중립적일" 수 없다고 강조했다. 그는 자신의 책에서 종종 개방성과 객관성에 대한 주장들의 그릇됨을 폭로했다(예를 들면 다음 페이지를 참고하라. 7, 8, 11, 25-27, 37, 38, 142-144, 146-148, 210, 211, 248, 273).

제1장은 역사, 특히 역사가 "전부"라는 역사주의를 다룬다. 역사주의의 결과는 결정론(곧 역사의 흐름 앞에서의 무력감)이다. 우리는 무력하기 때문에 "시간을 되돌릴 수는 없다."는 말은 유행의 흐름에 맞설 수 없다는 의미를 지닐 때가 많다. 사실과

가치가 혼동된다. 현재의 상태가 도전할 수 없는 규범으로 고착화된다. 슬로스버그의 책은 도처에서 결정론을 비판한다. 그것은 그 책의 주요 주제 가운데 하나다. 그는 "깨뜨릴 수 없는 빈곤의 순환"에 관한 말을 비판했다. 그는 환경에 의해 결정된 불가피한 희생자들이 나타날 수 있다고 생각하면서 "압제자들을" 자유롭고 책임 있는 사람들로 두둔하는 이들의 일관되지 못한 논리를 지적했다. 그는 "깨뜨릴 수 없는" 순환, 곧 역사적인 패턴이 종종 매우 신속하게 뒤집어질 수도 있다고 주장했다. 이 모든 주장은 역사는 공간적이거나 유기적인 비유가 아닌 하나님의 심판이라는 범주에 의해 가장 잘 이해될 수 있다는 슬로스버그의 전제를 분명하게 보여준다.

제2장은 인간성을 신격화시킨 인본주의를 공격한다. 여기에서 슬로스버그는 또 하나의 설득력 있는 주제, 곧 니체가 다른 사람들의 성공을 질투심에서 증오하는 것으로 정의한 "분노"의 문제를 다룬다. 그런 심리적 동기에 지배를 받는 현대의 인본주의는 가난한 자들에 대한 관심이 아니라 부자들에 대한 증오심을 토대로 모든 구별을 없애고, 부의 평등을 추구하고, 경제적 자유에 제약을 가하기를 원한다. 아이러니컬하게도 인간성의 신격화는 분쟁과 문명에 대한 불신과 낙태와 안락사에 대한 무관심을 낳는다.

제3장 "물질의 우상"은 경제적인 문제를 다룬다. 가난에 대한 슬로스버그의 입장은 사실 2장에서 이미 나타났다. 그는 그곳에서 빈부의 격차가 갈수록 커진다는 것을 부인했다. 그는 정치가들과 대중 매체가 포괄적인 사회주의적 재분배라는 목적을 이루기 위해 가난을 계속해서 새롭게 정의하고 있다고 주장했다. 그는 3장에서 정부의 인플레이션 정책과 부의 재분배를 통해 국가 권력을 증대시키려는 시도를 비판했다. 그는 재분배 정책이 부자들, 곧 정부 관료들과 특혜를 받는 기업들을 유익하게 할 때가 많다고 지적했다.

제4장 "자연의 우상"은 과학을 교조적으로 신뢰하는 보편적인 신념을 비판한다. 결정론에 대한 비판이 1장에서부터 계속된다. 이 문제와 관련해서는 슬로스버그와 토머스 쿤의 논증이 약간 비슷하다. 슬로스버그도 비합리주의, 특히 지식의 사회학이 세상의 본질에 대한 확실성을 주장하는 논리를 무력화시킨다는 개념을 강도 높게 비판했다. 그는 그런 회의주의가 항상 최소한 암묵적으로 자기 자신은 제외하는 경향이 있다고(즉 회의주의자들의 개념은 사회학적 결정론에 의해 무력화되지 않는다고 생각하는

경향이 있다고) 지적했다. 이처럼 결정론은 합리주의와 불합리주의라는 두 얼굴을 지닌다. 과학주의와 자연주의가 하나의 극단에서 또 다른 극단으로 치닫는 동안, 동방 종교, 심령주의와 같은 것들로부터 새로운 도전이 제기되면서 확실성에 대한 신념이 와해되었다. 유일한 해결책은 창조주와 피조물의 구별과 하나님이 피조 세계에 부여한 사실과 의미의 일치를 전제로 삼는 기독교적 인식론뿐이다.

제5장 "권력의 우상"은 국가의 신격화를 다룬다. 메시아를 자처하는 현대 국가는 모든 것의 소유권을 주장하고, 초월적인 도덕적 기준을 배제한 채 법을 마음대로 제정할 수 있는 권한을 휘두른다. 국가는 다른 모든 권위(지역 행정권, 가족 등)를 무력화시킨다. 우리가 의지해야 할 것은 오직 하나님의 주권을 새롭게 믿는 믿음뿐이다. 오직 그것만이 전체주의에 맞설 수 있게 해준다.

제6장은 앞서 언급한 우상들과의 타협을 시도하는 대다수 종교의 무기력함을 다룬다.

제7장 "결과와 기대"는 참된 기독교 신앙으로 되돌아가는 것만이 쇠락의 과정을 되돌릴 수 있다고 주장한다.

제8장은 교회를 향해 일관된 증언을 촉구한다.

이런 논제들은 대부분 러시두니, 노스, 반틸 등과 같은 사상가들을 알고 있는 독자들에게 그다지 낯설지 않다. 슬로스버그의 책을 돋보이게 만드는 요소는 1) 체계적인 설명을 통해 그런 논제들이 서로 어떻게 연관되어 있는지를 보여주었다는 것, 2) 다양한 자료적인 증거와 엄청난 양의 예화와 인용문을 사용했다는 것, 3) 영적 갱생과 사회적 향상의 관계를 논한 재건주의 문헌에서 흔히 발견되는 것보다 더 명확한 설명을 덧붙였다는 것이다. 슬로스버그는 온전한 성경적 개혁이 아닌 것은 모두 부적절하다는 점을 분명하게 일깨워 준다.

내가 슬로스버그의 책에서 발견한 몇 가지 문제점은 다음과 같다. 역사의 "다중적인 인과관계"를 논한 내용은 내가 볼 때 너무 단순한 면이 없지 않다. 슬로스버그는 그리스도인은 하나님을 세상에서 일어나는 사건들의 유일한 원인자로 간주해야 한다고 생각한 듯하다. 하나님이 유일한 궁극적인 원인자이신 것은 맞지만 나는 이차적인 원인들도 공정하게 다루어야 한다고 생각한다. 이스라엘이 바벨론에 포로로 잡혀간 사건은 그들의 죄에 대한 하나님의 심판이었던 것이 분명하지만 그렇더라도 다른 요인들을 배제하는 것은 아니다. 하나님은 그 모든 "다중적인 원인들"을 결합시켜 자신의 목적에 이바지하게 함으로써 그 영광을 드러내신다(롬 8:28).

또한 슬로스버그는 "분노"의 역할을 다소 과대평가했다. 슬로스버그도 러시두니처럼 때로 분노를 야기한 사람들과 사람들의 찬사를 받을 요량으로 가난한 자들을 돕는 척하는 사람들을 옳게 구별하지 못했다. 나는 쉘러의 권위만을 토대로 "이타주의"라는 용어를 "분노"의 관점에서 정의하는 것은 충분하지 않다고 생각한다. "이타주의"는 좋은 표현이지만 그런 불충분한 근거만을 가지고 그 말을 그릇되게 사용해서는 곤란하다.

이 밖에도 슬로스버그는 국가 권력에 대해 다소 불분명한 인상을 남겼다. 그의 논리는 국가 권력을 증대하려는 노력은 무엇이든 죄라는 의미를 띠는 것처럼 들린다. 그렇다면 무엇이 국가의 합법적인 권력일까? 이 문제는 훨씬 더 세밀한 설명을 요한다.

나는 슬로스버그가 역사 속에서 작용하는 일반 은혜에 대해 좀 더 관심을 기울였어야 한다고 생각한다. 한 민족의 불신앙이 항상 신속한 심판을 받는 것은 아니다. 하나님은 오래 참으심을 나타내기 위해 심판을 늦추실 때가 많다. 의인들이 한동안 고난을 당한다. 슬로스버그의 책은 미국이 거국적으로 회개하지 않으면 곧 멸망할 것 같은 인상을 풍긴다. 그러나 매우 세속적인 20세기가 이미 80년이나 흘러갔는데도 심판이 지연되고 있고, 또 소련이 1917년 이후에 계속 세력을 확장하고 있는 이유는 과연 무엇일까?

슬로스버그는 교회의 분열이라는 중요한 문제도 대충 다루었다. 그는 조직적인 일치를 부정적으로 언급하면서 어떤 사람들은 그것을 유기적 일치의 대용물로 생각한다고 말했다. 그의 말은 나름대로 일리가 있지만 조직적인 일치와 유기적인 일치를 대립시키는 것은 비성경적이라는 것, 곧 성경은 그 둘을 모두 요구한다는 것을 분명하게 밝혔어야 했다.

나는 슬로스버그의 책을 다시 인쇄할 때는 구성 방식을 조금 달리했으면 하는 생각이다. 먼저 출판업자는 저자의 약력을 소개하는 글을 실어야 하고, 저자인 슬로스버그는 논제들을 좀 더 자세히 알고자 하는 독자들을 유익하게 하는 데 필요하다고 생각되는 참고 문헌을 소개하는 것이 좋을 듯하다. 그 외에도 적절한 색인과 많은 각주도 필요하다. 내가 참고 문헌 목록이 필요하다고 생각하는 이유는 다음과 같다. 1) 각주에 언급했거나 인용한 책들 가운데는 심지어 호의적으로 인용한 내용들조차도 슬로스버그의 개혁주의 기독교에서 크게 벗어난 입장을 개진하는 것들이 많다. 니버, 토인비, 버터필드, 엘룰과 같은 사람들이 자주 인용되었다. 단지 각주만 가지고서는 독자들이 슬로스버그의 입장에서 크게 벗어날 소지가 높다. 2) 특정한 당파적 노선에 치우치지 않겠다는 슬로스버그의 생각에는 공감하지만 만일 특정한 사상 학파에 의존한 것이 있다면 그 사실을 솔직하게 인정하는 것이 좋다. 러시두니와 노스의 접근 방식에 익숙한 사람들은 『멸망할 우상들』의 곳곳에서 그들의 영향이 미친 증거들을 쉽게 발견할 수 있다. 슬로스버그는 앞서 언급한 『칼케돈 카운셀』에서는 그런 영향력을 솔직하게 인정했다. 그러나 『멸망할 우상들』에서는 러시두니와 노스를 인용하면서도 독자들에게 그들이 미친 영향을 거의 밝히지 않았다. 그런 까닭에 독자들은 슬로스버그와 가장 긴밀하게 관련된 자료들에 대해 아무런 정보도 얻지 못한다. 러시두니와 노스는 슬로스버그의 책의 논증에 중요한 기여를 했는데도 불구하고 정당한 인정을 받지 못했다. 물론 슬로스버그의 독창성을 부인할 생각은 조금도 없다. 그러나 그의 독창성과 관련된 지성적인 환경을 언급했더라면 그것이 더욱 빛을 발했을 것이다.

이 모든 약점에도 불구하고 나는 슬로스버그의 책이 기독교의 관점에서 현대 문화를 평가한 책으로는 대학교와 신학교의 교과서로 채택하기에 충분한 가치를 지녔다고 믿는다. 생각이 있는 그리스도인이라면 누구나 반드시 읽어야 할 책이다. 기니스의 『죽음의 먼지』를 진정으로 계승한 책이 아닐 수 없다. 나의 논평은 슬로스버그의 광범위한 탐구나 세심하고, 주의 깊게 논증을 펼쳐나가는 방식을 온전히 보여주기에는 턱없이 부족하다. 그런 점들을 깊이 음미하는 것도 꼭 필요하다. 앞으로 이 훌륭한 저자가 좀 더 많은 기여를 해주기를 진정으로 바란다.

부록 T
다시 생각해 보는 반틸

1995년에 웨스트민스터신학교에서 열린 학술회를 위해 쓴 논문이다. 이 논문은 이 책에서 종종 언급한 반틸과 나의 관계를 간단하게 요약하고 있다(특히 13장을 참조하라. 이 책에 맞게 문체를 약간 다듬었다).

나는 코넬리우스 반틸에 관한 책을 집필했다. 주님이 원하신다면 이 책은 "장로교 개혁주의(피앤알) 출판사"를 통해 금년 안에 출판될 예정이다.[1] 이 책은 호의적이면서도 비평적인 시각으로 반틸의 사상을 분석한다. 특히 반틸이 오늘날의 변증가들에게 어떤 가치를 지니고 있는지를 다루는 데 초점을 맞춘다. 웨스트민스터신학교 교수 가운데 한 사람인 빌 에드거가 원고를 검토했고, 그 일부 내용을 학술회에 나가 발표하는 것이 좋겠다고 제안했다.

나는 마지막 장에서 반틸에 대한 이 책의 접근 방식을 간단하게 요약했고, 오늘날의 그리스도인들이 세상을 향해 증언할 때 반틸의 사상을 가장 잘 이용할 수 있는 방법이 무엇인지를 논했다. 내가 여기에서 제시하는 내용은 약간의 설명을 덧붙

---

[1] 이 책은 1995년에 출판되었다. *Cornelius Van Til: An Analysis of His Thought* (Phillipsburg, NJ: P&R Publishing, 1995).

인 것 외에는 본질적으로 마지막 장의 내용과 동일하다.

나는 그 책에서 반틸의 사상은 통째로 다 받아들이든지 다 거부하든지 둘 중에 하나를 택해야 할 "이음새 없는 옷"과 같다는 인상을 없애려고 노력했다. 물론 그런 인상을 심어준 것에는 반틸의 적들과 그의 친구들 모두가 책임이 있다. 반틸에 관한 책들은 무비판적인 찬사가 아니면 도를 넘어선 비판으로 치우치는 경향이 있다. 이런 상황에서 내 책처럼 호의적이면서도 비판적인 입장을 취하는 책은 매우 비정상적인 것처럼 보인다.

반틸 자신도 그와 동일한 인상을 풍기는 경향이 있다. 그는 기독교적 유신론을 "하나의 단위"로 입증하려고 노력한다. 그는 강의나 인쇄물로 변증학을 가르칠 때마다 자신의 전체적인 체계를 독자들에게 조금씩 나눠서가 아니라 한꺼번에 제시하려는 경향이 있다. 학생이나 독자가 그것을 모두 이해하지 못하면 반틸은 다시 또 한꺼번에 자신의 견해를 제시한다. 따라서 독자는 스스로 취사선택하기가 불가능하다는 인상(전부가 아니면 제로, 둘 중에 하나만 가능하다는 인상, 곧 반틸은 온전히 받아들이거나 철저히 거부하거나 둘 중에 하나이어야 한다는 인상)을 받는다. 물론 이 모든 것은 한편으로는 반틸의 배경을 이루는 철학적 관념론과 다른 한편으로는 카이퍼와 메이첸 방식의 "대립적인" 사고 양식과 관련이 있다.

그러나 나는 그런 접근 방식과는 다른 방식을 취했다. 나는 반틸의 체계를 기본적인 요소들로 나눠 한 번에 하나씩 분석하고, 평가하려고 노력했다. 반틸의 사상이 고도로 긴밀한 체계를 갖추고 있다는 사실을 부인할 생각은 조금도 없다. 나는 그런 체계적인 관계를 가능한 한 최대한 강조하려고 노력했다. 그러나 나는 교육적인 목적에서 단순한 것에서부터 복잡한 것으로, 알려진 것에서 알려지지 않은 것으로 향하는 방법을 선택했다.

그런 과정을 거치면서 나는 반틸의 사상이 "이음새 없는 옷"과 같지는 않다는 결론에 도달했다. 그 가운데는 성경적일 뿐 아니라 기독교적 삶과 사상에 근본이 되는 개념들이 분명히 존재한다. 그런 개념들은 미래의 변증을 위한 필수불가결한 토대를 형성한다. 그러나 반틸의 사상 체계 안에는 성경에 근거하지 않거나 무시해도 아무런 부작용이 없는 개념들도 더러 존재한다.

이 점을 보여주기 위해 반틸의 사상 체계를 간략하게 요약하면 다음과 같다.

I. 지식의 형이상학
   1. 자족적인 하나님
   2. 삼위일체 : 하나와 다수
   3. 하나님의 주권
   4. 유비적인 지식
   5. 계시
   6. 여러 전제들
   7. 이성, 논리, 증거

II. 지식의 윤리학
   1. 대립
   2. 일반 은혜
   3. 불신의 사고 : 합리주의와 불합리주의

III. 변증 방법
   1. 전통적인 방법
   2. 나선적, 또는 순환적 논증
   3. 전제에 의한 추론
   4. 여러 가지 모델

IV. 다른 사상가들에 대한 비평
   1. 헬라 철학과 스콜라주의
   2. 임마누엘 칸트와 칼 바르트
   3. 헤르만 도이베르트

반틸의 체계 가운데 가장 강한 부분은 "지식의 형이상학"이다. 그 부분에 대해서는 비판할 것이 거의 없다. 반틸은 그 부분에서는 성경의 가르침을 그대로 되풀이하며 그것을 단지 인간의 사상과 삶에 적용할 뿐이다. 창조주와 피조물의 구별에 관한 그의 견해는 칼빈주의에서 한 치도 벗어나지 않는다. 유비적인 지식이란 피조물의 차원에서 가능한 한 충실하게 하나님의 지식을 반영하는 지식을 추구하는 데 지식의 목적이 있다는 의미를 지닌다. 유비적으로 생각하는 사람은 생각에 대한 하나님의 규범을 준수하는 사고를 지향한다. 물론 이것은 인간의 모든 생각이 하나님의 계시에 의해 지배를 받는다는 것을 의미한다. 이는 곧 하나님의 계시의 진리가 인간 사고의 가장 근본적인 전제라는 의미를 담고 있다.

반틸의 글에서는 이성과 논리와 증거에 관해 다소 혼란스런 내용이 더러 발견되기는 해도 많은 비평가들이 상상하는 것과는 달리 그는 그런 것들을 결코 무시하지 않았다. 그는 단지 그런 것들을 하나님의 말씀에 복종시켜야 한다고 강조했을 뿐이다(즉 그리스도인이라면 누구도 반대하지 않을 한계를 둔 것뿐이다).

반틸이 이런 원리들을 클라크와의 논쟁에서 잘못 적용한 것은 좀 문제가 있다. 그 논쟁에서 반틸은 하나님의 생각과 인간의 생각이 "일치하는 부분은 단 한 곳도 없다."고 주장했다. 클라크는 그런 견해가 회의적인 의미를 함축하고 있다고 판단했다. 그는 하나님과 인간이 동일한 명제들을 생각하고, 믿을 수 있다고 주장했다. 그들의 논쟁은 온갖 복잡한 갈등과 대립을 낳았다. 그러나 내가 생각할 때 클라크는 하나님의 생각과 인간의 생각이 형이상학적인 본질에 있어서는 서로 분명하게 구별된다는 점을 결코 부인하지 않았다. 또한 반틸도 하나님과 인간이 동일한 명제를 믿을 수 있다는 것을 부인하지 않았다.

따라서 내가 판단할 때 그들의 논쟁은 사실상 불필요했고, 대부분 오해로부터 비롯된 측면이 많았다. 이상하게도 반틸은 다른 기독교 변증가들과 논쟁을 벌일 때면 최악으로 치닫는 경우가 많다.

"지식의 윤리학"에 관한 반틸의 견해는 강점과 약점을 동시에 지닌다. 불신자들이 하나님의 계시의 진리를 알면서도 무시한다는 그의 주장은 조금도 틀리지 않다. 성경은 로마서 1장에서 매우 분명한 어조로 그렇게 주장한다. 그러나 반틸은 불신자들이 어떤 점에서 하나님의 진리를 알고, 또 어떤 점에서 그것에 무지한지를 적절하게 표현할 수 있는 용어들을 찾으려고 했던 것으로 보인다.

그는 어떤 경우에는 "극단적인 대립"의 용어를 사용해 불신자는 지식을 전혀 가질 수 없고, "옳게 아는 것이 아무것도 없기 때문에" 무엇에 대해서도 신자와 합의에 도달할 수 없다고 말했다. 그러나 반틸은 또 다른 경우에는 다양한 방식으로 불신자들이 참된 지식을 가질 수 있다는 견해를 피력했다.

예를 들어 그는 불신자는 무신론적인 원리에 따라 생각하지만 항상 그런 원리에 따라 생각하지는 않는다고 말했다. 불신자는 마치 "타인의 자본을 빌리는 것처럼" "자기 자신의 생각에도 불구하고" 무신론적인 원리가 아닌 기독교적 원리에 따라 생각할 때가 더러 있다. 이런 식의 말들은 반틸의 사상 안에서 깊은 갈등을 유발시킨다. 사실 그는 자신의 체계에 그런 문제가 있다는 것을 인정했지만 그것을 스스로 적절하게 처리하지 못했다.

물론 불신자들의 행위와 사고는 모두 소위 자율성을 추구하는 데 집중된다. 그러나 극단적인 대립의 용어는 변증학의 실질적인 역할에 혼돈과 오해를 불러일으킬 소지가 높다. 그것보다는 차라리 불신자들의 부패한 상태가 다양한 형태로 표출되며, 불신자는 자신의 목적을 위해 진실이나 거짓을 말할 수 있다고 말하는 편이 더 낫다.

일반 은혜의 교리는 하나님이 어떻게 선택받지 못한 자들, 곧 유기된 자들에게 선한 선물을 베푸실 수 있느냐라는 문제를 다룬다. 좀 더 구체적으로 말하면 그것은 하나님이 어떻게 유기된 자들, 곧 복음의 약속을 통한 유익을 베풀지 않기로 미리 작정하신 자들에게 그 약속을 제시하실 수 있느냐라는 문제다. 일반 은혜에 관한 반틸의 교리는 처음 시작은 좋았다. 그는 역사적 과정의 중요성을 강조했다. 하나님이 유기된 자들에게 축복을 베푸시는 이유는 마지막 심판이 아직 임하지 않았기 때문이다.

사람들에게 마지막 운명이 선고된 이후에는 일반 은혜는 더 이상 없다. 선택받는 자들은 축복을 받고, 선택받지 못한 자들은 형벌을 받을 것이다. 따라서 그들이 서로 공유할 축복은 더 이상 존재하지 않을 것이다.

그러나 반틸은 이 설명에 비역사적이고, 비성경적인 개념(실제적인 사람들이라기보다는 "일반적인" 사람들에게 복음이 값없이 제시된다는 개념)을 덧붙였다. 그는 아무런 성경적 근거 없이 불신앙이 시간이 흐를수록 계속해서 더욱더 악화일로를 치닫는 과정을 가정함으로써 혼란을 초래했다.

한편 그는 불신앙이 합리주의와 비합리주의의 변증 관계와 밀접하게 관련되어 있다는 것을 보여주는 매우 유익한 해석학적 도구를 제안했다(이 변증 관계로 인해 지성적인 진술의 모든 토대가 와해된다). 불신앙이 합리주의적인 이유는 인간 사고의 자율성을 내세우고, 그것이 곧 진리와 거짓, 옳고 그름의 궁극적인 판단 기준이라고 주장하기 때문이다. 또한 불신앙이 비합리주의적인 이유는 우주의 명백한 질서가 궁극적으로 무질서와 우연에 근거한다고 주장하기 때문이다.

반틸은 불신앙의 사고가 어떻게 합리주의와 비합리주의 사이를 일관성 없이 오가는지를 보여주었다. 파르메니데스는 정적인 "존재"의 교리라는 합리주의적인 주장을 했고, 신화적인 설명을 통해 운동은 한갓 환각에 지나지 않는다는 비합리주의적인 주장을 펼쳤다. 플라톤은 형상 이론을 통해 합리주의를 표방했지만, 그와 동시에 경험적인 세계는 단지 견해에 불과한 세계라는 주장으로 비합리주의를 드러냈다. 플라톤의 철학이 지닌 지속적인 문제점은 이 두 세계가 지성적인 관계를 맺기가 거의 불가능하다는 것이다. 칸트에게서도 비합리적인 실제의 세계와 합리적으로 생각되는 현상의 세계 사이에서 그와 비슷한 문제점이 발견된다.

이번에는 변증 방법에 관한 반틸의 견해를 잠시 살펴보자. 그는 스스로가 "초월적" 방법, 또는 "전제에 의한 추론"으로 일컫는 방법을 제시했다. 그는 성경의 하나님을 배제하고서는 의미나 지성적인 진술이 불가능하다는 것을 보여줄 수 있어야 한다고 강조했다. 또한 그는 이 논증은 "순환적이거나" "나선적인" 특성을 띨 수밖에 없다고 주장했다.

나는 변증 방법이 어떤 점에서 순환적일 수밖에 없고, 기독교 변증가가 불신자들과 논쟁할 때 기독교적 전제를 버릴 수 없다는 생각에 십분 동의한다. 우리는 그런 전제들을 버릴 수 없다. 왜냐하면 그것이 이성에 부합하는 올바른 길을 제시한다고 믿기 때문이다. 따라서 그런 전제들을 입증하고자 할 때는 그것들을 전제해야 한다. 이것은 일종의 순환 논리다.

물론 합리성이 궁극적인 기준이라는 것을 입증하려고 할 때도 순환 논리에서 벗어날 수는 없다. 인간의 이성이 궁극적인 권위를 지닌다는 것을 입증하려면 인간의 이성을 전제해야 한다. 이것은 변증 방법이 "성경이 하나님의 말씀인 이유는 그것이 하나님의 말씀이기 때문이다."라는 식의 그릇된 순환 논리를 사용할 수밖에 없다는 의미와는 거리가 멀다.

또한 나는 반틸의 변증학이 지니는 초월적인 특성에 동의한다. 우리는 성경의 하나님이 세상 안에서의 모든 의미와 이해 가능성의 원천이시라는 사실을 굳게 확립하려고 노력해야 한다. 왜냐하면 실제로 그분이 그 모든 의미와 이해 가능성의 원천이 되시기 때문이다. 그러나 반틸은 초월적인 논증의 본질로부터 변증가에게 부가적인 제약을 가할 수 있는 근거를 끌어내리고 애썼다. 나는 그런 제약이 불필요하다고 생각한다. 1) 반틸은 기독교를 위한 논증이 직접적이라기보다는 간접적이어야 한다고 주장했다. 그는 직접적인 방법이 아닌 "반대되는 것들의 불가능성"을 보여주는 간접적인 방법을 통해 하나님의 존재를 입증해야 한다고 강조했다. 그는 "논증을 위해" 불신자의 전제를 먼저 파악하고, 그것이 일관성과 의미가 없다는 것을 밝히는 방법을 채택하라고 권고했다. 2) 반틸은 항상 개연성보다는 절대적인 확실성을 주장해야 한다고 말했다. 3) 반틸은 때로 우리의 신학을 "처음부터" 한꺼번에 제시해야 한다고 말했다. 4) 반틸은 때로 개개의 교리를 입증하기보다는 기독교적 유신론 전부를 입증함으로써 논증의 결론을 제시해야 한다고 말했다. 5) 반틸은 기독교의 진리를 불신자의 지식을 보완하는 "보충물"로 제시해서는 안 된다고 말했다.

내가 볼 때는 반틸 자신의 논증도 항상 그런 원리들을 지키지는 못했다. 그도 그런 식의 방법을 사용하는 데 실패한 적이 없지 않다. 더욱이 이 다섯 가지 규칙은 성경을 토대로 확립된 것도 아니고, 변증의 초월적 본질에서 비롯한 결과물도 아니다. 내 생각은 이렇다. 1) 간접적인 논증이 반드시 초월적인 결론을 확립할 수 있는 유일한 논증은 아니다. 2) 하나님의 존재를 입증하는 증거가 분명하더라도 그 증거를 묘사하는 우리의 언어적 진술은 개연적일 수 있다.

반틸은 다른 사상가들을 비판할 때 최악의 면모를 드러냈지만 심지어는 그런 경우에도 그는 매우 귀한 통찰력을 드러냈다. 내가 볼 때 "전통적인 변증 방법"에 대한 그의 비판은 과거의 사상가들에게 불합리한 요구를 할 때가 많다(예를 들면 조금 전에 언급한 그릇된 원칙들). 그러나 그의 비판은 변증 전략과 확실한 의사 전달에 관한 가치 있는 조언이 되기에 충분하다. 전통적인 변증이 기독교와 비기독교 사상의 철저한 대립을 신자나 불신자 모두에게 확실하게 일깨우지 못함으로써 복음을 불분명하게 만든 것은 분명하다. 전통적인 변증 방법이 사용한 어법(예를 들면 "당신이 깨달은 것이 무엇인지 말해 보시오. 만일 그것이 모순의 법칙과 경험적 사실에 비춰 볼 때 아무런 문제가 없다면 이성적인 사람들의 동의를 받을 가치가 있을 것이오."와 같은 말)은 그 자체로는 어느 정도 일리가 있을지 몰라도 결국 불신자들이 계속해서 자율적인 사고를 하도록 독려하는 결과를 낳았다.

안타깝게도 반틸도 때로는 1) 전달과 전략의 문제와 2) 성경적인 정통성의 문제를 적절하게 구별하지 못했다. 또한 그는 영적인 문제와 절차상의 문제를 구별하는 데도 실패했다. 예를 들어 그는 "간접적인" 논증의 반대인 "직접적인" 논증은 불경건한 중립주의의 명백한 표현이라고 말했다.

스콜라주의와 암스테르담 철학에 대한 반틸의 비판에서도 이와 비슷한 문제점이 더러 발견되지만 그 과정에서 그런 체계 내에 존재하는 심각한 오류와 혼란을 드러내는 결과를 낳았다. 특히 칼 바르트의 체계와 관련해서는 그런 결과가 더욱더 두드러졌다. 그는 교회를 향해 그런 오류를 확실하게 경고했다는 점에서 모든 그리스도인의 칭찬을 받을 자격이 있다.

나는 반틸을 맹목적으로 신봉하지 않는 상태에서 그로부터 귀하고, 가치 있는 가르침을 많이 배울 수 있다고 생각한다. 반틸을 따르는 운동은 굳이 "사상 운동이라는 생각"에 사로잡힐 필요도 없고, 또 그 운동에 아직 합류하지 않은 동료 그리스도인들과 날카롭게 대립각을 세울 필요도 없다.

반틸의 변증 방법이 다음 세기까지 이어지려면 반틸이 부과한 그릇된 제약에서 벗어나 다양한 종류의 변증적 논의의 상황에 맞는 다채로운 논증 방식을 발전시켜 나가야 한다. 반틸은 우리에게 역사의 모든 사실은 성경적인 하나님의 현실을 증언한다고 가르쳤다. 우리는 성경의 전제들이 모든 것의 진정한 본질을 하나님과의 관계에서 밝히고 있다는 사실을 보여줌으로써 이 비전을 더욱 힘써 이루어나가야 한다. 이것은 참으로 가슴 설레는 일이 아닐 수 없다.

아울러 방법론에만 지나치게 집착했던 전통적인 반틸주의를 극복하는 것이 중요하다.[2] 반틸주의의 변증 방식은 방법, 특히 우리와 다른 사상 학파의 방법을 구별하는 데만 지나치게 관심을 기울인 면이 적지 않다. 실질적인 논증을 발전시키려

---

[2] 최근의 언급을 통해 내게 이 점을 일깨워 준 그렉 밴슨에게 감사한다.

면 좀 더 많은 시간이 필요할 것이다. 방법론을 놓고 논쟁을 벌이는 시간은 줄이고, 불신자들과 대화를 나누는 시간은 더 많이 늘려야 한다. 반틸의 변증학을 배우는 학생들에게 변증가가 다루어야 할 현재의 상황과 기독교적 증거에 관해 지금까지보다 훨씬 더 많은 지식을 가르쳐야 할 필요가 있다.

아무쪼록 반틸에 관한 나의 비평적인 해설을 통해 변증가들 사이에 존재하는 방법론적인 차이를 지나치게 부각시키는 일을 자제하고, 모두들 그리스도의 지상 명령에 집중할 수 있는 분위기가 마련되기를 바라마지 않는다. 이 책이 신자들에게 그런 일을 하도록 독려할 수 있다면 소기의 목적을 달성하게 될 것이다.

용어 해설

이 책에 사용된 철학과 신학의 용어들 가운데 일부를 간단하게 정의하고자 한다. 이 용어들은 대부분 각 장의 핵심 용어 목록에 포함된 것들이다. 그 핵심 용어들을 여기에서 모두 정의하지는 않았다. 괄호 안에 있는 숫자는 용어들이 사용된 장을 가리킨다. 매우 드물지만 특히 일반적인 용어인 경우에는 장 표시를 하지 않았다.

귀추법(abduction, 9). 탐구에 적합한 가설을 확립하는 것(퍼스). 연역법과 귀납법과 연관된다.

위대한 아브라함(Abraham the Mighty, 13). 아브라함 카이퍼를 일컫는 경칭.

절대적인(absolute, 1). 궁극적인, 최종적인, 영원한.

절대 정신(absolute spirit, 7). 헤겔의 용어. "정신"을 참조하라.

추상적 개념(abstract ideas, 5). "빨강", "말", 또는 "미덕"과 같이 일반적인 속성이나 보편적인 실재를 가리키는 개념. 버클리는 그런 개념들의 존재를 부인했다.

부조리(absurd, 키에르케고르, 8). 영원이 시간 속에 들어왔다는 개념. 이 객관적인 부조리가 기독교 신앙의 핵심이다.

역사의 우연적 진리(accidental truths of history, 6). 과학적인 사료 편집의 결과에 대한 레싱의 묘사. 이성의 필연적 진리와 대조된다.

우연적 속성(accidents, 4). 실재의 본질을 구성하지 않는 속성.

근거(account, 1). 하나의 주장이 지식을 형성하는 이유를 설명하는 말(정당화를 뜻하는 플라톤의 용어).

능동적인 지성(active intellect, 2, 4). 감각적인 자료들을 분석하고, 이해하는 지성의 기능(아리스토텔레스). 수동적인 지성과 대조된다.

행동주의, 현실주의(activism, actualism, 10). 하나님의 본질이 아닌 행위가 그분을 규정한다는 바르트의 신학 사상. 이것은 인간의 실존에 대한 실존주의의 이해와 비슷하다.

현실태(actuality, 2). 가능태와 대조되는 어떤 것의 현실적인 상태를 묘사하는 아리스토텔레스의 용어.

현실적 계기(actual occasion, 11). 과정 신학에서 과정의 최소 단위를 가리키는 말.

근원으로 돌아가자(ad fontes, 5). 지식에 관한 가장 초기의 문헌, 특히 헬라 문화의 자료에 대한 르네상스 시대의 관심을 표명한 슬로건.

이온(aeons, 3). 비토스에서 방출된 반신적인 존재(영지주의).

심미적 단계(aesthetic stage, 8). 키에르케고르가 말한 인생의 단계 가운데 첫 번째 단계. 겉으로 보이는 즐거움과 쾌락에 집착하는 삶을 묘사함. 윤리적 단계와 종교적 단계와 대조된다. "믿음의 기사"를 참조하라.

이성의 시대(age of reason, 5, 6). 계몽주의 시대를 일컫는 표현.

소외(alienation, 7). 노동으로 인해 발생한 이익을 다른 사람이 차지하기 때문에 노동자가 노동의 열매로부터 소외된다는 마르크스의 견해.

유비적인(analogical, 4). 두 가지 경우에 대해 사용되는 언어적 표현. "한 가지 뜻밖에 없는" 것도 아니고 "두 가지 이상의 의미를 지닌" 것도 아닌 어떤 것을 공통적으로 지니고 있다는 의미.

유비(analogy, 3, 4, 6). 하나님과 우주의 유사점과 비유사점을 파악함으로써 그분에 대한 지식을 얻으려는 방식. 오리게누스, 아퀴나스, 버틀러를 비롯해 여러 사상가가 이 방법을 옹호했다. 버틀러는 자연의 경로와 성질 안에 드러난 하나님의 자연적 계시와 그리스도 안에서 나타난 그분의 초자연적인 계시 사이에 유비적 관계가 있다고 강조했다. 이것은 "비유사성"과 대조되는 개념이다.

속성의 유비(analogy of attribution, 4). 유비의 한 형태. 이 유비의 형태에 따르면 하나님의 속성이 우리의 속성과 유사하다고 말하는 것은 곧 그분이 우리 안에 있는 그런 속성들의 "원인"이라고 말하는 것과 같다.

비율의 유비(analogy of proper proportionality, 4). 유비의 한 형태. 이 유비의 형태에 따르면 하나님이 "지혜로우시다."고 말하는 것은 곧 인간의 지혜가 인간의 본성과 관련된 것처럼 그분의 지혜도 그분의 본성과 관련이 있다는 것을 의미한다.

유사성의 유비(analogy of resemblance, 4). 유비의 한 형태. 이 유비의 형태에 따르면 A가 B와 유사하다고 말하는 것은 A가 B를 닮았다고 말하는 것과 같다.

분석(analysis, 오리게누스, 3). 하나님이 아닌 것을 앎으로써 하나님을 아는 방식. 아퀴나스의 "부정의 길"과 같다. "종합"과 대조적이다.

분석적인(analytic, 5). 술어의 의미가 주어의 의미에 포함되어 있는 문장과 관련된 경우. 예를 들면 "독신남자는 결혼하지 않은 남자다."와 같은 문장. "종합적인"과 대조된다.

분석적 도구(analytical tool, 11). 해방 신학자들이 마르크스주의를 활용하는 것을 묘사할 때 사용하는 표현. 실질적인 신념이라기보다는 분석의 수단을 가리킨다.

변칙 카드(anomalous playing cards, 12). 실험 대상자가 기대하지 않았던 카드를 섞어 제시하는 실험을 가리키는 토머스 쿤의 표현. 실험 대상자는 잠시 동안 감각적 경험으로는 실제적인 상황을 정확하게 묘사할 수 없게 된다.

변칙(anomaly, 12). 해결할 수 없는 것으로 입증된 "정상 과학" 내에서의 "퍼즐."

사물 앞에(ante rem, 4). "유한한 존재들과 동떨어진 하나님의 생각 안에"라는 의미. "보편자"에 대한 아퀴나스의 견해에 따르면 보편자는 사물 앞에, 사물 안에(하나님이 창조하신 것들 안에), 사물 뒤에(인간의 생각 속에) 존재한다.

예고한다(anticipate, 13). 차원이 더 높은 "양태적 측면"을 반영한다. 도이베르트는 "낮은 차원의 측면"이 높은 차원의 측면을 다양한 방식으로 반영한다고 설명했다. 이를 "예고"로 일컫는다. "드러낸다."와 대조된다.

이율배반(antinomies, 7). 동등한 설득력을 가지고 동일한 결론을 입증하거나 부정할 수 있는 논증. 특히 사람들이 하나님의 존재나 세상이나 인간의 자유를 "구성적인" 개념으로 입증하려고 시도할 때 이율배반이 발생한다.

고전주의(antiquarianism, 5). 과거를 지향하는 신념.

반혁명당(Anti-revolutionary party, 13). 아브라함 카이퍼가 가입해서 이끌었던 정치 당파. 그는 네덜란드의 수상이 되었다. 이 당파는 프랑스 혁명의 세속적인 원리들을 거부했다.

대립(antithesis, 1, 7, 13). 기독교적 세계관과 비기독교적 세계관의 대립. 헤겔은 이 용어를 변증법에 적용했다. 카이퍼와 반틸의 논의를 참조하라(13장).

불안(anxiety, 9). 하이데거가 말한 특별한 종류의 두려움. "죽음을 향한 존재"의 심리 상태를 묘사한다.

아페이론(apeiron, 2). 아낙시만드로스가 세상의 궁극적인 구성 요소로 믿었던 불확정한 "실재."

묵시(apocalypse, 11). 미래를 보여주는 "계시." 몰트만은 "현현"과 대조되는 이 계시의 견해를 채택했다.

만유 구원론(apokatastasis, 3). 하나님이 결국에는 모든 피조물과 모든 인간을 회복하실 것이라는 견해. "보편구원론"의 한 형태.

아폴론적인 정신(Apollonian, 7). 질서를 상징하는 헬라의 신과 관련된 정신(쇼펜하우어와 니체). 우주의 합리성을 인정하는 의미를 지닌다.

후험적 지식(a posteriori knowledge, 5). 인간의 탐구를 통해 얻어지는 지식. "선험적 지식"과 대조된다.

선험적 지식(a priori knowledge, 5). 탐구를 하기 전에 이미 가지고 있는 지식. 지식을 탐구할 때 우리의 방법과 결론이 이 지식에 의해 지배된다. 좀 더 절대적인 의미로 말하면 모든 탐구로부터 독립되어 존재할 뿐 아니라 모든 탐구를 지배하는 지식을 가리킨다. "후험적 지식"과 대조된다.

아퀴나스-버틀러 방식(Aquinas-Butler Method, 6). 불신자들이 지니고 있는 전제들로부터 시작해 성경의 진리를 추론하는 변증 방식(반틸). 반틸은 이 방법을 많은 사람이 구사했지만 특히 토마스 아퀴나스와 조지프 버틀러가 가장 중요한 본보기에 속한다고 말했다.

단계를 통한 논증(argument from gradation, 4). 현실, 미덕, 힘과 같은 것이 최상의 단계(즉 하나님)를 전제한다는 안셀무스와 아퀴나스의 신 존재 증명을 위한 논증.

아리우스주의(Arianism, 3). 성자가 피조물이라는 아리우스의 견해. 니케아 공의회와 콘스탄티노플 공의회에서 이단으로 단죄되었다.

자존성(aseity, 1). 스스로 존재하며, 스스로 충족한 신의 속성.

동의(assent, 13). 진리나 명제를 인정하는 것. 전통적인 개혁주의 신학은 이것을 지식과 신뢰와 더불어 믿음의 세 요소 가운데 하나로 제시한다. 그러나 고든 클라크는 믿음의 본질을 정의하는 데는 "동의"만으로 충분하다고 생각한다.

원자적 사실(atomic facts, 11). 다른 모든 사실을 구성하는 사실. 순간적으로 지각되는 감각적인 경험의 정보(러셀과 초기 비트겐슈타인).

원자적 과정(atomic processes, 11). 다른 모든 과정을 일으키는 과정(과정 철학).

원자론(atomism, 1, 2, 5). 우주가 더 이상 나눌 수 없는 소립자로 구성되었기 때문에 그런 것을 탐구함으로써 우주를 가장 잘 이해할 수 있다는 견해. 일원론이나 이원론과 대조된다. "질적인 원자론"과 "양적인 원자론"을 참조하라.

오번 선언문(Auburn Affirmation, 8). 미국 장로교회 목회자 1,274명이 서명한 문서. 동정녀 탄생과 부활을 비롯해 다른 여러 교리들을 믿어야만 목사 안수의 자격 조건을 갖출 수 있다는 것을 거부하는 내용의 선언문이다.

"보존하다, 폐기하다. 처들다"(aufheben, aufgehoben, 7). 헤겔의 변증법을 참조하라.

자유의지론적 자유(autexousion, 3). 헬라어로는 "아우텍수시온"이다. "양립불가능론"으로 일컬어지기도 한다.

진정한 실존(authentic existence, 9, 10). 우리의 선택이 계획이나 운명의 결과가 아니라 우리 자신의 온전한(자유의지론적) 자유를 표현하는 것이라는 의식을 지닌 실존(하이데거와 사르트르). 불트만은 특히 "미래를 향한 개방성"을 이 실존의 특징으로 파악했다. 그러나 그는 진정한 실존은 하나님의 선물이라고 믿었다.

권위(authority, 1). 만물을 향해 명령하고, 만물의 복종을 받을 수 있는 하나님의 권리. 신적 주재권의 또 다른 측면인 통제 및 임재와 조화를 이룬다.

자율적인 이성(autonomous reason, 1, 5). 인간의 이성이 하나님의 계시에 의존할 필요없는, 진리와 정의의 궁극적인 판단 기준이라는 개념.

자율(autonomy, 10, 13). 틸리히의 경우에는 때로 그 자체의 "깊이"와 연합되지 못하는 합법적인 유형의 추론을 가리키고(타율 및 신율과 연관된다), 도이베르트의 경우에는 이론적인 사고는 마음의 헌신과는 무관하다는 개념을 가리킨다.

각성(awakening, 6). 18세기(대각성운동)부터 오늘날에 이르끼까지 미국에서 일어난 다양한 종류의 영적 부흥 운동을 가리키는 말.

공리(axioms, 13). 기하학적인 모델의 철학 체계에 관한 고든 클라크의 견해 가운데서 궁극적인 전제로 간주되는 것.

생짜 그대로의 사실(bare facts, 13). "있는 그대로의 사실"과 동일한 의미를 지닌다.

바르멘 선언(Barmen Declaration, 10). 바르트가 작성을 주관한 문서. 나치 정부에 대한 복종을 거부한 독일 고백교회의 입장을 대변했다.

기본 신념(basic beliefs, 13). 증거나 논증 없이 주장하는 신념. 다른 신념들에 정당성을 부여한다(플랜팅가). "개혁주의 인식론"과 "근본 신념"을 참조하라.

존재(being, 1). "있는 것."

세상 안에 있는 존재(being-in-the-world, 9). 하이데거의 "다자인"과 동일한 의미를 지닌다.

존재 자체(being itself, 10). 하나님을 가리키는 틸리히의 용어. "존재의 근원"과 동일한 의미를 지닌다.

죽음을 향한 존재(being-toward-death, 9). "다자인"의 가장 큰 관심사. 소멸의 불가피성을 인정한다는 의미를 지닌다(하이데거).

신념(belief, 2). 지식의 한 요소. 가장 차원이 높은 형태의 지식보다 한 단계 낮은 지식(플라톤). "추측, 이해, 직관"과 대조된다. 파르메니데스의 "신념의 길"과 비교하라.

성경 신학(biblical theology, 3). 구속사에 초점을 맞춰 성경을 이해하는 방법 가운데 하나.

흑인 신학(black theology, 11). 아프리카계 미국인들을 백인들의 압제에 의한 희생자로 간주하는 해방 신학의 한 유형.

에른스트 블로흐(Bloch, Ernst, 11). 전통적인 마르크스주의의 종말론을 거부한 독일의 마르크스주의자. 일반적인 마르크스주의자들과는 달리 종교에 관심을 드러냈다. 위르겐 몰트만의 사상에 중요한 영향을 미친 인물이다.

괄호 넣기(bracket, 9). 어떤 것이 다른 것의 외관인지, 또는 현상을 통해 우리에게 제시되지 않은 현실들과 관계를 맺고 있는지를 묻지 않고 현상을 탐구하는 방식(현상학).

생짜 그대로의 사실들(brute facts, 12, 13). 어떤 해석도 적용되지 않은 사실들. 모든 해석의 근거로 간주되며, "순전한 사실들"과 동의어로 취급된다.

덩어리(bundle, 5). 영혼을 묘사하는 흄의 용어. 흄은 영혼을 "한 덩어리의 지각"으로 간주했다.

비토스(Bythos, 3). 영지주의가 말하는 최상의 존재를 가리키는 명칭.

정경(canon, 3). 하나님이 교회를 다스리게 하기 위해 허락하신 성경에 포함된 책들.

정경 비평(canon criticism, 11). 브레버드 차일즈를 비롯한 여러 학자들이 시도했던 성경 연구. 성경을 역사적인 자료나 일련의 종교적 경험이 아닌 교회가 신앙의 결정적인 표현 양식으로 채택한 문서로 간주하려는 시도. "후기 자유주의"를 참조하라.

자본금(capital sum, 바르트, 10). 성경에 관한 정통주의 신학의 견해를 묘사한 바르트의 비유적 표현(하나님의 말씀을 자기들 마음대로 다룬다는 의미를 내포한다).

염려(care, 9). 다른 존재들에게 집착할 수밖에 없는 "다자인"의 상황을 표현한 하이데거의 용어.

오성의 범주(categories of the understanding, 7). "초월적 분석론"을 참조하라.

원인(cause, 4, 5). 어떤 것을 일어나게 만드는 것. 여기에서 "어떤 것"은 결과로 일컬어진다. 흄은 원인과 결과가 필연적으로 연관되어 있다는 것을 부인했다.

값싼 은혜(cheap grace, 본훼퍼, 10). 제자직이 없는 은혜.

기독교적 무신론(Christian atheism, 10). 하나님 없는 기독교를 구축하려고 시도했던 알타이저, 반 뷰렌, 해밀턴의 신학. "급진 신학"으로도 불린다.

기독교 철학자들(Christian Philosophers, 1, 13). 기독교의 세계관을 명확하게 제시하고, 옹호하는 일을 하는 철학자들.

순환성(circularity, 13). 하나님과 성경의 진리를 옹호하려면 하나님과 성경의 진리를 전제해야 한다는 반틸의 주장. 반틸은 그런 논증은 어떤 점에서 순환 논리일 수 있지만 다른 모든 사상 체계도 모두 순환 논리에서 벗어날 수 없다고 주장했다.

공재(circumcessio, 1, 3). 성삼위 하나님의 상호 관계를 가리키는 용어. 성부는 성자 "안에" 계시고, 성자는 성령 "안에" 계신다는 것. "페리코레시스'와 "키르쿰세시오"로 표기된다.

『하나님의 도성(City of God)』(3). 아우구스티누스가 저술한 책. 사회를 그리스도의 통치 아래 두기를 원하는 사람들을 가리킨다. "세상의 도시"와 대조된다.

계급 갈등(class conflict, 7). 부자와 빈자, 유산자와 무산자의 갈등을 묘사한 마르크스의 용어.

명확하고, 분명한 개념(clear and distinct ideas, 5). 확실한 것으로 간주될 수 있는 지식을 판단하기 위한 데카르트의 기준.

강제적인(coercive, 11). 하나님이 어떤 것을 하도록 "현실적 계기"를 강제하신다는 견해를 가리키는 용어. 과정 신학자들은 이를 부인한다. 그들은 하나님이 세상에 "설득력 있게" 영향을 행사하신다고 믿는다.

인식적인 의미(cognitive meaning, 12). 옳든 그르든 진리를 주장할 수 있는 문장의 효력. "논리실증주의자들"은 형이상학적이거나 종교적인 진술이 인식적인 의미를 지닌다는 것을 부인했다.

일반 은혜(common grace, 13). 신자와 불신자 모두에게 주어져 문화적인 차원에서 상호 협력하도록 이끄는 비구원적 은혜.

공통된 근거(common ground, 13). 신자와 불신자들이 공통으로 지니는 것. 반틸은 때로 그런 것이 존재한다는 것을 부인하기도 했고, 또 어떤 때는 불신자들이 하나님의 지식에 관한 공통된 근거를 지니고 있지만 그것을 억제한다고 말하기도 했다. "대립"을 참조하라.

상식적 현실주의(Common Sense Realism, 6). 토머스 리드와 그의 학파의 철학적 입장. 나중에는 무어와 앨빈 플랜팅가와 같은 사상가들에게서도 이런 입장이 발견된다. 상식적 현실주의는 우리가 믿는 모든 것을 증명할 수 있다는 생각을 버리고 상식적인 전제들로부터 시작해야 한다고 주장한다.

양립 가능론(compatibilism, 2). 인간의 선택이 그 사람이 원하는 것이라면 자유롭다는 견해. 자유에 대한 이런 견해는 "결정론"과 양립할 수 있다. "양립불가능론"과 "자유의지론적 자유"와 대조된다.

복잡한 개념(complex ideas, 5). 인간의 생각을 통해 서로 다양한 관계를 맺게 되는 개념들(로크의 인식론). 단순한 개념들과 대조된다.

양립 가능한(compossible, 5). 두 개의 모나드가 동일한 세상에 공존할 수 있다고 주장한 라이프니츠의 견해를 가리키는 용어.

오귀스트 콩트(Comte, Auguste, 12). 종교와 형이상학의 시대가 자연 과학의 방법이 우위를 점하는 "실증적인" 시대로 대체되었다고 주장한 사회학의 창시자. "논리실증주의"에서 "실증주의"라는 말이 여기에서 유래했다.

개념주의(conceptualism, 4). 보편자는 생각 밖에 존재하는 실제적인 현실이나 단순한 명칭(유명론)이 아닌 생각 속에 있는 개념들이라고 주장하는 견해.

합생(concrescence, 11). 현실적 계기들 가운데서 이루어지는 두 가지 형태의 과정 가운데 하나. 나머지 한 가지는 "과도기"로 일컬어진다. 현실적 계기는 합생을 통해 과거의 계기, 영원한 대상, 또는 신을 이해하고, 스스로를 자유롭게 변화시켜 나간다.

고백교회(confessing Church, 10). 히틀러를 지지하는 것을 거부한 독일의 교회들. 바르트와 본회퍼를 비롯한 여러 사람들이 주도적인 역할을 했다. "독일 그리스도인들"과 대조된다.

대립적인(conflictual, 11). 사회 정의를 위한 투쟁에 참여하려면 대립을 피할 수 없다는 해방 신학의 원리를 가리키는 용어. 계급투쟁을 통해 하나의 계급이 유익을 얻으면 다른 계급은 손실을 겪는다는 마르크스의 견해를 반영한다.

추측(conjecture, 2). 플라톤이 말한 낮은 차원에 속하는 지식의 형태. "신념, 이해, 직관"과 대조된다.

의식(consciousness, 9, 11). 세상과 자아에 대한 인식. 과정 사상에서 가장 차원이 높은 "주관적인 즉각성"에 해당한다.

신의 결과적 본성(consequent nature of God, 11). 신의 "원시적 본성"과 구별되는 본성(과정 사상). 신의 결과적 본성은 우주의 "현실적 계기"에 의존한다. 신은 그것들의 자유로운 선택에 따라 변화한다.

보수적인 흐름(conservative drift, 7, 10). "자유주의 신학"이 교회 안에서 영향력을 확보하기 위해 이전보다 좀 더 보수적으로 보이려는 경향을 띤다는 프레임의 이론. 물론 예외가 없지는 않다.

철저 종말론(consistently eschatological, 8). 예수님이 세상의 종말과 마지막 심판이 임박했다고 믿었던 묵시적인 비전가이셨다는 견해(슈바이처와 바이스).

확립자(consolidator, 3). 기독교 신학을 이단에 대한 승리를 토대로 새롭게 정리해 정통 교리를 확립한 인물을 가리키는 프레임의 용어. "종합, 이단, 개혁자"와 대조된다.

콘스탄티누스적인 모델(Constantinian model, 11). 교회가 국가와 사회를 통치해야 한다는 견해. 몰트만은 이 견해를 거부했다. "구원의 보편적 성례"라는 견해와 대조된다.

구성적 사용(constitutive use, 7). "이성의 이상"을 사용해 현실적인 실재의 존재를 입증하려고 시도할 때는 그 이상을 구성적으로 잘못 오용할 수 있다는 원리(칸트). "규제적 사용"과 대조된다.

우연적 존재(contingent being, 4). 자기 자신이 아닌 다른 것에 의존하는 존재. "필연적 존재"와 대조된다.

모순(Contradiction, 12). "조는 결혼한 독신남자."와 같이 논리적인 불가능성 때문에 필연적으로 틀릴 수밖에 없는 형태의 말. 논리실증주의의 "동의반복"과 "경험적인 명제"와 대조된다.

통제(control, 1). 피조 세계에서 일어나는 모든 일을 다스리는 포괄적인 능력을 가리키는 말. 신적 주재권의 또 다른 측면인 "권위" 및 "임재"와 조화를 이룬다.

관습주의(Conventionalism, 12). 과학이 세상의 사실들이 아닌 현실을 특정한 방식으로 바라보자는 사회적 동의나 관습에 근거한다는 견해.

이웃에게로의 전향(conversion to the neighbor, 11). 사회 정의를 위해 싸움으로써 이웃을 섬기는 일에 헌신하는 것을 진정한 회개로 간주하는 해방 신학의 견해.

코페르니쿠스적인 혁명(copernican revolution, 7). 칸트가 자신의 철학을 묘사한 말. 그는 자신의 철학을 코페르니쿠스의 혁명적인 개념과 비교했다. 코페르니쿠스가 지구가 아닌 태양이 중심이라고 생각하게 만든 것처럼 칸트는 우리 밖에 있는 현실이 아닌 우리 자신이 세상의 조직 원리라는 점을 깨닫기를 원했다.

상호관계적인(correlative, 11). 두 가지가 서로 관계를 맺고 있는 것을 가리키는 말. 과정 사상에서 하나님과 세상은 상호관계적이다.

『코르사르(Corsair, The)』(8). 한동안 키에르케고르를 맹렬히 비난했던 덴마크의 신문.

우주의 회계원(cosmic accountant, 5). 라이프니츠를 비판한 사람들이 신에 관한 그의 견해를 비웃기 위해 사용한 표현. 그들은 라이프니츠의 신은 추상적인 논리적 가능성이 명령하는 것에 따라 우주를 창조했기 때문에 단지 논리적 가능성에 의존한 회계원에 불과하다고 비판했다.

우주적 도덕주의자(cosmic moralist, 11). 과정 신학자들이 전통적인 신학에서 말하는 하나님과 인간의 관계(즉 인간에게 율법을 수여하고, 복종을 요구하며, 불순종을 징벌하는 하나님)를 묘사할 때 사용하는 용어. 과정 신학자들은 자신들의 신학이 더 나은 모델을 제시한다고 믿는다.

우주론적 논증(cosmological argument, 4). 세상 안에서 운동이나 사건들의 연쇄적인 관계나 상호 의존성은 최초의 시작을 요구한다는 논증. 아퀴나스의 다섯 가지 신 존재 증명 가운데 처음 세 가지는 우주론적 논증에 해당한다. "존재론적 논증"이나 "목적론적 논증"과 대조된다.

우주 법철학(cosmonomic, 13). "세계의 법칙"을 다루는 철학. 도이베르트의 "법 개념 철학"은 때로 "우주 법적 개념의 철학"으로 일컬어진다.

칼케돈 공의회(council of Chalcedon, 1). 그리스도의 두 본성을 논의하기 위해 451년에 소집된 공의회. 칼케돈 공의회는 예수님이 온전한 신성과 온전한 인성을 둘 다 지니고 계신다고 확증했다.

자연의 경로와 성질(course and constitution of nature, 6). 하나님의 자연 계시인 피조 세계의 속성을 묘사한 버틀러의 표현. "유비"를 참조하라.

언약적 인식론(covenant epistemology, 13). 에스더 미크가 제시한 인식론으로 인격적이고, 인간 상호적인 요인들을 핵심으로 삼는다.

무로부터의 창조(creation ex nihilo, 1, 3). 하나님은 아무것도 없는 데서 세상을 창조하셨다. "방출"과 대조된다.

창조 개념(creation idea, 13). 스토커의 철학을 도이베르트의 "법 개념" 철학과 구별하기 위해 붙인 명칭.

창조주의(creationism, 3). 모든 인간의 영혼이 하나님의 특별한 창조물이라는 견해. "영혼 유전설"과 대조된다.

창조적인 목적(creative aim, 11). 개개의 "현실적 계기"가 다른 현실을 인지함으로써 최초의 목적을 바꾸어 나간다는 과정 철학의 견해.

창조적인 변화(creative transformation, 11). 창조적인 가능성을 열어 조화롭지 않은 요소들이 조화롭게 어우러져 기쁨을 증대시키도록 이끈 그리스도의 사역을 지칭하는 과정 신학의 표현.

창조성(creativity, 11). 과정 철학이 말하는 "존재"의 일반적인 속성. 과정 철학은 그런 속성이 현실적 계기들과 하나님 사이에 분포되어 있다고 주장한다.

창조주와 피조물의 구별(creator-creature distinction, 1). 하나님과 세상의 구별. 성경적인 세계관의 핵심 개념에 해당한다.

알기 위해 믿는다(crede ut intelligas, credo ut intelligam, 3. 4). 아우구스티누스와 안셀무스가 사용한 표현. 전자는 2인칭을 사용해 "당신은 이해하기 위해 믿는다."라고 말했고, 후자는 1인칭을 사용해 "나는 이해하기 위해 믿는다."라고 말했다. 안셀무스의 "이해를 구하는 믿음"을 참조하라.

위기(crisis, 쿤, 12). 정상 과학의 퍼즐을 끝내 해결하지 못할 때 일어나는 상황.

위기 신학(crisis thology, 10). 바르트와 그의 학파가 마지막 심판을 강조한 것 때문에 주어진 표현.

기준학적 논증(criteriological argument, 4). 아퀴나스의 다섯 가지 신 존재 증명 가운데 네 번째 증명(안셀무스가 사용한 증명)을 일컫는 프레임의 표현. 속성들이 정도에 따라 차이가 나는 현상은 그 속성의 최대치를 전제한다. 그 최대치가 곧 하나님이시다. "존재론적 논증", "우주론적 논증", "목적론적 논증"과 대조된다.

비평적 상식주의(critical commonsensism, 9). 퍼스가 자신의 인식론을 지칭할 때 사용한 표현. 상식을 존중하지만 비평적인 기능을 충분히 활용해야 한다는 의미를 담고 있다.

이성에 대한 비판(critique of reason, 7). 칸트가 자신의 철학이 지향하는 목적을 진술한 표현. 칸트는 철학은 이성 자체를 비판하기 전에는 세상을 합리적으로 설명할 수 없다고 믿었다. 그는 『순수 이성 비판』과 『실천 이성 비판』과 『판단력 비판』이라는 저서를 통해 이성을 비판하려고 시도했다.

다이몬(daimon, 2). 초자연적인 존재를 지칭하는 헬라의 용어. 소크라테스는 그런 존재로부터 지식을 얻었다고 주장했다.

다자인(Dasein, 9). "저기에 있는 존재"를 뜻하는 독일어. 상황 속에 내던져진 인간의 본성을 묘사한 하이데거의 용어.

디-데이(D-day, 10). 신약 성경이 가르치는 구원을 설명하기 위한 쿨만의 표현. 구원은 이미 시작되었지만 아직 완성되지는 않았다는 개념을 내포한다.

죽은 정통주의(dead orthodoxy, 5). 기성 교회에 대한 경건주의자들의 불만을 표현한 용어.

해체주의(deconstruction, 12). 언어의 표면적인 의미가 그렇게 보이는 것과는 다른 의미를 지닌다고 주장한 "구조주의 이후"의 사상 운동을 지칭하는 용어.

연역법(deduction, 9). 어떤 사람의 가설을 검증하기 위해 그것으로부터 분석할 수 있는 논리적인 결과들을 추론해 내는 것. "귀추법"과 "귀납법"과 연관된다.

심층 구조(deep structure, 12). 언어적 표현과 인간 행위의 기초가 되는 언어의 "보편적인" 체계를 일컫는 구조주의의 표현.

논파 가능한(defeasible, 13). "논박할 수 있는"의 의미. 플랜팅가의 "개혁주의 인식론"에 따르면 증거나 논증에 근거한 기본적인(또는 근본적인) 신념들조차도 또 다른 증거나 논증에 의해 논박하는 것이 가능하다.

존재의 정도(degrees of being, 4). 존재는 정도의 차이를 지니며 오직 형상만이 온전한 현실이라는 플라톤의 사상을 일컫는 표현. 디오니시우스는 신을 가장 현실적인 존재로 생각했다. 다른 존재들은 신에게서 방출되었기 때문에 신과는 구별된다.

신격화(deification, 3). 인간이 신이 되거나(영지주의와 신플라톤주의) 하나님의 형상을 새롭게 회복함으로써(이레나이우스) 구원받을 수 있다는 개념.

이신론(deism, 1, 6). 하나님이 세상을 창조하고 나서 "자연의 법칙"에 따라 기능하도록 놔두시고 더 이상 세상의 역사에 개입하지 않으신다는 견해. "유신론", "범신론", "만유내재신론"과 대조된다.

데미우르고스(Demiurge, 1, 2). 플라톤의 『티마이오스』에 등장하는 신과 같은 존재. 이 존재가 기존의 물질을 가지고 형상들을 모사해 세상을 만들었다고 한다.

비신화화(demythologization, 10). 성경 본문의 본래적인 실존적 메시지를 발견하기 위해 성경에서 신화적인 요소를 제거하려고 시도했던 불트만의 신학을 가리키는 용어.

의무론(deontologism, 1). 윤리적인 기준이 "보편적이고, 필연적인" 의무들로 구성되어 있다는 견해. "목적론"과 "실존주의"와 대조된다.

이성의 깊이(depth of reason, 10). 우리의 이성적 추론이 매우 중요한 진리, 곧 존재의 근원이신 하나님의 나타나심에까지 도달했다는 의식(틸리히).

설계 계획(design plan, 13). 적절하게 작동하는 인식적인 기능의 한 측면(플랜팅가). 플랜팅가는 좋은 설계 계획에 따라 작동해야만 인식적인 기능이 적절하게 작동할 수 있다고 믿었다. 그렇다면 그런 계획은 어디로부터 오는 것일까? 이 원리는 인간의 지식이 하나님을 전제한다는 것을 암시한다.

절망(desperation, 11). 희망이 없는 상태. 죄에 대한 몰트만의 정의 가운데 하나.

『드 스탄다르트(*de Standaard*)』(13). 아브라함 카이퍼가 설립한 네덜란드 신문.

결정론(determinism, 1, 2, 5). 모든 사건이 "필연적인 원인" 때문에 발생한다는 견해. "양립불가능론"과 "자유의지론적 자유"와 대조된다. "운명"을 참조하라.

신 즉 자연(Deus sive natura, 5). "하나님이 곧 자연"이라는 스피노자의 철학. 범신론의 한 형태에 해당한다.

통시적인(diachronic, 12). 어원론과 다른 과거의 용례에 비춰 언어를 분석해야 한다는 소쉬르의 견해. "공시적인"과 대조된다.

변증술(dialectic, 2, 7). 좀 더 적절한 견해를 찾으려는 생각으로 서로 양립할 수 없는 두 가지 견해를 비교함으로써 지식을 얻는 방법. 이 용어는 플라톤과 헤겔에게 서로 다르게 적용된다. 이 용어는 헤겔의 경우에는 "정, 반, 합"의 형태를 유지하며 발전해 나가는 과정을 가리킨다. 다시 말해 당연시되는 지식(정)과 그와 반대되는 진리(반)를 통합시켜 좀 더 넓은 상황에서 문제를 바라봄으로써(합) 더 많은 것을 배우는 방법을 가리킨다. 헤겔은 "보존하다. 폐기하다. 쳐들다."를 뜻하는 독일어(aufheben)를 사용해 이런 형태의 발전 과정을 설명했다.

변증적 물질주의(dialectical materialism, 7). 역사는 갈등을 통해 발전하지만 그 대립은 근본적인 지성적 갈등(헤겔)이 아닌 부와 수입과 생산을 둘러싼 갈등이라는 마르크스의 견해를 일컫는 말.

변증 신학(dialectical theology, 10). 기독교 신학의 주장들을 확증하면서 또한 부정하는 경향을 띠고 있다는 이유에서 바르트와 브룬너와 같은 신학자들의 신학을 일컫는 말.

대화적인(dialogical, 10). 브룬너, 에브너, 오만, 부버와 같은 사상가들이 하나님과 다른 사람들과의 관계에서 "인격주의"를 강조한 것을 나타내는 용어.

프롤레타리아트 독재(dictatorship of the proletariat, 7). 공산주의 혁명의 한 단계(즉 노동자[프롤레타리아트]가 생산 수단을 장악하고, 그들 자신의 이익만을 위해 통치하는 단계)를 일컫는 마르크스의 표현. "국가의 소멸"을 참조하라.

물 자체(Ding an sich, 7). "실재"를 참조하라.

디오니소스적인 정신(Dionysiac, 7). 디오니소스는 도락을 관장하는 헬라의 신이다. 니체와 쇼펜하우어는 합리적인 것의 배후에 있는 혼돈을 공정한 시각으로 바라보기 위해 이 개념을 도입했다.

비유사성(disanalogy, 6). 일반 계시와 특별 계시의 차이를 일컫는 말. 버틀러는 그 둘의 유사성과 비유사성을 모두 공정하게 다루어야 한다고 주장했다. "유사성"과 대조된다.

신의 자기 소외(divine self-alidnation, 7). 신이 자신의 부정적인 측면을 직시하고, 그것을 변증적으로 극복한다는 원리(헤겔).

가현설(Docetism, 3). 영지주의의 영향을 받아 예수님이 단지 육체를 지닌 것으로 보였을 뿐이라고 주장했던 견해.

교리(doctrines, 슐라이에르마허, 8). 언어로 표현된 종교적인 감정.

교조적인 잠(dogmatic slumbers, 7). 칸트가 데이비드 흄에 의해 "각성하기" 이전, 곧 라이프니츠와 볼프의 제자로 지내던 시절의 자기 상태를 묘사한 표현.

슬퍼하는 자들(Doleantie, 13). 아브라함 카이퍼를 비롯한 신자들이 "네덜란드 개혁교회"에서 이탈해 설립한 "슬퍼하는" 교회를 가리키는 말. 나중에 기독교 개혁주의 교회와 연합해 "개혁교회"를 형성했다.

콘스탄티누스 황제의 기부 증서(Donation of Constantine, 5). 콘스탄티누스 황제가 로마 교회에 권위를 양도했다고 주장한 문서. 나중에 르네상스 학자들에 의해 허위 문서로 판명되었다.

이원론(dualism, 1). 우주가 오직 두 가지 현실로 구성되었다는 견해. "일원론" 및 "다원론"과 대조된다.

세상의 도시(earthly city, 3). 하나님의 계시에 복종하지 않는 사회와 문화를 가리킨다. 아우구스티누스는 이 도시를 "하나님의 도성"과 대조시켰다.

교회 안에 있는 작은 교회들(ecclesiolae in ecclesia, 5). 경건주의가 옹호한 소규모의 모임을 가리킨다.

세상의 우연성을 통한 증명(e contingentia mundi, 4). 아퀴나스의 다섯 가지 신 존재 증명 가운데 세 번째 논증. 필연적인 존재는 없고 모든 것이 우연한 존재라면 세상은 존재할 수 없다는 논증. "우주론적 논증", "존재론적 논증", "목적론적 논증"과 대조된다.

결과(effect, 5). 원인에 의해 발생한 것. 흄은 원인과 결과의 필연적인 관계를 부인했다.

작용인(efficient cause, 2, 4). 아리스토텔레스가 제시한 네 가지 원인 가운데 하나. 사건을 일어나게 만드는 원인. "형상인", "목적인", "질료인"과 대조된다.

탈존(ek-sistence, 9). "~의 밖에 놓여 있다."라는 의미로 인간 실존에 대한 하이데거의 사상을 표현하기 위해 인위적으로 만든 표현.

기본 명제(elementary proposition, 12). 복합 명제의 요소 가운데 하나인 명제. 러셀과 비트겐슈타인은 자신들의 초기 저서에서 의미 있는 언어는 기본 명제들로 구성되어 있다고 생각했다. 논리실증주의자들은 관찰을 토대로 한 진술(곧 다른 진술들이 근거로 삼아야 하는 진술)을 기본 명제로 간주했다.

방출(emanate, emanation, 1, 2). 세상이 신의 본질로부터 흘러나왔다는 영지주의와 신플라톤주의의 견해. 이 견해는 무로부터의 창조를 부인한다.

감정(emotion, 6, 8, 9). 인격적인 감정. "지성" 및 "의지"와 대조된다.

감정적인 언어(emotive language, 12). 동의반복이나 모순이나 경험적인 명제로 간주할 수 없는 종류의 언어(논리실증주의).

경험적인 명제(empirical proposition, 12). 과학적으로 검증하거나 오류를 밝힐 수 있기 때문에 경험적인 사실을 진술할 수 있는 형태의 언어를 가리키는 용어(논리실증주의).

경험주의(empiricism, 1, 4, 5). 감각적인 경험이 지식의 가장 근본적인 토대라는 견해. "합리주의" 및 "주관주의"와 대조된다.

즐거움(enjoyment, 11). 개개의 현실적 계기와 관련된 주관적인 감정의 질을 나타내는 용어.

계몽주의(Enlightenment, 5, 6). 이성의 시대로 알려진 1650–1800년을 가리키는 용어. 당시의 유력한 사상가들은 대부분 "자율적인 이성"의 궁극성을 강조했다.

즉자(en soi, 9). 자유로운 인격과 반대되는 규정할 수 있는 확고한 사물의 상태를 일컫는 표현(사르트르). 대자와 대조된다.

현현(epiphany, 몰트만, 11). 사물의 현재적 본질을 나타내는 계시의 한 형태. 몰트만은 이를 거부하고, 묵시를 강조했다.

인식론(epistemology, 1). 인간의 지식에 관한 연구. "형이상학"과 "가치 이론"과 연관된다.

에포케(epoché, 9). "괄호 넣기"를 참조하라.

두 가지 뜻 이상의(equivocal, 4). 서로 다른 두 가지 의미로 사용되는 용어. "한 가지 뜻밖에 없는" 용어나 "유비적인" 용어와 대조된다.

에라스투스주의(Erastianism, 5). 교회가 국가에 복종해야 한다는 견해.

존재(esse, 토마스 아퀴나스, 4). 어떤 것을 있게 하는 행위.

존재하는 것은 인식되는 것이다(esse est percipi, 5). 버클리의 주장.

본질(essence, 4, 9). 어떤 것의 근본적인 본성. "우연"과 반대된다. 사르트르는 인간이 본질을 지닌다는 것을 부인했다. 왜냐하면 인간이 하나님에 의해 창조되었다고 생각하지 않았기 때문이다.

본질적인 신 의식(essential God-consciousness, 8). 예수님이 느끼신 종교적인 감정을 가리키는 슐라이에르마허의 표현. 슐라이에르마허는 예수님이 그 감정으로 인해 신성한 존재가 되었다고 생각했다.

본질적으로 연관된(essentially related, 11). 개개의 현실적 계기가 다른 모든 것의 삶에 참여하는 상태를 가리키는 과정 사상의 표현. 과정 사상은 개개의 현실이 그 존재 안에서 다른 것들과 밀접한 관계를 맺는다고 주장했다.

영원한 발생(eternal generation, 3). 성부께서 시간 속에서는 물론, 영원 속에서 성자를 낳으셨다는 교리. 니케아 신조에 의해 확증되었다("하나님으로부터 나신 하나님").

영원한 직관(eternal intuition, 13). 반틸과 클라크의 논쟁에서 다루어진 신적 생각의 양식. "신적 생각의 양식"을 참조하라.

영원한 대상(eternal objects, 11). 현실적 계기들에 의해 파악될 수 있는 (플라톤의 형상과 유사한) 현실의 가능한 속성과 상태(과정 신학).

영원한 발현(eternal procession, 3). 성령께서 시간 속에서는 물론 영원 속에서 성부로부터(서방 교회는 "성부와 성자로부터") 나오신다는 교리.

영원 회귀(eternal recurrence, 9). 세상은 우연에 의해 지배되기 때문에 모든 사건은 충분한 시간이 주어진다면 다시 일어날 것이라는 개념. 니체는 이를 설득력 있는 개념으로 인정했다.

영원성(eternity, 보에티우스, 4). 시간을 초월한 실존.

윤리적 절대주의(ethical absolutism, 1). 예외 없이 보편적으로 적용될 수 있는 윤리적인 기준이 존재한다는 견해. "윤리적 상대주의"와 대조된다.

윤리적 상대주의(ethical relativism, 1). 예외 없이 보편적으로 적용될 수 있는 윤리적 기준은 존재하지 않는다는 비기독교적인 견해. "윤리적 절대주의"와 대조된다.

윤리적인 단계(ethical stage, 8). 키에르케고르가 제시한 인생의 단계 가운데 두 번째에 속하는 단계. 보편적이고, 필연적인 윤리적 원리들을 추구하는 삶을 가리킨다. "심미적 단계" 및 "종교적 단계"와 대조된다.

악한 귀신(evil genius, 5). 우리가 사실로 믿는 모든 것에 관해 우리를 속일 수 있는 존재를 가리키는 데카르트의 용어. 그는 하나님이 존재하실 뿐 아니라 그분은 우리를 속이지 않으시기 때문에 결국 그런 존재가 존재할 가능성은 없다고 결론지었다.

자연주의를 논박한 진화론적 논증(avolutionary argument against naturalism, 13). 만일 진화가 사실이라면 생각이 진리가 아닌 생존을 위해 프로그램화되었을 것이라는 앨빈 플랜팅가의 주장. 진화론이 인간 정신의 완전한 목적을 제시할 수 있다고 주장한다면 진화론이나 자연주의를 비롯해 생각에서 비롯된 것들을 의심할 만한 이유가 충분하다.

실존(existence, 9). 구체적인 삶, 또는 현실. 사르트르는 우리의 본성은 초자연적인 존재에 의해 설계된 것이 아니라 우리 자신의 선택에 의한 결과이기 때문에 실존이 본질에 앞선다고 생각했다.

실존적인 교통(existence communication, 8). 하나님이 참된 믿음 안에서 우리에게 허락하신 것(키에르케고르). 즉 단순한 교리나 명령이 아닌 새로운 실존.

실존적인 분석(existential analysis, 10). 신화적인 표피 아래 감추어진 성경의 참된(실존적인) 의미를 찾으려는 불트만의 시도.

실존주의(existentialism, 윤리학, 1). 윤리적인 결정이 "의무론"이 말하는 절대적인 규범이나 "목적론"이 말하는 보편적인 행복과는 아무 상관없이 단지 행위자의 욕구를 표현한 것일 뿐이라는 견해.

실존적인 관점(existential perspective, 1). 자기 자신의 개인적인 경험을 이해해 지식을 얻으려는 시도. "규범적인 관점" 및 "상황적인 관점"과 연관된다.

초법적인(ex-lex, 13). 하나님은 도덕법을 지킬 필요가 없으시기 때문에 도덕적 비판으로부터 자유로우시다는 고든 클라크의 견해를 표현한 용어.

외적인 것(external, 8). 영적으로 효과가 없는 것을 가리키는 슐라이에르마허의 표현.

외재론적(externalist, 13). 우리의 신념이 다른 신념들이 아니라 우리 밖에 있는 세상과 그런 신념들과의 관계에 의해 정당화된다는 견해를 가리키는 인식론의 용어.

사실(fact, 12). 명제로 표현할 수 있는 현실.

분할의 오류(fallacy of division, 11). 어떤 것의 일부가 전체와 동일한 특징을 지닌다고 생각하는 오류. 과정 철학에 대한 프레임의 비판.

잘못된 구체성의 오류(fallacy of misplaced concreteness, 11). 화이트헤드가 말한 현실적 계기와 다른 것을 구체적인 것으로 간주하는 견해를 가리키는 화이트헤드의 용어.

실체화의 오류(fallacy of reification, 11). 현실이 명확하게 정의할 수 있고, 또 서로 분명하게 분리되는 것들로 구성되어 있다는 개념(화이트헤드).

단순 정위의 오류(fallacy of simple location, 11). 앞서 말한 두 가지 오류를 가리키는 또 하나의 용어. 현실적 계기를 정확하게 규명할 수 있다고 간주하는 오류.

반증 가능한(falsifiable, 12). 어떤 언어가 자연 과학의 방법에 의해 반증 가능하다면 인식적으로 의미가 있을 수 있다는 칼 포퍼의 견해를 나타내는 용어.

가족의 유사성(family resemblances, 12). 보편자 개념을 나타내는 비트겐슈타인의 용어. 비트겐슈타인은 하나의 용어의 모든 용도를 통해 하나의 개념만 전달할 필요는 없다고 생각했다. 오히려 대부분의 경우 하나의 용어는 다양한 용도(의미)를 지닌다. 이 용도는 가족의 유사성처럼 나타나기도 하고, 사라지기도 하고, 다시 나타나기도 한다. 이로써 비트겐슈타인은 보편자에 관한 철학적 논의에 기여했다.

운명(fate, 2). 세상에서 일어나는 모든 사건을 결정한다고 생각했던 비인격적인 원리.

절대 의존 감정(feeling of absolute dependence, 8). 우리의 존재가 다른 존재에 의존하고 있다고 느끼는 주관적인 감정(슐라이에르마허). "감정"을 참조하라.

이해를 구하는 믿음(fides quaerens intellectum, 4). "이해하기 위해 믿는다."를 참조하라.

믿음(fiducia, 13). "신뢰"를 참조하라.

목적인(final cause, 2, 4). 아리스토텔레스가 말한 네 가지 원인 가운데 하나. 어떤 것의 목적을 결정하는 요인. "작용인", "형상인", "질료인"과 대조된다.

최종 계시(final revelation, 10). 스스로를 잃지 않고 스스로를 부인할 수 있는 것을 나타내는 상징, 즉 그리스도의 십자가(틸리히).

일차 원리(first principles, 2). 지식의 가장 기본적인 원리(아리스토텔레스). 입증할 수 없는 속성을 지녔다.

다섯 가지 근본 교리(Five Fundamentals, 8). 성경의 무오성, 그리스도의 동정녀 탄생과 기적, 그리스도의 대리 속죄, 그리스도의 부활, 그리스도의 재림. 오번 선언문은 이 다섯 가지 교리에 대한 고백이 미국 장로교 교단에서 목사 안수를 받는 자격 요건이 될 수 없다고 주장했다.

다섯 가지 "오직!"(Five solas, 5). 종교 개혁의 슬로건. "오직 성경으로!", "오직 믿음으로!", "오직 은혜로!", "오직 그리스도만으로!", "오직 하나님께 영광!"

다섯 가지 길(five ways, 4). 아퀴나스가 『신학 대전』에서 제시한 다섯 가지 신 존재 증명.

신념의 고착화(fixation of belief, 9). 확실성에 대한 추구(퍼스).

형상(form, 2). 어떤 것의 성질을 결정하는 본질적인 속성.

형상인(formal cause, 2, 4). 아리스토텔레스의 네 가지 원인 가운데 하나. 어떤 것의 성질을 결정하는 요인. "작용인", "목적인", "질료인"과 대조된다.

신학의 형식적 판단 근거(formal criteria of theology, 10). 1) 대상을 궁극적인 관심의 문제로 다루는 명제인지, 2) 존재나 비존재의 문제일 수 있는 대상을 다루는 진술인지에 대한 판단(틸리히). "신학의 실질적인 규범"과 관련된다.

형식적인 신앙(formal faith, 13). 기독교 사상가와 비기독교 사상가 모두에게 공통된 비구원적 신앙. 예를 들면 자연의 규칙성과 같은 것을 믿는 신앙.

양식 비평(form criticism, 10). 성경 비평의 한 유형. 성경의 가르침, 특히 예수님의 가르침이 주어진 본래적인 상황을 파악하려는 시도. 불트만은 신약 성경의 양식 비평을 시도한 대표적인 학자였다.

형상과 질료의 체계(form-matter scheme, 2). 현실의 기본적인 구성 요소로서 "형상"과 "질료"의 균형을 추구했던 헬라인들의 철학과 같은 철학 체계(도이베르트의 설명).

기본 신념(foundational beliefs, 13). 증거나 논증을 통해 근거를 확보할 필요가 없이 다른 것들의 토대로서 작용하는 신념(플랜팅가). "근본 신념"과 "개혁주의 인식론"을 참조하라.

신성의 원천(fountain of deity, 3). 성자의 발생과 성령의 발현이 성부로부터 비롯되었다는 개념.

네 가지 원인(four causes, 2). 물질인, 형상인, 목적인, 작용인(아리스토텔레스).

하나님의 자유(freedom of God, 바르트, 10). 하나님은 자신의 본성이나 계시에 구속되지 않으신다는 바르트의 견해. 프레임은 이 견해가 본질적으로 "유명론"과 다를 바 없다고 분석했다.

암스테르담 자유대학교(free University of Amsterdam, 13). 아브라함 카이퍼가 설립한 대학교.

근본주의자(fundamentalists, 8). 19세기 말과 20세기에 자유주의와 현대주의를 상대로 정통 기독교 교리를 옹호하고 나섰던 신학자들.

시선(gaze, the, 9). 다른 사람이 나를 바라봄으로써 자신의 삶 속에 있는 객체로 만드는 것.

감정(Gefühl, 8). 독일어 "Gefühl"은 "감정"이나 "직관"으로 번역된다. 슐라이에르마허는 절대 의존 감정을 종교의 근원으로 간주했다.

발생론적 오류(genetic fallacy, 7). 어떤 것이 선한 이유는 그것이 선한 것에서 비롯했기 때문이고, 어떤 것이 악한 이유는 그것이 악한 것에서 비롯했기 때문이라는 논증의 한 형태.

종(genus, 4). 현실의 한 계층. 아퀴나스는 하나님은 종에 속하지 않으신다고 생각했다.

네덜란드 개혁교회(gereformeerde kerken, 13). "슬퍼하는 자들"을 참조하라.

독일 그리스도인들(German Christians, 10). 히틀러를 지지했던 독일의 그리스도인들과 교회들. "고백교회"와 대조된다.

게쉬히테(Geschichte, 10). "역사"를 뜻하는 독일어. 그러나 "히스토리"와 대조된다. 게쉬히테는 의미와 중요성을 지니는 역사의 사건들을 가리킨다.

주어진 것(given, 9). 경험이 의식에 제공하는 것. 의식이 만들어내는 것과 반대된다(현상학).

영지주의(Gnosticism, 3). 1세기부터 3세기에 걸쳐 일어난 철학 및 종교 운동. 기독교교회를 장악하려고 시도했다. 영지주의는 만물이 비토스로 불리는 최고의 존재로부터 방출되었고, 구원은 그의 본질 안에 다시 흡수됨으로써 이루어진다고 가르쳤다.

신(God, 11). 다른 모든 존재를 포함하는 존재(과정 사상). 과정 사상은 신이 모든 존재의 초기 목적을 결정하고, 그것들에게 다른 존재들을 "파악할 수 있는" 능력을 부여한다고 주장한다.

신을 초월한 신(God beyond God, the, 10). 의심의 불안 속에서 하나님이 사라졌을 때 나타나는 하나님(틸리히).

하나님의 무한한 구원적 의지(God's infinite salvific will, 11). 모든 역사가 모든 사람을 구원하려는 하나님의 의도를 반영한다는 견해(해방 신학과 칼 라너).

중용(golden mean, 2). 가장 바람직한 행위는 두 가지 극단의 중간에 있다는 아리스토텔레스의 윤리적 원리.

근본 동기(ground-motives, 13). 도이베르트는 사상의 역사를 네 가지로 구분했다. 형상과 질료(헬라 철학). 은혜와 자연(중세 철학). 자유와 자연(현대 사상). 창조-타락-구원(기독교 사상).

존재의 근원(ground of being, 10). 하나님을 가리키는 틸리히의 용어. "존재 자체"와 동의어다.

지식의 근원(ground of knowledge, 1). 어떤 것을 믿는 데 필요한 궁극적인 근거.

하트포드 선언(Hartford Declaration, 10). 온건한 자유주의 신학자들과 보수주의 신학자들이 서명한 1975년의 문서. 급진 신학과 세속 신학의 극단적인 주장을 비판한다.

마음(heart, 6). 성경은 마음을 삶을 이끄는 근본적인 동인으로 간주한다. 파스칼은 마음이 이성이 모르는 지식을 얻는 기능을 발휘한다고 주장했다.

향락주의(hedonism, 2). 쾌락이 최고선이라는 견해(에피쿠로스).

구속사(Heilsgeschichte, 10). "구원의 역사"를 의미한다. 성경을 구원사적 관점에서 바라보았던 쿨만과 리덜보스와 같은 신학자들의 신학을 일컫는 용어.

이단(heresy, 3). 기독교 신앙의 근본 교리를 훼손하는 심각한 신학적 오류. 프레임은 이단은 종종 기독교 신학 전체를 재고하도록 부추긴다고 설명했다. "통합", "개혁자", "확립자"와 대조된다.

타율(heteronomy, 10). 자율성을 거부함과 동시에 외적인 권위에 얽매여 스스로를 상실하는 사고의 방식(틸리히). "자율"과 "신율"을 참조하라.

『6란 대역 성경(*Hexapla*)』(3). 오리게누스가 여러 언어로 번역된 성경을 한데 모아 서로 병행시켜 대조한 성경.

히스토리(Historie, 10). "역사"를 뜻하는 독일어. 전문적인 역사가의 권위 아래 이루어지는 과학적인 학문을 가리키는 의미를 지닌다. 바르트를 비롯한 변증 신학자들은 성경이 히스토리를 포함하고 있다는 것을 부인했다. 그들은 성경은 히스토리와 대조되는 게쉬히테를 포함하고 있다고 주장했다.

역사(history, 6). 과거에 일어난 중요한 의미를 지니는 사건들. 실제로 일어난 사실들과 그런 사실들을 기록으로 남긴 것을 모두 지칭한다.

구원의 역사(history of redemption, 3). 그리스도를 통한 구원을 가져다 준 성경의 사건들. "성경 신학"을 참조하라.

전체론(holism, 12). 지식의 타당성이 하나의 사실이 아닌 사상가의 전체적인 신념의 기능에 의해 입증되어야 한다는 견해.

호모우시오스(homoousios, 3). "같은 본질을 지닌"을 뜻하는 헬라어. 성부와 성자의 관계를 묘사한 용어로 니케아 신조에 사용되었다.

인본주의(humanism, 5). 인간의 본성과 관심사를 강조하는 문화적인 경향을 일컫는 용어. 르네상스 시대에 특히 두드러졌다. 인본주의는 현대에 이르러 크게 세속화되었다.

후포스타시스(hypostasis, 3). 니케아 신조가 한 분이신 하나님(우시아)과 대조해 삼위일체의 세 위격을 가리키기 위해 사용한 헬라어.

이상(idea, 쇼펜하우어, 7). 칸트 식으로 생각해 낸 생각.

관념론(idealism, 1, 5, 6, 7). 우주가 근본적으로 정신적이라는 견해. 물질주의와 대조된다. 모든 현실이 생각하는 개별자 안에서 발견된다는 주관적인 관념론은 버클리의 견해이고, 온 우주의 특징이 생각에 의해 결정된다는 객관적인 관념론은 헤겔의 견해다.

이상들(ideals, 7). 정신의 개념들로부터 "구성적인 기능"을 발휘할 수 있는 현실들을 추론하려는 시도(칸트).

이성의 이상들(ideals of reason, 7). 정신이 종종 규제적인 개념이 아닌 구성적인 개념으로 착각하기 쉬운 자아, 세상, 하나님과 같은 본체적인 현실들(칸트).

개념(ideas, 5). 생각 속에 있는 내용. "인상"과 대조된다. 흄은 개념을 인상이 생각 속에 희미하게 전달된 것으로 간주했다.

성찰을 통한 개념(ideas of reflection, 5). 감각을 통한 개념을 성찰함으로써 얻는 개념들(로크의 인식론).

감각을 통한 개념(ideas of sensation, 5). 성찰을 통한 개념의 원천이 되는 가장 근본적인 개념들(로크의 인식론).

나와 그것의 관계(I-it relation, 10). 사람이 아닌 사물과의 관계. "나와 너의 관계"와 대조된다. "인격주의"를 참조하라.

조명(illumination, 4, 10). 하나님이 허락하시는 이해나 지식.

(성경적인) 임재(immanence, 내재, 1). 피조 세계에 임한 하나님의 임재. "(성경적인) 초월"과 연관된다.

(비성경적인) 임재(immanence, 1). 하나님이 피조물과 구별할 수 없을 만큼 피조 세계 안에 너무 깊이 임재해 계시기 때문에 그분의 존재를 식별할 수 없다는 개념. "(비성경적인) 초월"과 관련된다.

인상(impressions, 5). 감각을 통해 생각에 미친 직접적인 결과. "개념"과 대조된다.

양도할 수 없는 권리(inalienable rights, 5). "권리"를 참조하라.

비본래적 실존(inauthentic existence, 9, 10). 나의 자유가 운명을 초월할 수 있다고 인정하기보다 운명에 내던져진 나를 있는 그대로 받아들이는 상태(하이데거). 불트만에게서도 이와 비슷한 생각이 발견된다.

화육(incarnation, 과정 사상, 11). 하나의 현실적 계기가 또 다른 현실적 계기 안으로 들어갈 수 있는 능력. 하나님이 세상의 과정에 개입하신 것과 유사한 의미를 지닌다.

미지의 하나님(incognito, 8). 하나님은 절대 타자이시기 때문에 과학이나 철학으로는 알 수 없고 오직 열정적인 성찰을 통해서만 이해할 수 있다는 키에르케고르의 견해.

양립 불가능론(incompatibilism, 2). 인간의 자유로운 선택은 원인이 없기 때문에 결정론과 양립할 수 없다는 견해. "자유의지론적 자유"와 동일한 의미를 지닌다. "양립 가능론"과 대조된다.

간접적인 의사전달(indirect communication, 8). 인간이 실존을 전달하는 방식(키에르케고르). 기독교 왕국에서 참된 그리스도인이 될 수 있으려면 관습적인 신학적 진술을 되풀이하기보다는 좀 더 탁월한 방식을 사용하는 것이 중요하다.

간접적인 동일성(indirect identity, 바르트, 10). 성경과 말씀 선포가 하나님의 말씀과 맺고 있는 관계를 설명한 표현.

간접적인 계시(indirect revelation, 판넨베르크, 11). 언어적인 의사소통이 아닌 인간의 이성으로 평가해야 할 실제적인 증거를 통해 주어지는 계시.

귀납(induction, 퍼스, 9). 하나의 가설을 그 결과들을 통해 검증하기 위한 경험적이고, 과학적인 관찰과 실험. "귀추법"과 "연역법"과 연관된다.

최초의 목적(initial aim, 11). 개개의 현실적 계기에게 사전에 부여된 목적(과정 사상). "창조적 목적"과 대조된다.

생득적 개념(innate ideas, 5). 사람들이 가지고 태어난 개념들, 또는 출생 직후에 생각 안에 필연적으로 생성되는 개념들.

탐구(inquiry, 9). 어떤 문제의 진실을 밝혀내려고 노력하는 활동(퍼스).

기독교 연구회(Institute for Christian Studies, 13). 토론토에 있는 대학원 수준의 학교. 도이베르트의 철학을 따르는 학자들이 교수로 활동하고 있다.

도구주의(instrumentalism, 9, 12). 지식 획득은 인간의 목적을 이루기 위한 수단일 뿐이라는 듀이의 견해.

지성(intellect, 4). 인간의 생각하는 활동. "의지"와 "감정"과 대조된다.

주지주의(intellectualism, 1). 지성이 의지와 감정을 지배하거나 지배해야 한다는 견해.

하나님에 대한 지성적 사랑(intellectual love of God, 5). "신, 즉 자연"이라는 현실과 결과에 대한 인식을 가리키는 스피노자의 용어.

중간 소체(intermediate bodies, 13). 다른 것들로부터 자유로운 사회적 기관들. 국가와 개인만이 아니라 가정, 교회, 노동 연합 등, 그 둘 사이에 존재하는 다양한 관계의 영역에도 자유가 존재한다는 아브라함 카이퍼의 견해.

내재론적(internalist, 13). 하나의 신념은 개인이 소유하고 있는 다른 신념들에 의해 정당화된다는 인식론적 견해. "외재론적"과 대조된다. 앨빈 플랜팅가는 존 폴록의 인식론과 같은 내재론적 인식론을 비판했다.

직관(intuitive vision, 2). 가장 뛰어난 형태의 지식(플라톤). "추측, 믿음, 이해"와 대조된다.

불합리주의(irrationalism, 1). 인간의 이성이 지닌 결함을 지나치게 강조해 이성적인 지식의 가능성까지 부인하는 인식론적 견해. "합리주의"와 대조된다.

"이다."와 "해야 한다."의 논증(is-ought argument, 5). 윤리적인 가치("해야 한다")를 가치가 결여된 사실들("이다")로부터 도출하려는 논증. 흄과 무어는 그런 논증의 타당성을 인정하지 않았다. 무어는 이것을 "자연주의적 오류"로 일컬었다.

나와 너의 관계(I-thou relation, 10). 인격 대 인격의 관계. "나와 그것의 관계"와 대조된다. "인격주의"를 참조하라.

얀센이즘(Jansenism, 6). 파스칼이 옹호했던 코넬리우스 얀센의 가르침. 얀센은 아우구스티누스의 사상을 좇았고, 예정론을 믿었던 성경주의자였다. 그는 파스칼의 누이가 수녀로 있던 "포르루아얄"에서 가르쳤다.

젤리 병 비유(jelly-jar analogy, 7). 칸트의 인식론을 구체적으로 설명한 비유. 젤리 병들이 자기 안에 있는 젤리가 왜 특정한 형태를 띠고 있는지에 대해 서로 논쟁을 벌일 때 탁월한 지성을 지닌 젤리 병 하나가 젤리 안에 있는 성분 때문이 아니라 자기들이 생긴 모양 때문이라고 말했다.

정당화(justification, 1). 인식론에서 하나의 신념이 지식이 될 수 있는 이유를 밝히는 일. 플라톤의 "근거"와 동일한 의미를 지닌다. "진리" 및 "신념"과 연관된다.

비움의 기독론(kenotic Christology, 몰트만, 11). 그리스도께서 모든 권세를 포기하고, 고난과 겸손을 자처하셨다는 견해.

알맹이와 껍데기(kernel and husk, 8). 전통적인 교리와 영적 현실 사이의 관계를 묘사한 리츨 신학의 표현. 교리는 알맹이를 꺼내기 위해 제거해야 할 껍데기와 같다는 의미.

믿음의 기사(knight of faith, 8). 키에르케고르의 『공포와 전율』에서 아브라함을 가리키는 용어. 하나님은 아브라함에게 그의 아들 이삭을 희생 제물로 바치라고 명령하셨다. 아브라함은 키에르케고르가 말한 인생의 단계 중에서 "윤리적 단계"에 머물러 살다가 이삭에 대한 모든 희망을 버리는 순간, "무한한 포기의 기사"가 되었다. 그는 "종교적인" 인간으로서 믿음으로 삶으로써 하나님이 이삭을 죽이라고 명령하셨지만 그를 다시 되돌려 주실 것이라고 믿었다. 그로써 그는 믿음의 기사요 기독교 신앙의 본보기가 되었다.

무한한 포기의 기사(knight of infinite resignation, 8). "믿음의 기사"를 참조하라.

지식(knowledge, 13). 전통적인 개혁주의 신학에 따르면 지식은 믿음의 요소 가운데 하나다. 믿음 외에도 "동의"와 "신뢰"라는 요소가 있다. 이 지식은 계시의 내용을 믿는지 여부와는 상관없이 단지 그것을 아는 지식을 가리킨다.

지식(knowledge, 철학적인 정의, 13). 철학자들의 전통적인 견해에 따르면 이 지식은 "정당화된 참된 신념"을 의미한다. 게티어는 "정당화된"을 지식의 판단 근거로 삼을 수 있는지를 의문시했고, 플랜팅가는 그 대신에 "근거 있는"을 판단 근거로 삼아야 한다고 주장했다. 에스더 미크는 조금 특이하게 지식을 "일관된 유형에 초점을 맞춰 현실에 순응하기 위해 정보에 의존하는 책임 있는 인간적인 노력"으로 정의했다.

언어 분석 철학(language-analysis philosophy, 12). 철학적 문제들을 진술한 언어를 분석함으로써 그 문제들을 설명하고, 해결하려고 시도하는 철학. 특히 무어와 러셀과 비트겐슈타인 등, 영어를 사용하는 20세기 철학을 일컫는다.

언어적 사건(language event, 10). "새로운 해석학"을 참조하라.

언어 게임(language game, 12). 언어가 사용되는 인간의 활동 상황 속에서 그 적절한 의미를 찾으려는 시도(후기 비트겐슈타인).

랑그(langue, 12). 언어의 심층 구조(소쉬르). "파롤"과 대조된다.

광교파(latitudinarianism, 6). 전통적인 교리적 신념들을 타협하는 것을 주저하지 않는 견해. 17세기의 "케임브리지 플라톤 학파"와 같은 사상가들을 가리킨다.

법(law, 1). 규칙, 규범. 윤리학에서는 복종해야 할 원리를 의미한다. "상황"이나 "인격"과 대조된다.

사고의 법칙(laws of thought, 1). 논리의 법칙처럼 생각에 적용되는 규칙. 기독교는 하나님의 계시를 최상의 사고 법칙으로 간주한다.

법적 영역(law spheres, 13). 도이베르트가 구별한 열다섯 가지의 이론적 사고의 영역. "양태적 측면"을 참조하라.

도약(leap, 8). 이성적인 논증으로는 삶의 획기적인 변화가 불가능하기 때문에 어떤 단계에서는 "도약", 곧 위험을 감수하는 것이 필요하다(키에르케고르).

생활 세계(Lebenswelt, 9). "일상적인 삶의 세계"라는 의미. 우리의 일상적인 삶과 인식이 이루어지는 세계로 과학자들과 철학자들이 묘사하는 세계와 대조된다. "자연적인 관점"과 연관된다.

헤겔 좌파(left-wing Hegelians, 7). 헤겔의 변증법을 급진적인 사상을 정당화하기 위한 수단으로 활용한 마르크스와 포이어바흐와 같은 사상가들을 가리킨다. "헤겔 우파"와 대조된다.

좌파 오리게누스주의자(left-wing Origenists, 3). "종속설"이라는 삼위일체론을 주장했던 오리게누스의 추종자들. 아리우스주의자들이 종종 좌파 오리게누스주의자로 일컬어진다. "우파 오리게누스주의자"와 대조된다.

율법적인 세계 질서(legal world order, 8). 하나님의 율법에 복종해야 한다고 말하는 신학적인 주장은 결코 해서는 안 된다는 것(리츨).

레싱의 도랑(Lessing's ditch, 6). "역사의 우연적인 진리"와 "이성의 필연적인 진리" 간의 극복할 수 없는 괴리. 레싱은 이 괴리를 토대로 "이성의 필연적인 진리에 근거한" 기독교 신앙은 역사적 사실에 근거하지 않을 수도 있다고 주장했다.

자유주의 신학(liberal theology, 6). 자율적인 이성의 원리를 받아들여 성경을 하나님의 말씀으로 인정하지 않는 신학.

자유의지론적 자유(libertarian freedom, 1, 3). 자유로운 인간의 결정은 행위자의 내면이나 외부의 그 어떤 원인에도 지배되지 않는다는 것. "양립 불가능론"과 동일한 의미를 지닌다. "결정론"과 "양립 가능론"과는 대조된다.

논리의 한계(limitations of logic, 13). 논리가 부적합한 경우. 논리학자들은 논리가 여러 면에서 한계를 지닌다고 말한다. 예를 들면 논리는 그것이 분석하는 용어들의 의미에 의존한다. 그러나 고든 클라크는 그런 한계에 대한 논의는 논리를 "하찮게 만드는 것"으로 여겨 거부했다.

제한적 상황(limiting situations, 9). 나 자신의 가장 큰 한계를 의식하게 되는 상황(야스퍼스). 특히 (하이데거와 사르트르에서처럼) 죽음의 한계를 가리킨다.

논리(logic, 13). 고든 클라크는 논리가 인간에게 전달된 신적 생각의 구조로서 일관성과 의미의 무오한 기준이 된다고 생각했다.

논리적 경험주의(logical empiricism, 12). "논리실증주의"와 동일한 의미다.

논리실증주의(logical positivism, 12). 인식적으로 의미 있는 언어는 자연 과학의 방법을 통해 검증할 수 있어야 한다는 견해. "논리적 경험주의"와 동일한 의미다.

로고스(logos, 2). "말, 설명, 이성"을 뜻하는 헬라어. 헤라클레이토스는 로고스를 변화하는 세상의 근거가 되어 세상을 이해 가능하게 만드는 원리로 간주했다. 성경은 이를 그리스도께 적용했다(요 1:1-14).

씨앗으로서의 로고스(logos spermatikos, 3). 하나님의 말씀은 모든 사람이 이성적인 사고를 할 수 있게 만드는 씨앗과 같은 기능을 한다는 순교자 유스티누스의 견해.

주재권(lordship, 1). 모든 피조물에 대한 하나님의 주권. "통제, 권위, 임재"를 포함한다.

주재권 속성(lordship attributes, 1). 통제, 권위, 임재.

그레샴 메이첸(Machen, J. Gresham, 8). 독일에서 헤르만을 비롯한 학자들에게 배웠지만 미국에 돌아와서는 리츨 신학을 비롯해 다른 여러 형태의 자유주의를 가장 설득력 있게 비판했던 학자 가운데 하나가 되었다.

마니교(Manichaeism, 3). 선과 악이라는 동등한 두 가지 원리가 세상을 지배한다는 이원론을 믿었던 종교. 아우구스티누스는 회심 이전에는 마니교를 신봉했지만 그 이후에는 그것을 가장 강력하게 비판했던 사람 가운데 하나가 되었다.

마르시온(Marcion, 3). 영지주의의 영향을 받아 물질적인 현실을 거부했으며, 그것을 토대로 성경의 대부분을 거부한 2세기의 이단.

마르크스주의 종말론(Marxist eschatology, 7). 공산주의가 승리를 거두고, 프롤레타리아트의 독재 아래 사람들이 공동선을 위해 일하는 법을 배우게 될 것이라는 세속적인 종말론. 국가가 소멸되고 나면 모든 사람이 "각자 자신의 능력대로, 자신의 필요에 따라 일할 것"이라고 주장했다. 이것이 곧 마르크스주의의 유토피아다.

마르크스주의의 유토피아(Marxist utopia, 7). "마르크스주의의 종말론"을 참조하라.

질료인(material cause, 2, 4). 아리스토텔레스의 네 가지 원인 가운데 하나. 어떤 것을 만들 때 사용되는 재료를 가리킨다. "형상인", "목적인", "작용인"과 대조된다.

물질주의(materialism, 1, 5). 우주가 근본적으로 물질적이라는 견해. "관념론"과 대조된다.

신학의 실질적인 규범(material norm of theology, 10). 새로운 존재이신 예수 그리스도를 일컫는 틸리히의 표현. "신학의 형식적인 판단 근거"와 연관된다.

물질적 실체(material substance, 5). 생각은 없고, 연장만을 지니는 실체. "정신적 실체"와 대조된다.

물질(matter, 2). 사물들을 만드는 재료. 물질은 형태를 지닌다. 스토아 학파는 이를 만물의 근본적인 현실로 간주했다.

자기 기만(mauvaise foi, 9). 스스로 미혹되어 우리가 실제로 자유롭지 않고, 외부적인 요인에 의해 통제를 당한다고 생각하는 상태. "비본래적인 실존"과 동일한 의미를 지닌다.

용도로서의 의미(meaning as use, 12). "의미"라는 용어는 대부분 언어의 용도를 가리킨다는 후기 비트겐슈타인의 견해.

정신인인 축(mental pole, 11). 과정 사상이 말하는 현실적 계기의 두 축 가운데 하나(다른 하나는 "물리적인 축"이다). 정신적인 축은 물리적인 축과는 달리 다른 현실적 계기들과 "영원한 대상"과 신을 "파악함으로써" 창조적인 변화를 이룰 수 있다.

정신적 실체(mental substance, 5). 생각은 하지만 연장은 없는 실체(데카르트). "물질적인 실체"와 대조된다.

로고스를 따라(meta logou, 3). "말씀을 따라"라는 의미. 순교자 유스티누스는 헬라 철학자들이 말씀에 따라 살았기 때문에 그리스도인들이었다고 생각했다.

거대 담론(metanarrative, 1, 12). 개인의 세계관을 나타내는 이야기. 포스트모던 사상가들은 그런 이야기를 모두 의심했다.

형이상학적 자유(metaphysical freedom, 3). 신이 미리 작정하지 않은 행위를 할 수 있는 상태. "도덕적인 자유"와 대조된다.

형이상학(metaphysics, 1). 존재 일반의 본질. 우주 전체의 구조를 탐구하는 학문. "인식론" 및 "가치 이론"과 연관된다.

권위의 방법(method of authority, 9). "신념의 고착화"를 위한 퍼스의 방법 가운데 하나. 이 방법을 적용하는 사람은 권위 있는 인물을 선택해 그가 말한 것은 무엇이든 다 믿는다.

상관관계의 방법(method of correlation, 10). 1) 우리의 문화가 제기하는 실존적인 문제를 파악해 2) 기독교 신앙의 상징들을 통해 그런 질문에 대한 대답을 제시하는 틸리히의 신학적 방법.

완강함의 방법(method of tenacity, 9). "신념의 고착화"를 위한 퍼스의 방법 가운데 하나. 이 방법을 따르는 사람은 이미 지니고 있는 신념을 완강하게 고집한다.

중기 플라톤주의(Middle Platonism, 2). BC 100년에서 AD 270년까지의 플라톤주의.

밀레토스 학파(Milesians, 2). 소아시아 밀레토스 주위에 살았던 가장 초기의 헬라 철학자들. 탈레스, 아낙시만드로스, 아낙시메네스 등이 대표적이다.

정신과 육체의 문제(mind-body problem, 5). 연장이 없는 "정신적 실체(인간의 생각)"는 생각이 없는 연장된 실체(인간의 육체)에 어떻게 영향을 미칠 수 있느냐는 문제. 데카르트는 이 문제에 대해 정신이 "송과선"을 통해 육체에 영향을 미친다고 대답했다.

『문집』(*Miscellanies*, 6). 철학이나 신학과 관련해 인상이 깊었던 다양한 사상들을 논한 조나단 에드워즈의 저서.

양태적 측면(modal aspects, 13). 도이베르트는 세상을 이론적 탐구의 목적을 위해 열다섯 가지 법적 영역으로 나눌 수 있다고 제안했다. 예를 들면 양적인 영역, 공간적인 영역, 운동학적인 영역 등.

하나님의 사고 양식(mode of God's thoughts, 13). 하나님이 생각하시는 방식. 반틸과 클라크의 논쟁에서 두 사람은 하나님이 인간과 다른 방식, 또는 양식(즉 "영원한 직관")으로 사고하신다는 데에 동의했다. 그러나 반틸과 그의 제자들은 그것만으로 하나님의 생각과 우리의 생각의 차이를 묘사하는 것은 불충분하다고 생각했다.

현대주의(modernism, 8, 10). 19세기 말과 20세기 초에 있었던 신학적 논쟁에서 특히 리츨의 신학 노선을 좇았던 자유주의.

모나드(monads, 5). 세상을 구성하는 작은 정신적 실체(라이프니츠).

일원론(monism, 1, 5). 우주가 오직 하나의 현실로 구성되었다는 견해. "이원론"이나 "다원론"과 대조된다. "원이즘"과 "투이즘"을 참조하라.

단성론(Monophysite, 5). 성육하신 그리스도께서 단 한 가지 본성만을 지니신다는 견해. 칼케돈 공의회(451)에서 이단으로 단죄되었지만 루터교 신자들과 칼빈주의자들 사이에서 다시 논란이 되었다. "네스토리우스주의"와 대조된다.

몬타누스주의(Montanism, 3). 예언의 은사를 받았다고 주장했던 3세기의 종파. 테르툴리아누스도 그 종파의 일원이었다.

도덕적 원형(moral archetype, 7). 칸트의 "종교"에서 말하는 그리스도의 본질.

도덕적 자유(moral freedom, 3). 선을 행할 수 있는 능력. "형이상학적 자유"와 대조된다.

도덕적 영향설(moral-influence theory, 4). 아벨라르와 현대의 자유주의자들이 주장하는 예수님의 속죄에 관한 견해. 즉 예수님이 도덕적인 행위의 본보기가 되어 그 동기를 부여하기 위해 죽으셨다는 견해.

신비(mystery, 마르셀, 9). 자아는 객관적인 과학의 방법으로는 온전히 이해할 수 없다는 견해. 그런 점에서 그것은 "문제"가 아닌 "신비"다.

신비로운 것(Mystical, the, 12). 비트겐슈타인은 『논리철학논고』에서 완전한 언어로 표현할 수는 없지만 존재한다고 말할 수 있는 것, 곧 볼 수 있고 느낄 수 있는 많은 것들이 그런 영역에 속한다고 말했다.

신비주의(mysticism, 3, 4). 하나님에 관한 최상의 지식은 종종 초이성적인 경험을 통해 이루어지는 그분과의 합일을 통해 얻을 수 있다는 견해. "영지주의"와 "신플라톤주의"와 같은 경우는 하나님을 알면 하나님이 될 수 있다는 그릇된 신비주의를 주장했다.

신화(myth, 10). 천상의 존재들에 관한 이야기를 통해 세상의 진리들을 표현하는 문학 형식. 불트만은 성경에 기록된 초자연적인 현상은 모두 신화라고 믿었다. 바르트는 그런 주장을 거부했지만 성경이 전설을 포함하고 있다고 인정했다.

현존의 신화(myth of presence, 12). 저자는 자신이 쓴 본문에 권위적인 해석을 제시할 권리가 있다는 신화(포스트모던 사상).

이름 없는 하나님(nameless God, 3). 인간이 알 수도 없고, 이름을 붙일 수도 없는 최고의 신을 가리키는 영지주의자들과 신플라톤주의자들의 용어. 유스티누스를 비롯해 일부 교부들도 똑같은 주장을 펼쳤다.

이야기 신학(narrative theology, 11). 성경을 명제나 종교적 경험을 모아 놓은 책이 아닌 이야기로 읽으려는 시도("후기 자유주의"와 밀접하게 관련된다).

자연주의(naturalism, 9). 초자연적인 현실이나 힘을 인정하지 않는 세계관.

자연론적 오류(naturalistic fallacy, 5). "이다."와 "해야 한다."의 논증을 참조하라.

자연법(natural law, 2). 자연으로부터 파생된 인간의 행위를 지배하는 원리.

자연 이성(natural reason, 아퀴나스, 4). 세상의 현실들을 이해할 때 사용하는 이성의 유형으로 초자연적인 계시를 요구하지 않는다.

자연적 관점(natural standpoint, 9). "생활 세계", 즉 일상적인 삶에 속한 개인의 관점을 일컫는 현상학의 용어. 과학자들이나 철학자들의 전문적인 관점과 대조된다.

능산적 자연, 소산적 자연(natura naturans, natura naturata, 5). 서로 다른 두 가지 관점에서 바라본 세상을 묘사하는 스피노자의 용어. 전자는 세상 안에 있는 모든 것의 원인으로, 후자는 그런 원인에 의한 결과로 각각 간주된다.

자연(nature, 4). 어떤 것의 "본질."

자연과 자유(nature-freedom scheme, 7). 고대 사상(형상과 질료) 및 중세 사상(자연과 은혜)과 대조되는 현대 사상을 일컫는 도이베르트의 용어. 자연과 자유를 통해 은혜에 관한 중세의 개념이 세속화되어 아무런 규칙 없는 "자유의지론적 자유"를 추구하는 사상 체계가 형성되었다(칸트가 대표적인 경우다. 그의 "실재의 세계"를 참조하라).

자연과 은혜(nature-grace scheme, 4). 도이베르트는 아퀴나스가 자연에 대한 헬라의 개념(형상과 질료)에서부터 시작해 그것에 구원과 하나님의 은혜라는 두 번째 현실을 부여했다고 이해했다. 도이베르트는 이것이 스콜라 사상의 "자연"이라고 말했다. "자연 이성"을 참조하라.

필연성(necessary, 7). 반드시 일어나야 하는 것. 우연히 일어나는 것과 대조된다.

필연적 존재(necessary being, 4). 본질상 존재하지 않을 수 없는 존재. "우연적 존재"와 대조된다.

필연적 연관성(necessary connection, 1, 5). 인과성에 관한 전통적인 견해가 말하는 원인과 결과의 필연적 관계. 흄은 이를 부인했다.

이성의 필연적 진리(necessary truths of reason, 6). 하나님의 존재와 같이 역사적 탐구를 통해 확증될 수 없다고 생각되는, 근본적이고 형이상학적인 신학적 진리를 가리키는 레싱의 용어. "역사의 우연적 진리"와 대조된다.

신정통주의(neoorthodoxy, 10). 바르트와 브룬너와 같은 신학자들의 신학 운동을 가리키는 명칭. 이 명칭이 부여된 이유는 그들이 기독교 정통주의의 용어들을 사용했기 때문이다.

신플라톤주의(Neoplatonism, 2, 3, 4). 만물이 유일자의 한 측면, 곧 유일자가 만물을 통해 다양한 등급으로 드러났다는 플로티누스의 철학을 일컫는 용어.

신개신교주의(neo-Protestantism, 10). 슐라이에르마허와 리츨의 "자유주의 신학"을 가리키는 바르트의 용어.

네스토리우스주의(Nestorian, 5). 그리스도의 두 가지 본성이 각각 두 개의 독특한 인격을 구성한다는 견해. 네스토리우스가 주장한 이 견해는 451년에 칼케돈 공의회에서 이단으로 단죄되었지만 나중에 루터교 신자들과 칼빈주의자들 사이에서 다시 논란을 불러일으켰다. "단성론"과 대조된다.

새로운 해석학(new hermeneutic, 10). 계시를 언어 사건으로 이해해 계시가 우리를 해석하는 것이 아니라 우리가 계시를 해석하는 것이라고 이해했던 불트만의 추종자들이 주도했던 신학 운동.

새로운 탐구(new quest, 10). 1950년대에 불트만의 추종자들이 추구했던 것. 그들은 역사적 예수에 대한 탐구를 재개해 그분에 대한 전기가 아닌 그분의 역사적 실존이 어떻게 신앙과 적절하게 연관될 수 있는지를 탐구했다. "제3의 탐구"와 연관된다.

무(Nichtige, Das, 10). 바르트는 "무"가 악을 구성하는 것으로 이해했다. 하나님이 은혜를 통해 자기 안에 있는 무를 극복하셨고, 그와 동일한 방식으로 세상에서 죄를 극복하셨다는 견해.

죄의 지성적 영향(noetic effects of sin, 13). 인간이 죄로 인해 진리를 가로막는 성향을 지니게 된 것을 일컫는 반틸의 용어(롬 1:18).

유명론(nominalism, 1, 4, 10). 오직 개별자만 존재한다는 견해. 즉 보편자를 나타내는 듯 보이는 용어는 단지 개별자를 나타내는 것뿐이라는 의미. "실재론"과 대조된다. 바르트의 "하나님의 자유"를 참조하라.

정상 과학(normal science, 쿤, 12). 기존의 패러다임을 적용해 그것에서 야기되는 "퍼즐"을 해결하는 과학자들의 정규적인 작업을 가리키는 용어.

규범적 관점(normative perspective, 1). 우리의 지식과 관련된 하나님의 규범을 이해함으로써 세상을 이해하는 방식. "상황적 관점" 및 "실존적 관점"과 연관된다.

실재(noumena, 7). 우리의 경험과 상관없이 실제로 존재하는 것을 일컫는 칸트의 용어. "물자체"로 불린다. "현상"과 연관된다.

정신(nous, 2). 아낙사고라스가 세상에 존재하는 합리성의 원리로 생각했던 것. 헤라클레이토스의 "로고스"나 플로티누스가 말한 "유일자의 첫 번째 방출"과 그 개념이 비슷하다.

객관적인 관념론(objective idealism, 7). "관념론"을 참조하라.

객관적인 불멸(objectively immortal, 11). 개개의 "현실적 계기"가 소멸된 뒤에도 다른 현실적 계기에 의해 파악될 수 있다는 개념을 나타내는 과정 사상의 용어.

객관적인 정신(objective spirit, 7). 헤겔의 "정신"을 참조하라.

지식의 객체(object of knowledge, 1). 주체에 의해 파악되는 내용을 가리키는 인식론의 용어. "지식의 주체"와 대조된다.

객체(objects, 도이베르트, 13). "주체"와 대조된다.

관찰적인 진술(observation statements, 12). 경험적인 사실에 대한 진술, 곧 과학 이론의 토대가 되는 관찰된 현상에 대한 기록(논리실증주의).

오컴의 면도날(Occam's razor, 4). 무엇이든 절대적으로 필요한 것 이상의 현실을 가정하지 말고 가장 단순한 설명을 찾아야 한다는 윌리엄 오컴의 원칙.

기회 원인론(occasionalism, 5, 6). 하나님이 세상에서 일어나는 사건들의 유일한 원인이라는 견해.

옛 자연 종교(old nature-religion, 2). "올림포스 신들의 종교" 이전에 헬라인들이 믿었던 종교.

레기나 올센(Olsen, Regina, 8). 키에르케고르의 약혼녀. 키에르케고르는 그녀와의 약혼을 파기함으로써 그 이유에 대한 결론 없는 논쟁을 촉발시켰다.

유일자(One, the, 2). 플로티누스가 생각했던 최고의 존재. 만물의 근원이요 분석할 수 없는 완전한 존재.

하나와 다수(one and many, 반틸, 13). 반틸이 근본적인 중요성을 지닌다고 생각했던 철학사의 문제. 그는 삼위일체라는 성경의 교리로 그 문제를 설명할 수 있다고 믿었다. 문제는 다수 없이는 하나를 이해할 수 없고, 하나 없이는 다수를 이해할 수 없다는 데 있다.

원이즘(Oneism, 1). "일원론"을 가리키는 피터 존스의 용어. "투이즘"과 대조된다.

존재론적 논증(ontological argument, 4). 하나님은 완전한 속성을 모두 지니고 계시고, "존재"는 그런 속성 가운데 하나이기 때문에 하나님은 존재하신다는 안셀무스의 논증.

열린 미래(open future, 11). 종말론에 관한 몰트만의 견해. 그는 앞으로 무엇이든 일어날 수 있기 때문에 희망을 가져야 한다고 역설했다.

미래를 향한 개방(openness to the future, 10). "본래적 실존"을 뜻하는 불트만의 개념.

열린 유신론(open theism, 11). 복음주의의 배경을 지닌 일부 신학자들의 견해. 이들은 하나님이 미래를 온전히 알고 계신다는 것을 부인한다.

조작주의(operationalism, 12, 13). 과학적인 진술은 세상의 본질에 관한 진술이라기보다는 과학적인 조작을 요약한 것이라는 견해. 고든 클라크는 이 견해를 받아들여 자신의 기독교 철학에 적용했다.

일상언어 철학(ordinary-language philosophy, 12). 일상언어는 적절한 용도로 사용하는 한 새롭게 구성할 필요가 없다는 후기 비트겐슈타인의 철학.

원리주의자(orthodoxastai, 3). 알렉산드리아의 클레멘스가 사용한 용어. 완전한 정통을 자랑하며 철학을 멸시했던 사람들을 멸시하는 의미를 지녔다.

실물 지시적 정의(ostensive definition, 12). 지시체를 가리킴으로써 용어의 의미를 설명하려는 시도.

우시아(ousia, 3). "존재"를 뜻하는 헬라어. 니케아 신조에서 성삼위 하나님의 일체성을 강조하기 위해 사용되었다. 삼위일체 하나님의 세 위격을 가리키는 "후포스타시스"와 대조된다.

갱생(palingenesis, 3). 개인과 사회의 새 탄생을 뜻하는 말(아우구스티누스, 카이퍼).

만유내재신론(panentheism, 1, 8, 11). (과정 철학의 경우처럼) 하나님이 세상 안에 계시고, 세상이 하나님 안에 있다고 주장하는 견해. "범신론", "이신론", "유신론"과 대조된다.

범심론(panpsychism, 5). 모든 것이 생각하는 능력을 지니고 있다는 견해. 라이프니츠와 화이트헤드를 비롯한 여러 사상가들이 이 견해를 지닌 것으로 알려져 있다.

범신론(pantheism, 1, 5, 8). (스피노자의 경우처럼) 하나님이 우주이고, 우주가 하나님이라고 주장하는 견해. "유신론", "이신론", "만유내재신론"과 대조된다.

패러다임(paradigm, 12). 쿤은 이 용어가 "공인된 실제적인 과학적 실행의 사례들(즉 법칙과 이론과 적용과 기구 사용을 모두 포함하는 사례들)이 과학적인 탐구의 통일된 전통을 만들어낸 모델을 제시한다."는 의미를 지닌다고 설명했다.

역설(paradox, 13). 명백하거나 실제적인 모순을 가리키는 말. 고든 클라크는 어느 경우가 되었든 역설은 거부되어야 한다고 생각했다.

오류 추리(paralogisms, 7). "영혼", "생각" 등과 같은 것의 의미를 혼동함으로써 비물질적인 영원한 영혼의 존재를 입증하려고 시도하는 그릇된 논증(칸트). "초월적 변증론" 참조.

파롤(parole, 12). 언어를 실제로 사용할 때와 관련된 언어의 표면적 구조(소쉬르). "랑그"와 대조된다.

개별자(particulars, 1, 4). 속성이나 성질과 반대되는 개개의 물체. "보편자"와 대조된다.

파스칼의 "회고록"(pascal's "Memorial", 6). 파스칼이 외투에 꿰매 넣어 다녔던 문서. 자신의 세 번째 회심에 관한 일을 기록한 내용.

파스칼의 세 번째 회심(pascal's third conversion, 6). 하나님("철학자의 신이 아닌 아브라함과 이삭과 야곱의 하나님")을 개인적으로 체험한 파스칼은 세속의 일을 추구하는 것을 포기하고, 신앙적인 글을 쓰는 데 모든 시간을 바쳤다. "파스칼의 회고록"을 참조하라.

파스칼의 세 가지 원리(pascal's three orders, 6). 파스칼은 『팡세』에서 육체와 정신과 "마음"을 지식을 얻는 방식으로 제시했다.

파스칼의 내기 이론(pascal's Wager, 6, 9). 파스칼의 『팡세』에 나오는 유명한 논증. 파스칼은 『팡세』의 독자들에게 신중한 결정을 위해 기독교가 참인지 내기를 걸어보라고 권고했다. 만일 기독교를 선택해 그것이 참인 것으로 드러난다면 그 무엇과도 비교할 수 없는 유익을 얻을 것이고, 그와는 반대로 그것이 거짓으로 드러난다면 아무것도 잃을 것이 없을 것이다. 한편 기독교를 거부했는데 그것이 사실이 아니라면 아무것도 잃는 것은 없을 테지만 만일 그것이 사실이라면 영원한 형벌을 받게 될 것이다.

수동적인 지성(passive intellect, 2, 4). 지성의 일부로서 감각으로부터 전달되는 정보를 받아들이는 기능을 한다(아리스토텔레스). "능동적인 지성"과 대조된다.

형벌적 대리속죄(penal substitution, 4). 예수님이 죽음으로 인류의 죗값을 치르셨다는 속죄설.

『팡세(*Pensées*)』(6). 파스칼의 가장 위대한 미완성의 저서. 기독교를 위한 변증서.

상호 공재(페리코레시스, perichoresis, 1). "키르쿰세시오"와 동의어.

인격(person, 1, 4). 윤리적인 행위자. "법"과 "상황"과 대조된다. 보에티우스는 삼위일체 교리를 설명하는 상황에서 이 용어를 사용했다(이성적인 "실체").

개인적인 헌신(personal commitments, 폴라니, 12). 과학자의 신념과 동기와 배경이 그의 과학적 결론에 영향을 미친다는 견해.

인격주의(personalism, 10). 하나님과 우리의 관계가 인격 대 사물(나와 그것)이 아닌 인격 대 인격(나와 너)의 관계라는 견해(바르트, 특히 브룬너).

사람에 따라 달라지는(person-variable, 13). 어떤 증거를 설득력 있다고 판단하는 것이 개인마다 다르다는 견해(마브로즈).

관점주의(perspectivism, 9). 사실과 해석은 아무런 차이가 없다는 니체의 견해. 객관적인 진리는 알 수 없고, 단지 이런저런 관점만을 알 수 있다는 주장.

설득력 있는(persuasive, 11). 신이 "현실적 계기"에 영향을 미친다는 의미(과정 사상). "강제적인"과 대조된다.

현상(phenomena, 7, 9). 우리의 경험 속에 나타나는 것(칸트). "본질"과 대조된다. 후설은 현상이 곧 본질, 진정한 세계라고 생각했다.

필론 유대우스(philo Judaeus, 3). 유대의 철학자이자 신학자(BC 20-AD 50). "로고스"에 대한 사상을 발전시켰다. 그의 사상은 후대의 유대인 사상가, 그리스도인 사상가, 이방인 사상가들에게 고루 영향을 미쳤다.

『개혁 철학(*philosophia reformata*)』(13). 도이베르트와 그의 철학 사상을 좇는 사상가들의 글을 게재한 학술지의 명칭.

철학(philosophy, 아퀴나스, 4). 초자연적인 계시 없이 자연 세계를 이해하는 수단.

철학(philosophy, 어원, 1). 지혜를 사랑하는 학문.

철학(philosophy, 프레임, 1). 세계관을 형성하고 확립하고 옹호하려는 학문적인 시도.

물리적인 축(physical pole, 11). 현실적 계기의 두 축 가운데 하나(과정 철학). 다른 하나는 "정신적인 축"이다. 물리적인 축은 신과 과거의 계기들에 의해 주어지며 변할 수 없다.

물리-신학적 논증(physico-theological argument, 7). "목적론적 논증"과 동의어(칸트).

언어의 그림 이론(picture theory of language, 12). 완전한 언어는 세상을 그림처럼 정확하게 묘사해야 한다는 견해(러셀과 초기 비트겐슈타인의 생각).

경건주의(pietism, 5). 종교 개혁 이후에 스펜서와 같은 사람들이 일으킨 신앙 운동. 소규모의 성경 공부와 복음 전도와 개인적인 경건을 강조한다.

송과선(pineal gland, 5). "정신과 육체의 문제"를 참조하라.

영혼의 세 부분(Plato's three parts of the soul, 플라톤, 2). 욕망, 정신, 이성.

복수주의(pluralism, 1). 우주가 많은 실재들로 구성되었다는 견해. "일원론" 및 "이원론"과 대조된다.

영적 의미(pneumatic sense, 3). 성경을 신비롭고, 풍유적인 의미로 이해하는 것을 가리키는 오리게네스의 용어. "육체적인 의미" 및 "정신적인 의미"와 대조된다.

접촉점(point of contact, 10). 하나님의 계시를 수용할 수 있는 인간의 소질(바르트). 그러나 바르트는 그런 접촉점이 항상 존재하는 것은 아니라고 생각했다. 그는 하나님이 인간에게 말씀하기를 원할 때마다 그런 접촉점을 만들어 내신다고 주장했다.

포르 루아얄(Port Royal, 6). 파스칼의 누이가 수녀로 있었던 수도원. 파스칼은 그 수도원에서 전하는 얀센의 가르침을 옹호했다.

죄를 지을 수 있는 자유(posse peccare, 3). 인간의 네 가지 도덕적 상태를 지칭하는 아우구스티누스의 용어 가운데 하나. 인간은 타락 이전에 죄를 지을 수 있는 자유를 지녔고, 타락한 이후에는 죄를 짓지 않을 수 없는 성향을 지니게 되었다. 구원은 죄를 짓지 않을 수 있는 능력을 부여하고, 구원이 온전히 이루어지면 더 이상 죄를 지을 수 없다.

자유주의 이후의 신학(postliberalism, 11). 조지 린드벡과 같은 최근의 신학자들의 입장. 린드벡은 성경을 과거에 실제로 일어난 사건들을 다루는 책으로서가 아니라 신자를 훈육하고 권면하기 위한 교회의 정경으로 읽어야 한다고 주장했다.

포스트모던적인(postmodern, 12). "거대 담론"에 대한 의심을 비롯해 "후기 구조주의"에서 유래한 사상 운동을 따르는 모든 개념을 지칭하는 용어.

후기 구조주의(poststructuralism, 12). 언어의 보편적인 심층 구조를 거부했고, "거대 담론"을 의문시했다.

가능태(potentiality, 2). 어떤 것의 가능성을 가리키는 말(아리스토텔레스). 어떤 것의 형상은 그것의 본질은 물론, 그 결과까지도 결정한다. "현실태"와 대조된다.

대자(pour soi, 9). 운명에 지배되지 않는 자유로운 존재의 상태(사르트르). "즉자"와 대조된다.

실천적인 믿음(practical faith, 7). 그리스도를 "도덕적인 원형"으로 받아들여 따르기를 원하는 믿음(칸트의 신학).

실용주의(pragmaticism, 9). "실용주의(퍼스)"를 참조하라.

실용적인 공리(pragmatic maxim, 9). 퍼스는 이것을 "지적인 개념의 의미를 파악하려면 그런 개념의 진리로부터 어떤 실질적인 결과가 비롯하는지를 고려해야 한다. 그리고 그런 결과들의 총합이 그 개념의 전체적인 의미를 구성한다."라고 설명했다.

실용주의(pragmatism, 제임스, 9). 효과가 있는 것이 곧 진리라는 견해.

실용주의(pragmatism, 퍼스, 9). 진술의 실질적인 결과가 곧 그것의 의미라는 견해. 퍼스는 실용주의를 의미론에 국한시켰고, 진리에 대한 제임스의 실용주의 이론을 거부했다. 그는 실용주의를 뜻하는 "프래그머티즘"을 "프래그머티시즘"으로 고치고 나서, 그것을 "납치범들로부터 그것을 보호하기에 충분할 만큼 혐오스런 용어"라고 일컬었다.

프락시스(praxis, 11). 때로 사회 정의를 위한 혁명적인 투쟁에 참여하는 것(해방 신학). 해방 신학은 프락시스는 신학적인 정당화를 요구하지 않으며, 오히려 신학이 그런 투쟁의 참여로부터 생성되어야 한다고 주장한다.

미리 확립된 조화(pre-established harmony, 5). 신에 의해 모든 모나드가 질서 있게 협력하도록 작정되었다는 것(라이프니츠).

파악(prehension, 11). 현실적 계기들이 서로와 "영원한 대상"과 신을 인식하는 것.

이단 반박 규정(prescription, 3). 일부 사람들이 법정에서 말하는 것을 금지한 법률 문서를 뜻하는 라틴어(praescriptio)에서 유래했다. 테르툴리아누스는 이단들은 교회 안에서 신학적 논의에 참여할 수 없도록 해야 한다고 주장했다.

임재(presence, 1). 언약의 대상들과 피조 세계에 대한 하나님의 임하심. "주재권"의 측면인 "통제"와 "권위"와 연관된다.

주제넘음(presumption, 11). 우리가 우리 자신의 힘으로 정의를 이룰 수 있다고 생각하는 것. 죄에 대한 몰트만의 정의 가운데 하나.

전제(presupposition, 1, 3, 7, 13). 어떤 것을 논증하기 위한 토대. "궁극적인 전제"란 아무것이나 논증할 수 있는 토대로 간주될 수 있는 것을 가리킨다.

전제주의(presuppositionalism, 4, 13). 하나님을 모든 의미의 토대로 전제하지 않으면 그분을 옳게 알 수 없다는 견해. 클라크는 계시된 하나님의 말씀인 성경을 전제로 삼았고, 그것을 유사 기하학의 공리와 같은 것으로 이해했다. 반틸은 하나님의 모든 계시를 전제로 삼았다.

전이론적 경험(pretheoretical experience, 13). 과학적인 탐구를 위한 추상적인 범주에 속하지 않는 경험에 대한 도이베르트의 개념. 후설과 하이데거에서도 이와 비슷한 개념들이 발견된다. 비교하라.

지성의 우월성(primacy of the intellect, 13). 지성이 의지와 감정을 지배해야 한다는 고든 클라크의 견해. 반틸은 그런 생각을 거부했다.

일차적 성질(primary qualities, 5). 물체 자체에 실제로 존재하는 성질(로크). 경도, 연장, 형태, 운동, 정지, 숫자 등이 일차적 성질에 포함된다. "이차적 성질"과 대조된다.

제1질료(prime matter, 2). 형태가 전혀 없는 물질(아리스토텔레스).

원동자(prime Mover, 2). 스스로는 아무런 원인도 없으면서 모든 운동의 원인이 되는 것(아리스토텔레스).

신의 원시적 본성(primordial nature of God, 11). 현실 세계의 본질에 의존하지 않는, 가능한 세계에서 신이 마땅히 지녀야 하는 속성(과정 사상). 존재, 영원성, 신적 상대성 등이 포함된다. "신의 결과적 본성"과 대조된다.

충족 이유의 원리(principle of sufficient reason, 4, 5). 모든 참된 진술은 충분한 이유를 지니기 때문에 사실이라는 원리.

결여(privation, 3). 마땅히 있어야 할 것이 없는 상태. 아우구스티누스는 악을 선의 결여로 간주했다.

귀납법의 문제(problem of induction, 6). 미래가 과거와 현재와 같을 것이라고 말하기 어려운 문제.

다른 정신의 문제(problem of other minds, 6). 다른 사람들이 나와 같은 정신을 소유하고 있다는 것을 입증하기 어려운 문제.

조기적(proleptic, 11). 후세대, 특히 마지막 심판을 예기하는 것. 판넨베르크는 예수님의 부활을 말세의 조기적 징조로 간주했다.

명제(proposition, 12). 사실을 주장하는 언어적 진술.

명제적 계시(propositional revelation, 8). 우리가 믿고, 행해야 할 것을 알려주는 하나님의 계시. 자유주의 신학자들은 여러 가지 방식으로 이를 부인한다.

프로토콜 명제(protocol statement, 12). 과학에서 "이론적인 진술"의 토대로 사용하는 "관찰적 진술"(논리실증주의).

『시골에서 보내는 편지(*provincial Letters*)』(6). 파스칼이 "포르 루아얄"의 얀센이즘을 옹호한 내용.

일시성(provisionality, 11). 마지막 심판 이전까지는 어떤 것에 대해 절대적인 확실성을 가질 수 없다는 판넨베르크의 견해.

프시케(psyche, 2). "영혼"을 뜻하는 헬라어. 플로티누스의 "유일자"로부터 두 번째로 방출된 존재.

정신적 의미(psychical sense, 3). 성경의 도덕적이고, 실천적인 의미를 가리키는 오리게누스의 용어. "육체적 의미" 및 "영적 의미"와 대조된다.

심리적 삼위일체론(psychological Trinitarianism, 3). 삼위일체 하나님과 인간의 정신의 유사성을 강조하는 견해. "사회적 삼위일체론"과 대조된다.

공개적 무신론자(public atheist, 12). 대중 매체가 종종 인용하는 무신론자. 버트런드 러셀이 그 중에 하나다.

퍼즐(puzzles, 12). 정상 과학이 기존의 패러다임을 이용해 설명하기 어려운 문제.

질적인 원자론(qualitative atomism, 2). 세상을 구성하는 원자들이 서로 다른 성질을 지니고 있다는 엠페도클레스와 아낙사고라스의 견해. "원자론"을 참조하라. "양적인 원자론"과 대조된다.

양적인 원자론(quantitative atomism, 2). 모든 원자는 동일한 속성을 지닌다는 데모크리토스, 에피쿠로스, 루크레티우스와 같은 사상가들의 견해. "질적인 원자론"과 대조된다. "원자론"을 참조하라.

여왕 모나드(queen monad, 5). 유기적인 체계의 경로를 설정하는 특별한 모나드(라이프니츠).

방법론적 회의(radical doubt, 5). 데카르트는 우리의 개념들 가운데 어떤 것이 확실한 지식으로 구성되어 있는지를 파악하기 위해 의심할 수 있는 것을 모두 의심하기로 결심했다.

근본악(radical evil, 7). 칸트의 신학이 말하는 죄의 개념. 죄는 아담에게서 시작되지 않았다. 그것은 인간 본성의 필연적인 요소다.

급진적 정통주의(Radical Orthodoxy, 13). 기독교의 관점에서 현대 사상을 포괄적으로 비판한 존 밀뱅크와 같은 사상가들이 주도했던 운동. 하나님을 만물의 통합자로 간주하는 신플라톤주의의 개념을 좇으며, "해체주의"를 강도 높게 비판한다.

급진 신학(radical theology, 10). "기독교적 무신론"과 동일한 의미를 지닌다.

관계(rapport, 래포, 9). 다른 사람들과의 관계에서 초월에 도달하기 위해 그들과 직접적으로 연관을 맺는 것(하이데거).

이성적인 자율성(rational autonomy, 2). 인간의 정신이 초자연적인 존재를 고려하지 않고서도 진리를 알 수 있다는 견해.

합리주의(rationalism, 1, 5). 1) 인간의 정신이 진리와 거짓의 궁극적인 판단 기준이라는 견해. "불합리주의"와 대조된다. 2) 감각적인 경험과 내적인 주관성을 이성이 결정적으로 주관한다는 철학적 인식론. "경험주의" 및 "주관주의"와 대조된다.

실재론(realism, 1). 보편자가 세상의 현실적인 존재라는 견해. "유명론"과 대조된다.

이성(reason, 1, 5, 6). 추론하고 모순을 찾아내는 인간의 능력. "감각적인 경험"과 종종 대조된다. 조지프 버틀러는 감각적인 경험을 통합하는 과정을 "이성의 합리적인 용도"로 간주했다.

용기(receptacle, 2). 형상을 받아들이는 것(플라톤). 데미우르고스는 형상을 용기에 복사하는 역할을 한다. 용기는 완전함을 이루려는 데미우르고스의 시도를 거부한다(플라톤의 『티마이오스』 참조).

회상(recollection, 2). 플라톤이 생각한 지식의 본질. 플라톤은 형상의 세계에서 살았던 경험을 회상하는 것이 지식이라고 믿었다.

회상과 기대(recollection and expectation, 바르트, 10). 객관적인 영원한 진리와 반대되는 "계시"의 결과(바르트).

지시(reference, 프레게, 12). 사물이나 사실을 가리키는 언어의 기능. "의미"를 참조하라.

의미지시론(referential theory of meaning, 12). 지시하는 현실이나 사실이 표현의 의미라는 견해. 러셀과 초기 비트겐슈타인이 주장했다. 후기 비트겐슈타인은 나중에 그런 입장을 철회했다.

개혁(reformation, 3). 프레임은 4세기와 6세기의 역사적 발전(즉 이단에 반발해 정통주의를 지향했던 운동)이 서로 유사한 특성을 지닌다고 설명했다.

개혁주의 인식론(Reformed epistemology, 플랜팅가, 13). 다른 신념이나 증거나 논증으로부터 파생하지 않은 신념들이 있다는 견해. 그런 신념들은 참된 신념들이 생겨나기 용이한 환경이 조성된 상태에서 정신이 올바로 기능할 때 형성된다. "기본 신념"과 "근본 신념"을 참조하라.

개혁자(reformer, 3). 이단 사상에 내포된 위험을 감지하고, 교회를 향해 단호하게 대항하라고 촉구하는 사람(프레임의 설명). "통합, 이단, 확립자"와 대조된다.

규제적인 용도(regulative use, 7). "이성의 이상"은 구성적으로 사용해서는 안 되지만 우리의 결정을 실천적인 방식으로 규제할 때는 합법적으로 사용될 수 있다는 칸트의 원리. 예를 들어 하나님이 실제로 존재하는지를 입증할 수는 없지만 그분의 존재가 우리를 더 나은 사람으로 만든다고 생각할 수는 있다.

생산 관계(relations of production, 7). 상품 생산에 참여한 사람들(소유주, 노동자, 노예 등)의 관계.

상대주의(relativism, 1, 2). 절대적이고 필연적인 진리는 없고 모든 지식은 제각기 상대적이라는 견해.

종교(religion, 바르트, 본훼퍼, 10). 자기 의를 통해 스스로를 구원하려는 인간의 시도.

종교(religion, 클루저, 1). 다른 것을 신성한 것으로 믿는 행위. "신성"은 다른 것에 의존하지 않는 상태를 의미한다.

종교(religion, 프레임, 1). 믿음의 행위.

종교(religion, 헤겔, 7). 표현된 것을 가리키는 일련의 상징들(헤겔의 철학).

종교(religion, 칸트, 7). 우리의 윤리적인 의무를 신의 명령처럼 받아들이는 것.

종교 없는 기독교(religionless Christianity, 10). 예배나 종교성이라는 허울 없이 세상을 섬김으로써 하나님을 섬기는 것(본훼퍼).

올림포스 신들의 종교(religion of the Olympian gods, 2). 헬라의 "옛 자연 종교" 이후에 나타난

종교. 다양한 자연의 과정과 관련된 인격적인 유한한 신들을 숭배했다.

종교적인 의식(religious consciousness, 8). 슐라이어마허의 "절대 의존 감정." "감정"을 참조하라.

종교적인 단계(religious stage, 8). 키에르케고르가 제시한 인생의 단계 가운데 마지막 단계. 종교 A는 전통적이고, 형식적인 신앙을 지닌 덴마크 국가교회를 가리키고, 종교 B는 영원한 하나님이 시간 속에 들어오셨다는 역설을 믿는 참된 신앙을 가리킨다. "심미적 단계" 및 "윤리적 단계"와 대조된다.

르네상스(Renaissance, 5). 유럽의 지식과 문화를 회복하고, 갱생했던 기간(1350-1650).

분노(ressentiment, 9). 강하고 부유한 자들에 대한 증오심이 담긴 질투의 감정을 가리키는 니체의 용어.

드러낸다(retrocipate, 13). 낮은 "법적 영역"을 나타내는 것. 도이베르트에 따르면 높은 "양태적 측면들"은 "드러냄"으로 일컬어지는 다양한 방법을 통해 낮은 영역을 반영한다. "예고한다"와 대조된다.

하나님에 관해 계시된, 모형적인 지식(revealed, ectypal knowledge of God, 13). 인간이 알 수 있는 하나님에 관한 지식을 가리키는 카이퍼의 용어. 그 지식은 하나님이 계시해 주셔야 하고, 원형적이라기보다는 모형적이다. 즉 그것은 하나님이 자기 자신을 아는 지식이 아니라 그 지식을 반영하거나 그것과 유사한 지식을 가리킨다.

계시(revelation). 하나님이 자기를 나타내시는 것.

신생(revivification, 11). 예수님이 나사로를 살리신 것처럼 죽은 육체를 다시 살리는 것. 판넨베르크는 이것이 부활의 본질은 아니라고 말했다.

풍부함(richness, 13). 삶의 많은 영역에서 발생하는 문제들을 다루는 철학적 체계의 능력. 고든 클라크는 논리적인 일관성과 그 풍부함을 점검하는 것으로 철학적 체계를 평가했다.

의(righteousness, 루터, 5). 하나님의 도덕적인 기준에 부합하는 행위와 성품.

권리(rights, 5). 인간으로 창조되었다는 사실과 사회적인 지위 때문에 사람들이 누리는 혜택과 자유. 이것은 하나님으로부터 비롯된 것이기 때문에 종종 "양도할 수 없는" 권리로 일컬어진다.

헤겔 우파(right-wing Hegelians, 7). 전통적인 종교와 철학에 헤겔의 사상을 도입한 사상가들. "헤겔 좌파"와 대조된다.

우파 오리게누스주의자(right-wing Origenists, 3). 성부와 성자의 존재론적인 연합을 강조한 오리게누스의 사상을 추종하는 사람들. 니케아 공의회와 콘스탄티노플 공의회에서 우세를 차지했던 견해. "좌파 오르게누스주의자"와 대조된다.

위험(risk, 9). "죽음을 향한 존재"로서의 "불안"을 극복하기 위한 필수 요소.

신앙의 규칙(rule of faith, 3). 복음의 의미에 관해 초기 교회가 합의한 것. 나중에 차츰 신조와 신앙고백으로 공식화되었다.

규칙(rules, 11). 린드벡이 말하는 계시의 기능. 린드벡의 후기 자유주의에 따르면 계시는 정보를 제공하는 명제나 표현적인 감정이 아니라 교회에서 이루어지는 논의의 규칙으로 간주된다.

러셀 법정(Russell tribunal, 12). 러셀이 개설한 모의법정으로 서구 열강이 베트남에서 전쟁 범죄를 저질렀다고 비판했다.

신성한 교리(sacred doctrine, 4). 아퀴나스가 계시에 근거해 은혜와 구원의 문제를 다루는 학문을 철학과 구별하기 위해 일컬은 명칭.

전설(saga, 10). 오랜 세월에 걸쳐 이어져 온 이야기. 전설은 오류로부터 자유롭지 못하다. 바르트는 성경에 그런 이야기가 포함되어 있다고 믿었다. "신화"를 참조하라.

만족(satisfaction, 4). 안셀무스가 『하나님이 왜 인간이 되셨는가?』에서 속죄의 목적은 훼손된 하나님의 명예를 만족시키는 데(즉 바로 잡는 데) 있다고 주장한 원리.

스콜라주의(scholasticism, 4, 5). 중세 신학을 지배했던 방법. 과거의 신학자들의 저서를 한데 모아놓고, 흔히 제기되는 질문에 대한 그들의 대답을 평가하는 방법. "개신교 스콜라주의"도 종교 개혁 이후의 개신교 신학자들 사이에서 이루어진 비슷한 신학적 접근 방식을 가리킨다.

알베르트 슈바이처(schweitzer, Albert, 8). "철저 종말론"을 참조하라.

과학 혁명(scientific revolution, 12). 기존의 패러다임이 양립 불가능한 새로운 패러다임으로 대체되는 과도기를 가리키는 쿤의 용어.

과학주의(scientism, 9, 12). 자연 과학의 방법만이 진리를 결정하는 최선의(또는 유일한) 방법이라는 견해. 콩트, 퍼스, 논리실증주의자들의 견해를 가리킨다. 현상주의자들과 실존주의자들은 이 방법을 거부한다.

스콥스 재판(scopes trial, 8). 1925년에 존 스콥스라는 교사가 테네시 주의 한 고등학교에서 진화론을 가르쳤다는 이유로 재판을 받은 사건. 당시의 대중 매체는 이 사건을 역으로 홍보해 복음주의 기독교인들에게 심각한 타격을 가했다.

성경주의(scripturalism, 13). 성경의 내용만이 절대적으로 확실한 지식을 제공한다는 고든 클라크의 견해.

이차 성질(secondary qualities, 5). 물리적인 육체가 아닌 사고자의 생각 속에 존재하는 성질(물론 육체는 생각 속에 그런 성질을 떠오르게 하는 기능을 발휘한다). 이차 성질에는 색깔, 맛, 소리, 냄새 등이 포함된다(로크). "일차 성질"과 대조된다.

세속(secular, 1). 거룩하지 않고 속된 것. 때로 "종교"와 대조된다.

세속 신학(secular theology, 10). 속된 것을 긍정적으로 받아들이는 신학(하비 콕스 등).

자기 이해(self-understanding, 10). 자아와 세상에서 자신이 처한 위치를 이해하는 것. 불트만은 성경을 비신화화하면 그것이 실존적인 자기 이해를 촉구하는 내용임을 알 수 있다고 주장했다(실존 철학과 비슷하다).

의미(sense, 프레게, 12). 어떤 표현의 의미를 정의하기 위해 지시체에 더해져야 하는 것.

감각적 경험(sense experience, 5). 보거나 듣는 등, 인간이 외부 세계에 관한 자료를 받아들이는 방식. 때로 "이성"과 대조된다.

감각적인 의식(sensuous consciousness, 8). 절대 의존 감정과 정반대되는 것(슐라이에르마허). 죄에 대한 전통적인 개념과 비슷한 개념이다.

신학 명제집(sentences, 4). 과거의 유명한 신학자들이 다룬 신학적인 문제들과 그 답변들을 모아놓은 모음집. 『예와 아니오』를 참조하라.

어두운 측면(shadowside, 10). 그 자체로 악하지는 않지만 하나님이 세상을 창조하셨을 때 죄와 악의 발생을 가능하게 만들었던 비존재의 한 요소(바르트).

형태 없는 흐름(shapeless stream, 2). 고대 헬라 종교의 근본적인 경험의 저변에 놓인 혼돈(도이베르트). 헬라 철학의 물질적 원리의 전조.

『예와 아니오(*Sic et Non*)』(4). 현재의 문제에 대한 과거의 신학자들의 답변들을 모아 놓은 아벨라르의 저서. 아벨라르는 그런 신학자들의 서로 다른 견해들을 강조했다.

기의(signified, 12). 언어적 상징이 가리키는 생각 속의 개념(소쉬르).

기표(signifier, 12). 어떤 것을 가리키는 생각 속의 개념(소쉬르).

단순한 개념(simple ideas, 5). 감각과 성찰의 과정을 통해서나 감각을 통해 생각 속에 수동적으로 전달되는 개념(로크의 인식론). "복잡한 개념"과 대조된다.

하나님의 단순성(simplicity of God, 3, 4). 하나님은 부분들로 구성되어 있지 않기 때문에 분리될 수 없다는 교리.

죄(sin, 몰트만, 11). 좌절, 주제넘음, 절망.

상황(situation, 1). 세상의 사실들이나 그것들의 일부. 윤리학은 상황을 법칙이나 인격과 구별한다.

상황적 관점(situational perspective, 1). 세상의 사실들이 하나님의 통제 아래 있다는 것을 앎으로써 지각하고 인식하는 방식. "실존적 관점" 및 "규범적 관점"과 연관된다.

아카데미의 회의론(Skeptical Academy, 2). 플라톤이 설립한 "아카데미"의 후기 역사의 한 국면을 가리키는 용어.

회의론(skepticism, 1). 일반적인 주제나 구체적인 주제(예를 들면 하나님)에 대한 지식이 가능하다는 것을 의심하는 것. "불합리주의"와 비슷하다.

노예의 도덕(slave morality, 9). 성공과 힘보다 겸손과 가난을 덕스럽게 생각하는 도덕. 니체는 기독교가 그런 사고를 독려한다고 생각했다.

사회 계약(social contract, 5). 암묵적으로나 역사적으로 특정한 권리들을 존중하기로 사람들끼리 맺는 계약. 정부의 권위가 거기에서 비롯한 것으로 간주된다.

사회적 삼위일체론(social Trinitarianism, 3). 성삼위 하나님과 인간 사회의 유사성을 강조하는 견해. "심리적 삼위일체론"과 대조된다.

사회(societies, 11). 현실적 계기를 하나 이상 포함하는 존재(과정 사상). 그런 존재는 "현실적 계기"의 사회로 간주된다.

육체적 의미(somatic sense, 3). 성경을 문자적으로 해석하는 것을 가리키는 오리게누스의 용어. "정신적 의미" 및 "영적 의미"와 대조된다.

궤변론자(Sophists, 2). 고대 헬라에서 이곳저곳을 유랑하면서 공직자의 자질을 갖추도록 학생들을 훈련하며 일종의 "상대주의" 철학을 가르쳤던 교사들. 소크라테스와 플라톤은 이들을 반대했다.

지식의 관객 모델(spectator model of knowledge, 9). "생각이 자연 밖에서 사실들을 관찰하고, 분석해 스스로를 구축해 나간다."는 존 듀이의 견해.

영역 주권론(sphere sovereignty, 13). 가정, 교회, 국가가 위계적으로 질서를 갖추고 있는 것이 아니라 하나님의 작정에 의해 서로 독특한 영역으로 구별되었다는 카이퍼의 원리. 이것들은 제각기 자신의 영역을 가지고 있고, 다른 영역들을 침범해서는 안 된다.

정신(spirit, 7). 헤겔의 변증법에서 주관적이거나 객관적인 현실보다 한 차원 더 높은 단계를 가리키는 말. 차원이 가장 높은 단계는 "절대 정신"이다.

자연 상태(state of nature, 5). 사회 계약이 체결되기 이전의 인류의 상태(사회계약설). 홉스는 자연 상태를 "만인에 대한 만인의 투쟁"으로, 로크는 상호적인 권리 존중의 원리가 지배하는 질서 있는 사회로 각각 규정했다.

구조주의(structuralism, 12). 소쉬르의 견해를 토대로 인간의 언어와 활동을 생각 속에 존재하는 심층적 언어 구조의 표현으로 간주하려는 레비-스트라우스의 접근방식.

주관적인 관념론(subjective idealism, 5). "관념론"을 참조하라.

주관적인 즉각성(subjective immediacy, 11). 개개의 "현실적 계기"가 지니는 내적 감정과 생각을 가리키는 과정 사상의 용어.

주관적인 정신(subjective spirit, 7). 헤겔의 "정신"을 참조하라.

주관적인 진리(subjective truth, 키에르케고르, 8). 객관적인 불확실성을 가장 큰 내적 열정으로 포용하는 것.

주관적인 전환(subjective turn, 계시의 교리와 관련해서, 8). 듣는 자에게 주관적인 인상을 부여하지 않으면 계시가 존재하지 않는다는 자유주의 신학의 견해.

주관주의(subjectivism, 1). 내적 감정이나 경험이 인간의 지식과 선택에서 가장 중요한 비중을 차지한다는 견해. "경험주의", "주지주의", "주의주의"와 대조된다.

지식의 주체(subject of knowledge, 1). 무엇을 알고 있거나 알기를 원하는 사람. "지식의 객체"와 대조된다.

주체(subjects, 도이베르트, 13). 특정한 법적 영역에 속한 것들이 하위 법적 영역에 있는 것들과 관계를 맺을 때 주어지는 명칭(도이베르트). 특정한 법적 영역에 속한 것들은 자기보다 하위 영역의 것들에 대해서는 주체가 되고, 자기보다 상위 영역의 것들에 대해서는 "객체"가 된다.

종속설(subordinationism, 3). 성자와 성령이 성부보다 열등한 존재라는 견해.

실체(substance, 2, 4, 5). 형상과 질료로 구성된 구체적인 물체(아리스토텔레스, 아퀴나스). 하나님은 예외다. 왜냐하면 그분은 실체이지만 질료로 이루어져 있지 않으시기 때문이다. "우연적 존재"와 대조된다. 계몽주의 시대(1650-1800)의 사상가들은 실체를 "그 자체로 존재하며 스스로를 통해 생각되는 것"으로 간주했다(스피노자). 데카르트와 로크를 비롯한 사상가들은 "물질적 실체"와 "정신적 실체"를 구별했다.

최고선(summum bonum, 1). "summum bonum"는 라틴어이다. "쾌락주의"를 참조하라.

여분의 공로(supererogation, 4). 율법이 요구하는 것 이상을 실천하는 원리.

초시간적인 인간의 마음(supertemporal heart, 13). 시간과 관련된 인간의 내적 핵심(도이베르트). 인간이 영원하신 하나님을 알 수 있다면 그것은 곧 인간의 마음이 어떤 점에서 영원성을 지닌다는 것을 의미한다.

초자연주의(supernnaturalism, 10). 이성의 깊이를 초자연적인 존재들과 혼동하는 부적절한 신학적 방법(틸리히).

최상의 모나드(supreme monad, 5). 신을 일컫는 라이프니츠의 용어.

표면적 구조(surface structure, 12). 언어와 인간 행위의 명백한 구조 그 이면에 있는 "심층적 구

은혜(sweetness, 6). 하나님의 진리를 인식했을 때 느껴지는 감정적인 즐거움. 조나단 에드워즈는 이 감정의 중요성을 강조했다.

궤도 이탈(swerve, 2). 원자들의 우연적인 경로(에피쿠로스). 에피쿠로스는 원자들이 하강하면서 제멋대로 궤도를 이탈해 서로 부딪쳐 물체를 형성한다고 믿었다.

상징(symbols, 10). 틸리히는 기호와 상징을 구별했다. 상징은 그것이 가리키는 현실에 참여하는 개념이나 언어를 가리킨다.

공시적인(synchronic, 12). 언어의 현재적 용도에 초점을 맞춰 언어를 분석하는 것(소쉬르). "통시적인"과 대조된다.

통합(synthesis, 프레임, 3). 오리게누스나 아퀴나스처럼 기독교 신학을 비기독교 철학의 형태와 통합하려는 시도. 이런 시도는 종종 이단 사상으로 치우쳐 개혁과 확립을 요구하곤 했다.

합(synthesis, 헤겔, 7). "변증법"을 참조하라.

통합(synthesis, 오리게누스, 3). 하나님의 행위를 보고 그분을 이해하는 것. 아퀴나스가 제시한 인과성의 방법과 비슷하다. "분석"과 대조된다.

종합적인(synthetic, 5). 술어의 의미가 주어의 의무에 포함되어 있지 않은 문장을 일컫는 표현. "분석적인"과 대조된다.

선험적 종합 판단(synthetic a priori, 7). 경험과 상관없이 사실로 아는 문장. "분석적"이 아니다.

백지(tabula rasa, 5). 감각적인 경험과 무관한 인간 정신의 본질을 가리키는 로크의 용어.

동의반복(tautology, 12). "독신 남자는 결혼하지 않은 남자다."와 같이 술어가 주어 안에 포함되어 있기 때문에 (분석적으로) 사실일 수밖에 없는 문장. 논리실증주의는 이것을 "모순" 및 "경험적 명제"와 대조했다.

목적론적 논증(teleological argument, 4). 아퀴나스의 신 존재 증명 가운데 다섯 번째 논증. 지성이 없는 존재들이 목적을 위해 행동한다면 지성적인 존재가 그렇게 하도록 의도한 것이 틀림없고, 그 존재는 바로 하나님이라는 논증. "존재론적 논증", "우주론적 논증", "세상의 우연성을 통한 증명"과 대조된다.

윤리적인 것의 목적론적 중지(teleological suspension of the ethical, 8). 하나님이 아브라함에게 아들 이삭을 희생 제물로 바치라고 명령하신 것에 대한 키에르케고르의 이해. 하나님은 하나의 분명한 목적을 위해 자신의 율법을 일시적으로 중단하셨다.

목적론적 윤리설(teleologism, 1). 인간의 가장 큰 행복이나 쾌락의 본질을 규명하고, 그것을 이루는 수단을 제시하는 것이 윤리학의 기능이라는 견해. "법칙주의" 및 "실존주의"와 대조된다.

목적론(teleology, 1). 어떤 것의 목적에 속한 것.

유신론(theism, 1). 어떤 식으로든 신이 존재한다는 견해. 기독교, 범신론, 이신론을 비롯해 다양한 철학과 종교에 따라 신에 대한 개념이 제각기 다르다.

신정론(theodicy, 3). 특히 고난의 문제를 다룰 때 하나님의 정당성을 옹호하는 이론.

신학(theology, 1, 4, 11). 삶의 모든 영역에 하나님의 말씀을 적용하는 것(프레임). 철학의 방법론과 "신성한 교리"를 결합시켜 하나님에 관해 연구하는 학문(아퀴나스). 프락시스를 통해 프락시스를 비평적으로 성찰하는 것(구티에레스).

말씀의 신학(theology of the word, 10). 바르트와 브룬너를 비롯한 신학자들의 신학 운동을 일컫는 용어.

신율(theonomy, 10). 자율적인 이성이 스스로의 깊이와 결합된 상태(틸리히). "자율" 및 "타율"과 연관된다.

이론적인 진술(theoretical statements, 12). "관찰적인 진술"의 진실성에 의존할 수밖에 없는 과학 이론의 공식(논리실증주의).

치유(therapeutic, 12). 철학의 과제는 과학이 다룰 수 없는 사실들을 발견하는 것이 아니라 과거의 철학에서 비롯된 혼돈과 오해를 바로 잡는 것이라는 후기 비트겐슈타인의 견해.

정(thesis, 7). 헤겔의 "변증법"을 참조하라.

생각하는 갈대(thinking reed, 6). 인간을 묘사한 파스칼의 표현. 그는 『팡세』에서 인간은 바람에 휘날리는 갈대와 같이 연약한 존재이지만 자신의 환경을 이해하고 추론할 수 있기 때문에 또한 위대하다는 의미를 담고 있다.

제3의 인간(third man, 2). 플라톤의 철학이 안고 있는 문제. 모든 것의 형상이 존재한다면 형상의 형상도 존재해야 마땅하고, 또한 그런 식의 관계가 무한정 계속되어야 하지 않겠는가?

제3의 탐구(third quest, 10). 라이트와 같은 학자들이 리츨 신학과 불트만의 제자들이 탐구했던 것과 같은 식으로 예수님의 생애를 탐구하는 신학적 동향을 일컫는 말. "새로운 탐구"와 연관된다.

개체성(thisness, 2). 동일한 형상을 지닌 두 가지 물체를 구별하는 것, 즉 질료. "본질"과 대조된다.

계시의 세 가지 형태(three forms of revelation, 바르트, 10). 그리스도, 성경, 말씀 선포.

던져짐(thrownness, 9). 다자인의 속성을 묘사한 하이데거의 용어. 다자인은 스스로 선택하지 않은 현실 속에 내던져진 자신의 존재를 발견한다.

작은 지각들(tiny perceptions, 5). 개개의 모나드가 멀리 떨어져 있는 다른 모나드들을 인지하는 방식(라이프니츠).

집어서 읽어라(tolle lege, 3). 아우구스티누스의 회심 이야기에 나오는 내용. 그는 어린아이들이 그렇게 말하는 소리를 듣고, 성경을 펼쳐 로마서 13장을 읽었다.

전통적인 방법(traditional method, 13). 아퀴나스와 버틀러와 같은 사람들의 변증 방식을 일컫는 반틸의 표현. 그는 그런 방식을 거부했다. 반틸은 그런 사상가들과 그런 전통을 따르는 사람들이 세상에 있는 것들에 대한 불신자들의 이해를 고려하는 것에서 시작해 그런 이해를 바탕으로 하나님의 존재와 성경의 진리를 입증하려고 시도했다고 생각했다.

영혼 출생설(traducianism, 3). 인간의 영혼이 하나님에 의해 특별하게 창조되지 않고 부모에게서 파생되었다고 믿는 견해. "영혼 창조론"과 대조된다. 테르툴리아누스는 영혼 출생설을 믿었다.

(성경적인) 초월(transcendence, 1). 피조 세계에 대한 하나님의 통제와 권위를 인정하는 초월. 성경적인 "내재"와 연관된다.

초월(transcendence, 야스퍼스, 9). 야스퍼스는 초월을 유한성의 반대로 생각했다. 나의 한계를 의식하는 순간, 초월, 또는 하나님을 이해하기에 이른다는 것.

(비성경적인) 초월(transcendence, 1). 하나님이 세상을 온전히 초월해 계시기 때문에 그분을 알 수 없다는 견해. 하나님의 임재를 부인한다. (비성경적인) "하나님의 임재"와 연관된다.

초월적 감성(transcendental aesthetic, 7). 첫 번째 정신적 과정(칸트). 생각이 이 과정을 통해 경험을 조직화한다. 이 단계에서 생각의 모든 자료가 시공간적으로 배열된다. "초월적 분석", "통각의 초월적 통합", "초월적 변증"과 연관된다.

초월적 분석(transcendental analytic, 7). 두 번째 정신적 과정(칸트). 생각은 이 과정을 통해 경험을 조직화한다(즉 생각을 통해 경험이 "오성의 다양한 범주들"로 분류된다. 예를 들면 일체성, 복수성, 인과성 등). 이런 범주들을 통해 지성이 분석할 수 있는 판단의 유형들이 형성된다. "초월적 감성", "통각의 초월적 통합", "초월적 변증"과 연관된다.

초월적 논증(transcendental argument, 7, 13). 의미 있는 사고의 궁극적인 전제를 제시하는 논증(칸트와 반틸).

초월적 변증(transcendental dialectic, 7). 초월적 과정으로부터 경험을 초월한 이상적인 현실들의 존재를 추론하려는 정신적 시도(칸트). 이것은 참된 현실(구성적인 용도)을 찾으려고 시도하는 순간 오류를 저지르지만 실천적인 결정(규제적인 용도)을 내리는 데 도움을 준다는 점에서 유익하다. "초월적 감성", "초월적 분석", "통각의 초월적 통합"과 연관된다.

초월적 방법(transcendental method, 7). 이성적인 사고를 가능하게 만드는 조건들을 규명하려는 칸트의 철학적 방법. 반틸도 이 방법을 채택했다.

통각의 초월적 통합(transcendental unity of the apperception, 7). 경험을 통합하는 세 번째 과정(칸트). 다시 말해 의식 속으로 경험을 통합해 그것을 인식하게 하는 과정을 가리킨다. "초월적 감성", "초월적 분석", "초월적 변증"과 연관된다.

과도기(transition, 과정 사상, 11). 현실적 계기들 사이에서 일어나는 두 가지 유형의 "과정" 가운데 하나. 다른 하나는 "합생"이다. 과도기는 하나의 현실적 계기가 소멸하고 나서 다른 현실적 계기로 전이하는 과정, 곧 그것을 대체하고 파악하는 과정을 가리킨다.

모든 가치의 재평가(transvaluation of all values, 9). 니체의 철학적 목표. 그는 기독교의 가치들과 전통적인 윤리학을 뒤엎고 힘의 윤리학을 내세워 "권력에의 의지"를 확증하는 것을 자신의 목표로 세웠다.

신성의 세 위격(tripersonality, 1). 하나님이 비인격적인 존재가 아닌 인격적인 존재이며, 한 분 안에 세 위격(성부, 성자, 성령)으로 존재하신다는 개념.

에른스트 트뢸치(Troeltsch, Ernst, 8). 레싱이 예고했던 "역사적 상대주의", 곧 성경의 시대와 우리의 시대는 역사, 문화적으로 거리가 너무 멀기 때문에 성경을 우리를 위한 신앙과 삶의 규칙으로 삼을 수 없다는 견해를 제시했다.

참된 개별자(true individuals, 11). "현실적 계기"를 가리키는 과정 사상의 용어. "잘못된 구체성의 오류"를 참조하라.

신뢰(trust, 13). 전통적인 개혁주의가 제시한 믿음의 세 가지 요소 가운데 하나. 나머지 두 가지는 "지식"과 "동의"다. 고든 클라크는 이 요소들을 동의 하나로 축소할 수 있다고 생각했다.

진리(truth, 1). 1) 형이상학적인 진리: "절대적이거나" 온전한 것. 2) 인식론적인 진리: 존재하는 것을 나타내는 말이나 생각. 3) 윤리적인 진리: 당위적인 행동 방식을 지배하는 원리.

두 시대(two ages, 10). "구속사" 학자들이 말하는 역사의 구조. 그들은 성경을 근거로 "이 시대"와 "장차 올 시대"로 구분했고, 신약 시대에는 "장차 올 시대"가 예수님을 통해 이미 시작되었기 때문에 두 시대가 서로 겹친다고 주장했다.

투이즘(Twoism, 1). 우주의 이중적인 본성(창조주와 피조물)을 일컫는 피터 존스의 표현. "원이즘" 및 "일원론"과 대조된다.

두 종류의 사람들(two kinds of people, 13). 사회에서 함께 살아가는 거듭난 사람들과 그렇지 않은 사람들을 구별하는 카이퍼의 용어. "두 종류의 과학"을 참조하라.

두 종류의 과학(two kinds of science, 13). 거듭난 사람들과 그렇지 않은 사람들이 연구하는 과학의 종류를 구별하는 카이퍼의 용어. 그는 거듭난 사람과 그렇지 않은 사람이라는 두 종류의 사람들이 존재하기 때문에 과학도 그 두 그룹의 세계관을 제각각 반영한다고 결론지었다.

판단의 유형(types of judgments, 7). "초월적 분석론"을 참조하라.

초인(Übermensch, 9). 평범한 사람들을 능가하는 탁월한 자질과 존중받을 가치를 소유한 사람(니체).

편재(ubiquitous, 5). (그리스도의 인성에 관한 루터의 견해에서처럼) 모든 곳에 존재한다는 의미.

궁극적인 관심(ultimate concern, 10). 신앙에 관한 틸리히의 정의.

이해(understanding, 2). 상대적으로 깊이가 있는 지식. 플라톤은 이해를 추측이나 믿음보다는 우월하고, 직관보다는 열등한 지식으로 간주했다.

보편적인(universal, 7). 모든 사람과 모든 것에 속했다는 의미. 예를 들어 칸트는 윤리적인 원리들은 동일한 상황에서 동일한 방식으로 모든 사람에게 적용된다고 생각했다.

보편 구원(universalism, 10). 궁극적으로 모든 사람이 구원받을 것이라는 견해.

보편자(universals, 1, 4). 많은 물체의 보편적인 속성. "개별자"와 대조된다.

구원의 보편적 성례(universal sacrament of salvation, 11). 교회는 미래 사회를 향한 공동체라는 구티에레스의 개념. "콘스탄티누스적인 모델"과 대조된다.

한 가지 뜻밖에 없는(univocal, 4). 정확히 동일한 의미로 사용되는 언어. "두 가지 뜻 이상의"와 "유비적인"과 대조된다.

가치 판단(value judgment, 8). 역사적인 사실 자체가 아닌 우리 자신이 부여하는 가치에 근거해 신학을 수립하는 것(리츨).

가치 이론(value theory, 1). 도덕적인 가치와 심미적인 가치를 비롯해 여러 종류의 가치를 탐구하는 철학의 한 분야. "형이상학" 및 "인식론"과 연관된다.

반틸과 클라크의 논쟁(Van Til–Clark controversy, 13). 1940년대에 정통 장로교회 내에서 일어난 논쟁. 클라크는 하나님과 인간이 때로 동일한 생각을 공유할 수 있다고 주장했고, 반틸은 그런 생각을 거부했다. 이런 견해의 차이와 이 두 사상가와 관련된 다른 여러 가지 문제로 인해 논쟁이 가열되었다.

검증 원리(verification principle, 12). 자연 과학의 방법에 의해 검증되거나 반박할 수 없는 진술은 인식적으로 의미가 없다는 논리실증주의의 원리.

부정의 길(via negativa, 3, 4). 어떤 것의 본질보다는 그 본질이 아닌 것을 파악함으로써 그것에 대한 지식을 습득하는 방식(특히 하나님에 관한 지식). 오리게누스의 "분석"과 유사하다. 디오니시우스와 아퀴나스는 이 방식을 중요시했다.

의지론(voluntarism, 1, 4). 의지가 지성과 감정을 지배한다는 견해. "주지주의" 및 "주관주의"와 대조된다.

기독교의 취약점(vulnerability of Christianity, 판넨베르크, 11). 기독교가 사실적인 탐구에 의해 논박당하기 쉽다는 개념.

근거(warrant, 1, 13). 단순한 신념을 지식으로 인정하게 만드는 증거(인식론). 앨빈 플랜팅가는 "정당화"라는 용어보다 이 용어를 더 선호했다. "진리" 및 "신념"과 연관된다.

시계 제조자 예화(watchmaker illustration, 6). 팔리가 설명한 "목적론적 논증." 해변에서 시계를 발견한다면 그것을 만든 제조자가 있다는 것을 알 수 있는 것처럼 세상도 마찬가지라는 논리.

믿음의 길(way of belief, 2). 파르메니데스가 자신이 강조했던 철학과는 다른 철학을 묘사할 때 사용한 용어. "진리의 길"과 대조된다.

인과성의 길(way of causality, 4). 세상에 나타난 결과들을 통해 하나님을 아는 방식. 아퀴나스는 이 방식을 "탁월함의 길" 및 "제거의 길"과 구별했다.

탁월함의 길(way of eminence, 4). 하나님께 우리가 경험하는 모든 선한 속성들의 가장 완전한 속성을 부여함으로써 그분을 아는 방식. 아퀴나스는 이 방식을 "인과성의 길" 및 "제거의 길"과 구별했다.

제거의 길(way of remotion, 4). 하나님께 부적합해 보이는 것을 모두 제거함으로써 그분을 아는 방식. 아퀴나스는 이 방식을 "인과성의 길" 및 "탁월함의 길"과 구별했다. "부정의 길" 및 오리게누스의 "분석"과 동일한 방식이다.

진리의 길(way of truth, 2). 파르메니데스가 자신의 철학을 묘사한 용어. "믿음의 길"과 대조된다.

요한네스 바이스(Weiss, Johannes, 8). "철저 종말론"을 참조하라.

본질(Whatness, 아리스토텔레스, 2). 어떤 것의 본질을 결정하는 형상. "개체성"과 대조된다.

절대 타자, 온전히 감추어진(wholly other, wholly hidden, 10). 신학자들이 하나님의 초월을 묘사하기 위해 사용하는 표현(프레임은 이런 표현이 그다지 적절하지 못하다고 생각한다). 이런 표현들은 대개 하나님이 우리와 너무 멀리 계시기 때문에 그분을 알거나 그분에 대해 말할 수 없다는 의미를 담고 있다.

온전히 나타난(wholly revealed, 10). 남김없이 인간에게 모두 알려졌다는 의미. 바르트는 하나님이 온전히 감추어졌을 뿐 아니라 또한 온전히 나타나셨다고 말했다. 이 역설이 그의 변증 신학의 근본적인 특성을 규정한다. 바르트는 하나님이 그리스도 안에서 온전히 나타나셨다고 말했다. 그는 그리스도의 계시에는 초월하는 감추어진 신적 본성이나 은밀한 뜻은 존재하지 않는다고 생각했다.

의지(will, 4, 7). 행동 방식을 결정하는 인간의 능력. 쇼펜하우어는 의지를 표상으로서의 세상의 배후에 숨어 있는 어두운 혼돈으로 생각했다.

믿으려는 의지(will to believe, 9). 인식론적 결론에 대한 인간의 자발적인 선택. 윌리엄 제임스는 신념의 선택이 강요될 때(곧 그렇지 않으면 아무것도 결정할 수 없을 때)는 우리를 가장 유익하게 하는 신념을 선택할 수 있다고 가르쳤다. 여기에는 "파스칼의 내기 이론"을 옹호하는 의미가 담겨 있다.

권력에의 의지(will to power, 9). 인간의 근본적인 충동은 이성적인 진리가 아닌 세상과 다른 사람들을 지배하는 힘이라는 니체의 개념.

지혜(wisdom, 1, 2). 한층 강화된 지식의 형태. 좀 더 깊이 있는 이해와 지식의 실천적인 용도를 추구한다.

지혜 문학(wisdom literature, 1, 2). 많은 자료로부터 지혜로운 말들을 수집해서 만든 고대 세계의 문학적 장르.

소원의 투사(wish-projection, 7). 포이어바흐, 마르크스, 프로이트가 말한 종교의 본질. 아무 증거 없이 사실이기를 바라는 마음으로 어떤 것을 믿는다는 개념.

국가의 소멸(Withering of the state, 7). 혁명과 "프롤레타리아트 독재"의 필연적인 결과(마르크스의 종말론). 사람들이 이익을 추구하려는 동기 없이 일하는 법을 배우게 되면 국가는 더 이상 필요하지 않다는 논리.

볼펜부텔 단편(Wolfenbüttel Fragment, 6). 레싱이 자신이 공부했던 도서관에서 발견했다고 주장하는 자유주의 성경학자 라이마루의 저서들을 가리키는 말.

성년이 된 세상(world come of age, 10). 세상이 세속화되어 현대 문화가 임시방편으로 더 이상 하나님을 필요로 하지 않게 되었다는 개념.

세계의 영혼(world soul, 2). 영혼이 육체와 관련을 맺고 있는 것처럼 세상과 관련을 맺고 있는 원리를 가리키는 말(플로티누스, 스토아 학파 등).

세계관(worldview, 1). 현실을 전체적으로 바라보는 관점.

열심당(Zealots, 11). 폭력적인 수단으로 로마의 압제자들을 물리치려고 힘썼던 유대의 당파. 구티에레스는 그들의 가르침 가운데는 예수님이 동의하신 것도 있고, 그렇지 않은 것도 있었다고 말했다.

제로섬(zero-sum, 7). 소유주와 노동자에 관한 마르크스의 견해에서처럼 한쪽에서 유익이 발생하면 다른 한쪽에서는 손실이 발생한다는 개념.

설명을 곁들인 철학 참고 문헌

학생들에게 유익하다고 생각되는 철학 도서들을 그 특징적인 내용과 접근 방식을 간략하게 설명해 소개하면 다음과 같다.

Allen, Diogenes, *Philosophy for Understanding Theology* (Atlanta: John Knox Press, 1985). 앨런은 다양한 철학자들의 사상을 분석해 그들의 저서들이 기독교 신학의 관심과 어떻게 관련되어 있는지를 보여준다.

Allen, Diogenes, and Eric O. Springsted, *Primary Readings in Philosophy for Understanding Theology* (Louisville, KY: Westminster John Knox Press, 1992). 간단한 소개말과 함께 일차 자료를 읽을 수 있다. 앞서 소개한 책의 자매편이다.

Audi, Robert, ed., *The Cambridge Dictionary of Philosophy* (Cambridge: Cambridge Univrsity Press, 1995). 철학자들과 여러 사상 운동을 다룬 책.

Bartholomew, Craig G., and Michael W. Goheen, *Christian Philosophy: A Systematic and Narrative Introduction* (Grand Rapids: Baker, 2013). 현대의 기독교 철학에 강조점을 두고 철학의 역사를 분석한 책이다. 바르돌로뮤와 고힌은 이 책 13장에서 간단하게 논의한 바 있는 헤르만 도이베르트의 기독교 철학에 지대한 영향을 받았다.

Brown, Colin, *Philosophy and the Christian Faith* (Downers Grove, IL: InterVarsity Press, 1968). 기독교의 관점에서 쓰인 탁월한 교재다. 브라운은 "이 책의 목적은 지난 천 년 동안의 서구 사상을 이끈 중요한 사상가들과 다양한 지성 운동을 개괄하면서 그것들이 기독교 신앙에 어떻게 영향을 미쳤는지를 밝히는 데 있다."라고 말했다. 그가 기독교 신앙에 중요한 영향을 미친 탈레스에서부터 플로티누스에 이르는 사상가들을 다루지 못한 이유는 지난 천 년으로 시기를 한정했기 때문인 것으로 보인다. 이 책은 철학자들은 물론 현대의 신학자들도 함께 다룬다.

_____, *Christianity and Western Thought: A History of Philosophers, Ideas, and Movements from the Ancient World to the Age of Enlightenment* (Downers Grove, IL: InterVarsity Press, 2010).

Clark, Gordon H., *Thales to Dewey: A History of Philosophy* (Boston: Houghton Mifflin,

1957). 클라크는 성경의 무오성을 옹호했던 개혁주의 기독교 철학자다. 그는 논리와 이성을 좀 더 중요시하라고 촉구했다. 이 책 13장을 참조하라. 클라크의 책은 철학의 분야 가운데 특별히 인식론에 좀 더 초점을 맞춘다. 그의 책은 기독교 변증학도 아울러 포함한다. 그러나 그 논리는 상당히 미묘하다.

Clifford, W. K., *The Ethics of Belief and Other Essays* (New York: Prometheus Books, 1999).

Copleston, Frederick C., *A History of Philosophy*, 9 vols (Garden City, NY: Image Books, 1962-65). 로마 가톨릭교회의 사제이자 학자가 저술한 아홉 권짜리 철학사다.

Edwards, Paul, ed., *The Encyclopedia of Philosophy* (New York: Macmillan/Free Press, 1967). 철학적인 문제들과 사상 운동과 사상가들에 대해 전문적인 지식을 갖춘 학자가 여러 학자들의 논문을 모아 펴낸 여덟 권짜리 책이다(나중에는 네 권으로 출판되었다). 처음 출판했을 당시와 마찬가지로 상당한 권위를 지닌 책이다. 저자들은 대부분 세속적인 관점에서 주제들을 다루었다.

Hicks, Peter, *The Journey So Far: Philosophy through the Ages* (Grand Rapids: Zondervan, 2003). 철학의 역사를 기독교 사상과 철학 학파들 간의 대화로 풀어낸 책이다.

Hoffecker, W. Andrew, ed., *Revolutions in Worldview: Understanding the Flow of Western Thought* (Phillipsburg, NJ: P&R Publishing, 2007). 기독교 사상이 지성사의 발전에 대응해 온 역사를 대체적으로 훌륭하게 논의한 논문들로 구성되어 있다.

Holmes, Arthur, *Philosophy: A Christian Perspective* (Downers Grove, IL: InterVarsity Press, 1975).

Kenny, Anthony, *A New History of Western Philosophy* (New York: Oxford University Press, 2010). 비기독교 사상가인 케니는 그 나름대로 저명한 철학자로 알려져 있다.

Moreland, J. P., and William Lane Craig, *Philosophical Foundations for a Christian Worldview* (Downers Grove, IL: InterVarsity Press, 2003). 철학의 문제들을 기독교의 관점에서 철저하게 논의하고 있는 부피 있는 책이다.

Nash, Ronald H., *Life's Ultimate Questions: An Introduction to Philosophy* (Grand Rapids: Zondervan, 1999). 중요한 철학적 문제들과 중요한 철학 사상가들을 기독교적인 관점에서 설명하는 책이다.

Naugle, David K., *Philosophy: A Student's Guide* (Wheaton, IL: Crossway, 2012). 철학의 문제들을 기독교의 관점에서 주제별로 간단하게 논한 책이다(서론, 형이상학, 철학적 인간론 등).

Palmer, Donald, *Looking at Philosophy: The Unbearable Heaviness of Philosophy Made Lighter* (new York: McGraw-Hill, 2010). 흥미롭고 재치 넘치는 문체로 삽화를 곁들여 철학의 역사를 정확하게 서술하고 있다. 나는 이 책을 내가 가르치는 신학교에서 철학사 교재로 종종 사용해 왔다.

Schaeffer, Francis A., *How Shall We Then Live?* (Wheaton, IL: Crossway, 2005). 쉐퍼는 전문

적인 학자라기보다는 복음전도자다. 그러나 그는 문화와 철학의 역사를 종종 언급하면서 전제
론적인 변증학을 대중화시키는 데 기여했다. 그의 저서를 통해 기독교 신앙을 갖게 된 사람이
많다. 그는 많은 책을 저술했지만 이 책은 그가 철학사를 어떻게 활용했는지를 요약적으로 잘
보여준다.

Sire, James W., *Habits of the Mind* (Downers Grove, IL: InterVarsity Press, 2000).

_____, *The Universe Next Door: A Basic World View Catalogue* (Downers Grove, IL: InterVarsity Press, 1975). 사이어는 많은 사람에게 영향을 미쳐 기독교 신앙을 다른 세계관들과 경쟁 관계에 있는 또 하나의 세계관으로 생각하도록 이끌었다.

Stumpf, Samuel Enoch, and James Fieser, *Socrates to Sartre and Beyond: A History of Philosophy* (Boston: McGraw-Hill, 2003). 명확하고 상세할 뿐 아니라 난해한 문제들을 종종 다룬다. 이 책은 나중에 다음의 책에 포함되어 일차 자료들과 함께 출판되었다. *Philosophy: History and Readings* (New York: McGraw-Hill, 2011).

Tarnas, Richard, *The Passion of the Western Mind: Understanding the Ideas That Have Shaped Our World* (NY: Ballantine Books, 1993). 이 서양 철학사는 나의 서양 철학사와 비슷하지만 자율적인 이성과 감정을 중시하는 세속적인 관점에서 쓰였다. 비기독교인 사상가들은 이 책을 매우 높이 평가한다.

Thilly, Frank, and Ledger Wood, *A History of Philosophy* (New York: Henry Holt, 1957). 내가 처음 철학사를 배웠던 프린스턴대학교에서 사용된 교재다. 주제 선택이 탁월하고 체계가 잘 잡혀 있으며 매우 포괄적이고 명확하게 쓰인 책이다.

Van Til, Cornelius, *A Survey of Christian Epistemology* (Philadelphia: Den Dulk Foundation, 1969). 반틸의 책은 이 책에 많은 영향을 미쳤다. 그는 자신의 책들에서 철학자들과 철학적 문제들을 자주 다루었다. 그러나 그 가운데 철학의 역사를 체계적으로 다룬 책은 몇 권 안 된다. 『변증학의 형이상학(*Metaphysics of Apologetics*)』이라는 책을 개정한 이 책은 그 중에 하나다. 이 책은 플라톤과 그가 후대의 역사에 미친 영향을 폭넓게 다룬다.

_____, *Who Do You Say That I Am?* (Nutley, NJ: Presbyterian and Reformed, 1975). 이 책은 앞의 책보다 길이가 훨씬 짧다. 이 책은 비기독교 철학 사상에 대한 반틸의 비판을 요점적으로 잘 보여주고 있으며, 크게 세 항목으로 나뉘어 책의 제목으로 정한 질문에 대한 고대와 중세와 현대의 답변을 각각 다루고 있다.

Wolterstorff, Nicholas, *Reason within the Bounds of Religion*, 2nd ed. (Grand Rapids: Eerdmans, 1984). 칸트가 저술한 책의 제목을 역으로 뒤집었다. 기독교 사상의 본질을 밝힌 매우 중요한 책이다. 나는 볼터스토프를 이 책 13장에서 간단하게 논의한 바 있다.

일반 참고 문헌

PRINT RESOURCES

Abel, Donald C., ed. *Fifty Readings in Philosophy*. New York: McGraw-hill, 2011.

Abel, Donald C., and Eric O. Springsted. *Primary Readings in Philosophy for Understanding Theology*. Louisville, KY: Westminster John Knox Press, 1992.

Abelard, Peter. *Abelard & Heloise: The Letters and Other Writings*. Edited by William Levitan. Indianapolis: Hackett Publishing, 2007.

Achinstein, Peter, and Stephen F. Barker, eds. *The Legacy of Logical Positivism*. Baltimore: Johns Hopkins Press, 1969.

Adams, Karl. "Die Theologie der Krises." *Das Hochland* 23 (June 1926): 276-77.

Alexander, Samuel. *Space, Time, and Deity*. New York: Macmillan, 1920.

Allen, Diogenes. *Philosophy for Understanding Theology*. Atlanta: John Knox Press, 1985.

Allen, Diogenes, and Eric O. Springsted. *Primary Readings in Philosophy for Understanding Theology*. Louisville, KY: Westminster John Knox Press, 1992.

Alston, William. *Perceiving God: The Epistemology of Religious Experience*. Ithaca, NY: Cornell University Press, 1991.

_____. *Perceiving God: The Epistemology of Religious Experience*. Ithaca, NY: Cornell University Press, 1993.

Altizer, Thomas J. J. *The New Gospel of Christian Atheism*. Aurora, CO: Davies Group, 2002.

Anderson, James. *Paradox in Christian Theology*. Eugene, OR: Wipf and Stock, 2007.

_____. *What's Your Worldview? An Interactive Approach to Life's Big Questions*. Wheaton, IL: Crossway, 2014.

Anderson, James N., and Greg Welty. "The Lord of Non-Contradiction: An Argument for God from Logic." *Philosophia Christi* 13, 2 (2011): 321-38. http://goo.gl/5Xn0w.

Anscombe, G. E. M. *The Collected Philosophical Papers of G. E. M. Anscombe*. Vol. 1, *From Parmenides to Wittgenstein*. Oxford: Blackwell, 1981.

_____. *The Collected Philosophical Papers of G. E. M. Anscombe*. Vol. 2, *Metaphysics and the Philosophy of Mind*. Minneapolis: University of Minnesota Press, 1981.

_____. *The Collected Philosophical Papers of G. E. M. Anscombe*. Vol. 2, *Metaphysics and the Philosophy of Mind*. Oxford: Blackwell, 1981.

_____. *The Collected Philosophical Papers of G. E. M. Anscombe*. Vol. 3, *Ethics, Religion, and Politics*. Oxford: Blackwell, 1981.

Anselm of Canterbury. *St. Anselm: Basic Writings*. Edited by S. N. Deane. La Salle, IL: Open Court, 1962.

_____. *St. Anselm's Basic Writings*. Edited by S. n. Deane. Chicago: Open Court, 1998.

Aquinas, Thomas. *Summa Theologiae: Complete Set Latin-English Edition*. Rochester, NY: Aquinas Institute, 2012.

_____. *Summa Theologica*. In *Introduction to St. Thomas Aquinas*, edited by Anton C. Pegis. New York: Modern Library, 1948.

Aristole. *The Basic Works of Aristotle*. Edited by Richard McKeon. New York: Random House, 1941.

Audi, Robert, ed. *The Cambridge Dictionary of Philosophy*. Cambridge: Cambridge University Press, 1995.

Austin, J. L. *How to Do Things with Words*. Cambridge, MA: Harvard University Press, 1975.

_____. *How to Do Things with Words*. Oxford: Oxford University Press, 1976.

_____. *Philosophical Papers*. Oxford: Clarendon, 1990.

_____. *Sense and Sensibilia*. Oxford: Oxford University Press, 1962.

Ayer, A. J. *Language, Truth and Logic*. London: Gollancz, 1936.

_____. *Language, Truth and Logic*. New York: Dover, 1946.

_____. *Language, Truth and Logic*. New York: Dover, 1952.

_____. *Logical Positivism*. Glencoe, IL: Free Press, 1959.

_____. *Philosophy in the Twentieth Century*. New York: Random House, 1984.

Bahnsen, Greg L. "A Conditional Resolution of the Apparent Paradox of Self-Deception." Ph. D. diss., University of Southern California, 1978.

_____. *Always Ready*. Atlanta: American Vision, 1996.

_____. *Presuppositional Apologetics*. Atlanta: American Vision, 2008.

_____. *Van Til's Apologetic*. Phillipsburg, NJ: P&R Publishing, 1998.

Baber, John. *The Road from Eden: Studies in Christianity and Culture*. Lakeland, FL: Whitefield Media Publications, 2008.

Barnes, Jonathan, ed. *The Complete Works of Aristotle*. Princeton, NJ: Princeton University Press, 1984.

Barr, James. *The Semantics of Biblical Language*. London: Oxford University Press, 1961.

Barth, Karl. *Anselm: Fides Quaerens Intellectum*. Richmond, VA: John Knox Press, 1960.

_____. *Anselm: Fides Quaerens Intellectum*. Eugene, OR: Wipf and Stock, 1975.

_____. *Church Dogmatics*. New York: Charles Scribner's Sons, 1936.

_____. *Church Dogmatics*. Edinburgh: T&T Clark, 2004.

_____. *Church Dogmatics: A Selection*. Edited by Helmut Gollwitzer. Louisbille, KY: Westminster John Knox Press, 1994.

_____. *The Doctrine of God*. Vol. 2 of *Church Dogmatics*. Edited by G. W. Bromiley and T. F. Torrance. Translated by T. H. L. Parker, W. B. Johnston, H. Knight, and J. L. M. Haire. New York: Scribner, 1957.

_____. *The Doctrine of the Word of God*. Vol. 1 of *Church Dogmatics*. Edited by G. W. Bromiley and T. F. Torrance. Translated by G. T. Thomson. New York: Scribner, 1936.

_____. *The Doctrine of the Word of God*. Vol. 1 of *Church Dogmatics*. Edited by G. W. Bromiley and T. F. Torrance. Translated by G. T. Thomson and Harold Knight. New York: Scribner, 1956.

_____. *Dogmatics in Outline*. New York: Harper, 1959.

_____. *The Epistle to the Romans*. London: Oxford University Press, 1933.

_____. *The Epistle to the Romans*. New York: Oxford University Press, 1968.

_____. *Evangelical Theology: An Introduction*. Grand Rapids: Eerdmans, 1992.

_____. *Protestant Thought: From Rousseau to Ritschl*. New York: Simon and Schuster, 1969.

_____. "Rudolf Bultmann: An Attempt to Understand Him." In *Kerygma and Myth: A Theological Debate*, edited by Hans Werner Bartsch, 2:83–132. Translated by Reginald H. Fuller. London: SPCK, 1962.

Barthes, Roland. "The Death of the Author." *Aspen* 5–6 (1967).

Bartholomew, Craig G., and Michael W. Goheen. *Christian Philosophy: A Systematic and Narrative Introduction*. Grand Rapids: Baker, 2013.

Berkhof, Louis. *Systematic Theology*. London: Banner of Truth, 1949.

Berkouwer, G. C. *Karl Barth*. Kampen: Kok, 1936.

_____. *The Triumph of Grace in the Theology of Karl Barth*. Grand Rapids: Eerdmans, 1956.

Bloch, Ernst. *The Principle of Hope*. Translated by Neville Plaice, Stephen Plaice, and Paul Knight. 3 vols. Cambridge, MA: MIT Press, 1986.

Bochenski, Josph M. *The Logic of Religion*. New York: New York University Press, 1965.

Boethius, Ancius. *The Consolation of Philosophy*. New York: Empire Book, 2012.

Boff, Leonardo. *Introducing Liberation Theology*. Maryknoll, NY: Orbis Book, 1987.

Bonhoeffer, Dietrich. *The Cost of Discipleship*. New York: Touchstone, 1995.

_____. *Letters and Papers from Prison*. Edited by Eberhard Bethge. New York: Touchstone, 1997.

_____. *Life Together*. New York: Harper, 2009.

Bonino, José Miguez. *Doing Theology in a Revolutionary Situation*. Minneapolis: Fortress, 1975.

Bouveresse, Jacques. *Wittgenstein Reads Freud: The Myth of the Unconscious*. Translated by Carol Cosman. Princeton, NJ: Princeton University Press, 1996.

Boyd, Gregory. *God of the Possible: A Biblical Introduction to the Open View of God*. Grand Rapids: Baker, 2000.

Bratt, James. *Abraham Kuyper: Modern Calvinist, Christian Democrat*. Grand Rapids: Eerdmans, 2013.

Bridgman, Percy. *The Logic of Modern Physics*. New York: Macmillan, 1927.

Brown, Colin. *Christianity and Western Thought: A History of Philosophers, Ideas, and Movements from the Ancient World to the Age of Enlightenment*. Downers Grove, IL: InterVarsity Press, 2010.

_____. *Philosophy and the Christian Faith*. Downers Grove, IL: InterVarsity Press, 1968.

Brunner, Emil. *The Divine Imperative*. Louisville, KY: Westminster John Knox Press, 1979.

_____. *Dogmatics*. Vol. 1, *The Christian Doctrine of God*. Translated by Olive Wyon. Philadelphia: Westminster Press, 1950.

_____. *Dogmatics I: The Christian Doctrine of God*. Library of Theological Translations. Cambridge: James Clarke and Co., 2002.

_____. *Dogmatics II: The Christian Doctrine of Creation and Redemption*. Library of Theological Translations. Cambridge: James Clarke and Co., 2002.

_____. *Dogmatics III: The Christian Doctrine of the Church, Faith and the Consummation*. Library of Theological Translations. Cambridge: James Clarke and Co., 2002.

_____. *Natural Theology: Comprising Nature and Grace by Professor Dr. Emil Brunner and the Reply No! by Dr. Karl Barth*. Eugene, OR: Wipf and Stock, 2002.

Buber, Martin. *I and Thou*. Translated by Ronald Gregor Smith. 2nd ed. New York: Scribner, 1958.

_____. *I and Thou*. Translated by Walter Kaufmann. New York: Touchstone, 1971.

_____. *I and Thou*. Translated by Walter Kaufmann. Eastford, CT: Martino Fine Books, 2010.

Budziszewski, J. *The Revenge of Conscience*. Dallas: Spence Publishing, 1999.

_____. *What We Can't Not Know*. Dollas: Spence Publishing, 2003.

Bultmann, Rudolf. *Existence and Faith: Shorter Writings of Rudolf Bultmann*. Edited and translated by Schubert M. Ogden. New York: Meridian Books, 1960.

_____. *New Testament and Mythology and Other Basic Writings*. Edited and translated by Schubert M. Ogden. Philadelphia: Fortress, 1984.

_____. *Theology of the New Testament*. Translated by Kendrick Grobel. Waco, TX: Baylor University Press, 2007.

Bultmann, Rudolf, et al. *Kerygma and Myth: A Theological Debate*. Edited by Hans Werner Bartsch. Translated by Reginald H. Fuller. 2 vols. New York: Harper and Row, 1961.

_____. *Kerygma and Myth: A Theological Debate*. Edited by Hans Werner Bartsch. Translated by Reginald H. Fuller. 2 vols. London: SPCK, 1962.

Bulter, Joseph. *Analogy of Religion*. Philadelphia: J. B. Lippincott, 1865.

_____. *The Works of Joseph Butler*. Chestnut Hill, MA: Adamant Media Corp., 2000.

Calvin, John. *Institutes of the Christian Religion*. Edited by John T. McNeill. Translated by Ford Lewis Battles. 2 vols. Philadelphia: Westminster Press, 1960.

Cantor, Georg. *Contributions to the Foundations of the Theory of Transfinite Numbers*. Translated by Philip E. B. Jourdain. Chicago: Open Court, 1915.

Childs, Brevard S. *Biblical Theology in Crisis*. Philadelphia: Wesminster Press, 1970.

_____. *Biblical Theology of the Old and New Testaments: Theological Reflection on the Christian Bible*. Philadelphia: Fortress, 1993.

_____. *Biblical Theology of the Old and new Testaments: Theological Reflection on the Christian Bible*. Minneapolis: Fortress, 2012.

_____. *Introduction to the Old Testament as a Scripture*. Philadelphia: Fortress, 1979.

Chomsky, Noam. *Cartesian Linguistics*. New York: Harper and Row, 1966.

Christian, William A. *Meaning and Truth in Religion*. Princeton, NJ: Princeton University Press, 1964.

Clark, Gordon H. *A Christian Philosophy of Education*. Unicoi, TN: Trinity Foundation, 2000.

_____. *A Christian View of Men and Things*. Grand Rapids: Eerdmans, 1952.

———. *A Christian View of Men and Things*. Unicoi, IN: Trinity Foundation. 1998.

———. *Dewey*. Philadelphia: Presbyterian and Reformed 1960.

———. *The Johannine Logos*. Nutley, NJ: Presbyterian and Reformed, 1972.

———. *The Philosophy of Science and Belief in God*. Nutley, NJ: Craig Press, 1964.

———. *The Philosophy of Science and Belief in God*. Unicoi, TN: Trinity Foundation, 1996.

———. *Religion, Reason, and Revelation*. Philadelphia: Presbyterian and Reformed, 1961.

———. *Thales to Dewey: A History of Philosophy*. Boston: Houghton Mifflin, 1957.

———. *William James*. Philadelphia: Presbyterian and Reformed, 1963.

Clifford, W. K. *The Ethics of Belief and Other Essays*. New York: Prometheus Books, 1999.

Clouser, Roy A. *The Myth of Religious Neutrality: An Essay on the Hidden Role of Religious Belief in Theories*. Notre Dame. IN: University of Notre Dame Press, 1991.

Cobb, John B., Jr., and David Ray Griffin. *Process Theology: An Introductory Exposition*. Philadelphia: Westminster Press, 1976.

———. *Process Theology: An Introductory Expositon*. Louisville, KY: Westminster John Knox Press, 1996.

Cohen, S. Marc, Patricia Curd, and C. D. C. Reeve, eds. *Readings in Ancient Greek Philosophy: From Thales to Aristotle*. 4th ed. Indianapolis: Hackett Publishing, 2011.

Collett, Don. "Van Til and Transcendental Argument." *WTJ* 65, 2 (Fall 2003): 289–306.

Cone, James H. *A Black Theology of Liberation*. Maryknoll, NY: Orbis Books, 2011.

Cooper, David E., ed. *Epistemology: The Classic Readings*. Oxford: Blackwell, 1999.

Cooper, John M., and D. S. Hutchinson, eds. *Plato: Complete Works*. Indianapolis: Hackett Publishing, 1997.

Copleston, Frederick C. *A History of Philosophy*. 9 vols. Garden City, NY: Image Books, 1962–65.

Cowan, Steven B., ed. *Five Views on Apologetics*. Grand Rapids: Zondervan, 2000.

Cox, Harvey. *The Secular City*. New York: Collier Books, 1965.

———. *The Secular City*. Princeton, NJ: Princeton University Press, 2013.

Craig, William Lane. *The Kalām Cosmological Argument*. New York: Barnes and Noble Books, 1979.

———. *Reasonable Faith: Christian Truth and Apologetics*. Wheaton, IL: Crossway, 1994.

———. *Time and Eternity: Exploring God's Relationships to Time*. Wheaton, IL: Crossway, 2001.

Crampton, W. Gary. *The Scripturalism of Gordon H. Clark*. Unicoi, TN: Thrinity Foundation, 1997.

Curd, Patricia, and Daniel W. Graham, eds. *The Oxford Handbook of Presocratic Philoso-*

phy. Oxford: Oxford University Press, 2009.

Darwin, Frances, ed. *Autobiography of Charles Darwin*. N.p., n.d.

Descartes, René. *A Discourse on Method and Selected Writings*. New York: Dutton, 1951.

_____. *The Philosophical Writings of Descartes*. 3 vols. Cambridge: Cambridge University Press, 1985.

Dewey, John. *A Common Faith*. New Haven, CT: Yale University Press, 1991.

_____. *Experience and Nature*. New York: Dover, 1958.

_____. *The Philosophy of John Dewey: Two Volumes in One*. Edited by John J. McDermott. Chicago: University of Chicago Press, 1981.

Dionysius the Areopagite. *Pseudo-Dionysius: The Complete Works*. Mahwah, NJ: Paulist Press, 1988.

Dooyeweerd, Herman. *In the Twilight of Western Thought*. Nutley, NJ: Presbyterian and Reformed, 1960.

_____. *In the Twilight of Western Though*. Grand Rapids: Paideia Press, 2012.

_____. *A New Critique of Theoretical Thought*. 4 vols. Philadelphia: Presbyterian and Reformed, 1953.

Dreyer, J. L. E. *A History of Astronomy from Thales to Kepler*. 2nd ed. New York: Dover, 1953.

Duns Scotus, John. *Duns Scotus-Philosophical Writings: A Selection*. Translated by Allan Wolter. Indianapolis: Hackett Publishing, 1987.

Edgar, William. *The Face of Truth: Lifting the Veil*. Phillipsburg, NJ: P&R Publishing, 2001.

_____. *Truth in All Its Glory: Commending the Reformed Faith*. Phillipsburg, NJ: P&R Publishing, 2004.

Edgar, William, and K. Scott Oliphint, eds. *Christian Apologetics Past and Present: A Primary Source Reader*. Vol. 1, *To 1500*. Wheaton, IL: Crossway, 2009.

_____, eds. *Christian Apologetics Past and Present: A Primary Source Reader*. Vol. 2, *From 1500*. Wheaton, IL: Crossway, 2011.

Edwards, Jonathan. *Freedom of the Will*. Edited by Pau; Ramsey. New Haven, CT: Yale University Press, 1973.

_____. *The Works of Jonathan Edwards*. Edited by Edward Hickman. 2 vols. Amazon Digital Services, 2011.

Edwards, Paul, ed. *The Encyclopedia of Philosophy*. New York: Macmillan/Free Press, 1967.

_____, ed. *The Encyclopedia of Philosophy*. New York: Macmillan, 1967.

Erigena, John Scotus. *Treatise on Divine Predestination*. Notre Dame, IN: University of Notre Dame Press, 2003.

Evans, C. Stephen. *Existentialism: The Philosophy of Despair and thd Quest for Hope*. Grand Rapids: Zondervan, 1984.

Evans, Ernest, trans. *Tertullian's Treatise on the Incarnation*. London: SPCK, 1956.

Ewing, A. C. *A Short Commentary on Kant's Critique of Pure Reason*. Chicago: University of Chicago Press, 1938, 1974.

Fairweather, Eugene R., ed. *A Scholastic Miscellany: Anselm to Ockham*. Louisville, KY: Westminster John Knox PRess, 1956.

Fann, K. T. *Wittgenstein's Conception of Philosophy*. Berkeley, CA: University of California Press, 1969.

Ferm, Deane W. *Contemporary American Theologies*. San Francisco: Harper and Row, 1990.

Feuerbach, Ludwig. *The Essencce of Christianity*. New York: Dover, 2008.

_____. *The Essence of Christianity*. Seattle: CreateSpace, 2013.

Feyerabend, Pau;. *Against Method: Outline of an Anarchistic Theory of Knowledge*. London: Verso, 1975.

Fieser, James, and Norman Lillegard. *A Historical Introduction to Philosophy: Texts and Interatctive Guide*. New York: Oxford University Press, 2002.

Findlay, J. N., et al. "Can God's Existence Be Disproved?" In *New Essays in Philosophical Theology*, edited by Antony Flew and Alasdair C. MacIntyre, 47–75. London: SCM Press, 1955.

Fletcher, Joseph. *Situation Ethics: The New Morality*. Louisville, KY: Westminster John Knox Press, 1966.

Flew, Antony, et al. "Theology and Falsification." In *New Essays in Philosophical Theology*, edited by Antony Flew and Alasdair C. MacIntyre 96–130. London: SCM Press, 1955.

_____. *There Is a God: How the World's Most Notorious Atheist Changed His Mind*. New York: HarperOne, 2008.

Flew, Antony, and Alasdair C. MacIntyre, eds. *New Essays in Philosophical Theology*. London: SCM Press, 1955.

Frame, John M. *The Academic Captivity of Theology*. Lakeland, FL: Whitefield Media Publications, 2012.

_____. *Apologetics: A Justification of Christian Belief*. Phillipsburg, NJ: P&R Publishing, 2015.

_____. *Apologetics to the Glory of God*. Phillipsburg, NJ: P&R Publishing, 1994.

_____. "Certainty." In *New Dictionary of Christian Apologetics*, edited by W. C. Campbell-Jack and Gavin J. McGrath, 141–45. Consulting ed. C. Stephen Evans.

Downers Grove, IL: InterVarsity Press, 2006.

_____. "Christianity and Contemporary Epistemology." *WTJ* 52, 1 (Spring 1990): 131–41.

_____. *Cornelius Van Til: An Analysis of His Thought*. Phillipsburg, NJ: P&R Publishing, 1995.

_____. "Determinism, Chance, and Freedom." In *New Dictionary of Christian Apologetics*, edited by W. C. Campbell-Jack and Gavin J. McGrath, 218–20. Consulting ed. C. Stephen Evans. Downers Grove, IL: InterVarsity Press, 2006.

_____. *The Doctrine of God*. Phillipsburg, NJ: P&R Publishing, 2002.

_____. *The Doctrine of the Christian Life*. Phillipsburg, NJ: P&R Publishing, 2008.

_____. *The Doctrine of the Knowledge of God*. Phillipsburg, NJ: Presbytesian and Reformed, 1987.

_____. *The Doctrine of the Word of God*. Phillipsburg, NJ: P&R Publishing, 2010.

_____. *The Escondido Theology*. Lakeland, FL: Whitefield Media Publications, 2011.

_____. "God and Biblical Language: Transcendence and Immanence." In *God's Inerrant Word*, edited by John W. Montgomery, 159–77. Grand Rapids: Bethany House Publishers, 1974.

_____. "Greeks Bearing Gifts." In *Revolutions in Worldview: Understanding the Flow of Western Thought*, edited by W. Andrew Hoffecker, 1–36. Phillipsburg, NJ: P&R Publishing, 2007.

_____. "Infinite Series." In *New Dictionary of Christian Apologetics*, edited by W. C. Campbell-Jack and Gavin J. McGrath, 353–54. Consulting ed C, Stephen Evans. Downers Grove, IL: InterVarsity Press, 2006.

_____. *No Other God: A Response to Open Theism*. Phillipsburg, NJ: P&R Publishing, 2001.

_____. "Ontological Argument." In *New Dictionary of Christian Apologetics*, edited by W. C. Campbell-Jack and Gavin J. McGrath, 513–16. Consulting ed. C. Stephen Evans. Downers Grove, IL: InterVarsity Press, 2006.

_____. "The Problem of Theological Paradox." In *Foundations of Christian Scholarship: Essays in the Van Til Perspective*, edited by Gary North, 295–330. Vallecito, CA: Ross House, 1976.

_____. Review of *Belief Policies*, by Paul Helm. *WTJ* 57, 1 (Spring 1995): 248–51.

_____. Review of *The Edges of Language*, by Paul M. Van Buren. *WTJ* 36, 1 (Fall 1973): 106–11.

_____. Review of *The Grammar of Faith*, by Paul L. Holmer. *WTJ* 42, 1 (Fall 1979): 219–31.

_____. Review of *Idols for Destruction*, by Herbert Schlossberg. *WTJ* 46, 2 (Fall 1984): 438–44.

_____. Review of *The Legacy of Logical Positivism*, edited by Peter Achinstein and Stephen F. Barker. *WTJ* 34, 2 (May 1972): 199–201.

_____. Review of *Longing to Know*, by Esther Lightcap Meek. *Presbyterion* 29, 2 (Fall 2003).

_____. Review of *New Essays on Religious Language*, edited by Dallas M. High. *WTJ* 33, 1 (November 1970): 126–31.

_____. Review of *On Theology*, by Schubert M. Ogden. *WTJ* 50, 1 (Spring 1988): 157–65.

_____. "Scripture Speaks for Itself." In *God's Inerrant Word*, edited by John W. Montgomery, 178–200. Grand Rapids: Bethany House Publishers, 1974.

_____. "Self-Refuting Statements." Im *New Dictionary of Christian Apologetics*, edited by W. C. Campbell-Jack and Gavin J. McGrath, 660–62. Consulting ed. C. Stephen Evans. Downers Grove, IL: InterVarsity Press, 2006.

_____. *Systematic Theology: An Introduction to Christian Belief*. Phillipsburg, NJ: P&R Publishing, 2013.

_____. "Transcendental Arguments." In *New Dictionary of Christian Apologetics*, edited by W. C. Campbell-Jack and Gavin K. McGrath, 716–17. Consulting ed. C. Stephen Evans. Downers Grove, IL: InterVarsity Press, 2006.

_____. "Unregenerate Knowledge of God." In *New Dictionary of Christian Apologetics*, edited by W. C. Campbell-Jack and Gavin J. McGrath, 732–35. Consulting ed. C. Stephen Evans. Downers Grove, IL: InterVarsity Press, 2006.

_____. "The Uses of Scripture in Recent Theology." *WTJ* 39, 2 (Spring 1977): 328–53.

_____. *Van Til: The Theologian*. Phillipsburg, NJ: Pilgrim Publishing, 1976.

Frame, John M., and Paul Kurtz. "Do We Need God to Be Moral?" *Free Inquiry* 16, 2 (1996).

Frei, Hans W. *The Eclipse of Biblical Narrative: A Study in Eighteenth and Nineteenth Century Hermeneutics*. New Heaven, CT: Yale University Press, 1974.

_____. *The Eclipse of Biblical Narrative: A Study in Eighteenth and nineteenth Century Hermeneutics*. New Heaven, CT: Yal University PRess, 1980.

Funk, Robert W. *Language, Hermeneutic, and Word of God: The Problem of Language in the New Testament and Contemporary Theology*. New York: Harper and Row, 1966.

Gadamer, Hans-Georg. *Truth and Method*. New York: Cossroad Publishing, 1982.

Gamow, George. *One, Two, Three... Infinity: Facts and Speculations of Science*. London: Macmillan, 1976.

Gaussen, Louis. *The Inspiration of the Holy Scriptures*. Translated by D. D. Scott. Chicago: Moody Press, 1949.

Gay, Peter. *The Enlightenment: The Rise of Modern Paganism*. New York: W. W. Norton, 1995.

Geisler, Norman. "Process Theology." In *Tensions in Contemporary Theology*, edited by Stanley N. Gundry and Alan F. Johnson, 247–84. Grand Rapids: Baker, 1976.

Geivett, R. Douglas, and Brendan Sweetman, eds. *Contemporary Perspectives on Religious Epistemology*. New York: Oxford University Press, 1992.

Gettier, Demund. "Is Justified True Belief Knowledge?" *Analysis* 23 (1966): 121–23.

Gier, Nicholas F. *Wittgenstein and Phenomenology*. Albany, NY: SUNY Press, 1981.

Gilson, Étienne. *The Spirit of Medieval Philosophy*. Notre Dame, IN: University of Notre Dame Press, 1991.

Gottlieb, Anthony. *The Dream of Reason: A History of Philosophy from the Greeks to the Renaissance*. New York: W. W. Norton, 2002.

Graham, Daniel W. *The Texts of Early Greek Philosophy: The Complete Fragments and Selected Testimonies of the Major Presocratics*. Cambridge: Cambridge University Press, 2010.

Grant, Frederick C. *An Introduction to New Testament Thought*. Nashville, TN: Abingdon Press, 1950.

Gundry, Stanley N., and Alan F. Johnson, eds. *Tensions in Contemporary Theology*. Grand Rapids: Baker, 1976.

Gutierrez, Gustavo. *A Theology of Liberation*. Maryknoll, NY: Orbis Books, 1973.

———. *A Theology of Liberation*. Maryknoll, NY: Orbis Books, 1988.

Guyer, Paul. *The Cambridge Companion to Kant's Critique of Pure Reason*. Cambridge: Cambridge University Press, 2010.

Gyula, Klima, ed., with Fritz Alhof and Arnand Jayprakash Vaidya. *Medieval Philosophy: Essential Readings with Commentary*. Hoboken, NY: Wiley Blackwell, 2007.

Habermas, Jürgen. *Knowledge and Human Interests*. Boston: Beacon Press, 1972.

Hackett, Stuart C. *The Resurrection of Theism: Prolegomena to Christian Apology*. Chicago: Moody Press, 1957.

Hallett, Garth. *A Companion to Wittgenstein's Philosophical Investigations*. Ithaca, NY: Cornell University Press, 1977.

Hamilton, Kenneth. *The System and the Gospel: A Critique of Paul Tillich*. New York: Macmillan, 1963.

———. *The System and the Gospel: A Critique of Paul Tillich*. Charleston, SC: Nabu Press,

2011.

Hampshire, Stuart. *Spinoza*. Baltimore: Penguin, 1951.

Hanson, Norwood Russell. *Patterns of Discovery: An Inquiry into the Conceptual Foundations of Science*. Cambridge: Cambridge University Press, 1958.

Harnack, Adolf von. *What Is Christianity?* London: Williams and Norgate, 1901.

_____. *What Is Christianity?* Eastford, CT: Martino Fine Books, 2011.

Hart, Hendrik, Johan van der Hoeven, and Nicholas Wolterstorff, eds. *Rationality in the Calvinian Tradition*. Lanham, MD: University Press of America, 1983.

Hartshorne, Charles. *The Divine Relativity*. New Haven, CT: Yale University Press, 1982.

_____. "The Formal Validity and Real Significance of the Ontological Argument." *Philopophical Review* 53 (May 1944): 225–45.

Hasker, William. "Self-Referential Incoherence." In *The Cambridge Dictionary of Philosophy*, edited by Robert Audi, 721. Cambridge: Cambridge University Press, 1995.

Hegel, G. W. F. *Early Theological Writings*. Translated by T. M. Knox and Richard Kroner. Philadelphia: University of Pennsylvania Press, 1971.

_____. *Hegel: Texts and Commentary*. Edited by Walter Kaufmann. Notre Dame, IL: Unversity of Notre Dame Press, 1965, 1977.

_____. *On Christianity: Early Theological Writings*. Introduction by Richard Kroner. New York: Harper, 1948.

_____. *The Phenomenology of Spirit*. Translated by A. V. Miller. New York: Oxford University Press, 1976.

_____. *Selections*. New York: Scribner's, 1929.

Heidegger, Martin. *Basic Writings*. Edited by David Farrell Krell. New York: Harper Perennial Modern Classics, 2008.

_____. *Being and Time*. Translated by John MacQuarrie and Edward Robinson. New York: Harper Perennial Modern Classics, 2008.

_____. *On the Way to Language*. New York: Harper, 1971.

Helm, Paul. *Belief Policies*. Cambridge: Cambridge University Press, 1994.

_____. *Belief Policies*. Cambridge: Cambridge University Press, 2007.

_____. *Eternal God: A Study of God without Time*. Oxford: Clarendon, 1998.

_____. *Eternal God: A Study of God without Time*. New York: Oxford University Press, 2011.

_____. *Faith and Understanding*. Grand Rapids: Eerdmans, 1997.

_____. *Faith with Reason*. Oxford: Clarendon, 2000.

_____. *The Providence of God*. Downers Grove, IL: InterVarsity Press, 1993.

_____. *The Providence of God*. Downers Grove, IL: IVP Academic, 1994.

Henry, Carl F. H., ed. *Revelation and the Bible*. Grand Rapids: Baker, 1958.

Herrmann, Wilhelm. *The Communion of the Christian with God*. London: Williams and Norgate, 1906.

_____. *The Communion of the Christian with God*. Charleston, SC: BiblioBazaar, 2009.

_____. *Systematic Theology*. New York: Macmillan, 1927.

Hicks, Peter. *The Journey So Far: Philosophy through the Ages*. Grand Rapids: Zondervan, 2003.

High, Dallas M., ed. *New Essays on Religious Language*. New York: Oxford University Press, 1969.

Hobbes, Thomas. *Leviathan*. New York: Empire Books, 2013.

Hodge, Charles. *Systematic Theology*. 3 vols. Grand Rapids: Eerdmans, 1952.

Hoffecker, W. Andrew, ed. *Revolutions in Worldview: Understanding the Flow of Western Thought*. Phillipsburg, NJ: P&R Publishing, 2007.

Holmer, Paul L. *The Grammar of Faith*. San Francisco: Harper and Row, 1978.

Holmes, Arthur. *Philosophy: A Christian Perspective*. Downers Grove, IL: InterVarsity Press, 1975.

Holmes, Michael W., ed. *The Apostolic Fathers: Greek Texts and English Translations*. Grand Rapids: Baker, 2007.

Hume, David. *An Inquiry concerning Human Understanding*. New York: Liberal Arts Press, 1955.

_____. *The Philosophy of David Hume*. New York: Random House, 1963.

_____. *A Treatise of Human Nature*. New York: Dutton, 1911, 1956.

Husserl, Edmund. *The Essential Husserl: Basic Writings in Transcendental Phenomenology*. Indianapolis: Indiana University Press, 1999.

_____. *Ideas: General Introduction to Pure Phenomenology*. New York: Routledge, 2012.

Hyman, Arthur, James J. Walsh, and Thomas Williams, eds. *Philosophy in the Middle Ages: The Christian, Islamic, and Jewish Traditions*. 3rd ed. Indianapolis: Hackett Publishing, 2010.

Israel, Jonathan I. *Radical Enlightenment: Philosophy and the Meaning of Modernity, 1650-1750*. New York: Oxford University Press, 2002.

James, William. "The Dilemma of Determinism." In *Essays in Pragmatism*, edited by Alburey Castell, 37–64. New York: Hafner Publishing, 1954.

_____. *Essays in Pragmatism*. Edited by Alburey Castell. New York: Hafner Publishing, 1954.

_____. *Pragmatism*. Seattle: CreateSpace, 2013.

_____. *Pragmatism and the Meaning of Truth*. Cambridge, MA: Harvard University Press, 1979.

_____. *Varieties of Religious Experience: A Study of Human Nature*. London: Longmans Green, 1902.

_____. *The Writings of William James: A Comprehensive Edition*. Chicago: University of Chicago Press, 2011.

Jaspers, Karl, and Rudolf Bultmann. *Myth and Christianity: An Inquiry into the Possibility of Religion without Myth*. Translated by Norbert Gutermann. New York: Noonday Press, 1958.

Johnson, Elizabeth A. *She Who Is: The Mystery of God in Feminist Theological Discourse*. New York: Crossroad Publishing, 2002.

Jones, Peter R. *Capturing the Pagan Mind*. Nashville, TN: Broadman and Holman, 2003.

_____. *The Gnostic Empire Strikes Back*. Phillipsburg, NJ: P&R Publishing, 1992.

_____. *One or Two: Seeing a World of Difference*. Escondido, CA: Main Entry Editions, 2010.

_____. *Spirit Wars*. Escondido, CA: Main Entry Editions, 1997.

Kähler, Martin. *The So-Called Historical Jesus and the Historic Biblical Christ*. Translated by Carl E. Braaten. Philadelphia: Fortress, 1964.

Kant, Immanuel. *Critique of Pure Reason*. Edited and translated by Norman Kemp Smith. New York: Modern Library, 1958.

_____. *Critique of Pure Reason*. Edited and translated by Paul Guyer and Allen W. Wood. Cambridge: Cambridge University Press, 1999.

_____. *Prolegomena to Any Future Metaphysics*. Translated by James W. Ellington. 2nd ed. Indianapolis: Hackett Publishing, 2002.

_____. *Religion within the Boundaries of Mere Reason: And Other Writings*. Edited by Allen Wood and George di Giovani. Cambridge Texts in the History of Philosophy. Cambridge: Cambridge University Press, 1999.

Kaufmann, Walter, ed. *Basic Writings of Nietzsche*. New York: Modern Library, 2000.

_____. *Critique of Religion and Philosophy*. Princeton, NJ: Princeton University Press, 1979.

_____. *Existentialism from Dostoevsky to Sartre*. New York: New American Library, 1975.

_____. *From Shakespeare to Existentialism*. Boston: Beacon Press, 1959.

_____. *Hegel: A Reinterpretation*. Notre Dame, IN: University of Notre Dame Press, 1988.

_____. *Hegel: Texts and Commentary*. Notre Dame, IN: University of Notre Dame Press,

1989.

_____. *A New History of Western Philosophy*. Vol. 2, *Medieval Philosophy*. New York: Oxford University Press, 2007.

_____. *Nietzsche*. New York: Meridian Books, 1950, 1956.

_____, ed. *Nietzsche: Philosopher, Psychologist, Antichrist*. Princeton, NJ: Princeton University Press, 1975.

Kelsey, David H. *The Fabric of Paul Tillich's Theology*. Eugene, OR: Wipf and Stock, 2011.

Kenny, Anthony. *A New History of Western Philosophy*. New York: Oxford University Press, 2010.

Kierkegaard, Søren. *Attack upon Christendom*. Princeton, NJ: Princeton University Press, 1968.

_____. *Concluding Unscientific Postscript*. Princeton, NJ: Princeton University Press, 1941, 1968.

_____. *Concluding Unscientific Postscript*. Princeton, NJ: Princeton University Press, 1992.

_____. *Either/Or*. New York, Penguin, 1992.

_____. *The Essential Kierkegaard*. Princeton, NJ: Princeton University Press, 2000.

_____. *Fear and Trembling*. New York: Penguin, 1986.

_____. *On Authority and Revelation*. New York: Joanna Cotler Books, 1967.

_____. *Philosophical Fragments*. Princeton, NJ: Princeton University Press, 1985.

_____. The Sickness unto *Death*. Princeton, NJ: Princeton University Press, 1983.

_____. *Stages on Life's Way*. Princeton, NJ: Princeton University Press, 1988.

Kirk, G. S., J. E. Raven, and M. Schofield, eds. *The Presocratic Philosophers: A Critical History with a Selection of Texts*. Cambridge: Cambridge University Press, 1983.

Kline, Meredith G. *Structure of Biblical Authority*. Grand Rapids: Eerdmans, 1972.

Kramnick, Isaac, ed. *The Portable Enlightenment Reader*. London: Penguin, 1995.

Kreeft, Peter. *Christianity for Modern Pagans: Pascal's Pensées Edited, Outlined, and Explained*. San Francisco: Ignatius Press, 1993.

Krell, David F., ed. *Martin Heidegger: Basic Writings*. New York: Harper and Row, 1977.

Kuhn, Thomas S. *The Structure of Scientific Revolutions*. Chicago: University of Chicago Press, 1962.

_____. *The Structure of Scientific Revolutions*. 3rd ed. Chicago: University of Chicago Press, 1996.

_____. *The Structure of Scientific Revolutions*. 50th anniversary ed. Chicago: University of Chicago Press, 2012.

Kuyper, Abraham. *Abraham Kuyper: A Centennial Reader*. Edited by James Bratt. Grand Rapids: Eerdmans, 1998.

_____. *Encyclopedia of Sacred Theology*. London: Forgotten Books, 2012.

_____. *Lectures on Calvinism*. Grand Rapids: Eerdmans, 1931.

_____. *Lectures on Calvinism*. Edited by James D. Bratt. Grand Rapids: Eerdmans, 1943.

_____. *Principles of Sacred Theology*. Translated by J. H. De Vries. Grand Rapids: Eerdmans, 1965.

_____. *To Be Near unto God*. London:Forgotten Books, 2012.

_____. *Wisdom and Wonder: Common Grace in Science and Art*. Grand Rapids: Christian's Library Press, 2011.

Lacugna, Catherine Mowry, ed. *Freeing Theology: The Essentials of Theology in Feminist Perspective*. New York: HarperOne, 1993.

Leibniz, G. W. *Philosophical Essays*. Indianapolis: Hackett Publishing, 1989.

_____. *Selections*. New York: Scribner's, 1951.

Leithart, Peter J. "Medieval Theology and the Roots of Modernity." In *Revolutions in Worldview: Understanding the Flow of Western Thought*, edited by W. Andrew hoffecker, 140–77. Phillipsburg, NJ: P&R Publishing, 2007.

_____. "The Relevance of Eugen Rosenstock-Huessy." *First Things*, June 28, 2007.

Lévi-Strauss, Claude. *Structural Anthropology*. New York: Basic Books, 1974.

_____. *Tristes Tropiques*. New York: Atheneum, 1964.

Lewis, C. S. *Mere Christianity*. London: Bles, 1952.

_____. *Mere Christianity*. New York: Macmillan, 1958.

_____. *Mere Christianity*. San Francisco: HarperCollins, 2001.

_____. *Mere Christianity*. San Francisco: HarperCollins, 2009.

_____. *Miracles: A Preliminary Study*. San Francisco: HarperOne, 2009.

_____. *The Problem of Pain*. San Francisco: HarperOne, 2009.

_____. "Surprised by Joy." In *The Inspirational Writings of C. S. Lewis*. New York: Harcourt Brace Jovanovich, 1987.

Lindbeck, George A. *The Nature of Doctrine: Religion and Theology in a Postliberal Age*. Philadelphia: Westminster Press, 1984.

_____. *The Nature of Doctrine: Religion and Theology in a Postliberal Age*. Lousiville, KY: Westminster John Knox Press, 2009.

Locke, John. *An Essay concerning Human Understanding*. 2 vols. New York: Dover, 1959.

Locke, John, George Berkeley, and David Hume. *The Empiricists*. New York: Anchor Books, 1960.

Luther, Martin. *The Martin Luther Collection: 15 Classic Works*. Kindle ed. Waxkeep Publications, 2012.

_____. *Works of Martin Luther, with Introductions and Notes*. Vol. 1. Bel Air, CA: FQ Books, 2010.

Lyotard, Jean-François. *The Postmodern Condition: A Report on Knowledge*. Minneapolis: University of Minnesota Press, 1984.

Machen, J. Gresham. *Christianity and Liberalism*. Grand Rapids: Eerdmans, 1923.

_____. *Christianity and Liberalism*. New York: Macmillan, 1923.

_____. *What Is Faith?* New York: Macmillan, 1925.

MacIntyre, Alasdair C. *After Virtue: A Study in Moral Theory*. Notre Dame, IN: University of Notre Dame Press, 1981.

_____. *After Virtue: A Study in Moral Theory*. 3rd ed. Norte Dame, IN: University of Notre Dame Press, 2007.

_____. *Whose Justice? Which Rationality?* Notre Dame, IN: University of Notre Dame Press, 1988.

Mackenzie, Charles S. *Blaise Pascal: Apologist to Skeptics*. Lanham, MD: University Press of America, 2008.

_____. *Pascal's Anguish and Joy*. New York: Philosophical Library, 1973.

Malcolm, Norman. *Ludwig Wittgenstein: A Memoir*. London: Oxford University Press, 1958, 1970.

Marsden, George M. *Jonathan Edwards: A Life*. New Heaven, CT: Yale University Press, 2004.

_____. *Karl Marx: Selected Writings*. Edited by David McLellan. 2nd ed. Oxford: Oxford University Press, 2000.

Marx, Karl, with Friedrich Engels. *The Communist Manifesto*. Seattle: CreateSpace, 2013.

_____. *The German Ideology*. Includes: *Theses on Feuerbach and the Introduction to the Critique of Political Economy*. Amherst, NY: Prometheus Books, 1998.

Mavrodes, George I. *Belief in God: A Study in the Epistemology of Religion*. New York: Random House, 1970.

_____. "Jerusalem and Athens Revisited." In *Faith and Rationality: Reason and Belief in God*, edited by Alvin Plantinga and Nicholas Wolterstorff, 192–218. Notre Dame, IN: University of Notre Dame Press, 1991.

McCormack Bruce L. *Karl Barth's Critically Realistic Dialectical Theology*. New York: Oxford University Press, 1997.

McGowan, A. T. B. *The Divine Authenticity of Scripture: Retrieving an Evangelical Heritage*.

Downers Grove, IL: IVP Academic, 2008.

McKeon, Richard, ed. *Basic Works of Aristotle*. Modern Library Classics. New York: Modern Library, 2001.

―――, ed. *Selections from Medieval Philosophers II from Roger Bacon to William of Occam*. New York: Charles Scribner's Sons, 1930.

McPherson, Thomas. "Religion as the Inexpressible." In *New Essays in Philosophical Theology*, edited by Antony Flew and Alasdair C. MacIntyre, 131–43. London: SCM Press, 1955.

Meek, Esther Lightcap. *A Little Manual for Knowing*. Eugene, OR: Wipf and Stock, 2013.

―――. *Longing to Know: The Philosophy of Knowledge for Ordinary People*. Grand Rapids: Brazos Press, 2003.

―――. *Loving to Know: Introducing Covenant Epistemology*. Eugene, OR: Cascade Books, 2011.

Metaxax, Eric. *Bonhoeffer: Pastor, Martyr, Prophet, Spy*. Nashville, TN: Thomas Nelson, 2011.

Milbank, John. "Postmodern Critical Augustinianism: A Short Summa in Forty-two Responses to Unasked Questions." In *The Postmodern God: A Theological Reader*, edited by Graham Ward. Oxford: Blackwell, 2005.

Milbank, John, ed. *The Radical Orthodoxy Reader*. London: Routeledge, 2009.

―――. *Theology and Social Theory: Beyond Secular Reason*. Oxford: Blackwell, 2006.

―――. *The Word Made Strange: Theology, Language, Culture*. London: Wiley-Blackwell, 1997.

Milbank, John, Catherine Pickstock, and Graham Ward, eds. *Radical Orthodoxy: A New Theology*. London: Routledge, 1999.

Moltmann, Jürgen. *The Crucified God: The Cross of Christ as the Foundation and Criticism of Christian Theology*. Translated by R. A. Wilson and John Bowden. Minneapolis: Fortress, 1993.

―――. *Religion, Revolution and the Future*. Translated by Meeks M. Douglas. New York: Scribner's, 1969.

―――. *Theology of Hope: On the Ground and the Implications of a Christian Eschatology*. Translated by James W. Leitch. New York: Harper and Row, 1967.

―――. *Theology of Hope: On the Ground and the Implications of a Christian Eschatology*. Translated by James W. Leitch. Minneapolis: Fortress, 1993.

―――. *The Trinity and the Kingdom: The Doctrine of God*. Translated by Margaret Kohl. San Francisco: HarperCollins, 1981.

———. *The Trinity and the Kingdom: The Doctrine of God*. Translated by Margaret Kohl. Minneapolis: Fortress, 1993.

Montgomery, John W., ed. *God's Inerrant Word*. Grand Rapids: Bethany House Publishers, 1974.

Mooney, Timothy, and Dermot Moran, eds. *The Phenomenology Reader*. New York: Routledge, 2002.

Moore, G. E. *Philosophical Papers*. London: Allen and Unwin, 1959.

———. *Principia Ethica*. New York: Dover, 2004.

———. *Selected Writings*. Edited by Thomas Baldwin. New York: Routledge, 1993.

Moreland, J. P., and William Lane Craig. *Philosophical Foundations for a Christian Worldview*. Downers Grove, IL: InterVarsity Press, 2003.

Morris, Thomas V. "Pascalian Wagering." In *Contemporary Perspectives on Religious Epistemology*, edited by R. Douglas Geivett and Brendan Sweetman, 257–69. New York: Oxford University Press, 1992.

Mouw, Richard. *Abraham Kuyper: A Short and Personal Introduction*. Grand Rapids: Eerdmans, 2011.

Murray, John. "The Attestation of Scripture." In *The Infallible Word*, edited by Ned Bernard Stonehouse and Paul Woolley, 1–54. 3rd rev. ed. Philadelphia: Presbyterian and Reformed, 1967.

———. *Principles of Conduct*. Grand Rapids: Eerdmans, 1957.

Nash, Ronald H. *Life's Ultimate Questions: An Introduction to Philosophy*. Grand Rapids: Zondervan, 1999.

Naugle, David K. *Philosophy: A Student's Guide*. Wheaton, IL: Crossway, 2012.

Nietzsche, Friedrich. *The Birth of Tragedy and the Genealogy of Morals*. Garden City, NY: Doubleday, 1956.

———. *The Gay Science: With a Prelude in Rhymes and an Appendix of Song*. Translated, with commentary, by Walter Kaufmann. New York: Random House, 1974.

———. "On Truth and Lies in a Nonmoral Sense." Unpublished essay, 1873.

———. *The Portable Nietzsche*. Edited by Walter Kaufmann. New York: Viking, 1954.

North, Gary, ed. *Foundations of Christian Scholarship: Essays in the Van Til Perspective*. Vallecito, CA: Ross House, 1976.

Ogden, Schubert M. *Christ without Myth: A Study Based on the Theology of Rudolf Bultmann*. New York: Harper and Brothers, 1961.

———. *Faith and Freedom: Toward a Theology of Liberation*. Nashville, TN: Abingdon Press, 1979.

_____. *On Theology*. San Francisco: Harper and Row, 1986.

_____. *The Reality of God and Other Essays*. New York: Harper and Row, 1966.

Oliphint, K. Scott. *Covenantal Apologetics*. Wheaton, IL: Crossway, 2013.

Orr, James. *Ritschlianism: Expository and Critical Essays*. London: Hodder and Stoughton, 1903.

Pache, René. *The Inspiration and Authority of Scripture*. Translated by Helen U. Needham. Chicago: Moody Press, 1969.

Paley, William. *Natural Theology*. Chillicothe, OH: DeWard Publishing, 2010.

_____. *The Principles of Moral and Political Philosophy*. Foreword by D. L. Le Mahieu. Indianapolis: Liberty Fund, 2002.

Palmer, Donald. *Looking at Philosophy: The Unbearable Heaviness of Philosophy Made Lighter*. Mountain View, CA: Mayfield Publishing, 1994.

_____. *Looking at Philosophy: The Unbearable Heaviness of Philosophy Made Lighter*. New York: McGraw-Hill, 2010.

Pannenberg, Wolfhart. *The Apostles' Creed in the Light of Today's Questions*. Translated by Margaret Kohl. London: SCM Press, 1972.

_____. *The Apostles' Creed in Light of Today's Questions*. Translated by Margaret Kohl. Eugene, OR: Wipf and Stock, 2000.

_____. *Jesus, God and Man*. Translated by Lewis L. Wilkins and Duane A. Priebe. Philadelphia: Westminster Press, 1977.

_____, ed. *Revelation as History*. Translated by David Granskou and Edward Quinn. New York: Sheed and Ward, 1969.

_____. *Systematic Theology*. Translated by Geoffrey W. Bromiley. 3 vols. Grand Rapids: Eerdmans, 1991-98.

_____. *Theology and the Kingdom of God*. Edited by Richard John Neuhaus. Philadelphia: Westminster Press, 1969.

Pascal, Blaise. *Pensées and Other Writings*. New York: Oxford University Press, 2008.

Pears, David. *Ludwig Wittgenstein*. New York: Viking Press, 1969, 1970.

Pegis, Anton C., ed. *Introduction to St. Thomas Aquinas*. New York: Modern Library, 1948.

Peirce, Charles S. *Collected Papers of Charles Sanders Peirce*. Edited by Charles Hartshorne and Paul Weiss. 6 vols. Cambridge, MA: Harvard University Press, 1931-35.

_____. "How to Make Our Ideas Clear." *Popular Science Monthly* 12 (January 1878): 286-302.

_____. *Philosophical Writings of Peirce*. New York: Dover, 1955.

_____. *Philosophical Writings of Peirce*. Edited by Justus Buchler. New York: Dover,

2011.

Pinnock, Clark H. *Biblical Revelation: The Foundation of Christian Theology*. Chicago: Moody Press, 1971.

Pinnock, Clark H., Richard Rice, John Sanders, William Hasker, and David Basinger. *The Openness of God*. Downers Grove, IL: InterVarsity Press, 1994.

Piper, John. *Desiring God*. Sisters, OR: Multnomah, 1986, 2003.

Placher, William. *Readings in the History of Christian Theology*. 2 vols. Philadelphia: Westminster Press, 1988.

Plantinga, Alvin. "Advice to Christian Philosophers." *Faith and Philosophy* 1 (October 1984): 1-9.

_____. *God, Freedom, and Evil*. Grand Rapids: Eerdmans, 1974.

_____. *God, Freedom, and Evil*. New York: Harper and Row, 1974.

_____. *God, Freedom, and Evil*. Grand Rapids: Eerdmans, 1977.

_____. *God and Other Minds: A Study of the Rational Justification of Belief in God*. Ithaca, NY: Cornell University Press, 1967.

_____. *God and other Minds: A Study of the Rational Justification of Belief in God*. Ithca, NY: Cornell University Press, 1990.

_____. *The Nature of Necessity*. Clarendon Library of Logic and Philosophy. Oxford: Clarendon, 1974.

_____. "Reason and Belief in God." In *Faith and Rationality: Reason and Belief in God*, edited by Alvin Plantinga and Nicholas Wolterstorff, 16-93. Notre Dame, IN: University of Notre Dame Press, 1983.

_____. *Warrant and Proper Function*. New York: Oxford University Press, 1993.

_____. *Warranted Christian Belief*. New York: Oxford University Press, 2000.

_____. *Warrant: The Current Debate*. New York: Oxford University Press, 1993.

_____. *Where the Conflict Really Lies: Science, Religion, and Naturalism*. New York: Oxford University Press, 2011.

Plantinga, Alvin, and Nicholas Wolterstorff, eds. *Faith and Rationality: Reason and Belief in God*. Notre Dame, IN: University of Notre Dame Press, 1983.

_____, eds. *Faith and Rationality: Reason and Belief in God*. Notre Dame, IN: University of Notre Dame Press, 1991.

Plato. *Plato: The Collected Dialogues*. Edited by Edith Hamilton and Huntington Cairns. Princeton, NJ: Princeton University Press, 1961.

Plotinus. *The Enneads: Abridged Edition*. Edited by John Dillon. Translated by Stephen McKenna. New York: Penguin Classics, 1991.

Pojman, Louis P. *Classics of Philosophy*. New York: Oxford University Press, 1998.

Polanyi, Michael. *Personal Knowledge: Towards a Post-Critical Philosophy*. Chicago: University of Chicago Press, 1958.

———. *Personal Knowledge: Towards a Post-Critical Philosophy*. Chicago: University of Chicago Press, 1974.

———. *Science, Faith and Society*. Riddle Memorial Lectures. London: Oxford University Press, 1946.

Pollock, John L. *Contemporary Theories of Knowledge*. Totowa, NJ: Rowman and Littlefield, 1986.

Popper, Karl R. *The Open Society and Its Enemies*. Vol. 2, *Hegel and Marx*. Princeton, NJ: Princeton University Press, 1966.

Poythress, Vern S. *Chance and the Sovereignty of God*. Wheaton, IL: Crossway, 2014.

———. *God-Centered Biblical Interpretation*. Phillipsburg, NJ: P&R Publishing, 1999.

———. *Inerrancy and the Gospels: A God-Centered Approach to the Challenges of Harmonization*. Wheaton, IL: Crossway, 2012.

———. *Inerrancy and Worldview: Answering Modern Challenges to the Bible*. Wheaton, IL: Crossway, 2012.

———. *In the Beginning Was the Word: Language: A God-Centered Approach*. Wheaton, IL: Crossway, 2009.

———. *Logic: A God-Centered Approach to the Foundation of Western Thought*. Wheaton, IL: Crossway, 2013.

———. "Modern Spiritual Gifts as Analogous to Apostolic Gifts." *JETS* 39, 1 (1996): 71–101.

———. *Philosophy, Science, and the Sovereignty of God*. Nutley, NY: Presbyterian and Reformed, 1976.

———. *Philosophy, Science, and the Sovereignty of God*. Phillipsburg, NJ: P&R Publishing, 2004.

———. *Redeeming Philosophy: A God-Centered Approach to the Big Questions*. Wheaton, IL: Crossway, 2014.

———. *Redeeming Science: A God-Centered Approach*. Wheaton, IL: Crossway, 2006.

———. *Redeeming Sociology: A God-Centered Approach*. Wheaton, IL: Crossway, 2011.

———. "Reforming Ontology and Logic in the Light of the Trinity: An Application of Van Til's Idea of Analogy." *WTJ* 57, 1 (Spring 1995): 187–219.

———. *The Returning King: A Guide to the Book of Revelation*. Phillipsburg, NJ: P&R Publishing, 2000.

_____. *Science and Hermeneutics: Implications of Scientific Method for Biblical Interpretation*. Grand Rapids: Zondervan, 1988.

_____. *The Shadow of Christ in the Law of Moses*. Phillipsburg, NJ: P&R Publishing, 1995.

_____. *Symphonic Theology: The Validity of Multiple Perspectives in Theology*. Phillipsburg, NJ: P&R Publishing, 2001.

_____. *Understanding Dispensationalists*. Phillipsburg, NJ: P&R Publishing, 1993.

_____. *What Are Spiritual Gifts?* Phillipsburg, NJ: P&R Publishing, 2010.

Poythress, Vern S., and Wayne A. Grudem. *The Gender-Neutral Bible Controversy: Muting the Masculinity of God's Words*. Nashville, TN: Broadman and Holman, 2000.

_____. *The TNIV and the Gender-Neutral Bible Controversy*. Nashville, TN: Broadman and Holman, 2004.

Quine, Willard Van Orman. *From a Logical Point of View: Nine Logico-Philosophical Essays*. Cambridge, MA: Harvard University Press, 1953.

_____. *From a Logical Point of View: Nine Logico-Philosophical Essays*. 2nd rev. ed. Cambridge, MA: Harvard University Press, 1961.

_____. *From a Logical Point of View: Nine Logico-Philosophical Essays*. 2nd rev. ed. Cambridge, MA: Harvard University Press, 1980.

_____. "Two Dogmas of Empiricism." *Philosophical Review* 60 (1951): 20–43.

Ramsey, Ian T. *Religious Lanuage: An Empirical Placing of Theological Phrases*. New York: Macmillan, 1957.

Reese, William L. *Dictionary of Philosophy and Religion*. Atlantic Highlands, NJ: Humanities Press, 1980, 1996.

Reid, Thomas. *Thomas Reid's Inquiry and Essays*. Long Beach, CA: Lexico Publishing, 2012.

Reno, R. R. "The Radical Orthodoxy Project." *First Things* 100 (February 2000): 37–44.

Rice, Richard. *God's Foreknowledge and Man's Free Will*. Grand Rapids: Baker/Bethany House, 1994.

Ridderbos, Herman N. *The Authority of the New Testament Scriptures*. Edited by J. M. Kik. Translated by H. de Jongste. Philadelphia: Presbyterian and Reformed, 1963.

_____. *The Coming of the Kingdom*. Edited by Raymond O. Zorn. Translated by H. de Jongste. Philadelphia: Presbyterian and Reformed, 1962.

_____. *Paul: An Outline of His Theology*. Translated by John Richard de Witt. Grand Rapids: Eerdmans, 1975.

Ritschl, Albrecht. *The Christian Doctrine of Justification and Reconciliation*. Edited and translated by H. R. Mackintosh and A. B. Macaulay. Edinburgh: T&T Clark, 1900.

_____. *The Christian Doctrine of Justification and Reconciliation*. Edited and translated by

H. R. Mackintosh and A. B. Macaulay. Whitefish, MT: Kessinger Publishing, 2006.

Robinson, John A. T. *Honest to God*. Philadelphia: Westminster Press, 1963.

_____. *Redating the New Testament*. Eugene, OR: Wipf and Stock, 1976.

Rosenstock-Huessy, Eugen. *I AM an Impure Thinker*. Essex, VT: Argo Books, 2001.

_____. *The Origin of Speech*. Essex, VT: Argo Books, 1981.

_____. *Out of Revolution: The Autobiography of a Western Man*. Essex, VT: Argo Books, 1969.

_____. *Speech and Reality*. Eugene, OR: Wipf and Stock, 2013.

Ross, James B., and Mary M. McLaughlin, eds. *The Portable Medieval Reader*. London: Penguin, 1977.

Russell, Bertrand. *The Basic Writings of Bertrand Russell*. Edited by Robert E. Egner and Lester E. Denonn. New York: Routledge, 2009.

_____. "On Denoting." *Mind* 14 (1905): 479-93.

_____. *The Problems of Philosophy*. Hollywood, FL: Simon and Brown, 2013.

_____. *War Crimes in Vietnam*. London: Monthly Review Press, 1966.

_____. *Why I Am Not a Christian and Other Essays on Related Subjects*. New York: Touchstone, 1967.

Russell, Bertrand, and Alfred North Whitehead. *Principia Mathematica*. 3 vols. Cambridge: Cambridge University Press, 1910-13.

_____. *Principia Mathematica*. 2 vols. Seaside, OR: Rough Draft Printing, 2011.

Ryle, Gilbert. *The Concept of Mind*. Chicago: University of Chicago Press, 1949.

_____. *The Concept of Mind*. New York: Barnes and Noble, 1949.

_____. *The Concept of Mind*. Chicago: University of Chicago Press, 2000.

Sartre, Jean-Paul. *Being and Nothingness: An Essay on Phenomenological Ontology*. Translated by Hazel Estella Barners. New York: Washington Squre Press, 1984.

_____. *Being and Nothingness: An Essay on Phenomenological Ontology*. Translated by Hazel Estella Barnes. New York: Washington Squre Press, 1993.

_____. *Critique of Dialectical Reason*. Vol. 1, *Theory of Practical Ensembles*. Edited by Jonathan Rée. Translated by Alan Sheridan. New ed. London: Verso, 2004.

_____. *Critique of Dialectical Reason*. Vol. 2 (unfinished), *The Intelligibility of History*. Edited by Arlette Elkaïm-Sartre. Translated by Quintin Hoare. New ed. London: Verso, 2004.

_____. *Existentialism Is a Humanism*. Translated by Carol Macomber. New Heaven, CT: Yale University Press, 2007.

_____. *No Exit (Huis Clos) and The Flies (Les Mouches)*. Translated by Stuart Gilbert.

New York: Alfred A. Knopf, 1948.

──────. *The Transcendence of the Ego: An Existentialist Theory of Consciousness*. Translated by Forest Williams and Robert Kirkpatrick. New York: Noonday Press, 1957.

Saussure, Ferdinand de. *Course in General Linguistics*. Edited by Charles Bally and Albert Sechehaye. Translated by Roy Harris. Chicago: Open Court, 1998.

Schaeffer, Francis A. *The God Who Is There*. Chicago: InterVarsity Press, 1968.

──────. *How Shall We Then Live?* Wheaton, IL: Crossway, 2005.

Schaff, Philip, et al., eds. *Ante-Nicene Fathers*. 10 vols. Peabody, MA: Hendrickson Publishers, 1996.

──────, eds. *Nicene and Post-Nicene Fathers*. 14 vols. Peabody, MA: Hendrickson Publishers, 1996.

Schleiermacher, Friedrich. *The Christian Faith*. Translated by H. R. Mackintosh and J. S. Stewart. Edinburgh: T&T Clark, 1928.

──────. *The Christian Faith*. Edited by H. R. Mackintosh and J. S. Stewart. Berkeley, CA: Apocryphile Press, 2011.

──────. *On Religion: Speeches to Its Cultured Despisers*. Translated by John Oman. New York: Harper and Brothers, 1958.

──────. *On Religion: Speeches to Its Cultured Despisers*. Edited by Richard Crouter. Cambridge Texts in the Hitstory of Philosophy. Cambridge: Cambridge University Press, 1996.

Schlossberg, Herbert. *Idols for Destruction*. Nashville, TN: Thomas Nelson, 1983.

Schmitt, Richard. "Husserl, Edmund." In *The Encyclopedia of Philosophy*, edited by Paul Edwards. New York: Macmillan/Free Press, 1967.

Schopenhauer, Arthur. *The World as Will and Representation*. Translated by E. F. J. Payne. 2 vols. Mineola, NY: Dover, 1966.

Schroedinger, Andrew B. *Readings in Medieval Philosophy*. New York: Oxford University Press, 1996.

Schweitzer, Albert. *The Quest of the Historical Jesus: A Critical Study of Its Progress from Reimarus to Wrede*. Translated by W. Montgomery. London: A. and C. Black, 1910.

Searle, John R. *Speech Acts: An Essay in the Philosophy of Language*. Cambridge: Cambridge University Press, 1969.

Singer, C. Gregg. *From Rationalism to Irrationality*. Phillipsburg, NJ: Presbyterian and Reformed, 1979.

Sire, James W. *Habits of the Mind*. Downers Grove, IL: InterVarsity Press, 2000.

──────. *The Universe Next Door: A Basic World View Catalogue*. Downers Grove, IL:

InterVarsity Press, 1975.

Smith, James K. A. *Desiring the Kingdom: Worship, Worldview, and Cultural Formation*. Grand Rapids: Baker, 2009.

———. *Imagining the Kingdom: How Worship Works*. Grand Rapids: Baker, 2013.

———. *Introducing Radical Orthodoxy: Mapping a Post-Secular Theology*. Grand Rapids: Baker, 2004.

Spinoza, Baruch (Benedict de Spinoza). *Selections*. New York: Scribner's 1930.

———. *Spinoza: Complete Works*. Edited by Michael L. Morgan. Translated by Samuel Shirley. Indianapolis: Hackett Publishing, 2002.

———. *Works of Spinoza*. 2 vols. New York: Dover, 1951.

Sproul, R. C. *If There's a God, Why Are There Atheists?* Wheaton, IL: Tyndale, 1988.

Sproul, R. C., John H. Gerstner, and Arthur Lindsley. *Classical Apologetics: A Rational Defense of the Christian Faith and a Critique of Presuppositional Apologetics*. Grand Rapids: Zondervan, 1984.

Steiner, George. *Martin Heidegger*. New York: Viking, 1979.

Stevenson, Charles L. *Ethics and Language*. New Heaven, CT: Yale University Press, 1944.

Stonehouse, Ned Bernard. *J. Gresham Machen: A Biographical Memoir*. Edinburgh: Banner of Truth, 1987.

Sotnehouse, Ned Bernard, and Paul Woolley, eds. *The Infallible Word*. 3rd rev. ed. Philadelphia: Presbyterian and Reformed, 1967.

Strawson, Peter F. *Individuals: An Essay in Descriptive Metaphysics*. London: Methuen, 1959.

———. *Individuals: An Essay in Descriptive Metaphysics*. London: Routledge, 1959.

———. *An Introduction to Logical Theory*. London: Methuen, 1952.

———. "On Referring." *Mind*, n.s., 59, 235 (July 1950): 320–44.

Strimple, Robert. "Roman Catholic Theology Today." In *Roman Catholicism*, edited by John Armstrong, 85–117. Chicago: Moody Press, 1994.

Stumpf, Samuel Enoch, and James Fieser. *Philosophy: History and Readings*. 8th ed. New York: McGraw-Hill, 2011.

———. *Socrates to Sartre and Beyond: A History of Philosophy*. Boston: McGraw-Hill, 2003.

Swinburne, Richard. *The Coherence of Theism*. Rev. ed. Clarendon Library of Logic and Philosophy. New York: Oxford University Press, 1993.

———. *The Existence of God*. 2nd ed. New York: Oxford University Press, 2004.

Talisse, Robert B., and Scott Akin, eds. *The Pragmatism Reader: From Peirce to the Present*.

Princeton, NJ: Princeton University Press, 2011.

Tarnas, Richard. *The Passion of the Western Mind: Understanding the Ideas That have Shaped Our World* (NY: Ballantine Books, 1993).

Thilly, Frank, and Ledger Wood. *A History of Philosophy*. New York: Henry Holt, 1957.

Thiselton, Anthony C. *The Two Horizons*. Grand Rapids: Eerdmans, 1980.

Thillich, Paul. *The Courage to Be*. New Haven, CT, and London: Yale University Press, 1952.

_____. *The Courage to Be*. New Haven, CT: Yale University Press, 2000.

_____. *Dynamics of Faith*. New York: Harper and Brothers, 1957.

_____. *Dynamics of Faith*. New York: HarperOne, 2009.

_____. *Systematic Theology*. 3 vols. Chicago: University of Chicago Press, 1951–63.

_____. *Systematic Theology*. 3 vols. Chicago: University of Chicago Press, 1973.

Torrey, R. A., and Charles Feinberg, eds. *The Fundamentals*. Grand Rapids: Kregel, 1990.

Troost, Andree. *What Is Reformational Philosophy?* Grand Rapids: Paideia Press, 2012.

Turretin, Francis. *Institutes of Elenctic Theology*. Edited by James T. Dennison Jr. Translated by George Musgrave Giger. 3 vols. Phillipsburg, NJ: P&R Publishing, 1992–1997.

Urmson, J. O. *Philosophical Analysis: Its Development between the Two World Wars*. New York: Oxford University Press, 1956.

Van Buren, Paul M. *The Edges of Language*. New York: Macmillan, 1972.

Van Fraassen, Bas C. "Presupposition, Implication, and Self-Reference." *Journal of Philosophy* 65, 5 (1968): 136–52.

Vanhoozer, Kevin J. *The Drama of Doctrine: A Canonical-Linguistic Approach to Christian Doctrine*. Louisville, KY: Westminster John Knox Press, 2005.

_____. *First Theology: God, Scripture, and Hermeneutics*. Downers Grove, IL: IVP Academic, 2002.

_____. *Is There a Meaning in This Text?* Grand Rapids: Zondervan, 2009.

_____. *Remythologizing Theology: Divine Action, Passion, and Authorship*. Cambridge Studies in Christian Doctrine. Cambridge: Cambridge University Press, 2010.

_____. *Remythologizing Theology: Divine Action, Passion, and Authorship*. Cambridge Studies in Christian Doctrine. Cambridge: Cambridge University Press, 2012.

Van Riessen, H. *Nietzsche*. Philadelphia: Presbyterian and Reformed, 1960.

Van Til, Cornelius. *Christian Apologetics*. Phillipsburg, NJ: P&R Publishing, 2003.

_____. *Christianity and Barthianism*. Philadelphia: Presbyterian and Reformed, 1962.

_____. *Christianity and Barthianism*. Phillipsburg, NJ: P&R Publishing, 2004.

_____. *A Christian Theory of Knowledge*. Nutley, NJ: Presbyterian and Reformed, 1969.

_____. *The Defense of the Faith*. Philadelphia: Presbyterian and Reformed, 1963.

_____. *The Defense of the Faith*. Edited by K. Scott Oliphint. 4th ed. Phillipsburg, NJ: P&R Publishing, 2008.

_____. *The Doctrine of Scripture*. Ripon, CA: Den Dulk Foundation, 1967.

_____. *Essay on Christian Education*. Nutley, NJ: Presbyterian and Reformed, 1971, 1974.

_____. *An Introduction to Systematic Theology*. Nutley, NJ: PResbyterian Reformed, 1974.

_____. *An Introduction to Systematic Theology*. Phillipsburg, NJ: P&R Publishing, 2007.

_____. *The New Modernism*. Philadelphia: Presbyterian and Reformed, 1946.

_____. *The New Modernism*. Nutley, NJ: Presbyterian and Reformed, 1973.

_____. *A Survey of Christian Epistemology*. Philadelphia: Den Dulk Foundation, 1969.

_____. *The Triumph of Grace: The Heidelberg Catechism*. Philadelphia: Westminster Theological Seminary, 1958.

_____. *Who Do You Say That I Am?* Nutley, NJ: Presbyterian and Reformed, 1975.

_____. *Why I Believe in God*. Philadelphia: Orthodox Presbyterian Church, d.d.

_____. *Why I Believe in God*. Chestnut Hill, PA: Westminster Theological Seminary, 1976.

Ward, Graham, ed. *The Postmodern God: A Theological Reader*. Oxford: Blackwell, 2005.

Ware, Bruce A. *God's Lesser Glory: The Diminished God of Open Theism*. Wheation, IL: Crossway 2000.

Warfield, Benjamin Breckinridge. *The Inspiration and Authority of the Bible*. Edited by S. G. Craig. Philadelphia: Presbyterian and Reformed, 1948.

Warner, Rex, ed. *The Greek Philosophers*. New York: Mentor, 1958, 1986.

Webb, Stephen H. *Re-Figuring Theology: The Rhetoric of Karl Barth*. New York: State University of New York Press, 1991.

Wells, D. F., and J. D. Woodbridge, eds. *The Evangelicals: What They Believe, Who They Are, Where They Are Changing*. Nashville, TN: Abingdon Press, 1975.

Welty, Greg. "Theistic Conceptual Realism: The Case for Interpreting Abstract Objects as Divine Ideas." D. Phil. dissertation (2006), University of Oxford. http://goo.gl/nrCP5o.

_____. "Theistic Conceptual Realism." In Paul Gould, ed. *Beyond the Control of God? Six Views on the Problem of God and Abstract Objects*. London: Bloomsbury Academic, 2014. http://gool.gl/0Ahgdl.

Wenham, John William. *Christ and the Bible*. Downers Grove, IL: InterVarsity Press, 1973.

Wheatley, Jon. *Prolegomena to Philosophy*. Belmont, CA: Wadsworth, 1970.

White, Morton, ed. *The Age of Analysis*. New York: Meridian Books, 1955, 1983.

Whitehead, Alfred North. *Process and Reality: An Essay in Cosmology*. New York: Macmillan, 1929.

_____. *Process and Reality: An Essay in Cosmology*. Edited by David Ray Griffin and Donald W. Sherbourne. Corrected ed. New York: Free Press, 1979.

_____. *Religion in the Making: Lowell Lectures, 1926*. Cambridge: Cambridge University Press, 2011.

_____. *Science and the Modern World*. New York: Free Press, 1925.

_____. *Science and the Modern World: Lowell Lectures, 1925*. New York: Free Press, 1997.

Wild, John Daniel. *Existence and the World of Freedom*. Englewood Cliffs, NJ: Prentice-Hall, 1965.

Windelband, Wilhelm. *A History of Philosophy I*. New York: Harper, 1958.

Wittgenstein, Ludwig. "Lecture on Ethics." *Philosophical Review* 74, 1 (January 1965): 3-12.

_____. *Lectures and Conversations on Aesthetics, Psychology, and Religious Belief*. Edited by Cyril Barrett. Compiled from notes by Yorick Smythies, Rush Rhees, and James Taylor. Oxford: Blackwell, 1966.

_____. *Lectures and Conversations on Aesthetics, Psychology, and Religious Belief*. Edited by Cyril Barrett. Compiled from notes by Yorick Smythies, Rush Rhees, and James Taylor. Berkeley, CA: University of California Press, 2007.

_____. *On Certainty*. Translated by Denis Paul and G. E. M. Anscombe. New York: Harper and Row, 1972.

_____. *Philosophical Investigations*. Translated by G. E. M. Anscombe. New York: Macmillan, 1968.

_____. *Philosophical Investigations*. Translated by G. E. M. Anscombe, P. M. S. Hacker, and Joachim Schulte. Rev. 4th ed. Oxford: Blackwell, 2009.

_____. *Preliminary Studies for the "Philosophical Investigation": Generally Known as the Blue and Brown Books*. New York: Harper, 1964.

_____. *Preliminary Studies for the "Philosophical Investigation": Generally Known as the Blue and Brown Books*. 2nd ed. Harper Torchbooks. New York: Harper and Row, 1965.

_____. *Tractatus Logico-Philosophicus*. London: Routledge and Kegan Paul, 1963.

_____. *Tractatus Logico-Philosophicus*. New York: Dover, 1998.

_____. *Tractatus Logico-Philosophicus*. London: Empire Books, 2011.

Wolterstorff, Nicholas. *Art in Action: Toward a Christian Aesthetic*. Grand Rapids: Eerdmans, 1980.

_____. *Divine Discourse: Philosophical Reflections on the Claim That God Speaks*. Cambridge: Cambridge University Press, 1995.

_____. *Lament for a Son*. Grand Rapids: Eerdmans, 1987.

_____. *On Universals: An Essay in Ontology*. Chicago: University of Chicago Press, 1970.

_____. *Reason within the Bounds of Religion*. Grand Rapids: Eerdmans, 1976.

_____. *Reason within the Bounds of Religion*. 2nd ed. Grand Rapids: Eerdmans, 1984.

_____. *Reason within the Bounds of Religion*. 2nd ed. Grand Rapids: Eerdmans, 1988.

_____. *Thomas Reid and the Story of Epistemology*. Cambridge: Cambridge University Press, 2001.

_____. *Works and Worlds of Art*. Oxford: Clarendon, 1980.

Wood, W. Jay. *Epistemology: Becoming Intellectually Virtuous*. Downers Grove, IL: InterVarsity Press, 1998.

Wright, G. Ernest. *God Who Acts*. London: SCM Press, 1964.

Yolton, John W. *Perception & Reality: A History from Descartes to Kant*. Ithaca, NY: Cornell University Press, 1996.

Young, Edward J. *Thy Word Is Truth*. Grand Rapids: Eerdmans, 1957.

Young, William. *Hegel's Dialectical Method*. Nutley, NJ: Craig Press, 1972.

Zuidema, S. U. *Kierkegaard*. Philadelphia: Presbyterian and Reformed, 1960.

_____. *Sartre*. Philadelphia: Presbyterian and Reformed, 1960.

ONLINE RESOURCES

Note : When possible, full bibliographical data has been provided for each entry.

Alston, William. *Perceiving God: The Epistemology of Religious Experience*. Ithaca, NY: Cornell University Press, 1993. Available at http://www.questia.com/library/103762715/perceiving-god-the-epistemology-of-religious-experience. Requires susbscription for full text.

Anderson, James N. *Analogical Thoughts*. http://www.proginosko.com/.

Aquinas, Thomas. *On Being and Essence*. Available at http://faculty.fordham.edu/klima/Blackwell-proffs/MP_C30.pdf.

Austin, J. L. *How to Do Things with Words*. Cambridge, MA: Harbard University Press, 1975. Available at http://www.ling.upenn.edu/~rnoyer/courses/103/Austin.pdf.

Ayer, A. J. *Language, Truth and Logic*. New York: Dover, 1952. Available at http://archive.org/stream/AlfredAyer/LanguageTruthAndLogic_djvu.txt.

Barth, Karl. The Digital Karl Barth Library. http://solomon.dkbl.alexanderstreet.com/. Includes Barth's *Church Dogmatics* complete in both German and English, with other writings. Requires subscription.

Berkeley, George. *Three Dialogues between Hylas and Philonous*. Available at http://www.sacred-texts.com/phi/berkeley/three/txt.

_____. *A Treatise concerning the Principles of Human Knowledge*. Available at http://www.gutenberg.org/catalog/world/readfile?fk_files=1983609&pageno=1.

Bonhoeffer, Dietrich. Dietrich Bonhoeffer Reading Room. http://www.tyndale.ca/seminary/mtsmodular/reading-rooms/theology/bonhoeffer. Most of these online versions are incomplete.

_____. "Who Am I?" 1944. Available at http://neilwillard.com/2015/01/09/dietrich-bonhoeffer-sho-am-i/.

Boyd, Gregory. "What Is Open Theism?" Video. http://www.youtube.com/watch?v=gApXDGjyksw.

Brunner, Emil. *Dogmatics I: The Christian Doctrine of God*. Translated by Olive Wyon. Phildadelphia: Westminster Press, 1950. Available at http://archive.org/details/dogmatics01brun.

Bultmann, Rudolf. *History and Eschatology: The Presence of Eternity*. 1954-55 Gifford Lectures. Harper, 1962. Available at http://www.giffordlectures.org/books/history-and-eschatology.

_____. "The Mythological Element in the Message of the New Testament and the Problem of its Re-interpretation" (also known as "New Testament and Mythology"). In *Kerygma and Myth: A Theological Debate*, edited by Hans Werner Bartsch. Translated by Reginald H. Fuller. London: SPCK, 1953. Available at http://www.sunysuffolk.edu/About/search/as[?cx=01829586394727296%3An8erqd-hxfk&cof=FORID%3A9&ie=UTF-8&q=bultmann&x=0&y=0.

Bultmann, Rudolf, Ernst Lohmeyer, Julius Schniewind, Helmut Thielicke, and Austin Farrer. *Kerygma and Myth: A Theological Debate*. Edited by Hans Werner Bartsch. Translated by Reginald H. Fuller. London: SPCK, 1953. Available at http://www.sunysuffolk.edu/About/search.asp?cx=01829586394727296%3An8erqd-hxfk&cof=FORID%3A9&ie=UTF-8&q=bultmann&x=0&y=0.

Burnet, John, trans. Fragments of Heraclitus. Available at http://www.wikisource.org/wiki/Fragments_of_Heraclitus.

Butler, Joseph. *Analogy of Religion*. Philadelphia: J. B. Lippincott, 1865. Available at http://www.ccel.org/ccel/butler/analogy.html.

Clark, Gordon H. A number of Clark's works and works about Clark are available at http://www.trinityfoundation.org/.

Clifford, W. K. "The Ethics of Belief." Originally published 1877. Now availble as *The Ethics of Belief and Other Essays. New York: Prometheus Books, 1999. Available at http://infidels.org/library/historical/w_k_clifford/ethics_of_Belief.html.

Cristaudo, Wayne. "Eugen Rosenstock-Huessy." *Stanford Encyclopedia of Philosophy* (June 14, 2012). http://plato.stanford.edu/entries/rosenstock-huessy/.

Descartes, René. *discourse on the Metheod of Rightly Conducting One's Reason and of Seeking Truth in the Sciences*. Available at http://www.literature.org/authors/descartes-rene/reason-discourse/.

———. *Meditations on First Philosophy*. Available at http://faculty-ycp.edu/~dweiss/phl321_epistemology/descartes%20meditations.pdf.

Dewey, John. The Online Books Page. Numerous books by John Dewey. http://onlinebooks.library.upenn.edu/webbin/book/lookupname?key=Dewey%2C%20John%201859-1952.

Dogmatic Definition of the Council of Chalcedon. Available at http://www.ewtn.com/faith/teachings/incac2.htm.

Dooyeweerd, Herman. A number of his works are published online. See the list at http://www.allofliferedeemed.co.uk/dooyeweere.htm. See also http://reformatorische.blogspot.com/2009/11/herman-dooyeweerd.html. My critique of him can be found at http://www.frame-poythress.org/wp-content/uploads/2012/08/FrameJohnAmsterdamPhilosphy1972.pdf, developed further at http://www.frame-poythress.org/dooyeweerd-and-the-word-of-god/.

Dorrien, Gray. "The Origins of Postliberalism." *Christian Century* (Julu 4–11, 2001): 16–21. Available at http://thinkerkang.blogspot.com/2014/04/the-origins-of-postliberalism-by-gary.html.

Edwards, Jonathan. *Works of Jonathan Edwards*. 2 vols. Available at http://www.ccel.org/ccel/edwards/works1.html; http://www.ccel.org/ccel/edwards/works2.html.

Feuerbach, Ludwig. Ludwig Feuerbach Archive. His works and significant essays about him are available at http://www.marxists.org/reference/archive/feuerbach/.

Frame, John M. *The Academic Capativity of Theology*. Lakeland, FL: Whitefield Publishers, 2012. Available at http://whitefieldmedia.com/product/the-academic-captivity-of-theology/.

———. *The Amsterdam Philosophy: A Preliminary Critique*. Phillipsburg, NJ: Pilgrim Press, 1972. Available at http://www.frame-poythress.org/wp-content/uploads/2012/08/FrameJohnAmsterdamPhilosophy1972.pdf.

———. "Certainty." In *New Dictionary of Christian Apologetics*, edited by W. C. Campbell-Jack and Gavin J. McGrath, 141–45. Consulting ed. C. Stephen Evans.

Downers Grove, IL: InterVarsity Press, 2006. Available at http://www.frame-poythress.org/certainty/.

_____. "Infinite Series." In *New Dictionary of Christian Apologetics*, edited by W. C. Campbell-Jack and Gavin J. McGrath, 353-54. Consulting ed. C. Stephen Evans. Downers Grove, IL: InterVarsity Press, 2006. Available at http://www.frame-poythress.org/infinite-series/.

_____. "Open Theism and Divine Foreknowledge." In *Bound Only Once*, edited by Douglas Wilson, 83-94. Moscow, ID: Canon Press, 2001. Available at http://www.frame-poythress.org/open-theism-and-divine-foreknowledge/.

_____. Review of *The Nature of Doctrine*, by George A. Lindbeck. *Presbyterian Journal* 43 (February 27, 1985): 11-12. Available at http://www.frame-poythress.org/review-of-lindbecks-the-nature-of-doctrine/.

Frege, Gottlob. "On Sense and Reference." Translated by Max Black. Available at http://en.wikisource.org/wiki/On_Sense_and_Reference.

Gettier, Edmund. "Is Justified True Belief Knowledge?" *Analysis* 23 (1966): 121-23. Available at http://philosophyfaculty.ucsd.edu/faculty/rarneson/Courses/gettierphilreading.pdf.

Graham, Daniel W. "Heraclitus." *Internet Encyclopedia of Philosophy*. http://www.utm.edu/research/iep/h/heraclit.htm.

Harnack, Adolf von. *Works*. Includes *What Is Christianity?* and his six-volume *History of Dogma*. Available at http://www.ccel.org/ccel/harnack.

"Hartford Affirmation." Available at http://www.philosophy-religion.org/handouts/pdfs/Hartofrd-Affirmation.pdf.

Hegel, G. W. F. His main works are available at http://www.hegel.net/en/etexts.htm and http://www.hegel.org/links.html#texts.

Heidegger, Martin. His Shorter articles and letters are available at http://archive.org/search.php?query=creator%3A%22Martin%20Heidegger%22.

Helm, Paul. Articles on many subjects are available at http://paulhelmsdeep.blogspot.com/.

Heraclitus. Fragments of Heraclitus are available at http://en.wikisource.org/wiki/Fragments_of_Heraclitus.

Herrmann, Wilhelm. *The Communion of the Christian with God*. Translated by J. Sandys Stanyon. Revised by R. W. Stewart. London: Williams & Norgate and New York: G. P. Putnam's Sons, 1906. Available at http://archive.org/details/communionofchris00herrich.

Hobbes, Thomas. *The Leviathan*. Available at http://oregonstate.edu/instruct/phl302/texts/hobbes/leviathan-contents.html.

Hodanbosi, Carol. "Pascal's Principle and Hydraulics." National Aeronautics and Space Administration. http://www.grc.nas.gov/WWW/k-12/WindTunnel/Activities/Pascals_principle.html.

Hume, David. *Dialogues concerning Natural Religion*. Available at http://latourgifford2013.wikispaces.com/Hume%27s+Dialogues+Concerning+Natural+Religion.

_____. *An Enquiry concerning Human Understanding*. Available at http://ebooks.adelaide.edu.au/h/hume/david/h92e/index/html.

_____. *An Enquiry concerning the Principles of Morals*. Available at http://www.gutenberg.org/files/4320/4320-h/4320-h.htm.

_____. *A Treatise of Human Nature*. Available at http://www.gutenberg.org/files/4705/4705-h/4705-h.htm.

Husserl, Edmund. Online Texts. http://www.husserlpage.com/hus_online.html.

Internet Encyclopedia of Philosophy. http://www.iep.utm.edu.

James, William. The Online Books Page. Numerous books by William James. http://onlinebooks.library.upenn.edu/webbin/book/lookupname?key=James%2C%20William%2C%201842-1910.

_____. *Progmatism: A New Name for Some Old Ways of Thinking*. Available at http://www.gutenberg.org/ebooks/5116.

Kant, Immanel. Kant on the Web. English translations of many of Kant's works are avaliable at http://staffweb.hkbu.edu.hk/ppp/K2texts.html; http://ebooks.adelaide.edu.au/k/kant/immanuel/.

Kierkegaard, Søren. *Attack upon Christendom*. Translated, with an introduction, by Walter Lowrie. Princeton, NJ: Princeton University Press, 1946. Available at http://www.christianebooks.com/pdf_files/kierkegaard-satta00kier.pdf.

_____. *Concluding Unscientific Postscript*. Edited and t http://pol-ts.com/Research_files/Source%20Material/Kierkegaard/Philosophical%20Fragments.pdf.

_____. Selections from the writings of Kierkegaard, including *Fear and Trembling*. Available at http://www.ccel.org/ccel/kierkegaard/selections.

_____. *The Sickness unto Death*. Princeton, NJ: Princeton University Press, 1941. Available at http://www.naturalthinker.net/trl/texts/Kierkegaard,Soren/TheSicknessUntoDeath.pdf.

_____. *Works of Love*. Translated by Howard and Edna Hong. New York: Harper and Row, 1964. Pages 58-98 only (out of 378 pages). Available at http://more.machighway.com/~cliffor1/Site/EXSupplementalReadings_files/kierkegaard_works.pdf.

Kuhn, Thomas S. *The Structure of Scientific Revolutions*. 3rd ed. Chicago: University of Chicago Press, 1996. Available at http://moodle.eosmith.org/pluginfile.php/3436/mod_

resource/content/1/The%20Structure%20OF%20Scientific%20Revolutions%203rd%20ed%20-%20Thomas%20Kuhn.pdf.

Kuyper, Abraham. Abraham Kuyper Translated Socity. http://www.acton.org/research/kuyper-translation-project.

_____. Six books by Kuyper, including his *Lectures on Calvinism*. (the Stone Lectures), ard available at http://www.ccel.org/ccel/kuyper. See also the Kuyper Digital Library at http://kuyper.ptsem.edu/. It contains most of his published works along with an archive of unpublished writings.

Leibniz, G. W. *Theodicy and Monadology*. Available at http://www.gutenberg.org/ebooks/author/7168.

Leithart, Peter J. "The Relevance of Eugen Rosenstock-Huessy." *First Things*, June 28, 2007. Available at http://www.firstthings.com/onthesquare/2007/06/the-relevance-of-eugen-rosenst.

Lessing, G. E. *The Dramatic Works of G. E. Lessing*. Edited by Ernest Bell. London: George Bell and Sons, 1878. Available at http://www.gutenberg.org/files/33435/33435-h/33435-h.htm.

_____. "On the Proof of the Spirit and of Power." In *Lessing's Theological Writings*, edited by Henry Chadwick. Stanford, CA: Stanford University Press, 1956. Available at http://faculty.tcu.edu/grant/hhit/Lessing.pdf.

Lewis, C. S. The C. S. Lewis Reading Room. Articles by and about Lewis. http://www.tyndale.ca/seminary/mtsmodular/reading-rooms/theology/lewis.

_____. *Mere Christianity*. London: Fontana, 1952. Available at http://lib.ru/LEWISCL/mere_engl.txt.

Locke, John. *An Essay concerning Human Understanding*. Available at http://oregonstate.edu/instruct/phl302/texts/locke/locke1/Essay_contents.html.

_____. *The Works of John Locke in Nine Wolumes*. 12th ed. Vol 6., *The Reasonableness of Christianity*. London: Rivington, 1824. Available at http://oll.libertyfund.org/?option=com_staticxt&staticfile=show.php%3Ftitle=1438&Itemid=27.

_____. *The Works of John Locke in Ten Volumes*. New ed. Vol 5, *Two Treatises of Government*. London: Printed for Thomas Tegg, 1823. Available at http://www.efm.bris.ac.uk/het/locke/government.pdf.

Luther, Martin. Many of Luther's and Calvin's writings (including Calvin's *Institutes* and *Commentaries*) are available at http://www.ccel.org.

MacIntyre, Alasdair C. "Prologue." to *After Virtue: A Study in Moral Theology*. 3rd ed. Notre Dame, IN: University of Notre Dame Press, 2007. Available at http://www3.undpress.

nd.edu/excerpts.P01162-ex.pdf.

Marx, Karl. Marx/Engels Library. Marx's writings are available at http://www.marxists.org/archive/marx/works/.

Meek, Esther Lightcap. *Loving to Know: Introducing Covenant Epistemology*. Eugene, OR: Wipf and Stock, 2011. Synopsis available at http://www.longingtoknow.com/lobing-to-know-l2k.html.

———. Various resources are available on her website. http://www.longingtoknow.com/. Conversations with others on *Longing to Know* are available at http://www.missouriwestern.edu/orgs/polanyi/TAD%20WEB%20ARCHIVE/TAD31-3/TAD31-3-fnl-pg29-44-pdf. Her blog is available at http://www.longingtoknow.com/blog.

Milbank, John, et al. *Radical Orthodoxy: Theology, Philosohy, Politics*. Online journal, with many articles on Radical Orthodoxy. http://journal.radicalorthodoxy.org/index.php/ROTPP. See also Radical Orthodoxy Online. http://www.cavin.edu/~jks4/ro/.

Moltmann, Jürgen. *Theology of Hope: On the Ground and the Implications of a Christian Eschatology*. New York: Harper and Row, 1967. Concluding chapter available at http://www.pubtheo.com/page.asp?pid=1036.

Moore, G. E. "A Defence of Common Sense." In *Comtemporary British Philosophy*, edited by J. H. Muirhead. 2nd ser., 1925. Reprinted in G. E. Moore, *Philosophical Papers*, 32–45. London: George Allen & Unwin, 1959. Avaliable at http://www.ditext.com/moore/commonsense.html.

———. *Principia Ethica*. Amherst, NY: Prometheus Books, 1988. Available at http://fair-use.org/g-e-moore/principia-ethica/.

———. "Proof of an External World." In *Philosophical Papers*, 126–48. New York: Collier Books, 1962. Available at http://www.hist-analytic.com/MooreExternalWorld.pdf.

———. "The Refutation of Idealism/" *Mind*, n.s., 12, 48 (October 1903): 433–35. Available at http://www.ditext.com/moore/refute.html.

Nietzsche, Friedrich. *The Complete Works of Friedrich Nietzshce*. Edited by Oscar Levy. Vol. 10. *The Joyful Wisdom*. New York:Macmillan, 1924. Available at http://www.archive.org/stream/completenietasch10nietuoft/completenietasch10nietuoft_djvu.txt

———. *A Contemporary Nietzsche Reader*. Available at http://nietzsche.holtof.com/reader/index.html. Additional Nietzsche texts are available at http://nietzsche.holtof.com/.

———. The Online Books Page. Numerous books by Friedrich Wilhelm Nietzsche. http://onlinebooks.library.upenn.edu/webbin/book/search?amode=start&author=Nietzsche%2C%20Friedrich%20Wilhelm%2C%201844-1900.

Olson, Roger E. "Back to the Bible (Almost): WHy Yale's Postliberal Theologians Deserve an Evangelical hearing." *Christianity Today* 40, 6 (May 20, 1996). Available at hoot://www.christianitytoday.com/ct/1996/may20/6t6031.html. Requires subscription to read full article.

Paley, William. *Natural Theology*. Available at http://naturaltheology.us/table-of-contents/209.thml.

Pannenberg, Wolfhart. "God of the Philosphers." Available at http://www.firstthings.com/article/2007/06/002-god-of-the-philosophers.

Parmenides. "On Nature." Edited by Allan F. Randall from translation by Daivid Gallop, Richard D. McKirahan Jr., Jonathan Barnes, John Mansley Robinson, et al. Available at http://rhetcomp.gsu.edu/~gpullman/2150/parmenides.htm. Also see John Burner's older translation at http://philoctetes.free.fr/parmenidesunicode.htm.

Pascal, Blaise. "Memorial." Available at http://www.users.csbsju.edu/~eknuth/pascal.html.

_____. *Pensée*. Translated by W. F. Trotter. Available at http://www.ccel.org/ccel/pascal/pensees.html.

Peirce, Charles S. Peirce's Writings On Line. http://www/peirce.org/writings.html.

Plantinga, Alvin. "Advice to Christian Philosophers." *Faith and Philosophy* 1 (October 1984): 1-19. Available at http://www.calvin.edu/academic/philosophy/virtual_library/articles/plantinga_alvin/advice_to_christian_philosophers.pdf.

_____. Many of Plantinga's papers are available under "Alvin Plantinga" at the Virtual Library of Christian Philosophy. http://www.calvin.edu/academic/philosophy/virtual_librayr/plantinga_alvin.htm.

_____. "Two Dozen (or So) Theistic Arguments." Available at http://www.calvin.edu/academic/philosophy/virtual_library/articles/plantinga_alvin/two_dozen_or_so_theistic_arguments.pdf.

Porythress, Vern S. Most of Poythress's books and articles are available at http://www.frame-poythress.org.

Quine, Willard Van Orman. "Two Dogmas of Empiricism." *Philosophical Review* 60 (1951): 20-43. Reprinted in Willard Van Orman Quine, *From a Logical Point of View: Nine Logico-Philosophical Essays*. 2nd rev. ed. Cambridge, MA: Harvard University Press, 1961. Available at http://www.ditext.com/quine/quine.html.

Reid, Thomas. "Thomas Reid." Some Texts in Early Modern Philosophy. http://www.earlymoderntexts.com/authors/reid.html.

Reno, R. R. "The Raical Orthodoxy Project." *Frist Things* (February 2000). Available at http://www.firstthings.com/article/2000/02/the-radical-orthdoxy-project.

Ritschl, Albrecht. *The Christian Doctrine of Justification and Reconciliation*. Translated and edited by H. R. Mackintosh and A. B. Macaulay. 2nd 2d. Edinburgh: T&T Clark, 1902. Available at http://archive.org/details/christiandoctri00edoog.

Robert, Lisa J. "Thomas Kuhn's *The Structure of Scientific Revolutions*." *ETC: A Review of Gerneral Semantics* 57, 1 (Spring 2000). Available at http://ebookbrowsee.net/thomas-kuhn-s-the-structure-of-scientific-revolutions-pdf-d94647007.

Rosenstock-Huessy, Eugen. Guide to the Papers of Eugen Rosenstock-Huessy, 1870-2001. http://ead.dartmouth.edu/html/ms522.html. See also Eugen Rosenstock-Huessy Society of North Americal. http://www.erhsociety.org/, with many resources available at http://www.erhsociety.org/documents/.

Russell, Bertrand. "A Free Man's Worship" (1903). Available at http://philosophicalsociety.com/Archives/A%20Free%20Man%27s%20Worship.htm.

_____. "Has Religion Made Useful Contributions to Civilization?" Available at http://www.positiveatheism.org/hist/russell2.htm.

_____. *Mysticism and Logic and Other Essays*. London: George Allen & Unwin, 1917. Available at http://en.wikisource.org/wiki/Mysticism_and_Logic_and_Other_Essays.

_____. *Our Knowledge of an External World as a Field for Scientific Method in Philosophy*. London: George Allen & Unwin, 1914. Available at http://archive.org/details/outknowledgeofth005200mbp.

_____. *The Philosophy of Logical Atomism*. Oxford: Taylor & Francis e-Library, 2009. Available at http://www.ualberta.ca/~francisp/NewPhil448/RussellPhilLogicalAtomismPears.pdf.

_____. *The Problems of Philosophy*. Oxford: Oxford University Press, 1959. Available at http://www.ditext.com/russell/russell.html.

Sartre, Jean-Paul. "Existentialism Is a Humanism." In *Existentialism from Dostoevsky to Sartre*, edited by Walter Kaufman. Translated by Philip Mairet. Meridian Publishing Company, 1989. Available at http://www.marxists.org/reference/archive/sartre/works/exist/sartre.htm.

_____. Jean-Paul Sartre Archive. http://marxists.org/reference/archive/sartre/.

Schaff, Philip, et al., eds. *Ante-Nicene, Nicene, and Post-Nicene Fathers*. Christian Classics Ethereal Library. http://www.ccel.org/node/70.

Schaper, Eva. "Ernst Troeltsch." *Encyclopaedia Britannica*. Avaliable at http://www.britannica.com/EBchecked/topic/606217/Ernst-Troeltsch.

Schleiermacher, Friedrich. Christian Classics Ethereal Library. http://www.ccel.org/ccel/schleiermach. Includes his *On Religion: Speeches to Its Cultured Despisers* and *Selected*

Sermons of Schleiermacher. Translated by Mary F. Wilson. Some other English translations of Schleiermacher (but not *The Christian Faith*) are available at http://en.wikipedia.org/wiki/Friedrich_Schleiermacher#Works.

———. *The Christian Faith*. New York: Bloomsbury Academic, 1999. Available at http://books.google.com/books/about/The_Christian_Faith.html?id=8JiQhmLykAYC.

Schopenhauer, Arthur. Many of his works are available at http://ebooks.adelaide.edu.au/s/schopenhauer/arthur/.

Spinoza, Baruch (Benedict de Spinoza). *Ethics*. Available as free e-book at http://www.gutenberg.org/ebooks/3800.

———. *A Theologico-Political Treatise*. Translated by R. H. M. Elwes. New York: Dover, 1951. Available at http://www.spinozacasck.net78.net/Theologico-Political%20Treatise,%20Benedict%20de%20Spinoza.pdf.

Stanford Encyclopedia of Philosophy. http://plato.stanford.edu.

Swinburne, Richard. Selected full-text books and articles are available at http://www.questia.com/library/religion/philosophy-of-religion/richard-swinburne. Membership required for full texts.

Tillich, Paul. Articles by and about Paul Tillich are available at www.archive.org. Search "Paul Tillich."

Urmson, J. O. *Philosophical Analysis: Its Development between the Twol World Wars*. Oxford: Clarendon, 1958. Available at http://www.questia.com/library/465525/philosophical-analysis-its-development-between-the. Membership required for full texts.

Vanhoozer, Kevin J., ed. *The Cambridge Companion to Postmodern Theology*. Cambridge: Cambridge University Press, 2003. Available at http://docs.google.com/viewer?url=http://assets.cambridge.org//052179/062X/smaple/052179062Xws.pdf. Requries (free) Google account.

———. "The Inerrancy of Scripture." Available at http://www.theologynetwork.org/biblical-sudies/getting-stuck-in/the-inerrancy-of-scripture.htm.

———. "Lost in Interpretation? Truth, Scripture, and Hermeneutics." *JETS* 48, 1 (March 2005): 89-114. Available at http://www.etsjets.org/files/JETS-PDFs/48/48-1/48-1-pp089-114_JETS.pdf.

———. Vanhoozer on the Net. Various articles, lectures, reviews. http://achorusofehoes.wordpress.com/2010/08/10/vanhoozer-on-the-net/.

Van Til, Cornelius. A number of works by and about Van Til are available at http://www.vantil.info/byauthor.html; http://presupp101.wordpress.com/2011/10/03/why-i-believe-in-god-by-cornelius-van-til. Forty volumes of Van Til's works are available on CD-ROM at http://www.logos.com/product/3994/the-works-of-cornelius-van-til. His *Survey of Christian Epistemology* is available in a free PDF at http://veritasdomain.wordpress.com/2011/10/08/free-pdf-book-a-survey-of-chirstian-epistemology-by-cornelius-van-til/. His *Christianity and Idealism* is available at http://presupp101.wordpress.com/.

_____. Van Til Info. "A comprehensive catalogue of online resources explicitly related to the theology, philosophy, and apologetics of Cornelius Van Til." http://www.vantil.info.

_____. "Why I Believe in God." Available at http://www.the-highway.com/why_I_believe_cvt.html.

Welty, Greg. "An Examination of Theistic Conceptual Realism as an Alternative to Theistic Activism." M. Phil. thesis, Oriel College, OXford University, 2000. Available at http://www.proginosko.com/welty/mphil.pdf.

Whitehead, Alfred North. "God and the World." In *Process and Reality: An Essay in Cosmology*. Edited by David Ray Griffin and Donald W. Sherburne. Corrected ed. New York: Free Press, 1978. Avaliable at http://www.anthonyflood.com/whiteheadogdandtheworld.htm.

_____. Various articles about Alfred North Whitehead are available at http://whiteheadresearch.org/.

Wikipedia, s.v. "Abraham Kuyper." http://en.wikipedia.org/wiki/Abraham_Kuyper.

Wikipedia, s.v. "Alasdair MacIntyre." See the section "Online videos of MacIntyre giving lectures." http://en.wikipedia.org/wiki/Alasdair_MacIntyre.

Wikipedia, s.v. "Auburn Affirmation." http://en.wikipedia.org/wiki/Auburn_Affirmation.

Wikipedia, s.v. "Ludwig Wittgenstein." http://en.wikipedia.org/wiki/Ludwig_Wittgenstein.

Wikipedia, s.v. "Pietism." http://en.wikipedia.org/wiki/Pietism.

Wikipedia, s.v. "William Harry Jellema." http://en.wikipedia.org/wiki/William_Harry_Jellema#cite_note-2.

Wittgenstein, Ludwig. *The Blue Book*. Available at http://www.geocities.jp/mickindex/wittgenstein/witt_blue_en.html.

_____. *On Certainty (Uber Gewissheit)*. Edited by G. E. M. Anscombe and G. H. von Wright. Translated by Denis Paul and G. E. M. Anscombe. Oxford: Basil Blackwell, 1969-75. Available at http://web.archive.org/web/20051210213153/http://budni.by.ur/oncertainty.html.

_____. *Tractatus Logico-Philosophicus (Logisch-philosophische Abhandlung)*. Side-by-side-by-side ed. Version 0.41. February 11, 2014. Available at http://people.umass.

edu/phil335-klement-2/tlp/tlp.pdf. Contains the original German, alongside both the Ogden/Ramsey and the Pears/McGuinness English translation. First published: London: Kegan Paul, 1922.

Wolterstorff, Nicholas. "The Grace That Shaped My Life." In *Philosophers Who Believe: The Spiritual Journeys of 11 Leading Thinkers*, edited by Kelly James Clark, 259-75. Downers Grove, IL: IVP Academic, 1997. Available at http://www.calvin.edu/125th/wolterst/w_bil.pdf.

Woodiwiss, Ashley. "What's So Radical about Orthodoxy?" *Christianity Today*, May 2005. Available at http://www.christianitytoday.com/ct/2005/mayweb-only/22.0c.html?start=1.

이미지 출처

호메로스(Homer) 익명 / Wikimedia Commons / Public Domain

탈레스(Thales) 익명 / Wikimedia Commons / Public Domain

파르메니데스(Parmenides) 익명 / Wikimedia Commons / CC-BY-SA-3.0 / GFDL

피타고라스(Pythagoras) 익명 / Wikimedia Commons / CC-BY-SA-3.0 / GFDL

플라톤(Plato) 익명 / Wikimedia Commons / Public Domain

아리스토텔레스(Aristotle) Eric aba(user: Sting) / Wikimedia Commons / Public Domain

제논(Zeno) user: shakko / Wikimedia Commons / CC-BY-SA-3.0

플로티누스(Plotinus) 익명 / Wikimedia Commons / Public Domain

순교자 유스티누스(Justin Martyr) 익명 / Wikimedia Commons / Public Domain

이레나이우스(Irenaeus) 익명 / Wikimedia Commons / Public Domain

테르툴리아누스(Tertullian) 익명 / Wikimedia Commons / Public Domain

알렉산드리아의 클레멘스(Clement of Alexandria) 익명 / Wikimedia Commons / Public Domain

오리게누스(Origen) 익명 / Wikimedia Commons / Public Domain

아타나시우스(Athanasius) 익명 / Wikimedia Commons / Public Domain

아우구스티누스(Augustine) 익명 / Wikimedia Commons / Public Domain

보에티우스(Boethius) 익명 / Wikimedia Commons / Public Domain

캔터리베리의 안셀무스(Anselm of Canterbury) 익명 / Wikimedia Commons / Public Domain

피에르 아벨라르(Peter Abelard) 익명 / Wikimedia Commons / Public Domain

토마스 아퀴나스(Thomas Aquinas) 익명 / Wikimedia Commons / Public Domain

요하네스 둔스 스코투스(John Duns Scotus) user: Faber / Wikimedia Commons / Public Domain

윌리엄 오컴(William of Occam) Moscarlop / Wikimedia Commons / CC-BY-SA-3.0 / GFDL

마르틴 루터(Martin Luther) Lucas Cranach / Wikimedia Commons / Public Domain

존 칼빈(John Calvin) 익명 / Wikimedia Commons / Public Domain

르네 데카르트(René Descartes) Andre Hatala / Wikimedia Commons / Public Domain

바뤼흐 스피노자(Baruch [Benedict] Spinoza) user: shop.mpiir / Wikimedia Commons / Public Domain

고트프리트 빌헬름 라이프니츠(Gottfried Wilhelm Leibniz) 익명 / Wikimedia Commons / Public Domain

토머스 홉스(Thomas Hobbes) 익명 / Wikimedia Commons / Public Domain

존 로크(John Locke) 익명 / Wikimedia Commons / Public Domain

조지 버클리(George Berkeley) user: 1wEMKObfE2BRRpQ / Wikimedia Commons / Public Domain

데이비드 흄(David Hume) 익명 / Wikimedia Commons / Public Domain

셰버리의 에드워드 허버트(Edward, Lord Herbert of Cherbury) user: Dcoetzee / Wikimedia Commons / Public Domain

고트홀트 레싱(Gotthold E. Lessing) Anna Rosina de Gasc / Wikimedia Commons / Public Domain

블레즈 파스칼(Blaise Pascal) 익명 / Wikimedia Commons / Public Domain

조지프 버틀러(Joseph Butler) 익명 / Wikimedia Commons / Public Domain

조나단 에드워즈(Jonathan Edwards) user: Flex / Wikimedia Commons / Public Domain

윌리암 팔리(William Paley) 익명 / Wikimedia Commons / Public Domain

토머스 리드(Thomas Reid) 익명 / Wikimedia Commons / Public Domain

임마누엘 칸트(Immanuel Kant) 익명 / Wikimedia Commons / Public Domain

게오르크 헤겔(George W. F. Hegel) 익명 / Wikimedia Commons / Public Domain

아서 쇼펜하우어(Arthur Schopenhauer) 익명 / Wikimedia Commons / Public Domain

루트비히 포이어바흐(Ludwig Feuebach) 익명 / Wikimedia Commons / Public Domain

칼 마르크스(Karl Marx) John Jabez Edwin Mayall(1813–1901) / Wikimedia Commons / Public Domain

프리드리히 슐라이에르마허(Friedrich D. E. Schleiermacher) 익명 / Wikimedia Commons / Public Domain

알브레히트 리츨(Albrecht Ritschl) 익명 / Wikimedia Commons / Public Domain

아돌프 폰 하르낙(Adolf von Harnack) user: Tagishsimon / Wikimedia Commons / Public Domain

알베르트 슈바이처(Albert Schweitzer) 익명 / Wikimedia Commons / CC-BY-SA-3.0 de

쇠렌 키에르케고르(Søren Kierkegaard) Alvaro Marques Hijazo / Wikimedia Commons / CC-BY-SA-4.0

프리드리히 니체(Friedrich W. Nietzsche) F. Hartmann / Wikimedia Commons / Public Domain

찰스 샌더스 퍼스(Charles Sanders Peirce) 익명 / Wikimedia Commons / Public Domain

윌리엄 제임스(William James) 익명 / Wikimedia Commons / Public Domain

존 듀이(John Dewey) user: Howcheng / Wikimedia Commons / Public Domain

에드문트 후설(Edmund Husserl) 익명 / Wikimedia Commons / Public Domain

마르틴 하이데거(Martin Heidegger) Willy Pragher / Wikimedia Commons / CC-BY-SA 3.0

장 폴 사르트르(Jean-Paul Sartre) Moser Milner / Wikimedia Commons / CC-BY-SA 3.0

칼 야스퍼스(Karl Jaspers) 익명 / Wikimedia Commons / Public Domain

알베르 카뮈(Albert Cammus) Photograph by United Press Interational / Wikimedia Commons / Public Domain

루돌프 불트만(Rudolf Bultmann) user: Ju / Wikimedia Commons / Public Domain

폴 틸리히(Paul Tillich) Richard Keeling / Wikimedia Commons / CC-BY-SA-4.0 / GFDL

디트리히 본훼퍼(Dietrich Bonhoeffer) 익명 / Wikimedia Commons / CC-BY-SA 3.0 de

에른스트 블로흐(Ernst Bloch) Quaschinasky Hans-Gunter / Wikimedia Commons / CC-BY-SA 3.0 de

위르겐 몰트만(Jürgen Moltmann) Maeterlinck / Wikimedia Commons / CC-BY-SA 4.0

구스타보 구티에레스(Gustavo Gutierrez) user: Mohan / Wikimedia Commons / Public Domain

볼프하르트 판넨베르크(Wolfhart Pannenberg) Reineke, Engelbert / Wikimedia Commons / CC-BY-SA 3.0 de

알프레드 노스 화이트헤드(Alfred North Whitehead) Wellcome Trust / Wikimedia Commons / CC-BY-4.0

존 콥(John B. Cobb) The center for Process Studies / Wikimedia Commons / CC-BY-SA-3.0

G. E. 무어(George Edward Moore) Filobotfil / Wikimedia Commons / CC-BY-SA-3.0

버트런드 러셀(Bertrand Russell) 익명 / Wikimedia Commons / Public Domain

루트비히 비트겐슈타인(Ludwig Wittgenstein) Moritz Nahr / Wikimedia Commons / Public Domain

페르디낭 드 소쉬르(Ferdinand de Saussure) Frank-Henri Jullien / Wikimedia Commons / Public Domain

아브라함 카이퍼(Abraham Kuyper) 익명 / Wikimedia Commons / Public Domain

헤르만 도이베르트(Hermann Dooyeweerd) user: avc@vumc.nl / Wikimedia Commons / Public Domain

코넬리우스 반 틸(Cornelius Van Til) 익명 / Wikimedia Commons / Public Domain

앨빈 플랜팅가(Alvin Plantinga) Jonathunder / Wikimedia Commons / CC-BY-SA-3.0 / GFDL

니콜라스 볼터스토프(Nicholas Wolterstorff) Nicholas Wolterstorff / Wikimedia Commons / CC-BY-SA-3.0 / GFDL

철학과 신학의 역사적 전환기

- 33년 — 예수님이 십자가에 못 박혀 죽으셨다가 부활하셨다. 예수 그리스도의 성육신이 기독교적 세계관의 진리를 확립하고, 기독교 복음의 핵심인 죄와 사망으로부터의 구원의 역사를 완성시켰다.

- 165년 — 제1세대 기독교 철학자와 변증학자에 속하는 유스티누스가 순교했다.

- 313년 — 로마 황제 콘스탄티누스가 밀라노 칙령을 공포했다. 그로써 제국 전역에서 진행되던 기독교에 대한 박해가 종식되었다. 콘스탄티누스 황제는 325년에 범교회적인 니케아 공의회를 소집했고, 공의회는 예수 그리스도의 신성을 확증했다.

- 354-430년 — 아우구스티누스의 저서들이 교부 시대의 신학적, 철학적 업적의 정점을 이루었고, 중세 시대의 시작을 알렸다. 중세 시대에는 로마 제국이 아닌 교회가 철학에서 지배적인 역할을 했고, 고대 사상을 보존하는 일을 주관했다.

- 1274년 — 토마스 아퀴나스가 『신학 대전』을 펴내 플라톤과 아리스토텔레스의 사상과 성경의 가르침을 통합시켜 믿음과 이성의 종합을 꾀했던 중세 시대의 전형적인 특징을 확립했다. 아퀴나스는 헬라의 형상과 질료 체계를 자연 지식의 영역에 귀속시키고, 한 차원 높은 영역, 곧 믿음과 계시가 이성을 보완하는 영역을 첨부시켰다. 다음의 도표를 참조하라.

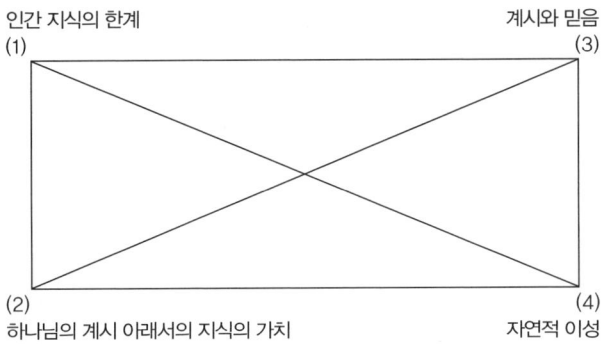

도표 1. 아퀴나스 인식론의 합리주의와 불합리주의

1517년 마르틴 루터가 비텐베르크 교회당 문에 "95개조 반박문"을 내 걸음으로써 개신교 종교 개혁의 시작을 알렸다. 철학적인 관점에서 보면 종교 개혁은 (아퀴나스의 "자연적 이성"을 비롯한) 인간 이성의 자율성을 거부하고, 기록된 하나님의 말씀으로 이성적 사고를 통제하려고 시도했다. 아래의 도표를 참조하라.

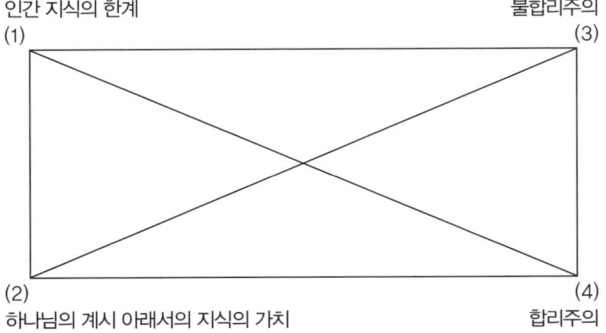

도표 2. 루터의 인식론과 비기독교적 사상과의 비교

철학과 신학의 역사적 전환기 **1103**

▶ 1624년
세버리의 허버트 경이 『진리론』에서 자연 종교의 요점들을 밝힘으로써 영국 이신론과 자유주의 신학의 전통이 시작되었다. 자유주의 신학의 전통은 성경의 권위를 부인하고, 자율적 사고를 주장하는 세속 사상을 따르는 방식으로 진리를 추구한다.

▶ 1637년
BC 600년에 철학이 처음 시작되었을 때와 마찬가지로 르네 데카르트의 『방법 서설』을 통해 또 한 번 급진적인 세속 철학의 시대가 열렸다. 탈레스가 모든 전통과 종교를 거부하고, 오직 이성에 근거한 사유를 시작했던 것처럼 데카르트도 성경과 기독교 전통을 비롯해 모든 것을 의심하고, 거부했다.

▶ 1781년
임마누엘 칸트의 『순수 이성 비판』이 인식론의 "코페르니쿠스적인 전환"을 이루었다. 그의 인식론은 하나님이 아닌 인간의 이성이 경험의 형식을 세상에 부여한다고 주장한다. 그로써 인간의 자율성이 철학과 신학의 근본적인 권위로서 더욱더 확고하게 확립되었다. 칸트는 『이성의 한계 내에서의 종교』에서 이런 변화에 함축된 신학적 의미를 밝히고, 기독교 복음을 자율적인 윤리로 바꾸어 놓았다. 그는 하나님을 인간의 정신으로 대체했다. 아래의 도표를 참조하라.

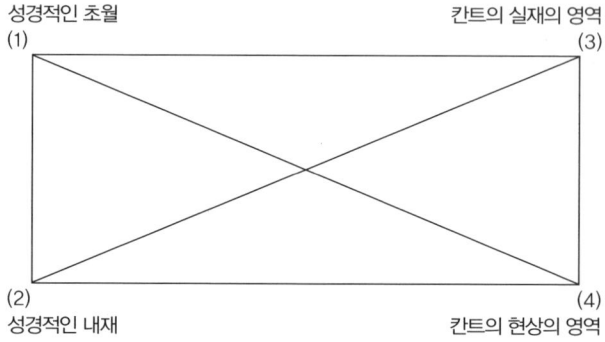

도표 3. 칸트의 초월과 내재

▶ 1807년
칸트의 비판 이후, 게오르크 헤겔이 『정신 현상학』을 펴내 합리주의의 전통을 새롭게 되살렸지만 하나님을 인간 정신과 동일시한 칸트의 사상을 극복하지는 못했다.

1848년   칼 마르크스가 『공산당 선언』을 공포해 헤겔의 신합리주의를 정치적 이데올로기로 전환시켰다. 마르크스는 프롤레타리아트 노동 계층을 향해 일치단결해 부르주아 자본가들을 없애고 계급 없는 사회를 건설하자고 촉구했다.

1880년   아브라함 카이퍼는 암스테르담 자유대학교의 교수로 부임하면서 취임 연설을 통해 예수 그리스도께서 "나의 것"이 아니라고 말씀하신 영역은 단 한 곳도 존재하지 않는다고 강조했다. 카이퍼의 사상은 새로운 시대를 열었다. 그 덕분에 그리스도인들은 더 이상 세속 사상에 의지해 자신들의 사상을 입증하려고 시도하지 않고, 성경적 계시에 근거한 독특한 세계관을 강력하게 주장하기 시작했다.

1900년   알브레히트 리츨이 『칭의와 화해에 관한 기독교 교리』를 펴내 칸트의 도덕주의를 교회에 큰 영향을 미친 신학 운동으로 발전시켰다.

1919년   칼 바르트가 『로마서 강해』를 펴냈다. 그것은 마치 "신학자들의 놀이터에 폭탄이 떨어진 것과 같았고", 그로써 리츨주의가 종말을 고했다. 그러나 바르트의 사상은 많은 점에서 세속 사상의 통합을 꾀한 또 하나의 시도였다. 아래의 도표를 참조하라.

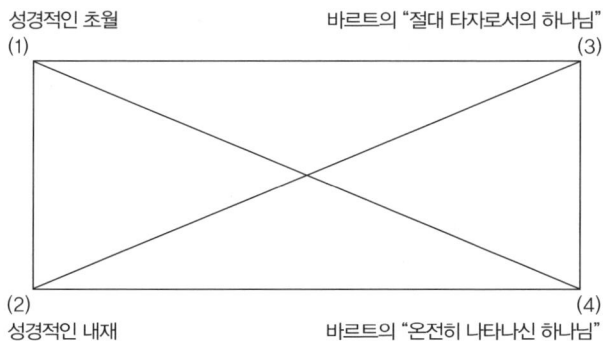

도표 4. 바르트의 초월과 내재

▶ 1921년   루트비히 비트겐슈타인이 『논리철학논고』를 펴내 언어의 점검을 통해 모든 철학적 논쟁을 해결하는 방법을 시도했다. 그러나 그는 책의 마지막 부분에서 자신의 시도가 자기모순을 안고 있다고 인정했다. 아래의 도표를 참조하라.

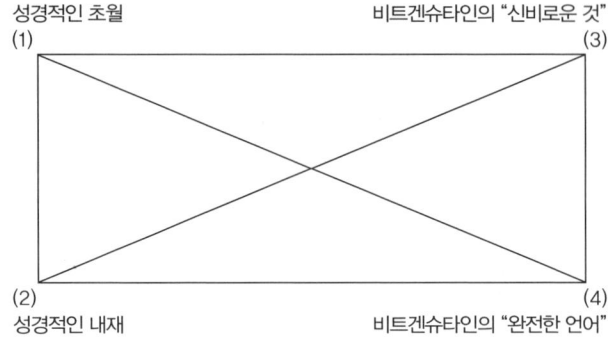

도표 5. 비트겐슈타인의 『논리철학논고』의 초월과 내재

▶ 1927년   하이데거가 『존재와 시간』을 펴내 (사르트르를 비롯한 다른 실존철학자들과 더불어) 철저한 무신론적 사상에 근거해 철학을 재구성하려고 시도했다.

▶ 1955년   코넬리우스 반틸이 『신앙의 옹호』를 펴내 독특한 성경적인 인식론에 근거한 철학과 기독교 변증학을 확립했다.

▶ 1967년   앨빈 플랜팅가가 『하나님과 다른 정신들』을 펴내 기독교 철학자들의 전문성이 인정받는 새 시대를 열었다.

마지막 심판   예수 그리스도께서 권능과 영광으로 구름을 타고 재림해 산 자와 죽은 자들을 심판하고, 신자들을 옹호하며, 성령 안에서 자신의 나라를 성부께 바치실 것이다. 그분의 재림으로 하나님이 계시하신 진리에 대한 모든 논쟁이 종식되고, 인간의 충실한 철학적 탐구가 이루어지는 새 시대가 열릴 것이다. 이 철학은 그리스도의 주재권이 지니는 모든 측면을 기꺼이 인정할 것이다. 아래의 도표를 참조하라.

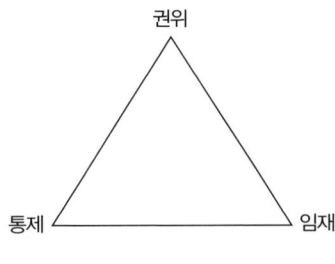

도표 6. 그리스도의 주재권

사명선언문

너희가 흠이 없고 순전하여……세상에서 그들 가운데 빛들로
나타내며 생명의 말씀을 밝혀 _ 빌 2:15-16

1. 생명을 담겠습니다
만드는 책에 주님 주신 생명을 담겠습니다.
그 책으로 복음을 선포하겠습니다.

2. 말씀을 밝히겠습니다
생명의 근본은 말씀입니다.
말씀을 밝혀 성도와 교회의 성장을 돕겠습니다.

3. 빛이 되겠습니다
시대와 영혼의 어두움을 밝혀 주님 앞으로 이끄는
빛이 되는 책을 만들겠습니다.

4. 순전히 행하겠습니다
책을 만들고 전하는 일과 경영하는 일에 부끄러움이 없는
정직함으로 행하겠습니다.

5. 끝까지 전파하겠습니다
모든 사람에게, 땅 끝까지, 주님 오시는 그날까지
복음을 전하는 사명을 다하겠습니다.

서점 안내

광화문점   서울시 종로구 새문안로 69 구세군회관 1층
02)737-2288 / 02)737-4623(F)

강남점   서울시 서초구 신반포로 177 반포쇼핑타운 3동 2층
02)595-1211 / 02)595-3549(F)

구로점   서울시 동작구 시흥대로 602, 3층 302호
02)858-8744 / 02)838-0653(F)

노원점   서울시 노원구 동일로 1366 삼봉빌딩 지하 1층
02)938-7979 / 02)3391-6169(F)

일산점   경기도 고양시 일산서구 중앙로 1391 레이크타운 지하 1층
031)916-8787 / 031)916-8788(F)

의정부점   경기도 의정부시 청사로47번길 12 성산타워 3층
031)845-0600 / 031)852-6930(F)

인터넷서점   www.lifebook.co.kr